中国留学人员创业年鉴

RETURNED CHINESE SCHOLARS PIONEER YEARBOOK

2019

教育部留学服务中心
科学技术部火炬高技术产业开发中心
人力资源和社会保障部留学人员和专家服务中心
中国国际人才交流中心
致公党中央留学人员委员会
北京海外学人科技发展中心
编

中国致公出版社
China Zhigong Press

《中国留学人员创业年鉴》编委会

《中国留学人员创业年鉴》编辑部

编辑说明

一、2018年，是我国改革开放40周年。40年来，改革之光照亮了中华民族的伟大复兴之路，也重塑了中国在世界舞台的角色。改革开放同时掀开了我国留学事业的新篇章。在党和国家的关怀下，在"支持留学、鼓励回国、来去自由、发挥作用"方针的指引下，留学大潮激荡澎湃，助推着中国巨轮不断前行。从1978年到2018年底，我国留学回国人员总数达到365.1万人，仅2018年就有51.9万名留学人员回国。全国已建成各级各类留学人员创业园超过350家，在园企业超过2.5万家，有超过8万名留学人员在园创业和工作。一批批留学人员走向世界、学成回归，贡献智慧、挥洒汗水，汇成新时代下的人才洪流，成为改革开放和现代化建设事业的开拓者、参与者和推动者。当前，新一轮科技革命和产业变革加速演进，中国经济转向高质量发展，众多产业生态和竞争格局面临重构，海外人才回国创业创新、施展才华的空间更为广阔。

为了记录2018年度中国留学人员回国创业创新工作情况，教育部留学服务中心、科学技术部火炬高技术产业开发中心、人力资源和社会保障部留学人员和专家服务中心、中国国际人才交流中心、致公党中央留学人员委员会、北京海外学人科技发展中心联合编纂出版《中国留学人员创业年鉴》2019年卷。

二、《中国留学人员创业年鉴》2019年卷是本书自2007年以来连续出版的第十三卷。2019年卷力图全面、准确、客观地反映2018年度中国留学人员回国创业创新工作情况，展现2018年度留学人员创业创新环境与发展状况，为中央及各地政府有关部门和社会各界了解、研究我国留学人员创业群体和创业创新环境建设提供有价值的参考，同时，也为广大留学人员回国创业创新提供服务。

三、《中国留学人员创业年鉴》2019年卷共设五个部分，分别为综合篇、政策篇、园区篇、社团篇、名录篇。其中重点收录了国家和地方海外引才计划93项；国家和地方颁布的有关人才引进和鼓励创业创新的政策法规96条；各地运行的留学人员创业园222家；各类留学人员团体63家；留学人员回国服务机构、引智机构等相关信息200余条。同时，也收录了2018年度在留学回国服务工作中具有推动作用的重要事件和创业活动等。

四、在中央有关单位的指导下，在全国各地教育、科技、人社、外专等职能部门以及致公党各地留学人员工作委员会、留学回国服务机构、留学人员创业园、留学人员团体的大力支持与协助下，《中国留学人员创业年鉴》2019年卷如期完成。在此，谨向有关单位致以诚挚的感谢！

五、由于编纂工作浩繁，难免会有疏漏和不足之处，希望广大读者给予批评指正。

《中国留学人员创业年鉴》编委会

2019年8月

目 录
Contents

第一部分 综合篇

国家及地方海外引才计划实施一览

第二部分 政策篇

辽宁省

吉林省

上海市

江苏省

浙江省

安徽省

福建省

江西省

第三部分 园区篇

天津市

河北省

山西省

内蒙古自治区

辽宁省

吉林省

黑龙江省

上海市

江苏省

浙江省

第四部分 社团篇

第五部分 名录篇

第一部分

综合篇

综合篇

国家及地方海外引才计划实施一览

国家有关部门和单位海外人才引进计划

教育部

长江学者奖励计划

“长江学者奖励计划”是国家教育部与香港李嘉诚基金会于1998年共同启动实施的高层次人才计划，包括特聘教授、讲座教授岗位制度和长江学者成就奖。计划通过特聘教授岗位制度的实施，延揽大批海内外中青年学界精英参与我国高等学校重点学科建设，带动重点学科赶超或保持国际先进水平，并在若干年内培养、造就一批具有国际领先水平的学术带头人，以提高我国高校在世界范围内的学术地位和竞争实力。“长江学者奖励计划”自实施以来，汇聚了一批海内外有影响的学科领军人才，创造了一批关键领域的重大标志性科研成果，培养了一大批高素质青年创新人才。截至2011年底，全国高校共聘任“长江学者”1801人，其中特聘教授1190人、讲座教授611人，26名华人学者荣获“长江学者成就奖”。先后有85名长江学者当选中国科学院、中国工程院院士，170人成为“973”首席科学家。

2011年，教育部实施新的“长江学者奖励计划”，与“国家海外高层次人才引进计划”“青年英才开发计划”等共同构成了我国高层次人才培养支持体系。新的“长江学者奖励计划”继续实施特聘教授、讲座教授项目，每年支持高校聘任50名讲座教授、150名特聘教授；讲座教授人选全部面向海外知名大学教授，特聘教授人选面向海外知名大学副教授，与国家重大人才工程形成衔接并建立梯队。2015年，“长江学者奖励计划”增设青年学者项目，重点支持高校面向海内外培养引进在学术上崭露头角、创新能力强、发展潜力大，恪守学术道德和教师职业道德的优秀青年学术带头人。

2018年是“长江学者奖励计划”实施20周年。计划实施以来，吸引集聚了一大批海内外高层次人才，在提升人才培养质量和学科发展水平、促进原始科技创新和关键领域核心技术突破、推动高校人才体制机制改革创新等方面取得了丰硕成果，为推动高等教育事业发展，推进科教兴国、人才强国和创新驱动发展战略实施提供了有力支撑。

为进一步深入实施“长江学者奖励计划”，2018年9月，教育部制定发布《“长江学者奖励计划”管理办法》，2011年印发的《“长江学者奖励计划”实施办法》同时废止。新的《管理办法》明确提出，每年聘任特聘教授150名左右，聘期为5年；讲座教授50名左右，聘期为3年；青年学者300名左右，聘期为3年。教育部授予特聘教授、讲座教授“长江学者”称号，授予青年学者“青年长江学者”称号，在聘期内享受奖金。“长江学者奖励计划”实施经费由中央财政专项支持，特聘教授奖金标准为每人每年20万元人民币，讲座教授奖金标准为每人每月3万元人民币，按实际工作时间支付；青年学者奖金标准为每人每年10万元人民币。同时，《管理办法》明确提出了“长江学者奖励计划”向改革倾斜、向一流倾斜、向西部和东北地区倾斜、向青年倾斜、向哲学社会科学倾斜等方向。此外，《管理办法》首次提出建立“长江学者奖励计划”退出机制，强制退出的学者不得再申报各类人才计划和荣誉称号。

根据新的《“长江学者奖励计划”管理办法》，2018年度“长江学者”的选拔推荐工作于11月启动。

春晖计划

“春晖计划”是国家教育部于1996年设立实施的一项支持留学人员回国服务的重点引智项目，全称“教育部资助留学人员短期回国工作专项经费”，由教育部拨出专项经费资助在外留学人员短期回国工作。主要资助对象是获得博士学位并在本专业领域取得较突出学术成就的留学人员（包括已获得国外长期、永久居留权或留学再入境资格者）。申请者应已落实国内接待（邀请）单位和短期回国工作计划。主要资助形式包括回国的单程或双程国际旅费。主要资助范围有应邀回国参加学术会议；回国进行科研合作和学术交流；组织短期研讨班、讲习班、联合指导博士生；引进技术对贫困地区进行扶贫开发；参加国有大中型企业技术改造；教育部或驻外使（领）馆教育处（组）批准的其他短期回国服务活动。“春晖计划”专项经费常年受理，择优资助。申请者可直接向各使（领）馆教育处（组）查询教育部发布的当年资助目录，然后向使（领）馆教育处（组）提出申请。

“春晖计划”实施以来，在驻外使（领）馆教育处（组）的密切配合下，在各地有关政府部门和高等院校的大力支持下，在广大在外留学人员的积极响应下，紧密结合国家改革和发展的战略，以多种方式为我国经济建设和社会发展提供知识贡献和人才支持，在留学人员中产生了广泛的积极的影响，激发了广大在外留学人员的爱国热情和报国之志。至2006年底，“春晖计划”实施10年，共资助140多个留学人员团体、12000人次短期回国工作，并于2000年增设“春晖计划”海外留学人才学术休假回国工作项目。

2006年，教育部和科技部开始共同定期举办“春晖杯”中国留学人员创新创业大赛（简称“春晖杯”创新创业大赛）活动。通过“春晖杯”创新创业大赛，充分调动海外优秀留学人员回国创业热情，鼓励海外留学人员积极申报创新创业项目，创造条件支持参赛者与留学人员创业园、大学科技园和企业进行项目对接，根据项目技术水平、投资前景、效益预测和产业化情况，组织留学人员创业园、大学科技园、风险投资机构和国内企业家对项目进行评审、洽谈和择优颁奖，推动留学人员回国创办高新技术企业。在我国驻外使（领）馆教育处（组）和在外留学人员团体的大力支持下，在国内大学科技园、留学人员创业园、风险投资机构和地方人才引进机构等众多协办单位的积极配合下，在广大海外留学人员的广泛参与下，大赛取得了丰硕的成果。尤其是十八大以来，“春晖杯”创新创业大赛不断创新组织模式，采取主动走出去的方式，成功拓展了9个海外分赛区，海外留学人员参赛项目的数量和质量显著提升。

截至2018年底，教育部通过“春晖计划”已累计立项3500余项，资助大批博士以上在外留学人员短期回国服务。“春晖杯”创新创业大赛已成功地连续举办13届，参赛项目来自20多个国家和地区，获奖项目达2528个。其中，有超过448名入围项目的参赛留学人员顺利走上回国创业的道路，创办重点企业634家，分布在全国25个省、自治区、直辖市的76个城市；有超过46%的入围项目留学人员成为国家和地方领军人才，70余人被认定为“国家特聘专家”。

高校学科创新引智计划

“高等学校学科创新引智计划”（简称“111计划”）由国家教育部和国家外国专家局于2006年共同启动实施。计划瞄准国际学科发展前沿，围绕国家目标，结合高等学校具有国际前沿水平或国家重点发展的学科领域，以国家重点学科为基础，以国家、省、部级重点科研基地为平台，从世界排名前100位的大学或研究机构的优势学科队伍中，引进、汇聚1000余名海外学术大师、学术骨干，配备一批国内优秀的科研骨干，形成高水平的研究队伍，建设100个左右世界一流的学科创新基地，努力创造具有国际影响的科研成果，提高高等学校的整体水平和国际地位。创新引智基地遴选范围以“985工程”“211工程”高等学校为先导，逐步扩展到有国家重点学科的高等学校。

2012年，“高等学校学科创新引智计划”启动首批新建引智基地评审工作，有厦门大学“细胞应激生物学创新引智基地”等34个引智基地予以批准立项。2013年，有清华大学“先进燃烧能源科学与技术创新引智基地”等45个引智基地予以批准立项。2014年，有北京大学“区域生态与环境（污染与气候变化）创新引智基地”等44个引智基地予以批准立项。2015年，有北京航空航天大学“超低功耗自旋存储与计算创新引智基地”等47个引智基地予以批准立项。2016年，有南京理工大学“先进光电成像理论与技术学科创新引智基地”等50个引智基地予以批准立项。2017年，有北京大学“高可信软件技术学科创新引智基地”等50个引智基地作为建设项目予以立项。2018年，有北京大学“后摩尔时代微纳电子学科创新引智基地”等62个引智基地作为建设项目予以立项。

科技部

创新人才推进计划

2011年，为贯彻落实《国家中长期人才发展规划纲要（2010—2020年）》，科技部、人力资源和社会保障部、财政部、教育部、中国科学院、中国工程院、国家自然科学基金委员会、中国科学技术协会等七个部门联合发布《创新人才推进计划实施方案》，启动实施“创新人才推进计划”。该计划作为国家高层次人才计划体系的重要组成部分，旨在通过创新体制机制、优化政策环境、强化保障措施，培养和造就一批具有世界水平的科学家、高水平的科技领军人才和工程师、优秀创新团队和创业人才，打造一批创新人才培养示范基地，加强高层次创新型科技人才队伍建设，引领和带动各类科技人才的发展，为提高自主创新能力、建设创新型国家提供有力的人才支撑。

到2020年，“创新人才推进计划”的主要任务是：一、设立科学家工作室。为积极应对国际科技竞争，提高自主创新能力，重点在我国具有相对优势的科研领域设立100个科学家工作室，支持其潜心开展探索性、原创性研究，努力造就世界级科技大师及创新团队。二、造就中青年科技创新领军人才。瞄准世界科技前沿和战略性新兴产业，重点培养和支持3000名中青年科技创新人才，使其成为引领相关行业和领域科技创新发展方向、组织完成重大科技任务的领军人才。三、扶持科技创新创业人才。着眼于推动企业成为技术创新主体，加快科技成果转移转化，面向科技型企业，每年重点扶持1000名运用自主知识产权或核心技术创新创业的优秀创业人才，培养造就一批具有创新精神的企业家。四、建设重点领域创新团队。依托国家重大科研项目、国家重点工程和重大建设项目，建设500个重点领域创新团队，通过给予持续稳定的支持，确保更好地完成国家重大科研和工程任务，保持和提升我国在若干重点领域的科技创新能力。五、建设创新人才培养示范基地。以高等学校、科研院所和科技园区为依托，建设300个创新人才培养示范基地，营造培养科技创新人才的政策环境，突破人才培养体制机制难点，形成各具特色的人才培养模式，打造人才培养政策、体制机制“先行先试”的人才特区。

2018年，由科技部牵头组织实施，经申报推荐、形式审查、专家评议和公示等环节，“创新人才推进计划”共产生306名中青年科技创新领军人才、50个重点领域创新团队、200名科技创新创业人才和32个创新人才培养示范基地。

人力资源和社会保障部

中国留学人员回国创业启动支持计划

“中国留学人员回国创业启动支持计划”由国家人力资源和社会保障部于2009年9月正式启动实施。计划每年在全国范围内遴选一批创新能力强、发展潜力大、市场前景好的留学回国人员创办的企业，在创办初始阶段予以重点支持，以加快其科技成果转化，实现企业快速发展。留学人员回国创业启动支持资金项目经费将专门用于支持遴选出的留学回国人员创办的企业，对于经人社部审批确定的重点创业项目，一次性给予创业支持资金50万元；对于确定的优秀创业项目，一次性给予创业支持资金20万元；相关地方应给予相应配套资金支持。

“中国留学人员回国创业启动支持计划”的申报需同时具备以下条件：

（一）企业法定代表人应为留学回国人员，一般应获得硕士以上学位；

（二）拥有自主知识产权或发明专利，技术创新性强，具有市场潜力；

（三）熟悉相关领域和国际规则，有经营管理能力，如有海外自主创业经验者可优先考虑；

（四）企业注册时间不超过3年；

（五）企业注册资金现金资产不低于50万元，留学人员出资额占企业注册资本的50%以上；

（六）企业法人诚信守法，无违法犯罪记录。

2010年，“中国留学人员回国创业启动支持计划”共确定支持创业项目34项。

2011年，“中国留学人员回国创业启动支持计划”共确定支持创业项目48项。

2012年，“中国留学人员回国创业启动支持计划”共确定支持创业项目51项。

2013年，“中国留学人员回国创业启动支持计划”共确定支持创业项目66项。

2014年，“中国留学人员回国创业启动支持计划”共确定支持创业项目68项。

2015年，“中国留学人员回国创业启动支持计划”共确定支持创业项目66项。

2016年，“中国留学人员回国创业启动支持计划”共确定支持创业项目60项。

2017年，“中国留学人员回国创业启动支持计划”共确定支持创业项目62项。

2018年，“2018年度中国留学人员回国创业启动支持计划”申报工作于1月启动，8月完成评审工作并确定入选对象名单。

赤子计划

“赤子计划”全称“海外赤子为国服务行动计划”，是国家人力资源和社会保障部在2009年提出的一项智力报国计划，是对原人事部1988年以来每年开展的留学回国专家服务团专项活动的拓展，旨在更大范围、更广领域、更高层次上吸引海外留学人员及留学人员团体参与祖国建设。

“赤子计划”具体包括以下六类：

（一）人社部组织的示范性留学人员为国服务活动；

（二）人社部留学人员和专家服务中心组织的留学人员为国服务活动；

（三）人社部与各地方人民政府联合主办的大型留学人员人才项目交流及为国服务活动；

（四）人社部资助支持由地方人力资源和社会保障部门具体组织的留学人员为国服务活动；

（五）人社部资助支持由有关部门具体组织的留学人员为国服务活动；

（六）人社部资助支持由海外留学人员团体具体组织的为国服务活动。

2010年，“赤子计划”正式启动实施，在全国范围内共组织开展了36项为国服务活动，除提供经费支持外，人社部还在人才、信息、政策等多方面积极提供支持和帮助，累计吸引遍及美、日、欧等几十个国家、100多个专业技术领域的人才为国服务上千人次，促成上万项人才技术合作项目参与对接，在海内外产生了广泛的影响。

2011年，人社部继续扩大“赤子计划”规模，把海外中国留学人员组织和华人华侨专业团体纳入资助范围，共开展了39项活动。

2012年，有36项活动入选“赤子计划”，共吸引各类海外人才回国（来华）服务达上万人次，7000多个人才技术合作项目参与对接，达成合作意向2000多个。

2013年，“赤子计划”在河北、甘肃、陕西、西藏等省市重点开展了30余项留学人员为国服务活动，活动领域不断拓展，规模不断扩大。

2014年，“赤子计划”在北京、天津、浙江、山西、新疆等省市重点开展了30项留学人员为国服务活动，全年共吸引各类海外人才为国服务近万人次，6000多个技术合作项目参与对接，签订协议600多项，签约总额达30多亿元。

2015年，“赤子计划”围绕国家重大发展战略布局，积极搭建“大众创业、万众创新”平台，畅通海外学子的报国之门，从由地方部门及海外留学人员团体等41家单位申报的60个项目中遴选了32个项目进行支持，全年共吸引世界各地留学人才为国服务超过1万人次，近6000个人才技术合作项目参与对接，签订合作协议或达成合作意向超过3000个。

2016年，有42项各地各部门申报的留学人员为国服务活动入选“赤子计划”，全年共吸引世界各地留学人才为国服务超过2万人次，1.4万余个人才技术合作项目参与对接，签订合作协议或达成合作意向超过4000个，举办讲座30余场，培训专业技术人员9000多人次。

2017年，“赤子计划”紧紧围绕国家战略，聚焦重点领域，引导留学人才向边远贫困地区、边疆民族地区、革命老区和基层一线流动，全年共实施了31项海外赤子为国服务活动，吸引了世界各地留学人才为国服务超过2000多人次，1.6万余个人才技术合作项目参与对接，签订合作协议或达成合作意向超过2000个，举办讲座300余场，培训专业技术人员1万多人次。

2018年，“赤子计划”聚焦“高精尖缺”人才，以服务创新驱动发展、制造强国、精准扶贫、“一带一路”建设、京津冀协同发展、长江经济带发展等国家战略为重点，搭建人才项目交流平台，助力贫困地区和民营经济发展，推动地方产业转型升级，从地方、部门申报的61项留学人员为国服务活动中遴选出30项作为“赤子计划”资助项目，分三档予以资助：特别资助类15项，每项支持25万元；重点资助类10项，每项支持20万元；一般资助类5项，每项支持15万元。“赤子计划”全年共吸引各类留学人才为国服务1万多人次，1.8万余个人才技术合作项目参与对接，签订合作协议或达成合作意向7000余个，举办培训讲座500余场，参训专业技术人员上万人次。

高层次留学人才回国资助计划

“高层次留学人才回国资助计划”启动于2002年，是国家人力资源和社会保障部为进一步加大吸引留学和海外高层次人才工作的力度，按照原人事部《开展高层次留学人才回国资助试点工作的意见》有关要求开展的一项重要工作。“高层次留学人才回国资助计划”重点就我国急需发展的信息科学、生命科学、新材料、新能源、现代制造业、航空航天等领域，以及关系国计民生或有重要影响的行业，每年资助10名左右回国工作的高层次留学人才。资助额度为每人60万元，其中中央财政30万元，地方配套30万元。自2011年起，人社部在北京、上海、重庆、江苏、山东、江西等省、市和工信部、农业部、卫生部、国资委等部委开展试点工作。

“高层次留学人才回国资助计划”的申报条件为：

（一）具有中国国籍；

（二）在海外（国外、境外）获得博士学位；

（三）有2年以上在国外跨国公司、国际组织、著名高校、科研院所等从事工程技术、教学、科研、管理等工作经历，并担任公司高级管理职务或具有相当于副教授（副研究员）以上专业技术职务，取得显著成绩，或拥有较好产业化开发前景的专利、发明或专有技术；

（四）国家急需并能在国内每年稳定工作9个月以上；

（五）2014年1月1日以后回国工作；

（六）年龄一般在50周岁以下。

2018年，30名留学回国人才被确定为2018年度“高层次留学人才回国资助计划”资助人选。截至2018年底，“高层次留学人才回国资助计划”累计资助近230名高层次留学回国人才。

留学人员科技活动项目择优资助

“留学人员科技活动项目择优资助”由原人事部设立于1985年，是鼓励留学人员回国工作或以多种形式为国服务的重要举措，目前已经成为支持广大留学人员回国创业、开展科技创新、为国服务的重要措施，以及跟踪世界最新科技成果、实现科技成果转化的重要渠道。其目标一是适应留学人员回国工作发展需要，鼓励和吸引留学人员回国工作，发挥留学人员在经济社会发展和科技创新中的重要作用；二是资助新近回国的留学人员从事科技研究，支持留学人员从事重点攻关项目、技术改造项目、具有广泛应用前景的新技术研发项目等，为推动我国经济社会发展作出贡献；三是鼓励和支持海外留学人员短期回国开展合作研究、学术技术交流、考察、讲学等为国服务活动，实现智力回归。

“留学人员科技活动项目择优资助”申报条件包括：在外留学1年以上，学有所成，新近回国工作；取得硕士以上学历或获得中级以上专业技术职称；能独立主持研究开发工作，有培养发展前途；申报项目属于领先水平，具有应用开发前景，可产生良好的经济和社会效益。

“留学人员科技活动项目择优资助”申报类别分为重点、优秀、启动三类。其中，重点项目（10万—20万元）主要资助留学回国人员从事国家重点攻关项目、重大技术改造项目、具有广泛应用前景的技术创新等项目；优秀项目（5万—10万元）主要资助留学回国人员主持的省部级重点科技攻关或技术改造项目，或某一学科领域具有领先水平的研究开发项目；启动项目（2万—5万元）主要资助新近回国或即将回国的留学人员从事某一学科或技术领域的研究。

中国科学院

中科院“百人计划”

中科院“百人计划”由中国科学院于1994年启动，是我国最早实施的高目标、高标准和高强度支持的人才引进与培养计划。原计划在20世纪的最后几年中，以每人200万元的资助力度引百余名海内外优秀青年人才，培养一批跨世纪的学术带头人。1994年，朱日祥、曹健林、卢柯等14人成为首批支持对象。1998年起，为适应改革发展的新形势，中科院对“百人计划”的定位和管理进行了优化和调整，随着“国内百人”“项目百人”等子项目的相继设立，逐步形成了适应不同科研活动人才需求、引才引智相结合的人才计划体系。

2015年5月，根据近年来海外人才群体结构呈现的新特征，中科院启动了新的率先行动“百人计划”，由原来针对海外青年人才的单一层次的引进调整为分类分层引进海外优秀人才。其中，“学术帅才”项目针对海外领军人才的引进，“技术英才”项目针对工程技术人才的引进，“青年俊才”项目针对具有发展潜力的青年人才引进。对学术帅才，引入国际评估机制，支持每位学术帅才及其团队700万元人才专项经费和100万元基建经费；对技术英才，强化其与现有科研团队的融合，支持每位技术英才100万—200万元人才专项经费和60万元基建经费；对青年俊才，采用先期培养、择优支持的模式，即由中科院先期支持2年，支持科研经费80万元，2年后再进行综合评估，择优60%予以重点支持，支持每人200万元人才专项经费和60万元基建经费。截至2017年底，中科院“百人计划”引进各类人才1000多名，全院引进培养优秀人才2500余人，其中包括620多名“国家特聘专家”。

2018年，中科院持续深化体制机制改革，优化“百人计划”项目管理，取消了“百人计划”A、B、C分类，根据引进人才具体条件给予差异化支持，并建立关键特殊领域优秀人才引进绿色通道，针对涉及国家战略需求和核心关键领域的紧缺急需人才引进，实行特事特办。

中国科学技术协会

海智计划

“海外智力为国服务行动计划”（简称“海智计划”）由中国科协与35家海外科技团体于2003年12月共同发起，2004年2月正式启动实施，得到中组部、人事部（现人力资源和社会保障部）支持。“海智计划”旨在发挥桥梁纽带作用，加强与海外华人科技团体的联系，充分发挥海外人才和智力优势，发动全国学会和地方科协共同参与，为海外人才回国工作、为国服务搭建平台。“海智计划”和海外科技团体本着“团结奋斗，爱国奉献”的精神，遵循“平等、互利、开放、务实”的原则开展合作，通过开展多种形式的学术交流、项目合作、技术咨询、技术引进和专项考察等活动，为国家社会和经济建设贡献力量。

“海智计划”作为我国引智工作的重要组成部分，是国家重大人才工程的窗口之一，积极推动海外的专家、学者为我国的社会发展作出贡献。2016年，中国科协提出着力打造新的海智计划2.0版本，拓展“海智计划”功能，将引导组织海外高端人才为国发展建言献策常态化、机制化。

截至2018年底，“海智计划”联系的海外科技团体已从最初的35家增至近100家，遍及主要留学国家；成立欧洲、日本、加拿大和美中4个华人海外科技社团联合体；聘请102名海外科技团体的代表作为中国科协海智专家，引入海外科技人才2880人；设立海智计划示范项目12个；在全国19个省区建立起73个“海智计划”工作基地、5个国内离岸基地、1个海外离岸双创基地，各基地设立海外引智中心工作站246个，实现了“离岸创新、国内转化”。

地方海外高层次人才引进计划

北京市

北京市“海外人才聚集工程”

2009年4月，中共北京市委出台《关于实施北京海外人才聚集工程的意见》，启动实施北京“海外人才聚集工程”（简称“海聚工程”），计划用5至10年时间，在北京市聚集10个由战略科学家领衔的研发团队；聚集50个左右由科技领军人才领衔的高科技创业团队；引进并有重点地支持200名左右海外高层次人才来京创新创业；建立10个海外高层次人才创新创业基地。“海聚工程”作为北京市聚揽海外高层次人才、打造人才之都的重要措施，经过不断完善和成长，目前已形成全职工作类、青年项目、短期项目、外专长期项目、外专短期项目、创业类、创业团队项目等七大类别。通过评审的人才，北京市政府将给予一次性奖励100万元的资助以及其他扶持政策。

2018年，“海聚工程”共有134名国内外专家入选。截至2018年底，“海聚工程”共分十三批入选1168人。

中关村“高端领军人才集聚工程”

2008年，北京市委、市政府出台《中关村高端领军人才聚集工程方案》（简称“高聚工程”），旨在聚集由战略科学家领衔的研发团队、由高端领军科技创新创业人才领衔的高科技创业团队、由高端领军创业投资家和科技中介人才领衔的创业服务团队等，以实现创新驱动发展。中关村“高聚工程”目前分为创新领军人才、创业领军人才、领军企业家、投资家、创新创业服务领军人才五类人才认定，根据认定，为不同类别的人才给予相应的资金支持。其中，获评创新领军人才、创业领军人才都将给予100万元的一次性奖励，此外还可享有优先办理人才引进（落户直通车）、全市相关三级甲等医院便捷医疗就诊、入住公共租赁住房、教授级高级工程师职称评审直通车、为配偶及子女协调办理签证及工作许可和工作类居留证件等多项支持。

截至2017年底，中关村“高聚工程”共分十批认定高端领军人才336人（团队），覆盖新一代信息技术、生物产业、节能环保等战略性新兴产业领域，初步形成了中关村示范区“高端引领、带动全局”的人才发展格局。

2018年，“高聚工程”认定工作于4月启动。

北京市海淀区“海英计划”

2011年，北京市海淀区政府出台《海淀区促进创新创业人才发展支持办法》，提出实施“北京市海淀区人才聚集和培育计划”（简称“海英计划”）。2012年7月，“海英计划”作为海淀区“1+10”政策体系之一正式发布并启动。计划配套1亿元人才发展专项资金，在战略性新兴产业领域重点引进一批高端创新、创业领军人才，加快培养一批青年英才，从项目、资金、生活等多个方面对入选人才给予有力的支持。入选“海英计划”的领军人才可享受最高30万元奖励、房租补贴、子女教育等支持；“青年英才”可获得30万元创业资金、股权投资等支持。

截至2017年底，“海英计划”累计认定“海英人才”617人，全区已聚集“国家特聘专家”1040人、北京市“海聚工程”人才293人、中关村“高聚工程”人才248人。

2018年，“海英计划”未启动实施。

北京市朝阳区“凤凰计划”

2010年，北京市朝阳区委、区政府针对在文化创意产业、服务业、金融业等重点产业上高端人才缺口仍较大的问题，建立“1+2”海外人才工作体系，实施“凤凰计划”，每年投入3000万元用于对海外高层次人才创新创业的奖励和扶持。被认定的海外高层次人才每人可获20万元奖励，创业类高层次人才创办企业可获得50万元奖励，配套政策包括《朝阳区关于大力推进海外学人工作的实施意见》《朝阳区鼓励海外高层次人才创业和工作暂行办法》《望京留学人员创业园扶持办法》等，在创业资金、办公用房、贷款担保、市场开拓及教育、医疗等方面给予扶持。

截至2017年底，“凤凰计划”共分八批资助66家海外高层次人才创业企业，支持了183名海外高层次人才，为朝阳区聚集了一批具备较高专业素养和丰富海外工作经验，掌握先进科学技术，熟悉国际市场运作，具有广泛国际联系，能够发展高新产业、带动新兴学科的科技创新人才和产业领军人才。

2018年，“凤凰计划”在项目设置、申请流程上进一步优化，共设两大项六类认定与资助，新增战略科学家、青年项目和工作类海外高层次人才（短期）三类人选，体现了国家和北京市重点引进和支持顶尖人才、青年人才的工作重点以及“柔性引才”的工作原则。

北京市通州区“灯塔计划”

2017年8月1日，北京市通州区启动“灯塔计划”和“运河计划”两大人才引进培养计划。计划5年内，将陆续投入数亿元财政资金，通过大力支持高层次人才发展，着力打造“两高”人才工程，支持100名海外高层次人才、50支海外高层次人才团队创新创业，支持1000名国内高层次人才和100个高层次人才创新创业平台发展，加快推进北京城市副中心建设。其中，“通州区海外高层次人才引进计划”即“灯塔计划”是主要针对海外高层次人才的引进计划，对接“国家海外高层次人才引进计划”和北京市“海聚工程”。对“灯塔计划”项目入选者，将给予每人100万元的奖励；对于创业类入选者，还将给予其创办的企业连续3年、每年最高50万元的研发经费。入选者还将享受特贴房补、人才公寓和优诊医疗等服务。

2018年，首批通州区“灯塔计划”“运河计划”最终评选出193名“两高”人才。其中，11人入选“灯塔计划”（工作类、创业类项目）。

天津市

天津市“千人计划”

2009年12月，天津市委、市政府出台《天津市实施海外高层次人才引进计划的意见》和《天津市引进创新创业领军人才暂行办法》，启动实施天津市“千人计划”。计划从2009年起，用5至10年时间，在全市重点创新项目、重点学科和重点实验室、企业和商业金融机构、以高新技术产业开发和成果转化为主的各类园区等领域，引进并重点支持1000名左右能够突破关键技术、发展高新技术产业、带动新兴学科和新兴产业的国际一流科学家和科技创新创业领军人才，以及金融、文化、教育、社会工作、社会科学等领域业绩突出、知名度高的人才。对海外高层次创新人才资助每人人民币100万元、引进创业人才资助每人人民币300万元，并将颁发“天津市特聘专家”证书，提供相关优惠政策支持。2015年，天津市专门成立了引进人才服务中心，设立“千人计划”服务窗口，建立高层次留学人员“联系卡”制度，依托人才“绿卡”经办体系，进一步优化各项服务。

截至2017年底，天津市“千人计划”共分十三批引进创新创业人才800余人，其中包括93名创业类人才。

2018年，天津市“千人计划”项目申报于8月启动。

河北省

河北省“百人计划”

2009年11月，河北省委、省政府出台《关于实施海外高层次人才引进计划的意见》，启动实施河北省“百人计划”。计划从2010年起，用5至10年时间，主要围绕河北省“四大攻坚战”确定的工作目标，支持和引进100名左右能够突破关键技术、带动新兴产业、发展高新技术的海外高层次人才，重点引进河北发展战略性新兴产业和重点产业技术改造所急需的科技创新人才和高层次创业人才。对引进人才，实行“省级特聘专家”制度，省财政将给予每人100万元的经费资助，并在配偶安置、子女就学、解决住房、社会保障等方面给予支持。

截至2018年底，河北省“百人计划”共113人（团队）入选。

山西省

山西省“百人计划”

2009年，山西省委出台《海外高层次人才引进计划实施意见》，相关厅局配套制定了《山西省引进海外高层次人才办法》，启动实施山西省“百人计划”。计划从2009年开始，用5至10年时间，在国家和省重点创新项目、重点学科和重点实验室、省属企业和商业金融机构、以高新技术开发区为主的各类创新创业基地等，引进并有重点地支持100名左右的高层次人才回山西创新创业，并建设10个左右海外高层次人才创新创业基地。省财政设立“山西省引进海外高层次人才专项资金”，每年拨付5000万元，各用人单位再配套5000万元，用于改善引进人才的工作和生活条件。对纳入“百人计划”的引进人才，给予每人100万元的资助，并作为“山西特聘专家”列入省委联系的高级专家队伍。2013年，山西省“百人计划”新增设青年项目、外专项目及合作建设项目这3个子项目。至2015年底，山西省“百人计划”共分八批引进海外高层次人才353人，提前完成了预想的引才任务。

2016年，山西省“百人计划”暂停申报评审工作，发布了《关于调整山西省引进海外高层次人才“百人计划”相关政策的通知》《山西省引进支持海外高层次人才创业创新团队暂行办法》，集中时间和精力对相关政策进行调整、完善。

2018年，山西省“百人计划”项目申报于5月启动，继续突出“高精尖缺”，坚持以用为本，重点引进现代煤化工、高端装备制造、节能环保、生物医药、信息技术、新能源、新材料、人工智能等领域高端人才。同时，为支持“农谷”建设，

“百人计划”中特设“农谷”专项，将从人才引进上给予政策倾斜。申报人可按创业人才项目、创新人才项目、青年项目等七类进行申报。

内蒙古自治区

内蒙古自治区“草原英才”工程

2010年，内蒙古自治区开始实施“草原英才”工程。工程包括“两院”院士引进和培养工程、领军人才引进和培养工程等10个子项，由自治区党委组织部组织实施，围绕自治区科学发展大局，特别是优势特色产业发展的总体布局和趋势，用5年左右时间有计划、有重点、有针对性地引进一批海内外高层次领军人才和创业团队。同时，通过“以引进带培养，以培养促引进”的方式，加大高层次人才培养力度，全面提升自治区高层次人才队伍的自主创新能力，打造以呼和浩特、包头、鄂尔多斯“金三角”为中心区域的“草原硅谷”。2011年9月，自治区党委、自治区政府出台《内蒙古自治区“草原英才”工程若干政策规定（试行）》，在资金扶持、生活待遇、服务保障等方面，为各类人才在内蒙古创新创业提供有力支持和全方位服务。2013年5月，自治区党委组织部下发《关于进一步推进“草原英才”工程的实施意见》，提出要组织实施好“三大平台”建设和“十大百人计划”，每年新增培育“草原英才”150名。在人才资金方面，内蒙古自治区进一步加大投入力度，“草原英才”专项资金从2010年启动时的每年3500万元增长到2017年的近1亿元，各盟市人才专项资金陆续投入近10亿元。

2018年，第八批“草原英才”工程评选出产业创新创业人才团队78个、高层次人才创新创业基地4个和“草原英才”个人139名；专项推选评选出团队39个、个人41名；人才项目引领支持计划评选出16个；滚动支持计划评选出产业创新创业人才团队35个、高层次人才创新创业基地4个和“草原英才”个人39名。截至2018年底，“草原英才”工程共培养引进“草原英才”个人1224名、产业创新创业人才团队634个，建设高层次人才创新创业基地86个。

辽宁省

辽宁省“十百千高端人才引进工程”

2008年，中共辽宁省委组织部发布《关于辽宁省实施“十百千高端人才引进工程”的意见》，重点围绕辽宁优先发展的重点产业，面向在辽宁工作或有回辽宁工作意向的海外人员，重点引进数十名在国际学术技术界享有一定声望，为某一领域的开拓者、奠基人或对某一领域的发展有过重大贡献的著名科学家、世界一流的科技顶尖人才；引进数百名拥有高新技术成果，能够领办或创办高新技术企业，在国内同行业的综合竞争实力处于领先地位，具有承接重大项目研发、关键技术革新能力，并能领衔组建国内一流的科技创新团队科技领军人才；引进数千名拥有符合辽宁重点产业发展专有成果或技术，并具备成果转化和产业化能力，具有辽宁产业发展、项目建设急需的特殊专长的创新创业人才。对“十、百、千”三个层次的人才，将一次性给予20万—500万元的启动资金，提供落户、安排配偶工作和子女入学等方面的便捷服务，享受企业注册登记、项目申报等优先权及相关待遇。

截至2017年底，“十百千高端人才引进工程”共引进133名创新创业人才，包括“百人”层次人选57名，“千人”层次人选76名。

2018年，“十百千高端人才引进工程”未启动实施。

辽宁省“兴辽英才计划”

2018年，辽宁省委、省政府出台《辽宁省人才服务全面振兴三年行动计划（2018—2020年）》，启动实施“兴辽英才计划”。计划用3年时间，围绕辽宁振兴发展重大需求，特别是“五大区域发展战略”和“一带五基地”建设需求，着力培养集聚引进一批高层次创新创业人才和高水平创新创业团队，重点支持20名杰出人才、700名领军人才、700名青年拔尖人才、200个高水平创新创业团队。财政支持对入选“兴辽英才计划”的杰出人才给予300万元经费资助，对科技创新领军人才、科技创业领军人才给予100万元经费资助，对哲学社会科学领军人才、百千万人才工程领军人才、教学名师给予20万元经费资助，对青年拔尖人才给予50万元经费资助，对高水平创新创业团队按优先支持、重点支持、特别支持分别给予100万元、300万元、500万元项目资助，对特别支持中的一流创新创业团队给予1000万元项目资助。

2018年，首批“兴辽英才计划”共评选出“杰出人才”10名、“领军人才”226名、“青年拔尖人才”273名、“高水平创新创业团队”48个。在该计划带动下，全省新引进高层次人才1906人，新招收博士后研究人员530人，均比往年有较大幅度增加。

大连市“海创工程”

2008年9月，大连市出台《大连市关于实施海外学子尖端人才归国创业工程的意见》，启动实施“海创工程”。目标是通过5年努力，吸引50位海外学子尖端人才到大连兴办高新技术企业，从而优化全市产业结构，转变经济发展方式，增强城市核心竞争力。获得"海创工程"创业扶持资金立项的项目，最高可得到200万元创业扶持资金、200万元的创业投资、200万元的资金担保或贷款贴息；项目承担企业可获得连续3年免租金100平方米的办公场地，并为海外学子尖端人才提供连续3年免租金100平方米的生活公寓，优惠价格租用1000平方米的生产厂房等政策扶持。2017年，大连市升级"海创工程"引才政策，将扶持资金力度从最高200万提升到1000万，同时逐步完善人才公寓、平台服务、创投对接等相关配套政策。

2018年，第九批"海创工程"有30个项目入选。截至2018年底，通过"海创工程"已有183个海外学子科创项目落地，涌现出齐维科技、英特仿真、拓中科技、芯冠科技、秘阵科技、莫比嗨客、科万维医疗等一批高成长性企业。

吉林省

吉林省"高层次创新创业人才引进计划"

2009年，吉林省委、省政府相继出台《引进高层次创新创业人才实施办法》《引进人才服务与管理暂行办法》等政策文件，启动实施"高层次创新创业人才引进计划"。对于引进的创办科技型企业的创业人才，由省财政给予每人（团队）不低于100万元的一次性资助，由落户园区提供不少于200平方米的工作场所和不少于150平方米的住房公寓，且3年内免收租金，并在资助资金、薪酬待遇、办公场所、股权分配、企业注册、财税金融、配偶就业、子女入学等11个方面提供政策支持。

截至2017年底，吉林省"高层次创新创业人才引进计划"共入选人才276人，其中，86人被认定为"国家特聘专家"。

2018年，吉林省"高层次创新创业人才引进计划"未启动实施。

上海市

上海市"千人计划"

2010年，上海市委、市政府出台《上海市实施海外高层次人才引进计划的意见》，启动实施该市"千人计划"，力争用5至10年时间，围绕国家重大战略和上海重点发展战略目标的人才需求，引进一批紧缺急需的海外高层次人才。上海市"千人计划"包括创新人才长期项目、创新人才短期项目、创业人才项目和"外专千人计划"项目。对入选人才，将授予"上海特聘专家"称号，至少可获得100万元的项目资助，并可享受居留和出入境、落户、资助、医疗、保险、住房、税收、配偶安置、薪酬、通关、子女就学、优化服务等12个方面的特定生活待遇。

截至2017年底，上海市"千人计划"共有957名海外高层次人才入选。全市留学人员已达15万余人，留学人员在沪创办企业5000余家，注册资金超过50亿元，拥有"国家特聘专家"1145名。

2018年，第八批上海市"千人计划"项目申报于7月启动。

上海市"浦江人才计划"

上海市人力资源和社会保障局和市科委于2005年设立"浦江人才计划"，每年出资4000万元（后增至4750万元），向回国的留学人员提供工作创业启动资金支持。根据实际情况，来沪工作创业的留学人员按照创业项目类别可以获得5万—50万元的资助。

2018年，上海市"浦江人才计划"确定资助328名留学人员（团队），其中科研开发（A类）资助人员112人、科技创业（B类）资助人员37人、社会科学（C类）资助人员116人、特殊急需人才（D类）资助人员63人，资助经费总计5980万元。截至2018年底，上海市"浦江人才计划"已累计资助3704名留学人员（团队）。

江苏省

江苏省"双创计划"

2006年12月，江苏省委、省政府出台《关于加强高层次创新创业人才队伍建设的意见》，启动实施江苏省"高层次创新创业人才引进计划"（即"双创计划"）。计划从2007年开始，省财政每年投入2亿元（2010年增至4亿元）专项资金，围绕江苏省优先发展的重点产业，每年面向海内外引进200名左右高层次创新创业人才或团队，着力打造一批竞争优势明显的高新技术产品群和企业群。"双创计划"经过10年发展，目前包括双创人才、双创团队和双创博士三大项目。双创人才项目分为创业、企业创新、高校创新、科研院所创新、卫生创新、文化创新、高技能创新等七个类别；双创团队项目分为科技、战略性新兴产业、软件和互联网、教育、现代农业、服务外包、卫生、诺贝尔奖获得者、外国院士、"千人计划"研究院等十个类别；双创博士项目分为创业、企业创新、企业博士后、县级医院创新、世界名校、科技副总、产业教授指导博士等七个类别。在支持政策方面，对入选的双创人才，3年内省级财政给予50万元或100万元的创新创业资金资助，其中用于补助个人的不得低于30%，并不得抵扣工资待遇。对入选的双创团队，在已获得各相关主管部门给予300万—3000万元的项目经费资助基础上，3年内省级财政给予300万—800万元的人才经费资助。如属世界一流水平的双创团队，或属由省政府直接组织建设的省级重大科技创新平台急需引进的团队，采取“一事一议”、特事特办的方式，给予特别支持。此外，对入选的人才或团队，优先推荐申报“国家特聘专家”，优先推荐申报省“科技企业家培育工程”“333工程”等计划，优先向金融机构、担保公司、风险投资公司推荐融资项目，享受省各地、各部门制定的引进高层次人才相关优惠政策和待遇。同时，按照国家、省引进高层次人才有关政策，为引进的高层次人才提供工作条件、签证、落户、医疗、保险、税收、配偶安置、子女入学、驾照转换等方面的支持与服务。

2018年，江苏省“双创计划”资助双创人才478名、双创团队40个、双创博士587名。截至2018年底，江苏省“双创计划”累计引进领军人才3900多名、创业团队360多个、双创博士近4000人，累计资助创业类人才12.28亿元。10多年来，通过“双创计划”的带动，江苏省引进海内外高层次人才1万多名，其中45%为带技术、带项目、带资金到江苏创办企业，43%是企业高薪引进的创新人才，80%集中在企业或园区。

南京市“创业南京”英才计划

2011年，南京市委、市政府出台《领军型科技创业人才引进计划实施细则（试行）》，启动实施“321人才计划”。计划用5年时间，引进3000名领军型科技创业人才，重点培养200名科技创业家，加快集聚100名海外高层次创业人才。截至2014年底，南京市“321人才计划”共分六批引进领军型科技创业人才2551人，注册企业2336家。入选人才中，96%以上是硕士和博士，包括147名“国家特聘专家”和144名江苏省“双创计划”人才。

2015年11月，南京市委、市政府出台《关于“创业南京”人才计划的实施意见》。计划在“十三五”期间，聚焦创新型、服务型、枢纽型、开放型、生态型的“五型经济”主攻方向，重点集聚100名科技顶尖专家、培育200名创新型企业家、引进3000名高层次创业人才、引领2万名青年大学生创业，打造具有国际影响和独特优势的产业科技人才高地。其中，“高层次创业人才引进计划”作为“321人才计划”的改进升级版，将从2016年起，用5年时间，以区（园区）为主体，引进扶持3000名高层次创业人才，市级层面从中择优遴选并重点扶持1000名高层次创业人才。引进人才通过区（园区）遴选认定的，由区（园区）给予不少于50万元初创扶持；通过市级遴选认定的，由市财政再给予100万元扶持。同时，在政务服务、市场服务、金融支撑、科技服务、创业辅导、首购首用、人力资源、税收优惠、生活配套等九个方面提供配套服务。截至2017年底，“创业南京”人才计划共分两批入选554人，其中，科技顶尖专家33名，创新型企业家117名，高层次创业人才404名，入选的人才项目集中分布于软件及信息服务、生物医药、新能源、新材料、高端装备等领域，与南京的主导产业和战略新兴产业高度契合。

2018年，南京市委、市政府出台《关于建设具有全球影响力创新名城的若干政策措施》，进一步优化升级重点人才工程政策机制，加快打造国际化创新创业人才高地。在持续推进“创业南京”英才计划（即“创业南京”人才计划）的基础上，制定了《南京市关于优化升级“创业南京”英才计划实施细则》。《实施细则》提出，对入选的国家高层次人才计划江苏省“双创团队”的，将项目资助标准提高至500万元；对具有海内外行业领军企业高管任职经历、获得海内外高规格创业大赛奖项并落地本市、新创业2年内获得备案社会风创投高额融资等情形的，申报高层次创业人才引进计划时，均不再对其学历、职称等设置限定条件；对入选“高层次创业人才引进计划”的，在给予50万—150万元创业启动资金、3年免租金100平方米创业场所和100平方米人才公寓的基础上，所创企业自获利年度起，3年内对南京市经济发展贡献全部奖励人才初创企业。

2018年，第三批“创业南京”英才计划和2018年度南京市“高层次创业人才引进计划”项目申报于4月启动。

无锡市“太湖人才计划”

2006年5月，无锡市委、市政府启动实施“530”计划。计划在5年内引进不少于30名领军型海外留学人才到无锡创新创业。2008年，无锡市推出“后530”计划，2009年推出“泛530”计划，实施无锡市“千人计划”，相继出台20多个“530”计划配套文件，并提出打造集聚高层次人才、培育高新技术产业、发展高端服务业、具有高品质人居环境的“东方硅谷”。2012年，无锡市委出台《关于深化“530”计划，建设“东方硅谷”的意见》《关于推进“东方硅谷”建设的意见》，通过深化实施“530”计划，大力引进国际国内顶尖人才、科技创业领军人才、中介服务领军人才、科技创新领军人才、社会事业领军人才，加快“东方硅谷”建设步伐。截至2013年底，无锡市“530”计划累计注册企业1840家，吸引各类人才1.6万多人，包括“国家特聘专家”78人，江苏省“双创计划”人才224人。

自2014年起，无锡市“530”计划结合“东方硅谷”建设，将人才引进重点转向引进国际国内顶尖人才、社会事业领军人才、中介服务领军人才、高级经营管理人才以及企业柔性引进外国专家、海外智力。2015年，无锡市开始酝酿新的“太湖人才计划”。2016年5月，发布《关于实施“太湖人才计划”打造现代产业发展新高地的意见》，启动实施“太湖人才计划”。计划重点支持引进、培育产业升级创新领军人才、企业经营管理领军人才、先进制造技能领军人才、新兴产业创业领军人才、生产性服务业领军人才和优秀大学毕业生等六类产业发展人才，全力打造以“智能化、绿色化、服务化、高端化”为核心内涵和鲜明特征的现代产业发展新高地。其中，对到无锡自主创业、兴办企业的科技领军人才，将给予最高1800万元的资助。

2017年，无锡市委、市政府出台《关于深化“太湖人才计划”的若干意见》，推出12条举措，对“太湖人才计划”在加大人才政策支持力度、创新人才工作机制、强化人才服务保障三个方面继续进行优化升级。《意见》提出，对于物联网、智能制造、现代服务业等重点产业领域引进的诺贝尔奖获得者、海内外院士、国家科学技术奖最高奖获得者以及与其相同层次的顶尖人才或领军团队，带技术、带项目、带资金到无锡创新创业，给予1000万—1亿元项目资金支持。对于重点产业发展急需、拥有核心技术和重大发明创造、处于行业领域高端和前沿的高层次人才，到无锡创办企业或创新发展，给予50万—150万元项目资金支持或购房补贴。

2018年，无锡市委、市政府对应产业高质量发展的新目标，对“太湖人才计划”及其升级版再度优化提升，出台《关于实施“太湖人才计划”升级版2.0 打造国内一流具有国际竞争力人才发展高地的若干意见》。《意见》提出实施“国际人才特别支持计划”“产业人才优先支持计划”等4个计划。其中，海外留学生带项目、带技术、带资金到无锡市创业，符合该市产业发展方向的，视项目运行质量和预期效益，经评审给予最高500万元项目支持；对顶尖人才和团队实行“一事一议”和“一企一策”定制化服务，支持额度上不封顶。

2018年，“太湖人才计划”共入选产业升级创新领军人才35人、领军型团队7个。

徐州市“彭城英才计划”

2009年7月，徐州市委、市政府出台《关于加强高层次创新创业人才队伍建设的意见》，启动实施“高层次创新创业人才引进计划”（即“彭城英才计划”）。计划在5年内，重点围绕该市优先发展的重点产业、重大项目和具有竞争优势领域，至少新引进10个高水平创新创业团队、100名创新创业领军人才、500名高层次创新创业紧缺人才。2014年，徐州市出台《徐州市高层次创新创业人才引进计划实施办法》，对全市高层次人才引进的对象条件和相关扶持政策进行了明确，在科技、融资、学术、生活、税费减免等方面提供集成扶持。对引进的创新创业团队，经省评审认定，按不同层次给予300万—3000万元项目经费支持，同时给予团队领军人才和核心成员50万—200万元的资助；对创业领军人才给予不低于200万元项目资金资助；对全职引进创新领军人才给予不低于100万元项目资金资助，对非全职引进创新领军人才给予50万—100万元项目资金资助；对高层次创新创业紧缺人才给予30万—100万元项目资金资助。同时，市级财政每年安排3000万元引导资金，联合其他创投机构成立“彭城英才创投基金”，对人才创业项目进行扶持。

2018年，徐州市委、市政府出台《关于加快建设淮海经济区人才高地的意见》，提出实施“彭城英才221重点人才计划”，计划到2020年，新引进培育诺贝尔奖、图灵奖等国际性重要科学技术奖获得者，国家最高科技奖获得者、中国或发达国家院士等顶尖人才（团队）20名，最高给予1亿元项目资助，给予顶尖人才个人最高500万元、核心成员最高100万元奖励；新引进培育国家级创新创业领军人才等掌握核心科技、引领产业发展、国际国内知名的领军人才（团队）200名，最高给予3000万元项目资助，给予领军人才个人最高300万元、核心成员最高100万元奖励；新引进具有博士以上学历、拥有自主创新成果、能够突破关键技术，有在国内外知名企业、高校、科研单位及相关机构工作经历的研发和管理人才以及金融服务、商贸物流、文化创意等领域的双创人才1000名，给予每人最高100万元的奖励。

2018年，通过“彭城英才计划”，共有378名高层次人才到徐州洽谈合作，成功签约86个合作项目，引进“两院”院士等顶尖人才10人、领军人才46人；全市入选江苏省“双创人才”28名、“双创团队”3个、“双创博士”36人。截至2018年底，“彭城英才计划”共引进2056名高层次人才，其中，海外高层次人才900余名，“国家特聘专家”70余名。

常州市“龙城英才计划”

2011年8月，常州市在全面完成两轮“千名海外人才集聚工程”目标任务的基础上，启动实施“龙城英才计划”。“千名海外人才集聚工程”是常州市在2006年9月开始实施的大规模领军人才引进工作，两轮共引进领军型创新创业人才467名，并带动引进了2000多名海外高层次人才，有12人被认定为“国家特聘专家”，83人入选江苏省“双创计划”。“龙城英才计划”计划在未来5年，围绕重点培育和发展的新能源、新材料、高端装备制造、生物技术和新医药、节能环保、软件和服务外包、物联网和新一代信息技术等七大新兴产业，引进并大力支持1000名领军型人才，由此带动1万名各类高层次人才。同时，整合政府资源，撬动各类资本对创业企业进行聚焦式投资，重点支持200家领军型人才创业企业实施股权融资，助推创业企业加速发展。

2015年12月，常州市委、市政府出台《关于深化人才工作体制机制改革，全力推进“龙城英才”创新创业的实施意见》，根据领军人才创业项目发展阶段性需求，构建“引进性资助、扶持性资助、激励性资助”相互支撑的分层分类支持体系。

2017年3月，常州市委、市政府出台《进一步深化“龙城英才计划”改革创新的意见》，此后，常州市有关部门连续新出台16项配套政策文件，对海内外精英人才、领军型创新人才、高端经营管理人才等14类人才的引进培育作了明确详细的规定，并实施海内外精英人才攻坚、领军型创业人才提升等八项工程，从多方面激发人才创新创业活力。其中，对于高精尖人才、海内外精英人才到常州设立科研院所、领办创办重大人才企业、创新创业，给予最高1亿元的特别支持；对于领军型创业人才（团队）项目，给予100万—300万元的无偿创业资金资助和最高1000万元股权债权支持。

2018年，“龙城英才计划”引进领军型创业人才项目247个，产业紧缺、卫生、教育、经营管理等各类高层次人才600余名，其中，有40人入选江苏省“双创计划”。截至2018年底，“龙城英才计划”共引进高层次创新创业人才项目1800多个，其中，创投机构投资500万元以上或重点企业投资1000万元以上的人才项目190多个，2家企业上市，10多家企业挂牌新三板，20人被认定为“国家特聘专家”。

苏州市“姑苏创新创业领军人才计划”

2007年，苏州市政府出台《关于实施姑苏创新创业领军人才计划的意见》。计划重点根据苏州产业发展布局和新兴产业规划，在新兴信息、生物、新能源、高端装备制造、新材料、节能环保、新能源汽车等战略性新兴产业领域，以及现代服务业、现代农业等重点领域，引进带项目、带技术、带资金在苏州创新创业的领军型人才，对引进人才在安家补贴、科研经费、工作场所、风险投资、信贷风险补偿等方面予以资助扶持。

2010年3月，苏州市全面推进“姑苏人才计划”，“姑苏创新创业领军人才计划”纳入“姑苏人才计划”体系。计划5年内择优资助1000名领军人才，对于创新创业领军人才，将给予50万—250万元的安家补贴；根据创业项目的规模和进度，给予

100万—400万元的科研经费资助；提供不少于100平方米的工作场所并免3年租金；提供最高500万元的担保融资贷款、30万元科技保险费补贴、50万元贴息资助等。

2018年，“姑苏创新创业领军人才计划”立项支持194名创新创业领军人才、4个重大创新创业团队。截至2018年底，“姑苏创新创业领军人才计划”已累计立项资助高层次人才（团队）1210个。

南通市“江海英才计划”

2009年，南通市委、市政府出台《关于大力实施人才强市战略的意见》和《关于实施江海英才计划的意见》，启动实施引进高层次科技领军人才及团队的“江海英才计划”。计划5年内，面向海内外引进100名高层次创业领军人才、1000名工程技术关键人才、1万名紧缺专业人才。引进人才可根据条件给予50万—500万元的项目启动资金、20万—150万元的购房补贴、3年内每月1000—5000元的生活津贴；对落地创业人才3年内免费提供不少于200平方米的创业场所，并给予投融资、家属就业、子女就学等多方面的优惠。对特殊优秀人才，还可采取一人一议的灵活引才政策。此外，设立了江海杰出英才奖、留学回国人员成就奖、高技能人才成就奖，分别给予100万元、20万元、10万元奖励。

2018年，南通市委、市政府制定出台《南通“人才新政8条”》以及22个配套办法和实施细则。其中，对入驻市级以上众创空间并入选“江海英才计划”的人才创业项目，在创业扶持、项目补助上均有大幅提高。

2018年，“江海英才计划”共资助高层次创新创业人才（团队）39个。截至2018年底，“江海英才计划”共分十一批累计资助高层次创新创业人才（团队）351个，全市拥有“国家特聘专家”158名、江苏省“双创计划”人才321名。

连云港市“港城英才计划”

2009年，连云港市委、市政府出台《加快引进高层次人才实施办法》和《关于实施创业创新领军人才集聚工程的意见》，启动实施“高层次创新创业领军人才集聚工程”。计划在5年时间里，采用招聘、调动、特聘等多种引进方式，从海内外高校、科研院所、世界500强企业和国内知名企业，引进500名左右高层次创业创新人才，其中，创业创新领军人才不少于50名。截至2015年底，“高层次创新创业领军人才集聚工程”累计支持86个领军人才项目。

2016年，为进一步推进高端人才引进，连云港市对“高层次创新创业领军人才集聚工程”进行改版升级，启动实施“港城英才计划”，增加了“双创博士”和“双创团队”项目，全面与国家引才计划和江苏省“双创计划”接轨。入选“港城英才计划”的高层次人才，可享受资金支持、项目推荐、配套服务等措施。其中，对入选的“双创人才”，给予30万—150万元的创新创业资金资助；对入选的“双创团队”，给予100万—300万元的人才经费资助；对入选的“双创博士”，给予15万元的创新创业资金资助。

截至2017年底，“港城英才计划”共分四批入选海内外高层次创业创新人才198人。

2018年，“港城英才计划”未启动实施。

淮安市“淮上英才计划”

2013年2月，淮安市委、市政府出台《关于组织实施“淮上英才计划”的意见》。计划从2013年起，用3年左右时间，围绕淮安重点产业、重点领域和重点学科引进10个创新创业团队、100名创新创业领军人才、1000名创新创业急需人才。经认定的创新创业团队，按照不同层次给予资金支持。A类：由诺贝尔奖获得者，国内外科学院、工程院院士领衔的创新创业团队，给予每个团队2000万—3000万元项目经费资助；B类：“国家特聘专家”人才团队及同等层次创新创业团队，给予每个团队1000万—2000万元项目经费资助；C类：经认定的其他创新创业团队，给予每个团队300万—1000万元项目经费资助。经认定的创新创业领军人才，给予30万—100万元项目资金资助，特殊人才“一事一议”。经认定的创新创业急需人才，给予不超过30万元项目资金资助。此外，给予融资、税收、住房、创业场所等方面的支持，并协调解决引进人才的工作条件、签证、落户、医疗、保险、配偶安置、子女入学、驾照转换等问题。

2018年，“淮上英才计划”项目申报于10月启动。

盐城市“515”领军人才引进计划

2009年，盐城市委、市政府出台《关于加强创新创业领军人才队伍建设的意见》，启动实施“创新创业领军人才引进计划”，重点引进“两院”院士、国家重大科研项目的主持人、国家级学科带头人、高层次创新型人才、科技型创业人才等该市急需的领军型高层次人才及团队。对引进的领军人才，将给予每人（团队）100万—300万元创新创业资金资助，并优先推荐进入江苏省“双创计划”和“三三三高层次人才培养工程”。对领军人才领办、创办的企业实现税收增长50%以上的，3年内个人所得税地方留成全额返还。引进人才的单位提供不少于130平方米的租住房，同级财政一次性给予20万—50万元安家补助。

2015年，盐城市出台“515”人才引进三年行动计划，计划从2015年到2017年，市、县两级计划投入40亿元，每年引进5万名大学生、1万名专门人才和500名领军人才，“创新创业领军人才引进计划”相应升级为“515”领军人才引进计划。

2018年，“515”人才引进三年行动计划结束，盐城市推出实施新一轮“515”人才引进计划，将资助对象向盐城企业驻外机构引进的高层次人才延伸，并进一步扩大紧缺专业目录，优化申报审核流程。

2018年，“515”领军人才引进计划共引进各类领军人才361名，发放人才资助资金1.12亿元。截至2018年底，全市累计资助领军人才项目667个，发放资助资金5.5亿元，其中创业项目109个，为南通市实施“产业强市”战略提供了有力的人才支撑和智力支持。

扬州市“绿扬金凤计划”

2010年，扬州市委、市政府启动实施“绿扬金凤计划”，包括“百名创业创新领军人才引进计划”和“百名优秀博士人才集中招引活动”。计划在3年内，市财政每年设立1亿元人才专项资金，引进100名创业创新领军人才、100名优秀博士人才。对创业领军人才，按照重点推荐项目、优先推荐项目、一般推荐项目，分别给予300万元、200万元、100万元资助；对创新领军人才，分别给予150万元、100万元、50万元资助。对于优秀博士，到扬州企业工作的，给予每人6万元补助；到事业单位工作的，给予每人3万元补助。2013年底，扬州市集中出台“6+1”人才政策，深化实施“绿扬金凤计划”，在资金资助、金融支持、载体建设、住房保障、医疗保健、子女教育等方面加大支持力度。2016年，“绿扬金凤计划”新增设创业团队项目，给予入选团队600万—1000万元资助。

2018年，“绿扬金凤计划”项目申报于9月启动。

镇江市“金山英才计划”

2008年8月，镇江市委、市政府制定出台《镇江市引进培育创新创业领军人才三年行动计划》，启动实施“331计划”。计划用3年时间，引进培育30个领军人才团队和100名领军人才。市、县两级财政共设立1亿元的专项资金，用于为领军人才提供创业扶持、安家资助和学术交流。截至2015年底，“331计划”共分八批引进资助559个人才（团队），带动引进海内外高层次创新创业人才2000多名，其中，“国家特聘专家”89名、江苏省“双创计划”人才278人。

2016年2月，在“331计划”的基础上，镇江市正式启动实施“金山英才计划”。计划从2016年开始，用5年时间，重点引进支持600名（个）以上产业发展领域的高层次领军人才（团队）。计划包括5个子计划：顶尖人才专项计划，重点引进和支持15名（个）左右顶尖人才（团队），可给予1000万元资金资助，特别突出的，资助金额上不封顶；“镇江制造2025”领军人才计划，重点引进和支持240名（个）左右带技术、带项目、带资金的制造业领军人才（团队），分2年给予200万元或100万元的资金资助等；现代服务业领军人才计划，重点引进和支持150名（个）左右现代服务业领军人才（团队），分2年给予100万元或50万元的资金资助等；现代农业领军人才计划，重点引进和支持60名（个）左右现代农业领军人才（团队），分2年给予100万元或50万元的资金资助等；高技能领军人才计划，重点支持150名（个）左右高技能领军人才（团队），分2年给予20万元或10万元的资金资助等。同时，给予金融、税收等配套政策，并发放“金山英才卡”，提供医疗、子女就读、配偶就业等配套服务。

2018年，“金山英才计划”共有126人入选，其中，顶尖人才（团队）4个、“镇江制造2025”领军人才57名、现代服务业领军人才36名、现代农业领军人才18名、高技能领军人才11名。截至2018年底，“金山英才计划”共分三批入选385人。成为推动企业创新、产业升级的“开路先锋”。其中，2016年和2017年资助的7个顶尖人才（团队）项目，2018年实现销售收入9.2亿元，上缴利税9860万元，以顶尖人才项目为龙头的一批航空航天、高速列车、新能源等新兴产业集群持续壮大。

泰州市“高层次创新创业人才（团队）引进计划”

2009年，泰州市出台《高层次创新创业人才引进计划实施办法》。计划用5年时间，围绕该市重点产业发展领域，引进100名左右高层次创新创业人才和人才团队。对引进的创业类人才项目，按照重点推荐项目、优先推荐项目、一般推荐项目，分别给予200万元、100万元和50万元的一次性资金资助；对创新类人才项目，按照重点推荐项目、优先推荐项目、一般推荐项目，分别给予100万元、60万元和40万元的一次性资金资助。重点推荐项目中特别优秀的，可突破最高资助标准，同时给予场地、税收、金融、服务等方面的政策支持。2015年，该计划更名为“高层次创新创业人才（团队）引进计划”，分为创业人才、创新人才、创业团队3个子项。

2018年，泰州市“高层次创新创业人才（团队）引进计划”有153个人才（团队）入选。

宿迁市“千名领军人才集聚计划”

2011年12月，宿迁市委、市政府出台《关于进一步加强创业创新领军人才引进工作的意见》，在原“宿迁市百名创业创新领军人才集聚计划”完成的基础上，继续扩大实施“千名领军人才集聚计划”。计划到2020年，全市引进创业创新领军人才1000名左右，其中进入国家和省级计划支持的领军人才300人，带动引进各类高层次人才2000名左右。对创业领军人才，分别按A类300万元、B类100万元、C类50万元给予创业启动资金；对创新领军人才，分别按A类150万元、B类50万元、C类30万元给予创新启动资金。自主创业领军人才项目企业注册以后，提供股权融资、贷款贴息担保、生产及办公用房、物业服务等支持。此外，引进的领军人才在住房、子女入园入学、医疗、保险等方面享受优惠政策。

2018年，宿迁市“千名领军人才集聚计划”有61个人才（团队）入选。截至2018年底，宿迁市“千名领军人才集聚计划”共引进资助领军人才（团队）372个。

浙江省

浙江省“千人计划”

2009年，浙江省委、省政府出台《关于大力实施海外优秀创业创新人才引进计划的意见》，启动实施“海外高层次人才引进计划”（即浙江省“千人计划”）。计划通过5至10年时间，引进并重点支持1000名左右能够突破关键技术、发展高新技术产业、带动新兴学科的学科带头人、科技领军人才和高层次创业人才，争取其中300名左右入选中央海外高层次人才引进“千人计划”。浙江省“千人计划”包括创新人才长期项目、创新人才短期项目（即“海鸥计划”）、创业人才项目和“外专千人”项目。对入选创新、创业和“外专”项目的，授予“浙江省特聘专家”称号，享受相应的工作条件和特定的生活待遇，包括给予一次性100万元的科学技术人才奖励，地方政府相应配套奖励；优先推荐参评“国家特聘专家”及相关荣誉称号和各类奖励；发放《浙江省海外高层次人才居住证》，并根据有关规定享有相应权益。对入选“海鸥计划”的，给予一次性50万元的省政府科学技术人才奖励，根据引进人才实际需要，可为其提供出入境、医疗、保险等方面的优惠便利。

截至2017年底，浙江省“千人计划”共引进高层次创新创业人才1885名。

2018年，浙江省“千人计划”项目申报于3月启动。

杭州市全球引才“521”计划

2010年，杭州市委、市政府出台《杭州市全球引才“521”计划实施意见》。计划从2010年开始，用5年时间，面向全球引进20个以上海外优秀创业创新团队，100名以上带着重大项目、带领关键技术、带动新兴学科的海外高层次创业创新人才。入选“521”计划的人才，将根据有关规定享受资助资金、人才住房、安家补助、医疗保健、社会保险、配偶安置、子女就学和永久居留或多次往返签证等相关政策待遇，优先推荐参评“国家特聘专家”和浙江省“千人计划”。

2016年，杭州市启动实施新一轮“521”引才计划。计划用5年时间，在全市重点创新项目、重点学科和重点实验室、企业和金融机构、以高新技术产业开发和成果转化为主的各类园区等领域，引进并重点支持200名左右能够突破关键技术、发展高新技术产业、带动新兴产业发展的海外高层次人才；每年引进10名左右拥有海外学习工作经历，在高等院校、科研机构、科技企业和金融机构从事创新工作的青年人才。

截至2017年底，杭州市全球引才“521”计划共引进276名海外高层次创业创新人才。

2018年，第三批新一轮杭州市全球引才“521”计划项目申报于3月启动。

宁波市“3315计划”

2011年，宁波市委、市政府出台《关于实施海外高层次人才引进“3315计划”的意见》。计划从2011年开始，用5至10年时间，围绕“六个加快”战略部署，以各类开发区、科研机构和留创园、研发园、创意园等为载体，引进并重点支持一批海外高层次人才来甬创新创业，力争其中30名列入“国家特聘专家”、300名列入省海外高层次人才引进计划、1000名列入市海外高层次人才引进计划，新增海外创新创业人才5000名。到2020年，在宁波市创新创业的海外人才突破1万名。对入选的海外高层次创新创业人才及其团队，将一次性给予100万元的创新创业资助，并可根据不同情况享受“一事一议”、家属子女安顿等方面的优惠政策。列入“国家特聘专家”和浙江省“千人计划”的，给予额外的配套资助，随同引进的团队成员最高给予100万元的资助。截至2016年底，宁波市“3315计划”共引进358名海外高层次人才和120个高端团队，其中，198人入选“国家特聘专家”、75人入选浙江省“千人计划”。

2017年，宁波市委、市政府出台“泛3315计划”。计划未来5年，重点支持城市经济社会发展领域急需紧缺高层次人才200人、高端团队100个，带动集聚高层次人才3000人、高端团队500个。对入选“3315计划”的创业创新团队，在政策和资金支持、奖励等方面制定了新的举措，按A、B、C三个层次，分别给予2000万元、1000万元、500万元的创业创新资助经费。对全球顶尖人才领衔的高端创业创新团队给予最高1亿元的创业创新资助经费。对入选“泛3315计划”的人才给予50万元资助。对顶尖人才领衔的重大项目，可实行“一事一议”，资助额度上不封顶。此外，“泛3315计划”人才和团队（含带头人和成员），如通过宁波自主申报入选上级重要人才计划的，还可给予国家、省、市、县最高600万元资助。经自主培养升级成为宁波市人才分类目录中顶尖人才和特优人才的，还可分别给予人才200万元、50万元奖励。

2018年，宁波市首次全面实施“3315系列计划”，包括“泛3315计划”“3315集聚先进制造人才计划”和“3315资本引才计划”，共有146个人才和团队入选。截至2018年底，宁波市“3315计划”直接引进海外高层次人才1345人，其中，自主申报被认定为“国家特聘专家”的102人，浙江省“千人计划”人才279人，创新创业高端团队138个，带动引进人才项目2000多个。

温州市“海外精英引进计划”

2011年3月，温州市委、市政府出台《温州市“580海外精英引进计划”实施办法》。计划从2011年开始，用5年时间，将面向全球遴选80名左右能够突破关键技术、发展高新产业、推动创新发展的海外高层次人才，助力“十二五”发展。列入“580海外精英引进计划”的人才，将由温州市委、市政府授予“温州市特聘专家”称号，并给予30万元的专项人才奖励，以及创业资助、投融资支持等，并可在住房、技术和人力资本入股、随迁配偶安置、子女教育等方面享受有关优惠待遇。对入选“国家特聘专家”、浙江省“千人计划”的，还将分别给予100万元和50万元的奖励。截至2017年底，“580海外精英引进计划”共分六批引进219人。其中，有128人入选“国家特聘专家”、浙江省“千人计划”。

2018年，温州市委、市政府出台《关于高水平建设人才生态最优市的40条意见》，从人才团队建设、创业项目扶持、服务机制、引才用才机制改革、平台建设、服务保障机制六个方面，打造温州人才政策的“一本通”。《意见》整合了原“580海外精英引进计划”“海外工程师”“海外智力项目”等引才计划，整合形成新版“海外精英引进计划”。“海外精英引进计划”主要面向海外人才和港澳台人才，设创新长期项目、短期项目、创业项目、海外工程师和海外智力项目等五个项目。给予创新长期项目、创业项目、短期项目入选者30万元、30万元、15万元个人奖励，给予海外工程师、海外智力项目引进单位10万元、5万元引才奖励；给予创新长期项目、创业项目入选者60万元购房补贴；给予创业项目200万元创业发展资助。《意见》还对创新团队建设相关政策进行了优化整合，按“顶尖（Ⅰ类）”“杰出（Ⅱ类）”“领军（Ⅲ类）”“优秀（Ⅳ

类）”四类给予科技型团队3000万元、1000万元、500万元、100万元资助，形成梯度明显的高水平创新团队支持政策。

2018年，温州市“海外精英引进计划”人选申报工作于10月启动。

嘉兴市“创新嘉兴·精英引领计划”

2009年12月，嘉兴市委、市政府出台《关于加强创业创新人才队伍和创新团队建设的若干意见》《“创新嘉兴·精英引领计划”实施办法（试行）》和《嘉兴市重点创新团队遴选办法》，启动实施“创新嘉兴·精英引领计划”。计划从2010年起，用5年左右时间，引进培育100名具有省内、国内领先水平的嘉兴市创业创新领军人才，其中引进50名海外高层次人才，争取20名进入“省海外高层次人才引进计划”和“国家海外高层次人才引进计划”。同时，打造100个左右嘉兴市重点创新团队，由此带动各领域建设一批不同层次、方向明确、结构合理、开拓创新、团结协作、特色鲜明的创新团队。对创业创新领军人才，一次性给予100万—300万元创业启动资金；对研发性项目落户地，提供不少于100平方米建筑面积的工作场所，3年内免收租金；对企业创办后3年内所得税形成的地方财政收入部分，全额奖励给企业用于研发或扩大生产。对重点创新团队，给予30万—100万元的创新资助。此外，将在子女入学、家属就业等方面也给予优惠。

2017年，嘉兴市出台引才新政，入选“创新嘉兴·精英引领计划”的创业人才项目从原来的100万—300万元提高到200万—500万元；对创新长期项目，资助金额从原来的一次性60万元提高到每年最高100万元，连续资助5年；新增加创新短期项目，每年最高给予50万元的资助，连续资助3年。

截至2017年底，“创新嘉兴·精英引领计划” 累计吸引来自全球的7000多名高层次人才报名，共遴选领军人才900余名。

2018年，“创新嘉兴·精英引领计划”共申报273个人才项目，通过审查推荐，有148个人才项目入围综合评审，包括创业人才项目113个、创新人才项目35个，入围项目的申报者中有博士96名、硕士48名。

湖州市“南太湖精英计划”

2008年4月，湖州市委、市政府出台《关于推进创新团队和领军人才队伍建设的若干意见》，启动实施“南太湖精英计划”。计划用5年时间，重点在生物医药、环保节能、电子信息、新材料、新能源和现代农业等六大产业中引进一批带项目、带技术、带资金、具有自主创新能力的留学归国科技领军人才及其创新团队。给予领军型创业团队创业启动资金、领军型创新团队创新项目产业化配套资金扶持，其中A类300万元、B类200万元、C类100万元，注册企业可享受由落户县区提供的不少于100平方米的工作场所；给予创新领军人才创新项目产业化30万—100万元的配套资金扶持；给予创新领军人才短期项目10万—30万元的资助。同时，优先推荐申报“国家特聘专家”“万人计划”、浙江省“千人计划”、省领军型创新创业团队、省院士专家工作站等各类人才科技计划，并按省财政奖励额度给予配套资助。入选领军型创新创业团队负责人和创新领军人才可享受“湖州服务绿卡”以及在子女入学、医疗保健、家属就业等方面的各项待遇。

2018年，湖州市出台《2018年度南太湖精英计划实施办法》，启动新一轮“南太湖精英计划”。《办法》完善了人才和团队的申报条件，提高了入选项目资助额度，对特别优秀的人才团队、特别重大的项目实行“一事一议”，最高给予1亿元资助。还进一步明确对绩效评估优秀的领军型创业团队给予100万元的奖励，同时鼓励各类市场化主体参与引才工作，对成功引进人才项目的中介机构将给予最高80万元奖励。

2018年，“南太湖精英计划”共有215个项目申报，800多人参加答辩评审，最终有178个领军型创业创新团队和领军人才项目入选，其中，领军型创业团队110个、领军型创新团队14个、创新领军人才长期项目12个、创新领军人才短期项目35个、院士专家工作站7个，项目总计获得2.28亿元资助，引进高层次人才686名。截至2018年底，湖州市共遴选资助“南太湖精英计划”领军型创业创新团队和人才项目968个，全市“南太湖精英计划”创业人才新创办高新技术企业453家，有10家在新三板成功挂牌，2017年销售突破100亿元、税收突破20亿元。自“南太湖精英计划”启动以来，全市已集聚海内外院士114名、“国家特聘专家”142名、浙江省“千人计划”人才205名。

绍兴市“330海外英才计划”

2010年3月，绍兴市委、市政府出台《绍兴市“330海外英才计划”实施办法》。计划从2010年开始，用3年时间，在绍兴市六大传统优势产业和先进装备制造、新材料、生物医药、节能环保、新能源、新兴信息等战略性新兴产业，能够突破关键技术、培育高新产业、推动创新发展的海外高层次人才，争取有20名以上进入“国家海外高层次人才引进计划”和浙江省“千人计划”。对入选的海外高层次人才，将授予“绍兴市特聘专家”称号，享受相应的工作条件和特定的生活待遇。评审结果为A类、B类、C类的，分别给予500万元、300万元、100万元的创新创业启动资金；提供不少于200平方米的3年免租工作场所，或者给予相当于200平方米办公场所的租金补贴；落户后可按成本价申购100—160平方米的人才住房，或享受30万—100万元的购房补贴，或享受限期10年每年3万—6万元的租房补贴。此外，还可享受贷款贴息、永久居留或多次往返签证、落户、医疗保健、社会保险、子女就学等方面的优惠政策和便利服务。

2017年，绍兴市新制定出台“人才新政二十条”，入选“330海外英才计划”的A、B、C三类人才项目将分别给予500万元、300万元、200万元创新创业启动资金。其中，入选国家、省“千人计划”的还将按国家、省补助奖励额度分别给予1：1的配套奖励，对新引进的海内外重点技术创新团队给予500万—1000万元的项目资助，对国际一流团队和顶尖人才领衔的重大项目可制定专门的扶持政策。

截至2017年底，“330海外英才计划”共引进签约落户海外高层次人才448名，其中，“国家特聘专家”近30名，浙江省“千人计划”人才50余名。

2018年，“330海外英才计划” 项目申报于3月启动。

金华市“双龙计划”

2010年，金华市启动实施“海内外英才引进计划”，鼓励高层次人才带技术、带成果、带资金到金华创业创新，对优秀创业项目给予最高500万元的资助。计划推出后，受到海内外人才热切关注，共引进落户18个领军人才项目。2012年底，为进一步加大人才引进力度，金华市委、市政府决定在原政策基础上，实施创业创新领军团队和人才引进“双龙计划”。计划用5年时间，每年投入至少1亿元资金，面向海内外集聚一批达到国际先进水平的科技创新团队、一批行业地位突出的创业创新领军人才、一批专业技术发展潜力较大的后备领军人才。对新兴产业带动明显的科技创新团队，最高可获2000万元资助；对引进的“两院”院士或相当层级的国际顶尖人才，奖励资助不少于1000万元。另外，在税收优惠、人才住房和其他配套服务方面，也将享受多项优厚待遇。

2018年，“双龙计划”入选人才项目45个，其中，创业领军人才项目27个，创新领军人才项目18个。截至2018年底，“双龙计划”共引进人才项目247个，其中，创业类项目139个，创新类项目108个。全市创业类项目累计实现产值15.7亿元、缴纳税收1.02亿元；创新类人才承担省级以上研发项目218个、申请专利1663项、授权专利922项，32人被认定为“国家特聘专家”，浙江省“千人计划”人才超过60名。

台州市“500精英计划”

2011年9月，台州市委、市政府出台《关于扶持高层次人才创业创新的若干意见》及相关的配套政策文件，启动实施“500精英计划”。计划每年投入全市可用财力的1.5%，用5年左右时间，引进和扶持500名左右高层次人才到台州创业创新。计划实施5年来，已建成了产业经济、社会事业两大领域，创业、创新和紧缺三大类别，创业、创新长期项目、创新短期项目、紧缺和领军型团队等5个子类别的高层次人才引进体系。入选“500精英计划”的创业人才，项目正式落户并启动后，3年内按照A类、B类、C类三个层次，分别给予最高1000万元、600万元、400万元的项目启动资金资助，并享受个人待遇。入选创新带项目的人才，按照A类、B类、C类三个层次，分别给予100万元、50万元、30万元的科研经费资助，并享受个人待遇。入选领军型创新创业团队给予最高1000万元的经费资助，对具有国际顶尖水平的团队采取“一事一议”方式，专题论证支持方式与额度。此外，入选人才还可按相关政策享受创业场所免租、贷款贴息、住房、医疗、子女就学等其他各项政策待遇。

2018年，台州市“500精英计划”共认定创业创新人才263名，其中，产业经济领域创新人才42名，社会事业领域创新人才13名，创业创新人才148名，创业人才60名；领军型创业团队2个；落地创业项目达到97个，注册资本7.6亿元。截至2018年底，全市已引进落地“500精英计划”人才894名，落户创业企业287个。

安徽省

安徽省“百人计划”

2009年8月，安徽省委、省政府下发《关于加强引进海外高层次人才工作的实施意见》，启动实施安徽省引进海外人才“百人计划”。计划用5至10年时间，引进并重点支持100名左右能够突破关键技术、发展高新产业、带动新兴学科的科技领军人才到皖创新创业。对入选“百人计划”的海外高层次人才，将授予“安徽特聘专家”称号，并在准入政策、税收政策、工作待遇、生活保障等各个方面提供政策支持。

截至2017年底，安徽省“百人计划”共分七批入选142人。

2018年，第八批安徽省“百人计划”申报工作于7月启动。

合肥市“百人计划”

2011年1月，合肥市委、市政府出台《中共合肥市委关于深入实施人才强市战略的意见》《“百人计划”工程建设实施方案》系列文件，启动实施引进海内外高层次人才“百人计划”。计划从2011年起，用5年时间，围绕合肥市优先发展的支柱产业、高新技术产业和现代服务业，面向海内外引进该市急需紧缺的能够突破核心技术、发展高新产业、带动新兴学科的创新创业领军人才100名。对创新型领军人才给予30万—50万元资助，对创业型领军人才给予100万—300万元资助，并可享受居留和出入境、落户、子女入学、配偶就业、医疗保险等方面的政策待遇。

截至2017年底，合肥市“百人计划”共分七批引进169名高层次创新创业人才。全市拥有“两院”院士102名，“国家特聘专家”253名，安徽省“百人计划”人才97名，博士、硕士研究生总数近8万人。

2018年，合肥市“百人计划”未启动实施。

福建省

福建省“百人计划”

2010年1月，福建省委、省政府出台《福建省引进高层次创业创新人才暂行办法》，实施“引进高层次创业创新人才计划”（简称“百人计划”），重点支持国内外高层次创业创新人才和团队到福建创业工作。

2013年3月，福建省委、省政府在“百人计划”基础上，实施“海纳百川”高端人才聚集计划。计划在未来5年内，省、市、县三级财政投入人才经费100亿元，实施福建省引进高层次创业创新人才“百人计划”，每年评选100名福建省引进高层次创业创新人才，分别给予入选省引才“百人计划”的团队300万元、海外人才200万元、国内人才100万元补助；实施留学人员来闽创业启动支持计划，对经评审确定的重点创业项目和优秀项目，分别给予一次性创业支持资金50万元和20万元，各设区的市给予配套支持；实施福建省特殊支持高层次人才“双百计划”，每年评选200名科技创业人才、科技创新人才、企业高级经营管理人才、百千万工程领军人才、青年拔尖人才、哲学社会科学领军人才等各类高层次人才，作为福建省特殊支持的高层次人才由省人才专项经费给予特殊支持。

“百人计划”全称为福建省引进高层次创业创新人才“百人计划”，是福建省“海纳百川”高端人才聚集计划的重要组成部分，从2013年开始实行。“计划”每年评选100名福建省引进高层次创业创新人才，落实《福建省引进高层次创业创新人才暂行办法》，给予入选省引才“百人计划”的团队、海外人才、国内人才提供资金补助，同时实施留学人员来闽创业启动支持计划，对经评审确定的重点创业项目和优秀项目给予一定的资金补助，同时各设区的市给予配套支持。

2018年，第六批福建省“百人计划”有125人（团队）入选。截至2018年底，福建省“百人计划”共分六批入选高层次创业创新人才508名、创业创新团队103个。

厦门市“双百计划”

2010年，厦门市委、市政府出台《厦门市引进海外高层次人才暂行办法》和《关于加快建设海西人才创业港，大力引进领军型创业人才的实施意见》，每年投入1.5亿元，计划用5至10年时间，引进100名海外高层次人才和300名领军型创业人才（即“双百计划”）。对引进的海外高层次人才，给予每人100万元补助，并在科研经费、职称评聘等方面给予支持；对引进的领军型创业人才，提供100万—500万元创业启动资金、100至500平方米的创业场所（5年免租金），并提供政府创投、贷款贴息等方面的支持。同时，在住房、配偶就业、子女就学、社会保险等方面可享受优惠待遇。

2018年，第十一批厦门市 “双百计划”共有83人入选，其中，海外高层次创新创业人才20人（创新类14人、创业类6人），领军型创业人才63人（A+类2人、A类8人、B类18人、C类35人）。截至2018年底，厦门市“双百计划”共分十一批认定海外高层次人才和领军型创业人才1010名。

江西省

江西省“双千计划”

2017年11月，江西省委人才工作领导小组印发《江西省引进培养创新创业高层次人才“千人计划”实施办法(试行)》，正式启动实施“双千计划”。“双千计划”作为江西省目前最高层次的人才工程，计划用5年左右的时间，预计投入经费至少20亿元，面向省外和国（境）外，引进1000名左右“高精尖缺”优秀高层次人才和100个左右高层次创新创业团队，面向省内重点培养1000名左右高层次人才。“双千计划”引进类项目分为创新领军人才长期项目（自然科学类、金融类、人文社科类和青年类）、创新领军人才短期项目（自然科学类、金融类、人文社科类）、创业领军人才项目、外国专家项目、高层次创新创业团队项目（高层次创新团队类、高层次创业团队类）等5个项目；培养类项目分为科技创新高端人才项目、科技创业高端人才项目、哲学社会科学领军人才项目、高技能领军人才项目等4个项目。在项目资助上，对创新领军人才长期项目和外国专家项目入选者，自然科学类给予每人200万—300万元的项目资助，人文社科类给予每人20万—50万元的项目资助，金融类给予每人50万—100万元的项目资助；对创新领军人才长期（青年）项目入选者，给予每人100万元的项目资助；对创业领军人才项目入选者，给予每人200万—300万元的项目资助；对高层次创新创业团队入选者，给予每个团队500万—800万元的项目资助。另外，创新领军人才长期项目、创业领军人才项目和外国专家（长期）项目入选者还可提取不高于30%的资助资金用于改善个人生活条件。同时，从职务职称倾斜、落实税收优惠政策、解决后顾之忧、加强荣誉激励、优先上市融资等多个方面提供支持，优化配套服务。

2018年，首批江西省“双千计划”评出引进类创业领军人才项目28个、高层次创业团队项目12个。

南昌市“洪城计划”

2011年3月，南昌市委、市政府出台《南昌市建设“人才管理改革试验区”的十项举措》，启动实施“洪城计划”，面向海内外引进一批同时带项目、带技术、带资金、带团队的领军型创新创业人才到南昌创业。引进人才的创业项目分A、B、C三类评定，并按“三个一，三个三”的特殊政策给予特别扶持。“三个一”是指：每个创业项目的投资企业（公司）注册后1个月内，由企业注册所在县区提供不少于100平方米的创业场所，并免费使用3年，不少于100平方米的住房公寓，并免费使用3年；由市政府按A、B、C三类分别给予创业启动资金100万元、70万元、50万元。“三个三”是指：属高新技术产品产业化项目且生产过程中流动资金不足的，由市、县区财政控股的担保公司按A、B、C三类分别提供不低于300万元、200万元、100万元的贷款资金担保；属科技开发项目并据投资需求，由市科技风险投资资金按A、B、C三类分别给予不低于300万元、200万元、100万元的创业投资；属技术成果入股投资项目的，技术成果可按注册资本不低于30%作价入股。

2018年，“洪城计划”引进26个人才项目，其中，A类项目11个、B类项目8个、C类项目7个。截至2018年底，“洪城计划”共引进领军人才项目102个。

山东省

山东省“泰山产业领军人才工程”

2014年，山东省委、省政府出台《进一步完善提升泰山学者工程的意见》和《实施泰山产业领军人才工程的意见》，将“泰山学者”工程进行优化拓展，突出服务产业发展导向。该工程的主要目标是：到2020年，以各类企业、园区、产业基地等为依托，面向海内外引进培养1000名左右“高精尖缺”产业领军人才，集聚形成1000个左右产业人才团队。工程重点支持产业创新类、科技创业类、产业技能类三类领军人才，其中，计划支持400名左右带技术、带项目、带资金到山东省创办科技企业的领军人才，形成400个左右的创业团队，培育一批高成长性的科技人才企业。对入选产业创新类、科技创业类、产业技能类的每名产业技能人才或团队，将分别给予300万—500万元、100万—500万元、50万元的经费资助。此外，各级各有关部门将在项目立项等方面，对领军人才给予优先支持；在领军人才居留落户、子女入学、家属安置、医疗保健等方面，按省级高层次人才待遇提供便利条件；对领军人才落地创办的企业，给予经费、公共技术服务平台、办公场地、投融资服务等方面的支持等。

2018年，“泰山产业领军人才工程”共认定领军人才233人，其中，高效生态农业创新类24人、传统产业创新类39人、战略新兴产业创新类46人、现代服务业及社会民生产业创新类20人、科技创业类（国内）67人、科技创业类（海外）22人、工程产业技能类15人。截至2018年底，全省共遴选“泰山学者”1375名、泰山产业领军人才767名。

济南市“泉城5150引才倍增计划”

2009年，为吸引海内外优秀创新创业人才到济创业发展，济南市启动实施“5150引才计划”。计划用5年左右时间，面向海内外引进150名能够提高城市竞争力、推动高新技术产业发展的高层次创新创业人才。市财政设立每年规模为1亿元的人才引进专项资金，用于对引进人才的创业资助、科研补助、待遇补贴、住房安置、引进奖励等。截至2011年底，济南市“5150引才计划”共分五批引进高层次创新创业人才209名，提前完成计划目标。

2012年6月，济南市在完成“5150引才计划”目标任务的基础上，启动实施海内外高层次人才引进倍增计划（即“5150引才倍增计划”）。计划用7至8年时间，围绕创新型城市建设、发展现代产业体系和经济结构调整，大力引进海内外顶尖人才和创新科技型人才、产业领军型人才和能够支撑现代服务业、现代农业发展的急需紧缺高端人才。

2016年6月，济南市出台“泉城双创”人才计划。计划在“十三五”期间，将引进培育500名以上领军型创新创业人才、5000名以上重点产业重点领域紧缺人才，引领带动5万名左右各类优秀人才创新创业，加快构筑具有独特优势的区域性人才高地。该计划把加快引进创新创业高端人才列为首选，重点实施“泉城5150引才倍增计划”“泉城院士智力集聚计划”“泉城高端外专计划”和“泉城重点产业紧缺人才集聚计划”。“泉城5150引才倍增计划”将从2016年起，用5年时间，以各类企业、园区、产业基地等为依托，面向海内外重点引进并择优支持300名（个）左右“高精尖缺”领军人才（团队），着力打造拥有关键技术、引领新兴产业、带动转型升级的高端创新创业人才队伍。对入选的团队，市财政给予100万—1000万元资助；对入选的高层次人才，市财政给予50万—500万元资助，县（市）区（含济南高新区）给予配套资助。在享受经费资助的同时，符合政策的还可申请政府性创新创业相关资金（基金）支持。对全市产业发展能够产生重大影响、具有重大经济社会生态效益的顶尖人才（团队），经认定，可给予最高5000万元特别支持。

截至2017年底，“泉城5150引才倍增计划”共引进537名海内外高层次人才。

2018年，“泉城5150引才倍增计划”申报工作于6月启动。

青岛市“创业创新领军人才计划”

2012年，青岛市委、市政府制定出台“青岛英才211计划”及16项引才子计划，分高端人才、重点人才和支撑人才三个层次实施百万人才集聚行动，力争用10年时间，使全市人才资源总量突破240万人。青岛市“创业创新领军人才计划”作为其中的高端人才计划，计划围绕新一代信息、新医药、新能源、新材料、高端装备、现代服务业、海洋产业等我市优先发展的重点产业，引进培育并择优资助2000名能够突破关键技术、发展高新技术产业、带动新兴学科和新兴产业发展的创业创新领军人才。2014年7月，青岛市科技局、市委组织部、市财政局联合制定了《青岛市科学技术局创业创新领军人才计划实施细则（试行）》，对“创业创新领军人才计划”的实施作出了进一步明确。根据入选青岛市“创业创新领军人才计划”的领军人才的创业创新水平及业绩、项目可行性、市场前景、预期经济社会效益、依托单位保障能力等评审结果，将分别给予50万—400万元项目经费和30万—100万元安家补贴经费支持，以及提供办公用房、人才公寓、“一卡通”服务、入选“国家特聘专家”和山东省“泰山学者海外特聘专家”的配套资金等相关政策支持。

截至2017年底，青岛市“创业创新领军人才计划”分四批累计入选221人。

2018年，青岛市“创业创新领军人才计划” 评选工作于10月启动。

淄博市“淄博英才计划”

2014年，淄博市委、市政府出台《淄博英才计划实施办法（试行）》，启动实施“淄博英才计划”，与山东省“泰山产业领军人才工程”相互衔接。计划到2020年，以企业为主体，围绕新材料、精细化工、新医药、新能源和节能环保、汽车及机电装备、电子信息等战略性新兴产业以及现代服务业、现代农业发展，引进并重点支持60名左右高层次科技创新人才、60名左右高层次科技创业人才。对入选人才作为项目负责人承担的科技创新项目，一次性给予30万—50万元科研成果产业化配套资金，从市级应用技术研究与开发专项资金中列支；优先纳入市产业发展基金扶持范围，以阶段性股权投资等方式对入选人才所在的企业给予支持；入选人才所在企业优先享受一次性创业补贴、创业岗位开发补贴；根据企业实际需求，由企业注册地所在区县负责提供不少于100平方米的办公及研发场所和不少于100平方米的住房租赁使用，3年内免收租金。

2018年，"淄博英才计划"引进海内外高层次人才26人，其中科技创新类16人、科技创业类7人。截至2018年底，"淄博英才计划"共分四批引进海内外高层次人才86人。

枣庄市"枣庄英才集聚工程"

2014年12月，为进一步加强人才工作，更好地激发高层次人才创新创业活力，引领产业转型升级，枣庄市出台《关于实施枣庄英才集聚工程的意见》。计划用5年时间，投入1亿元，在重点产业和科技创新领域，面向海内外引进培养100名左右能够突破关键技术、发展高新技术产业、带动新兴产业和新兴学科的创新创业领军人才，包括科技创业类、产业创新类、学术研究类人才及团队。其中，对入选的科技创业人才及团队，将给予50万—300万元的经费资助，并在项目立项、政府采购、科技项目以及分配激励等方面优先保障。对全市产业发展产生重大影响，具有重大经济社会生态效益的领军人才及团队，经认定，可实行特事特办、"一事一议"，给予特别支持。2015年9月，首批"枣庄英才"启动申报。

2018年5月，枣庄市出台《关于做好人才支撑新旧动能转换工作的实施意见》，更加精准有力地实施高端人才引育工程，包括：实施柔性引才"百人计划"，每年柔性引进高端人才100人以上。实施"枣庄英才计划"，将枣庄英才集聚工程与其他人才工程整合，调整支持范围，加大支持力度。实施海外引才"海纳计划"，对来枣庄市创办企业的海外人才，符合条件的直接给予20万元创业启动扶持资金；对新认定的市级留学人员创业园，市财政给予100万元资助，每增加1户留学人员创业实体即奖励10万元，入选省级和国家级的分别给予50万元、100万元配套奖励。

2018年，"枣庄英才集聚工程"有22人入选，包括科技创业类5人、产业创新类14人、泰山产业领军人才3人。

烟台市"双百计划"

2009年7月，烟台市委、市政府出台《关于实施高端人才引进"双百计划"的意见（试行）》。计划在未来5年内，围绕实施山东半岛蓝色经济区、胶东半岛高端产业聚集区和黄河三角洲高效生态区建设等"三大战略"，突出重点产业发展、关键领域突破和科技创新需要，面向海内外引进100名高端创新人才、100名高端创业人才，其中海外优秀人才30名以上。

2015年12月，烟台市出台《关于深化拓展高端人才（团队）引进"双百计划"的意见》，对"双百计划"进行升级。根据《意见》，将围绕战略性新兴产业领域和现代服务业领域，引进100名高端创新人才和100名高端创业人才，围绕蓝色产业重点领域，引进30个蓝色产业领军人才创新团队和创业团队。入选高端创新创业人才，最高可获得600万资金支持。入选蓝色产业领军人才团队的，给予300万—600万元团队资助。此外，为入选的高端人才（团队）办理"烟台优才卡"，提供配偶安置、子女入学、医疗保健、居留与出入境、人才联谊等配套服务。对烟台科技进步、产业升级具有重大拉动作用的高端人才（团队），可"一事一议"，进一步加大支持力度。

2018年，烟台市"双百计划"入选40人，其中，5人被认定为"国家特聘专家"，12人入选国家"万人计划"，29人入选山东省"泰山产业领军人才工程"，兑现"双百计划"扶持资金1662万元。截至2018年底，烟台市"双百计划"共入选271人。

潍坊市"鸢都产业领军人才（团队）工程"

2010年2月，潍坊市委、市政府出台《潍坊市高层次创新创业人才引进扶持计划》。计划用5年时间，重点引进和扶持100名左右高层次人才到潍坊创新创业。截至2015年底，潍坊市"高层次创新创业人才引进扶持计划"共分五批引进扶持114人，发放补助累积1.14亿元。

2016年3月，潍坊市启动实施"鸢都产业领军人才（团队）工程"，立足围绕该市构建"1669"现代产业体系人才需求，加快集聚一批具有国内外一流水平、能够突破关键技术、解决企业重大难题、增强企业自主创新和科技转化能力、引领和带动产业转型升级的"高精尖缺"领军人才（团队）。到2020年，力争引进培育鸢都产业领军人才（团队）500名（个）左右，其中引进国内领先、国际先进的顶尖人才（团队）20名（个）左右，引进培育国家级产业领军人才（团队）100名（个）左右，省级产业领军人才（团队）150名（个）左右，市级产业领军人才（团队）250名（个）左右。对新引进被认定为国内领先、国际先进的顶尖人才，依据综合评估结果给予项目500万—2000万元的经费资助；对新引进被认定为国家级产业领军人才的，在分别享受国家和山东省相关政策的基础上，市财政再按每人100万元给予项目经费资助。对市级产业领军人才团队给予300万元项目经费资助，对产业创新类、科技创业类领军人才给予100万元项目经费资助，对产业技能类领军人才给予20万元项目经费资助，同时享有融资支持和其他政策待遇。

2018年，潍坊市出台人才新政二十条，大力提升"鸢都领军人才（团队）工程"。围绕加快新旧动能转换和建设现代化经济体系所需，每年遴选50名以上鸢都产业领军人才(团队)，给予每位领军人才100万元、每个领军人才团队300万元的经费资助；围绕培养高层次创新型学术学科或专科带头人，每年遴选10名左右鸢都学者，市财政给予每人40万元的经费资助。对国家级和省级开发区，以及连续2年实缴税金3亿元以上的高新技术企业，每年给予1至2个鸢都产业领军人才配额，专项用于新引进海外高端人才。对管理期满评估特别优秀的鸢都产业领军人才，可直接纳入下一管理期持续扶持。

2018年，共有62人入选"鸢都产业领军人才（团队）工程"，其中，7人入选"泰山产业领军人才工程"。截至2018年底，"鸢都产业领军人才（团队）工程"共分三批认定176人。

济宁市“创业领军人才集聚计划”

2010年2月，济宁市委、市政府出台《关于实施海外人才引进“511”计划的意见》。计划从2010年起，用5年左右的时间，重点引进100名领军科研型、领头创业型、领办项目型海外高层次人才，着力打造100个高层次人才创新创业平台，力争海外人才总体引进数量达到1000人的规模。对人才带项目到济宁创新创业的，综合科技含量、市场前景、风险评估等因素，进行百分制评分，按A、B、C三个等级，由市财政分别给予100万元、60万元、30万元的创新创业启动资金。其中，创业人才所带项目属关键领域核心技术，开发价值特别重大的，给予300万元资金扶持或按个案专项扶持。此外，还可享受贷款贴息、财政补贴，优先推荐申报国家、省科研项目等其他优惠待遇。截至2016年底，济宁市海外人才引进“511”计划共分五批引进91人，计划宣告结束。

2017年，济宁市开始实施“创业领军人才集聚计划”。创业领军人才重点面向高端装备制造、能源化工、信息产业、纺织服装、文化产业、旅游业、现代农业、新材料、医养健康、现代金融等领域，同时应具备包括拥有自主知识产权或掌握核心技术，能够引领济宁市相关产业发展，具有良好的市场效益前景；所创办企业在济宁市注册企业成立时间一般为1年（含）以上5年（含）以内，具有独立法人资格，能够持续缴纳社会保险；个人所占股权比例不低于总股份的30%，且为企业第一大股东；所创办企业实际到位资金不低于100万元或上年度企业主营业务收入不低于500万元。按照人才及团队实力、创业项目科技含量、市场前景、产业化程度及企业规模等因素划分为A类、B类、C类、D类四个等级，按类给予资金扶持，其中，A类500万元、B类300万元、C类100万元、D类50万元。同时，创业领军人才享受“济宁市高层次人才服务绿色通道”服务，对其居留和出入境、落户、医疗、社保、配偶随调、子女入学等事项，采取“一事一议”、特事特办的方式提供“一站式”服务。

2018年，济宁市“创业领军人才集聚计划”共有19人入选，其中创业领军人才7人、创新领军人才12人。

河南省

河南省“百人计划”

2009年6月，河南省委、省政府出台《关于引进海外高层次人才的意见》，启动实施河南省海外高层次人才引进计划（简称河南省“百人计划”）。计划用5至10年时间，在国家和省重点创新项目、重点学科和重点实验室、重点企业和地方商业、金融机构、以高新技术产业开发区为主的各类园区引进并有重点地支持120名左右能突破关键技术、发展高新产业、带动新兴学科的领军人才到河南创新创业。入选人才可获得每人120万元的一次性奖金资助，入选“国家特聘专家”的，同时享受国家100万元一次性补助，并在税费、医疗、保险、住房、配偶就业、子女教育等方面给予特殊保障。

截至2017年底，河南省“百人计划”共分五批引进58名海外高层次创新创业人才。

2018年，河南省“百人计划”未启动实施。

郑州市“智汇郑州·1125聚才计划”

2015年5月，郑州市委、市政府出台《关于引进培育创新创业领军人才（团队）的意见》，启动实施“智汇郑州·1125聚才计划”。计划用5年左右时间，投入40亿元，重点引进1000名掌握核心技术资源、具有较强创新创业能力的领军人才和高层次创新创业紧缺人才，100个领军型科技创新创业团队；培养200名具有国际化视野和持续创新能力、拥有核心自主知识产权的科技创业企业家；汇聚50名以上“两院”院士、“国家特聘专家”等国内顶尖专家型人才。对引进的创新创业领军团队，经评审认定，按不同层次给予支持。国家最高科学技术奖获得者、“两院”院士领衔的创新创业团队，每个团队给予2000万—3000万元项目产业化扶持资金资助；“国家特聘专家”“万人计划”领衔的团队或达到“千人计划”“万人计划”专家水平的创新创业团队，每个团队给予500万—1000万元项目产业化扶持资金资助；经认定的市级以上其他创新创业团队，每个团队给予100万—300万元项目产业化扶持资金资助。配套出台的“1+7”政策体系，内容涵盖创新创业人才引进、专项资金管理、科技创业企业家培育、激励分配机制以及引进人才服务保障等七大方面，是郑州市历史上含金量最高、分量最重、最有吸引力的人才政策。

2018年，第三批“智汇郑州•1125聚才计划”共入选88个人才（团队），包括顶尖人才团队7个、创新创业领军团队19个、创新领军人才31个、创业领军人才6个、创新紧缺人才15个、创业紧缺人才10个。截至2018年底，“智汇郑州·1125聚才计划”共分三批入选320个人才（团队），发放项目产业化扶持资金近10亿元。

洛阳市“河洛英才计划”

2015年6月，洛阳市委、市政府出台《关于实施“河洛英才计划”加快引进创新创业人才（团队）的意见（试行）》。计划5年内拿出不少于20亿元，用于引进和培育创新创业人才（团队），力争组织引进创新创业团队50个以上，吸引500名以上高层次人才到洛阳创新创业，创办科技型创新型企业200家以上。创新创业人才（团队）包括领军型创新创业人才（团队）、高层次创新创业人才（团队）、紧缺型创新创业人才（团队），经综合评估项目预期产值、税收、就业等经济社会效益指标后，将按不同层次给予支持。其中，给予领军型创新创业人才（团队）不低于5000万元的启动资助；给予高层次创新创业人才（团队）不低于3000万元的启动资助；给予紧缺型创新创业人才（团队）不低于1000万元的启动资助。此外，在场地、税收、出入境、落户、住房安置、配偶就业、子女入学、医疗、市内旅游等方面享受优惠政策。

截至2017年底，“河洛英才计划”共分三批引进创新创业团队21个，拨付财政支持资金1.14亿元。

2018年，第四批“河洛英才计划”未启动实施。

许昌市“许昌英才计划”

2016年4月，许昌市委、市政府出台《关于实施“许昌英才计划”的意见（试行）》，启动实施“许昌英才计划”。计划在“十三五”期间，设立不少于15亿元的“许昌英才基金”，实施引才聚才“5115工程”，围绕重点产业领域和社会经济发展领域，力争引进培育50个创新创业人才（团队），1000名高层次创新创业人才，创办市级以上创新型企业100家以上，引进培育500个优秀大学生创业项目，努力把许昌打造成为优势独特的产业科技人才高地。对引进的创新创业人才（团队），按领军型、高层次、紧缺型不同层级，分别给予不低于300万元、200万元、100万元的项目启动扶持资金，以及不低于3000万元、2000万元、1000万元股权投资基金，并给予融资扶持、风险补偿、场地支持等优惠政策。

2017年，首批“许昌英才计划”共认定16个创新创业人才（团队）、59名高层次创新创业人才，给予奖励和项目启动扶持资金总计3299万元。

2018年，第二批“许昌英才计划”共认定26个创新创业人才（团队）、350名高层次创新创业人才。

湖北省

湖北省“百人计划”

2009年6月，湖北省委、省政府出台《湖北省引进海外高层次人才实施办法》等配套人才引进措施，启动实施湖北省“百人计划”。计划用5至10年时间，从海外引进200名紧缺的高层次创新创业型人才，其中创业人才不低于50%，以为支撑中部崛起战略提供人才保证和智力支持。在资金支持上，将对入选的海外高层次人才一次性给予每人100万元或50万元的补助，对创业人员的部分研发项目和规模生产项目给予贷款贴息政策，并享受八项税收优惠政策，包括免征某些个人所得税以及减免某些企业所得税和营业税等。同时，授予“湖北省特聘专家”称号，在出入境、居留、子女入学等方面享受相关优惠政策。2014年，湖北省“百人计划”新增创业团队项目，给予每个团队200万—300万元资金扶持。

截至2017年底，湖北省“百人计划”共分八批引进海外高层次人才512名。

2018年，第九批湖北省“百人计划”申报工作于7月启动。

武汉市“黄鹤英才计划”

2011年，武汉市委、市政府为推进人才强市战略，启动实施“黄鹤英才计划”。计划到2015年，引进和培养100名具有世界领先水平的领军人才，1000名具有国内领先水平的高层次创新创业人才。入选者在汉领办、创办企业或研发机构，择优给予创业扶持资金。对入选的领军人才，按项目给予300万—500万元的资金支持；对入选的高层次人才，按项目给予50万—100万元的资金支持；科技创新和科技创业人才每人可获30万元资助，知识产权人才每人获10万元资助，用于项目研究、人才培养、团队建设等；民营企业入选人才参加出国培训班，进高校、访外企。此外，入选者在汉创业活动给予当年度利息额25%的贷款贴息，贴息总额最高可达100万元；优先申报国家、省、市专家和政府津贴评选等。

截至2017年底，“黄鹤英才计划”共分五批入选324人，另有三批698人入选“黄鹤英才（专项）计划”。

2018年，“黄鹤英才计划”未启动实施。

襄阳市“隆中人才支持计划”

2009年4月，襄阳市委、市政府出台《关于实施隆中人才支持计划的若干意见（试行）》。计划通过创业资助、融资支持、科研资助、政府奖励、住房优惠等八个方面的优惠政策，引进和培育紧缺产业高层次人才和团队，对重点推荐项目、优先推荐项目、一般推荐项目分别给予企业300万元、200万元、100万元不等的创业启动资金；提供适宜工作场所并免3年租金；对高新技术开发或产业化生产项目给予150万—300万元担保贷款，并在税收优惠、政府奖励、科技扶持等方面予以支持。

2017年，襄阳市发布《关于深入实施隆中人才支持计划的意见》，推出“隆中人才支持计划”升级版。新版“隆中人才支持计划”重点围绕新能源汽车、高端装备制造等战略性新兴产业，大力引进海内外高层次人才团队，优先引进拥有自主知识产权或高科技成果，具有较大市场潜力并能产业化的项目。对入选的项目将分期给予50万—350万元无偿资助，优质项目可“一事一议”，资金支持上不封顶；对入选的创新团队，给予30万—100万元不等的科研资助。

截至2017年底，“隆中人才支持计划”共入选43个项目，投入资助总额7500万元，其中，有18个项目已经产生较高的经济效益和社会效益，实现销售收入22亿元，上缴税收1.7亿元。

2018年，“隆中人才支持计划”未启动实施。

鄂州市“333”高层次创新创业人才计划

2016年9月，鄂州市委、市政府出台《关于深化人才发展体制机制改革促进人才创新创业的实施意见》和《“333”高层次创新创业人才计划实施办法（试行）》，围绕该市产业发展方向、重大战略部署和航空都市区建设，实施“333”高层次创新创业人才计划，5年内引进30名国际顶尖人才（团队）、300名国内领军人才（团队）、3000名省级领军人才。引进人才

（团队）分国际顶尖人才、国内领军人才和省内领军人才三个层次。A类创业人才项目给予200万元资助，最高1亿元配套股权投资，3年内免费提供1000—5000平方米的办公场所；创新人才项目给予100万元资助。B类创业人才项目给予100万元资助，最高2000万元配套股权投资，3年内免费提供500—1000平方米的办公场所；创新人才项目给予50万元资助。C类创业人才项目给予50万元项目资助，最高500万元配套股权投资，3年内免费提供100—500平方米的办公场所；创新人才项目给予20万元资助。对科技水平世界领先、能引领鄂州产业发展、带来巨大经济和社会效益的重大人才项目，按“一事一议”原则制定扶持政策。入选的人才团队还可享受购房补贴、税收返还、子女入学、疗养休假等政策待遇。

2018年，经人才团队网上申报、企业所在地查核、相关部门初审推荐、第三方机构市场化评估、面向社会公示、市委人才工作领导小组审定等环节，最终确定12个人才团队入选首批鄂州市“333”高层次创新创业人才计划，其中，创业B类8个、创业C类1个、创新A类1个、创新C类2个。

湖南省

湖南省“百人计划”

2009年，中共湖南省委人才工作领导小组发布《关于引进海外高层次人才的实施意见》，启动实施湖南省海外高层次人才“百人计划”。计划围绕湖南经济社会发展战略目标，用5年左右时间，在湖南省重点创新项目、重点学科和重点实验室、国家级科技合作基地、省属国有企业、以高新技术产业开发区为主的各类园区等，引进100名左右能够突破关键技术、发展高新产业、带动新兴学科的海外高层次人才。对引进的人才，省财政将按照每人60万元的标准给予资助，并发放《永久居留证》，同时通过由12个部门联合组成的引进海外高层次人才服务窗口对引进专家实行“一站式”服务，发放“一本通”服务手册，以全程代理方式办理居留、出入境、落户、配偶安置、子女入学、医疗、保险、住房、税收等各项政策待遇手续，及时帮助解决实际问题。

2018年6月，湖南省发布《湖南省海外高层次人才引进计划管理办法(试行)》，推出 “百人计划”升级版。新的湖南省“百人计划”由创新项目、创业项目、青年项目、团队项目、外专项目等子项目构成，其中，创新项目主要引进高层次科研创新人才，创业项目主要引进填补国内、省内产业空白的战略性新兴产业人才，青年项目主要引进具有较大发展潜力的高层次青年创新人才，团队项目主要依托重大项目和重大创新平台引进顶尖人才团队，外专项目主要引进急需紧缺的非华裔专家人才。入选“百人计划”的，湖南省将在经费、工作和生活待遇上给予支持，包括对创新项目全职引进人才和创业项目引进人才每人支持100万元，对创新项目非全职人才每人支持60万元，对青年项目引进人才每人支持50万元，对团队项目每个团队支持500万元，人才和团队可自主使用经费来改善住房、出行等生活条件；入选人才在职称评审、项目申报、重大人才工程参评等工作中可享有优先权；子女就学可享受本地户籍学生待遇等。《办法》对引进人才的管理和考核也更加严格，人才或团队需根据引进及申报时的工作计划，在入选“百人计划”18个月后接受中期考核，考核指标不合格者要退回全部的资助经费。

截至2018年底，湖南“百人计划”共分十批引进海外高层次人才269人，人才及其团队主持和参与科研项目392项，获得授权专利400多个，创办或领办企业50余家，累计创造产值超过100亿元，缴纳税收超过20亿元，带动就业5万多人。

长沙市“3635”计划

2009年，长沙市开始实施《长沙市引进国际高端人才三年行动计划（2009—2011年）》（即“313”计划），计划从2009年起到2011年，3年内引进100名高端人才、30个高端人才团队。截至2012年底，长沙市“313”计划共有102人、17个高端人才团队入选。

2014年2月，长沙市制定和启动了新的《长沙市引进紧缺急需和战略性人才计划》（即“3635”计划），面向全球引进紧缺急需和战略型人才。计划用3年时间，支持鼓励以企业为主体的用人单位，在工程机械、汽车及零部件、生物医药、电子信息及现代物流、新能源及新材料、文化创意等6个重点产业领域，引进500名左右经济社会发展紧缺急需和战略型人才。其中，领军人才50名左右，高级经营管理和研发人才100名左右，专业技术骨干人才350名。在创业扶持方面，对入选“3635”计划的人才帮助协调融资贷款，并按同期银行贷款基准利率发生利息额的50%，给予每个项目不超过3年的贷款贴息；对带项目、专利创业的人才，还将进行跟踪评估和持续支持，对经评审成长前景好的项目，优先推荐享受科技、发改、工信等相关部门各类资金、人才项目支持。同时，制定了后续奖励政策，将根据人才发挥作用情况和入库税收增长情况，给予创业型企业和引进人才单位每年最高100万元的奖励。此外，高层次人才被引进后可享受安家补助、创业扶持和奖励政策，并可在落户通关、住房保障、子女入学、医疗服务、社会保险、配偶安置、居留和出入境等方面享受绿色通道待遇。

2018年，第四批长沙市“3635”计划有103人入选，包括领军人才10人、高级经营管理和研发人才68人、专业技术骨干人才25人。截至2018年底，长沙市“3635”计划共分四批引进人才350名，包括领军人才52名、高级经营管理和研发人才201名、专业技术骨干人才97名。

岳阳市“高层次创新创业人才引进计划”

2015年2月，岳阳市委、市政府出台《关于加强高层次创新创业人才引进工作的实施办法（试行）》，启动实施“高层次创新创业人才引进计划”。全职引进的领军人才、高级专业技术人才、高成长性优秀青年人才等高层次创新人才，将分别给予100万元、50万元、10万元的安家补助；柔性引进的领军人才和高级专业技术人才（每年在岳工作时间应不少于2个月），将分别给予50万元、30万元的工作补助；全职引进的创新人才，还可享受为期3年的每人每月1000—3000元的生活补贴。对高层次创业人才（团队），最高可给予500万元的创业启动资金资助和连续3年、单个企业年度贴息总额不超过60万元的贷款贴息；创业人才从事科技开发活动的，最高给予100万元的科研资金补助。引进的高层次创新创业人才，在落户、配偶安置、子女入学、休假疗养等方面享受相关优惠政策。引进期间，在经济社会发展和财政增收方面为岳阳作出重大贡献的创新创业人才，给予最高可达100万元的政府奖励。

截至2017年底，岳阳市“高层次创新创业人才引进计划”共有17人入选。

2018年，岳阳市“高层次创新创业人才引进计划”未启动实施。

广东省

广东省“珠江人才计划”

2008年，广东省出台《广东省引进创新科研团队评审暂行办法》《广东省引进领军人才评审暂行办法》，并于2009年11月首次面向海内外实施引进首批创新创业团队、领军人才工作，启动实施“珠江人才计划”。其中，对引进的世界一流水平、对广东省产业发展有重大影响、能带来重大经济效益和社会效益的创新创业团队，省财政给予8000万—1亿元的专项工作经费；对引进的国内顶尖水平、国际先进水平的创新创业团队，省财政给予3000万—5000万元的专项工作经费；引进国内先进水平的创新创业团队，省财政给予1000万—2000万元的专项工作经费。对引进的领军人才，省财政提供每人500万元专项工作经费和100万元住房补贴。

截至2017年底，“珠江人才计划”共分七批入选214个创新创业团队和170多名领军人才。

2018年，第八批“珠江人才计划”项目申报于6月启动。

广州市“创新创业领军人才百人计划”

2010年9月，广州市委、市政府出台《关于加快吸引培养高层次人才的意见》，启动实施“创新创业领军人才百人计划”。计划用5至10年时间，面向海内外并重点面向海外，依托市科技重大专项计划、市级以上重点学科和重点实验室、市属企业和在穗金融机构、以高新技术产业开发区为主的各类园区等平台，引进扶持300名左右创新创业领军人才到广州创业发展，其中创业领军人才200名左右，其他各类创新领军人才100名左右。根据广州市扶持创业领军人才的政策，除享受住房补贴、子女入学、配偶就业、医疗保障、休假体检等高层次人才政策外，政府还将给予300万—500万元的创业启动资金；100—500平方米的工作场所，且3年内免收场租；根据企业项目的投资需求，由市科技和信息化局引导市属风险投资公司给予不超过500万元的股权投资；特别优秀的留学回国创业人员，还将一次性给予30万—100万元的安家费。

2018年，广州市“创新创业领军人才百人计划”有9个团队入选“创业领军团队专项”、9个团队入选“创新领军团队专项”、20人入选“创新领军人才专项”、9人入选“创新创业服务领军人才专项”，29人入选“杰出产业人才补贴专项”、2977人入选“产业发展和创新人才补贴专项”和“产业高端人才专项”（995人）。截至2018年底，全市拥有诺贝尔奖获得者6人、“两院”院士97人、国家重大人才工程入选者493人；广东省“珠江人才计划”创新创业团队90个、高层次人才210人，“广东特支计划”入选者891人。

深圳市“孔雀计划”

2011年4月，深圳市委、市政府出台《关于实施引进海外高层次人才“孔雀计划”的意见》及5个配套文件。计划在未来5年，重点引进并支持50个以上海外高层次人才（团队）和1000名以上海外高层次人才到深圳创业创新，吸引带动1万名以上各类海外人才到深圳工作，并每年投入3亿—5亿元，用于海外高层次人才配套服务和创新创业专项资助。纳入“孔雀计划”的海外高层次人才，可享受80万—150万元的奖励补贴及居留和出入境、落户等特定待遇；对引进的海外高层次人才（团队），将给予最高8000万元的专项资助。

截至2018年底，深圳市“孔雀计划”共认定海外高层次人才超过4000人。

珠海市“英才计划”

2013年8月，珠海市委、市政府出台《关于“蓝色珠海高层次人才计划”的实施意见》。计划从2014年起，用5年时间，从海内外引进和培养60个掌握先进创新成果、拥有自主知识产权、产业化前景广阔的创新创业团队，500名在某一领域造诣较深、业内普遍认可且为该市急需紧缺的各类高层次人才来珠海创新创业，以此提升珠海市中高端产业竞争力。计划面向创新创业团队和高层次创新创业人才，扶持政策包括：项目经费扶持、优先推荐申报国家和省级计划、工作场地租金补贴、研发费用补贴、住房保障、工作津贴补助，以及补充养老保险和特定医疗保障等16个方面。其中，入选的创新创业团队可享受包括项目启动补贴、项目投资和担保贷款等最高2000万元的项目经费扶持；高层次人才的创业项目可享受包括创业补贴、创业投资和担保贷款等最高200万元的项目经费补贴。

截至2017年底，“蓝色珠海高层次人才计划”入选高层次人才416名、青年优秀人才1044名。在“蓝色珠海高层次人才计划”的推动下，全市引进和培养“国家特聘专家”85名，引进诺贝尔奖得主2名、发达国家院士5名，享受国务院政府特殊津贴专家59名，入选广东省“珠江人才计划”“特支计划”5名，首届“南粤突出贡献奖”获得者1名，广东省创新创业团队5个。

2018年，珠海市委、市政府出台《关于实施“珠海英才计划”加快集聚新时代创新人才的若干措施》，计划未来5年，市财政平均每年在人才方面投入超过10亿元，实施顶尖人才引育计划、高层次人才支持计划、创新创业团队支持计划、海外留学人才引进计划等9个人才引进培育计划。对引进的诺贝尔奖获得者、国家最高科学技术奖获得者以及中国或发达国家院士等顶尖人才，全职引进的顶尖人才，可享受200万元奖励，还可申请600万元住房补贴或选择免租入住200平方米左右的人才住房。经评定为一、二、三类高层次人才，分别享受100万元、60万元、30万元奖励，还可申请200万元、140万元、100万元住房补贴。给予创新创业团队最高1亿元资助。择优给予留学人才创业项目15万—100万元资助和最高30万元贴息贷款，对特别优秀的项目给予最高500万元资助。对进驻留学生创业园的留学人才创办企业，给予最高300平方米、最长3年的场地租金补贴等。

惠州市“天鹅惠聚工程”

2013年10月，惠州市发布《引进领军人才和创新团队“天鹅计划”实施方案》。计划从2013年起，力争5年内引进100名左右高水平的科技领军人才和30个以上具有省内领先水平以上的科技创新团队来惠创新创业，以进一步优化该市支柱产业和战略性新兴产业领域的人才队伍结构，提升企业自主创新能力。对被认定为第一类领军人才的，在到惠工作并签订资助协议后给予100万元一次性专项工作经费资助，对已入惠州户籍的给予50万元一次性住房补贴，在与用人单位签订的工作合同期内给予每月1万元人才津贴补助；对被评审确定为第一类（具有国际先进水平）科技创新团队的，在到惠工作并签订资助协议后分批给予共1000万元专项工作经费资助。2016年，惠州市“天鹅计划”升级为“天鹅惠聚工程”。

截至2018底，“天鹅惠聚工程”共引进领军人才109名、创新团队51个，包括国内外院士7名、国家重大人才工程入选者19名、“长江学者”和国家杰出青年科学基金获得者10名、广东“特支计划”专家13名。

东莞市“创新创业领军人才引进计划”

2009年5月，东莞市政府出台《关于加快引进创新创业领军人才的实施意见》。计划围绕东莞市“三重”建设、园区建设、特色区域建设需求，每年面向海内外，着重引进战略性新兴产业、先进制造业、优势传统产业、现代服务业、现代农业等产业领域，取得先进创新成果、拥有自主知识产权、产业化前景广阔的创新创业领军人才。对引进的创新领军人才，给予100万元创新启动资金扶持；已获立项支持的，项目实施2年后根据其营业额和税收、技术创新推进、行业带动、技术项目绩效等目标完成情况给予100万元创新奖励。对引进的创业领军人才，给予200万元创业启动资金扶持；已获立项支持的，项目实施2年后以其营业额和税收为主要指标，结合其高层次人才集聚、行业带动等目标完成情况给予最高300万元创业奖励。此外，创新创业领军人才在住房、医疗、社保、税收、通关、配偶安置、子女入学等方面享受特殊待遇。

截至2017年底，东莞市“创新创业领军人才引进计划”累计引进创新创业领军人才58人，累计投入财政专项资金6990多万元。

2018年，东莞市“创新创业领军人才引进计划”未启动实施。

广西壮族自治区

广西“八桂学者”计划

2010年，广西壮族自治区党委、自治区人民政府出台《关于加快吸引和培养高层次创新创业人才的意见》等“1+3”人才政策文件，实施“八桂学者”计划，重点和优先解决制约区域发展的高层次人才短板，并启动一批重大人才工程。计划到2020年，争取累计设置“八桂学者”岗位100个，引进和培养100名高层次领军人才，培育100个以上以“八桂学者”为核心、400—600名中青年科研技术骨干为中坚的高水平科研创新团队。“八桂学者”处于广西高层次人才开发“金字塔”格局中的塔尖部分，每两年面向海内外公开选聘一次，每轮聘期5年，实行动态管理。在科研经费上，广西自治区财政每年给每位“八桂学者”及其科研团队提供科研补助经费，自然科学类60万元，人文社科类20万元；每轮聘期设岗单位提供的科研配套经费，自然科学类不低于500万元，人文社科类不低于50万元，其中启动经费分别不低于200万元和20万元。在岗位津贴支持方面，每年给予每位全职“八桂学者”20万元税后岗位津贴，每年给予每位“八桂学者”所带科研团队提供20万元税后岗位津贴，由“八桂学者”根据团队成员实际贡献大小自主决定分配。在安家待遇上，对于从广西自治区以外引进的全职“八桂学者”，一次性给予100万元税后安家费（住房补贴）；区内受聘“八桂学者”，未享受房改优惠政策的，参照执行。

2018年，第五批“八桂学者”计划有52人入选，另有32人入选首批“八桂青年学者”。截至2018年底，“八桂学者”计划共分五批从海内外聘任“八桂学者”153名，从海内外聘任“八桂青年学者”32人。

钦州市“520”计划

2012年11月，钦州市委、市政府出台《钦州市实施“520”计划引进领军型创业人才工作方案》。计划从2012年开始，力争用5年时间，围绕该市打造石化、装备制造两大千亿元产业和电子信息、新材料、新能源、生物技术等战略性新兴产业，以及中马钦州产业园区主导产业，力争引进领军型创业人才20名。对引进的每个领军型创业人才，给予“2个100、2个300”的重金资助政策，即资助不低于100万元的创业启动资金和提供不少于100平方米的创业场所，给予不低于300万元的创业风险投资和不低于300万元的融资担保。此外，还将提供产业政策、作价入股、场所支持、个税奖励等政策扶持，以及住房待遇和安家费补贴、配偶子女就业入学、落户、社保、居留和入境等方面生活扶持。

截至2017年底，钦州市“520”计划共引进领军型创业人才9名。

2018年，钦州市“520”计划项目申报于8月启动。

海南省

海南省“高层次创新创业人才计划”

2009年8月，为推进海南国际旅游岛建设，海南在全省范围内开展实施“海南省高层次创新创业人才”的申报和评审工作，申报评审对象主要有A、B两类创新创业人才。A类为自主创业型人才，指在符合海南省重点发展的优势产业或领域，以带技术、带项目、带资金的形式来海南省投资创办科技型企业的高层次人才；B类为创新型人才，指落户海南省的企事业单位所引进的掌握关键技术，能创建省级以上重点学科、重点实验室和工程技术研究中心，或能提升海南省重大创新项目、重点学科、重点实验室、工程技术研究中心以及企事业单位研发机构的技术研发水平和国际化管理水平的高层次研发人才、高级创意人才。通过评审、确认资格的受资助人才，将享受包括一次性拨给100万—200万元的创新创业启动经费在内的六项优惠政策、六项重点支持和六项优先服务，并享受妥善解决工作条件、签证、落户、执业资格、医疗、保险、税收、配偶安置、子女入学等方面的待遇。

截至2017年底，海南省“高层次创新创业人才计划”共认定33人。

2018年，海南省“高层次创新创业人才计划”未启动实施。

重庆市

重庆市“百人计划”

2009年11月，重庆市委组织部发布《重庆市百名海外高层次人才集聚计划实施办法》，启动实施重庆市“百人计划”。计划从2009年起，用5年时间，在重点创新项目、重点学科和重点实验室、重点企业、重点园区等，引进100名左右海外高层次人才到重庆创新创业。入选人才将被授予“重庆市特聘专家”称号，纳入市委直接联系的高级专家范围，作为“国家特聘专家”优先推荐人选以及各类政府奖励候选人，并按类别对应享受《重庆市引进高层次人才若干优惠政策规定》所列的相关待遇。

2018年，第九批重庆市 “百人计划”共有20人入选。截至2018年底，重庆市“百人计划”共分九批引进167名海外高层次人才。

四川省

四川省“千人计划”

2009年初，四川省推出海外引才“百人计划”，计划用5至10年时间，分批引进并重点支持200名左右海外高层次人才到川创新创业。截至2012年底，共分四批引进232名海外高层次人才、9个顶尖创新创业团队，提前完成计划目标。

2013年，四川省正式启动海内外高层次人才引进“千人计划”，作为“百人计划”的拓展。计划到2020年，面向国（境）外和省外发达地区，重点支持引进1000名左右能够突破关键技术、发展新兴产业、引领创新发展的高层次人才和100个左右高层次创新创业团队。依托“天府英才”工程专项资金，对顶尖人才给予每人200万元资助，对创业领军人才给予每人100万元资助，对创新领军人才短期项目给予每人20万元资助，对其他项目给予每人50万元资助。对引进团队，按创新团队、创业团队分别给予每个团队200万元、300万元资助，其中，对科技含量高、发展前景广阔的创业团队，可给予500万元资助。对创新创业团队中经评估具有重大产业化前景的战略发展项目，集成各部门政策资源，采取项目资助、创业扶持、股权投资、贷款贴息等方式，给予最高5000万元综合资助。此外，在税收减免、岗位津贴、择优资助，以及职务职称、薪酬待遇、出入境与居留、落户、住房、医疗保险、配偶安置、子女入学、评价激励等方面，也将享受特殊支持政策。

2015年，四川省“千人计划”在原创业领军人才、创新领军人才、创业团队、创新团队项目的基础上，新增青年人才、人文社科专项、贫困地区专项3个项目。2016年，又新增顶尖人才、创新领军人才海外短期项目、军民融合专项、金融财税专项、省校省院省企合作专项等5个项目。至此，四川省“千人计划”以个体引进、团队引进、专项引进3个类别12个项目为主的引才体系基本成型。2017年，《四川省引进海内外高层次人才“千人计划”实施办法》正式发布，拉开了新一轮引才计划的序幕。

截至2017年底，四川省“千人计划”共支持引进1008名海内外高端人才和92个高层次创新创业团队。

2018年，四川省“千人计划”申报工作于9月启动。

成都市“蓉漂计划”

2011年5月，成都市出台《引进高层次创新创业人才实施办法》，每年投入1.2亿元的专项引才资金，启动实施“成都人才计划”。计划用5至10年时间，在高新技术产业和战略性新兴产业领域引进1000名左右高层次人才来蓉创新创业，其中，50名以上海外高层次人才入选“国家特聘专家”、100名以上入选四川省“百人计划”。对入选的高层次创新创业人才，每人给予100万元补助，同时，用人单位和区（市）县政府分别给予配套资助，并享受相关优惠待遇。2012年9月，“成都人才计划”拓展实施海外短期项目、青年项目和顶尖团队项目，给予青年及海外短期项目引进人才各50万元资助，给予顶尖创新创业团队项目入选团队总额500万元资助，形成了海外人才梯次引进、立体开发的政策体系。

截至2017年底，“成都人才计划”共引进海外高层次人才463名、顶尖团队47个。

2018年6月，成都市人才工作领导小组印发《做好“蓉漂计划”（原成都人才计划）申报工作的通知》，启动实施成都“蓉漂计划”。计划5年内引进和培育100个顶尖创新创业团队和1000名高层次创新创业人才。引进的高层次创新创业人才分为长期项目（国际顶尖人才A类、国家级领军人才B类、地方高级人才C类）、海外短期项目、青年项目、顶尖创新创业团队项目四类，以及市校（院、企）地合作专项、军民融合专项、金融人才专项三个专项。入选长期项目的，A类人才（诺贝尔奖、图灵奖、菲尔兹奖等国际大奖或国家最高科学技术奖获得者，中国科学院院士、中国工程院院士，“国家特聘专家”顶尖人才、国家“万人计划”杰出人才等）每人获得300万元资助、B类人才（中国青年科技奖获得者、国家有突出贡献的中青年专家、国务院批准的享受政府特殊津贴的专家、“长江学者奖励计划”教授、省科学技术杰出贡献奖获得者等）每人获得200万元资助、C类人才（省青年科技奖获得者、四川省“千人计划”入选者、四川省有突出贡献优秀专家、四川省学术与技术带头人等）每人获得120万元资助；青年项目和海外短期项目人才每人获得60万元资助；顶尖创新创业团队每个获得500万元资助。对诺贝尔奖获得者等国际顶尖人才（团队）来蓉创新创业，给予最高1亿元的综合资助；对“两院”院士、“国家特聘专家”“万人计划”专家等来蓉创新创业或作出重大贡献的本土创新型企业家、科技人才，给予最高300万元的资金资助。

截至2018年底，成都市拥有各类人才460.76万人，在蓉“两院”院士33人、“国家特聘专家”233人、国家“万人计划”专家93人，四川省“千人计划”专家672人、顶尖团队55个。

贵州省

贵州省“百人领军人才计划”

2013年6月，贵州省人才工作领导小组发布《贵州省“百千万人才引进计划”实施办法》，重点围绕新材料、高端装备制造、生物医药、节能环保、电子信息、新能源等战略性新兴产业和特色优势产业、现代农业、现代服务业发展，大力实施“百人领军人才计划”“千人创新创业人才计划”和“万人专业技术人才计划”，引进领军人才100名左右、创新创业人才1000名左右、专业技术人才10000名左右，形成一批具有核心竞争力的创新创业人才团队和人才集群。其中，“百人领军人才计划”作为“百千万人才引进计划”的顶层设计，面向在重点领域掌握核心技术，具有原始创新或集成创新能力，能够引领和带动某一专业领域科技进步和产业发展；或具有成果转化能力，来黔创办企业、领办企业，实施科技成果产业化，引领和带动某一重点领域产业发展；或者在现代物流、金融投资、信息服务、旅游文化、商贸流通等现代服务业领域有重大创新突破并取得显著效果的人才和团队。“百人领军人才计划”引进的人才，引进当年给予每人100万元的奖励；第二年、第三年项目达产并实现预期效益目标，经考核认定，继续给予每人100万元的奖励，并发放“百人领军人才计划”人才服务绿卡，在配偶安置、子女入学、医疗等方面给予保障，以及享有优先推荐各类项目申报、贷款贴息补助等扶持待遇。

2018年，贵州省“百人领军人才计划”有10人入选，另有11入选“千人创新创业人才计划”。截至2018年底，共评出“百人领军人才”44人、“千人创新创业人才”66人，兑现个人奖励资金7700万元。

云南省

云南省“千人计划”

2009年，云南省委、省政府出台《关于做好海外高层次人才引进工作的实施意见》和《云南省引进海外高层次人才暂行办法》，启动实施“海外高层次人才引进计划”。计划用5至10年时间，引进100名左右能够突破关键技术、发展高新产业、带动新兴学科的海外高层次人才。省财政厅设立专项经费，给予经评审认定的引进人才每人一次性100万元的工作生活资助，用人单位、主管部门和州（市）政府配套其他资金，用于改善引进人才的工作和生活条件。同时，为引进人才提供居留、出入境、落户、医疗、子女入学、配偶安置、税收、海关等方面的优惠待遇。

截至2017年底，云南省“海外高层次人才引进计划”共引进海外高层次人才205人。

2018年，云南省委、省政府颁布《“千人计划”实施办法（试行）》，旨在围绕云南省发展战略要求，用5至10年时间，重点引进一批自然科学、工程技术、人文社科、管理咨询以及其他急需紧缺人才。云南省“千人计划”整合“云岭英才计划”“海外高层次人才引进计划”等项目，设高层次人才、高端外国专家、人文社科人才、产业人才、青年人才、党政青苗人才、高层次创新创业团队7个专项。入选人才团队可获得最高200万元一次性工作生活补贴，最高500万元项目支持经费，最高3000万元高层次创新创业团队项目支持经费，最高1000万元科学家工作室支持，最高50万元购房补贴，并将享有27项绿色通道服务。

昆明市“春城计划”

2011年4月，昆明市启动实施引进海外高层次人才“三五工程”。计划从2011年开始，用5年时间，面向全球，在重点创新创业项目、重点产业园区、重点学科领域引进50名左右海外高层次人才，其中集聚5名左右在重点产业国内领先、达到国际水平的海外高层次人才。对引进的创业人才，给予A类项目100万元的一次性创业启动资金资助；给予B类项目60万元的一次性创业启动资金资助；给予C类项目40万元的一次性创业启动资金资助。对引进的创新人才或团队，将给予50万元的一次性创新研发经费资助。同时，根据有关规定享受住房补贴、医疗保健、社会保险、配偶安置、子女就学和永久居留或多次往返签证等相关政策待遇，并优先列入市科技部门重点扶持项目，优先安排申报国家、省各类科技计划项目。

截至2017年底，昆明市引进海外高层次人才“三五工程”共有107个人才项目入选。

2018年8月，中共昆明市委办公厅、昆明市人民政府办公厅印发《“春城计划”高层次人才引进实施办法》等5个文件的通知，启动实施“春城计划”，用5至10年时间，重点引进一批自然科学、工程技术、人文社科、管理咨询以及其他紧缺急需的高层次人才。“春城计划”作为云南省“千人计划”的具体落地政策，下设春城高层次人才专项、春城高端外国专家专项、春城人文社会科学人才专项、春城产业人才专项、春城青年人才专项、春城高层次创新创业团队六个专项。入选“春城计划”的人才将获得最高200万元的一次性工作生活补贴，高层次创新创业团队最高可获得3000万元项目支持经费支持，同时在特设岗位、基金扶持、科研经费、成果转化、住房保障等方面给予入选人才团队政策支持。

陕西省

陕西省“千人计划”

2009年5月，陕西省委、省政府出台《陕西省引进高层次人才暂行办法》，启动实施引进高层次人才“百人计划”，鼓励和吸引高层次人才到陕西创业工作。计划从2009年开始，省财政每年安排不少于5000万元专款，用5至10年时间，引进并重点支持200名高层次人才。引进人才由省财政给予每人50万元的一次性资助，并作为特聘专家为其提供相应的生活待遇。此后，随着陕西省“百人计划”逐步发展完善，扩展为包括创新人才全职项目、创新人才短期项目、创业人才项目、“青年百人计划”在内的一个引才体系。

截至2017年底，陕西省“百人计划”累计引进780名高层次创新创业人才。

2017年12月，中共陕西省委办公厅、陕西省人民政府办公厅印发《陕西省“千人计划”实施办法》，启动实施陕西省“千人计划”。计划用5年左右时间，重点引进2000名左右自然科学、工程技术、哲学社会科学与文化艺术等领域高层次创新创业人才。作为 “百人计划”的提升工程，陕西省“千人计划”下设创新人才长期项目、创新人才短期项目、创业人才项目、青年项目、外国专家项目、顶尖人才和创新团队项目、文化艺术人才项目、区域人才项目等八个子项。创新人才长期项目、创业人才项目、外国专家项目入选者将获得100万元的经费补助，并授予其“陕西省特聘专家”称号；创新人才短期项目（含非华裔外国专家）、区域人才项目入选者将获得50万元的经费补助；青年项目入选者将获得60万元的经费补助；文化艺术人才项目入选者按照创新人才长期项目和创新人才短期项目标准获得资助；顶尖人才和创新团队项目入选者将获得200万元的经费补助，并在科学研究、成果转化、人才培养等方面，按照“一事一议”方式给予特殊支持。同时，“千人计划”入选者在签证居留、落户、住房、医疗保健、子女入学、交通出行、保险等方面可享受优惠政策。

2018年，陕西省“千人计划”共有210人（团队）入选。

西安市“5531”计划

2010年4月，西安市出台《引进海外高层次人才实施办法》，启动实施引进海外高层次人才“5211”计划。计划从2010年开始，用5至10年时间，引进符合国家重大人才引进工程条件的海外高层次人才20名左右；引进符合陕西省“百人计划”条件的海外高层次人才100名左右；以“五大主导产业”人才需求为重点，在高新技术产业、现代装备制造业、旅游业、现代服务业、文化产业，以及航空航天、生物工程、新能源、新材料、金融、管理、法律等领域，围绕西安市重点工程和项目引进1000名左右急需紧缺的海外高层次人才。进入国家重大人才引进工程和陕西省“百人计划”的引进人才，分别给予每人50万元和30万元的配套资助，给予“市级引进人才”每人10万元的一次性资助。用人单位和主管部门也将酌情给予资金配套支持，用于改善引进人才的工作生活条件。

截至2017年底，西安市“5211”计划共引进海外高层次人才125人。

2017年12月，西安市颁布《大西安（西安市—西咸新区）国民经济和社会发展规划（2017—2021年）》和《西安市引进培养高层次人才“5531”计划实施办法》，启动实施“5531”计划。计划从2017年起，用5年时间引进和培养国内外顶尖人才（A类）50名左右、国家级领军人才（B类）300名左右、地方级领军人才（C类）100名左右。同时，建立重点实验室和博士后工作站100个，引进优秀创业团队和创新团队1000个。对引进的A类人才，给予每人500万元项目配套奖补，对B类人才给予每人300万元项目配套奖补，对C类人才给予每人100万元项目配套奖补。

2018年，西安市“5531”计划共引进国内外顶尖人才（A类）13人、国家级领军人才（B类）42人、地方级领军人才（C类）65人，其他高层次类人才4000余人。

甘肃省

甘肃省“百人计划”

2009年，甘肃省委、省政府结合2008年实施的国家海外高层次人才引进计划，制定了《关于进一步鼓励和吸引海外高层次人才来甘肃工作的意见》。计划自2009年起，有重点、有针对性地引进100名左右海外高层次人才，集聚20到30名能够突破关键技术、发展高新产业、带动新兴学科的战略科学家和科技创新创业领军人才（即“百人计划”）。其中，业绩突出的海外领军人才及其团队，在甘肃省可获得10万元的一次性奖励资助。对引进后担任博士生导师的，发放每人每月津贴1200元；对入选第一、二层次甘肃省领军人才的，分别发放每人每月津贴2000元、1500元。同时，在职称评定、医疗卫生保障、出入境、子女入学、配偶就业等方面将给予照顾、提供方便，优先推荐申报国务院政府特殊津贴、国家有突出贡献中青年专家、甘肃省优秀专家。截至2012年底，甘肃省“百人计划”已累计引进海外高层次人才达到102人，提前完成了计划任务。

青海省

青海省“高端创新人才千人计划”

2016年4月，《青海省“高端创新人才千人计划”实施方案》出台，启动青海省历史上力度最大的高端人才培养引进工程。计划从2016年起，每年引进和培养5名左右杰出人才、35名左右领军人才、160名左右拔尖人才。到2020年，引进培养1000名左右高端创新人才，建设一支能够突破关键技术、带动新兴产业、建设新兴学科的高端创新人才队伍。引进的杰出人才、领军人才和拔尖人才可分别享受150万元左右、100万元左右和40万元左右的特殊支持。引进创新创业团队成员按照入选引进层次可享受特殊支持，引进团队可享受20万元建设经费支持。柔性引进的高端创新人才，参照在青工作时间和业绩贡献，享受相应比例的特殊支持。引进人才同时可享受薪酬、落户、住房、社会保险、医疗保障、税收、配偶安置、子女教育、创办企业、职称评审、人员编制、激励奖励等方面的优惠政策。

2018年，青海省“高端创新人才千人计划”第三批共确定222名个人和10个团队为引进培养对象，其中，高层次引进人才97人（杰出人才12人、领军人才37人、拔尖人才48人），引进团队2个；高层次培养人才125人（杰出人才5人、领军人才28人、拔尖人才92人），培养团队8个。截至2018年底，青海省“高端创新人才千人计划”共分三批确定532名高层次人才和29个创新创业团队作为引进和培养对象。

宁夏回族自治区

宁夏“海外引才百人计划”

2009年，宁夏回族自治区出台《引进海外高层次科技人才创新创业暂行办法》，启动实施“海外引才百人计划”。计划从2009年开始，自治区政府每年专门安排1000万元，用5至10年时间，在自治区重点创新项目、特色产业、优势学科和重点实验室、工程技术研究中心、大中型企业和国有商业金融机构、以高新技术产业开发区为主的各类创新创业园区等，引进并有重点地支持200名左右海外高层次科技人才到宁夏创新创业。对引进的创新人才，自治区财政给予引进单位30万—50万元的补助，用于改善引进人才的工作和生活条件。对带高新技术成果、项目到宁夏实施转化或从事高新技术项目研究开发的，符合宁夏产业发展方向的，自治区财政给予一定数额的创新创业扶持资金。此外，对引进的高层次人才在居留和出入境、落户、医疗、保险、住房、职称评审、子女入学、配偶安置等方面给予特殊优惠。

2018年，宁夏“海外引才百人计划”有5人入选。截至2018年底，宁夏“海外引才百人计划”共分五批引进49人。

新疆维吾尔自治区

新疆“高层次人才引进工程”

2012年，新疆维吾尔自治区出台《自治区高层次人才引进暂行办法》，计划通过实施国家海外高层次人才引进计划新疆项目，采取差别化引才政策，为新疆引进100名以上海外创新创业人才。

截至2017年底，共有61人入选新疆“高层次人才引进工程”，吸引了一批海外高层次人才到新疆创业发展，为推进新疆跨越式发展和长治久安提供人才和智力支持。

2018年，新疆“高层次人才引进工程”项目申报于9月启动。

综合篇

2018年度中国留学人员创新创业大事记

2018年度中国留学人员创新创业大事记

1月

8日 2017年度国家科学技术奖励大会

1月8日上午，中共中央、国务院在北京隆重举行国家科学技术奖励大会。党和国家领导人习近平、李克强、张高丽、王沪宁出席大会并为获奖代表颁奖。李克强代表党中央、国务院在大会上讲话。张高丽主持大会。中共中央总书记、国家主席、中央军委主席习近平等党和国家领导人向获得2017年度国家最高科学技术奖、国家自然科学奖、国家技术发明奖、国家科学技术进步奖和中华人民共和国国际科学技术合作奖的代表颁奖。南京理工大学王泽山院士和中国疾病预防控制中心病毒病预防控制所侯云德院士获2017年度国家最高科学技术奖。中共中央政治局常委、国务院总理李克强在讲话中代表党中央、国务院向全体获奖人员表示热烈祝贺，向全国广大科技工作者致以崇高敬意和诚挚问候，向参与和支持中国科技事业的外国专家表示衷心感谢。国务院副总理刘延东在会上宣读了《国务院关于2017年度国家科学技术奖励的决定》。王泽山代表全体获奖人员发言。2017年度国家科学技术奖共评选出271个项目和9名科技专家。其中，国家最高科学技术奖2人；国家自然科学奖35项，包括一等奖2项、二等奖33项；国家技术发明奖66项，包括一等奖4项、二等奖62项；国家科学技术进步奖170项，包括特等奖3项、一等奖21项（含创新团队3项）、二等奖146项；授予7名外籍科技专家中华人民共和国国际科学技术合作奖。

9日 2018年全国科技工作会议

1月9日，全国科技工作会议在京召开。会议深入学习贯彻习近平新时代中国特色社会主义思想和党的十九大精神，贯彻落实中央经济工作会议精神和中央农村工作会议精神，深入实施创新驱动发展战略，总结党的十八大以来科技创新工作，分析当前创新发展新形势，明确科技创新工作新要求，研究部署2018年科技改革发展任务，加快建设创新型国家步伐。科技部部长万钢作工作报告，科技部党组书记、副部长王志刚主持会议。会议印发了科技部党组2018年一号文件《关于坚持以习近平新时代中国特色社会主义思想为指导开创科技工作新局面的意见》，强调要深入学习贯彻党的十九大精神，以习近平新时代中国特色社会主义思想统领科技工作全局。中央和国家机关有关部门科技管理工作负责同志、各地方科技厅局主要负责同志、国家自主创新示范区和部分高新区负责同志、民口科技重大专项实施管理办公室负责同志等200多名代表参加会议。

16日 2018年全国引进外国人才和智力工作会议

1月16日至17日，2018年全国引进外国人才和智力工作会议在北京召开。会议深入学习宣传贯彻党的十九大精神，以习近平新时代中国特色社会主义思想为指引，落实中央经济工作会议、中央农村工作会议以及全国人力资源和社会保障工作会议部署，全面、准确把握党的十九大赋予全国外专系统的职责任务，总结党的十八大以来引才引智工作，安排2018年重点任务。会议指出，2018年引才引智工作将全面贯彻党的十九大精神，以习近平新时代中国特色社会主义思想为指导，践行“聚天下英才而用之”战略思想，按照高质量发展要求，以深入学习贯彻引才引智综合性指导文件为主线，以全面实施外国人来华工作许可制度和外国人才签证制度为抓手，以“高精尖缺”为导向，以信息化建设和大数据运用为基础，加快推动管理服务体制机制改革和法规制度建设，进一步提升出国（境）培训质量和效益，持之以恒全面从严治党，奋力开创新时代引才引智工作新局面。

3月

13日 第五届“华创杯”创业大赛启动

3月13日，由中央海外高层次人才引进工作小组指导，国务院侨办、湖北省政府、武汉市政府共同主办的第五届“华创杯”创业大赛在武汉启动。本届大赛主题以“人工智能+智能制造与传统产业相结合、工业大数据应用”为主题，分为初赛、复赛及决赛三个部分。决赛将通过项目现场路演及答辩方式决出一、二、三等奖，获奖项目分别给予60万元、10万元、5万元奖金奖励。“华创杯”创业大赛自2014年创办以来，四届共有来自50多个国家和地区的1300余个项目报名参赛，同时吸引了海内外150余家投资机构参与，成功对接投融资超过3亿元。

4月

14日 第十六届中国国际人才交流大会

4月14日至15日，由国家外国专家局和深圳市人民政府共同主办的第十六届中国国际人才交流大会在深圳会展中心举办。本届大会邀请了来自50多个国家和地区的4000多家专业组织、培训机构、高等院校、科技企业和人力机构参与，外国专家和海外高层次人才代表8500多人，各省市人力资源、科技、教育部门和各类引智企业代表9300多人参会。大会涵盖高峰论坛、展览洽谈、人才招聘、项目对接、中国深圳创新创业大赛国际赛、专业会议、评选及颁证活动、主宾国与分会场等八大类共18个板块。与往年相比，大会规模继续提升、内容更加丰富，国际化程度为历届之最，更加彰显“国际化、高端化、专业化、精品化、市场化、信息化”的特点，无论是形式还是内容都有较大突破和创新。本届大会首设德国为主宾国，首次在德国、香港设置分会场，在深圳宝安、龙华设置区域分会场，通过开展人才交流相关活动，与主会场形成全方位联动效应，大会期间举办的各类会议、活动达127场。据统计，各省市与专业组织、培训机构、留学人员达成的引智项目合作意向达3000多个，两天入场参观洽谈人数近10万人次。

17日 2018年留学人员回国服务工作部际联席会议

4月17日，2018年留学人员回国服务工作部际联席会议在北京召开。会议总结交流2017年留学人员回国服务工作情况，部署安排2018年工作要点。会议指出，2017年部际联席会议各成员单位和有关部门认真贯彻落实习近平新时代中国特色社会主义思想和党的十九大精神，在中央人才工作协调小组的指导下，根据国务院对部际联席会议工作的部署要求，以留学回国人员创业创新工作为重点，不断完善政策、健全机制、加强服务，留学人员回国服务工作取得新进展。截至2017年底，我国留学回国人员总数达313.2万人，其中2017年回国48.09万人，再创历史新高。会议强调，2018年留学人员回国服务工作要认真贯彻党的十九大和十九届二中、三中全会精神，坚持以习近平新时代中国特色社会主义思想为指导，认真落实《政府工作报告》中关于“鼓励海外留学人员回国创新创业”的工作要求，围绕完善留学回国政策体系、大力引进海外高层次留学人才、推动留学人员回国创业创新、支持留学人员为国服务、为留学人员提供优质高效服务等5个方面21点要求，在中央人才工作协调小组领导下，以吸引和服务海外高层次留学人才为宗旨，不断完善更加积极、更加开放、更加有效的留学人员回国政策，以更大的力度支持留学人员回国创业创新，为全面建成小康社会、实现中华民族伟大复兴的中国梦提供有力的人才支撑。

17日 2018（第四届）中国海归创业大赛启动

4月17日，2018（第四届）中国海归创业大赛在京召开新闻发布会，宣布大赛正式启动。中国海归创业大赛是在科技部、教育部、人力资源和社会保障部、国家外国专家局、致公党中央的共同指导和支持下，由中国技术创业协会留学人员创业园联盟发起举办的一项专门面向海归创业的全国性系列赛事。大赛以“汇聚海归英才，助力创新创业”为主题，秉持“以赛事为平台，以服务为核心”的理念，发挥政府部门、行业协会、创业园区、投资机构、大中企业、高校院所等多方作用，构筑产业生态圈，培育创新生态链，打造集创业培训、项目推介、政策扶持、孵化融资、市场拓展、对接交流为一体的创业服务平台，发现、选拔和扶持优质项目，促进海归人才科技成果转移转化和开展各类创新创业合作。大赛自2015年首次举办以来，三届共吸引1058个海归项目团队参赛，有全国300多家留学人员创业园区、100余所高校、160多家投资机构和有关单位参与，开展项目对接和交流洽谈1000余对次。在90个入围决赛的项目中，已有50多个项目获得投资及各类支持累计超过15亿元。

20日 第十三届“春晖杯”中国留学人员创新创业大赛启动

4月20日，由教育部和科技部共同主办的第十三届“春晖杯”中国留学人员创新创业大赛启动仪式在北京举行。“春晖杯”大赛汇聚多方力量，为留学人员回国创业搭建平台。自2006年设立以来，大赛已连续成功举办十二届，共汇聚来自20多个国家和地区符合受理条件的留学人员创新创业项目3344个，遴选优秀项目2241个，有超过435名入围项目的参赛留学人员顺利走上回国创业的道路。第十三届“春晖杯”大赛继续加强海外分赛区模式的推广力度，在已有的北美分赛区、法国分赛区、德国分赛区、澳大利亚墨尔本分赛区、英国分赛区和西班牙分赛区基础上，新增了澳大利亚悉尼、日本和新加坡3个分赛区，通过深度挖掘海外创新创业源泉，鼓励和引导在外优秀留学人员回国创新创业，充分发挥留学人员在科技创新、高端创新、自主创新的引领作用，以其新技术、新业态、新模式推动我国传统产业转型升级。

20日 第七届中国创新创业大赛启动

4月20日，第七届中国创新创业大赛启动会在京召开，宣布大赛正式启动。大赛由科技部、财政部、教育部、国家网信办、全国工商联共同指导，科技部火炬高技术产业开发中心、科技部科技型中小企业技术创新基金管理中心等单位承办，以“科技创新，成就大业”为主题，坚持“政府引导、公益支持、市场机制”的办赛理念，采用“赛马场上选骏马，市场对接配资源”的模式，聚合政府、市场等各类资源支持创新创业，进一步激发全社会创新创业热情，扶持中小微企业创新发展，积极打造大众创业、万众创新的众扶平台，促进大众创业、万众创新上水平。赛事采用先地方赛再行业总决赛的方式进行，由杭州、宁波、洛阳、广州、深圳和重庆分别举办互联网、新材料、先进制造、生物医药、电子信息、新能源及节能环保6个行业总决赛。大赛汇聚了多项政策重点支持参赛优秀企业，包括择优推荐给多个国家级投资基金、合作银行给予贷款授信支持、推荐参加“创新人才推进计划”等相关计划的评选以及展览交流活动等。大赛迄今已成功举办六届，累计参赛企业和团队达12万余家，培育出了一大批“明星企业”，为我国经济社会发展带来了崭新动力。

21日 2018年“创响中国”系列活动启动

4月21日，2018年“创响中国”启动仪式在上海市杨浦区举行，标志着2018年“创响中国”活动正式拉开帷幕。2018年“创响中国”活动由中国科协企业工作办公室、国家发展改革委高技术司共同主办，将在4月至12月期间举办，全国120家双创示范基地将结合地方发展特色，组织开展政策宣传、创业辅导、投资对接等特色创新创业活动，为实现创新引领的高质量发展营造良好社会氛围。“创响中国”上海杨浦站作为首站活动，结合“世界创意创新日”活动同步举行，并成立长三角双创示范基地联盟。活动期间举办了首届长三角双创示范基地工作交流会、创意共享主题论坛、未来生活原型街体验互动等创新创业活动。

5月

18日 第十一届中国留学人员南京国际交流与合作大会

5月18日至19日，第十一届中国留学人员南京国际交流与合作大会在南京国际博览会议中心举行。本届大会以“汇聚创新名城、建功强富美高”为主题，期间举办“新时代、聚人才、创名城”主题展、“赢在南京”海外人才创业大赛、高层次人才峰会、投融资对接会等一系列展示洽谈活动。大会共吸引了1300名海内外留学人员和国内博士、250多家企事业单位参会，其中包括109家国家博士后科研工作站和江苏省博士后创新实践基地单位、60家规模以上优秀科技企业。为打造国际化创新创业人才高地，南京市借本次大会首推“人才举荐制”，打破对高层次人才的传统认定方式，不再局限于学历、资历等指标，通过业界“伯乐”相才荐才的方式直接认定，获认定的高层次人才将享受创新创业、人才安居、子女教育等方面的一系列扶持政策。大会还首次设置江苏省内城市展区，南京市以外的全省12个设区市集中展示了创新政策和服务环境。作为南京面向海内外高层次人才倾力打造的交流合作平台，中国留学人员南京国际交流与合作大会于2008年首次举办，10年来累计引进海内外人才4500多人，促成1850多个技术项目落地对接合作。

26日 2018中国（杭州）海外人才创新创业项目大赛总决赛

5月25日，2018中国（杭州）海外人才创新创业项目大赛总决赛在杭州未来科技城举行。大赛自2018年1月启动，历时5个月，在13家海外科技社团和17家中国驻外使馆的支持下，征集到来自27个国家的444个创新创业项目。经过初审和连线视频答辩，有70个项目晋级入选杭州总决赛，项目产业涵盖人工智能、芯片设计、生物医药、高端装备等多个领域。其中，有56个项目达成签约意向。经过评委闭门会评审，最终评选出一等奖3名、二等奖6名、三等奖9名。部分获奖项目在杭州未来科技城国际会议中心进行了路演。本次大赛由中国科协、浙江省政府联合主办，浙江省科协、杭州市余杭区政府、中国海归创业联盟共同承办，是第二十届中国科协年会核心板块“智库聚才”重点活动之一。

6月

9日 第二十届浙洽会海外高层次人才项目洽谈对接活动

6月9日，第二十届浙洽会海外高层次人才项目洽谈对接活动在宁波举行。由浙江省人力社保厅、浙江省外国专家局和宁波市人力社保局联合举办的此次项目洽谈对接活动共邀请了美、德、日、英等21个国家的43个外国专家组织和知名大学、国际人才中介机构、海外留学人员团体近百名代表参加。活动共推出人才技术项目166个，其中人才项目54个，技术项目112个，主要涉及节能环保、新能源化工、高端装备制造、新材料、生物制药等领域。浙江省内377家企事业单位参与了对接洽谈，达成合作意向271项。活动现场还举办了国际高端人才技术项目推介会，现场推介项目17个。据统计，浙洽会海外高层次人才项目洽谈对接活动举办十九届以来，共引进各类外国专家7000余人次，解决技术难题近8000余项。为浙江省企业在技术改造、产品研发、经营管理等方面作出了积极贡献，取得了显著的经济和社会效益。

11日 第三届云南国际人才交流会

6月11日至14日，由中共云南省委组织部、云南省人力资源和社会保障厅主办的第三届云南国际人才交流会在昆明举行。本届大会围绕“聚天下英才・促云南跨越”的主题，采取1个主会场、6个主题分会场的形式，举办了教育国际化与人才发展论坛、生物医药大健康产业发展论坛、南亚和东南亚人才合作论坛、高原特色现代农业发展论坛、海内外高层次人才签约仪式、云南省“千人计划”“万人计划”政策宣讲等活动，吸引了来自国内和40多个国家和地区的专家、学者及高层次人才等600余人参会。自2016年开始，云南已成功举办两届国际人才交流会，累计参会3700人次，共邀请400多位海外专家出席，参会国家（地区）和国（境）外引智机构分别扩大到40余个和110余个，共引进海外高层次人才171人，促成150余项优秀人才智力项目签约。

29日 2018中国海外学子创业周

6月29日至7月1日，由科技部、教育部、人社部、国务院侨办、中科院、欧美同学会（中国留学人员联谊会）、辽宁省人民政府共同主办的2018中国海外学子创业周在大连举行。本届海创周秉持“海纳英才・创业中国”的主题，共设置有海归创业领袖峰会、创业孵化峰会、“创响中国”大连高新区站智能创享未来国际峰会、项目路演、海创周专业论坛、人才招聘会、大连设计节等七大主体活动，围绕智能科技、清洁能源、生命科学、海洋科技、数字文创等产业方向，重点筛选282个项目参加现场路演，503名海外知名院校学子参与交流，全国94个城市的414家政府机构、科研院所、高等院校、企事业单位的1129位代表，以及102家国内外金融投资机构的代表参会。中国海创周自2000年首次举办，已成功举办了十八届，共吸引来自63个国家和地区的3.3万余名留学人员，与2万多家企业、高校、科研院所等单位开展合作洽谈，有5000余名海外学子通过海创周回国创业，共创办企业3800余家，累计创造产值7300多亿元。

7月

10日 2018（第十届）苏州国际精英创业周

7月10日至12日，2018年（第十届）苏州国际精英创业周在苏州国际博览中心举行。本届创业周秉持“汇聚全球智慧、打造创业天堂”的主题，继续采用主会场和分会场联动办会模式，进一步聚焦产业导向、聚焦扩大开放、聚焦可持续发展等重大战略，举办开幕式、推介洽谈、创新创业大赛、专业会议、文化体验、新闻发布等6大类20项主体活动，包括2018年“赢在苏州”国际创客大赛全球总决赛、第十届“创业姑苏”青年精英创业大赛、国际离岸创新创业峰会、海外合作组织年会等，共有来自20多个国家和地区的4618名嘉宾参会，共携带5097个项目参加对接活动。同时，在10个国内分会场的基础上，首次设立北美、日韩等海外分会场，为有意回国发展的600余名海外人才提供远程参会平台，共征集项目209个。本次创业周通过前期充分对接和现场洽谈，正式签约项目866个，达成合作意向项目1177个。苏州国际精英创业周自2009年开始举办，前九届累计已落户项目3785个，实现注册资本296亿元，企业年销售总额突破56亿元，19家企业年销售额过亿元，14家企业挂牌新三板，引进和培养国家和江苏省高层次人才313人。

13日 2018中国・天津华侨华人创业发展洽谈会

7月13日至16日，由国务院侨办、天津市人民政府共同主办的2018中国・天津华侨华人创业发展洽谈会在天津梅江会展中心举办，有来自63个国家和地区的1300余位嘉宾参会。大会以“万侨创新、合作发展”为主题，围绕京津冀协同发展、“一带一路”建设、创新驱动发展等国家重大战略，举办了天津论坛、海外高层次人才暨创新项目对接洽谈会、海外华文媒体论坛、重点项目签约仪式暨成果发布会，以及“一带一路”建设对接会、科技创新项目对接洽谈会、“侨梦苑”建设发展论坛、华侨华人滨海创新创业发展论坛暨天津—澳门青创企业对接洽谈会、对口合作地区专场活动等。通过会前和会中对接洽谈，大会共达成合作意向217个，项目涉及智能制造、生命科学、生物科技、医疗保健、新能源新材料、金融服务、旅游养老、数字娱乐、现代管理、地产开发等多个领域，协议投资金额达231.9亿元。

8月

13日 2018中美青年创客大赛总决赛

8月13日至17日，2018“共创未来——中美青年创客大赛”总决赛与系列活动在北京市中华世纪坛成功举办。中美青年创客大赛由教育部主办，是中美人文交流系列活动“亮点”之一。本届大赛于5月18日在成都市启动，设立中国赛区（成都、北京、天津、温州、南京、厦门、深圳、海口、西安、上海、苏州、沈阳、武汉共13个分赛区）和美国赛区，共吸引6400余名中美青年创客报名参与，产生作品2000多件。其中，美国赛区参赛团队达到129个，人数超过1100名。经过海选、分赛区预选赛、分赛区决赛的层层选拔，有75支中美创客团队、近400名青年创客成功晋级总决赛。总决赛期间，有来自美国哈佛大学、波士顿大学等高校的青年学生和创客团队来华参赛，与中国13个分赛区的团队共同交流切磋，最终决出一等奖1个、二等奖3个、三等奖6个、优胜奖15个。中美青年创客大赛自2014年至今已成功举办五届，两国青年通过大赛平台在创新领域深度分享，为中美两国的人文交流增添了新的活力。

19日 第十三届（2018）中国留学人员创新创业论坛

8月19日，由欧美同学会（中国留学人员联谊会）主办的第十三届中国留学人员创新创业论坛在北京举行。本届论坛围绕“改革开放40年伟大历史进程和新时期留学人员使命”的主题，设立了“未来40年与海归新使命”“金融投资——捕捉产业新风向，与双创实现共赢”“新时期的人才发展政策和创新环境”和“改革开放新时期——青年海归的创新创业”4个分论坛，旨在与各界海归总结和分享经验，促进深度交流与合作，共议创新发展之计。在论坛举办期间，还召开了“纪念改革开放40周年和中国留学发展40年”座谈会，就改革开放40年的历史变迁、成就与经验进行了分享，对中国留学生与改革开放的命运交织与发展变化，以及如何更好发挥其民间外交生力军、创新发展驱动力等作用展开研讨与建言。

9月

3日 第六届内蒙古“草原英才”高层次人才合作交流会

9月3日，第六届内蒙古“草原英才”高层次人才合作交流会暨呼包鄂人才创新创业周和2018海外学人回国创业周在呼和浩特市开幕。本次活动以“广纳英才智汇草原”为主题，主打“草原英才”工程品牌，突出“人才是第一资源”理念。组织策划了“鸿雁行动”柔性引才、创新创业大赛、项目成果推介、各类人才与发展主题论坛等23项内容，为用人单位和各地英才搭建双向交流合作平台，吸引海内外高层次人才汇聚内蒙古，助推全区经济高质量发展。内蒙古“草原英才”高层次人才合作交流会以呼包鄂三地联动形式举办，集中展示、宣传推介内蒙古经济社会发展和人才政策，成为海内外认识内蒙古、了解内蒙古、感受内蒙古的重要窗口。交流会吸引了大批英才为内蒙古产业发展、项目建设、科研攻关献计出力，成为人才与创新比翼齐飞、人才链与产业链深度融合、人才资源与资本技术互利共赢的重要平台。

7日 2018年广东“众创杯”创业创新大赛之科技（海归）领航赛决赛

9月7日，2018年广东“众创杯”创业创新大赛之科技（海归）领航赛决赛在珠海举行。广东“众创杯”创业创新大赛由广东省人力资源和社会保障厅联合省发展改革委等13家单位共同主办，分设7个单项赛事。经过3年的推广发展，“众创杯”逐渐得到社会各种创业力量的广泛认可和积极参与，成为广东推进大众创业万众创新、服务企业发展、培育新动能的重要抓手和平台。本届“众创杯”大赛科技（海归）领航赛自5月24日启动以来，共吸引381个项目报名参赛，其中298个项目通过资格审核，团队组、企业组分别有30个名额晋级复赛（另有10个项目由台湾赛区推选）。在9月7日的决赛中，22个项目决出团队组、企业组各2名金奖、4名银奖、5名铜奖，获得5万—20万元的奖金以及“10+N”的创业支持措施。

10日 第十七届中国西部海外高新科技人才洽谈会

9月10日，由国务院侨办、中共四川省委、四川省人民政府和九三学社中央共同主办的第十七届中国西部海外高新科技人才洽谈会在成都举行。5名诺贝尔奖获得者、18名海内外院士、148个海外创新团队，以及包括多名海外名校校长、教授和专家学者，华侨华人专业协会会长，全国侨商代表，国家和省特聘专家在内的约800名中外嘉宾参会。大会围绕“创新引领·万侨汇智”的主题，举办了主体活动、专场活动、考察洽谈、学术交流等29场活动，包括天府论坛、海外人才引进签约仪式、第四届“海科杯”全球华侨华人创新创业大赛、第五届诺贝尔奖获得者医学峰会暨全球生物医药创新论坛、九三绿色发展论坛、海外华侨华人与中国创新发展论坛、人工智能高峰论坛、第三届中英高峰合作暨先进功能材料论坛、中英现代农业与食品创新论坛、海外高新科技项目路及主题市活动——宜宾市专场对接洽谈会等。据统计，本届大会促成563名海外人才签约，较去年增长37%；其中博士474人，占比达到84%。此外，达成64个签约项目，签约金额377.18亿元。“海科会”创办20多年来，已发展成为国家级综合性人才与智力交流合作平台，累计吸引6000余名海外高层人才来川考察，引进1700余名海外高端人才、1000多个科技项目扎根天府大地，投资金额达2000多亿元，为推动四川和中国西部地区经济高质量发展作出了积极贡献。

16日 2018（第四届）中国海归创业大赛决赛

9月14日至16日，由中国技术创业协会留学人员创业园联盟和烟台市人民政府共同主办的2018（第四届）中国海归创业大赛复赛、决赛暨对接洽谈会在烟台经济技术开发区举行。有122个海归创业项目登台路演，31个项目晋级决赛，诺领科技创业团队的“5G物联网通信芯片”项目最终荣膺桂冠，5个项目获得二等奖、三等奖，25个项目获得优胜奖。中国海归创业大赛是在科技部、教育部、人力资源和社会保障部、国家外国专家局、致公党中央的共同指导下，由中国技术创业协会留学人员创业园联盟发起举办的一项专门面向海归创业的全国性赛事。大赛以“汇聚海归英才，助力创新创业”为主题，通过赛事与服务相结合，发现、选拔和扶持优质创业项目，构建海归创业的产业链、创新链、服务链。本届大赛自2019年4月启动以来，先后在全国20个省市区园区和高校举办44场赛事说明及座谈活动，吸引了逾1000名海归企业和创业团队代表参与。至报名截止，经资格审查，有609个项目团队符合参赛条件；经专家评审，有161个项目团队入围复赛。其中，有122个入围项目团队参加了在烟台举行的为期3天的培训、考察、复赛、决赛和颁奖活动，并与各地园区、机构及烟台开发区骨干企业开展对接洽谈300余对次，达成各类合作意向超过60个。

10月

9日 2018年全国大众创业万众创新活动周

10月9日，2018年全国大众创业万众创新活动周启动仪式在四川成都举行，北京会场和全国各地分会场同步启动。本届双创活动周围绕“高水平双创，高质量发展”的主题，成都主会场组织举办主题展示、改革开放40年创业代表座谈会、创新创业平台建设推进会、创业乐天府、“黑科技每日秀”“@活动周”等7项重点活动和29项特色活动，并集中发布“双创”升级版“成都倡议”，以及推动科技创新、促进军民融合等政策措施。活动同期还举办了第六届中国创业投资行业峰会、全国农村创业创新座谈会、四川首届创业博览会、一带一路·巾帼云创等30项近50余场次特色活动。北京会场突出打造双创升级版、硬科技创新、创新创业者的主体地位及服务功能主题，设有奋进新时代、高质量发展、高水平双创、京津冀协同、高科技惠民、双创活动共六大展区的专题展，以及举办5G应用创新大赛、中关村国际前沿科技创新大赛、海外人才创新创业座谈会、人工智能与新型智能复合材料的深度融合主题论坛、中国无人机创新创业论坛等19场重点活动。全国大众创业万众创新活动周作为创新创业者碰撞思想、交流成果、展示风采的重要平台，自2015年以来已成功举办三届，对于实施创新驱动发展战略、培育壮大新动能、推动经济高质量发展发挥了重要的作用。

10日 2018年“创客中国”创新创业大赛全国总决赛

10月10日，由工业和信息化部主办，工业和信息化部信息中心与广东省经济和信息化委员会联合承办的2018年“创客中国”创新创业大赛总决赛在广州举办。本届大赛以“围绕产业链，打造创新链”为主题，着力打造为中小企业和创客提供交流展示、产融对接、项目孵化的平台，推动中小企业转型升级，促进大中小企业协同创新发展。科技含量高、具备成长潜力的24强项目经过路演和现场答辩环节，从项目创新性、技术能力、商业能力、团队能力等多方面进行评定，“国家1类抗肿瘤生物新药KLT-1101的开发”和“芯片化全自动动物繁育精子与疾病血液分析仪”项目最终摘得本次大赛企业组和创客组一等奖。中国投资协会、建信信托有限责任公司、全联数据金融投资基金、光大产业集团等投资机构与大赛24强中的TWS真无线立体智能耳机、可吸收生物活性骨诱导材料、互联网+智能停车4.0、微流控全参数血液及精子生物芯片及分析仪、氢芯智造氢松生活、人脸识别类智慧城市人工智能解决方案等项目签署了投资意向书，意向投资总额4.9亿元。“创客中国”大赛已成为社会参与度高、覆盖范围广、行业特色鲜明的创新创业比赛品牌。

12日 第十九届全国留学人员创业园网络年会

10月12日，由中国技术创业协会留学人员创业园联盟、石家庄国家高新区管委会共同主办的第十九届全国留学人员创业园网络年会暨2018中国海外人才创业园年会在石家庄举办。本次会议作为2018年全国大众创业万众创新活动周的一项特色活动，以“新时代、新趋势、新作为”为主题，重点围绕改革开放以来海外留学人才回国创新创业趋势和特征，以及新时代留学人员创业园发展问题与思路，开展深入探讨交流。国家有关部委领导就中国创业孵化发展历程及“双创”发展未来趋势、改革开放以来我国留学事业回顾与展望、留学人员回国服务工作体系建设、国外智力引进与国际人才交流作会议报告，科技部办公厅调研室、国家发展改革委经济研究所的专家就中国宏观经济形势和人才回归趋势发表主题演讲。会议同期召开了中国技术创业协会留学人员创业园联盟第三届第三次成员代表大会。科技部、教育部、人力资源和社会保障部、国家外国专家局、致公党中央和河北省、石家庄市当地有关部门领导，以及各地留学人员创业园、创业服务机构、留学人员企业代表等200余人参会。

12日 2018年暨首批“中国留学人员创业园区孵化基地”授牌

10月12日，2018年暨首批“中国留学人员创业园区孵化基地”授牌仪式在第十九届全国留学人员创业园网络年会期间举行。根据《中国留学人员创业园区孵化基地评价办法》，孵化基地评价工作由中国技术创业协会留学人员创业园联盟组织实施，旨在遴选一批人才集聚能力较强、创业服务功能完备、企业孵化业绩优异的创业园区，打造区域海外人才创新创业和科技成果转移转化高地，形成示范推广效应。经申报、筛查、评审和公示等程序，北京市留学人员海淀创业园等27家单位入选首批孵化基地。根据中国技术创业协会留学人员创业园联盟秘书处统计，截至2017年底，27家孵化基地共有19235名留学人员在园创业和工作；在园留学人员企业3039家，2017年企业营收达到141亿元；累计孵化留学人员企业10404家，培育出上市和新三板挂牌企业196家。

12日 2018“中国留学人员创业园最具创业成长性企业”评选活动颁奖

10月12日，2018“中国留学人员创业园最具创业成长性企业”评选活动颁奖仪式在第十九届全国留学人员创业园网络年会期间举行。“中国留学人员创业园最具创业成长性企业”评选活动由中国技术创业协会留学人员创业园联盟发起主办，其前身是自2010年起举办的“中国留学人员创业园百家企业”评选，该活动至2017年已成功举办七届，共表彰了419家具有高成长性和发展潜力的留学人员企业，其中有超过40家企业目前已在国内外上市或挂牌。2018年评选活动进行了内容优化和全新命名，重点表彰成立3年以内、具有较大发展潜力的初创期留学人员企业，以及成立10年以内、具备一定经营规模和业绩、近年来在技术创新和市场开拓方面显著成长的留学人员企业。经申报推荐、资格审查、专家评审和公示，共有来自北京、天津、上海、山东、广东、江苏、成都、福建等省市32家企业入选。评选活动累计表彰企业达到451家。

11月

10日 2018杭州国际人才交流与项目合作大会

11月10日，2018杭州国际人才交流与项目合作大会在杭州国际博览中心举行。本届大会由中共浙江省委、浙江省人民政府、国家外国专家局主办，浙江省委组织部、省人力社保厅、杭州市委及市政府承办。大会秉持“交流、合作、创新、创业”的主题，内容涵盖人才项目及技术合作洽谈大会、高层次人才招聘大会暨长三角城市招聘会、数字经济人才高峰论坛、金融人才创新发展论坛、高层次人才创新创业项目路演等主题活动。其中，人才项目与技术合作洽谈会作为重点活动之一，包括海外高层次人才创新创业项目洽谈、海外留学人员社团合作交流、海外高层次人才招聘等内容。大会共邀请33个国家和地区的3900余名海内外人才参会，有38个外国专家组织、44家海外社团组织、148名外国人才、582名留学生携近800个项目参会洽谈。创办于2009年的杭州国际人才交流与项目合作大会已成为杭州全球引才的“金名片”，前九届大会累计邀请4424名海外高层次人才和200多个海外留学人员社团代表参会，洽谈对接项目4700多个。其中，杭州市累计签约项目1143个，签约金额达152亿元。

10日 2018重庆国际人才创新创业洽谈会

11月10日至11日，2018重庆国际人才创新创业洽谈会在重庆悦来国际会展中心举行。本届“国创会”继续秉持“创新创业·人才引领”的主题，举办了4场创新创业项目对接洽谈会、1场紧缺人才招聘会，共有209家企业、23所高校、8家科研院所参加展示、推介和洽谈，25个区县组团参展，吸引了38个国家和地区的1300余名高层次人才赴会。大会期间，诺贝尔奖得主爱德华·莫索尔先生、50位院士、13位知名企业家，以及众多高层次人才齐聚重庆，为重庆经济社会发展积极建言献策，对创新创业进行专业指导。会议正式签约引进人才268名、落地项目163个，参展数、参会数、签约数均创历史新高。大会期间，还举行了2018“国创杯”创新创业项目大赛颁奖仪式。

13日 2018全球创业周中国站

11月13日，2018（第十二届）创业周暨全球创业周中国站活动在上海市杨浦区开幕。本届创业周由科技部、教育部、共青团中央、上海市人民政府发起并作为指导单位，上海市大学生科技创业基金会主办，内容涵盖首届“天使基金主题日”、天使及早期投资峰会、接力创投营公开课、天使走进实验室等六大行业主题日和60多场创业主题活动。全球创业周作为全球创业领域的盛会，定于每年11月的其中一周举办，迄今已覆盖约170个国家，超过1000万青年创业者关注并参与。全国创业周中国站已举办12年，在全国17个省、123座城市、160多所高校开展活动，每年与190余家机构合作，举办超过150场主题创业活动，参与者累计超过16万人。

21日 第十八届华侨华人创业发展洽谈会

11月21至23日，由中央海外高层次人才引进工作小组指导，国务院侨务办、湖北省人民政府和武汉市人民政府共同主办的第十八届华侨华人创业发展洽谈会在武汉举行，共吸引来自全球71个国家和地区的1300余名海外华侨华人和2000余名国内代表参会。本届华创会围绕“万侨创新，发展共享”的主题，紧扣国家战略及“一带一路”倡议，注重体现同圆共享中国梦，关注促进地方高质量发展，凸显“以侨为桥、联通世界”辐射效应。大会设置武汉论坛、重点项目签约仪式、长江经济带水资源保护与利用高端圆桌会、德国项目专场推介会、海外投资论坛专场、长江国际论坛暨第二届天门华侨华人创业发展恳谈会、项目路演等、第五届“华创杯”创业大赛颁奖仪式等24场系列活动，并首次举办冠军回家、区域性资本市场融资融智等专场活动，为海外华侨华人回国发展搭建桥梁。本届华创会共对接洽谈海内外参会项目1093个，121个项目达成合作协议及意向，其中出资过亿元的项目36个。18年来，华创会以侨引侨、以侨引外、以侨促内，在中国和世界之间搭起了一座彩虹桥。

12月

1日 2018中国海归创业大会

12月1日，由上海市委组织部、统战部指导，上海市欧美同学会（上海市留学人员联合会）、长宁区委、长宁区政府共同主办的2018年中国海归创业大会暨第六届上海海归人才创新创业大会在上海举行。大会围绕“智汇长三角，共圆海创梦”的主题，诚邀政府部门、投资机构、海归创业者等500余人参会，共同探讨实施长三角一体化发展国家战略、加快推动人工智能产业发展等为海归人才创新创业带来的新机遇。大会设置了主题演讲、圆桌论坛和展览展示区，并举行了2018年上海海归人才创业大赛颁奖仪式。中国海归创业大会自2013年起，已经连续成功举办五届，成为在海归人才中具有广泛影响力的创新创业活动。

18日 第十三届“春晖杯”中国留学人员创新创业大赛交流洽谈、颁奖等系列活动

12月18日至20日，由教育部、科技部共同主办，教育部留学服务中心承办的第十三届“春晖杯”中国留学人员创新创业大赛交流洽谈、颁奖等系列活动在广州成功举办。本届大赛共有407个参评项目，经过专家评审，来自19个国家和地区的287个项目入围。其中，有223个项目的近300名留学人员，以及100多家国内人才服务机构、留学人员创业园区和相关单位代表参加了第十三届“春晖杯”中国留学人员创新创业大赛交流大会，往届“春晖杯”大赛获奖者代表及有关专家在会上分享了创新创业心得与经验。活动期间，还举办了大赛获奖项目路演会、入围项目展示暨洽谈会及颁奖大会，110个入围项目在8个分会场同步路演，现场进行洽谈243对次，签订入驻园区意向和投资合作意向51份。为给海外留学人员项目快速在国内落地孵化创造条件，帮助入围项目广泛地寻找落地孵化和投融资的机会，大赛组委会还于12月22日至30日组织了约190个入围项目团队代表赴深圳、宁波、上海、苏州、沧州、天津、北京等7个城市进行深度对接，促进海外人才、技术、项目与国内政策、环境、资本的交流合作。

21日 2018中国海外人才交流大会暨第20届中国留学人员广州科技交流会

12月21至22日，2018中国海外人才交流大会暨第20届中国留学人员广州科技交流会在广州举行。本届大会由

教育部、科技部、中国科学院、欧美同学会和中共广州市委、广州市人民政府共同主办，北京、天津、上海、重庆、深圳等29个城市（机构）联合协办。大会围绕“智汇创新 共赢”的主题，在中国进出口商品交易会展馆设立主会场，在白云国际会议中心设立分会场，举办峰会论坛、展览展示、项目交流、人才招聘、专业会议、实地考察、海外分会场、海交会20周年纪念活动等八大板块活动，共有来自世界各地的3500余名海外人才参会。其中，包括国家高层次人才近300名、独联体专家近50名、“春晖杯”中国留学人员创新创业大赛入围项目团队代表近300名、“智创未来”海外创新创业大赛和全球创业大赛等入围选手近200名，以及来自世界各国的学者1000多名。借粤港澳大湾区建设启动年契机，本届“海交会”在香港首设分会场，举办了“湾区机遇·对话青年科技人才”主题论坛、省市人才政策推介会和粤港澳大湾区（香港）青年人才推介会三大活动。大会开办以来，已成功举办了十九届，累计吸引海内外高层次人才近5万人参会，覆盖全球140多个国家和地区，向全国输送近5万个项目。

综合篇

2018年度中国留学人员创业重要活动

2018年全国大众创业万众创新活动周

一、活动简介

为进一步营造良好社会氛围，在更大范围、更高层次、更深程度上推进大众创业万众创新，国务院决定从2015年起设立全国大众创业万众创新活动周（简称“全国双创活动周”），定于每年10月举行，具体时间根据年度安排确定，每年设置不同主题，通过搭建“双创”展示平台，推动形成新一轮创业创新热潮，为实现创新驱动发展汇聚智慧和力量。活动周期间将在各地举办政策宣传、展览展示、经验交流、信息发布、文化传播、互动对接、投资交易、成果转化等活动，促进各类创业创新要素聚集交流对接，在全社会营造良好创业创新氛围。2015年10月19日，首届全国双创活动周在北京中关村拉开帷幕。

2018年全国双创活动周以“高水平双创，高质量发展”为主题，于2018年10月9日至15日举行，设成都主会场、北京会场，全国各省（自治区、直辖市）和新疆生产建设兵团同步开展各项活动，并在“一带一路”相关国家和地区举办海外活动周。此外，国家有关部委也在活动周期间举办了丰富多彩的创新创业系列活动。

二、组织机构

（一）主办单位：

组长单位：

国家发展改革委

副组长单位：

科技部、人力资源和社会保障部、财政部、工业和信息化部、教育部、国资委、中央宣传部、中国科协、共青团中央，北京市人民政府、四川省人民政府、成都市人民政府

成员单位：

其他推进大众创业万众创新部际联席会议成员单位，各省、自治区、直辖市政府，新疆生产建设兵团

（二）承办单位：

成都主会场活动由中国科协和四川省人民政府、成都市人民政府承办；北京会场活动由中国科协和北京市人民政府承办；部委活动由推进大众创业万众创新部际联席会议成员单位承办；地方活动由地方各级人民政府承办。

三、重点活动

（一）成都主会场活动

2018年10月9日，2018年全国大众创业万众创新活动周在四川成都拉开帷幕，这是全国双创活动周首次将主会场设在西部。中共中央政治局常委、国务院总理李克强作出重要批示。批示指出：近几年，在各方面共同努力下，“双创”活动蓬勃发展，为激发创新潜力和市场活力、扩大就业发挥了积极作用。面对新形势，要以习近平新时代中国特色社会主义思想为指导，认真贯彻党中央、国务院决策部署，按照高质量发展的要求，更大力度实施创新驱动发展战略，持续深入推进“双创”。进一步深化“放管服”改革，加强产权保护等制度建设，为各类市场主体营造市场化、法治化、国际化的创业创新生态。提升工业互联网平台服务能力，推动“互联网+社会民生”健康发展，改善公共服务，释放人民群众中蕴藏的无穷创造力，为加快培育新动能、不断提升我国经济的创新力和竞争力打下更坚实的基础。

活动周期间，成都主会场共举办启动仪式、主题展示、全面创新改革试验推进会等国家重点活动7场，国家部委、省直部门和地方特色活动29场，各区（市）县和市级部门结合实际举办特色亮点活动近1000余场。活动吸引了从“两院”院士到知名企业家、从年轻创客到普通市民的广泛参与，参加现场活动人数超过180万人次，为历届之最。其中，成都“菁蓉汇”接待观众超过35万人次，通过“@活动周”线上平台参与人数超过520万人次。

成都主会场精心策划组织了创业博览会、“双创”大讲堂、“创客天府”创新创业大赛、创业乐天府、创新星空间、黑科技每日秀等亮点活动，首次全面展示了科技人才、大学生、留学归国人员、少数民族、退伍军人等创新创业主体的特色。主题展示结合线下大型展会和线上体验平台两大载体，从全国2000余家优秀企业、重点高校、大型院所中遴选出150个最具典型性、代表性项目参展，包括人工智能、航天航空、大数据、云计算等前沿领域，充分展示了成都市科教资源富集、军民融合特点和创新创业潜力。组织有关社会团体、高校院所、行业协会、企业等单位开展“双创”进机关、进高校、进企业、进街道、进社区活动2000余场，使创新创业的氛围和理念既在中心城区推广，又大力向区（市）县、街道、乡镇、农村渗透，满足了不同创新创业群体的个性需求。积极配合中国科协在“一带一路”沿线国家和地区举办45站103项海外双创周活动，彰显“四向拓展、全域开放”立体全面开放新态势，塑造西部国际门户枢纽和内陆开放高地的国际形象，提升成都在全国对外开放新格局中的战略地位。活动地域、项目范围、参与范围均超出前三届主会场活动，有力提升了城市品牌力、影响力和辐射力。

活动周期间，成都市还集中发布了优化营商环境、推动科技创新、促进军民融合、创业带动就业等政策措施，投促部门和各区（市）县靠前行动、主动服务，举办一系列投资对接活动，与300余家创投机构、150家重点展示企业进行“一对一”

对接，昆仑万维全国总部、中国轨道交通大数据研究基地等50余个项目成功落地，150余个项目达成初步意向，总投资超过1000亿元。

活动周结束后，成都市结合西部地区“创响中国”活动，以“西部创新创业快车”的形式开展了创新创业服务和展示宣传，推广创新创业成果，传播创新创业理念，激发创新创业热情，推动西部地区创新创业加快发展。

（二）北京会场

2018年10月9日，2018年全国大众创业万众创新活动周北京会场暨中关村创新创业季活动在中关村国家自主创新示范区展示中心拉开帷幕。本届全国双创活动周北京会场以“高水平双创，高质量发展”为主题，全面展示北京在推动大众创业万众创新升级、建设全国科技创新中心的最新成果和显著成效。同时强调四个突出，即突出打造双创升级版，传递双创发展的新理念、新模式、新成效；突出硬科技创新，不断提升实体经济发展的硬实力和核心竞争力；突出创新创业者的主体地位，坚持以人为本，多角度、多方式激发双创活力；突出服务功能，为各级各类创新主体、有识之士提供全方位的服务支持，凸显北京新时代双创的显著特征。

活动设立了奋进新时代、高质量发展、高水平双创、京津冀协同、高科技惠民、双创活动六大主题展区，展示面积1.8万平方米，各创新创业主体积极响应，申报项目超过3000个，为历届之最。遴选出的技术和产品中，有300余家企业600余项成果均为首次展出，参展企业成立的平均年限不到5年，项目围绕关键核心突破技术、前沿技术与硬科技创新，并优先选择展示性强、公众喜闻乐见的惠民项目，充分展示全国科技创新中心建设的最新成效。活动期间，线上线下百余万人参与主题展。

本届活动周北京会场坚持广泛动员、全市联动，上接天线、下接地气，举办了中关村国际前沿科技创新大赛、5G应用创新大赛、“十百千万”双创能力培育工程发布会、双创政策研讨会、区域协同创新发展研讨会、把握双创“新”脉搏论坛、中关村硬科技孵化平台授牌等14场主题活动，通过组织百余项成果展示、峰会论坛、体验展示、创新竞赛、专业服务、路演对接等活动，为广大创客搭建施展才华、展示成果的舞台，激发全民创新创业热情。

（三）部委活动

在2018年全国双创周活动期间，国家有关部委也结合活动主题举办了丰富多彩的创新创业系列活动，包括教育部举办中国“互联网+”大学生创新创业大赛；科技部举办中国创新创业大赛及专业化众创空间和众创空间宣传；工业和信息化部举办中国国际中小企业博览会、创客中国创新创业大赛总决赛等特色主题活动；人力资源和社会保障部举办“中国创翼”创业创新大赛；中国科协举办海外人才离岸创新创业座谈会，发布国内首个颠覆性创新榜；共青团中央举办“创青春”中国青年创新创业大赛系列活动等，将双创周活动进一步推向全国，掀起全民创新创业热潮。

2018第七届中国创新创业大赛

一、大赛简介

中国创新创业大赛是由科技部、财政部、教育部、国家网信办和中华全国工商业联合会共同指导举办的一项以“科技创新，成就大业”为主题的全国性创业比赛，旨在落实党中央、国务院提出的大众创业、万众创新的重大部署，深入实施创新驱动发展战略。大赛秉承“政府主导、公益支持、市场机制”的模式，既有效发挥了政府的统筹引导能力，又最大化聚合激发了市场活力，通过聚集和整合各种创新创业资源，引导社会各界力量支持创新创业，搭建服务创新创业的平台，弘扬创新创业文化，激发全民创新创业的热情，掀起创新创业的热潮，打造推动经济发展和转型升级的强劲引擎。大赛自2012年举办以来，七届共吸引超过15万个来自全国各地的企业和团队报名参赛，成为目前国内规格最高、规模最大、质量最好、影响最广的创新创业品牌活动。

大赛第一阶段为地方赛，由各省级科技管理部门组织举办；第二阶段为全国总决赛，按照新材料、新能源及节能环保、生物医药、电子信息、先进制造、互联网及移动互联网6个行业进行。其中，地方赛大都在每年的6月至8月举行，是各地评选“明星企业”的“广阔舞台”，也是各地优秀企业入围全国总决赛的晋级通道。地方赛事的兴盛，最能体现我国大众创业、万众创新的繁荣景象。大赛从2012年首届5个赛区扩展至如今覆盖全国所有省级单位，真正成为全国各地推动大众创新创业的公共政策和公共产品。全国赛自2016年起，中央财政通过“以奖代补”的形式普惠1519家“优秀企业”，总金额近5亿元，并带动地方财政投入超过30亿元，还针对参赛企业在科技金融、培训辅导、融通创新、落地考察、宣传展示等需求，举办了诸多特色活动。通过举办大赛，从地方到中央支持创新创业的制度环境不断优化、市场活力不断释放、普惠政策不断加码。

2018第七届中国创新创业大赛于4月20日启动，继续采用逐级遴选的方式，通过地方赛、全国总决赛的竞技模式选拔优秀企业，并首次实现对全国所有省、自治区、直辖市、计划单列市和新疆生产建设兵团的地方赛全覆盖。为提高参赛企业质量，突出科技型创业，本届赛事特别要求入围全国总决赛的成长组企业必须获得全国科技型中小企业信息库入库登记编号。本届赛事共有31136家企业报名，较上一届增长10.6%，再创历史新高，37个赛区共计推荐1400余家优胜企业入围全国行业总决赛，最终产生54家获奖企业和500多家优秀企业。

二、组织机构

（一）指导单位：

科技部、财政部、教育部、国家网信办、全国工商联

（二）支持单位：

共青团中央、致公党中央、招商银行

（三）承办单位：

科技部火炬高技术产业开发中心、科技部科技型中小企业技术创新基金管理中心、科技日报社、中国互联网投资基金、陕西省现代科技创业基金会、北京国科中小企业科技创新发展基金会

（四）协办单位：

各省、自治区、直辖市及计划单列市科技厅（委、局），新疆生产建设兵团科技局，各国家高新技术产业开发区管委会、深圳证券交易所，全国中小企业股份转让系统有限责任公司

（五）特别支持：

招商银行创新创业公益基金、上海三盛宏业投资（集团）有限责任公司

三、大赛进程

报名阶段：2018年4月20日，2018第七届中国创新创业大赛启动。大赛按照初创企业组和成长企业组进行比赛，符合条件的企业可登录大赛官方网站www.cxcyds.com报名。大赛不向参赛企业收取任何费用，注册截止时间和报名截止时间分别为6月10日和6月15日。后由各省、自治区、直辖市及计划单列市科技厅（委、局），新疆生产建设兵团科技局负责辖区内企业报名材料的形式审查，对符合参赛条件且提交报名材料完整的企业，确认其参赛资格，参赛资格确认的截止时间为6月22日。

地方赛事：本届地方赛比赛时间为2018年7月至8月。地方赛通过初赛、复赛、决赛逐级遴选评出优胜企业，除初赛可采用会议或网络书面评审外，其他比赛均采用“现场答辩、当场亮分”的评选方式。据第七届大赛地方赛统计，有504家参赛企业获得创业投资，总金额超过48亿元；有3472家参赛企业获得银行贷款授信，授信额度超过104亿元。各地方赛共组织1730多场培训辅导活动，培训人次超过45万。

入围推荐：省级科技管理部门结合地方赛成绩产生拟入围企业名单，大赛组委会办公室根据地方赛举办情况和参赛企业数量分配各赛区入围全国总决赛名额，并在大赛官网上公示入围全国总决赛企业名单，接受社会监督，通过公示的企业正式进入全国总决赛。

全国总决赛：全国总决赛时间为2018年9月至11月，按电子信息、新材料、新能源及节能环保、生物医药、先进制造、互联网6个行业分别举办，包括初创企业组360个和成长企业组1080个左右规模的企业。行业总决赛由半决赛、决赛两个环节组成，评委以创投专家为主，比赛采用“现场答辩、当场亮分”的评选方式。半决赛和决赛现场向创投机构等观众开放，并通过网络平台等进行直播。每个行业总决赛后，初创企业组产生一等奖1名、二等奖1名、三等奖1名，成长企业组产生一等奖1名、二等奖2名、三等奖3名。此外，大赛继续在全国总决赛期间举办“大企业对接会”活动，共有38家不同行业龙头企业在现场与近800家参赛企业开展对接，参与的龙头企业数量和小企业数量都创历史新高，有力促进了大中小企业协同创新创业。

四、重点活动

（一）新能源及节能环保行业全国总决赛

2018年9月16日至20日，为期5天的第七届中国创新创业大赛新能源及节能环保行业总决赛在重庆圆满收官。作为六大行业赛之一，2018新能源及节能环保行业赛共有3517家企业报名参赛，经过全国各地方赛的激烈角逐和层层选拔，205家企业进入总决赛，其中，初创组企业49家，成长组企业156家。半决赛角逐后，最终18家企业进入决赛，项目涉及污水处理、新能源电池、环境监测、空气净化、激光智能装备制造、电能存储等多个领域，代表了我国能源环保科技创新的最新研发成果。最终，共9家企业脱颖而出，分获初创组、成长组一、二、三等奖。其中，浙江臻泰能源科技有限公司和苏州英磁新能源科技有限公司分别获得成长组和初创组的一等奖，另有88家参赛企业荣获优秀企业奖。

全国赛作为中国创新创业大赛整个赛事体系的“最高舞台”，也是全国优质“双创”资源的高效整合平台。在为期5天的新能源及节能环保行业总决赛中，同期举办了长江经济带绿色发展高峰论坛、大企业对接会、公益大讲堂、“创新重庆行”参观考察、长江经济带科技环保项目展等活动，为众多创业者提供了融资、培训、对接、展示方面的支持，真正体现了大赛的“众扶”机制。

（二）先进制造行业全国总决赛

2018年10月11日至15日，第七届中国创新创业大赛先进制造行业总决赛在河南洛阳圆满收官。本次先进制造行业总决赛共有61家初创企业和181家成长企业入围，仿生、安防、工业、教育、交通、医疗等领域的项目多面开花，项目涵盖领域广、科技含量高、发展空间大，代表了各赛区的优秀科技创新力量。最终，大赛评出初创组和成长组一、二、三等奖，共9家企业获奖。其中，苏州艾利特机器人有限公司和北京中科睿芯科技有限公司分别摘得初创组和成长组一等奖桂冠，另有101家参赛企业荣获优秀企业奖。

在为期5天的先进制造行业总决赛中，同期举办了“科技赋能、智造未来”高峰论坛、大企业对接会、洛阳创新之夜、创业文化之旅、公益大讲堂、创新创业生态展、参赛企业风采展、科技嘉年华、创业加油站、创业英雄汇等活动。以比赛为平台，进而为创业者提供精准融资、广泛展示、深度分享、高效对接的帮扶，是大赛为推动大众创新创业健康蓬勃发展、实现双创平台升级而努力的方向。

今年是洛阳第三次承办全国先进制造行业总决赛，为入围并参加全国总决赛的参赛企业制定了优厚的专项政策，涉及引导资金、科技奖励、房租减免、研发补助、培育计划等。其中，进入全国总决赛并能够落户的参赛企业可获得30万元资金扶持，对获奖企业则将有100万、80万、50万的资金扶持。

（三）互联网行业全国总决赛

2018年10月20日至24日，第七届中国创新创业大赛互联网行业总决赛在杭州圆满收官。通过全国半决赛晋级的6家初创企业和16家成长企业进行了最后比拼，项目涉及AR/VR游戏、网络安全、智慧教育、新零售、供应链、金融等领域的互联网创新创业，竞争十分激烈。最终，杭州二更网络科技有限公司和深圳市加推科技有限公司从280余家入围全国总决赛的互联网企业中胜出，分获成长组和初创组一等奖，另有118家参赛企业荣获优秀企业奖。

在为期5天的互联网行业总决赛中，同期举办了下一代互联网产业发展趋势高峰论坛、“感知杭州高新区，拥抱互联”参观考察、公益大讲堂、大企业对接会、参赛企业风采展、创业英雄汇等双创活动。

中国互联网领域的应用在世界上处于领先水平，正是基于庞大的参与人群和优良的创新创业沃土。互联网在各行各业的深度融合将成为建设新时代中国特色社会主义的重要路径。通过全国赛层层晋级上来的参赛项目，也将成为互联网行业的“风向标”。大赛将在我国未来绿色低碳、共享经济、现代供应链、人力资本服务等领域，通过自身选拔机制和服务体系，培育互联网时代下的新增长点，形成新动能。

（四）生物医药行业全国总决赛

2018年11月12日至15日，第七届中国创新创业大赛生物医药行业总决赛在广州圆满收官。通过全国半决赛晋级的6家初创企业和14家成长企业在决赛中同台竞技。最终，上海银诺医药技术有限公司和凌科药业（杭州）有限公司从230余家入围全国总决赛的生物医药企业中胜出，分获成长组和初创组一等奖，另有101家参赛企业荣获优秀企业奖。

在为期4天的生物医药行业总决赛中，同期举办了主旨演讲、大企业对接会、参观考察、广州之夜、参赛企业风采展、赴港上市培训会、创业加油站等双创活动。

生物医药产业被视为21世纪造福人类的重要产业，是“广州制造2025战略计划”的核心内容之一。广州是中国三大医疗中心之一，医疗市场资源丰富，形成了以广药集团、金域检验、香雪制药等为行业龙头，带动一大批专、新、特、精的骨干企业集群式发展的局面。参赛企业通过此次大赛能进一步认识广州，与广州携手打造生物医药产业发展新高地。

（五）新材料行业全国总决赛

2018年11月19日至23日，为期5天的第七届中国创新创业大赛新材料行业总决赛在宁波圆满收官。在180余家入围全国总决赛的新材料企业中，有6家初创企业和12家成长企业通过全国半决赛晋级，项目涉及微处理芯片载板、OLED材料研发与产业化、高性能覆铜板用特种树脂的研发与产业化、氮化硅陶瓷球、焊接铝蜂窝板等领域的新材料创新创业。最终，珠海光驭科技有限公司和宁波卢米蓝新材料有限公司分别获得成长组和初创组一等奖，另有74家企业荣获优秀企业奖。

宁波在新材料产业发展方面拥有良好基础，形成了完善的新材料产业孵育体系，引进和培养了一大批新材料专业人才，培育了一批新材料行业的创新型企业。本届新材料行业总决赛与第十四届中国（宁波）新材料与产业化国际论坛、2018中国（宁波）国际新材料科技与产业博览会同期举办，并举办了新材料行业高峰论坛、大企业对接会、创新创业宁波行、天使风暴融资路演、参赛企业风采展、公益大讲堂、创业加油站等活动。

（六）电子信息行业全国总决赛

2018年11月26日至30日，第七届中国创新创业大赛电子信息行业总决赛在深圳圆满收官。通过全国半决赛晋级的6家初创企业和16家成长企业参加了最后的决赛，其中，芯片领域的企业占比较大，用“芯”服务、用心做中国“芯”、以“芯”为翼，助推物联等用芯片创变未来的参赛企业成为了本次赛事的焦点。最终，大连达利凯普科技有限公司和真微科技（广州）有限公司从270余家入围全国总决赛的电子信息企业中胜出，分获成长组和初创组一等奖，另有119家参赛企业荣获优秀企业奖。

在为期5天的电子信息行业总决赛中，同期举办了改革开放40周年创新创业分享会、创赛训练营、龙头企业参观考察、大企业对接会、参赛企业风采展、电子信息产业配套能力展、电子信息产业配套能力对接、创新创业服务地图现场服务、创业英雄汇等双创活动。

本次赛事是6场行业全国总决赛的最后一场，为2018第七届中国创新创业大赛的全面收官画上了圆满句号。一整年的赛事安排，为社会各界呈现出了我国科技创新的无限潜力。大赛将以终为始，开启全新的双创升级之路，为我国科技创新创业打造更加强劲的助推引擎、营造更加优良的生态环境。

第十三届“春晖杯”中国留学人员创新创业大赛

一、大赛简介

为加快推进科教兴国战略和人才强国战略，教育部和科技部每年举办“春晖杯”中国留学人员创新创业大赛（简称“春晖杯”大赛），充分调动海外优秀留学人员回国创业热情，鼓励海外留学人员积极申报创新创业项目，创造条件支持参赛者与留学人员创业园、大学科技园和企业进行项目对接，根据项目技术水平、投资前景、效益预测和产业化情况，组织留学人员创业园、大学科技园、风险投资机构和国内企业家对项目进行评审、洽谈和择优颁奖，推动留学人员回国创办高新技术企业。

“春晖杯”大赛汇聚多方力量，为留学人员回国创业搭建平台。自2006年设立以来，大赛已连续成功举办十三届，共汇聚来自20多个国家和地区的报名项目，获奖项目达2528个。据统计，已有超过448名入围项目的参赛留学人员顺利走上回国创业的道路，创办重点企业634家，分布在全国25个省、自治区、直辖市的76个城市，超过46%的入围项目留学人员成为国家和地方领军人才。“春晖杯”大赛已成为我国留学人员回国创新创业的引领者，成为吸引海外人才回国为国服务的重要渠道和平台。尤其是自十八大以来，“春晖杯”大赛不断创新组织模式，采取主动走出去的方式，到2017年底，用5年时间成功拓展了6个海外分赛区，海外留学人员参赛项目的数量和质量显著提升。

2018年，为配合国家创新驱动发展战略，深入贯彻全国教育大会精神和中央领导鼓励留学人员成为“双创”生力军的重要批示精神，“春晖杯”大赛进一步加强海外分赛区模式的推广力度，在已有的北美分赛区、法国分赛区、德国分赛区、澳大利亚墨尔本分赛区、英国分赛区和西班牙分赛区基础上，新增澳大利亚悉尼分赛区、日本分赛区和新加坡分赛区3个分赛区，海外分赛区数量达到9个，参赛报名数量再创新高。

“春晖杯”大赛将持续致力于挖掘更多海外创新源泉，鼓励和引导在外优秀留学人员回国创新创业，吸引更多国内人才和项目需求单位广泛参与，为海外人才、技术、项目和国内政策、环境、资本的相互对接搭建平台，充分发挥留学人员在科技创新、高端创新、自主创新的引领作用，以其新技术、新业态、新模式推动我国传统产业转型升级。

二、组织机构

（一）主办单位：

教育部、科技部

（二）承办单位：

教育部留学服务中心、科技部火炬高技术产业开发中心、中国留学人员广州科技交流会组委会办公室、中国海外学子创业周组委会办公室、中国留学人员创业园联盟、中国驻美国使（领）馆教育处（组）、中国驻加拿大使（领）馆教育处（组）、中国驻法国使馆教育处、中国驻德国使馆教育处、中国驻英国使（领）馆教育处（组）、中国驻日本使馆教育处、中国驻新加坡使馆教育处、中国驻墨尔本总领馆教育组、中国驻悉尼总领馆教育组、中国驻西班牙使馆教育组

（三）支持单位：

驻外使（领）馆教育处（组）、在外留学人员社团组织

（四）协办单位：

神州学人编辑部、北京海外学人中心、北京（海淀）留学人员创业园、北京中关村国际孵化器有限公司、北京中关村生物医药园、北京望京留学人员创业园、北大留学人员创业园、北京理工留学人员创业园、中国人民大学文化科技园、北京工业大学留学人员创业园、北航留学人员创业园、启迪之星（北京）科技企业孵化器、上海张江国家留学人员创业园、上海莘闵留学人员科技创业园、上海杨浦海外高层次人才创新创业基地、上海漕河泾新兴技术开发区、留学人员广州创业园、大连留学人员创业园、深圳清华大学研究院、深圳天安数码城、苏州留学人员创业园、张家港市沙洲湖科创园、东莞市留学人员创业园、常州市高新技术创业服务中心、常熟大学科技园、无锡市锡山区经济技术开发区管委会、太仓市科技创业园、江苏昆山留学人员创业园、嘉兴港区开发建设管理委员会、河北沧州渤海新区管理委员会、宁波市海外人才服务中心、厦门市留学人员管理中心、武汉留学生创业园管理中心、包头稀土高新区科技创业服务中心、烟台留学人员创业园、襄阳科技城、百创汇国际生物科技（武汉）股份有限公司、江苏省产业技术研究院

三、大赛进程

报名阶段：第十三届“春晖杯”中国留学人员创新创业大赛报名时间为2018年4月20日至7月31日。要求报名参赛者为目前在外学习或工作（有海外学习经历）的中国留学人员，需具有学士及以上学位且拥有回国创新创业项目。每位参赛留学人员限报一个项目。到报名时间截止，大赛报名系统共收到来自全球的注册参赛项目584个，符合受理条件的参赛项目407个，涉及21个国家和地区。其中，美国155个、英国83个、加拿大39个、澳大利亚23个、法国22个、日本20个、德国17个、新加坡12个、瑞士10个、西班牙5个、爱尔兰4个、俄罗斯3个、泰国3个、比利时2个、韩国2个、中国香港2个以及荷兰、瑞典、新西兰、意大利、印度各1个。海外分赛区报名参赛项目约占参赛项目总数的92%，印度和泰国是大赛设立以来首次有项目申报。

在线答疑：为解答留学人员报名参赛和回国创业的相关疑问，“春晖杯”大赛组委会于2018年6月2日在江苏省无锡市组织有关专家，通过神州学人网站以文字直播的形式与在外留学人员进行了交流，在线回答关于大赛流程、商业计划书写作、投融资和知识产权等相关问题近百项。

海外推广：2018年5月7日至16日，“春晖杯”大赛创业环境与成果展团赴澳大利亚、新西兰、新加坡开展工作，在澳大利亚的墨尔本和悉尼、新西兰的奥克兰以及新加坡4个城市分别举行了“春晖杯”创业大赛说明会和人才项目交流洽谈活动。9月20日至29日，“春晖杯”大赛海外赛区工作展团赴瑞典、芬兰、俄罗斯开展工作，在斯德哥尔摩、赫尔辛基、莫斯科成功召开了3场“春晖杯”大赛说明会，向130多名留学人员代表详细说明了“春晖杯”大赛的参赛条件、报名流程、项目评审、入围项目路演及项目对接等规定和要求，并介绍了国内创新创业环境及人才政策。

评审公示：2018年9月7日，第十三届“春晖杯”大赛申报项目专家评审工作在江苏省张家港市顺利完成。根据专家评审意见和公示，407个参评项目中有287个入围。

对接阶段：2018年12月19日至21日，第十三届“春晖杯”大赛入围项目的第一参赛者在教育部“春晖计划”的资助下汇聚广州，参加了创业交流、项目洽谈、大赛颁奖等系列活动，以及第20届中国留学人员广州科技交流会的相关活动。12月22日至30日，大赛组委会组织部分入围项目团队代表在国内7个城市开展了深度对接，促进海外人才、技术、项目与国内政策、环境、资本的交流合作。

四、重点活动

（一）“春晖杯”大赛创业环境与成果展团访问澳大利亚、新西兰和新加坡

为进一步扩大“春晖杯”品牌影响力，充分发掘海外留学人员创新创业项目，教育部留学服务中心于2018年5月7日至16日组织了“春晖杯”大赛创业环境与成果展团（赴澳大利亚、新西兰、新加坡）。展团由教育部留学服务中心、教育部国际合作与交流司、中国社会科学院、上海市浦东新区人力资源和社会保障局、宁波市人才服务中心、上海启迪创业孵化器有限公司、启迪之星（三亚）科技企业孵化器有限公司、北京北航天汇科技孵化器有限公司、中国北京（望京）留学人员创业园、北京立交桥教育科技有限公司、上海市闵行高端人才服务中心等11家机构的15位代表组成。展团在外工作期间，共走访了澳大利亚的墨尔本和悉尼、新西兰的奥克兰以及新加坡4个城市，得到了中国驻当地使（领）馆教育处（组）以及当地留学人员社团组织的大力支持和协助，共举办4场“春晖杯”大赛说明会及人才项目交流洽谈活动，访问了3家当地知名创业企业孵化器，并在公务活动期间走访了墨尔本大学、悉尼大学、奥克兰大学、怀卡托大学等4所知名高校。交流洽谈活动中，留学人员根据自身的实际情况，提出了很多切合实际的问题，现场气氛活跃、交流充分，参与活动的在外留学人员累计超过240人。在访问孵化器期间，展团全体团员与孵化器以及入驻孵化器企业的相关负责人员积极进行工作交流和洽谈，学习先进管理模式，寻求合作机会。

（二）第十三届“春晖杯”大赛在线访谈活动

2018年6月2日，第十三届“春晖杯”大赛在线访谈活动在江苏省无锡市举行。本次在线访谈活动共邀请到来自北京、上海、广州、大连以及无锡当地的20余位专家在线解答关于“春晖杯”大赛的报名条件、国家及地方政府的引才政策以及留创园、孵化器的孵化支持模式等留学人员在报名参赛和创业过程中遇到的实际问题，旨在帮助报名参赛留学人员完善商业计划，梳理创业思路，鼓励更多的优秀留学人员积极参与大赛并走上创业道路。考虑到时差因素，访谈活动分为上下午两个半场，持续了近6个小时。在活动预热阶段征集到部分问题的基础上，现场共有来自五大洲20多个国家和地区的留学人员在线提问，征集到70多个问题，其中30余个具有普遍性和代表性的问题通过直播平台得到了现场解答。4名在无锡成功创业的留学人员也参与了在线答疑并分享他们的创业经验。借鉴去年在线访谈活动中视频连线的成功经验，今年，在驻英国使馆教育处、驻法国使馆教育处、驻日本使馆教育处、驻新加坡使馆教育处、驻纽约总领馆教育组、驻墨尔本总领馆教育组以及全英中国学生学者联谊会、英国曼彻斯特中国学生学者联谊会、法国创业者协会、法国夏斗湖中国学生学者联合会、全日本中国留学生学友会、全日本中国留学人员创新创业服务中心、新加坡中国学生学者联谊会、纽约“春晖创业咖啡”、澳洲科学家创业协会等学联组织的大力支持和积极参与下，在线访谈的现场连线环节分别与英国、法国、日本、新加坡、美国、澳大利亚九个分会场的留学人员进行了视频连线。有关地区的使（领）馆教育处（组）相关工作负责人、中国学联负责人和其他留学人员代表分别介绍了当地“春晖杯”大赛分赛区筹备情况，以及留学人员创新创业组织、宣传、动员工作的开展情况。

（三）第十三届“春晖杯”大赛评审工作会

2018年9月7日，第十三届“春晖杯”大赛申报项目专家评审工作在江苏省张家港市顺利完成。来自全国各相关留学人员创业园、风险投资机构和留学人员企业的负责人及专家等54人组成的评审团，按照不同项目类型分成10个小组，对参赛项目进行了认真细致的评审。申报项目经过网上评审、专家会评和网上公示等工作程序，最终确定入围项目287个，涉及19个国家和地区，其中，美国120个、英国58个、加拿大26个、澳大利亚13个、法国12个、德国12个、日本9个、新加坡9个、瑞士8个、西班牙4个、爱尔兰4个、比利时2个、俄罗斯2个、韩国2个、泰国2个、中国香港2个，荷兰、意大利、新西兰也都有项目入围。从项目涉及领域来看，其中，电子信息55个、生物与新医药41个、先进制造与自动化23个、新能源与节能17个、资源与环境14个、新材料13个、高技术服务35个、文化创意与现代服务业59个，以及其他高新技术领域项目30个。评审专家普遍认为，本届参赛项目较往年专业领域覆盖面更广，项目商业计划书的完整性和成熟度都有较大提高，项目团队构成、财务计划以及市场前景预测等更为合理，部分项目属于填补国内空白的尖端领域，顺应了国家创新驱动发展战略的要求。

（四）“春晖杯”大赛海外赛区工作展团赴瑞典、芬兰、俄罗斯开展工作

2018年9月20日至29日，“春晖杯”大赛海外赛区工作展团赴瑞典、芬兰、俄罗斯开展工作。参加此次展团的单位包括教育部国际司、教育部留学服务中心、北京海外学人中心、上海市浦东新区就业促进中心、大连市高新技术创业服务中心、包头稀土高新技术产业开发区、北京启迪创业孵化器有限公司及上海启迪创业孵化器有限公司等。在中国驻瑞典使馆教育处、驻芬兰使馆教育组、驻俄罗斯使馆教育处的大力支持和协助下，展团在外工作期间，成功召开了3场“春晖杯”大赛说明会，展团成员向130多名留学人员代表详细说明了“春晖杯”大赛的参赛条件、报名流程、项目评审、入围项目路演及项目对接等规定和要求，介绍了国内创新创业环境及人才政策。教育部留学服务中心的代表还介绍了中心为留学人员提供的档案存放、国境外学历学位认证、就业报到、留学英才招聘会、实习基地等相关服务内容。留学人员代表纷纷表示，通过参加座谈会，他们对“春晖杯”大赛、国内创业创新环境及人才扶持政策等有了进一步的了解，感受到了祖国的温暖，增强了创业的信心和报国的信念，也对未来有了更明确的规划。在外工作期间，展团与包括瑞典皇家理工学院green house lab孵化器、芬兰阿尔托大学孵化器产业园、莫斯科大学科技园以及格林伍德国际贸易中心孵化园等4家各具特色的孵化器负责人进行交流座谈，了解他们的管理模式，学习他们的成功经验。展团还拜访了瑞典皇家理工学院、卡罗林斯卡医学院、斯德哥尔摩大学、芬兰阿尔托大学、赫尔辛基大学、莫斯科大学、莫斯科人民友谊大学，加强了和海外院校及当地中国学生学者社团组织的联系。

（五）第十三届“春晖杯”大赛创业交流、项目洽谈和颁奖活动

2018年12月19日至21日，第十三届“春晖杯”大赛交流大会及路演、洽谈、颁奖活动在广州举办。在本届大赛全部287个入围的项目中，有223个项目团队的近300名留学人员，以及100多家国内人才服务机构、留学人员创业园区和相关单位代表参加了本次活动，部分往届“春晖杯”大赛获奖者及专家在交流大会上分享了他们在创新创业上的成功经验。在19日下午举办的“春晖杯”大赛获奖项目路演活动中，有110个项目在8个分会场分别进行路演和交流，各地留学人员创业园、投融资机

构以及来自各企事业单位的代表现场观摩。在20日举办的交流对接活动上，大赛组委会为每个入围项目设立了独立展位，提供与大赛协办单位和广州当地投融资机构、企业进行对接的机会。在活动期间共进行交流洽谈258对次，达成各类合作意向51个。在当天下午举办的颁奖大会上，教育部国际司、广州市政府、科技部火炬中心有关领导为获奖留学人员颁发了证书和奖杯。为给海外留学人员项目快速在国内落地孵化创造条件，帮助入围项目广泛地寻找落地孵化和投融资的机会，组委会还于12月22日至30日组织了约190个项目留学人员代表赴深圳、宁波、上海、苏州、沧州、天津、北京等7个城市进行深度对接，促进海外人才、技术、项目与国内政策、环境、资本的交流合作。

五、入围项目

序号	第一参赛者	项目编号	项目名称	所属行业	留学国别/地区	最高学历/学位
1	严正峰	201800001	福佑中华汽车动力总成工程技术公司	高技术服务	澳大利亚	博士学位
2	李劲风	201800006	肺癌靶向治疗的基因检测和新靶向药物的开发	生物与新医药	美国	博士学位
3	李瑞宇	201800008	低温质子交换膜燃料电池（PEMFC）金属双极板用碳基防腐涂层研发与产业化	新能源与节能	德国	博士学位
4	彭丽燕	201800015	Baby Light	现代服务业	美国	硕士学位
5	陈功	201800020	游戏音乐的人工智能自动作曲	高技术服务	中国香港	硕士学位
6	王强	201800021	万萌通用网络地图——下一代全新网络地图	电子信息	美国	硕士学位
7	罗茗	201800026	国际医药临床数据管理系统	生物与新医药	美国	硕士学位
8	朱海	201800031	基于相干拉曼散射光谱技术的细胞免标记成像和检测仪的研发及应用	生物与新医药	新加坡	博士学位
9	刘长年	201800032	治疗白血病新靶向药物TEB415 I期临床试验	生物与新医药	美国	博士学位
10	刘兢兢	201800035	龙丹纳御震平台	先进制造与自动化	加拿大	博士学位
11	曹泽宏	201800036	基于无线可携式脑波的偏头痛预测系统	电子信息	澳大利亚	博士学位
12	王云涛	201800037	高精度模型水环境咨询	资源与环境	美国	博士学位
13	郭森	201800039	SETI科学	其他高新技术领域	日本	学士学位
14	刘汉兴	201800045	人工智能大数据生态平台研发与产业化	其他高新技术领域	美国	博士学位
15	费广海	201800048	MMAME：下一代多材料增材制造系统与设备	先进制造与自动化	比利时	博士学位
16	张莛	201800054	跨行业消费者人工智能（AI）大数据平台	高技术服务	美国	硕士学位
17	叶剑锋	201800055	退行性神经疾病的智慧医疗应用	高技术服务	法国	硕士学位
18	刘一书	201800056	华夏五千国学坊	现代服务业	泰国	博士学位
19	唐宇攀	201800057	新型中空纤维纳滤膜技术	资源与环境	新加坡	博士学位
20	丁一	201800061	翔鸟翼航科技有限责任公司	高技术服务	法国	硕士学位
21	叶方平	201800065	大型PBC平板高梯度磁选机研发及应用	资源与环境	澳大利亚	硕士学位
22	鲍仁君	201800066	体育赛事数据管理分析平台	现代服务业	美国	博士学位
23	蔡超辉	201800072	一站式跨境出口电商解决方案服务商	现代服务业	美国	硕士学位
24	李胜	201800073	文物数字化“全自动3D全息影像采集、处理、成像设备”	高技术服务	法国	硕士学位
25	张宏伟	201800074	iShop电商平台	其他高新技术领域	新加坡	硕士学位
26	李大伟	201800075	基于MBD技术的大推力微型涡喷发动机	其他高新技术领域	法国	硕士学位
27	秦大力	201800076	MaaS：基于工业互联网的机械设备维护与故障诊断服务	先进制造与自动化	加拿大	博士学位

续表

序号	第一参赛者	项目编号	项目名称	所属行业	留学国别/地区	最高学历/学位
28	武彦辰	201800078	在线分布式光伏设计系统	新能源与节能	美国	学士学位
29	李赫	201800079	PopShield折叠防弹盾牌	其他高新技术领域	美国	学士学位
30	侯鹏	201800083	仲诚第三方出资仲裁——法律金融服务	现代服务业	美国	博士学位
31	王岩辉	201800089	美国鲨鱼教育大数据智能软件	电子信息	美国	博士学位
32	魏然	201800095	信息物理系统安全专家咨询与认证平台	高技术服务	英国	博士学位
33	刘起丽	201800096	无公害农场植物病害智能诊断及跟踪式防治服务公司	高技术服务	美国	博士学位
34	李涂鲲	201800097	智能制造大数据知识平台	先进制造与自动化	英国	博士学位
35	赵罂	201800100	袋袋亲子双语音乐早教	其他高新技术领域	美国	硕士学位
36	黄颖	201800101	基于培养现代企业员工健康体适能意识的课程服务	现代服务业	英国	硕士学位
37	宣哲民	201800102	心未教育	现代服务业	美国	博士学位
38	张恒	201800103	核能智眼	电子信息	日本	硕士学位
39	Mamoru	201800105	半导体嵌入式光学薄膜测厚仪的产业化	先进制造与自动化	日本	博士学位
40	王辑亮	201800106	高性能大数据文档智能生成、管理与分析系统	电子信息	英国	硕士学位
41	李旭	201800109	博物馆智能AR导览设备及知识共享交互系统创新	现代服务业	意大利	硕士学位
42	陈训财	201800111	新型安全高性能高镍三元电池	新能源与节能	澳大利亚	博士学位
43	李晓涛	201800115	健康用脑与脑健康：一种基于人工智能的无创多感官大脑刺激技术的应用开发	其他高新技术领域	中国香港	博士学位
44	谭飞雪	201800118	We&I微团建移动平台与企业级桌面平台开发	现代服务业	英国	学士学位
45	曹瑾玮	201800119	可用于柔性传感、智能轮胎和能量采集的高柔度电活性高分子薄膜	新材料	美国	博士学位
46	张心蕊	201800120	三维大孔Hamid和Pepper立体催化剂	资源与环境	澳大利亚	硕士学位
47	张新军	201800121	基于人工智能的泛癌早期筛查	生物与新医药	美国	博士学位
48	罗韵	201800122	智能文本审核分析系统	高技术服务	新加坡	硕士学位
49	张露阳	201800126	汽车感应位置传感器IC及系统	电子信息	加拿大	硕士学位
50	薛颖	201800127	临床药学智能教育平台——糖尿病慢病管理	生物与新医药	美国	博士学位
51	夏冬	201800128	ViaRV房车信息平台	现代服务业	美国	硕士学位
52	于雪	201800130	大连凌海华威流场测控——航空发动机叶栅气动流场测试全过程服务	其他高新技术领域	日本	硕士学位
53	Jeff Louie	201800131	贝富溯源防伪链	高技术服务	美国	硕士学位
54	霍金阁	201800132	智能固体废弃物分拣机器人	资源与环境	美国	学士学位
55	杨楚乐	201800133	全自主陆空协同配送机器人系统	电子信息	新加坡	博士学位
56	王慧	201800135	基于芳香疗法的基因表达调控技术及其在生物医药中的应用	生物与新医药	瑞士	博士学位
57	孙婧媛	201800137	在线购买好设计	现代服务业	新加坡	硕士学位
58	苗译丹	201800140	机器学习与智能隐私平台	高技术服务	美国	硕士学位
59	丁娟	201800141	基于ROS系统的全自动仓储巡逻消防机器人	先进制造与自动化	澳大利亚	博士学位

续表

序号	第一参赛者	项目编号	项目名称	所属行业	留学国别/地区	最高学历/学位
60	骆鹏程	201800142	智能运维	电子信息	美国	博士学位
61	张楠林	201800143	嵌入式量子点光伏无线充电	新能源与节能	英国	博士学位
62	郑亚杰	201800146	基于微肿瘤培养的个体化抗肿瘤药物体外检测	生物与新医药	德国	博士学位
63	李文华	201800151	波朵云展厅——创新企业展示项目	高技术服务	中国香港	博士学位
64	汤鸿	201800154	高通量和高含量筛选实现老药新用——研发新的抗生素	生物与新医药	美国	博士学位
65	王旭	201800156	华青精准医疗科技有限公司	生物与新医药	美国	博士学位
66	曹博	201800158	高通量RNA绝对定量的专利技术及其应用	生物与新医药	美国	博士学位
67	颜伟	201800159	新能源车辆节能热系统开发	先进制造与自动化	美国	博士学位
68	Li Liu	201800160	便携式分子诊断技术和仪器	生物与新医药	美国	硕士学位
69	李蒙	201800161	水下集群机器人系统	其他高新技术领域	加拿大	博士学位
70	张诗竹	201800163	瑞诗AI教育咨询	其他高新技术领域	美国	硕士学位
71	司若辰	201800164	地图拼图——纸媒地图数字化及其线上销售、应用平台	电子信息	日本	博士学位
72	陈杭	201800165	非接触式人工智能婴儿呼吸监测及危险预警系统	其他高新技术领域	法国	博士学位
73	李建华	201800166	基于视觉与触觉相融合技术和人工智能的无序抓取	先进制造与自动化	日本	博士学位
74	张文君	201800168	呼气式即时健康检测装置	生物与新医药	美国	博士学位
75	贾思路	201800170	Blur智能社交平台	电子信息	美国	硕士学位
76	张志昂	201800177	深度建筑智能	新能源与节能	美国	硕士学位
77	范宓宓	201800178	中欧“未来使者”项目	现代服务业	法国	硕士学位
78	张麟	201800180	基于人工智能的个性化结直肠癌预警平台	生物与新医药	澳大利亚	博士学位
79	于会力	201800185	智能跟随及引路机器人	高技术服务	美国	博士学位
80	贺一婷	201800187	工业边缘计算平台项目	电子信息	加拿大	学士学位
81	张玲	201800191	可打印纸基柔性电路板	新材料	美国	博士学位
82	张立云	201800192	一体化数字PCR仪的研制及产业化	生物与新医药	英国	博士学位
83	郑晓萌	201800193	手工故事（ChinaStory）陶艺工作室	现代服务业	英国	硕士学位
84	毛雯	201800194	一氧化氮缓释平台及其临床应用	生物与新医药	美国	博士学位
85	温梦荷	201800196	无人机飞行管理	高技术服务	美国	硕士学位
86	刘伟	201800197	含钒液流储能联合产氢系统	新能源与节能	美国	博士学位
87	张文斌	201800203	互联网+生物有机固体废弃物热、电、肥联产装备制造和解决方案	新能源与节能	英国	博士学位
88	李子万	201800206	高性能脉冲发动机项目	先进制造与自动化	俄罗斯联邦	博士学位
89	芦骞	201800208	基于微藻技术的生态化水产养殖系统及产业应用	资源与环境	美国	博士学位
90	安杰	201800212	新型核酸转移酶抑制剂治疗自身免疫疾病	生物与新医药	美国	博士学位
91	任晓宁	201800214	基于物联网的智能空气质量监测系统	资源与环境	加拿大	硕士学位

续表

序号	第一参赛者	项目编号	项目名称	所属行业	留学国别/地区	最高学历/学位
92	胡玉楠	201800215	新一代线下交友平台	现代服务业	法国	硕士学位
93	罗兆杰	201800221	Emotional AI（多媒体情绪识别装置）	高技术服务	日本	博士学位
94	钟阔	201800222	同时实现自然人指纹采集识别及非法药物多价筛选的便携设备	生物与新医药	比利时	博士学位
95	白子豪	201800223	智能停车解决方案	其他高新技术领域	英国	硕士学位
96	汪施佳	201800224	Flywallet	现代服务业	英国	学士学位
97	张蓓	201800226	在线少儿汉语习得平台：心悦汉语	现代服务业	美国	硕士学位
98	郭腾	201800227	尚普联环境科技	资源与环境	加拿大	硕士学位
99	马煜旸	201800229	“尚武”军事文化主题旅游项目	现代服务业	英国	硕士学位
100	熊政林	201800232	皮肤病智能识别	其他高新技术领域	加拿大	学士学位
101	游进国	201800239	English Live Me实景英语学习	电子信息	加拿大	博士学位
102	张佳臻	201800240	基于区块链的时间价值任务发布平台	其他高新技术领域	英国	硕士学位
103	杨辰烨	201800241	ApreX人体器官芯片	生物与新医药	美国	博士学位
104	杨涛	201800243	全固态高能量密度储能电池	新能源与节能	葡萄牙	博士学位
105	翟铭浩	201800245	婚礼图书馆	现代服务业	美国	硕士学位
106	张耀伦	201800247	智能机器人控制及其复杂轨迹的离线编程控制技术	先进制造与自动化	中国澳门	硕士学位
107	罗玉林	201800248	HotU	高技术服务	新加坡	硕士学位
108	张睿恒	201800249	基于深度学习的全景体育视频内容实时分析系统	电子信息	澳大利亚	学士学位
109	易颖	201800250	可植入式微型机器人	先进制造与自动化	加拿大	博士学位
110	李露	201800251	微污染地表水处理工艺	资源与环境	泰国	博士学位
111	杨娟	201800252	Ours 爱物思——基于学科的一带一路文化遗产创新创业平台	其他高新技术领域	德国	硕士学位
112	王储	201800254	华蕊田园智能水培种植系统	先进制造与自动化	英国	博士学位
113	白才艳	201800256	类脑式自主导航关键技术研究现状	电子信息	俄罗斯联邦	学士学位
114	张怀法	201800259	个性化定制加速伤口愈合医用敷料	生物与新医药	加拿大	博士学位
115	刘丹	201800260	宽禁带半导体功率器件以及驱动芯片	电子信息	瑞士	硕士学位
116	廉杰	201800261	室内可见光通信	电子信息	美国	博士学位
117	李翘楚	201800262	人工智能驱动的成分识别和质量检测技术	电子信息	美国	博士学位
118	黄俊刚	201800263	自由转轴可调谐激光器的产业化	电子信息	英国	博士学位
119	陈思渊	201800266	智能释放胰岛素的无痛贴片	生物与新医药	英国	博士学位
120	肖彬	201800269	透明膜显示技术	电子信息	韩国	学士学位
121	吴鑫娣	201800271	柔性纳米透明导电膜	新材料	美国	博士学位
122	李琼	201800275	网络媒体信息个人化服务平台	电子信息	美国	博士学位
123	曹瀚洋	201800276	红酒区块链追溯服务平台	电子信息	法国	博士学位

续表

序号	第一参赛者	项目编号	项目名称	所属行业	留学国别/地区	最高学历/学位
124	吕旭东	201800282	云印小站	现代服务业	美国	学士学位
125	徐浩	201800283	应用于智能穿戴设备的柔性光电传感器	电子信息	英国	博士学位
126	赵小洋	201800285	国际医疗健康综合服务平台	高技术服务	英国	博士学位
127	唐力	201800286	智慧城市犬管方案与OBO宠物服务体系	高技术服务	美国	博士学位
128	evelyn	201800287	房车共享深度资源服务平台	现代服务业	美国	硕士学位
129	吴越	201800288	无源电子标签智能感知计算平台	电子信息	加拿大	学士学位
130	王蔚	201800292	iHome享家	电子信息	英国	硕士学位
131	马辰凯	201800294	新型综合型无创液态活检技术在肿瘤早期筛查和用药管理中的应用	生物与新医药	澳大利亚	博士学位
132	陈思源	201800296	无人机智能测绘	高技术服务	爱尔兰	博士学位
133	王博	201800297	灵嗅：您的贴身卫士——高灵敏全覆盖的综合气体智能监测与报警网络	新材料	美国	博士学位
134	曾定宇	201800299	享拍	现代服务业	美国	学士学位
135	李超	201800300	基于区块链的人才评价与精准服务平台	高技术服务	英国	博士学位
136	孙洪亮	201800302	多尺度智能植物蛋白胶囊的产业化	生物与新医药	美国	硕士学位
137	罗舟翔	201800304	ECSSU区块链项目	电子信息	法国	硕士学位
138	李磊	201800307	基于软件定义的智能工业物联网平台	电子信息	美国	博士学位
139	连蕙茹	201800308	脑机接口——从听力替代到人机共生	其他高新技术领域	英国	博士学位
140	赵琳	201800311	Brand-OpenData	其他高新技术领域	法国	博士学位
141	赵思佳	201800312	基于区块链的音乐数字版权保护系统	电子信息	爱尔兰	硕士学位
142	王雷	201800317	色素性视网膜炎的新型治疗药物研发	生物与新医药	瑞士	硕士学位
143	张岑	201800319	纳米精	新材料	英国	博士学位
144	洪蕾	201800320	多视角视频平台	其他高新技术领域	美国	硕士学位
145	郭文伯	201800323	健行APP（健康出行综合服务平台）	其他高新技术领域	英国	硕士学位
146	傅璋园	201800327	从参数化设计到智能制造——利用BIM思维参数化产品	高技术服务	德国	硕士学位
147	潘游露	201800330	GIRAFFE——长颈鹿早教手机应用程序	现代服务业	英国	硕士学位
148	余淑芳	201800331	艾达时尚——共创时尚定制平台	现代服务业	英国	硕士学位
149	杨碧怡	201800334	LINGGA	现代服务业	英国	硕士学位
150	叶薇	201800335	ViMe健康滤水瓶	新材料	英国	硕士学位
151	朱毅	201800337	Life&Art	现代服务业	英国	硕士学位
152	常国庆	201800338	高效防霾纳米纤维膜系列产品产业化	新材料	美国	博士学位
153	王志强	201800341	人重组长效凝血因子VIII（Antihemophilic Factor VIII）	生物与新医药	加拿大	博士学位
154	徐少钢	201800342	基于工程力学复力运算构建柔性控制实现远程高效挖掘系统	先进制造与自动化	日本	博士学位
155	刘铁瑛	201800344	眼底病图像智能识别技术	高技术服务	美国	硕士学位

续表

序号	第一参赛者	项目编号	项目名称	所属行业	留学国别/地区	最高学历/学位
156	田芸泽	201800345	神奇码良	高技术服务	美国	硕士学位
157	徐永佳	201800346	反光特性自由曲面的三维成像与检测技术	先进制造与自动化	英国	博士学位
158	邹鲁秦	201800349	WEETOK留学生求职网络	现代服务业	美国	硕士学位
159	边辰蕊	201800350	基于动作捕捉技术的智能服装及创意矫姿系统	其他高新技术领域	英国	硕士学位
160	刘小毅	201800351	空间大数据与人工智能驱动的风险解决方案	高技术服务	美国	博士学位
161	陈尚容	201800354	大数据智慧出境中文平台	电子信息	法国	硕士学位
162	秦妮	201800357	“胶囊公社”文化生活生态社区	其他高新技术领域	法国	硕士学位
163	王军	201800359	九州德美生物科技有限公司	生物与新医药	德国	博士学位
164	陈俊宇	201800360	Uniknow恋爱交友平台	现代服务业	英国	学士学位
165	陈驰	201800361	新型高效二氧化碳催化转化为高纯度乙醇的研发和产业化	新能源与节能	美国	博士学位
166	陈思琦	201800367	哎游R旅游APP平台	高技术服务	英国	硕士学位
167	戚宝文	201800368	基于PD-1/PD-L1靶点的抗肿瘤人工智能化合物库的构建及其在精准医学中的应用	生物与新医药	美国	博士学位
168	龚宇鹏	201800369	光通信量子安全监测系统	电子信息	英国	博士学位
169	杨立强	201800371	基于蛋白质谱技术的，非侵入性，高灵敏度，多发性骨髓瘤的微小残留病变的检测	生物与新医药	美国	博士学位
170	李克文	201800373	热能直接发电技术产业化项目	新能源与节能	美国	博士学位
171	樊小毅	201800374	思源商品管理系统	电子信息	加拿大	博士学位
172	陆宇和	201800375	汽车综合金融服务平台	电子信息	加拿大	学士学位
173	杨添琦	201800376	基于AI算法的智能视力监测系统	电子信息	美国	博士学位
174	闫靖元	201800378	模块化艺术空间	现代服务业	德国	学士学位
175	Wentao Li	201800380	基于金属负极的高容量低成本可充放锂电池	新能源与节能	美国	博士学位
176	刘永奇	201800381	CHILLE NEW YORK	现代服务业	美国	硕士学位
177	马兴毅	201800382	基于微纳细胞技术的抗肿瘤活性物质高效合成和产业化	生物与新医药	韩国	博士学位
178	谷鹤	201800383	在线3D模拟试衣器	现代服务业	英国	硕士学位
179	沈新德	201800385	北美教育模式在中国书法教学的应用	电子信息	美国	硕士学位
180	邓远博	201800386	大车增强现实抬头显示系统	电子信息	英国	博士学位
181	余蕙	201800387	用双环戊二烯（DCPD）制备高附加值新材料	新材料	美国	博士学位
182	雷昶辉	201800390	精准表面处理	高技术服务	美国	博士学位
183	何芃	201800395	分布式内容分发系统方案	电子信息	美国	学士学位
184	连伊凯	201800397	中国美食品鉴网（游客版）	电子信息	美国	硕士学位
185	王芬	201800398	内窥镜智能辅助芯片	电子信息	英国	硕士学位
186	胡海	201800399	智能听力	其他高新技术领域	加拿大	硕士学位
187	李建良	201800404	iptv智能节目推荐	现代服务业	美国	博士学位

续表

序号	第一参赛者	项目编号	项目名称	所属行业	留学国别/地区	最高学历/学位
188	孙岩	201800407	行业专家 人工智能平台	先进制造与自动化	加拿大	博士学位
189	李惠芳	201800409	诊断和治疗Tau疾病的新药研发	生物与新医药	美国	博士学位
190	徐晶	201800410	用于纯电动汽车储能的高性能锂硫电池的研发和系统集成	新能源与节能	澳大利亚	博士学位
191	王传胜	201800411	Explorer Junior	现代服务业	英国	硕士学位
192	申业	201800412	智能仓储物流4.0系统——基于物联网的自动化仓储解决方案	先进制造与自动化	德国	博士学位
193	张海宽	201800413	基于新农业新零售的大数据健康饮食规划项目	现代服务业	爱尔兰	博士学位
194	沈澄	201800418	城镇农村污水处理——模块化人工湿地项目	资源与环境	爱尔兰	博士学位
195	程佳祎	201800419	植物源抗中风蛋白药物及保健品	生物与新医药	美国	硕士学位
196	张明瑾	201800424	智慧仲裁Smart Arbitration	现代服务业	西班牙	硕士学位
197	戴稼本	201800426	一种新型商业模式下的农用电商平台	现代服务业	英国	硕士学位
198	孟珍珠	201800428	大坝安全监测与管理信息化平台	电子信息	瑞士	博士学位
199	陈涛	201800429	智能土质检测机器人平台	电子信息	澳大利亚	博士学位
200	史建南	201800432	压力介入的油气实验技术与设备改良	高技术服务	英国	博士学位
201	史宏蕾	201800434	中国天然植物漆及创意类产品开发	新材料	英国	博士学位
202	孙路	201800435	CampusCloud	电子信息	加拿大	博士学位
203	王健	201800437	职业技能管理服务平台	其他高新技术领域	美国	博士学位
204	李潇骁	201800438	微米级金属增材制造	先进制造与自动化	德国	博士学位
205	郑蕊	201800441	如是书堂	现代服务业	英国	学士学位
206	邹钰Di	201800446	独立厂牌产业化	现代服务业	美国	学士学位
207	田光启	201800447	IHV-DC介导的精准T细胞免疫治疗技术	生物与新医药	法国	硕士学位
208	彭浩	201800448	智能在线监测设备与精准质子治疗	其他高新技术领域	加拿大	博士学位
209	葛康	201800450	人工智能隐形条形码	电子信息	美国	硕士学位
210	施锋	201800451	光子晶体分光超高效极低成本集成电路太阳电池光伏系统及其半导体设备的研发和产业化	新能源与节能	美国	博士学位
211	漆斌	201800453	冠状动脉血流储备分数（FFR）测量导线产业化	生物与新医药	美国	硕士学位
212	阮耀平	201800454	基于大数据和深度学习的智能医疗系统管理和精准治疗平台	高技术服务	美国	博士学位
213	张译元	201800456	壹元素国际艺术文化教育	现代服务业	加拿大	硕士学位
214	杨易东	201800457	SCION：基于血液ctDNA检测的癌症早期诊断技术平台	生物与新医药	爱尔兰	博士学位
215	张晓妍	201800458	逛逛	现代服务业	英国	学士学位
216	裴雨	201800459	CUDOCTORS	现代服务业	西班牙	博士学位
217	刘文	201800461	螺壳科技（RACO 3D Printing）	先进制造与自动化	英国	博士学位
218	邓敏	201800464	油速净	新能源与节能	美国	硕士学位
219	王崇明	201800465	车用智能新能源辅助动力装置	新能源与节能	英国	博士学位

续表

序号	第一参赛者	项目编号	项目名称	所属行业	留学国别/地区	最高学历/学位
220	陈珺	201800466	二氧化钛在高效催化与储能中的应用	新材料	英国	博士学位
221	王振旸	201800467	人工智能（AI）文本数据服务	高技术服务	英国	硕士学位
222	申永梅	201800469	程序化交易证券期货产品的程序自动生成技术	电子信息	美国	硕士学位
223	王淅柠	201800474	十二颗橡树蒙台梭利&森林幼儿园	现代服务业	爱尔兰	硕士学位
224	柯冲	201800476	基于区块链技术的信用托管系统	现代服务业	英国	博士学位
225	孙明旭	201800480	基于FES技术的神经假肢上肢康复系统	生物与新医药	英国	博士学位
226	窦默平	201800481	觅邻 MillionHood	高技术服务	美国	学士学位
227	符建中	201800483	EasyWorkings——服务于工业生产的大数据分析平台	其他高新技术领域	美国	博士学位
228	柴秉浩	201800484	基于深度卷积神经网络的智能病理学辅助诊断系统	生物与新医药	英国	博士学位
229	肖晓飞	201800486	智能农业管理系统	资源与环境	英国	博士学位
230	毛泽	201800487	A.I. Enhanced P2P CDN	电子信息	美国	硕士学位
231	桑飞	201800488	精准医疗咨询平台	生物与新医药	日本	博士学位
232	崔秋实	201800489	电动车充电桩并网规划与运营：云计算和数据分析工具	新能源与节能	加拿大	博士学位
233	王璐	201800490	剧魔方	现代服务业	英国	博士学位
234	戴贤婕	201800492	万象电极	高技术服务	英国	硕士学位
235	许超	201800494	CF动力全民汽车改装平台	现代服务业	英国	硕士学位
236	项留云	201800495	NEWE	其他高新技术领域	西班牙	硕士学位
237	陆明玉	201800497	现代建筑和室内设计的数字化解决方案及其产业化	其他高新技术领域	加拿大	硕士学位
238	王秀泽	201800498	Laser XZ	先进制造与自动化	英国	学士学位
239	张驰	201800499	Airacer	现代服务业	美国	学士学位
240	范琳琳	201800500	互联网线上心理咨询——微光咨询	现代服务业	美国	硕士学位
241	吴沸伦	201800501	新型发酵食品与家用制作仪器	生物与新医药	美国	硕士学位
242	邹练锋	201800502	高性能、低成本、低功耗、小型化超材料波束成形技术——改变5G移动通信、雷达	电子信息	加拿大	博士学位
243	曲云鹏	201800504	基于一维传感器件的智能护具	新材料	瑞士	博士学位
244	包慧强	201800505	用于水体曝气充氧的氧气缓释材料	资源与环境	加拿大	硕士学位
245	柳博泷	201800506	Top Tier Education——人工智能时代最佳留学解决方案	现代服务业	美国	硕士学位
246	李延峰	201800507	基于多层群智感知框架的跨国知识产权咨询和运营系统	现代服务业	美国	博士学位
247	尹伟奇	201800510	全模式淋浴喷头	其他高新技术领域	美国	博士学位
248	孙宇杭	201800512	煜睿——基于数据驱动的教育科技平台	电子信息	美国	硕士学位
249	彭继宗	201800513	基于传感电信号的癫痫发作智能识别和预测	电子信息	加拿大	博士学位
250	杨振华	201800514	马上编程——青少年编程教育平台	现代服务业	美国	博士学位
251	王康	201800516	脑电宝——智能看护您爱的人	高技术服务	加拿大	硕士学位

续表

序号	第一参赛者	项目编号	项目名称	所属行业	留学国别/地区	最高学历/学位
252	周玮	201800517	基于纳米光学半导体器件的全固态激光雷达	电子信息	美国	博士学位
253	时小龙	201800518	Awehome全球留学公寓预定平台	电子信息	澳大利亚	博士学位
254	郭箭	201800521	基于“互联网 ”的建筑能源综合管理系统	电子信息	日本	硕士学位
255	陈夏	201800527	交能网	电子信息	德国	硕士学位
256	曹聪	201800528	基于大数据与区块链技术的信用评估与服务云平台	高技术服务	澳大利亚	博士学位
257	张崇焕	201800529	欧震科技汽车用新型SMC复合材料项目	新材料	英国	硕士学位
258	郭宇航	201800532	商业伦理咨询公司	现代服务业	德国	博士学位
259	李景高	201800535	抑制光源衰老的智能电源管理解决方案	新能源与节能	美国	博士学位
260	毛伟	201800537	多模态人机交互AI平台机器人	先进制造与自动化	日本	博士学位
261	陈磊	201800539	共价有机骨架（COF）纳滤复合膜	资源与环境	美国	博士学位
262	王路月	201800543	基于大数据和人工智能的全球量化交易策略风险管理平台	其他高新技术领域	美国	硕士学位
263	马文浩	201800553	超高精度激光气体传感	先进制造与自动化	加拿大	硕士学位
264	齐梦竹	201800555	看视介——带你从学场看到职场	现代服务业	法国	学士学位
265	高知非	201800556	博士之家：基于人工智能的智力方案提供商	现代服务业	英国	博士学位
266	张静	201800558	垃圾自动分类系统	资源与环境	瑞士	硕士学位
267	段鹏浩	201800567	基于AI的航空发动机智能设计系统	先进制造与自动化	英国	博士学位
268	高昕	201800569	工业智能无线MEMS传感器平台	先进制造与自动化	德国	硕士学位
269	孙志娟	201800571	美国纳科药业高端制剂研发项目	生物与新医药	美国	硕士学位
270	吴延年	201800573	人工智能（AI）舞蹈评分系统——“World Show”人机互动平台	电子信息	美国	博士学位
271	吴坚	201800576	泪小管栓塞：一种干眼症用眼科医疗器械的开发	其他高新技术领域	美国	博士学位
272	肖俊宜	201800578	LINKTRAD贸易平台	现代服务业	英国	硕士学位
273	曾琦	201800580	优医恒瑞医学研究中心	高技术服务	美国	硕士学位
274	程龙	201800582	基于超宽带与机器学习的室内定位系统	电子信息	美国	硕士学位
275	庞海天	201800583	来逛APP	电子信息	加拿大	博士学位
276	刘泳健	201800585	基于AR/VR的虚拟试穿戴的软件服务平台	电子信息	美国	硕士学位
277	Louis Yen	201800586	建立以健康风险评估为基点健康管理云信息系统	现代服务业	美国	博士学位
278	杜恩鹏	201800587	磁流变降血压、预防和治疗心血管疾病并提高血氧浓度	生物与新医药	美国	博士学位
279	江山	201800594	绿色金融信息基础设施项目	电子信息	瑞士	硕士学位
280	田佳鑫	201800595	田佳鑫教你快乐学琴	现代服务业	美国	硕士学位
281	郭玛露	201800598	自创兼顾华人的海外高档时装品牌全球020	现代服务业	美国	硕士学位
282	冯汝玲	201800600	骨替代材料	新材料	美国	学士学位
283	魏树鹏	201800601	SmartPages基于数据和模型的文档自动化服务	高技术服务	瑞士	硕士学位

续表

序号	第一参赛者	项目编号	项目名称	所属行业	留学国别/地区	最高学历/学位
284	杨梓灵	201800602	Youth Impact for Good全球青年公益领袖计划	现代服务业	美国	硕士学位
285	黄栎颖	201800604	中老年人欢乐夏令营	现代服务业	瑞士	硕士学位
286	赵毅	201800605	LiveFocus——置于掌中的病理检验实验室	生物与新医药	美国	博士学位
287	王萌蒂	201800609	POPCORNPOP 商业计划书	现代服务业	美国	学士学位

2018中国海外人才交流大会暨第20届中国留学人员广州科技交流会

一、大会简介

中国海外人才交流大会（简称“海交会”）前身为自1998年开始举办的中国留学人员广州科技交流会（简称“留交会”）。“留交会”在全国率先开启了大规模引进留学人员回国创新创业服务的先河，并经过10多年的发展，成为国内规模最大、层次最高、影响力最强的海外人才创新创业交流活动平台，被誉为“中国海外留学人员交流第一品牌”。2016年，为进一步提升“留交会”作为国家级海外人才回国创新创业枢纽平台的国际影响力，扩大海外引智范围，创新办会手段，提高办会水平和实效，吸引更多的海外高层次人才回国创新创业发展，大会进行了全方位的升级，并正式命名为“中国海外人才交流大会暨中国留学人员广州科技交流会”。

2018年是“海交会”创立二十周年，前十九届大会得到海内外专家学者和留学人员的支持，促成了大量优秀项目落地转化，累计吸引了海内外高层次人才近5万人参会，覆盖全球140多个国家和地区，向全国输送近5万个项目。2018海交会秉承“面向海内外，服务全中国”的办会宗旨，以“智汇、创新、共赢”为主题，于12月21日至22日在广州举行。大会举办峰会论坛、展览展示、项目交流、人才招聘、专业会议、实地考察、海外分会场、“海交会”二十周年纪念活动等八大板块活动，吸引了来自30多个国家和地区的近4000名海外人才携带科技项目2000余个参会，其中有意向回国（来华）创业发展者近八成，专业涉及生物医药、智能制造、电子信息、新材料、新能源等多个领域，部分参会项目处于世界科技的发展前沿。大会邀请到30多位海内外院士、知名专家，174个各地政府代表团，215家高校、科研院所及企业机构到场交流，带来合作项目1945个，职位岗位需求14160个。2天会期内，整体参会达5万人次。

2018“海交会”项目对接成效显著。35个“春晖杯”中国留学人员创新创业大赛入围项目达成入驻创业园意向；15个“全球创业奖”项目达成对接意向；独联体国家团队与地方达成18项重要合作初步意向；白俄罗斯国家科学院与广州市海珠区政府就建设广州创新中心签约；29个国家高层次人才团队项目签约落地，涉及注册资本5亿元。2天会期内，全场项目对接超过3000对次，国内省市单位洽谈2635项，意向项目1687个，合作项目948个，签约474个。此外，2017年为海交会定制出台的“红棉计划”，共有75个优秀项目进行申报，最终有20个项目成功入选。

二、组织机构

（一）指导单位:

中央海外高层次人才领导小组

（二）主办单位:

教育部、科技部、中国科学院、欧美同学会（中国留学人员联谊会）、中共广州市委、广州市人民政府

（三）协办单位:

北京市人民政府、天津市人民政府、上海市人民政府、重庆市人民政府、长春市人民政府、哈尔滨市人民政府、南京市人民政府、杭州市人民政府、济南市人民政府、武汉市人民政府、成都市人民政府、西安市人民政府、深圳市人民政府、厦门市人民政府、长沙市人民政府、苏州市人民政府、香港贸易发展局、澳门国际人才交流协会、中国留学人员创业园联盟、中国留学人员回国服务联盟、中国投资协会创业投资专业委员会、中国科协海智办、中国华融资产管理公司、中国留学人才发展基金会、广东省留学服务协会、广东省侨界海外留学归国人员协会

（四）支持单位:

中共广东省委组织部、广东省经济和信息化委员会、广东省教育厅、广东省科学技术厅、广东省人力资源和社会保障厅、广东省人民政府侨务办公室、广东省金融工作办公室

三、重点活动

（一）峰会论坛

峰会论坛作为本届“海交会”的主体活动，共组织20场峰会论坛和推介活动，内容覆盖粤港澳大湾区建设、双创与供给

侧结构改革、“一带一路”倡议、前沿科技、先进制造、前沿医学等多个重要领域，其中包括海内外高层次人才领袖峰会、粤港澳大湾区新材料科技合作高峰论坛、科技创新与科技金融互动发展论坛、广州国际干细胞与再生医学前沿论坛等。大会邀请杰出海外人才、国内外学术领袖和企业代表，共同探讨新时代粤港澳大湾区发展战略下的人才合作新格局，2011年诺贝尔经济学奖获得者托马斯·萨金特、白俄罗斯国家科学院副院长苏卡洛·亚历山大·瓦西里耶维奇、六国科学院院士孙大文、亚太材料研究院院士郭海成、中国科学院院士唐本忠等近20名中外院士参加了有关活动。

（二）展示交流

本届“海交会”设立5万平方米展区，主要包括：海交会创立二十周年回顾展、国内省市创新创业环境与成果展、海外人才系列项目展（含国家高层次人才成果展、第十三届“春晖杯”中国留学人员创新创业大赛项目展、“红棉计划”获奖项目暨第二届“智创未来”创新创业大赛项目展）、中国—独联体国家科技合作项目展、欧洲科学院科技项目展、中国广州人力资源服务博览会、高技能人才展等，并举办了第十三届“春晖杯”创新创业大赛系列活动、2018海交会“智创未来”海外人才创新创业大赛活动、全球创业奖2018总决赛活动，以及精选项目的路演等系列交流活动，通过大赛评审、项目辅导、专场对接等多种形式促进优秀项目的落地转化。其中，“春晖杯”创新创业大赛是为充分调动海外优秀人员回国创业热情而搭建的中国留学人员回国创新创业平台，自2006年创办以来，已成功举办了十二届，成为一项持续时间长、在驻外机构和留学生中影响最广、促进留学人员与国内企事业单位进行科技创新交流合作及项目对接成效最明显的重要活动。本届“春晖杯”创新创业大赛的287个入围项目在“海交会”上进行了初步洽谈，35个项目达成入驻创业园意向，47个项目达成初步合作意向。第二节“智创未来”大赛全球共有232个项目入围各地分赛区，55个优秀项目参加了总决赛，6个项目获奖。全球创业奖于2011年始创于北欧，本次组织了中欧、南欧、东南亚等各个赛区的项目参会路演分享、圆桌会议、论坛和研讨会等活动，其中，20个项目对接35次，15个项目达成对接意向。此外，还有独联体国家团队100个参会项目，对接洽谈近200次，18项重要合作达成初步意向。大会期间，还举行中国广州人力资源服务产业园揭牌仪式、PNP（广州）国际创新中心落户广州归谷科技园启动仪式等活动。

（三）人才招聘

本届“海交会”精心打造实体经济人才供需平台，针对不同层次、群体、专业的海外人才及国内单位需求，设置了3个招聘专区（世界500强企业招聘区、国内高校招聘区、企事业单位招聘区）和3个专场招聘会（海外英才招聘会、“百城同台”海外英才招聘会、在华留学英才招聘会）。同时点面结合，突出新一代信息技术、人工智能、生物医药、新能源、新材料等重点发展产业领域。到场参加招聘的企业共436家，其中国家电投、中石化、中国船舶、中国电科、中铁股份、中国能源、中国中车、中国航空工业集团、广汽集团、华为、腾讯、京东、富士康等60家世界500强企业，带来人才项目需求1500个、岗位需求过万个，覆盖能源、生物、医药、信息技术、金融、汽车、人工智能等多个领域。大会收到海外人才求职意向2000多份，其中，外国来华留学生专场招聘会共吸引来自美、欧、亚多地的1500多名青年人才参加，收到求职意见1250份，硕士以上人员过半。2天会期内，共有2274名人才与国内省市单位进行洽谈，意向人才1592名。此外，在广州主会场和美国硅谷、新加坡分会场设置了视频招聘会，168家单位发布招聘信息近万条，有60多名海外高层次人才参加专场对接，1800余名海外人才通过扫描大会个人求职平台二维码入场，网上投递职位需求2.3万余次，PC端、移动端页面总访问量超过7.5万人次。

（四）分会场活动

借粤港澳大湾区建设启动年契机，2018“海交会”在香港首设分会场。在为期2天的活动中，举办了“湾区机遇·对话青年科技人才”主题论坛、省市人才政策推介会和粤港澳大湾区（香港）人才推介会三大活动，围绕粤港澳大湾区未来发展、香港产业转型和青年科技人才成长等主题，开展讨论、交流与合作。活动吸引了国内各地数十家知名企业到港对接，近500名优秀香港青年人才参加现场交流。同时，活动设置永不下线的“线上招聘专场”，更全面、更广泛地搭建国际化人才平台。“海交会”香港分会场通过政策推介、项目对接等系列活动，搭建起内地各省市引智部门、用人单位、企业代表与香港高校学生双向选择交流互通的平台，进一步促进香港与内地的人才交流与合作，促进科技人才资源整合，推广科技协同创新，使人才资源集聚，教育资源共享，实现多地联合、优势互补、互利共赢，为建设粤港澳大湾区、国家经济发展提供强有力的人才和智力支持。

2018中国海外学子创业周

一、活动简介

中国海外学子创业周（简称“中国海创周”）源于2000年开始举办的“中国海外学子辽宁（大连）创业周”，2010年起升格为国家级引智平台，正式更名为中国海外学子创业周。19年来，中国海创周共吸引来自63个国家和地区的3.5万余名留学人员、3000余位国外客商参会，与2万多家企业、高等院校、科研院所等单位进行合作洽谈，签订合同8700余份；3500余名海外学子回国就职，7000余名海外学子回国创业，共创办企业3800余家；企业获专利8500多项，累计创造产值7300多亿元，取得了可观的经济和社会效益。历经19年积累与沉淀，中国海创周已经成为海内外高层次人才了解国内创新环境、寻求创业机会的重要窗口，国内招贤纳士的重要渠道，成为中国颇具影响力和品牌效应的留学人员回国创业平台，在海外高端项目引进、科技与资本精准对接、聚拢海内外学子创业兴业、推动“双创”走向国际化和振兴东北老工业基地方面均取得显著成果。此外，旨在为海外学子到大连创新创业提供全方位支持的“海创工程”，九批累计入围183个项目、立项69个项目，投入扶持资金超过1亿元。

2018中国海外学子创业周于6月29日至7月1日在大连世界博览广场举行，包括海归创业领袖峰会、创业孵化峰会、“创响中国”国际峰会、项目路演、专业论坛、线上人才洽谈会、大连设计节、留学人员回国服务联盟成员单位座谈会、投资机构座谈会、国际加速器建设伙伴座谈会、海外机构座谈会暨伯乐奖颁发仪式以及海外合作机构项目对接洽谈会等12大项80多场活动。共有来自美国、加拿大、英国、日本、新加坡等27个国家和地区的603名海外学子参会，围绕智能科技、清洁能源、生命科学、海洋科技、数字文创等产业方向组织282个项目现场路演。全国96个城市、595个单位参会，包含31家高新区、84家孵化器和众创空间。全国126家投资机构、230名代表参与项目评审和对接；全国30所高校、110名代表及国内外著名专家和创业导师200多名到会交流。会议期间参与各类活动的人员共3万余人次。全国政协副主席、中国科协主席万钢，科技部党组成员夏鸣九等国家及相关部委领导以及辽宁省委书记、省人大常委会主任陈求发，辽宁省委副书记、省长唐一军，辽宁省委常委、大连市委书记谭作钧等辽宁省及大连市领导出席此次活动。主体活动结束后，海外学子还应邀到辽宁各市及其他城市进行延伸性交流活动。2018中国海创周以全新的国际视角、深入的产业洞悉、全方位的海归引智体系，搭建国际创新创业资源涌动中国的战略高地，海外合作范围之广、路演项目质量与成熟度之高、综合对接合作成果之显著，均创下十九届海创周之最。

二、组织机构

（一）主办单位：

科技部、教育部、人力资源和社会保障部、国务院侨办、中国科学院、欧美同学会（中国留学人员联谊会）、辽宁省人民政府

（二）承办单位：

大连市人民政府、辽宁省科技厅

三、重点活动

（一）海归创业领袖峰会和创业孵化峰会

中国海创周海归创业领袖峰会以“聚智同心、共创未来”为主题，由中国海创周组委会、中国留学人员回国服务联盟、中国留学人员回国创业专家指导委员会共同主办。科技部火炬中心主任张志宏、深圳市创新投资集团有限公司董事长倪泽望、杭州林东新能源科技股份有限公司董事长林东、深圳市柔宇科技有限公司董事长刘自鸿、优客工厂创始人毛大庆等，围绕推动“双创”事业升级发展、引导国际高端人才和项目加快汇聚、促进全球顶级项目及延伸资源落地，以及前沿科技、投资趋势等议题作了主旨演讲，分享了创新创业跨界融合经验。

中国海创周创业孵化峰会由科技部火炬高技术产业开发中心、辽宁省科学技术厅主办，以“智能改变世界”为切入点，吸引了专业孵化器及相关组织、上市企业、投资机构、科技创新企业、知名专家学者等400余人参会。峰会邀请到“可穿戴计算之父”Steve Mann（史蒂夫·曼恩）、欧盟中小企业中心主任Chris Cheung（张建华）、松禾资本创始合伙人厉伟、洪泰智造创始人CEO乔会君、沈阳新松医疗健康机器人事业部总经理李学威作主旨演讲。在随后进行的圆桌论坛上，来自国内外的学者、孵化器专家、投资人围绕“智能时代的创业、孵化和投资”主题作了深入探讨与交流。现场还发布了《中国创业孵化发展报告2018》和《中国城市创孵指数2018》两个报告的研究成果。

（二）2018年“创响中国”大连高新区站

2018年“创响中国”大连高新区站作为本年度“创响中国”活动重点站之一，首次与中国海外学子创业周深度结合，围绕“智能·创享·未来”的主题，举办了2018年“创响中国”大连高新区站智能创享未来国际峰会启动仪式暨国际人工智能产业峰会及3场平行峰会、2018年“创响中国”大连高新区站“预见未来”黑科技产品体验展和2018年“创响中国”大连高新区站Get Maker创客嘉年华等活动。通过主题演讲、圆桌论坛、项目路演、产品展示、项目对接、创客交流等形式，分享和展示全球顶尖智能科技创新成果，探讨和展望人工智能时代下的产业升级及未来科技发展趋势。其中，黑科技产品体验展集中展示国内外优秀科技企业在智能技术及应用、文创娱乐等领域的高端科技产品，搭建高效、优质的合作平台，实现了企业与资本、技术、人才、市场的有效对接；创客嘉年华通过“创客大集”“了不起的匠人”“创客快闪”等七大主题展区，搭建创客产品与投资机构沟通的桥梁，营造出积极向上的创新创业氛围。

（三）项目路演和人才招聘

本届中国海创周从1000余个海归创业项目中遴选出282个参加现场路演，涵盖虚拟现实、人工智能、物联网、智能汽车、智能家居、智能医疗等多个领域。在为期3天的活动中，举办了海归创业项目路演，硅谷、波士顿、西雅图、伦敦、温哥华海外项目专场路演，科技企业投融资常态化路演，最具成长潜力的留学人员创业企业项目路演等29场路演。世界上第一台无人驾驶工程机械、第一台金属三维打印机、第一台桌面级开源机械臂、第一个太阳能智能百叶窗、第一个虚拟现实卫星VR系统、第一个360度视频流动站等15个硅谷顶尖科技项目登台亮相。路演场次、项目数量、行业跨度均创历届海创周之最。自2015年开始，中国海创周主动走出国门，积极搭建运营海外联络站，举办系列揽才活动，到海外学子身边去开展精准预对接，在世界各地海外留学人员群体中获得了较高的口碑和影响力，国际化取得显著成效，对海外人才的吸引力不断增强。此外，海创周组委会与智联招聘、中华英才网合作，围绕企事业单位人才需求，通过目标人群定向邀约、海外重点高校和华人论坛微信推送等形式，重点围绕回国留学生和海外人才举办了线上人才招聘会，并提供线上面试、线上职业测评等服务。

（四）专业论坛会议

2018中国海创周期间，举办了第四届CAE软件自主研发—引领工业创新论坛、2018中国海创周跨境电商高峰论坛、中国留学人员回国服务联盟成员单位座谈会等专业论坛和会议。其中，第四届CAE软件自主研发—引领工业创新论坛由中国工业软

件产业发展联盟、中国工业软件产业发展联盟CAE分联盟、英特工程仿真技术（大连）有限公司共同主办，邀请了来自辽宁省工信委、清华大学、大连理工大学、中国赛宝实验室、中国飞机强度研究所、西安前沿动力软件开发有限责任公司、中国空气动力研究与发展中心计算空气动力研究所、京宇航系统工程研究所、山东山大华天软件有限公司、广州中望龙腾软件股份有限公司、国家超级计算无锡中心等全国航空领域方面的专家学者共同研讨前沿技术。2018中国海创周跨境电商高峰论坛以“数字经济时代浪潮”为主题，聚焦在数字经济时代下的新外贸模式，突出高新区创新技术的特点，重点探寻跨境电商如何实现全产业链和全球资源整合，创造新经济、新业态、新机遇和新变革。由国家人力资源和社会保障部主办的中国留学人员回国服务联盟成员单位座谈会，有来自海内外的近50家留学人员回国服务单位和海外学人社团机构代表参会，就学习习总书记关于人才工作的系列重要讲话精神、留学回国人员创新创业的形势任务、服务联盟的主要活动成效等，交流各自业务发展情况并作深入研讨。

（五）大连设计节

大连设计节作为中国海创周的重点活动之一，自2008年以来已连续成功举办十一届，逐步发展成为一个集展览、论坛、大赛于一体的综合性、专业性、国际性的设计界盛会。本届大连设计节由大连市政府、中国工业设计协会、北京光华设计发展基金会共同主办，以“广纳设计人才、集聚创新资源”为主题，举办了“市长杯”大连工业设计大赛、创新中国设计论坛、大连创新设计展等多项活动，聚焦创新设计及智能制造，搭建设计产业创新交流平台，推动设计人才交流和产业要素互动，促进设计服务供需对接，实现区域设计产业协同发展。其中，“市长杯”大连工业设计大赛作为东北地区工业设计领域水平最高的赛事，已举办六届，先后有22件作品获得红点奖、IF奖和IDEA工业设计奖。本届大赛共收到参赛作品近3200件，参赛高校院系200余所，参赛企业近百家。

第十六届中国国际人才交流大会

一、大会简介

中国国际人才交流大会于2001年经国务院批准，由国家外国专家局创办。第一至第四届由国家外国专家局和江苏省人民政府、南京市人民政府共同主办；第五届由国家外国专家局和国务院振兴老东北工业基地办公室、辽宁省人民政府、沈阳市人民政府共同主办；自2007年第六届起，由国家外国专家局和深圳市人民政府共同主办，长期落户深圳，是目前国内唯一专门对外国专家组织、培训机构、专业人才开放的国家级、国际化、综合性人才与智力交流盛会。

大会以“融全球智力、促共同发展”为主题，以“国际化、高端化、专业化、精品化、市场化、信息化”为目标，规模不断扩大、规格不断提升、内容不断丰富、效果不断深化，逐渐发展成为中国乃至全球人才与智力交流的重要平台。2007年至2017年期间，大会累计吸引来自75个国家和地区的机构，4.15万名国（境）外专家、海外留学人员和专业人才，2.4万多个国内人社、引智、教育、科技部门的单位，5200多个专家组织、培训机构、专业协会、科研机构、人才中介、科技企业；举办550多场签约、推介、研讨、论坛活动，签署2.5万多项人才与引智合作协议，达成3.65万个职位招聘意向。通过专业化的服务、精准化的对接，大会成为外国专家和海外人才的交流平台、创新成果交流互建的重要窗口、国家引才引智的门户枢纽。

第十六届中国国际人才交流大会由科技部（外国专家局）、深圳市人民政府共同主办，于2018年4月14日至15日在深圳会展中心举行。大会邀请了来自50多个国家和地区的4000多个专业组织、培训机构、高等院校、科技企业和人力机构参展，8500余名外国专家和海外高层次人才代表、5000个创新创业项目，以及各省市人力资源、科技、教育部门和各类引智企业代表9300多人参会。大会涵盖高峰论坛、展览洽谈、人才招聘、项目对接、中国深圳创新创业大赛国际赛、专业会议、评选及颁证活动、主宾国与分会场等8大类共18个板块，举办各类会议和活动127场，各省市与专业组织、培训机构、留学人员达成的引智项目合作意向达3000多个，入场参观洽谈人数近10万人次。与往年相比，本届大会规模继续提升、内容更加丰富，国际化程度为历届之最。

二、组织机构

（一）主办单位：

国家外国专家局、深圳市人民政府

（二）承办单位：

国家外国专家局国外人才信息研究中心、中国国际人才交流中心、深圳市人力资源和社会保障局

三、重点活动

（一）高峰论坛和专业会议

大会设置“全球才智”主论坛，围绕“聚天下英才、促创新发展”与“聚天下英才、建人才强国”两大主题，邀请中、美、英三国有关专家作主旨演讲，另设置了国际教育合作论坛、国际智慧城市高峰论坛、人才大数据论坛、区块链创新创业人才论坛、总裁创新峰会、国际创新城市领袖峰会、产业园区国际高层峰会、全球教育资源共享峰会等分论坛和专业会议。大会同期，中组部人才局、国家外国专家局还召开了外专项目专家座谈会、项目管理国际论坛等系列引智专题会议。来自10个国家的17名顶尖外国专家代表参加了座谈，围绕来华后的工作进展与成果以及如何加快建设创新型国家等议题发表了看法与建议，科技部党组书记、部长王志刚，科技部副部长、国家外国专家局局长张建国出席座谈会。

（二）展览洽谈

大会展览洽谈活动重点设置了全国引才引智成果展览交流、外专项目成果展示交流、庆祝改革开放40周年引才引智成果展、粤港澳大湾区展、人力资源服务产业园区展区等5项内容。全国引智成果展览由全国32个省、自治区、直辖市、特别行政区的机构组团参加，宣传介绍各地吸引海外人才环境与政策。2018年是中国改革开放40周年，大会特别设置纪念改革开放40周年引才引智成果展，以图文并茂的形式展示了改革开放以来我国引智工作的一系列成果。大会还首设粤港澳大湾区展区，全方位展示广州、佛山、肇庆、深圳、东莞、惠州、珠海、中山、江门等9市和香港、澳门特别行政区的产业规划、发展使命、人才政策、人才需求等内容；同时围绕各城市需求开展项目对接及推介专场活动，通过专业化的服务、精准化的对接，吸引一大批港澳青年和海内外高层次人才，为促进粤港澳大湾区各城市发展提供坚实人才保证和智力支持。人力资源产业园区展区集中展示了深圳市“一园多区”人力资源服务产业园区建设成果，宣传推介人力资源服务品牌、产品和技术。

（三）项目对接和人才招聘

本届大会紧密围绕“一带一路”和“粤港澳大湾区”国家战略，在智力、技术、项目等各领域深入开展交流。设置了1个引智综合馆，组织开展了外国专家组织与培训项目对接、国际技术转移与创新合作、海归人才以及项目交流对接、软件人才项目投资交流、职业教育与高技能人才项目成果展示与对接等五大专题对接活动。其中，国际技术转移与创新合作专题设置了国际技术转移创新投资与对接大会、国际创新城市领袖峰会等活动，邀请了来自16个国家的57位海外嘉宾出席，另组织20家机构在深圳龙华区分会场围绕智慧城市、大健康、高端制造、节能环保等领域的60多个创新项目，开展了为期2周的会后深度对接。海归人才以及项目交流对接专题特设国家级领军人才专区，展示了领军人才、青年人才和外专人才的创新创业成果，邀请了50名“国家特聘专家”进行现场项目路演和对接，并在会后赴多个省市的产业园区进行考察交流。大会组织了外籍人才招聘会、海归人才招聘会、“智聘百强”名企中高端招聘会、“互联网+”专场招聘会等8场人才招聘活动，共吸引超过1500家知名企业参会，面向海内外高端人才提供3万多个职位。其中，第二届“智聘百强”全国名企事业单位高端招聘会吸引了500家知名企业参会，提供超过8000个高端人才岗位，有3.7万名中高端人才到场应聘，23%的求职者初步达成就业意向。

（四）主宾国与分会场

本届大会首设德国为主宾国，采取“请进来、走出去”的方式，广泛邀请德国专家组织、科研机构、高等院校、职业培训机构、高层次人才机构、科技企业以及高端专家和在德留学人员参加大会。同时，首设香港分会场，并在深圳宝安区、龙华区设置区域分会场，与主会场形成联动。其中，德国分会场邀请了一批国内重点企业到德国开展人才政策推介、高层次人才招聘等活动，并在卡尔斯鲁厄、达姆施塔特、斯图加特举办了中德人才沙龙，吸引了众多海外人才和留学生参加。香港分会场围绕“智汇粤港澳、才聚大湾区”的主题，举办了粤港澳大湾区人才合作论坛、政策推介会、人才交流会、名校名企走访等活动，来自北京大学、香港中文大学等高校的专家参加座谈交流，深圳、长沙、成都、肇庆、清远等地的政府展团积极宣讲招才引才政策，比亚迪、格兰仕、潍柴动力、柔宇科技等70家知名企业组团招聘。宝安分会场以“智创湾区、才聚宝安”为主题，举办了百家名企精英洽谈、优秀创赛项目落地对接会等活动，龙华分会场以“首届国际人才节”为契机，举行了“中国梦、人才梦”国际人才嘉年华、第五届“百名海外博士龙华行”等活动。

（五）创新创业大赛和评选颁证活动

大会期间，举行了中国深圳创新创业大赛第二届国际赛总决赛及颁奖活动。本届大赛分别在澳大利亚悉尼、加拿大多伦多、德国柏林、以色列特拉维夫、日本东京、瑞典斯德哥尔摩、美国波士顿、美国硅谷和英国伦敦举办9场海外分站赛，并针对深圳市未来重点发展的产业，新增设物联网、人工智能和抗癌技术3个专业赛。大赛共征集到来自24个国家1460个项目报名参赛，有135个项目赴深圳参加总决赛。最终，以色列赛区生物与生命科技行业的科恩尼特视力（Corneat Vision）项目摘得桂冠，获得100万元奖励。此外，大会期间还举办了“国家特聘专家”外专项目颁证活动、“国资委中央企业国际合作引智创新基地”授牌仪式，发布了“改革开放40周年最具影响力的外国专家”“魅力中国——2017年度外籍人才眼中最具吸引力的中国城市”评选结果，开展了大会优秀组织奖、优秀展示奖评选及颁证等活动。

2018（第四届）中国海归创业大赛

一、大赛简介

中国海归创业大赛是在国家科技部（国家外国专家局）、教育部、人力资源和社会保障部、致公党中央的共同指导和支持下，由中国技术创业协会留学人员创业园联盟发起举办的一项专门面向海归创业的全国性活动，旨在深入落实科教兴国战略、人才强国战略和创新驱动发展战略，以及党中央、国务院对海外人才工作的指示精神和重要部署，凝聚社会力量，构建良好生态，鼓励、支持和带动更多留学人才回国创业发展。

大赛以“汇聚海归英才，助力创新创业”为主题，秉持“以赛事为平台，以服务为核心”的理念，发挥政府部门、行业协会、创业园区、投资机构、大中企业、高校院所等多方作用，构筑产业生态圈，培育创新生态链，打造集创业培训、项目推介、政策扶持、孵化融资、市场拓展、对接交流为一体的创业服务平台，发现、选拔和扶持优质项目，促进海归人才科技成果转移转化和开展各类创新创业合作。

大赛自2015年首次举办以来，四届共吸引1667个海归项目团队参赛，通过培训、路演、洽谈、论坛、展览、考察等活动形式，成功发掘了一批具有良好发展前景的海归创业项目，开展对接和交流洽谈1300余对次，达成各类合作意向超过300个，有效促进了海归人才项目的落地、融资、合作、宣传以及企业间的联动发展。在前四届大赛121个入围决赛的项目中，已有60

多个项目获得投资及各类支持累计超过18亿元，大赛已成为目前国内最具影响力的海归人才创新创业赛事。

第四届中国海归创业大赛在继续聚焦海归人才和创业项目的同时，组织力度更大，参与更加广泛，服务更为深入。大赛冠名“业达杯”，复赛和决赛由中国技术创业协会留学人员创业园联盟与烟台市人民政府共同主办，并得到了全国300多家留学人员创业园区、100多家投资机构以及100多所高校的联合支持。为进一步提升赛事参与力度和服务水平，大赛组委会在全国19个省区市的园区和高校举办了44场说明座谈活动。在各方共同努力和发动下，大赛参赛项目数量再创新高，有609个报名的海归项目团队符合参赛条件，161个项目团队入围复赛，31个项目晋级决赛。

二、组织机构

（一）指导单位：

科技部火炬高技术产业开发中心、教育部国际合作与交流司、教育部留学服务中心、人社部留学人员和专家服务中心、国家外国专家局经济技术专家司、国家外国专家局中国国际人才交流中心、致公党中央联络部、致公党中央留学人员委员会

（二）主办单位：

中国技术创业协会留学人员创业园联盟

（三）地方联合主办：

烟台市人民政府

（四）协办单位：

烟台经济技术开发区管委会、济南高新技术产业开发区管委会、济宁高新技术产业开发区管委会、常熟经济技术开发区管委会、天津东丽湖管理委员会

（五）支持单位：

中国技术创业协会、中国国际人才交流基金会、各地孵化器协会、各地留学人员创业园区、各地回国服务机构、海内外留学生团体

三、大赛进程

报名阶段：2018（第四届）中国海归创业大赛报名时间为2018年4月17日至7月30日。大赛以项目为评选对象，主要面向高新技术产业和现代服务业领域，企业和个人均可以项目团队或个人形式报名参赛。要求参赛项目持有人或团队中至少有1人具备海外（含港澳台、外籍人士）学习经历或出国访问研修经历。每个参赛人或团队只能申报一个参赛项目。参赛项目应符合国家产业、技术政策，无知识产权纠纷，且具备一定的前瞻性、创新性，有清晰的商业模式、良好的市场发展前景和预期经济效益。通过大赛组委会对报名材料进行初筛，到报名时间截止，共遴选出符合参赛要求的项目609个。

说明推广：为更好地提升各方参与力度和赛事服务水平，自5月8日起，中国技术创业协会留学人员创业园联盟联合各地有关单位，在全国重点城市的园区和高校举办大赛说明会，并就海归人才创新创业和科技成果转移转化举行座谈会，鼓励和发动海归人才利用大赛平台资源，拓宽资金对接、项目合作、市场拓展、宣传推广等渠道。说明会行程历时2个月，共在全国19个省区市举办44场活动，有超过1000名留学人员企业代表和高校教师、科研人员代表参加了座谈交流。

评审公示：2018年8月，大赛评审委员会对符合参赛要求的609个项目，重点从团队、技术、市场、财务四个能力指标上对参赛项目进行了评估。根据专家评审意见和公示，有161个项目入围复赛。

复赛决赛：2018年9月14日至16日，2018（第四届）中国海归创业大赛复赛、决赛暨项目对接洽谈会在烟台经济技术开发区举行。入围复赛的项目按参赛报名行业分为5组，进行了现场路演和专家评审，有31个项目晋级决赛。经过决赛现场评审，最终有6个项目获得一、二、三等奖，25个项目获得优胜奖。赛事期间，还举行了项目培训会、“海创英才·烟台之夜”交流会、项目对接洽谈会和创新创业环境考察等活动。

四、重点活动

（一）2018（第四届）中国海归创业大赛新闻发布会

2018年4月17日，2018（第四届）中国海归创业大赛在京召开新闻发布会，宣布正式启动报名。大赛指导单位、主协办单位、创业园区、投资机构、孵化机构、高校院所、专家导师、往届大赛获奖者及新闻媒体代表等近百人参会。会上，大赛主办单位中国技术创业协会留学人员创业园联盟的有关负责人介绍了大赛的往届成果和本届赛事的组织情况。据介绍，第四届中国海归创业大赛继续聚焦海归创业，并具有参与更广泛、奖励更丰厚、服务更深入的特点。本届大赛冠名“业达杯”，复赛和决赛与烟台市人民政府共同主办，中国技术创业协会、中国国际人才交流基金会以及全国30多家孵化器协会加入支持单位，与各地留学人员创业园区、回国服务机构、高校院所和海内外留学生团体等300多家单位，共同构成强大的活动组织和支持阵容。大赛启动后，组委会将赴各地创业园区和相关机构开展全国巡回说明，同时走进各地高校广泛征集项目，发动更多归国人才参与赛事，深入挖掘创新创业源泉。大赛设立一、二、三等奖和优胜奖，获得一、二、三等奖的项目团队，分别给予10万元、5万元、1万元奖励；获得优胜奖的，将颁发获奖证书；由留学人员创业园联盟发起并联合有关机构设立的大赛专项基金，将对获奖项目给予最高5000万元的优先投资支持；获奖项目落地烟台经济技术开发区的，将给予额外配套资金及政策支持。此外，有全国300多家创业园区支持项目落地，提供孵化服务；100余家创投机构全程关注，即时展开对接；复赛、决赛和颁奖期间将举行对接交流活动，汇聚各方资源，提供合作契机；中国技术创业协会留学人员创业园联盟还将在企业咨询、市场拓展、宣传推广等方面提供一系列赛后服务。新闻发布会上，来自大赛指导单位、协办单位、国内高校、投资机构以及往届大赛参赛团队的代表，分别作了讲话和发言。

（二）2018（第四届）中国海归创业大赛全国说明会

2018（第四届）中国海归创业大赛自启动后，继续加强资源整合，提升参与力度，在进一步发挥留学人员创业园对海外人才回国创新创业的载体支撑作用的同时，注重与各地高校需求和资源相结合，促进在校海归人才科技成果转移转化。自2018年5月8日起，大赛组委会在全国重点城市的园区和高校举办大赛说明会，并就海归人才创新创业和科技成果转移转化举行座谈会，拓展人才和项目发现与选拔渠道，加深了解高校成果转化和在园企业发展的需求和痛点，鼓励和发动海归人才利用大赛平台资源，拓宽资金对接、项目合作、市场拓展、宣传推广等渠道。至7月11日全国说明会结束，行程历时两个月，共在北京、天津、山东、山西、安徽、内蒙古、新疆、江苏、上海、浙江、甘肃、贵州、云南、四川、福建、广东、湖南、湖北、河北等19个省、自治区、直辖市举办了44场活动，有超过1000名留学人员企业代表和高校教师、科研人员代表参加了座谈交流。大赛全国说明会由中国技术创业协会留学人员创业园联盟主办，承办单位包括北京理工大学、北京科技大学、中国人民大学留学人员创业园、中关村京仪海归人才创业园、中国地质大学、中关村软件园、中关村国际孵化园、北京普天德胜留学人员创业园、北京市留学人员海淀创业园、北京望京留学人员创业园、中国科学院中科海外人才创业园、北京工业大学留学人员创业园、北京化工大学海外人才创业园、北航留学人员创业园、天津滨海高新区留学人员创业园、大连海事大学、济宁留学人员创业园、淄博留学人员创业园、威海留学人员创业园、山西省高新技术创业中心、合肥留学人员创业园、合肥国家大学科技园、包头稀土高新区、内蒙古大学、乌鲁木齐留学人员创业园、常熟科创园、苏州留学人员创业园、上海市人社局人才服务中心、上海莘闵留学人员创业园、宁波保税区留学人员创业园、宁波鄞州留学人员创业园、兰州留学人员创业园、贵阳留学人员创业园、云南海归创业园、绵阳市科技型中小企业发展领导小组办公室、厦门留学人员创业园、深圳市留学生创业园、留学人员广州创业园、中山大学、中山留学人员创业园、东莞留学人员创业园、长沙留学人员创业园、武汉留学生创业园、武汉硚口区科技局、河北省科技企业孵化器协会等。大赛组织方通过说明会，重点介绍了大赛的组织特色、服务支持和筹备情况，并就大赛报名事项、评选标准、资金支持，以及海归创新创业存在的主要困难和障碍、高校教师科研成果如何走出实验室、成熟的创业项目怎样对接拓展国内市场等方面，与参会的企业和教师代表进行了深入探讨交流，详尽解答了他们所关心的问题。

（三）2018（第四届）中国海归创业大赛复赛、决赛暨项目对接洽谈会

2018年9月14日至16日，由中国技术创业协会留学人员创业园联盟和烟台市人民政府共同主办的2018（第四届）中国海归创业大赛复赛、决赛暨对接洽谈会在烟台经济技术开发区（业达）举行。本届大赛于2018年4月启动报名，经资格审查，共有609个项目团队符合参赛条件；经专家评审，有161个项目团队入围复赛。其中，有122个入围项目团队参加了在烟台举行的培训、考察、复赛、决赛和对接交流活动。在14日举行的培训会上，4位创业导师分别就融资上市、专利保护、品牌建设、资源整合等方面为参赛团队进行辅导，对参赛注意要点做了讲解。随后，组织考察参观了烟台开发区业达智汇谷和城市展示中心。15日上午，参加复赛的团队按行业领域分为5个小组，进行了现场项目路演和评判打分。每组取得分前5名直接晋级决赛，并通过评委会综合评审产生其余晋级项目，最终确定31个参赛项目进入本届大赛决赛。在晚间举办的“海创英才·烟台之夜”交流会上，入围决赛项目团队名单正式公布，烟台留学人员创业园区、济南留学人员创业园、济宁留学人员创业园介绍了各自创新创业环境及政策、服务支持。16日，31个入围复赛的项目团队再次登台路演，诺领科技团队的“5G物联网通信芯片”项目最终荣膺桂冠，“污泥常温深度干化”“新型宠物疫苗及诊断制品开发”2个项目获得二等奖，“高速交叉带分拣系统”“工场极客——人工智能在工业领域的应用”“靶向光动力创新药物与肿瘤诊断及无创治疗”3个项目获得三等奖，另有25个项目获得优胜奖。在决赛举行的同期，举办了2018中国海归创业大赛（烟台）项目对接洽谈会，有120多个参赛项目团队、130多家烟台开发区骨干企业，以及创业园区、投资机构、服务机构的代表参加了对接洽谈。根据现场初步统计，共开展对接300余对次，达成各类合作意向超过60个。经过前期对接洽谈，“海创邦”投资基金与烟台新秀化学签订了1000万元的投资协议。此外，还举办了全国留学人员创业园“海创杯”羽毛球邀请赛。最后，举行了本届大赛的颁奖典礼，来自大赛指导单位和主办、承办单位的领导为获奖团队颁发了奖杯、奖金和证书，2018（第四届）中国海归创业大赛至此圆满落幕。后续，中国技术创业协会留学人员创业园联盟及大赛各有关单位将通过“中国海创英才行”“百城市场渠道共享计划”等形式为参赛项目提供更多服务支持。

五、获奖项目

一等奖：

5G物联网通信芯片

二等奖：

污泥常温深度干化

新型宠物疫苗及诊断制品开发

三等奖：

高速交叉带分拣系统

工场极客——人工智能在工业领域的应用

靶向光动力创新药物与肿瘤诊断及无创治疗

优胜奖：

活肿瘤生物样本库的建立及产业化

基于深度学习、模拟仿真、云计算等技术的心脑血管病精准检测平台

齐悟大脑

PearFog共享雾计算
基于人工智能的云端眼科诊断系统
基于磁通门的磁异探测系统
职问
基于深度学习的语音增强和语音交互解决方案
果蔬保鲜抗菌肽
酷陆智慧环境云
电驱动车船飞机通用动力电源（UEM）
抗菌不锈钢产业化与应用
全固态高能量密度储能电池
智能3D工业视觉检测
“水能生物反应器”污水再生技术
化药1类治疗耐药细菌感染疾病WVBLI项目
灏存科技穿戴型手势识别
扁鹊飞救急救与应急综合保障体系建设项目
频谱地图云平台
网络VR渲染器及展示平台
基于高通量核酸检验技术的专业独立医学检验服务体系
喜特家庭医生平台
换享——基于匹配算法的以物易物移动互联网平台
先进多节锂电池管理系统集成电路
康百新抗体交联分子靶向抗癌新药临床前及临床I期研究

第十九届全国留学人员创业园网络年会

一、会议背景

为贯彻落实党和国家的留学工作方针以及对海外人才工作的重要部署和指示精神，加强全国留学人员创业园间的交流与合作，探索提升园区管理运作水平和孵化服务能力，推动全国留学人员创业园的升级发展，在国家科技部、教育部、人力资源和社会保障部、国家外国专家局、致公党中央等部委部门的共同指导下，自2000年起开始举办全国留学人员创业园网络年会，2016年起增冠“中国海外人才创业园年会”会名。网络年会由各地留学人员创业园每年轮流承办，至2017年已连续举办十八届，成为推动留学人员回国服务工作、促进海外人才创新创业发展的一项行业盛会。

2018年是我国改革开放40周年。广大海外留学人员是国家现代化建设的特需资源，在中国改革开放和中华民族实现伟大复兴的进程中发挥着重要的作用。当前，我国吸引海外人才的力度不断加大，新中国成立以来最大规模的留学人才“归国潮”正在形成，今年的政府工作报告再次强调“鼓励海外留学人员回国创新创业”，在《国家科技企业孵化器“十三五”发展规划》中也对留学人员创业园的升级发展提出了要求，留学人员创业园面临着新时代下的机遇与挑战。

为进一步总结与交流改革开放以来留学人员回国服务工作和留学人员创业园建设经验成果，探讨园区运行机制，升级服务功能，促进行业发展，中国技术创业协会留学人员创业园联盟和石家庄国家高新技术产业开发区管委会共同主办第十九届全国留学人员创业园年会。本次会议作为2018年全国双创周的一项特色活动，以“新时代、新趋势、新作为”为主题，邀请国家有关部委部门、各地留学人员创业园以及科技、人才管理相关部门单位的领导、专家和代表参会，重点围绕改革开放40年来海外留学人才回国创新创业趋势和特征，以及新时代留学人员创业园发展问题与思路，开展深入探讨交流。

二、组织机构

（一）指导单位：

科技部火炬高技术产业开发中心、教育部国际合作与交流司、教育部留学服务中心、人力资源和社会保障部留学人员和专家服务中心、国家外国专家局经济技术专家司、国家外国专家局中国国际人才交流中心、致公党中央联络部、致公党留学人员委员会、中国技术创业协会

（二）主办单位：

中国技术创业协会留学人员创业园联盟、石家庄国家高新技术产业开发区管委会

（三）承办单位：

海外留学人员石家庄市创业园

三、会议报道

2018年10月12日，以“新时代、新趋势、新作为”为主题的第十九届全国留学人员创业园网络年会暨2018中国海外人才

创业园年会在石家庄召开。科技部、教育部、人力资源和社会保障部、国家外国专家局、致公党中央和河北省、石家庄市当地有关部门领导，以及各地留学人员创业园、创业服务机构、留学人员企业代表等200余人参会。

2018年是我国改革开放40周年，也是邓小平同志作出扩大派遣留学生重要指示的40周年。本次会议作为2018年全国双创周的一项子活动，重点围绕改革开放以来海外留学人才回国创新创业趋势和特征，以及新时代留学人员创业园发展问题与思路，开展深入探讨交流。

全国政协常委、港澳台侨委员会副主任、致公党中央副主席闫小培出席会议并讲话。她说，40年来，改革之光照亮了中华民族的伟大复兴之路，也重塑了中国在世界舞台的角色。改革开放同时掀开了我国留学事业的新篇章。40年来，留学大潮激荡澎湃，助推着中国巨轮不断前行。一批批留学人员走向世界、学成回归，贡献智慧、挥洒汗水，汇成新时代下的人才洪流，成为我国改革开放和现代化建设事业的开拓者、参与者和推动者。留学人员创业园是鼓励和支持海外留学人员回国创新创业的重要实施载体，希望大家不忘初心、保持激情，继续提升创业服务的专业性和精准度，更好地发挥出留学人员创业园的国际化平台特质，探索差异化、个性化的发展路径。

科技部、教育部、人社部、中国国际人才交流中心等国家部委相关负责人，分别围绕中国创业孵化发展历程及“双创”发展未来趋势、改革开放以来我国留学事业回顾与展望、留学人员回国服务工作体系建设、国外智力引进与国际人才交流作会议报告。科技部办公厅调研室、国家发展改革委经济研究所形势分析与预测研究室等部门领导就中国宏观经济形势和人才回归趋势发表主题演讲。北京望京留学人员创业园、深圳市圆周率软件科技公司负责人代表园区和企业作了交流发言。

会议同期召开了中国技术创业协会留学人员创业园联盟第三届第三次成员代表大会，联盟理事长作工作报告，重点介绍了联盟开展“中国留学人员创业园区孵化基地”评价，举办中国海归创业大赛、“中国留学人员创业园最具成长性创业企业”评选活动等方面的情况。

会上举行了2018年暨首批“中国留学人员创业园区孵化基地”授牌仪式。为推进落实《国家科技企业孵化器“十三五”发展规划》和《中国留学人员创业园发展指引》，引导、规范和促进全国留学人员创业园建设发展，中国技术创业协会留学人员创业园联盟依照《中国留学人员创业园区孵化基地评价办法》，于2018年组织实施了孵化基地评价工作。孵化基地评价旨在遴选一批人才集聚能力较强、创业服务功能完备、企业孵化业绩优异的创业园区，打造区域海外人才创新创业和科技成果转移转化高地，形成示范推广效应。经申报、筛查、评审和公示等程序，北京市留学人员海淀创业园等27家单位入选首批孵化基地。

第一批入选的27家孵化基地的孵化总面积达到439万平方米；共有19235名留学人员在园创业和工作，其中，入选国家“千人计划”530人，入选省部级人才计划894人，另有2130人入选市区级人才计划；在园留学人员企业3039家，拥有各项专利17738项，2017年企业营业收入达到141亿元，上缴税费10亿元；园区累积孵化留学人员企业10404家，培育出上市和新三板挂牌企业196家。此外，27家孵化基地共配有专职服务人员546名、创业导师921名，2017年为在园企业组织各类创新创业活动1257次。初步呈现出这批孵化基地的优良绩效，代表了海外人才创新创业服务的先进水平。

会议还为荣获“2018中国留学人员创业园最具创业成长性企业”颁发了奖牌和证书。活动由中国技术创业协会留学人员创业园联盟发起主办，前身是自2010年起举办的“中国留学人员创业园百家企业”评选，到2017年已成功举办七届，共表彰了419家具有高成长性和发展潜力的留学人员企业，其中，有超过40家企业目前已在国内外上市或挂牌。2018年评选活动进行了内容优化和全新命名，经申报推荐、资格审查、专家评审和公示，有北京热瓦教育科技有限公司等32家企业入选。

会议最后举行了会旗移交仪式，第二十届全国留学人员创业园网络年会将于明年在贵阳高新区举办。

2018中国留学人员创业园最具成长性创业企业评选活动

一、活动简介

留学人员创业园作为面向特定人群、具有鲜明特色的创业服务机构，是实施科技强国和人才兴国战略的重要组成部分。建设20多年来，各地园区充分发挥出汇聚人才、整合资源、有效配置、集成服务的优势，从中培育出一批具有全球竞争力的留学人员企业，对我国引进海外人才和促进科技创新起到了重要的载体支撑作用。

为更好地弘扬创新精神，展现园区成果，表彰优秀企业，自2010年起，在科技部、教育部、人社部、国家外国专家局和致公党中央的共同指导下，中国技术创业协会留学人员创业园联盟发起举办“中国留学人员创业园百家企业”评选活动。评选活动到2017年已成功举办七届，先后有全国20多个省市的300多家单位推荐数千家企业参评，有419家具有高成长性和发展潜力的留学人员企业入选，其中，有超过40家企业目前已在国内外上市或挂牌，起到了良好的示范作用。

为进一步强化定位、深化品牌、突出示范带动作用，经活动指导单位同意，决定自2018年起，将“中国留学人员创业园百家企业”评选活动内容进行优化整合，并新定名为“中国留学人员创业园最具成长性创业企业”评选活动，每年举办一次。

“中国留学人员创业园最具成长性创业企业”评选活动以全国留学人员创业园在园企业为主要评选对象，重点评选表彰成立3年以内、具有较为出色的发展潜力的初创期留学人员企业，以及成立10年以内、具备一定经营规模和业绩，近年来在技术创新和市场开拓方面形成显著成长的留学人员企业。

“2018中国留学人员创业园最具成长性创业企业”评选活动于2018年6月启动，经申报推荐、资格审查、专家评审和公示，有北京热瓦教育科技有限公司等32家企业入选。

二、组织机构

（一）指导单位：

科技部火炬高技术产业开发中心、教育部国际合作与交流司、教育部留学服务中心、人社部留学人员和专家服务中心、国家外国专家局经济技术专家司、国家外国专家局中国国际人才交流中心、致公党中央联络部、致公党中央留学人员委员会

（二）主办单位：

中国技术创业协会留学人员创业园联盟

（三）评选委员会：

评选委员会由风险投资机构的职业投资人、业内相关专家和学者、留学人员创业园相关负责人、财务专家和相关媒体负责人担任。评选委员会下设办公室，办公室设在中国技术创业协会留学人员创业园联盟秘书处。

办公室作为常设机构和执行机构，负责评选的组织、协调、宣传、会务等工作，向评选委员会负责。

三、入选企业

1. 北京热瓦教育科技有限公司

创始人：阿布都亥帕尔·麦麦提

行业领域：电子信息

孵化园区：北京理工留学人员创业园

企业介绍：

北京热瓦教育科技有限公司成立于2015年4月，是一家主要服务于维吾尔族学生的高科技企业。其主营业务为在线教育，致力于整合多类别教育资源，以线上为主、线下为辅为形式，以数据挖掘和知识发现、搜索意图分析、搜索词语义理解和试图识别等自主研发技术为手段，将海量优质教育资源向新疆地区学生输送，解决教育资源在地区间分配不均等问题。线上方面，公司搭建了在线教育网校平台——Abdulhabir网校，可支持汉语、维吾尔语、英语三种语言，属国内首创。用户通过微信端即可学习各类知识，其中，推出的维吾尔语版课程使得新疆的用户可以及时、便捷地享受大城市优质教育资源。线下方面，配合Abdulhabir网校，公司开展了游学服务，专注于为青少年开拓国际视野，为国内在校生提供国际课程服务。公司还通过组织冬令营、夏令营活动，为新疆边远地区的青少年提供了考察名校、听演讲、了解北京文化和找工作的机会，并通过英语俱乐部了解外国文化。

2. 北京国承万通信息科技有限公司

创始人：郭成

行业领域：电子信息

孵化园区：北京理工留学人员创业园

企业介绍：

北京国承万通信息科技有限公司成立于2013年7月，是一家专注于将物理世界数字化的高新技术企业。公司总部位于北京，在全国设有多家分公司，业务辐射全国及部分海外市场。公司核心团队是由一群具有世界顶尖水准的科学家和工程师组成，专注于激光定位大空间、动作捕捉、多人交互等一系列核心技术的研究和开发。公司以激光定位大空间技术为核心，通过自行开发、对外授权、产品合作等多种方式进入不同领域，用有限的物理小空间去模拟无限的虚拟大世界。公司拥有全球首创激光定位大空间多人交互系统，在此基础上形成了一系列具有完全自主知识产权的低成本、高精度、低时延激光大空间无限扩展解决方案和基于激光定位大空间的追踪、动作捕捉产品，并成功应用于教育、医疗、军事、电影、游戏等多个行业，填补了我国在高精度空间定位领域高端产品的空白。

3. 北京明日时尚信息技术有限公司

创始人：胡楠

行业领域：电子信息

孵化园区：中央财大留学人员创业园

企业介绍：

北京明日时尚信息技术有限公司成立于2011年9月，是一家以人工智能和大数据技术应用研发为主的科技企业。发展至今，公司已在北京、武汉和常州创建子公司和分支机构，并打造了一支技术精英团队，36%以上员工拥有硕士及以上学历，94%及以上员工拥有本科及以上学历。公司研发技术专利7项，软件著作权18项。公司旗下尚街网是一家利用大数据、人工智能和云计算技术的新型互联网广告平台，凭借独创的算法模型、计算引擎以及海量实时广告投放数据，来帮助媒体端提升广告投放效果与效率，实现流量收益的最大化。尚街网提供私有、智能化的广告SSP系统平台，依托领先的数据算法模型，以实时竞价及其他程序化交易方式来帮助媒体实现全流量广告投放和优化管理，并为客户提供相关技术和咨询服务。目前尚街网提供日均5亿次广告展现，广告覆盖全国各地区。系统平台对接国内外一线广告联盟，如百度联盟、360广告联盟、搜狗广告联盟、腾讯广告联盟、阿里广告联盟、Google Ads等；合作媒体均为国内一线主流媒体，如凤凰网、网易、新浪网、搜狐网、中华网、北青网、人民网、环球网等。

4. 北京敏源传感科技有限公司

创始人：赵兴

行业领域：电子信息

孵化园区：北京望京留学人员创业园

企业介绍：

北京敏源传感科技有限公司成立于2017年6月，是一家集成电路设计公司。主要创始人来自美国、加拿大等国，打造了一支国内领先、世界一流的团队。公司专注开发环境类数字传感器芯片及模块，助力现代农业、工业控制、环境监控、智能家居、医疗电子等物联网新兴领域。成立1年以来，已成功完成了温度类系列传感器芯片的开发和量产，产品市场应用广泛，需求量大，与国外同类产品比较，具有更高的性能。目前，中国大力建设和发展智慧物联网络，传感器芯片需求巨大。传统的测温传感器采用热敏电阻或热电偶器件，测温线性度和精度较差，模拟信号输出需要应用系统再配合采样电路及处理器，增加了使用的复杂度。敏源传感科技把开发重点聚焦在的温度传感芯片，产品具有精度高、数字化输出、带智能补偿算法、体积小、支持分布式组网传输、成本低等优势。敏源传感科技立志打破国际巨头的行业垄断，为各行各业搭建智慧物联网络提供本土化、定制化的传感芯片及模块解决方案。

5. 北京明树数据科技有限公司

创始人：肖光睿

行业领域：电子信息

孵化园区：北京望京留学人员创业园

企业介绍：

北京明树数据科技有限公司成立于2017年7月，是国内领先基础设施和公共服务投融资数据资产运营商，是国内政府和社会资本合作（PPP）领域大数据应用的开创者和引领者。明树数据每天独家提供全国PPP项目成交信，针对国内万亿级PPP项目交易和资产流转市场，以及日益增长的“一带一路”跨境基础设施投融资需求，基于自主研发的基础设施投融资风险评估系统和全生命周期资产管理系统，提供智库研究、PPP数据分析、综合信息管理系统开发、全过程交易咨询、全生命周期资产管理和评估、评级服务，以及PPP行业信用管理服务等。公司客户包括国家发改委、财政部、商务部、全国工商联、深圳市PPP中心、建设银行、浦发银行、美银美林、天津金融资产交易所、中建一局、首创股份、北控水务、龙元建设、联合国开发计划署等政府、金融机构、社会资本投资人和国际组织，已被中国人民银行和国家发改委选为PPP行业信用体系建设管理的第三方服务机构。

6. 杉数科技（北京）有限公司

创始人：葛冬冬

行业领域：电子信息

孵化园区：北京望京留学人员创业园

企业介绍：

杉数科技（北京）有限公司成立于2016年7月，是一家基于大数据分析、为企业提供技术决策方案的服务型公司，专注于建模及优化算法，提供对海量数据的分析，可将企业面临的疑难问题转化为数学模型，在基于数据与高效的优化算法上求得解决方法，帮助企业找到最佳决策方案，提升企业决策质量，为企业带来收益及成本端的显着变化，真正让每一个企业拥有决策的能力。公司由5名斯坦福教授及博士联合创立，拥有超过30名海内外一流大学教授组成的科学家团队。通过创新性地结合机器学习、深度学习与运筹优化技术为企业服务，合作方包括滴滴、京东、顺丰、德邦、万达、永辉等多家行业巨头企业。杉数科技一直致力于产学研结合，2017年向上海财经大学交叉学科研究院捐赠1200万元用于支持双方共同设立的人工智能联合实验室；同时，与上财并行优化国际实验室共同牵头、北大等多家知名高校与京东等企业参与共建的运筹学与人工智能算法平台LEAVES已正式发布，其中，数学规划求解器的部分是我国第一个自主研发的成规模的运筹学优化算法求解器，填补了国内空白。

7. 北京泽创天成生物医药科技有限公司

创始人：黄寅

行业领域：电子信息

孵化园区：北京望京留学人员创业园

企业介绍：

北京泽创天成生物医药科技有限公司成立于2015年12月，专注于医学科研，致力于打造医学科研生态圈，为医疗机构、医药产业、医生和患者等提供医疗大数据解决方案和科研协作网络平台服务。泽创天成拥有先进自主的医药知识库和病例数据采集系统，并通过引入国际最先进的临床研究理念和技术、加强与国内医疗资深专业人士的无缝合作，打造出临床研究创新模式，为临床科研提供高质量的数据和技术服务。公司团队有多位博士和硕士，具备海外留学和工作背景，部分骨干成员具有丰富的多中心临床研究经验。团队多位骨干成员先后参与过多项国家重点项目或课题研究，并研发出我国呼吸专病领域最全面、最大的科研大数据平台。2017年8月，公司完成天使轮400万元融资；2018年4月，全资收购北京医助科技有限公司。同时，泽创天成也积极开展线下临床研究服务，与中国基层呼吸疾病防治联盟合作，推动优质医疗资源下沉，提高基层医院和医务人员的科研能力，让二、三线城市的医院、基层医疗机构和医生、患者也参与到真实世界研究中，采集更多的疾病数据，促进基层临床研究发展。

8. 北京诺亦腾科技有限公司

创始人：刘昊扬

行业领域：电子信息

孵化园区：北京普天德胜科技孵化器

企业介绍：

北京诺亦腾科技有限公司成立于2012年12月，是一家在动作捕捉与虚拟现实技术领域具有国际竞争力的公司，是国家高新技术企业、中关村高新技术企业、“双软认证”企业、中关村前沿科技企业。诺亦腾在人体动作信息捕捉与利用方面创造了一系列世界纪录，凭借自主研发的人体动作定位与追踪技术平台成为全球惯性动作捕捉技术的领导者，也是全球用户量最大的动作捕捉系统提供者，获得业界的高度认可。诺亦腾拥有40余项自主技术专利，以核心技术传感器为主，研发了四大类产品。其中，Perception Neuron是全世界第一套可同时捕捉全身+双手的动作捕捉系统，也是全球用户数最多的单一动捕产品；Project Alice作为首个大空间、多人交互虚拟现实商用解决方案，与教育培训、设计制造、展览展示、文化创意等领域快速融合；mySwing Professional是世界上第一套可户外用的全身动作捕捉高尔夫训练分析系统；Trance传神是世界顶尖的虚拟拍摄与快速内容制作系统，可广泛应用于影视、游戏、VR等领域的预演和制作。

9. 北京数起科技有限公司

创始人：李明国

行业领域：电子信息

孵化园区：北京普天德胜科技孵化器

企业介绍：

北京数起科技有限公司成立于2016年8月，是一家专注政务监管数据服务的创业公司。作为行业大数据服务的提供商，公司致力于以数据的视角，分析、发现各行业业务数据内在的含义，帮助客户梳理自由数据资产目录，掌握自身数据价值，并运用数据资产发展自身业务；运用先进的计算机技术帮助客户提升对大数据的应用能力，构建数据生态环境，实现数据开放、共享。数起科技自成立以来，实施技术创新发展战略，依靠科技创新谋划企业发展，以市场为导向，以技术为依托，不断利用新技术开发新产品。得益于优秀的技术沉淀和强大的创新能力，公司获得中科院所属基金管理机构的投资，并于2017年6月成立中科院西光所大数据应用工程中心政务大数据实验室。公司还注重科技创新投入，在自然语言处理技术、信息检索技术、数据采集技术、数据分析技术等方面共获得10项软件著作权，并成功将最新的NLP、机器学习、深度学习、OCR语义识别等技术成功应用于政府监管领域。

10. 天津阿尔塔科技有限公司

创始人：张磊

行业领域：高技术服务

孵化园区：天津经济技术开发区留学生创业园

企业介绍：

天津阿尔塔科技有限公司是留美归国团队于2011年创办的具有标准品研发能力的国家级高新技术企业，致力于First Standard®品牌标准品的研制和推广。公司拥有多项专利和完备的产品线，获得了ISO9001认证以及国家标准物质生产许可证等多项资质。阿尔塔拥有中国计量科学研究院、中国农业科学院、中国检验检疫科学研究院、国家反兴奋剂中心等国家和地方科研院所，以及第三方检测实验室等众多优质客户。作为中国有机标准品领域的开拓者，公司技术团队大多拥有多年国外工作经验，在归国科学家张磊博士带领下，持续加大创新研发力度，目前已获得国家专利3项，具备自主知识产权国标方法最全系列标准品，拥有近百种针对我国检测行业而研发的特色产品，为用户提供优质技术服务，为食品、环境安全检测保驾护航。公司在标准品的细分领域市场已建立起显著优势，并不断做大做强，致力于成为标准品行业的龙头企业，成为行业标准的制定者。

11. 天津海河标测技术检测有限公司

创始人：洪晓鸣

行业领域：生物与新医药

孵化园区：天津经济技术开发区留学生创业园

企业介绍：

天津海河标测技术检测有限公司成立于2015年6月，主要从事生物医药、医疗器械领域的质检服务、工程研发和医学研究。公司拥有国际一流科技水平的动物实验室、微生物实验室和细胞学实验室，为国内外生物医药企业提供产品上市注册检测、出口认证检测、医疗器械和药品设计开发阶段的验证确认试验、生物医药产品临床前动物研究性试验，并承担国际知名实验室和认证机构业务分包。公司通过不断提升的硬件和软件，以及对于动物福利的重视，使得实验室在管理及数据权威性、公正性上获得国际认可，在重复性使用医疗器械清洗和消毒验证确认以及医疗器械临床前动物实验方面填补国内空白，达到国际一流水平，大幅降低生物医药企业产品的上市成本和上市周期。此外，公司大力开拓国际市场，成功获得并完成了一批跨国大型生物医药公司和国际高科技型生物医药企业的订单。

12. 天津泰凡科技有限公司

创始人：贾勇哲

行业领域：电子信息

孵化园区：天津经济技术开发区留学生创业园

企业介绍：

天津泰凡科技有限公司成立于2015年8月，是一家专注于提供信息化和智慧化解决方案的科技型企业。公司以高新技术解决方案为核心产品，以大数据为核心技术研发方向，自成立以来，不仅通过持续结合国内外大数据相关先进研究保持技术领先，也通过实践不断打磨更适合的大数据应用解决方案，并与工业制造、气象环保、证券金融、教育健康等行业领域深度合作，不断提升核心技术产品的行业实用性，更高效、全面地协助企事业单位解决实际问题，获得了良好的市场反馈与客户好评，每年经营收入增长超过200%。公司产品优势主要在于可以无缝对接大数据存储平台（HDFS）和大数据数据库（Hive/Hbase），高效地将技术元数据转换为业务元数据，并进行多源头多元化数据分析和深度业务分析，以及基于D3和WebGL等多纬可视化技术对分析结果进行静态和动态的可视化处理。区别于传统的先提取后分析环节复杂和数据分析可操作性差等不足，结合清晰、直观的数据可视化，大型数据变得亲切和易于理解，大数据应用得以更有效地用于制定决策、传达结果。

13. 天津蒙比利埃创新网络科技有限公司

创始人：吕书海

行业领域：高技术服务

孵化园区：天津高新区留学生创业园

企业介绍：

天津蒙比利埃创新网络科技有限公司成立于2017年3月，为跨境电商企业提供清关、报关和智能物流一体化、贸易融资及跨境电商生态增值服务，致力成为移动互联网时代创新和区块链应用服务的领导者。在技术上，公司利用区块链共识机制、电子签名技术与国产动态物码技术结合、人工智能合约、机器学习等科技手段，让国际贸易进出口企业、服务商等客户享受更便捷、高效的跨境电子商务生态新模式；在创新上，立足于发展自主知识产权，利用国际贸易便利化和普惠金融，服务于中国实体经济。公司设计开发运营的蒙比利埃（MBL）连接多国、单一窗口、应用创新综合服务国际平台，是集跨境电商服务、清报关和智能物流、移动互联网生活方式于一体的网络科技创新平台。各国贸易商（或厂商）可直接在MBL系统上进行一站式服务委托，系统通过人工智能技术将出口结构化数据包实时转译成进口国相对应的进口清关所需的属地结构化数据包，并传输到各进口国口岸（海关）系统或其前置系统，实现自动远程跨境清关。

14. 上海查湃智能科技有限公司

创始人：付斌

行业领域：先进制造与自动化

孵化园区：上海留学人员张江创业园区

企业介绍：

上海查湃智能科技有限公司成立于2016年2月，是全球领先的工业级水下机器人高科技公司，主要致力于水下机器人产品的研发制造。公司拥有多系列、跨领域的完全自主品牌产品，包括作业型ROV、便携式ROV、AUV、水下滑翔机、水下采矿机、水下作业工具、水下采样设备、水下作业底盘等，特别是深水重载机器人的研发、销售、租赁及技术服务。公司曾参与“桑吉号”沉船跨国打捞任务、杭州湾跨海大桥水下桩基检查任务、国家发改委4000米深海重载机器人研发项目，以及多个城市的自来水管、雨水管带水检测项目。目前，公司新推出作业型有缆水下机器人、便携式ROV和爬壁洗船机器人，可应用于水库大坝水下检查、桥墩水下检查、海底管线、网箱渔场水下检查、水下打捞、海洋石油工程等工业级市场。目前，查湃水下机器人产品远销全球12个国家和地区，服务于中国海军、中国科学院、中国交通建设集团、中铁集团、上海打捞局、上海市公安局、台积电等典型行业客户，以及国家海洋局东海研究所、南海研究所、海事局、中国海洋大学、上海交通大学等国际一流科研院所，并获得客户的高度认可。

15. 山东济肽生物科技有限公司

创始人：GENGLI YU

行业领域：生物与新医药

孵化园区：济宁留学人员创业园

企业介绍：

山东济肽生物科技有限公司成立于2013年3月，由海外留学多年的专家团队创办，是美国Active Peptide公司唯一指定并认证的国内生产基地，也是济宁国家高新区重点支持的高科技企业。公司服务于全球化妆品工业和医药研究领域的客户，主要从事多肽类化妆品原料和医药中间体的研发和生产，致力于为客户提供更有价格竞争力的优质多肽产品。公司拥有经验丰富的科研人员和1000平方米的研发实验室，包括色谱分析室、色谱制备室、冻干实验室、中试实验室等功能实验室，配备分析型高效液相色谱仪、工业制备液相色谱仪、液相色谱—质谱联用仪、冷冻干燥机等大中型仪器设备70多台，能够承担各种研发项目的小试、中试、分析、跟踪以及质量控制，为规模化生产提供先进工艺。经过5年的研发和中试，济肽生物已经积累了近20种美容肽、保健品肽和药物肽的公斤级合成技术，产品远销欧美和亚洲10多个国家，客户包括强生公司、KDC、Skin Biology、Pole Cosmetique、哈佛、牛津、斯坦福大学等。公司优势产品包括高纯度蓝铜胜肽GHK-Cu、GHK、棕榈酰三肽-1（Pal-GHK）、类蛇毒三肽、Dihexa等，产品质量和服务获得海内外客户的一致好评。

16. 山东航向电子科技有限公司

创始人：杨东凯

行业领域：电子信息

孵化园区：济宁留学人员创业园

企业介绍：

山东航向电子科技有限公司成立于2014年5月，致力于北斗导航应用技术研究及在精准农业等领域的应用。公司主要通过产学研合作的模式促进相关科技成果转化和应用产业化，重点开展先进卫星导航技术前沿、核心技术、新型生产工艺、新型用户终端设备的设计开发和应用系统研发。公司与北京航空航天大学共同承担的“导航卫星反射信号遥感系统”项目获得2014年“中国产学研合作创新成果奖”；成立了济宁北斗卫星导航工程技术研究中心；联合北航、济宁高新区创业服务中心及广安电子、山推股份、济宁英克莱、梁山中集东岳、北斗导航位置服务（北京）有限公司等14家单位发起成立“山东卫星导航产业技术创新战略联盟”；2015年，经人社局批准，设立济宁市博士后创新实践工作站；2016年开始设立北斗开放实验室济宁分实验室。通过项目的研发，公司目前共申请发明专利6项、实用新型专利20余项、软件著作权7项。2017年公司营业收入超过1000万元。

17. 济南盘龙医药科技有限公司

创始人：刘相国

行业领域：生物与新医药

孵化园区：济南留学人员创业园

企业介绍：

济南盘龙医药科技有限公司成立于2016年7月，位于济南市高新区济南药谷。公司主要从事医药技术、微生物技术的应用与推广，研发高安全性的复合免疫佐剂。目前公司建有微生物实验室、佐剂研发和制备实验室、动物实验室等研发试验平台，拥有多个田间试验基地。在产学研合作方面，公司与中国科学院微生物研究所、山东大学生命科学院建立合作关系，为公司输送相关技术和技术人才，并与新西兰安思科公司达成技术合作协议。作为山东省内唯一一家佐剂研发生产企业，公司将致力于动物用新型免疫佐剂的研究和开发，目前产品主要有高安全性水包油免疫佐剂JN01、复合免疫佐剂JN02系列、复合免疫佐剂JN03系列等，安全性最高的水包油型佐剂JN01的研发已经进入中试阶段。公司将继续建设符合国际标准的GMP佐剂车间和配套实验室，引进佐剂研发领域海内外高层次人才，加快产业化进程。力争用2至3年时间研发成功添加免疫增强剂的复合新型免疫佐剂，项目投产5年内实现年销售额3000万元以上。

18. 烟台海之春水产种业科技有限公司

创始人：王春德

行业领域：高技术服务

孵化园区：烟台留学人员创业园区

企业介绍：

烟台海之春水产种业科技有限公司成立于2017年9月，坐落在山东省烟台市开发区，注册资本5000万，主要投资方为青岛海弘达生物科技有限公司及乳山华信食品有限公司，投资方分别在贝类育种和加工、销售等方面处于行业内领先地位。公司董事长王春德为留学归国博士和青岛农业大学教授，是“国家特聘专家”、山东省“泰山学者”海外特聘专家、中央电视台2012年度“大地之子”农业科技人物，并担任山东省现代农业产业体系贝类创新团队遗传育种与繁育岗位专家，从事贝类育种研究近30年，拥有国家发明专利25项、国际专利PCT4项。公司产品的核心竞争力来自于所拥有的扇贝新品种，包括扇贝“渤海红”和扇贝“青农2号”，与普通海湾扇贝相比，新品种体重提高约40%，具有更高的市场价值。公司当前致力于在烟台建设一个包括贝类育种、育苗、养殖、加工、冷链物流和科普旅游为一体的全产业链新的现代贝类产业园，凭借国际先进的育种技术与育苗、加工设施，在3至5年内打造成为现代化的水产种业上市公司。

19. 烟台华恒节能科技有限公司

创始人：刘宝丹

行业领域：新材料

孵化园区：烟台留学人员创业园区

企业介绍：

烟台华恒节能科技有限公司成立于2017年9月，是以国内先进纳米碳材料、稀土等功能纳米材料合成技术为依托，率先引进美国最新纳米石墨烯悬浮分散技术，经过自主创新，最终将抗磨修复因子和功能高分子有机化合物完美聚合。公司核心专利产品是石墨烯复合纳米铜抗磨自修复材料、烯碳合金发动机抗磨保护剂，主要应用于发动机、重型机械设备的抗磨、减磨、节能、降噪等领域，解决了纳米抗磨材料在流体润滑产品中易团聚、沉淀，不能更好发挥极压抗磨效果两项行业难题，实现了重负荷条件下极压抗磨效果接近“零磨损”的突破。公司以实现“超润滑”为战略发展目标，应用悬浮分散技术实现“零磨损”的技术理论目标突破，秉承“高效、节能、环保”的经营理念，尽心竭力地塑造“诚实苦干、创新求进”的立业精神。公司视人才为企业的资本，培养出一支能吃苦、讲奉献、懂管理、富有激情和创造精神的技术研发、市场营销、企业管理高素质年轻化人才队伍，使企业产品迅速占领全国市场，进军国际市场。

20. 广州西肯麦自动化科技有限公司

创始人：彭军

行业领域：先进制造与自动化

孵化园区：广州国际企业孵化器

企业介绍：

广州西肯麦自动化科技有限公司成立于2015年4月，位于广州科学城，是国内知名工业互联网基础技术供应商。在大中华区范围内经营与推广Secomea工业远程通信解决方案，同时提供自主研发的软件与硬件方案满足本地化需求。公司自主研发产品包括硬件网关、软件网关、大数据PaaS平台、设备管理平台等SaaS应用软件，为设备制造商、工厂、系统集成商、公共事业提供远程专家中心、工业云平台、软件网关物联网改造等解决方案。工业网关作为基础设备，与自动化设备通讯连接后进行数据读取和边缘计算，转换协议后通过4G、Wi-Fi或WAN的方式无缝上传至大数据平台并提供API服务，SaaS应用软件可满足用户自行组态、导入分析逻辑、移动监控等需求。此外，也可根据用户需求提供定制化平台。公司凭着产品简单易用、安全稳定的特性，出色的用户体验和售后服务，赢得众多行业龙头企业和集成商的青睐，分销网络遍布全国。

21. 深圳市迈步机器人科技有限公司

创始人：陈功

行业领域：高技术服务

孵化园区：深圳市留学生创业园

企业介绍：

深圳市迈步机器人科技有限公司成立于2016年9月，是一家由海归博士团队和资深机器人行业从业者创立的医疗康复机器人科技公司。公司专注于打造智能康复体系，通过机器人、物联网、大数据等技术提升康复医疗的效率和效果。公司围绕核心技术——基于柔性驱动器的机器人交互技术，研发了包括下肢康复外骨骼机器人在内的数款医疗康复机器人产品。迈步机器人团队在康复机器人领域拥有世界顶尖的技术水平，拥有数十项发明专利，具有强大的研发能力和创新理念。迈步自主研发的下肢康复外骨骼机器人是一款用于中风患者步态康复训练的新型可穿戴下肢外骨骼机器人，采用新型柔性驱动器、6个关节和1对辅助关节、新型传感器布局、人工智能算法等一套系统，在赋予产品智能化的同时兼顾柔韧性和灵活性，弥补了传统疗法的不足，进一步降低了康复训练的治疗成本，让更多的患者能够获得步态康复训练的机会。

22. 深圳市人马互动科技有限公司

创始人：王一

行业领域：电子信息

孵化园区：深圳市留学生创业园

企业介绍：

深圳市人马互动科技有限公司成立于2016年10月，专注于智能语音交互技术的研发和应用，打造人工智能品牌“齐悟”。公司总部坐落于深圳市南山区深圳湾生态园，在芝加哥、上海、合肥、绍兴等地建立了分支机构。目前，国内外语音交互应用大多还停留在语音识别阶段，只能处理单一的、简单的信息。“齐悟”却可以识别语义，理解上下文内在联系，像人脑一样具有记忆、理解和推理功能，处理多意图的复杂信息。公司在成立半年之内即与100多家知名公司签订了合同，完成正式订单2000多万元和意向订单3000多万元，产品广泛进入并巩固了各个业务市场，建立起了品牌知名度和美誉度。公司的发展目标是在2018年成为行业知名品牌，在2019年成为垂直AI领域巨头，在培养用户习惯的基础上，从2020年开始逐步取代现有的各类搜索引擎，成为用户广泛使用的信息搜索工具，成为新一个互联网入口。

23. 深圳市芯波微电子有限公司

创始人：陈涛

行业领域：电子信息

孵化园区：深圳市留学生创业园

企业介绍：

深圳市芯波微电子有限公司成立于2016年11月，是一家专注于高端光通信芯片的研发与销售的无晶圆厂芯片设计公司。公司的宗旨是用创新来改善人们的生活，做立足于中国的国际一流芯片企业。芯波微电子的核心创始成员来自世界著名芯片公司，在光通信芯片设计领域积累了多年的经验，是目前市场上若干主流高端光通信芯片的技术负责人或主要设计师。近年来，公司已经与国内的高校、公司开展了多项合作。2018年，全球光模块市场规模约700亿元，且年均复合增长率超过15%，“光进铜退”的大趋势给光通信产业带来近乎无限的增长空间。中国的光通信市场也在蓬勃发展，全国光通信产值已经超过了全球的三分之一。另一方面，目前我国的光通信电芯片的国产化率很低，仍依靠大量进口，亟待实现高端光通信芯片的国产化。芯波微电子的工程团队在光通信的全部模块设计上均有着深厚积累，公司将顺应市场需求，以更低的成本实现更高性能的光通信芯片。

24. 深圳市圆周率软件科技有限责任公司

创始人：沈靖程

行业领域：电子信息

孵化园区：深圳市留学生创业园

企业介绍：

深圳市圆周率软件科技有限责任公司成立于2012年6月，由香港科技大学校友博士创办，是国内最早的全景算法团队之一。公司由包括ARM系在内的国际芯片巨头产业基金投资，是ARM国内投资的唯一全景+人工智能算法团队，是全球DSP巨头CEVA的全球14家算法IP供应商之一，也是唯一一家全景DSP供应商。经过4年多扎实的技术储备与产品打磨，公司的核心算法获得重要突破，有多项核心算法技术实现了国内唯一、国际唯一或先进的水平，填补了国际与国内相关技术领域的空白。公司目前主营产品包括Pilot Era空间眼核心相机、模组和相关行业应用底层核心算法SDK两部分。前者通过销售核心模组与相机获得高附加值硬件销售收入，后者以高技术轻资产（算法及SDK授权等）辅助相机/模组的产业销售，形成针对街景/房产、智能汽车/AGW移动机器人平台、远程智慧智慧系统、新零售等一整套的行业解决方案。公司已完成数千万元A轮融资，参与方为国内外有影响力芯片行业资源方，为公司下一阶段完成从算法授权到与芯片资源深度结合的整合方案实现提供强大的资源保证。

25. 深圳果力智能科技有限公司

创始人：刘阳

行业领域：先进制造与自动化

孵化园区：深圳市留学生创业园

企业介绍：

深圳果力智能科技有限公司成立于2015年9月，专注于人工智能和机器人技术，客户遍布全球30多个国家，是全球领先的STEAM教育提供方。果力智能由来自法国和香港的“孔雀计划”专家等海外高层次人才创立，拥有实力雄厚的国际级技术团队，在软体机器人、机器视觉、运动控制等核心技术领域拥有十几项发明专利、实用新型专利和软件著作权，已和香港中大、香港科大、新加坡国立大学、西安交大、华中科大、西安电子科大等多所知名高校建立了产学研合作关系。公司先后获得了中国创新创业大赛机器人创客大赛冠军、中国（深圳）创新创业大赛优胜奖等多项国家和省市的重要奖励，承担了国家人社部、广东省外专局、深圳市和南山区的多项研发和资助项目。抱着"以科技和创新，提升人类生活品质"的使命，果力人执着于创新型机器人和人工智能技术的研发创造，立志成为卓越的科技创新企业。

26. 视海博（中山）科技股份有限公司

创始人：王磊

行业领域：先进制造与自动化

孵化园区：中山留学人员创业园

企业介绍：

视海博（中山）科技股份有限公司成立于2017年11月，专注于为密闭黑暗复杂环境下的安全检测提供整体解决方案。公司拥有具有自主知识产权的可碰撞智能无人机，配合世界领先的专家团队建立起的专家系统，以及专门研制的具有自主知识产权的人工智能平台，智能协助生成检测报告，为客户检测提供一体化的服务及解决方案。根据壳牌石油的报告，目前工业探测费用98%用在了其他方面（如前期布置、人员安全等），而视海博的解决方案无需这些冗余费用，有着极大的效益空间。系统开机即可使用，适用于各种复杂环境，为客户节约成本；无需人员进入危险环境，为客户降低风险；人工智能平台为客户分析问题，极大提高了检测的准确性。

27. 苏州比格威医疗科技有限公司

创始人：陈新建

行业领域：高技术服务

孵化园区：苏州留学人员创业园

企业介绍：

苏州比格威医疗科技有限公司成立于2015年11月，由苏州大学特聘教授、国家"973计划"青年首席科学家陈新建创办。公司致力于眼科疾病诊断与分析系统的研发、制造，以品质为基石、创新为动力，力图打造成为眼科影像领域的国际知名公司。公司研发团队的博士、硕士超过40人，专注于眼科人工智能，已开发出世界首个眼底彩照+OCT双模态眼底人工智能筛查系统，可以自动筛查包括老年黄斑变性、糖尿病视网膜病变、病理性高度近视眼等十余种高发眼科疾病，由人工智能自动给出辅助诊断结果以及疾病量化分析报告，在超过200万OCT切片的数据库上，漏诊率<1%，误诊率<5%，系统平均分类准确率达96.23%，技术能力达到世界一流。目前产品已在中山眼科、同仁眼科等国内顶级眼科医院得到应用，同时已进入多家知名连锁体检机构，筛查人数超过6000人。比格威的产品对于缺乏高水平眼科医院的基层医院和体检机构的筛查具有重大意义，在技术层面使得眼病在全国范围内实现早筛查、早防治成为可能，为中国人的眼健康保驾护航。

28. 江苏克劳特低温技术有限公司

创始人：孙大明

行业领域：新能源与节能

孵化园区：常州留学人员创业园

企业介绍：

江苏克劳特低温技术有限公司成立于2014年1月，致力于低温工程领域的科技创新、高端装备制造以及系统解决方案的提供，可为低温制冷、天然气液化、BOG回收、低温流体输送、低温传热和绝热等产业和行业群体提供先进的系统解决方案，尤其在大冷量斯特林制冷机的研制方面解决了困扰行业发展的主要技术难点，取得了一系列走在国际前列的关键技术成果。公司现已拥有专利20余项，并与中国科学院高能物理研究所、中国科学院理化技术研究所、浙江大学、上海交通大学、西安交通大学等在内的多家科研机构、高等院校建立了技术交流和项目合作关系，技术力量和研发能力接轨国际最高水平。公司一直秉持"节约能源、保护环境"和"求是、创新、担当、恒毅"的经营理念，视"发展绿色能源技术，促进人类社会的可持续发展"为企业使命，目前已形成了以中科院、中石油、中石化、中国航天科技集团、山东奥扬、新奥燃气、上海联影、安徽万瑞、美国查特等为代表的优质客户群，市场规模与业务布局正以磅礴之势铺张开来。

29. 成都瑞德星无线技术有限公司

创始人：林先其

行业领域：电子信息

孵化园区：成都留学人员创业园

企业介绍：

成都瑞德星无线技术有限公司成立于2017年3月，是一家专注于WPC磁共振无线充电的技术公司。研发团队以4名海归博士为首，10余名硕士为辅，管理团队由早期任职于世界500强企业的高管及中层组成。公司致力于手机、智能家电、机器人、无人机、电动工具、智能化生产线的无线充电/供电系统化解决方案设计及标准化模组产品销售。在研发平台和实验设备方面，公司目前已建立起数字/射频电路与系统设计、仿真、测试和实验研究的软硬件平台，拥有Agilent ADS、AWR Microwave office、CST Microwave Studio、Cadence、Mentor等数字/射频电路设计软件，实验室配备DC-5GHz工作频率范围的各类射频/微波/毫米波信号源、频谱分析仪、网络分析仪、场强仪、大功率衰减器等测试专用设备，并与成都电子科技大学成立了人才联合培养实践基地，与四川大学、上海大学、瑞典隆德大学建立了产学研相结合的发展模式，最大限度地实现科研资源与成果共享。目前，公司已与西门子、大众、博世、长虹等世界500强企业，以及中国电子、中国航天、中国船舶等军工所建立了合作关系，为企业发展及拓展军民融合领域奠定了坚实基础，旨在发展成为国内领先的无线充电技术公司。

30. 厦门杰美特涂层科技有限公司

创始人：骆静南

行业领域：新材料

孵化园区：厦门留学人员创业园

企业介绍：

厦门杰美特涂层科技有限公司成立于2014年6月，是一家集科研、生产、贸易为一体的高新技术企业公司，总部及核心技术研发中心位于新加坡。公司主营产品为功能性涂层，包括亲水超滑、抗菌、抗凝血及药物涂层，可以广泛应用于心血管、神经介入、微导管、导丝、导尿管、植入体等产品，满足客户对医疗器械表面不同性能的需求。公司目前在厦门市翔安火矩高新区高新大厦已建立起集研发、中试、规模化生产为一体的，专业万级无尘洁净车间和生产基地。该基地配备有先进的试验、检测设备，可以满足创业团队的日常研发需要，同时还配备了专业的规模化生产设备，保证了公司日常生产运作的顺利开展。公司计划在3年后实现年销售额3000万元以上，并不断完善系列涂层服务平台，向客户提供全方位的介入型医疗器械表面涂层解决方案，同时向有需要的客户提供一系列涂层代工服务。

31. 厦门赛诺邦格生物科技股份有限公司

创始人：翁文桂

行业领域：生物与新医药

孵化园区：厦门留学人员创业园

企业介绍：

厦门赛诺邦格生物科技股份有限公司成立于2011年12月，是一家集研发、生产、销售、服务为一体的生物医药类高新技术企业。公司厂房和实验室严格按照美国FDA GMP标准进行设计、建造和管理，采用国际先进的生产设备，生产流程严格执行GMP标准，不仅具备批量生产的能力，还可以提供GMP质量的产品，为全球范围内的制药公司、生物技术公司、医疗器械公司、聚合物公司、基因工程公司、纳米技术公司、材料公司、科研院所、医疗机构以及检测机构等提供高质量的产品和高效率的服务。企业研发团队由留美海归博士领衔，组建了聚乙二醇药物载体研发中心，还组建了一支由国内外专家学者构成的顾问团队，与国内外著名高校、研究所建立了良好的合作关系。研发团队着力打造出国际领先水平的官能化聚乙二醇技术平台、磷脂衍生物技术平台和药物聚乙二醇化技术平台，开发了30多项专有核心技术，拥有国内外专利申请29项，获授权发明专利14项，并承担多项政府科技项目，不仅填补了多个国内空白，部分成果更是世界首创。

32. 长春博立电子科技有限公司

创始人：张立华

行业领域：电子信息

孵化园区：长春科技大市场

企业介绍：

长春博立电子科技有限公司成立于2011年，是一家全球领先的高端电子信息技术提供商，致力于为国内外顶尖软硬件企业提供异构计算、人工智能、大数据、工业互联网以及汽车电子、机器人与无人系统等领域的高性能算法、工具、产品以及解决方案。公司基于国际领先的异构并行计算技术，先后为包括美国英特尔、高通、谷歌等业界知名的跨国公司提供高端高性能软件/算法开发与技术服务，离岸出口创汇额位居吉林省软件出口企业第二名，并被吉林省商务厅命名为“吉林省对外贸易优秀企业”；先后为长光卫星技术有限公司、吉林大学生物与农业工程学院、深圳麦片科技、罗普特（厦门）科技、中科创达、吉林大学第一医院、东师理想等多家国内企业、研究机构提供航空航天、智能制造、智慧农业、智能医疗等领域的技术与产品。未来，博立电子将围绕“数字吉林”建设目标、吉林省智能经济发展规划和公司关键创新项目的重点攻关以及新型产学研创新体制的组建在人工智能领域和工业互联网领域进行战略布局，并牢牢把握与实体经济深度融合的主线，助力该省在航空航天、智能制造、智能汽车、智能医疗以及军民融合领域的产业发展，努力建设成为国家人工智能领域的领军企业。

第二部分

政策篇

中共中央 国务院

关于分类推进人才评价机制改革的指导意见

（中办发〔2018〕6号）

人才评价是人才发展体制机制的重要组成部分，是人才资源开发管理和使用的前提。建立科学的人才分类评价机制，对于树立正确用人导向、激励引导人才职业发展、调动人才创新创业积极性、加快建设人才强国具有重要作用。当前，我国人才评价机制仍存在分类评价不足、评价标准单一、评价手段趋同、评价社会化程度不高、用人主体自主权落实不够等突出问题，亟需通过深化改革加以解决。为深入贯彻落实《中共中央印发〈关于深化人才发展体制机制改革的意见〉的通知》，创新人才评价机制，发挥人才评价指挥棒作用，现就分类推进人才评价机制改革提出如下意见。

一、总体要求和基本原则

（一）总体要求。全面贯彻党的十九大精神，以习近平新时代中国特色社会主义思想为指导，认真落实党中央、国务院决策部署，按照统筹推进“五位一体”总体布局和协调推进“四个全面”战略布局要求，落实新发展理念，围绕实施人才强国战略和创新驱动发展战略，以科学分类为基础，以激发人才创新创业活力为目的，加快形成导向明确、精准科学、规范有序、竞争择优的科学化社会化市场化人才评价机制，建立与中国特色社会主义制度相适应的人才评价制度，努力形成人人渴望成才、人人努力成才、人人皆可成才、人人尽展其才的良好局面，使优秀人才脱颖而出。

（二）基本原则。

——坚持党管人才原则。充分发挥党的思想政治优势、组织优势、密切联系群众优势，进一步加强党对人才评价工作的领导，将改革完善人才评价机制作为人才工作的重要内容，在全社会大兴识才爱才敬才用才容才聚才之风，把各方面优秀人才集聚到党和人民的伟大奋斗中来。

——坚持服务发展。围绕经济社会发展和人才发展需求，充分发挥人才评价正向激励作用，推动多出人才、出好人才，最大限度激发和释放人才创新创业活力，促进人才发展与经济社会发展深度融合。

——坚持科学公正。遵循人才成长规律，突出品德、能力和业绩评价导向，分类建立体现不同职业、不同岗位、不同层次人才特点的评价机制，科学客观公正评价人才，让各类人才价值得到充分尊重和体现。

——坚持改革创新。围绕用好用活人才，着力破除思想障碍和制度藩篱，加快转变政府职能，保障落实用人主体自主权，发挥政府、市场、专业组织、用人单位等多元评价主体作用，营造有利于人才成长和发挥作用的评价制度环境。

二、分类健全人才评价标准

（三）实行分类评价。以职业属性和岗位要求为基础，健全科学的人才分类评价体系。根据不同职业、不同岗位、不同层次人才特点和职责，坚持共通性与特殊性、水平业绩与发展潜力、定性与定量评价相结合，分类建立健全涵盖品德、知识、能力、业绩和贡献等要素，科学合理、各有侧重的人才评价标准。加快新兴职业领域人才评价标准开发工作。建立评价标准动态更新调整机制。

（四）突出品德评价。坚持德才兼备，把品德作为人才评价的首要内容，加强对人才科学精神、职业道德、从业操守等评价考核，倡导诚实守信，强化社会责任，抵制心浮气躁、急功近利等不良风气，从严治理弄虚作假和学术不端行为。完善人才评价诚信体系，建立诚信守诺、失信行为记录和惩戒制度。探索建立基于道德操守和诚信情况的评价退出机制。

（五）科学设置评价标准。坚持凭能力、实绩、贡献评价人才，克服唯学历、唯资历、唯论文等倾向，注重考察各类人才的专业性、创新性和履责绩效、创新成果、实际贡献。着力解决评价标准“一刀切”问题，合理设置和使用论文、专著、影响因子等评价指标，实行差别化评价，鼓励人才在不同领域、不同岗位作出贡献、追求卓越。

三、改进和创新人才评价方式

（六）创新多元评价方式。按照社会和业内认可的要求，建立以同行评价为基础的业内评价机制，注重引入市场评价和社会评价，发挥多元评价主体作用。基础研究人才以同行学术评价为主，加强国际同行评价。应用研究和技术开发人才突出市场评价，由用户、市场和专家等相关第三方评价。哲学社会科学人才评价重在同行认可和社会效益。丰富评价手段，科学灵活采用考试、评审、考评结合、考核认定、个人述职、面试答辩、实践操作、业绩展示等不同方式，提高评价的针对性和精准性。

（七）科学设置人才评价周期。遵循不同类型人才成长发展规律，科学合理设置评价考核周期，注重过程评价和结果评价、短期评价和长期评价相结合，克服评价考核过于频繁的倾向。探索实施聘期评价制度。突出中长期目标导向，适当延长基础研究人才、青年人才等评价考核周期，鼓励持续研究和长期积累。

（八）畅通人才评价渠道。进一步打破户籍、地域、所有制、身份、人事关系等限制，依托具备条件的行业协会、专业学会、公共人才服务机构等，畅通非公有制经济组织、社会组织和新兴职业等领域人才申报评价渠道。对引进的海外高层次人才和急需紧缺人才，建立评价绿色通道。完善外籍人才、港澳台人才申报评价办法。

（九）促进人才评价和项目评审、机构评估有机衔接。按照既出成果、又出人才的要求，在各类工程项目、科技计划、机构平台等评审评估中加强人才评价，完善在重大科研、工程项目实施、急难险重工作中评价、识别人才机制。深入推进项目评审、人才评价、机构评估改革，树立正确评价导向，进一步精简整合、取消下放、优化布局评审事项，简化评审环节，改进评审方式，减轻人才负担。避免简单通过各类人才计划头衔评价人才。加强评价结果共享，避免多头、频繁、重复评价人才。

四、加快推进重点领域人才评价改革

（十）改革科技人才评价制度。围绕建设创新型国家和世界科技强国目标，结合科技体制改革，建立健全以科研诚信为基础，以创新能力、质量、贡献、绩效为导向的科技人才评价体系。对主要从事基础研究的人才，着重评价其提出和解决重大科学问题的原创能力、成果的科学价值、学术水平和影响等。对主要从事应用研究和技术开发的人才，着重评价其技术创新与集成能力、取得的自主知识产权和重大技术突破、成果转化、对产业发展的实际贡献等。对从事社会公益研究、科技管理服务和实验技术的人才，重在评价考核工作绩效，引导其提高服务水平和技术支持能力。

实行代表性成果评价，突出评价研究成果质量、原创价值和对经济社会发展实际贡献。改变片面将论文、专利、项目、经费数量等与科技人才评价直接挂钩的做法，建立并实施有利于科技人才潜心研究和创新的评价制度。

注重个人评价与团队评价相结合。适应科技协同创新和跨学科、跨领域发展等特点，进一步完善科技创新团队评价办法，实行以合作解决重大科技问题为重点的整体性评价。对创新团队负责人以把握研究发展方向、学术造诣水平、组织协调和团队建设等为评价重点。尊重认可团队所有参与者的实际贡献，杜绝无实质贡献的虚假挂名。

（十一）科学评价哲学社会科学和文化艺术人才。坚持马克思主义指导地位、为人民做学问的研究立场、以人民为中心的创作导向，注重政治标准和学术标准、继承性和民族性、原创性和时代性、系统性和专业性相统一，建立健全中国特色的哲学社会科学和文化艺术人才评价体系，推进中国特色哲学社会科学学科体系、学术体系、话语体系建设，推出更多无愧于民族、无愧于时代的文艺精品。

根据人文科学、社会科学、文化艺术等不同学科领域，理论研究、应用对策研究、艺术表演创作等不同类型，对其人才实行分类评价。对主要从事理论研究的人才，重点评价其在推动理论创新、传承文明、学科建设等方面的能力贡献。对主要从事应用对策研究的人才，重点评价其围绕统筹推进“五位一体”总体布局和协调推进“四个全面”战略布局，为党和政府决策提供服务支撑的能力业绩。对主要从事艺术表演创作的人才，重点评价其在艺术表演、作品创作、满足人民精神文化需求等方面的能力业绩。突出成果的研究质量、内容创新和社会效益，推行理论文章、决策咨询研究报告、建言献策成果、优秀网络文章、艺术创作作品等与论文、专著等效评价。

（十二）健全教育人才评价体系。坚持立德树人，把教书育人作为教育人才评价的核心内容。深化高校教师评价制度改革，坚持社会主义办学方向，坚持思想政治素质和业务能力双重考察、全面考核和突出重点相结合，注重对师德师风、教育教学、科学研究、社会服务、专业发展的综合评价。坚持分类指导和分层次评价相结合，根据不同类型高校、不同岗位教师的职责特点，分类分层次分学科设置评价内容和评价方式。突出教育教学业绩评价，将人才培养中心任务落到实处，要求所有教师都必须承担教育教学工作，建立健全教学工作量评价标准，落实教授为本专科生授课制度，加强教学质量和课堂教学纪律考核。

适应现代职业教育发展需要，按照兼备专业理论知识和技能操作实践能力的要求，完善职业院校（含技工院校）“双师型”教师评价标准，吸纳行业、企业作为评价参与主体，重点评价其职业素养、专业教学能力和生产一线实践经验。

适应中小学素质教育和课程改革新要求，建立充分体现中小学教师岗位特点的评价标准，重点评价其教育教学方法、教书育人工作业绩和一线实践经历。严禁简单用学生升学率和考试成绩评价中小学教师。

（十三）改进医疗卫生人才评价制度。强化医疗卫生人才临床实践能力评价，完善涵盖医德医风、临床实践、科研带教、公共卫生服务等要素的评价指标体系，合理确定不同医疗卫生机构、不同专业岗位人才评价重点。对主要从事临床工作的人才，重点考察其临床医疗医技水平、实践操作能力和工作业绩，引入临床病历、诊治方案等作为评价依据。对主要从事科研工作的人才，重点考察其创新能力业绩，突出创新成果的转化应用能力。对主要从事疾病预防控制等的公共卫生人才，重点考察其流行病学调查、传染病疫情和突发公共卫生事件处置、疾病及危害因素监测与评价等能力。

建立符合全科医生岗位特点的评价机制，考核其掌握全科医学基本理论知识、常见病多发病诊疗、预防保健和提供基本公共卫生服务的能力，将签约居民数量、接诊量、服务质量、群众满意度作为重要评价因素。

按照强基层、保基本及分级诊疗要求，建立更加注重临床水平、服务质量、工作业绩的基层医疗卫生人才评价机制，鼓励医疗卫生人才服务基层，更好满足基层人民群众健康需求。

（十四）创新技术技能人才评价制度。适应工程技术专业化、标准化程度高、通用性强等特点，分专业领域建立健全工程技术人才评价标准，着力解决评价标准过于追求学术化问题，重点评价其掌握必备专业理论知识和解决工程技术难题、技术创造发明、技术推广应用、工程项目设计、工艺流程标准开发等实际能力和业绩。探索推动工程师国际互认，提高工程教育质量和工程技术人才职业化、国际化水平。

健全以职业能力为导向、以工作业绩为重点、注重职业道德和知识水平的技能人才评价体系。加快构建国家职业标准、行业企业工种岗位要求、专项职业能力考核规范等多层次职业标准。完善职业资格评价、职业技能等级认定、专项职业能力考核等多元化评价方式，做好评价结果有机衔接。坚持职业标准和岗位要求、职业能力考核和工作业绩评价、专业评价和企业认可相结合的原则，对技术技能型人才突出实际操作能力和解决关键生产技术难题要求，对知识技能型人才突出掌握运用理论知识指导生产实践、创造性开展工作要求，对复合技能型人才突出掌握多项技能、从事多工种多岗位复杂工作要求，引导鼓励技能人才培育精益求精的工匠精神。

（十五）完善面向企业、基层一线和青年人才的评价机制。建立与产业发展需求、经济结构相适应的企业人才评价机制，突出创新创业实践能力，推动企业自主创新能力提升。对业绩贡献突出的优秀企业家、经营管理人才、高层次创新创业人才，可放宽学历、资历、年限等申报条件。健全以市场和出资人认可为重要标准的企业经营管理人才评价体系，突出对经营业绩和综合素质的考核。建立社会化的职业经理人评价制度。

创新基层人才评价激励机制。对长期在基层一线和艰苦边远地区工作的人才，加大爱岗敬业表现、实际工作业绩、工作年限等评价权重，着力拓展基层人才职业发展空间。健全以职业农民为主体的农村实用人才评价制度，完善教育培训、认定评价管理、政策扶持“三位一体”的制度体系。完善社会工作专业人才职业水平评价制度，加强社会工作者职业化管理与激励保障，提升社会治理和社会服务现代化水平。

完善青年人才评价激励措施。破除论资排辈、重显绩不重潜力等陈旧观念，重点遴选支持一批有较大发展潜力、有真才实学、堪当重任的优秀青年人才。加大各类科技、教育、人才工程项目对青年人才支持力度，鼓励设立青年专项，促进优秀青年人才脱颖而出。探索建立优秀青年人才举荐制度。

五、健全完善人才评价管理服务制度

（十六）保障和落实用人单位自主权。尊重用人单位主导作用，支持用人单位结合自身功能定位和发展方向评价人才，促进人才评价与培养、使用、激励等相衔接。合理界定和下放人才评价权限，推动具备条件的高校、科研院所、医院、文化机构、大型企业、国家实验室、新型研发机构及其他人才智力密集单位自主开展评价聘用（任）工作。防止人才评价行政化、“官本位”倾向，充分发挥学术委员会等作用。对开展自主评价的单位，人才管理部门不再进行资格审批，通过完善信用机制、第三方评估、检查抽查等方式加强事中事后监管。

（十七）健全市场化、社会化的管理服务体系。进一步明确政府、市场、用人主体在人才评价中的职能定位，建立权责清晰、管理科学、协调高效的人才评价管理体制。推动人才管理部门转变职能、简政放权，强化政府人才评价宏观管理、政策法规制定、公共服务、监督保障等职能，减少审批事项和微观管理。发挥市场、社会等多元评价主体作用，积极培育发展各类人才评价社会组织和专业机构，逐步有序承接政府转移的人才评价职能。建立人才评价机构综合评估、动态调整机制。

（十八）优化公平公正的评价环境。加强人才评价法治建设，健全完善规章制度，提高评价质量和公信力，维护人才合法权益。严格规范评价程序，建立健全申报、审核、公示、反馈、申诉、巡查、举报、回溯等制度。加强评价专家数据库建设和资源共享，建立随机、回避、轮换的专家遴选机制，优化专家来源和结构，强化业内代表性。建立评价专家责任和信誉制度，实施退出和问责机制。强化人才评价综合治理，依法清理规范各类人才评价活动和发证、收费等事项，加强考试环境治理，落实考试安全主体责任。加强人才评价文化建设，提倡开展平等包容的学术批评、学术争论，保障不同学术观点的充分讨论，营造求真务实、鼓励创新、宽容失败的评价氛围和环境。

各地区各部门要坚持党管人才原则，切实加强党委和政府对改革完善人才评价机制的统一领导，党委组织部门要牵头抓总，有关部门要各司其职、密切配合，发挥社会力量重要作用，认真抓好组织落实。要深入调查研究，结合实际制定具体实施方案，加强分类指导，强化督促检查，确保改革任务落地见效。军队可根据本意见，结合实际建立健全军队人才评价机制。要坚持分类推进、先行试点、稳步实施，及时研究解决改革中遇到的新情况新问题。要加强政策解读和舆论引导，积极回应社会关切，为分类推进人才评价机制改革营造良好氛围。

中共中央办公厅
国务院办公厅
2018年2月26日

国务院关于推动创新创业高质量发展打造“双创”升级版的意见

（国发〔2018〕32号）

创新是引领发展的第一动力，是建设现代化经济体系的战略支撑。近年来，大众创业万众创新持续向更大范围、更高层次和更深程度推进，创新创业与经济社会发展深度融合，对推动新旧动能转换和经济结构升级、扩大就业和改善民生、实现机会公平和社会纵向流动发挥了重要作用，为促进经济增长提供了有力支撑。当前，我国经济已由高速增长阶段转向高质量发展阶段，对推动大众创业万众创新提出了新的更高要求。为深入实施创新驱动发展战略，进一步激发市场活力和社会创造力，现就推动创新创业高质量发展、打造“双创”升级版提出以下意见。

一、总体要求

推进大众创业万众创新是深入实施创新驱动发展战略的重要支撑、深入推进供给侧结构性改革的重要途径。随着大众创业万众创新蓬勃发展，创新创业环境持续改善，创新创业主体日益多元，各类支撑平台不断丰富，创新创业社会氛围更加浓厚，创新创业理念日益深入人心，取得显著成效。但同时，还存在创新创业生态不够完善、科技成果转化机制尚不健全、大中小企业融通发展还不充分、创新创业国际合作不够深入以及部分政策落实不到位等问题。打造“双创”升级版，推动创新创业高质量发展，有利于进一步增强创业带动就业能力，有利于提升科技创新和产业发展活力，有利于创造优质供给和扩大有效需求，对增强经济发展内生动力具有重要意义。

（一）指导思想。

以习近平新时代中国特色社会主义思想为指导，全面贯彻党的十九大和十九届二中、三中全会精神，坚持新发展理念，坚持以供给侧结构性改革为主线，按照高质量发展要求，深入实施创新驱动发展战略，通过打造“双创”升级版，进一步优化创新创业环境，大幅降低创新创业成本，提升创业带动就业能力，增强科技创新引领作用，提升支撑平台服务能力，推动形成线上线下结合、产学研用协同、大中小企业融合的创新创业格局，为加快培育发展新动能、实现更充分就业和经济高质量发展提供坚实保障。

（二）主要目标。

——创新创业服务全面升级。创新创业资源共享平台更加完善，市场化、专业化众创空间功能不断拓展，创新创业服务平台能力显著提升，创业投资持续增长并更加关注早中期科技型企业，新兴创新创业服务业态日趋成熟。

——创业带动就业能力明显提升。培育更多充满活力、持续稳定经营的市场主体，直接创造更多就业岗位，带动关联产业就业岗位增加，促进就业机会公平和社会纵向流动，实现创新、创业、就业的良性循环。

——科技成果转化应用能力显著增强。科技型创业加快发展，产学研用更加协同，科技创新与传统产业转型升级结合更加紧密，形成多层次科技创新和产业发展主体，支撑战略性新兴产业加快发展。

——高质量创新创业集聚区不断涌现。“双创”示范基地建设扎实推进，一批可复制的制度性成果加快推广。有效发挥国家级新区、国家自主创新示范区等各类功能区优势，打造一批创新创业新高地。

——大中小企业创新创业价值链有机融合。一批高端科技人才、优秀企业家、专业投资人成为创新创业主力军，大企业、科研院所、中小企业之间创新资源要素自由畅通流动，内部外部、线上线下、大中小企业融通发展水平不断提升。

——国际国内创新创业资源深度融汇。拓展创新创业国际交流合作，深度融入全球创新创业浪潮，推动形成一批国际化创新创业集聚地，将“双创”打造成为我国与包括“一带一路”相关国家在内的世界各国合作的亮丽名片。

二、着力促进创新创业环境升级

（三）简政放权释放创新创业活力。进一步提升企业开办便利度，全面推进企业简易注销登记改革。积极推广“区域评估”，由政府组织力量对一定区域内地质灾害、水土保持等进行统一评估。推进审查事项、办事流程、数据交换等标准化建设，稳步推动公共数据资源开放，加快推进政务数据资源、社会数据资源、互联网数据资源建设。清理废除妨碍统一市场和公平竞争的规定和做法，加快发布全国统一的市场准入负面清单，建立清单动态调整机制。（市场监管总局、自然资源部、水利部、发展改革委等按职责分工负责）

（四）放管结合营造公平市场环境。加强社会信用体系建设，构建信用承诺、信息公示、信用分级分类、信用联合奖惩等全流程信用监管机制。修订生物制造、新材料等领域审查参考标准，激发高技术领域创新活力。引导和规范共享经济良性健康发展，推动共享经济平台企业切实履行主体责任。建立完善对“互联网+教育”“互联网+医疗”等新业态新模式的高效监管机制，严守安全质量和社会稳定底线。（发展改革委、市场监管总局、工业和信息化部、教育部、卫生健康委等按职责分工负责）

（五）优化服务便利创新创业。加快建立全国一体化政务服务平台，建立完善国家数据共享交换平台体系，推行数据共享责任清单制度，推动数据共享应用典型案例经验复制推广。在市县一级建立农村创新创业信息服务窗口。完善适应新就业形态的用工和社会保险制度，加快建设“网上社保”。积极落实产业用地政策，深入推进城镇低效用地再开发，健全建设用地“增存挂钩”机制，优化用地结构，盘活存量、闲置土地用于创新创业。（国务院办公厅、发展改革委、市场监管总局、农业农村部、人力资源社会保障部、自然资源部等按职责分工负责）

三、加快推动创新创业发展动力升级

（六）加大财税政策支持力度。聚焦减税降费，研究适当降低社保费率，确保总体上不增加企业负担，激发市场活力。将企业研发费用加计扣除比例提高到75%的政策由科技型中小企业扩大至所有企业。对个人在二级市场买卖新三板股票比照上市公司股票，对差价收入免征个人所得税。将国家级科技企业孵化器和大学科技园享受的免征房产税、增值税等优惠政策范围扩大至省级，符合条件的众创空间也可享受。（财政部、税务总局等按职责分工负责）

（七）完善创新创业产品和服务政府采购等政策措施。完善支持创新和中小企业的政府采购政策。发挥采购政策功能，加大对重大创新产品和服务、核心关键技术的采购力度，扩大首购、订购等非招标方式的应用。（发展改革委、财政部、工业和信息化部、科技部等和各地方人民政府按职责分工负责）

（八）加快推进首台（套）重大技术装备示范应用。充分发挥市场机制作用，推动重大技术装备研发创新、检测评定、示范应用体系建设。编制重大技术装备创新目录、众创研发指引，制定首台（套）评定办法。依托大型科技企业集团、重点研发机构，设立重大技术装备创新研究院。建立首台（套）示范应用基地和示范应用联盟。加快军民两用技术产品发展和推广应用。发挥众创、众筹、众包和虚拟创新创业社区等多种创新创业模式的作用，引导中小企业等创新主体参与重大技术装备研发，加强众创成果与市场有效对接。（发展改革委、科技部、工业和信息化部、财政部、国资委、卫生健康委、市场监管总局、能源局等按职责分工负责）

（九）建立完善知识产权管理服务体系。建立完善知识产权评估和风险控制体系，鼓励金融机构探索开展知识产权质押融资。完善知识产权运营公共服务平台，逐步建立全国统一的知识产权交易市场。鼓励和支持创新主体加强关键前沿技术知识产权创造，形成一批战略性高价值专利组合。聚焦重点领域和关键环节开展知识产权“雷霆”专项行动，进行集中检查、集中整治，全面加强知识产权执法维权工作力度。积极运用在线识别、实时监测、源头追溯等“互联网+”技术强化知识产权保护。（知识产权局、财政部、银保监会、人民银行等按职责分工负责）

四、持续推进创业带动就业能力升级

（十）鼓励和支持科研人员积极投身科技创业。对科教类事业单位实施差异化分类指导，出台鼓励和支持科研人员离岗创业实施细则，完善创新型岗位管理实施细则。健全科研人员评价机制，将科研人员在科技成果转化过程中取得的成绩和参与创业项目的情况作为职称评审、岗位竞聘、绩效考核、收入分配、续签合同等的重要依据。建立完善科研人员校企、院企共建双聘机制。（科技部、教育部、人力资源社会保障部等按职责分工负责）

（十一）强化大学生创新创业教育培训。在全国高校推广创业导师制，把创新创业教育和实践课程纳入高校必修课体系，允许大学生用创业成果申请学位论文答辩。支持高校、职业院校（含技工院校）深化产教融合，引入企业开展生产性实习实训。（教育部、人力资源社会保障部、共青团中央等按职责分工负责）

（十二）健全农民工返乡创业服务体系。深入推进农民工返乡创业试点工作，推出一批农民工返乡创业示范县和农村创新创业典型县。进一步发挥创业担保贷款政策的作用，鼓励金融机构按照市场化、商业可持续原则对农村“双创”园区（基地）和公共服务平台等提供金融服务。安排一定比例年度土地利用计划，专项支持农村新产业新业态和产业融合发展。（人力资源社会保障部、农业农村部、发展改革委、人民银行、银保监会、财政部、自然资源部、共青团中央等按职责分工负责）

（十三）完善退役军人自主创业支持政策和服务体系。加大退役军人培训力度，依托院校、职业培训机构、创业培训中心等机构，开展创业意识教育、创业素质培养、创业项目指导、开业指导、企业经营管理等培训。大力扶持退役军人就业创业，落实好现有税收优惠政策，根据个体特点引导退役军人向科技服务业等新业态转移。推动退役军人创业平台不断完善，支持退役军人参加创新创业大会和比赛。（退役军人部、教育部、人力资源社会保障部、税务总局、财政部等按职责分工负责）

（十四）提升归国和外籍人才创新创业便利化水平。深入实施留学人员回国创新创业启动支持计划，遴选资助一批高层次人才回国创新创业项目。健全留学回国人才和外籍高层次人才服务机制，在签证、出入境、社会保险、知识产权保护、落户、永久居留、子女入学等方面进一步加大支持力度。（人力资源社会保障部、外交部、公安部、移民局、知识产权局等和各地方人民政府按职责分工负责）

（十五）推动更多群体投身创新创业。深入推进创新创业巾帼行动，鼓励支持更多女性投身创新创业实践。制定完善香港、澳门居民在内地发展便利性政策措施，鼓励支持港澳青年在内地创新创业。扩大两岸经济文化交流合作，为台湾同胞在大陆创新创业提供便利。积极引导侨资侨智参与创新创业，支持建设华侨华人创新创业基地和华侨大数据中心。探索国际柔性引才机制，持续推进海外人才离岸创新创业基地建设。启动少数民族地区创新创业专项行动，支持西藏、新疆等地区创新创业加快发展。推行终身职业技能培训制度，将有创业意愿和培训需求的劳动者全部纳入培训范围。（全国妇联、港澳办、台办、侨办、人力资源社会保障部、中国科协、发展改革委、国家民委等按职责分工负责）

五、深入推动科技创新支撑能力升级

（十六）增强创新型企业引领带动作用。在重点领域和关键环节加快建设一批国家产业创新中心、国家技术创新中心等创新平台，充分发挥创新平台资源集聚优势。建设由大中型科技企业牵头，中小企业、科技社团、高校院所等共同参与的科技联合体。加大对“专精特新”中小企业的支持力度，鼓励中小企业参与产业关键共性技术研究开发，持续提升企业创新能力，培育一批具有创新能力的制造业单项冠军企业，壮大制造业创新集群。健全企业家参与涉企创新创业政策制定机制。（发展改革委、科技部、中国科协、工业和信息化部等按职责分工负责）

（十七）推动高校科研院所创新创业深度融合。健全科技资源开放共享机制，鼓励科研人员面向企业开展技术开发、技术咨询、技术服务、技术培训等，促进科技创新与创业深度融合。推动高校、科研院所与企业共同建立概念验证、孵化育成等面向基础研究成果转化的服务平台。（科技部、教育部等按职责分工负责）

（十八）健全科技成果转化的体制机制。纵深推进全面创新改革试验，深化以科技创新为核心的全面创新。完善国家财政资金资助的科技成果信息共享机制，畅通科技成果与市场对接渠道。试点开展赋予科研人员职务科技成果所有权或长期使用权。加速高校科技成果转化和技术转移，促进科技、产业、投资融合对接。加强国家技术转移体系建设，鼓励高校、科研院所建设专业化技术转移机构。鼓励有条件的地方按技术合同实际成交额的一定比例对技术转移服务机构、技术合同登记机构和技术经纪人（技术经理人）给予奖补。（发展改革委、科技部、教育部、财政部等按职责分工负责）

六、大力促进创新创业平台服务升级

（十九）提升孵化机构和众创空间服务水平。建立众创空间质量管理、优胜劣汰的健康发展机制，引导众创空间向专业化、精细化方向升级，鼓励具备一定科研基础的市场主体建立专业化众创空间。推动中央企业、科研院所、高校和相关公共服务机构建设具有独立法人资格的孵化机构，为初创期、早中期企业提供公共技术、检验检测、财税会计、法律政策、教育培训、管理咨询等服务。继续推进全国创业孵化示范基地建设。鼓励生产制造类企业建立工匠工作室，通过技术攻关、破解生产难题、固化创新成果等塑造工匠品牌。加快发展孵化机构联盟，加强与国外孵化机构对接合作，吸引海外人才到国内创新创业。研究支持符合条件的孵化机构享受高新技术企业相关人才激励政策，落实孵化机构税收优惠政策。（科技部、国资委、教育部、人力资源社会保障部、工业和信息化部、财政部、税务总局等按职责分工负责）

（二十）搭建大中小企业融通发展平台。实施大中小企业融通发展专项行动计划，加快培育一批基于互联网的大企业创新创业平台、国家中小企业公共服务示范平台。推进国家小型微型企业创业创新示范基地建设，支持建设一批制造业“双创”技术转移中心和制造业“双创”服务平台。推进供应链创新与应用，加快形成大中小企业专业化分工协作的产业供应链体系。鼓励大中型企业开展内部创业，鼓励有条件的企业依法合规发起或参与设立公益性创业基金，鼓励企业参股、投资内部创业项目。鼓励国有企业探索以子公司等形式设立创新创业平台，促进混合所有制改革与创新创业深度融合。（工业和信

息化部、商务部、财政部、国资委等按职责分工负责）

（二十一）深入推进工业互联网创新发展。更好发挥市场力量，加快发展工业互联网，与智能制造、电子商务等有机结合、互促共进。实施工业互联网三年行动计划，强化财税政策导向作用，持续利用工业转型升级资金支持工业互联网发展。推进工业互联网平台建设，形成多层次、系统性工业互联网平台体系，引导企业上云上平台，加快发展工业软件，培育工业互联网应用创新生态。推动产学研用合作建设工业互联网创新中心，建立工业互联网产业示范基地，开展工业互联网创新应用示范。加强专业人才支撑，公布一批工业互联网相关二级学科，鼓励搭建工业互联网学科引智平台。（工业和信息化部、发展改革委、教育部、科技部、财政部、人力资源社会保障部等按职责分工负责）

（二十二）完善“互联网+”创新创业服务体系。推进“国家创新创业政策信息服务网”建设，及时发布创新创业先进经验和典型做法，进一步降低各类创新创业主体的政策信息获取门槛和时间成本。鼓励建设“互联网+”创新创业平台，积极利用互联网等信息技术支持创新创业活动，进一步降低创新创业主体与资本、技术对接的门槛。推动“互联网+公共服务”，使更多优质资源惠及群众。（发展改革委、科技部、工业和信息化部等按职责分工负责）

（二十三）打造创新创业重点展示品牌。继续扎实开展各类创新创业赛事活动，办好全国大众创业万众创新活动周，拓展“创响中国”系列活动范围，充分发挥“互联网+”大学生创新创业大赛、中国创新创业大赛、“创客中国”创新创业大赛、“中国创翼”创业创新大赛、全国农村创业创新项目创意大赛、中央企业熠星创新创意大赛、“创青春”中国青年创新创业大赛、中国妇女创新创业大赛等品牌赛事活动作用。对各类赛事活动中涌现的优秀创新创业项目加强后续跟踪支持。（发展改革委、中国科协、教育部、科技部、工业和信息化部、人力资源社会保障部、农业农村部、国资委、共青团中央、全国妇联等按职责分工负责）

七、进一步完善创新创业金融服务

（二十四）引导金融机构有效服务创新创业融资需求。加快城市商业银行转型，回归服务小微企业等实体的本源，提高风险识别和定价能力，运用科技化等手段，为本地创新创业提供有针对性的金融产品和差异化服务。加快推进村镇银行本地化、民营化和专业化发展，支持民间资本参与农村中小金融机构充实资本、完善治理的改革，重点服务发展农村电商等新业态新模式。推进落实大中型商业银行设立普惠金融事业部，支持有条件的银行设立科技信贷专营事业部，提高服务创新创业企业的专业化水平。支持银行业金融机构积极稳妥开展并购贷款业务，提高对创业企业兼并重组的金融服务水平。（银保监会、人民银行等按职责分工负责）

（二十五）充分发挥创业投资支持创新创业作用。进一步健全适应创业投资行业特点的差异化监管体制，按照不溯及既往、确保总体税负不增的原则，抓紧完善进一步支持创业投资基金发展的税收政策，营造透明、可预期的政策环境。规范发展市场化运作、专业化管理的创业投资母基金。充分发挥国家新兴产业创业投资引导基金、国家中小企业发展基金等引导基金的作用，支持初创期、早中期创新型企业发展。加快发展天使投资，鼓励有条件的地方出台促进天使投资发展的政策措施，培育和壮大天使投资人群体。完善政府出资产业投资基金信用信息登记，开展政府出资产业投资基金绩效评价和公共信用综合评价。（发展改革委、证监会、税务总局、财政部、工业和信息化部、科技部、人民银行、银保监会等按职责分工负责）

（二十六）拓宽创新创业直接融资渠道。支持发展潜力好但尚未盈利的创新型企业上市或在新三板、区域性股权市场挂牌。推动科技型中小企业和创业投资企业发债融资，稳步扩大创新创业公司债试点规模，支持符合条件的企业发行“双创”专项债务融资工具。规范发展互联网股权融资，拓宽小微企业和创新创业者的融资渠道。推动完善公司法等法律法规和资本市场相关规则，允许科技企业实行“同股不同权”治理结构。（证监会、发展改革委、科技部、人民银行、财政部、司法部等按职责分工负责）

（二十七）完善创新创业差异化金融支持政策。依托国家融资担保基金，采取股权投资、再担保等方式推进地方有序开展融资担保业务，构建全国统一的担保行业体系。支持保险公司为科技型中小企业知识产权融资提供保证保险服务。完善定向降准、信贷政策支持再贷款等结构性货币政策工具，引导资金更多投向创新型企业和小微企业。研究开展科技成果转化贷款风险补偿试点。实施战略性新兴产业重点项目信息合作机制，为战略性新兴产业提供更具针对性和适应性的金融产品和服务。（财政部、银保监会、科技部、知识产权局、人民银行、工业和信息化部、发展改革委、证监会等按职责分工负责）

八、加快构筑创新创业发展高地

（二十八）打造具有全球影响力的科技创新策源地。进一步夯实北京、上海科技创新中心的创新基础，加快建设一批重大科技基础设施集群、世界一流学科集群。加快推进粤港澳大湾区国际科技创新中心建设，探索建立健全国际化的创新创业合作新机制。（有关地方人民政府牵头负责）

（二十九）培育创新创业集聚区。支持符合条件的经济技术开发区打造大中小企业融通型、科技资源支撑型等不同类型的创新创业特色载体。鼓励国家级新区探索通用航空、体育休闲、养老服务、安全等产业与城市融合发展的新机制和新模式。推进雄安新区创新发展，打造体制机制新高地和京津冀协同创新重要平台。推动承接产业转移示范区、高新技术开发区聚焦战略性新兴产业构建园区配套及服务体系，充分发挥创新创业集群效应。支持有条件的省市建设综合性国家产业创新中心，提升关键核心技术创新能力。依托中心城市和都市圈，探索打造跨区域协同创新平台。（财政部、工业和信息化部、科技部、发展改革委等和各地方人民政府按职责分工负责）

（三十）发挥“双创”示范基地引导示范作用。将全面创新改革试验的相关改革举措在“双创”示范基地推广，为示范基地内的项目或企业开通总体规划环评等绿色通道。充分发挥长三角示范基地联盟作用，推动建立京津冀、西部等区域示范基地联盟，促进各类基地融通发展。开展“双创”示范基地十强百佳工程，鼓励示范基地在科技成果转化、财政金融、人才培养等方面积极探索。（发展改革委、生态环境部、银保监会、科技部、财政部、工业和信息化部、人力资源社会保障部等和有关地方人民政府及大众创业万众创新示范基地按职责分工负责）

（三十一）推进创新创业国际合作。发挥中国—东盟信息港、中阿网上丝绸之路等国际化平台作用，支持与“一带一路”相关国家开展创新创业合作。推动建立政府间创新创业多双边合作机制。充分利用各类国际合作论坛等重要载体，推动创新创业领域民间务实合作。鼓励有条件的地方建立创新创业国际合作基金，促进务实国际合作项目有效落地。（发展改革委、科技部、工业和信息化部等和有关地方人民政府按职责分工负责）

九、切实打通政策落实“最后一公里”

（三十二）强化创新创业政策统筹。完善创新创业信息通报制度，加强沟通联动。发挥推进大众创业万众创新部际联席会议统筹作用，建立部门之间、部门与地方之间的高效协同机制。鼓励各地方先行先试、大胆探索并建立容错免责机制。促进科技、金融、财税、人才等支持创新创业政策措施有效衔接。建立健全“双创”发展统计指标体系，做好创新创业统计监测工作。（发展改革委、统计局等和各地方人民政府按职责分工负责）

（三十三）细化关键政策落实措施。开展“双创”示范基地年度评估，根据评估结果进行动态调整。定期梳理制约创新创业的痛点堵点问题，开展创新创业痛点堵点疏解行动，督促相关部门和地方限期解决。对知识产权保护、税收优惠、成果转移转化、科技金融、军民融合、人才引进等支持创新创业政策措施落实情况定期开展专项督查和评估。（发展改革委、中国科协等和各地方人民政府按职责分工负责）

（三十四）做好创新创业经验推广。建立定期发布创新创业政策信息的制度，做好政策宣讲和落实工作。支持各地积极举办经验交流会和现场观摩会等，加强先进经验和典型做法的推广应用。加强创新创业政策和经验宣传，营造良好舆论氛围。（各部门、各地方人民政府按职责分工负责）

各地区、各部门要充分认识推动创新创业高质量发展、打造“双创”升级版对于深入实施创新驱动发展战略的重要意义，把思想、认识和行动统一到党中央、国务院决策部署上来，认真落实本意见各项要求，细化政策措施，加强督查，及时总结，确保各项政策措施落到实处，进一步增强创业带动就业能力和科技创新能力，加快培育发展新动能，充分激发市场活力和社会创造力，推动我国经济高质量发展。

国务院
2018年9月18日

国务院办公厅关于进一步压缩企业开办时间的意见

（国办发〔2018〕32号）

党中央、国务院高度重视优化营商环境、压缩企业开办时间工作。商事制度改革以来，我国企业开办便利度持续提升，企业开办时间不断压缩，促进了大众创业万众创新，激发了市场活力和社会创造力，但与世界先进水平相比仍有较大改善空间。为打造法治化、国际化、便利化的营商环境，促进经济可持续发展和高质量发展，经国务院同意，现就进一步压缩企业开办时间提出以下意见。

一、总体要求和工作目标

（一）总体要求。全面贯彻党的十九大和十九届二中、三中全会精神，坚持以习近平新时代中国特色社会主义思想为指导，牢固树立和贯彻落实新发展理念，按照2018年《政府工作报告》部署，深化“放管服”改革，坚持从实际出发，以企业和社会公众迫切希望解决的效率低、环节多、时间长等问题为重点，统一工作标准和工作要求，依法推进压缩企业开办时间工作，强化责任落实，提高服务效能，增加透明度和可预期性，提升办理企业开办事项的实际体验，进一步降低制度性交易成本、激发大众创业万众创新活力。

（二）工作目标。进一步简化企业从设立到具备一般性经营条件所必须办理的环节，压缩办理时间。2018年年底前，各直辖市、计划单列市、副省级城市和省会城市要将企业开办时间压缩一半以上，由目前平均20天减至8.5天（指工作日，下同）以内，其他地方也要积极压减企业开办时间，2019年上半年在全国实现上述目标。鼓励各地在立足本地实际、确保工作质量的前提下，进一步加大压缩企业开办时间工作力度。健全压缩企业开办时间工作长效机制和企业开办的制度规范，持续提升我国企业开办便利度。

二、主要任务和工作措施

（一）实施流程再造，大力推行“一窗受理、并行办理”。将申请人依次向各部门提交材料的传统办事流程，改造为一次提交、同步办理、信息共享、限时办结的“一窗受理、并行办理”流程。积极推进电子营业执照在“互联网+”环境下跨区域跨领域跨行业应用。依托本地区信息共享平台，实现市场监管、公安、税务、人力资源社会保障等部门间企业开办数据的共享交换，确保数据及时、完整、准确。

（二）简化企业登记程序，提升便利化水平。推进企业名称登记管理改革，扩大企业名称自主申报范围，除涉及前置审批事项或企业名称核准与企业设立登记不在同一机关外，企业名称不再实行预先核准，申请人可在办理企业登记时，以自主申报的企业名称一并办理。广泛推行企业登记全程电子化应用，努力提升无纸化、智能化程度。进一步精简企业登记文书表格材料。将办理企业设立登记的时间压缩至5天以内。

（三）将公章刻制备案纳入“多证合一”，提高公章制作效率。严格落实《国务院关于第三批取消中央指定地方实施行政许可事项的决定》（国发〔2017〕7号），取消公章刻制审批，实行公章刻制备案管理，并将其纳入“多证合一”改革涉企证照事项目录，由市场监管部门采集相关信息、推送至共享平台。各地应在办理企业登记事项的行政服务场所或者共享平台上公布公章制作单位目录，申请人自主选择公章制作单位。公章制作单位应在1天以内完成印章刻制，并按照规定向公安机关备案。严禁指定公章制作单位制作公章，严禁要求企业前往公安机关办理公章刻制备案。

（四）优化新办企业申领发票程序，压缩申领发票时间。税务部门要进一步落实《国务院办公厅关于加快推进“多证合一”改革的指导意见》（国办发〔2017〕41号），对已在登记机关领取加载统一社会信用代码营业执照的企业，不再单独进行税务登记，采用统一社会信用代码进行登记管理。进一步优化发票申领程序，压缩发票申领时间。将新办企业首次办理申领发票的时间压缩至2天以内。

（五）完善企业社会保险登记业务流程，提高参保登记服务效率。强化落实“多证合一、一照一码”改革效果，各级社保经办机构不再单独核发社会保险登记证，取消社会保险登记证的定期验证和换证制度，逐步采用统一社会信用代码进行登记管理。进一步完善数据共享和应用机制，做好企业社会保险登记和职工参保登记业务的衔接，推动职工参保登记业务网上办理，压缩办理时间，为企业提供更加便捷高效的登记服务。

三、组织保障和责任落实

（一）强化责任落实，统筹推进工作。国家市场监督管理总局作为压缩企业开办时间工作的牵头部门，要会同相关部门明确工作分工，加强协同配合。市场监督管理部门负责压缩企业登记办理时间，公安部门负责指导、规范压缩公章办理时间，税务部门负责压缩新办企业申领发票时间，人力资源社会保障部门负责完善企业社会保险登记业务流程。要依法明确统一的工作要求和规范，指导、推动工作落实。对于企业开办前后需要办理有关行政审批的，各部门要优化流程、简化手续、提高效率，加快解决“准入不准营”的问题。地方人民政府要落实主体责任，理顺工作机制，实施流程再造，统筹推进相关信息系统建设，确保完成工作目标。

（二）统一标准体系，依法开展工作。国家发展改革委、国家统计局负责构建全国统一标准的营商环境评价体系，以提升企业和社会公众的感受度、便利度为出发点，科学设定企业开办的评价指标和评价方法；选取北京、上海、广州、深圳等部分城市，针对企业开办等情况进行试评价，并逐步建立常态化评价机制，进一步完善长效机制。各地要积极配合，及时、准确、完整提供相关数据资料；要按照统一标准的评价体系积极依法开展工作，找问题、促整改，不断提升压缩企业开办时间工作效能。要及时推动相关法律法规修订完善，确保各项工作依法合规推进。

（三）加强宣传培训，提升服务水平。各地、各相关部门要采取多种形式，及时总结经验，加强政策解读和宣传引导。要强化企业开办事项培训，加强窗口建设，不断提升服务水平。通过提供网上智能咨询、热线电话咨询或设置专门咨询区域等方式加强辅导服务，设立自助服务区，提供网上办事设施和现场指导。

（四）加大监督检查力度，强化通报问责机制。要坚持放管结合、并重，强化事中事后监管，实行科学监管、精准监管，更好维护市场秩序，推动法治市场、诚信市场建设。国家市场监督管理总局要会同相关部门加强对压缩企业开办时间工作的指导协调，组织开展督促检查，跟踪工作进展，及时通报有关情况；对落实不力、造成严重不良影响的，要予以曝光并严肃问责；重大情况及时向国务院报告。国务院办公厅将适时组织开展督促检查。地方人民政府要及时制定完善本地区压缩企业开办时间的具体实施方案，明确任务、细化措施、抓好督促落实。

国务院办公厅

2018年5月14日

教育部

“长江学者奖励计划”管理办法

（教党〔2018〕51号）

第一章 总 则

第一条 为深入贯彻习近平新时代中国特色社会主义思想和党的十九大精神，坚持党管人才原则，聚天下英才而用之，建设新时代高素质教师队伍，形成高等学校高水平人才培养体系，加快建设人才强国，根据全国教育大会精神和《中共中央 国务院关于全面深化新时代教师队伍建设改革的意见》等中央文件，制定本办法。

第二条 “长江学者奖励计划”是高等学校高层次人才队伍建设的引领性工程，是吸引集聚德才兼备、矢志爱国奉献、具有国际影响力的学科领军人才和青年学术英才的重要举措，是国家高层次人才培养支持体系的重要组成部分，与其他国家重大人才工程协同推进，统筹实施。

第三条 “长江学者奖励计划”遵循强化政治引领、突出立德树人、服务国家战略、坚持创新导向、公平公开公正的原则，坚持向改革倾斜、向一流倾斜、向西部和东北地区倾斜、向青年倾斜、向哲学社会科学倾斜，实行更加积极、更加开放、更加有效的人才政策，发挥育才引才用才标杆作用，为高等教育内涵式发展、建设教育强国提供坚强人才保障。

第四条 “长江学者奖励计划”实行岗位聘任制，支持高等学校（简称高校，下同）设置特聘教授、讲座教授、青年学者岗位，面向海内外公开招聘。特聘教授、青年学者项目面向全国高校实施；讲座教授项目面向中西部、东北地区高校实施，中西部、东北地区的范围参照《中西部高等学校基础能力建设工程》执行。

第五条 教育部组织专家，面向世界科技前沿、面向国家重大需求、面向经济社会发展主战场，突出“高精尖缺”需求，强化基础研究和原始创新、突破关键核心技术、加快构建中国特色哲学社会科学，编制“长江学者奖励计划”岗位指南，作为岗位设置、选才用才的重要指引和依据。

第六条 长江学者岗位设置以立德树人为根本导向，与世界一流大学和一流学科建设相结合，重点支持在国家重大科研和工程项目、国家科技创新和人才培养基地、特色优势学科和新兴交叉学科等设立岗位。加大向西部和东北地区倾斜力度，支持结合国家重大战略、区域经济发展与资源禀赋、特色优势学科等设立岗位。

第七条 每年聘任特聘教授150名左右，聘期为5年；讲座教授50名左右，聘期为3年；青年学者300名左右，聘期为3年。

第八条 教育部授予特聘教授、讲座教授“长江学者”称号，授予青年学者“青年长江学者”称号，在聘期内享受奖金。“长江学者奖励计划”实施经费由中央财政专项支持。

第二章 基本条件

第九条 特聘教授基本条件

（一）坚持正确政治方向，自觉学习贯彻习近平新时代中国特色社会主义思想，牢固树立“四个意识”，坚定“四个自信”，具有爱国奉献精神，做“四有”好老师。

（二）具有高尚道德情操，恪守高校教师师德行为规范、学术道德规范等职业道德规范。

（三）具有扎实学识，胜任本科核心课程讲授任务；学术造诣高深，在科学研究方面取得国内外同行公认的重要成就；具有带领本学科赶超或引领国际先进水平的能力；具有较强的团队领导和组织协调能力，能带领学术团队协同攻关。

（四）一般具有博士学位，在教学科研一线工作，担任教授或相应职务，海外高水平大学或研究机构特别优秀的副教授或相应职务者也可申报。

（五）申报当年1月1日，自然科学领域、工程技术领域人选年龄不超过45周岁，哲学社会科学领域人选年龄不超过55周岁。中西部、东北地区高校推荐的人选年龄放宽2岁。

（六）聘期内全职在受聘高校工作。应当在签订聘任合同后6个月内全职到岗工作。

担任现职厅局级及以上领导职务者和聘任不满2年的青年学者不具备申报资格。

第十条 讲座教授基本条件

（一）诚实守信、学风严谨、乐于奉献、崇尚科学，在国际上享有良好声誉。

（二）在海外教学科研一线工作，一般应当担任高水平大学教授或相应职务。

（三）学术造诣高深，在本学科领域具有重大影响，取得国际公认的重大成就。

（四）申报当年1月1日，自然科学领域、工程技术领域人选年龄不超过55周岁，哲学社会科学领域人选年龄不超过65周岁。

（五）每年在国内受聘高校工作累计2个月以上。

第十一条 青年学者基本条件

（一）坚持正确政治方向，自觉学习贯彻习近平新时代中国特色社会主义思想，牢固树立“四个意识”，坚定“四个自信”，具有爱国奉献精神，做“四有”好老师。

（二）具有高尚道德情操，恪守高校教师师德行为规范、学术道德规范等职业道德规范；锐意创新，敢为人先，开拓进取。

（三）胜任本科核心课程讲授任务；创新发展潜力大，在科学研究方面取得突出学术成果，有较强的团队领导和组织协调能力，具有协助本学科赶超或保持国际先进水平的能力。

（四）一般具有博士学位，在教学科研一线工作；国内应聘者一般应当担任副教授及以上职务或其他相应职务。

（五）申报当年1月1日，自然科学领域、工程技术领域人选年龄不超过38周岁，哲学社会科学领域人选年龄不超过45周岁。

（六）聘期内全职在受聘高校工作。应当在签订聘任合同后6个月内全职到岗工作。

担任现职厅局级及以上领导职务者不具备申报资格。

第三章 岗位职责

第十二条 特聘教授岗位职责

（一）全面贯彻党的教育方针，落实立德树人根本任务。要在教育引导学生坚定理想信念、厚植爱国主义情怀、加强品德修养、增长知识见识、培养奋斗精神、增强综合素质上下功夫，肩负起传播知识、传播思想、传播真理，塑造灵魂、塑造生命、塑造新人的时代重任。要充分发挥教学示范、科研模范和师德师风典范作用，做“四有”好老师的示范标杆。

（二）以扎实学识和前沿研究支撑高水平教学，开设学科前沿课程，每学年至少高质量地讲授一门本科生课程，主持课程体系建设和教材编写，把思想政治教育贯穿教育教学全过程，在人才培养工作中发挥表率作用。

（三）带领本学科发展，提出具有战略性、前瞻性、创造性的发展思路，推动本学科赶超或引领国际先进水平。根据学科特点和发展需要，组建学术创新团队，着力培养优秀青年人才，带领团队开展高水平教学科研工作。

（四）积极承担或参与国家重大科研项目，加强对关键共性技术、前沿引领技术、现代工程技术、颠覆性技术的攻关创新；深入研究关系国计民生的重大课题，积极探索关系人类前途命运的重大问题。在大科学计划、大科学工程、大科学中心、国际科技创新基地、马克思主义理论研究和建设工程、国家高端智库建设中发挥重要作用。

（五）积极开展科技成果转化和高新技术产业化工作。推动哲学社会科学理论研究与公共决策、制度设计、新型智库建设等深度融合。继承和弘扬中华优秀传统文化精华，推动优秀传统文化创造性转化和创新性发展。

（六）积极组织各类国际学术交流活动，主持国际合作项目，担任国际性学术组织和国际一流期刊重要核心职务，积极牵头或参与创办具有国际影响力的学术组织和高水平学术会议，提升本学科在国际学术领域的影响力和竞争力。

第十三条 讲座教授岗位职责

（一）自觉遵守中国的法律法规和应聘高校的相关规定，恪守高校教师师德行为规范、学术道德规范等职业道德规范。

（二）开设国际前沿领域的课程或讲座，指导或协助指导青年教师和研究生。

（三）对本学科的发展方向和研究重点提供建议，促进本学科进入国际学术前沿。

（四）积极参与组建具有国际先进水平的学术团队。

（五）积极推动国内高校与海外高水平大学等学术机构的交流与合作，积极向国内高校推荐海外优秀人才，向海外著名高校和国际组织推荐国内优秀人才。

第十四条 青年学者岗位职责

（一）全面贯彻党的教育方针，落实立德树人根本任务。要在教育引导学生坚定理想信念、厚植爱国主义情怀、加强品德修养、增长知识见识、培养奋斗精神、增强综合素质上下功夫，肩负起传播知识、传播思想、传播真理，塑造灵魂、塑造生命、塑造新人的时代重任。要充分发挥教学示范、科研模范和师德师风典范作用，做“四有”好老师，在青年教师中起到示范表率作用。

（二）每学年至少讲授一门本科生课程，积极参与教材编写和课程体系建设，把思想政治教育贯穿教育教学全过程，在人才培养工作中发挥骨干作用。

（三）积极探索学科前沿问题，对本学科的发展方向和发展思路提供重要建议，协助本学科赶超或引领国际先进水平。参与本学科学术梯队建设，指导或协助指导青年教师。根据学科特点和发展需要组建创新团队。

（四）积极承担或参与国家重大科研项目，在大科学计划、大科学工程、大科学中心、国际科技创新基地、马克思主义理论研究和建设工程、国家高端智库建设中发挥积极作用。

（五）积极开展科技成果转化和高新技术产业化工作。推动哲学社会科学理论研究与公共决策、制度设计、新型智库建设等深度融合。继承和弘扬中华优秀传统文化精华，推动优秀传统文化创造性转化和创新性发展。

（六）积极组织和参与各类国际学术交流活动，承担国际合作项目，担任国际性学术组织和期刊职务，提升本学科在国际学术领域的影响力和竞争力。

第四章 遴选聘任程序

第十五条 教育部统一部署遴选聘任工作，一般每年一次。推进人才评价机制改革，坚持立德树人，突出品德评价和教育教学业绩评价，强化分类评价，实行代表性成果评价，注重个人评价与团队评价相结合。优化改进评审办法和评审程序，确保过程公正、结果公信。统筹人才选拔培养，避免与其他同层次人才项目重复支持。

第十六条 高校是人选推荐、聘任和管理工作的主体。高校党委要切实履行主体责任，统筹做好队伍建设规划和人选推荐工作，把好推荐人选的政治关、师德关、育人关和质量关。高校组织人事部门要对推荐人选档案和申报材料认真审核、严格把关。高校纪检监察部门要对推荐工作进行监督，对推荐人选的廉洁自律情况进行审核。

第十七条 高校合理设置招聘岗位，面向海内外公开招聘，加大海外招聘力度。鼓励东部地区优秀人才到中西部、东北地区高校应聘，东部地区高校不得招聘中西部、东北地区高校人选。从国内其他高校招聘候选人的，需由候选人工作单位出具同意函。

第十八条 高校学术委员会或其授权的学术组织对本校候选人进行学术水平评价，报学校审定后推荐。学术评价要坚持以创新质量和贡献为导向，克服唯学历、唯资历、唯论文、唯帽子等倾向。

第十九条 拟推荐人选申报材料应当在校内公示至少一周。正式推荐人选中存在被实名举报的，高校党委经调查核实，不存在所举报问题的，应将有关举报材料及调查结论随推荐材料一并报送教育部。

第二十条 教育部对高校推荐人选的申报材料进行初步审查，对符合申报条件的候选人进行评审后提出建议人选。评审程序为：同行专家通讯评审、同行专家会议评审、公示、评审委员会评审等。

第二十一条 在公示期间，建议人选被实名举报的，由推荐高校党委组织调查，调查工作要发挥校内外同行专家作用，确保公平公正。调查结果报教育部“长江学者奖励计划”评审委员会审议。

第二十二条 高校与拟聘任人选签订聘任合同，聘任起始时间以实际到岗时间为准，并报教育部备案。聘任合同应根据本办法明确聘任双方的权利和义务、受聘专家的岗位目标及工作任务、违约情形及责任等内容。

第二十三条 教育部根据高校与受聘者签订合同的情况，公布年度聘任结果、颁发证书。

第五章 关心支持

第二十四条 特聘教授奖金标准为每人每年20万元人民币；讲座教授奖金标准为每人每月3万元人民币，按实际工作时间支付；青年学者奖金标准为每人每年10万元人民币。

高校每年将受聘专家实际在岗和履职情况报教育部，教育部检查评估后按标准颁发奖金。

第二十五条 教育部和高校党委要加强对受聘专家的思想引领和团结服务，将受聘专家纳入党委重点联系专家范围，定期组织国情研修，开展座谈、咨询、慰问等活动。

第二十六条 高校要完善支持政策，按照聘任合同，落实研究生招生指标、科研经费、办公实验用房等具体配套支持措施，为受聘专家提供良好的教学科研条件。要积极搭建干事创业平台，支持受聘专家组建创新团队，充分发挥受聘专家的示范引领作用。

第二十七条 教育部支持高校举办长江学者论坛或研讨会，推动长江学者间的交流与合作。各地方、各高校要鼓励和支持受聘专家深入开展调查研究和志愿服务，充分发挥长江学者群体作为专家智囊团的作用，为经济社会发展建言献策。

第二十八条 高校要关心受聘专家身心健康，定期组织体检，为他们提供良好的医疗保健服务。要及时了解受聘专家思想、工作、生活等情况，注重人文关怀、强化服务保障，为他们办实事、解难事、做好事，营造舒心的发展环境。要加大力度，广泛宣传表彰爱国报国、为党和人民教育事业作出突出贡献的受聘专家，在广大教师中大力弘扬爱国奉献精神。

第六章 管理考核

第二十九条 高校要切实履行用人主体责任，加强日常管理和聘期考核，对涉及长江学者的重要事项须及时报告教育部。聘任双方应严格履行合同约定，高校要切实落实支持条件，受聘专家要重诺守信，履职尽责。

第三十条 特聘教授实行中期履职报告和聘期考核制度，讲座教授、青年学者实行聘期考核制度。高校依据聘任合同对受聘专家实行聘期管理和考核，并将考核结果报教育部。教育部对考核情况进行抽查，督促高校严格规范实施考核。

第三十一条 聘期内受聘专家（讲座教授除外）人事关系应在聘任高校。从东部地区应聘到中西部、东北地区高校的，人事关系原则上转入聘任高校。情况特殊、确实无法调入的，由专家本人提出申请，经原单位与聘任高校协商一致，报教育部审核同意后，人事关系可保留在原单位，但聘期内必须全职在聘任高校工作。

第三十二条 受聘专家在聘期内有下列情形之一的，高校终止与其签订的聘任合同，并报教育部停发奖金：

（一）因组织需要等特殊情况调离受聘岗位的；

（二）因工作需要担任厅局级及以上领导职务的。

第三十三条 建立“长江学者奖励计划”退出机制，依据不同情形分别处理。

（一）因个人原因无法完成聘任合同，本人提出退出“长江学者奖励计划”的，可以主动退出。

（二）有下列违约情形的，应当解约退出：

1．聘期内违规离岗的；

2．聘期内未按合同约定如期到岗工作或到岗时间不足、经督促提醒仍不履约的；

3．聘期考核不合格，且本人不主动退出的。

（三）有下列违法违规情形的，应当强制退出：

1．违反政治纪律和政治规矩的；

2．违反国家法律法规被依法追究刑事责任的；

3．弄虚作假骗取入选资格的；

4．违反师德师风、学术道德规范，情节严重的；

第三十四条 主动退出的，由受聘者本人向聘任高校提出书面申请，高校同意后报教育部备案实施；解约和强制退出的，由高校向受聘者发出通知书，受聘者可在15个工作日内向学校提出复核申请，学校复核后提出最终意见报教育部批准。

第三十五条 退出“长江学者奖励计划”的，由教育部撤销称号。聘期尚未结束的，聘任高校应解除与其签订的长江学者聘任合同。主动退出和解约退出的，停发奖金并视合同履行情况追回部分或全部已发放奖金；强制退出的，取消入选资格，停发奖金并追回全部已发放奖金。解约退出的，自退出之日起2年内不得再申报国家、各部委高层次人才计划和荣誉称号；强制退出的，不得再申报各类人才计划和荣誉称号。

第三十六条 高校有下列情形之一的，教育部将对高校进行通报批评，情况严重的，停止下一年度“长江学者奖励计划”推荐资格：

（一）推荐过程中把关不严或出具虚假材料，不能认真履行推荐职责的；

（二）对严重违规行为失察或对违规违纪行为处置不力的；

（三）违规引进人才，片面依赖高薪酬、高待遇竞价抢挖人才，产生恶劣社会影响的；

（四）其他应取消推荐资格的。

第三十七条 “长江学者”“青年长江学者”是学术性、荣誉性称号，避免与物质利益简单、直接挂钩。入选者应珍惜荣誉、严格自律。聘期结束后，不得再使用称号。

第七章 附 则

第三十八条 本办法自发布之日起实行，2011年12月15日印发的《“长江学者奖励计划”实施办法》（教人〔2011〕10号）同时废止。

中共教育部党组

2018年9月21日

科技部

关于推动民营企业创新发展的指导意见

（国科发资〔2018〕45号）

为深入贯彻落实党的十九大精神，实施创新驱动发展战略，深化供给侧结构性改革、激发市场活力、加快建设创新型国家和实现经济社会持续健康发展，支持民营企业提高科技创新能力，做优做强做大做实，制定本意见。

一、总体要求

（一）指导思想。

全面贯彻党的十九大精神，坚持以习近平新时代中国特色社会主义思想为根本遵循，牢固树立创新、协调、绿色、开放、共享的发展理念，贯彻落实《中共中央 国务院关于营造企业家健康成长环境弘扬优秀企业家精神更好发挥企业家作用的意见》精神，按照党中央、国务院科技创新重大决策和部署要求，发挥科技创新和制度创新对民营企业创新发展的支撑引领作用，通过政策引领、机制创新、项目实施、平台建设、人才培育、科技金融、军民融合、国际合作等加强民营企业科技创新能力，充分支持民营企业创新发展，为建设创新型国家和促进经济社会持续健康发展提供坚强支撑。

（二）基本原则。

坚持发挥企业主体作用与政府引导作用相结合。创新是民营企业可持续健康发展的内在要求，要强化企业在技术创新中的主体地位，加强政府引导，激发企业创新发展内生动力，营造民营企业实践创新发展良好氛围，抓好科技创新政策在民营企业的落地实施。

坚持推进产学研深度融合。推动民营企业与高校、科研机构开展战略合作，探索产学研深度融合的有效模式和长效机制。鼓励高等院校和科研院所向民营企业转移转化科技成果，支持科研人员服务企业技术创新。

坚持人才项目基地多要素协同一体化推进。集聚创新资源，加强政策协同、机制协同，形成资金聚力、人才聚力，将创新人才培养、国家重大科技项目实施和创新创业基地平台建设统筹考虑，协同推进，促进民营企业创新向更大范围、更高层次、更深程度发展。

坚持分类指导协调推进大中小企业健康发展。培育一批核心技术能力突出、集成创新能力强、引领产业发展、具有国际竞争力的创新型民营企业。在产业细分领域培育一批“隐形冠军”和独角兽企业。完善双创孵化体系和生态，扶持小微企业创新发展。

二、重点任务

（三）大力支持民营企业参与实施国家科技重大项目。

支持和鼓励民营企业牵头或参与国家科技重大专项、科技创新2030—重大项目、重点研发计划等国家重大科技项目实施。在国家科技计划规划制定、实施方案论证、指南编制、政策调研中充分听取民营企业意见和建议。在项目评审、预算评估、结题验收等环节更多吸收民营企业专家参与。

（四）积极支持民营企业建立高水平研发机构。

按照《国家科技创新基地优化整合方案》（国科发基〔2017〕250号）要求，通过竞争方式，依托行业龙头民营企业布局设立一批国家技术创新中心、企业国家重点实验室等研发和创新平台，对外开放和共享创新资源，发挥行业引领示范作用。支持民营企业发展产业技术研究院、先进技术研究院、工业研究院等新型研发组织，各级科技部门可以通过项目资助、后补助、社会资本与政府合作等多种方式给予引导扶持或合作共建。

（五）鼓励民营企业发展产业技术创新战略联盟。

围绕国家“十三五”科技创新规划和国家科技创新重大决策部署，充分发挥全国工商联所属商会的作用，组织行业内有代表性的民营企业联合高校、科研机构、国有企业、社会服务机构等共同发起建立产业技术创新战略联盟，完善产学研协同创新机制，推动基础研究、应用研究与技术创新对接融通。培育一批民营企业产业技术创新示范联盟，通过国家科技计划支持联盟牵头承担计划项目，突破关键共性技术，服务和支持行业创新发展。

（六）力促民营企业推动大众创业、万众创新。

加快发展科技企业孵化器、加速器、众创空间、星创天地等创新创业孵化载体，提高为民营小微企业的公共服务能力。支持行业龙头民营企业围绕主营业务，创新模式，建立一批特色鲜明、创客云集、机制灵活的专业化众创空间。建立民营企业双创导师队伍，开展灵活多样的创新创业服务。支持民营技术转移机构发展，推动建立专业化运营团队，为技术交易双方提供成果转化配套服务。依托各地科技领军人才创新驱动中心，组织高水平科技领军人才和创新团队为民营企业转型升级提供技术咨询等智力支持。推动民营小微企业参与“中国创新创业大赛”，弘扬创新创业文化。

（七）加强优秀创新型民营企业家培育。

高度重视培育具有科学素养、高水平战略和创新意识的民营企业家。发挥企业家组织的积极作用，加大对民营企业家创新思维和能力提升的培训力度。弘扬工匠精神，积极倡导民营企业家坚守实体经济，将培养企业家队伍与实施国家重大科技战略同步谋划、同步推进，在实践中培养一批具有全球战略眼光、市场开拓精神、管理创新能力和社会责任感的优秀创新型民营企业家。

（八）加强民营企业创新人才培育。

结合实施创新人才推进计划，加大对民营企业中青年科技创新领军人才、重点领域创新团队的培育和支持。建设全国科技创新创业人才联盟，促进民营企业创新创业人才跨界交流、合作、互助。通过创新方法专项，在民营企业培育一批创新工程师、创新咨询师和创新培训师。举办民营企业科技创新培训班，通过专家讲授、政策解读、案例分析和实地调研等方式，加强对民营企业科技创新知识和能力的系统培养，鼓励支持更多具有创新创业能力的人才脱颖而出。

（九）落实支持民营企业创新发展的各项政策。

深入推动高新技术企业和科技型中小企业认定、研发投入加计扣除及无形资产税前摊销、政府采购、科技金融等普惠性创新政策落地实施，取得实效。推广实施创新券政策，开展创新券跨区域应用试点，支持民营企业利用创新券购买创新服务、降低创新成本。推动更多国家重大科技基础设施、科研仪器设备、科学数据和科技文献等科技资源向民营企业开放共享。

（十）完善科技金融促进民营企业发展。

针对民营中小微企业融资难、融资贵问题，发展完善科技金融，形成科技创新与创业投资基金、银行信贷、融资担保、科技保险等各种金融方式深度结合的模式和机制，为民营中小微企业营造良好投融资环境。鼓励有影响、有实力的民营金融机构，通过设立创业投资基金、投贷联动、设立服务平台开展科技金融服务等方式，为民营中小微企业提供投融资支持。

（十一）推动民营企业参与军民协同创新。

鼓励民营企业、高等院校、科研院所等多方协同，建设军民融合众创空间、科技企业孵化器、高科技园区、技术创新战略联盟等机构，开展军民科技协同创新。通过建立完善各类军民协同创新公共服务平台，向民营企业提供信息检索、政策咨询、科技成果评价等服务，鼓励和引导民用技术参军和军用技术转民。

（十二）推动民营企业开展国际科技合作。

依托“一带一路”科技创新行动计划，支持民营企业积极参与科技人文交流、共建联合实验室、科技园区合作和技术转移。支持民营企业与“一带一路”沿线国家企业、大学、科研机构开展高层次、多形式、宽领域的科技合作。鼓励民营企业并购重组海外高技术企业，设立海外研发中心，促进顶尖人才、先进技术及成果引进和转移转化，实现优势产业、优质企业和优秀产品“走出去”，提升科技创新能力对外开放水平。

（十三）引导民营企业支持基础研究和公益性研究。

不断完善多元化投入基础研究机制，运用税收等政策手段激励民营企业增加基础研究投入。激发企业家致富思源的情怀，引导企业主动履行社会责任，引导民营企业通过联合资助、慈善捐赠等方式，资助在基础研究和公益性研究方面的科学研究活动。支持民间力量规范开展科学技术奖励。

三、保障措施

（十四）加强组织领导。

科技部和全国工商联建立推动民营企业创新发展的部际联席会议机制，定期和不定期召开会议，协调工作，部署任务。建立健全加强战略合作的组织领导和工作推进体系，在顶层设计、改革措施和工作保障等方面实现部门联动，推动各项任务落到实处。

（十五）加强指导服务。

科技部和全国工商联共同加强对民营企业创新发展的工作指导。科技部加强对支持民营企业创新发展相关政策的宣传和解读，增强民营企业对政策的知晓度，增强政策获得感。全国工商联加强对民营企业创新发展的服务，搭建成果展示、产学研合作等创新服务平台，开展培训及项目人才推荐、评选等工作。

（十六）开展监测评价和总结宣传。

结合实施国家创新调查制度，开展民营企业创新能力监测。发挥第三方评估机构作用，对民营企业创新发展情况进行跟踪评价，依据评价结果及时调整完善相关政策措施。及时总结民营企业创新发展的新典型、新模式和新机制，加强对民营企业创新发展成功经验和突出成果的宣传推广。

科技部 全国工商联

2018年5月18日

科技企业孵化器管理办法

（国科发区〔2018〕300号）

第一章 总 则

第一条 为贯彻落实《中华人民共和国中小企业促进法》《中华人民共和国促进科技成果转化法》《国家创新驱动发展战略纲要》，引导我国科技企业孵化器高质量发展，支持科技型中小微企业快速成长，构建良好的科技创业生态，推动大众创业万众创新上水平，加快创新型国家建设，制订本办法。

第二条 科技企业孵化器（含众创空间等，以下简称孵化器）是以促进科技成果转化，培育科技企业和企业家精神为宗旨，提供物理空间、共享设施和专业化服务的科技创业服务机构，是国家创新体系的重要组成部分、创新创业人才的培养基地、大众创新创业的支撑平台。

第三条 孵化器的主要功能是围绕科技企业的成长需求，集聚各类要素资源，推动科技型创新创业，提供创业场地、共享设施、技术服务、咨询服务、投资融资、创业辅导、资源对接等服务，降低创业成本，提高创业存活率，促进企业成长，以创业带动就业，激发全社会创新创业活力。

第四条 孵化器的建设目标是落实国家创新驱动发展战略，构建完善的创业孵化服务体系，不断提高服务能力和孵化成效，形成主体多元、类型多样、业态丰富的发展格局，持续孵化新企业、催生新产业、形成新业态，推动创新与创业结合、线上与线下结合、投资与孵化结合，培育经济发展新动能，促进实体经济转型升级，为建设现代化经济体系提供支撑。

第五条 科技部和地方科技厅（委、局）负责对全国及所在地区的孵化器进行宏观管理和业务指导。

第二章 国家级科技企业孵化器认定条件

第六条 申请国家级科技企业孵化器应具备以下条件：

1．孵化器具有独立法人资格，发展方向明确，具备完善的运营管理体系和孵化服务机制。机构实际注册并运营满3年，且至少连续2年报送真实完整的统计数据；

2．孵化场地集中，可自主支配的孵化场地面积不低于10000平方米。其中，在孵企业使用面积（含公共服务面积）占75%以上；

3．孵化器配备自有种子资金或合作的孵化资金规模不低于500万元人民币，获得投融资的在孵企业占比不低于10%，并有不少于3个的资金使用案例；

4．孵化器拥有职业化的服务队伍，专业孵化服务人员（指具有创业、投融资、企业管理等经验或经过创业服务相关培训的孵化器专职工作人员）占机构总人数80%以上，每10家在孵企业至少配备1名专业孵化服务人员和1名创业导师（指接受科技部门、行业协会或孵化器聘任，能对创业企业、创业者提供专业化、实践性辅导服务的企业家、投资专家、管理咨询专家）；

5．孵化器在孵企业中已申请专利的企业占在孵企业总数比例不低于50%或拥有有效知识产权的企业占比不低于30%；

6．孵化器在孵企业不少于50家且每千平方米平均在孵企业不少于3家；

7．孵化器累计毕业企业应达到20家以上。

第七条 在同一产业领域从事研发、生产的企业占在孵企业总数的75%以上，且提供细分产业的精准孵化服务，拥有可自主支配的公共服务平台，能够提供研究开发、检验检测、小试中试等专业技术服务的可按专业孵化器进行认定管理。专业孵化器内在孵企业应不少于30家且每千平方米平均在孵企业不少于2家；累计毕业企业应达到15家以上。

第八条 本办法中孵化器在孵企业是指具备以下条件的被孵化企业：

1．主要从事新技术、新产品的研发、生产和服务，应满足科技型中小企业相关要求；

2．企业注册地和主要研发、办公场所须在本孵化器场地内，入驻时成立时间不超过24个月；

3．孵化时限原则上不超过48个月。技术领域为生物医药、现代农业、集成电路的企业，孵化时限不超过60个月。

第九条 企业从孵化器中毕业应至少符合以下条件中的一项：

1．经国家备案通过的高新技术企业；

2．累计获得天使投资或风险投资超过500万元；

3．连续2年营业收入累计超过1000万元；

4．被兼并、收购或在国内外资本市场挂牌、上市。

第十条 全国艰苦边远地区（按照人力资源和社会保障部艰苦边远地区范围和类别规定）的科技企业孵化器，孵化场地面积、在孵和毕业企业数量、孵化资金规模、知识产权比例等要求可降低20%。

第三章 申报与管理

第十一条 国家级科技企业孵化器申报程序：

1．申报机构向所在地省级科技厅（委、局）提出申请。

2．省级科技厅（委、局）负责组织专家进行评审并实地核查，评审结果对外公示。对公示无异议机构书面推荐到科技部。

3．科技部负责对推荐申报材料进行审核并公示结果，合格机构以科技部文件形式确认为国家级科技企业孵化器。

第十二条 国家级科技企业孵化器（含国家备案众创空间），按照国家政策和文件规定享受相关优惠政策。

第十三条 科技部依据国家统计局审批的统计报表对孵化器进行规范统计，国家级科技企业孵化器应按要求及时提供真实完整的统计数据。

第十四条 科技部依据孵化器评价指标体系定期对国家级科技企业孵化器开展考核评价工作，并进行动态管理。对连续2次考核评价不合格的，取消其国家级科技企业孵化器资格。

第十五条 国家级科技企业孵化器发生名称变更或运营主体、面积范围、场地位置等认定条件发生变化的，需在三个月内向所在地省级科技厅（委、局）报告。经省级科技厅（委、局）审核并实地核查后，符合本办法要求的，向科技部提出变更建议；不符合本办法要求的，向科技部提出取消资格建议。

第十六条 在申报过程中存在弄虚作假行为的，取消其国家级科技企业孵化器评审资格，2年内不得再次申报；在评审过程中存在徇私舞弊、有违公平公正等行为的，按照有关规定追究相应责任。

第四章 促进与发展

第十七条 孵化器应加强服务能力建设，利用互联网、大数据、人工智能等新技术，提升服务效率。有条件的孵化器应形成“众创—孵化—加速”机制，提供全周期创业服务，营造科技创新创业生态。

第十八条 孵化器应加强从业人员培训，打造专业化创业导师队伍，为在孵企业提供精准化、高质量的创业服务，不断拓宽就业渠道，推动留学人员、科研人员及大学生创业就业。

第十九条 孵化器应提高市场化运营能力，鼓励企业化运作，构建可持续发展的运营模式，提升自身品牌影响力。

第二十条 孵化器应积极融入全球创新创业网络，开展国际技术转移、离岸孵化等业务，引进海外优质项目、技术成果和人才等资源，帮助创业者对接海外市场。

第二十一条 各级地方政府和科技部门、国家自主创新示范区、国家高新技术产业开发区管理机构及其相关部门应在孵化器发展规划、用地、财政等方面提供政策支持。

第二十二条 各地区应结合区域优势和现实需求引导孵化器向专业化方向发展，支持有条件的龙头企业、高校、科研院所、新型研发机构、投资机构等主体建设专业孵化器，促进创新创业资源的开放共享，促进大中小企业融通发展。

第二十三条 各地区应发挥协会、联盟等行业组织的作用，促进区域孵化器之间的经验交流和资源共享。

第五章 附 则

第二十四条 省级科技厅（委、局）可参照本办法制定本地区孵化器管理办法。

第二十五条 本办法由科技部负责解释，自2019年1月1日起实施。《科技企业孵化器认定和管理办法》（国科发高〔2010〕680号）同时废止。

科技部

2018年12月14日

北京市

北京市引进人才管理办法（试行）

（京人社调发〔2018〕38号）

第一条 为进一步优化本市人才队伍结构，加强首都经济社会发展的人才保障，根据《关于率先行动改革优化营商环境实施方案》（京发〔2017〕20号）、《关于优化人才服务促进科技创新推动高精尖产业发展的若干措施》（京政发〔2017〕38号）及国家和本市引进人才相关政策精神，结合本市实际，制定本办法。

第二条 围绕北京“四个中心”战略定位和城市总体规划布局，立足首都经济社会发展的多样化人才需求，坚持政治站位，坚持首善标准，以德为先，通过多种方式不拘一格地为本市行政区域内各类创新主体引进紧缺急需人才。

第三条 建立优秀人才引进的“绿色通道”，符合以下条件之一的人员来京工作的，可快速办理引进手续：

（一）“千人计划”和“海聚工程”的中国籍入选专家；

（二）“万人计划”、“高创计划”、中关村“高聚工程”的入选人；

（三）国家最高科学技术奖获奖人，国家自然科学奖、国家技术发明奖、国家科学技术进步奖二等奖及以上奖项的主要获奖人，本市科学技术奖一等奖及以上奖项的主要获奖人。

第四条 支持优秀创新创业团队引进人才：

（一）在京承担国家和本市科技重大专项、重大科技基础设施、重大项目和工程等任务或进行其他重要科技创新的优秀人才团队，其领衔人可办理人才引进；由2名国家或本市重大人才工程入选人推荐，优秀人才团队的成员可申请办理人才引进；

（二）近3年累计自主投入5000万元以上（含）或近3年累计获得7000万元以上（含）股权类现金融资的创新创业团队，自主投入资金或融资资金到位且运营效果良好的，其主要创始人和核心合伙人可办理人才引进；近3年累计自主投入1亿元以上（含）或近3年累计获得1.5亿元以上（含）股权类现金融资的创新创业团队，自主投入资金或融资资金到位且运营效果良好的，由2名主要创始人或核心合伙人推荐，其团队成员可申请办理人才引进；

（三）市属各区（含经济技术开发区）、集团总公司及其他相应单位实施的重点人才工程中创新创业成效突出的入选人，可申请办理人才引进。

第五条 加大科技创新人才及科技创新服务人才引进力度，符合以下条件之一的人员可申请办理人才引进：

（一）“中国专利金奖”获奖专利的发明人、获得3项以上（含）发明专利的独立完成人、以第二作者及以上身份获得6项以上（含）发明专利的主要完成人，其专利在京落地转化并取得显著经济社会效益的；

（二）在本市行政区域内的高新技术企业、创新型总部企业、新型研发机构等科技创新主体中承担重要工作，近3年每年应税收入超过上一年度全市职工平均工资一定倍数的（企业注册在城六区和北京经济技术开发区的为8倍，注册在本市其他区域的为6倍）；

（三）在本市行政区域内的知识产权服务机构、金融机构、人力资源服务机构、律师事务所、会计师事务所、审计师事务所等科技创新服务主体中承担重要工作，近3年每年应税收入超过上一年度全市职工平均工资一定倍数的（机构注册在城六区和北京经济技术开发区的为20倍，注册在本市其他区域的为15倍）；

（四）本市青年英才创新实践基地入站人员，出站后被本设站单位聘用的。

第六条 加大文化创意人才引进力度，符合以下条件之一的人员可申请办理人才引进：

（一）在京注册运营、近3年年均营业收入3亿元以上（含）且年均税后净利润2000万元以上（含）的文化创意企业，其任职满3年的法定代表人、总经理等高级管理人员；

（二）新闻出版、广播影视、文化艺术、文物保护等领域国家级奖项获奖人和国家级文化创意人才培养工程入选人；

（三）社会贡献较大的知名媒体人、自由撰稿人、艺术经纪人、文化传承人、展览策划人和文化科技融合人才，以及著名的作家、导演、编剧、演员和节目主持等人员。

第七条 加大体育人才引进力度，符合以下条件之一的人员可申请办理人才引进：

（一）具有国际影响力的重大赛事策划人和组织人、著名运动员和教练员、国际级和国家A级裁判员、知名体育解说员和体育节目主持人；

（二）具有良好发展趋势和培养前途的优秀体育后备人才。

第八条 加大国际交往中心建设的人才保障，符合以下条件之一的人员可以申请办理人才引进：

（一）在京注册的重要国际组织或国际组织分支机构聘用的核心人员；

（二）跨国公司地区总部及其研发机构、外国或港澳台地区来京投资设立的规模以上企业等聘用的高级管理人员和高级专业技术人员；

（三）本市急需的具有全球视野、掌握世界前沿技术、熟悉国际间商务、法律、金融、技术转移等规则的人才。

第九条 加大金融人才引进力度，符合以下条件之一的人员可申请办理人才引进：

（一）基金管理人和所管理基金均在京设立并备案，实收资本1亿元以上、近3年实际投资本市高精尖产业5000万元以上的天使投资基金管理人，其任职满3年的法定代表人、总经理、合伙人、合伙人委派代表等高级管理人员；

（二）基金管理人和所管理基金均在京设立并备案，实收资本3亿元以上、近3年实际投资本市高精尖产业5亿元以上的创业投资基金管理人，其任职满3年的法定代表人、总经理、合伙人、合伙人委派代表等高级管理人员；

（三）在京设立的金融控股集团、持牌金融机构、金融基础设施平台、金融组织聘用的贡献突出的高级管理人员和核心业务骨干。

第十条 加大教育、科学研究和医疗卫生健康等专业的人才引进力度，符合以下条件之一的人员可申请办理人才引进：

（一）具有国家“双一流”大学（或学科）或国家级重点实验室5年以上工作经历，且具有高级职称的高等教育人才和科研人才；

（二）具有省级或地市级优质中小学10年以上教学经验，且具有高级职称的教师；

（三）具有三级医院10年以上从医经验，且具有高级职称的医疗卫生健康专业人员；

（四）本市紧缺急需的其他具有相应水平的教育和医疗卫生健康人才，以及其他类型事业单位所需的专业人才。

第十一条 加大高技能人才引进力度：

（一）世界技能大赛获奖人及其主教练、本市职业技能一类竞赛第一名获奖人及其它国家级以上相应技能竞赛第一名获奖人且贡献突出的，可办理人才引进；

（二）本市科技成果转化紧缺急需的高技能人才，可申请办理人才引进。

第十二条 建立自由职业者引进通道。对本市科技创新或文化创新贡献突出且依法纳税的自由职业者，可申请办理人才引进。

第十三条 拓展紧缺急需人才遴选引进范围。在本市行政区域内符合首都城市功能定位和产业发展方向的各类用人主体中稳定工作、贡献突出，且符合以下条件之一的人员，可申请办理人才引进：

（一）在国内外取得硕士及以上学位或具有高级专业技术职称的；

（二）经人才引进综合评价合格的；

（三）经本市行政区域内各区或局级单位按程序推荐的；

（四）经相应的人才认定委员会认定推荐的；

（五）其他特殊特艺人才或紧缺急需人才。

第十四条 拟引进的人才应无刑事犯罪记录，提出引进时一般应在聘用单位工作满2年。引进时年龄原则上不超过45周岁，“三城一区”引进的可放宽至50周岁，个人能力、业绩和贡献特别突出的可进一步放宽年龄限制。引进人才的配偶和未成年子女可随调随迁。

第十五条 加强引进人才落户保障。引进人才无产权房屋的，可在聘用单位的集体户落户；聘用单位无集体户的，可在单位存档的人才公共服务机构集体户落户。

第十六条 优化引进人才办理程序。引进人才本人签署诚信声明，对所提供材料的真实性、有效性和合法性作出书面承诺后，由聘用单位向所在区（含经济技术开发区）或具有管辖权的局级单位提出申请，报市人力社保局审核。市人力社保局对拟引进人才相关材料进行审核，审核通过的办理引进落户手续。

第十七条 明确引进人才工作职责。市人力社保局负责对全市引进人才工作进行监督检查；各区人力社保局（含开发区人劳局）、具有管辖权的局级单位人事部门等报送单位负责对引进人才发挥作用情况进行跟踪问效；聘用单位负责加强对引进人才的管理与服务，履行帮助办理引进手续、缴纳社会保险等责任和义务；申请人应如实提供引进材料，并遵守法律法规和聘用单位规章制度。

第十八条 加大廉政风险防范和违法违规行为处罚力度。加强制度建设，规范工作流程，明确相关主体职责，防范廉政风险。人才引进过程中存在弄虚作假、行贿受贿、推诿拖延等行为的，依法依规处理。其中，主管部门和聘用单位给予全市通报、压减办理数量、列入黑名单、暂停办理调京业务等处理；申请人取消调京资格、不良信息按照本市有关规定进行有效期为5年的记录，已取得本市常住户口的予以注销；相关人员违法违规线索移交司法机关处理。

第十九条 本办法自发布之日施行，此前发布的《北京市引进人才和办理<北京市工作寄住证>的暂行办法》（京人发〔1999〕38号）同时废止。

北京市人力资源和社会保障局

2018年2月28日

关于加快推进中关村科学城建设的若干措施

（京海发〔2018〕1号）

为深入学习贯彻党的十九大精神和习近平新时代中国特色社会主义思想，全面落实《北京城市总体规划（2016年—2035年）》和北京加强全国科技创新中心建设的战略部署，扎实服务京津冀协同发展和雄安新区建设，举全区之力聚焦中关村科学城，加快全国科技创新中心核心区建设，更好地服务支撑首都核心功能和创新型国家建设，特制定以下措施。

一、总体目标

聚焦具有全球影响力的原始创新策源地和自主创新主阵地功能定位，聚焦高校院所和创新型企业等创新主体，聚焦人才和资本为主的创新要素，聚焦科技创新政策先行先试，以构建具有全球竞争力的创新生态体系和支撑全球创新中心的新型城市形态为主线，以文化科技深度融合为核心动力，提升创新发展效率和能级，率先建成具有全球影响力的科学城。至2020年，实现以下主要目标：

——原始创新能力显著增强。持续保持全球领先的科教智力资源优势，吸引和培养一批国际顶尖科学家和创新团队，青年英才梯队更加完善，建成若干国际领先的基础研究平台，基础研究能力跃升式发展。在重点产业和优势领域取得一批重大原创成果、一批关键技术突破和一批具有主导权的国际标准。原始创新和自主创新成效进一步提升，成为全球原创思想、顶尖科学技术和发明创造的主要诞生地和聚集地之一。

——高精尖产业结构更加巩固。以新一代信息技术为基石，以新材料、能源环保、生命科学的关键核心技术突破和高端装备的核心部件研发为依托，突出人工智能、脑科学与类脑科学、5G、颠覆性材料、集成电路设计等前沿领域，形成1—2个具有全球影响力和技术主导权的创新型领军企业集群，以及若干具有全球竞争优势的战略性新兴产业集群，加快构建具有国际竞争力的现代产业体系。

——创新生态体系更加完善。政产学研深度融合的格局进一步完善，人才、资本、科技服务等创新要素更加富集，创新链、产业链、资本链有机耦合，知识产权保护和运用水准更高。国际化程度进一步提升，成为跨国企业研发中心、海外创新资本、跨国技术转移机构、全球英才学习和创业首选地。创新文化内涵进一步拓展，形成科学精神和工匠精神深入人心、创新创业活力竞相迸发、文化软实力对科技创新的支撑强劲有力的创新发展新格局。

——新型城市形态初步形成。“科学”+“城”融合发展成为新态势，以高端引领、减量集约、动态平衡为特点的创新功能和城市功能布局更加完善，初步建成集教育科研、发明创造、创新创业、产业发展、人居生活、文化交流等多维价值于一体的，具有全球影响力的科学智慧之城、创新引领之城、人文活力之城、生态优美之城、和谐宜居之城，成为全球科技创新中心的典范区域。

——创新效率能级大幅提升。到2020年，高新技术企业收入达到2.6万亿元，战略性新兴产业增加值占地区生产总值比重65%以上，国家级高新技术企业数量超过1.2万家，发明专利授权量超过2.3万件，技术合同成交额超过1750亿元，新增国际标准50项，一批国内领先、具有国际影响力的龙头企业和潜力企业持续涌现，产业影响力、带动力和竞争力不断提升，中关村科学城成为支撑全国科技创新中心发展的重要引擎、孕育新经济的主源头。

二、重点措施

在深入落实海淀区加快核心区自主创新和战略性新兴产业发展政策体系（简称“1+4+1”政策体系）的基础上，根据具有全球影响力的全国科技创新中心核心区建设新要求，围绕创新生态体系和新型城市形态构建，聚焦深化创新驱动发展的“痛点”和“堵点”，实施十六项重点措施。

1. 实施原始创新能力跃升计划。围绕新一代信息技术、量子科学、生命科学、颠覆性新材料等重点领域，结合“双一流”高校及学科建设，支持驻区高校与科研机构、创新型企业跨界协作，促进原创知识和技术产出。对接科技创新2030—重大项目等国家重大科技战略任务和项目，推动一批重大科技平台和设施落地，落地建设2—3家国家实验室。鼓励、引导企业和社会资本投入基础研究领域，扩大与自然科学基金及创新型企业合作，壮大原始创新联合基金。实施研发投入倍增计划，加大政策激励力度，鼓励驻区企业加大研发投入。设立概念验证资助计划，支持国内外具有重大价值、尚处于探索阶段的基础研究和技术探索项目。

牵头单位：海淀园管委会（区科委）

责任单位：区投促局、区发改委、区国资委、中海投、海国投

2．实施新型研发平台领航计划。推进政产学研用深度融合、协同创新，每年安排2亿元专项资金，加强与市级支持措施衔接配套，推出市区“政策集成包”“政策组合工具”，支持建设贯穿基础研究、应用技术研究和产业化全链条的新型研发平台，加速基础研究成果向技术和产品、服务转化。对于全球领袖型科学家领衔建设的新型研发平台，采取“一事一议”的方式进行按需支持。整合驻区高校、科研机构和创新型企业资源，建立创新资源共享平台，建设一批科研设备租赁中心、共享型产业中试基地，促进区域创新资源融合共享。

牵头单位：海淀园管委会（区科委）

责任单位：区发改委、区投促局、区教委、工商海淀分局、区商务委、区财政局

3．实施创新型企业“3×100”计划。每年安排8亿元专项资金，聚焦支持领军企业和潜力型企业培育，形成创新型企业千帆竞发、百舸争流新态势。实施“领军企业100”计划，遴选100家领军企业，支持其整合国内外、行业上下游资源，搭建面向新兴产业领域的产业技术创新中心，牵头组建国家级产业技术创新战略联盟，提升全产业链创新能力；3年内培育2—3家具有全球影响力的千亿级领军企业，新增6家以上百亿企业、30家以上亿元企业。实施“隐形冠军100”计划，遴选100家成长期科技企业，支持其围绕产业细分领域，持续加大研发投入，引领产业前沿方向，培育一批掌握关键核心技术、占有细分领域较大市场份额的“隐形冠军”，3年内新增10—15家独角兽企业。实施“种子企业100”计划，按照符合中关村科学城产业发展定位、拥有自主知识产权、在硬科技及商业模式创新上有明显特色、潜力大、成长性好的标准，遴选100家初创期科技型中小企业进行重点支持，培育若干科技小巨人企业，不断壮大高新技术企业集群。

牵头单位：海淀园管委会（区科委）

责任单位：区发改委、区知识产权局、区财政局、区金融办、各街道、镇

4．实施高精尖产业引领计划。聚焦产业资金支持方向，每年安排5亿元专项资金，多渠道支持“高精尖”产业发展。做精以人工智能、大数据、云计算为核心的新一代信息技术产业，筑牢高端产业“基石”。支持航空发动机、微纳制造等关键技术突破，做强以轨道交通、通用航空、现代医疗器械、服务机器人等高端装备制造领域的核心部件研发和产业化为重点的智能制造产业。支持精准医疗、基因编辑及测序、石墨烯、超材料、分布式能源等前沿技术发展，做尖以生命科学、新材料、能源环保领域关键核心技术突破为引领的战略先导产业。支持平台经济、共享经济、数字经济、智能经济等新经济发展。深化军民融合产业发展，围绕军民两用材料、大型无人机、网络信息安全等领域，实施一批军民融合示范应用项目，形成军民融合发展新路径。支持原创设计、知识分享、动漫游戏、新媒体等文化科技融合产业发展，建设设计之都引领区，打造新时代发展新动力。

牵头单位：海淀园管委会（区科委）

责任单位：区财政局、区经信办、区卫计委、区环保局、工商海淀分局、区商务委、区委宣传部、区交通委、区金融办、各街道、镇

5．实施“创新合伙人”计划。深化中关村人才特区建设，每年安排2亿元专项资金，聚焦科学家、企业家、投资家、科技经纪人、科技战略专家、法律财务管理专家等重点群体，培养一批具有高度粘性、扎根中关村科学城创新创业的“创新合伙人”。分领域绘制全球高端人才图谱，研究制定国际人才认定和支持办法，加大对海外顶尖人才及创新团队的引进和支持力度。根据中央和北京市人才工作新形势、新要求，适时调整“海英人才”评选方向、扩大评选范围、改革评选认定方式，逐步打破年龄、资历、职级、职称等限制。建立人才举荐制度，对经过知名企业家、战略科学家、投资家等推荐，掌握原创颠覆性技术的海内外人才和具有潜质的青年英才，优先纳入“海英人才”支持体系。设立“青年科学家大奖”和“创业雏鹰大奖”，加强对青年科学家和青年创业者的支持力度。与五道口金融学院等高校院所共建人才培养平台，加强科技型职业经理人和创业型科学家培养。强化对人才落户、医疗服务、子女教育、住房保障等方面的综合支持，3年内安排2万套人才公寓保障高端人才、青年人才安居乐业。

牵头单位：区委组织部、区人社局、海淀园管委会（区科委）

责任单位：区住建委、区房管局、区教委、区卫计委、区财政局、区国税局、区地税局、区金融办

6．实施科技金融融合创新计划。持续完善海淀创新基金体系，加强原始创新基金、天使投资基金、成果转化基金、股权投资基金、产业发展基金、并购基金建设，形成1000亿规模的“海淀创新基金系”。结合外资金融机构对外开放试点，鼓励外资金融机构集聚发展。探索实施“龙门计划”，加速推动一批科技型企业上市。支持中关村银行等新型金融业态和机构，以及人工智能、区块链、云计算、生物识别、量化投资等金融科技发展，开拓科技和金融融合发展的新路径。

牵头单位：区金融办、海淀园管委会（区科委）

责任单位：区国资委、中海投、海国投、区财政局

7．实施创业服务提质计划。以深化全国双创示范基地建设为核心，推动创业服务提质增效发展。建立创业孵化器、加速器、众创空间分类分级评估机制，根据评估结果给予精准支持，推动形成创业服务主力梯队。加强政策引导和倾斜，支持面向前沿产业领域的技术孵化型、产业链孵化型创业服务机构发展，认定一批专业化众创空间。采用市场化方式建立科技企业加速器，形成毕业企业输送机制，推动优质初创企业落地。设立双创母基金，推动优秀众创孵化机构向投资和服务驱动发展

模式升级。深化“创业会客厅”建设，完善“政务服务”+“创业服务”模式。

牵头单位：海淀园管委会（区科委）

责任单位：区政务服务办公室、区发改委、工商海淀分局

8．实施知识产权强基计划。完善支撑创新发展的知识产权服务体系，打造知识产权强区。实施知识产权优势企业培育计划，加强知识产权国际合作，提升企业知识产权国际化布局能力，促进企业知识产权提质增量。完善知识产权质押融资市场化风险补偿机制，加大中小微企业知识产权融资服务力度，推进知识产权与金融进一步融合发展。促进创新主体知识产权商用化，推进重点产业领域高价值专利挖掘、培育和运营。推进知识产权服务业集聚发展，重点支持知识产权运营、评估、咨询等服务机构发展，支持北京商标交易所建设，打造知识产权服务高地。构建知识产权多元化保护机制，加强知识产权海外维权援助。加快建设中关村知识产权保护中心，推动形成审查确权、行政执法、维权援助、仲裁调解、司法衔接相联动的产业知识产权快速协同保护工作格局。

牵头单位：区知识产权局

责任单位：海淀园管委会（区科委）、工商海淀分局、区文化委、区商务委、区财政局、区金融办

9．实施标准创新领跑计划。完善标准化支持政策，开展“科技成果标准转化试点”，支持一批具有全球竞争力的重大原创成果和关键技术按照标准程序转化，形成一批具有主导权的国际标准。增加标准化创新要素供给，促进团体标准与专利深度融合，开展团体标准的检测认证，推进团体标准的应用实施，培育一批技术先进、市场认可、引领产业的团体标准精品。促进标准与产业协同发展，围绕重点产业和优势领域，引导企业实施和创制先进标准，支持一批企业自主创制的先进标准进行产业化应用示范，推动先进标准的产业化、国际化。

牵头单位：区质监局、海淀园管委会（区科委）

责任单位：区知识产权局、区财政局

10．开展城市空间更新行动。落实新版北京城市总规，制定实施中关村科学城发展提升规划，调整优化城市空间总体布局。以国际一流的理念和标准加强城市设计，抓好中关村大街和北清路两条创新主轴的品质提升，进一步优化中关村科学城南区、北区的城市功能和创新生态架构，形成中关村科学城新的标志性形象。设立总规模100亿的城市空间更新基金，加快推进中关村大街改造升级。加强高品质友好交流公共空间建设，为创新创业者提供更多创新交流场所。在北清路沿线重点打造一批中央科研和休闲区、中央商务活动区和功能型创新节点，突出生态功能与创新功能的融合。加快推进高校院所周边环境提升，打造一批枢纽型创新区，构建若干微创新环带。率先落实北京市关于加快科技创新构建高精尖经济结构用地政策的意见，调整产业准入条件、创新产业用地利用方式、提高产业用地利用效率，为构建高精尖经济结构、推动高质量跨越式发展提供有力支撑。

牵头单位：区北部办（大街办）、海淀园管委会（区科委）、规划海淀分局

责任单位：国土海淀分局、区城市管理委、区园林绿化局、区发改委、区财政局、海国投、大街运营公司、各街道、镇

11．开展城市功能提升行动。以构建新型城市形态为导向，实施生态、城市功能“双织补”。加强生态修复，运用“再生态”的理念，采用最新科技手段，修复城市自然环境和地形地貌，依据上位规划建设大尺度功能绿地，改善生态环境质量，打造生态宜居城市。推进城市功能升级，运用“更新织补”的理念，加强慢行交通体系、城市综合管廊、24小时生活便民服务体系和公共文化设施建设，修复城市设施、空间环境、景观风貌，提升城市特色和活力，打造包容多元、富有灵性的新型城市形态。发挥文化带的内涵支撑作用，提升区域人文品质，打造人文社区。

牵头单位：规划海淀分局、区城市管理委、区园林绿化局、区社工委

责任单位：国土海淀分局、区交通委、区商务委、区委宣传部、区文化委、各街道、镇

12．开展“科技城市”建设行动。深化“智慧海淀”建设，完善首台套支持政策，在政务服务、公共服务、社会治理、城市运行等领域，实施一批应用示范工程。加强人脸识别、高精度传感器、生物芯片等技术在灾害预测、安全防护等领域的应用。加快推进智慧社区建设，布局建设智能化服务设施，凸显科技城市新内涵。试点建设以领军企业、著名科学家等命名的主题科技公园，打造科技秀场，树立科技城市新标识。依托多元、跨界的创新空间建设，打造若干城市创新功能“小模块”，组合形成城市功能微循环系统，构建科技城市新格局。

牵头单位：区城市管理委、区网信办、区园林绿化局

责任单位：规划海淀分局、国土海淀分局、区发改委、区交通委、区安监局、区卫计委、区社会办、区财政局、海淀园管委会（区科委）

13．开展“科技政府”塑造行动。充分利用人工智能、物联网、云计算、大数据分析、移动互联网等新一代信息技术，以实现政府、市场、社会多方协同的公共价值塑造为导向，大力度率先应用中关村企业新技术、新产品，构建服务型科技政府，推动政府运行和公共治理的精细化、智能化。设立科学顾问、产业顾问制度，聘请全球顶尖科学家担任区政府科学顾问，依托中关村企业家顾问委员会，充分发挥科学家和企业家的智囊作用。提升政府工作人员科学素养，加强对政府工作人员的科技课程培训，培养一批爱科技、懂科技、用科技的高素质、专业型干部。依托大数据等技术手段建立智能决策系统，辅助政府决策。

牵头单位：区政府办、区网信办

责任单位：区人社局、海淀园管委会（区科委）

14．开展“科技公民”培育行动。开放中关村展示交易中心等创新成果展示场所，建设一批科普创新基地。推出创新大讲堂，依托专家教授和企业家宣讲科技创新前沿知识。设立科技节日，推动全民科学素养的进一步提升，使发明创造、创新创业、新技术新产品试验应用成为市民的行为习惯和生活方式。联合驻区高校和科研机构，深化“少年科学院”建设，形成

“两院院士+少年院士”的科学人才培养模式；开展科技夏令营、创新体验行等拓展活动，培育一批“少年科学家”。建设STEAM教育基地，强化科学人文通才教育。

牵头单位：区委宣传部、区教委、区科协

责任单位：区财政局、住建委、规划海淀分局、国土海淀分局、团区委、区妇联、海淀园管委会（区科委）、中关村展示交易中心、各街道、镇

15．开展全球联动创新行动。每年统筹2亿元专项资金，联合国际知名大学和研究机构、跨国企业、投资机构，设立海外投资基金，共建海外产业技术创新平台、创新中心、创新驿站和孵化器，深化离岸创新、跨境创新。支持跨国企业中国研发中心落地，支持建设国际创新中心、国际科技信息交流平台，推动创新创业要素国内国际双向流动、无缝衔接。支持区属国有企业设立海外业务平台，支持驻区企业开展海外并购，拓展海外业务。推进中关村大街国际人才社区建设，建设“类海外”的工作生活环境。深化“藤蔓计划”，打造全球创新创业人员最佳栖息地，实现3年内驻区企业外籍外裔从业人员比例翻番。高水平举办中关村论坛，打造全球创新思想汇聚地、追求卓越的风向标。深入推动京津冀协同发展和雄安新区建设，通过项目共同孵化、资本联合投资、园区共建共享等多种方式，构筑跨区域创新网络，形成创新要素有序流动、创新合作深度开展、创新空间互通共享的跨区域协同创新发展新格局。

牵头单位：海淀园管委会（区科委）、区外办、区发改委

责任单位：区知识产权局、区人社局、区委组织部、公安海淀分局、大街运营公司

16．开展创新服务“码上办”行动。以“你创新，我服务”为核心理念，建立创新服务需求统一受理的互联网和移动互联网平台，发布创新服务二维码，统筹全区创新服务职能，打造涵盖创新创业政策发布、创新创业政策申报、服务需求对接、审批事项办理等功能的全流程、全链条创新服务体系。

牵头单位：海淀园管委会（区科委、区经信办、区投资促进局、区知识产权局）、区政府办

责任单位：区委办公室、区委宣传部、区委组织部、区发改委、区国资委、区城市管理委、区商务委、区教委、区住建委、区交通委、区文化委、区公共委、区卫计委、区财政局、区人力社保局、区国税局、区地税局、区园林绿化局、区质监局、区房管局、区环保局、区统计局、区民政局、区司法局、国土海淀分局、规划海淀分局、公安海淀分局、工商海淀分局、区政务服务办公室、区金融办、中关村西区办、区北部办（大街办）、区编办、相关街道、镇及海国投、大街运营公司

三、保障措施

1．统一思想认识，举全区之力推进科学城建设。以习近平新时代中国特色社会主义思想为指引，准确把握海淀城市形态深度转型期、科技创新全面提升期、经济发展重大变革期、发展动力优势重塑期、城市治理关键突破期的阶段性特征，以构建具有全球竞争力的创新生态体系和支撑全球创新中心的新型城市形态为主线，以推动文化科技深度融合重塑新时代发展动力为重点，切实提高认识，统一思想，聚焦中关村科学城，明确各部门、各单位的职责，把建设具有全球影响力的全国科技创新中心摆在全区工作的统领位置。

2．完善组织机制，构建新型创新服务治理体系。完善中关村科学城建设组织领导机制，建立健全海淀区建设中关村科学城领导小组及办事机构，举全区之力统筹推进中关村科学城建设。健全中关村科学城组织运行机制，建立由各创新主体参与的科学城共建联席会，完善多层级、多主体联合工作体系，形成中关村科学城联创共建新格局。深化海淀园体制机制改革，引入市场化运行机制，建立专业水平更高、服务能力更强的园区创新管理和服务平台。

3．推进先行先试，持续打造制度创新高地。以纪念改革开放40周年、中关村创新发展40周年为契机，围绕创新发展和重大项目落地需求，深化放管服改革和政策先行先试，推动在产业化项目审批、科技成果转化、新经济监管、创新人才引进和评价等领域出台一批新的试点政策，降低区域创新创业的制度成本，打造具有国际竞争力的营商环境。

4．强化督促落实，确保目标任务落实落细。进一步发挥督查考核的“风向标”“指挥棒”作用，加大督查工作力度，加强督查工作创新，强化考核结果运用，以督查考核推动各项工作全面落实、取得实效。紧抓政策措施的细化落地，出台具体办法和细则，定期开展政策实施情况评估，适时优化调整措施内容。

中共北京市海淀区委
北京市海淀区人民政府
2018年1月22日

关于深化科技体制改革加快朝阳区科技创新体系建设的实施意见

（京朝发〔2018〕3号）

为加快实施国家创新驱动发展战略，深入落实《北京加强全国科技创新中心建设总体方案》（国发〔2016〕52号）、《关于进一步创新体制机制加快全国科技创新中心建设的意见》（京发〔2014〕17号）、《北京城市总体规划（2016年—

2035年）》等文件精神，进一步深化科技体制改革，加快朝阳区科技创新体系建设，充分发挥国际化、市场化优势，推动朝阳区构建“高精尖”经济结构，制定以下实施意见。

一、指导思想、基本原则和发展目标

（一）指导思想。

深入贯彻落实党的十九大精神和市、区各项重要战略部署，牢固树立创新、协调、绿色、开放、共享的发展理念，以北京全国科技创新中心建设、北京市服务业扩大开放综合试点示范区建设为契机，深化科技体制改革，以提高自主创新能力为核心，引导企业加大科技投入；发挥国际化优势，推动国际研发创新集聚区建设；以优化营商环境为抓手，促进重大科技成果在朝阳区落地转化；加强科技创新资源整合，构建“高精尖”经济结构，推动科技与经济融合发展。

（二）基本原则。

发挥朝阳优势，服务首都战略。充分发挥朝阳区国际化资源与高端商务服务体系优势，紧抓北京市服务业扩大开放综合试点示范区、国际人才社区建设重要机遇，持续强化科技创新能力，加快构建“高精尖”经济结构，服务北京全国科技创新中心建设。

坚持政策引导，强化市场导向。统筹发挥政府在战略规划、政策法规、标准规范和监督指导等方面的作用与市场在资源配置中的基础性作用，完善激励创新的体制机制和政策措施，营造公平开放的市场环境，实现创新资源的合理配置和高效利用。

突出企业主体，加强协同创新。坚持企业技术创新主体地位，强化产学研用紧密结合，加快建立企业主导产业技术创新的体制机制。加强技术创新、知识创新、区域创新和科技服务等体系之间的协调联动，提高区域创新体系整体效能。

坚持以人为本，尊重发展规律。遵循科技发展规律和人才成长规律，满足不同类型、不同层次的科技发展需求，加快创新人才队伍建设，完善人才发展的体制机制，优化人才发展环境，激发全社会的创新热情和创造活力。

（三）发展目标。

到2020年，朝阳区科技创新资源聚集态势显著，引进一批具有世界影响力的国际研发机构、顶尖人才及团队。创新空间布局不断优化，打造一批以大数据、人工智能、科技服务业等为代表的高端特色产业集群，产业集群间联动发展，形成协作配套、协同发展的产业格局。科技创新环境持续优化，线上线下科技创新服务体系进一步完善，科技金融服务体系更加完备；产业园区、孵化机构等创新载体承载力、服务能力大幅提升，创新平台体系进一步完善。高新技术企业加速发展，创新能力显著提升，吸引和培育一批国际知名品牌和具有较强国际竞争力的跨国企业。高新技术产业和科技服务业作为构建“高精尖”经济结构的主力军，对经济社会发展的支撑作用日益显著。科技与文化深度融合发展，文化科技创新特点更为突出。高层次科技领军人才不断涌现，创新创业活力不断迸发。国际技术转移枢纽作用更加突出，成果转化应用能力大幅提升。

二、重点任务

（一）实施“创新资源集聚”工程，推动优质资源服务区域科技创新发展。

1．打造国际研发创新集聚区。结合服务业扩大开放综合试点示范区和望京国际人才社区建设工作，落实朝阳区“打造创新研发的国际化发展高地”的任务要求，充分发挥区域国际化和市场化优势，积极吸引国际研发机构在朝阳落地，促进国际高端创新要素加速集聚。引导成立国际研发机构联盟，鼓励国际研发机构与区内科研院所和科技企业等创新主体开展研发合作，促进国际研发机构加快融入区域创新体系，形成以国际研发机构为核心的高端特色产业集群。

2．促进区域科技创新资源集聚。充分发挥市场机制作用，引导驻区科研院所、高等院校、国有企业创新资源开放共享。吸引民营企业在朝阳建设高水平研发机构，促进企业向专、特、精、新方向发展。完善企业为主体、产学研用深度融合的协同创新体系，积极推动京津冀地区协同发展。加强军民资源共享和协同创新，积极推动军民两用技术转移和成果落地转化。

3．促进科技创新人才集聚。营造适合国际人才创新发展、和谐宜居的类海外环境，积极推进望京国际人才社区建设。进一步完善高层次人才认定体系，大力推进国际商务人才、“凤凰计划”等人才认定，引进掌握世界前沿技术的顶尖人才和人才团队落地创新创业。支持企业博士后科研工作站、创新实践基地等创新创业服务载体建设。

（二）实施“创新布局优化”工程，构建全面协调的科技创新发展格局

4．构建“一带多点”整体布局。构建“高精尖”经济发展带，形成以中关村朝阳园、CBD、国家文化产业创新实验区、奥运功能区等功能区为支撑的“一带多点”科技创新空间布局。中关村朝阳园重点发展电子信息、生物与新医药、新能源与节能环保、先进制造与自动化、科技服务业、“互联网+”等重点产业领域，打造高新技术产业发展核心区。CBD重点发展总部研发中心、国际科技金融、高端科技商务等，打造现代高端科技服务基地。依托国家文化产业创新实验区，打造文化与科技融合发展特色区域。发挥奥运功能区奥运场馆、高端会展及中科院院所聚集的优势，打造科技展览展示、国际科技合作及技术转移转化特色区域。

5．打造“地标引领”特色集聚区。充分发挥大型龙头企业带动作用，以建设特色商圈或特色街区为载体，围绕高新技术产业、文化创意产业、科技服务业等重点产业的高端环节、前沿领域和新兴业态，加强企业集聚，打造具有地标性、品牌性的特色产业集聚区，营造区域高端特色产业发展的良好氛围。

（三）实施“创新环境优化”工程，打造良好创新创业生态环境。

6．完善科技信息服务。推动“互联网+科技服务”模式，支持企业发展基于大数据、云计算、物联网的信息服务和数据服务，深入推进科技信息服务向平台化、网络化、移动化应用延伸。搭建“互联网+政务服务”平台，促进各部门科技相关政务信息资源共享和业务联动。

7．深化知识产权服务。打造三位一体“朝阳知识产权”新媒体服务平台，提供知识产权政策、资源、服务、资讯、案例、互动等综合服务。健全“1+X”模式工作格局，完善知识产权保护服务资源配置和服务体系建设。引进培育品牌知识产权

服务机构。指导、鼓励知识产权服务机构为企业开展知识产权托管、专利导航、战略研究等服务。进一步发挥中国北京朝阳（设计服务业）知识产权快速维权中心作用，支撑设计服务业聚集及科技文化融合发展。

8．加强科技成果转移转化服务。支持建设一批技术转移转化中心，推动高校在特色专业领域开展技术成果转化，扶持一批大型企业联合上下游企业开展共性技术成果转化和扩散应用，推动孵化器和众创空间积极承接国内外科技成果转化项目。促进技术市场发展，支持技术交易主体、技术转移服务机构积极参与技术交易活动，鼓励创新技术成果向津冀乃至全国转移辐射。

9．设立朝阳区科技创新创业引导基金。推动基金设立及运行，形成政府投资引导、社会资本参与、市场化机制运营、支持区域重点产业创新发展的基金运营体系。

（四）实施“创新载体提升”工程，增强各类创新载体承载力和服务能力。

10．提升重点功能区服务能力。推动中关村朝阳园、CBD、国家文化产业创新实验区、奥运功能区等重点功能区不断完善创新服务体系，健全投融资、产业扶持、创新创业指导等服务平台建设。立足园区功能定位，统筹区域发展，积极拓展产业空间，加大前沿科技领域重点企业与项目的引进力度。加强配套基础设施建设，持续优化发展区域。

11．推动孵化载体建设。加强对孵化载体发展的引导和管理，开展孵化器和众创空间认定、统计工作，规范行业健康有序发展。引导孵化器和众创空间向产业功能区及周边集聚。鼓励孵化器和众创空间围绕重点产业、技术领域搭建创业孵化平台和开展创业孵化活动。

（五）实施“创新平台建设”工程，推动科技创新资源整合和共享。

12．引导成立产业技术创新战略联盟。引导高新技术产业、科技服务业、文化与科技融合等产业领域重点企业联合高校院所共同成立产业技术创新战略联盟，开展技术创新、标准创制、成果推广应用等工作。

13．完善朝阳区—高校发展合作联盟建设。支持朝阳区—高校发展合作联盟与国内外科研机构、社会组织等建立战略合作关系。鼓励京津冀高校院所加入朝阳区—高校发展合作联盟，为区域内企业整合利用更大范围内的科研资源搭建有效对接平台，推动高校院所的科研成果在朝阳区落地转化。

14．完善首都科技条件平台朝阳工作站建设。鼓励区域内有科技资源的企业、高校、科研院所等加入首都科技条件平台，开放科技资源，提供协同创新服务。完善朝阳工作站运营模式，通过开展区域科技资源整合利用、挖掘企业科技需求，组织各类对接活动，搭建产学研合作平台，吸引先进科技成果落地。

15．完善朝阳区科技企业孵化器联盟建设。鼓励科技企业孵化器、众创空间、创业企业、创投机构、科研机构、中介服务机构等各类主体加入联盟，提升联盟资源的多样化、专业化程度，增强资源的有效互补和合理配置。支持孵化器联盟及成员单位举办创业大赛、创业论坛等创新创业活动。

（六）实施“创新主体培育”工程，助推建立以企业为主体的技术创新体系。

16．培育高新技术企业。围绕高新技术相关重点领域，建立高新技术企业储备库，加强对入库企业的培训和指导，对出库并获得高新技术企业认定的企业给予奖励。积极推动高新技术企业发展，引导高新技术企业加大研发投入。

17．推动科技企业上市挂牌和并购重组。充分发挥资本市场对区域经济社会发展的服务功能，健全促进科技企业上市融资长效工作机制，进一步提升对朝阳区企业上市和并购重组工作的引导、鼓励与支持力度，强化上市企业在助推区域产业转型升级的示范引领作用，提高区域内重点产业的核心竞争力。

18．引导企业实施知识产权战略。进一步优化朝阳区专利奖励及资助政策，坚持“数量布局、质量取胜”，培育一批专利“百件企业”“千件企业”。强化知识产权运用，推动企业专利技术产业化，支持企业利用知识产权质押进行融资，鼓励企业将专利成果纳入到技术标准中。推进国家“中小企业知识产权战略推进工程试点城市”建设。支持重点行业知识产权保护联盟建设。引导企业开展海外专利预警分析和国际专利布局。支持海外知识产权维权援助基地建设，为企业“走出去”保驾护航。

（七）实施“创新应用示范”工程，推动区域自主创新能力提升。

19．开展新技术新产品（服务）认定。围绕大气污染防治、污水处理、垃圾处理、智能交通、城市安全运行和应急救援、绿色建筑以及文化惠民、健康养老、居民消费等民生领域的新技术新产品（服务）开展认定管理工作，推动新技术新产品（服务）应用，服务经济发展、城市建设和民生改善，提升全社会自主创新能力。

20．积极推动应用示范。支持在节能环保、健康医疗、城市管理与社会建设等社会发展重点领域开展创新应用项目示范和推广工作。积极推动企业参与国家和北京市各类应用示范的项目。支持行业组织、联盟和大型企业建设首发产品展览展示中心。

（八）实施“创新精神培养”工程，营造科技创新发展良好氛围。

21．加强科普平台建设。建设一批科普体验厅、科普社区、科普基地等，支持搭建线上线下相结合的新型科普平台，综合运用3D科普展示窗、全息影像技术、模拟互动等方式，为群众提供立体化、生动化的科技创新成果展示。

22．加强创新文化建设。支持举办未来论坛，发挥未来论坛的影响力；支持举办“4.26”知识产权宣传周、科博会、文博会、京交会、CBD创新发展年会等各类创新活动以及中科院等科研院所开放日，多渠道、多层次、多角度宣传推广科技创新成果、知识产权、创业投资等创新文化，培育科学精神，营造创新氛围。

三、保障措施

（一）加强组织领导。

成立朝阳区科技创新体系建设领导小组（以下简称领导小组），由区委、区政府主要领导担任组长，各相关部门主要领导共同参与，加强统筹协调，负责重大决策部署、重大问题研究、重点工作推进等工作。领导小组下设办公室，办公室设在区科委，负责领导小组日常工作。

（二）加强责任落实。

各相关部门依据工作职责，分解任务，明确责任，抓好落实。根据工作目标任务，制定合理的时间安排，明确具体的工作措施，确保各项决策部署落到实处。

（三）加强资金支持。

建立多元化、多渠道、多层次的科技投入体系。加大财政资金支持力度，同时发挥财政投资的导向作用，积极探索政府资金引导社会资本投入的有效机制，引导银行、保险、证券、创投等社会资本参与朝阳区科技创新发展。

（四）加强宣传引导。

充分运用各类媒体拓宽传播渠道，大力宣传朝阳区科技创新发展的重大成就，宣传推动科技创新发展的重要意义、工作进展和先进经验，引导社会舆论，营造支持科技创新发展的良好氛围。

北京市朝阳区委
北京市朝阳区人民政府
2018年4月13日

天津市

天津市进一步加快引育高端人才若干措施

（津人才〔2018〕1号）

为全面贯彻党的十九大精神，认真落实市第十一次党代会部署要求，加快引育高端人才，制定如下措施。

一、引进顶尖人才。积极引进诺贝尔奖获得者、国内外院士等顶尖人才。对来津主持国家级研发平台和重大创新项目的，采取“一人一策”方式给予科研和生活奖励资助，在科技创新、人才培养等方面贡献突出的以其名义命名研发平台。对连续3年来津，每年在津工作2个月及以上且不满6个月的，给予一次性100万元奖励资助和500万元科研经费资助；每年在津工作6个月及以上的，给予一次性200万元奖励资助和1000万元科研经费资助。对在津创办具有自主知识产权的科技型企业并担任董事长或总经理的，给予一次性200万元奖励资助和最高1000万元科技成果转化资金补助。对来津开展短期项目合作，或应邀来津参加国际学术交流，从事讲学、咨询等活动的，按用人单位实际支出国际旅费及咨询等费用的50%，给予最高30万元奖励资助。

二、聚集领军人物。对全职引进的国家杰出青年科学基金获得者、“长江学者奖励计划”特聘教授等领军人才，给予一次性最高200万元奖励资助；在津创办具有自主知识产权的科技型企业并担任董事长或总经理的，给予一次性最高200万元奖励资助和最高200万元科技成果转化资金补助。对在国际知名高校、科研机构担任副教授（相当于）及以上职务，或在国内知名高校、科研机构担任教授（相当于）职务，全职引进到我市高校、科研机构担任教授（相当于）职务的，给予一次性100万元奖励资助。对在世界500强企业担任中层正职以上管理职务，到我市国有或民营企业担任高层管理职务的，给予一次性100万元奖励资助。

三、扶持创业英才。对拥有自主知识产权或具备产业化前景创新成果的国内外高端人才来津创办科技型企业，本人为企业第一大股东且个人实际投入超过50万元的，给予最高50万元创业启动资金支持。对符合条件的高端人才创办的科技型企业，正常运营5年内，按其贷款额度的50%给予连续3年每年最高100万元贴息支持，并按企业创新产品销售合同额的5%给予连续3年每年最高100万元奖励资助；在创造经济效益或社会效益方面贡献突出的，给予连续3年每年最高50万元奖励资助。

四、培育创新梯队。深化“131”创新型人才培养工程，以3年为一个培养周期，选拔50个科技创新团队并给予每个团队每年30万元专项资助。对入选国家和我市“千人计划”、国家“万人计划”、天津市杰出人才培养计划、人才发展特殊支持计划的高端人才，受邀参加有影响的国际学术交流活动，发表创新成果并经主管部门认定的，给予每年最高3万元奖励资助。

五、吸揽后备力量。吸引40周岁以下国内外青年优秀人才来津发展。对博士毕业、引进或留津（非在职）工作的青年人才，给予连续3年每年5万元奖励资助。支持博士后科研流动站（工作站）招收博士后（非在职），给予招收的博士后每人一次性5万元生活补贴。对与我市用人单位签订3年以上工作合同的出站博士后（非在职），给予每人一次性20万元奖励资助。

六、加强平台建设。支持建立天津市人才发展研究院。企业研发平台升级为国家级的，给予50万—100万元专项资金补贴。加大对“津洽会”“华博会”等大型人才智力对接平台建设，以及组织引智引才网上交流洽谈会、海外人才招聘团、高层次人才“津门行”等重大活动的投入，对应邀来津参加对接洽谈等活动的具有博士学位或拥有自主知识产权创新成果的海外高层次人才给予奖励资助。实施国际学术交流平台培育计划，每年遴选10个学术交流平台，给予主办单位最高50万元资助。

七、完善激励机制。鼓励企业转化或应用我市高校、科研院所的科技成果，按照成果交易合同总额的一定比例，对成果受让企业、促成交易的中介机构和技术经纪人给予补贴。对科技成果研发作出重要贡献的骨干人员，给予成果转化收益50%以上的奖励，具体奖励比例由各单位自主确定。对新当选的“两院”院士，给予一次性200万元奖励资助。对入选国家和我市“千人计划”、国家“万人计划”、天津市杰出人才培养计划、人才发展特殊支持计划的高端人才，在促进我市经济发展或科技创新方面作出突出贡献的，给予连续3年奖励资助。市政府给予人才的奖励免缴个人所得税。

八、优化服务体系。建立党委联系专家制度，完善人才工作部门联动机制。优化引进人才“绿卡”制度，畅通高端人才“绿色通道”。支持建设人力资源服务产业园，对经认定的市级和国家级产业园，给予一次性最高500万元经费资助。支持高端人才在津购买首套自住用房，高端外籍人才在缴存、提取住房公积金方面与我市居民享受同等待遇。对持有我市引进人才“绿卡”A卡的高端人才，其子女入园入学由教育部门按要求协调落实，对其外籍子女就读我市国际学校的，给予连续3年每年最高15万元奖励资助。对入选国家及市级“千人计划”的外籍人才，给予连续3年每人每年最高2万元商业医疗保险资助。

天津市人才工作领导小组
2018年1月8日

河北省

中共唐山市委 唐山市人民政府关于实施“凤凰英才”计划加快建设人才强市的意见（试行）

（唐发〔2018〕11号）

为深入贯彻落实党的十九大、省委九届六次全会和市委十届四次全会精神，推动实施“凤凰英才”计划，全面提升全市人才工作水平，提出如下意见。

一、目标要求

以习近平新时代中国特色社会主义思想为指导，深入贯彻落实党的十九大精神和中央、省委、市委决策部署，坚持党管人才原则，抢抓“一带一路”建设、京津冀协同发展等国家战略实施的重大机遇，聚焦实现“三个努力建成”“三个走在前列”和“两个率先”目标的人才智力需求，紧紧抓住引进人才、培育人才、用好人才关键环节，着力破除束缚人才发展的思想观念和制度障碍，谋划实施一批补齐发展短板、激发潜在优势的政策措施，让人才智力充分集聚、人才活力竞相迸发、创新创造充分涌流，形成聚天下英才共建唐山、发展唐山的生动局面，为奋力谱写新时代唐山高质量发展新篇章提供人才智力支撑。

到2022年，全市人才资源总量达到183.2万人，高技能人才占技能劳动者的比例达到30%以上，主要劳动年龄人口受过高等教育的比例达到25%以上，人才密度达到35%，规模以上工业企业研发经费支出占主营业务收入比例达到1.3%，高新技术企业研发投入占主营业务收入比例达到4.5%。

二、实现路径

（一）高质量实施系列人才工程。

1．高精尖人才引领工程。加强重点产业人才发展统筹规划和分类指导，开展人才需求预测，定期发布高层次人才需求目录。以提高自主创新能力为重点，着力引进培养“两院”院士和国家“千人计划”“万人计划”人选等领军人才。完善高层次人才柔性引进机制，探索“领军人才+创新团队”引进模式。实施留学人员来唐创业支持计划。积极承办国际国内大型会议、学术论坛、文化交流等活动，吸引国内外高端智力到唐山开展项目合作、调研咨询、学术交流等活动，支持高水平专业论坛永久落地唐山。每年新建河北省院士工作站5家、特邀院士工作站3家，引进高层次人才100名。

2．国际化人才汇智工程。围绕在唐重大工程、重点项目、重点领域，抓实国家、省、市三级引智项目。每年在欧美等国家举办人才招聘对接活动，努力在引进国家“外专千人计划”和省“外专百人计划”人选上实现突破。加强与引智管理部门、外国中介组织、国际人力资源中心、国际猎头公司合作，搞好优秀外国人才“二次引进”。鼓励高校、科研院所、企业建立人才国际交流合作机制。每年引进外国人才200人次。

3．企业家队伍提升工程。制定《唐山市企业家十年培训计划纲要（2018—2027年）》，支持大型企业、骨干企业、成长型企业的负责人（高管）参加国际国内高端进修，鼓励人才服务机构开展企业经营管理人才培训。组织企业家到著名商学院参加培训，组织全市传统产业50强、新兴产业成长50强企业的董事长、总经理参加培训，引导民营企业家参加EMBA及国家级中小企业领军人才、工业设计领军人才等专业培训。选派企业家赴欧美国家培训机构和企业进行学习培训。到2022年，全市培育200名领军型企业家、300名青年新生代企业家。

4．专业技术人才培育工程。突出经济社会发展需求导向，在高校、科研院所及行业培训机构建设专业技术人才继续教育基地，为基层培养、培训一批急需紧缺和骨干专业技术人才。对接国内外医学名院、名科、名师，选派高层次中青年专业技术人员赴国外作访问学者，到国内先进院所进（研）修。组织各类专业技术人员参加“国培计划”“省培计划”，培养名师和骨干教师。加快推进专业技术人才知识更新，积极争取国家级、省级高级研修项目落地我市，培养一大批具有国际视野、创新活力、成长潜力的杰出青年人才。到2022年，全市专业技术人才总量达到106万名左右。

5．高技能人才支撑工程。积极建设国家、省、市三级高技能人才培训基地、技能大师工作室。提高职业技术学院办学水平，鼓励职业技术院校和企业创建技能大赛国家（省）级集训基地。深入开展技能合作交流，每年遴选高技能人才开展技能进修培训和同业交流。推广企业新型学徒制，鼓励企业推行订单式培养、校企联合培养和定制培训，支持企业建立首席技师制度。发挥职业技能大赛引领作用，发现和选拔优秀技能人才。健全农村实用人才培训长效机制，加强农村专业人才队伍建设。到2022年，全市高技能人才总量达到27万人左右。

6．创新人才（团队）支持工程。组织实施科技创新人才（团队）培养计划，围绕我市优势传统产业和战略新兴产业，依托市级以上科技创新平台，培育建设一批覆盖全市重点学科、主导产业、战略新兴产业和社会公益事业领域的创新人才（团队），每年培养创新团队16个。优先支持创新创业人才参与国家和省、市重大计划、创新工程和重点科研基地建设，承担国家和省、市重大项目。支持企事业单位以经济社会发展中的关键技术为重点，开展应用基础研究。每年组织实施应用基础研究项目30项。

7．京津冀人才互联工程。依托京冀曹妃甸协同发展示范区、津冀（芦汉）协同发展示范区，争取京津冀优质人才智力向唐山流动。支持我市企业与京津高校、科研院所建立长期稳定的战略合作关系，开展重大关键技术联合攻关、重大课题项目联合申报、重大科研成果联合转化。支持唐山市驻北京中关村引才引智工作站、京津唐人才技术项目网络市场等平台建设，积极开展专家教授唐山行、假日博士、研究生社会实践等柔性引智活动。争取国家部委和省直经济综合部门干部来唐挂职。

8．高校毕业生集聚工程。聚焦短缺人才，定期梳理发布急需岗位信息。每年组织重点企事业单位到高等院校招才引智，开展“春雨行动”等高校毕业生系列招聘活动。组织实施创业引领行动，综合运用创业扶持政策，为高校毕业生来唐创新创业提供全方位支持。鼓励企事业单位建设高校毕业生实习（训）见习基地。到2022年，全市新增高校毕业生20万人，其中紧缺专业高校毕业生2万名。

（二）高标准制定人才引进培养政策。

9．引进培养高层次人才鼓励政策。引进的中国“两院”院士或发达国家院士及相当层次人才（团队），给予1000万元的科研经费补贴和200万元安家费，根据贡献情况最高给予1亿元综合资助。引进的国家级“千人计划”“万人计划”人选和长江学者特聘教授及相当层次人才，给予200万—1000万元科研经费补贴和100万元安家费。引进的省“百人计划”及相当层次人才，给予100万元科研经费补贴；引进的省“巨人计划”人才（团队），按省补贴标准给予1：1配套支持。对能够带动转型发展的立市项目，根据其贡献度专门制定一揽子扶持政策。本地新培养的上述人才，除安家费外享受同等待遇。

10．国际高端人才引进政策。根据科研项目水平，对引进的国家“外专千人计划”专家，给予每人200万—1000万元科研经费补贴和100万元安家费。对外国顶级高层次人才（团队）来唐山创新创业的，给予500万—2000万元资金支持。对引进国外技术管理人才项目（含示范项目）获国家或省外国专家局经费资助的，最高按1：1比例给予资助；列入市级引智项目的给予10万元资助。对获得国家“友谊奖”、省政府国际科技合作奖、省政府“燕赵友谊奖”、市政府“凤凰友谊奖”的外国专家，分别给予每人5万元、3万元、3万元和2万元的一次性资助。

11．人才创新支持政策。制定《唐山市科技创新团队管理办法》，对基础（公益）创新团队，执行期内给予10万元的稳定性经费支持，绩效突出的，适当延长支持年限。对技术创新团队，执行期内给予20万—100万元奖励性补助。对纳入省级以上人才项目资助的，按省标准1：1的比例给予配套资助；列入市级人才项目资助的，给予最高50万元资助。对纳入全市进修培训年度计划的中青年专家，给予所需费用最高50%的资助。列入国家出国（境）培训年度项目计划的团组，按国家外国专家局确定的费用开支标准，给予最高50%的经费资助。

12．企业研发激励政策。引导鼓励企业加大研发投入，研发经费支出占主营业务收入比例要达到1.2%以上。销售收入排名全市前100名的规模以上企业，应与国家级科研院所或重点高校建立技术合作关系，建立国家级实验室、博士后科研工作站、国家级工程（技术）研究中心、企业技术中心、检验检测中心等。销售收入前200名的企业，应建设省级及以上研发机构。销售收入前300名的企业应建设市级及以上研发机构。加大对研发和成果转化的扶持力度，在享受已有政策基础上，对与国家级科研院所建立技术合作关系需支付对方费用的，按合同当年应支付费用的50%进行补贴，最高不超过100万元，连续支持3年；支持企业与引进院所新研发成果产业化项目，优先保障项目土地供应，项目达产后连续3年按形成税收地方留成部分50%奖励企业。

13．企业家队伍扶助政策。加强职业经理人制度建设，鼓励企业自主培养和外聘优秀职业经理人，对从世界500强企业、中国500强企业、中国民营企业500强全职引进的职业经理人，按年薪10%给予一次性补助，最高30万元。

14．高技能人才奖补政策。开发高端专项职业能力项目，对新取得技师以上国家职业资格证书（职业技能等级证书），以及高级技师参加高端专项能力培训并经考核合格的人员，坚持“谁出资培养、谁享受补贴”原则，按每人6000元给予补贴。对新创建的市级高技能人才培训基地、市级技能大师工作室分别按省级补助标准的一半给予一次性支持。对我市企事业单位全职引进和培养新获得世界技能大赛金、银、铜奖的团队或个人，分别给予30万元、20万元、10万元扶持；全职引进和培养新获得“中华技能大奖”“全国技术能手”的领军型高技能人才，分别给予20万元、5万元扶持。

15．高校毕业生保障政策。实行高校毕业生“零门槛”落户，推行“先落户后就业”，全日制普通高校本科及以上毕业生凭户口迁移证、身份证、毕业证即可办理落户手续。对企事业单位引进急需的博士后、博士（同时具有毕业证和学位证），给予15万元安家费。

16．社会化招才引智奖励政策。对全职引进省级及以上重点人才工程人选的企业，给予最高10万元奖励；对一年内全职引进博士研究生2名以上的企业，或者硕士研究生5名以上的企业，给予5万元资助。对为我市引进高层次人才作出突出贡献的中介机构，给予最高10万元资助。

（三）高规格打造人才发展平台。

17．着力引进大院大所大校大企。争取京津等国内外大院大所大校和“国字号”名企整体搬迁或来唐建立分校区、分支机构。对国家重点院校、国家级科研机构来唐办学或设立分支机构的，采取“一事一议”办法给予支持。对中央直属企业、国内行业龙头企业、国家科研机构、国家重点大学在唐设立具有独立法人资格、符合我市产业发展方向、引入核心技术并配置核心研发团队的研发机构，取得重大科研成果并转化为产业项目的，经认定给予最高5000万元支持，优先推荐列入省重大科技成果转化专项。

18．培育重点研发平台。支持本市企业在国家技术创新中心（工程技术研究中心）、国家重点实验室、国家科研机构内设置专家研究院，研发成果用于促进我市科技创新的，给予最高300万元的经费支持。对引进院士，获批设立河北省院士工作站的企事业单位，在给予一次性50万元建站奖励的基础上，给予连续3年、每年不低于20万元的稳定性经费支持，视绩效考核情况，适当延长支持年限。支持企业建立工程技术研究中心、企业技术中心、工业设计中心、重点实验室、产业技术研究院、产业技术创新战略联盟、工程实验室、检验检测中心等创新平台，对新认定的国家、省、市级创新平台，分别给予500万元、50万元、20万元奖励后补助经费。对新建立的博士后科研工作站、博士后创新实践基地、特邀院士工作站分别给予20万元、10万元、10万元的建站资助。

19．支持众创空间（科技孵化器）和小微企业创业创新基地建设发展。众创空间（科技孵化器）和小微企业创业创新基地基础设施、运营成本补助经费和绩效考核挂钩。根据考核结果和年度部门预算安排情况，对评为优秀、良好等次的给予30万—50万元的奖励性补助。

20．加快科技成果转化。支持在唐山注册投资建设科技成果孵化中试平台，给予设备投资额30%、最高1000万元的补贴，促进京津等地高新技术成果在我市转化、产业化。对既有企业成功引进转化技术和科研成果，经认定后，给予技术合同2%、最高100万元的补贴；对新引进落户唐山的高新技术企业，给予投资额2%、最高200万元的支持；对技术转移、技术交易机构促成国内外高校和科研单位、企业向我市企业转化科技成果的，给予技术合同交易额1‰、最高20万元的补贴。对获批的国家级、省级、市级引才引智示范基地和专家服务基地分别给予20万元、10万元、5万元经费支持。

（四）高效能服务人才创新创业。

21．创新编制和岗位管理方式。在编制总量内按照属地管理原则建立事业单位周转编制制度，用于引进高层次人才。允许用人单位按照规定程序自主招聘硕士及以上研究生人才。对于选聘到事业单位工作的，如果该单位有空编，经批准选聘后直接纳入事业编制管理；如果该单位没有空编，可以向机构编制部门申请周转编制。全职引进重点高端人才到企业工作的，可根据本人意愿将人事关系落在有关高等院校。

22．强化人才创新创业金融支持。市级设立3000万元天使基金，重点支持在孵科技企业和大学生创业企业。市本级每年安排2000万元科技风险投资基金，支持初创期科技型中小企业快速成长；每年安排2000万元科技金融资金，落实专利权质押贷款贴息等政策。

23．实行精细化人才服务。对我市引进和培养的高层次人才发放“凤凰英才服务卡”，实行市民化待遇，凭卡可直接办理户口准入、社保结转、人事关系调入、住房公积金手续，享受医疗保障“绿色通道”待遇，子女就读幼儿园和义务教育阶段学校可优先安排。建立高层次人才信息库，提供政策咨询、项目申报、融资对接、业务办理等个性化服务。每年组织作出贡献的国内外专家开展学术休假交流活动。

24．加强人才住房保障。建设凤凰公寓，用于符合条件的高层次人才周转使用。新全职引进到唐山企业工作的全日制硕士研究生，每年给予1万元租房补贴，财政和用人单位各承担50%，补贴期3年。

25．建立人才荣誉制度。开展“市长特别奖”选拔活动，奖励为发展经济、改善民生、科技创新作出突出贡献的人才（团队）。定期评选市管优秀专家。积极推荐政治素质好、参政议政能力强的创新创业人才作为各级党代会代表、人大代表、政协委员人选，优先推荐为各级优秀共产党员、劳动模范等。

26．完善人才评价体系。建立体现职业特点和人才成长规律的分类评价标准和办法，拓展社会化、专业化的评价机制，拓宽社团、企业、公众参与评价的渠道。对发挥作用不明显的人才（团队），由所在地主管部门及用人单位提出申请，经核实认定后，取消相关激励政策。对发挥作用不明显的工作平台，根据管理权限，取消平台资格和政策扶持。

三、保障措施

27．加强党对人才工作领导。市人才工作领导小组对全市人才工作进行统筹规划、宏观指导、综合协调、检查考核和服务保障，构建党委统一领导，组织部门牵头抓总，有关部门各司其职、密切配合，社会力量广泛参与的人才工作新格局。把人才发展作为国民经济与社会发展规划和年度计划的重要内容，与其他重点工作同部署、同检查、同落实。各级党委、政府要经常听取人才工作专项报告，对工作不力的单位和责任人进行通报和问责。建立人才工作领导小组成员单位定期报告工作、重点任务督办、进展情况通报等制度，推动各项任务落地落实。

28．推行人才工作述职考核。完善市、县两级人才工作述职制度，可以专项述职或会同基层党建“双述双评”。将人才工作纳入综合考评体系，考评结果作为评价领导班子和领导干部业绩的重要依据。坚持招才引智与招商引资并举，对引进高水平研发机构、高层次人才及科技人才项目，可视同重大引资项目进行考核。探索将人才作为要素市场化配置的重要指标，企业人才工作情况作为享受工业经济、科技项目等方面优惠政策的重要依据。

29．坚持人才投入优先保障。优化财政支出结构，市、县两级都要建立人才发展资金，列入财政预算管理。统筹安排产业、科技等项目与人才开发培养经费，加强部门间财政人才资金统筹使用，形成集成支持。鼓励和支持企业及社会组织建立人才发展基金，建立政府、企业、社会多元化人才投入机制。吸纳创业投资机构专业基金和社会资本，构建产业人才投资、人才融资担保、创业风险补偿等基金产品体系。

30．营造人才工作浓厚氛围。运用电视台、报纸、网络等各类媒体，解读人才政策、反映工作动态、宣传经验做法。开展“星耀唐山”宣传活动，在唐山共产党员网、唐山人才网、唐山先锋等媒体开设专栏，宣传报道为我市经济社会发展作出突出贡献的高层次、高技能人才创新创业典型，积极营造“尊重人才、崇尚科学、鼓励创新、宽容失败”的浓厚氛围。

市直有关部门要按照任务分工，抓紧制定具体办法和操作细则，确定牵头领导和具体责任人，明确时间表和路线图，不折不扣抓好政策落地。各地各单位要结合实际，抓好工作落实和政策衔接，制定既全方位承接又差异化激励的配套措施，要因地制宜开展人才强县、人才强校、人才强院、人才强企等建设，组织引导广大人才砥砺奋进、创新创业，汇聚成宏大的智慧力量，为加快实现“三个努力建成”“三个走在前列”和“两个率先”目标提供有力支撑。

本意见自下发之日起施行。其他政策与本意见不一致的，按照本意见执行。

中共唐山市委
唐山市人民政府
2018年4月8日

沧州市人民政府办公室关于强化实施创新驱动发展战略进一步推进大众创业万众创新深入发展的实施意见

（沧政办发〔2018〕2号）

为深入贯彻落实《国务院关于强化实施创新驱动发展战略进一步推进大众创业万众创新深入发展的意见》（国发〔2017〕37号）和《河北省人民政府办公厅关于强化实施创新驱动发展战略进一步推进大众创业万众创新深入发展的实施意见》（冀政办字〔2017〕127号）精神，进一步优化我市创新创业生态环境，强化政策供给，突破发展瓶颈，充分释放全社会创新创业潜能，在更大范围、更高层次、更深程度上推进大众创业、万众创新，现结合我市实际，提出如下实施意见。

一、加快科技成果转移转化

（一）建立健全专利质押融资风险分担及补偿机制，引入专利保险机制，设立风险补偿资金，积极引导企业为质押项目购买专利执行保险和融资保证保险，实现贷款、保险、财政风险补偿捆绑的专利权质押融资项目落地。对通过专利权质押成功融资的企业、首次投保专利保险及专利权作价出资入股的企业，由财政设立专项资金予以补贴。筹建专利技术交易市场，促进专利市场化应用，建设专利运营服务平台。（牵头单位：市科技局、市财政局）

（二）对接国家技术转移体系，拓展沧州市科技大市场服务范围，建立准确、实用的资源与信息库，做好技术中介、技术咨询、项目包装等技术转移服务，探索试验论证、二次研发与技术服务相结合的技术转移新模式。对接天津大学、北京化工大学、武汉理工大学、河北科技大学等省内外高校、科研院所，开展专项成果推送活动。支持建设科技成果转化基地，完善“研发在京津，转化在沧州”的创新协作模式。构建科技企业孵化育成体系，完善“众创空间—孵化器—加速器—科技园区”孵化链条，培育发展专业化众创空间和科技企业孵化器。（牵头单位：市科技局）

（三）促进科研仪器设备共享。加快落实《沧州市支持科技创新创建国家创新型城市若干政策措施（试行）》文件，支持大型科学仪器共享平台的建设，向社会开放成效显著的大型仪器设备拥有单位，市财政每年安排适当的资金给予奖励。加强属地大型仪器管理单位的在线服务平台网站管理和使用，督促管理单位完善单位简介信息、仪器设备信息、单位动态信息、本单位仪器设备管理制度、开放服务案例的整体展示等信息及管理开放信息，做好在线共享服务。（牵头单位：市科技局、市财政局）

（四）市级科技计划中设立重大科技成果转化专项资金，积极支持科技成果转移转化行动，立项支持重大科技成果在我市转化，探索建立利用成果转化资金形成的科技成果限时转化制度，限期达到一定的技术、经济、社会绩效指标。（牵头单位：市科技局、市财政局）

二、拓展创新创业融资渠道

（五）探索改变政府对企业创新的资金支持方式，逐年提高创新平台、众创空间、孵化器等创新服务平台、成果转化等项目后补助资金比例，设立并逐年提高科技型中小企业贷款风险补偿金，建立科技型中小企业贷款风险补偿机制，对合作银行向科技型中小企业发放贷款形成的坏账损失，按比例给予补偿，放大合作银行对科技型中小企业的信贷规模。积极推进财政科技资金资助中、高等院校学生创新创业试点。成立相应创新创业的基金、孵化园、众创空间，为中、高等院校学生创业打造环境好、氛围好、宽敞舒适的创新创业园地。（市科技局、市教育局、市金融办按职责分工负责）

（六）推动我市省战略性新兴产业创业投资引导基金、科技成果转化股权投资引导基金、工业技术改造发展基金建设，吸引社会和民间资本支持创新创业，建立和完善对引导基金的运行监管机制、财政资金的绩效考核机制和基金管理机构的信用信息评价机制。逐步完善投资基金体系，引导投资基金投向科技型中小企业和战略性新兴产业企业，撬动更多的金融资本和社会资本投向科技创新。积极创建市级战略性引导基金，创新规模和模式，充分利用社会资本探索投融资渠道。做大做强沧州金融控股公司，打造我市推进金融创新和产业经济发展重要引擎，探索“产业基金+产业园区”的发展模式，拓展融资渠道，满足不同发展阶段企业资金需求。（市发改委、市财政局、市金融办、市科技局、市工信局按职责分工负责）

（七）在有效防控风险的前提下，优化信贷审批流程，指导辖区内大型银行合理确定县支行信贷业务授权品种及额度；支持符合条件的地方性法人银行在基层区域增设小微支行、社区支行，支持商业银行对符合条件的小微企业客户探索运用零售业务管理技术。（牵头单位：市银监分局、市金融办）

（八）深入贯彻落实创业投资企业和天使投资个人有关税收试点政策。按照《银税互动协议》，加强信息交换，增强企业活力，拓宽“银税互动”范围，扩大信用体系运用范围，依托沧州市信用信息共享平台，积极推进纳税信用评价结果的运用，与相关部门实施联合奖惩。（市财政局、市发改委、市国税局、市地税局按职责分工负责）

（九）做好省科技创新券的审核发放工作。设立市级科技创新券，鼓励科技型中小企业、创新创业团队通过购买科技服务的方式，促进企业科技创新和研发机构的成果转化。（市发改委、市科技局、市财政局按职责分工负责）

三、坚持创新带动，促进实体经济转型升级

（十）构建战略性新兴产业、传统优势产业、现代农业和现代服务业创新体系，提升产业竞争力。充分发挥高新技术产业开发区在科技创新中的引领作用，统筹规划、合理布局、加大投入，突出特色创新体制和机制，打造高新技术产业开发区创新高地。以支撑性传统产业高新技术改造为重点，实现产品结构优化，提升传统优势产业技术创新能力。以粮棉新品种为基础，以现代畜牧科技、果蔬科技为抓手，以农业观光为载体，进一步推进适用技术的推广应用，积极推进农业科技创新。加强现代服务业创新，重点在文化创意、电子商务、现代物流等领域研发应用一批新技术、新产品，促进传统服务业与现代新技术融合发展。（市发改委、市科技局、市农牧局、市工信局、市文广新局、市商务局、高新区管委会按职责分工负责）

（十一）鼓励高校、科研院所科研人员与创业者合作和互动交流，引导协调高校、科研院所与实体企业组建高端创新团队，促进学科链、专业链对接产业链，并给予一定科研经费支持。不断改革院校培养方案，深化产学研结合的人才培养模式创新。推进欧美同学会等组织海外高层次人才和高新科技成果到沧州转移转化。积极创造条件，加强学科和专业建设，培养创新团队，建立由社会成功人士和创业成功人才参加的院校创新团队指导小组，建立具有沧州特色的集群思、汇众智、解难题的高端创新团队，以学科链、专业链对接产业链，提升原始创新能力。（牵头单位：市科技局、市教育局）

（十二）积极探索京津冀协同创新平台建设。制定大力支持国家级、省级创新平台落户沧州的有关政策，支持创新平台分支机构在我市进行技术研发及转化，培育、申报市级以上创新平台。积极与中科院、清华大学、天津大学等国家级院所、优势高校合作，争取现有的国家级平台在我市设立分支机构。实施制造业创新中心建设工程，设立市级战略性新兴产业发展专项资金，支持企业创建省级以上工程（技术）研究中心、重点实验室、工程实验室、企业技术中心、产业技术研究院、产业技术创新战略联盟等各类创新资源作用，联合产业链上下游骨干企业、科研院所、高等学校、行业组织，借助京津和国内外科技人才资源，采取多元投资、成果分享等新模式，打造1—2个立足京津冀、服务全国，聚焦行业前沿的省级制造业创新中心，积极争取或联合创建国家级制造业创新中心。加强与京津冀院校、企业开展合作办学。（市科技局、市发改委、市工信局、市教育局按职责分工负责）

（十三）积极开展关键共性技术研究，设立战略性新兴产业发展专项，支持创新能力研发和高新技术产业化，培育发展战略性新兴产业，打造创新型产业集聚区。发展“大智移云”、新一代信息技术、高端装备制造、激光产业、生物医药、新能源和新能源汽车、新材料等战略性新兴产业，促进先进制造业发展和石油化工、管道装备、机械制造等传统产业转型升级，加快我市智慧城市建设，强化政策支持，搭建企业融合服务平台，激发新活力新动能。大力培育高新技术企业和创新型企业，深入实施“中国制造2025”，突出方向引导，适应经济发展新常态，推动生产性服务业和制造业的深度融合，力促工业设计发展。（市发改委、市工信局、市财政局、市智慧办按职责分工负责）

（十四）支持大型企业跨界联合，建设大数据中心、工业云平台、信息物理系统（CPS）和基于互联网的制造业“双创”平台，推进各类资源开放共享，带动产业链上下游发展。（牵头单位：市工信局、市智慧办、高新区管委会）

（十五）积极配合国家、省建立完善战略性新兴产业发展统计体系，按国家统计分类和指标，积极开展新产业新业态新模式统计监测服务。（牵头单位：市统计局）

四、激发人才创新创业活力

（十六）进一步改革人才引进落地支持政策，构建统一规范的人力资源服务体系和多层次、多元化的就业创业服务体系，简化事业单位高层次人才、高技能人才招聘，实施留学人员回国创新创业启动支持计划，为外来人才落户、工作、居住、证照资质、子女入学、医疗保健、社会保障等提供更加便利化服务，吸引更多高素质人才来沧创新创业。（市人社局、市公安局、市教育局、各县（市、区）政府，渤海新区、开发区、高新区管委会按职责分工负责）

（十七）深化中高等院校创新创业教育改革，积极创造条件，开设创业意识培训课程、职业生涯规划课程，培养学生创新创业意识及能力。鼓励我市中高等院校和企业、事业用人单位广泛开展联合办学及网络化教学，鼓励和支持省内外高校优质资源在我市举办本专科函授教育和远程教育。（牵头单位：市教育局）

（十八）完善高校和科研院所绩效考核办法，事业单位对优秀人才可设特岗，实行协议工资等分配形式，不纳入绩效工资总量管理。（牵头单位：市人社局、市教育局）

（十九）加大返乡下乡人员创新创业支持力度，鼓励和支持农民工、中高等院校毕业生、退役士兵和科技人员等返乡下乡人员到农村创业创新，落实对符合条件的返乡下乡人员创新创业项目强农惠农富农政策。对依法办理工商登记注册的农民合作社、种植大户、家庭市场等生产经营主体在社会保险方面提供服务。涉农金融机构要在农村承包土地经营权抵押贷款、林权抵押贷款、农户+公司担保贷款等方面予以支持。经办创业担保贷款的银行业金融机构积极办理返乡下乡人员创业担保贷款业务。制定《沧州市关于支持返乡下乡人员创业创新，促进农村一二三产业融合发展的实施意见》，发挥农村“双创”在推进农业供给侧结构性改革、促进农村一二三产业融合发展等方面的重要作用。到2020年，全市各类返乡下乡人员超过3万，带动就业15万人，形成多层次、多样化的返乡下乡人员创业创新发展良好格局。（市委农工委、市人社局、人行沧州中心支行、各县（市、区）政府，渤海新区、开发区、高新区管委会按职责分工负责）

五、深化政府管理方式

（二十）深入推进“放管服”改革，推行“负面清单”“承诺制”等审批制度，放宽市场准入，明确审查流程和责任主体，全面实施公开、公平竞争审查制度。推进市、县行政审批局建设，建立“一章审批、一站式审批、一条龙服务”的政务服务新模式。（市编委办、市行政审批局、各县（市、区）政府，渤海新区、开发区、高新区管委会按职责分工负责）

（二十一）进一步推进商事制度改革，深化“多证合一”“一照一码”登记制度，实行一口登记注册、限时办结，加快内资市场主体登记电子化，落实后置审批事项“双告知”工作，规范审批行为，加大事中事后管理力度，推进“双随机、一公开”监管在全市实现全覆盖。（牵头单位：市行政审批局、市市场监管局）

（二十二）深入贯彻《国地税合作工作规范（3.0）版》，推进3种模式的《联合办税服务实施方案》，打造联合办税服务厅，解决“两头跑”问题，充分整合国地税办税服务资源，建立大数据管税平台，推行“互相进驻”“共建办税服务厅”和“共驻政务中心”等模式，实现纳税人“进一家门，办两家事”。推行“一人一机双系统单POS机”模式，实现国地税网络互通、业务通办、一机双划，打通便民办税“最后一公里”。（牵头单位：市国税局、市地税局）

六、营造创新创业良好氛围

（二十三）积极推进“双创”试点示范，积极推进河北·京南国家科技成果转移转化示范区和各类专业化示范基地建设，有序推进我市高新技术产业开发区和冀春实业集团2个省“双创”示范基地以及渤海新区生物医药产业园、激光产业园2个省战略性新兴产业示范基地建设，复制推广经验、示范经验，引领全市“双创”健康蓬勃发展。（市发改委、市科技局、市工信局、市人社局、各县（市、区）政府，渤海新区、开发区、高新区管委会按职责分工负责）

（二十四）加大“双创”宣传力度，积极参与全国“双创活动周”“创响中国”巡回接力、“互联网”大学生创业创新大赛、“创客中国”创新创业大赛等全国性活动和省、市“双创”品牌活动，广泛宣传“双创”政策和成果，分享“双创”经验，营造良好环境生态。（市委宣传部、市发改委、市科技局、市教育局、市工信局、各县（市、区）政府，渤海新区、开发区、高新区管委会按职责分工负责）

各地各部门要进一步增强对强化推进“双创”工作重要性的认识，进一步细化政策措施，勇于探索，主动作为，力求实效。建立完善多部门联动的工作推进机制，共同推进大众创业、万众创新扎实深入开展，培育壮大新动能，加快建设创新驱动经济强市。

沧州市人民政府办公室
2018年1月29日

山西省

中共太原市委关于深化人才发展体制机制改革加快推进创新驱动转型升级的实施意见

（并发〔2018〕2号）

为深入贯彻习近平新时代中国特色社会主义思想和党的十九大精神，全面落实中共中央《关于深化人才发展体制机制改革的意见》（中发〔2016〕9号），中共中央办公厅、国务院办公厅《关于实行以增加知识价值为导向分配政策的若干意见》（厅字〔2016〕35号）和中共山西省委《关于深化人才发展体制机制改革的实施意见》（晋发〔2017〕14号）精神，大力实施人才强市战略，更好地激发人才干事创业活力，构建科学、开放、高效的体制机制，把各方面人才集聚到文明开放富裕美丽太原建设中，现提出如下实施意见。

一、改革人才管理体制

（一）转变政府人才管理职能。充分发挥市场在人才资源配置中的决定性作用，围绕“放管服效”改革，简政放权，减少政府对人才资源的直接配置。厘清权力下放的边界和范围，建立政府人才管理服务权力清单和责任清单，清理和规范人才招聘、评价、流动等环节中的行政审批和收费事项。加强政府政策调研和宏观监管职能，建立科学高效的人才管理体制。

（二）落实用人主体自主权。落实用人主体在人员配备、岗位设置、职务评聘、收入分配等方面的自主权，发挥用人主体在人才引进、使用中的主导作用。事业单位引进高层次人才，设立特设岗位，不受岗位总量、最高等级和结构比例的限制。在政府指导下，高等院校、科研机构、医疗卫生等事业单位专业技术岗位可自主公开招聘。试行市属高等院校根据实际自主设置岗位、自主确定岗位结构比例。市属普通中小学开展中级专业技术职称单独评审试点。高等院校、科研院所、医院等事业单位的绩效工资总量，可按不超过无收入财政拨款事业单位绩效工资总量的5倍核定。

（三）建立社会化的人才服务体系。构建市、县、乡、社区分层级人力资源公共服务平台，建立人才资源储备数据库。放宽人力资源服务业准入限制，制定政府购买人才服务实施办法，大力发展各类专业社会组织和人才中介服务机构，有序承接政府转移的人才培养、评价、流动等职能。建立太原人力资源服务产业园，对入园的组织和机构给予3年免租金的优惠政策。组建山西（太原）人才强国战略促进中心。设立人力资源服务业发展专项资金，在人力资源体系建设、产品创新、高端人才引进、骨干企业培育、信息平台建设等方面给予支持，促进人力资源服务机构集聚和规模发展。

（四）改革编制和人事管理模式。取消机关事业单位“控编进人卡”（编制使用通知单）和“进人计划卡”，强化事中事后监管。对我市引进的急需紧缺人才，实行专用编制、人编捆绑、动态调整、周转使用的编制“周转池”制度。全市范围调剂200个事业编制作为人才引进专用编制，用人单位有空编，优先使用空编，如无空编，可使用周转编制补充。事业单位高层次人才来并创新创业，保留事业身份，5年内由公共就业和人才服务机构提供人事代理服务。选择部分公益类事业单位进行取消行政级别、实行法人治理结构管理模式。

（五）加强人才政策统筹。积极落实人才流动、评价、激励等方面政策，定期对执行情况进行跟踪研判，促进各项人才政策相互协调，推动人才发展与各领域改革相互配套。围绕经济社会发展中的重要项目、重点研发、重大工程，做好人才政策的有效衔接。构建市县两级人才发展政策体系，形成人才政策合力。

（六）建立人才管理体制改革试验区。明确转型综改示范区为人才管理体制改革试验区，在人才引进、成果转化、创业扶持、创投融资、收益分配和服务保障等方面先行先试、走在前列，为全市人才发展改革提供可复制、可推广的经验。支持“一区一策”，允许开发区、园区制定符合各区实际的培养、引进、评价和激励等人才政策。

二、完善人才培养机制

（七）实施重大人才工程。重点实施“三个工程”“三个计划”。以市级各类优秀人才为重点，实施“并州英才”选拔工程；以优秀创新创业青年人才为重点，实施“龙城之星”培育工程；以技艺精湛、出类拔萃的高技能人才为重点，实施“晋阳工匠”培育工程。实施“高端创新型人才支持计划”“基层人才支持计划”“创业家素养提升计划”，进一步提高人才创新创造创业活力。

（八）改进人才培养方式。结合我市产业发展需求，积极与“双一流”高校签订人才交流战略合作协议，在决策咨询、高端培训、订单培养、互派干部等方面展开交流合作。发挥省会城市优势，主动与驻并高等院校、科研院所对接，开展校企联合招生、联合培养试点，强化在人才培养方面的深度合作。建立高标准公共实训基地，培养一批适应经济转型升级的实用型高技能人才。

（九）搭建创新创业平台。以实验室、工程（技术）研究中心、企业技术中心和院士工作站、博士后科研流动（工作）站等平台为载体，打造人才培养通道，着力培养本土化高层次人才。支持世界500强企业在并建立地区总部、研发中心等功能性机构，争取有影响力的国际组织在并设立分支机构。加快建设太原军民融合创新基地，共建一批军民技术研发中心，吸引军工单位科技人才来并创办领办高新技术企业。提升众创空间等孵化基地发展品质，培养一批富有激情活力的创新创业人才。建立一批市级技能大师工作室，发挥技艺传承、带徒传艺等方面的作用，培养具有工匠精神的高技能人才。

三、健全人才引进机制

（十）创新引才方式。树立国际视野，实施“领军人才+创新团队+创新项目”的精准引才模式，面向全球引才。主动参与“一带一路”建设，注重与沿线国家开展人才项目交流合作。在市政府驻外机构加挂人才工作站牌子，加大与北上广深等一线城市人才资源对接力度。发挥工会、共青团、妇联、科协、欧美同学会等群团和社会组织桥梁纽带作用，积极联系和引进人才。弘扬创新合作的晋商精神，实施晋商晋才回乡创业创新工程，吸引更多的晋商晋才回乡二次创业。举办“千人计划”专家、博士服务团、海外学子省亲团并州行活动。提高人才服务的专业化、市场化水平，引进国内外知名人才中介组织。设立“引才伯乐奖”，对成功引进急需紧缺高层次人才的部门、单位及个人，给予5万—10万元的引才补贴。

（十一）突出柔性引才。坚持“不求所有，但求所用”的理念，探索“候鸟式工程师”引进模式。鼓励用人单位采用技术咨询、兼职服务、技术入股等方式柔性引才，不改变其原有国籍、户籍、身份和人事关系，享受与本地同类人才一样的待遇。鼓励国内外高层次人才和团队带项目、专利等创新成果在我市落地转化，实现招商引资与招才引智同步推进。

（十二）开辟绿色通道。对急需引进的高精尖缺人才及团队，采取“一人一策”“一事一议”方式引进。高级职称专业技术人员和博士研究生，事业单位可采取考察和考核方式引进。定期赴“双一流”高校开展应届毕业生专项招聘，加大人才储备力度。推行“先落户后就业”办法，实行全日制高等院校本科及以上毕业生凭毕业证落户制度。制定高技能人才落户办法。实施人才服务“绿卡”制度，凭卡可优先办理落户、社保缴纳、子女入学、住房保障等业务。

四、优化人才评价机制

（十三）建立多元化人才评价体系。发挥政府、市场、专业组织、用人单位等多元评价主体作用，建立科学化、社会化的人才评价发现机制。制定重质量、重贡献评价指标，把握原创性和推动科技变革的时代特征，构建多维度的人才评价标准。实行人才自荐、行业协（学）会举荐和第三方评价机构推荐，建立以同行专家评审为基础的业内评价机制，注重引入市场评价和社会评价。

（十四）改进职称评审方式。取消计算机应用能力、外语、附加年限和论文等评审限制性要求，建立以品德、能力、业绩为导向的评价标准。向县（市、区）下放中、初级职称评审、初次确认和认定审核权限。有效衔接职称制度与职业资格制度，打通高技能人才与工程技术人才职业发展通道，支持高技能人才参加工程系列专业技术任职资格评价，拓展技能人才成长空间。推进职称评审社会化，依托专业化人才服务机构、行业协（学）会等社会组织组建社会化评审机构。鼓励具备条件的非公有制经济组织设立评审委员会。

五、构建有序流动机制

（十五）打通人才流动渠道。打通党政机关、企事业单位、非公经济组织和社会组织人才流动渠道，实现人才在不同性质单位、不同地域有序流动。试行聘任制公务员制度，在专业性较强的政府机构，设置高端特聘职位，通过灵活方式吸引集聚岗位急需的高层次专业人才。鼓励党政机关干部离岗创业，探索开展非公经济组织和社会组织人才进入党政机关和事业单位工作。允许高等院校、科研院所以及职业学校、技工院校设立一定比例的流动岗位，吸引有创新实践经验的企业家和企业科研人员兼职。支持事业单位专业技术人员到企业挂职、兼职和参与项目合作，或在职创业、离岗创业。

（十六）促进人才流向基层一线。娄烦县、阳曲县及县以下事业单位公开招聘，可面向本县户籍高等院校毕业生，适当降低学历，放宽或不限制专业，降低或不设开考比例，单独划定笔试合格分数线。实施本乡本土人才回归工程，拓宽贫困村大学生就业渠道，探索在贫困村、革命老区村建立特设岗位，吸引走出去的大学生回村就业，对回贫困村的大学生，由市财政一次性给予2万元的专项安家补贴。加大乡镇工作补贴向条件艰苦的偏远乡镇和长期在乡镇工作人员的倾斜力度。

六、完善人才激励机制

（十七）推进科技成果转化收益分配。实行以增加知识价值为导向的分配政策，落实高等院校、科研院所科技成果技术的使用、处置和收益管理自主权。科技成果转让转化所得净收益，按不低于70%的比例，奖励课题负责人、骨干技术人员和研发团队，用于人员激励部分，可一次性计入高校、科研院所当年工资总额，但不纳入绩效工资总额基数。高新技术企业和科技型中小企业科研人员，通过科技成果转化取得股权奖励收入时，可参照有关规定在5年内分期缴纳个人所得税。推动技术市场和技术经纪人队伍建设，允许科技服务机构及人员在技术转移活动中提供有偿服务。

（十八）加大科创平台扶持力度。对国家、省级实验室、工程（技术）研究中心、企业技术中心等公共科技创新平台，分别给予500万、300万元的补助。对设立的院士工作站给予100万元的建站补助；对设立的博士后科研流动（工作）站给予50万元的建站补助；对国家、省、市技能大师工作室，分别给予30万、20万、10万元的补助。对创新转型、深化改革先进团队，每年予以最高1000万元支持。

（十九）实施人才鼓励政策。对新引进和新入选且在我市全职工作的“两院”院士，给予1200万元科研经费、240万元安家费和每年100万元津贴；对新引进和新入选且在我市全职工作的“千人计划”“万人计划”专家，给予600万元科研经费、120万元安家费和每年50万元津贴；对柔性引进的院士、“千人计划”“万人计划”专家等高层次人才，根据在并实际工作月数，每月分别给予2.5万元、1.2万元和1.2万元的津贴。对我市新引进和新入选的政府特殊津贴专家、省“百人计划”、省部级学术技术带头人、名医、名师、名家等高层次人才，除享受国家和省激励政策外，均纳入我市优秀人才管理，享受相应的补助政策。加大绩效考核评估，建立淘汰退出机制，逐步提高市级优秀人才津补贴标准，对“并州英才”“龙城之星”“晋阳工匠”等市级优秀人才，一次性给予5万—10万元的科研经费和管理期内每年3万—5万元的生活补贴。对新获得“中华技能大奖”“全国技术能手”奖项的人员，分别给予50万元和30万元奖励。

（二十）加大优秀毕业生吸引力度。世界排名前200名的世界一流大学（不含境内）和“双一流”高校的全日制博士研究生、硕士研究生、紧缺专业的本科生来我市工作，且签订不少于5年服务合同的，由市财政每月分别给予5000元、3000元、1500元的生活补助；在我市购买首套住房的，服务期满，由市财政分别给予20万、10万、5万元的购房补贴；从事项目研发、技术革新的，由市财政一次性给予5万—20万元的科研项目经费。

七、建立服务保障机制

（二十一）创新多元投入方式。市县两级政府要加大人才资金的投入，不断增加资金规模，确保可持续增长。发挥人才专项资金等政府投入的引导和撬动作用，引导企业和社会组织设立人才发展专项资金，并与政府的人才奖励项目相配套。企业引才所需费用可全额列入经营成本。事业单位引才费用可从事业经费中列支。高等院校、科研机构等单位的科研经费结余可用于引进人才。企事业单位可从财政投资的教育和科研以及重点建设工程补助资金中，统筹安排急需紧缺人才的全职引进支出和柔性引进支出。鼓励金融机构创新产品和服务，为高层次人才所在的企业提供信用贷款、知识产权质押融资、股权质押贷款等融资服务。

（二十二）提高人才资金使用效益。坚持人才优先，统筹人才发展专项资金、科技发展专项资金、技术创新资金等市财政各类专项资金的使用，提高资金使用效率，形成相互衔接配套的人才资金体系。制定人才资金管理办法，建立人才项目备案制度，市财政局根据备案情况安排资金，加强动态管理和审核监督，做好效能评估，实现人才资金使用集约高效。

（二十三）当好人才服务管家。构建一体化人才综合服务平台，市县政务大厅开设人才服务窗口，实行“专窗受理、专人转送、专人跟踪、专窗反馈”的一站式服务模式，为各类人才提供政策咨询、项目对接、业务办理等服务。引进的高层次人才随迁子女，可在市内自愿选择中小学校就读。机关事业单位引进人才后，随迁配偶原在机关事业单位工作的，可按对口部门予以安排，其他类型的由有关部门（单位）优先推荐就业。因其随迁配偶工作暂未落实所发放的生活补贴和代缴的社会保险费，由同级财政据实补助；企业引进人才后所发生的同类开支，由同级财政补助50%。

（二十四）筹备建设人才公寓。未来5年内，政府要集中建设1000套人才公寓。鼓励利用国有存量建设用地建设人才公寓，由政府主导下的企业按照划拨土地方式供应土地建设人才公寓，减收或免收行政事业性收费、政府基金。人才公寓产权归政府所有，只租不售，长期周转使用，实行统一装修，统一配备家具、家电、网络等配套设施，达到“拎包入住”标准。人才公寓提供给海外人才、“两院”院士、“千人计划”“万人计划”、在站博士后和短期来并工作的高层次人才租住。

八、加强组织领导

（二十五）强化党管人才格局。坚持党管人才原则，形成党委统一领导，组织部门牵头抓总，有关部门各司其职、密切配合，社会力量发挥重要作用的人才工作新格局。建立党委常委会定期听取人才工作汇报和人才动态定期报告制度，进一步明确人才工作领导小组及办公室职责任务和工作规则，健全成员单位人才工作述职报告制度，建立重点人才工作督办制度。市直相关部门和县（市、区）党委、政府要健全完善人才工作领导机构，配强专职人才工作者，提出贯彻落实人才工作的主要任务和推进举措，制定实施细则。

（二十六）完善联系服务制度。强化各级党政干部尊重知识、尊重人才、求贤若渴、拜人才为师的理念。完善党委联系专家工作制度，建立党政领导干部直接联系专家制度，建立高层次人才直通书记、市长渠道。定期组织人才开展政治理论培训、国情社情考察、休假等活动，建立专家决策咨询制度。健全党外人才团结、教育、服务机制，增强党外人才的认同感和向心力。

（二十七）完善目标责任考核制。探索建立以人才投入强度、人才发展质量、人才成果贡献为主要内容的目标责任考核指标体系，将人才工作纳入各级领导班子和领导干部综合考核重要内容，作为班子评优、干部评价的重要依据。加大对市直部门和县（市、区）人才工作的指导检查力度，确保人才发展改革各项措施落实到位。

中共太原市委

2018年2月3日

内蒙古自治区

内蒙古自治区人民政府
关于强化实施创新驱动发展战略进一步推进大众创业
万众创新深入发展的实施意见

（内政发〔2018〕14号）

为贯彻落实《国务院关于强化实施创新驱动发展战略进一步推进大众创业万众创新深入发展的意见》（国发〔2017〕37号）精神，进一步促进创新创业资源聚集、新旧动能接续转换，现提出以下意见。

一、总体要求

全面贯彻党的十九大精神，以习近平新时代中国特色社会主义思想为指导，坚持“融合、协同、共享”原则，把大众创业、万众创新作为实施创新驱动发展战略的重要载体，进一步优化创新创业环境、提升创新创业科技内涵、增强创新创业的发展实效，着力实现创新创业与实体经济发展深度融合，在更大范围、更高层次、更深程度上推进大众创业、万众创新，为提升我区创新力和竞争力、促进经济发展转型升级提供有力支撑。

二、大力促进科技成果转化

（一）加强知识产权保护。探索知识产权综合监管执法体制，建立集知识产权快速审查、快速确权于一体，审查确权、行政执法、维权援助、仲裁调解、司法衔接联动的知识产权保护中心，开展一站式综合服务。将恶意侵权纳入社会信用体系，加强重点产业知识产权的风险防控。积极培育版权产业发展，大力开展版权示范创建活动。（自治区科技厅、工商局、新闻出版广电局、司法厅等部门按职责分工负责）

（二）推动科技成果、专利和著作权作品等无形资产价值市场化。推进专利权质押贷款、专利保险、专利权作价出资入股、著作权作品价值评估融资等工作，增加知识产权估值在企业贷款信用评估指标体系中的权重，对高价值专利加大融资支持力度。加强知识产权中介服务体系建设，以政府购买社会服务的方式为创新主体提供多元化服务，拓展、丰富和提升知识产权服务内容和供给品质。（自治区科技厅、金融办，内蒙古银监局、证监局、保监局按职责分工负责）

（三）探索建立科技成果限时转化制度。率先在高校、科研院所开展利用财政资金形成的科技成果限时转化制度建设试点，由财政资金支持形成的科技成果，在合理期限内未转化的，除涉及国防、国家安全、国家利益、重大社会公共利益外，政府有关部门可以授权第三方或许可他人实施成果转化，成果研发团队或完成人拥有科技成果转化的优先处置权。（自治区科技厅、财政厅、发展改革委等部门按职责分工负责）

（四）提升众创空间发展水平。支持高校、科研院所围绕优势专业领域、龙头骨干企业围绕主营业务方向、地方围绕区域支柱和优势产业等细分领域建设平台型众创空间，引导众创空间向专业化、精细化方向升级。探索将创投孵化器等新型孵化器纳入科技企业孵化器管理服务体系，建立按照孵化器、众创空间综合服务绩效和软硬件设施成本给予后补助的支持方式。（自治区科技厅牵头负责）

（五）健全重大科研基础设施等方面的开放共享机制。推进高校、科研院所在保证科研用途的同时，向社会开放财政资金支持形成的重大科研基础设施、大型科研仪器和专利基础信息资源。鼓励以市场化方式进行科研仪器设备的运营、服务和

管理，鼓励支持专业服务机构建立在线服务平台为社会和仪器管理单位提供服务。（自治区科技厅、财政厅等部门按职责分工负责）

三、拓展企业融资渠道

（一）鼓励大型银行合理赋予旗县（市、区）支行信贷业务权限。推动和支持大型银行完善信贷业务授权机制，鼓励自治区、盟市分行要合理赋予旗县（市、区）支行信贷业务权限，并加强对授权效果的评估和授权的动态调整。支持地方性法人银行在符合条件的情况下在旗县（市、区）等基层区域增设小微支行、社区支行，支持商业银行改造小微企业信贷流程和信用评价模型，合理设置小微企业授信审批权限。（自治区金融办，内蒙古银监局、人民银行呼和浩特中心支行等部门按职责分工负责）

（二）加强对科技型中小企业投融资服务。支持符合条件的创新创业企业通过上市、新三板和区域股权交易中心挂牌、配股、定向增发、并购重组、发行债券等多种方式，拓宽直接融资渠道。推动银行业机构为科技型小微企业提供包括授信、支付结算、资产管理等在内的综合性金融服务，支持政府性融资担保机构为科技型中小企业发债提供担保，鼓励地方各级政府建立政银担、政银保等不同类型的风险补偿机制，为中小企业专利贷款提供保证保险服务。（人民银行呼和浩特中心支行，内蒙古银监局、保监局、证监局，自治区金融办、财政厅、科技厅等部门按职责分工负责）

（三）完善国有创业投资管理。支持有条件的国有企业发起创业投资，综合运用参股基金、联合投资、融资担保等多种方式，发挥财政资金在引导民间投资、扩大直接融资、弥补市场失灵等方面的作用。完善财政资金、国有资本参与创业投资的投入、管理与退出标准和规则，根据不同创业投资特点，探索建立分类的运作监管、财政资金绩效考核和基金管理机构信用信息评价等机制。（自治区财政厅、国资委、工商局、发展改革委等部门按职责分工负责）

（四）引导社会资本参与创业投资。积极培育各类股权基金、创业投资基金、风险投资基金，支持具有风险识别和风险承受能力的个人参与创业投资，鼓励天使投资人、创业投资基金入驻孵化器和众创空间开展业务。（自治区财政厅、地税局，内蒙古国税局等部门按职责分工负责）

（五）建立创新券、创业券管理制度和运行机制。建立创新券和创业券试点，以购买服务、绩效奖励等方式，为创业者和创新企业提供社会培训、管理咨询、检验检测、知识产权、数据分析、法律咨询等服务，逐步扩大支持范围，探索实现跨区域互通互认。（自治区科技厅、人力资源社会保障厅按职责分工负责）

四、促进实体经济转型升级

（一）鼓励和支持产学研协同创新。鼓励高校、科研院所科研人员与创业者开展合作和互动交流，以市场化、专业化、集成化、网络化的方式构建集群思、汇众智、解难题的“众创空间”，形成面向全社会开放的共享互动机制。通过举办创业训练营、创新创业大赛等多种形式的创新活动，面向企业和社会创新的难点，凝练和解决科学问题。（自治区科技厅、财政厅等部门按职责分工负责）

（二）支持先进制造业发展。自治区重点产业发展引导基金加大对先进制造业的投入，支持关键领域和瓶颈环节技术改造。结合我区产业基础、资源条件，在能源、冶金、化工、装备制造、农畜产品加工等传统优势产业，推进工厂数字化、智能化改造。鼓励企业联合高校、科研院所等创新主体，建设一批具有独立法人资格的制造业创新中心。鼓励军民融合企业与科研院所合作建设工程研究中心、重点实验室、企业技术中心等创新平台，推动军民两用技术产品对接合作，促进军民两用技术双向转移和科技成果转化。（自治区经济和信息化委、发展改革委、科技厅、财政厅等部门按职责分工负责）

（三）促进共享经济发展。推动构建适应共享经济发展的包容审慎监管机制，加快完善新就业形态、消费者权益、社会保障、信用体系建设、风险控制等方面的政策法规，探索适应共享经济特点的税收征管措施。适当放宽教育等行业互联网准入条件，培育扶持和引进一批在物品、劳务、知识、技能等领域共享应用平台。强化共享经济平台企业和个人使用者的相应责任，落实消费者权益保护和从业者的社会保障。（自治区发展改革委、人力资源社会保障厅、工商局、地税局、党委网信办，内蒙古国税局、人民银行呼和浩特中心支行等部门按职责分工负责）

（四）推进数字经济发展。加快推动高速、移动、安全、泛在的新一代信息基础设施建设，推进电信普遍服务。深化互联网、物联网、大数据、云计算、虚拟现实、人工智能等新一代信息技术在政府治理、公共服务、产业发展等领域的应用。推进政务信息资源整合共享开放，建立健全自治区数据资源统筹管理体系，推动公共服务领域数据与企业、社会数据对接，进一步深化呼和浩特市、乌海市新型智慧城市试点工作，推进智慧城市建设。推动制造业加速向数字化、网络化、智能化发展，推动大数据、互联网、人工智能等新一代信息技术与实体经济的深度整合。积极与俄罗斯、蒙古国等沿线国家开展数字经济交流与合作，推进“一带一路”数据港建设。（自治区发展改革委、经济和信息化委、党委网信办、大数据发展管理局，内蒙古通信管理局等部门按职责分工负责）

（五）完善新经济统计分类。严格执行新修订的《国民经济行业分类》《新产业新业态新商业模式统计分类（试行）》和《国家科技服务统计分类》等有关分类标准，研究制定“双创”发展统计指标体系，充分利用大数据等现代信息技术手段，科学、准确、及时反映经济结构优化升级的新进展。（自治区统计局牵头负责）

（六）加大用地保障力度。将创新创业用地优先纳入供地计划，优先安排新产业用地供应。新产业项目用地符合《划拨用地目录》的，可以划拨供应。对新产业发展快、用地集约且需求大的地区，可适度增加年度新增建设用地指标。鼓励盘活利用现有土地，传统工业企业转为先进制造业企业，以及利用存量房产进行制造业与文化创意、科技服务业融合发展的，可实行按原用途和土地权利类型使用土地的过渡期政策。现有建设用地过渡期支持政策5年期满后需办理用地手续的，可按新用途、新权利类型、市场价，以协议方式办理。（自治区国土资源厅牵头负责）

（七）促进首台（套）重大技术装备的研发和推广应用。研究制定促进首台（套）重大技术装备示范应用的意见，建立健全首台（套）重大技术装备研发、检测评定、示范应用体系，完善财政、金融、保险等支持政策，明确相关招标采购要求，建立示范应用激励和保障机制，营造良好的政策和市场环境。（自治区经济和信息化委、发展改革委、金融办、财政厅、质监局，内蒙古保监局等部门按职责分工负责）

五、完善人才流动激励机制

（一）优化外籍人才服务管理工作。对主管部门认定的外籍人才申办签证、居留许可、永久居留身份证等出入境证件开通绿色通道，外籍人才配偶和未成年子女，可比照外籍人才享受办理签证和居留许可的便利。外籍人才配偶有工作意向并被区内用人单位聘用的，自治区人力资源社会保障厅优先办理外国人来华工作许可。开展外籍高层次人才服务“一卡通”试点。（自治区公安厅、人力资源社会保障厅等部门按职责分工负责）

（二）进一步加大人才引进力度。强化人才引进工作，创新人才引进政策，支持携带拥有自主知识产权、具有国际先进或国内一流水平科技成果的区内外高层次科技人才和团队到我区开展科技成果转化，对符合条件的团队分类给予扶持。（自治区人力资源社会保障厅、公安厅、财政厅、科技厅、党委组织部等部门按职责分工负责）

（三）完善高校和科研院所绩效考核办法。积极推进高校、科研院所实行增加知识价值为导向的分配政策改革，在核定的绩效工资总量内可采取年薪制、协议工资、项目工资等灵活多样的分配形式和办法。按照分级管理原则，以盟市为单位，建立动态调整、周转使用的事业编制统筹调剂使用制度。事业单位引进高层次人员和招聘急需紧缺人才，可简化招录程序，没有岗位空缺的可申请设置特设岗位，并按相关规定办理人事关系，确定岗位薪资。（自治区编办、财政厅、人力资源社会保障厅、教育厅、科技厅等部门按职责分工负责）

（四）支持农牧民工返乡创业。对返乡创业人员在创业担保贷款、创业培训补贴、社会保险补贴方面予以支持，鼓励返乡下乡人员围绕优势特色产业，重点发展规模种养、农畜产品加工、农牧业生产服务、休闲农牧业和乡村旅游业。探索实施农村承包土地（草牧场）经营权以及农牧民住房财产权抵押贷款试点。（自治区农牧业厅、人力资源社会保障厅、国土资源厅、金融办，内蒙古银监局、人民银行呼和浩特中心支行等部门按职责分工负责）

六、创新政府管理方式

（一）建立公平竞争的市场环境。按照公平竞争审查实施细则等要求，全区各级行政机关和法律、法规授权的具有管理公共事务职能的组织制定市场准入、产业发展、招商引资、招标投标、政府采购、经营行为规范、资质标准等涉及市场主体经济活动的规范性文件和其他政策措施时，均应当进行公平竞争审查。清理规范涉企收费项目，加强信用体系建设，逐步在行政管理、社会公共服务、市场交易、社会信用体系建设等领域推广使用信用档案和信用记录。（自治区工商局、发展改革委、财政厅、商务厅、法制办等部门按职责分工负责）

（二）推进“多证合一”登记制度改革。推行企业登记全程电子化和电子营业执照，针对众创空间等新型孵化机构集中办公等特点，放宽住所登记条件，鼓励各地结合实际实行“一址多照”“一照多址”登记，全面落实“多证合一、一照一码”和“先照后证”。全面开放市场主体名称库，探索取消企业名称预先核准改革，实现企业名称“自助查重、自主申报”登记模式。（自治区工商局牵头负责）

（三）加强事中事后监管。全面实现“双随机、一公开”监管全覆盖，建立“一单两库、一细则”，开展跨部门“双随机”联合检查，构建联合惩戒机制。严格按照已公布的权责清单开展行政执法检查，涉企检查不得干扰企业正常生产经营活动。（自治区工商局、编办、法制办等部门按职责分工负责）

（四）深化行政审批制度改革。鼓励部分基础较好的盟市、旗县（市、区）和开发区开展相对集中行政许可权改革试点工作，按照“撤一建一”的原则，探索推进设立行政审批服务局模式，实行“一颗印章管审批”。进一步清理减少行政审批事项、优化审批流程、公开审批标准、规范审批行为，深入推进“一号申请、一窗受理、一网通办”便捷服务。（自治区编办牵头负责）

（五）优化税收服务。推广网上、移动、自助等办税服务系统，进一步完善网上纳税信用级别证明等在线工具，探索通过建立电子平台或在银税双方系统中互设接口等方式，实现银税信息互动共享。（自治区地税局，内蒙古国税局、银监局，人民银行呼和浩特中心支行等部门按职责分工负责）

（六）加大创新投入。通过补助、风险补偿、创投引导等多种方式，加大政府对基础研究、自主核心技术的研发及创新平台、重大科技基础设施建设的资金支持。赋予科研单位、高校更大的科研经费支配权和资源调动权，更好地发挥财政资金对科研院所和高校科研活动的保障和激励作用。（自治区财政厅、科技厅、发展改革委按职责分工负责）

（七）有序推进“双创”试点示范。支持引导包头稀土高新技术产业开发区国家级“双创”示范基地和自治区级“双创”示范基地建设，鼓励“双创”示范基地之间共享创新创业资源，共建创新创业支撑平台。通过举办创新创业赛事活动，评选一批创业先锋、创业尖兵等行业领军代表人物和案例，宣传推介创新创业的成功经验，进一步发挥创新创业榜样的激励、引导和示范作用。（自治区发展改革委、科技厅、财政厅、经济和信息化委、新闻出版广电局、科协等部门按职责分工负责）

各盟市、各有关部门要按照本意见的要求，进一步细化政策措施，明确分工，加强组织领导，切实履职尽责，确保各项政策落地见效，积极推进大众创业、万众创新深入发展，为自治区全面实施创新驱动发展战略、推动新旧动能转换提供有力支撑。

内蒙古自治区人民政府
2018年4月16日

内蒙古自治区人民政府办公厅关于创新管理优化服务培育壮大经济发展新动能加快新旧动能接续转换的实施意见

（内政办发〔2018〕51号）

为贯彻落实《国务院办公厅关于创新管理优化服务培育壮大经济发展新动能加快新旧动能接续转换的意见》（国办发〔2017〕4号）精神，进一步培育壮大经济发展新动能，改造提升传统动能，加快新旧动能接续转换，现提出如下意见。

一、总体要求

（一）指导思想。

以习近平新时代中国特色社会主义思想为指导，认真贯彻落实党的十九大精神，坚持新发展理念，深入实施创新驱动发展战略，大力推进大众创业万众创新，以推进供给侧结构性改革为主线，着力解决阻碍新动能释放的矛盾问题，着力改造提升传统产业，创新行政管理、优化公共服务，促进制度创新与技术创新相互融合、供给与需求有效衔接、新动能培育与传统动能改造提升协调互动，不断激发增长动力和市场活力，为自治区经济持续健康发展提供有力支撑。

（二）目标任务。

通过一段时间努力，初步构建适应新产业新业态发展规律、满足新动能集聚需要的体制机制，政府服务市场主体的快速响应能力和水平不断提升，服务方式和监管模式进一步创新。全社会创业创新生态持续优化，人才、技术、知识、数据资源更加丰富，以共享经济、信息经济、生物经济、绿色经济、创意经济、智能制造经济为阶段性重点的新兴经济业态逐步成为新的增长引擎，传统动能焕发新活力，实体经济发展质量和核心竞争力显著提高，新旧动能接续转换成效显著，新兴产业与传统优势产业协同发力的发展格局逐步形成。

二、提升政府服务能力和水平

（一）提高行政审批效率。

进一步深化商事制度改革。推行企业登记全程电子化和电子营业执照，针对众创空间等新型孵化机构集中办公等特点，放宽住所登记条件，鼓励各地结合实际实行“一址多照”“一照多址”登记，全面落实“多证合一”和“先照后证”，探索将更多证照整合到营业执照上。（自治区工商局牵头负责）

积极推进税务行政审批制度改革。积极推行网上申报缴税，推广“一窗式”办税，简化办税程序和环节，精简涉税资料，提高办税效率。延伸24小时自助办税服务，实现涉税业务文书和纸质发票线上线下配送或约时定点领取服务。对纳税信用A级纳税人实施联合激励措施，提供行政审批绿色通道等便利服务。（内蒙古税务局牵头负责）

进一步深化“放管服”改革。全面推行清单管理制度，探索和扩大清单管理的领域和范围，及时规范和完善政府部门的权责清单，加强事中事后监管。优化再造政务服务的目录、内容、流程和事项，深入推进“一号申请、一窗受理、一网通办”便捷服务。（自治区编办、发展改革委、经济和信息化委、政府办公厅等部门按职责分工负责）

（二）完善法规政策标准。

推进法规制度适应性变革。各主管部门要对制约新产业新业态发展的规定进行清理，及时提出修改、废止地方性法规、政府规章的具体建议方案和理由，履行法定程序。在电子商务、大数据、新能源等重点领域，加快推进地方立法工作。（自治区法制办、经济和信息化委、商务厅、大数据发展管理局等部门按职责分工负责）

建立相关标准动态调整机制。推进实施团体标准、企业标准自我声明公开和监督制度。严格地方标准管理，逐步建立政府主导制定的标准与市场自主制定的标准协同发展、协调配套的新型标准体系，健全统一协调、运行高效、政府与市场共治的标准管理体制。（自治区质监局牵头负责）

（三）鼓励先行先试。

依托鄂尔多斯资源型经济创新发展综合改革试验区、满洲里和二连浩特国家重点开发开放试验区、呼伦贝尔中俄蒙合作先导区等区域，按程序经全国人大或其常务委员会授权，允许地方按法定程序暂停执行国家相关法律法规制度，在物流、教育、旅游等领域系统性风险小的方面，开展系统性、整体性、协同性改革的先行先试。（自治区发展改革委、教育厅、科技厅、交通运输厅、商务厅、法制办、旅游发展委，呼和浩特海关等部门按职责分工负责）

（四）强化创业创新服务。

建立创业创新绩效评价和容错试错机制。深化科研经费管理改革，按照科研活动及科研项目属性，建立以质量、绩效和创新为导向的分类管理、评价机制。建立投资容错机制，适当提高投资风险容忍度，鼓励探索，宽容失败。加快建立覆盖企业初创、成长、发展等不同阶段的政策支持体系，提高对企业技术创新的支撑服务能力。深化国有企业改革，完善国有企业绩效考核办法，把技术研发、技术转移转化、科技成果应用、科技投入及创新等纳入评价指标，加大考核权重。（自治区科技厅、教育厅、发展改革委、财政厅、国资委等部门按职责分工负责）

提升面向创业创新主体的服务水平。建立重大科研基础设施和大型科研仪器开放服务信息公示制度，引导政府投资的科研设施等面向社会开放服务。加快推进科技报告制度，将科技报告纳入常规科研管理，除涉及重大安全、有相关特殊管理规定外，政府投资形成的科研成果要实现科研数据信息开放共享，切实提高科技投入效益，促进转化应用。（自治区科技厅、发展改革委、经济和信息化委、人力资源社会保障厅、质监局等部门按职责分工负责）

加快推进大众创业万众创新。推进国家和自治区双创示范基地建设，强化体制机制创新，开展创新创业政策先行先试，树立区域、高校、企业双创发展样板，形成可复制、可推广的经验。积极开展创新创业大赛等活动，加快发展专业性众创空间，推动网络平台众创，高效组合创新创业要素，实现科技研发、专业知识、工匠技能合作共享，进一步激发全社会创业创新活力。（自治区科技厅、教育厅、经济和信息化委、发展改革委、人力资源社会保障厅等部门按职责分工负责）

严格知识产权保护制度。加大专利案件查办力度，发挥“12330”知识产权维权援助举报投诉平台作用，将假冒专利侵权行为纳入社会征信系统。加大对商标、地理标志特有名称、包装、装潢等保护力度，将故意侵犯商标权、假冒商标行为等纳入国家企业信用信息公示系统（内蒙古）。加强对新模式新业态创新成果的保护，探索在线创意、研发设计、众创众包等新领域知识产权保护新途径。（自治区科技厅、工商局按职责分工负责）

三、探索包容创新的审慎监管制度

（一）完善市场准入制度。

落实并完善以负面清单为主的产业准入制度，对未纳入负面清单管理的行业、领域、业务等，各类市场主体皆可依法平等进入。针对新技术、新产业、新业态、新模式，本着降低创业门槛的原则，不急于纳入负面清单管理。充分考虑共享经济特殊性，按照包容发展的原则，针对网络仿真教育实训、互联网医疗、网约车和共享单车、物流等新产业、新业态、新商业模式发展特征，审慎研究制定相关行业准入办法。（自治区经济和信息化委、发展改革委、教育厅、交通运输厅、商务厅、卫生计生委、工商局、质监局、食品药品监管局，内蒙古银监局、证监局、通信管理局等部门按职责分工负责）

（二）加强信用体系建设。

推动在政府采购、招标投标、PPP、招商引资、企业债券发行等行政管理领域使用信用档案或信用记录，并逐步扩展到各行业领域。加强企业经营异常名录和严重违法失信企业名单管理，整合企业生产经营、纳税缴费以及参与对外担保、民间借贷等信息，建立健全行业红黑名单制度，加大失信行为曝光力度，建立政府和社会共同参与的跨地区、跨部门、跨领域守信联合激励和失信联合惩戒机制。（自治区发展改革委、工商局，人民银行呼和浩特中心支行等部门按职责分工负责）

（三）推进新产业新业态监管。

完善新产业新业态治理结构，构建监管部门和媒体、大众等社会力量多方参与的协同治理模式，建立行业管理、企业自律、社会监督联动的治理机制。坚持发展与管控相结合，建立符合时代背景的新产品、新服务、新业态监管方式。在敏感领域，加强对不适应现有监管体系的行业、企业产品、服务的研究和监测分析，积极实施差别化分类监管。规范支持网约车发展，促进出租汽车新老业态相互融合，构建多样化、差异化出行服务体系。进一步规范电子商务等新业态审批监管，严禁违法设定行政许可、增加行政许可条件和程序。探索建立适应互联网传播和用户创造内容趋势的新媒体内容监管机制，建立新型网络视听文化产品内容管理制度体系。（自治区经济和信息化委、发展改革委、公安厅、交通运输厅、文化厅、新闻出版广电局、科技厅、党委网信办、工商局、质监局、食品药品监管局，人民银行呼和浩特中心支行、呼和浩特海关，内蒙古税务局、通信管理局、银监局、证监局、保监局等部门按职责分工负责）

（四）强化风险管控。

建立健全新兴经济领域风险预警和分析体系，制定完善相关领域潜在风险应急预案，提高对新兴经济领域潜在风险敏感性和突发情况快速处置能力。强化市场主体责任，加强对新兴领域技术、产品和服务的成熟度及风险评估，加大惩罚性赔偿力度。督促平台企业制定网络安全应急预案、组织网络安全应急演练，提高平台企业网络安全防护能力和网络安全意识，积极应对随时可能发生的网络安全事件。（自治区经济和信息化委、发展改革委、科技厅、公安厅、商务厅、法制办、质监局、党委网信办，人民银行呼和浩特中心支行，内蒙古银监局、证监局、保监局等部门按职责分工负责）

四、促进新生产要素流动

（一）加快智力要素集聚流动。

促进人才流动。结合事业单位分类改革，探索创新高校、医院、科研机构等事业单位实行编制备案制或人员控制数管理的有效形式。在选人用人、成果处置、职称评审、薪酬分配等方面赋予高等院校、科研院所更大自主权。符合条件的科研人员经所在单位批准，可带科研项目和成果、保留基本待遇到企业开展创新工作或创办企业，离岗创业3年内可保留人事关系。实行医师区域执业注册和多机构执业备案管理，推进医师与医疗机构签约服务或组建医生集团。深化职称制度改革，在高等院校、科研院所、国有骨干企业、创新龙头企业等开展职称自主评价试点。（自治区编办、教育厅、科技厅、公安厅、财政厅、人力资源社会保障厅、卫生计生委、国资委等部门按职责分工负责）

建立适应新就业形态特点的用工和社保制度。探索建立适合新就业形态的劳动用工、劳动标准、工资支付等相关制度。研究以个人身份跨户籍所在地参保办法，以社会保障号为唯一标识，探索建立更灵活、更人性化的社保申报登记、个人缴费、资格审查和转移接续等经办管理服务模式。建立全区统一的城乡居民及灵活就业人员网上缴费系统，深入实施“多证合一”社会保险登记，取消企业社会保险登记证制度。（自治区人力资源社会保障厅牵头负责）

（二）推进数据资源开放共享。

落实自治区政务信息资源共享管理暂行办法，探索建立公共数据资产登记制度、数据资源审计制度和安全监督制度。制定动态更新的政务信息资源目录，推进政务信息资源跨部门、跨层级、跨区域交换共享。根据数据安全属性，依据有关规定，积极稳妥地向社会开放政府数据。围绕数据权益保护、数据流通、个人信息保护等重点内容开展地方立法研究探索，严厉打击非法泄露个人信息行为。（自治区法治政府建设领导小组政务信息资源整合共享专项工作成员单位按职责分工负责）

（三）推动科技成果加速转化应用。

研究制定支持高校和科研院所职务发明知识产权归属和利益分享制度改革试点的措施，支持高校和科研院所按照市场规则，自主决定将其持有的科技成果进行转让、许可或者作价投资。深入推进专利权质押融资工作，开展科技保险试点，进一步化解研发、科技成果转化、新产品推广等过程中的风险。培育规模化、专业化、市场化、国际化的知识产权中介服务机构，构建自治区科技成果交易平台，实现成果对接、技术交易和咨询等功能，推进科技成果转化。搭建国防科技工业成果信息与推广转化平台，打通军民科技成果双向转移转化渠道。（自治区科技厅、财政厅、经济和信息化委、农牧业厅、金融办，内蒙古税务局、银监局、证监局、保监局，人民银行呼和浩特中心支行等部门按职责分工负责）

（四）促进传统产业升级。

推动制造业加快发展。深入贯彻《内蒙古自治区落实〈中国制造2025〉行动纲要》，结合我区产业基础、资源条件，在能源、冶金、化工、装备制造、农畜产品加工等传统优势产业领域，推进工厂数字化、智能化改造。加大机器人、3D打印装备、高档数控机床、智能成套生产线等研制攻关，推进制造业与互联网融合创新发展，促进制造企业从生产型制造向服务型制造转变。鼓励企业引进和购置先进装备，加快技术和产品的升级换代。（自治区经济和信息化委、科技厅、发展改革委、国资委等部门按职责分工负责）

利用新技术、新业态推动农牧业发展。利用互联网等新技术提升农牧业生产、经营、管理和服务水平，强化物联网技术在农牧业领域的应用，大力发展智慧农牧业。推进农牧业与旅游、教育、文化、健康养老等产业深度融合，把休闲农牧业发展与现代农牧业、美丽乡村建设融为一体。（自治区农牧业厅、发展改革委、旅游发展委、文化厅、教育厅、民政厅等部门按职责分工负责）

利用新技术推进服务业转型升级。鼓励传统商贸流通企业积极利用物联网、移动互联网、地理位置服务、大数据等信息技术提升流通效率和服务质量。引导实体零售企业适应市场变化，加快调整业态结构、商品结构，创新经营机制、服务体验，促进线上线下融合，满足消费结构升级需要。加快推动传统媒体与新兴媒体深度融合，提升文化企业网络服务能力。（自治区商务厅、文化厅、新闻出版广电局、发展改革委等部门按职责分工负责）

五、强化支撑保障机制建设

（一）加强组织领导。

各地区、各部门要积极研究涉及本地区、本领域的新动能发展问题，坚持前瞻布局、重点跨越，强化顶层设计和协同推进，认真制定培育壮大新动能工作方案，切实落实培育新动能相关政策措施。要加强对新动能发展的舆论宣传，引导正确认识，营造健康发展环境。（各盟行政公署、市人民政府，各相关部门牵头负责）

（二）完善采购支持政策。

探索首购、订购等非招标方式，扩大前沿领域创新产品和服务的率先示范应用。贯彻落实国家首台（套）重大技术装备保险、重点新材料首批次应用保险补偿机制，积极开展自治区级技术装备首台（套）、关键零部件及新材料首批次保险补偿试点工作。按照国家要求调整完善医保目录，及时将符合条件的创新药物按规定纳入目录范围。（自治区经济和信息化委、发展改革委、财政厅、人力资源社会保障厅、商务厅、公共资源交易中心，内蒙古银监局、保监局等部门按职责分工负责）

（三）优化金融支持体系。

自治区重点产业发展引导基金重点布局和投资于共享经济、数字经济、生物经济、绿色经济、创意经济等新产业和新业态。鼓励把新兴经济企业纳入自治区上市挂牌企业后备资源库和创业板行动计划，并积极争取在境内外上市和"新三板"挂牌。鼓励和引导资产结构合理、信誉优良的科技自主创新企业，利用企业债券、公司债券、短期融资券等多种金融创新工具拓宽融资渠道。积极探索债贷组合、投贷联动、融资租赁、产业链融资以及无形资产质押贷款等适合创新型企业的特色金融服务，满足创新型企业的资金需求。（自治区财政厅、工商局、金融办，人民银行呼和浩特中心支行，内蒙古银监局、证监局等部门按职责分工负责）

（四）完善统计调查支撑机制。

建立自治区新产业、新业态、新商业模式专项统计调查制度，科学测算评估新兴经济活动在经济增长、资源节约、劳动就业、收入税收等方面的贡献。构建反映新兴经济活动的指标体系，研究建立并择时发布反映全貌和动态变化的新兴经济活动发展指数，提供趋势性数据和预警分析支撑。（自治区统计局牵头负责）

各地区、各部门要把思想和行动统一到党中央、国务院和自治区党委、政府的决策部署上来，认真履职尽责、密切协调配合、主动担当作为、加强督促检查，切实把各项任务措施落到实处，为进一步激发市场活力和动力、加快新旧动能接续转换营造良好的制度环境。

内蒙古自治区人民政府办公厅
2018年8月1日

呼和浩特市推进人才优先发展战略的若干措施（试行）

（呼党发〔2018〕6号）

为深入学习贯彻党的十九大精神，认真落实中央、自治区党委关于深化人才发展体制机制改革的意见精神，加快推进人才优先发展战略，建设祖国北疆地区人才高地，结合我市实际制定如下措施。

一、大力集聚海内外高层次创新创业人才

围绕首府重点产业发展需要，5年内计划引进培育50支高层次创新创业团队和500名高层次创新创业人才。对来呼创办企业或开展成果转化，预期能够产生重大经济社会效益的下列4类人才给予重点支持。诺贝尔奖获得者、“两院”院士及相当层次的国内外顶尖人才，采取“一事一议”的方式，给予最高1亿元的综合资助，并给予个人500万元奖励；国家“千人计划”“万人计划”专家及相当层次的国家级领军人才，给予最高1000万元的综合资助，并给予个人200万元奖励；全国副省级城市以上高层次人才工程入选者及相当层次的地方级领军人才，给予最高500万元的综合资助，并给予个人50万元奖励；省（部）级技术能手、工匠大师及相当层次的地方高级人才，给予最高30万元的综合资助。对符合上述资助条件的高层次人才，按类别免费提供不低于200平米、150平米、120平米、80平米的人才公寓；选择在呼购房的，以货币化形式分别给予最高120万元、80万元、50万元、20万元的购房补贴。

二、积极吸引大中专学生在呼落户就业创业

凡具有普通全日制中专及以上学历的毕业生，均可凭毕业证、身份证、户口簿来呼办理落户手续。全国在校大学生凭学信网学籍证明和身份证可在线落户呼市。对毕业5年内的大学毕业生，在大学生创业园或其他创新创业平台内孵化的创业项目，给予不低于3万元的一次性创业补贴。对毕业5年内在呼创业的大学毕业生，给予最长3年最高50万元的担保贷款，并给予全额贴息。

设立“人才驿站”，为来我市求职面试的博士、硕士及“双一流”大学本科毕业生提供7天免费住宿；成功在我市非公企业就业或自主创业的，可申请我市人才公寓，给予一定的租房补贴；在呼首次购房的，分别给予10万元、5万元、3万元的购房补贴。

建立引才“绿色通道”。引进全日制博士研究生、境外著名大学（世界前1000名）和国内“双一流”高校全日制硕士研究生、我市急需紧缺的“一流大学”建设高校和“一流学科”的全日制本科毕业生到我市国有企事业单位工作，给予不低于10万元的安置费。其中，引进的博士、硕士研究生工作满1年，考核合格后可担任正科、副科级领导职务；工作满2年的硕士研究生，表现优秀的可担任正科级领导职务，工作满3年的博士研究生，表现优秀的可担任副处级领导职务。

三、重点培育各类本土人才

加强对本土人才的培养激励，实施“青城英才”工程，选拔为我市作出突出贡献的优秀本土人才，给予3万元奖励资金。实施“青城工匠”计划，组织评选有工艺专长、技能高超、本领过硬的高技能人才，给予2万元奖励资金，享受市级劳模待遇。实施“企业家能力提升”计划，每年组织不少于50名我市企业经营管理人才赴国内外知名高校、科研院所及跨国公司、知名培训机构学习深造。实施“党政人才素质提升”计划，支持机关、事业单位人员攻读硕士、博士学位，取得学历学位后由政府报销学费，最高不超过5万元。实施“全民创业技能提升”计划，鼓励驻呼职业技术（技工）院校、高技能人才培训基地、技能大师工作室面向社会开放培训资源，向有就业创业愿望的市民提供免费培训，由政府给予补贴。

四、引进天使投资人和创投机构

依托市创新投资引导基金，按照“政府领投、共担风险、原值退出”的原则，撬动天使投资人和创投机构等社会资源对我市处于萌芽期的产业、初创期的企业提供融资支持。对新设立或新迁入且实际募集资金不少于5000万元的创投机构，最高给予200万元开办补贴。对投资我市种子期、初创期中小企业的天使投资人和创投机构，最高给予100万元的风险补贴。在呼创办的投资机构，在境内外主板、创业板上市，给予投资机构200万元补贴；在“新三板”挂牌的，给予投资机构50万元补贴。天使投资人和创投机构在呼投资建设众创空间、创新创业园区（街区）等开放式创新创业综合服务平台，最高给予200万元的奖励补贴。

五、建立引才奖励制度

设立“青城伯乐奖”，用人单位、中介机构和个人每成功引进1名国内外顶尖人才、国家级领军人才、地方级领军人才、地方高级人才，分别给予最高100万元、50万元、20万元、10万元奖励。对引进高层次创新创业人才成效显著的地区、部门、个人、中介组织和驻外人才工作机构，最高给予100万元奖励。

六、深化校地交流合作

支持国内外知名高校和科研院所，在呼设立具有独立法人资格的新型产业技术研究院，政府免费提供办公用房。鼓励高校院所在呼进行科技成果转化，按实际发生的技术交易额，给予年度最高200万元的补贴。充分盘活驻呼高校校友资源，成立驻呼高校校友总会联盟，聘任知名校友作为“招才大使”“招才顾问”，在境内外设立“校友工作站”，吸引广大在外发展的校友回呼投资兴业。

七、搭建纳贤引智平台

支持企业建设国家级企业工程（重点）实验室、工程（技术）研究中心等研发机构，一次性给予200万元的奖励支持。鼓励事业单位、园区和企业建立院士工作站、博士后科研工作站等，给予最高50万元的奖励补贴。对新认定的国家级高新技术企业给予10万元的一次性资助。构建“创业苗圃（众创空间）+孵化器+加速器”科技创业孵化链条推进体系，对经认定的创业苗圃（众创空间）、孵化器、加速器分别一次性给予最高50万元、300万元、500万元资助。

八、加强人才服务保障

建立“青城人才绿卡”，高层次人才凭卡办理相关奖励资助事宜和出入境证件、户口准入、社保结转、人事关系调入、住房公积金、驾驶证换发等业务，分层分类享受住房、落户、配偶就业、子女入学、医疗、出入境便利服务，享受免费乘坐市域内交通工具、免费通行市域内高速公路、免费参观市域内旅游景点等待遇。建立市领导直接联系高层次人才制度。整合部门人才服务职能，成立高层次人才综合服务机构，为各类高层次人才提供政策咨询、项目申报、融资对接、业务办理等“一站式”服务。建立人才服务专员制度，对重点人才项目提供“一对一”专项服务。

九、建立人才信息发布制度

年初发布呼和浩特人才需求目录，提出各领域急需紧缺岗位的人才需求；年末发布呼和浩特人才建设报告，分析全市人才现状。建设“呼和浩特人才开发”网站、微信、微博公众号，适时发布我市人才工作信息。

各旗县区、经济技术开发区要结合实际，制定本地人才扶持政策。市直有关部门要根据职能职责，制定相关实施办法和操作细则。

中共呼和浩特市委组织部
呼和浩特市人力资源和社会保障局
2018年5月2日

辽宁省

中共辽宁省委 辽宁省人民政府关于加快构建开放新格局以全面开放引领全面振兴的意见

（辽委发〔2018〕20号）

为深入贯彻落实党的十九大精神，进一步扩大对外开放，推动形成全面开放新格局，以全面开放引领辽宁全面振兴，特提出如下意见。

一、充分认识加快全面开放是推动辽宁全面振兴的战略抉择

1．辽宁面临新时代全面开放的重大机遇。党的十九大就深化改革、扩大开放提出了一系列新的重要理念、重大战略、重大举措，明确了推动形成全面开放新格局的新要求。党中央、国务院对辽宁振兴发展出台了一系列政策措施，特别是习近平总书记提出的“四个着力”“三个推进”要求，与新发展理念相互衔接、一脉相承，是辽宁振兴发展和深化全面从严治党的根本遵循，是辽宁决胜全面建成小康社会、再创辉煌的治本之策，是辽宁破解矛盾问题、推动各项工作的“金钥匙”。要紧紧抓住新时代全面开放的重大机遇，以习近平新时代中国特色社会主义思想为指导，把握改革开放40周年契机，进一步树立强烈的机遇意识，以更宽广的视野、更高的目标要求、更有力的举措，推动辽宁形成全面开放新格局，以全面开放引领全面振兴。

2．辽宁全面开放的独特优势和面临的挑战。辽宁既沿海又沿边，是东北地区唯一的沿海省份和出海大通道，是中国对接东北亚、沟通欧亚大陆桥的前沿地带，是中国北方地区的开放门户，具有全面开放的独特区位优势；辽宁是新中国工业的重要摇篮和装备部，工业门类齐全，交通、电力、水利、通讯等基础设施完善，科教实力突出，具有全面开放的雄厚产业优势。辽宁全面开放天时地利人和，全省上下必须与时俱进、乘势而上，带头开放、率先开放，切实增强全面开放的坚定信心。同时，也要清醒地认识到辽宁对外开放面临的各种挑战，正视辽宁对外开放思想解放不够、体制机制不活、政策举措不足、水平能级不高等问题，正视辽宁面临的逆水行舟、不进则退和标兵渐远、追兵迫近的严峻形势，坚持问题导向，全面总结经验，深刻反思教训，把全面开放提高到事关辽宁振兴发展的战略性和全局性高度来充分认识、认真思考、积极谋划、强力推进。

3．辽宁全面开放是振兴发展的战略抉择。今后5年是辽宁经济社会平稳健康发展的“动能再造期”，是缩小发展差距、跟上全国步伐、实现长远发展的“基础再建期”，是加快推动质量变革、效率变革、动力变革的“优势再创期”。推动形成全面开放新格局，是新时代贯彻落实新发展理念的重要实践，是满足人民日益增长的美好生活需要的客观要求，是建立开放型经济新体制的主动作为。全面开放是辽宁兴省之要，是辽宁振兴发展的必由之路和战略抉择。必须坚决转身向海，高高举起开放大旗，扩大开放范围，拓宽开放领域，加深开放层次，破解开放难题，以开放促改革、促发展，加快推进辽宁老工业基地新一轮全面振兴。

二、明确辽宁全面开放的指导思想和工作重点、目标定位

4．指导思想。全面贯彻党的十九大和十九届二中、三中全会精神，以习近平新时代中国特色社会主义思想为指导，坚持稳中求进工作总基调，坚持以人民为中心的发展思想，统筹推进“五位一体”总体布局和协调推进“四个全面”战略布局，持之以恒落实新发展理念和“四个着力”“三个推进”，以参与服务“一带一路”建设为重点，以辽宁沿海经济带开发开放为支撑，以大连东北亚国际航运中心和沈阳东北亚创新中心建设为龙头，以建设高水平自由贸易试验区和探索建设自由贸易港为引擎，以建设沈抚创新发展示范区为突破口，统筹推进“一带五基地”建设、深入实施“五大区域发展战略”，以海洋经济带动内陆经济发展，以内陆经济推动海洋经济发展，构建内外联动、陆海互济的全面开放新格局，将辽宁打造成为面向东北亚开放的大门户。

5．工作重点。把深度参与服务“一带一路”建设作为今后一个时期全面开放的工作重点，推进建设“一带一路”高能级开放平台，加强同“一带一路”沿线国家互联互通和产业对接，加强创新能力开放合作，拓展双向投资领域，做优做精重大项目。创建“一带一路”综合试验区和“中国—中东欧16+1”国际经贸合作示范区，加快形成多点布局、深度合作的开放载体。加强同“一带一路”沿线国家海关、检验检疫、商贸物流、电子商务等领域合作，全面提高贸易和投资自由化便利化水平，培育对外经贸新增长点。建立同“一带一路”沿线国家多层次经济社会文化交流合作机制，推动实现政策沟通、设施联通、贸易畅通、资金融通和民心相通。树立省外就是“外”的思想，扩大开放领域、丰富开放内容，积极参与京津冀协同发展和长江经济带发展，大力开展与江苏、北京、上海对口合作，加强东北四省区合作机制，务求取得实效。

6．目标定位。到2020年，全省开放型经济水平显著提升。外贸依存度提高3个百分点；货物贸易进出口总额占全国的份额逐年增加，在全国的位次进入前8位；服务贸易年均增长率高于全国平均水平，占对外贸易总量的比重逐年提升。实际利用外资和引进省外资金确保年均增长15%以上，利用外资力争达到100亿美元，引进省外资金力争达到6000亿元。对外投资水平进一步提高，带动更多装备、技术和服务走入国际市场。到2022年，全省开放型经济新体制基本形成。贸易结构进一步优化，外贸依存度高于全国平均水平；高端制造和现代服务业利用外资和省外资金占主导地位，引进外资力争达到150亿美元，引进省外资金力争超过8000亿元；对外投资规模、质量和效益显著提高，整体对外开放水平走在全国前列。

三、着力破除阻碍全面开放的体制机制障碍

7．坚决贯彻落实开放发展理念。坚持问题导向，进一步解放思想，深化改革，扩大开放，以扩大开放倒逼体制机制改革，为高质量发展提供良好的制度保障，构筑发展新动能，加快构建开放型经济新体制。以扩大开放助力创新驱动，加快推动质量变革、效率变革、动力变革。以扩大开放推动建设现代化经济体系，实现动能再造、基础再建、优势再创，促进跨越式发展。

8．充分发挥市场在资源配置中的决定性作用。坚持社会主义市场经济改革方向，使市场在资源配置中起决定性作用，促进要素有序流动、资源高效配置，建立同国际国内市场完全对接，充满内在活力，公平开放、竞争有序的现代市场经济体制机制。深化国有企业改革，发展混合所有制经济，激发各类市场主体活力，培育具有全球竞争力的开放型现代企业。落实国家关于加快构建开放型经济新体制的要求，使对内对外开放相互促进、引进来与走出去有机结合，建设开放型经济强省。

9．加快简政放权步伐。以培育市场体系、放活市场主体为主要目的，以转变政府职能、理顺上下关系、优化管理机制为重点，进一步加大简政放权工作力度，深化“放管服”改革，建立分工合理、运转高效、富有活力、权责统一的管理机制，进一步提高政府行政效能。在符合法律法规的前提下，创新放权形式，扩大放权范围，把能放的权力全部放下去，确保简政放权衔接协调、政令畅通、运转平稳。

四、统筹推进“五大区域”全面开放

10．发挥辽宁沿海经济带和沈阳经济区的带动辐射作用。以推进辽宁沿海经济带全面开放为重点，深化东北亚地区经济合作，提升辽宁乃至东北地区对外开放水平。把大连东北亚国际航运中心建设成为辽宁面向东北亚开放的桥头堡和中国北方对外开放的重要门户。加快建设服务辽宁、辐射东北、影响东北亚的“港口经济圈”。2018年年底前，启动实施沿海六市港口资源整合，成立辽宁港口集团。以港口整合为契机，大力发展口岸经济、海洋经济、临港产业集群和生态产业区，全面推进“港口、产业、城市”融合发展。扩大沿渤海、黄海两翼开放，带动丹东、锦州、营口、盘锦、葫芦岛发展壮大。到2020年，把辽宁沿海经济带建设成为东北老工业基地产业结构优化的先导区和经济社会发展的先行区。

提升沈阳经济区对外开放能级。加快沈阳东北亚创新中心建设，推动沈阳市创建“中国制造2025”国家级示范区，支持中德（沈阳）高端装备制造产业园建设。以高水平对外开放引领沈阳经济区重点领域和关键环节突破，突出创新驱动，加速转型升级，形成一批千亿级产业集群。推动国有企业改革、经济结构调整和产业转型升级，加快推进同周边城镇及产业园区的同城化、一体化发展。到2020年，把沈阳经济区打造成为新型工业化示范区和具有较强国际竞争力的城市群。

11．创建沈抚新区开放创新示范区。完善体制机制，创新开发模式，改进招商方式，以五大产业集群发展为主要任务，发展大数据、大健康、人工智能等特色产业，创建国家级创新发展示范区。以高水平开放激发沈抚新区创新活力，高质量建设中日韩产业园，建成东北亚对外经济合作示范区，打造辽宁振兴发展新的增长极，形成对辽宁乃至东北强有力的辐射力和带动力。

12．补齐县域经济和辽西北地区开放短板。发挥县域和辽西北地区资源优势及后发优势，主动对接京津冀协同发展，加大招商引资力度，引进一批龙头型、基地型、贸易型项目，推动传统产业转型升级，加强生态环境建设，打造一批特色产品和农产品出口基地。大力发展农村跨境电子商务，重点培育跨境电商平台和服务型企业，带动农产品交易市场、农民合作社、家庭农场共建网上销售渠道。积极推动县域和辽西北地区贫困及富余劳动力参与对外劳务，实施对外劳务脱贫。

五、优化提升全面开放载体支撑

13．建设对外开放大枢纽。加快建设大连东北亚国际航运中心，构建完善的基础设施体系、综合运输体系和航运服务体系，建成服务辽宁、辐射东北、影响东北亚地区的国际性航运枢纽。健全和完善口岸综合服务系统，开展跨部门、跨区域口岸通关合作，建立集各类口岸信息资源于一体的电子网络数据交换平台和国际贸易“单一窗口”，逐步形成集商贸物流、金融保险、信息咨询、口岸通关、航运代理、海运结算与保险、后勤补给、海事支持等多种服务功能于一体的现代化国际航运中心服务体系和开放口岸。

14．构建对外开放大平台。创建辽宁“一带一路”综合试验区和“中国—中东欧16+1”经贸合作示范区，打造高能级对外开放新平台，使其成为辽宁全面开放的标志性品牌；加快沈抚新区、大连金普新区对外开放步伐，建成面向东北亚开放合作的先导区和引领东北老工业基地创新转型的示范区；精心组织大连夏季达沃斯论坛，做大做强沈阳制博会、大连软交会等国际性展会，扩大对外经济、社会和文化交流；发挥大连综合保税区、保税港区等8家海关特殊监管区和保税物流中心的要素集聚和辐射带动作用，提升对外贸易竞争力；推进省级以上经济技术开发区、高新区等产业园区理顺管理体制、完善发展规划、提质增效升级，不断提高战略性新兴产业和优势产业聚集度，全省重点建设100个省级以上产业园区，使其成为全省对外开放的重要载体。到2020年，基本建成以“一带一路”综合试验区和“中国—中东欧16+1”经贸合作示范区为引领、以2个创新示范新区为先导、以3个国际性展会和8个海关特殊监管区域为支撑、以100个省级以上重点产业园区为载体的“2+2+3+8+100”的对外开放平台体系。

15．畅通对外开放大通道。推动“辽满欧”“辽蒙欧”“辽海欧”交通运输国际大通道建设，提升中欧班列影响力，构建面向东北亚开放的多式联运国际物流体系。大力推进“辽蒙新”通道建设，打造辽宁融入丝绸之路经济带新通道。进一步畅通辽宁与“一带一路”沿线国家的经贸联系，积极参与中蒙俄、中巴、中国—中亚—西亚等“一带一路”经济走廊建设。以中蒙俄经济走廊建设为契机，推进中蒙俄东线铁路走廊项目建设，形成辽宁港口与蒙古东线铁路以及西伯利亚大铁路便捷连接的新的国际大通道。加强沈阳、大连国际空港建设，大幅度增加国际航线数量，完善国际、国内航线网络，打造对外开放空中大通道。

16．打造对外开放新高地。高水平建设辽宁自由贸易试验区，创造更多具有辽宁特色的制度创新成果，在全省复制推广。加快复制上海等自由贸易试验区改革经验，确保2018年年底前全面复制到位。推进落实《中国（辽宁）自由贸易试验区总体方案》赋予辽宁的123项改革试点任务，2018年落实率达到90%以上，2020年完成阶段性试点工作。重点面向国家赋予辽宁自由贸易试验区的特色试点任务，在加快老工业基地结构调整、深化国企国资改革、促进产业转型升级和面向东北亚区域开放合作等方面大胆先行先试，创造辽宁经验，推动东北老工业基地振兴。充分发挥自由贸易试验区溢出效应，推进自由贸易试验区与省内18个重点产业园区协同发展。加快创建大连自由贸易港，形成符合自由贸易港境内关外监管模式需要的制度和规则体系，力争经过3至5年改革探索，建成投资贸易自由、规则开放透明、监管公平高效、营商环境便利的高标准、智能化自由贸易港，打造东北老工业基地对外开放新高地。

六、建设开放型现代产业体系

17．以开放促进工业结构调整。坚持以供给侧结构性改革为主线，加大传统工业对外开放力度，下大力气解决重化工业“一柱擎天”和结构单一问题。以开放推动做大做强先进制造业，加强国际合作，对接德国工业4.0，加快实施《“中国制造2025”辽宁行动纲要》，构筑增长新动能。大力引进国内外资金、技术和先进管理方式，完善产权制度和要素市场化配置，培育一批具有国际竞争力和行业影响力的企业集团，激活国有企业内在活力、市场竞争力和发展引领力，成就一批开放型“小巨人”民营企业，以大开放推动辽宁工业实现大提升、大发展。

18．加快现代服务业对外开放。扩大金融业开放，有序开放银行卡清算等市场，放宽或取消银行、证券、基金管理、期货、金融资产管理公司等外资股比限制，统一中外资银行市场准入标准。利用国家进一步开放金融市场契机，争取改革试点，吸引优质外资金融机构在辽宁自由贸易试验区设立分支机构。积极推进优质外资金融机构参股辽宁地方法人金融机构，增加资本实力，完善经营管理，提升核心竞争力。探索建立辽宁与“一带一路”沿线国家金融合作机制，支持各类金融机构积极参与辽宁企业“一带一路”项目和国际产能合作。加强国际科技合作，加大引进国际重要科研机构协作创新工作力度，依托沈大国家自主创新示范区，布局和建设一批科技合作基地和技术转移中心。加强国际教育合作，围绕一流大学和一流学科建设，开展高水平人才联合培养，扩大外国留学生规模，打造“留学辽宁”品牌。推进文化领域开放合作，发挥友好省州、友好城市合作机制，强化与我国驻外使领馆和外国驻华使领馆、外国对华友好组织的合作，加大辽宁文化海外推广力度。扩大农业对外开放，促进传统农业转型升级。实施特色优势农产品出口提升行动，加强农产品出口基地建设，扩大高附加值农产品出口。围绕“乐游辽宁，不虚此行”的主题，开拓境外重点客源市场，进一步树立辽宁旅游国际形象，推动旅游经济持续增长。

19．深化国际产业合作。创新对外投资方式，促进国际产能合作，形成面向全球的贸易、投融资、生产、服务网络。聚焦新材料、高端装备、能源化工、汽车及零部件等重点优势产业，对接国家丝路基金、中非发展基金、中国—东盟投资合作基金以及亚洲基础设施投资银行等国家政策性金融工具，采取投资建厂、合作开发、承包工程等多种方式，分类推进国际产业合作，推动一批跨国并购项目。加大境外经贸合作园区支持力度，以“一带一路”沿线国家主要节点城市和港口为重点，引导辽宁龙头企业在境外布局建设一批经贸合作园区，带动中小企业抱团合作走出去。推动印尼镍铁综合产业园、印度特变电工绿色能源产业园、罗马尼亚辽宁工业园、乌干达辽沈工业园升级为国家级园区。利用“一带一路”沿线国家劳动力成本较低、原材料丰富、出口限制少的优势，推动具有竞争优势的产能输出，加快钢铁、汽车、服装、建材、铝型材等境外生产基地布点和建设，带动相关行业装备出口，巩固优势产业在国际市场的份额。积极参与“一带一路”沿线国家基础设施建设，加强国际工程承包，实施建营一体化。有序引导和规范对外投资，建立健全走出去企业的风险评估和防控机制，加强对走出去企业的监管和服务，严格规范经营，坚决防止国有资产流失。

七、建立完善“双招双引”优惠政策措施

20. 进一步放宽外资市场准入。全面实行准入前国民待遇加负面清单管理制度，全面放开一般制造业，扩大电信、医疗、教育、养老、新能源汽车等领域开放。鼓励外资参与国有企业改革，加快推进混合所有制经济步伐。鼓励外资参与政府与社会资本合作（PPP）项目投资、运营和管理。对境外投资者从中国境内居民企业分配的利润直接投资于鼓励类投资项目，凡符合规定条件的，实行递延纳税政策，暂不征收预提所得税。认真贯彻《关于促进两岸经济文化交流合作的若干措施》（国台办发〔2018〕1号）精神，落实相关政策，积极引进台资企业和台湾人才来辽宁投资创业。

21. 加大财政资金对优质外资项目的支持力度。认真贯彻落实《国务院关于扩大对外开放积极利用外资若干措施的通知》（国发〔2017〕5号）和《国务院关于促进外资增长若干措施的通知》（国发〔2017〕39号）精神，进一步积极利用外资。2018至2022年，对世界500强企业在辽宁新设立的当年实际到位外资（限于注册资本的实际缴入，下同）金额超过1000万美元的先进制造业和现代服务业项目（不含房地产、金融和类金融项目），对在辽宁设立的当年实际到位外资金额超过5000万美元的新项目和超过3000万美元的增资项目，省财政按其当年实际到位外资金额不低于2%的比例予以奖励，最高奖励1000万元。对跨国公司在辽宁设立地区总部，经审核认定并当年实际到位外资超过2000万美元的，省财政按其当年实际到位外资金额不低于2%的比例予以奖励，最高奖励1000万元。对当地经济社会发展贡献突出的外资跨国公司总部或地区总部，按照“一项目一议”方式予以重奖。对跨国公司在辽宁设立采购中心、财务管理中心、结算中心等功能性机构，经审核认定并当年实际到位外资超过200万美元的，省财政给予100万元开办补助。

22. 切实保障重点项目用地。认真贯彻落实《辽宁省人民政府关于进一步扩大对外开放积极利用外资的实施意见》（辽政发〔2017〕24号）精神，继续对集约用地的鼓励类外商投资工业项目优先供应土地，在确定土地出让底价时可按照不低于所在地土地等别相对应全国工业用地出让最低价标准的70%执行。对实际投资金额超过10亿元的制造业外资和省外资金投资项目用地以及世界500强企业、全球行业龙头企业总部或地区总部自建办公物业用地，由省、市共同安排土地利用计划指标。对省级以上经济技术开发区、高新区重点项目所需用地指标应保尽保。

23. 大力支持科研创新。支持境外投资者在辽宁设立研发中心，2018至2022年，对经认定的外资研发中心，省财政给予50万元至200万元开办补助。将外资研发中心纳入省级科技计划和省财政科技后补助资金支持范围，按照省财政厅、省科技厅《省级科技计划专项资金后补助管理暂行规定》，对外资研发中心开展相关科技活动，符合条件的，通过后补助方式予以支持。对外资研发中心年度研究与试验发展（R&D）经费增量超过5000万元的，奖励后补助最高可达到1000万元。世界500强企业、全球行业龙头企业新设具有独立法人资格的外资研发机构，可按照“一项目一议”方式给予重点支持。外资研发中心进口研发设备、试剂、样品，可选择全国通关一体化模式通关，享受提前报关、预约通关查验等便利措施。允许符合条件的外资研发中心保税进口二手研发专用关键设备（入境期限不超过1年）。外商投资企业提供技术转让、技术开发及与之相关的技术咨询、技术服务，符合条件的可按照规定免征增值税。鼓励支持外商投资企业申报高新技术企业或技术先进型服务企业，经认定通过后，减按15%的税率征收企业所得税，职工教育经费支出不超过工资薪金总额8%的部分，准予在计算应纳税所得额时扣除，超过部分准予在以后纳税年度结转扣除。对开展研发合作的外资企业，按照规定享受研发费用加计扣除、技改贴息等优惠政策。

24. 加大人才引进支持力度。认真贯彻落实《辽宁省人才服务全面振兴三年行动计划（2018—2020年）》，实施海内外高层次人才、外国专家和高水平创新创业团队引进计划，按照引进人才和团队的不同层次，分别给予相应资金和政策支持。加大各市和有关部门人才政策集成力度，为高层次人才创造良好的创业、工作和生活环境。外国人才申报创新创业项目、科学技术奖项，不受国籍、身份等条件限制。为外国高端人才申请办理R字（人才）签证、工作许可、长期居留和永久居留提供便利。推进下放县级公安机关出入境管理机构外国人签证证件审批权。放宽外国人才签证有效期限，对符合条件的外国人才，签发长期（5至10年）多次往返签证，并可凭该签证办理工作许可、申请工作类居留证件。积极争取优秀外国留学生毕业后直接在辽宁就业试点。对引进的符合条件的国内外高层次人才，加大在人员奖励、配偶随迁、落户、住房、子女教育、医疗、养老等方面的支持和服务力度。

25. 加大金融支持力度。充分发挥省产业（创业）投资引导基金的带动作用，以股权投资等方式重点支持世界500强企业、全球行业龙头企业在辽宁投资。支持跨国公司在辽宁自由贸易试验区组建跨境双向人民币资金池，支持区内外商投资融资租赁公司获取试点资格以及开展外币结算业务。丰富资本项下跨境人民币业务交易种类，推动开展外商直接投资人民币结算、跨境贸易融资等业务。畅通人民币资金跨境回流渠道，支持有条件的企业境外发行股票、债券等筹集资金回流使用。推动大宗商品进出口使用人民币计价结算。认真落实全口径跨境融资宏观审慎管理政策，提高市场主体境外融资便利性，支持实体经济发展。外商投资企业同等享受省及各市对民营企业境内上市、新三板挂牌和区域性股权市场融资的相关扶持政策。

26. 积极开展有效精准招商。各级政府要在法定权限范围内，制定出台具有创新性、可操作性的招商引资优惠政策，稳定和加强专业招商队伍，保证招商专项经费，确保招商引资取得实效。主要领导要亲自带队招商，努力引进一批优质项目。借助达沃斯论坛、新辽理事会、中日经济合作论坛、哈洽会、东北亚博览会、大连软交会、厦门投洽会等平台载体，有针对性地开展招商推介活动。重点瞄准发达经济体、世界500强企业、产业链中高端的行业龙头企业开展招商引资活动。鼓励支持有条件的市在日本、韩国和香港等重点国家和地区设立办事机构，加强联络，沟通信息，有针对性地开展招商活动。每年面向香港和东南亚、日本、韩国、德国、美国等重点地区和国家，举办一系列招商引资推介活动；面向珠三角、京津冀、长三角等地区各举办一次以上“辽宁招商引资促进周”活动；组织“辽商回归”专项招商活动。大力支持以商招商，依托现有优势产业，加强上下游产业链配套招商。改进招商方式方法，以大数据应用实现精准招商，准确捕捉商机，提高招商效率。

27．建立完善招商引资工作激励机制。建立省、市、县主要领导牵头负责的部门联动工作机制，集中研究解决招商引资过程中遇到的困难和问题。2018至2022年，省财政在安排支持全面开放专项资金中，每年安排5000万元用于招商引资工作奖励。各地区要安排专项资金支持招商引资工作。加大对“一带一路”沿线及周边国家出访团组的支持力度，对出国（境）招商公务团组实行政策倾斜，在制订因公临时出国计划时予以重点保障，支持优先办理出国（境）手续。建立和完善重大项目跟踪责任制和定期报告制，对已签约的重大项目，列出落地时间表，做好跟踪服务，确保招商成果得到落实。

八、着力培育外贸竞争新优势

28．推动外贸结构优化升级。深耕日本、韩国、美国、东盟和欧盟等传统市场，大力开拓“一带一路”沿线国家和美洲、非洲等新兴市场。全面实施“千企出国门”和“辽宁品牌行销天下”活动。加强重点行业出口分类指导，巩固装备制造、石化、冶金、服装和农产品等支柱商品出口规模，推动成套装备、特种化工材料、优质钢材和铝型材、特色农产品、泳装、裘皮、鞋帽等商品出口。推动以大连英特尔为代表的高新技术企业产品出口，提高出口产品科技含量和国际竞争力。充分发挥出口信用保险作用，简化申请信用保险资金补助手续，支持企业向新兴市场出口，对纳入“一带一路”建设、中蒙俄经济走廊等规划清单的项目，加大承保力度，对海洋工程、矿山机械、冶金设备、橡胶加工机械、电力设备、汽车、水泥、医疗设备等大型成套设备出口以及境外工程承包项目出口融资应保尽保。进一步扩大短期出口信用保险规模，降低信用保险费用。2018至2022年，省财政每年在支持全面开放专项资金中安排3亿元，重点支持外贸结构调整和转型升级，培育外贸新业态新模式，提高服务贸易水平。各地区要制定支持外贸发展的优惠政策。

29．推动各类外贸经营主体协调发展。鼓励华晨宝马、大连西太平洋石油化工、恒力石化、鞍钢、本钢、大连英特尔、大连毅都、盘锦北燃、五矿营口中板等外贸龙头企业延长产业链，提高国际化经营水平和竞争力。鼓励沈阳机床、沈阳特变电工、华晨汽车、大连船舶重工和抚顺永茂建机等装备制造业企业将售后服务作为开拓国际市场的重要途径。鼓励企业有计划地建设辽宁特色产品营销网络，发展跨国连锁经营，完善售后服务标准。鼓励建立电力、通信、轨道交通等大型成套设备境外售后维修服务中心和备件生产基地。鼓励企业创立自有出口品牌和收购境外品牌，加大辽宁品牌海外推介力度，提高辽宁产品在国际市场的知名度和影响力。

30．培育外贸新业态新模式。推进市场采购贸易，做大做强鞍山海城西柳内外贸结合试点，培育发展辽阳佟二堡、沈阳五爱等内外贸结合商品市场，拓展出口新渠道。推动辽宁出口时代、营口东盛等36家省级外贸综合服务企业加快创新发展，引进一批与辽宁产业相近的域外外贸综合服务企业，提高外贸综合服务企业通关、物流、退税、融资和保险等服务能力。加强军贸企业合作，开拓“一带一路”沿线新兴市场。加强大连跨境电子商务综合试验区建设，推动沈阳获批建立跨境电子商务综合试验区。积极培育大连天呈、越洋物语，葫芦岛方得等跨境电商平台企业，推进与国际国内知名跨境电商平台开展战略合作，共同打造“辽宁网上丝路”。积极开展外贸租赁、保税贸易等新业务。

31．加快推动外贸转型升级基地建设。重点抓好沈阳辉山农业、鞍山精特钢、东港水海产品、兴城泳装、鞍山海城西柳服装等一批外贸转型升级示范基地建设，发展一批产业特色鲜明、配套完善、带动和辐射能力强的省级出口基地，并力争晋升国家级出口基地。重点支持锦州国家级加工贸易梯度转移重点承接地、大连和沈阳装备制造业加工贸易基地、盘锦石化及精细化工基地、阜新皮革产业集群和西丰鹿茸产业集群建设。大力扶持外贸转型升级基地龙头企业，扩大出口企业群体，推动基地外贸公共服务平台建设，使外贸转型升级基地成为带动全省出口的重要载体。

32．积极扩大进口。每年组织企业参加中国进口商品博览会，重点抓好日本商品进口洽谈会和韩国商品进口推销会等活动，搭建扩大进口有效平台。发挥沿海各市港口口岸优势，带动其他城市扩大先进技术设备、关键零部件、特色优质消费品、高附加值产品和资源类产品进口。重点扩大产业发展急需、国内无法满足需求的发动机及整车技术、五轴机床和加工中心、机器人智能焊接生产线等先进技术和设备进口，提高企业核心竞争力。抓好大连平行车进口，扩大进口汽车消费。稳步扩大水果、肉类、乳制品、酒类和化妆品等优质消费品进口，吸引境外一、二线知名品牌消费品供应商进驻沈阳、大连等中心商业圈，引导境外消费回流，提升消费层次。

33．大力发展服务贸易。发挥沈阳、大连两市服务贸易龙头作用，带动全省服务外包转型升级。争取沈阳浑南新区、大连金普新区成为国家文化出口基地。制定省级服务外包培训基地评定办法，完善服务贸易统计体系，建立服务贸易督导考核评价体系。积极组织服务贸易和高新技术企业参加上交会、京交会、高交会和境内外各类专业对接会，办好大连软交会。推动服务贸易模式创新，培育服务外包、文化、中医药等服务贸易新优势。

九、打造国际化、法治化、便利化营商环境

34．提高贸易便利化水平。加快推进国际贸易“单一窗口”建设，2018年年底前达到国家标准版要求，企业上线率大幅提升。拓展“单一窗口”功能，向金融、跨境电子商务、港口、服务贸易等方面延伸。扩大“三互”合作区域，推进一次性联合检查，建立口岸风险联防联控机制。全力推进汇总征税、税费电子支付、自报自缴、通关作业无纸化改革。继续开展压缩货物通关时间、降低合规成本和免除海关查验没有问题企业吊装移位仓储费用试点工作，进一步提高贸易便利化水平。

35．深入推进“放管服”改革。优化精简项目审批流程，推动各审批步骤由“串联”改为“并联”。不断深化完善和持续推进“多证合一”、全程电子化、电子营业执照、名称便利化等改革事项，加快推进“证照分离”改革试点工作。抓好企业信息统一公示、异常经营名录管理、严重违法企业名单管理、政府部门涉企信息归集、失信企业联合惩戒、工商登记后置审批“双告知”“双随机、一公开”抽查等监管制度落实，努力建设以信息归集共享为基础、以信息公示为手段、以信用监管为核心的新型市场监管机制。

36．积极推进服务型诚信政府建设。加强立法对全面开放的引领、推动和保障作用，坚决推行依法行政。对标国内先进地区，规范减免涉企行政性事业收费，坚决遏制乱检查、乱收费、乱摊派。切实降低企业经营成本。加大为企业服务力度，及时依法做好企业投诉处理工作。认真解决招商引资过程中的遗留问题，切实履行对外商和省外企业依法所作的承诺，解决招商引资政策不兑现问题，保证政策的连续性。全面贯彻落实《辽宁省优化营商环境条例》，以国际化、法治化、便利化为工作导向，加快营造公平透明可预期的营商环境，力争经过3至5年的努力，打造发展环境最优省份。

十、强化全面开放的保障措施

37. 加强组织领导。加强和改善党委对全面开放的领导，切实把推动全面开放摆在党委、政府全局工作的重要位置。进一步健全完善组织领导体系和工作机制，强化“一盘棋”观念，加强统筹协调，压实工作责任。各级党政主要领导要亲自抓，负总责，把握关键点，找准突破口，把全面开放各项工作做深、做细、做实，抓出成效。完善各级对外开放工作综合协调机构，明确职责，配强人员，更好地发挥统筹指导作用。各地区和各相关部门要出台引领性实施意见，制定全面开放具体措施。建设全省规范的口岸管理机构，强化口岸管理办公室职能和力量，统筹推进全省口岸通关工作。创新驻外机构管理体制，探索与企业合作在重点国家和地区设立办事机构。

38. 加强开放型干部队伍建设。建设一支新时代政治合格、作风过硬、业务精良的外向型干部队伍。大胆提拔使用具有国际视野和对外开放工作经验的年轻干部，充实各级领导班子。加强对各级干部特别是领导干部的培训，提高开放型思维和决策水平。

39. 强化推进机制和督查考核。把对外开放工作纳入省委、省政府重点督查事项和绩效考核内容，进一步细化分解重点任务，规定进度，跟踪调度，统筹推进，按照已明确的任务书、时间表和路线图，逐项抓好落实。

40. 强化财政和金融支持。建立完善财政支持政策，2018至2022年，省财政每年设立支持全面开放专项资金，重点支持招商引资、开放平台建设、产业园区发展、外贸新业态新模式和开拓国际市场等。各地区要设立相应专项资金，对全面开放予以支持。加大财政资金对引进优质省外项目的支持力度，比照吸引外资的支持政策，对面向省外“双招双引”工作进行奖励。制定完善信用保险支持企业出口和走出去的财政支持政策。建立产业金融服务体系，鼓励制造业骨干企业创建财务公司、私募股权基金等产业金融机构。支持金融机构创新产品，拓宽服务，大力发展出口买方信贷和卖方信贷，充分利用出口信用证押汇、信保融资以及外汇理财质押等产品，降低外贸企业融资成本。健全创新创业金融支持机制，支持科技金融、小微金融、互联网金融发展。各地区各部门要充分认识进一步扩大对外开放，以全面开放引领辽宁全面振兴的重要意义，高度重视，主动作为，强化责任，密切合作，研究制定具体实施细则、配套措施和行动计划，确保各项重点工作和政策措施落到实处，开创辽宁全面开放新局面。

中共辽宁省委
辽宁省人民政府
2018年5月2日

中共辽宁省委办公厅 辽宁省人民政府办公厅
关于推进人才集聚的若干政策

（辽委办发〔2018〕76号）

为全面贯彻党的十九大和十九届二中、三中全会精神，以习近平新时代中国特色社会主义思想为指导，实行更加积极、更加开放、更加有效的人才政策，推动人才服务全面振兴三年行动计划实施，大力吸引人才、培养人才、留住人才和用好人才，激发人才创新创业活力，促进辽宁振兴发展，特制定如下政策。

一、开辟大中专毕业生等人才落户“绿色通道”

沈阳市、大连市对符合年龄条件的中专学历以上人员，省内其他地区对中专学历、初级工以上人员，凭居民身份证、毕业证或资格证，可在拟迁入地城镇地区办理落户；省内大中专院校录取的学生，凭录取通知书或学生证、居民身份证和户口迁移证，可在学校集体户办理落户；博士后研究人员凭进（出）站审批表、户口簿可在拟迁入地城镇地区办理落户。顶尖人才、国家级领军人才办理“居民身份证”“户籍”“来华工作许可”等事项时，提供上门采集信息、上门办证、上门送证、异地邮寄证件等“一对一”专属服务。（责任部门：省公安厅、省教育厅、省人力资源社会保障厅）

二、积极吸引留学人员来辽宁创新创业

在沈抚新区、辽宁自贸试验区、沈大国家自主创新示范区等创新发展重点区域内从事创新创业活动1年以上的优秀海外留学人员，可比照高层次海外留学人员和科技专家，享受进境合理数量的科研、教学和个人生活用品等按规定予以海关免税放行优惠政策；其外籍配偶、未满18周岁子女可申请签发2至5年外国人居留许可或多次F签证。（责任部门：省委组织部、省人力资源社会保障厅、省公安厅、省教育厅、大连海关、沈阳海关）

三、着力招揽全球优秀博士

对业内公认、招收单位认定的全球排名前200的国（境）内外高校优秀博士毕业生来辽宁全职从事博士后研究的，采取“核实认定、不限名额”的方式，省政府一次性给予每人20万元奖励；上述博士后研究人员出站后在辽宁工作并与用人单位签订5年（含）以上正式聘用合同的，省政府一次性给予每人30万元奖励。（责任部门：省人力资源社会保障厅、各博士后设站单位）

四、大力引进创新创业人才团队

对近3年累计获得5000万元以上（含）股权类现金融资的在辽宁创新创业人才团队，省政府一次性给予团队成员最高300万元奖励；近3年累计获得1亿元以上（含）股权类现金融资的在辽宁创新创业人才团队，省政府一次性给予团队成员最高700万元奖励。近3年内年主营业务收入首次超过2000万元，在辽宁创办企业或实施核心成果转化的各类人才，省政府按照其贡献程度一次性给予人才本人最高300万元奖励。（责任部门：省委组织部、省科技厅、省财政厅、省人力资源社会保障厅、省工业和信息化委、省工商局、省政府金融办、省税务局）

五、扩大用人主体自主权

省属高校、公立医院和科研院所等事业单位引进或新入选的顶尖人才、国家级领军人才，可不受岗位比例限制，直评特聘到二级专业技术岗位。对其顶尖人才、国家级领军人才领衔的团队，可单独设立专业技术岗位，自主选人用人、自主评聘。企业为各类人才缴纳的“五险一金”、科研启动经费、工作生活补贴、租（购）房补贴、安家费等和高新技术企业发生的职工教育经费按税法有关规定予以税前扣除。（责任部门：省委组织部、省人力资源社会保障厅、省工业和信息化委、省科技厅、省教育厅、省财政厅、省卫生计生委、省国资委、省税务局）

六、加大人才培养平台建设力度

对新成功申请设立国家级重点实验室、工程实验室、工程研究中心、企业技术研究中心、技术创新中心、工业设计中心、国家工业设计研究院、制造创新中心、临床医学研究中心等国家级科技平台的主持人及其团队，视具体平台类别，省政府一次性给予主持人或团队成员最高500万元奖励。对新成功申请设立博士后科研流动站、工作站的单位，省财政一次性给予15万元建站经费资助。对在辽宁举办的全球性、国家级人才峰会等活动，省财政按照实际支出费用的50%给予补助，最高不超过50万元。其中高水平国际学术会议、专业论坛永久落户辽宁的，省政府一次性给予最高200万元奖励。（责任部门：省委组织部、省发展改革委、省工业和信息化委、省科技厅、省教育厅、省人力资源社会保障厅、省财政厅、省国资委、省税务局）

七、提高人才科研资金使用效能

各类省级及以下科研项目经费中的劳务费预算不设比例限制，参与项目研究的各类人员均可按规定标准开支劳务费。科研项目实施期间，年度剩余资金可以结转下一年度继续使用，项目完成任务目标并通过验收后，结余资金按规定留归项目承担单位使用，在2年内由项目承担单位统筹安排用于科研活动的直接支出。对依法批准设立的非营利性科研机构、高校等单位的科技人员，通过科研与技术开发所创造的专利技术、计算机软件著作权、生物医药新品种等职务创新成果，采取转让、许可方式进行成果转化的，除国家另有规定外，在相关单位取得转化收入后3年内发放的现金奖励，减半计入科技人员当月个人工资薪金所得计征个人所得税。（责任部门：省委组织部、省发展改革委、省科技厅、省教育厅、省人力资源社会保障厅、省财政厅、省税务局）

八、切实解决各类人才后顾之忧

提供人才安居保障。人才集中的单位可利用自有土地按照规定建设生活服务设施，各级政府可购买周转房、提供人才公寓或发放住（租）房补贴，用于解决各类人才住房问题。对新引进或培养的高级人才及以上人才，省政府一次性给予每人最高100万元奖励，其中辽西北地区引进的与用人单位签订5年（含）以上正式聘用合同的本科、硕士人才，省政府一次性给予每人最高5万元奖励。各市可提高各类人才住房公积金贷款额度达到现行额度的150%。（责任部门：省委组织部、省人力资源社会保障厅、省工业和信息化委、省科技厅、省教育厅、省财政厅、省国土资源厅、省住房城乡建设厅、省国资委、省税务局）

提供人才家属就学（业）保障。新引进或培养的顶尖人才和国家级领军人才的子女享受一次在全省范围内选择基础教育阶段学校的待遇，其中顶尖人才的第三代子女可参照执行；省部级领军人才及以上人才子女享受一次在其工作所在市选择基础教育阶段学校的待遇；省部级高层次人才及以上人才引进单位无法接收安置其配偶的，可为其发放生活补贴。（责任部门：省委组织部、省人力资源社会保障厅、省工业和信息化委、省科技厅、省教育厅、省财政厅、省国资委、省税务局）

提供人才社会保障。新引进的省部级高层次人才及以上人才可根据个人意愿选择社会保险参保地。在辽宁工作的顶尖人才和国家级领军人才，出差乘坐火车、轮船、飞机等交通工具时，可根据个人意愿，选择相应等次的座位（舱位）。（责任部门：省委组织部、省人力资源社会保障厅、省工业和信息化委、省科技厅、省教育厅、省财政厅、省交通运输厅、省卫生计生委、省国资委、省税务局）

九、实行引才荐才奖励制度

全省范围内各类企事业单位或个人，每成功推荐并全职引进1名与辽宁各类用人单位签订5年（含）以上正式聘用合同的省部级高层次人才及以上人才，省政府一次性给予不超过30万元奖励。对1年内成功推荐并全职引进一定数量各类人才的单位或个人，省政府授予“辽宁引才大使单位”或“辽宁引才大使”称号，并适当给予物质奖励。（责任部门：省委组织部、省人力资源社会保障厅、省科技厅、省教育厅、省财政厅、省税务局）

全省范围内各类企事业单位相应层次人才，均可享受上述各条款政策，并可同时享受各市、用人单位的优惠政策。各级党委和政府、各类用人单位要按照省委、省政府要求，建立联系人才、服务人才制度，为人才及时解决各类问题。

附件：1．人才分类目录（略）

　　　2．各类人才（项目、平台）补助奖励标准（略）

中共辽宁省委办公厅

辽宁省人民政府办公厅

2018年6月15日

辽宁省强化实施创新驱动发展战略
进一步推进大众创业万众创新深入发展的政策措施

（辽政发〔2018〕9号）

为贯彻落实《国务院关于强化实施创新驱动发展战略进一步推进大众创业万众创新深入发展的意见》（国发〔2017〕37号）精神，进一步优化创新创业生态环境，激发创新创业人才的创造潜能，推进大众创业万众创新在重点领域深入发展，结合我省实际，现制定以下政策措施。

一、加快科技成果转移转化

（一）促进科技成果在企业的推广应用。鼓励高等院校、科研院所通过转让、许可或者作价投资等方式，向企业或其他组织转移科技成果，并通过协议定价、在技术交易市场挂牌交易、拍卖等市场化方式确定价格。实施“成果转化促进行动”，推动成果转化对接和项目落地。积极举办中国创新挑战赛（辽宁赛区）相关活动，探索需求悬赏和研发众包创新模式，围绕产业和企业发展需求加速科技成果转化。（省科技厅、省教育厅，中科院沈阳分院等部门负责）

（二）进一步开放现有科研设施和资源。加强辽宁省大型科学仪器设备共享服务平台建设，搭建大型科学仪器设备共享服务供需对接桥梁。根据共享服务情况，采取分等级后补助方式对共享服务突出单位给予工作经费补贴。鼓励高等院校、科研院所向创新创业企业开放科研设施和资源。制定省重点实验室、工程技术研究中心等创新平台评估规则，将开放共享、成果转化等情况作为重要评估考核内容。（省科技厅、省财政厅、省教育厅，中科院沈阳分院等部门负责）

（三）推进学会服务企业技术创新。深入实施创新驱动助力工程。引导学会之间组建“科技创新联盟或联合体”，引导国家级、省级学会在企业建立“院士专家工作站”“学会服务站”，引导学会与企业共同创建“会企联合体”“产业协同创新共同体”，释放科技社团的社会创新潜能。建立一线工程创新人才培养基地，促进企业提升自主创新能力。（省科协负责）

（四）加强对原始创新的基础支撑。制定省重点研发计划指导计划项目管理办法，组织实施省重点研发计划指导计划，支持高等院校、科研院所和企业开展科技攻关、成果转化及产业化。实施国家自然科学基金委员会—辽宁省人民政府联合基金项目，重点解决省内产业发展中的重大科学问题。鼓励高等院校、科研院所充分利用各类创新创业载体建设专业化众创空间，增强技术创新的源头供给，为科技型创新创业企业提供专业化服务。（省科技厅、省教育厅，中科院沈阳分院等部门负责）

二、拓展科技型企业融资渠道

（五）为科技型中小企业提供融资服务。鼓励地方法人银行机构完善小微金融服务体系，在符合条件的情况下，增设小微支行、社区支行，增加对小微企业创新创业活动的有效金融供给。引导各银行机构转变服务方式，优化信贷流程，提高审批效率，加大对小微企业创新创业活动的信贷支持力度。鼓励和支持域内符合条件的科技型企业在银行间市场发行中期票据、短期融资券、超短期融资券、中小企业集合票据、非公开定向债务融资工具等。（省政府金融办，人民银行沈阳分行、辽宁银监局等部门负责）

（六）积极创新金融产品和工具。引导银行等金融机构创新知识产权质押融资产品，扩大业务规模，提高知识产权质押融资风险补偿基金使用效率。支持银行机构开展信贷资产证券化业务，支持各银行机构帮助企业发行直接债务融资工具。（省政府金融办，辽宁银监局等部门负责）

（七）推进资本市场融资服务。引导科技企业到沪深证券交易所、全国中小企业股份转让系统及区域股权市场上市、挂牌。常态化开展辽宁省科技企业投融资路演活动，促进优秀科技型中小企业与全国范围内的创投机构、上市公司等投资机构对接。（辽宁证监局，省政府金融办等部门负责）

（八）稳妥推进投贷联动试点工作。积极争取和推动沈大国家自主创新示范区纳入投贷联动试点地区，鼓励和推动辽宁省地方法人金融机构纳入试点银行业金融机构。鼓励金融机构在客户评价、业务模式、风险缓释方式、贷款额度和期限确定、还款方式、抵质押品、担保方式等方面不断创新，提高科创企业信贷获得能力。运用再贷款、再贴现等货币政策工具，支持和引导金融机构更好的满足科创企业的合理信贷需求。依托我省利率定价自律机制，引导金融机构对科创企业贷款进行合理定价，降低企业融资成本。（人民银行沈阳分行、辽宁银监局，省科技厅等部门负责）

（九）积极培育和发展政府性融资担保机构，鼓励和引导政府性融资担保机构努力为科技型中小企业提供必要的融资增信服务。推动各级政府建立政银担等不同类型的风险补偿机制。鼓励和引导保险公司研发保险产品，完善相关产品体系，提升服务能力和水平。（省政府金融办，辽宁保监局等部门负责）

（十）促进科技和金融结合。探索设立科技成果转化创业投资引导基金，鼓励省级以上高新区、大学科技园等与金融机构合作设立风险补偿资金池，组织开展“科技金融走进高新区”活动，为科技型企业提供金融服务。（省科技厅、省政府金融办等部门负责）

三、推进知识产权运用和保护

（十一）推进知识产权运用。以科技创新为导向，大力发展知识产权代理、法律、信息、咨询、培训等服务，构建全链条的知识产权服务体系。建立面向创业创新知识产权申请的绿色通道，建立专利加快审查机制。积极引导高等院校及所属的

科技型企业对科研成果及时申请专利，推荐大学生创业项目申请专利。（省知识产权局、省教育厅等部门负责）

（十二）完善知识产权公共服务平台。促进省知识产权运营模块与国家和各市的整合互通，加强知识产权交易平台建设，继续做好“中国国际专利技术与产品交易会”活动。（省知识产权局等部门按职责分工负责）

（十三）实行知识产权保护。开展知识产权执法维权“护航”专项行动，开展针对电子商务领域的“闪电”专利执法工作，按照“双随机、一公开”的要求，对全省大型商业场所开展假冒专利执法检查。实施辽宁制造走向海外知识产权护航行动，建立辽宁—德国巴符州知识产权保护和运用联络热线。（省知识产权局负责）

四、强化人才激励机制

（十四）支持留学人员、海外人员创新创业以及科研人员双向流动。加大“留学人员创业启动支持计划”实施力度，遴选创新能力强、发展潜力大、市场前景好的留学回国人员创办的企业，在创办初始启动阶段重点支持。扩展“海外赤子为国服务行动计划”覆盖面，吸引海外高层次人才来辽宁工作。鼓励暂时不能回国的海外留学和工作人员通过多种方式为辽宁建设服务。鼓励高等院校、科研院所等专业技术人员离岗创业，建立健全科研人员双向流动机制。（省人力资源社会保障厅、省教育厅、省科技厅，中科院沈阳分院等部门负责）

五、优化创新创业环境

（十五）加强创业投资领域信用建设。推进全省创业投资企业备案记录与信用信息数据交换平台数据开放共享，实现创业投资企业、创业投资管理企业及从业人员信用记录全覆盖。强化政府出资产业投资基金信用信息建设，基金出资人及管理人员不良行为纳入失信记录数据库，并向社会公布。在创业投资重点领域实行信用评级，提高准入门槛。建立政府性引导基金信用报告制度，全面掌握基金发起人、管理机构和核心管理人员的社会信用记录。充分发挥协会等社会组织作用，推动行业自律。（省发展改革委负责）

（十六）推进商事制度改革。深入推进“多证合一”登记制度改革，将更多的涉企登记、备案等有关事项和各类证照进一步整合到营业执照上。深入推进企业名称登记管理改革，做好名称库动态清理维护工作，不断充实完善禁限用字词库，建立名称争议快速处理机制。深入推进全程电子化改革，不断调整完善相关功能和应用软件，努力实现简便易用要求，持续做好全程电子化登记和电子营业执照运用的宣传解读演示工作。深入推进企业简易注销改革，实现市场主体退出便利化。（省工商局负责）

（十七）优化市场发展环境。持续深化“双随机、一公开”监管改革，按照国家要求和我省实际，动态调整随机抽查事项清单，健全完善“两库、一细则”，创新监管方式，提高监管效能。推进市场监管领域综合执法改革。建立经营异常名录和严重违法失信企业名单制度，实现监管、惩戒联动。对经营异常市场主体，依法限制办理工商业务。对恶意逃废债并被人民法院认定为失信被执行人的人员，依法禁止其担任企业的法定代表人，不予受理其担任公司董事、监事、高级管理人员的备案登记，在工商登记环节实现一处失信、处处受限。（省工商局、省编委办、省政府法制办等部门负责）

（十八）推进相对集中行政许可权改革。继续支持市、县（市、区）、自贸区及各类新区开展相对集中行政许可权改革，不断深化和扩大改革成果，持续提高审批效能，切实优化服务质量。（省编委办负责）

各有关部门要按照职责分工，制定具体的工作方案并组织实施。各地区要履职尽责，确保各项政策落到实处，推进全省大众创业万众创新深入发展，为全面实施创新驱动发展战略，培育壮大新动能，促进产业结构优化升级提供有力支撑。

辽宁省人民政府
2018年3月19日

沈阳市强化实施创新驱动发展战略 进一步推进大众创业万众创新深入发展的政策措施

（沈政发〔2018〕29号）

为深入贯彻落实《辽宁省人民政府关于印发辽宁省强化实施创新驱动发展战略进一步推进大众创业万众创新深入发展的政策措施的通知》（辽政发〔2018〕9号）精神，进一步优化创新创业生态环境，强化政策供给，突破发展瓶颈，充分释放全社会创新创业潜能，结合我市实际，制定以下政策措施。

一、加快科技成果转移转化

（一）促进科技成果在企业的推广应用。鼓励高等院校、科研院所通过转让、许可或者作价投资等方式，向企业或其他组织转移科技成果，并通过协议定价、在技术交易市场挂牌交易、拍卖等市场化方式确定价格。实施“成果转化促进行动”，推动成果转化对接和项目落地。积极配合、参与省科技厅举办的中国创新挑战赛（辽宁赛区）相关活动，探索需求悬赏和研发众包创新模式，围绕产业和企业发展需求加速科技成果转化。（责任部门：市科技局、教育局）

（二）提升科技资源开放共享和创新供给服务水平。鼓励高等院校、科研院所和企业的大型科研仪器等科技设施、资源开放共享。加强沈阳市科技条件平台建设，对平台服务机构和工作站按绩效给予后补助资金支持。深入实施科技创新券政策，对企业和创业团队购买科技条件平台服务机构服务的，给予最高科技服务金额60%的补贴，最高不超过20万元。科技创新专项资金对新获批的国家、省级重点科技创新平台分别给予后补助200万元、100万元资金支持；对新获批的市级重点科技创新平台按绩效择优给予后补助50万元资金支持。（责任部门：市科技局、财政局、教育局）

（三）推进协会学会服务企业技术创新。在全市开展院士专家工作站申报工作，实行全年动态申报，完成每年建设5个院士工作站，柔性引进院士不少于5人的工作目标。以举办高端学术会议为载体，开展校企、会企合作，更好地引导广大科技工作者投身沈阳创新创业大潮。组织举办中国海智创新创业大赛，积极引进海内外人才及项目。（责任部门：市科协）

（四）加强对产业技术创新的基础支撑。实施沈阳市科技计划，做好省重点研发计划指导计划、国家自然科学基金委员会—辽宁省人民政府联合基金项目的争取和组织实施，支持驻沈高等院校、科研院所和企业开展科技攻关、成果转化及产业化，着力解决制约我市产业发展的重大科学问题。鼓励高等院校、科研院所利用科技成果和人才优势建设科技企业孵化器和众创空间，为创新型创业提供专业化服务。（责任部门：市科技局、教育局）

二、拓展科技型企业融资渠道

（五）为科技型中小企业提供融资服务。以服务科技园区为重点，进一步强化银行机构与科技型中小企业的对接。充分发挥财政资金的杠杆作用，探索设立中小科技型企业信用保证基金，加速推进沈阳综合金融服务平台建设。鼓励地方法人银行机构完善小微金融服务体系，设立科技金融专营机构，加大对小微企业创新创业活动的信贷和服务力度。鼓励和支持符合条件的科技型企业在银行间市场发行中期票据、短期融资券、超短期融资券、中小企业集合票据、非公开定向债务融资工具等。（责任部门：市金融办）

（六）积极创新金融产品和工具。完善对中小科技企业贷款的政府风险补偿机制，加大对“助保贷”产品的支持和推广力度。提高知识产权质押融资风险补偿基金使用效率，支持银行等金融机构创新知识产权质押融资产品，扩大业务规模。引导金融机构对科创企业贷款进行合理定价，降低企业融资成本。（责任部门：市金融办）

（七）推进资本市场融资服务。支持区域股权市场建设为地方政府扶持中小企业的政策综合运用平台，利用奖补政策，推动双创企业到辽宁股权交易中心展示、挂牌，按照“储备一批、辅导一批、申报一批、上市一批”的原则，加速推进资本市场后备企业库建设。探索建立财政固定投入机制，加强对入库企业的资本市场培训、对接和路演工作。筛选优质企业到新三板挂牌融资。（责任部门：市金融办）

（八）稳妥推进投贷联动试点工作。争取适时开展投贷联动试点工作，充分发挥银行业金融机构的作用，为科技创新企业提供持续资金支持。引导和支持商业银行建立服务于科技型企业和新兴产业的专营机构，推动专营机构开展科技金融业务。（责任部门：市科技局、金融办）

（九）完善金融政策引导和融资担保体系。协调人民银行积极运用再贷款、再贴现等货币政策工具，支持和引导金融机构更好地满足中小企业的合理信贷需求。充分发挥政府性融资担保机构的行业主力军作用，重点发展大型融资担保机构，拓展担保服务领域。（责任部门：市金融办、人民银行沈阳分行营管部）

（十）促进科技和金融融合。探索设立沈阳市科技创新投资基金，重点支持原始创新、成果转化、战略性新兴产业和未来产业。构建完善的科技金融服务体系，集聚科技金融资源，为科技型中小微企业创新创业发展提供融资服务。鼓励和支持商业银行发展专营机构、专业团队、专属产品、专有流程、专享政策的“五专”科技金融服务。支持银行、保险、证券、信托、创业投资等机构加强合作，完善科技型企业“投、贷、债、保”联动机制。（责任部门：市科技局、金融办）

三、推进知识产权运用和保护

（十一）推进知识产权运用。依托中国（沈阳）知识产权保护中心，建立高端装备制造业领域专利快速申请、审查、确权、维权机制，做优“一站式”服务平台。积极引导高等院校及科技型企业对科研成果及时申请专利，鼓励大学生创业项目申请专利。（责任部门：市科技局、教育局）

（十二）完善知识产权服务体系。提高知识产权信息利用效率，搭建知识产权公共服务平台，为创新主体和中介机构提供专业化服务。支持银行、保险等机构参与知识产权金融服务，推进开展知识产权质押融资和专利保险业务，推动知识产权服务业向高端发展。（责任部门：市科技局）

（十三）加强知识产权保护。开展知识产权执法维权“闪电”“雷霆”“护航”等专项行动，建立知识产权执法协作机制，健全行业自律、维权援助、行政执法三位一体的长效保护机制。聚焦本地优势产业、创新资源聚集区及大型商品集散地，开展专项执法检查，在制博会等大型活动现场设“12330”维权服务台，提高全社会知识产权保护意识。（责任部门：市科技局）

四、强化人才激励机制

（十四）支持留学人员、海外人员创新创业及科研人员双向流动。深入实施国家支持留学人员回国创业支持计划和海外赤子为国服务行动计划，落实沈阳市支持留学归国人员来沈创新创业实施细则，促进更多海外高层次人才来沈工作。鼓励高等院校、科研院所等事业单位科研人员离岗创业，建立健全科研人员双向流动机制。（责任部门：市人力资源社会保障局）

（十五）扶持高层次人才和团队创业。发挥沈阳市高层次人才创业扶持资金支持引导作用，重点对领办、创办、合资兴办经济实体或以技术入股等方式创业的高层次人才和团队给予支持。扶持期限为初创期（成立之日起3年内），最高连续扶持时限为3年。（责任部门：市科技局）

五、优化创新创业环境

（十六）加强创业投资领域信用建设。推进市创业投资企业备案记录与市公共信用信息平台交换共享。将政府投资基金出资人及管理人员不良行为记录纳入市公共信用信息平台，并向社会公示。（责任部门：市发展改革委）

（十七）深化商事制度改革。深入推进“多证合一”登记制度改革。充分利用我市在建的商事登记综合服务平台，实现信息共享，将更多的涉企登记、备案等有关事项和各类证照进一步整合到营业执照上。深入推进企业名称登记制度改革。在做好名称库开放和企业自助核名、自主查询的基础上，争取成为国家总局企业名称自主申报改革试点单位，实现企业名称自主申报。深入推进全程电子化登记改革，逐步提高企业全程电子化登记应用比例，持续做好全程电子化登记和电子营业执照应用的宣传工作，实现企业办照“最多跑一次”。深入推进企业简易注销改革，实现市场主体退出便利化。（责任部门：市工商局）

（十八）优化市场发展环境。持续深化“双随机、一公开”监管改革。按照国家和我省要求，结合我市实际，健全完善“一单两库一细则”，全面推行“双随机、一公开”监管机制。推进市场监管领域综合执法改革。搭建跨部门综合执法平台，协调组织相关部门开展联合抽查，制定并实施年度联合抽查计划，对同一市场主体的多个检查事项，原则上由多个行政执法部门一次性联合完成，避免多个部门重复检查，提高执法效能，降低市场主体成本。实行行政执法全程留痕，对执法的各个环节和时间节点做到标准统一、程序统一，着力解决任性执法和不作为、乱作为、慢作为问题。（责任部门：市工商局、编委办、法制办）

六、推进沈大国家自主创新示范区建设

（十九）加强创新创业载体建设，促进创新主体培育。对培育进入自创区核心区域高新区高新技术企业库、科技小巨人企业库、瞪羚企业库的创新创业载体，每培育一家分别给予5000元、1万元、1.5万元的奖励，最高不超过15万元。对自主创新示范区核心区域高新区内创新创业载体，每培育1家国家高新技术企业（包括期满后再次通过认定）给予1万元奖励，最高不超过10万元；每培育1家企业进入市科技小巨人企业培育库，给予1万元奖励，最高不超过5万元；每培育1家瞪羚企业，给予5万元奖励，最高不超过15万元奖励。（责任部门：浑南区政府、市科技局）

各有关部门要以“马上办”“钉钉子”精神，按照职责分工制定具体工作方案并组织实施。各地区要履职尽责，确保各项政策落到实处，持续推进全市大众创业万众创新深入发展。

沈阳市人民政府

2018年7月26日

吉林省

中共吉林省委 吉林省人民政府
关于激发人才活力支持人才创新创业的若干意见

（吉发〔2018〕4号）

为深入贯彻落实党的十九大精神，进一步激发人才创新创业活力，保障人才引得进、留得住、用得好，不断增强人才发展竞争力，加快推动吉林振兴发展，特提出如下意见。

一、聚焦人才重点

（一）以下政策中重点聚焦我省“五大发展”战略产业体系中的自然科学、工程技术、经济金融、教育医疗、人文社科、文化艺术等领域紧缺型和创新创业型人才，主要分为国内外顶尖人才（A类）、国家级领军人才（B类）、部级领军人才（C类）、省级领军人才（D类）和基础实用人才（E类），具体分类见附件。

二、强化人才服务保障政策

（二）开通人才服务绿色通道。加强人才“一站式服务窗口”建设，建立高效便捷的线上线下人才服务模式，对A、B、C类引进人才“一人一策”“一事一议”和特事特办，对D类及以上引进人才提供全方位免费帮办服务。各级党委人才工作领导小组负责牵头抓总。

（三）提高人才薪酬待遇。高校、科研院所中A、B类人才薪级工资可比照规定标准上浮2级，C、D类可上浮1级；D类及以上人才绩效工资增长比例可上提10%，总量不超过30%。建立健全贡献奖励机制，对获得国家级荣誉或大奖的专业人才和创新创业人才给予奖励或匹配；对科研纳税贡献突出的人才，按照缴税额度给予相应比例奖励，按照经费保障渠道由各级财政或用人单位给予奖励或匹配。用人单位可对业绩突出、贡献较大的E类及以上人才给予不同程度的一次性奖励，不纳入本单位绩效工资总量。

（四）完善引进人才安家补贴政策。对与用人单位签订5年以上正式聘用合同的引进人才，按照不同层次类型给予相应安家补贴（税后），所需资金按经费保障渠道由各级财政和用人单位共同承担。其中，A类200万元，B类120万元，C类60万元，D类30万元，E类3万元—10万元。长春市实行全日制大学本科以上人才和本省其它地区实行全日制大专以上人才随时落户政策。

（五）完善人才家属子女保障政策。由人才工作所在地政府教育行政部门负责协调，按照A、B类人才意愿，安排其子女在人才所在地基础教育学校就读，安排C、D类引进人才子女在当地任意一所义务教育阶段公办学校就读。根据D类及以上引进人才家属意愿，由当地政府或用人单位所属人力资源社会保障部门妥善安排其就业。

（六）压实人才工作主体责任。建立各级政府人才工作联络协调机制，统筹人才政策，加大简政放权力度，明确人才管理服务权力清单和责任清单。将人才工作纳入职能部门、用人单位领导班子和领导干部工作实绩考核，强化人才政策落实和经费使用跟踪问效、激励奖惩。

三、强化引才聚才优惠政策

（七）完善柔性引才聚才政策。鼓励和支持省内企事业单位采取年薪制、协议工资制或项目工资等灵活方式柔性引才，各级政府可给予引才单位相应奖励。

（八）完善引才聚才编制政策。统筹全省事业编制资源，建立编制周转使用制度，重点用于保障高校、科研院所等事业单位引进人才编制需求。开通绿色通道，引进D类以上及特别优秀的博士毕业生使用编制时，可随用随批，随时办理落编手续。

（九）完善引才聚才选聘机制。探索试行吉林省一级专业技术岗位选聘机制。A类人才特设直聘；业绩贡献特别突出的B类人才可直评特聘二级专业技术岗位；C、D类人才和业绩贡献突出的博士毕业生、高技能人才和科技成果转化创新创业人才可直接认定高级职称，按特设岗位聘任；国家或省级博士后研究人员和留学回国人才科研资助项目优秀主要完成人，直接列为省拔尖创新第三层次人才人选；高技能人才直接纳入省有突出贡献的中青年专业技术人才选拔范围。

（十）完善外籍人才引进政策。积极向公安部申请外籍人才停居留政策，允许在长春新区创业的外籍留学生申请私人事务类居留许可；注册企业的外籍人才，可申请工作许可和工作类居留许可；达到工资、缴税、工作年限等规定标准的外籍人员，即可申请永久居留，并逐步在全省探索推开。外籍人才同等享受我省人才扶持政策。

四、强化创新创业激励政策

（十一）实施战略性创新创业人才扶持计划。围绕我省“五大发展”战略布局，加大对重点支柱产业、优势产业和新兴产业创新创业人才的扶持力度，依据所承担的创新创业项目经济价值和社会价值综合评估情况，每年择优资助40人，每人资助20万元—50万元。其中，资助45周岁以下青年人才比例不低于30%。受资助人所在单位可按资助额度1：1匹配项目资金。

（十二）实施科研成果转化创新创业人才扶持计划。加大对省级科技创新中心、重点实验室、孵化器等科技平台支持力度，对考核优秀的科技平台给予连续滚动支持。对创新创业人才在省内创办的企业或科研成果在我省转化落地的项目，通过省级创新创业基金，以股权投资的方式，每个项目给予100万元—1000万元定向股权投资，在科研开发、成果转化和创新创业等方面提供支持。

（十三）实施高校毕业生创新创业扶持计划。鼓励支持各地区创建创业孵化基地（高校毕业生创业园）、创新创业实训基地和高校毕业生众创空间，对达到省级标准的每年给予创业促就业专项资金补助，所属地区配套扶持；符合条件的高校毕业生创办企业免费入驻园区。按照“科技成果多、吸纳就业人员多、产值高、利税高”的原则，加大高校毕业生创业优秀团队选拔扶持力度，每年对毕业5年内的高校毕业生创业企业的经济价值和社会价值进行综合评价，选拔资助500个左右优秀初创型、成长型和成熟型创业团队。其中，初创型300个，各资助10万元；成长型100个，各资助30万元；成熟型100个，各资助50万元，所需资金由省级财政列支。

（十四）实施“吉人回乡”创新创业扶持计划。在省人力资源和社会保障厅设立“吉人回乡”人才联络服务办公室，通过举（承）办各类人才峰会、智库论坛、项目洽谈会、人才招聘会和参加中国海外人才交流会、北美中国留学人才交流会等活动，集聚吉林籍人才或曾在吉林学习、工作、生活过的各类人才回吉创新创业。在京津、珠三角、长三角等发达地区设立“吉人回乡”人才联络服务站，搭建吉人回乡对接服务平台。设立“吉人回乡”创新创业特殊贡献奖。

（十五）鼓励支持科研机构创办科技企业。鼓励有条件的科研机构创办科技企业，申请创办科技企业取得企业工商执照后，相应财政根据其生产经营情况对科研机构核减人员编制经费不高于50%，人员经费缺口部分通过生产或创收补充，结余部分50%上缴财政，50%作为科研、生产发展基金或奖励费用。

（十六）完善科研项目经费管理。下放科研经费支配权，将科研项目经费预算和使用调剂权下放到承办单位，根据科研工作实际，由项目负责人依据有关规定自行调剂科研经费中直接费用支出明细。改进科研项目结余资金管理方式，扩大项目承担单位自主使用权。项目完成任务目标并通过验收后，结余资金可在2年内统筹安排用于自选项目、绩效奖励、人才引进以及其他科技活动，不受使用比例限制。

（十七）完善税收优惠政策。对企业在开发新技术、新产品、新工艺等科研活动中产生的研究开发费用，符合条件且形成无形资产的，依法按其成本的175%摊销；未形成无形资产的，依法按当年费用实际发生额的75%加计扣除。对符合条件的高新技术企业和技术先进型服务企业，减按15%的税率征收企业所得税。对高新技术企业和科技型中小企业转化科技成果给予个人的股权奖励，递延至取得股权分红或转让股权时按规定纳税。

（十八）拓宽人才评价渠道。在企业兼职创新创业的事业单位高层次人才，可申请认定高级职业技能等级。在高校和科研院所兼职专业技术工作的企业高技能人才，可申请认定相应级别职称。在县（市、区）及以下基层一线工作服务或创新创业满3年且业绩贡献突出的省属事业单位专业技术人员，职称单独认定，可特设岗位聘任。与县（市、区）及以下企事业单位签订3年以上聘任合同的硕士毕业生，可直接申请认定评审系列中级职称，按特设岗位聘任；属于职称资格考试系列的，可对照中级职称标准兑现待遇。

附件：人才分类目录（略）

中共吉林省委
吉林省人民政府
2018年2月5日

上海市

浦东新区关于支持人才创新创业促进人才发展的若干意见

（浦委发〔2018〕6号）

为深入贯彻市委、市政府《关于进一步深化人才发展体制机制改革加快推进具有全球影响力的科技创新中心建设的实施意见》（沪委发〔2016〕19号）和《加快实施人才高峰工程行动方案》（沪委办发〔2018〕12号），支持人才创新创业，促进人才发展，现结合浦东实际，制定以下意见。

一、明确总体要求和主要目标

（一）总体要求。以习近平新时代中国特色社会主义思想为指引，认真贯彻上海市人才工作大会精神，强化人才是第一资源理念，坚持党管人才原则，以集聚海外高层次人才为重点，坚持人才高峰和高地建设并重，加快建设国际人才试验区，持续优化人才综合环境，使人才成为服务国家战略、建设“五个中心”核心功能区和“四大品牌”核心承载区的重要支撑，成为新时代浦东开发开放的战略力量。

（二）主要目标。到2020年，在体制机制改革关键环节率先形成可复制、可推广的人才制度成果，在创新创业生态重要领域率先构建人才发展竞争优势，在贯彻“聚天下英才而用之”战略上走在全国前列，使浦东成为全球高峰人才集聚、海内外人才交流融合、创新活力竞相迸发的国际人才高地。

二、以自贸试验区制度创新为主动力，构建更具国际竞争力的人才制度体系

（三）提高外籍人才通行和居留便利。率先试点上海自贸试验区顶尖科研团队外籍核心成员申请永久居留新政。为全球外籍优秀毕业生创新创业提供长期居留、永久居留便利。深化上海自贸试验区外籍高层次人才、外籍华人申办永久居留机制。为上海自贸试验区企业聘雇的外籍人才提供人才口岸签证申请便利。

（四）鼓励外籍人才到自贸试验区工作。率先试点外籍人才在上海自贸试验区兼职创新创业新政。支持上海高校在读外籍留学生在上海自贸试验区兼职创业。为上海高校外籍毕业生，以及跨国公司地区总部、投资性公司和外资研发中心引进的世界知名高校外籍毕业生提供上海自贸试验区工作许可。

（五）落实外籍人才创业国民待遇。率先试点外籍高层次人才技术入股市场协议机制，支持有重大创新技术人才跨境创业。试行持在华永久居留身份证的外籍高层次人才在上海自贸试验区注册科技企业享受中国籍公民同等待遇。

（六）推进国内人才引进落户新政。依托市、区人才工作合作机制，深化用人主体评价和市场化认定标准，争取在科创中心核心功能区试行人才引进落户新政。聚焦张江综合性国家科学中心建设，开通张江核心区域重点机构人才引进绿色通道。

（七）探索推进人才分类评价。建立以品德、知识、能力、业绩、贡献为主要标准的评价导向，突出市场规律、价值规律、竞争规律在评价人才中的基础性作用。探索在集成电路、高端装备、生物医药和文化创意等领域，联合用人单位、行业组织和业内专家，率先建立技术技能人才分类分级标准体系，打破学历、职称和资历限制，在人才审批制度和扶持政策上予以应用。

（八）提高人才市场开放度。支持外资设立人才中介机构和职业技能培训机构，发展中外合作教育培训机构，适度放宽申办项目范围。探索按照国际通行规则设置互联网培训机构审批条件。制定内资人力资源服务机构向海外发展激励政策。

（九）优化人才管理服务机构设置。坚持招商引资和招才引智并举，统筹人才公共管理资源，进一步优化浦东新区海外人才局等部门体制和职能，整合和强化人才公共服务一线机构工作力量配置。

（十）创新人才审批服务体系。围绕人才公共行政事项一次办成，再造审批流程，创新服务模式，强化监管配套，实施“一网通办”“一次办成”等新机制，促进人才管理扁平化。打造政策服务“全需求响应”总客服，组建人事专员队伍，建设高层次人才精品服务和人才公共服务示范窗口。

三、以科创中心核心功能区建设为主战场，推进更具影响力的人才重大工程

（十一）实施上海高峰人才服务工程。率先落实《加快实施人才高峰工程行动方案》，建立“一事一议、按需支持”机制，开设上海市高峰人才（浦东）服务专窗，为高峰人才及其团队在浦东工作、生活等提供配套政策，支持其引领重点科研领域、产业领域形成国际竞争优势。

（十二）实施国家实验室人才服务工程。建立服务对接机制，为张江国家实验室科学家、科研骨干人员等提供住房安居、子女入学和医疗服务等保障。支持国家实验室与企业在人才联合培养、科研团队成果转化及产业化等方面开展产学研合作。

（十三）深化海外高层次人才引进工程。深入实施国家“千人计划”、上海“千人计划”和浦东“百人计划”，入选的引进人才可获得专项资助、安居补贴、创业团队和项目扶持等配套政策。

（十四）实施独角兽企业人才培育工程。聚焦生物医药、集成电路、脑科学与人工智能、高端装备、大数据和文化创意等领域，集聚和扶持全球创新链、产业链高端领域的独角兽企业创业团队和项目，经认定后在参照享受浦东“百人计划”政策基础上提供定制化扶持政策。

（十五）实施高技能工匠人才培育工程。设立首席技师工作室，推进“高师带徒”项目。鼓励和支持行业协会、高技能人才培养（实训）基地以及培训机构等单位自主开发符合产业发展或新兴产业急需的培训项目。加大技能人才表彰奖励力度，促进技能人才待遇提升，加强国际化技能人才引进交流。

（十六）实施社会事业紧缺人才引进工程。面向全球引进教育、卫生和文化等公共、公益领域发展紧缺急需、具有优秀管理能力和卓越创新能力的领军人才。制定名师、名医和文化大师等专家领衔项目支持政策，带动区域社会事业人才队伍发展。

（十七）深化青年创新创业人才培育工程。加强国家杰出青年基金获得者、青年拔尖人才等政策支持。加大留学生、大学生科技创业专项资金投入。支持企业博士后工作站独立招收博士后科研人员，资助博士后创新实践项目。

四、以“四大品牌”核心承载区建设为主方向，搭建更具推动力的人才发展平台

（十八）建设浦东产业创新中心。招揽领军人才，实行项目法人制，提供定制化支持方案，进行契约化管理，探索基础科研人才、产业技术人才和经营管理人才融合贯通机制，以市场眼光选择人才创新项目，以资本纽带增强项目根植性，推进产业核心技术研究开发和集成创新、技术转移和成果产业化。

（十九）建设浦东国际人才港。集聚具有全球人力资源配置服务能力的市场机构，整合人才引进审批和创新创业扶持类公共机构，搭建职业发展对接、创新成果展示和人才活动交流等平台，打造最佳体验、最高效率、最优服务的人才工作地标和人才服务枢纽。

（二十）拓展创业孵化空间体系。健全从苗圃到孵化器再到加速器的众创空间体系，进一步降低人才创业成本。制定实施创业孵化空间财政补贴政策，引导行业领军企业、创业投资机构等建设众创空间，未来3年孵化平台发展到150家、100万平方米以上，可容纳创业项目5000个以上。

（二十一）推进离岸创新创业基地建设。完善上海自贸试验区海外人才离岸创新创业基地配套政策，创新离岸创业托管模式，探索海外项目跨境注册、互联网注册和项目团队出入境、就业、结汇和通关等便利化措施，完善跨境预孵化项目奖励机制。

（二十二）支持科研公共服务平台发展。鼓励企业和高校、科研院所共建研发中心、公共实验室、技术中心等，并提供项目扶持。支持大科学装置与企业科研团队共享平台资源。完善科技公共服务平台体系，实行科技创新券制度，降低人才开展科研活动成本。

（二十三）建设人才智能化信息平台。推进市、区共建国际人才网，强化海外版、移动端服务功能。建设人才公共服务大数据平台，提升管理服务精准化、有效性。搭建人才创业服务云平台，促进各部门、园区实行创业项目信息共享、联动服务。

（二十四）促进人才国际交流与合作。吸引海外一流高校到浦东合作办学，积极引进国际经济组织。设立“一带一路”境外投资服务平台，支持企业设立境外研发基地、孵化基地等使用当地优秀人才。引入高端人才峰会、国际学术论坛等品牌活动。

五、以满意度和获得感为主标尺，营造更具吸引力的人才宜居宜业环境

（二十五）实行创新人才贡献奖励机制。在经认定的战略性新兴产业重点企业、区级及以上企业研发机构和承担国家、市重大项目企业工作的创新型人才，可按综合贡献度获得奖励。

（二十六）强化知识产权保护中心功能。深入实施知识产权保护战略，完善中国（浦东）知识产权保护中心运行机制，建设自贸试验区版权服务中心，为人才在高端装备、生物医药等领域开展创新活动提供快速审查、快速确权等服务；完善知识产权创造、转化应用补贴机制和维权援助、侵权查处机制。

（二十七）健全创业人才融资服务体系。推动金融城和科学城联动，设立政府投资引导基金，鼓励风险投资等资本投资人才创新创业项目。发挥浦东小微企业增信基金政策效应，加强与市政策性融资担保机构合作，支持创新创业企业融资。对创新创业企业通过主板、创业板和股份转让系统等上市或挂牌给予支持。

（二十八）深化人才跨境金融服务。符合条件的海外人才可通过自贸试验区金融机构开立FTF账户。境内企业可按科技创新全周期获得全方位跨境金融服务。提高境内企业向境外员工发放薪酬便利度。外籍人才境内合法收入可视同境外资金投资创业。

（二十九）实施人才住房安居新政。优化人才住房扶持方式，建立分层分类、梯度保障的人才租房补贴机制，由实物配租为主调整为租金补贴为主，实现“补房”至“补人”的机制转化。在张江科学城加快建设9000套以上国际人才公寓。统筹社会租赁房和代理经租房等，未来3年推出15万套（间）以上人才住房。完善国际社区海外人才配套服务，发展境外人员工作站，加强涉外社工队伍建设。

（三十）加强优质教育资源供给。适应海外人才子女跨境教育融合需求，探索建立海外高层次人才子女实验学校，未来3年国际学校和设有国际部或教学点学校发展到18家。妥善解决各类人才子女入学入园需求，深入推进学区化、集团化办学，张江科学城及周边区域学校发展到70所以上。

（三十一）提升人才医疗服务水平。加快引进优质医疗资源，未来3年外资医疗机构发展到10家以上。支持社会力量建立第三方国际医疗保险服务平台，可提供国际医疗保险结算服务医疗机构发展到25家以上。完善各类高层次人才医疗服务平台功能。

（三十二）满足人才多样化文化需求。营造高品质的文化人文环境，加快建设上海大歌剧院、上海图书馆东馆和上海博物馆东馆等十大文体地标，引进国际知名的文化艺术团队，办好各类品牌文化活动。

（三十三）支持人才类社会组织发展。加大政府购买服务力度，支持海外专家联谊组织、归国留学生组织等社团、民非机构发展；探索经济类社会组织可直接吸纳外籍高层次人才。

六、加强党对人才工作的全面领导

（三十四）坚持党管人才原则。围绕浦东改革开放再出发要求，发挥党的领导核心作用，坚持“一把手”带头抓“第一资源”，管宏观、管政策、管协调、管服务，健全适应新形势发展需要的党管人才工作新格局，为深化人才发展体制机制改革提供坚强组织保障。进一步完善人才投入保障机制，未来3年，每年安排不低于20亿元的人才扶持政策资金。

（三十五）推动人才工作责任落实。各相关单位要根据本意见要求制定政策细则和工作推进方案，把支持人才创新创业，促进人才发展摆在重要位置，切实履行职责，强化工作合力，确保各项政策措施落到实处，努力开创新时代浦东人才工作新局面。

中共上海市浦东新区委员会
上海市浦东新区人民政府
2018年4月2日

江苏省

江苏省人民政府
关于深入推进大众创业万众创新发展的实施意见

（苏政发〔2018〕112号）

为深入贯彻党的十九大报告中提出的“鼓励更多社会主体投身创新创业”精神和2018年《政府工作报告》关于“打造‘双创’升级版”的工作部署，落实《国务院关于强化实施创新驱动发展战略进一步推进大众创业万众创新深入发展的意见》（国发〔2017〕37号）有关要求，进一步优化双创生态环境，加快发展新经济、培育发展新动能、构筑双创新引擎，充分发挥双创在新旧动能转换过程中的战略支撑作用，着力推动新时代江苏经济社会高质量发展，不断开拓大众创业万众创新工作新局面，现结合我省实际，提出以下意见。

以习近平新时代中国特色社会主义思想和党的十九大精神为指导，认真落实习近平总书记对江苏工作的重要指示精神，以供给侧结构性改革为主线，推动经济发展质量变革、效率变革、动力变革，坚持创新、协调、绿色、开放、共享的发展理念，进一步拓展双创的深度和广度，提升双创的科技内涵，增强双创的发展实效，优化双创的发展环境，加强双创的实施保障，形成线上线下结合、产学研用协同、大中小企业融合的双创格局，多措并举推进江苏经济由高速增长阶段转向高质量发展阶段。到2020年，基本形成“要素集聚、载体多元、服务专业、活动持续、资源共享”的大众创业万众创新的生态体系。鼓励更多社会主体投身创新创业，实现创新带动创业，创业促进创新的良性循环，全省新增注册企业年均增速保持在13%左右，年均带动就业约100万人次以上；发展创业投资，全省创业投资备案企业管理资本规模超1500亿元，鼓励投向更多早中期、初创期企业，破解双创企业融资难题；建设一批高水平的双创示范基地，形成30个左右可复制可推广的双创模式和典型经验；创建一批双创支撑平台，健全双创服务体系，推动各类要素向双创集聚；举办各类双创活动，推动双创理念更加深入人心。

一、扩大试点示范效应，进一步加强双创深度

（一）推进国家级和省级双创示范基地建设。充分发挥现有国家和省级双创示范基地示范和辐射作用，推进认定一批省级双创示范基地，积极争取国家级双创示范基地。通过试点示范完善双创政策环境，推动双创政策落地，扶持双创支撑平台，构建双创发展生态，调动双创主体积极性，发挥双创集众智汇众力的乘数效应，形成双创成功经验并向全省推广。到2020年，打造100个覆盖全省各地，包括区域、高校和科研院所、创新型企业等主体类型的省级双创示范基地。（责任部门：省发展改革委、省教育厅、省经济和信息化委）

（二）推动小型微型企业双创基地发展。培育一批国家、省和市级小微企业“双创”基地，推动小微企业“双创”基地向智慧化、平台化、生态化方向发展，通过示范基地的辐射带动作用，提升小微企业“双创”基地建设和运营水平，不断提高双创服务能力，为各类双创主体健康发展提供有效支撑。到2020年，创建300个省级小微企业双创示范基地。（责任部门：省经济和信息化委、省科技厅、省发展改革委）

（三）鼓励开展离岸双创基地合作。鼓励与世界知名高校、科研院所、龙头企业及科技社团等开展合作，共同设立离岸双创基地，探索海外高端人才引进新机制，建立与世界接轨的柔性人才引进机制，深度融入全球产业链、创新链、价值链，打造立足区域、服务全球的海外创新资源的集聚平台，实现更高水平“引进来”，更加有效“走出去”。到2020年，创建50个省级离岸双创基地。（责任部门：省商务厅、省发展改革委、省科技厅、省教育厅、省科协）

（四）打造一批众创社区和专业化众创空间。在全省重点培育和打造一批“创新资源富集、创业服务完善、产业特色鲜明、人居环境适宜、管理体制科学”的众创社区，引导众创空间向专业化、精细化方向升级，支持龙头骨干企业、高校、科研院所围绕优势细分领域建设平台型众创空间，打造最具活力和竞争力的双创生态系统。到2020年，创建100个省级众创社区。（责任部门：省科技厅、省经济和信息化委、省教育厅）

（五）加快创业示范基地建设。坚持就业优先战略，促进以创业带动就业，争取新增一批国家级创业孵化示范基地，加快认定一批省级创业孵化示范基地、省级大学生创业示范园和省级创业培训实训示范基地，试点推动老旧商业设施、仓储设施、闲置楼宇、过剩商业地产转为创业孵化基地，进一步加快构建主体多元化、类型多样化、产业集群化的创业载体新格局，提升我省创业载体建设整体水平。（责任部门：省人力资源社会保障厅、省发展改革委、省经济和信息化委、省教育厅、省科技厅）

（六）制定省级双创平台认定和考核标准。推进现有各类省级双创平台交流与合作，形成双创推进合力。省有关部门分工负责制定省级双创平台认定标准体系，规范省级双创平台认定工作。对已认定的双创平台实施定期评价，对于不合格的双创平台第一年提出警告，连续2年不合格者予以摘牌。通过定期评价，优胜劣汰，持续提升省级双创平台的服务质量。（责任部门：省发展改革委、省经济和信息化委、省教育厅、省科技厅、省人力资源社会保障厅、省农委）

二、激发多元主体活力，进一步拓宽双创广度

（七）强化创新示范企业培育。充分发挥大企业在资金、技术、人才、市场等方面的优势，带动中小企业双创，着力培育形成一批具有国际先进技术水平和国际竞争力的创新型企业。推动认定省级战略性新兴产业创新示范企业，实施“专精特新”企业培育计划，培育一批“专精特新”产品、科技小巨人企业和制造业单项冠军示范（培育）企业。实施重点骨干企业“双创”平台示范工程，打造龙头企业、中小企业协同共生的双创新格局。（责任部门：省发展改革委、省经济和信息化委、省科技厅）

（八）推进农村青年返乡创业基地建设。鼓励农村青年返乡创业，重点整合建设一批农村青年返乡创业基地，打造具有江苏区域特色的创业集群。把返乡下乡人员双创纳入双创相关政策支持范围，允许返乡下乡人员依法使用集体建设用地开展双创，返乡农民工可在创业地参加各项社会保险，鼓励有条件的地方将返乡农民工纳入住房公积金缴存范围，按规定将其子女纳入城镇（城乡）居民基本医疗保险参保范围。（责任部门：省农委、省人力资源社会保障厅、省国土资源厅、省住房城乡建设厅、省卫生计生委）

（九）深化高等院校双创教育改革。整合双创教育课程资源，建立双创教育课程资源共享平台，推行在线开放课程和跨校学习的认证、学分认定制度，鼓励双创教育专家、知名企业家进课堂，推动高水平双创讲座、高品位双创活动进课程。鼓励建立弹性学制，支持在校学生保留学籍休学创业。将双创教育纳入教师专业技术职务评聘标准和绩效考核指标体系，支持教师以对外转让、合作转化、作价入股、自主创业等形式将科技成果产业化，鼓励教师带领学生双创。（责任部门：省教育厅、省人力资源社会保障厅）

（十）开展江苏大学生创业培育计划。依托省内高校设立的大学科技园、软件园、产业园、创业园（街）等，支持建设一批大学生双创示范基地。举办“创青春”大学生创业大赛、江苏青年双创大赛等各类双创活动，支持奖励一批大学生优秀创业项目。鼓励地方设立大学生双创天使投资基金，对符合产业政策和发展方向的大学生创业项目提供股权融资支持。（责任部门：省教育厅、团省委、省人力资源社会保障厅、省科技厅、省金融办）

（十一）鼓励科研院所专业技术人员双创。在履行所承担的公益性研发服务职能的前提下，进一步扩大科研院所自主权，强化激励导向，支持科研院所符合条件的专业技术人员携带科技成果以在职创业、离岗创业等形式开展双创活动，切实解决离岗创业人员的人事关系、基本待遇、职称评聘、考核管理等问题，提高科研院所成果转化效率。（责任部门：省科技厅、省教育厅、省人力资源社会保障厅）

（十二）引进高层次人才来我省创业。灵活制定引才引智政策，采取不改变人才的户籍、人事关系等方式，解决关键领域高素质人才稀缺等问题。加大对海内外高层次人才或团队来我省创业的政策支持力度，简化事业单位引进高层次和急需紧缺人才招录程序。深入实施“双创计划”“凤还巢计划”和留学人员回国双创启动支持计划，对拥有先进技术和自主知识产权的人才或团队到我省实施成果转化的项目，在同等条件下给予倾斜支持。对回国领军人才、高端人才创办的科技型中小企业，在同等条件下给予优先支持。（责任部门：省人才办、省人力资源社会保障厅、省科技厅、省财政厅、省教育厅）

（十三）加强外国人才制度保障。完善外国高端人才居住证制度。推动外国人签证审批权限下放至县级公安机关，放宽来苏外国高端人才永久居留证办理条件，对列入省“双创人才”的外国高端人才，其本人及其外籍配偶和未满18周岁外籍子女可申请办理永久居留手续，拥有永久居留身份证，享受与中国公民同等待遇。简化外国高层次人才办理在华工作许可和居留证件程序，开展安居保障、子女入学和医疗保健等服务“一卡通”试点。允许外国留学生凭高校毕业证书、创业计划申请加注“创业”的私人事务类居留许可。依法申请注册企业的外国人，可凭创办企业注册证明等材料向有关部门申请工作许可和工作类居留许可。（责任部门：省公安厅、省人才办、省教育厅、省人力资源社会保障厅、省卫生计生委、省住房城乡建设厅）

三、加快成果转移转化，进一步提升双创科技内涵

（十四）加快重大科技成果转化应用。围绕我省战略性新兴产业重点领域，以需求为导向发布一批符合产业导向、带动作用大的科技成果包。发挥财政资金引导作用和科技中介机构成果筛选、市场化评估、融资服务、成果推介等作用，鼓励企业探索新的商业模式和科技成果产业化路径。（责任部门：省科技厅、省经济和信息化委、省发展改革委）

（十五）加强基础研究和应用技术研究有机衔接。发挥高校和科研院所基础研究创新源头作用，进一步加强关键共性技术、前沿引领技术、现代工程技术、颠覆性技术创新。深入实施江苏高校协同创新计划，支持建设一批国家级、省级和校级协同创新中心。组织高校和科研院所不定期发布科技成果目录，建立面向企业的技术服务网络，推动科技成果与产业、企业需求有效对接。鼓励和支持省内高校和科研院所普遍建立技术转移中心，创建国家技术转移机构。支持建立中科院科技服务网络江苏中心，推动中科院科技成果在江苏的转移转化。（责任部门：省教育厅、省科技厅、省发展改革委）

四、融合实体经济发展，进一步增强双创发展实效

（十六）加快产业创新中心建设。充分发挥江苏实体经济发达和科教人才资源集聚优势，探索形成示范引领全国的产业创新发展模式，结合江苏的产业特点，遴选江苏在全球具有影响力的优势产业，由领军型企业牵头，联合行业上下游企业、金融机构、知名高校和科研院所，整合创新资源，形成创新网络，创建一批国家产业创新中心，培育一批省级产业创新中心，构建创新活力强劲与产业繁荣发展共融共生的新型产创载体。到2020年，创建20个省级产业创新中心。（责任部门：省发展改革委、省经济和信息化委、省科技厅）

（十七）实施制造业创新中心建设工程。着力培育一批省级制造业创新中心，争创一批国家级制造业创新中心，通过汇聚创新资源，建立共享机制，发挥溢出效应，打通技术开发到转移扩散到首次商业化应用的创新链条，进一步完善以企业为主体、市场为导向、产学研相结合的制造业创新体系，形成制造业创新驱动、大中小企业协同发展的新格局，切实提高制造业创新能力，推动我省制造业由大变强。（责任部门：省经济和信息化委、省发展改革委、省科技厅）

（十八）开展“互联网+”行动。全面落实《省政府关于加快推进“互联网+”行动的实施意见》，在制造业、普惠金融、现代农业、电子商务、现代物流、智慧能源、绿色生态和政务服务等领域，加快打造“互联网+”融合发展新模式，鼓励发展基于互联网的新技术、新产品、新服务和新业态创新，增强各行业竞争力。实施“互联网+小微企业”行动计划，推动小微企业利用互联网技术和资源提升创新力和生产力。（责任部门：省发展改革委、省经济和信息化委、省科技厅）

（十九）深入推进智能制造。推进大中型企业深化信息技术综合集成应用，鼓励工业企业综合应用虚拟设计制造、智能测控、精益管理以及集成协同等技术提升智能制造能力。着力培育先进机器人、3D打印机等新型智能装备，提高重大成套设备及生产线系统集成水平。推进智能制造车间改造和智能工厂建设，创建一批智能制造示范试验区和两化融合智慧园区，形成智能制造和双创融合发展的新局面。（责任部门：省经济和信息化委、省发展改革委、省科技厅）

（二十）培育“共享经济”新业态。落实我省《关于促进共享经济发展的实施意见》，以支持双创为核心，按照鼓励创新、包容审慎的原则，大力发展生产能力共享、生活服务共享、现代农业共享、交通物流共享、医疗健康共享和金融保险共享等领域，支持各类共享经济平台建设，研究制定“共享经济”发展统计指标体系，科学、准确、及时反映经济结构优化升级的新进展。（责任部门：省发展改革委、省经济和信息化委、省科技厅、省统计局）

（二十一）推动“数字经济”和实体经济深度融合。研究出台我省《关于促进数字经济发展的实施意见》，充分发挥信息技术在资源合理配置和高效利用中的重要作用，鼓励数字经济领域双创，推动数字经济和实体经济深度融合，加快传统产业数字化、智能化，拓展经济发展新空间。（责任部门：省发展改革委、省经济和信息化委、省科技厅）

（二十二）推进供应链创新与应用。落实《国务院办公厅关于积极推进供应链创新与应用的指导意见》，推进供应链与互联网、物联网深度融合，创新发展供应链新理念、新技术、新模式，高效整合各类资源和要素，提升产业集成和协同水平，打造大数据支撑、网络化共享、智能化协作的智慧供应链体系，推进供给侧结构性改革，进一步提升我省经济竞争力。（责任部门：省商务厅、省发展改革委、省经济和信息化委）

（二十三）推进军民融合发展。以《江苏省经济建设和国防建设融合发展的实施意见》出台为契机，进一步打通“军转民”和“民参军”渠道，加强“军工+”体系建设，在高端制造、节能环保、空天海洋等领域，推动建立一批军民结合、产学研一体的产业协同创新平台，打造一批军民融合创新示范区，形成军民融合发展新优势。（责任部门：省发展改革委、省经济和信息化委）

五、加强双创服务，进一步优化双创发展环境

（二十四）支持创业投资引导基金发展。积极争取国家新兴产业创业投资引导基金、国家中小企业发展基金、国家科技成果转化引导基金等在江苏设立一批创业投资子基金。鼓励江苏省政府投资基金，江苏省新兴产业创业投资引导基金等设立创业投资子基金。全面落实创业投资企业和天使投资个人有关税收试点政策，引导社会资本参与创业投资。省天使投资风险补偿资金对符合条件的天使投资机构按规定给予一定的风险投资损失补偿。依法依规豁免国有创业投资机构和国有创业投资引导基金国有股转持义务。（责任部门：省发展改革委、省经济和信息化委、省科技厅、省财政厅、省国资委、省税务局）

（二十五）鼓励创新金融服务方式。支持金融机构为创业企业创新活动提供股权和债权相结合的融资服务方式，以“小股权、大债权”方式，为企业提供金融服务。在有效防控风险的前提下，合理赋予大型银行县级支行信贷业务权限。支持地方性法人银行增设从事普惠金融服务的小微支行，支持地方性商业银行向县域及以下增设网点、延伸服务。引导江苏银行等地方性商业银行开展先行先试，改造小微企业信贷流程和信用评价模型，提高信贷审批效率，降低信贷审批门槛，破解轻资产的创业企业贷款难问题。（责任部门：省金融办、江苏银监局、省发展改革委、省经济和信息化委、省科技厅、人民银行南京分行）

（二十六）拓宽创业企业直接融资渠道。支持符合条件的科技型企业在中小板、创业板、新三板上市或挂牌。稳步扩大双创公司债券试点规模，鼓励双创企业利用短期融资券、专利质押、商标质押等方式融资。利用好区域性股权交易市场，充分发挥江苏股权交易中心“科创板”和“专精特新板”作用，为已完成股份制改造的双创企业提供区域性融资平台。鼓励保险公司为科技型中小企业知识产权融资提供保险服务，对符合条件的由地方各级人民政府提供风险补偿。支持政府性融资担保机构为科技型中小企业发债提供担保。鼓励地方各级人民政府建立政银担、政银保等不同类型的风险补偿机制。（责任部

门：省金融办、省发展改革委、省经济和信息化委、省科技厅、省财政厅、江苏银监局、江苏证监局、江苏保监局）

（二十七）优化财政资金支持双创方式方法。探索在战略性新兴产业相关领域率先建立利用财政资金项目的创新成果限时转化制度，财政资金支持形成的创新成果，除涉及国防、国家安全、国家利益、重大社会公共利益外，在合理期限内未能转化的，可依法依规强制许可实施转化。改革财政资金、国有资本参与创业投资的投入管理标准和规则，建立完善与其特点相适应的绩效评价体系。（责任部门：省发展改革委、省科技厅、省财政厅、省国资委）

（二十八）强化知识产权公共服务供给。构建省、市、县三级知识产权公共服务网络，免费开放专利、商标、版权、集成电路布图设计、植物新品种、地理标志等基础信息。在南京江北新区、苏南国家自主创新示范区、徐州高新区试点建立知识产权综合法律服务平台。建立完善知识产权运用和快速协同保护体系，加快推进快速保护由单一产业领域向多领域扩展。健全完善创新券的管理制度和运行机制，试点发放知识产权服务券，通过政府购买方式，支持知识产权服务机构为中小微企业、双创团队、众创空间提供知识产权服务。（责任部门：省知识产权局、省科技厅、省新闻出版广电局）

（二十九）推动创新资源开放共享。落实《省政府关于重大科研基础设施和大型科研仪器向社会开放的实施意见》，鼓励科学仪器设备集中约束管理，财政资金购置的50万元以上的仪器设备接入国家网络管理平台并对社会开放，提高设备使用效率，充分释放服务潜能，为双创提供有效支撑。（责任部门：省科技厅、省教育厅、省财政厅）

六、推进体制机制创新，进一步加强实施保障

（三十）强化双创组织领导。进一步完善由省发展改革委牵头，省经济和信息化委、教育厅、科技厅、财政厅、人力资源社会保障厅等单位参与的省级双创联席会议制度，明确双创联席会议成员单位职责分工，加强对双创工作的指导、监督和评估。各地要认真落实省政府工作部署，成立工作推进机构，形成上下联动的工作格局。（责任部门：省发展改革委、省经济和信息化委、省教育厅、省科技厅、省财政厅、省人力资源社会保障厅等）

（三十一）精准有效推进“放管服”。试行市场准入负面清单制度，市场准入负面清单以外的行业、领域、业务等，各类市场主体皆可依法平等进入，对有利于双创活动的互联网教育等行业适当放宽准入条件。全面推行行政审批标准化，逐步实现同一事项同等条件无差别办理。支持科技类社会组织有序承接政府转移职能，不断增加公共服务产品的有效供给。（责任部门：省编办、省发展改革委、省经济和信息化委、省教育厅、省科技厅、省财政厅、省人力资源社会保障厅、省商务厅、省工商局、省政务办等）

（三十二）加快推进不见面审批改革。加快推进《关于全省推进不见面审批（服务）改革实施方案》在各领域各地区的落地，以“网上办、集中批、联合审、区域评、代办制、不见面”为指南，加快将我省打造成为审批事项最少、办事效率最高、双创活力最强地区之一，推动实现政府治理体系和治理能力的现代化。（责任部门：省编办、省发展改革委、省经济和信息化委、省教育厅、省科技厅、省财政厅、省人力资源社会保障厅、省商务厅、省工商局、省政务办等）

（三十三）深化商事制度改革。加快推动信息采集、记载公示、管理备查类的一般经营项目涉企证照事项，以及企业登记信息能够满足政府部门管理需要的涉企证照事项，进一步整合至营业执照，实现更大范围的“多证合一”。加快推广企业集群注册、自助办照、名称自主申报、手机工商通等新业务系统，进一步提高全程电子化登记比例。进一步提升工商登记效能，尽快实现具备条件的企业名称预先核准和设立登记合并办理，加快涉企事务网上办理，全面推进落实“3550”工作要求。（责任部门：省工商局、省国土资源厅、省住房城乡建设厅、省税务局、省食品药品监管局、省质监局等）

（三十四）打造双创江苏品牌。办好全国“双创活动周”、“创响江苏活动月”、中国（江苏）国际双创大会、“创业江苏”科技创业大赛、中国江苏中小企业双创大赛、“i创杯”江苏省互联网双创大赛、江苏省“互联网+”大学生双创大赛训练营等赛事和活动，加大对双创的宣传力度，加强舆论引导，大力营造鼓励创新、宽容失败的良好环境。（责任部门：省发展改革委、省经济和信息化委、省教育厅、省科技厅、省人力资源社会保障厅等）

江苏省人民政府
2018年8月24日

江苏省人民政府办公厅关于促进科技与产业融合加快科技成果转化的实施方案

（苏政办发〔2018〕61号）

为全面落实高质量发展要求，推进科技与产业融合，加快科技成果转化和产业化，充分发挥科技创新对制造强省建设的支撑引领作用，制定本实施方案。

一、总体要求

以习近平新时代中国特色社会主义思想为指导，全面贯彻党的十九大精神，牢固树立并自觉践行新发展理念，深入实施创新驱动发展战略，聚焦我省重点培育的先进制造业集群，坚持围绕产业链部署创新链，加强创新资源开放集聚和优化配置，强化以企业为主体的产学研协同创新，建立符合科技创新规律和市场经济规律的科技成果转移转化体系，推进科技与经济紧密结合、创新成果与产业发展紧密对接，为构建自主可控的现代产业体系、提升创新型省份建设水平、推动高质量发展走在全国前列提供有力支撑。

二、工作目标

2018至2020年，围绕重点培育的先进制造业集群，建设20个以上重大产业技术创新平台，统筹实施前瞻性产业技术创新专项、重大科技成果转化专项，组织实施300个重大项目，形成10个具有较强竞争力的创新型产业集群，形成一批创新要素富集的产业园区。到2020年，培育各类技术转移机构100家以上，全省技术市场合同成交额达1000亿元，创业投资管理资金规模达2500亿元，年实施产学研合作项目3万个以上。全省科技成果转移转化制度环境更加优化，产业创新能力大幅度提升，形成以企业技术创新需求为导向、以市场化交易平台为载体、以专业化服务机构为支撑的科技成果转移转化新格局，为促进江苏制造业转型升级、创新发展提供强劲动力。

三、重点任务

（一）围绕产业链部署创新链，培育创新型产业集群。

1．建设产业技术创新平台。主动对接国家战略需求，积极争取国家创新资源，支持有条件的地方建设综合性科学中心，加快未来网络实验设施、高效低碳燃气轮机试验装置、国家超级计算（无锡）中心等国家重大科研平台建设，提升对产业创新发展的支撑能力。重点围绕新一代信息技术、前沿材料、新能源等领域，培育建设国家实验室、国家重大科技基础设施和科技创新中心。围绕重点培育的先进制造业集群，优化科技力量布局，整合现有创新平台，统筹建设智能电网、光伏、工程机械等22个重点创新平台。充分发挥创新平台对科技资源的高效集聚作用，促进应用基础研究、前沿高技术研究与产业关键技术攻关的紧密衔接。（责任部门和单位：省科技厅、省发展改革委、省经济和信息化委、省教育厅、省质监局、中科院南京分院）

2．提升产业集群创新能力。针对产业集群的技术短板和创新需求，对标国际国内先进水平，聚焦重点、选准路径，集中力量推进重大技术突破。实施前瞻性产业技术创新专项，围绕纳米技术、物联网、未来网络、人工智能等前瞻性产业，突出前沿引领技术、关键共性技术创新，努力抢占事关长远和全局的产业科技战略制高点，掌握一批具有自主知识产权的重大原创成果。实施重大科技成果转化专项，围绕高端装备、前沿材料、生物医药、节能环保等产业集群，集成推进一批创新水平高、产业带动性强、具有自主知识产权的成果产业化，培育一批重大自主创新战略产品。实施省级战略性新兴产业资金项目，围绕新一代信息技术、战略性基础材料、先进智能制造等产业领域，培育全省新兴支柱产业，增强全省战略性新兴产业创新水平。（责任部门：省科技厅、省发展改革委、省经济和信息化委）

3．打造产业创新集聚区。把省级以上高新区作为产业创新主阵地，引导高端资源优先向高新区集聚、高端项目优先在高新区落户、高端人才优先在高新区创业，打造支撑和引领高质量发展的产业科技创新高地。把省级以上经济技术开发区作为产业发展主阵地，加快转型升级步伐，打造特色创新集群。聚焦苏南国家自主创新示范区和扬子江城市群建设，优化区域创新布局，强化科技资源整合、开放共享和协同攻关，到2020年，在高端软件、未来网络、物联网、纳米技术、机器人、石墨烯等前沿和新兴产业实现多项重大技术突破。落实“1+3”重点功能区战略，统筹推进沿海经济带、江淮生态经济区、徐州淮海经济区中心城市产业创新发展，在工程机械、新医药、新材料、现代农业等产业聚焦发力，培育创新发展增长极，在全省形成开放融合、协同发展的产业创新体系。（责任部门：省科技厅、省发展改革委、省经济和信息化委、省农委、省商务厅）

4．深化省产业技术研究院改革发展。按照“把研发作为产业、把技术作为商品”的理念，加快打造研发产业，营造适宜研发产业发展的良好生态，为产业转型升级和高质量发展持续提供技术支撑。围绕产业创新需求，继续布局一批专业研究所，实施一批重大原创性技术攻关项目，联合地方打造若干研发产业园区。支持引进海外创新成果二次开发、引进海外顶级研发公司，加大新型研发机构建设支持力度，增强产业技术供给能力。加快培育一批行业龙头企业，与细分行业龙头企业建立联合创新中心，探索原创性技术引进新机制，培育未来行业龙头企业。（责任部门和单位：省产业技术研究院、省科技厅）

（二）对接大院大所原创成果，推动产学研协同创新。

1．加强与国内外创新资源的开放合作。深化与中国科学院、中国工程院、清华大学、北京大学等大院大所和高校战略合作，推动国家科技重大专项、重点研发计划产出的创新成果在我省转移转化，积极开展中科院科技服务网络行动计划江苏试点。深化与创新能力强的国家和地区长期合作，构建产业创新全球合作伙伴关系网络，实施与重点国家地区产业研发合作计划，打造国际创新资源集聚区，加快建设苏州纳米技术国际创新园、中以常州创新园等国际创新合作园区。建设企业海外研发基地和海外科技人才离岸创新创业基地，鼓励跨国公司在我省设立高水平研发机构。（责任部门和单位：省科技厅、省教育厅、省商务厅、省卫生计生委、省科协、中科院南京分院）

2．突出企业在产学研协同创新中的主体地位。充分发挥企业创新主体作用，鼓励企业联合高校、科研院所建设高水平企业技术中心、工程技术研究中心。依托创新型领军企业和行业龙头企业，建设企业国家重点实验室，增强高端化和国际化发展能力。加大高新技术企业培育扶持力度，支持企业增强自主研发能力，将企业研发费用加计扣除比例提高到75%的政策由科技型中小企业扩大至所有企业。发挥高校和科研院所创新源头作用，深入实施江苏高校协同创新计划，支持建设一批国家级、省级和校级协同创新中心。推动企业、科研院所和知识产权服务机构联合组建高价值专利培育示范中心，在主要技术领域培育一批创新水平高、市场竞争力强的高价值专利。支持高校、科研院所主动将先进适用技术引入企业研发机构进行熟化、工程化，深入推进企业院士工作站、企业研究生工作站等建设。贯彻国家《“十三五”技术标准科技创新规划》，聚焦先进制造业集群，着力提升技术标准研制能力。（责任部门和单位：省科技厅、省教育厅、省经济和信息化委、省发展改革委、省卫生计生委、省质监局、省知识产权局、省科协）

3．打造科技成果转移转化活动品牌。持续提升中国江苏产学研合作成果展示洽谈会、中国江苏国际产学研合作论坛暨跨国技术转移大会品牌影响力。办好世界物联网博览会、世界智能制造大会、中国国际纳米技术产业博览会等重点活动。发挥苏南国家科技成果转移转化示范区引领带动作用，加快建设覆盖苏南五市和省级以上高新区的自创区一体化创新服务平台，组织开展系列对接服务活动。鼓励全省各县（市、区）搭建产学研合作信息服务平台，自主探索符合当地实际、有助于特色产业创新发展的科技成果转移转化模式，支持各地举办富有产业特色的产学研洽谈活动。（责任部门：省科技厅、省经济和信息化委、省教育厅）

（三）加强科技需求侧供给侧对接，完善成果转化服务体系。

1．优化全省技术转移工作机制。加快省技术产权交易市场建设，加快提升高端创新成果集聚、供给侧需求侧对接和全链条一站式服务能力，实现线上技术产权交易、大数据分析等专业化服务。在完善功能基础上探索市场化运营机制，着力在技术转移、成果转化、股份转让、融资服务等方面创新提升，完善全省技术转移转化交易服务体系。建立科技成果项目库，及时动态发布符合产业升级方向的科技成果包。健全省、市、县三级技术转移工作网络，构建全省技术转移信息服务“一张网”。加强高校技术转移体系建设，支持省内高校和科研院所普遍建立技术转移中心，建设国家技术转移示范机构，提升市场化运营能力，形成专业化技术经纪人队伍。建设一批国际技术转移服务中介机构，鼓励与国际知名技术转移机构开展高层次合作。（责任部门：省科技厅、省教育厅）

2．提升知识产权保护和运营服务水平。围绕战略性新兴产业和先进制造业集群，开展产业专利导航和专利预警分析，加快提升专利运用能力和成果转移转化水平。开展重大经济科技活动知识产权评议，建立评议报告发布制度，积极推送相关成果。推进国家知识产权局专利审查协作江苏中心、江苏国际知识产权运营交易中心建设，建设产业知识产权保护中心，加快建设一批技术先进、功能完备、服务优质的知识产权公共服务平台。加强知识产权金融模式创新和产品创新，大力推进知识产权质押融资和专利保险，为科技成果转移转化提供高效便利的知识产权金融服务。构建多元化立体保护网络，完善知识产权维权援助工作体系，对企业涉外知识产权维权给予重点支持。开展知识产权护航行动，完善海外知识产权信息服务平台，探索建立知识产权国际纠纷仲裁中心，为海外科技成果来苏转移转化提供专业化知识产权服务。实施中小企业知识产权战略推进工程，提升中小企业知识产权创造、运用、管理和保护能力。（责任部门：省知识产权局、省科技厅、省经济和信息化委）

3．强化科技成果转移转化政策服务。扩大高校、科研院所科研自主权，下放科技成果使用权、处置权和收益权。加快推进高校、科研院所与发明人对知识产权分割确权和共同申请制度试点。提高科研人员科技成果转化收益，完善职务科技成果转化的奖励、报酬制度。（责任部门：省科技厅、省教育厅、省财政厅、省人力资源社会保障厅、省法制办、省知识产权局）

（四）更大力度引才聚才用才，优化科技与经济融合环境。

1．发挥人才在科技与产业融合中的关键作用。面向全球引进和培养产业领军人才，通过团队引进、核心人才带动引进、高新技术项目开发引进等方式，以及国家和省、市人才计划支持，为制造强省建设提供高端人才支撑。对在促进科技成果转化、产业技术创新过程中作出重要贡献的科技人员授予省科学技术奖。围绕先进制造业集群发展需求，弘扬工匠精神，实施急需紧缺高技能领军人才引进培养计划和产业技能大师培育计划，形成高技能人才高地。鼓励科技人员在企业、高校、科研院所之间流动兼职，深入推进科技副总和产业教授选拔和培养工作。继续发挥科技镇长团在促进科技成果向基层转移转化中的带动作用，促进科教资源与县域经济高效对接。加强科学普及工作，提高全民科学素质。（责任部门和单位：省委组织部、省人力资源社会保障厅、省科技厅、省科协）

2．突出科技创业在科技成果转化中的带动作用。围绕我省重点部署的产业创新链，完善天使投资、创业投资、风险投资、产业基金全程资金链。发挥天使投资风险补偿资金作用，扩大创业投资管理资金规模。探索股权投资与信贷投放相结合的模式，为科技成果转移转化提供组合金融服务。引导“苏科贷”合作银行支持科技型中小微企业开展科技成果转化，加快建设科技金融专营机构。深入实施“创业江苏”行动计划，鼓励以企业为主体投资建设一批专业服务水平高、辐射带动作用强的众创空间。整合技术、资本、市场等资源，建设一批高水平省级双创示范基地，争创国家双创示范基地。（责任部门：省科技厅、省财政厅、省发展改革委、省金融办）

3．推进先行先试和机制模式创新。鼓励有条件的地方在科技体制改革方面先行先试。支持南京深化科技体制综合改革试点，加快建设具有全球影响力的创新名城。支持苏州工业园区开放创新综合实验，探索建立开放型经济新体制，推动产业结构迈向中高端，提升在全球价值链中的地位，更好地培育参与国际经济技术合作与竞争新优势。充分发挥常熟、海安县域科技创新体制综合改革试点的示范带动作用，引导各县（市、区）聚焦优势领域，差别化地确立创新发展目标，探索各具特色的县域创新驱动发展新模式。（责任部门：省科技厅）

四、保障措施

（一）加强组织领导，统筹协调推进。

在省政府领导下，省发展改革、经济和信息化、科技、教育、财政等部门根据职能和任务分工，建立协调联动机制，定期召开联席会议，强化重点任务落实，形成推进科技与产业深度融合的强大合力。各设区市人民政府要将推进科技与产业融合摆上重要位置，结合本地区实际提出切实有效措施，加大资金投入、政策支持和条件保障力度。

（二）抓好政策落实，激发主体活力。

全面落实中央和省委、省政府关于鼓励科技创新创业的政策措施，充分激励企业、高校院所以及科研人员在推进科技与产业融合中积极发挥作用。修订《江苏省促进科技成果转化条例》，规范和激励科技成果转化活动。推进科技领域“放管服”改革，建立完善以信任为前提的科研管理机制，赋予科研人员更大的人财物支配权，充分释放创新创业活力、调动科研人员积极性。

（三）做好舆论宣传，营造良好氛围。

积极宣传在推进科技与产业融合发展中涌现出的科学大师、创新型企业家、能工巧匠及其创新事迹，加大对科技成果转移转化中典型案例的宣传力度，营造有利于推进科技与产业深度融合、加快科技成果转化的浓厚氛围。

江苏省人民政府办公厅

2018年8月24日

中共南京市委 南京市人民政府 关于建设具有全球影响力创新名城的若干政策措施

（宁委发〔2018〕1号）

为贯彻党的十九大精神和习近平新时代中国特色社会主义思想，落实省委推进“两聚一高”新实践、加快建设“强富美高”新江苏的要求，按照市委实施创新驱动“121”战略、推动高质量发展的部署，培育和集聚一批名校名所名企名家名园区，打造综合性科学中心和科技产业创新中心，构建一流创新生态体系，推动具有全球影响力的创新名城建设，现提出如下若干政策措施。

一、强化战略科技引领。设立重大科技创新平台专项，重点支持国家重大科技基础设施、国家实验室、国家研究中心等平台建设，对特别重大的科创平台和多学科交叉研究平台可“一事一议”，给予特殊支持。成立南京创新名城建设理事会，建立专家咨询委员会。支持在宁高校院所等单位参与国际大科学计划或大科学工程，最高给予国际资助经费20%的奖励，总额不超过1000万元。积极整合地方资源，支持在宁高校院所申报国家科技重大专项、国家重点研发计划项目。支持在宁企业参与或承担国家科技重大专项，按照实际到账国拨经费给予1：1支持。面向本市经济社会发展重大需求特别是民生需求，围绕人工智能、大数据、生命科学等前沿领域和民生科技，设立市级重大科技专项。

二、支持名校名所与名城融合发展。通过构建融合发展平台，加强名校名所与地方双向融通，既让高校院所的创新成果走出来，也让地方的创新需求走进去。鼓励高校院所围绕南京经济社会发展需要，依托优势学科和国家级平台，建立新型研发机构；围绕主导产业，设立和发展急需专业，培养紧缺人才，实现产学研融合。对与国际名校合作在宁举办特色学院和高端服务机构，最高给予1亿元支持。支持国内外研发机构、知名跨国公司等在宁落户或设立研发机构，最高给予3000万元支持。设立紫金山科技创新基金会，募集社会资金用于科技创新活动。定期举办紫金山科学家国际峰会。

三、推动科技成果和新型研发机构落地。探索建立成果转移转化新机制，促进科技成果、新型研发机构落地。鼓励新型研发机构建立人才（团队）持有多数股份，政府科技创新基金、投资平台和社会资本等多方参股的股权结构，政府股权收益部分不低于30%奖励高校院所，政府科技创新基金、投资平台所占股权可按协议约定转让。对新型研发机构按绩效择优给予每家每年最高500万元奖励。引进国内外知名科技服务业企业总部、地区总部及具有独立法人资格的机构（企业），按照投资总额及服务效能，最高给予1000万元奖励。对实行连锁经营的科技服务企业，允许企业总部及下属分支机构统一在市级部门办理工商登记和经营审批手续。支持省技术产权交易市场在宁设立分中心，一次性给予最高100万元奖励。建立国际技术转移专项基金，支持引进国际先进技术、成果和项目。对科技成果转移转化收入50万元以上的科研人员，根据其对地方经济贡献，实行一定比例奖励。对促成向本市企业转化科技成果的技术转移机构，按照年度合同登记认定的技术交易额的2%给予最高50万元奖励，主要用于奖励对技术转移作出突出贡献的团队。

四、大力发展创新型产业集群。支持高新园区和符合本市主导产业方向的企业建设省级以上产业（技术）创新中心，按国家或省拨经费给予1：1共同支持。围绕主导产业建设市级以上公共技术服务平台，根据运行绩效给予最高500万元奖励；对标志性重大项目、关键核心技术攻关、重点行业国际国内标准制定、重大兼并重组、重大商业模式创新等按“一事一议”方式给予支持。

五、着力培育创新型领军企业。设立创新型企业培育专项，针对企业不同成长阶段分类精准施策。支持初创期科技企业发展，自获利年度起，3年内对本市经济发展贡献全部奖励企业。着力培育科技型中小企业，对通过评价的企业，根据企业研发费用情况，给予最高10%普惠奖励。支持高新技术企业发展，对进入市培育库的企业给予最高20万元奖励，进入省培育库的再按省支持标准给予1：1共同支持，获得高新技术企业认定的给予50万元奖励。对瞪羚企业、独角兽企业、拟上市企业，开设绿色通道，实行“一企一策”。支持研发服务企业发展，参照国家给予高新技术企业的政策给予支持。鼓励企业建立研发准备金制度。建立企业研发机构绩效考核制度，最高给予200万元奖励。支持企业牵头组建国家级产业技术创新战略联盟，给予200万元奖励。鼓励企业收购或投资设立海外研发机构，最高给予500万元奖励。国有企业科技研发投入、收购创新资源支出、创新转型项目培育期3年内亏损等视同考核利润，允许高层次人才薪酬、创新奖励、中长期激励在工资总额外单列。支持创新产品首购首用首保。

六、全力建设一流科技产业园区。支持高新园区集聚发展、特色发展和创新发展，逐步将园区主导产业集聚度提高到60%以上，纳入高新园区的考核体系。按照不低于省级高新区的标准推进市级高新园区建设，做到人权、事权、财权相匹配。高新园区实施产业准入负面清单制度，进一步完善科技型中小企业服务职能。对高新园区内科技型企业跨区转移，实行一窗办理，执行相应的跨区分成税收政策。对参与高新园区管理的社会化管理团队，按绩效考核最高给予500万元奖励。对列入省级众创社区备案试点的给予500万元建设资助。建立孵化器、加速器、众创空间绩效考核奖励制度，纳入省级以上孵育计划的予以省拨经费1：1共同支持；在3年孵化期内每成功培育一家高新技术企业（含技术先进型服务企业），给予载体运营机构20万元奖励。鼓励高校院所联合在宁企业建立面向大学生的“科创实验室”，每个实验室最高给予30万元支持。

七、加快形成创新创业空间新格局。以高新园区为主阵地，加大创新空间集聚力度，形成市域创新空间新格局。国家重大科技基础设施、国家实验室、国家研究中心等平台建设，可参照公益性科研机构用地采取划拨方式供应。对需采取出让方式供应的，出让起始价可按不低于同区域科研用地基准地价的20%执行。经市政府职能部门认定的新型研发机构，落地在高新区范围内的，土地出让起始价可按不低于区域科研基准地价的20%执行（但不得低于相应《全国工业用地出让最低价标准》）；允许高校利用存量土地新建新型研发机构，土地性质不变；落地在高校周边的，可按不低于区域科研基准地价的50%执行；利用存量工业厂房的，可按原用途使用5年，5年过渡期满后，经评估认定，可再延续5年。经市政府职能部门认定的科技成果转化和产业化项目，符合本市主导产业方向，需使用工业用地的，可按不低于区域《全国工业用地出让最低价标准》的70%确定土地出让起始价。高新园区国有平台建设的科技公共服务平台，根据是否允许分割转让，地价按对应基准地价的50%执行。分割转让比例不得超过50%，可转让部分，直接转让的比例不得超过30%，其余部分鼓励采用先租后让方式，在承租机构或企业的税收、就业、研发投入等指标达到设定要求后，再办理转让手续。新型研发机构和科技公共服务平台，可统筹配建不超过项目总建筑面积15%的配套服务设施，配套服务设施按主用途供地。上述有地价优惠的项目，除明确可以分割转让的以外，土地不得分割转让，所建房屋不得转让、销售。项目竣工后确有剩余土地与房产，以及受让人终止项目不再需要土地与房产的，应由园区平台按约定的价格标准并考虑资金成本优先回购，也可经市政府职能部门同意转让给符合条件的研发机构和企业。

八、努力打造国际化创新创业人才高地。大力集聚科技顶尖专家，对全球顶尖人才领衔的高端创业创新团队或项目实行“一事一议”“特事特办”，资助额度上不封顶。对入选省顶尖人才顶级支持计划的，按1：1的比例，给予引才企业最高1亿元配套资助。实施“345”海外高层次人才引进计划，用5年时间，重点引进30名急需紧缺的外国专家、40个海外高端创新团队，挂牌建设50个支持柔性引才的海外专家工作室，给予用人单位最高500万元资助。持续推进“创业南京”英才计划。设立市级企业青年工程师科研基金，重点支持企业青年工程师瞄准行业和市场需求开展技术研发。设立博士和博士后科技创新创业基金，支持企业创建国家、省级博站和市级“准博站”。实施青年大学生“宁聚计划”，每年吸纳20万以上大学生在宁就业创业，实行一条龙服务，积极落实就业创业扶持政策。调整优化落户政策，研究生以上学历及40岁以下的本科学历人才，凭毕业证书办理落户手续；技术、技能型人才，凭高级工及以上职业资格证书办理落户手续。加大高层次人才激励力度，对新型研发机构、高新技术企业的相关人员以及技术经理人、人才经纪人、天使投资人等年薪收入在50万元以上的，根据其对本市经济贡献给予奖补。建立市场化社会化人才认定机制，引入人才“举荐制”，由龙头企业、新型研发机构、科技中介、金融投资等领军人才组成“举荐委员会”，被举荐人才可享受相应举荐层次政策待遇；为非共识性人才在宁创新创业开辟绿色通道。建立多主体供给、多渠道保障、租购并举的人才安居政策体系，采用租赁补贴、购房补贴以及购买共有产权房，承租人才公寓、公共租赁房等安居方式，为青年大学生、科技研发等各类人才提供安居保障。支持“双一流”高校、推进“两落地、一融合”成效显著的高校院所，加快建设人才公寓。

九、健全科技金融服务和财政支持体系。大力吸引天使投资、创业投资落户，对新注册在本市的天使投资、创业投资企业，根据实缴注册资本（1000万元以上）和实际募集资金规模等给予最高1500万元奖励，重大项目可“一事一议”。设立专项奖励资金和风险补偿资金池，对投资本市种子期、初创期科技企业的天使投资、创业投资企业、孵化器、加速器，按实际投资额和投资损失每年分别给予最高500万元投资奖励和最高600万元风险补偿。通过政府科技创新基金广泛吸引各类社会资本参与设立多种形式的基金，政府科技创新基金出资收益部分最高50%用于奖励人才（团队），参股天使投资形成的股权5年内可原值向天使投资其他股东和创业团队转让。创新国资创投管理机制，允许符合条件的国有创投企业建立跟投机制，按照市场化方式确定考核目标及相应的薪酬水平；试行国有创投企业在国有资产评估中使用估值报告；对国资参股的投资项目发生非同比例增减资，而国资未参与增减资的经济行为，由企业股东会决策。加大财政投入力度，5年内市区财政至少安排专项资金100亿元，并建立市场化运作的科技创新基金100亿元，主要用于支持国家重大科技创新平台和重大科技专项、“两落地、一融合”、创新型产业和企业培育、园区载体和创新空间建设、人才引进培育、社会创投机构集聚、创新环境营造等方面。

十、营造开放包容的优良环境。打造国际化氛围最佳的城市，建设国际学校和国际社区，建立人才健康绿色通道，接轨国际医疗服务体系。举办“赢在南京”系列国际创新创业活动，获奖并落地本市的项目最高可给予100万元奖励；对在高新园区落户的获奖项目，给予政府科技创新基金投资扶持，并建立风险容错机制；进一步扩大外资市场准入领域，提供更为便捷高效的服务；简化企业研发费用税前加计扣除申报手续，提高税收服务效能；支持科技创新类国际组织在宁设立总部、分支机构，一次性给予最高100万元奖励；引导高校院所、社会组织与国际机构合作建立国际科技创新联盟，建设科技创新类国际组织集聚区。打造信息流动最快的城市，推动南京国家级互联网骨干直联点优化升级和网络边缘智能化建设，推进重点公共场所、园区、高校等公共区域免费Wi-Fi全覆盖，力争在全国首批部署5G商用，打造国际先进的未来网络创新基地和产业高地。高水平建设知识产权强市，建设中国（南京）知识产权保护中心，建立专利预审员制度。对提供专利等知识产权质押融资的金融机构，给予实际融资额度的2%风险补助。对省级以上知识产权服务集聚区，给予1000万元支持。推动在宁公证机构拓展业务范围，开展知识产权相关公证服务。建立知识产权侵权查处快速反应机制，建立知识产权违法侵权举报制度，对查证属实的，给予投诉举报人一定奖励。完善知识产权法庭司法保护职能。对授权的发明专利、PCT专利给予奖励。打造创新文化最包容的城市，设立南京创新奖，表扬创新贡献突出单位和个人；弘扬企业家精神，实施创新型企业家培训计划；建立健全创新尽职免责机制；强化信用激励和约束，建立“红、黑”名单制度，营造更为优良的创新信用环境。

加强党对创新名城建设的组织领导，充分调动全市上下的积极性、主动性、创造性，形成推进创新名城建设的强大合力。市有关部门、各区（园区）要围绕创新名城建设，抓紧制定一批配套政策文件，形成可操作的具体实施计划和工作方案。加大各项政策落实力度，建立专项工作推进和督查机制，确保创新名城建设取得实效。

中共南京市委

南京市人民政府

2018年1月2日

中共南京市委办公厅 南京市人民政府办公厅关于深化人才发展体制机制改革打造国际化创新创业人才高地的若干政策意见

（宁委办发〔2018〕12号）

为深入贯彻党的十九大精神，以习近平新时代中国特色社会主义思想为指引，贯彻市委创新驱动发展“121”战略，推动高质量发展，落实市委、市政府《关于建设具有全球影响力创新名城的若干政策措施》（宁委发〔2018〕1号），着力推进创新人才集聚工程，构筑一流创新生态体系，聚天下英才而用之，加快把南京建设成为具有全球影响力的创新名城，现就深化人才发展体制机制改革，打造国际化创新创业人才高地，提出如下政策意见。

一、实行更加积极、更加开放、更加有效的人才集聚政策

1．加大科技顶尖专家集聚力度。在实施“创业南京”科技顶尖专家集聚计划的基础上，坚持高精尖缺导向，加大精准支持力度。对打造综合性科学中心和科技产业创新中心具有关键性支撑作用的战略科技人才、高水平创新团队，实行“一事一议”“特事特办”，资助额度上不封顶。强化“两落地、一融合”政策导向，在我市认定新型研发机构中持股30%以上的团队领军人才，暂未达A类专家层次条件的，可破格申报，评定后享受最高1000万元项目资助等政策待遇。对我市企业、新型研发机构引进专家入选省“顶尖人才顶级支持计划”的，根据项目进展和实际投入，按省拨资金1∶1的比例，给予引才单位最高1亿元配套资助。对经评定入选的B类专家，将项目资助标准提高至500万元，对高校院所和外市培养入选的“千人计划”“万人计划”和省“双创团队”等相当层次人才，来宁创办企业被认定为高新技术企业的，可直接列入B类专家，享受相应政策待遇。支持本市企业专家参与或承担国家、省、市重大科技专项。

牵头单位：市委组织部（市人才办）

责任单位：市科委、市财政局、江北新区、各区（园区）

2．全面激发企业主体引才活力。支持企业高薪聘高人。本市新型研发机构、高新技术企业、独角兽企业、瞪羚企业、科技型中小企业中，对新引进人才年薪收入超过50万元的，按实际支付薪资30%的标准，给予用人单位引才奖补，单个引才项目最长补贴3年，单个企业每年最高奖补100万元；在本市新型研发机构、高新技术企业中工作3年以上、薪资收入超过50万元的团队领军人才、在职高管，按其对本市经济贡献给予奖补。鼓励企业购买市场化社会化高端猎头服务，对企业通过中介从市外引进人才，且在本市入选省级以上人才计划、或2年内支付人才薪资超过200万元的，按中介费用70%的比例，对引才企业给予补贴，单个引才最高补贴30万元。推动市属国有企业建立更具市场竞争力的人才招引和激励机制，新招录高层次人才薪酬不纳入企业当年和次年薪酬总额；对重要贡献人才奖励支出，经相关国资管理部门认定，可在工资总额外单列。

牵头单位：市委组织部（市人才办）、市科委、市人社局

责任单位：市经信委、市财政局、市国资委、市地税局、江北新区、各区（园区）

3．拓展海外招才引智平台。实施“345”海外高层次人才引进计划，5年内，以本市企事业单位为主体，引进30名急需紧缺外国专家，按每人每年最高60万元标准，给予用人单位最长3年引才补贴；引进40个外国专家领衔的高端创新团队，给予用人单位最高500万元项目资助；挂牌建设50个支持柔性引才的海外专家工作室，给予挂牌单位最高30万元工作室开办经费，对工作室柔性引进的海外专家，给予每人每年最高10万元生活津贴。鼓励高校院所、行业龙头企业、专业社会组织加强与国际机构合作，创设高端化、国际化、特色化的人才交流合作组织，对吸引全球性高层次人才峰会在宁举办和永久性落地的，分别给予50万元、100万元奖励；对高水平国际人才组织、创新联盟来宁设立总部、分支机构的，一次性给予最高100万元奖励。探索建立跨境猎才投资引导机制，推动高新园区设立海外人才离岸创业创新基地，支持企业并购或投资设立海外研发机构，直接使用当地优秀人才，按项目进展和投资额度给予最高500万元奖励。

牵头单位：市科委、市人社局

责任单位：市财政局、市科协、江北新区、各区（园区）

4．实施青年大学生“宁聚计划”。充分发挥南京“学城”优势，每年吸纳20万名以上大学生在宁创业就业。升级“创业南京”青年大学生创业引领计划，扩大优秀项目的遴选资助范围和覆盖面，对国家、省级青年大学生创业大赛获奖项目落地

我市的，按赛事及奖项的层级给予配套资助。拓展全过程跟踪扶持链条，在我市实现首次创业的，领取营业执照后给予一次性2000元开业补贴；正常经营纳税6个月以上的，再给予4000元创业成功奖励；3年内初始创业失败、登记失业并以个人身份缴纳社保6个月以上的，按其纳税总额50%、最高不超过1万元的标准，给予一次性补贴用于个人缴纳社会保险。对参加见习实训的青年大学生，按规定给予3—6个月的生活补贴，补贴标准提高到我市最低工资标准的70%。实施“宁聚青春—大学生感知南京”行动，增进人文和情感纽带，引领大学生更好融入在宁创业创新的环境氛围。

牵头单位：市人社局

责任单位：团市委、江北新区、各区（园区）

二、构建科教人才和产业平台融合发展新格局

5．创新校地人才融合发展机制。支持高校院所顶尖专家依托高水平学术科研平台，建设由人才（团队）持有多数股份，园区国资平台、龙头企业、社会资本等多元投入、“混合所有”的新型研发机构，对经我市认定的新型研发机构，按绩效择优给予每家每年最高500万元奖励。支持在宁高校院所围绕我市主导产业，设立发展急需专业，培养紧缺人才；对与国际名校合作在宁举办特色学院和高端服务机构，给予最高1亿元支持。鼓励高校院所联合在宁企业建立面向大学生的“科创实验室”，每个实验室给予最高30万元支持。推动高校选聘我市创新型企业家兼职产业教授，开设学分课程，联合培养实用性产业技术人才。实施与高校院所干部双向互派挂职，鼓励和吸引高校、科研院所选派复合型创新人才到我市园区平台、企业挂职“科技副总”，遴选我市优秀年轻干部到高校、科研院所挂职“科技处长”，纳入后备干部管理计划。

牵头单位：市委组织部（市人才办）、市“两落地、一融合”推进办公室、市科委

责任单位：市发改委、市教育局、市人社局、江北新区、各区（园区）

6．实行有利于释放活力的科研人员激励机制。支持在宁高校、科研院所自主决定以转让、许可或作价投资等方式转移转化科技成果，所获收益全部留归单位，并按不低于70%的比例奖励作出贡献的人才团队。科研人员以股权或出资比例形式获得奖励的，可延至获得资金收益后再缴纳个人所得税。市属高校、科研院所拥有的专利，授权后超过1年未实施且未与发明人签订实施协议的，发明人可自行实施该项专利，所得收益归发明人所有。鼓励在宁高校院所、企事业单位设立转化科技成果的专业机构、专职岗位，畅通职业发展通道。支持高校院所科研人员面向本市企业开展“四技服务”，对产学研合作成果显著的专家服务基地、专家服务基层重点项目和科技成果转移转化收入50万元以上的科研人员，根据其对地方经济贡献实行一定比例奖励；对促成向本市企业转化科技成果的技术转移机构，按照年度合同登记认定技术交易额2%的比例，给予最高50万元奖励，主要用于奖励对技术转移作出突出贡献的团队。

责任单位：市科委、市人社局

7．支持科研人员离岗创业或在职创业。支持高校、科研院所等事业单位专业技术人员经单位或主管部门的同意后离岗创业。离岗创业期限一般为3年，确因工作需要，可按规定延期。期内保留人事关系，与在岗人员同等享有职称评聘、岗位晋升和社会保险等方面权利。离岗期限内返回原单位的，如无岗位空缺，可暂时突破岗位总量聘用并逐步消化。科研人员在履行岗位职责的前提下，经所在单位同意，可在岗创业或到企业、社会组织兼职从事成果转化、技术攻关等工作，并依法依规获取合理报酬。对担任领导职务人员的兼职管理，按中央和省有关规定执行，其中，对符合条件的国家级学术科研平台负责人参与我市新型研发机构建设的，允许在确定与所属高校院所、合作企业法律权责的前提下，探索以运营公司代持期权的方式，携团队在宁领办成果转化项目。

牵头单位：市人社局

责任单位：市科委

三、健全完善创新型人才培养支持机制

8．培育既通科技又懂市场的创新型企业家队伍。精准对接新经济、新业态下的企业家能力提升需求，推动企业家培养机制向精准化、个性化转型，对所创企业成长发展为瞪羚企业、独角兽企业、拟上市企业的，实行“一企一策”的定制式培养。支持我市企业家领军人物发挥“头雁效应”，领衔创立各类产业联盟、产业论坛和人才社会组织，弘扬创业精神，交流创业经验，促进资源共享和交流合作。加强国际化能力培养，通过政府购买服务方式，鼓励和支持我市各类社会组织承办境内外企业家研修培训和产业技术对接等活动。培育完善职业经理人市场，合理提高市属国有企业经营管理人才市场化选聘比例，推行任期制和契约化管理，健全激励约束机制。营造尊重、关怀、宽容、支持企业家的社会文化氛围，积极构建“亲”“清”新型政商关系。

牵头单位：市委组织部（市人才办）

责任单位：市经信委、市科委、市人社局、市外办、市国资委、江北新区、各区（园区）

9．培养技艺精湛的技能人才。以“带领技艺传承、带强产业发展、带动群众致富”为主题，推进实施乡土人才“三带”行动计划，健全梯次培养和支持政策，建强具有南京文化和产业特色的技能技艺人才队伍。推行技能人才与工程技术人才职业发展贯通试点，企业在聘高级工、技师、高级技师可同等享受本单位助理工程师、工程师、高级工程师工资福利待遇，符合条件的企业首席技师可参照享受教授级待遇。推广企业新型学徒制和现代学徒制，建设覆盖重点行业、特色领域的技能大师工作室和职业训练院。推进职业技能提升行动计划，建立面向城乡全体劳动者、全职业生涯、全过程衔接的终身职业技能培训制度。实施“群英计划”，鼓励和吸引社会各界参与职业技能竞赛活动，以赛评才、以赛聚才。

牵头单位：市委组织部（市人才办）

责任单位：市委宣传部、市委农工委、市经信委、市人社局、市农委、市文广新局、江北新区、各区（园区）

10．形成有利于优秀年轻人才脱颖而出的培养和发现机制。修订中青年拔尖人才选拔培养管理办法，从2018年起，以3年为一周期，遴选和培养100名在相关专业领域达到国内外一流水平、取得突出业绩贡献的中青年科技创业创新领军人才和文化、金融、教育、卫生等各领域名家名师，破除论资排辈、求全责备，加大培养支持力度，力争每期培养20人左右入选国家

“万人计划”。对培养期内中青年拔尖人才，每人每年发放一定工作津贴，对主持国家和省重大项目的给予配套项目资助。协调聘请在宁诺奖得主、国内外院士等顶尖专家担任中青年人才“传帮带”导师。设立市级企业青年工程师科研基金，重点支持企业青年工程师瞄准行业和市场需求开展技术研发。

牵头单位：市委组织部（市人才办）

责任单位：市委宣传部、市科委、市教育局、市财政局、市人社局、市金融办、市文广新局、市卫计委、江北新区、各区（园区）

11．支持企业集聚开发“产业博士后”。强化博士后“人才战略储备库”功能，设立专项基金，支持博士后和博士在本市产业一线创业创新。对建设国家、省级博士后工作站的企业，分别给予60万元、20万元奖励；设立分站的，给予10万元奖励；未设国家、省级博站的，支持建设市级“准博站”，建设成功，给予5万元补贴，进站博士享受我市给予国家和省级博站同等进站待遇。对每年评估优秀的企业博站，给予10万元奖励。企业博站每新引进一名博士后，给予2万元科研资助；全职在站的，给予博士后最长2年、每年5万元生活补贴，期间获国家或省博士后项目资助的，每个项目给予3万元科研资助。支持企业博站参与国际产业技术合作，对博士生导师引荐优秀外籍博士后进入企业博站的，给予荐才奖励；对出国（境）参加会议或学术交流的企业博士后，给予一定补贴。

牵头单位：市人社局

责任单位：市财政局、江北新区、各区（园区）

四、推行市场导向的人才评价使用机制

12．完善高层次人才市场化认定机制。制定高层次人才认定办法，建立分层分类、市场导向、科学精准的人才认定标准，把人才享受的薪酬待遇、创造的产业价值、获得的创业投资等市场要素作为评价人才的重要依据。引入多元化、个性化的人才举荐制度，组建包括龙头企业、新型研发机构、科技中介、金融投资等领军人才在内的“举荐委员会”，经举荐认定的人才，可对应被举荐层次享受政策待遇。对现行评价体系难以认定的“非共识人才”，为其在宁创业创新开辟举荐认定和政策支持的“绿色通道”。完善创业人才项目评审制度，加大社会资本、园区载体的相关要素评价权重，对在本市首次创业2年内获得500万元以上社会风投融资或高新园区国资平台入股10%以上的人才创业项目，申报“创业南京”高层次创业人才引进计划时可放宽学历、职称等资格限制，给予优先支持。

牵头单位：市人社局

责任单位：市委组织部（市人才办）、江北新区、各区（园区）

13．深化职称制度改革。建立科学化、规范化、社会化职称评价制度，有序下放职称评审权限，推动高校、医院、科研院所、大型骨干企业按管理权限自主开展职称评审。完善以品德、能力、业绩为导向的职称评价标准，克服唯学历、唯资历、唯论文倾向，不将论文作为评价应用型人才的限制性条件，职称外语和计算机应用能力水平不作为职称申报评审必备条件。企事业单位经批准离岗或兼职创业的专业技术人才，3年内可在原单位按规定正常申报职称，期间创业业绩可作为职称评审依据。业绩突出的技术、管理类本市企业专业技术人才，可破格认定工程、经济系列高级职称。拓展职称评价人员范围，进一步畅通在我市就业的港澳台、外籍专业技术人员职称评审渠道。

责任单位：市人社局

14．创新完善事业单位人才管理制度。市属高校、科研院所、公立医院等事业单位通过年薪工资、协议工资、项目工资等形式聘用的高层次人才和急需紧缺人才，其人员及实际薪酬发放水平不纳入单位绩效工资总量核定范围；职务发明成果收益用于奖励人才的比例，由单位和发明人按有关规定自主商定，不纳入绩效工资总量核定范围。允许高校、科研院所等事业单位根据本单位高层次人才密集度、科研目标任务完成情况以及科技成果转化率等因素，适当增加单位绩效工资总量。允许符合条件的事业单位设置特设岗位和一定比例的流动岗位，不受岗位总量和结构比例的限制，吸引海内外高水平人才参与本单位创新活动，并按规定发放人员报酬。

牵头单位：市人社局

责任单位：市科委

五、打造系统完备的人才服务环境

15．强化人才创业创新要素支撑。强化科创载体支撑，按照不低于省级高新园区的标准推进市级高新园区建设，对参与高新园区管理的社会化管理团队，按绩效考核给予最高500万元奖励；对孵化器、加速器、众创空间在3年孵化期内培育人才初创企业成长为高新技术企业的，按每家20万元标准，给予运营机构绩效奖励。强化创业金融支撑，大力吸引天使投资、创业投资落户，设立专项奖励资金和风险补偿资金池，对投资于种子期、初创期科技人才企业的投资机构和孵化载体，按实际投资额和投资损失每年给予最高500万元投资奖励和最高600万元风险补偿。完善对利用多层次资本市场融资发展人才企业的奖补制度。鼓励金融机构为轻资产科技人才企业提供信贷支持，健全投贷联动、征信、增信、转贷、保险、担保等专业服务体系。强化市场应用支撑，对市级以上人才计划企业经认定的新技术新产品，纳入首购首用首保范围，给予购用补贴、保费补贴、承保奖励等配套支持政策。加大高层次科技服务业人才激励力度，技术经理人、人才经纪人、天使投资人等在本市业务经营年收入达50万元以上的，根据其对本市经济贡献给予奖补；对获省财政引才中介奖励的机构和个人，由市财政按1：1比例给予配套支持。

牵头单位：市“两落地、一融合”推进办公室、市经信委、市科委、市人社局、市金融办

责任单位：市委组织部（市人才办）、市财政局、市地税局、江北新区、各区（园区）

16．畅通海内外人才居留和落户渠道。调整优化落户政策，研究生以上学历、40岁以下本科学历人才和技术技能型人才，可凭毕业证书、高级工以上职业资格证书办理落户手续。开辟外国人才来宁管理服务“绿色通道”，对办理人才（R字）

签证的外国高层次人才，入境后可签发居留期不超过5年的居留证件，可凭居留证件或护照申领南京市民卡（A卡），享受市民权益。在我市苏南国家自主创新示范区工作且符合认定标准的外籍高层次人才及其配偶、未成年子女，以及在宁工作的外籍华人博士，可直接申请在华永久居留。对具有在宁创新创业意愿的外国留学生，可凭高校毕业证书申请2至5年有效的私人事务类居留许可（加注“创业”）；来宁入站科研或出站后来宁工作的40岁以下优秀外籍博士后，符合条件的，可纳入外国人来华工作许可（A类）办理范围。

牵头单位：市公安局

责任单位：市人社局

17．提升人才生活配套服务品质。实施人才安居工程，建立多主体供给、多渠道保障、租购并举的政策体系，综合运用共有产权房、人才公寓、公共租赁住房、购房补贴和租赁补贴等方式，为青年大学生、科技研发等各类人才提供安居保障，对符合条件的高层次人才，提取住房公积金支付房租的标准放宽到现有标准的2倍，购买自住住房的贷款额度可放宽至限额的4倍。支持“双一流”高校、推进“两落地、一融合”成效显著的高校院所，加快建设人才公寓。优化人才子女入学政策，高层次人才非本市户籍子女就读义务教育阶段学校的，享受本市户籍学生待遇，由居住地所在区纳入政策照顾对象，安排区内公办学校入学。提升人才健康医疗保障水平，为高层次人才发放优诊证，提供家庭医生签约服务，优先预约转诊，为有突出贡献专家定期安排健康体检和保健疗养。加快推进国际社区建设，配备国际化的人才公寓、医疗服务体系和教育机构，满足海外高层次人才居住、健康和子女入学需求。

牵头单位：市教育局、市民政局、市房产局、市卫计委

责任单位：市委组织部（市人才办）、市发改委、市人社局、市国土局、市规划局、市住房公积金管理中心、江北新区、各区（园区）

18．优化人才政务服务效能。深化涉企行政审批制度改革，推广“不见面审批”，建设“互联网+”人才服务平台。绘制“高层次产业人才地图”，为园区、企业提供开放共享的大数据信息服务，强化人才供需精准对接。委托第三方专业机构编制发布“创业南京生态报告”，定期开展人才发展环境满意度调查，调查结果纳入对相关部门和干部作风评议内容。加大财政投入力度，对符合科技、产业类引导资金使用方向的人才引进、培养项目给予优先支持，科技创新基金等政府投资基金优先支持人才项目。完善人才工程绩效评估和征信体系，建立人才计划评审“全程纪实、责任留痕”制度，增强人才评价公信力，提高财政资金引导功能和使用效益。

牵头单位：市委组织部（市人才办）

责任单位：市编办、市科委、市财政局、市人社局

六、巩固和加强党对人才工作的领导

19．完善党管人才工作格局。坚持党管人才原则，发挥党委（党组）核心领导作用，落实书记抓人才工作第一责任人责任。健全人才工作领导小组运行机制，细化成员单位职责，将行业、领域人才队伍建设列入相关职能部门“三定”方案，完善党委统一领导，组织部门牵头抓总，有关部门各司其职、密切配合、具体落实，社会力量发挥重要作用，适应新时代创新发展需要的人才工作新格局。加大目标责任考核力度，将人才工作履责情况作为落实党建工作责任制述职的重要内容，作为领导班子评议、干部评价重要依据。坚持将人才发展纳入经济社会发展综合考核体系，赋予优先权重，强化提质增效考核导向。

牵头单位：市委组织部（市人才办）

责任单位：市编办、市发改委

20．鼓励基层先行先试。加强对全市人才发展体制机制改革布局的多层次设计，鼓励基层单位围绕重点难点领域，开展“一区一特、一企一策”的差别化改革探索，推动试点先行、以点带面。全力支持国家级江北新区、国家级双创示范基地和有条件的园区加大创新突破力度，做强特色发展优势，争创人才发展体制机制改革试验区、先导区、示范区，打造一批有全国影响和推广价值的人才改革先行样本。定期统计和发布全市高新园区人才竞争力报告，形成促进对标找差、争先进位的人才工作推进机制。

牵头单位：市委组织部（市人才办）

责任单位：市“两落地、一融合”推进办公室、市科委、江北新区、各区（园区）

21．加强对人才的政治引领和政治吸纳。分层分类建设党委重点联系服务的专家人才库，推进党委联系服务专家工作制度化、科学化、常态化，做到政治上充分信任、思想上主动引导、工作上创造条件、生活上关心照顾，增强认同感和向心力。建设新型专家智库，完善建言献策和决策咨询机制，畅通参政议政渠道。积极推荐基层一线先进模范专家担任各级党代会代表、人大代表、政协委员，对有较高社会威望专家党代表以个人名义成立的科研工作室，增挂党代表工作室牌子，赋予其团结、引领和服务党员知识分子工作职责。

牵头单位：市委组织部（市人才办）

责任单位：江北新区、各区（园区）

22．营造良好社会氛围。完善人才荣誉制度，组织开展“紫金英才”典型选树活动，定期评定奖励突出贡献人才，营造尊重人才、见贤思齐的社会环境。定期举办紫金山科学家国际峰会以及“赢在南京”系列国际创新创业竞赛活动，加大人才政策环境宣传推介力度，打造广聚天下英才的品牌窗口。依托我市公共服务平台、产业科技展馆和主流门户网站、网络媒体等途径，开辟人才创业创新成果主题展区、专题网页，传递人才事业正能量，推动形成人人渴望成才、人人努力成才、人人皆可成才、人人尽展其才的良好局面。

牵头单位：市委组织部（市人才办）

责任单位：市委宣传部、市科委、市人社局、团市委、市科协、江北新区、各区（园区）

全市各级党委政府要高度重视人才工作，不断强化“一把手抓第一资源”责任，结合本地实际，制定优化相应人才政策措施。各有关部门要按照任务分工，及时制定相应的实施细则，加强政策解读和舆论引导，不折不扣抓好政策落地。本文件中涉及的相关经费，自2018年起，按规定程序列入财政预算，根据配套制定的资金管理办法拨付。本文件未尽事宜，按照中央和省、市现行的有关制度规定执行；与我市此前出台政策文件有重复、交叉的，按“从新、从优、从高”的原则执行。

附件：《关于深化人才发展体制机制改革打造国际化创新创业人才高地的若干政策意见》重点任务分工方案（略）

中共南京市委办公厅
南京市人民政府办公厅
2018年2月7日

南京市人民政府
关于进一步加强人才安居工作的实施意见

（宁政发〔2018〕1号）

为贯彻党的十九大精神，深入实施创新驱动发展战略和人才强市战略，加快实施《关于建设具有全球影响力创新名城的若干政策措施》（宁委发〔2018〕1号），市委、市政府决定，在《南京市人才安居办法（试行）》（宁政发〔2017〕99号）的基础上，进一步加大人才安居工作力度，不断优化人才发展环境和条件，现提出如下意见。

一、总体要求

（一）坚持以习近平新时代中国特色社会主义思想为指引，围绕打造以综合性科学中心和科技产业创新中心为支撑、以一流创新生态体系为保障的具有全球影响力的创新名城，重点关注高层次人才、高校毕业生、高校院所和企业人才、重大项目人才的安居工作，坚持多主体供给、多渠道保障、租购并举，通过提供住房、补贴、政策等为人才量身定制安居方式，加快构建系统完备、全面覆盖、高效便捷的人才安居政策和保障制度，为“强富美高”新南京建设提供持续动力和支撑。

二、高层次人才安居政策

（二）《南京市人才安居办法（试行）》中的A、B、C类高层次人才，可选择共有产权房、人才公寓、购房补贴和租赁补贴中的一种安居方式。其中，A类人才和在本市承担国家（国际）重大战略项目的特殊人才（团队），实行“一人一策、一事一议”，原则上可在本市选择申购不低于200平方米的共有产权房、免费租赁200平方米左右的人才公寓、申领不少于300万元购房补贴中的一种安居方式；B类人才可在本市选择申购150平方米左右的共有产权房、租赁150平方米左右的人才公寓、申领最高200万元购房补贴和每月7500元租赁补贴中的一种安居方式；C类人才可在本市选择申购120平方米左右的共有产权房、租赁120平方米左右的人才公寓、申领最高170万元购房补贴和每月6000元租赁补贴中的一种安居方式。（牵头单位：市房产局；责任单位：市委组织部〔市人才办〕、市人社局、市发改委、市经信委、市科委、市商务局，江北新区管委会、各区政府）

（三）《南京市人才安居办法（试行）》中的A、B、C类高层次人才以及政府重点引进企业（项目）中的核心团队成员、新型研发机构中的核心团队成员、高校和科研院所中相当于A、B、C类高层次人才的人员等，在本市无住房的，可不受户籍限制，通过在商品住房项目中筹集部分房源定向供应的市场化方式解决住房问题。（牵头单位：市房产局；责任单位：市委组织部〔市人才办〕、市国土局、市人社局，江北新区管委会、各区政府）

（四）《南京市人才安居办法（试行）》中的A、B、C类高层次人才，提取住房公积金支付房租的标准放宽到现有标准的2倍，购买自住住房的贷款额度最高可放宽到限额的4倍；A、B、C、D、E类人才开户缴存住房公积金后，即可提取住房公积金支付房租、申请住房公积金贷款。（牵头单位：市公积金中心；责任单位：市房产局）

（五）《南京市人才安居办法（试行）》中的A、B、C类高层次人才，其非本市户籍子女，就读义务教育阶段学校，由居住地所在区纳入政策照顾对象，安排区内公办学校入学，享受免费义务教育待遇。（牵头单位：市教育局；责任单位：江北新区管委会、各区政府）

（六）在海外高层次人才相对集中的区域，筹建专门的海外人才公寓定向供应，配备接入国际医疗结算体系的国际化医院，引入国际学校等教育机构，满足海外高层次人才居住、健康和子女入学需求。（牵头单位：市房产局、市规划局、市国土局；责任单位：市发改委、市教育局、市卫计委，江北新区管委会、各区政府）

三、高校毕业生安居政策

（七）研究生以上学历及40岁以下的本科学历人才凭毕业证书、技术（技能）型人才凭高级工及以上职业资格证书办理落户手续后，即可申请享受相应的住房政策。（牵头单位：市公安局；责任单位：市人社局、市国土局、市房产局）

（八）全日制普通高校（含海外留学）毕业并取得学士及以上学位的毕业生（含港澳台毕业生），全日制职业院校毕业并取得高级工及以上职业资格证书的毕业生，在本市就业创业并缴纳企业职工养老保险且无住房的（或与父母共有家庭唯一一套住房），可申领3年住房租赁补贴，其中学士（含高级工及以上）每人每月600元，硕士每人每月800元，博士每人每月1000元。符合条件的可申购共有产权房。（牵头单位：市人社局；责任单位：市财政局、市房产局，江北新区管委会、各区政府）

（九）按照《南京市人才安居办法（试行）》中F类人才申请安居的新就业高校毕业生，选择申领租赁补贴或申请租赁公共租赁住房的期限为5年。（牵头单位：市房产局；责任单位：市人社局、市财政局，江北新区管委会、各区政府）

四、高校院所和企业人才安居政策

（十）"两落地、一融合"成效显著的高校、"双一流"高校、科研院所，可适当放宽其利用自有存量土地建设人才公寓的配建规模，着重解决新引进青年教师、科研人员和专业技术人才的住房问题。（牵头单位：市规划局、市国土局；责任单位：市发改委、市房产局、市科委）

（十一）鼓励企业、科研生产型事业单位设立博士后科研工作站，在站从事专题研究的博士后可参照《南京市人才安居办法（试行）》中E类人才，在本市选择申请租赁60平方米左右的公共租赁住房或申领每月2400元租赁补贴；出站留（来）宁在企业工作的博士后可参照D类人才，在本市选择申购90平方米左右的共有产权房、租赁90平方米左右的人才公寓、申领每月3600元租赁补贴中的一种安居方式。（牵头单位：市人社局；责任单位：市发改委、市经信委、市科委、市房产局，江北新区管委会、各区政府）

（十二）扩大《南京市人才安居办法（试行）》适用企业范围。以下三种类型的企业申请人才安居政策不再受企业名录限制：符合我市《关于加快推进全市主导产业优化升级的意见》（宁委发〔2017〕33号）中定义的，打造先进制造业四大主导产业、现代服务业四大主导产业和培养一批未来产业要求的企业；符合我市产业发展方向、鼓励发展领域的转型升级、创业创新型企业以及新型研发机构；符合《南京市人才安居办法（试行）》适用范围的九大类企业。（牵头单位：市发改委；责任单位：市人社局、市经信委、市科委、市商务局、市房产局）

五、重大项目人才安居政策

（十三）新引进在本市落地投资额超50亿元、且近2年累计完成投资额25亿元以上、符合我市重点产业发展方向的先进制造业项目，允许企业在项目用地内自建人才公寓，用地性质不变，由企业自持使用；也可就近就地规划建设部分共有产权房定向供应。对产业引领型、人才密集型的其他重大创新成果转化项目，可采用"一事一议"的方式给予安居支持。（牵头单位：市商务局；责任单位：市规划局、市国土局、市发改委、市经信委、市科委、市房产局，江北新区管委会、各区政府）

六、保障措施

（十四）构建人才安居服务工作网络。建立市、区两级人才安居工作机构，落实责任、明确专人、实体运作。构建全市统一的人才综合服务平台，实行一门受理、一站式服务，实现"不见面"审批，确保人才安居工作有序开展。（牵头单位：市编办、市房产局；责任单位：江北新区管委会、各区政府）

（十五）加大租赁住房建设力度。通过在商品住房中配建、竞建、竞自持，在集体土地试点建设，在保障房中定量建设，以及在居住用地限地价、限租金、限对象建设等方式，多渠道建设租赁住房。（牵头单位：市国土局、市房产局、市规划局；责任单位：市发改委、市建委，江北新区管委会、各区政府）

（十六）加快共有产权房建设。采取集中与分散建设相结合的方式，以属地建设为主，提高共有产权房建设规模。可在出让土地中采取限房价、限对象等方式建设共有产权房，也可以在商品住房项目中适当提高配建比例，增加共有产权房的供应。（牵头单位：市国土局、市规划局、市房产局；责任单位：市发改委、市建委，江北新区管委会、各区政府）

（十七）建立人才安居补贴经费负担机制。人才购房补贴和租赁补贴由市、区财政分担，玄武区、秦淮区、建邺区、鼓楼区、栖霞区、雨花台区承担50%；江宁区、浦口区、六合区、溧水区、高淳区承担70%。江北新区全额承担。（牵头单位：市财政局；责任单位：市房产局、市人社局，江北新区管委会、各区政府）

（十八）落实人才安居工作责任制。建立市、区两级人才安居工作考核机制，将人才安居工作考核纳入市对区经济社会发展考核。鼓励企业和人才诚信申报，对弄虚作假骗取享受人才安居政策的，纳入企业或个人征信系统并向社会公布，情节严重的追究法律责任。（牵头单位：市发改委、市委组织部〔市人才办〕；责任单位：市房产局、市人社局、市科委、市经信委、市商务局、市财政局，江北新区管委会、各区政府）

本意见自发布之日起施行，以往文件规定与本意见不一致的，按本意见执行。江北新区、各区可结合实际情况，在本意见基础上，研究制订本辖区的具体措施。

南京市人民政府
2018年1月4日

扬州市金融支持高层次人才创业实施细则

（扬府办发〔2018〕24号）

为强化对高层次人才创业创新金融扶持力度，根据市委、市政府《关于实施"兴城先兴人"战略着力优化人才创新创业环境的政策意见》（扬发〔2017〕37号）文件要求，制定本实施细则。

一、对象条件

（一）市级科技金融资源重点支持具有较强产业创新能力、机制创新能力的高层次创业人才，具体包括国家“千人计划”“万人计划”创业类人才，江苏省“高层次创新创业人才引进计划”创业类人才（团队），扬州市“绿扬金凤计划”创业类人才（团队）；

（二）创业项目行业领先、技术先进，经金融支持高层次人才创业工作小组评定的其他创业人才；

（三）经有关部门组织评审符合支持条件的其他特殊人才。

二、扶持内容

根据高层次人才创业的不同发展阶段，通过天使梦想基金、天使（人才）专项资金、金融机构、融资性担保等各类资本的多种形式，拓宽创业的融资渠道、降低融资成本、提高融资速度，为高层次人才创业提供金融支持。

（一）对处于初创期企业。

一般指经营时间1年内的创业项目，经评定可享受以下扶持政策：

1．企业可申请最高不超过500万元的天使（人才）专项资金支持；

2．有创业思路和创业精神，并已入驻或有意入驻扬州双创示范点的创业团队（通过众创大赛等方式由市“天使梦想基金”给予每个创业团队20万元资助）；

3．企业可向现代金融投资集团申请按天使（人才）专项资金20%的比例跟进投资，按市场化原则约定投资条款；

4．企业可向现代金融集团所属金信担保公司申请贷款担保，向招商银行开发区科技支行、农业银行开发区科技支行、扬州农商行广陵科技支行、江苏银行扬州分行科技金融服务中心、南京银行扬州分行科技金融中心申请首笔科技贷款；

5．符合创业担保贷款政策规定的企业可申请最高不超过300万元的创业担保贷款。

（二）对处于成长期企业。

一般指经营时间1年以上，产品和服务已经上市并实现营收的企业，经评定可享受以下扶持政策：

1．企业可申请最高不超过500万元的天使（人才）专项资金支持；

2．企业可向现代金融投资集团申请按天使（人才）专项资金20%的比例跟进投资，按市场化原则约定利率回购；

3．企业可向现代金融集团所属金信担保公司申请贷款担保，向招商银行开发区科技支行、农业银行开发区科技支行、扬州农商行广陵科技支行、江苏银行扬州分行科技金融服务中心、南京银行扬州分行科技金融中心申请首笔科技贷款；

4．企业可向江苏银行扬州分行所属各支行申请“人才贷”纯信用贷款，其中国家“千人计划”“万人计划”创业类人才、江苏省“高层次创新创业人才引进计划”顶尖人才、江苏省“人才创新创业促进会会员”、扬州市“绿扬金凤计划”顶尖人才企业申请额度最高不超过500万元；江苏省创业类“双创人才”“双创团队”、江苏省“科技企业家培育工程”、江苏省“333工程”、扬州市“绿扬金凤计划”创业团队、领军人才企业申请额度最高不超过300万元；江苏省创业类“双创博士”、扬州市“绿扬金凤计划”创业类优秀博士、扬州市“英才培育计划”申请额度最高不超过200万元；

5．符合创业担保贷款政策规定的企业可申请最高不超过300万元的创业担保贷款；

6．企业可申请不超过其到期贷款本金80%、单笔最高不超过4000万元的企业应急资金。

（三）对发展壮大期企业。

一般指经营时间1年以上，且有盈利或在本行业持续经营3年以上的企业，经评定可享受以下扶持政策：

1．企业可向现代金融集团所属金信担保公司申请贷款担保，向招商银行开发区科技支行、农业银行开发区科技支行、扬州农商行广陵科技支行、江苏银行扬州分行科技金融服务中心、南京银行扬州分行科技金融中心申请首笔科技贷款；

2．企业可向江苏银行扬州分行所属各支行申请“人才贷”纯信用贷款，其中国家“千人计划”“万人计划”创业类人才、江苏省“高层次创新创业人才引进计划”顶尖人才、江苏省“人才创新创业促进会会员”、扬州市“绿扬金凤计划”顶尖人才企业申请额度最高不超过500万元；江苏省创业类“双创人才”“双创团队”、江苏省“科技企业家培育工程”、江苏省“333工程”、扬州市“绿扬金凤计划”创业团队、领军人才企业申请额度最高不超过300万元；江苏省创业类“双创博士”、扬州市“绿扬金凤计划”创业类优秀博士、扬州市“英才培育计划”申请额度最高不超过200万元；

3．符合创业担保贷款政策规定的企业可申请最高不超过300万元的创业担保贷款；

4．企业可申请不超过其到期贷款本金80%、单笔最高不超过4000万元的企业应急资金；

5．人才企业成功在境内外证券交易所上市或新三板挂牌的，按《市政府关于加快资本市场健康发展的实施意见》（扬府发〔2016〕12号）、《扬州市企业上市挂牌三年行动计划（2018—2020年）》给予政策扶持。

三、鼓励市场化融资

（一）对高层次人才创业融资担保费用，财政给予创业企业50%的担保费用补贴。对高层次人才创业融资提供科技担保形成的代偿风险，由财政与担保公司共同分担，其中财政分担比例原则上不超过70%。

（二）市财政每年安排不低于500万元充实高层次人才创业和科技项目贷款风险补偿资金。对科技银行或科技专营机构在超过3%以外的不良贷款风险损失给予一定比例的补偿，风险损失的认定和补偿按《扬州市金融机构科技型中小微企业资金池不良贷款风险补偿操作流程》（扬财金〔2016〕17号）执行。

（三）对社会创投机构投资高层次人才创办企业发生损失的，经审核评估，单个项目按照不高于投资损失额的30%、最高100万元的标准予以补助，单个机构当年所获补助金额不超过300万元。

四、责任分工

（一）申请“天使梦想专项基金”支持或“天使（人才）专项资金”支持的，由市财政局产权综合服务市场负责受理并组织评审（政策咨询及申请电话：80597130）；

（二）申请现代金融投资集团“天使（人才）专项资金”跟进投资的，由现代金融集团所属的扬州市创业投资有限公司牵头负责受理并组织评审（政策咨询及申请电话：80789370）；

（三）申请科技银行首笔企业贷款或创业担保贷款的，由现代金融集团所属的扬州市金信担保有限责任公司牵头负责受理（政策咨询及申请电话：80789361）；

（四）申请企业应急专项资金的由市财政局中小企业信用担保中心牵头负责受理（政策咨询及申请电话：80597102）；

（五）申请境内外证券交易所上市或新三板挂牌资金补助的，由市金融办资本市场处负责受理（政策咨询及申请电话：82985832）；

（六）申请“人才贷”信用贷款的，由企业直接向江苏银行扬州分行所属支行申请（政策咨询电话：82931723）；

（七）社会创投机构申请风险补偿的，由市财政局金融处负责受理（政策咨询及申请电话：87853574）。

牵头负责受理申请金融政策扶持企业的部门，对企业申请材料进行初审，符合相关政策支持条件的，按照具体政策操作流程进行综合评审；对不符合支持条件的，在15天内书面告知企业，并将告知书抄送市金融办。

五、附则

（一）本细则由市金融办负责解释。

（二）本细则自发布之日起实施。

附件：1．扬州市高层次人才创业金融政策扶持申请表（略）

2．扬州市高层次人才创业金融政策扶持申请材料清单（略）

扬州市人民政府办公室

2018年2月24日

浙江省

浙江省人民政府关于强化实施创新驱动发展战略深入推进大众创业万众创新的实施意见

（浙政发〔2018〕31号）

为贯彻落实《国务院关于强化实施创新驱动发展战略进一步推进大众创业万众创新深入发展的意见》（国发〔2017〕37号），进一步优化我省创新创业生态环境，充分释放全社会创业创新潜能，在更大范围、更高层次、更深程度上推进大众创业万众创新，现提出以下意见。

一、促进科技成果转化

（一）制定《浙江省促进科技成果转化条例实施细则》，完善配套政策措施。鼓励科研院所、高校建立完善本单位职务科技成果转移转化管理方法，依法依规促进科技成果转移转化。（责任单位：省科技厅、省经信委、省教育厅、省人力社保厅）

（二）健全技术转移体系，大力发展“互联网+”科技大市场，构建全国性技术交易网络，加快浙江知识产权交易中心建设。对通过网上技术市场交易、成交金额超过100万元的产业化项目，按成交金额的15%给予一次性补助，最高不超过100万元。对通过参加竞价（拍卖）方式实现交易的产业化项目，按实际成交金额的20%给予一次性补助，最高不超过200万元。推动建立二十国集团（G20）国际技术转移中心，积极开展“一带一路”科技合作交流行动。（责任单位：省科技厅、省教育厅、省质监局、省外侨办）

（三）引导众创空间、创业孵化基地向专业化、精细化方向升级，支持龙头骨干企业、高校、科研院所围绕优势细分领域建设平台型众创空间。探索将创投孵化器等新型孵化器纳入科技企业孵化器管理服务体系，享受相应扶持政策，对优秀众创空间、省级创业孵化示范基地给予财政资金奖励。推动省级以上高新技术园区实现国家级科技企业孵化器全覆盖，推进离岸孵化器建设。支持国家级、省级技术标准创新基地建设，鼓励高校探索建立专业化科技成果转移转化工作机构。（责任单位：省科技厅、省发展改革委、省经信委、省教育厅、省财政厅、省人力社保厅、省商务厅、省质监局）

（四）探索在战略性新兴产业相关领域率先建立利用财政资金形成的科技成果限时转化制度。对不涉及国防、国家安全、国家利益、重大社会公共利益的科技成果，由项目主管部门与项目承担单位在项目合同中约定成果转化期限。在合理期限内未能转化的，可按《浙江省促进科技成果转化条例》由成果完成人自行实施转化，也可由主管部门依法强制许可实施转化。（责任单位：省科技厅、省经信委、省教育厅、省财政厅）

二、拓展企业融资渠道

（五）在有效防控风险的前提下，鼓励商业银行合理下放审批权限，提高小微企业、“三农”贷款审批效率。支持地方性法人银行在符合条件的情况下，探索在基层区域增设小微支行、社区支行。推进银税互动，助推小微企业将纳税信用转化为融资资本。（责任单位：省金融办、浙江省税务局、人行杭州中心支行、浙江银监局）

（六）建立政银担保等不同类型的风险补偿机制，发展“贷款+保险保障+财政风险补偿”专利权质押融资新模式，支持保险公司为科技信贷产品和服务提供保证保险服务，对符合条件的由市、县（市、区）政府提供风险补偿或保费补贴。（责任单位：人行杭州中心支行、省经信委、省科技厅（省知识产权局）、省财政厅、省金融办、浙江银监局、浙江保监局，各市、县〔市、区〕政府）

（七）进一步提升省级创业投资（科技成果转化）引导基金，以及财政出资各类创业投资企业的市场化运作水平，重点支持投资早中期、初创期科技型中小微企业发展的创业投资基金。落实好创业投资企业和天使投资个人有关税收优惠政策。完善创业投资基金中国有资本投资的后评价机制，提高国有资本参与积极性。（责任单位：省发展改革委、省经信委、省科技厅、省财政厅、省国资委、浙江省税务局、省金融办）

（八）实施“凤凰行动”计划，支持高新技术和战略性新兴产业领域的企业对接境内外资本市场，支持创新型、创业型和成长型中小微企业在“新三板”市场和区域股权市场挂牌，支持浙江股权交易中心国际人才板等企业板块建设。以高端技术、高端人才和高端品牌为重点，引导上市公司开展并购重组业务。支持企业加大债券发行宣传力度，推动优质企业发行债券。（责任单位：省金融办、省发展改革委、人行杭州中心支行、浙江证监局）

（九）完善财政等配套政策，推动金融与科技融合，鼓励企业充分利用区块链、大数据、云计算等技术发展新金融业态。对有实质创新内容的、真正支持科技型企业的金融业务，支持先行先试、创新发展。（责任单位：省金融办、省财政厅、省科技厅、浙江省税务局、人行杭州中心支行、浙江银监局、浙江证监局、浙江保监局）

（十）健全创新券管理制度和运行机制，出台省内通用通兑办法，探索长三角地区内创新券跨区域流动。鼓励市县对企业自主开展的技术创新活动采用普惠制创新券方式给予政策支持，支持高校创新资源开放共享，探索淳安等26个加快发展县内企业在使用高校、科研院所大型仪器设备时，享受创新券全额抵用政策。（责任单位：省科技厅、省教育厅、省财政厅）

三、促进实体经济转型升级

（十一）进一步整合利用创新资源，加快建设之江实验室，争创国家实验室。建设产业创新中心、制造业创新中心等国家级重大创新平台，加快产业创新服务综合体建设。支持有条件的企业在全球创新资源集聚地区建设海外创新孵化中心等创新平台。建立基础研究财政经费稳定增长机制，对绩效评价优秀的已建重大科技创新平台给予一定奖补。（责任单位：省发展改革委、省经信委、省科技厅、省财政厅）

（十二）支持大型企业开放供应链资源和市场渠道，构建产业链协同研发体系，带动产业链上下游发展，促进大中小微企业融通发展。支持外资研发机构（含企业内设研发机构）参与我省科技计划项目。（责任单位：省发展改革委、省经信委、省科技厅、省财政厅、省商务厅）

（十三）实施数字经济“一号工程”，制定实施数字经济五年倍增行动计划，加快推进国家数字经济示范省建设，推动数字经济和实体经济融合创新，构建以数字经济为核心、新经济为引领的现代化经济体系。（责任单位：省经信委、省发展改革委、省科技厅、省商务厅）

（十四）出台共享经济培育政策，引导各类市场主体探索分享经济新业态新模式，建设一批科研仪器、知识技能、生产能力、品质生活等领域的分享平台，提升市场配置资源效率。（责任单位：省发展改革委、省经信委、浙江省税务局、省工商局）

（十五）推进中国（浙江）知识产权保护中心建设，建立完善审查确权、行政执法、维权援助、仲裁调解、司法衔接相联动的机制，依法惩治知识产权违法犯罪及侵权行为，改善知识产权保护环境。健全海外知识产权维权援助机制，支持省内企业积极应对海外专利诉讼。（责任单位：省科技厅〔省知识产权局〕）

（十六）企业利用存量土地办众创空间，实行建设用地按原用途和土地权利类型使用的过渡期政策。对新产业工业项目用地，生产服务、行政办公、生活服务设施建筑面积占项目总建筑面积比例不超过15%的，可仍按工业用途管理。在兼容设施建筑面积比例不超过项目总建筑面积15%、兼容用途的土地和房产不分割转让的情形下，科教用地可兼容研发与中试、科技服务设施与项目及生活服务设施建设。（责任单位：省国土资源厅、省建设厅）

四、激励各类人才创新创业

（十七）建立高校、科研院所科研人员绩效工资正常增长机制。科研项目绩效支出、科技成果转化奖励、横向劳务报酬等收入，在核定事业单位绩效工资总量时单列。推进纵向和横向科研经费分类管理，横向科研经费按委托方要求和合同约定管理使用，实行有别于财政拨款科研项目管理方式。（责任单位：省人力社保厅、省委人才办、省教育厅、省科技厅、省财政厅）

（十八）开展海外高层次人才服务“一卡通”试点，拓宽安居保障和医疗保健服务通道，分层分类安排高层次人才子女入学。探索华侨华人高层次人才来浙创新创业便利政策措施。开展在浙外国留学生毕业后直接就业试点。加快推进杭州、宁波国家海外人才离岸创新创业基地建设。（责任单位：省委人才办、省公安厅、省人力社保厅、省外侨办，有关市、县〔市、区〕政府）

（十九）进一步完善柔性引才机制，建立以创新创业实效为导向的人才评价办法，采取不改变人才的户籍、人事关系等方式，解决关键领域高素质人才稀缺等问题。各地可根据人才需求情况完善居住证积分、居住证转办户口、直接落户、住房保障等人才引进政策。（责任单位：省委人才办、省公安厅、省人力社保厅，各市、县〔市、区〕政府）

（二十）加快将现有支持“双创”相关财政政策措施向返乡下乡人员创新创业拓展，将符合条件的返乡下乡人员创新创业项目纳入强农惠农富农政策范围。返乡农民工可在创业地参加各项社会保险。鼓励有条件的地方将返乡农民工纳入住房公积金缴存范围，按规定将其子女纳入城乡居民基本医疗保险参保范围。（责任单位：省人力社保厅、省农办、省发展改革委、省科技厅、省财政厅、省农业厅，有关市、县〔市、区〕政府）

五、创新政府服务管理方式

（二十一）深化“最多跑一次”改革，改善营商环境，放宽市场准入。推进“多证合一”登记制度改革。积极推进“证照分离”改革试点，推进数字证照、全程电子化。全面推行企业和个体工商户简易注销改革，完善市场退出机制。推进企业统计减负工作，努力减少企业统计报表和统计指标。（责任单位：省工商局、省发展改革委、省经信委、省商务厅、省统计局）

（二十二）完善以负面清单为主的产业准入制度，对未纳入负面清单的行业、领域、业务等，各类市场主体皆可依法平等进入。探索新经济领域产品项目实施企业承诺登记与随机抽查监管相结合的行政审批监管模式，加大事中事后监管力度，实现“双随机、一公开”监管全覆盖。进一步完善新产业新业态新模式统计指标体系，做好监测分析工作。（责任单位：省编办、省发展改革委、省经信委、省环保厅、省商务厅、省工商局、省质监局、省新闻出版广电局、省食品药品监管局、省统计局、省金融办）

（二十三）加快国家、省级双创基地建设，支持全面创新改革试验区、国家自主创新示范区等谋划创新改革举措，破除体制机制障碍，加快形成一批可复制、可推广的“双创”模式。（责任单位：省发展改革委、省经信委、省科技厅）

（二十四）积极参与全国“双创活动周”“创响中国”等“双创”活动，高质量办好省“火炬杯”创新创业大赛、省电子商务创业创新大赛等系列活动，推动创新创业理念更加深入人心。（责任单位：省发展改革委、省经信委、省科技厅、省商务厅、省新闻出版广电局、省科协）

浙江省人民政府

2018年8月14日

浙江省人民政府
关于全面加快科技创新推动高质量发展的若干意见

（浙政发〔2018〕43号）

推动高质量发展必须深入实施创新驱动发展战略。为加快创新强省建设，着力构建“产学研用金、才政介美云”+联动创新创业生态系统，为“两个高水平”建设提供科技支撑，现提出如下意见。

一、总体要求

坚持把发展作为第一要务、创新作为第一动力、人才作为第一资源，牢固树立创新强省工作导向，聚焦聚力高质量竞争力现代化，创新引领，融合联动，精准高效实施撬动高质量发展的科技新政，大力推进以科技创新为核心、创新生态圈为基础的全面创新，为建设现代化经济体系提供战略支撑。

加快打造“互联网+”和生命健康两大世界科技创新高地，在以“城市大脑”为标志的大数据、人工智能、工业互联网、新一代集成电路等“互联网+”领域和以创新药物研发与精准医疗为标志的结构生物学、靶向药物、免疫与基因治疗等生命健康领域，掌握一批事关我省产业国际竞争力的关键核心技术。力争通过5年的努力，建成10个左右具有国际竞争力的高能级创新平台，取得100项左右国际先进的标志性科技成果，培育100家左右具有核心技术竞争力的创新型领军企业，形成创新主体高效协同、创新要素顺畅流动、创新资源优化配置的创新创业生态圈，数字经济、生物医药、新材料、航空航天、新能源汽车、高端装备制造、绿色石化等产业进入全球价值链中高端。

到2022年，主要科技创新指标实现“五倍增、五提高”，即全社会软投入达到6700亿元、高新技术企业达到2万家、科技型中小企业达到6万家、技术交易额达到1200亿元、PCT（专利合作条约）国际专利申请量达到3000件，比2017年翻一番；全社会R&D（研究与开发）经费支出占地区生产总值（GDP）比重达到3%，每万名从业人员中研发人数达到130人/年，每万人发明专利拥有量达到25件，高新技术产业增加值占规模以上工业增加值比重高于50%，科技进步贡献率达到68%。科技创新成为实现高质量发展的强大动能，新经济成为推动高质量发展的主引擎，创新强省建设走在全国前列。

二、全面加快科技创新

（一）开展关键核心技术攻坚，支撑新经济快速发展。

1．加强基础研究。瞄准世界科技前沿，聚焦经济社会发展战略需求，实施5个以上重大基础研究专项。重点在信息科学领域的人工智能、大数据计算、智能感知计算认知、脑机融合、集成电路、网络安全和量子计算等方向，生命健康领域的生物大分子结构学、脑科学、免疫与基因治疗、精准医疗等方向，以及新材料、先进制造等技术依赖度较高的科学领域，加强前沿基础理论研究布局，强化变革性、交叉性基础研究，实现前瞻性基础研究、引领性原创成果重大突破，取得一批具有全球影响力的重大基础研究成果。推动与国家自然科学基金共同设立数字经济联合基金。（责任单位：省科技厅）

2．实施产业关键核心技术攻坚工程。紧扣新兴产业培育发展和传统产业改造提升的技术需求，按照产业链、创新链、资金链、政策链融合要求，创新攻关体制，实施15个以上重大科技专项。在信息通信、生物医药、新材料、新能源与节能、高端装备制造、农业新品种、生态环境保护与修复等前沿领域，掌握一批关键核心技术，开发一批战略创新产品。加快突破万亿级产业和汽车、五金、机械、石化等块状特色产业关键共性技术，推动产业转型升级。省财政5年投入省级重大科技专项60亿元以上，市、县两级财政联动投入200亿元以上，带动全社会研发投入1000亿元以上。（责任单位：省科技厅、省经信厅、省财政厅，有关市、县〔市〕政府）

3．启动数字经济、生命健康2个重大科技专项。以国家新一代人工智能开放创新平台“城市大脑”建设为核心，以创新药物研发与精准医疗为重点，促进基础研究、应用研究与产业化对接融通，推动数字经济和生物医药产业竞争力整体提升。每个专项确定10个左右主攻方向，产学研结合、省市县联动、滚动实施，省财政按照省重大科技专项政策每年给予每个主攻方向2000万元以上的支持。（责任单位：省科技厅、省财政厅，有关市、县〔市、区〕政府）

4．推动关键核心技术融合应用创新。推进“城市大脑”在城市治理中的全面应用，加快智慧城市建设。推动人工智能、物联网、云计算、大数据等信息技术在农业、制造业和服务业的应用和融合创新。开展细胞治疗技术创新发展试点，支持在智能汽车、智慧医疗、数字农业、数字文化等的应用场景开展先行先试。支持杭州建设国际金融科技中心，做大做强金融科技产业，打造移动支付之省。（责任单位：省经信厅、省科技厅、省交通运输厅、省农业农村厅、省卫生健康委、省地方金融监管局、人行杭州中心支行、浙江银保监局筹备组，有关设区市政府）

5．提升承接国家重大科技计划项目能力。对接国家战略，谋划新一轮中长期科技发展规划。争取与国家有关部委联合组织人工智能、工业互联网、新药创制、传染病防治等国家科技重大专项，探索科技投入和科技计划管理新机制，按规定予以足额经费支持。支持企业承担国家科技重大专项、重点研发计划等，按国家规定予以配套，项目申报前明确配套资金。实施长三角区域科技创新联合攻关，共同承接面向2030重大战略项目和国家科技重大专项。（责任单位：省科技厅、省发展改革委、省经信厅、省财政厅）

6．加快建设具有全球影响力的数字科技创新中心和生物医药研发中心。汇聚全球科技资源、人才资源，支持龙头企业开展网络信息、人工智能、生命健康领域的基础理论和科学研究，建设具有国际先进水平的科学中心和研发平台。加快推进医药产业创新发展，争取国家药品审评审批改革试点，打造国内领先、国际有影响力的医药强省。到2022年，数字经济年增加值达到4万亿元，新一代信息通信技术产业增加值占数字经济核心产业的比重达到50%；20个以上创新药物获批临床研究或投放市场，建成一批年产值500亿元以上的产业集聚区和百亿级产业基地。（责任单位：省科技厅、省委人才办、省委网信办、省发展改革委、省经信厅、省商务厅、省卫生健康委、省市场监管局、省地方金融监管局）

（二）强化区域协同创新，打造湾区高新技术产业带。

1．高水平建设国家自主创新示范区。以杭州城西科创大走廊和杭州、临江国家高新区为核心，将杭州国家自主创新示范区打造成为“互联网+”科技创新中心；以宁波国家高新区为核心建设国际一流的新材料和智能制造创新中心，以温州国家高新区为核心建设具有全国影响力的生命健康创新中心和智能装备基地，并辐射带动台州市、舟山市，建设宁波温州国家自主创新示范区，打造民营经济创新创业新高地。主动融入长三角科技创新圈，谋划建设杭州江东新区、宁波前湾新区、绍兴滨海新区、湖州南太湖新区等新区，打造环杭州湾高新技术产业带。支持杭州、宁波、温州等市设立国家自主创新示范区创新发展专项基金，重点投资重大创新项目，对于符合条件的项目，省创新引领基金通过市场化方式予以倾斜支持。（责任单位：省科技厅、省财政厅，有关设区市政府）

2．全力打造杭州城西科创大走廊。理顺杭州城西科创大走廊管理体制，明确责任分工。支持杭州紫金港科技城打造以科研及成果转化为核心、研发服务为支撑的新兴高能级板块，推动杭州未来科技城和青山湖科技城成为技术研发、企业孵化和成果转化基地，支持特色小镇建设，打造之江数字文化产业园。到2022年，力争集聚高水平科研院所100家、科创团队100个、高新技术企业1000家，战略性新兴产业产值比重达到70%以上，成为国家级科技创新策源地和重大科研基础设施集群区。（责任单位：省科技厅、省发展改革委，杭州市政府）

3．加快G60科创走廊建设。支持杭州、湖州、嘉兴、绍兴、金华等市联合制定实施发展规划和支持举措，布局建设各具特色的高新区、科技城、特色小镇、产业园，打造以智能制造、航空航天、工业互联网、微电子、生物医药、新能源为特色的高新技术产业集聚带，推进长三角区域科技创新一体化发展，建设具有全国影响力的产业协同发展示范区。支持有关市、县（市、区）设立G60科创走廊建设专项基金，重点投资重大创新项目，对于符合条件的项目，省创新引领基金通过市场化方式予以支持。（责任单位：省科技厅、省发展改革委、省经信厅，有关设区市政府）

4．加快宁波甬江科创大走廊建设。在新材料、智能制造、生命健康等重点领域取得一批具有自主知识产权的科技成果，培育一批占据全球高端制造业主导权的科技型企业，打造全球一流的新材料与制造领域产业技术创新基地。到2022年，在智能制造、新材料等领域建立30家左右省级以上重点研发机构、制造业创新中心、工程研究中心和工业设计中心，高新技术产业增加值比重达到60%以上。（责任单位：省科技厅、省发展改革委、省经信厅，宁波市政府）

5．深化全面创新改革试验区建设。全面推进各项改革试点，持续推广县域创新发展的新昌经验和打造全国一流高新区的滨江经验。支持研发和人才“飞地”发展，“飞地”新引进落户高层次人才在子女入学等方面可以享受工作地居民同等待遇。选择衢州、丽水等地若干市、县开展创新型城市（县、区）试点。到2022年，全省50%以上的设区市建成国家创新型城市，争取建设一批国家级县域创新型示范县（市）。（责任单位：省科技厅，有关设区市政府）

6．推动高新区成为高新技术产业发展的核心载体。统一规划、标准，加强协同管理，支持“一区多园”建设，做大做强国家高新区。引导经济开发区、工业园区向省级高新园区转型，力争工业大县省级高新园区全覆盖，并确保质量。建立高新区发展评估制度，对年度综合评估全国排名前50%的国家高新区、全省排名前5位的省级高新园区，在重点研发计划项目、创新团队、创新载体等方面给予每家2000万元以上的省级科技专项经费组合支持。建立省级高新园区退出机制。（责任单位：省科技厅，有关设区市政府）

7．建设高新技术特色小镇。在国家高新区和省级高新园区择优规划建设一批以高新技术产业为主导的特色小镇。对每个获批的高新技术特色小镇，在重点研发计划项目、创新人才、创新载体等方面给予1000万元以上省级科技专项经费组合支持。到2022年，建成一批以高新技术产业为支柱、创新创业高度专业化、产业链与创新链高度融合的特色小镇，形成一批全国有影响力的科技强镇。（责任单位：省科技厅、省发展改革委，有关市、县〔市、区〕政府）

8．实施科技支撑乡村振兴战略行动。推动农业农村领域科技研发、产业基地、人才队伍一体化发展，创新驱动乡村振兴。加快培育农业高新技术产业，建设一批重点农业企业研究院和农业科技园区。深入实施科技特派员制度，鼓励科技特派员创办农业科技企业和“星创天地”，加快农业科技成果推广应用。（责任单位：省科技厅、省农业农村厅、省林业局）

（三）打造高能级创新载体，集聚高端创新资源。

1．加快之江实验室建设与发展。制定之江实验室建设发展的若干意见，完善“一体双核多点”新型研发机构体制机制，争创国家实验室。建设人工智能研究院和未来网络技术研究院，在智能云、工业物联网、大脑观测及脑机融合等领域谋划建设若干重大科研基础设施。建立省市县三级联动的财政保障机制，2018至2022年省财政安排100亿元支持之江实验室建设（含购建大科学装置）。（责任单位：省科技厅、省发展改革委、省财政厅，杭州市政府）

2．支持创新型领军企业打造顶级科研机构。引导企业在大数据、量子计算、芯片技术、生命科学、创新药物等领域突破一批关键核心技术，在数字经济、生命健康等产业领域跻身全球领先地位。推动组建国家数据智能技术创新中心，形成辐射带动产业发展的技术创新网络。加快培育发展面向市场的新型研发机构，符合划拨用地目录的，建设用地可采用划拨方式供地，市、县根据其研发经费支出可给予不超过20%的财政补助。（责任单位：省科技厅、省财政厅、省自然资源厅，杭州市政府）

3．加快建设大科学装置及试验基础设施。建设超重力离心模拟与实验装置，筹建重大工程工业控制系统信息安全大型实验装置等重大科技基础设施（装置）项目。到2022年，力争建成2个以上大科学装置。推动长三角区域国家实验室等高水平创新平台共建共享，促进重大科技基础设施集群融合发展，合力参与国际或国家大科学计划。（责任单位：省发展改革委、省科技厅，有关设区市政府）

4．支持浙江大学加快建设世界一流大学。瞄准国家战略目标和国际学术前沿，面向未来科技、产业和社会重大需求，建设具有引领作用的跨学科、大协同的创新基地。聚焦生命科学、信息科学、物质科学的交叉融合，围绕脑科学与人工智能、生命调控与医药健康、生物技术与绿色智慧农业、纳米科技与功能材料等重点领域，集聚全球顶尖学者和创新人才，打造享有世界声誉的顶尖科技创新中心和杰出人才培养基地。（责任单位：省教育厅、省发展改革委、省科技厅、省财政厅，有关设区市政府）

5．支持西湖大学加快建设高水平研究型大学。集聚顶尖人才，建设重大科研基础设施，努力打造具有全球影响力的生命科学等研究中心。鼓励在生命科学、理学、工学等领域参与各类科技计划，对于符合条件的，在基础公益研究、重点研发、创新团队、创新载体等方面给予竞争性立项支持。（责任单位：省教育厅、省科技厅、省财政厅，杭州市政府）

6．实施高校创新能力提升工程。推进有关高校一流学科建设，扶持省重点建设高校创建国内一流大学，加强数字经济、生物医药等相关优势特色学科建设，力争一批学科进入国内前列、世界一流行列。引导高校加强科研管理制度创新，加大对自主开展科学研究的稳定支持力度。支持跨学科团队合作和集智创新。（责任单位：省教育厅、省科技厅、省财政厅，有关设区市政府）

7．引进大院名校共建创新载体。支持引进建设具有先进水平的新型创新载体。鼓励国内外知名企业、高校、科研院所在我省设立研发机构和研发总部，从事竞争前技术研发，对于符合条件的，省财政给予最高3000万元支持。发挥地方政府和高校的积极性，争取20所左右国内外著名高校来浙办学。（责任单位：省科技厅、省教育厅、省财政厅、省国资委，有关设区市政府）

8．加快国家级重大创新载体建设。支持企业建设高水平研发机构，统筹优化省级重点实验室，提升各类科技创新基地创新能力和活力。对我省企业新获批牵头承担国家级重大创新载体建设任务的，省财政给予最高3000万元支持；对事业单位等其他主体新获批的国家级重大创新载体，采取“一事一议”方式给予支持。到2022年，我省国家级重大创新载体达到40家左右。（责任单位：省科技厅、省发展改革委、省经信厅、省教育厅、省财政厅、省卫生健康委，有关市、县〔市、区〕政府）

（四）强化企业主体地位，全面提升企业创新能力。

1．实施科技企业“双倍增”行动。省中小企业发展等相关专项资金要加大对科技型中小企业扶持力度，加快培育高新技术企业。实施高新技术产业地方税收收入增量返还奖励政策，经国家认定的高新技术企业的企业所得税（地方部分）增收上交省当年增量部分，全额返还所在市、县（市）。建立科技型企业数据库和高新技术企业后备库，有条件的地方对企业入库、成长为高新技术企业的可分别给予20万元以上的财政奖励。（责任单位：省科技厅、省经信厅、省财政厅、浙江省税务局，有关市、县〔市〕政府）

2．实施企业技术创新赶超工程。引导龙头骨干企业主动对标全球领先企业，建立对标指标体系，强化核心技术研发，努力成为全球细分领域的领军者。深入实施“中国制造2025”浙江行动和“凤凰行动”“雄鹰行动”“雏鹰行动”，加快传统产业高技术化，培育一批高成长科技型企业，支持其境内外上市。鼓励科技型企业上市和并购重组中引入保险机制。到2022年，力争培育数字经济上市企业150家，重点支持100家骨干高新技术企业成为创新型领军企业，上市的高新技术企业占全省上市公司的比重达到60%以上。（责任单位：省地方金融监管局、省经信厅、省科技厅、浙江银保监局筹备组、浙江证监局，有关设区市政府）

3．推动规模以上工业企业研发活动、研发机构、发明专利全覆盖。推进省级重点企业研究院扩面提质，实行事前资助与事后补助相结合的经费支持方式。对于新获批建设省级重点企业研究院的企业，省财政对其研发项目按照省级重点企业研究院建设与管理办法给予支持。完善企业研发机构管理体系，到2022年，新增国家级企业技术中心30家左右、省级重点企业研究院50家左右。（责任单位：省科技厅、省经信厅、省财政厅）

4．加强科技创新开放合作。开辟多元化科技合作渠道，发挥科技创新在我省参与“一带一路”建设中的引领和支撑作用，全面提升科技创新合作的层次和水平。鼓励有条件的机构和有实力的龙头企业建设海外研发中心、海外创新孵化中心，到2022年，力争达到100家，对创建工作成效显著的单位，按规定分类给予支持。（责任单位：省科技厅、省委人才办、省财政厅、省人力社保厅、省商务厅、省科协）

5．发挥企业转化科技成果的主体作用。以吸引大院名校科技成果来浙转移转化为重点，省市县联动、多元化资金支持，激励企业牵头实施重大科技成果产业化，各级政府创新创业专项基金通过市场化方式予以支持。鼓励企业和社会资本建设为科技型中小企业提供技术集成、熟化和工程化试验服务的开放型中试基地。建立发明专利产业化评价体系，实施与转化绩效挂钩的奖励制度，每年推动2000个授权发明专利产业化。（责任单位：省科技厅、省财政厅，有关市、县〔市、区〕政府）

6．推进创新型重大产业项目落地建设。开展企业软投入统计调查，完善省重大产业项目申报及奖励管理办法，聚焦引领性的重点项目和人才团队，加大研发资金和人力资本投入。在产业项目审批中，将研发支出和人力资本等软投入视同固定资产投入，支持软投入达到3000万元的项目优先申报省重大产业项目。围绕制造强省产业发展重点，组织实施100个以上新兴产业示范项目。（责任单位：省发展改革委、省经信厅、省科技厅、省自然资源厅、省统计局）

7．引导企业加大创新投入。全面落实研发费用税前加计扣除、高新技术企业所得税优惠等普惠政策，争取国家在我省开展相关政策试点，激励企业加大研发投入。引导企业规范研发项目管理。推行企业研发准备金制度，对符合加计扣除政策的研发支出，经审核后，市、县（市）可给予一定比例的财政补助，省财政对研发经费支出占主营业务收入比重排名前500位的规模以上工业企业给予奖励。国有企业当年研发投入可以在经营业绩考核中视同利润。（责任单位：省科技厅、省财政厅、省国资委、浙江省税务局，有关市、县〔市〕政府）

8．深化完善科技创新券制度。建设长三角区域科技资源开放共享平台，推进科技创新券长三角区域范围内通用通兑，拓宽科技创新券用途。省财政对提供服务的省级创新载体，按照政策支持范围内上年度实际兑付总额给予不超过30%的补助。到2022年，新增发放科技创新券15亿元，服务企业5万家次。（责任单位：省科技厅、省财政厅）

9．完善创新产品政府采购政策。制定符合国际规则的创新产品推荐目录，落实和完善政府采购促进中小企业创新发展的相关措施，加大创新产品和服务的采购力度。逐步推行科技应用示范项目与政府首购相结合的模式，促进创新产品的研发和规模化应用。对符合国家首台（套）重大技术装备推广应用指导目录的工业企业产品，在实现首台（套）销售后，市县可视财力情况对首台（套）产品给予奖励。（责任单位：省财政厅、省经信厅、省科技厅）

10．实施专利和标准国际化战略。完善专利资助政策，激励企业知识产权创造和运用。对企业首件国内发明专利授权的申请费和代理费，企业所在地市县财政可给予一定奖励。加强专利的海外布局，对通过PCT途径向国外申请专利的企业，省财政给予每件专利申请不超过1万元的费用补助。加大科技计划对关键技术标准研制的支持力度，加强优势特色产业和战略性新兴产业领域国际标准研制的前瞻布局，鼓励优势企业参与研制国际标准，推动自主知识产权标准成为国际标准。（责任单位：省市场监管局、省科技厅、省财政厅）

（五）深化科技体制改革，激发全社会创新活力。

1．深化项目评审、人才评价、机构评估改革。实施分类评价制度。改革重大科技专项、重点研发计划项目立项和组织实施方式，从过程管理向效果管理转变。科学设定人才评价指标，推行代表作评价制度，注重个人评价、团队评价和同行评价相结合。建立科研事业单位中长期绩效评价制度，充分发挥绩效评价在财政拨款、科技计划项目立项、科技人才推荐、绩效工资总量核定等方面的激励约束作用。（责任单位：省科技厅、省委人才办、省人力社保厅）

2．优化科研管理，提升科研绩效。简化科研项目申报和过程管理，完善分级责任担当机制，强化科研项目绩效评价。推行省重大科技专项和领军型创新创业团队项目首席专家负责制，赋予科研人员更大的人财物自主支配权和技术路线决策权。推进科技计划体系改革，建立公开统一的科技计划管理平台，逐步形成政府部门立项、承担单位实施、专业机构评估的全程精细化、专业化、透明化科技计划管理体制。省级科技计划项目一般采取公开竞争的方式择优遴选承担单位，对聚焦关键核心技术攻坚的重点或重大科技计划项目，可采取定向择优或定向委托等方式确定承担单位，强化成果导向。（责任单位：省科技厅、省财政厅）

3．深化科研院所分类改革。以建设一流科研院所为目标，理顺省属科研院所领导体制和管理体制，开展省属科研院所中长期绩效评价改革试点，对绩效显著的科研院所在科研条件、科研项目、绩效工资等方面给予优先支持。加大省属公益类科研院所稳定支持力度，推动应用类、转制类科研院所向科技集团发展。（责任单位：省科技厅、省委编办、省财政厅、省人力社保厅）

4．深化科技成果转化机制改革。实施以增加知识价值为导向的分配政策，下放科技成果使用、处置和收益权，落实职务科技成果转化现金和股份奖励的个人所得税优惠政策。探索赋予职务科技成果所有权或长期使用权，对完成科技成果作出重要贡献的人员可给予70%以上的权属奖励。完善高校、科研院所科研评价体系，将科技成果转化成效作为项目和人才评价的重要内容，到位经费达到一定规模的横向技术开发、技术转化项目视同省级科技计划体系项目。（责任单位：省科技厅、省教育厅、省财政厅、省人力社保厅、浙江省税务局）

5．深化科技奖励制度改革。修订科技奖励办法，实行提名制，推行分级评审，优化科技奖励结构，提高科技奖励标准，增强科技人员荣誉感、责任感和使命感。（责任单位：省科技厅、省财政厅）

6. 加强科研诚信建设。完善科研诚信管理工作机制和责任体系，建立完善科研诚信信息系统，加强科研诚信教育和科研活动全流程诚信管理，教育引导广大科技工作者强化责任意识。对学术不端行为实行“零容忍”，依法依规对严重违背科研诚信要求行为实行终身追究。（责任单位：省科技厅、省教育厅、省科协、省社科联等，各设区市政府）

（六）统筹整合要素资源，构建创新创业生态系统。

1. 构建“产学研用金、才政介美云”+联动创新创业生态系统。发挥体制机制优势，统筹政府、产业、高校、科研、金融、中介、用户等力量，整合技术、资金、人才、政策、环境、服务等要素，形成创新链、产业链、资金链、人才链、服务链闭环模式，打造创新人才、创业企业、创投资本、科技中介等创新创业群体的理想栖息地和价值实现地。（责任单位：省科技厅、省委人才办、省发展改革委、省经信厅、省教育厅、省人力社保厅、省地方金融监管局等，各设区市政府）

2. 打造具有特色的+联动创新联合体。坚持政府引导、企业主体，高校、科研院所、行业协会以及专业机构参与，加快建设集创业孵化、研究开发、技术中试、成果推广等功能于一体的产业创新服务综合体。支持龙头企业整合高校、科研院所力量，建立专业领域技术创新联合体。到2022年，省市县三级建成300个产业创新服务综合体，其中省级产业创新服务综合体达到100个，实现块状经济和产业集群全覆盖；省财政5年投入30亿元以上，市县联动投入100亿元以上，引导社会资本投入300亿元以上。（责任单位：省科技厅、省发展改革委、省经信厅、省财政厅等，有关市、县〔市〕政府）

3. 推广校地合作模式。总结推广浙江清华长三角研究院“北斗七星”创新发展模式和“一园一院一基金”校地合作模式。全面深化产教融合，支持高校、科研院所到市县设立应用技术研究院，推广“企业出题，高校、科研院所解题，政府助题”等新型产学研合作模式，鼓励企业与高校联合培养专业技术人才和高技能人才。推进校（所）企联合共建重点实验室、工程技术中心等协同创新载体。（责任单位：省科技厅、省发展改革委、省经信厅、省教育厅、省财政厅，有关市、县〔市、区〕政府）

4. 建设全国一流的科技成果交易中心和面向全球的技术转移枢纽。推进国家科技成果转移转化示范区建设，构建省市县三级联动的科技成果转化体系，推广特色鲜明的科技成果转化模式。加快建设“互联网+”浙江科技大市场，打响“浙江拍”品牌。鼓励高校、科研院所建立具有法人资格的专业化技术转移机构，加快浙江知识产权交易中心建设，打造长三角区域技术市场共同体。（责任单位：省科技厅、省教育厅，有关设区市政府）

5. 加强军民科技协同创新能力建设。争取建立国家级军民融合协同创新平台，支持龙头骨干企业联合军工科研院所合作建设军民融合创新载体。对于承担军工科研项目的企业，有条件的市、县（市、区）可按照项目合同金额给予最高35%的资助。到2022年，引进和培育10个以上特色鲜明的军民融合科技协同创新平台及军民协同创新联盟，实施100个军民融合产业重大项目。（责任单位：省委军民融合办、省发展改革委、省经信厅、省科技厅）

6. 坚持金融资本、社会资本、政府基金有机结合构建科创金融体系。发挥钱塘江金融港湾金融资源集聚效应，扩大对科技型中小企业的服务范围和信贷规模。拓展贷款、保险、财政风险补偿捆绑的专利权、商标权等质押融资业务。完善政策性融资担保体系，为科技型中小微企业服务。落实创业投资企业和天使投资个人投资种子期、初创期科技型企业的税收优惠政策，扩大创业投资规模。省创新引领基金出资5亿元以上与社会资本合作设立天使投资基金，以阶段性参股形式支持初创企业的天使投资和科技型企业的风险投资。到2022年，全省创业投资资本规模达到2000亿元左右，成为国内领先的创业投资集聚地。（责任单位：人行杭州中心支行、省发展改革委、省经信厅、省科技厅、省财政厅、省市场监管局、省地方金融监管局、浙江省税务局、浙江银保监局筹备组，有关设区市政府）

7. 加快创新人才梯度化引进和培育。深入实施省“千人计划”“万人计划”“151人才工程”，加大力度引进和培育国际顶尖人才和高层次人才。有条件的市、县（市、区）可以设立人才专项基金，集聚支撑新经济新产业的高精尖缺人才。扩大省自然科学基金规模，加强青年人才战略储备，发挥青年科学家作用。鼓励企业采取股权期权激励、项目制奖励、岗位分红等市场化激励机制。到2022年，新引进和培育省领军型创新创业团队100个以上，新遴选青年科技人员5000名，给予省自然科学基金启动研究项目支持。（责任单位：省委人才办、省科技厅、省财政厅、省人力社保厅）

8. 引导全社会加大研发投入。优化科技投入结构，把科技投入列为公共财政的支出重点，在年初预算安排和年度预算执行中的超收安排时予以重点保障。省级财政科技投入聚焦基础研究、应用基础研究和共性技术攻关，高校、科研院所科研经费聚焦原创能力建设，市县财政科技投入聚焦产业研发活动和科技成果转化，带动全社会加大研发投入。省财政5年安排600亿元左右，市县财政联动投入600亿元左右，引导金融资本、社会资金投入2900亿元左右，撬动全社会研发投入9000亿元左右。（责任单位：省财政厅、省科技厅，各设区市政府）

9. 加快形成覆盖创新创业全链条的科技服务体系。大力发展技术经纪、知识产权、检验检测等第三方专业化服务，支持科技企业孵化器、大学科技园、众创空间等孵化机构为科技型中小企业提供创业辅导、企业融资、工业设计等社会化、市场化服务，并按照国家和省有关规定享受优惠政策。加快国家“双创”示范基地建设，支持大学科技园到市县设立创新创业基地。到2022年，引进和培育100家拥有知名品牌的科技服务机构，涌现一批新型科技服务业态，形成一批科技服务产业集群。（责任单位：省科技厅、省发展改革委、省经信厅、省市场监管局、浙江省税务局等）

10. 实行严格的知识产权保护制度。加快建设知识产权保护中心，建立查处知识产权侵权行为快速反应机制，加大侵权行为惩治力度，优化电子商务等领域知识产权保护环境。建立从申请到保护的全流程一体化知识产权维权制度，完善知识产权综合执法体系、多元化国际化纠纷解决体系。争取设立杭州知识产权法院。（责任单位：省市场监管局）

11. 加强知识产权综合管理和公共服务。建立重大经济活动知识产权审查评议制度，在重大产业规划、重大经济和科技项目等活动中开展知识产权评议试点。建设知识产权托管、评估、交易公共服务平台，引进和培育专业化、国际化的知识产权服务机构，建成1—2个具有全国影响力的国家知识产权服务业集聚发展示范区。加强知识产权国际合作交流，完善长三角地区知识产权合作机制。（责任单位：省市场监管局）

12．营造创新创业最美环境。以“最多跑一次”改革为牵引，推动政府数字化转型、企业数字化运营和社会数字化治理，推进智能制造和企业上云，完善“政采云”政府采购服务平台，加快民生领域“互联网+”应用，打造“掌上办事之省”“掌上办公之省”。制定提升全民科学文化素质行动计划，倡导科学家精神和企业家精神，营造尊重知识、尊重人才、鼓励创新、宽容失败的文化环境。创建国家可持续发展议程创新示范区，建设宜居宜业、宜创宜游的幸福美好家园。（责任单位：省发展改革委、省经信厅、省科技厅、省人力社保厅、省科协等，各设区市政府）

三、保障措施

（一）加强组织领导。

将省科技体制和创新体系建设领导小组调整为省科技领导小组，省政府主要领导任组长，分管副省长任副组长，研究、审议全省科技发展战略、规划、重大政策、重大科技任务和重大项目，协调重大事项。建立市、县（市、区）政府一把手抓科技创新的工作机制，加强对科技创新工作的统筹协调、督促落实，形成各地、各部门联动推进创新改革、制定创新政策、建设创新平台、实施创新项目、引进和培育创新人才的工作体系，提升创新体系整体效能。

（二）强化政策协同。

建立创新政策调查和评价制度，定期开展评价和清理工作，及时修订或废止有违创新规律、阻碍新产业和新业态发展的政策条款。强化科技、教育、财政、投资、土地、税收、人才、产业、金融、知识产权、政府采购、军民融合、审计等政策协同，形成目标一致、协作配合的政策合力，最大限度发挥各种支持政策的叠加效应。

（三）完善指标体系。

按照创新强省建设总目标，聚焦全社会研发投入、高新技术产业发展、科技成果转移转化、科技企业培育、创新人才引进和培育、科技体制改革、创新环境营造等重点工作，将全社会软投入和R&D经费支出、高新技术企业数、科技型中小企业数、PCT国际专利申请量、发明专利授权量、高新技术产业增加值、技术交易额、研发人员数作为设定各地年度科技创新工作目标任务的主要指标。建立定量与定性相结合的指标体系，细化落实主要目标和重点任务。

（四）严格考核督查。

将全社会R&D经费支出作为科技进步目标责任制考核主要指标，对年度全社会R&D经费支出占GDP比重和财政科技投入增幅双下降的市、县（市、区），在考核时实行“一票否优”。进一步完善科技进步目标责任制考核办法，建立以科技创新基础能力、年度目标任务完成情况、创新性工作评价为主要内容的科技创新考核体系，营造勇于担当、敢于改革的浓厚氛围。

浙江省人民政府
2018年11月29日

浙江省人民政府办公厅关于进一步减轻企业负担增强企业竞争力的若干意见

（浙政办发〔2018〕99号）

为进一步减轻企业负担，着力打造公平竞争的一流营商环境，激发各类市场活力、内生动力和内需潜力，经省政府同意，现提出如下意见。

一、进一步降低企业税费负担

（一）落实国务院增值税改革措施。自2018年5月1日起，将制造业等行业增值税税率从17%降至16%，将交通运输、建筑、基础电信服务等行业及农产品等货物的增值税税率从11%降至10%；将工业企业和商业企业小规模纳税人的年销售额标准分别由50万元和80万元统一上调至500万元，并在2018年底前允许已登记为一般纳税人的企业转登记为小规模纳税人；自2018年7月1日起，对装备制造等先进制造业、研发等现代服务业符合条件的企业和电网企业在一定时间内未抵扣完的增值税进项税额予以退还，并加大向税务总局争取更多退税额度的力度。（责任单位：浙江省税务局）

（二）落实国务院支持创业创新和小微企业发展税收优惠政策。自2018年1月1日至2020年12月31日，将享受当年一次性税前扣除优惠的企业新购进研发仪器、设备单位价值上限，从100万元提高到500万元；将享受减半征收企业所得税优惠政策的小微企业年应纳税所得额上限，从50万元提高到100万元。自2018年1月1日起，取消企业委托境外研发费用不得加计扣除限制；将高新技术企业和科技型中小企业亏损结转年限由5年延长至10年；将一般企业的职工教育经费税前扣除限额与高新技术企业的限额统一从2.5%提高到8%。自2018年5月1日起，对纳税人新设立的资金账簿按实收资本和资本公积合计金额征收的印花税减半，对按件征收的其他账簿免征印花税。创业投资企业和天使投资个人直接投资于种子期、初创期科技型企业满2年的，可按投资额的70%抵扣应纳税所得额，企业所得税、个人所得税有关优惠政策分别自2018年1月1日、7月1日起执行。（责任单位：浙江省税务局）

（三）降低残疾人就业保障金、国家重大水利工程建设基金征收标准。自2018年4月1日起，将残疾人就业保障金征收标准上限由当地社会平均工资的3倍降低至2倍；自2018年7月1日起，将国家重大水利工程建设基金征收标准在2017年降低25%的

基础上再降低25%。（责任单位：省财政厅、浙江省税务局、省残联、省物价局、省电力公司）

（四）停征一批行政事业性收费。自2018年4月1日起，停征首次申领居民身份证工本费；自2018年1月1日起至2020年12月31日，暂免征收证券期货行业机构监管费；自2018年8月1日起，停征和调整部分专利收费，具体要求按照国家知识产权局《关于停征和调整部分专利收费的公告》（第272号）执行；自2018年8月1日起，药品、医疗器械产品注册费在现行基础上下降30%。（责任单位：省财政厅、省物价局、省公安厅、浙江证监局、省科技厅、省食品药品监管局）

（五）落实关税、企业改制重组有关土地增值税、动漫产业增值税、集成电路生产企业所得税等政策。按照国家有关文件规定执行。

（六）进一步加大城镇土地使用税差别化减免力度。自2018年1月1日起至2019年12月31日，提高A类、B类企业的城镇土地使用税差别化减免幅度，A类企业减免幅度为100%、B类企业减免幅度为80%。（责任单位：浙江省税务局）

（七）进一步降低企业其他税收负担。自2018年1月1日起，全省核定征收企业所得税应税所得率按国家规定的最低应税所得率确定。自2018年10月1日起，统一下调全省购销合同印花税核定征收标准，工业企业为70%，商业企业为40%，外贸综合服务企业为30%，其他企业为80%。自2019年1月1日起，将货车、挂车、专用作业车、轮式专用机械车等车辆和机动船舶车船税适用税额降低到法定税率最低水平。允许符合条件的省内跨地区经营制造业企业的总机构和分支机构实行汇总缴纳增值税，分支机构就地入库，取消对分支机构数量的限制。（责任单位：浙江省税务局、省财政厅）

二、进一步降低企业用能成本

（八）进一步扩大电力用户与发电企业直接交易范围和规模。2018年，全省电力直接交易规模扩大到1100亿千瓦时。自2019年1月1日起，逐步降低工商业企业参与电力直接交易的限制性要求，逐年扩大电力直接交易规模，到2020年，全省电力市场化交易电量占省内发电量比例超过60%。进一步推动售电侧改革开放。（责任单位：省能源局、省物价局、省电力公司）

（九）进一步降低用电成本。进一步规范和降低电网环节收费；利用增值税税率调整等空间，采取临时性降低输配电价等措施，一般工商业电价平均降低10%。（责任单位：省物价局、省能源局、省电力公司）

三、进一步降低企业用工成本

（十）阶段性降低职工医疗保险费率。在确保待遇按时足额支付前提下，对2018年6月底基金支付能力超过24个月的统筹区，自2018年10月1日起至2019年12月31日，由地方在统筹考虑当地收支政策和基金运行情况下，可自行决定临时性降低单位缴费费率1个百分点。（责任单位：省人力社保厅、省财政厅、浙江省税务局）

（十一）阶段性下调工伤保险缴费比例。2019年12月31日前，工伤保险基金可支付月数在24个月以上的统筹区，除一类行业外，其余各类行业现行费率下调50%；可支付月数在18—23个月之间的统筹区，除一类行业外，其余各类行业现行费率下调20%；可支付月数不足18个月的统筹区，现行费率不下调。（责任单位：省人力社保厅、省财政厅、浙江省税务局）

（十二）继续实施失业保险单位缴费比例下调政策。全省失业保险单位费率0.5%、个人费率0.5%的政策执行时间由2018年12月31日延长至2019年12月31日。（责任单位：省人力社保厅、省财政厅、浙江省税务局）

（十三）改进住房公积金缴存机制。严格执行住房公积金缴存基数12%上限规定；允许缴存单位在规定上下限区间范围内，自主确定缴存比例，不再履行报批手续；对生产经营困难的企业申请缴存比例执行5%下限或缓缴，审批时限不得超过5个工作日。（责任单位：省建设厅）

四、进一步降低企业物流成本

（十四）进一步降低高速公路货车通行费。自2019年1月1日起至2020年12月31日，省属及市、县（市）属国有全资和控股的高速公路路段，对使用我省货车非现金支付卡的合法装载货运车辆试行通行费八五折；鼓励其他高速公路路段业主同步试行通行费八五折优惠。相关国有企业因此减少的收入可视同当年考核利润。（责任单位：省交通运输厅、省物价局、省财政厅、省国资委、省交通集团，相关市县政府）

（十五）继续实施舟山跨海大桥国际标准集装箱运输车辆通行费优惠政策。该优惠政策执行时间延长至2020年12月31日。进一步加大舟山跨海大桥金塘大桥路段空载国际标准集装箱运输车辆通行费分时段优惠幅度，其夜间通行费在现行基础上再降50%，该优惠政策执行期限为2019年1月1日至2020年12月31日。（责任单位：省交通运输厅、省国资委、省物价局、省海港集团、省交通集团）

（十六）降低外贸重箱装卸收费。自2018年1月1日起，宁波舟山港本地外贸重箱装卸费下调20%左右，即20英尺集装箱装卸费率从每箱620.53元下调至490元，40英尺集装箱装卸费率从每箱930.85元下调至750.85元。（责任单位：省海港委、省海港集团）

（十七）降低内河物流运输成本。在全省范围内对从事内河集装箱运输的船舶免收船闸过闸费。（责任单位：省物价局、省交通运输厅、省水利厅）

（十八）降低集装箱多式联运成本。2018年年底前，省与相关市共同制定出台专项扶持政策，给予相关集装箱多式联运企业一定的运费补助，补助期限暂定4年。（责任单位：省海港委、省财政厅、省海港集团，宁波市政府、嘉兴市政府）

（十九）调整部分路段高速公路客车通行费收费方式和取消部分国道路段收费。按照省有关文件规定执行。

五、进一步降低企业融资成本

（二十）落实国家出台的降低小微企业融资成本政策。制定出台进一步降低企业融资成本的实施意见。落实再贷款、再贴现、常备借贷便利（SLF）的利率优惠政策。将支小再贷款利率由3.25%降至2.75%，金融机构借用再贷款发放的贷款加权平均利率不得高于再贷款利率4个百分点，增加全省再贷款、再贴现限额40亿元。改进宏观审慎评估体系，增加小微企业贷款考核权重，引导金融机构加大对小微企业贷款投放。（责任单位：省金融办、人行杭州中心支行、浙江银监局）

（二十一）降低企业融资担保费用。建立完善省、市、县（市、区）全覆盖的政策性融资担保和再担保体系。研究出台风险补偿政策，鼓励省担保集团降低收费标准。省财政对省担保集团增资50亿元组建省融资担保公司，积极为企业发债提供增信并实施较低费率。发挥保险增信分险功能，稳步推进小额贷款保证保险，深化银保合作机制，降低企业融资成本。（责任单位：省金融办、省经信委、省财政厅、浙江保监局）

（二十二）落实财税优惠支持政策。2018年9月1日至2020年底，将符合条件的小微企业和个体工商户贷款利息收入免征增值税单户授信额度上限，由100万元提高到1000万元。（责任单位：浙江省税务局、人行杭州中心支行、浙江银监局）

（二十三）严格执行“两禁两限”规定。禁止向小微企业贷款时收取承诺费、资金管理费，严格限制收取财务顾问费、咨询费。推动地方政府探索以政府采购、财政补贴等方式，降低小微企业融资附加费用。（责任单位：浙江银监局、省财政厅）

（二十四）开展创新创业公司债试点。切实支持创新创业企业融资，优化中小企业资本形成机制。（责任单位：浙江证监局）

六、进一步降低企业用地成本

（二十五）进一步降低企业用地成本。鼓励各地根据工业项目产业类型、生产经营周期等因素，灵活确定工业用地供应方式和使用年限。对使用年限届满，土地出让合同、投资建设协议履约情况评价好且符合续期使用条件的，可采用协议出让方式续期。以先租后让方式供应工业用地的，租赁应采用招拍挂方式；租赁期满投入产出水平等达到土地出让合同、投资建设协议约定的，可采用协议出让方式将租赁用地转为出让用地。对通过盘活存量建设用地用于工业项目建设的，纳入存量建设用地盘活挂钩范围，配比新增建设用地计划。各地要将挂钩计划指标优先用于工业项目。（责任单位：省国土资源厅，各市、县〔市、区〕政府）

七、进一步降低涉企中介服务收费

（二十六）规范中介服务收费。依法明确作为行政审批前置条件并允许收费的中介服务，实行目录化管理，明示付费项目和收费标准；没有法定依据的，不得要求企业提供中介服务评估评审报告。（责任单位：省发展改革委、省物价局）

（二十七）清理规范一批涉企经营服务性收费项目。自2018年10月1日起，安监部门和其他负有安全生产监督管理职责的部门对生产经营单位主要负责人和安全生产管理人员进行培训的，不得收费。落实取消公共资源交易机构收取的信息服务费、场地租赁费和席位费等费用的政策。（责任单位：省安监局、省物价局，其他负有安全生产监督管理职责的省级部门）

（二十八）降低一批涉企经营服务性收费项目标准。自2018年8月1日起，对新开办的小微企业3年内委托检测费用降低50%收取；对大学生创业的企业免收2年委托检测费用；对全省产业创新服务综合体、制造业创新中心提供的计量校准、测试服务费降低20%收取；加大网络提速降费力度，扩大公共场所免费上网范围，明显降低家庭宽带、企业宽带和专线使用费，取消流量“漫游”费，移动网络流量资费年内至少降低30%。（责任单位：省质监局、省通信管理局、省物价局）

（二十九）加强价格行政执法。规范市场自主定价的港口经营服务性收费行为，推动港口企业调减港口作业包干费收费标准。强化反垄断执法，依法查处港口企业实施垄断协议、滥用市场支配地位等排除和限制市场竞争的行为，维护市场正常秩序，着力推动港口企业通过竞争降低收费、优化服务。（责任单位：省物价局、省工商局、杭州海关、宁波海关）

（三十）进一步规范社会团体涉企收费行为。不再要求社会团体、基金会和民办非企业单位提供法定代表人离任审计和注销清算审计，改由审批部门委托有关机构开展法定代表人离任审计、注销清算审计。2018年，社会团体年检不再要求提供年度审计报告（慈善类社会组织实施年度报告制度）。（责任单位：省民政厅）

八、进一步降低制度性交易成本

（三十一）进一步深化企业投资项目“最多跑一次”改革。推行企业投资项目承诺制改革和标准地制度，实现一般企业投资项目开工前审批最多跑一次、最多100天。深化行政审批中介服务市场化改革，清理规范投资项目行政审批中介服务事项。推行建设项目环评审批中间环节由环保部门代办。（责任单位：省发展改革委、省环保厅）

（三十二）推进边防行政许可事项一网办理。推广使用边防移动应用程序（APP）；推行边检服务一体化，边检机关办理的《上下外国船舶许可》《船舶搭靠外轮许可》实现一站签发、全域通用，申请人或单位按就近属地原则，向边检站申领证件、获发证件后，该证件在宁波舟山港范围内各对外开放区域通用。（责任单位：省公安厅）

（三十三）推进“照后减证”。对建筑面积未达到200平方米的公众聚集场所，可不办理消防安全检查许可。公众聚集场所仅变更名称的，不需重新办理消防安全检查，但应当提供有单位法定代表人（经营者）签名的仅变更名称承诺书。对投资额在30万元以下或者建筑面积在300平方米以下的建筑工程，取消消防设计和竣工验收消防备案。（责任单位：省公安厅）

（三十四）推进道路货运车辆检验检测依法合并。推行货运车辆“两检合一”，货车综合性能检测和安全技术检验结果互认，实行一次上线、一次检验、一次收费；统一检验检测周期并以安检时间为准，货车10年以内每年检验1次，超过10年的每6个月检验1次。（责任单位：省交通运输厅、省公安厅、省质监局）

（三十五）严格执行涉企保证金清单管理制度。国家和省公布的涉企保证金目录清单之外的涉企保证金项目（完全市场化行为产生的保证金，以及金融机构缴纳的保险、保障基金除外）一律取消；各地行政机关新设立涉企保证金项目必须依据法律、行政法规规定或经国务院批准。推广以银行保函或保险公司保单的形式缴纳保证金。（责任单位：省经信委、省财政厅）

省政府已公布的有关政策与本意见不一致的，以本意见为准。本意见实施过程中，国家出台新的规定，按新规定执行。

附件：国家和省出台的有关减负政策及落实工作责任单位清单（略）

浙江省人民政府办公厅

2018年10月3日

杭州市人民政府办公厅关于加强众创空间建设进一步推进大众创业万众创新的实施意见

（杭政办〔2018〕1号）

为深化国家自主创新示范区和国家小微企业创业创新基地城市建设，努力营造充满生机活力的创新创业生态系统，进一步优化大众创业、万众创新的良好环境，根据《国务院关于强化实施创新驱动发展战略进一步推进大众创业万众创新深入发展的意见》（国发〔2017〕37号）和《浙江省人民政府办公厅关于加快发展众创空间促进创业创新的实施意见》（浙政办发〔2015〕79号）精神，经市政府同意，现提出以下实施意见。

一、明确总体要求和主要目标

（一）总体要求。将创新与创业、线上与线下、孵化与投资相结合，强化开放共享，创新服务模式，加快推进众创空间建设，在已建设的低成本、便利化、全要素、开放式新型创业服务平台基础上，加快推进众创空间专业化、国际化发展，推进“众创空间—孵化器”孵化体系建设，鼓励有条件的区、县（市）打造特色众创空间产业集聚区，为创业者提供良好的工作空间、网络空间、社交空间和资源共享空间，努力打造“互联网+”世界科技创新高地和全球创新创业中心。

（二）主要目标。通过进一步推进众创空间孵化体系建设，提升众创空间对接人才和资本能力，发挥其引领和示范作用。加快推进全市众创空间向专业化、国际化发展，鼓励区、县（市）结合区域产业定位和规划布局建设垂直孵化生态体系，提升我市“众创空间—孵化器”孵化体系的核心竞争力，实现差异化、高端化发展。

到2020年，全市创建市级众创空间150家以上，建设“众创空间—孵化器”的孵化体系面积超500万平方米；在已有市级众创空间基础上，择优培育专业化示范、国际化示范众创空间20家以上；推动全市众创空间平衡发展，鼓励富阳区、临安区、桐庐县、淳安县、建德市等五区、县（市）在主城区建设“飞地”众创空间，探索各区、县（市）联动发展模式；基本构建开放、高效、富有活力的创业创新生态系统，形成创新资源丰富、创新要素汇集、孵化主体多元、创业创新服务专业、创业创新活动丰富、各类主体协同发展的良好局面。

二、积极培育创新创业孵化平台

（一）市级众创空间作为创新创业孵化平台，定位于孵化早期创业项目，分为标准化众创空间、专业化示范众创空间、国际化示范众创空间。

1．进一步提升标准化众创空间创业创新服务能力，完善众创空间“创业投资+特色服务”服务体系建设，探索股权退出机制，实现盈利模式的转变。加快众创空间与传统孵化器之间的交流合作，实现众创空间专业服务优势和传统孵化器基础设施优势的互补。

2．培育专业化示范众创空间，加快创业创新项目和产业融合。鼓励大企业、大集团参与“双创”，打造细分领域垂直孵化生态，建立行业细分领域垂直化创业生态链，开拓新的业务领域，研发创新产品，加速优质项目转化，为经济结构转型升级提供新动能。

3．提升国际化发展水平，加快实施“引进来”和“走出去”战略，鼓励和引导国内资本与国际优秀创业服务机构合作设立众创空间，打造国际化示范众创空间。

（二）深化商事制度改革，在市科委、市市场监管局认定（含备案）的众创空间全面推广“工位注册”制，推进全程电子化登记和电子营业执照应用。

（三）众创空间认定后，每年开展总体评价工作，评价内容包括孵化企业备案情况，季度数据报送情况，在孵企业、毕业企业和退出企业情况，投融资和其他创新创业活动等。对当年评价不合格的予以通报并要求限期整改，对连续2年评价不合格的予以摘牌，取消市级众创空间资格，3年内不得申报市级及以上众创空间和科技企业孵化器。

三、加大财政和融资扶持力度

（一）2018至2020年期间，每年分别给予国家、省、市级标准化众创空间不超过30万元、25万元、20万元的资助，专项用于房租、宽带等空间运行费用；市级专业化示范众创空间运营补助在市级标准化众创空间基础上进行补足，每年不超过50万元，专项用于提升其科研设备、检测设施、小试中试平台等研发能力建设；市级国际化示范众创空间运营补助在市级标准化众创空间基础上进行补足，每年不超过50万元，专项用于鼓励其积极与国外技术服务机构、创业孵化机构、创投资本开展合作，构筑国际化视野的高端创新创业资源服务平台。专业化示范众创空间与国际化示范众创空间不重复享受资助。

（二）凡符合杭州市天使投资引导基金管理办法要求的国家、省、市级众创空间，市天使投资引导基金将积极出资与其合作设立天使基金，用于投资该众创空间内的企业（项目），市天使投资引导基金参股比例最高不超过30%，具体按照市天使投资引导基金管理办法执行。选择符合条件的银行业金融机构，鼓励其为众创空间内企业创新活动提供股权和债权相结合的融资服务，与创业投资、股权投资机构试点投贷联动。

（三）众创空间内的企业（项目）获得融资或被非控股母公司收购的，对所在的众创空间按照不超过企业（项目）前两轮融资（天使轮和A轮）总额的2%进行资助（具体比例根据申报资助总额和财政预算确定）；企业（项目）完成融资后在杭州市注册的，原则上对所在的众创空间按照每个企业（项目）不超过50万元的额度进行资助，单个众创空间每年资助总额不超过300万元。

四、积极引导众创空间孵化体系健康发展

（一）扶持杭州市众创空间联盟和在杭高校众创空间联盟。引导众创空间、在杭高校相关创业部门、投资机构、天使投资人等自愿加入联盟，鼓励联盟为全市众创空间提供资源共享、交流合作平台，积极组织有助于推动我市众创空间发展的创新创业活动，按其实际开展活动情况，每年分别给予众创空间联盟和在杭高校众创空间联盟不超过50万元的资助。

（二）开展全市性的创业活动。鼓励众创空间举办若干在国内乃至国际具有影响力的创业活动，促进人才和资本等创业要素在我市集聚。由市科委根据众创空间发展需求向社会征集全市性创业活动计划，并从中甄选部分活动项目予以资助。每年受资助的创业活动总数不超过10项，单项活动资助额不超过该活动实际发生费用的50%，最高不超过100万元。

（三）鼓励众创空间内的初创企业使用省市创新券、创业券，开展人才培训、创业辅导、法律维权、管理咨询、财务指导、检验检测认证、知识产权保护、会展服务等各类公共服务项目。

五、加强众创空间孵化体系建设的组织领导

（一）加强协调推进。建立健全协调机制，加强部门之间、区县（市）政府与市级有关部门之间的联系和沟通。各区、县（市）政府也要加强协调，制订相关实施方案和政策措施，明确工作部署，切实加大资金投入、政策支持和工作保障力度。

（二）加强示范引导。市科委等部门要及时总结我市众创空间发展过程中模式新颖、绩效突出的经验做法，通过召开现场会、媒体宣传等方式向全市推广，在全社会弘扬创新创业文化，激发创新创业热情。

本意见自2018年3月17日起实施，有效期至2020年12月31日，由市科委、市财政局负责牵头组织实施。前发《杭州市人民政府办公厅关于发展众创空间推进大众创业万众创新的实施意见》（杭政办函〔2015〕136号）同时废止。

杭州市人民政府办公厅
2018年2月14日

中共宁波市委 宁波市人民政府 关于加快推进开放揽才产业聚智的若干意见

（甬党发〔2018〕42号）

为贯彻落实党的十九大精神和习近平总书记关于人才工作的重要论述，全面建设人才生态最优市，打造具有国际竞争力的人才高地，根据《中共中央印发〈关于深化人才发展体制机制改革的意见〉的通知》（中发〔2016〕9号）、《中共浙江省委、浙江省人民政府关于印发〈高水平建设人才强省行动纲要〉的通知》（浙委发〔2017〕42号）和市委、市政府开展“六争攻坚、三年攀高”行动的决策部署，现就加快推进开放揽才、产业聚智提出如下意见。

一、加快推进人才国际化高端化

1．发挥顶尖人才引领作用。聚焦宁波主导产业和科技创新重点领域，对宁波自主培养的顶尖人才，给予最高800万元奖励，给予培养单位一次性500万元奖励。对柔性新引进的顶尖人才，按给付年薪的30%给予引才单位最高200万元资助。根据顶尖人才对宁波产业发展及科技创新的贡献度，给予持续的创业创新资助。

2．深入实施“3315系列计划”。“3315计划”重点支持先进制造与智能经济等领域海外高层次人才；“3315资本引才计划”重点激发市场活力，支持获民间资本投资的高端人才团队；“泛3315计划”重点支持电子商务、港航物流、金融保险、文教卫体、专业服务、规划设计、时尚创意、科技服务、现代农业等经济社会发展领域高层次人才。

3．加大海外工程师引进力度。对引进的海外工程师及外籍设计师、规划师、咨询师等高层次外国人才，市本级按照年薪资助标准给予引进企业每人10万—30万元补助，区县（市）、开发园区再给予相应支持。海外专家项目获得国家、省级外专专项项目支持的，给予引智项目单位最高1：1的配套。

4．构建海外引才网络。建设开放式引才网络平台，对发布人才信息、助推人才项目对接、促成人才引进落地的引荐人或机构，分别给予一定额度奖励。聘请知名人士担任“海外人才大使”，每年给予5万元经费，并根据引才荐才成效再给予相应奖励。建设甬智信息库，对返乡发展的甬籍人才优先给予政策支持。

5．加强人才国际化培养。定期公布一批先进制造业、生产性服务业领域国际公认的行业资质证书指导目录，对新取得国际行业资质证书的人才给予每人3万元奖励。加强国际化人才联合培养，支持在甬高校、科研院所与国外机构合作开展人才培养，鼓励以投资、委托、合作等形式在国际知名商校和科研机构培养国际化人才。

6．实行更加开放的外国人才出入境举措。实施外国人才出入境便利举措，在申请在华永久居留、入境口岸签证、工作类居留许可、多次出入境签证和外国留学生直接就业、在读外国留学生及外籍高层次人才兼职等方面，实行更加开放、更加灵活的创新举措。

二、全力打造青年友好城

7．实施全球青年才俊集聚计划。围绕城市所缺、产业所需、企业所急，实施一批能充分激发青年活力的创新举措，加快集聚以“青·英”“青·归”“青·创”“青·苗”“青·匠”等为重点的青年人才，打造青年人才向往的创业创新之城。

8．实施青年人才安居工程。延续实施《中共宁波市委、宁波市人民政府关于实施人才发展新政策的意见》（甬党发〔2015〕29号）对基础人才的购房补贴政策。对部省属高校、科研院所和市直单位、市属企事业单位新引进的应届全日制普通高校本科生、硕士研究生，未在宁波购买住房的，市级财政分别给予一定额度的生活安居补助；对区县（市）、开发园区新引进的，各地可参照市级标准，以生活安居补助、租房补助等形式给予保障。加大人才公寓建设力度，探索建设国际青年人才社区，打造高品质青年人才创新生活圈。

9．厚植青年人才成长沃土。加快推进众创空间、星创天地、孵化器、加速器等新型人才科技孵化载体建设，对符合条件的，给予最高2000万元补助。鼓励青年人才参加创业创新大赛，对获“宁波市大学生创业新秀”的，给予每人10万元奖励。

三、做大做强产业人才队伍基本盘

10．促进本土人才培养升级。以产业需求为导向，建立覆盖重点人才队伍的本土人才培养体系。每年遴选一批经济社会发展重点领域高层次人才给予特殊支持，对宁波自主申报入选国家、省“万人计划”的人才给予一定额度支持。本土人才经自主培养申报成为特优人才的，给予人才一次性最高50万元奖励；成为领军人才的，给予人才一次性10万元奖励。鼓励各地发掘培养激励一批“土专家”“田秀才”等民间优才，纳入人才政策支持享受范围。

11．推进产教深度融合发展。积极创建国家产教融合试点城市，支持行业企业深度参与的协同创新中心、实训实习基地等产教融合平台载体建设。支持企业专业技术人员继续教育，对企业在职人员攻读宁波产业发展急需专业的硕士、博士，或就读企业与知名高校联合举办的培养班的，毕业后给予50%、最高5万元的学费补贴。

12．发挥企业引才用才主体作用。树立“人才强企”导向，围绕重点产业领域，鼓励企业赴海外开展引才活动，实施股权激励、分红奖励、企业年金等方式引进用好激励人才，对企业全职新引进高层次人才并签订5年以上劳动合同的，给予企业最高30万元补助。

13．加快技能人才队伍建设。实施“十百千技能大师培养工程”，分三个层次分别给予培养人选10万元、6万元、2万元资助。对市优秀高技能人才给予10万元奖励，对获得中华技能大奖、省杰出技能人才、全国技术能手的人才分别给予5万元、3万元、2万元配套奖励。对在世界技能大赛上获得金、银、铜牌和优胜奖的宁波选手，给予一定额度奖励。对紧缺工种技能人才，给予技师500元/月、高级技师1000元/月的岗位补贴。支持优秀技能人才、职业（技工）院校骨干教师赴国内外开展交流学习、进修培训、技能研修。支持企业建设技能大师工作室，打造“技能之星”宁波竞赛品牌，探索建设全国首家技能人才继续教育学院。

四、构筑人才创新创业大平台

14．全力建设国家自主创新示范区。以宁波国家高新区为核心，全市域创建国家自主创新示范区。布局建设产业创新服务综合体，对列入省级创建名单的，给予不低于2000万元支持；对公共科研设施，根据科研基建和仪器设备总投入，按一定比例给予最高3000万元补助，对列入重点支持序列的产业技术研究院以“一事一议”方式给予建设支持，5年内按绩效每年给予最高2000万元支持。

15．高标准建设科创大平台。围绕大湾区“一核两极三湾”创新空间布局，谋划建设甬江科创大走廊、宁波前湾新区。允许甬江科创大走廊内创新主体将市级各类科技创新项目间接费用提取比例，再提高10个百分点。对人工智能等智力密集型项目，经备案后允许间接费用按总经费的50%提取列支。对非事业单位承担市级人才项目的，工资费用支出比例可达总额的60%；科技项目允许列支间接费用，用于研发人员激励。

16．大力建设高校院所平台。围绕产业创新需求，实施“名校名院名所名人”引进工程，对新引进名校设立综合型校区（分校）、名校名院名所独立设置特色性学院和研究生院、名校名院名所与在甬高校共建二级学院等合作办学，采取“一事一议”，给予重点支持。对引进共建的研究院所，给予最高1亿元补助。

17．加快建设各类创新平台。支持企事业单位以柔性引智方式建设院士工作站，给予一定额度的建站补助、升级奖励和绩效奖励。支持企事业单位设立博士后科研工作站（流动站），对获批国家级、省级、市级的，分别给予一次性30万元、20万元、10万元补助；对设站单位招收的博士后人员，给予一定额度的补助，出站后留甬工作的，给予最高40万元补贴。

五、建立更加灵活的人才作用发挥机制

18．深化职称制度改革。出台职称制度改革意见，全面推行职称量化评价标准，下放工程系列中级职称评审权限至区县（市），实现高校、医院、科研院所按照管理权限自主评审全覆盖。探索建立海外高层次人才职称评审“直通车”，在宁波合法就业的港澳台和外籍专业技术人员，可按规定参加职称评审；符合条件的海外高层次人才可直接确认高级职称。

19．推进绩效工资改革。建立绩效工资持续增长机制，试行“绩效工资总量+X”管理模式，对高层次人才激励、科研经费绩效奖励、科技成果转化奖励、承担横向项目劳务报酬、特设岗位人员工资等，不纳入绩效工资总量。高校、科研院所、公立医院可自行确定领军及以上层次人才的薪酬待遇水平，不纳入绩效工资总量。根据高校、科研院所高层次人才密度、科研目标任务完成情况以及科研成果转化等因素，可给予单位适当增加绩效工资总量。

20．深化科技成果转移转化机制改革。高校、科研院所对科技成果转化收益，可按不低于70%比例奖励科技成果完成人员和为成果转化作出重要贡献的人员，事前有约定的，按约定执行。探索赋予科研人员科技成果所有权或长期使用权，对于由市财政资金形成的职务成果，可按成果发明人（团队）占成果所有权70%以上进行分割。完善科技成果拍卖或协商议价的定价制度，对于经协议并公示的成果价格，不再要求开展价格评估。

21．建立更加灵活的人才流动机制。高校、科研院所、公立医院新引进领军及以上层次人才，可不受编制数和岗位结构比例限制；新引进高级和拔尖层次人才，岗位职数不足时，经核准可不受编制数和岗位结构比例限制。因不同制度没有职称的，可设立特聘岗位予以解决，享受同等岗位人员待遇。鼓励支持事业单位科研人员离岗创业创新，离岗期展最长可达6年；

事业单位对空出的岗位，确因工作需要，可按有关规定用于聘用急需人才；离岗创业创新人才返回的，如无相应岗位空缺，可暂时突破岗位总量聘用，并逐步消化。鼓励高校、科研院所设立流动岗位，聘请企业管理人才、科技人才兼职，可申请调整工资总额，用于发放流动岗位人员报酬。建立市属国有企业职业经理人才制度，推动有条件的市属国有企业开展试点工作，合理提高市属国有企业经营管理人才市场化选聘比例。

22．优化因公临时出国（境）管理。高校、科研院所、公立医院的教学、科研和临床等人员，出国（境）开展学术交流合作，实行年度计划管理，出访团组、人次数和经费单独统计。如有临时性重要教学科研学术交流因公出国任务的，可调整年度出国计划和经费预算。

23．主动融入人才一体化发展。积极参与长三角和浙江大湾区人才一体化发展，加强与对口结对协作区域人才项目合作交流，创新人才协同发展机制，深化区域创新研发、集成应用、成果转化协作。加强市、县两级人才政策统筹，形成政策合力，促进人才有序流动。

六、打造最优人才生态

24．弘扬爱国奋斗精神。深入开展“弘扬爱国奋斗精神、建功立业新时代”活动，引导广大知识分子和人才在新时代树立家国情怀，自觉弘扬践行爱国奋斗精神。探索设立“人才日”，积极营造鼓励创新、宽容失败的人才创业创新文化。健全人才荣誉激励机制，对作出重大贡献的宁波市杰出人才，给予最高100万元奖励，形成重才爱才的浓厚氛围。

25．优化人才金融服务。进一步做大天使投资基金、创业投资引导基金、海邦人才基金等政府引导性融资扶持基金，加大人才项目投资力度，引导社会资本投向人才。发展人才科技金融，鼓励科技银行、设有科技金融部的商业银行，对因提供科技信贷而发生的不良贷款，可由科技信贷风险池给予适当代偿。积极引进培育科技保险专营机构，支持保险机构推行产品研发责任、专利侵权责任险等险种，享受不超过单笔保单实际赔付金额一定比例的补贴。引导保险公司推出自主创新产品质量保证保险、产品责任保险等险种，对投保企业给予最高100万元补助。加快科技创新券支持力度，推进省内及长三角地区通用通兑，企业年度可最高申领10万元，创客（创客团队）年度可最高申领5万元。

26．支持人才企业桂牌上市。实施“凤凰行动”宁波计划，对企业在新三板实现直接融资的，给予最高50万元补助；对企业在境内外成功上市的，给予最高500万元补助；对“3511”产业优势企业中的上市公司并购国内（除关联企业外）高新技术企业和研究机构的，给予最高1000万元补助。

27．加大人才安居保障力度。丰富人才安居方式，鼓励引导政府、高校、科研院所、企业等主体参与人才安居工作，加快培育住房租赁市场，通过货币补贴与实物配置相结合自方式，多层次、多渠道满足人才的安居需求。

28．优化人才家庭保障。简化人才落户办理程序，畅通高层次人才配偶、未婚子女、父母随迁落户通道。多渠道帮助引进人才解决配偶就业问题，对符合条件人才的配偶，暂时未就业的，给予每月不低于当地社平工资标准的生活补贴，并缴纳相应社会保险，最长不超过3年。建立分层分类人才子女入学协调解决机制，妥善解决人才子女入学问题。加快国际学校和中外合作办学机构建设。

29．优化人才医疗保障。定期组织高层次人才进行全面体检，并做好日常保健工作。对符合条件的人才，给予市属医疗保健待遇、三级甲等医院定点医疗机构优先安排、专家提前预约等绿色就医通道服务。积极引进国际医疗机构和管理团队，鼓励支持具备条件的医疗机构与国际保险公司合作并开展直接结算业务。

30．深化人才领域“最多跑一次”改革。完善党管人才体制机制，建立健全市、县两级人才工作领导小组运行机制，进一步明确各成员单位职责任务，推进将行业、领域人才队伍建设纳入相关职能部门三定方案。提升高层次人才服务联盟效能，建立人才服务清单和服务指南，建设人才公共信息综合服务平台，提升人才服务水平。

本意见自发布之日起施行，《关于实施人才发展新政策的意见》（甬党发〔2015〕29号）同步废止（除本意见明确延续实施的基础人才购房补贴条款）。本意见与宁波市级其他人才政策文件不一致的，按本意见执行。如遇到国家重大政策调整时，本意见可做相应调整。对同一事项涉及多项奖励、补助等的，按“就高、补差、不重复”原则执行。各地各有关单位要结合实际，制定具体实施办法，确保各项政策落到实处。

中共宁波市委
宁波市人民政府
2018年10月11日

中共温州市委 温州市人民政府
关于高水平建设人才生态最优市的40条意见

（温委发〔2018〕28号）

为推动创新创业人才集聚，助力传统产业改造提升和新兴产业培育壮大，打造浙南人才高地，根据《中共中央印发〈关于深化人才发展体制机制改革的意见〉的通知》（中发〔2016〕9号）、《省委、省政府关于深化人才发展体制机制改革支持人才创业创新的意见》（浙委发〔2016〕14号）和《省委省政府关于印发〈高水平建设人才强省行动纲要〉的通知》（浙委发〔2017〕42号）等文件精神，现就高水平建设人才生态最优市，提出如下意见。

一、加强创新人才团队建设

1．加强顶尖人才招揽。对自主申报入选或新全职引进的中国或发达国家院士、国家最高科技奖获得者等A类人才，经认定给予500万元个人奖励。对全职引进A类人才的用人单位，按照用人单位实际研发投入1：1比例给予最高1000万元奖励。研发投入从人才引进日起算，由税务部门认定。对取得国际国家级重大项目的，通过“一事一议”确定支持额度。

2．加快高端人才集聚。对自主申报入选或新全职引进的国家“千人计划”“万人计划”等B类人才、省“千人计划”“万人计划”等C类人才，经认定分别给予100万元、50万元个人奖励（其中短期项目个人奖励额度减半；对省特级教师，从市外新全职引进的给予50万元安家补贴，自主申报入选的按年度考核奖的形式发放奖励）。企业每新自主申报入选或新全职引进1名B类、C类科技创新类人才，按企业实际研发投入1：1比例分别给予500万元、300万元奖励。研发投入从人才引进日起算，由税务部门认定。

3．强化高层次人才引育。更大力度实施市“海外精英引进计划”，给予创新长期项目、创业项目、短期项目入选者30万元、30万元、15万元个人奖励，给予海外工程师、海外专家智力项目引进单位10万元、5万元引才奖励，对获省海外工程师和国家级省级海外专家智力项目的，按上级奖励1：1额度给予用人单位配套奖励。实施市“高层次人才特殊支持计划”，分杰出人才、领军人才、青年拔尖人才三类，分别给予50万元、15万－40万元、15万－40万元特殊支持，分3年拨付。

4．助推紧缺人才招引。实施市“新动能工程师引进计划”，鼓励企业从市外引进从事过工程、技术、研发、设计等工作的工程师、程序员和工业设计师等，经认定后，按正高级工程师每人20万元、副高级工程师每人10万元的标准给予企业奖励，分2年发放。实施更加开放的人才落户政策，本科以上学历和应届大专毕业生允许先落户后择业，初级及以上职称、高级工及以上职业资格的人才就业即可落户。鼓励企事业单位引进硕士研究生以上学历的高层次人才。支持高校毕业生到我市就业创业，按照《温州市人民政府办公室关于进一步引导和鼓励高校毕业生到基层工作的通知》（温政办〔2017〕70号）等有关文件兑现奖励补贴。

5．深化企业家人才培育。开展“温商名家”“科技温商”“青蓝接力”行动，重点从“隐形冠军”培育企业负责人、科技型中小企业负责人和“创二代”中择优培养一批新时代青年企业家，给予每人15万元特殊支持，用于政府定制培养项目支出，包括专题培训、高级研修、赴国外学习考察、代际交流、导师帮带、挂职锻炼等，分3年予以支持，每人每年不超过5万元。

6．加快高技能人才培养造就。实施“瓯越工匠”技能人才集聚工程。分别给予自主申报入选或新全职引进的中华技能大奖获得者、省“杰出技能人才”、省“拔尖技能人才”100万元、30万元、3万元奖励；分别给予市“‘特支计划’高技能领军人才”、市“首席技师”15万元、2万元特殊支持；给予世界技能大赛新获奖者、省级以上技能竞赛新获奖者每人每次15万－50万元、5000元－5万元个人奖励。贯通技能人才与专业人才职业发展，特级技师、高级技师分别按相当于正高级、副高级职称落实本政策相关待遇，技工院校高级工班、技师班毕业生分别按相当于大专、本科学历落实本政策相关待遇。

7．推进创新团队建设。凝聚并稳定支持一批高水平创新团队，经评审分“顶尖（Ⅰ类）”“杰出（Ⅱ类）”“领军（Ⅲ类）”“优秀（Ⅳ类）”给予资助，其中科技型团队分别给予3000万元、1000万元、500万元、100万元团队建设资助，其他类别资助额度减半。入选浙江省领军型创新创业团队的，按照不低于省级财政投入额度进行配套资助。对特别重大团队实行“一事一议”。

二、加大人才创业项目扶持力度

8．创业启动支持。鼓励人才带技术、带资金、带团队在温创办企业，对A类、B类、C类、D类、E类人才（以最新温州市高层次人才分类目录为依据，下同），有意向来温创业或首次在温创办企业不超过1年的，经所在县（市、区）或园区认定分别给予200万元、100万元、80万元、60万元、40万元“创业券”支持，“创业券”主要用于仪器设备、科技服务、创业孵化等支出，兑现额度为实际支出的50%，有效期2年。

9．创业发展资助。在温创办超过1年但未满5年的A类、B类、C类、D类、E类人才创业企业，经所在县（市、区）评审、市委人才工作领导小组认定后，授予市“领军型人才创业项目”称号，分别给予企业不少于1000万元、800万元、400万元、200万元、100万元创业发展资助。自主申报入选的“国千”“国万”创业项目、“省千”“省万”创业项目、市“海外精英引进计划”创业项目，无需评审直接授予市“领军型人才创业项目”称号，并分别给予不少于800万元、400万元、200万元创业发展资助。创业发展资助与“创业券”采取“就高”原则享受。申请时，企业实际投入原则上应不少于财政资助资金。对特别重大项目实行“一事一议”。

10．发展贡献奖励。支持人才创业企业开展首台（套）产品研发，对企业研发的设备认定为国内、省内首台（套）产品的，分别给予100万元、50万元奖励。鼓励对人才创业企业持续性支持，对市“领军型人才创业项目”创业发展资助期开展综合评价，对评定为优秀的项目继续给予发展贡献奖励。奖励额度按人才贡献评价结果确定，连续奖励3年，累计奖励不超过1000万元。

11．场地空间支持。鼓励县（市、区）、园区为各类创业人才项目提供优质办公（研发）场所，给予免租或减租优惠政策。A类、B类、C类人才领衔项目入驻温州国家高新区（浙南科技城）、浙南产业集聚区、瓯江口产业集聚区、温州市国家大学科技园、生命健康小镇等平台的，给予3年按实际租金的全额补贴，涉及新建自持自用楼宇的（不分割产权），参照浙南科技城新型产业用地（MO）政策。

12．优化工商登记。外籍人才可持“浙江红卡”直接申办外资企业工商登记，免除提交其主体资格证明或身份证明应经其本国主管机关公证后送达我国驻该国使（领）馆认证的材料要求。长期在国外定居的海外高层次人才可持“浙江红卡”直接申办内资企业工商登记。E类以上人才创业注册资本（金）可全部以技术出资，非货币出资比例不受限制。

13．做强“人才投”。引导市科技创业创新投资基金和民间资本重点投资人才企业。设立“温州市人才创业创新投资基金”，撬动社会资本大力支持人才团队创新创业项目发展。E类以上人才以股权、不动产、技术发明成果及其他形式的非货币性资产投资科技型企业，对其转让非货币性资产所得应缴个人所得税，纳税人一次性缴税有困难的，经主管税务机关备案，可在5年内分期缴纳。对综合效益明显的创业投资（股权）基金及管理机构，可安排2—10名金融人才引才财政奖励，具体按照新动能培育有关文件兑现奖励。

14．深化“人才保”。E类以上人才创业企业引入信保基金业务，享受担保费率下浮10%－60%。对商业担保机构为E类以上人才创业企业提供信用担保服务，按实际代偿损失的40%予以补偿，最高不超过50万元。

15．完善“人才贷”。进一步加大对人才创新创业的信贷支持，鼓励金融机构在温设立人才服务银行，对E类以上人才降低审贷标准，提高授信额度。E类以上人才创业企业实施市级以上人才项目而使用金融机构贷款所发生的利息支出，给予不超过实际付息的50%、最高30万元的贴息补助，贴息资金采用总额控制和后补助的方式，每个项目连续贷款2年及以上的累计贴息补助额不超过50万元。

三、完善便捷周到的人才服务机制

16．给予租房补贴。向在温企业或高校、科研院所工作且目前无住房的人才发放租房补贴，其中D类以上人才、正高级职称人才、博士研究生每月2400元，副高级职称人才、全日制硕士研究生和其他E类人才每月1200元，全日制本科生每月600元，补贴时间累计不超过5年。

17．提供购房补贴。向全职在温工作且在温首购商品住房的A类、B类、C类、D类人才分别发放500万元、100万元、80万元、60万元的一次性购房补贴。向全职在温企业工作并在温首购商品住房的正高级职称人才和博士研究生、副高级职称人才和全日制硕士研究生、“双一流”大学全日制本科毕业生分别发放40万元、20万元、10万元一次性购房补贴。对当年新上市的制造业企业，给予2个40万元的人才购房补贴名额，名额当年有效，在人才购房时落实。以上对象申请时本人及配偶应未曾拥有过60平方米以上的温州市住房且未享受过温州市住房优惠政策。购房补贴发放时应减去已享受住（租）房补贴额。所购住房须办理有限产权，自办理产权之日起限期10年。以上人才在温购买首套商品房的，其公积金可贷额度在按规定比例支付首付款后，可按贷款地住房公积金贷款最高额度申请贷款。鼓励支持县（市、区）、产业集聚区加大人才限价商品住房建设力度，多元化解决人才住房问题。

18．建设国际人才社区。加大人才公寓建设力度，分层次分类别为人才安排过渡性用房，优先安排企业急需紧缺人才入住。选择国际人才集聚的区域，以国际人才需求为导向，打造一批以人才公寓为基础，有海外氛围、有多元文化、有创新事业、有宜居生活、有服务保障的“国际人才社区”，为国际人才提供职住一体的生活配套服务。国有企业持有物业用于人才社区（人才公寓）的投入成本可视为当年考核利润。

19．优化子女入学政策。在学前和义务教育阶段，对D类以上人才、企业正高、企业博士子女，由公办学校无障碍安排；对市区范围内省、市直属单位正高职称人才或博士研究生的人才子女，根据教育资源情况，由公办学校统筹安排；对其他E类人才子女，各级教育部门根据人才单位所在地或其居住地（租住地）就近统筹安排。在高中教育阶段，E类以上人才子女可不受户籍地限制，报考（或转入）父母居住地或工作地的公办高中，享受本行政区其他学生同等待遇。在一定区域范围内，推进E类以上人才、“双一流”大学全日制本科以上毕业生“租购同权”先行先试。加快国际学校和中外合作办学机构（项目）建设，推进教育国际化进程。

20．妥善安排家属就业。对全职引进到我市企事业单位工作的D类以上人才，其配偶有来温工作意愿的，可由引进单位及所在地组织、人力社保部门根据有关政策规定，给予优先安置或推荐到性质相同、相近的本地单位工作。暂时无法解决的，可由人才引进单位提供公益性岗位，或按照当地最低工资标准每月给予生活补助，并给予缴纳社会保险，补助和缴纳时间不超过3年。

21．优化社会保障。D类以上人才社会保险缴费出现中断的，可按市外中止时间无缝接续。职工基本医疗保险终断缴费6个月以内的，不经等待期直接享受医疗保险待遇。建立实行企业人才集合年金制度，鼓励企业留住人才，对参加企业人才集合年金的非公企业，根据人才的学历，地方财政按照企业为人才缴纳集合年金的50%给予补贴，博士研究生每人每年最高补贴1万元，全日制硕士研究生、“双一流”大学全日制本科生每人每年最高补贴8000元，补贴期限5年。

22．落实“店小二式”服务。完善党政领导干部联系高层次人才制度，开展政治引领吸纳、重大节日走访慰问、日常联系关爱等多种形式的服务活动。推进人才服务事项“一站办”，提高人才工作信息化水平。向D类以上人才发放“一卡通”，人才凭卡可享受机场、动车站、景区等贵宾通道和行政审批代办、不限号预约医疗专家、一年一次免费健康体检、疗养休假等优惠待遇。打造一批集“专家休闲、智力服务、会友交友”为一体的人才休闲养生基地，人才凭卡可享受贵宾服务。

四、深化引才用才机制改革

23．畅通引才渠道。对新全职引进A类、B类、C类、D类创新类人才的机构（个人），经认定分别给予60万元、30万元、10万元、5万元的奖励。对受县级以上部门委托新引进E类人才或市紧缺急需目录人才的机构（个人），按每人1万元的标准给予机构（个人）奖励。对帮助园区新引进并入选市“领军型人才创业项目”的机构（个人），经认定后按每个项目5万元的标准给予奖励。探索“政府+人才+机构+大数据平台”四维引才新模式，组建温州市“以才引才”服务联盟，安排一定的专用经费，用于人才引进对接工作。深化海内外人才联络站（工作站）建设，对绩效优秀的给予3万—5万元奖励。支持开展全市统一组织的赴国内外招才引智和人力资源服务业提升活动，补贴参团民营企业（机构）一定费用，每家每次不超过2万元。支持向温州人力资源服务业协会等专业机构购买服务，用于招才引智、人才培养的服务费标准可提高至20%。

24. 减轻用人单位引才育才负担。支持用人单位引进高层次人才，对自主申报入选B类、C类人才的高校院所，给予30万元、10万元引才奖励。对企业向E类以上人才支付的一次性住房补贴、安家费、科研启动经费等费用，可按规定在计算企业所得税前扣除。国有企业引进E类以上人才产生的人才专项投入成本和持有物业用于创新创业空间的投入成本可视为当年考核利润。

25. 妥善解决岗位聘用问题。高校、科研院所、公立医院新引进A类、B类、C类创新型科技人才，可不受编制数和岗位结构比例限制；新引进D类、E类创新型科技人才，岗位职数不足时，经组织、编办、人社部门核准，可不受编制数和岗位结构比例限制。因不同制度没有职称的，可设立特聘岗位予以解决，享受同等岗位人员待遇。

26. 实施灵活的薪酬分配制度。高校、科研院所、公立医院新引进A类、B类、C类创新型科技人才，单位可自主探索实行年薪工资、协议工资、项目工资等多种薪酬分配制度，其薪酬待遇水平可由单位自主确定，薪酬计入当年单位工资总额，经主管部门审核，不纳入绩效工资总量。允许高校、科研院所根据高层次人才密度、科研目标任务完成情况以及科研成果转化等因素，适当增加绩效工资总量。公办职业院校开展职业技能培训，部分所得可以用于劳动报酬分配且不纳入绩效工资。建立完善人才分类评价和贡献评价机制。

27. 支持高校科研院所成果转化。高校、科研院所科研人员经所在单位同意，可以在职创业并按规定获得报酬。成果在市内转化的，重要贡献人员和团队的收益比例不得低于70%。科技人员获得人才奖励、科技进步奖励、承担企业科研项目所获收入、科技成果转化奖励、科研经费绩效奖励，均不纳入绩效工资总量。

28. 建立更加畅通的人才流动制度。打通高校院所与企业人才流动通道，支持事业单位在编在岗科研人员携带科研项目、成果或技术到我市范围内企业从事科技研究、科技开发、科技服务或创办企业，符合条件的可申请不超过5年的离岗期。企业引进的高层次人才，符合条件的可同时由温州市创新驱动发展研究院聘用，引进前没有编制的给予自收自支事业编制，已有编制的按照原编制类型落实。

29. 改进因公临时出国（境）管理。高校和科研院所直接从事教学科研任务的人员、在高校和科研院所及其二级单位担任领导职务的专家学者和产业园区直接负责人才工作的人员，出国（境）执行学术交流合作、招才引智、洽谈合作办学、建设海外创新中心、研究院等，不计入本单位和个人年度因公临时出国（境）批次限量管理范围，出访团组、人次数和经费单独统计。

五、高水平推进人才平台建设

30. 建设浙南科创大走廊。以建设国家自主创新示范区为契机，发挥温州国家高新区（浙南科技城）、温州高教园区、温州生态园和温州市国家大学科技园等平台优势，打造一个集产业创新服务综合体、制造业创新中心、城市湿地公园和科技金融中心、生命健康小镇等于一体，科教资源密集、人才资源密集、生态资源密集的科创大走廊。

31. 探索海外创新中心和复合型研究院等离岸平台建设。鼓励支持地方政府和园区（开发区）、企业等，在全球科技密集地打造一批集聚高层次人才和团队的海外创新中心。对新建的海外创新中心，在协议期间给予运营企业经费保障，根据实际进度需要分批拨付。对发挥明显的运营企业，再给予一定的奖励。入驻海外创新中心的项目，3年内免场租，符合条件的可享受创业启动资金和创业发展资助等政策。运营企业引进人才项目按机构引才奖励政策标准给予奖励。对高校科研院所在市外设立的创新型机构和企业在海外建设的复合型研究院、海外分支机构引进的人才，符合条件的可纳入市县人才计划体系，享受相应的人才政策待遇。

32. 积极创建产业创新服务综合体。重点在电气、泵阀、鞋业、服装、汽摩配等传统产业和新一代信息技术、生物医药、智能装备、新能源汽车、新材料、激光与光电等新兴产业领域布局一批产业创新服务综合体，引进培育一批技术开发人才、成果转化人才、科技中介人才，为各类人才创新创业提供创意设计、研究开发、检验检测、创业孵化、教育培训、技术市场等产业创新服务。

33. 推进“千人计划”产业园建设。鼓励有条件的县（市、区）、产业集聚区创建“千人计划”产业园，开展人才管理改革试验，实行“特殊区域特殊政策”，探索专业机构运营管理，完善科技金融保障措施，加强生活配套设施建设，提升平台承载能力。

34. 加快人力资源服务产业园建设。加快国内外知名人才中介机构集聚，对首次入园的企业，经认定给予最高20万元的启动资金，按企业实际硬件配套投入50%兑现。支持县（市、区）、产业集聚区给予首次入园企业一定的场租补贴或租金减免优惠。鼓励产业园引进专业运营商开展竞争性运营，给予当年绩效考核第一名的运营商一次性奖励，奖励额度根据当年考核指标完成情况确定，最高20万元。对引进HROOT全球百强和浙江省五星级人力资源服务企业的运营商，按每家20万元的标准给予奖励。

35. 建好用好院士专家工作站。对新建1年后考核合格的省级、市级院士专家工作站，分别给予30万元、20万元奖励。对新建3年后考核优秀的省级、市级院士专家工作站，分别再给予30万元、20万元奖励。对评定为全国示范院士专家工作站的，再给予20万元奖励。探索开展专家工作站建设，给予作用发挥明显的专家工作站最高10万元奖励。支持国家级和省级学会来温开展创新驱动助力工程。

36. 提高博士后科研工作站建设水平。对新建国家、省级博士后科研工作站，分别给予30万元、20万元建站奖励，对评定为国家级优秀、省级优秀、市级优秀站点的，再分别给予30万元、20万元、10万元奖励。对进站博士后、优秀博士后导师、优秀科研项目分别按10万元/人、10万元/人、5万元/个的标准给予补助。

37．加大技能人才培育平台建设力度。分别给予新创成的省级、市级重点产业高技能人才公共实训基地不少于100万元、20万元奖励，分别给予国家级、省级、市级技能大师工作室10万元、5万元、3万元的一次性资助，对考评优秀的公共实训基地、技能大师工作室，分别给予最高20万元、5万元奖励。对新建成的省、市技能人才自主评价和认定示范企业，分别给予不少于10万元、5万元奖励。

六、健全人才优先发展保障机制

38．完善人才工作考核机制。完善党管人才工作格局，健全人才工作述职制度，全面推进人才工作述职评议考核。加大对党政领导班子和领导干部人才工作目标责任制考核力度，将人才工作纳入考绩体系重要指标。考核结果作为考核评价领导班子和领导干部的重要依据。

39．建立人才工作容错免责机制。建立并实施有利于人才创新的纪检、巡视、审计制度。对人才创新创业项目进行经费资助，符合规定条件、标准和程序，但资助项目未达到预期发展效果的，相关领导干部在勤勉尽职、没有谋取非法利益的前提下，免除其决策责任。科技成果转化转移定价过程中，领导人员决策和实施过程合规，履行勤勉尽责义务、未谋取非法利益的，不因后续价值变化追究决策责任。

40．健全人才政策兑现机制。加大财政投入力度，建立人才经费稳定增长机制，完善人才资金管理使用评价机制。加强部门间财政人才资金统筹使用，形成集成支持。本意见所涉及的奖补资金除明确由市财政支付外，均按照现行财政体制分担，市本级和各县（市、区）、功能区都必须及时足额到位。同一人获同序列称号奖项的按就高原则。同一人获不同序列多项称号奖项的，2年内按“就高、不重复”原则，2年后新获称号奖项等于（同一成果除外）或高于现层次的再给予奖励。开展政策兑现督查，对不兑现、不落地、擅自设立前置条件的严肃问责，对无正当理由兑现不及时、不到位的予以通报批评。

本意见自2018年1月1日起实施。各县（市、区）、产业集聚区可参照执行或制定不低于本意见力度的人才政策。我市已发布的各项人才政策与本意见不一致的，以本意见为准（相关废止文件见附件1）。已依据原人才政策启动奖励资助程序，但未兑现完毕的，按原政策继续执行。

本意见中A类、B类、C类、D类、E类人才由市委人才工作领导小组办公室根据《温州市高层次人才分类目录》认定，《温州市高层次人才分类目录》根据实际需要进行动态调整（2018年版本见附件2）；所指企业为注册地和财政收入均在温州市范围内的企业，房地产、贸易型企业均不享受本意见全部条款；所称“以上”均含本数。

本意见由中共温州市委负责解释，具体工作由中共温州市委办公室商中共温州市委人才工作领导小组办公室及有关职能部门承担。

附件：1．废止文件目录（略）

2．温州市高层次人才分类目录（2018年）（略）

中共温州市委

温州市人民政府

2018年5月15日

绍兴“海内外英才计划”实施办法

（绍市委人领〔2018〕2号）

为贯彻落实党的十九大精神，高水平建设人才强市，聚天下英才而用之，加快推动高质量发展，根据《关于加强高层次科技创业创新人才队伍建设加快推进创新驱动发展的意见》（绍市委发〔2016〕38号）、《高水平建设人才强市三年行动计划》（绍市委发〔2017〕106号）精神，特制定本办法。

一、目标任务

面向海内外加大引才力度，着力集聚我市传统产业改造提升和新兴产业培育发展急需的高层次创业创新人才，力争通过5年时间，新引进落户800名绍兴“海内外英才计划”人才，其中引进和入选国家、省“千人计划”“万人计划”人才300人，培育领军型创新创业团队20个以上、高新技术企业50家以上、上市公司及新三板挂牌公司10家以上，形成若干个有影响力的高新技术特色产业链。

二、申报领域和类别

重点围绕高端装备、现代医药、电子信息、人工智能、大数据、新材料、新能源、高端纺织、绿色化工、节能环保、金属加工、现代住建、通用航空等产业，以及涉水治水、文化旅游、创意设计、经济金融等领域。申报分创新人才和创业人才两大类：创新人才是指到我市企业、高校、科研机构从事技术创新、科学研究的海内外高层次人才；创业人才是指来我市注册创（领）办高新技术企业的海内外高层次人才。突出领军型人才项目、产业化成熟项目、企业（上市公司）合作项目、创投资本进入项目“四个优先”导向。

三、申报条件

申报人选年龄一般不超过55周岁，非华裔海外人才具有博士学位并申报创新人才长期项目的，可放宽到65周岁。

（一）创新人才长期项目

1．一般应在海内外知名高校取得博士学位。

2．一般应在海内外知名高校或科研院所担任副教授及以上或相当职务的专家学者，或在国内外知名企业、机构担任中高级领导职务的专业技术人才和经营管理人才。

3．申报人掌握的核心技术应当拥有自主知识产权，研发水平和成果为同行公认，具备国际先进、国内一流水平。

4．申报人技术创新体系健全，以企业为依托的，所在企业应具备较好的经营业绩，并能为申报人提供必要的科研资金和研发设备。

一般应在近3年内全职来绍兴工作，申报人须在申报截止日前签订工作（意向）合同、办妥相关引进手续或承诺在合同签订之日起3个月内全职到岗。引进后应在绍兴连续工作5年以上且每年工作时间不少于9个月。

（二）创新人才短期项目

1．申报人仅限海外高层次人才，即引进时未全职在国内工作，且符合创新长期人才项目其他资格条件。

2．应在近1年内回国并来绍兴工作（服务），且在申报截止日前签订工作合同并办妥相关引进手续。

3．与绍兴用人单位签订至少连续3年、每年在绍兴工作2至9个月的工作合同，并明确合同期内工作成果知识产权的归属。

4．鼓励和支持上市公司、龙头企业通过海外并购、建立海外研发中心等方式延揽国际化人才，允许企业海外研发中心或海外分公司新引进的符合上述资格条件的海外高层次人才申报创新人才短期项目。

（三）创业人才项目

1．申报人一般应在海内外知名高校取得硕士以上学位。

2．创业团队应包括1名负责人和至少3名核心成员，负责人及至少1名核心成员一般应有海外创业经历或在国内外知名企业担任过中高级技术管理职务3年以上，有突出的研究成果或成果转化业绩，有较强的经营管理能力。

3．申报人拥有自主知识产权，技术成果具有国际国内领先水平，并处中试或产业化阶段，目标产品市场前景较好。

4．申报人为所在企业主要创办人且为第一大股东，自有资金（含技术入股）或跟进的风险投资占创业投资的30%以上，且本人投入企业的实收资金在人民币100万元以上。一家企业只能申报一名创业人才。

5．申报人来绍兴工作一般不超过3年，从先申报再注册落户逐步转为先完成企业注册手续再行申报。

对上述三类人才项目，特别优秀的可适当放宽申报条件。

（四）直接认定人才项目

1．自然科学研究或工程技术领域的国际顶尖专家（主要为诺贝尔奖、图灵奖、菲尔茨奖等国际大奖获得者；相当于中国“两院”院士的美国、英国、德国、日本、加拿大、澳大利亚、俄罗斯等发达国家顶尖人才；在世界一流大学〔近3年QS世界大学排名前100〕，美国、英国、德国等国家实验室等科研机构以及世界知名企业实验室中担任重要职务的国际著名学者），年龄不超过65周岁，引进后应全职在绍兴创业创新不少于5年，可直接认定为绍兴“海内外英才计划”A类人才。

2．申报人为国家“千人计划”人才，年龄不超过58周岁，引进后应全职在绍兴创业创新不少于5年，可直接认定为绍兴“海内外英才计划”B类人才。

3．对投资机构以投带引推动人才创业项目落户绍兴，引进人才项目符合绍兴“海内外英才计划”申报条件且机构实际到位投资额5000万元、2000万元、1000万元以上的，可分别直接认定为绍兴“海内外英才计划”A类、B类、C类人才。

4．经绍兴市海内外高层次人才引进工作专项办公室（简称市专项办）认定的海内外高层次人才创新创业大赛，按人才获奖等级可分别直接认定为绍兴“海内外英才计划”A类、B类、C类人才。

四、申报评审程序

（一）发布公告。市专项办根据年度工作安排，通过多种渠道发布申报评审公告，明确申报人才项目资格条件、支持政策及相关流程。

（二）申报受理。申报对象及用人单位对照公告要求，认真填写人才项目申报材料，完整提供相关证明材料，提交落户区、县（市）和市直开发区。

（三）审核评估。各区、县（市）和市直开发区组织相关部门对申报对象学历学位、工作经历等申报条件进行核查，对多头申报等情况进行调查审核，委托相关中介机构对发明专利、著作权等知识产权进行查证，必要时可邀请相关领域专家对项目进行评估。审核通过的，向市专项办提交申报材料及审核评估报告。

（四）资格复审。人才项目申报截止后，市专项办会同市科技局、人力社保局，结合各地知识产权查证情况和项目初评情况，对申报人才的教育工作经历、相关知识产权、科研成果等进行审核认定，研究确定入围答辩对象，并通知其按指定时间地点参加现场评审。

（五）答辩评审。由市专项办牵头组建专家评审小组，对评审对象及所带项目、技术及科研成果等进行评审，评审结果分A、B、C三类。A类为具有国际领先、国内一流技术，可直接进行产业化生产的项目；B类为具有国际成熟、国内领先技术，产业化程度较高的项目；C类为具有国际国内先进技术、代表产业发展方向、具有较大市场潜力的项目。

（六）实地核查。市专项办组织有关部门对直接认定的人才项目进行核查，对答辩评审入选建议人才项目进行抽查，重点对人员到岗情况、项目启动进展情况以及评审中专家提出的问题等进行核实。

（七）公示发文。绍兴“海内外英才计划”入选名单经市委人才工作领导小组审定通过后公示7天，无异议的，正式发文公布。

五、支持保障政策

根据《关于加强高层次科技创业创新人才队伍建设加快推进创新驱动发展的意见》《高水平建设人才强市三年行动计划》，绍兴“海内外英才计划” 入选人才享受相应的扶持政策和特定的生活待遇，并授予“绍兴市特聘专家”称号。主要有：

（一）项目资助。对入选“海内外英才计划”A类、B类、C类的创业人才项目，分别给予500万元、300万元、200万元项目资助，项目启动后给予50%的资金资助，创业人才自有资金及风投资金实际投入或累计销售额达到政策资助总额后拨付剩余的50%资金资助。对入选“海内外英才计划”A类、B类、C类的创新人才长期项目，分别按引进人才年薪的70%、60%、50%给予企业引才薪酬补助，每年最高不超过100万元、60万元、40万元，补助时间不超过5年。对入选“海内外英才计划”A类、B类、C类的创新人才短期项目，参照创新人才长期项目的企业引才薪酬补助比例，每年最高分别不超过50万元、30万元、15万元，补助时间不超过3年。对高校、科研院所等事业单位和国有企业申报入选的“海内外英才计划”创新人才项目，按项目扶持、人才补助各50%的比例给予相应类别的资助。

（二）配套资助。对我市自主申报入选的国家、省“千人计划”人才，在分别参照“海内外英才计划”A类、B类创业创新人才项目资助标准的基础上，按照国家、省补助奖励额度分别给予入选人才1∶1配套补助奖励（即“国千”配套奖励200万元、“省千”配套奖励100万元，创新短期减半计）。入选省领军型创新创业团队的，给予500万元配套资助。

（三）创业扶持。对“海内外英才计划”人才创业企业，提供不少于200平方米且3年免租创业场所或给予相应租金补贴，给予贷款额1000万元内按基准利率2年全额贴息。人才创业企业自成立5年内，每年给予纳税销售1%的奖励，累计奖励不超过500万元；引入创业投资机构、本地企业500万元以上投资、投资期超过2年以上的，按投资额8%的比例资助，最高不超过200万元。

（四）信贷支持。“海内外英才计划”人才创业企业自成立5年内，对银行、小额贷款公司等合法放贷机构以信用贷款方式发放的贷款，按贷款本金实际损失的40%予以补偿；对以专利权、商标权等无形资产抵质押发放的贷款，按贷款本金实际损失的30%予以补偿；对商业担保机构为高层次人才创业企业提供信用担保服务，按实际代偿损失的40%予以补偿；对上述补偿单家高层次人才创业企业最高不超过200万元。

（五）房票补贴。对国家和省“千人计划”人才、“海内外英才计划”人才，给予60万—100万元的房票补贴，人才凭房票购买商品房，可用于购房首付，并享受首付后全额住房公积金贷款政策，或给予为期10年每年3万—5万元的租房补贴。

（六）专家津贴。对国家和省“千人计划”“万人计划”人才、省特级专家、省领军型创新创业团队带头人，给予为期5年的专家津贴，当年补贴额度与个人对地方贡献相当。

（七）子女就学。“海内外英才计划”人才落户后，其子女在义务教育段可选择就读学校一次；高中段的通过中考成绩折算，对符合本地学校录取条件的，可转入相应学校就读。

（八）配套服务。“海内外英才计划”人才落户后可享受医疗保健、户籍及居留、出入境签证、车驾管理服务、人事代理、住房公积金办理、企业注册等方面的优惠政策和优质服务。

（九）引才奖励。对为我市引进落户国家、省“千人计划”人才（须我市自主申报入选）的中介组织，分别给予每人次最高20万元、10万元的引才奖励；对为我市引进落户“海内外英才计划”A类、B类、C类人才的中介组织，分别给予每人次最高5万元、3万元、2万元的引才奖励。

六、工作机制

（一）建立工作机构。成立市海内外高层次人才引进工作小组，由市委常委、组织部长任组长，市委人才办、市科技局、市财政局、市人力社保局、市经信委的主要负责人任副组长，成员由市委人才工作领导小组成员单位分管领导及相关处室负责人组成。工作小组在市委人才工作领导小组的领导下，负责全市海内外高层次人才引进工作的宏观指导、政策制定、统筹协调和组织实施，下设绍兴市海内外高层次人才引进工作专项办公室，承担工作小组的日常工作。

（二）健全工作机制。完善海内外高层次人才引进工作运行机制，健全工作小组成员单位联席会议制度、服务人才专项例会和人才服务专员制度、重大事项通报制度、引才工作督促检查制度等，及时了解掌握海内外高层次人才工作、生活情况，切实解决人才创业创新实际困难。在海智汇·绍兴国际人才创业创新服务中心设立“海内外英才计划”人才服务窗口，建立人才引进落户“一条龙”服务机制。

（三）拓展引才渠道。加强与驻外使（领）馆、海内外人才协会组织、行业协会的联系，推进与国内外知名猎头公司等中介机构的协作，加大海内外引才工作站建设力度，完善落实市场化引才激励举措。定期摸排梳理全市企事业单位人才项目需求信息，常态化开展企业与高层次人才的对接活动，提升引才工作成效。

（四）完善考核评估。把海内外高层次人才引进服务工作作为区、县（市）委书记抓人才工作述职评议、人才工作目标责任制考核的重点内容。完善绍兴“海内外英才计划”人才绩效评估制度，对有突出贡献的引进人才给予奖励，对因触犯法律或个人原因未履行与用人单位签订的协议（合同）的，终止其享受的相关资助及待遇。

本办法由中共绍兴市委人才工作领导小组办公室负责解释。对同属绍兴“海内外英才计划”人才、区（县、市）及市直开发区专项引才计划人才的，按“就高、不重复”原则兑现政策。所涉及的资助、奖励、补助等资金按照财政体制由项目落户地承担，市属企事业单位人才项目的资助、奖励、补助等资金由市财政承担。

中共绍兴市委人才工作领导小组
2018年3月2日

安徽省

安徽省人民政府关于推动创新创业高质量发展打造“双创”升级版的实施意见

（皖政〔2018〕105号）

为贯彻落实《国务院关于推动创新创业高质量发展打造“双创”升级版的意见》（国发〔2018〕32号）精神，深入实施创新驱动发展战略，进一步激发市场活力和社会创造力，结合我省实际，提出如下实施意见。

一、总体要求

（一）指导思想。

以习近平新时代中国特色社会主义思想为指导，全面贯彻党的十九大和十九届二中、三中全会精神，坚持新发展理念，坚持以供给侧结构性改革为主线，按照高质量发展要求，深入实施创新驱动发展战略，通过打造“双创”升级版，进一步激发创新创业活力，降低创新创业成本，提升创业带动就业能力，增强科技创新引领作用，优化创新创业服务，破解创新创业融资难题，构筑创新创业发展高地，推动形成线上线下结合、产学研用协同、大中小企业融合的创新创业格局，为加快建设现代化五大发展美好安徽提供坚实保障。

（二）主要目标。

——创新创业服务全面升级。市场化、专业化众创空间功能不断拓展，创新创业服务平台能力显著提升，创业投资持续增长并更加关注早中期科技型企业，新兴创新创业服务业态日趋成熟。到2020年，全省孵化器总数达到300家以上，众创空间总数达到400家以上，在孵企业达到1万家以上。

——创业带动就业能力明显提升。培育更多充满活力、持续稳定经营的市场主体，直接创造更多就业岗位，带动关联产业就业岗位增加，促进就业机会公平和社会纵向流动，实现创新、创业、就业的良性循环。“十三五”期间，全省新增注册企业70万个以上，带动就业200万人以上。

——科技成果转化应用能力显著增强。企业、高校和科研院所科技成果转移转化能力显著提高，市场化的技术交易服务体系进一步健全，科技成果转化载体蓬勃发展，科技型创业加快发展，科技创新与传统产业转型升级结合更加紧密，形成多层次科技创新和产业发展主体。

——大中小企业创新创业价值链有机融合。一批高端科技人才、优秀企业家、专业投资人成为创新创业主力军，大企业、科研院所、中小企业之间创新资源要素自由畅通流动，内部外部、线上线下、大中小企业融通发展水平不断提升。

二、重点工作

（一）促进“双创”环境升级，充分激发创新创业活力。

1．深入推进简政放权。进一步简化企业从设立到具备一般性经营条件所需环节，压缩办理时间，提高服务效率，2018年年底前，全省实现企业开办时间压缩至3个工作日以内。试点探索扩大企业简易注销的适用范围、压缩企业简易注销公告时间，支持未开业和无债权债务企业快速退出市场。（责任单位：省市场监管局）积极推行由政府统一组织对地震安全性评价、地质灾害危险性评估、规划环境影响评价、节能评价等事项实行“区域评估”。（省发展改革委、省自然资源厅、省生态环境厅、省水利厅等按职责分工负责）打破行政性垄断，进一步清理废除妨碍统一市场和公平竞争的规定和做法，全面实施全国统一的市场准入负面清单，推动“非禁即入”普遍落实。（省发展改革委、省商务厅、省市场监管局按职责分工负责）

2．营造公平市场环境。加强社会信用体系建设，构建信用承诺、信息公示、信用分级分类、信用联合奖惩等全流程信用监管机制。（省社会信用体系建设联席会议成员单位按职责分工负责）引导和规范共享经济良性健康发展，推动共享经济平台企业切实履行主体责任。（省发展改革委、省经济和信息化厅、省市场监管局按职责分工负责）建立完善对“互联网+教育”“互联网+医疗”等新业态、新模式的高效监管机制，严守安全质量和社会稳定底线。（省教育厅、省卫生健康委、省市场监管局按职责分工负责）

3．加大要素保障。加快建设覆盖全省的整体联动、部门协同、入口统一、一网办理的“互联网+政务服务”体系，加快推进政务服务“一网通办”和企业群众办事“只进一扇门”“最多跑一次”。构建全省统一、多级互联的数据共享交换平台体系，健全数据安全共享交换机制。（省加快推进“互联网+政务服务”工作领导小组成员单位按职责分工负责）完善适应新就业形态的用工和社会保险制度，加快建设“网上社保”。（责任单位：省人力资源社会保障厅、省医保局、省税务局）积极落实产业用地政策，深入推进城镇低效用地再开发，健全建设用地“增存挂钩”机制，优化用地结构，盘活存量、闲置土地用于创新创业。（责任单位：省自然资源厅）

（二）促进“双创”发展动力升级，大幅降低创新创业成本。

4．加大财税政策支持力度。落实扶持小微企业发展的各项税收优惠政策。企业开展研发活动实际发生的研发费用，未形成无形资产计入当期损益的，在按规定据实扣除的基础上，在2018年1月1日至2020年12月31日期间，再按照实际发生额的75%在税前加计扣除；形成无形资产的，在上述期间按照无形资产成本的175%在税前摊销。对个人在二级市场买卖新三板股票比照上市公司股票，按照国家要求对差价收入免征个人所得税。将国家级科技企业孵化器和大学科技园享受的免征房产税、增值税等优惠政策扩大至省级，符合条件的众创空间也可享受。（省财政厅、省税务局、省科技厅按职责分工负责）

5．完善创新创业产品和服务政府采购等政策措施。落实支持创新和中小企业的政府采购政策。发挥采购政策功能，加大对重大创新产品和服务、核心关键技术的采购力度，扩大首购、订购等非招标方式的应用。（责任单位：省财政厅）

6．加快推进首台（套）重大技术装备示范应用。落实《支持制造强省建设若干政策》和《安徽省首台（套）重大技术装备认定和示范应用管理暂行办法》，经省认定的首台（套）重大技术装备，对省内研制和使用单位，分别按首台（套）售价的15%给予补助，合计最高可达500万元；对本省企业投保首台（套）重大技术装备综合险的，按年度保费的80%给予补助。（省经济和信息化厅、省财政厅等按职责分工负责）加快军民两用技术产品发展和推广应用。发挥众创、众筹、众包和虚拟创新创业社区等多种创新创业模式的作用，引导中小企业等创新主体参与重大技术装备研发，加强众创成果与市场有效对接。（省发展改革委、省科技厅、省经济和信息化厅、省财政厅等按职责分工负责）

7．建立完善知识产权管理服务体系。出台《安徽省高价值专利认定和管理实施方案》，加快形成一批战略性高价值专利组合。加快建设“江淮知识产权对接交易平台”。针对电子商务、食品药品、环境保护、安全生产等重点领域，以及展会、进出口等重点环节开展专利执法维权“雷霆”专项行动，精确、快速打击假冒专利和重复、群体性侵权行为。积极运用在线识别、实时监测、源头追溯等“互联网+”技术强化知识产权保护。（责任单位：省知识产权局）

（三）促进“双创”主体升级，不断提升创业带动就业能力。

8．调动科研人员创新创业积极性。鼓励和支持高校、科研院所等事业单位专业技术人员携带科研项目和成果离岗创业，保障离岗创业人员合法权益，消除后顾之忧。健全科研人员评价机制，将科研人员在科技成果转化过程中取得的成绩和参与创业项目的情况作为职称评审、岗位竞聘、绩效考核、收入分配、续签合同等的重要依据。建立完善科研人员校企、院企共建双聘机制。（省科技厅、省人力资源社会保障厅按职责分工负责）

9．强化大学生创新创业教育培训。在全省高校推广创业导师制，深化社会责任感、创新精神和实践能力“三位一体”人才培养模式改革，引导高校将创新创业教育融入人才培养全过程，把创新创业教育和实践课程纳入高校必修课体系，允许大学生用创业成果申请学位论文答辩。支持高校、职业院校（含技工院校）深化产教融合，深化校企合作，积极开展生产性实习实训。（省教育厅、省人力资源社会保障厅按职责分工负责）

10．健全农民工返乡创业服务体系。深入推进农民工返乡创业试点工作，对获得认定的国家级农民工返乡创业试点（示范）县，给予最高200万元资金补助。支持引导各地建设一批省级农民工返乡创业示范园，每个园区给予120万元资金补助。（省发展改革委、省人力资源社会保障厅按职责分工负责）建立健全返乡下乡创新创业综合服务机构。（责任单位：各市人民政府）进一步发挥创业担保贷款政策的作用，鼓励金融机构按照市场化、商业可持续原则对农村“双创”园区（基地）和公共服务平台等提供金融服务。（人行合肥中心支行、省财政厅、省人力资源社会保障厅、省地方金融监管局按职责分工负责）各市和省直管县应将不低于省下达新增建设用地计划总数的2%，专项用于农村新产业新业态发展和新型农业经营主体进行辅助设施建设。（责任单位：省自然资源厅）

11．完善退役军人自主创业支持政策和服务体系。加大退役军人培训力度，鼓励有条件的高校、职业院校（含技工院校）面向退役军人开展创业意识教育、创业素质培养、创业项目指导、企业经营管理等培训。健全退役士兵信息共享机制，积极搭建就业推荐平台，帮助退役军人与用人单位更好地实现双向选择。大力扶持退役军人就业创业，落实好现有税收优惠政策，根据个体特点引导退役军人向科技服务业等新业态转移。支持退役军人参加创新创业大会和比赛。（省退役军人厅、省教育厅、省人力资源社会保障厅等按职责分工负责）

12．提升归国和外籍人才创新创业便利化水平。加快省级留学人员创业园建设，遴选资助一批高层次人才回国创新创业项目。（责任单位：省人力资源社会保障厅）健全留学回国人才和外籍高层次人才服务机制，在签证、出入境、社会保险、知识产权保护、落户、永久居留、子女入学等方面进一步加大支持力度。（省人力资源社会保障厅、省科技厅、省外办、省公安厅、省知识产权局、各市人民政府按职责分工负责）

13．推动更多群体投身创新创业。深入推进创新创业巾帼行动，鼓励支持更多女性投身创新创业实践。（责任单位：省妇联）进一步落实《促进皖台经济文化交流若干措施》，不断深化皖台经济合作。（责任单位：省台办）加快建设合肥国家海外人才离岸创新创业基地建设，探索海外人才离岸创新创业新模式。（责任单位：合肥市人民政府）推行终身职业技能培训制度，将有创业意愿和培训需求的劳动者全部纳入培训范围，针对创业不同群体、不同阶段、不同领域，开展更具针对性的创业培训，打造安徽“阶梯式创业培训”品牌。（责任单位：省人力资源社会保障厅）

（四）促进“双创”支撑能力升级，持续增强科技创新引领作用。

14．增强创新型企业带动作用。在重点领域和关键环节布局建设一批制造业创新中心、技术创新中心、工程（技术）研究中心、企业技术中心等创新平台，充分发挥创新平台资源集聚优势。加大对“专精特新”中小企业支持力度，对省认定的“专精特新”和成长型小微企业，分别给予每户一次性奖补50万元。鼓励中小企业参与产业关键共性技术研究开发，持续提升企业创新能力，培育一批具有创新能力的制造业单项冠军企业，壮大制造业创新集群。健全企业家参与涉企创新创业政策制定机制。（省经济和信息化厅、省科技厅、省发展改革委按职责分工负责）

15．推动高校科研院所创新创业深度融合。健全科技资源开放共享机制，鼓励科研人员面向企业开展技术开发、技术咨询、技术服务、技术培训等，促进科技创新与创业深度融合。推动高校、科研院所与企业共同建立概念验证、孵化育成等面向基础研究成果转化的服务平台。面向高校、科研院所，每年遴选并立项支持一批创新度高、市场前景好的科技成果，通过

与企业联合开展工程化研发，持续提升全省高校、科研院所科技成果成熟度。（省科技厅、省教育厅按职责分工负责）

16. 健全科技成果转化的体制机制。加强科技成果源头管理，完善科技成果登记统计制度和信息发布机制。大力培育高质量科技中介服务机构，形成一批专业化、高水平科技中介服务法人实体。鼓励高校、科研院所科技人员和技术转移机构等科技中介服务机构、技术经纪人等对国内外先进技术成果进行寻找捕捉，对寻找捕捉科技成果在皖转化并产生效益的机构给予奖励。（责任单位：省科技厅）

（五）促进“双创”平台升级，全面优化创新创业服务。

17. 提升孵化机构和众创空间服务水平。支持各地利用闲置厂房、仓库等，兴办创业苗圃、创业社区、创业咖啡、创新工场等众创空间，积极引导众创空间向专业化、精细化方向升级。支持引导高校、科研院所、骨干企业建设一批顺应技术进步和产业升级趋势、聚焦细分行业的孵化器，强化创业培训、技术服务、经营管理和政策指导等功能。加快建设功能完备的加速器，优化提升创业辅导、财务金融、法务咨询等方面服务。（责任单位：省科技厅）

18. 搭建大中小企业融通发展平台。根据国家部署实施大中小企业融通发展专项行动计划，加快培育一批基于互联网的大企业创新创业平台、国家中小企业公共服务示范平台。（责任单位：省经济和信息化厅）鼓励大中型企业开展内部创业，鼓励有条件的企业依法合规发起或参与设立公益性创业基金，鼓励企业参股、投资内部创业项目。鼓励国有企业探索以子公司等形式设立创新创业平台，促进混合所有制改革与创新创业深度融合。（省国资委、省经济和信息化厅、省发展改革委等按职责分工负责）深入推进小微企业创业创新示范基地建设。（责任单位：省经济和信息化厅）推进供应链创新与应用，加快形成大中小企业专业化分工协作的产业供应链体系。（责任单位：省商务厅）

19. 深入推进工业互联网创新发展。落实工业互联网三年行动计划，强化财政资金引导作用，加快发展工业互联网。引进培育工业互联网平台，形成广覆盖、多层次、强功能的网络平台体系。实施“皖企登云”行动计划，推动我省工业企业上云上平台。推广总结一批工业互联网APP优秀解决方案。鼓励产学研用合作建设工业互联网创新中心，开展关键共性技术研究、标准研制、试验验证等。（责任单位：省经济和信息化厅）

20. 完善“互联网+”创新创业服务体系。创新打造“安徽省创业服务云平台”，及时发布创新创业先进经验和典型做法，进一步降低各类创新创业主体的政策信息获取门槛和时间成本。（责任单位：省人力资源社会保障厅）完善“双创”线上服务，推动各地建立线上服务平台，动态掌握平台内在孵企业信息、融资需求等，精准服务、精准施策。（责任单位：省科技厅）

21. 打造创新创业重点展示品牌。办好全国大众创业万众创新活动周分会场活动，充分发挥“创响中国”安徽省创新创业大赛、“创客中国”安徽省创新创业大赛、“赢在江淮”安徽省创业大赛、“创青春”安徽青年创新创业大赛、“互联网+”大学生创新创业大赛、安徽省农村创业创新项目创意大赛、中国创新创业大赛安徽赛区比赛等赛事活动作用，加强对赛事活动中优秀创新创业项目的跟踪支持。积极打造“徽姑娘”“皖嫂”创新创业品牌，不断提升品牌影响力和社会信誉度。（省发展改革委、省经济和信息化厅、省人力资源社会保障厅、团省委、省教育厅、省农业农村厅、省科技厅、省妇联、省科协等按职责分工负责）

（六）促进“双创”金融服务升级，着力破解创新创业融资难题。

22. 引导金融机构有效服务创新创业融资需求。鼓励地方法人金融机构科学细分市场和客户，为本地创新创业提供有针对性的金融产品和差异化服务。督促银行机构完善小微企业金融服务机制，赋予基层网点更多小微企业贷款的审批发放权限。支持地方法人银行机构设立科技金融专营部门，制定单独的绩效考核机制、风险定价与容忍机制。强化农村中小金融机构的定位监管，培育和发展村镇银行。持续推动银行业金融机构普惠金融体制机制建设。支持银行业金融机构积极稳妥开展并购贷款业务，提高对创业企业兼并重组的金融服务水平。（安徽银保监局、省地方金融监管局、人行合肥中心支行按职责分工负责）

23. 充分发挥创业投资支持创新创业作用。鼓励省属国有创业投资企业加强与国家各类创业投资引导基金对接。鼓励有实力的天使投资人与省内创新创业资源丰富的众创空间、孵化器、加速器及产业园合作，搭建天使投资人与创业企业、创业投资企业的信息交流和合作平台。支持合肥、芜湖、蚌埠等市建设创业投资集聚区。（省发展改革委、省财政厅、省科技厅、省地方金融监管局、安徽证监局等按职责分工负责）

24. 拓宽创新创业直接融资渠道。支持发展潜力好但尚未盈利的创新型企业上市或在新三板、省区域性股权市场挂牌。推动科技型中小企业和创业投资企业发债融资，支持符合条件的企业发行“双创”专项债务融资工具。按照国家股权众筹风险专项整治工作要求，建立长效监管机制，规范发展互联网股权融资平台。（省发展改革委、省科技厅、安徽证监局、省地方金融监管局、人行合肥中心支行等按职责分工负责）

25. 完善创新创业差异化金融支持政策。支持银行机构完善知识产权评估和风险控制体系，探索开展知识产权质押融资业务。支持银行业金融机构探索开展外部投贷联动业务合作，推动科技金融服务模式创新。支持保险公司为科技型中小企业知识产权融资提供保证保险服务，发挥融资增信作用。实施战略性新兴产业重点项目信息合作机制，为战略性新兴产业提供更具针对性和适应性的金融产品和服务。（省发展改革委、省科技厅、安徽银保监局、省地方金融监管局、人行合肥中心支行按职责分工负责）

（七）促进“双创”载体升级，加快构筑创新创业发展高地。

26. 打造具有国际影响力的科技创新策源地。高标准规划国家级合肥滨湖新区，加快建设国际一流的滨湖科学城，全面提升参与全球科技竞争合作能力。加快建设合肥综合性国家科学中心，高水平建成聚变堆主机关键系统综合研究设施等大科学装置，在量子信息、核聚变等领域形成一批具有国际领先水平的原创成果，在人工智能、网络安全、生命科学等领域形成一批引领性、颠覆性技术。加快建设“数字江淮”中心。以全球视野招才引智，引进培养集聚一大批国际水平的科技人才和高水平创新团队。（合肥市人民政府、省发展改革委、省科技厅按职责分工负责）

27. 培育创新创业集聚区。推动战略性新兴产业集聚发展基地、高新技术开发区聚焦战略性新兴产业，构建园区配套及服务体系，大力培育新经济、新业态、新模式，充分发挥创新创业集群效应。鼓励符合条件的经济技术开发区或经济开发区打造大中小企业融通型、科技资源支撑型等不同类型的创新创业特色载体。积极争创综合性国家产业创新中心，提升关键核心技术创新能力。加快推进长三角区域协同创新网络建设。（省发展改革委、省科技厅、省商务厅等按职责分工负责）

28. 加快建设“双创”示范基地。积极支持有条件的企业、高校和科研院所、开发园区争创国家级“双创”示范基地。支持合肥高新技术产业开发区、芜湖高新技术产业开发区等“双创”示范基地加速集聚资本、人才、技术、政策等优势资源。支持中科院合肥物质科学研究院“双创”示范基地加速转移转化科技成果，逐步把人才优势和科技优势转化为产业优势。支持合肥荣事达电子电器集团有限公司“双创”示范基地以机制创新为驱动，不断提升品牌价值。积极推进长三角“双创”示范基地联盟建设，共享创新创业资源，共建创新创业支撑平台。推进有条件的“双创”示范基地积极开展创新创业国际合作。（省发展改革委，合肥、芜湖市人民政府按职责分工负责）

三、保障措施

（一）加强政策统筹。发挥省推进大众创业万众创新联席会议统筹作用，建立部门之间、部门与各地之间高效协同机制，统筹利用好“三重一创”、制造强省、科技创新等专项资金，促进科技、金融、财税、人才等支持创新创业政策措施有效衔接。（责任单位：省推进大众创业万众创新联席会议成员单位）根据国家“双创”发展统计指标体系，做好全省创新创业统计监测工作。（责任单位：省统计局）

（二）加强责任落实。各地、各部门要结合实际制定具体实施方案，明确工作目标，落实任务分工。开展创新创业痛点堵点疏解行动，梳理制约创新创业的痛点堵点问题，督促限期解决。（各市人民政府、省推进大众创业万众创新联席会议成员单位按职责分工负责）

（三）加强示范引导。深入实施“四送一服”双千工程，加强对创新创业政策和经验宣传，营造良好舆论氛围。举办经验交流会和现场观摩会，加强先进经验和典型做法的推广应用。（责任单位：各市人民政府）

安徽省人民政府
2018年12月23日

“创业江淮”行动计划（2018—2020年）

（皖政办〔2018〕44号）

为贯彻落实《国务院关于做好当前和今后一段时期就业创业工作的意见》（国发〔2017〕28号）、《国务院关于强化实施创新驱动发展战略进一步推进大众创业万众创新深入发展的意见》（国发〔2017〕37号）以及《安徽省人民政府关于进一步促进当前和今后一段时期就业创业工作的通知》（皖政〔2017〕111号）、《安徽省人民政府关于进一步推进大众创业万众创新深入发展的实施意见》（皖政〔2017〕135号）精神，优化整合各部门创业资源，激发各类群体创业热情，增强经济发展动力，促进创业带动就业，制定本行动计划。

一、指导思想

以习近平新时代中国特色社会主义思想为指导，全面贯彻落实党的十九大和十九届二中、三中全会精神，深入实施五大发展行动计划，坚持以人民为中心的发展思想，坚持新发展理念，深化“放管服”改革，创优“四最”营商环境，健全体制机制，完善扶持政策，整合推动各类资源、平台、要素向创业集聚，在更大范围、更高层次、更深程度上推进创业，促进创业带动就业，为增强经济创新力和竞争力、加快建设现代化五大发展美好安徽提供强有力支撑。

二、总体目标

2018至2020年，全省新增注册企业70万个以上，带动就业200万人以上；开展阶梯式创业培训18万人次以上；累计建设市级以上众创空间300个以上，集聚创客8万人次以上；发放创业担保贷款100亿元以上；促进大学生等青年创业12万人以上；创业环境进一步优化，创业政策进一步完善，创业服务进一步改进，创业质量进一步提升，创业氛围进一步浓厚。

三、提升八大工程

（一）提升创客逐梦工程，推进创新创意成果转化。优化众创空间布局，引导众创空间向专业化、精细化方向升级，促进众创空间科学化、多元化发展。推进重点产业领域众创空间建设发展，促进龙头骨干企业围绕主营业务方向建设众创空间，鼓励科研院所、高校围绕优势专业领域建设众创空间，打造一批乡村版众创空间。推进皖南皖西乡村旅游创客示范基地建设，打造一批国家级创新平台和“双创”基地。加强国际合作，建成一批低成本、全要素、便捷化、环境优、品牌好的众创空间。加快建设一批初创企业和服务机构集聚度高、活跃度高、协同性强、辐射力强的创新创业示范基地。（责任单位：省科技厅、省发展改革委、省教育厅、省经济和信息化委、省财政厅、省人力资源社会保障厅、省国资委、省税务局、省工商局等）

（二）提升创业领航工程，提高创业者创业能力。深化高校创新创业教育改革，将创新创业教育贯穿人才培养全过程，在培养方案、课程体系、教学方法和管理制度等方面将改革持续向纵深推进，促进专业教育与创新创业教育有机融合。强化创新创业实践，着力培养学生的创新精神和创业能力。扩展对象范围，突出培训重点，创新培训模式，规范培训机构发展，提高教学管理水平，提升劳动者创业能力和素质。打造安徽“阶梯式创业培训”品牌，针对创业不同群体、不同阶段、不同领域，开展更具针对性的创业培训，给予每人100—1300元的培训补贴。强化创业培训师资队伍建设，招募成功创业者、天使投资人、知名专家学者组建省级创业服务专家团、导师团，为创业者提供多层次、多形式辅导。加强创业人才培养，建设一批创业示范大学、创业示范学院，探索建立创业智库或创业研究院，支持社会力量参与创业教育培训，打造全链条创业人才培养载体。（责任单位：省人力资源社会保障厅、省教育厅、省经济和信息化委、省财政厅、团省委等）

（三）提升创业筑巢工程，解决创业主体场地问题。实施国家“双创”示范基地三年行动计划，建设一批高水平的创业创新示范基地。在经济技术开发区、产业集聚区、现代农业示范区等园区，建设省级农民工返乡创业示范园150个，给予每个园区120万元资金补助。支持建设安徽青年创业园，重点扶持高校毕业生、留学归国人员等青年群体创办工业设计、电子商务、人力资源、动漫设计、新技术新产业新模式等服务业企业，给予每个园区80万—1200万元资金补助。推进小微企业创业创新示范基地建设，对被评为国家级、省级小微企业创业创新示范基地的，分别给予一次性奖补100万元、50万元。推动老旧商业设施、仓储设施、闲置楼宇、过剩商业地产转为创业孵化基地。发挥孵化基地资源集聚和辐射引领作用，细化各类孵化基地补贴、奖补等政策，为创业者提供指导服务和政策扶持。发挥行业领军企业、创业投资机构、社会组织等主力军作用，整合、提升、完善一批公共创业孵化基地，鼓励社会各界整合资源发展各类创业平台。（责任单位：省人力资源社会保障厅、省发展改革委、省科技厅、省经济和信息化委、省财政厅、省住房城乡建设厅、省农委、团省委等）

（四）提升融资畅通工程，提高创业者贷款可获得性。扩大贷款对象范围，降低贷款申请条件，放宽贷款和贴息要求，优化申请办理程序，打造创业担保贷款升级版。对还款积极、带动就业能力强、创业项目好的借款个人和小微企业，可提供累计不得超过3次的创业担保贷款贴息。稳妥开展“社保贷”试点，对符合条件的小微企业，由创业贷款担保基金提供担保，银行可根据企业参保缴费的信用情况，提供不超过200万元、最长不超过2年的信用贷款。鼓励各地结合实际，适当放宽创业担保贷款借款人条件，相关创业担保贷款由各市财政部门自行决定贴息标准和条件。改进风险防控，推行信贷尽职免责制度。引导金融机构开展应收账款、动产、供应链融资等创新业务，提供科技融资担保、知识产权质押、股权质押等方式的金融服务，拓宽创业投融资渠道。拓展省股权托管交易中心市场功能，推动青年创业企业集中挂牌，为创业企业提供登记、展示、股权转让、融资对接等综合金融服务。（责任单位：省财政厅、省人力资源社会保障厅、人行合肥中心支行、省发展改革委、省教育厅、省政府金融办、安徽银监局、安徽证监局、团省委等）

（五）提升青年创业工程，扶持高校毕业生等青年创业。以高校毕业生为重点，以高校毕业生就业创业促进计划为载体，完善支持高校毕业生等青年群体的创业政策措施，进一步扩大高校毕业生创业规模。普及创业教育，加强创业培训，实现在校大学生创业教育全覆盖，确保每一个有创业愿望和培训需求的大学生都有机会获得创业培训。鼓励高校设立创业扶持资金，为高校毕业生等青年群体提供多渠道资金支持。优化整合现有资源，研究设立高校毕业生创业基金，为高校毕业生创业提供股权投资等融资服务。引导大学生在战略性新兴产业、先进制造业、现代服务业、新技术新产业新模式等领域自主创业，提升创业层次和质量。支持大学生返乡创业，鼓励创建命名一批大学生返乡创业示范基地。培育符合高校毕业生创业特点和产业发展方向的“互联网+”和现代服务业等高成长性项目，打造一批高校毕业生创业精品项目，给予一定的资金扶持或奖励，引领更多高校毕业生投身创业创新活动。加强青年创业典型选树，开展“安徽青年创业奖”评选。（责任单位：省人力资源社会保障厅、省教育厅、省财政厅、团省委等）

（六）提升高端人才创业工程，鼓励精英人士创业创新。支持科技人才团队创新创业，每年审核选择一批携带具有自主知识产权的科技成果，在省内创办公司或与省内企业共同设立公司，开展科技成果转化活动的科技团队，在市（县）先行投入支持的基础上，省以债权投入或股权投资等方式，分别给予1000万元、600万元、300万元支持。鼓励事业单位专业技术人员离岗创业，3年内保留其人事关系；离岗创业期间，与原单位其他在岗人员同等享有参加职称评聘、岗位等级晋升和社会保险等方面的权利，要求返回原单位的，按离岗时原聘专业技术岗位职务安排工作。加大对留学人员来我省创新创业扶持力度，每年遴选一批优秀项目和创业企业给予资金支持。支持省级留学人员创业园建设，对新建省级留学人员创业园给予200万元资助，对3年内达到一定标准创业成功的留学归国人员给予最高50万元补助。支持创业投资企业及管理机构、科研院所、高等学校等建设一批博士后科研工作站，给予一定的资金补助。（责任单位：省人力资源社会保障厅、省委组织部、省科技厅、省教育厅等）

（七）提升返乡农民工创业工程，服务乡村振兴战略。结合实施乡村振兴战略和区域发展战略，按照高质量发展要求，根据资源条件和产业优势，科学确定返乡农民工创业发展方向，提高创业质量和效益。鼓励引导外出务工人员返乡创业就业，支持农民工返乡创业试点（示范）县建设，对获得认定的国家级农民工返乡创业试点（示范）县，省统筹就业补助资金根据绩效对其重点就业创业项目给予补助，每个县（市）最多补助200万元，并积极争取国家政策性金融支持。开展“接您回家”活动，引导在外省的农民工、企业家等返乡就业创业，可在创业地享受与当地劳动者同等的创业扶持政策。鼓励和引导返乡农民工按照法律法规和政策规定，通过承包、租赁、入股、合作等多种形式，创办领办家庭农场林场、农民专业合作社、农业企业、农业社会化服务组织等新型农业经营主体，引导返乡农民工在农林产品加工、休闲观光农业、农业生产性服务业、振兴传统工艺等领域创业。（责任单位：省发展改革委、省人力资源社会保障厅、省财政厅、省农委、省工商局，各市人民政府等）

（八）提升退役军人创业工程，扶持退役军人创业。坚持退役军人就业创业政策优先，在享受普惠性就业创业扶持政策和公共服务基础上，支持各地结合实际再给予特殊优惠优待。鼓励天使基金、风险投资和创业投资基金等社会资本以多种方式支持退役士兵创业，鼓励社会资本设立退役军人创业基金，拓宽多元化资金支持渠道。把退役士兵作为创业培训重点对象，开展线上线下创业培训，开设远程公益培训课程。支持有条件的地方建设创业示范大学退役士兵分院，为退役军人提供优质创业教育培训。通过搭建公共服务平台、孵化器、众创空间等，有针对性地解决缺场地、缺资金、缺技术等问题，为退役军人创业创造条件。（责任单位：省退役军人事务管理部门、省民政厅、省财政厅、省人力资源社会保障厅、省税务局，各市人民政府等）

四、优化两大平台

（九）优化安徽省创业服务云平台。深入实施"互联网+政务服务"，充分利用创业服务云平台，整合集聚更多全国优质创业资源，并通过电子创业券方式，为服务对象提供基本就业创业服务。探索组建安徽省创业数据资源中心，进一步促进创业数据资源汇聚、开放，打破信息孤岛，实现各部门创业服务资源共享，构建创业大数据服务体系。以"线上资源聚集、线下活动对接"为宗旨，针对不同创业阶段，提供与之相适应服务内容，实现对创业过程的精准扶持，打造集政策咨询、能力测评、线上微课、项目推介、孵化融资、代理服务、导师指导、创业培训、研学交流于一体的安徽省创业服务生态圈。（责任单位：省人力资源社会保障厅、省教育厅、省财政厅、省工商局等）

（十）优化创业创新竞赛平台。按照"政府引导、公益支持、市场运作"模式，支持相关部门、社会团体针对不同群体定期组织开展创业创新项目竞赛，打造安徽创业赛事品牌。省人力资源社会保障厅每2年牵头举办一届"赢在江淮"全省创业大赛，重点鼓励高校毕业生、返乡农民工、退役军人等群体参赛。省发展改革委牵头办好"创响中国"安徽创新创业大赛，省科技厅牵头办好中国创新创业大赛安徽赛区赛事，省经济和信息化委牵头办好"创客中国"安徽省创新创业大赛和全省工业设计大赛，省教育厅牵头办好全省大学生创新创业大赛，省农委牵头办好全省农村创业创新项目创意大赛，团省委牵头办好"创青春"等青年创业大赛。通过竞赛选拔一批优秀创业创新项目，搭建创业资源对接平台，推介一批创业典型人物和案例，营造浓厚创业氛围。（责任单位：省人力资源社会保障厅、省委宣传部、省发展改革委、省科技厅、省教育厅、省经济和信息化委、省财政厅、省农委、省工商局、团省委等）

五、保障措施

（十一）加强组织领导。各地、各部门要充分认识实施"创业江淮"行动计划的重要意义，加强组织领导，周密部署实施。各级就业工作领导小组及责任单位要大力推动创业带动就业，健全协作机制，明确任务分工，推进各项创业政策措施落地落实。各有关部门要充分发挥职能作用，加强协同配合，共同推进"创业江淮"行动计划实施。（责任单位：省人力资源社会保障厅，各市人民政府等）

（十二）强化资金保障。各级政府要加大投入，统筹安排各类创业引导和扶持资金，强化资金预算执行和监管。推行资金使用绩效评价，落实评价结果与资金分配挂钩制度，推动资金使用效益最大化，确保创业扶持政策落实到位，保障"创业江淮"行动计划有序推进。（责任单位：省财政厅、省人力资源社会保障厅，各市人民政府等）

（十三）加大宣传力度。坚持正确导向，加强政策解读，充分运用各类宣传媒体，以群众喜闻乐见的方式，大力宣传推进"创业江淮"的政策措施和经验做法，宣传优秀创业项目、创业人物，大力弘扬创业创新文化，推动创新精神、企业家精神和工匠精神融合，进一步引导和推动各类人员投身创新创业大潮，营造敢为人先、宽容失败的良好氛围。（责任单位：省委宣传部、省人力资源社会保障厅等）

（十四）跟踪督促服务。落实"2+N"招聘日工作制度，全省联动，常态化、机制化开展"每月逢8就业招聘""周六人才对接招聘"两大主题招聘活动，统筹开展特殊群体和地方特色招聘活动，为创业企业提供强有力的人力资源支撑。各级就业工作领导小组要加强督促检查和工作指导，采取实地督导、第三方评估、信息通报等方式，跟踪进展情况，加强工作调度，及时总结推广先进经验，确保责任到位、政策到位、措施到位，确保行动计划取得实效。（责任单位：省人力资源社会保障厅，各市人民政府等）

安徽省人民政府办公厅

2018年10月12日

安徽省扶持高层次科技人才团队在皖创新创业实施细则（修订）

（皖科〔2018〕1号）

第一条　为扶持高层次科技人才团队（以下简称科技团队）在皖创新创业，根据《中共安徽省委安徽省人民政府关于实施创新驱动发展战略进一步加快创新型省份建设的意见》《安徽省人民政府关于印发支持科技创新若干政策的通知》精神，制定本细则。

第二条　本细则所称的科技团队是指拥有自主知识产权、具有国际先进或国内一流水平科技成果，落户安徽创业的省内外人才团队。

第三条　省政府对携带具有自主知识产权的科技成果，在皖创办公司或与省内企业共同设立公司，开展科技成果转化活动的科技团队，择优以股权投资或债权投入方式给予支持。

第四条 申请省扶持资金的科技团队，应具备以下条件：

（一）科技团队创办的公司注册成立3年以内；

（二）科技团队累计占其创办公司的股份不低于20%，且科技团队领军人直接持有其创设公司的股份；

（三）科技团队及其他股东现金出资不低于申报省级扶持资金支持额度；

（四）科技团队携带的科技成果应拥有自主知识产权，具有国际先进或国内一流水平，并能在自公司注册之日起18个月内转化为产品并形成销售收入；

（五）科技团队所在市科技部门出具书面推荐意见；

（六）科技团队所在市对科技团队资金支持不低于申报省级扶持资金支持额度，且在申报省扶持资金前已与科技团队签订股权投资或债权投入协议并资金支持到位。

第五条 省科技部门通过相关机构组织专家，从团队结构与水平、科技成果与知识产权、公司经营与管理、市（县、区）支持措施等方面，对各市申报的科技团队进行评审、现场考察，提出当年支持的科技团队建议名单，报省政府审定后公示。

第六条 对省政府审定且公示无异议的科技团队，给予以下支持：

（一）根据专家评审及现场核查意见，按照从高分到低分的原则，对在皖创新创业的科技团队分A、B、C三类予以支持，支持额度分别为1000万元、600万元、300万元；

（二）省扶持资金到位后，项目经评审认定取得重大进展或连续3年以上销售收入、上缴税收增长较快的B、C类科技团队，可向省扶持资金出资人（省投资集团控股有限公司）继续申请省扶持资金支持，经省科技部门组织评审确定后执行，单个科技团队累计支持最高不超过1000万元。

第七条 科技团队可选择股权投资或债权投入扶持方式。选择股权投资的，由科技团队创设公司与省扶持资金出资人签订5年期以内（含5年）股权投资协议；选择债权投入的，由科技团队创设公司与省扶持资金出资人签订5年期以内（含5年）债权投入协议，并由科技团队创设公司提供评估后的实物资产等值抵押，贷款利率按还款时的同期银行贷款基准利率计算。省扶持资金仅限用于公司研发和生产。

第八条 对科技团队的奖励形式主要包括上市奖励、业绩奖励和回购奖励。

（一）上市奖励。科技团队创设公司自协议签订之日起60个月内（含60个月）在国内主板、中小板、创业板或香港交易所、纽约证券交易所、纳斯达克证券交易所等全球重要交易场所成功上市（以正式发行之日为准），省扶持资金所形成权益全部奖励给科技团队成员，每延迟12个月（不足12个月按12个月计算）上市奖励比例减少20%。

（二）业绩奖励。自协议签订之日起连续5个会计年度内（含5年），科技团队创设公司累计实际缴纳税金（不含土地使用税）达到省扶持资金出资总额，奖励省扶持资金所形成权益总额的30%，在此基础上，实际缴纳税金（不含土地使用税）每增加20%，奖励增加10%，直至达到100%。

（三）回购奖励。自协议签订之日起60个月内（含60个月），科技团队有权在支付资金使用成本后，回购省扶持资金形成的股权。资金使用成本指按照省扶持资金出资总额及还款时(以回购协议签署之日为准)同期银行贷款基准利率计算的资金。

第九条 科技团队符合本细则第十条及相关规定的条件下，按照附件资料要求完成申报材料。

（一）申请上市奖励和业绩奖励。由省科技部门组织相关机构进行审计评价，根据科技团队创设公司业绩完成情况，按照本细则第八条（一）（二）款办理政策兑现；

（二）申请回购奖励。由科技团队直接向省扶持资金出资人提出申请，经审核后签署回购协议，按照本细则第八条（三）款办理政策兑现，并报省科技部门备案；

（三）以上奖励政策不允许同时享受。但对拟申报上市奖励的科技团队，在满足第八条（一）款省扶持资金100%奖励兑现前提下，允许科技团队先申请执行回购奖励，再申请兑现上市奖励，兑现金额为省扶持资金加上资金使用成本。

第十条 奖励政策期满但科技团队创设公司未达到奖励标准，省有权按协议约定收回投资。科技团队创设公司因经营不善等原因破产的，按照《中华人民共和国公司法》《中华人民共和国企业破产法》等相关法律法规进行清算。省扶持资金兑现上市奖励和业绩奖励后剩余资金、退出清算资金等，按规定上缴国库。

第十一条 对弄虚作假骗取省扶持资金的，一经发现全部予以收回，并按照有关规定对责任单位、申报单位及相关责任人给予严肃处理。

第十二条 省扶持资金出资人按照相关法律法规和政策规定，与省政府审定的科技团队及相关投资主体共同签订法律文件。省扶持资金应按相关规定做好存放管理，存放利息专项补作扶持科技团队在皖创新创业工作管理部分经费支出。

第十三条 省科技部门会同省发展改革、教育、经济和信息化、财政、人力资源社会保障、公安、国土资源、工商、外事等部门，负责协调落实支持科技团队创新创业的有关政策。科技团队所在市应制定办法，围绕当地产业需求，积极招引科技团队到本地创新创业，在资金、土地供给、基础设施配套、前期工作场所和生活场所提供等方面给予支持，为科技团队成员配偶就业、子女就学提供帮助。

第十四条 本细则由省科技、省财政部门负责解释，自发布之日起生效。本细则生效前签署的相关法律文件，依照原政策和相关协议执行。

安徽省科技厅
安徽省财政厅
2018年7月18日

中共马鞍山市委 马鞍山市人民政府
关于聚力打造人才高地推进创新驱动发展的实施意见

（马发〔2018〕3号）

为全面贯彻党的十九大确定的人才强国战略和“坚持党管人才原则，聚天下英才而用之”的战略思想，认真落实《中共中央印发〈关于深化人才发展体制机制改革的意见〉的通知》（中发〔2016〕9号）和《中共安徽省委印发〈关于深化人才发展体制机制改革的实施意见〉的通知》（皖发〔2016〕45号），现就聚力打造人才高地、推进创新驱动发展提出以下实施意见。

一、指导思想和目标任务

（一）指导思想。以习近平新时代中国特色社会主义思想为指导，深入贯彻党的十九大精神，围绕我市主导产业和战略性新兴产业，大力实施人才兴市，着力打造“人才高地、活力诗城”，坚持引得进、育得强、用得好、留得住，注重提高增量、激活存量、扩大总量，努力汇聚高端人才、用好本土人才、培养技能人才，充分发挥人才的基础性和先导性作用，为全力推动“三个走在前列”，全面开创新时代马鞍山现代化建设新局面提供坚强的人才智力支撑。

（二）目标任务。实施人才引进培养“诗城英才”计划，包括高层次人才引进“龙马”工程、青年人才引进“骏马”工程、柔性引进人才“驿马”工程和本土人才培养“1221”工程、人才能力提升工程。围绕我市主导产业和战略性新兴产业，5年内引进培养100名左右高端领军人才；围绕重点企业的关键技术岗位，5年内引进培养1000名左右工程技术关键人才；围绕城市与产业发展需求，5年内引进培养3万名以上高技能人才和大学生（含在马高校毕业生、回国留学生、外国留学生，下同）。

二、实施人才引进重点工程

（三）实施高层次人才引进“龙马”工程。突出高端装备制造、轨道交通装备、高端数控机床、绿色食品、生物医药、电子信息、节能环保、新能源新材料等主导产业和战略性新兴产业，制定“龙马”工程人选申报认定办法，对入选的人才及引进单位，分档次给予支持和补助。

1. 引进带有特别重大项目、产业核心技术的特殊人才，实行“一事一议”，支持额度上不封顶。

2. 引进《马鞍山市人才分类目录（试行）》中A层次第一、第二、第三类人才的，分别给予用人单位500万元、300万元、200万元综合补贴；引进B层次第一类、第二至三类、第四至五类人才的，分别给予150万元、120万元、80万元综合补贴；引进C层次第一类、第二至三类、第四至七类人才的，分别给予60万元、40万元、20万元综合补贴。综合补贴30%以内可用于人才薪金补贴，其余部分用于科技研发及产业化开发。

3. 引进人才新入选国家“千人计划（长期、外专）”“万人计划（领军人才）”的，给予50万元的奖励；入选“千人计划（短期、青年、外专）”“万人计划（青年拔尖）”和省“百人计划”（含外专）、“特支计划”的，给予30万元的奖励。

以上资金由市、县（区）财政按1∶1分担，分3年兑现。

（四）实施青年人才引进“骏马”工程。着眼于加强人才储备、优化人口素质结构，大力支持以大学生为主体的各类青年人才创新创业或来马就业。

1. 支持大学生创业。每年遴选20名左右优秀青年创业人才（团队），在3年设立期内，每年给予5万元资助。对在马创业的大学毕业生，分阶段给予首担、首贷、首投、首补支持。制定大学生创业免反担保贴息贷款办法，择优扶持一批大学生创业，被扶持大学生可申请首担10万元以内的创业贷款担保，并给予贴息。

按我市创业天使资金引导基金、政府投资引导基金、高层次科技人才团队创新创业扶持资金、科技小巨人企业培育、科技创新券等管理办法，给予创业大学生贷款、投资、后补助支持。

2. 对在我市自主创业或就业的大学毕业生、引进的中青年高级工及相应层次技能人才，与用人单位签订3年以上劳动合同，并参加社会保险的，分别给予博士生5万元、硕士生3万元、“双一流”大学（学科）和“985”“211”高校本科生2万元、其他高校本科生及高级工1万元的安家补贴，或每月1200元、800元、600元、300元的生活补贴。安家补贴分2年拨付，生活补贴期限为3年，补贴资金按现行财政体制承担。

（五）实施柔性引进人才“驿马”工程。鼓励企业和科研单位采取多种形式，柔性引进高层次人才。

1. 企业以特聘专家、技术顾问、委托技术攻关、技术项目承包、“周末工程师”等方式，柔性引进C层次及以上人才，其一个服务周期内报酬额达20万元以上的，按实际支付报酬的20%、最高20万元给予企业补助。补助资金按现行财政体制承担。

2. 推进院士工作站和博士后工作站建设。对经省备案的院士工作站、国家级和省级博士后科研工作站，市财政分别给予20万元、20万元、10万元奖励；对设站单位给予每年2万元工作经费资助；对博士后科研项目择优给予5万—10万元资助；对在站博士后给予每人每年4万元生活补助。

3．积极引进国外智力。对列入国家高端和首席外专项目、战略产业人才引进项目、企业创新人才引进项目、现代农业人才引进项目、社会发展人才引进项目、省级重点引智项目、国家和省级引智成果示范推广项目的，市财政给予等额叠加支持；获批国家和省级常规引智项目并按期完成的，分别给予5万元、3万元奖励。

三、推进人才培育重点工程

（六）实施本土人才培养“1221”工程。面向本土人才，选拔一批政治素质好、业务水平高、创新能力强、发展潜力大的中青年专业技术人才和高技能人才，加大培养扶持力度，促进人才成长。

1．每年评选10名左右市级优秀企业家，市财政给予每人10万元奖励。

2．每年遴选20个左右高层次科技人才团队，由县区、开发园区分三档给予500万元、300万元、150万元先行支持，市级经评审按不超过县区投入额配套支持；对成长性好、业绩突出的项目给予滚动或追加支持。同时，根据科技团队所创办企业的上市时间、税收贡献，分别给予相应的股权奖励。

3．每2年遴选20名左右学术和技术带头人，市财政给予每人4万元奖励；对其科研项目择优给予5万元资助；申报获批国家、省科研项目的，分别给予5万元、3万元资助。

4．每年评选10名左右“乡村振兴”带头人，市财政给予每人3万元奖励。

5．本土人才入选国家、省重点人才工程的，按引进人才同等标准给予奖补。

（七）实施人才能力提升工程。

1．围绕打造“技工大市、职教名城”目标，实施万名技能人才培养、高技能领军人才培育、高技能人才引进、职业技能竞赛、战新产业技能人才品牌、技工院校振兴六大项目，大力推进技能人才队伍建设。力争5年内全市高技能人才达11万人，其中新培养1.5万人。对高技能人才培养单位、引进单位及高技能领军人才、各级职业技能竞赛前3名获奖者、技能人才品牌等，按《马鞍山市技工大市建设实施方案》规定给予奖补。

2．围绕实体经济发展和科教文卫、环保事业需要，实施专业技术人员知识更新项目，推进继续教育，力争每年培养副高级以上专业技术人才500名、中初级专业技术人才3000名。

3．加强与著名高校、培训机构合作，举办专业化高端培训班、专题研修班，对列入市级项目的，市财政给予经费支持。组织企业高管赴著名高校、培训机构学习培训，经考核合格的，市财政按50%的比例、人均最高2万元标准补助培训班相关费用。

4．加强人才培训基地建设，鼓励各高等院校创办创业学院、各县区创办创业大学，经评估为市级及以上优秀培训基地的，市财政给予5万元补助；承办国家级、省级高研班的，分别给予5万元、3万元补助。

四、打造人才发挥作用平台

（八）推进科技研发平台建设。依托政府性投资公司，组建实体化战略性新兴产业技术研究总院，实施市场化运作。国家级科研机构、国内外知名高校、中央直属企业、行业龙头企业、跨国公司来我市全资或控股设立具有独立法人资格的研发机构，按我市支持企业自主创新若干政策规定，给予最高不超过3000万元综合支持；新建国家或省重点试验室、工程研究中心、技术创新中心等企业研发平台，给予最高不超过200万元奖励。

（九）推进人才创业平台建设。加强对现有孵化器、创业园等创业平台的整合提升。鼓励行业领军企业、创业投资机构、社会组织等社会力量参与“众创空间”等新型创新创业载体建设，打造一批低成本、便利化、全要素、开放式的创业孵化平台。对新认定的国家级、省级科技企业孵化器，按我市支持企业自主创新若干政策分别给予50万元、30万元资助。

五、完善人才管理激励机制

（十）命名突出贡献人才。按有关规定，制定“市突出贡献人才”评选办法，定期开展评选命名，最高奖励50万元。对获评“省突出贡献人才奖”的，市财政给予50%的叠加奖励；获国务院、省政府特殊津贴人才，给予等额叠加津贴；获“安徽省政府友谊奖”外国专家，给予50万元一次性奖励。

（十一）强化人才创业投资激励。高层次科技人才创新创业团队或初创期成长型企业，符合《马鞍山市政府投资引导基金管理办法》规定条件的，经审核通过给予股权投资支持；符合《马鞍山市创业天使投资引导基金管理办法》规定条件的，经审核通过给予天使引导基金投资支持。

（十二）强化人才分配激励。鼓励科技成果通过市场化方式转让转化，其收益用于奖励作出重要贡献人员（团队）的比例不低于70%。对高层次人才所持股票期权、股权期权、限制性股票、股权奖励、科技成果投资入股等个人所得税，实行递延至转让时按20%税率缴纳。对外国人才，按我省有关加强新形势下外国人才引进工作实施意见的规定，给予税收优惠。鼓励高校、职业学校、公立医院等事业单位制定向人才倾斜的内部分配制度，报上级主管机关批准、市人社局备案同意后实施。事业单位科研人员经所在单位同意，可到本市企业和其他单位兼职并合法取酬。

（十三）深化职称制度改革。制定深化职称制度改革实施方案，积极承接省下放职称评审权限。完善职称分类评价标准，不将论文作为评价应用型人才的限制性条件，对在基层一线工作的不作论文要求；对专业技术人才，职称外语等级考试、计算机应用能力考试不作为必备条件。注重业绩导向，对取得重大科研或工程技术成果、在经济社会各项事业中作出重要贡献的，可直接申报评审高级职称。引进高层次人才和急需紧缺人才，实行“绿色通道”评聘，放宽资历、年限、继续教育学时等条件限制。

（十四）破除人才流动障碍。设立市“双创人才港”，对具有事业编制身份的高层次人才来马创新创业，可在“双创人才港”保留其事业身份。适时建立事业单位编制动态调整机制，实施事业单位“编制周转池”改革。事业单位在编的专业技术人员，经所在单位同意，主管部门批准并报人力资源社会保障部门备案，可离岗在本市从事科技成果转化，在3年时间内保留人事关系，享受档案工资继续调整、专业技术职称评审等权利。

六、着力优化人才服务体系

（十五）加强人才安居保障。制定人才公寓建设管理办法，大力推进人才公寓建设。对入选“龙马”工程的引进人才，可选择购房补贴、生活补贴中的一种安居方式。在本市首次购房的，A层次人才按不超过所购住房总价的60%、最高100万元申领购房补贴，或免费租住200平方米以内的人才公寓并领取每月6000元的生活补贴；B层次人才按不超过总房价的50%、最高75万元申领购房补贴，或免费租住150平方米以内的人才公寓并领取每月4000元的生活补贴；C层次第一至三类人才按不超过总房价的40%、最高40万元申领购房补贴，或免费租住120平方米以内的人才公寓并领取每月3000元的生活补贴；第四至六类人才按不超过总房价的30%、最高30万元申领购房补贴，或免费租住100平方米以内的人才公寓并领取每月2000元的生活补贴；第七类人才按不超过其总房价的20%、最高20万元申领购房补贴，或免费租住80平方米以内的人才公寓并领取每月1000元的生活补贴。

以上购房补贴总额中包含契税补贴，分3年拨付；免费租住及生活补贴的期限为3年，生活补贴按季度拨付。补贴资金按现行财政体制承担。

（十六）优化人才政务服务。C层次及以上人才的配偶，原在党政机关或事业单位、国有企业工作的，可按对等原则安排；其处在义务教育阶段学龄子女可选择一所公办学校就读。完善“一站式”人才服务体系，向C层次及以上人才发放“马鞍山优才卡”，人才凭卡可直接到相关部门申报或办理相关政务服务。在我市二甲以上医院开通高层次人才就医绿色通道，提供预约诊疗和导医服务。对高层次外国人才及其配偶、子女，在申请来华工作许可、永久居留、长期签证等方面提供便利。

七、切实强化人才发展保障

（十七）完善党管人才工作格局。以习近平新时代中国特色社会主义思想为指导，坚持党管人才原则，发挥党委（党组）总揽全局、协调各方的领导核心作用，完善党委统一领导，组织部门牵头抓总，有关部门各司其职、密切配合，社会力量发挥重要作用的人才工作新格局。完善党委（党组）分层分类联系专家制度，强化对人才的政治引领，对政治素质好的人才做好政治吸纳。切实加强人才工作力量，完善市、县区和开发园区人才专门工作机构设置和人员配备。

（十八）优化人才投入机制。建立以政府投入为引导、用人单位投入为主体、市场资金投入为支撑的多元化人才投入格局。市财政设立3亿元人才专项资金，加大对人才引进培养、创新创业、生活保障等支持奖补力度。加强财政投入资金管理和监督，确保相关财政资金纳入预算、足额安排、优先保障、规范运作。鼓励高校、职业学校、公立医院等事业单位制定内部引进人才优惠政策，经主管部门审批，报市人才办备案后实施。

（十九）严格人才工作考核。建立各级党政领导班子和领导干部人才工作目标责任制，制定专项考核办法，量化目标要求，细化责任分工，硬化考核措施，突出对人才引育数量、人才投入保障、人才活动开展、人才服务效能等实质性工作项目的考核。注重招商引资与招才引智融合，在招商引资考核中纳入引进人才内容，对招商项目中引进高层次人才的予以加分。

（二十）营造人才发展良好氛围。加大重点人才工程和重要人才活动宣传。加强优秀人才宣传，大力培育创新文化，弘扬创业精神，在全社会营造尊重人才、见贤思齐的社会环境，鼓励创新、宽容失败的工作环境，待遇适当、后顾无忧的生活环境，公开平等、竞争择优的制度环境，努力形成人人渴望成才、人人努力成才、人人皆可成才、人人尽展其才的良好局面，让各类人才的创造活力竞相迸发、聪明才智充分涌流。

本意见各项奖补政策自2018年1月1日起执行，适用范围为在我市注册登记并纳税的企业、科研院所。中央和省属高校、事业单位及市属事业单位引进我市急需紧缺高层次人才的，由单位在我市统一组织奖补政策兑现时申报，经市人才办会同市人社局、市财政局等部门研究提出意见，报请市委市政府批准，可享受相关奖补政策。我市原有关政策规定与本意见不一致的，以本意见为准。除叠加奖补的项目外，同一单位、个人或项目按就高原则兑现奖补政策，不重复享受。

附件：马鞍山市人才分类目录（试行）（略）

中共马鞍山市委
马鞍山市人民政府
2018年3月7日

阜阳市人民政府关于进一步推进大众创业万众创新深入发展的实施意见

（阜政发〔2018〕17号）

为贯彻落实《安徽省人民政府关于进一步推进大众创业万众创新深入发展的实施意见》（皖政〔2017〕135号）精神，鼓励、支持、汇聚创新人才，培育、营造、繁荣创新文化，进一步打造融合、协同、共享的创新创业生态环境，现提出如下实施意见。

一、指导思想和主要目标

（一）指导思想。深入学习贯彻党的十九大精神，以习近平新时代中国特色社会主义思想为指导，统筹推进“五位一体”总体布局，协调推进“四个全面”战略布局，实施“双轮驱动”战略，大力推进五大专项行动，注重以科技创新为基础支撑，以深化改革为核心动力，以人才资源为第一要素，以价值创造为本质内涵，发挥市场配置资源的决定性作用，整合推动各类资源、平台、要素向创新创业集聚，着力实现创新创业与实体经济发展深度融合，有效促进新技术、新产品、新业态、新模式加快发展和产业结构优化升级，在更大范围、更高层次、更深程度上推进大众创业、万众创新，为增强经济创新力和竞争力、建设现代化大美阜阳提供强有力支撑。

（二）主要目标。创新创业的生态环境进一步优化。创新驱动发展的体制机制更加完备，技术和产业、平台和企业、金融和资本、制度和政策等支撑体系逐步完善，政府服务的响应速度和水平大幅提升。建成一批高水平的双创示范基地，形成一批可复制可推广的双创模式和典型经验。

创新创业的覆盖广度进一步拓展。发挥大企业、高校、科研院所的领军作用，科技人员、高校毕业生、留学回国人员、农民工等更多群体投身创新创业，各类市场主体融通发展。到2020年，全市新增注册企业18万个以上，带动就业20万人以上。

创新创业的科技支撑进一步增强。突破一批制约经济社会发展的核心关键技术，若干领域在全省拔尖，全国形成优势，全球具有一定影响力。到2020年，力争全市研究与试验发展经费占地区生产总值的比重达到2.0%，每万人口发明专利拥有量达到3.5件，建设国家级创新平台2家，院士工作站13家左右，省级创新平台150家以上，培养引进高层次科技人才团队20个。

创新创业的引领作用进一步凸显。创新创业与实体经济发展深度融合，新技术、新产品、新业态、新模式不断涌现。到2020年，建成2个百亿级、5个20亿级战略性新兴产业集聚发展基地，培育一批有核心竞争力的创新型领军企业和中小企业集群，创新型现代产业体系初步形成。

二、加快科技成果转化，提升创新创业科技内涵

（三）强化知识产权创造、保护、运用。突出企业创新主体地位，加强企业知识产权综合能力建设，培育知识产权优势企业，提高专利创造质量，提升全市经济核心竞争力。积极推动专利与科技、经济、金融创新结合，加速知识产权服务高端化、全链条发展。强化知识产权保护工作，依法打击知识产权假冒行为，探索建立专利、商标、版权综合执法机制。加强知识产权维权援助体系建设，创新快速维权机制。发挥知识产权保护协会等学会的作用，为企业发明创造提供精准服务。（市科技局、市工商局、市文化广电新闻出版局、市科协按职责分工负责）

（四）完善科技成果信息登记制度，探索在战略性新兴产业相关领域率先建立利用财政资金形成的科技成果限时转化制度，除涉及国防、国家安全、国家利益、重大社会公共利益外，在合理期限内未能转化的科技成果，可依法强制许可实施转化。（牵头责任单位：市科技局；配合单位：市发展改革委、市经济和信息化委、市教育局等）

（五）引导众创空间向专业化、精细化方向升级，支持龙头企业、高校、科研院所围绕优势细分领域建设专业化众创空间。探索将创投孵化器等新型孵化器纳入科技企业孵化器管理服务体系，并享受相应扶持政策。（牵头责任单位：市科技局；配合单位：市发展改革委、市财政局）

（六）实施科研院所创新创业共享行动，积极主动开展院地合作对接，大力实施创新驱动助力工程，为企业发展搭建产学研结合平台，进一步提高科技成果转化能力和创新创业能力。（市发展改革委、市教育局、市科技局、市科协按职责分工负责）推进仪器设备资源开放共享，探索仪器设备所有权和经营权分离机制，对于财政资金购置的仪器设备，探索引入专业服务机构进行社会化服务等多种方式。（市科技局、市教育局按职责分工负责）

三、完善金融财税政策，破解创新创业融资难题

（七）支持银行在有效防控风险的前提下，合理赋予县支行信贷业务权限。支持地方性法人银行在符合条件的情况下在基层区域增设小微支行、社区支行，提供普惠金融服务。增加科技信贷产品和服务供给，积极推进应收账款、知识产权、存货等新型抵质押贷款业务。支持商业银行改造小微企业信贷流程和信用评价模型，提高审批效率。（牵头责任单位：阜阳银监分局；配合单位：人民银行阜阳市中心支行、市政府金融办、市科技局、市工商局等）

（八）大力发展各类投资基金，积极对接省级种子投资基金、省级风险投资基金，主动争取省“三重一创”产业发展基金和省中小企业（专精特新）发展基金，加快建设覆盖企业生命周期的股权投资基金体系。（市政府金融办、市发展改革委、市经济和信息化委等按职责分工负责）推动企业对接多层次资本市场上市挂牌。（牵头责任单位：市政府金融办；配合单位：市经济和信息化委、市科技局、市工商局等）加强政策性融资担保体系建设，持续推进新型政银担合作机制创新。（牵头责任单位：市财政局；配合单位：市融资担保公司）

（九）落实国家关于财政资金、国有资本参与创业投资的投入、管理与退出规定，进一步建立完善与其特点相适应的绩效评价体系。依法依规豁免国有创业投资机构和国有创业投资引导基金国有股转持义务。（市财政局、市经济和信息化委按职责分工负责）落实国家创业投资企业和天使投资个人有关税收试点政策，鼓励社会资本参与创业投资。（市财政局、市地税局、市国税局按职责分工负责）推动创业投资企业、创业投资管理企业及其从业人员在第三方征信机构完善信用记录，实现创业投资领域信用记录全覆盖。（牵头责任单位：市发展改革委）

（十）加强与省以上新兴产业创业投资引导基金、省科技成果转化引导基金对接，支持设立一批扶持早中期、初创期创新型企业的创业投资子基金。（市财政局、市发展改革委、市科技局、市投发集团按职责分工负责）支持设立创业投资引导基金，建立完善对引导基金的运行监管机制、财政资金的绩效考评机制和基金管理机构的信用信息评价机制。（市政府金融办、市财政局按职责分工负责）

（十一）改革财政投入方式，发挥市场配置作用，创新服务模式，继续实施普惠制的科技创新券制度，拓展发放范围，扩大发放规模，充分调动科技型中小企业和创新团队、创客的创新积极性，激发创新创业活力。以省创业服务云平台为载体，创新服务供给模式，促进资源有效对接，通过建立“电子创业券”的方式，对符合条件的初创企业产生的会计、审计、法务、检测等经营性费用进行补贴。（市科技局、市人力资源社会保障局、市财政局按职责分工负责）

四、促进实体经济转型升级，增强创新创业发展实效

（十二）扎实推进“三重一创”建设，打造战略性新兴产业梯次推进、滚动发展的格局。（牵头责任单位：市发展改革委）聚焦重点行业领域，培育一批省级制造业创新中心。（牵头责任单位：市经济和信息化委）谋划实施一批军民融合科技项目，建设军民融合发展科技服务平台。推进科研平台共建共用，有效利用现有孵化器等培养军民融合科技创新企业。完善军民科技成果相互转化体系，加速军民技术双向转移转化。（牵头责任单位：市发展改革委；配合单位：市经济和信息化委、市科技局等）

（十三）实施企业创新创业协同行动，支持大型企业开放供应链资源和市场渠道，建设双创服务平台与网络，推动开展内部创新创业，带动产业链上下游发展，促进大中小微企业融通发展。（市发展改革委、市经济和信息化委、市工商联按职责分工负责）

（十四）促进分享经济发展，合理引导预期，创新监管模式，推动构建适应分享经济发展的包容审慎监管机制和社会多方协同治理机制。打破制约数字生产力发展的制度障碍，推进市场化的生产资料分享，提升市场配置资源效率，加速数字化转型，引领和适应数字经济发展。（牵头责任单位：市发展改革委；配合单位：市经济和信息化委、市工商局、市网信办等）

（十五）积极参与国家新产业新业态新模式统计分类研究，充分利用大数据等现代信息技术手段，在贯彻执行国家和省“双创”发展统计指标体系的基础上，研究建立我市“双创”发展统计指标体系，科学、准确、及时反映经济结构优化升级的新进展。（牵头责任单位：市统计局）

（十六）强化工业互联网安全保障支撑能力，指导和督促工业企业加强工业控制系统安全防护，培育和发展信息安全服务机构，建立完善工业控制系统信息安全应急管理体系。（牵头责任单位：市经济和信息化委）积极落实支持大众创业、万众创新的用地政策，加大新供用地保障力度，鼓励盘活利用现有用地，积极开展各类园区闲置低效用地清理工作，引导新产业集聚发展，完善新产业用地监管制度。（牵头责任单位：市国土资源局）

五、健全人才流动激励机制，激发创新创业活力

（十七）贯彻落实国家人才签证实施细则，全面实施外国人来华工作许可制度，突出对“高精尖缺”特殊人才的支持，简化办理工作许可证和居留证件的程序。进一步完善外国人才由工作居留向永久居留转换机制，实现工作许可、签证和居留有机衔接。（市公安局、市人力资源社会保障局、市委组织部按职责分工负责）

（十八）放宽外国留学生在阜工作限制，逐步完善留学生实习居留、工作居留和创新创业奖励制度。对具有创新创业意愿的外国留学生，可以凭我国高校毕业生证书申请2至5年有效的私人事务类居留许可（加注“创业”），进行毕业实习及创新创业活动。外国人依法申请注册成立企业的，可凭创办企业注册证明等材料，按照《关于为外国籍高层次人才和投资者提供入境及居留便利的规定》等有关规定，向有关部门申请工作许可和工作类居留许可。（市公安局、市人力资源社会保障局、市教育局按职责分工负责）

（十九）加大对留学人员来阜创新创业扶持力度，每年遴选一批优秀项目和创业企业给予资金支持。（牵头责任单位：市人力资源社会保障局）加强同港澳地区交流合作，宣传推介我市创新创业支持政策。支持市侨资侨属企业转型升级，组织其积极参与创新创业行动。借助“安徽海外侨胞联络站”等服务平台，吸引海外华人华侨来阜投资创业。（牵头责任单位：市政府办公室）

（二十）支持携带拥有自主知识产权、具有国际先进或国内一流水平科技成果的省内外高层次科技人才团队在阜开展科技成果转化、产业化，对符合条件团队分类给予扶持。（市科技局、市投发集团按职责分工负责）完善高层次人才分配激励办法，对于高校、科研院所、企业引进的部分紧缺或高层次人才，可采取特殊人才分配激励政策，允许其探索实行年薪制、协议工资或项目工资等灵活多样的分配方式和办法。（牵头责任单位：市人力资源社会保障局；配合单位：市委组织部、市教育局、市科技局）健全人才引进机制，鼓励双创示范基地研究制定“柔性引才”政策，吸引关键领域高层次人才。（市委组织部、市人力资源社会保障局、市发展改革委按职责分工负责）

（二十一）实施社团创新创业融合行动，搭建创新创业资源对接平台，推介表彰一批创新创业典型人物和案例，推动创新精神、企业家精神和工匠精神融合，进一步引导和推动各类科技人员投身创新创业大潮。（市科协、市发展改革委按职责分工负责）

（二十二）将符合条件的返乡下乡人员创新创业项目纳入扶持范围，采取以奖代补、先建后补、政府购买服务等方式予以重点支持。（市人力资源社会保障局、市农委按职责分工负责）鼓励返乡下乡人员依法使用集体建设用地开展创业创新。（牵头责任单位：市国土资源局）实施新型职业农民培育工程、现代青年农场主培养计划、农村实用人才带头人培训计划，培育农村创业创新主体。支持建设一批具有区域特色的返乡下乡人员创新创业园和青年创业园。（市人力资源社会保障局、市委组织部、市农委、市发展改革委按职责分工负责）

六、改革政府管理方式，优化创新创业服务

（二十三）推进科技项目和经费管理改革，健全协同高效创新治理体系。（牵头责任单位：市科技局；配合单位：市发展改革委、市教育局、市经济和信息化委、市财政局、市科协等）全面推动实施公平竞争审查制度，进一步健全审查机制，明确审查程序，强化审查主体责任，防止出台排除、限制竞争的政策措施，为创新创业营造统一开放、竞争有序的市场环境。（牵头责任单位：市发展改革委）

（二十四）全面推行“多证合一”改革，持续降低市场准入制度性成本。深化市场主体名称登记制度改革，推动取消企业名称预先核准，全面开放市场主体名称库，完善名称网上申报系统。全面落实简易注销登记改革举措，构建高效便捷的市场退出机制。全面实现市场主体全程电子化登记，开发、应用电子营业执照，逐步实现电子营业执照跨区域、跨部门、跨领域的互通互认互用。（牵头责任单位：市工商局；配合单位：市相关行政主管部门）

（二十五）加大事中事后监管力度，实现“双随机、一公开”监管全覆盖，开展部门“双随机、一公开”定向抽查，实施跨部门“双随机”联合检查，提高监管效能。深化市场监管领域综合执法改革，继续巩固深化县级市场监管体制改革成果，按照国家统一部署，适时推进市级市场监管体制改革，形成一元主管、多元共治的监管体系。（市工商局、市编办、市政府法制办等按职责分工负责）

（二十六）进一步减少行政审批事项，简化优化办事流程，规范改进审批行为。推进行政许可标准化工作，制定完善权责清单目录并向社会公布。完善“互联网+政务服务”体系，实现政府数据资源共享，推进“一网通办”和“不见面”审批。（市编办、市政务服务中心、市政府电子政务办等按职责分工负责）根据国家政策，适时适当放宽教育等行业互联网准入条件，降低创新创业门槛，加强新兴业态领域事中事后监管。（牵头责任单位：市教育局）

（二十七）拓展网上银行、手机银行等多种税款缴纳渠道，持续推广“二维码信息采集系统”。加大基层银税合作力度，逐步扩大税务、银行信用信息共享内容，拓展“银税互动”受惠面。（市地税局、市国税局按职责分工负责）

（二十八）协调推进以阜阳界首高新技术产业开发区为基础创建国家级高新技术开发区工作，协调推进阜南、太和经济开发区创建国家经济技术开发区，支持阜南经济开发区“E立方”国家级众创空间建设，支持建设一批科技创新中心。支持全市创新创业平台之间建立协同发展机制，共同完善政策环境，共享创新创业资源，优化升级创新创业支撑平台。支持创新创业平台实施“走出去”和“引进来”战略，与相关发达地区政府、创业平台、战略投资者开展合作交流。（市发展改革委、市科技局、市人力资源社会保障局按职责分工负责）

（二十九）主动对接全国“双创活动周”“创响中国”安徽创新创业大赛等活动，营造创新创业良好氛围。（牵头责任单位：市发展改革委；配合单位：市科协、市投发集团等）弘扬创业精神，厚植创新文化，激发和保护企业家精神，不断增强创新创业意识，使创新创业成为全社会共同的价值追求和行为习惯。（市发展改革委、市教育局、市科技局、市经济和信息化委、团市委、市工商联等按职责分工负责）

各县市区人民政府、市有关部门要认真落实本意见的各项工作要求，进一步细化政策措施，切实履职尽责，健全推进机制，加强监督检查，确保各项政策落地见效，为我市全面实施创新驱动战略、培育壮大新动能、改造提升传统动能和促进经济高质量发展提供强劲支撑。

附件：具体任务分解表（略）

阜阳市人民政府
2018年4月13日

阜阳市实施“双轮驱动”战略促进科技创新创业若干政策

（阜政办〔2018〕24号）

为大力实施“双轮驱动”战略，打造“五大专项行动”升级版，加快创新型城市建设，特制定促进科技创新创业政策。

一、资金安排与扶持范围

设立阜阳市实施双轮驱动战略促进科技创新创业专项资金。资金扶持类型分为：普惠类、引导类、奖补类等。

在本市区域内注册、纳税，且申请项目在本市范围内组织实施，具有独立法人资格的企业，在阜高校、科研院所，以及户籍或身份证在阜阳的社会个人（仅限专利资助），均属于本专项资金支持范围。

二、扶持政策

（一）支持创新型现代产业体系建设。

1．支持高新技术企业发展，对当年通过认定的高新技术企业，给予20万元奖励。对进入省高新技术企业培育库的，给予3万元奖励。

2．围绕绿色食品、煤电化工、再生资源利用等支柱产业和现代医药、纺织服装、机械制造、电子信息等主导产业及数据服务、智能制造、生命健康、节能环保、新材料、新能源及新能源汽车等先导产业领域的科技进步，精准对接产业技术需求，组织实施科技重大专项，给予每个科技重大专项50万元的科研经费支持。

3．对我市企业承担的省重大科技项目及企业享受省购置研发仪器设备补助，组织单位有明确配套要求的，按比例足额配套；对承担省级以上科技重大专项和重点研发计划的单位，组织单位没有明确配套要求的，根据项目实施进展绩效，按项目上年国家实际拨付经费的3%—5%奖励研发团队，每个项目一次性奖励最高不超过50万元，每个单位一次性奖励最高不超过400万元。

4．支持组建产业技术战略联盟，对我市企业牵头组建并通过评估的省级联盟，一次性给予30万元奖励；对我市企业牵头组建新获认定的国家（试点）联盟、国家布局建设的区域性联盟，一次性给予50万元奖励。

（二）加强创新载体和平台建设。

5．对企业新认定的国家级、省级工程（重点）实验室、工程（技术）研究中心，分别给予300万元、50万元一次性奖补；对新认定的市级企业工程（技术）研究中心和企业研发中心，给予5万元奖励。

6．对通过认定的省新型研发机构给予30万元的一次性奖补。对其当年新增研发仪器设备投入额的50%，每年给予一次性最高不超过500万元的奖补，连续扶持3年。

7．对我市企业在市外设立、合办或收购研发机构的，按其固定资产投资额的10%予以一次性补助，补助总额最高不超过500万元；市外企业研发机构迁入我市的，按其固定资产投资额的20%予以一次性补助，补助总额最高不超过1000万元。

8．对新认定的国家级高新技术产业区，给予300万元奖励；对新认定的省级高新技术产业区、国家高新技术产业化基地或国家火炬特色产业基地，给予100万元奖励；对经认定的国家级、省级国际科技合作基地，分别给予100万元、50万元奖励。

9．支持农业科技创新和科技服务体系建设，对开展公益性共享服务的农业种质资源库（圃），依据资源数量、共享服务等绩效情况，给予一次性最高不超过200万元的奖励。对企业和高校院所获国家、省审定的动植物新品种（配套系），分别给予一次性30万元、10万元奖励。对新认定的国家农业高新技术产业示范区、农业科技（示范）园区、现代农业产业科技创新中心，依据绩效情况，给予一次性最高不超过300万元的奖励。对新批准的省级农业科技园区，给予100万元奖励；对农业高校院所与县市区政府合作共建的高水平、永久性农（林）业综合试验站（研究院）和农技推广示范基地，依据绩效情况，给予一次性最高不超过100万元的奖励。

10．支持建设众创空间和科技企业孵化器。对新认定为国家级、省级的科技企业孵化器，分别给予100万元、50万元的奖励；对省年度绩效考核优秀的国家级、省级孵化器分别给予20万元、10万元的奖励；对新通过国家级、省级备案的众创空间（星创天地），分别给予50万元、30万元的奖励；对新认定的市级科技企业孵化器和新备案的市级众创空间，分别给予10万元奖励。对孵化器在孵企业毕业后落户本市的，按每家企业5万元的标准给予孵化器奖励。科技企业孵化器（众创空间）每孵化1家高新技术企业，奖励孵化器（众创空间）10万元。

11．大力实施招院引校计划，对引进的各类高校、分校（校区）、二级学院以及中外合作办学机构，采取“一事一议”方式，在教育用地、基础设施建设、人才引进等方面给予大力支持。

（三）积极引导企业创新。

12．继续实施科技创新券制度，支持中小型科技企业和创客购买研究开发、技术转移、检测认证、创业孵化、知识产权、科技咨询、研发仪器设备购置等科技服务。支持对象为市内具备独立法人资格、注册期限不满5年、上年度销售收入不超过3000万元的科技型中小微企业或在各类创新创业大赛上取得名次的企业和创业者。

13．鼓励企业全面建立研发准备金制度，对规模以上工业企业当年享受研发费用加计扣除所得税优惠政策的实际研发投入占实际销售额比例，按3%≤占比＜4%、4%≤占比＜5%、5%及以上，且研发投入比上年增长10%以上的，分别按其新增研发投入的6%、8%、10%奖励，一次性给予最高不超过500万元；研发投入增长在5%—10%之间的，减半奖励。

14．实施科技“小巨人”企业成长计划，进入科技型“小巨人”企业成长计划的企业，一次性奖补15万元。

15．推进大型科学仪器共享，对加入省大型科学仪器共享服务平台的单位，可凭有关证明材料申请实际发生测试费的20%，每年一次性给予最高不超过30万元补贴；企业使用共享服务平台入网仪器开展研发活动的，给予其使用费用的20%，每年一次性给予最高不超过30万元补贴。

16．对在全市创新创业大赛中获得一、二、三等奖和优秀奖的企业，分别给予一次性资金奖励。

（四）促进科技成果转化。

17．设立市科技成果转化引导基金，重点支持绿色食品、煤电化工、再生资源利用等支柱产业和现代医药、纺织服装、机械制造、电子信息等主导产业，以及数据服务、智能制造、生命健康、节能环保、新材料、新能源及新能源汽车等先导产业领域前瞻性原创性科技成果，加速推动各类科技成果在我市转化和产业化。

18．对获得国家自然科学、技术发明、科学技术进步一、二等奖项目的第一完成单位，一次性分别给予一等奖200万元、二等奖100万元奖励，奖励资金的70%用于单位科技研发和成果转化，30%奖励项目主要完成人（研究团队）；对获得省科学技术奖的第一完成单位，按照1：1配套奖励；对获得国家、省科学技术奖特等奖的项目采取“一事一议”方式给予奖励。

19．高校院所与企业在2017年以后联合成立的股份制科技型企业，高校院所以技术入股且股权占比不低于30%的，按其科技研发、成果转化和企业产品（技术）销量（营业额）增长等绩效情况，一次性给予最高不超过50万元奖励。

20．对企业购买先进技术成果并在阜转化、产业化的，按其技术合同成交并实际支付额，给予10%的补助，单个企业最高可达100万元；对我市高校院所及企业在阜实施转移转化、产业化的科技成果，按其技术合同成交并实际到账额，给予10%的补助，单项成果一次性补助给予最高不超过100万元。

21．支持与“大院大所”开展科技创新和研发转化等合作，支持各县（市、区）与大院大所对接合作，对保有、引进大院大所的县（市、区），在支持创新型县（市）、创新型乡镇创建，开发区升级，科技创新及成果转化平台建设，科技计划申报等方面给予倾斜支持；对促成大院大所及其领军人物在我市设立研发机构、转移转化科技成果的省内外各类社会机构组织，给予最高不超过100万元的奖励。奖励资金的50%用于奖励有突出贡献的相关人员。

22．支持大院大所及其领军人物在我市设立拥有核心技术、配置核心科研团队的独立研发机构、分支机构、科学家工作站、实验室等（以下统称“研发机构”）。对所设立的符合数据服务、智能制造、生命健康、节能环保、新材料、新能源及新能源汽车等我市重点产业发展方向，具有独立法人资格的研发机构，连续3年每年一次性给予最高不超过1000万元的运营经费支持，其中第一年在注册登记后给予支持，第二年、第三年视绩效考核情况给予支持。

（五）鼓励高层次科技团队创新创业。

23．对在阜创新创业的国家“两院”院士、国家重点研发计划和科技重大专项首席科学家或专家组负责人等，根据其投资额度、项目科技含量等，经评审，一次性给予最高不超过1000万元的创新创业资助；对国家“千人计划”（长期）入选者、“万人计划”领军人才、教育部“长江学者”奖励计划、享受国务院特殊津贴人员及相应层次人才，经评审，一次性给予最高不超过500万元的创新创业资助；对国家“万人计划”青年拔尖人才、国家“千人计划”（短期、青年）、省“百人计划”入选者、安徽省“皖江学者”特聘教授、享受省政府津贴人员等省级重点人才工程及相应层次人才，经评审，给予50万—200万元的创新创业资助。以上人员，3年内为其免费提供面积300—600平方米的创业场所，自行租用创业场所的，给予相应的租金补贴。

24．对企业引进的急需紧缺科技人才年薪达50万元以上，并在我市缴纳个人所得税、工作半年以上、经推荐和公示无异议的，每年按其年薪10%的比例奖励用人单位（150万元以上部分不予奖励），专项用于企业科技研发。

25．高层次人才在我市骨干企业定期或不定期兼职，开展课题攻关、课程讲授、人才培养、成果转化、技术推广、工艺改造、项目开发及其他方面的智力支持，用人单位实际支付人才年度报酬不少于10万元的，经认定，按照每人每年2万元的标准补助用人单位，用于高层次人才的交通补贴。对成果转化、技术推广、工艺改造、项目开发取得重大突破、作出突出贡献、受到企业奖励的，按企业奖励金额的20%给予企业研发费用补助，最高不超过50万元。退休专业技术人才、经营管理人才、高技能人才全职在阜工作、用人单位实际支付人才年薪20万元以上的，按超出20万元以上部分的20%，每人每年最高10万元的标准补助用人单位，资助期限最长为3年。

26．对获批登记备案的安徽省院士工作站，每家给予最高不超过100万元的资助，资助经费主要用于工作站开办建设、研发合作项目补助、工作站人才培养和院士生活补助等。对入选的省“双创团队”，按照省相关人才经费资助50%的比例，给予科研成果产业化配套扶持。

27．每年审核选择一批携带具有自主知识产权的科技成果、在我市创办公司或与市内企业共同设立公司、开展科技成果转化活动的科技团队，在县（市、区）先行投入支持的基础上，以债权投入或股权投资等方式，分A、B、C三类，分别给予1000万元、600万元、300万元支持。科技团队可自主选择申请债权投入或股权投资方式。对符合条件的市级高层次科技人才团队，优先推荐申报省级高层次科技人才团队。

28．推行企业科技特派员制度，吸引国内外高等院校和科研机构科技人员服务创新型中小微企业，对符合条件的省、市科技特派员入驻企业予以研发经费支持。

（六）完善科技创新服务体系。

29．鼓励高校、科研院所到阜阳注册设立技术转移服务机构，注册登记后给予10万元奖补。根据技术转移成效，按其当年技术转移服务性收入的30%，每年一次性给予最高不超过200万元的奖励。

30．鼓励发展研发设计、知识产权、技术转移、科技咨询等新型科技服务机构。对企业内部研发机构独立成为面向社会提供专业化服务的法人单位，新成立从事专利运营、数据分析服务、评估交易的知识产权服务机构，在本地促成技术转移、成果转化或网上技术交易等技术转移服务的机构，在本地开展大数据专业咨询、科技成果评价评估、信用评级等科技咨询的机构，达到当年服务绩效考核标准的，给予5万元一次性奖励；对其当年服务性收入超过150万元的，按其营业收入的10%给予资金奖励。对新认定的省级示范生产力促进中心给予20万元一次性奖励。

31．对开展专利质押的担保机构，年专利担保额达2000万元以上的，给予担保机构20万元奖励；给予企业专利质押贷款评估费最高3万元资助，专利执行保险保费全额补助。对年授权发明专利30件以上（含30件）的知识产权服务机构，给予10万元奖励；对专利服务机构新增托管企业（专利）达到50家以上的，给予10万元奖补。

32．对企业、科研机构投保产品研发责任保险、科研人员研发意外责任保险、关键研发设备保险、首台（套）重大技术装备综合保险、产品质量保证保险、专利保证保险等科技保险险种的，按投保企业实际支出保费的50%给予补助。

（七）提升知识产权效能。

33．加大专利创造资助力度，授权发明专利国内每件给予1万元奖励，其中工业领域专利奖励1.5万元，国外专利奖励2万元，国外专利最多不超过5个国家；发明专利年费给予全额资助；当年授权发明专利达5件以上的单位，给予5万元奖励；对授权发明专利当年在我市就地转化并产生经济效益的，每件奖励10万元。

34．对新认定（含复核新认定，下同）的国家、省、市知识产权示范单位，分别给予50万、20万元和5万元一次性奖励；对新认定的国家、省知识产权优势企业分别给予20万元、10万元一次性奖励，新认定的市知识产权优势企业给予2万元的一次性奖励；获国家专利金奖、优秀奖的分别给予50万元和20万元一次性奖励，获省专利金奖、优秀奖的分别给予20万元、10万元一次性奖励。对开展重大经济科技活动知识产权评议项目（含产业导航）的单位，经市级以上知识产权局认可的，奖励资金10万元。对通过专利代理人资格考试或通过专利工程师及以上职称评定的人员，给予5000元奖励。

三、附则

35．本政策执行中对应的实施细则、项目指导目录由市科技局及相关部门负责制定和解释，在市政府网站和《颍州晚报》公布。

36．业务主管部门对符合政策支持的企业进行审核并经涉企系统进行比对、企业信用情况查询后，将审核结果在市政府网站和《颍州晚报》公示。公示无异议并由派驻纪检组出具证明后，市财政局兑现资金。市审计局负责对政策执行和资金使用进行审计监督。

37．本政策与中央、省扶持政策不重复享受；同一项目符合多项奖补的，按最高项奖补金额兑现；对弄虚作假、骗取资金的，限期收回已拨付资金，并纳入阜阳信用信息公示平台黑名单，情节严重的，追究相关单位和人员责任；市财政局会同市科技局抽取30%的扶持项目进行资金投入绩效评价，评价结果作为政策修订的依据。

38．本政策所需扶持资金，按照财权事权相统一原则，市定政策所需扶持资金由市财政承担，其他项目资金由市和各县（市、区）、阜阳经开区、阜合现代产业园区按比例共担，其中：市与县（市）分担比例为2：8，市与三区、阜阳经开区、阜合现代产业园区分担比例为3：7。

39．本政策自2018年1月1日起施行，有效期1年。之前相关文件规定与本文件不一致的，以本文件规定为准。

阜阳市人民政府办公室

2018年7月25日

福建省

福建省人民政府关于进一步推进创新驱动发展七条措施

（闽政〔2018〕19号）

为深入贯彻习近平新时代中国特色社会主义思想和党的十九大精神，以创新驱动推动高质量发展实现赶超目标，经研究决定，在落实好已有的企业研发经费分段补助、建设高水平创新平台和新型研发机构、发展高新技术企业及加快科技成果转化等创新激励政策基础上，进一步加大政策扶持力度，提出如下措施。

一、加大对创新绩效的正向激励

激励企业加大研发投入。建立与企业产值、研发投入等生产经营情况相挂钩的创新激励机制。对企业年产值在5000万元以上、税收1000万元以上且研发经费内部支出占主营业务收入比重超过5%的高研发投入企业，在享受已有研发经费分段补助政策基础上，按其研发经费内部支出超出上一年度的增量部分，再给予10%比例的绩效奖励，最高可达500万元，所需经费由省市县三级按原有政策比例分担。

责任单位：省科技厅、发改委、经信委、财政厅、统计局，各设区市人民政府、平潭综合实验区管委会

加大对地方政府考核奖励。至“十三五”末，力争全省研发投入保持年均22%以上的增速。其中，全国百强县研发投入力争达到25%的增速，非基本财力保障县研发投入力争达到22%的增速，基本财力保障县研发投入力争达到20%的增速，23个扶贫开发工作重点县研发投入力争达到18%的增速。对上述四类县（市、区）在研发投入水平（R&D/GDP）位居前1—3位的，分别给予当地政府500万元、400万元、300万元的绩效奖励。国有控股工业企业要发挥主力军作用，力争研发投入保持年均22%以上的增速。

责任单位：省科技厅、财政厅、统计局、发改委、经信委、国资委，各设区市人民政府、平潭综合实验区管委会

加强重点创新主体培育。建立重点“双高”企业和重大创新项目党政领导挂钩和联系人制度，筛选100家重点高成长企业和100家高新技术企业，抓好政策精准辅导，协调解决困难问题。精心筛选一批有代表性、示范性、导向性的重大创新项目，纳入省级“五个一批”项目库，实行动态管理和跟踪服务，营造比学赶超浓厚氛围。

责任单位：省科技厅、发改委、经信委，各设区市人民政府、平潭综合实验区管委会

简化程序切实提升企业创新获得感。企业研发投入经费补助通过网上在线申报，由省科技厅、财政厅通过政府购买服务统一确定有资质的会计师事务所等第三方机构进行评估，以评估结果为依据由市、县（区）科技部门和财政部门拨付补助资金。

责任单位：省科技厅、发改委、经信委、财政厅、统计局，福建省税务局，各设区市人民政府、平潭综合实验区管委会

二、发挥福厦泉国家自创区引领作用

发挥福厦泉国家自主创新示范区（以下简称自创区）建设专项资金的引导作用，将自创区建设发展任务纳入当地政府年度绩效考核内容，每年对福厦泉三个片区进行考核评估，省级专项资金奖励部分按50%、30%、20%比例给予分档奖励。

福厦泉三市要落实建设自创区的主体责任，采取行业指导与园区管理联动、政府统筹与国企运营结合等运行模式，实现“一区多园”统一管理。放大自创区外溢效应，推动省内其他高新区主动对接自创区，示范带动闽东北经济协作区、闽西南经济协作区共同发展。发挥自创区与自贸区的联动发展效应，推动双区优势互补、政策叠加、成果共享。

加快推动山海科技协作，按照“共同投资、共同研发、共享成果”的原则，打造若干个特色明显、支撑有力、机制灵活的山海协作创新平台，鼓励山海创新平台优先落地山区，支持有需求的山区龙头企业在福厦泉三片区与当地政府、高校院所共建山海协作创新平台。经评估符合条件的山海协作创新平台，根据项目建设进度，按实际投资额的30%给予补助，最高可达1000万元。

加快发展创新工场、创客空间、孵化器、加速器等新型孵化模式，为初创企业提供全流程创新创业服务。对认定为国家级、省级科技企业孵化器的，分别给予100万元、50万元奖励。鼓励省级以上科技孵化器培育国家高新技术企业，孵化期内每培育1家，给予奖励5万元。

责任单位：省科技厅、效能办、发改委、经信委、教育厅、商务厅、财政厅、人才办，各设区市人民政府、平潭综合实验区管委会

三、建设若干高水平福建省实验室

根据国家和我省战略需求，对标国家重大科技创新基地创建标准，按照“成熟一个、建设一个”原则，在能源材料、海洋科学、网络信息、先进制造和医药健康等领域建设若干个高水平福建省实验室，面向海内外吸引一批高层次创新人才，集聚国内外高校院所、央企民企创新资源，打造汇聚高端创新人才、催生重大科技创新、具有重大影响力的创新高地。

省实验室建设采用“一室一案”，以5年为一个建设周期，启动建设3年后进行考核评估。建设经费按“一事一议”、多元投入和分段补助等方式给予支持。省财政每年资助每个实验室运行经费不少于5000万元，连续资助5年。省实验室所在地政府要在用地、基础建设、人才引进和成果转化等方面予以政策和资金支持。具体方案和扶持办法由省科技厅会同省财政厅制订。

创新省实验室体制机制，实行理事会领导下的主任负责制，实行目标导向、绩效管理、协同攻关、开放共享的新型运行机制。省实验室不定行政级别，人员规模根据建设目标和实际任务需求确定，在岗位设置、人员聘任、职称评定、研究方向和知识产权归属等方面享有充分自主权。

责任单位：省科技厅、发改委、财政厅、经信委、教育厅，各设区市人民政府、平潭综合实验区管委会

四、着力引进重大研发机构

围绕物联网、大数据、集成电路、人工智能、新材料、新能源和生物医药等重点领域，依托我省高等院校、科研机构和龙头企业大力引进高水平的重大研发机构。符合条件的，按其新增研发设备实际投资额的资助比例标准，从原有的30%提高至50%，非独立法人的最高资助额从1000万元提高至2000万元，独立法人的最高资助额从2000万元提高至3000万元。特别重大的，可按“一事一议”方式给予扶持。

对引进落地后成效显著的重大研发机构，经考核评估，再按其执行期新增研发设备实际投资额的10%给予绩效奖励，最高不超过500万元。

支持新型研发机构实行高效灵活的市场化机制，培育发展一批体制机制活、研发能力强、示范效应明显的省级新型研发机构。对经评估命名为省级新型研发机构的，给予一次性奖励补助50万元。

责任单位：省科技厅、财政厅、发改委、经信委

五、加大行业领军企业研发扶持力度

支持行业领军企业（位居全国行业前三）牵头承担实施国家重大科技项目和国家工程研究中心，按企业所获国家实际资助额1：1的比例给予奖励，奖励费用由省、设区市财政按3：1比例分担，设区市分担部分由设区市级政府统筹研究确定市、县两级出资比例。奖励资金由企业用于相关研发活动。

支持行业领军企业牵头承担省科技重大专项，按企业所获得省实际资助额一定的比例给予奖励，奖励资金由设区市和县级政府自行确定。

支持行业领军企业在闽设立高水平研发中心，享受省级新型研发机构资助政策，且资助标准从原有按非财政资金购入科研仪器设备和软件购置经费25%的比例提高至50%，最高不超过2000万元。

责任单位：省科技厅、经信委、财政厅，各设区市人民政府、平潭综合实验区管委会

六、推动新一代人工智能加快发展

充分发挥数字福建建设成果作用，加快推进政务数据资源有序开放，分类推动重点领域开放数据，制定数据资源开放政策和操作细则。充分发挥数字福建大数据技术服务中心和海峡大数据交易中心等公共平台作用，支持市场主体开展基于大数据的人工智能深度训练和场景应用，培育基于大数据的人工智能企业。对企业使用人工智能数据资源所产生的费用，纳入省级科技创新券补助范围。

设立“人工智能关键技术研发与应用”省级科技重大专项，聚焦物联网、机器视觉、智能机器人、智能芯片、智能制造以及智慧海洋等重点领域，支持产学研联合实施重大专项专题。支持成立省级人工智能产业技术创新战略联盟，促进人工智能重点领域技术研发、示范推广和产业发展的交互与融合。

支持企业和高校、科研院所开展人工智能新技术、新产品研发、应用和产业化，符合条件的，由省数字经济发展专项资金给予补助。支持在“智慧城市”“雪亮工程”和“智能安防”等建设工程中开展人工智能新产品示范应用，助力数字经济创新发展。

责任单位：省科技厅、发改委、数字办、公安厅、经信委、财政厅，设区市人民政府、平潭综合实验区管委会

七、提升科技金融服务水平

2019至2021年，省财政每年出资2亿元设立专项补偿资金（省科技厅、经信委每年各安排1亿元），按照“政府引导、市场运作、风险共担”原则，为全省科技型中小微企业贷款提供风险补偿和增信支持，并通过“银政保”“银政”两种模式，分别提供期限1年以内单笔各不超过500万元、2000万元的流动性融资支持。在“银政保”模式下，专项补偿资金按每笔贷款保险费的25%给予企业融资保费补助，并对保险公司所承担的70%风险责任达到约定上限后的不足部分给予补偿；在“银政”模式下，专项补偿资金与金融机构各按50%的比例共同承担贷款本金风险责任。

鼓励符合条件的科技型企业通过多层次资本市场开展直接融资、并购交易。鼓励各类天使投资、风险投资、私募股权投资等机构投资科技型企业。国有创业投资引导基金参股设立的创业投资子基金，投资于初创期科技型中小企业的比例不低于基金注册资本或承诺出资额的60%。

福厦泉三地要积极探索设立以产权管理、资本运作及投融资业务为主业，以服务高新技术发展为目标的市级投资控股有限公司，通过市级投资控股公司打通资金链，实现科技企业发展与投融资的有效对接，推动经营资源向高新技术等领域集中。

责任单位：省金融办、财政厅、科技厅、发改委、经信委，福建省税务局、人行福州中心支行、福建银监局、福建证监局、福建保监局，各设区市人民政府、平潭综合实验区管委会

福建省人民政府
2018年9月20日

福州市人民政府关于鼓励引进高层次人才的八条措施

（榕政〔2018〕7号）

一、给予引进的高层次人才奖励

从境外引进的人才，经认定为A、B、C类人才的，落地后分别给予200万元、100万元、50万元奖励。

从境内引进的人才，经认定为A、B、C类人才的，落地后分别给予100万元、50万元、25万元奖励。

经认定符合条件的福建省引进高层次A、B、C类人才和福州市三个层次创业创新人才，分别享受180万元、130万元、100万元人才共有产权住房产权份额或每月4000元、3000元、2000元租房补贴（共发放3年）。

二、给予引进的博士、硕士、本科毕业生奖励

对经认定纳入我市"引进培养千名博士"人才计划的博士研究生，与企事业单位签订3年以上劳动合同的，落地后给予30万元奖励，分3年等额发放。

国内"双一流"建设高校、境外著名大学、国家级研究机构全日制硕士研究生、全日制本科毕业生来榕工作，与企业签订3年以上劳动合同的，落地1年后给予硕士每人3万元、本科每人1.5万元人才奖励。

三、给予经认定的企业各类高层次人才个税奖励

经认定的企业各类高层次人才，其年缴纳工薪个人所得税不低于3万元的，按其上一年度所缴工薪个人所得税地方留成部分的50%予以奖励，奖励期5年。

四、给予引荐境外高层次人才的中介机构和个人奖励

人力资源中介机构、企事业单位或个人引荐境外高层次人才来榕创新创业，引荐人才落地后经认定为A、B、C类级人才的，分别给予引荐机构或引荐人20万元、10万元、5万元奖励。

五、给予新设博士后科研工作站企业和出站留榕博士后奖励

给予新设立博士后科研工作站的企业一次性建站补助100万元。给予出站后继续留榕工作的博士后人员30万元人才奖励，分3年发放。

六、多渠道筹集酒店式人才公寓

多渠道筹集1000套酒店式人才公寓，提供给符合条件的高层次人才租住，租赁费用由政府、用人单位、人才各承担三分之一。

七、允许各类园区企业自建人才公寓

允许各类园区在符合土地利用总体规划、城市建设规划等前提下，申请利用自有土地以公共租赁房的形式建设人才公寓。在工业园区的生活配套设施用地中安排不低于30%的用地作为公共租赁住房等保障性住房建设用地。支持企业在不超过工业项目总用地面积7%的办公生活配套用地内安排建设公共租赁住房。对符合条件列入保障性住房项目清单的人才公寓、人才周转房建设，在用地、资金、税费上按规定享受保障性住房建设运营的优惠政策。

八、事业单位引进人才实行"三不限"

事业单位空余编制优先用于引进具有副高以上职称或博士学位的高层次人才，以及硕士研究生学历的急需型人才。招聘具有副高以上职称或博士学位的人才采取直接面试考核方式进行，可不受所在事业单位专业技术岗位总量、结构比例和绩效工资限制。

九、其他事项

省级以上高校、科研院所、企事业单位与我市通过共建合作的方式设立机构，其机构引进的高层次人才，通过我市申报入选国家级、省级人才项目或经认定符合我市人才项目的，可享受上述相关政策。

以上措施自2018年4月9日起施行，有效期限至2020年12月31日，由市委人才办、市人社局负责具体解释工作。

A、B、C类人才认定和奖励办法按照《福建省引进高层次人才评价认定办法》（闽委人才〔2015〕5号）执行，其引荐奖励按照《福建省引进高层次人才推介奖励实施细则（试行）》（闽委人才〔2016〕7号）执行，我市给予配套补助。福州市三个层次创业创新人才认定标准参照《福州市创业创新人才住房保障办法（试行）》（榕委办〔2013〕6号）等文件在申报通知中另行规定。

有关人才奖励标准与本文件不一致的，按照"就高、从优、不重复"原则执行。

福州市人民政府
2018年4月12日

江西省

中共南昌市委 南昌市人民政府关于实施“天下英雄城、聚天下英才”行动计划的意见

（洪发〔2018〕8号）

打造富裕美丽幸福现代化江西“南昌样板”，发展是第一要务，人才是第一资源，创新是第一动力。为深入贯彻落实习近平总书记“广聚天下英才，实行更加积极、更加开放、更加有效的人才政策”的指示精神，深化人才发展体制机制改革，市委、市政府决定实施“天下英雄城、聚天下英才”行动计划（简称“英雄城聚才计划”）。未来5年，安排100亿元人才发展经费，通过体制机制创新，聚集100名国内外顶尖人才和国家级领军人才、500名地方级领军人才、2000名重点产业紧缺急需人才和社会事业紧缺急需人才，新增10万名技能人才，吸引50万名青年人才在昌创新创业，努力形成人人渴望成才、人人努力成才、人人皆可成才、人人尽展其才的生态环境，为南昌经济社会发展提供坚强的人才保障和智力支撑。现结合我市实际，制定以下意见。

一、实行具有竞争力的人才引育政策

1．建立人才分类目录。建立全市人才分层分类体系，按照人才能力水平和业绩贡献，将高层次人才分为国内外顶尖人才（A类）、国家级领军人才（B类）、地方级领军人才（C类）、高级人才（D类）。经认定的高层次人才，纳入南昌市人才信息库管理，发放“人才一卡通”，享受相应政策。建立人才分类动态调整协调机制，成立市人才分类协调小组，定期修订完善人才分类目录。对南昌产业发展急需、社会贡献较大、现行人才目录难以界定的“偏才”“专才”，经协调小组认定后，享受相应的人才政策。

2．实施顶尖领军人才领航计划。未来5年，围绕优势主导产业和战略性新兴产业，加快引进培育顶尖人才和领军人才。对全职引进或新培育的A、B、C类人才，分别给予500万元、200万元、100万元奖励补贴。A、B、C类人才可免租入住人才公寓，在昌首次购买商品住房的，A类人才按300平方米标准给予全额购房补贴，B、C类人才给予购房款50%、最高分别200万元、100万元购房补贴。A、B类人才在昌创办企业或实施成果产业化的，按“一事一议”原则，通过股权投资与资金资助结合，给予最高2000万元项目资助；对我市产业发展有重大贡献、能带来重大经济社会效益的，最高可给予1亿元综合资助。院士来昌设立院士工作站的，每个工作站给予100万元建站资助。A、B、C类人才配偶随调，原在机关事业单位工作的，按原单位编制性质和职级予以安排，其它类型的优先推荐就业。

3．实施紧缺急需人才支持计划。未来5年，重点围绕汽车和新能源汽车、电子信息、生物医药、航空、现代金融等产业以及教育、卫生、文化等社会事业，引进和培育1000名产业紧缺急需人才和1000名社会事业紧缺急需人才。每年定期发布紧缺人才需求目录，根据紧缺急需程度给予人才20万—50万元奖励补贴，优先入住人才公寓。采取优先使用空编、优化人员结构等办法，确保人才引进所属的编制。高等院校、科研院所、知识产权、文化艺术、公立医院和学校等领域引进紧缺急需人才，可设置特设岗位，不受岗位总量、岗位等级和结构比例限制。特殊领域的紧缺急需人才，可参照我市已有人才政策，按“一事一议”原则，由人才主管部门提出专门引育政策。优先推荐紧缺急需人才参评市级重大人才工程，紧缺急需人才参加国家级、省级重大人才工程评选，由专人全程代办申报事宜。紧缺急需人才配偶随调，参照A、B、C类人才标准执行。

4．实施“洪城工匠”培育计划。未来5年，培育引进10万名技能人才、3万名高技能人才。建立职业技能晋级奖励制度，对企业引进和新获得技师、高级技师职业资格的职工，分别给予2000元、5000元奖励，对新引进培育的高级技师在昌首次购买商品住房的，给予6万元购房补贴。每年建设5家市级技能大师工作室、5家市级高技能人才培养示范基地，并分别给予每家10万元、15万元的建设资助。对新引进或获得“中华技能大奖”“全国技术能手”及相当层次奖项的高技能人才，分别给予个人和用人单位50万元奖励。每2年培养选树50名左右技能含量高、绝技绝活特色明显的“洪城工匠”，每人奖励1万元。加大校企合作力度，推动职业院校、技工学校与企业合作培养技能人才，建立企业、科研机构高层次专业人才在市属高校、职业学校担任“双师型”教师的鼓励激励机制。鼓励大中专院校与行业组织、社会工作服务机构合作建立社会工作人才实训基地。完善技能人才评价体系，提高企业（行业）评价自主权，推进院校学生鉴定评价，职业院校毕业生在取得学历证书的同时，取得相应的职业资格证书，建立职业技能竞赛与技能评价互认和技能人才与专业技术人才互认的评价体系。

5．实施优秀青年人才储备计划。未来5年，吸纳50万名优秀青年人才在昌创业就业。为中专及以上高校毕业生、取得国家承认的专业技术等级证书或职业资格证书的青年人才开辟绿色通道，实施“零门槛”按需落户，落户手续3个工作日内办结，户籍窗口一律提供延时服务，业务不办完，窗口不下班。对新引进落户且工作在昌的全日制博士研究生、硕士研究生、本科毕业生和技工院校预备技师，每人每月分别发放1500元、1000元、500元的生活补贴，为期3年。在工业园区企业工作的全日制博士研究生、硕士研究生，在昌首次购买商品住房的，分别给予10万元、6万元购房补贴。建设200家左右就业见习基地，全面满足高校毕业生见习需求并给予见习补贴。通过政府购买服务，未来5年，全市统筹3000个左右基层公益性岗位吸

纳离校1年以上未就业的高校毕业生。对高校毕业生自主创办企业，初次领取营业执照并稳定经营1年以上的，经认定后给予每人1万元创业补助，3年内按实际缴纳的社会保险费给予补贴（原则上不超过其实际缴费的2/3）；毕业5年内的高校毕业生个人自主创业可按规定申请最高10万元的创业担保贷款，对合伙创业或组织起来共同创业的（合伙人均为毕业5年内高校毕业生），可按每人10万元标准给予贷款，贷款额度最高为80万元；对入驻企业、个人在创业孵化基地或就业扶贫车间发生的物管费、卫生费、房租费、水电费，按其每月实际费用的60%给予补贴，为期3年。组建青年人才举荐委员会，每年面向青年人才举办创新创业大赛，并遴选100个优秀创新创业项目，按不超过其实际有效投入的50%，给予最高50万元的项目资助。支持博士后工作站、博士后创新实践基地建设，分别给予50万元、30万元科研资助，并给予每位进站博士后10万元科研资助，对获得国家级、省级项目资助的给予1：1配套。在博士后现有薪酬基础上，加大补贴力度。支持博士科研创新中心建设，给予20万元科研资助，并给予每位博士5万元科研资助。加大“一村一名大学生”培养力度。

6．实施洪城菁英提升计划。未来5年，每年打造1—2个不少于10名专业社工人才的精品社会组织，每个资助10万元。打造100个左右名师、名医、名家工作室，每个资助10万元。遴选300名左右科技人才、专业技术人才，赴国（境）内外高校、科研机构研修，国（境）外最高资助学费20万元，国（境）内最高资助学费10万元。选拔培养300名左右新型农村实用人才，每人资助项目经费10万元。选送1000名左右企业经营管理人才赴国（境）内外知名高校培训提升。

7．实施海外人才引智计划。未来5年，面向海外引进1000名左右海外高层次人才。对高端引智项目，每个资助30万元，领衔专家由市政府聘为“洪城特聘专家”，其他海外专家引智团队项目和个人项目分别资助20万元、10万元。支持“留学归国人员创业园”建设，下放入园项目审核权限。对新创建的创业园，安排首年建设资金、存续期间场地租金，每年补贴管理经费最高20万元。支持外籍人才来昌创新创业，外籍人才申报市级创新创业项目，享受国内人才同等待遇。开辟人才办理出入境证照绿色通道，来昌工作的外籍人才及家属办理签证和停留证件3个工作日内办结，办理居留证件7个工作日内办结，并试点下放“外国人来华工作许可”审批权限。对引进的海外高层次人才快捷办理5年以内居留许可，高效办理外国人永久居留身份证，为有需求的我市引进华侨人才及配偶和未成年子女办理回国来昌定居手续。

二、健全创新活力迸发的人才集聚机制

8．筑牢开发区新区集聚人才的主阵地。支持开发区、新区立足各自产业发展功能定位，制定专门人才引育政策，实施更加优惠的人才政策。财政每年按照1：1的比例配套总额最高1亿元的资金，重点支持经开区绿色金融创新综合体、高新区南昌（国家）大学科技城、小蓝创新创业基地、红谷滩新区VR孵化中心和产业基地建设，支持“一园多区”的中国南昌人力资源产业园、中国南昌中医药科创城、中国南昌人才大厦、中国南昌公共实训基地、留学归国人员创业园建设。助力开发区、新区不断完善人才服务、创业孵化、成果展示、资源共享等功能，打造成为全省乃至中部地区的人才工作示范区。鼓励开发区、新区建设人才公寓。把招才引智工作纳入开发区、新区考核评价指标体系，加大人才工作考核分值权重。

9．支持科研创新平台集聚人才。鼓励国家大院大所、知名高校、上市公司及大型企业在昌设立研发机构，开展技术开发、服务及产业化，对研发机构初期建设、研发投入及创新人才引进，给予最高2000万元的资金补贴。对我市重点产业和经济发展有重大影响的，可采取“一院一策、一事一议、特事特办”的方式给予支持，并在政策、资金、土地方面给予重点倾斜，各项支持资金由市、县区（开发区、新区）共同承担。建立客观公正的新型研发机构考核体系，考核为优秀的，给予300万元奖励。未来5年，围绕产业发展需要，按照“成熟一个发展一个”的原则，力争建设一批有效支撑我市重点产业的新型研发机构。支持高等院校、科研院所和企业建设100家以上科研创新平台，新认定的国家级、省级、市级工程技术（研究）中心、企业技术中心或重点实验室，分别给予500万元、50万元、20万元的经费支持。鼓励驻昌高等院校、科研院所和企事业单位面向市内单位开展技术开发和技术转让，按单个技术合同成交额给予2%、最高30万元的科研人员奖励。鼓励驻昌高等院校、科研院所科研人员在市内企业兼职从事研发工作，按规定获取报酬。

10．支持人才在科技公共服务平台创新创业。对获评全国创业孵化示范基地的给予200万元补助；对每年新认定和通过复核的创业孵化示范基地统一挂牌省级、市级、县区级创业孵化示范基地，分别给予100万元、60万元、30万元补助。对每年新认定并通过复核的国家级、省级、市级科技企业孵化器（大学科技园），分别给予100万元、50万元、20万元补贴；评为优秀的国家级、省级、市级孵化器分别给予20万元、15万元、10万元奖励。对每年新认定并通过复核的国家级、省级众创空间，分别给予50万元、30万元补贴；评为优秀、良好的众创空间分别给予20万元、10万元奖励。获评国家级、省级、市级示范、市级试点星创天地，分别给予50万元、30万元、30万元、20万元奖励。

11．完善市场化引才机制。用好市场“无形之手”，将人才服务纳入政府购买服务的指导目录。支持人力资源服务企业发展，未来5年，投入1亿元作为人力资源服务产业发展资金，用于人力资源服务产业发展基金投入、产业园基础设施建设、优质入园企业奖励、产业发展论坛补贴和园区招商经费补助等。按不低于乙级写字楼的标准为入园企业提供“可拎包入驻”的办公场所。发挥人力资源产业园数据优势，加快“人才地图”信息化建设，建立赣籍人才信息库，定期在国（境）内外举办“双招双引推介会”“高层次人才洽谈会”“洪城智汇招聘行”等活动。打好“亲情牌”，引进“有缘人”，借助驻昌高校校友资源优势，引导校友回昌投资创业。开展南昌万名“赣才回昌、圆梦家乡”引才活动，5年引进2万名赣籍人才回昌创业就业。

12．健全人才创新创业激励机制。鼓励带技术、带成果、带项目的人才来昌创新创业和转化成果，经评估分层次给予100万元、200万元、300万元项目资助，并提供不少于100平方米建筑面积的创业场所、不少于100平方米的人才公寓，免费使用3年；产出重大技术成果的，按“一事一议”原则，给予最高2000万元追加支持；在昌首次购买商品住房的，分层次给予10万元、20万元、30万元购房补贴；获得银行贷款的，2年内每年按贷款付息额的50%—100%给予贴息补助，贷款贴息补助总额最高不超过1000万元；在未取得建设用地之前，优先入驻政府建设的孵化器，3年内每年补贴50%、最高50万元的场租费；租赁厂房直接生产销售的，2年内每年补贴最高200万元的房屋租赁费。允许高校、公立医院和科研院所等人力智力密集型单位突破绩效工资控制线，超出控制线部分主要用于科研人员特别是作出突出贡献的科研人员和创新团队奖励性绩效工资分配，属于紧缺急需人才的，所在单位可自定薪酬标准。积极承接“国”字号、“赣”字号人才工程，对暂未列入省“双千计划”的人才及团队，我市优先给予创新创业支持。

13．设立洪城引才奖。鼓励企业和中介机构大力引进A、B、C类人才和紧缺急需人才。凡为我市重点产业、重点领域的企事业单位全职引进A、B、C类人才在昌工作满1年的用人单位或中介机构给予奖励。对引进人才年薪20万元—50万元的，按人才年薪5%的比例给用人单位发放引才奖；年薪50万元及以上，按人才年薪10%的比例给用人单位发放引才奖，最高不超过200万元；对为我市引进A、B、C类人才的中介机构，每引进一人分别给予50万元、20万元、10万元奖励。企业接收毕业2年内高校毕业生，签订2年以上期限劳动合同并按规定缴纳社会保险费的，按规定给予1000元补贴。企业用于招才引智的投入包括薪酬等支出按税收有关规定实行税前扣除。对组织100家以上企事业单位参加的人才论坛或人力资源服务业高峰论坛，给予主办机构最高10万元补贴。

三、持续优化人才宜居宜业的生态环境

14．建立科学规范的人才评价机制。坚持德才兼备，注重凭能力、实绩和贡献评价人才，探索建立由政府、市场、专业组织、用人单位多元主体参与的，符合人才岗位特点的多维度人才评价体系。出台高层次人才评价认定指标体系和考核评估体系，建立考核评估、激励和退出机制，对创新创业成效突出的，持续予以奖励；对作用发挥不明显的，取消相关待遇。探索下放市级职称和高技能人才评审权，合理设置职称评审中的论文和科研成果条件，不将论文作为评价应用型人才的限制性条件，不对职称外语和计算机应用能力考试作出统一要求。

15．优化人才创新创业金融服务环境。鼓励金融机构为人才创新创业提供信贷支持，市政府设立5000万元人才创新创业信贷风险缓释基金，对金融机构为人才创新创业发放贷款产生的损失给予适当风险分担。为人才创新创业融资提供担保，完善以南昌工控产业担保有限公司为主体、市县区全覆盖的财政出资融资性担保体系；鼓励社会融资担保机构为人才创新创业融资提供增信，对为人才创新创业提供融资担保的机构，每年按担保额的5%。给予补贴，最高80万元。组建规模为10亿元的人才创新创业风险投资基金，支持人才创新创业发展。支持人才创新创业过程中直接融资，按照人才创新创业项目或企业引进社会资本融资额的1%给予奖励，最高100万元。

16．实施人才安居工程。未来5年，通过共建、自建或整合现有房源等方式，根据需求建设或储备合理规模的人才公寓，作为新引进高层次人才周转房，周转期为5年。允许人才集聚的大型企事业单位、科研机构、工业园区利用自有存量国有建设用地，按照城市规划与土地出让管理有关规定，自建人才公寓、单位租赁住房等配套设施。人才安居工程建设享受保障性安居工程建设行政事业性收费减免政策。对引进的基础型人才，符合住房保障条件的，纳入城镇住房保障范围，落户后或办理居住证6个月后，可申请发放公共租赁住房租赁补贴。A、B、C、D类人才以及在昌省属党政机关企事业单位引进的相对应层次人才，享受我市户籍人口购房政策。A、B、C类人才可不预交定金、首付等购房款。

17．解决高层次人才就医、子女就学问题。为A、B、C、D类人才及其配偶、未成年子女发放“医疗保健服务卡”，在市属医院开设“医疗服务绿色通道”，享受优先挂号、优先就诊、优先检查、优先住院、特需医疗保健以及免费体检等服务，并建立个性化健康指导计划。在市第一医院设立国际医疗部，保障外国高层次人才及其配偶、子女的医疗保健工作。A、B类人才以及在昌省属党政机关企事业单位引进的相对应层次人才，其子女入（转）学的，不受户籍限制，由市教育行政部门协调市直相关部门、县区教育行政部门，根据其本人意愿，自主选择市、县区属公办幼儿园、公办义务教育阶段学校、公办高中阶段学校就读。C、D类人才子女学前教育和义务教育阶段入（转）学的，根据其本人意愿，在户籍所在地（无本地户籍的则按家庭常住地）自主选择市、县区属公办幼儿园或民办幼儿园、公办义务教育阶段学校就读，入读本市公办高中可分别降低20分和10分录取，在高中阶段转学的，按与原就读高中学校等级相当的原则，妥善安排在市属公办高中或其父母（监护人）居住地所属县区内公办高中就读。海外高层次人才子女，根据其本人意愿，统筹安排在市、县区属公办中小学（幼儿园）就读，或帮助协调进入市国际学校就读。

18．健全专家人才荣誉制度。每2年开展一次市“突出贡献人才”评选，每次不超过10名，每人奖励20万元。每2年开展一次企业经营管理人才、专业技术人才、青年人才“十佳”、农村实用人才、社会工作人才系列人才评选，给予一定物质奖励。对作出突出贡献的外籍专家，颁发“滕王阁友谊奖”。每3年确定100名左右由厅级领导、人才工作领导小组成员联系的市直接联系人才，3年内每人每年发放5000元补贴。进一步提高人才的社会地位和政治待遇，注重在优秀人才中发展党员、评选劳模、推荐“两代表一委员”。发挥统一战线联系广泛优势，努力搭建党外人才统战工作平台，提升党外人才的归属感和使命感。

四、构建人才优先发展的保障体系

19．实行人才工作目标考核责任制。健全党委统一领导、组织部门牵头抓总、有关部门各司其职、社会力量广泛参与的人才工作格局。健全招才引智工作机构，配强人才职能部门工作力量，加强人才工作经费保障，进一步规范人才项目评审工作和资金使用，严禁一个项目重复性补贴，避免单以材料评审定项目、项目评审走过场、人才资金不落地。将人才工作纳入全市目标管理年度考核、每年党委书记落实党建工作责任制情况述职内容，以人才净流入率作为考核重要指标。每年开展县区委组织部长和市委人才工作领导小组成员人才工作专项述职。每半年由市委人才办会同市委督查室、市政府督查室对人才工程推进情况、人才资金使用情况、人才政策落实情况进行督导，督导情况作为年度考核联动问责的主要依据。

20．建立招商引资和招才引智协同推进机制。以招商项目为载体，打包引进高层次人才及团队。实行招才引智和招商引资同推进、同考核。县区从市外全职引进1名A类、B类、C类人才，视同完成50亿元、30亿元、10亿元招商引资任务。用足用好因公出国（境）审核审批政策，大力支持党政机关、企事业单位“走出去”招才引智，支持教学科研人员赴国外开展学术交流合作，优化审批程序，做到特事特办，急事急办。

21．提供便捷优质高效的人才服务。整合相关部门人才认定、项目申报、待遇落实等职能，在市本级和各县区（开发区、新区）设立专门的人才服务机构，实行人才综合性服务“一站式受理、一站式办结、一站式答复”。涉及A、B、C类人才的服务事项，由专人全程代办。简化引才项目申报流程，及时兑现引才工作补贴和生活补贴。凡符合引才项目申报条件和人才认定条件的，凭相关申报材料在窗口申报成功后一个月内兑现补贴。开发“南昌人才网”掌上APP，为人才提供便捷的线上服务。建设“南昌人才港”，及时发布用人单位岗位需求与人才求职需求，采取“互联网+人才”发展模式，搭建“互联网+招聘会”平台。凡具有事业身份的高层次人才来昌创新创业，5年内保留其事业身份，并享受人事档案管理、档案工资晋升、职称评审等服务。建立简便高效规范的科技人员离岗创新创业审批方式，保障离岗创新科技人员离岗期间在原单位保留人事关系、职称评聘、岗位等级晋升和社保承续等方面权利。

22．营造人才工作良好氛围。建立人才工作联动宣传机制，持续开展“天下英雄城、聚天下英才”主题宣传，不断提升南昌人才政策的影响力。聘请赣籍名人、能人作为“南昌招才顾问”“南昌引才大使”，宣传推介南昌招才招商政策。坚持每年5月的最后一周举办“人才活动周”，打造“南昌人才节”。依托现有公园，建立人才主题公园，在人才大厦，设立人才风采墙。对人才创新创业过程中因不可预知风险、不可抗力造成失误或创业失败的，予以宽容并免责，纳入持续支持范围。

本意见自印发之日起施行。与此前政策有重复、交叉的，按照“从新、从优、从高和奖励补贴不重复”原则执行，并依据本意见，抓紧研究制定配套实施细则。本意见由市委人才工作领导小组办公室负责解释。

中共南昌市委
南昌市人民政府
2018年4月26日

南昌市顶尖领军人才领航计划实施细则（试行）

（洪府厅发〔2018〕79号）

第一章 总 则

第一条 为贯彻落实市委、市政府《关于实施“天下英雄城聚天下英才”行动计划的意见》（洪发〔2018〕8号），结合实际，特制订本细则。

第二条 本细则所指顶尖领军人才是指2018年4月28日以后来南昌市创新创业，拥有核心技术或掌握自主知识产权，对南昌市优势主导产业和战略性新兴产业有重大引领推动作用，经评价认定的国内外顶尖人才（A类）、国家级领军人才（B类）、地方级领军人才（C类）。

第三条 南昌市顶尖领军人才领航计划由市委人才办统筹协调，市人社局牵头组织实施，相关部门共同参与、协作推进。

第二章 申报条件

第四条 申报顶尖领军人才领航计划的人才及所在单位需具备以下条件：

（一）申报人才应符合《南昌市高层次人才分类认定目录》中A、B、C类人才的相应条件，并具备下列全职引进的条件之一：

1．在我市从事技术开发、技术服务及成果产业化，其人事、工资、社保关系或个人所得税汇缴在南昌市，且与南昌市企事业单位签订3年及以上劳动合同（聘用合同）的人才；

2．企业法定代表人；

3．企业第一大股东；

4．企业持股30%以上的股东。

（二）鼓励南昌市企事业单位通过柔性引进的方式聘请顶尖领军人才担任顾问或特聘专家等为技术开发、技术服务及成果产业化提供服务。

（三）人才申报单位应是具有独立法人资格与一定产业规模，其工商注册、税收汇缴和社会保险缴纳均在南昌市的企业或市属高职以上院校、医疗卫生机构、科研院所等。

第三章 申报和评价

第五条 顶尖领军人才评价认定工作每年定期组织实施。具体时间以每年申报公告为准。

第六条 申报评价具体流程如下：

（一）申报。顶尖领军人才领航计划由人才所在单位进行申报，填写申报表并上传相关附件材料扫描件报南昌市高层次人才服务窗口，南昌市高层次人才服务窗口全年受理申报。

相关附件材料包括：申报表（单位负责人和人才本人签名并加盖单位公章）、申报人有效身份证明、申报单位及个人社保缴费或纳税证明、劳动合同（聘用合同）、学历学位证书、职称证书、创办企业证明材料（营业执照、验资报告、公司章程及股权构成等）、主要成果证明材料（专利证书、产品证书、奖励证书、代表性论著等）。

（二）审核。市人社局对照《南昌市高层次人才分类认定目录》对申报资料进行审核。未通过审核的，将结果反馈给申报单位；通过审核的列入实地考察名单。

（三）实地考察。市委人才办统筹，市人社局牵头组织相关成员单位及有关专家，对申报材料真实情况及申报人才创新创业情况等进行实地考察。综合考察结果，提请市委人才办召开会议研究，确定专家评审对象名单。其中，对条件具备、业绩突出、学术造诣高且明确的，可以直接认定，并列为建议人选名单。

（四）专家评审。市人社局组织专家评审会，对评审对象的学术科研水平、创新创业能力、作用发挥情况、市场前景潜力等进行集中评审，同意票数达2/3以上的对象列为建议人选名单。

（五）审定公示。市委人才工作领导小组对建议人选名单进行审定，确定候选人员名单并公示，公示期为5个工作日。

（六）发证。经公示无异议的候选人员，由市委人才办、市人社局纳入南昌市人才信息库管理，发放“南昌市顶尖领军人才评价认定证书”和“人才一卡通”。

第四章 政策支持

第七条 对全职引进的顶尖领军人才享受以下政策支持：

（一）对入选顶尖领军人才领航计划的A、B、C三类人才，分别给予500万元、200万元、100万元的奖励补贴。奖励补贴按照4︰3︰3的比例分3年发放，由人社部门拨付至人才个人账户。

（二）对入选顶尖领军人才领航计划的人才可以免租入住人才公寓；在昌首次购买商品住房的，A类人才按300平方米的标准（以区域同期市场均价为准）给予全额购房补贴，B、C类人才给予购房款50%的标准（以区域同期市场均价为准）、最高分别给予200万元、100万元的购房补贴。

（三）A、B类人才在昌创办企业或实施技术成果产业化的，按“一事一议”原则，通过股权投资与资金资助结合，给予最高2000万元项目资助；对南昌市产业发展有重大贡献、能带来重大经济社会效益的，最高可给予1亿元综合资助。“一事一议”项目资助由市委人才办根据有关规定牵头组织实施。

（四）按洪城引才奖规定，对凡为我市重点产业、重点领域的企事业单位全职引进A、B、C类人才在昌工作满1年的用人单位或中介机构给予奖励。对引进人才年薪20万—50万元的，按人才年薪5%的比例给予用人单位发放引才奖；年薪50万元及以上的，按人才年薪10%的比例给予用人单位发放引才奖，每年最高不超过200万元；对为南昌市引进A、B、C类人才的中介机构，每引进1人分别给予50万元、20万元、10万元奖励，同一中介组织每年最高奖励不超过100万元。

第五章 评估管理

第八条 建立顶尖领军人才考核评估、激励和退出机制，对创新创业成效突出的，给予持续支持；对顶尖领军人才创新创业过程中因不可预知风险造成失误、失败的，经调查评估可予以宽容和免责，并纳入持续支持范围；对作用发挥不够、成效不明显，未达预期且无正当理由的，终止相关待遇。

第九条 对在申报过程中弄虚作假的申报单位和个人，一经核实，取消申报或认定资格，依法追缴支持经费，并纳入诚信黑名单；涉及造假的单位及个人，不再享受南昌市各类人才政策支持。

第六章 附 则

第十条 本细则所涉资金由市级和引进顶尖领军人才的县（区）按照1︰1的比例分担。其中市级资金从市人才发展资金中列支，并按市级资金不高于2%的比例，安排专项工作经费，据实核拨。

第十一条 本细则由市人社局负责解释，自印发之日起实施。以前出台的政策文件与本细则不相符的，以本细则为准。

南昌市人民政府办公厅
2018年5月31日

南昌市海外人才引智计划实施细则（试行）

（洪府厅发〔2018〕84号）

第一条 为贯彻落实中央关于深化人才发展体制机制改革和加强新形势下引进外国人才工作的精神，深入实施人才强市战略，坚持以开放包容、海纳百川的姿态，大力吸引海外人才来我市创新创业，按照市委、市政府《关于实施“天下英雄城聚天下英才”行动计划的意见》（洪发〔2018〕8号）的精神，结合实际，制订定本细则。

第二条 本细则适用于我市各级各类企事业单位通过项目合作、技术指导、培训咨询等方式柔性引进的海外人才。具体包括：

（一）外籍专家和港、澳、台籍专家。

（二）留学人才：

1．依照国家规定公派、自费出国（境）学习并获得硕士以上（含硕士，下同）学位的留学人员（含已获得居住国永久居留权者，不含已加入外国国籍者）；

2. 在国内已获得硕士以上学位，公派到国外高等院校、科研机构研修连续2年以上并取得一定成果的访问学者和进修人员。

第三条 南昌市海外人才引智计划由市委人才办统筹协调，市人社局牵头组织实施，有关部门共同参与、协作推进。

第四条 围绕我市“强攻产业、决战工业”的发展路径，优先支持支柱产业中的重大工程、重要项目、重点企业及关键技术中引进的海外人才和海外人才创新团队。未来5年，面向海外引进1000名海外高层次人才，根据项目效益、用人单位引才成本、专家资历、工作时间等因素，每年遴选20个海外专家高端项目，给予每个项目30万元的经费资助，领衔专家由市政府聘为“洪城特聘专家”；每年遴选40个“洪城海鸥计划”团队项目和40个“洪城海鸥计划”个人项目，分别给予每个项目20万元、10万元经费资助。资助资金主要用于补贴用人单位所引进的海外专家来昌工作所发生的工作薪酬、国际旅费、城市间交通费、在昌生活费等开支。

第五条 “洪城特聘专家”一般应具有博士学位或高级职称，年龄原则上不超过60岁，聘用时间为1年，聘用期内在昌工作时间不少于1个月，并符合以下条件之一：

（一）在国外知名高校、科研院所担任相当于副教授及以上职务的专家学者。

（二）在国际知名企业或金融机构担任中高级职务的专业技术人才和经营管理人才。

（三）拥有自主知识产权或掌握核心技术的创新创业人才。

（四）我市紧缺急需的其他海外高层次人才。

用人单位应当经营运行状况良好、技术创新体系健全、配套支持措施完善、具有较强的创新能力、在业内处于优势地位，给予“洪城特聘专家”年薪在50万元人民币以上。

第六条 “洪城海鸥计划”团队须符合以下条件：

（一）属于我市支柱产业或社会发展重要领域急需的人才团队。

（二）掌握核心技术，拥有知识产权或发明专利。

（三）具有较好创新业绩或有较大创新潜能，在项目孵化、成果转化、技术产业化等方面有较强的实际操作能力。

（四）团队带头人具有博士学位或高级职称，是所从事产业领域的领军人物，团队其他核心成员应取得硕士以上学位。

（五）团队人数在4人及以上（包括1名带头人和至少3名核心成员），并与用人单位签订工作协议1年及以上，团队成员在昌工作时间每人每年不少于15个工作日。

第七条 “洪城海鸥计划”个人须符合以下条件：

（一）属于我市支柱产业或社会发展重要领域急需的人才。

（二）掌握核心技术，拥有知识产权或发明专利。

（三）具有较好创新业绩或有较大创新潜能，在项目孵化、成果转化、技术产业化等方面有较强的实际操作能力。

（四）在海外取得硕士及以上学位。

（五）人才个人须与用人单位签订工作协议1年及以上，人才个人在昌工作时间每年不少于15个工作日。

第八条 引进流程。

（一）申报。每年组织一次申报，由用人单位按照申报通知要求，经县区（开发区、新区）人社部门审核同意后，向市人社局提交项目申报材料。

（二）评审。经初审合格的申报材料，由市人社局按照“突出重点、好中选优”的原则，会同有关部门组织相关专家对申报项目与拟聘人选进行评审，拟定项目与拟聘人选报市委人才工作领导小组同意后，确定年度项目与拟聘人选立项计划。

（三）立项。由市人社局将年度立项计划以书面形式通知用人单位。

（四）执行。用人单位接年度立项计划通知后，应尽快安排项目执行有关工作，市人社局项目专管员将全程跟踪项目执行情况。

（五）核准。市人社局将会同有关部门组织相关专家对执行的项目进行核准评估。

（六）资助。对通过核准评估的项目，按资助标准由市人社局按照项目进度，分两次将资助经费拨付给用人单位。

第九条 为入选南昌市海外人才引智计划的海外人才提供以下便利服务：

（一）享受办理外国人来华工作许可简化申报流程、缩短审批时限、减少提交材料等便利待遇。全面落实《外国人才签证制度实施办法》，为外国人才来昌工作开辟绿色通道，提供便利。其外籍配偶和未成年子女在申请办理签证、居留许可及永久居留时，给予相应的政策便利。

（二）享受我市主要三甲医院就医的直通服务，至少指定1家医院提供国际诊疗服务，为海外人才提供预约诊疗、绿色通道、全程陪诊以及跟诊关怀等优质服务。

（三）入选引进计划的全职引进的海外人才可参照《南昌市高层次人才分类认定目录》中D类人才标准，享受子女入学优惠政策。

（四）优先推荐参加每年一度的“南昌市外国专家休假团”“南昌市留学人才休假团”进行外出休假活动，参加每季一度的“南昌市外国专家联谊日”活动以及海外留学人才联谊活动等。

（五）优先推荐参评南昌市“滕王阁友谊奖”、江西省“庐山友谊奖”和中国政府“友谊奖”。

（六）优先推荐符合国家“千人计划”条件的海外人才申报参评。

（七）及时为符合条件的海外人才办理《南昌市海外留学人才证》。

第十条 用人单位应当按照我国法律法规和政策规定及时为引进的海外人才办理养老、医疗、工伤、失业、生育等各项社会保险和住房公积金。对暂时尚未能够办理或原已办理社会保险和住房公积金但暂不具备转移接续条件的，经双方协商一致，由用人单位筹措资金为海外人才购买相关商业保险或给予相应补助。

第十一条 本细则所涉资金由市人才发展资金中列支，并按所涉资金的1%安排工作经费，据实核拨。

第十二条 本细则由市人社局负责解释，自印发之日起实施。以前出台的政策文件与本细则不相符的，以本细则为准。

南昌市人民政府办公厅

2018年5月31日

南昌市“洪城计划”人才工程实施细则

（洪科字〔2018〕119号）

第一条 为贯彻落实《关于实施“天下英雄城、聚天下英才”人才工程的意见》，组织实施好“洪城计划”，特制定本实施细则。

第二条 申请“洪城计划”人才项目，应当具备下列条件：

1. 项目申请人为带技术、带成果、带项目、带团队来我市创新创业，具有在国内外大型企业、知名高等院校、科研机构的关键岗位从事研发或管理工作2年以上的人才（不含南昌市属人才）。

2. 项目申请人为已（拟）在南昌设立企业的法人代表，并拥有不低于30%的股份。

3. 项目载体企业注册不满1年（含），或尚未在南昌注册，项目注册资金不低于申请资助资金。

4. 项目符合国家产业政策，属于我市重点发展产业。

5. 项目拥有自主知识产权，所在技术领域居国内先进水平（含）以上。

6. 项目具有良好的市场发展前景，有利于我市产业链的完善和补充。

7. 项目研发和产业化活动均不在我市，为取得市场在我市专门设立销售网点的申请项目不予受理。

第三条 强化“洪城计划”宣传推介，主要采取以下方式：

1. 信息发布。通过电视、报刊、网络等媒体向国内外公告“洪城计划”人才引进政策及工作推进情况。

2. 外出推介。定期组团赴国内外中心城市开展“洪城计划”人才引进洽谈活动，宣传推介“洪城计划”和创业环境，引进一批“四带”人才。

3. 中介合作。鼓励国内外知名人才协会等中介机构参与“洪城计划”人才引进推介，引进“洪城计划”人才项目成功落户南昌，并正常运营满2年给予奖励。

4. 以才引才。鼓励我市创新创业各类人才积极参与“洪城计划”人才引进推介，对取得成效的给予奖励，奖励标准参照中介合作的奖励标准执行。

第四条 “洪城计划”人才项目立项程序如下：

1. 项目申请。“洪城计划”人才项目采取网上申请，项目申请人直接登陆南昌市科学技术局官方网站（www.ncinfo.gov.cn），提交《南昌市“洪城计划”人才项目申请表》《南昌市“洪城计划”人才项目计划书》，上传相关附件。

2. 项目初审。市科技局会同市委组织部、市人社局对申请人员的资格进行认定，对申请项目进行初步审核，提出受理意见。

3. 项目评审。项目评审工作分专家评估、项目答辩两个阶段，由市科技局委托市科技信息中心组织实施。市委组织部、市科技局、市人社局负责监督检查。

（1）专家评估。评估专家一般由7名技术专家组成。评估实行计分制，从项目产业政策、技术创新、市场前景、基础条件、团队结构、实施风险等方面进行评估打分（评估打分指标另行制定），去掉一个最高分和一个最低分，形成最终得分。如果项目存在一票否决的情况，则不予打分，直接淘汰。

（2）项目答辩。根据专家评估意见，按照从高分到低分原则，筛选入围答辩项目。答辩专家一般由5名技术专家、2名风险投资专家组成。评估实行计分制，计算7名专家平均分，形成最终得分。

4. 项目公示。市科技局会同市委组织部、市人社局，根据答辩环节项目得分情况，按照高分到低分原则，提出拟立项目名单，在相关媒体进行公示。

5. 项目立项。公示结束后，市科技局会同市委组织部、市人社局，提出入选“洪城计划”人才项目建议，报市委人才工作领导小组审定。项目建议分为重点推荐（A类）、优先推荐（B类）、一般推荐（C类）。

6. 项目对接。市委人才办将立项项目下发各县（区、开发区、新区）人才办，各县（区、开发区、新区）人才办主动与尚未落户项目对接洽谈，推动项目尽快落户。

7. 项目落户。项目立项后半年内完成相关落户事宜。如遇特殊原因不能按期落户，经申请可延期至1年。如仍未能落户，取消立项资格。

第五条 “洪城计划”人才项目管理程序如下：

1. 合同签订。项目成功落户后，项目单位与市科技局签订“洪城计划”人才项目合同书，明确项目开发任务，以及双方的权利、义务。

2. 项目管理。项目实行属地管理，由县（区、开发区、新区）组织部（党群部）牵头，会同科技、人社部门负责日常管理工作。市委人才办、市科技局、市人社局负责监督检查，协调解决相关问题。

3．资金拨付。项目资助经费分三批拨付，项目落户后拨付首期资助经费的30%，项目中期评估后再行拨付40%，项目验收后拨付30%。资金拨付至各县（区、开发区、新区）财政局，由各县（区、开发区、新区）财政局拨付至项目单位。项目经费使用情况委托县（区、开发区、新区）组织部（党群部）、财政局进行监管。

首批资助经费由项目落户县（区、开发区、新区）组织部（党群部）会同科技、人社部门实地察看项目单位经营场所、人才团队、营业执照、已投入资金等情况，提出建议，报市科技局会同市委组织部、市人社局、市财政局拨付。

第二批资助经费经县（区、开发区、新区）组织部（党群部）会同科技、人社部门审核同意后，由市科技局会同市委组织部、市人社局组织专家中期评估后，予以拨付。未通过评估的项目，暂缓资金拨付，可申请延期半年。到期仍未能通过中期评估的，第二批项目经费不予拨付。

第三批资助经费经县（区、开发区、新区）组织部（党群部）会同科技、人社部门审核同意后，由市科技局会同市委组织部、市人社局组织专家验收并通过验收后，予以拨付。未通过验收的项目，暂缓该批次资金拨付，可申请半年再行验收。到期仍未能通过验收的，第三批项目经费不予拨付。

4．组织验收。项目合同到期后3个月内，项目单位应及时向市科技局提出验收申请，提交项目工作总结报告和项目经费使用报告等相关验收材料。经县（区、开发区、新区）组织部（党群部）会同科技、人社部门审核同意后，由市科技局审核后，会同市委组织部、市人社局组织专家进行验收，颁发《洪城计划人才项目验收证书》。因故不能按期完成的，项目单位应在合同书约定的任务完成时间前2个月向市科技局提交项目延期验收申请，申请延期时间不得超过1年。

第六条 项目单位要严格执行经费预算，在遵循单独核算、专款专用、科学安排、注重实效的原则下，确保资金规范和合理使用，项目经费开支范围为：

1．在项目实施过程中发生的主要费用，包括设备费、材料费、测试化验加工费、燃料动力费、知识产权事务费、人员费、会议费、差旅费、基建费。

2．其他相关费用，指在项目实施过程中发生的除上述费用之外的其他支出。其他相关费用实行总额控制，不超过项目总经费的10%。

第七条 项目有以下情况之一的，取消其项目资格：

1．企业注销或项目中止的。

2．项目立项后1年内未正常运行或2年内未通过中期评估。

3．项目申请人股权减持，不符合立项要求的。

4．项目无有效进展，抽取实收资本挪作他用的。

5．企业不合法经营或在税务、工商、安全、环保等方面出现严重违规的。

6．其他不符合人才项目要求的。

第八条 项目实施中如遇目标调整、内容更改、立项负责人与关键技术方案变更等情况，项目单位须提出书面申请，经县（区、开发区、新区）组织部（党群部）报市组织部、市科技局、市人社局及市财政局备案后方可实施。

第九条 “洪城计划”人才项目享受如下扶持政策：

1．项目单位注册落户后，分三个层次对A类、B类、C类项目分别给予300万元、200万元、100万元人民币的创新创业补助资金。产出重大技术成果的，按“一事一议”原则，给予最高2000万元追加支持。项目补助经费由所在县（区、开发区、新区）财政和市财政各负担50%。

2．项目单位注册落户1个月内，所在县（区、开发区、新区）给予提供不少于100平方米建筑面积的创业场所、不少于100平方米的人才公寓，项目正常运行情况下可持续免费使用3年。

3．项目负责人在昌首次购买自用商品房的，A类、B类、C类项目分别给予30万元、20万元、10万元的购房补贴，由所在县（区、开发区、新区）财政和市财政各负担50%。

4．项目获得银行贷款的，A类、B类、C类项目分别按贷款付息额的100%、70%、50%给予2年贴息补助，贷款贴息补助总额最高不超过1000万元，由所在县（区、开发区、新区）财政和市财政各负担50%。

5．项目在未取得建设用地之前，优先入驻政府建设的孵化器，3年内每年补贴50%的场租费，补助金额最高不超过50万元；租赁厂房直接生产销售的，2年内每年补贴最高不超过200万元的房屋租赁费，由所在县（区、开发区、新区）财政和市财政各负担50%。

6．“洪城计划”人才项目团队及其引进的人才享受我市《关于实施“天下英雄城、聚天下英才”行动计划的意见》（洪发〔2018〕8号）文件规定的各项优惠政策。

7．对推荐并成功落户南昌的“洪城计划”人才项目的中介机构，A类项目奖励6万元，B类项目奖励4万元，C类项目奖励2万元。

第十条 “洪城计划”人才项目的申报组织、评估评审、监督检查、验收考核、绩效评价、工作调研等与项目管理相关工作发生的费用纳入洪城计划人才项目经费管理。此项费用在当年专项资金总额的2%以内控制使用，由市财政局据实核拨。

第十一条 本办法所需资金从市人才发展资金列支。

第十二条 本办法发布之日起施行，由市科技局负责解释。

中共南昌市委组织部　南昌市科学技术局
南昌市人力资源和社会保障局　南昌市财政局
2018年5月31日

中共新余市委 新余市人民政府
关于实施促进人才发展政策三十条的意见

（余发〔2018〕10号）

为深入学习贯彻习近平新时代中国特色社会主义思想特别是习近平总书记关于人才工作的重要指示精神，认真落实《中共中央印发〈关于深化人才发展体制机制改革的意见〉的通知》（中发〔2016〕9号）和《中共江西省委关于深化人才发展体制机制改革的实施意见》（赣发〔2017〕4号）的部署要求，大力实施人才强市战略，推动人才创新创业发展，推进人才政策创新，加快引进培养各类人才，为我市争当全省“三区两典范”、再铸新时代“工小美”新辉煌提供强有力的人才支撑。现就实施促进人才发展三十条政策措施提出如下意见。

一、统筹实施市级重大人才工程

1．创新实施“新余双百人才工程”。未来5年，围绕我市钢铁、新能源、光电信息、装备制造等重点产业发展，面向海内外重点支持引进100名左右高端产业发展人才，重点支持培养100名左右创新创业领军人才（高层次创新创业团队）。对入选的人才（团队）给予最高2000万元创新创业资金支持及相关优待政策，所需资金由市财政和受益财政按4：6比例分担。对特别重大的人才（团队）引进，采取“一事一议”方式，给予滚动支持或追加资助。

2．创新实施“万名大学生来余留余就业创业工程”。未来5年，吸引留住5万名左右大专以上学历高校毕业生到新余就业创业。实行高校毕业生“零门槛”落户，全日制大专及以上高校毕业生凭落户申请、身份证、毕业证即可来我市办理城镇落户手续。结合我市产业发展，积极对接省内外高校，建设一批职业见习基地，并给予就业见习补贴。对高校毕业生在市内创业的，给予一次性创业补贴。从安家落户、就业促进、创业扶持等方面提供系列优惠政策。建立“青年创新创业之星”评选表彰制度，以市委、市政府名义进行表彰，每2年评选一次，每次评选10人，每人给予1万元奖励。所需补贴、扶持、表彰等各项资金从市双创专项资金中列支。

3．创新实施“新余柔性引进千名人才工程”。未来5年，支持用人单位通过项目合作、技术攻关、假日专家、星期天工程师等方式柔性引进1000名左右高层次人才，柔性引进的人才（团队），经认定，由受益财政给予每人最高10万元补贴，并给予系列配套支持政策。

4．创新实施“新余千名高技能人才引进培养工程”。未来5年，支持引进培养1000名左右高技能人才和能工巧匠。落实中共中央办公厅、国务院办公厅《关于提高技术工人待遇的意见》，进一步完善我市《关于进一步加强高技能人才队伍建设的意见》（余府发〔2017〕1号），从高技能人才的引进、培养、激励等方面综合发力，出台支持政策，引进培养高技能人才。建立“渝钤工匠”评选表彰制度，以市委、市政府名义进行表彰，每2年评选一次，每次评选10人，给予每人2万元奖励，奖励经费从市人才发展专项资金中列支。

5．创新实施“新余千名乡村实用人才振兴工程”。未来5年，选拔1000名左右新型职业农民，进行重点培养。每年重点支持10名农业新型经营主体带头人进行跟踪培养，市人才发展专项资金给予每名资助经费10万元，县（区）财政按1：1比例配套。

6．深入实施“新余三名工作室建设工程”。用5年左右时间，在全市组建30个左右名师、名医、文化名家工作室，以“名师带徒”方式，支持教育、卫生、文化等领域专业技术人才团队建设，每个工作室由市人才发展专项资金给予10万元，主管单位按1：1比例配套，支持周期3年。

7．深入实施“新余青蓝人才培养工程”。未来5年，在全市遴选具有培养潜力的100名中青年企业经营管理人才、100名专业技术人才（含文化类人才）、100名高技能人才，资助其赴国（境）内外高校、科研机构开展脱产学习研修，给予最高10万元学习经费资助，所需经费由市财政和受益财政（主管单位）按4：6比例分担。

8．深入实施“新余百名紧缺专业高级人才引进工程”。未来5年，通过人才引进绿色通道，统筹使用高层次人才专项编制，为我市事业单位引进100名左右金融、环保、新能源、文化和新媒体等紧缺专业高级人才，经认定后享受高层次人才同等待遇。

二、扎实推进人才发展体制机制改革

9．科学设置人才分类。将我市高层次人才划分为5类，分别为国内外顶尖人才、国家级领军人才、省级领军人才、市级领军人才、市高级人才（具体见附件）。人才分类目录可根据经济社会发展需要定期修改完善。对我市经济社会发展贡献较大、现行人才目录难以界定的“偏才”“专才”，经认定后，享受相应的人才政策。

引进的高层次人才是指从新余市外引入我市用人单位工作时已经具备了我市高层次人才条件的人才。本土培养的高层次人才是指在我市用人单位工作后经自身努力和培养达到我市高层次人才条件的人才。从我市体制外引进到体制内的高层次人才，可通过高层次人才引进绿色通道解决事业身份，享受本土培养的高层次人才同等待遇。

10．扩大用人单位自主权。完善政府人才管理服务权力清单和责任清单。完善《新余市教育、卫计所属事业单位急需紧缺人才招聘暂行办法》（余才字〔2016〕3号），改进审批程序、扩大招聘范围、降低开考比例。县（区）属及以下事业单位可考核招聘全日制硕士研究生。探索突破编制总量限制，试行新余学院根据现有教师规模自主设置岗位总量，自主决定聘用人员。

11．创新人才引进方式。以招商项目为载体，引进高层次人才及团队，实行招才引智和招商引资同推进、同考核。从市外全职引进1名国内外顶尖人才或国家级领军人才A类的，“一票肯定”为招商引资先进。组织园区、用人单位到国内人才集中城市开展专项引才活动。

聘请“招才大使”，为我市招才引智提供信息、牵线搭桥，市人才发展专项资金给予经费支持和奖励。

完善急需紧缺专业人才引进绿色通道，成立市急需紧缺人才认定委员会，每年对我市企事业单位急需紧缺人才需求进行认定，编制并发布新余市急需紧缺人才需求目录。

12．深化人才评价机制改革。建立职称评价绿色通道，对有突出贡献的专业技术人才、引进的海外高层次人才和急需紧缺人才，可直接申报审定高级专业技术资格。特别优秀的出站博士后研究人员可申请认定副高专业技术资格。对省外来余工作的专业技术人才，在省外取得的专业技术资格，经人社部门确认后，享受本市同类人员待遇。在具备条件的企事业单位开展职称自主评审试点。围绕我市重点产业、新兴职业领域，探索开展职称评价改革。

打破职业技能等级与专业技术职务之间的界限，贯通技能人才与专业技术人才职业发展通道，取得职业资格证书的技工院校毕业生，可参加专业技术职称评定，取得工程技术类高级职称的专业技术人员可直接认定为高级技师。中华技能大奖、全国技术能手获得者可直接审定为高级职称。取得技师以上职业资格证书的专业技术人才可领办、创办技能大师工作室。

13．健全人才激励机制。鼓励从事技术研发、成果转让工作的事业单位专业技术人才离岗创业，经所在单位同意，3年内保留编制、人事关系，与原单位其他在岗人员同等享有参加职称评聘、岗位等级晋升和社会保险方面的权利。事业单位科技人员在履行好岗位职责、完成本职工作的前提下，经所在单位同意，可以到企业和其他高校院所、社会组织等兼职并取得合法报酬。鼓励科技创新人才成果转化，市属院校、科研院所科技成果转化净收入用于人员奖励的支出部分，不纳入单位绩效工资总额，对研究或转化作出主要贡献的人员，获得奖励的份额不低于奖励总额的50%。

高校、科研院所、医疗卫生机构等单位在核定单位绩效工资总量时给予倾斜。引进高层次人才发放的特殊薪酬（年薪等）、协议工资、项目工资以及科研人员兼职兼薪等单列。

14．完善人才培训制度。整合各级各类培训资源，做好各类人才队伍培训规划，分口径、有计划培训。鼓励职能单位牵头开展有针对性的人才培训，对经市委人才工作领导小组审批的重点培训项目，给予一定的经费资助。

三、加强人才平台建设

15．建立新宜吉六县跨行政区转型合作试验区人才合作平台。积极与宜春、吉安人才工作部门联系沟通，推动人才合作交流，从人才流动互促互融、人才信息共建共享、人才评价互认互准、人才平台共用共赢等方面着手，推动建立人才合作平台。组织专门面向新宜吉六县（市、区）、在外新余籍或配偶一方在新余工作的机关事业单位在编在岗人员公开选调。

16．加强科研平台建设。推进产学研深度融合，释放创新活力。新获批设立的省级院士工作站、博士后科研工作站、博士后创新实践基地、省“海智计划”工作站、市级院士工作站，分别给予30万元、30万元、20万元、10万元、10万元建站经费支持；鼓励工作站和基地招收博士后进站开展科研活动，给予每名博士后进站科研资助5万元，其项目获得省级（含省级）以上科研资助的，给予10万元配套支持；建立科研平台考核制度，对项目完成较好、作用发挥明显的，给予3万—50万元奖励，所需经费从市人才发展专项资金中列支。

17．加强人才金融平台建设。与新余农商银行等市有关金融机构合作，积极为我市各类创新创业人才提供债券融资、股权融资等金融服务。探索与风投和基金公司合作，联合设立创新创业基金，撬动社会资本投入人才项目。

18．加强创业孵化平台建设。支持产业园区、行业龙头企业、行业组织和高校建设众创空间、科技企业孵化器、创业孵化基地、小微企业创业基地等创业孵化平台建设运营，经审核认定，每有效孵化落地1个项目给予项目和所在孵化平台各奖励1万元，对获得风投的孵化项目给予项目和所在孵化平台各奖励10万元，每个平台每年奖励不超过50万元，所需经费从市双创专项资金中列支。

19．加强博士智库平台建设。依托我市驻外联络机构和驻外商会，建设在外新余籍人才信息库。聚集在外新余籍和在市内工作的博士，建立博士智库、渝郎回乡博士团等人才平台，为市委、市政府重大战略决策提供论证咨询，为全市各类企业与市内外高端专家人才合作提供平台。

20．建立海外人才智力引进平台。建立和完善我市外国人才工作政策体系。发挥高端引领作用，深入实施“双百”计划外专项目和高端外国专家项目，围绕打造全球锂电高地等产业发展引进各类高端、紧缺外国人才。积极开展因公出国（境）培训和引进师资培训，不断加强开放型、创新型人才培养。积极搭建国际人才交流合作平台，激发各类市场主体招才引智的内生动力和活力。创新管理和服务机制，推进外国人来新余工作“两证合一”，进一步发挥好海外人才工作站的平台作用。

四、全面提升人才服务保障体系

21．加大住房安家保障力度。引进的高层次人才或重点企业高级经营管理人才根据需要安排入住市、县（区）人才公寓。

全职引进到我市企事业单位工作的高层次人才，享受安家补贴，标准为国内外顶尖人才200万元，国家级领军人才A类80万元、B类60万元，省级领军人才A类50万元、B类40万元，市级领军人才A类30万元、B类25万元，市高级人才A类15万元、B类10万元。服务满3年后一次性兑现。

对新招聘（在新余缴纳社保3个月以上）在新余工作的全日制硕士研究生（不含机关在编在岗人员、通过公开考试统一招聘的事业编制人员和中央、省驻市企事业单位招聘人员），享受安家补贴3万元，服务满3年后一次性兑现。上述安家补贴所需经费由市财政和受益财政按4：6比例分担。

22．为高层次人才提供住房公积金优惠。市高层次人才缴存住房公积金，缴存基数可按实际工资总额计算；达到国家法定退休年龄后仍在工作的，缴存期限可延长至解除劳动合同为止。高层次人才自缴存住房公积金当月起，即具备申请住房公积金贷款条件，贷款房源不受房型的限制，贷款额度可适当放宽，对贷款额度较高而公积金贷款不能满足要求的，可享受公积金与商业银行组合贷款政策。高层次人才租赁自住住房的，可每年提取一次住房公积金支付租金；辞职离开本市时，可按规定办理住房公积金账户余额转移或提取手续，做到随走随取。

23．提高引进培养的人才生活补贴标准。全职引进到我市企事业单位工作的高层次人才，享受生活补贴，标准为国内外顶尖人才每月3万元，国家级领军人才A类每月2万元、B类每月1万元，省级领军人才A类每月5000元、B类4000元，市级领军人才A类每月3000元、B类2000元，市高级人才A类每月1000元、B类800元。服务期满1年后兑现，按年度发放，发放3年。

新认定的本土培养的高层次人才（含高层次人才类别晋级）享受一次性特殊津贴1.2万元。

对新招聘（在新余缴纳社保3个月以上）在新余工作的全日制硕士研究生（不含机关在编在岗人员、通过公开考试统一招聘的事业编制人员和中央、省驻市企事业单位招聘人员），享受生活补贴每人每年1万元，发放2年，服务期满1年后兑现。

上述生活补贴和特殊津贴所需经费由市财政和受益财政按4：6比例分担。

24．优化家属就业服务。进一步完善《新余市高层次人才配偶子女就业促进办法》。全职引进的高层次人才，其配偶或子女属市外在编在岗人员的，根据现有身份、专业，按照“对口对应”原则，结合拟接收单位实际，予以接收（调入）安置1人；全职引进的高层次人才在我市服务2年以上，其配偶或子女不在编在岗的，可通过考试择优解决1人事业编制，按“属地管理、专业对口”原则分层次、按系统予以安置；本土培养的高层次人才配偶或子女同等享受考试政策。

25．优化子女就学和医疗保健服务。国内外顶尖人才、国家级领军人才、省级领军人才的子女就读公立幼儿园、义务教育和高中阶段学校不受户籍限制，自主择校。市级领军人才、市高级人才子女就读义务教育阶段学校不受户籍限制，自主择校，中考加10分。为我市高层次人才开辟医疗保健绿色通道，提供市公立医院一站式诊疗服务。为国内外顶尖人才、国家级领军人才、省级领军人才每人配备1名家庭医生。根据高层次人才医疗需求，主动帮助联系国内知名专家进行医疗会诊服务。

26．完善养老保险费补缴制度。对引进的高层次人才、高技能人才，未达到法定正常退休年龄的，可随所在用人单位参加相应的职工养老保险；来新余之前有省外、海外工作经历且未参加养老保险的高层次人才、高技能人才，可按规定补缴原工作期间基本养老保险。

27．给予个人所得税先征收后奖励。引进培养的高层次人才在本市缴纳个人所得税的，对其实际缴纳的地方留成部分，前5年由受益财政先征收后全额奖励给本人。引进的高层次人才，个人所得税奖励时间从引进当年起计算；本土培养的高层次人才，个人所得税奖励时间从认定文件下发当年起计算。

28．建立高效快捷的人才服务体系。提升人才服务水平，探索开发人才服务信息平台及网上人才管家APP，人才的工作、生活所有问题实现网上提交、专人受理、协调解决。

五、进一步优化人才发展环境

29．打造新余尊才爱才城市形象。完善“新余人才日”制度。每年7月27日前后两周，市、县（区）和市直有关单位开展系列人才活动，在全市上下营造“四个尊重”的浓厚氛围。

建立“人才驿站”。全日制普通高校博士研究生学历并取得博士学位人员（户籍或工作所在地在本市的除外）来新余考察观光，公办旅游景点免门票，每年可到定点宾馆免费食宿3天。来余面试的硕士研究生可到定点宾馆免费住宿3天。所需经费由市人才发展专项资金承担。

制作新余人才宣传推介专题片。在中国·新余网开设新余人才专栏，作为我市人才服务的线上窗口，发布人才政策、人才引进招聘信息、人才服务机构、人才办事指南等。在各大新闻媒体开设“渝钤骄子”宣传专栏，在市规划展览馆开辟“渝钤骄子”展示专题，宣传新余优秀人才。

注重在优秀人才中发展党员、评选劳模、推荐“两代表一委员”；建立健全新余市突出贡献人才、新余市文化名家、“渝郎回乡”天工奖等人才表彰奖励制度，用荣誉礼遇人才。

30．健全党管人才工作制度。将人才工作纳入党（工）委书记抓基层党建工作述职内容。完善人才工作专项述职制度，建立问题和任务清单，把整改落实情况纳入下一年度人才工作专项述职的重要内容。

完善人才工作督查考核制度。市委人才办定期对人才工作落实和人才政策兑现情况进行督查，并可与市绩效办联合督查。细化人才工作考核指标，加大考核力度，将考核结果作为领导班子评优、领导干部评价的重要依据。

健全招才引智机构，配强人才职能部门工作力量。

健全人才经费保障制度。市、县（区）两级设立人才专项资金，并建立逐年增长机制，实行专项审批、专款专用。市财政统筹安排专项资金，并充分发挥财源信贷通、惠农信贷通、科贷通等作用，保障上述条款政策的有效落实。

本意见涉及的人才、团队享受待遇，按照“就高、不重复”的原则执行。本意见自印发之日起实施，此前有关规定与本意见不一致的，以本意见为准。

本意见下发后，有关部门要根据本意见制定具体实施方案或操作细则。

本意见由市委人才办负责解释。

附件：新余市人才分类目录（略）

中共新余市委
新余市人民政府
2018年5月9日

山东省

中共山东省委 山东省人民政府 关于推进新旧动能转换重大工程的实施意见

（鲁发〔2018〕9号）

为深入学习贯彻习近平新时代中国特色社会主义思想和党的十九大精神，全面落实国务院批复的《山东新旧动能转换综合试验区建设总体方案》（以下简称《方案》）确定的各项目标任务，组织实施好《山东省新旧动能转换重大工程实施规划》（以下简称《规划》），充分发挥各级各部门的积极性主动性创造性，加快建设现代化经济体系，推进全省经济高质量发展，实现走在前列、由大到强、全面求强，现提出如下实施意见。

一、统一思想认识，进一步明确新旧动能转换的重要意义和总体要求

1．充分认识实施新旧动能转换重大工程的重要意义。党的十九大作出了中国特色社会主义进入新时代的重要论断，明确指出我国经济已由高速增长阶段转向高质量发展阶段，正处在转变发展方式、优化经济结构、转换增长动力的攻关期。省第十一次党代会确定，把加快新旧动能转换作为统领经济发展的重大工程，积极创建山东新旧动能转换综合试验区（以下简称试验区），努力提升我省综合实力和核心竞争力，打造新的区域经济增长极。全国第一个新旧动能转换综合试验区在我省设立，充分体现了党中央、国务院对山东的高度重视和殷切期望。这对我省既是重大机遇，也是重大责任，更是重大挑战。各级各部门要充分认识实施新旧动能转换重大工程的重要意义，切实把思想和行动统一到党的十九大精神上来，统一到国务院对《方案》的批复要求上来，统一到省第十一次党代会精神和省委、省政府的重大部署上来，切实增强担当意识、责任意识和使命意识，凝心聚力、砥砺奋进，探索新路径，开创新模式，全力做好新旧动能转换工作，推动我省实现走在前列、由大到强、全面求强，开创强省建设新局面。

2．准确把握实施新旧动能转换重大工程的总体要求。认真落实《方案》和《规划》确定的指导思想、试验方向和目标任务，按照“三核”引领、多点突破、融合互动的新旧动能转换总体布局，牢固树立和贯彻落实新发展理念，以供给侧结构性改革为主线，坚持质量第一、效益优先，紧紧围绕产业智慧化、智慧产业化、跨界融合化、品牌高端化，充分发挥济南、青岛、烟台核心引领作用，进一步开拓创新、强化措施，统筹区域协调、城乡一体、陆海联动和减排节能绿色发展，主动对接服务国家战略，抢抓机遇、先行先试，做强做优“十强”产业，加快建设全国重要的“四新”经济发展聚集地，打造东北亚地区极具活力的增长极，推动我省创新发展、持续发展、领先发展。到2022年，基本形成新动能主导经济发展的新格局。

二、突出转换重点，建设现代产业体系

3．加快化解过剩产能，腾出发展新空间。大力破除低端无效供给，严格落实国家去产能任务，充分运用市场化、法治化手段，着力化解钢铁、煤炭、电解铝、火电、建材、低速电动车等行业过剩产能，保持产能利用率在合理区间。研究制定职工安置、债权债务、财税金融等去产能配套政策，健全企业主体与社会保障相衔接的职工安置机制。逐步加严环保、质量、技术、能耗、水耗、安全等标准，依法依规倒逼过剩产能加速退出。通过转型转产、搬迁改造等形式，支持企业跨地区、跨所有制兼并重组。制定老工业城市老城区搬迁改造、资源型城市转型的政策措施，加快城市有机更新。

4．做强做优“十强”产业，培育壮大新动能。坚持世界眼光、国际标准、山东优势，前瞻布局新一代信息技术、高端装备、新能源新材料、现代海洋、医养健康等五大新兴产业，突破产业核心关键技术，培育一批创新能力强、带动作用大的行业龙头企业，把我省打造成为新兴产业发展的策源地和集聚区。强化新技术、新模式对传统产业的融合改造，启动实施新一轮高水平企业技术改造行动计划，加强标准和品牌建设，加快发展高端化工、现代高效农业、文化创意、精品旅游、现代金融服务等五大优势产业，实现“老树发新芽”和质量效益双提升。各市要结合区域产业特点，按照《方案》和《规划》要求，在“十强”产业发展中找准定位，明确发展重点和发展方向。省直有关部门要“一业一策”制定完善支持配套措施，优化重大生产力布局，集中优势资源实现“十强”产业重点突破。

5．积极培育新业态新模式，催生释放新动能。促进物联网、云计算、大数据、移动互联网、人工智能等新一代信息技术在经济社会领域的广泛应用和渗透融合，深入实施“互联网+”行动计划，重点推广开放式研发、个性化定制、协同式创新等制造业新模式，加快发展电子商务、分享经济、平台经济、网络经济、标准经济、融合经济、知识经济等服务业新业态，加速衍生新环节、新活动，增加新产品、新服务、新供给，着力在中高端消费、创新引领、绿色低碳、共享经济、现代供应链、人力资本服务等领域培育新增长点、形成新动能。

三、实施创新驱动战略，增强新旧动能转换动力

6．全面提升自主创新能力。实施省级以上创新平台倍增计划，在充分发挥已有平台作用的同时，规划建设一批重点实验室、工程研究中心、技术创新中心、制造业创新中心、企业技术中心等高水平创新平台。推动国家实验室、世界级超算中心、大洋钻探船等国家重大科学装置和重大科学基础设施在我省布局，加快青岛海洋科学与技术试点国家实验室建设，支持中国科学院海洋大科学研究中心建设。鼓励和吸引中科院等知名院所和高校在我省设立新型研发、人才培养和中试基地。研究制定重大创新平台、大型科研仪器设备和专利基础信息等资源面向社会开放共享的具体举措。加强计量测试、检验检测、认证认可、知识和数据中心等公共服务平台建设。提高区域创新能力，强化高新区建设管理，高水平建设山东半岛国家自主创新示范区，支持有条件的市建设国家创新型城市、“中国制造2025”国家级示范区，创建青岛国家军民融合示范区、枣庄国家可持续发展议程创新示范区。

7．充分发挥企业创新主体作用。引导各类创新要素向企业集聚，让企业成为创新决策、研发投入、科研攻关、成果转化的主体。实施大型工业企业研发机构全覆盖行动，加快完善以市场为导向、企业为主体、“政产学研金服用”相结合的技术创新体系。完善协同创新机制，支持骨干龙头企业牵头建设产业技术创新战略联盟和产业共性技术研发基地。实施高新技术企业倍增计划，培育一批具有全球影响力的领军企业、骨干企业和创新型企业。加快科技型企业培育，开展中小微企业创新竞技行动，大力培育瞪羚企业、独角兽企业和制造业单项冠军企业。到2022年，我省瞪羚企业总数达到300家，独角兽企业达到20家，国家级制造业单项冠军企业达到80家。抓好创新政策落实，扩大研发费用加计扣除、首台（套）产品首购等优惠政策适用范围。全面释放创新创业活力，积极创建国家“双创”示范基地、小微企业创业创新基地，完善创新创业生态，优化创新创业发展环境。开展企业创新创业协同行动，支持大型企业开放供应链资源和创新需求，促进大中小微企业融通发展、创新发展。

8．着力促进科技成果转移转化。全面落实我省促进科技成果转移转化的有关政策规定，深入实施以增加知识价值为导向的分配政策，建立对创新人才的股权、期权、分红等激励机制，鼓励技术、管理、数据、知识等新生产要素参与收益分配。加强知识产权运用和保护，健全知识产权公共服务体系，完善知识产权评估、质押、托管、流转、变现和风险补偿机制。开展知识产权综合管理改革试点和重点产业专利导航试点，加快建设一批国家级知识产权保护中心。推进省科技成果交易中心、齐鲁技术产权交易市场等建设，加快济南、青岛、烟台国家科技成果转移转化示范区建设。积极开展促进科技与金融结合试点、投贷联动试点，大力发展创业投资和风险投资，搭建科技金融协作大平台，构建覆盖创新链全过程的科技金融服务体系。

四、深化重点领域改革，激发新旧动能转换活力

9．推进市场主体健康发展。发挥国有企业在新旧动能转换中的引导和带动作用，深入落实好我省加快推动国有企业改革的十条意见，分类推进国有企业改革，积极开展兼并重组、资产证券化、员工持股、差异化考核等试点工作。探索保护中小股东投资权益和经营话语权的有效方式，推进混合所有制改革。深化国有资产管理体制机制改革，制定国有资本投资负面清单，完善国有资本运营平台，加快推动国有资本向战略性、创新性、引领性产业布局转移。加快现代企业制度建设，完善法人治理结构，推进省属国有企业股份制改造。贯彻落实好我省支持非公有制经济健康发展的十条意见，制定出台促进民间投资稳定增长的政策措施，全面实施以负面清单为主的产业准入制度，放宽民营经济市场准入，消除非公有制经济主体进入电力、电信、铁路、油气、市政公用、养老、教育等领域的不合理限制和隐性壁垒，大力发展政府和社会资本合作（PPP）等模式，支持民间资本通过出资入股、股权收购、股权置换等多种形式参与国企混合所有制改革。实施小微企业治理结构和产业结构“双升”战略，加快推进中小企业服务体系和信用担保体系建设。

10．创新市场化投融资机制。落实好省委、省政府关于深化投融资体制改革的实施意见，充分发挥投资对优化供给结构的关键性作用。加快制定出台金融支持新旧动能转换的指导意见。推动设立总规模6000亿元的新旧动能转换基金。进一步落实企业投资主体地位，创新企业投资管理方式，积极开展企业投资项目审批承诺制试点，推动工业企业“零土地”技术改造项目审批方式改革，加快推动企业投资项目多评合一、并联审批。积极推进地方融资平台市场化转型，开展投融资平台存量资产证券化试点。充分利用山东省企业融资服务网络系统，积极发挥山东产权交易中心、齐鲁股权交易中心、蓝海股权交易中心、烟台海洋产权交易中心等权益类交易市场在新旧动能转换中的重要作用，打造专业化投融资服务平台。

11．优化资源要素市场配置。突出市场在要素资源配置中的决定性作用，加快建立差别化的资源要素价格形成机制和动态调整机制，对高耗能、高污染和产能过剩行业实施差别价格、超定额累进价格等政策，促进各类资源集约高效利用。构建节能减排市场化机制，积极开展用能权、碳排放权、水权、排污权交易试点。深化电力、油气体制改革，推进交通运输价格改革，切实降低企业生产经营成本。创建国土资源节约集约示范省，开展国有建设用地使用权转让、出租、抵押二级市场试点，适当增加试验区年度建设用地指标、农用地转用、城乡建设用地增减挂钩指标，保障新旧动能转换重大项目用地需求。加快完善省、市两级公共资源交易平台运行机制，规范全省公共资源交易规则、流程和标准，努力提高资源要素配置效能。推动数据资源开放共享，完善政府信息公开和企业信息披露制度。

12．构建财税激励约束机制。研究制定支持新旧动能转换重大工程的财税政策。推进省以下财政事权和支出责任划分改革，完善省对市县主体税收增长激励政策，逐步将限制性、资源性行业的税收更多集中到省级，引导各地特别是资源型地区打破路径依赖、加快转型发展，在体制调节上体现正向激励与逆向约束。实施重点区域财政收入质量改善提升工程，对税收比重提高幅度超过全省平均水平且财政收入逐年增长的市，按其上缴省级税收增量部分的一定比例给予奖励。

五、构建全面开放新格局，拓展新旧动能转换空间

13．深度参与“一带一路”建设。坚持引进来和走出去并重，按照共商共建共享原则，加强创新能力开放合作，形成陆海内外联动开放新格局，努力打造开放型经济发展新高地。加快完善融入“一带一路”建设相关政策措施，规划布局陆海联运重要枢纽，开展多式联运示范、国际中转集拼业务等试点，优化中欧、中亚班列，畅通新亚欧大陆桥、中蒙俄等国际经济合作走廊。加强国际产能和装备制造合作，支持在境外设立研发中心，提高技术研发和生产制造能力。引导钢铁、电解铝、轮胎等优势产能走出去，鼓励有实力的企业设立境外经贸合作园区。深化政府、银行、出口信用担保机构、企业合作模式，创新企业走出去投融资机制。

14．加快推进对外贸易转型升级。积极拓展对外贸易，加快国家级服务外包示范城市、国家级跨境电商综合试验区建设，开展国家服务贸易创新发展试点，大力发展跨境电子商务、市场采购贸易、外贸综合服务、保税展示交易、公共海外仓等对外贸易新业态新模式，推进贸易强省建设。济南、青岛、烟台三市要充分借鉴自贸试验区改革试点经验，依托国家级新区、国家级经济技术开发区、国家级高新技术开发区和海关特殊监管区域，加快体制机制创新。健全外贸综合服务平台授信风险补偿机制，完善对外贸易和投资便利化政策。加快建设电子口岸，推广国际贸易单一窗口、一站式作业、一体化通关。进一步探索鲁港、鲁台经贸合作新模式，加快建设东亚海洋合作平台，举办好中东欧品牌展览会、东亚博览会、中德中小企业合作交流大会。

15. 大力开展精准招商引资。依法保护外商投资合法权益，研究制定吸引外资的政策措施。落实国家放宽市场准入各项政策，全面实行准入前国民待遇加负面清单的管理模式。深入推进开发区体制机制创新试点，提升开发区载体功能。统筹谋划全省重大经贸促进工作，举办好香港山东周、美欧日韩商务周等活动，强化与发达经济体的高端对接。聚焦重点产业，创新引资引智引技方法，瞄准世界500强、央企和行业领军企业，更多地运用产业链招商、第三方招商等市场化、专业化方式，提高招商的针对性、实效性。

16. 纵深推动区域开放合作。主动对接京津冀协同发展战略，德州、聊城、滨州、东营等市要发挥区位优势，建立项目对接、平台共建和利益共享机制，打造协同发展区。进一步深化环渤海地区合作，繁荣发展湾区经济。密切与长三角、珠三角、东北等地区经济联系，构建地区间协作发展机制。

六、强化支撑保障，夯实新旧动能转换基础

17. 强化人才智力支撑。落实好我省关于做好人才支撑新旧动能转换工作的意见，调整“泰山学者”、泰山产业领军人才工程支持范围，加大引进培养“两院”院士、国家“千人计划”“万人计划”专家、“百千万人才工程”人选等领军人才力度，放宽外籍高层次人才到山东工作条件限制，集聚一批急需紧缺人才和顶尖人才团队。中央驻鲁高校和省属高校要适应新旧动能转换新形势，积极开展“一流大学、一流学科”建设，组织实施新工科优先发展计划，实现高等教育内涵式发展。扎实做好前期工作，积极争取在我省设立能源类、康复类综合大学。完善职业经理人社会化评价机制，建设专业化、市场化、国际化的职业经理人队伍。激发和保护企业家精神，培育一批勇于创新、开放进取的优秀企业家队伍。创新产教融合、校企合作方式，建设一批高水平公共实训基地，抓好职业教育创新发展试验区建设，弘扬劳模精神和工匠精神，建设知识型、技能型、创新型劳动者大军。

18. 强化法规和制度环境支撑。持续深化放管服改革，进一步打造审批事项少、办事效率高、服务质量优的政务环境。深入开展削权减证、流程再造、精准监管、体制创新、规范用权“五大行动”，激发市场活力和社会创造力。加快电子政务云平台建设，积极推行“一窗受理”“一网办理”、联审联办、全链条办理等行政审批新模式，推进信息系统和服务向基层延伸，努力实现企业群众办事“零跑腿”或“只跑一次”。到2018年年底，全省政务信息系统整合基本完成，形成“电子政务一片云，电子政务内外网两张网，数据资源、政务服务、业务协同三大体系，政策、产业、标准、安全四个支撑，体制、财力、智力、监督、审计五项保障”的“12345”发展格局。深化“先照后证”改革，推进“证照分离”改革试点，全面推进“多证合一”改革，实现市场主体全程电子化登记，加快电子营业执照在全省范围内应用互认。全面推行行政执法公示制度、执法全过程记录制度和重大执法决定法制审核制度，深入推进“双随机、一公开”监管制度，探索包容创新的审慎监管制度，完善信用约束和风险管控体系。推动市县大部门制改革，积极创建全国事业单位人事制度改革试验区。继续加大行政审批中介服务收费项目清理规范力度，全面清理规范政府性收费、涉企经营服务性收费及协会商会收费。强化法制保障，修订废止制约新动能、新经济发展的法规和规范性文件。依法依规加强和改善市场监管，严厉打击各种垄断行为和不正当竞争行为，强化产权保护，建立公平有序的市场竞争环境和安全放心的市场消费环境。

19. 强化交通等基础设施支撑。统筹高速公路、铁路、航空、港口、管道等综合立体交通运输体系建设。完善便捷高效的省内综合交通网络，打造“三环四横六纵”快速客运铁路网和“四纵四横”货运铁路网，建设“九纵五横一环七连”高速公路网络。到2022年，全省高速铁路总里程达到4500公里，高速公路通车总里程达到8000公里。推动济南机场升级改造，加快青岛胶东国际机场建设，打造国内一流、具有较强国际竞争力的枢纽机场。到2022年，新建枣庄、聊城、菏泽三个支线机场，民用运输机场达到12个；新建37个通用机场，全省通用机场达到42个。统筹沿海港口资源，组建省级港口投融资平台，推进黄三角地区港口整合，加快青岛港、威海港港口重组步伐，促进沿海港口统筹协调发展。加快信息基础设施建设，推进基础通信管线、移动通信基站等共建共享。加快互联网骨干节点升级，实施接入网、城域网IPv6升级改造。统筹谋划建设一批跨流域、跨区域、跨省域重大水利工程，逐步缓解水资源瓶颈制约。

七、创新方式方法，完善推进机制

20. 坚持规划引领。充分发挥发展规划的战略导向作用，加强调查研究，科学谋篇布局，构建覆盖全省、相互衔接、配套联动的新旧动能转换规划体系。省直有关部门要按照责任分工，抓紧编制“十强”产业专项规划和各类试点示范方案。各市要按照全省总体部署，立足本地实际，研究制定本市新旧动能转换实施规划和专项规划；对本区域内列入《方案》和《规划》的重大项目重大政策要进一步细化完善推进方案，尽快组织实施，确保各项工作落到实处。强化规划的约束性和连续性，着力抓好规划落实，做到“一张蓝图干到底”。

21. 加强统筹协调。牢固树立全省一盘棋思想，加强省级层面统筹，打破区域、产业和资源配置等要素分割，统筹推进区域、城乡、陆海和减排节能发展。统筹区域协调发展，强化区域间规划政策协同对接、基础设施互联互通、要素市场统一开放、重大生产力优化布局、生态环境联防联治、公共服务均等共享。统筹城乡一体发展，建立健全城乡融合发展体制机制和政策体系，推进以人为核心的新型城镇化，构建以城市群为主体、大中小城市和小城镇协调发展的城镇格局。抓紧制定实施乡村振兴战略规划，落实好农村人居环境整治三年行动方案，探索城乡基础设施一体化规划建设管理模式，完善城乡公共服务统筹推进机制。实施县域经济创新驱动提升行动，制定促进县域经济发展的实施意见。统筹陆海联动发展，加强海洋强省建设，提升山东半岛蓝色经济区建设水平，创新陆海管理体制，开展海岸带综合保护与利用总体规划试点，加快实施“智慧海洋”“透明海洋”工程，以海岸带为纽带优化海陆产业联动发展布局。统筹推进海湾、海岛等生态整治修复工程。统筹减排节能绿色发展，积极推进生态文明体制改革，加快形成节约资源和保护环境的空间格局、产业结构、生产方式、生活方式。严格落实主体功能区制度，制定重点生态功能区产业准入负面清单，加快完善基本公共服务均等化转移支付制度，推动主体功能区制度在市县层面精准落地。积极推进“多规合一”，优化空间开发时序，加强空间战略储备，提升治理能力和管控效率。实施“工业绿动力”计划，创建一批绿色工厂。实施重要生态系统保护和修复重大工程，探索构建市场化、多元化生态补偿机制。完善污染防治区域联动机制，健全节能减排指标体系、监测体系和考核体系，大力实施大气、水、土壤污染防治和固体废弃物、垃圾处置等环境治理行动。

22. 抓好项目库建设管理。坚持用工程的方法推进新旧动能转换，健全新旧动能转换重大项目库管理机制，建立重大项目专家评审制度，完善筛选办法，明确入库标准，加强分类管理，实行动态调整。抓紧建立“纵向贯通、横向联通、覆盖全省”的重大项目管理服务平台，完善相关管理制度，加强对入库项目的管理服务、信息采集、数据分析、在线监管和绩效评价。完善入库项目扶持政策，在规划选址、项目审批、建设用地、资金支持、服务保障等方面予以优先支持。建立以区域为横轴、政策为纵轴、项目为斜线的“两轴一线”推进模式，形成“全省一张图、一个项目一张表”的工作格局，实现重点项目坐标管理和挂图推进。强化对重大项目的督导、服务工作，及时协调解决项目建设中遇到的困难和问题；对不能如期开工、投资进度缓慢的项目，采取通报、约谈、调出项目库等方式，督促整改提高，确保重大项目如期推进。

23. 扎实推进各项政策落地。各市、省直各部门要根据试验区重大事项推进落实分工方案，完善工作措施，创新工作方式，压实工作责任，确保各项政策措施早落实、早见效。对《方案》中提出的重大政策、重大项目、重大试点示范，省直有关部门及相关市要抓紧制定符合实际的细化实施方案，主动与国家部委对口衔接，争取《方案》重大事项尽快全面落地。

24. 鼓励大胆创新先行先试。充分尊重基层的首创精神，最大限度发挥基层的主观能动性，结合实际创造性推动工作。落实好我省激励干部担当作为干事创业的意见，完善容错纠错机制和正向激励机制，使各级干部始终保持锐意进取的精神风貌，大胆创新、勇于担当。各地特别是济南、青岛、烟台三市要围绕转变政府职能、创新创业、产业转型升级、国企国资改革、生态文明建设、军民融合深度发展等重点领域，积极开展先行先试，为全省新旧动能转换探索路子、贡献经验。承担试点示范任务的单位，要尽快制定改革试点方案，明确试点任务目标，精心组织实施，形成可复制可推广的经验。

25. 加强组织领导。建立健全工作推进机制，凝聚各方面力量共同推进新旧动能转换工作。将山东省新旧动能转换重大工程战略规划领导小组调整为山东省新旧动能转换重大工程建设领导小组，负责研究部署和指导新旧动能转换各项工作，审议确定重大战略、重大规划、重大项目、重大政策，协调解决工作中的重大问题，部署年度工作计划，督促检查各市各部门工作推进及政策配套落实情况。领导小组下设推进办公室（设在省发展改革委），具体负责研究提出全省新旧动能转换重大生产力布局，组织实施总体方案、实施规划、年度计划，协调重点产业发展、发展资金平衡、“四新四化”重大项目、招商引资等方面的重大问题及政策，综合指导和推进试验区建设，做好督导考核、宣传推介工作。各市、县（市、区）也要建立相应的工作推进机制。省直各有关部门要加强协作、主动作为，各市要勇于担当、抓好落实，形成推动新旧动能转换的强大合力。

26. 加强宣传引导。通过报刊、广播、电视、网络等多种媒体，深入宣传新旧动能转换重大工程的重大意义、总体思路、目标任务和政策措施等。各级党校、行政学院要制定具体培训计划，加大培训力度，增强各级干部推动新旧动能转换的思想自觉、认识自觉和行动自觉。各市各有关部门要加强调查研究，及时解决新旧动能转换工作中出现的新矛盾新问题，总结梳理各领域的先进理念、先进经验和先进模式，挖掘树立典型标杆，提炼形成可复制可推广的成果，适时在全省范围内推广。大力引导各行各业对标先进找差距、解放思想促发展，调动各方面的积极性、主动性、创造性。

27. 加强督查考核。建立健全新旧动能转换考核机制，制定考核工作细则，完善考核指标体系，发挥考核“指挥棒”作用，考核结果作为选拔任用各级领导干部的重要依据。尽快建立新旧动能转换监测指标体系，加强统计调查，做好统计分析，为科学决策、加快发展提供有力支撑。加强对新旧动能转换工作的督促检查，强化对试验区重大事项分工方案的督导落实，每半年组织一次专项督查，适时开展新旧动能转换重大工程实施评估，对推动落实不力的按照有关规定予以严肃问责，确保各项工作任务落到实处。

中共山东省委
山东省人民政府
2018年2月13日

中共青岛市委 青岛市人民政府
关于实施人才支撑新旧动能转换五大工程的意见

（青发〔2018〕26号）

为深入贯彻中央关于新旧动能转换决策部署和省、市工作要求，提升人才工作的经济社会效益，强化人才支撑和引领作用，更好地积蓄人才战略资源，把握发展主动权，以人才优势打造创新优势、产业优势、发展优势，加快形成新的增长动力源，把青岛建设得更加富有活力、更加时尚美丽、更加独具魅力，在实现社会主义现代化新征程中率先走在前列，市委、市政府决定，在全市实施人才支撑新旧动能转换五大工程。现提出如下意见。

一、实施百万人才集聚工程

重点围绕我市新旧动能转换20大产业领域，加大人才集聚力度，利用5年时间集聚100万名左右优秀人才。其中，海内外院士、世界级水平科学家等顶尖人才100名左右，“千人计划”专家、“万人计划”专家、泰山系列人才工程人选等省级以上领军人才1100名左右，高学历、高职称、高技能等高层次产业人才12万名左右，本科及以下学历人才、技能人才、乡村振兴人才等基础人才88万名左右，建设分布合理、结构科学、量大质优的金字塔式人才体系。

1．顶尖人才集聚工程。围绕实施国际城市战略，面向全球招揽100名左右遍布20大产业领域的海内外院士、世界级水平科学家等顶尖人才，为培育具有国际竞争力的产业集群提供人才支撑。其中，聚焦巩固提升青岛制造优势，引进培养50名左右现代海洋、智能家电、轨道交通装备、汽车制造、现代金融和物流等领域顶尖人才，形成一批千亿级产业链和具备国际竞争力的大企业集团；聚焦新兴未来产业的跨代赶超，瞄准世界科技、产业发展前沿，引进培养40名左右新一代信息技术、生物医药、高端装备等领域顶尖人才，培育形成新动能主体力量；聚焦新技术、新业态、新模式，引进培养10名左右纺织服装、机械设备、橡胶化工等领域顶尖人才，促进传统支柱产业改造提升，推进全产业链整体跃升。

2．领军人才扩容工程。围绕我市产业体系转型升级，集聚国内外领军人才，引进培养1100名左右具有省级以上称号的创新创业人才。其中，自主培养、全职引进50名左右国家“千人计划”专家、130名左右“万人计划”专家、400名左右泰山系列人才工程和齐鲁系列人才工程人选；结合新产业发展需求，柔性引进500名左右具有省级以上称号的创新创业人才。

3．高层次产业人才提升工程。围绕做强做高优势特色产业、培育发展新兴未来产业、改造提升传统支柱产业，打造创新创业中坚力量，引进培养12万名左右高学历、高职称、高技能等高层次产业人才和特殊人才。其中，着眼发展现代海洋、智能家电、新一代信息技术、轨道交通装备、汽车制造、生物医药、航空航天、现代物流、现代金融、现代旅游、文化创意、医养健康等领域产业集群，引进培养9万名左右硕士以上高学历和高职称、高技能人才；着眼改造升级商贸服务、机械设备、橡胶化工等传统支柱产业，引进培养3万名左右硕士以上高学历和高职称、高技能人才。加大海外人才引进力度，对应我市新旧动能转换20大产业，优先从产业先进的国家和地区引进相关专业技术高层次人才。

4．基础人才培养储备工程。着眼满足我市新旧动能转换20大产业发展需要，引进培养88万名左右本科及以下学历人才、技能人才、乡村振兴人才等基础人才。其中，围绕发展现代海洋、智能家电、新一代信息技术、轨道交通装备、汽车制造、生物医药、航空航天、机械设备、橡胶化工等领域产业集群，引进培养30万名左右科研型产业人才；围绕发展现代加工制造产业，健全高端理念、高端设计、高端制造的产业链条，引进培养35万名左右一线产业人才；围绕改造升级商务服务，大力发展现代物流、现代金融、现代旅游、文化创意、医养健康等现代服务业，引进培养17万名左右具有现代理念的服务产业人才；围绕发展精准农业、现代种业和海洋渔业，大力推进农业产业链延伸、价值链提升，引进培养6万名左右乡村振兴人才。针对新兴产业，联合企业共同建设专业型技术学校，精准培养专业人才。

二、实施创新创业激励工程

1．顶尖人才奖补政策。对全职引进、自主培养的顶尖人才，按规定给予500万元安家费；对柔性引进的，连续3年按照其上年度在青纳税的劳动报酬（作为第一大股东或企业法人代表的，按照企业在青纳税额与个人占股比例之积）的30%给予奖励，上不封顶。对顶尖人才领衔的团队项目，经评审认定，可给予1000万—1亿元综合资助，支持人才、项目、平台一体化建设。充分利用省、市新旧动能转换引导基金，吸引社会资本加大对顶尖人才团队项目投入。对符合我市新产业发展方向的初创期优质高端项目，新旧动能转换母（子）基金可优先给予投资。社会出资人在新旧动能转换基金注册之日起2年内（含2年）购买引导基金所持份额的，引导基金可原值退出。（责任单位：市委组织部、市人力资源社会保障局、市科技局、市财政局）

2．领军人才奖补政策。对全职引进、自主培养的全职在青“千人计划”专家、“万人计划”专家、泰山系列人才工程人选等高层次人才，给予配套支持；对柔性引进的，连续3年按照其上年度在青劳动报酬（作为第一大股东或企业法人代表的，按照企业在青纳税额与个人占股比例之积）的30%给予资助，上不封顶。对领军人才领衔的团队项目，经评审认定，可给予1000万—1亿元综合资助，支持人才、项目、平台一体化建设。充分利用省、市新旧动能转换引导基金，吸引社会资本加大对领军人才团队项目投入。对符合我市新产业发展方向的初创期优质高端项目，新旧动能转换母（子）基金可优先给予投资。社会出资人在新旧动能转换基金注册之日起2年内（含2年）购买引导基金所持份额的，引导基金可原值退出。（责任单位：市委组织部、市人力资源社会保障局、市科技局、市财政局）

3．青年人才奖补政策。对在青创新创业的博士、硕士等青年人才，根据风险投资公司投资及企业发展情况，市和所在区（市）政府可按照1∶1比例跟投，上不封顶。对全职引进或自主培养的全国技术能手、国家技能大师工作室领办人、中华技能大奖获得者、世界技能大赛获奖者，给予60万—200万元一次性补贴。（责任单位：市委组织部、市人力资源社会保障局、市科技局、市财政局）

4．人才离岗创业政策。允许高校、科研院所等事业单位科技人员在履行岗位职责、完成本职工作的前提下，经单位同意到企业兼职从事科技、文化创意成果转化或离岗创业，在3年内保留人事关系，相应享受职称评聘、保险等方面待遇。（责任单位：市委组织部、市人力资源社会保障局、市财政局、市科技局、市金融工作办、市委教育工委）

5．积极促进科研成果转化。对高校、科研院所在本地转让许可科技成果的，按实际到账资金额的一定比例给予研发团队奖励。提高科技人员成果转化收益，以技术转让或许可方式转化职务科技成果的，应将不低于80%的净收入用于奖励研发和转化人员。以科技成果作价投资实施转化的，应将不低于80%的股份或出资比例用于奖励研发和转化人员，研发和转化的主要贡献人员获奖份额应不低于50%。以作价入股方式本地转化科技成果的科技人员，可享受暂不缴纳个人所得税政策。（责任单位：市科技局、市委教育工委）

6．完善创新创业容错机制。对承担探索性强、风险度高项目的科研人员及团队，虽认真履职、刻苦攻关，但因客观原因失败或未达到预定目标，符合相关规定应予容错的，按照容错原则不追究相关人员责任，已拨付经费不予追回；对没有完成的项目，在条件许可后可再申报立项并获得有关政策与资金支持。（责任单位：市纪委监委机关、市委组织部、市发展改革委、市经济信息化委、市教育局、市科技局、市财政局、市人力资源社会保障局、市卫生计生委、市审计局、市政府国资委、市科协）

三、实施未来之星培养工程

1．高端人才培养工程。在全市范围内每年遴选2—3名有望当选院士的高端人才，培养周期2年，每年给予最高50万元经费补助。每年遴选5—10名有望当选“千人计划”专家、“万人计划”专家的优秀创新人才，培养周期2年，每年给予最高20万元经费补助。每年遴选10—20名有望当选泰山学者、泰山产业领军人才工程的优秀青年科研人才，培养周期2年，每年给予最高10万元经费补助。（责任单位：市委组织部、市发展改革委、市经济信息化委、市科技局、市财政局、市人力资源社会保障局、市政府国资委）

2．青年英才托举工程。加大博士后培养留青力度，为来青在站博士后2年内发放12万元生活及住房补贴；对出站（基地）留青、来青工作的，给予25万元安家补贴。积极吸引海内外博士、硕士研究生来青创新创业，对在青购买首套商品房的，分别给予15万元、10万元一次性安家费。围绕新旧动能转换重点领域，每年选派一批优秀中青年骨干教师（研究人员）、科技工作者、医务工作者以及企业经营管理人员等到国内外高端机构进修。（责任单位：市经济信息化委、市教育局、市财政局、市人力资源社会保障局、市国土资源房管局、市卫生计生委、市政府国资委）

3．“金种子”储备工程。根据用人主体未来一段时期用人需求，从“双一流建设大学”的高校中遴选一批有意来青创新创业的优秀在校生，用人主体与其签订“信用合同”，给予学费补助。在此基础上，对国内在校研究生根据所获奖学金额度的50%给予生活补贴；对在国外留学的在校研究生给予每人每年5万元补助。意向用人主体负责“金种子”学生的实习及实习期间生活补贴。用人主体对意向人才的补助，财政给予一定比例补贴。（责任单位：市委组织部、市委教育工委、市经济信息化委、市教育局、市财政局、市人力资源社会保障局、市政府国资委）

四、实施全民招才引智工程

1．面向全球招揽英才。突出我市新旧动能转换20大产业，编制全球高层次人才分布地图，建设全球高层次人才信息库；根据产业需求，每年面向全球发布2次青岛高精尖缺人才需求及人才政策；跟踪全球发布反馈及人才需求重点方向，根据人才需求及分布，做好海内外引才引智工作，重点对接各领域内高端人才，提高引才用才精准度。发挥青岛欧美同学会、海外引才引智工作站、海外工商中心作用，统筹海外人才联络资源，做好常态化招才引智工作。（责任单位：市委组织部、市委统战部、市人力资源社会保障局、市商务局、市科协）

2．发挥用人主体作用。建立经济发展、行业发展与招才引智统筹规划的工作机制，有关部门制定相关规划时一并明确实施招才引智任务指标；加大财政支持力度，支持鼓励企业筹建海外研发中心和孵化基地，壮大离岸创业人才队伍，对聘用全职工作的外籍高层次人才，可单独申报市级人才工程或作为项目负责人申报科研项目；对新引进（全职）、新培养的高层次人才，入选国家“千人计划”专家、“万人计划”专家和泰山系列人才工程人选的，分别按照每人30万元、20万元和10万元的标准给予用人主体一次性奖励。（责任单位：市委组织部、市发展改革委、市经济信息化委、市科技局、市财政局、市人力资源社会保障局、市政府国资委）

3．加大人才“红娘”奖励力度。提高“红娘奖”奖励标准，激发社会、个人以亲情、乡情、友情招才引智和以才引才热情。对全职引进顶尖人才、“千人计划”专家和“万人计划”专家、泰山学者及相应优秀人才的机构和个人，分别按50万元、30万元、10万元的标准给予奖励；引进相应称号专家主持的研发团队、高新技术企业的，分别按上述标准的2倍给予奖励。对引进的高层次人才在2年内获得上述称号的，按上述标准给予引才机构和个人奖励。奖励对象的范围，应当符合上级有关政策规定。（责任单位：市人力资源社会保障局、市科技局、市财政局）

4．发展人力资源服务产业。将高端科技服务业人才纳入创新创业领军人才计划支持范围，支持高校、科研院所开展技术经纪人、科技评估、专利分析等各类培训，培育壮大专业化技术转移人才队伍。积极发挥青岛国际人力资源服务产业园对人力资源服务机构的“虹吸效应”，撬动社会资本和力量助力人才引进。放宽人力资源服务业准入限制，对新引进的国际知名“猎头”机构给予一次性落地补助。（责任单位：市科技局、市人力资源社会保障局、市财政局）

5．打造一流人才集聚平台。围绕我市新旧动能转换20大产业，打造20个省级以上产业平台，强化产业平台聚才作用。突出科研平台人才集聚效应，依托青岛海洋科学与技术试点国家实验室、中科院海洋研究所、中科院海洋大科学研究中心等高端海洋科研平台，面向全球引进高端海洋人才，打造全球海洋人才集聚高地；继续加大高校、科研院所、高科技创新企业、新型智库引进力度，强化政策支持，提倡“成建制”人才引进，到2022年，在青高等教育机构达到50所以上。大力支持青岛国际院士港、青岛院士专家创新创业园（院士智谷）发展，积极打造顶尖人才创新创业平台；推进青岛高层次人才创业中心、博士创业园、留学人员创业园等高层次人才创业园区“扩容升级”，孵化培育更多创业人才。（责任单位：市发展改革委、市经济信息化委、市科技局、市人力资源社会保障局、市政府国资委、市委教育工委）

五、实施安居乐业保障工程

1．人才绿卡扩容工程。建立人才绿卡分类制度，细化青岛市高层次人才分类标准目录，将人才绿卡对应分类目录分为A、B、C、D四个类别，扩大持卡人才范围，提供更加精准服务。A类人才为国际知名科学技术奖项获得者、中国“两院”院士、发达国家院士以及被评为青岛市顶尖人才团队的核心带头人等国内外顶尖人才；B类人才为国家“千人计划”“万人计划”部分类别入选专家，新世纪百千万人才工程国家级人选，国家有突出贡献的中青年专家等国家级领军人才；C类人才为享受国务院政府特殊津贴的专家、省部级有突出贡献的中青年专家、泰山系列人才工程人选、“外专双百计划”专家等省部级领军人才；D类人才为青岛创新创业领军人才、省首席技师等高层次人才。（责任单位：市委组织部、市人力资源社会保障局）

2．绿色通道升级工程。扩大人才绿色通道服务范围和对象。A类人才享受优诊保健待遇，并聘请1名保健医生，子女就学可在全市范围内统筹；B类人才子女就学可在所在区（市）内统筹；C类人才子女就学根据户籍所在地统筹；B、C、D类人才每年免费保健查体1次，并享受就医绿色通道。C类以上人才本人按规定缴纳医疗保险、生育保险的，缴纳次月即可享受相关待遇。对C类以上高层次人才实施考察（核）招聘备案制，对用人单位确定引进的高层次人才，允许先行引进落地再办理相关手续，提高人才引进效率。降低人才落户门槛，对经市级认定全职引进的C类以上人才及正高职称人才，可直接登记落户；本科以上高校毕业生，凭毕业证落户；放宽专科、高职校、技工院校高级工以上毕业生落户限制。租赁住房的大学毕业生，可在单位集体户或人才集体户落户。积极争取与深圳市同样的外籍人才居留、出入境政策。探索落实用人主体对创新人才的最终评价权，开通优秀人才职称评审“直通车”。对海外高层次留学回国人员、成果显著的优秀中青年人才，可打破学历、任职资历限制，晋升上一级专业技术职称。开设人才服务热线，充分发挥网络平台作用，实现人才办事“最多跑一次”。（责任单位：市委组织部、市发展改革委、市教育局、市公安局、市人力资源社会保障局、市卫生计生委）

3．举家引进配套工程。为引进、留住人才，提倡、鼓励举家引进人才，建立人才及其配偶编制和优质基础教育学位2个“蓄水池”，为人才提供人性化、亲情化服务，让各类优秀人才扎根青岛创新创业。建立人才及其配偶编制“蓄水池”，单列300个机动编制，专门用于已满编的机关事业单位引进高层次人才、急需紧缺人才以及其配偶随调安置。建立人才子女优质基础教育学位“蓄水池”，市教育局指定2所局属优质普通高中和1所局属优质初中学校安置高层次人才子女入学，各区（市）政府在各学段至少指定2所优质学校（幼儿园）安置高层次人才子女入学（园），指定优质学校须经市人才工作领导小组认可，并统一向社会公布。（责任单位：市委组织部、市编办、市教育局、市人力资源社会保障局，各区市）

4．人才住房扩建工程。全市每年新建100万平方米以上人才公寓。全面落实住宅建设用地上配建人才公寓制度，新建商品住房项目应严格按规定比例配建人才公寓，产权型人才公寓出售价格按照同区域商品住房价格至少下浮20%的比例确定。取得服务绿卡的人才，可在青购买首套住房，申请公积金贷款可缩短最低缴存时间。对在青就业的普通高校毕业生，取得全日制研究生、本科学历，且获得博士、硕士、学士学位的，分别按照1200元/月、800元/月、500元/月标准发放不超过36个月的住房补贴；其中，对列入紧缺急需目录专业的博士、硕士分别按照1500元/月、1200元/月给予住房补贴。（责任单位：市国土资源房管局、市住房公积金管理中心、市人力资源社会保障局、市财政局）

中共青岛市委
青岛市人民政府
2018年6月6日

中共烟台市委 烟台市人民政府
关于进一步加强“双招双引”工作的意见

（烟发〔2018〕17号）

为深入贯彻习近平总书记关于坚持全方位对外开放和人才强国战略的重要思想，全面落实国家和省强化科技创新、积极利用外资的一系列精神，大力推动招商引资、招才引智（以下简称“双招双引”），为实现高质量发展提供强大动力，现制定如下意见。

一、总体要求

1．指导思想。坚持以习近平新时代中国特色社会主义思想为指导，全面贯彻落实党的十九大和十九届二中、三中全会精神，深入贯彻落实习近平总书记视察山东、视察烟台重要讲话精神，中共烟台市委文件 把招商引资、招才引智作为经济发展的总抓手，紧紧抓住国家“一带一路”建设和扩大产业、市场开放新机遇，以山东新旧动能转换综合试验区建设为契机，以招大引强选优为重点，以优化营商环境为基础，以完善体制机制为保障，努力形成内外统筹、全方位开放新格局，为把烟台建设成为制造业强市、海洋经济大市、宜业宜居宜游城市作出更大贡献。

2．目标任务。把招商引资作为推动新旧动能转换最直接的举措，紧盯世界500强、中国500强、民营500强三类企业，集中力量招引对烟台转型发展具有支撑力、带动力、影响力的大项目、好项目，以大开放带动大招商、以大项目拉动大建设、以大投入推动大发展，全面提升产业发展档次和水平。到2022年，全市累计引进市外资金1.2万亿元。引进总投资过10亿元的先进制造业和现代服务业项目500个，引进世界500强、中国500强、民营500强企业项目300个；烟台开发区至少引进5个过百亿元项目、20个过50亿元项目，烟台高新区、龙口市、莱州市、招远市、蓬莱市各至少引进2个过百亿元项目、10个过50亿元项目，芝罘区、福山区、莱山区、牟平区、海阳市、莱阳市、栖霞市各至少引进2个过50亿元、10个过10亿元项目。

把招才引智作为推动新旧动能转换最重要的支撑，瞄准诺贝尔奖获得者、“两院”院士等国内外顶尖人才，国家“千人计划”“万人计划”专家等国家级杰出人才，省泰山人才、突出贡献中青年专家等省部级领军人才，齐鲁系列人才、知名企业经营管理人才，具有硕士以上学位、副高以上职称、高级工以上职业资格人才等“五类”高层次人才和中科系、高校系、央企系、国际系“四系”高端科研机构和创新平台，大力开展人才和科研机构招引活动，为行业发展和企业进步提供订单式招引服务。到2022年，全市新引进各类人才17万人，其中博士、硕士等高层次人才1.7万人、海外人才2500人；全市高层次人才达到12万人，其中国家“千人计划”专家达到180人、“万人计划”专家达到50人、科技部创新人才推进计划人选达到40人、省泰山人才达到240人、市“双百计划”人才达到400人。新引进、共建具有领先地位的高端研发机构、新型研发机构30家以上，新增省级以上各类创新平台200家以上。力争经过5年努力，在全市建设投产一批战略性重大项目，引进培育一批引领行业发展的领军型人才，转移转化一批重点行业领域的先进技术成果，为新旧动能平稳接续转换提供重要资金、人才和技术支撑，推动形成主导经济发展的新动能。

二、聚焦招商引资

3．推进重点产业招商。围绕现代海洋、装备制造、电子信息、高端化工、文化旅游、医养健康、高效农业、现代物流八大产业，逐个制定完善产业规划、产业政策和招商地图，大力开展产业链招商，积极搭建国际化产业合作平台、科技研发平台和高端化项目承接载体，打造一批具有全球影响力的千亿级产业集群。突出抓好实体经济招商，着力引进高端终端产品、核心零部件、关键设备装备生产项目。鼓励各县市区针对细分行业制定差异化、精准化扶持政策，发展各具特色的优势项目。

4．引进三类500强企业。深入研究世界500强、中国500强、民营500强企业的投资方向和区域布局，量身定制重大产业合作项目，开展“一对一”登门招商、“点对点”项目对接。创新合作模式，围绕产城融合与三类500强企业共建一批产业小镇。

5．引进“两大一高”项目。紧紧围绕产业发展和技术创新前沿，大力引进投资额大、经济贡献大、科技水平高的“两大一高”项目。开展重大技术项目招引专项行动，举办高校院所成果推介和技术需求对接活动，对新引进持有自主知识产权或核心技术的创新创业投资项目给予奖励。

6．引进总部经济项目。对注册地位于境外的跨国公司和达到规定条件的国内大企业在我市设立企业总部、区域总部、职能总部的给予筹办补助。符合条件的总部机构，同时享受省总部机构奖励政策。鼓励现有企业向总部机构转型。

7．引进“四新”经济项目。聚焦新技术、新产业、新业态、新模式，创新“四新+基地+基金”的载体建设模式，根据行业发展特性、企业成长规律、项目运营需求，研究出台针对性扶持政策，积极引进细分行业“隐形冠军”、创新领域“前沿先锋”、高成长性初创企业以及知名平台型企业，高效应用数据、信息等新要素，构建相互支持、配套协作的产业生态圈。

8．扩大项目招引领域。主动承接各类开放试点，争取国家、省进一步放宽服务业、制造业、采矿业等领域外资、民资准入限制的政策措施第一时间在烟台落地实施。建立目标引进企业库、目标引进人才库、目标引进技术库、目标引进高校院所库，定期发布“双招双引”项目清单。鼓励基础设施领域对外合作，支持在市政设施、交通运输、环保环卫、文化教育、水利等基础设施领域开展PPP合作，提高公共产品供给质量和效率。深度融入“一带一路”建设，争取在贸易、投资、金融、管理等方面的先行先试政策。

三、聚力招才引智

9．提升人才政策竞争力。大力实施“双百计划”等市级重点人才工程，扎实做好“千人计划”“万人计划”“泰山人才”等选拔推荐工作，优化扶持方式，提升规模和层次，加速各类高层次人才集聚。对通过我市新申报入选或全职引进的省级以上重点人才工程的高层次人才，通过直接提供配套资金的方式进行扶持。制定完善顶尖人才（团队）引进奖励、各类人才来烟创新创业生活补贴等相关政策，吸引更多发展急需的“高精尖缺”人才和高技能实用人才来烟发展。加大人才资金投入力度，在市投资引导基金中设立人才创新创业子基金，通过阶段参股或跟进投资等方式，发挥政府资金的引导作用，更好支持人才在烟创新创业。深入落实《关于进一步加快创新驱动发展的意见》（烟发〔2017〕13号）及配套实施细则等一系列招才引智政策，对《烟台市创新驱动发展（科技创新）专项资金管理办法》（烟财教〔2017〕29号）落实不到位的县市区，市财政可通过财政体制结算，对相关金额予以扣减；对财力薄弱的县市区，市财政视情况予以补助，确保按时足额兑现政策。

10．扩大人才平台吸纳力。注重发挥用人单位招才引智主体作用，加大对用人单位引才的奖励力度，启动实施重点企业（园区）引才支持计划，选拔建设一批“英才工作站”，鼓励用人单位加大柔性引才力度，多渠道引导高层次人才向用人单位流动。围绕重点产业领域，加强国内外知名科研院所、重点高校、创新平台等创新资源的引进，强化资金奖励扶持，积极通过政研校企合作方式，打造一批“烟台研究院”，通过政府投入建设或与企业共建方式建设一批“烟台实验室”，依托驻烟高校共建一批“烟台重点学科”。整合我市各类创新平台资源，强化对创新平台的运营支持，让现有平台资源发挥出最大效益。支持国家、省级国际科技合作基地建设和企业引进国外先进技术，给予国际科技合作奖励。支持各类企业、高校院所、社会组织以及个人等在国（境）外建立研发基地、开放实验室、科技孵化器、技术转移中心等离岸创新创业基地，面向全球争取高层次人才和高科技项目，视离岸人才引进使用数量和基地规模给予引才补贴。

11．增强人才环境吸引力。落实党委联系服务专家制度，持续开展“企业大走访”活动，强化“优才卡”服务功能，加强对人才的联络服务，切实解决人才创新创业难题，支持人才在烟潜心科研、争作贡献。进一步优化人才出入境、居留等服务措施，积极争取我市在外国人才签批资质方面开展试点、进行突破；对持有外国人永久居留证的外籍高层次人才创办科技型企业的，给予市民同等待遇；对外籍高层次人才及其外籍配偶、子女申请办理多次签证或者居留证件的提供便利。注重整合服务资源，在高层次人才家属安置、子女入园入学、住房、机动事业编制使用、医疗保健等方面不断改进服务措施，引进高水平国际化中小学校，提升人才服务精细化精准化水平。

12．扶持人力资源服务业发展。加快培养引进人力资源服务业高层次人才，放宽人力资源服务业准入限制，推进政府购买人力资源服务，提升政府公共服务能力，鼓励支持国内外知名人力资源服务机构来烟发展，助力我市招才引智工作。对在烟注册设立地区总部的海内外知名人力资源服务机构给予资助，对新认定的市级以上人力资源服务骨干企业给予奖励。注重人力资源服务机构集聚和规模发展，对新认定的市级以上人力资源服务产业园给予资助；对新引进国内外知名人力资源服务机构的园区给予奖励。支持人力资源服务机构创新业态产品、助力人才引进。鼓励人力资源服务产业园和人力资源服务机构举办高端论坛展会。

13．加强知识产权保护。发挥中国（烟台）知识产权保护中心作用，推行知识产权保护直通车制度，建立健全专利快速审查、确权和维权机制。严格保护企业商标专用权，制定完善便利企业商标注册和质押的具体措施。支持外商投资企业、海外高端人才在我市取得的发明和其他科技成果平等参与各级各类奖项评审，促进高价值知识产权成果转移转化。

四、创新招引体制

14．改革招引体制机制。按照“专门机构、专业队伍、力量集中、上下统一、权力下放”的原则，整合内外资招商工作职能，将市发展改革委和市国内招商办公室的国内招商职能、市商务局的外商投资促进、驻外商务代表机构联系等职能并入市投资促进局，市投资促进局为市政府直属事业单位。赋予市投资促进局招商引资政策制定、发展规划编制、考核、督导、统计、调度、指导等职能，实行内外资一体招商体制。按照管产业必须管招商的原则，由行业主管部门牵头组建产业招商推进办公室，建立专职招商团队，给予经费保障，制定专门招商方案，开展精准定向招引。理顺驻外商务代表机构管理体制机制，明确工作模式、职责任务、经费保障、考核奖惩，更好发挥“双招双引”前沿窗口作用。强化组织、人力资源社会保障等部门和单位职能作用，深化人才发展体制机制改革，进一步提升招才引智水平。优化高层次人才引进程序，赋予高校、医院、科研院所等高层次人才人员控制总量内引进自主权。

15．创新园区招商体制。制定支持经济园区改革和创新发展的意见，对招商机构试行“企业化管理、市场化运作”的招商引资新模式，实行岗位聘任制和绩效工资制，鼓励购买社会化招商服务。支持各类经济园区在法定权限范围内，制定投资奖励、贷款贴息、研发补助、设备补贴、培训资助等招商优惠政策，打造“双招双引”重要载体平台。支持中韩（烟台）产业园创新发展模式，加快复制推广自由贸易试验区、跨境电子商务综合试验区、服务贸易创新发展等政策措施，重启中韩（烟台）产业园发展基金，建设高质量外资集聚先行区。

16．改革投资管理体制。全面实行外商投资准入前国民待遇加负面清单管理制度、企业设立及变更备案报告制度、企业年度投资经营信息联合报告制度，不断完善企业诚信档案、信息公示平台，建立健全与国际规则相适应的外商投资管理服务新体制、新机制。按照“非禁即入”原则，推行内外资企业公平参与政府采购、公共服务供给、基础设施建设等，在参与各级科技计划项目、税收减免、资金扶持、科技创新、技术研发、企业技改、知识产权保护、标准化建设、业务牌照和资质申请等方面依法给予同等待遇，未经法律授权不得擅自增加限制。创新监管方式，加快构建事前自我声明、事中评估分类、事后联动奖惩的全链条信用监管模式，实行“无感知”和“低感知”监管。

17．创新招引方式方法。注重加强资本招商，研究制定基金定向招商方案，支持境内外企业在烟台设立创业投资、风险投资等各类私募基金和投资性公司。发挥政府新旧动能转换引导基金的引导和杠杆作用，引导社会资金新设一批重点产业基金和行业并购基金。对内外资以参股、并购方式参与市内企业改组改造、兼并重组的给予奖励。推动市内企业开展以高端技术、高端人才、高端品牌和营销渠道为重点的跨境并购，支持建设境外并购回归产业园。鼓励上市公司通过再融资、公司债等募集资金，支持符合条件的市内企业到国际债券市场融资。深入开展“二次招商”，对内外资企业通过现汇、现金、实物以及债转股等方式增加注册资本的给予奖励，对市内企业将境外贸易伙伴转变为合资合作伙伴给予奖励，鼓励引进产业链上下游企业。大力开展市场化招商，设立国际合作咨询委员会，聘请一批招商顾问，积极开展委托招商、代理招商，制定鼓励中介招商的意见，对成功引进约定目标项目的给予奖励。支持各级政府、经济园区或国有企业成立专业投资促进公司。制定支持会展业发展的意见，围绕重点产业办好品牌会展，促进招商引资，推动产业发展。深入推进友城招商，建立国际友城事务官制度，定期举办烟台国际友城合作大会，促进双向投资、贸易、技术、人文等多领域合作。不断加强乡缘招商引才，密切与烟台籍在外创新创业人才的联系，建立烟台籍人才信息库，推动拥有较强实力、掌握先进技术、业界影响力大的烟台籍人才回烟投资发展。允许各级制定奖励办法，对在“双招双引”工作中作出突出贡献的市外烟台籍人才给予奖励。支持开展“飞地”招商，鼓励各县市区之间、开发区之间开展“飞地”项目合作，实行成本共担、收益共享，实现项目资源有序流转。

五、优化招引环境

18．加大要素保障力度。整合各项专项资金，进一步加大对“双招双引”工作的支持力度。引导金融机构加大对内外资项目的信贷支持力度，创新企业授信和审贷模式，合理设置担保方式、贷款期限和还款方式。落实劳务派遣用工规定，允许制造业企业生产高峰期聘用短期季节性员工，满足用工需求。对鼓励发展的产业和项目实行专项用地保障，对市级以上重点项目予以倾斜；实施工业用地弹性出让制度和土地使用权作价入股制度，制定支持先租后让、租让结合、弹性年期供地的具体办法，符合划拨供地标准的项目可免征场地使用费。加强建设、生产要素保障服务协调，切实保障内外资项目的用电、用气、用水等要素需求。

19．提升互联互通水平。支持烟台港通过缔结友好港或姐妹港协议、组建港口联盟等形式与国内外港口开展合作，增开或加密日韩、东南亚集装箱班轮航线，支持烟台蓬莱国际机场增开国际航线，论证开通中东欧班列，适时推进铁路口岸建设，发展多式联运，以设施联通推动贸易畅通、促进经济合作。

20．降低项目运营成本。落实国家、省关于降低实体经济成本相关政策。对符合我市制造业强市战略的重大制造业项目所缴纳的城市基础设施配套费，可按照50%的标准给予补助，补助资金主要用于支持项目园区公共基础设施配套建设。重点产业项目的厂房建设，可采取“政府代建并持有，租赁给企业使用”“企业自建，政府回购后再租赁给企业使用”“专项委托贷款”等方式予以支持。

21．完善企业服务机制。建立企业服务大使制度，健全“前招商、后招商”服务链条，为重大项目洽谈、审批、开工建设和运营提供全方位服务。搭建“双招双引”项目对接服务平台，建立“投资烟台”招商引资专业网站，研发集项目收集、分配、跟踪服务于一体的项目云系统，健全招商引资信息报送和上下联动机制。建立客商（人才）走访接待信息库、“双招双引”项目信息库，编制发布烟台投资年报。

22．提高政务服务质量。深化“放管服”改革，做好审批事项清理规范工作，所有市级行政审批事项能进政务服务中心的一律进中心，能上网的一律上网，审批时限在原有基础上再提速。减少对外来投资企业的收费事项，允许对外来投资企业在设立、审批及工程建设中所发生的市级及以下服务性收费予以免收或减收。按照“分工负责、属地管理、尊重历史、实事求是”的原则，清理化解项目审批、土地房产变更、资产转让、税费减免以及产权确认等招商引资历史遗留问题。

23．开展投资环境评价。严格兑现向投资者及内外资企业依法作出的政策承诺，认真履行在“双招双引”活动中依法签订的各类合同，对因承诺和政策不兑现、影响“双招双引”工作的严肃问责。每年组织外来投资者对市直部门及中央、省属驻烟单位进行评议，将结果纳入年终考核。

六、健全招引机制

24．完善领导体制。成立市“双招双引”工作领导小组，市委、市政府主要领导同志任组长，有关市级领导同志任副组长，统一领导“双招双引”工作。领导小组办公室设在市投资促进局，具体负责“双招双引”工作情况调度和推进落实。市级领导发挥示范带头作用，从市委常委、副市长做起，带头开展“双招双引”，带头包保重大项目。市直各部门要把“双招双引”作为一项重要任务，与业务工作放在同等重要位置。各县市区要参照市级模式，成立“双招双引”工作领导协调机构，充分发挥本地优势，以“双招双引”促进新旧动能转换。

25．建立重大项目市级统筹机制。对重大项目实行市级统筹，统一规划用地，统一功能布局，实现要素优化配置、资源高度集中、分工相对明晰。建立重大项目集体决策机制，对重点产业龙头项目和投资50亿元以上的大项目，加强对投资强度、技术水平、财税贡献、市场效应等的研究论证，按一事一议方式确定相关扶持政策，在项目谈判、选址、配套等方面确定专人全权负责、全面调度，整合资源、统筹力量，确保土地指标、扶持资金等资源要素向好项目、大项目聚集，增强大项目引进效率。各相关部门对经过决策程序确定的重大项目必须全力支持，对确定的扶持政策必须全面落实。

26．健全项目推进保障机制。建立重大项目市、县两级共同推动、共建共享机制，对项目落户所需的前期资金投入由市、县两级共同筹集，因项目落户给予的财政性扶持政策，由市、县两级按照财政收入分成比例分担。发挥市级产业基金作用，支持各县市区设立产业基金、建设重大项目。

27．强化招引专项经费支持。市、县两级根据“双招双引”工作需要安排年度专项经费预算，按照绩效挂钩的原则，突出支持重要活动、重大项目、重点部门，对工作成绩突出的部门、单位给予补助，保障重点项目招引专项经费开支。凡经市“双招双引”工作领导小组确认列入联合招引重大项目计划的，可统筹使用重要活动经费。

28．加大工作调度力度。制定全市“双招双引”工作计划，明确目标，分解指标，落实责任。建立“双招双引”大督查机制，对市级领导交办给有关部门、单位的“双招双引”重大事项落实情况纳入大督查范围，加大督查力度。对世界500强、中国500强、民营500强企业以及新旧动能转换重大工程、重点项目，实行季通报、半年评比、年终观摩考核。

29．严格考核奖励。将“双招双引”工作纳入全市经济社会发展综合考核，加大考核权重，让“双招双引”工作成为衡量各级各部门工作的重要标准。将“双招双引”考核结果与干部使用、评先树优结合起来，切实保护和鼓励在“双招双引”工作中敢干事、会干事、勇担当的干部，树立以实绩论英雄、用干部的鲜明导向。

30．搞好宣传引导。制定“双招双引”工作宣传计划，从战略、区位、交通、产业、资源等角度充分挖掘整理富有区域特色的亮点，加大在境内外主流媒体的宣传力度，增强对国际国内投资者和人才的吸引力。浓厚“双招双引”工作氛围，充分利用市内各类媒体，开办一批专题专栏，宣传一批“双招双引”先进典型，及时报道“双招双引”的好经验好做法，营造“人人关心支持、个个竞相参与”的浓厚氛围，形成“千斤重担大家挑、人人肩上有指标”的工作局面。

中共烟台市委
烟台市人民政府
2018年6月27日

烟台市引进顶尖人才（团队）“一事一议”实施办法

（烟人组发〔2018〕4 号）

为贯彻落实《关于进一步加快创新驱动发展的意见》（烟发〔2017〕13 号）和《关于进一步加强“双招双引”工作的意见》（烟发〔2018〕17 号），加快构建更加灵活开放的引才机制，进一步增强我市引才竞争力，加快推动新旧动能转换，实现高质量发展，制定本实施办法。

一、支持对象

本办法适用于市外海外带重大项目来烟创新创业、现行政策支持力度不够或按常规程序不能满足快速引进需要、需采取特殊政策和灵活方式引进的顶尖人才（团队）。

（一）顶尖人才。主要是指诺贝尔奖、菲尔兹奖、图灵奖等重要国际奖项获得者；美国、日本、德国、法国、英国等国家最高学术权威机构会员（一般翻译为“院士”）；国际著名学术组织主席、副主席；国际公认的三大世界大学排名最新同时排名前200名大学的校长、副校长、重点学科带头人；世界500强企业总部首席执行官、首席技术官、首席设计官、首席质量官；其他获得国际权威机构认可的顶尖人才。中国科学院院士、中国工程院院士，中国社会科学院学部委员、荣誉学部委员；国家科学技术奖励一等奖前2位完成人；国家“千人计划”“万人计划”专家、“长江学者奖励计划”特聘教授、国家杰出青年科学基金获得者、省泰山学者攀登计划专家、“一事一议”杰出人才等重点工程人才，且为国家重点研发计划、科技重大专项、自然科学基金重点项目等国家级重大科技项目和国家社会科学基金重点项目首席科学家（专家）或负责人；国家级技术创新平台（国家实验室、重点实验室、工程研究中心、工程实验室、企业技术中心、技术创新中心等）首席科学家或主要技术负责人。经市人才工作领导小组研究，我市新旧动能转换和经济社会发展急需紧缺的其他顶尖人才。顶尖人才来烟创新创业项目须具有国际先进水平，对我市产业发展具有重大引领作用，能带来重大经济社会效益。

（二）顶尖团队。由团队带头人和2—5名团队核心成员组成，内部结构合理，合作关系稳定，持续创新能力强，拥有自主知识产权或掌握核心技术，能够突破重大关键技术或开发出新产品新工艺，5年内能够在烟台市内实现产业化。团队带头人须符合顶尖人才条件，团队核心成员须符合市“双百计划”人才条件。

二、引进方式及条件

顶尖人才（团队）可全职引进或兼职引进。全职引进是指，与我市用人单位签订5年以上具有法律效力的全职劳动（聘用）合同或工作协议，每年在我市工作9个月以上；在我市创办领办高科技企业，注册资金和实际到位资金均不低于2000万元，顶尖人才或团队带头人为第一大股东且占股35%以上。顶尖团队带头人和至少2名团队核心成员从市外海外全职引进视为团队全职引进。兼职引进是指，与我市用人单位签订5年以上具有法律效力的劳务合同、工作协议或服务协议，通过项目合作、技术指导、联合攻关等方式，每年在我市工作3个月以上。顶尖创新人才（团队）引进单位须拥有省级以上创新平台（主要包括省级以上重点实验室、技术创新中心、工程〔技术〕研究中心、工程实验室、重点学科、企业技术中心、企业重点实验室、临床重点专科，国家和省“双一流”立项建设学科、博士学位授权点，省级千人计划工作站、院士工作站等），为顶尖人才（团队）牵头实施的科研项目提供不少于2000万元的资金投入，项目产业化总投资不低于5000万元，能够为项目科研和产业化提供良好保障。

三、支持政策

（一）管理期限。顶尖人才（团队）管理期为5年。

（二）资助资金。资助资金最高1亿元，分生活补助和项目补助两部分。

1．生活补助。管理期内，按照用人单位实际给付劳动报酬50%的比例，给予顶尖人才（团队）生活补助。其中，全职顶尖人才每年最高100万元，兼职顶尖人才每年最高50万元；全职顶尖团队每年最高200万元（团队带头人占60%），兼职顶尖团队每年最高100万元（团队带头人占60%）。生活补助主要用于顶尖人才（团队）改善个人生活条件，包括购租住房、购买车辆等。管理期内，每年拨付生活补助总额的20%。

2．项目补助。管理期内，按照项目实施总投资额30%的比例，给予全职顶尖人才（团队）最高9000万元的项目补助，对拉动产业发展作用巨大的可追加资助。项目补助主要用于科研创新、技术攻关、平台建设、项目产业化和团队建设等。项目补助须在用人单位监督下由顶尖人才（团队）根据相关规定支配使用，按照“先支出、后补助”的原则兑现。管理期内，根据项目进展评估和实际投入情况，原则上每年拨付额度为项目补助总额的20%。

（三）直投股权投资支持。顶尖人才（团队）创办企业可选择申请市级引导基金最高1.5亿元的直投股权投资支持，与前款资助资金不重复享受。创办企业5年内在国内主板、中小板、创业板成功上市且主体在烟的，市级引导基金在企业中所占股份全部奖励给顶尖人才（团队），每延迟1年上市奖励比例减少20%。

（四）用人单位奖励。按照顶尖人才（团队）所获资助资金5%的比例给予用人单位引才奖励，最高500万元，主要用于人才队伍建设、科技研发、技术成果转移转化等。奖励资金分5年拨付，每年拨付奖励总额的20%。

（五）其他支持。为顶尖人才和顶尖团队带头人、团队核心成员办理烟台“优才卡”，享受有关待遇。

四、引进程序

引进顶尖人才（团队）“一事一议”工作在市人才工作领导小组统一领导下进行，市人才工作领导小组办公室统筹协调，由行业主管部门负责组织实施。其中，市教育局、市科技局、市卫生计生委分别负责高等院校、科研院所、医疗卫生机构的组织实施；企业领域，市经济和信息化委负责传统产业领域的组织实施，市科技局负责战略性新兴产业领域的组织实施，市发展改革委负责海洋经济和现代服务业领域的组织实施；创业人才方面，市科技局负责国内创业人才的组织实施，市人力资源社会保障局负责海外创业人才的组织实施。具体程序如下：

（一）申报推荐。符合条件的顶尖人才（团队），填写《顶尖人才（团队）“一事一议”申报书》，并提供相关证明材料，按属地关系向所在县市区牵头部门申报。牵头部门审查把关并报经同级人才工作领导小组审核同意后，分别向市发展改革委、市经济和信息化委、市教育局、市科技局、市人力资源社会保障局、市卫生计生委等行业主管部门推荐。

（二）审查动议。市行业主管部门研究提出初审意见，提请市人才工作领导小组办公室启动“一事一议”程序。

（三）考察论证。市人才工作领导小组办公室组织对顶尖人才（团队）人选进行考察论证，提出支持意见，并面向社会公示，公示期为5个工作日。

（四）审定公布。将拟支持名单报市人才工作领导小组审核同意后，报市委、市政府审定并发文公布。

五、组织保障

（一）市发展改革委、市经济和信息化委、市教育局、市科技局、市人力资源社会保障局、市卫生计生委等行业主管部门负责顶尖人才（团队）日常管理、考核评估等工作。

（二）引进顶尖人才（团队）"一事一议"采取当年组织申报、审定，次年安排预算、拨付下达的方式。中央、省属驻烟及市属企事业单位引进的顶尖人才（团队），支持资金由市级财政承担；县市区引进的顶尖人才（团队），支持资金由市级财政、所在县市区财政按照5：5的比例承担。

（三）对弄虚作假骗取政策支持、违规使用资助资金等情况的，可采取暂停资金发放、取消相关待遇、追缴有关款项、追究相关责任人责任等方式进行处理。

本办法自发布之日起施行，由市人才工作领导小组办公室负责解释。

烟台市人才工作领导小组

2018年9月19日

中共威海市委 威海市人民政府
关于深化提升威海英才计划支持新旧动能转换的意见

（威发〔2018〕22号）

为深入学习贯彻习近平新时代中国特色社会主义思想和党的十九大精神，全面落实省委、省政府《关于做好人才支撑新旧动能转换工作的意见》（鲁发〔2017〕26号）和《威海市新旧动能转换重大工程总体方案》（威发〔2018〕9号），充分发挥人才资源在推进供给侧结构性改革、加快新旧动能转换中的支撑作用，现就深化提升威海英才计划提出如下意见。

一、目标定位

紧紧围绕"全域城市化、市域一体化""产业强市、工业带动、突破发展服务业"和"城市国际化"重大战略，坚持"立足威海需求，汇聚全球资源"，充分发挥威海的区位优势、产业优势、环境优势，全面提升人才队伍素质，激发人才发展活力，为实现现代化幸福威海建设新跨越提供坚强的人才保障和智力支持。用3年左右时间，引进50个以上能够突破关键技术、引领高科技产业发展的高端人才团队和200名以上重点领域领军人才，培养选拔1000名以上产业转型升级、社会公共事业发展紧缺急需的优秀专业人才，集聚2万名以上具有大学本科以上学历的支撑人才。

二、工程体系

（一）高端人才支持计划。

1．顶尖人才引进培养"一事一议"。对全职引进的掌握关键核心技术，具有国际先进水平，持续创新能力强，能够对我市科技创新和产业发展产生重大影响的顶尖人才或团队，实行"特事特办、一人一策"。按照人选层次分为杰出人才和领军人才两类，分别给予最高1000万元、500万元的经费资助。对持续创新能力强、市场潜力大的项目，优先根据需要提供最高2亿元额度的省新旧动能转换威海产业发展基金投资支持。对我市具备申报"两院"院士条件的顶尖人才，在重大科技专项、学科建设、科技奖励、人才工程和平台建设等方面给予优先推荐和倾斜支持，并提供最高500万元的经费资助。（由市委组织部、市科技局、市财政局、国有资本运营公司负责实施）

2．国家、省级重点人才工程配套支持。在我市申报入选或全职引进的国家"千人计划""万人计划"专家，在享受国家、省级政策的基础上，给予100万元的配套经费；在我市申报入选的泰山学者、泰山产业领军人才，在享受省级政策的基础上，给予50万元的配套经费。（由市委组织部、市发展改革委、市经济和信息化委、市科技局、市人力资源社会保障局、市财政局负责实施）

3．威海市产业工程特聘专家支持计划。突出重点产业、重点领域的发展需求，主要面向新一代信息技术、新医药与医疗器械、先进装备与智能制造、碳纤维等复合材料等七大产业集群，从省外海外选拔一批能够突破关键技术、引领产业发展、推动转型升级的高层次创新创业人才，授予"威海市产业工程特聘专家"称号，给予人才团队最高300万元的经费资助，并优先根据项目需要提供最高5000万元额度的省新旧动能转换威海产业发展基金投资支持。每年选拔一次，每次20名左右，管理期4年。（由市委组织部、市发展改革委、市经济和信息化委、市科技局、市人力资源社会保障局、市财政局负责实施）

（二）重点领域人才支持计划。

4．外国专家引进支持计划。积极发挥威海宜居开放优势，加快引进可实现重大技术突破和带动产业升级的高层次外国专家或团队。对携项目和成果到我市创办企业的外国专家或团队，经认定给予最高300万元经费资助；对引进到我市长期从事技术研发、设计的外国专家或团队，经认定给予最高100万元的经费资助，并按支付工资最高30%的比例给予补贴，补贴期限为3年，总额不超过100万元；对入选省"外专双百计划"的，给予最高50万元的配套支持。（由市人力资源社会保障局、市委组织部、市财政局负责实施）

5．海洋产业人才团队支持计划。围绕海洋生物医药、海洋装备制造、海洋新材料等海洋产业创新需要，引进培养一批处于国内领先，具有核心竞争力，能够引领现代海洋产业发展的领军人才团队，授予团队带头人“威海市海洋产业领军人才”荣誉称号，给予每个人才团队最高300万元经费资助，用于团队津贴、科研补助及项目建设。每2年选拔一次，每次评选5个左右团队项目，管理期4年。（由市发展改革委、市委组织部、市海洋与渔业局、市财政局负责实施）

6．集成电路产业人才支持计划。立足我市集成电路产业发展需求，大力引进相关领域的高端人才和优秀人才。高端人才引进纳入市顶尖人才“一事一议”政策支持范畴；优秀人才经评审认定后，给予所属人才项目最高300万元的经费资助。（由市经济和信息化委、市委组织部、市财政局负责实施）

7．服务贸易人才支持计划。围绕深化服务贸易创新发展试点建设，大力引进培养重点服务贸易领域的产业人才。定期从服务贸易领域遴选一批作出突出贡献，发挥引领带动作用的创新创业人才，授予“威海市服务贸易领军人才”称号，给予每名创业类人才最高300万元的经费资助，每名创新类人才最高50万元的经费资助。每2年选拔一次，每次选拔10名左右。（由市商务局、市委组织部、市财政局负责实施）

8．医疗康养产业人才支持计划。围绕打造“全国领先的康养之都”目标，引进一批能够引领和推动威海医疗康养产业快速发展的人才团队。对于全职引进的高端医疗、特色医疗、健康管理、康复疗养、医疗大数据等方面的人才团队，经认定给予最高300万元的经费资助。（由市卫生计生委、市委组织部、市财政局负责实施）

9．乡村振兴人才支持计划。围绕支撑乡村振兴战略，加快引进培养一批产业领军人才、技术创新人才和科技顾问团队。选拔一批对全市现代农业发展具有突出贡献和显著示范作用的产业领军人才，给予最高50万元的经费资助，每2年选拔一次，每次选拔10名左右；建立现代农业技术需求目录，鼓励通过产学研合作等形式，引进能够破解重大技术难题、突破产业发展瓶颈的创新型人才，经认定给予个人最高20万元的一次性奖励；从国内外高校、科研院所认定一批高层次农业技术专家，组建一支为现代农业项目、人才提供培训和技术指导的技术顾问团队，每2年认定一次，每次认定10人左右，每人每月给予1000元工作津贴。（由市农业局、市委组织部、市财政局负责实施）

10．驻威高校人才创新创业支持计划。围绕完善校地人才合作机制，建立“同城化”人才聚集机制，切实将驻威高校人才转化为威海发展优势。驻威高校人才入选国家、省级重点人才工程的，给予同等配套支持；分类实施“校地合作人才资助计划”，每年支持10名左右与我市企业开展产学研合作、技术转移转化、承担共建项目并取得显著成效的驻威高校人才，给予最高30万元经费资助；支持驻威高校在校大学生创业，定期举办威海大学生创业大赛，评选一批创业明星，给予最高20万元的经费资助，特别优秀的可纳入“校地合作人才资助计划”。（由市委组织部、市科技局、市人力资源社会保障局、市财政局负责实施）

（三）专业人才队伍选拔计划。

11．有突出贡献的中青年专家选拔计划。为加强创新型中青年人才队伍建设，定期选拔一批为经济社会发展作出突出贡献的中青年专业技术人员，授予“威海市有突出贡献的中青年专家”荣誉称号。每2年选拔一次，每次选拔20名左右，管理期4年。管理期内，每人每月享受工作津贴1500元。（由市人力资源社会保障局负责实施）

12．首席技师选拔计划。围绕提升生产一线人才的技能水平和职业素养，定期选拔一批具有良好职业道德、高超技能水平、丰富实践经验的优秀高技能人才，授予“威海市首席技师”荣誉称号。每年选拔一次，每次选拔15名左右，管理期4年。管理期内，每人每月享受工作津贴1000元。大力弘扬工匠精神，激发全市一线职工学技术、练技能、钻技艺的热情，每年开展一次“威海工匠”评选活动，每次评选10名左右，给予1万元一次性奖励。加强高技能人才支持力度，对获得中华技能大奖、全国技术能手称号的高技能领军人才，给予10万元一次性奖励；对在世界、国家级和省级技能大赛获得奖励的个人（团体），给予最高50万元一次性奖励；鼓励生产一线人员提升职业技能，对新认定的技师、高级技师且工作满2年的，分别给予1万元、2万元一次性奖励；鼓励企业积极开展职工技能培训，每新增一名高级工及以上职业资格的，给予所在企业2000元一次性奖励。（由市人力资源社会保障局、市总工会负责实施）

13．文化产业人才选拔计划。在文化人才队伍中，定期选拔一批业务精湛、成就突出、在本专业领域发挥引领带动作用、得到广泛认可的优秀人才，授予“威海市文化名家”荣誉称号。每2年选拔一次，每次选拔20名左右，管理期4年。管理期内，每人每月享受工作津贴1000元。围绕时尚设计、创意制作、动漫游戏、影视传媒、数字出版、绿色印刷、会展广告、工艺美术、演艺娱乐、体育赛事、健身休闲等产业领域，选拔一批能够引领和振兴威海文化产业发展的领军人才，给予每名领军人才最高30万元经费资助。每年选拔一次，每次选拔10名左右。（由市委宣传部、市文化广电新闻出版局、市体育局负责实施）

14．乡村之星选拔计划。从新型职业农民、社会服务型人才和技能带动型人才中，定期选拔一批具有良好道德品质，作出较大贡献，扎根农业生产和农村管理一线，起到较强示范带动作用的优秀农村实用人才，授予“威海市乡村之星”荣誉称号。每2年选拔一次，每次选拔20名左右，管理期4年。管理期内，每人每月享受工作津贴1000元。（由市农业局负责实施）

15．和谐使者选拔计划。加快推进全市社会工作专业人才队伍建设，重点从基层一线的城乡社区、社会服务类事业单位、社会组织和各类养老服务机构中，定期选拔一批具备专业工作能力、良好职业道德、丰富实践经验的优秀社工人才，授予“威海市和谐使者”荣誉称号。每2年选拔一次，每次选拔30名左右，管理期4年。管理期内，每人每月享受工作津贴1000元。（由市民政局负责实施）

16．金融人才选拔计划。鼓励和支持我市地方法人金融机构和小额贷款公司、融资性担保公司、民间融资机构等地方金融组织引进高端管理团队或紧缺型人才，定期选拔一批在推进金融发展、金融改革、金融服务等方面有杰出贡献或突出业绩的优秀从业者，授予“威海市优秀金融人才”荣誉称号，给予2万元一次性奖励。每2年选拔一次，每次选拔10名左右。（由市金融办负责实施）

17．教育人才选拔计划。围绕提升全市教育教学质量和师资队伍水平，建设一批“威海教育名家工作室”，组织我市教育领域高层次人才分学科、分专业开展课题研究、研修培训和帮扶指导工作。每3年一个建设周期，每期建设15个。建设期内，给予每个工作室每年10万元经费资助。大力引进在国内有影响力、师德高尚、业务精湛、业绩突出的名师、名校长、管理团队和拔尖技能人才，给予最高100万元的经费资助。着力优化教育基础人才结构，对录用的“双一流”建设高校全日制本科毕业生给予每月2000元工作津贴，连续发放3年。（由市教育局、市人力资源社会保障局负责实施）

18．医疗卫生人才选拔计划。围绕加强全市医疗卫生专业人才队伍建设，建立首席专家、知名医师、中青年骨干人才三个层次的人才培养体系。定期从市级以上重点专科（学科）、精品特色专科中选拔一批首席专家，从全市医疗卫生机构中选拔一批临床能力强、工作业绩突出的知名医师和45周岁以下、发展潜力较好的中青年骨干人才。每2年选拔1次，每次分别选拔10名、15名、20名左右，管理期4年。管理期内，每人每月分别享受2000元、1500元、1000元工作津贴。加强重点专科（学科）建设，对国家、省、市级重点专科（学科）和精品特色专科，分别给予40万元、20万元、10万元经费资助。每年在市级以上重点专科（学科）中选拔10名优秀人才到国外培训，资助每人3万元培训费用；选拔重点专科（学科）带头人、技术骨干各20名，到省级以上医院培训或进修，资助每人1万元培训费用。（由市卫生计生委负责实施）

19．青年科技工作者选拔计划。面向全市自然科学、工程技术及相关科学领域中的青年科技人才，选拔一批年龄在40周岁以下、作出突出贡献的青年科技工作者，颁发“威海市青年科技奖”，激发青年科技人才创新创造活力。每2年评选一次，每次评选20名左右，给予每人2万元一次性奖励。获评省“青年科技奖”的，给予每人3万元一次性奖励。（由市科协负责实施）

（四）支撑人才队伍聚集计划。

20．产业紧缺人才聚集计划。根据我市重点区域、重点产业和重点项目发展需要，着力引进中高级技术、管理人才。对我市企业（指规模以上企业、高新技术企业、科技型中小企业、“千帆计划”入库企业及“专精特新”中小企业）全职引进的技术能力突出或管理经验丰富，有助于提高企业核心竞争力、增强市场占有率的各类紧缺急需人才，工作满1年且发挥作用突出的，经认定给予最高30万元的住房补贴，分3年发放。（由市人力资源社会保障局负责实施）

21．万名大学生聚集计划。大力吸引大学本科以上高校毕业生服务威海经济社会发展，对2018年以来在我市创办企业或到企业（指规模以上企业、高新技术企业、科技型中小企业、“千帆计划”入库企业及“专精特新”中小企业）及高校院所、教育、卫生机构专业技术岗位全职工作的45周岁以下博士研究生和毕业3年内的全日制硕士研究生，分别给予每月5000元和2000元的生活津贴；对毕业3年内在我市创办企业或到企业（指规模以上企业、高新技术企业、科技型中小企业、“千帆计划”入库企业及“专精特新”中小企业）全职工作的全日制本科大学生，给予每月1000元生活津贴。生活津贴连续发放3年，所需经费由市级财政和区级财政按1∶1的比例共同负担。硕士和本科大学生津贴自2018年应届毕业生开始发放。各区市、国家级开发区、南海新区已有大学生支持政策的，按照支持力度较大的政策执行。（由市人力资源社会保障局、市教育局、市卫生计生委负责实施）

（五）人才管理与项目规范。

纳入上述1—10项计划支持的人才（团队），符合条件的还可享受以下政策：优先支持创业人才的引进，对落地创业的人才（团队），给予创业企业每年销售收入最高3%的奖励，连续奖励3年，累计奖励不超过100万元；优先支持全职人才的引进，对从市外全职引进的高层次人才，发放20万—100万元的住房补贴，管理期内每月发放2000—1万元工作津贴，无管理期的连续发放3年。创业奖励、住房补贴与工作津贴由同级财政负担。各区市、国家级开发区、南海新区已有相关配套支持政策的，按照支持力度较大的政策执行。

上述21项人才计划中规定的人才标准、支持措施和工作程序，须由各责任单位出台实施细则加以明确和细化。纳入上述21项人才计划支持的各类人才，须拥护党的理论路线方针政策，模范遵守国家法律法规，坚持正确的政治方向，具有良好的职业精神、职业道德和个人品德。

入选市级专项计划的人才，在管理期内入选省级以上人才工程的，不重复享受配套经费和津贴补贴；入选多个市级专项计划的人才，按照“就高不就低”标准享受市级经费资助和津贴补贴。

完善英才计划退出机制，对经考核认定不合格或不能完成目标任务的人才项目，取消人才称号，停止发放相关待遇，视情况收回相关经费；对弄虚作假骗取政策或在管理期内出现违纪违法行为的，取消称号和市级以上项目参评资格，并追究相关人员的责任。

暂未列入上述21项计划的人才工程，根据工作需要，可由市人才工作领导小组办公室牵头，会同相关部门制定相应的政策措施，并纳入威海英才计划政策体系。

三、支撑措施

（一）健全引才用才机制。

1．建立精准人才对接机制。对接新旧动能转换重大工程的人才需求，定期举办“中国威海·国际英才创新创业大会”，多领域拓展人才交流渠道，建立海内外人才常态化引荐平台。对通过英创会签约落地的人才项目，给予最高50万元的经费资助。鼓励我市企事业单位、科研院所、中介机构开展或承办各类高层次人才交流活动，对符合我市重点产业发展方向、对接成效显著的，给予最高100万元经费资助。（由市人才工作领导小组各成员单位负责实施）

2．构建海外引才网络。打造“智汇威海”海外引才活动品牌，每年统筹各区市、国家级开发区、南海新区及部门开展海外引才活动，制定年度出访引才专项计划，加强国际人才交流合作。对通过专项计划签约引进的高层次人才，经评估认定可纳入市产业工程特聘专家支持计划。依托留学生社团、海外侨团组织、政府和企业驻外机构等广泛设立海外引才工作站，对在推荐引进高层次人才工作中作出突出成绩的中介机构、社会组织和个人，给予最高50万元的一次性奖励。（由市委组织

部、市委统战部、市人力资源社会保障局、市商务局、市外侨办负责实施）

3．赋予重点企业引才自主权。定期遴选一批转型潜力大、创新能力强、人才管理规范的企业，实施人才工程配额制。给予每个入选企业2个市产业工程特聘专家配额，3年内有效，所得配额不占用所在区市、开发区年度申报指标。对通过猎头机构全职引进高端人才的企业，按其实际引才成本最高50%给予补贴，每人次最高10万元。（由市经济和信息化委、市科技局、市人力资源社会保障局负责实施）

（二）搭建创新创业载体。

1．深入实施“一区一园一策”工程。以我市高端产业园区为依托，建设一批高层次人才特色聚集区，对在特色聚集区中落户的人才项目，拿出专门名额从市级人才工程、科研与产业项目、创新平台、重大活动等方面倾斜支持，加快引进承接以院士、“千人计划”专家、博士后为重点的高端人才创新创业。落实市委、市政府《关于深化乳山市产业结构调整的实施意见》，适当放宽乳山市在申报市级人才项目方面的标准条件。（由市委组织部、市发展改革委负责实施）

2．支持建设“千人计划”工作站。鼓励高等院校、科研院所、企业、园区创建“千人计划”工作站，柔性吸引国家“千人计划”专家等来我市开展创新研究，给予每个工作站50万元经费资助。对于高端人才团队组建设立产业研究院、创新发展院、综合性人才创新创业基地的，经认定可给予最高300万元经费资助。促进人力资源服务业发展，对新认定的国家级、省级人力资源服务产业园，分别给予200万元、100万元经费资助。（由市科技局、市人力资源社会保障局负责实施）

3．支持建设离岸创新基地。鼓励我市用人单位在国（境）外建立研发基地、开放实验室、科技孵化器、技术转移中心等离岸创新创业基地，引进使用国外智力，经评审认定给予最高100万元的经费资助。对在其中工作的创新人才，视同在威全职工作，可享受申报市级项目的同等待遇。（由市人力资源社会保障局负责实施）

4．充分发挥博士后科研工作站作用。对新设立的博士后科研工作站（分站）、省博士后创新实践基地等，给予最高10万元一次性经费资助；对每招收1名博士后并开展项目研究的，给予最高15万元项目启动资金，对获得国家、省级项目资助或考核优秀的，再给予一定奖励；在站的博士后研究人员，享受全职在威工作的博士研究生待遇，出站后留威工作的给予20万元安家补贴。（由市人力资源社会保障局负责实施）

5．支持建设高技能人才培养平台。对我市企业、技工院校中新认定的国家级技能大师工作室、国家级高技能人才培训基地，给予最高100万元经费资助。对新认定的省技工教育特色名校、齐鲁技能大师特色工作站、技能大赛省级集训基地，给予最高50万元经费资助。（由市人力资源社会保障局负责实施）

（三）优化人才发展生态。

1．构建多元化人才投入机制。充分发挥省新旧动能转换威海产业发展基金的作用，有效引导各类投资资金向市级以上人才项目投入。积极利用创业担保贷款、科技支行、政银保等财政金融政策，加大对创业人才企业贷款的政策倾斜力度，同等条件下优先给予担保费用补贴和贷款贴息。（由市财政局、市金融办、市国有资本运营公司负责实施）

2．创新优化服务模式。建立人才服务专员制度，开通人才绿色服务通道，一站式办理高层次人才工作调动、定居落户、工商注册、资助落实等事项。每年组织高层次、高技能人才进行健康查体和休假疗养。推行人才在事业单位与企业、园区“双落户”制度，引进具有事业单位身份的高层次人才，可将事业身份挂靠在威海市人才创新发展院。（由市委组织部、市人力资源社会保障局负责实施）

3．落实人才配偶子女安置政策。协调解决引进的省级以上重点人才工程专家、市产业工程特聘专家、企事业单位博士或正高级职称人员等高层次、高技能人才配偶就业问题。其中，原属公务员或事业单位在编在岗人员的，可由组织、人力资源社会保障和编制部门协调落实工作单位。省级以上高层次、高技能人才的子女，可根据本人意愿优先安排到所需学校（幼儿园、小学、初中）就读。（由市委组织部、市编办、市人力资源社会保障局、市教育局负责实施）

4．实施人才安居工程。建立“货币补助、定向配租”为主的多样化人才住房保障体系，统筹市、区两级资源，通过自建、盘活闲置资产、奖励购买等方式，解决高端人才居住需求。省级以上重点人才工程专家、市产业工程特聘专家、企事业单位博士等高层次、高技能人才在威购买商品房的，最高可按规定额度的2倍申请住房公积金贷款。（由市委组织部、市住房城乡建设局、市人力资源社会保障局、市财政局、市住房公积金管理中心负责实施）

5．加强政治引领和政治吸纳。全面落实党委联系服务专家制度，建立健全市、区两级党员领导干部联系服务专家体系。充分发挥威海人才协会作用，组织各专业委员会定期开展人才交流活动，搭建政府和高层次、高技能人才、用人单位之间的沟通桥梁。依托“威海人才大讲堂”、胶东（威海）党性教育基地等载体加强国情研修，增强各领域人才政治认同。提高技能人才、实用人才的政治待遇，注重从基层一线专家中推荐先进模范担任党代会代表、人大代表、政协委员。（由市委组织部、市委统战部、市科技局、市人力资源社会保障局负责实施）

四、组织保障

（一）加强组织领导。深化提升威海英才计划是市委、市政府坚持“党管人才”原则、加强人才支撑新旧动能转换的有力举措，各级党委（党组）要充分发挥总揽全局、协调各方的领导核心作用，把人才工作摆在更加突出的位置，统筹推进各项人才计划的组织实施。市人才工作领导小组将建立各区市、国家级开发区、南海新区党（工）委书记、成员单位主要负责人抓人才工作专项述职制度，各级、各成员单位要明确工作职责，配强工作力量，务求取得实效，真正将人才政策的激励效应转化为支撑现代化幸福威海建设新跨越的强大动力。

（二）加强资金保障。把人才发展支出作为财政支出重点领域予以优先保障，设立不低于1亿元的市级人才工作专项资金，纳入财政预算，并根据工作需要稳定增长。对于新开展的重点工程和重要活动，由各责任单位向市人才工作领导小组提出资金使用申请，经研究同意后纳入当年人才工作支出预算。各区市、国家级开发区、南海新区要设立人才工作专项资金，并保持资金规模逐年递增，专项资金的设置使用情况列入人才工作考核指标。

（三）加强考核督导。完善人才工作目标绩效考核体系，围绕全市中心工作及时调整考核方向，合理设置考核赋分权重，并依据各区市、开发区基础条件实行差异化考核，最大程度调动各个层面抓人才工作的积极性。建立重点人才工作督办制度，加大对体制机制改革、重点工程、重大活动、引才成果的跟踪调度，确保政策措施落地见效。

（四）加强监督管理。严格人才项目的评审认定和资金使用，严肃工作纪律，严禁弄虚作假。对于主管部门违反财经纪律，虚报、冒领、截留、挪用、挤占专项资金的行为，依法依规进行处理。定期开展人才项目绩效的第三方评估，进行成本收益分析，并依据评估结果适时调整支持措施，努力提升人才工作质量和效益。

（五）加强宣传引导。建立人才工作常态化宣传制度，整合报纸、杂志、电视及微信、微博等媒体资源，开辟专栏集中宣传我市人才政策、创新举措和人才典型，并广泛组织赴海内外高校、院所和重点企业开展政策宣讲活动，凝聚和带动全社会力量关心、支持人才工作，营造人人皆可成才、人人尽展其才的浓厚氛围。

本意见由市人才工作领导小组办公室负责解释，自发布之日起实施。

中共威海市委
威海市人民政府
2018年5月25日

河南省

河南省人民政府关于强化实施创新驱动发展战略进一步推进大众创业万众创新深入发展的实施意见

（豫政〔2018〕8号）

为贯彻落实《国务院关于强化实施创新驱动发展战略进一步推进大众创业万众创新深入发展的意见》（国发〔2017〕37号），进一步优化双创生态环境，拓展双创覆盖广度，提升双创科技内涵，增强双创发展实效，有效促进新技术、新业态、新模式加快发展和新旧动能加速转化，结合我省实际，现提出如下实施意见。

一、总体要求

全面贯彻落实党的十九大精神，以习近平新时代中国特色社会主义思想为指导，牢固树立和贯彻落实新发展理念，坚持创新为本、改革先行、人才优先、市场主导、价值创造的原则，着力加速科技成果转移转化，着力拓展创新创业融资渠道，着力促进实体经济转型发展，着力完善人才流动激励机制，着力创新政府管理方式，充分释放全社会创新创业潜能，推进大众创业、万众创新在更大范围、更高层次、更深程度上发展。

二、加速科技成果转移转化

建立有利于科技成果转移转化的政策制度环境，完善成果转化服务体系，加速科技成果向现实生产力转化。

（一）强化知识产权运用和保护。加强中国郑州知识产权快速维权中心建设，提升集知识产权快速审查、确权、维权于一体的一站式综合服务水平。建立与国家知识产权局协同开展专利快速审查、快速确权，与知识产权法庭协同开展专利快速维权的机制。高标准建设中部知识产权运营中心，促进知识产权商品化、资本化，构建以中部知识产权运营中心和技术交易市场为引领的知识产权运营体系。支持市场化的知识产权集中管理公司发展，培育具有第三方支付等功能的知识产权转移机构，推动国家知识产权服务业集聚发展试验区建设，培育新型知识产权服务业态，加快知识产权基础信息公共服务平台建设，构建便民利民的知识产权服务体系。加快工商总局郑州商标审查协作中心建设，进一步方便申请人注册商标，提高商标审查效率。推动高等院校、科研院所建立健全知识产权转移转化机构，强化其知识产权管理和运营权责。（省知识产权局牵头负责）

（二）推动成果、专利等无形资产价值市场化。改革高等院校、科研院所成果和专利管理体制及定价机制，赋予单位、研发团队、科技人员对科技成果使用、处置的自主权，不涉及国家秘密、国家安全的，在不损害第三方利益的前提下，可自主决定转让、许可或作价投资，不需审批或备案。允许通过协议定价、挂牌交易、拍卖等方式确定成果价格。（省科技厅、教育厅、财政厅按职责分工负责）

（三）探索建立科技成果限时转化制度。财政资金支持高等院校、科研院所形成的科技成果，除涉及国防、国家安全、国家利益、重大社会公共利益外，1年内未实施转化的，可由成果完成人或团队通过与单位协商自行转化。（省科技厅、财政厅、教育厅按职责分工负责）

（四）提升孵化载体建设水平。引导众创空间向专业化、精细化方向升级，建设一批资源共享程度高、产业整合能力强、孵化服务质量好的专业化众创空间。对省级以上专业化众创空间等孵化载体，根据其提供服务数量、效果以及孵化成效等考核结果，对考核优秀的给予一定运行经费补助。探索将创投孵化器纳入科技企业孵化器管理服务体系，并给予相应政策

扶持。支持高等院校建立大学生创新创业实践平台。（省科技厅、教育厅、财政厅按职责分工负责）

（五）提高科技成果转化效率。建立科技成果转化信息共享与发布体系，促进科技成果信息对接。鼓励高等院校、科研院所制定科技成果转移转化奖励和收益分配办法，建立专业化科技成果转移转化机构。支持企业与高等院校、科研院所开展联合创新，设立新型研发机构，建设一批产学研用紧密结合的重大科技成果中试熟化平台。建设一批科技成果转化基地，引导科技成果对接特色产业需求转移转化。鼓励高等院校将科研成果用于大学生创业项目。（省科技厅、教育厅、人力资源社会保障厅按职责分工负责）

（六）促进高等院校、科研院所创新创业资源共享。加快推进重大科研基础设施和大型科研仪器向社会开放，建设省科研设施与仪器共享服务平台，完善共享服务政策体系和评价制度，探索建立对仪器设备开放共享双向补贴制度、所有权经营权分离机制。在全省范围内推行科技创新券制度，推进全省科技创新券互认互通，支持企业向高等院校、科研院所购买科技服务和使用研发设备。（省科技厅、教育厅、财政厅按职责分工负责）

三、拓展创新创业融资渠道

不断完善和落实金融财税政策，创新金融产品，发展创业投资，提升金融服务实体经济水平。

（一）加大对中小微企业金融支持力度。充分发挥大型银行机构和网点优势，在有效防控风险的前提下，合理赋予县域支行信贷审批权限，引导地方法人银行向小微企业集中地区延伸服务网点，在符合条件的区域增设小微支行、社区支行，提供普惠金融服务。推动银行打通线上线下金融服务链条，积极完善小微企业信贷流程和信用评价模型，合理设立授信审批条件，优化小微企业贷款审批政策，提高审批效率。积极争取郑洛新国家自主创新示范区开展国家投贷联动试点，推动地方法人银行与投资公司、各类基金开展合作，探索多样化的投贷联动业务。支持银行设立科技分（支）行和科技金融服务事业部，为科技型中小企业量身定制差别化、个性化的金融产品。（河南银监局、人行郑州中心支行、省科技厅按职责分工负责）

（二）积极发展债权、股权融资服务。加大对专利权质押融资补贴力度，支持商业银行和保险、担保、资产评估等机构广泛参与知识产权金融服务。鼓励保险公司开发适应科技型中小企业分散风险、补偿损失需求的保险产品，撬动知识产权融资贷款，促进知识产权与保险深度融合，支持市、县级政府给予一定的风险补偿或保费补贴。支持符合条件的上市挂牌科技型企业通过资本市场进行并购重组再融资。支持符合条件的中小企业发行创新创业公司债。引导私募基金加大对科技型中小企业的股权投资力度。选择发展潜力大、产业带动力强、有上市或挂牌意愿的中小企业纳入上市挂牌重点培育清单，将符合条件的纳入省定上市后备企业名录。（省科技厅、财政厅、知识产权局、省政府金融办、人行郑州中心支行、河南银监局、证监局、保监局按职责分工负责）

（三）强化对创业投资企业的支持。对专注于长期投资和价值投资的创业投资企业在企业债券发行、引导基金扶持、政府项目对接、市场化退出等方面给予政策支持。探索建立早期创业投资奖励和风险补偿机制，鼓励有条件的省辖市、省直管县（市）安排相应资金，对创业投资企业投资辖区内高科技中小微企业风险损失给予一定补偿。推动创业投资企业与高等院校加强合作，共建创业投资实训基地，培养专业技术和管理人才。完善国有创业投资企业的监督考核、激励约束机制和股权转让方式，依法依规豁免国有创业投资企业和国有创业投资引导基金国有股转持义务。支持具备条件的国有创业投资企业开展混合所有制改革试点，探索国有创业投资企业和创业投资管理企业核心团队持股和跟投。（省发展改革委、教育厅、科技厅、财政厅、省政府国资委、省地税局、国税局按职责分工负责）

（四）加快培育形成创业投资企业体系。推动各类机构投资者和个人依法设立公司型、有限合伙型创业投资企业。引导社会资本与优秀基金管理团队合作，积极争取国家新兴产业创业投资引导基金、中小企业发展基金、科技成果转化引导基金等政府投资基金注资设立创业投资企业。推动省内上市公司与创业投资管理机构合作或单独发起设立创业投资基金。鼓励各省辖市众创空间、科技企业孵化器设立一批市场化运作的创业投资企业。推动具有资本实力和管理经验的个人通过依法设立一人公司从事创业投资活动。鼓励有条件的高等院校依法设立创业投资企业和创业投资研究、培训、咨询机构。鼓励有条件的省辖市设立天使投资引导基金，引导社会资本从事天使投资。（省发展改革委、工业和信息化委、科技厅、财政厅、教育厅、工商局、河南证监局按职责分工负责）

四、促进实体经济转型发展

加强创新能力建设，推动产学研协同创新，促进大中小微企业融通发展，积极培育新模式、新业态，实现新兴产业与传统产业协同发展。

（一）加强创新能力建设。面向行业和产业发展需求，积极创建国家重点实验室、技术创新中心、企业技术中心、工程研究中心、制造业创新中心等国家级重大创新平台。支持龙头企业联合高等院校、科研院所共建新型研发机构，经认定的省重大新型研发机构，根据其研发投入、高端人才及团队引进、专利授权量、技术转移服务、孵化育成企业及成效等因素进行考核，对考核优秀、合格的机构给予补助。对省级以上研发平台给予研发经费后补助和持续稳定支持。鼓励行业龙头企业面向产业链建设协同研发平台，加快构建研发需求在线发布、研发资源在线共享、研发业务在线协同的产业链协同研发体系。（省发展改革委、科技厅、工业和信息化委、财政厅按职责分工负责）

（二）推动产学研协同创新。培育专业化产学研协同创新组织，支持产学研协同创新组织开展科技成果转化、重大科技项目引进、产学研协同创新、高端创新人才引进等科技服务工作。支持市场导向明确的科技计划项目由企业牵头与高等院校、科研院所联合实施。鼓励高等院校、科研院所围绕产业转型升级发展亟需的关键共性技术与企业联合开展重大科技成果工程化和系统集成。建立联合攻关、多元投入、风险共担、利益共享的产学研协同创新机制，推动产学研合作由单一的技术转移模式向人才、技术协同转移模式转变。（省发展改革委、教育厅、科技厅、财政厅、工业和信息化委按职责分工负责）

（三）激励企业加大科技研发投入。改进涉企科技经费使用方式，将财政资金支持方式由竞争性支持转变为以奖代补、后补助等普惠性支持方式。省财政统筹企业技术创新引导专项资金，对拥有知识产权、已建立研发投入预算管理制度的科技型企业，根据其年度研发投入情况给予奖补支持，按照各地奖补政策标准的一定比例，对首次认定的高新技术企业给予一定配套奖补资金，对成长为科技小巨人企业并认定为高新技术企业的给予一定资金补贴。发挥省重点产业知识产权运营基金作用，对具有自主知识产权产品的研发推广予以支持。（省财政厅、科技厅、知识产权局按职责分工负责）

（四）大力提升制造业双创能力。加快制造业双创平台建设，支持大中型制造企业建设双创资源汇聚平台，推动产业链制造资源数字化、网络化在线汇聚；建设研发设计、生产制造和创业孵化能力开放平台，推动制造资源和能力面向全社会开放；建设支撑技术创新、生产方式和组织管理变革的双创平台，激发企业内部创新活力、发展潜力和转型动力。加快制造业与互联网融合双创基地建设，支持大中型企业双创服务平台与新型工业化产业示范基地、产业聚集区等双创资源对接，大力发展新型众创空间，为创业项目和团队提供技术、人才、管理、融资、培训等一体化服务，打造市场化与专业化结合、线上与线下互动、孵化与创新衔接的双创载体，形成大中小企业合作共赢、双创资源富集、创新活跃、高效协同的产业创新集群。（省工业和信息化委牵头负责）

（五）促进大中小微企业融通发展。发挥大中型企业带动作用，面向行业提供产品研发、产品设计、大型设备租赁、行业电子商务和专业物流等服务。鼓励大中型企业建立面向小微企业的双创投资平台，发展产业链金融，为小微企业、创业项目和团队提供全方位的金融支持。鼓励大型企业充分利用闲置的土地、厂房、办公场所等资源，打造集共享式办公空间、创业社区、小微金融、创业公寓等为一体的新型众创空间和“互联网+创客+创投+产业”双创平台，带动产业链上下游中小微企业融通发展。（省工业和信息化委、发展改革委、科技厅、商务厅按职责分工负责）

（六）支持新模式、新业态加快发展。进一步放宽互联网领域产品和服务准入限制，完善以负面清单为主的产业准入制度，对未纳入负面清单的行业、领域、业务等，各类市场主体皆可依法平等进入。探索建立适应新模式、新业态发展的包容审慎监管机制和社会多方协同治理机制，利用云计算、物联网、大数据等技术，创新监管模式，实现线上线下一体化管理。完善新就业形态、消费者权益、社会保障、信用体系建设、风险控制等方面的政策法规，研究制定适应新模式、新业态特点的税收征管措施。进一步完善新产业、新业态、新模式统计分类，及时将新产业、新业态、新商业模式纳入统计调查范围，充分利用大数据等现代信息技术手段，进一步完善统计指标体系。（省发展改革委、科技厅、工业和信息化委、工商局、地税局、国税局、统计局按职责分工负责）

（七）加强双创政策支持。探索实行弹性出让年限、长期租赁、先租后让、租让结合等供地方式，对双创重大项目优先安排土地指标、环境容量指标，优先协调电、气、宽带等要素。建立首台（套）重大技术装备和新材料首批次保险补偿机制，落实首台（套）重大装备奖补政策，研究我省新材料首批次保险补偿政策。（省财政厅、工业和信息化委、国土资源厅、河南保监局按职责分工负责）

五、完善人才流动激励机制

深化高等院校、科研院所收入分配改革，加快引进国内外高层次人才，促进人才合理流动，加快形成规模宏大、结构合理、素质优良的创新创业人才队伍。

（一）完善高等院校和科研院所人才激励机制。实施以增加知识价值为导向的分配政策，试行职务科技成果、知识产权分红激励制度。允许高等院校、科研院所在核定的绩效工资总量内，探索实行年薪制、协议工资制、项目工资等多种灵活分配方式。股权期权激励、成果转化奖励不纳入绩效工资总量。鼓励事业单位专业技术人员到企业兼职、挂职或参与项目合作，期间与原单位在岗人员同等享有参加职称评审、项目申报、岗位竞聘、培训、考核、奖励等方面权利。完善转制科研院所科研人员收入与科技成果、创新绩效挂钩的奖励制度。（省科技厅、教育厅、财政厅、人力资源社会保障厅按职责分工负责）

（二）支持留学人员、华侨华人来豫创新创业。实施留学人员来豫创新创业启动支持计划和产业集聚区企业创新人才引进项目扶持计划，吸引更多高素质留学人才来豫创新创业。建设海外人才离岸创新创业基地，搭建与国际规则接轨，具有引才引智、创业孵化、专业服务保障等功能的国际化综合性创业平台。建设侨商产业集聚区，打造华侨华人创新创业平台。在条件成熟的地方设立海外人才工作联络站，支持华侨华人在海内外建设高水平国际化科技创新创业基地。建设“海峡两岸青年创业基地”，支持台湾青年人才申报我省创业创新领军人才。（省人力资源社会保障厅、教育厅、台办、省政府外侨办按职责分工负责）

（三）支持外籍人才来豫创新创业。实施河南省外籍高层次人才认定办法，对经认定的外籍高层次人才在办理签证、居留、工作许可等方面开辟“绿色”通道，实行“容缺受理”。符合条件外籍高层次人才的配偶、未满18周岁子女可依据公安机关签证规范办理居留许可。经认定的外籍高层次人才入境后可按照规定变更或申请居留许可。经确认的外籍高层次人才，可按规定享受郑州航空港经济综合实验区、郑洛新国家自主创新示范区、中国（河南）自由贸易试验区以及我省其他有关高层次人才的支持政策。（省科技厅、教育厅、人力资源社会保障厅、公安厅按职责分工负责）

（四）支持开展返乡创业。鼓励和引导返乡下乡人员通过承包、租赁、入股、合作等多种形式，创办领办家庭农场、林场、农民合作社、农业企业、农业社会化服务组织等新型农业经营主体。推动信息进村入户，加快发展农村电子商务。将符合条件的返乡下乡人员纳入各类财政支农项目和产业基金扶持范围，采取以奖代补、先建后补、政府购买服务等方式予以支持。对返乡下乡人员首次成功创业并正常经营1年以上的创业主体，按规定给予一次性创业补贴。探索开展农村承包土地经营权以及农业设施、农机具抵押贷款试点。允许返乡下乡人员依法使用集体建设用地开展创新创业。返乡农民工可在创业地参加各项社会保险。鼓励有条件的地方将返乡农民工纳入住房公积金缴存范围，按规定将其子女纳入城乡居民基本医疗保险参保范围。（省人力资源社会保障厅、农业厅、国土资源厅、商务厅、财政厅按职责分工负责）

六、创新政府管理方式

深化“放管服”改革，放宽市场准入，创新市场监管，推动形成政府、企业、社会良性互动的创新创业生态。

（一）深化“放管服”改革。全面推进“互联网+政务服务”，加快信息系统整合与政务数据共享，打造“一次办妥”政务服务品牌，实现“平台之外无审批”。深化商事制度改革，推动“三十五证合一”，全面推进企业登记全程电子化，实现企业登记“零见面”和“一照一码走天下”。全面推行企业和个体工商户简易注销改革，完善市场退出机制。深化投资体制改革，优化再造审批流程，精简审批事项，探索“区域评价”和“容缺办理”机制，实行“多规合一”“多评合一”“多图联审”联合审批机制和开展企业投资项目承诺制、政府投资项目联审制试点等“5+2”创新举措，进一步提升审批效率。推进跨省经营企业部分涉税事项全国通办，加强国税、地税联合办税，实现“进一家门、办两家事”。（省发展改革委、工商局、地税局、国税局按职责分工负责）

（二）全面实施公平竞争审查制度。研究出台公平竞争审查实施细则，进一步健全审查机制，明确审查程序，强化审查责任，严格审查标准，政策制定机关在政策制定过程中全面开展公平竞争审查，凡不具有排除、限制竞争内容的，可以实施；具有排除、限制竞争内容的，不予出台，或调整至符合相关要求后出台；没有进行公平竞争审查的，不得出台。（省发展改革委、商务厅、工商局、省政府法制办按职责分工负责）

（三）加强事中事后监管。全面推行“双随机、一公开”监管，建立检查对象和执法检查人员名录库，完善随机抽查系统，实现执法检查事项随机抽查全覆盖，对同一市场主体的多项检查一次性完成，进一步提升监管的公平性、规范性和有效性。加强河南省公共信用信息平台和国家企业信用信息公示系统（河南）建设和运用，积极推进年报公示和信用信息归集共享与联合惩戒，全面推进中小企业信用体系建设，建立企业家个人信用记录和诚信档案，推动建立事前信用承诺、事中信用分类监管、事后信用联合奖惩机制，构建以信用为核心的新型市场监管体系。推进市场监管领域综合执法改革，整合优化执法资源，健全跨部门、跨地区执法协作机制，实行集约化监管。（省发展改革委、工商局、省政府法制办按职责分工负责）

（四）积极推进试点示范。加快国家双创示范基地和省级双创基地建设，推进省级小型微型企业创业创新示范基地和洛阳市小微企业创业创新基地城市示范建设，加强制度供给，构建双创发展生态，建成一批功能完善的支撑平台，集聚一批高端创新创业人才，促进一批重大科技成果转移转化，形成一批可复制、可推广的双创模式和典型经验。推广全面创新改革试验区、郑洛新国家自主创新示范区创新改革举措和双创基地典型经验，破除制约创新发展的体制机制障碍，吸引人才、成果、资本等高端要素集聚，促进新技术、新产品、新业态、新模式加速发展。（省发展改革委、科技厅、工业和信息化委按职责分工负责）

（五）营造创新创业良好氛围。加大双创宣传力度，精心组织办好“双创活动周”、“创响中国”巡回接力、创新创业大赛等双创品牌活动，广泛宣传双创政策和成果，分享双创经验，营造良好双创氛围。（省发展改革委、教育厅、科技厅、工业和信息化委按职责分工负责）

各地、各部门要认真落实本意见各项工作要求，进一步细化政策措施，加强配合联动，确保各项政策落到实处，推进大众创业、万众创新深入开展，为培育壮大新动能，加快经济结构转型和实体经济升级提供支撑。

河南省人民政府

2018年2月22日

中共安阳市委 安阳市人民政府关于深化人才发展体制机制改革加快人才强市建设的实施意见

（安发〔2018〕4号）

人才是实现民族振兴、赢得国际竞争主动的战略资源。为深入贯彻《中共河南省委、河南省人民政府关于深化人才发展体制机制改革加快人才强省建设的实施意见》（豫发〔2017〕13号）精神，加快实施人才优先发展战略，全面推进人才发展体制机制改革，最大限度激发人才创新创造创业活力，结合我市实际，提出如下实施意见。

一、总体要求

以习近平新时代中国特色社会主义思想为指导，深入贯彻落实党的十九大精神，践行“聚天下英才而用之”的战略思想，树立大人才观，围绕“一个重返、六个重大”目标任务，聚焦全市经济社会发展重大需求、产业企业做强做优现实需要、人才创新创业突出问题，着力破除束缚人才发展的思想观念和体制机制障碍，健全完善全链条育才、全视角引才、全方位用才的发展体系，加快构建具有安阳特色和更具竞争力的人才制度优势，为决胜全面建成小康社会、建设新时代区域性中心强市提供坚实人才保障。

（一）坚持解放思想。坚持市场导向和改革取向，借鉴先进经验，打破传统定势，加快转变政府人才管理职能，推进简政放权，落实用人主体自主权，形成有利于人才集聚和发挥作用的制度环境。

（二）坚持问题导向。突出问题导向，纠正人才管理中存在的行政化、“官本位”倾向，针对不同领域、不同行业人才发展特点，坚持从实际出发，具体问题具体分析，把握关键，分类施政，增强改革的系统性、协同性、精准性。

（三）坚持以用为本。坚持不求所有、但求所用，不求所在、但求所为，创新方式、完善政策，搭建舞台、专兼结合，不唯地域、不拘一格集聚各方英才，确保人才引得进、留得住、流得动、用得好。

（四）坚持服务大局。充分发挥区位交通、产业基础、人力资源、历史文化等优势，广泛集聚国内外人才，提升人才特色品牌效应，加速人才链、创新链、产业链深度融合，强化人才对经济社会发展支撑作用。

二、工作目标

到2020年，在人才发展体制机制改革的重要领域和关键环节上取得突破性进展，人才管理体制更加灵活高效，人才评价、流动、激励更加科学完善、富有活力，人才引进、培养、使用更加开放包容、精准适用，人才创新创造创业活力充分迸发，全社会识才爱才敬才用才氛围更加浓厚，人才发展对安阳现代化建设的融合度和贡献率明显提升，基本建立与建设经济强市、打造区域性“人才高地”相适应的人才发展治理体系，努力形成人人渴望成才、人人努力成才、人人皆可成才、人人尽展其才的制度环境和社会环境。

三、健全管理体制

1．推动人才管理部门简政放权。强化政府人才宏观管理、政策法规制定、公共服务、监督保障等职能，下放人才管理行政审批权限，消除对用人主体的过度干预。建立人才管理服务权力清单、责任清单，清理规范人才招聘、评价、流动等环节中的行政审批和收费事项，将职权的行使主体、办理流程、办结时限和监督方式等向社会公布，并健全问责机制。大力发展专业性、行业性人才市场，放宽人才服务业准入限制，积极培育人才中介组织、高端人才猎头等专业化服务机构，推进重大人才招聘、培训和测评等服务外包。以法治思维和法治方式推进人才发展，清理不合时宜的人才管理法规和政策性文件。

2．全面落实用人主体自主权。充分发挥用人主体在人才培养、引进和使用中的主导作用，研究制定全面落实国有企业、高校、科研院所等企事业单位用人自主权的具体办法。创新事业单位编制管理方式，对高校、公立医院和其他符合条件的公益二类事业单位逐步实行备案制管理，并完善相关配套政策措施。在新设立的公立医院探索开展员额制管理试点。高校、科研院所、公立医院在编制限额内，自主引进博士研究生和副高级职称以上层次人才，编制、人力资源社会保障等主管部门不再进行前置备案和审批，引进人才到岗后向相关部门备案。完善人才编制使用管理办法，每年核定一定数量人才编制，用于引进高层次人才，简化程序，特需特办。在市属高等院校下放高校人事管理权限，全面落实岗位设置、公开招聘、职称评审、薪酬分配、人员调配等方面自主权。根据工作需要和精简、效能的原则，在人员控制总量之内，高等院校可自主确定教学、科研等内设机构的设置和人员配备，公立医院可自主确定医疗、医技等内设机构的设置和人员配备，科研院所可在核定机构编制限额内自主设置内设机构和下属单位，调剂使用编制，报机构编制部门备案。

3．深化人才分类评价和职称制度改革。树立以品德、能力和业绩为主要标准的评价导向，研究制定人才分类评价办法，基础研究人才评价以同行学术评价为主，应用研究和技术开发人才评价突出市场和社会评价，哲学社会科学研究人才评价重在同行认可和社会效益。加快建立多元化人才评价体系，引入第三方专业机构开展人才评价。深化职称制度改革，发挥用人主体在职称评审中的主导作用，市属高校（含党校、干部学院）的职称由单位进行自主评审，根据全省统一安排，在部分中小学开展职称晋升“单位直评”试点；按照规定自主设置岗位，建立竞岗聘任、能上能下、动态调整的专业技术职务聘用制度。合理界定职称评审权限，在管理规范、技术领先的企业和有条件的文艺院团，可自主评审主系列相应学科（专业）副高级及以下职称。扩大县（市、区）职称评审权，将中小学一级教师的评审权限下放到县（市、区）。完善职称评审绿色通道，对引进的高层次人才、急需紧缺人才及业绩特别突出的人才，可不受单位结构比例和岗位限制，通过专设职数、特设岗位等多种方式评聘专业技术职务；对符合条件的海外归国高层次人才，可直接考核认定高级专业技术职务。在部分专业性密切相关的职业领域打通职业资格与职称制度的贯通渠道，对业内认可度较高的部分职业资格开展考核认定高级专业技术职务工作。探索不将职称作为申报科研项目和人才计划的限制性条件。

四、建立人才集聚机制

4．突出高层次和急需紧缺人才引进。聚焦我市经济社会发展重大需求，突出“高精尖缺”导向，坚持招才引智与招商引资、产业发展相统一，瞄准重点产业、重点领域和优势学科，统筹实施高层次人才重大工程，着力引进国家最高科学技术奖获得者、“两院”院士等顶尖人才，国家“千人计划”“万人计划”入选者、国家杰出青年科学基金获得者、长江学者、国家重大科技成果第一完成人、全国杰出专业技术人才和“百千万工程”国家级拔尖人选等高端人才，拥有关键核心技术、能够带动产业转型的产业领军人才和团队；精准引进通晓国内外金融规则、善于资本运作的金融人才和团队，在文化创意、演艺运作等方面有所专长的文化产业人才，引领创新创业、具有全球战略眼光和社会责任感的优秀企业家、职业经理人；注重引进互联网跨界融合、大数据、智能制造、国际贸易、现代物流、电子商务、旅游运营、生态环保、现代农业、城市规划等重点领域人才。按需引进国外智力，坚持引进我市在重大科技产业发展、重大工程建设、重点基础性研究、关键技术攻关和科学技术创新中急需的高端紧缺人才和团队；重点引进具有重大原始创新能力的科学家、具有推动重大技术革新能力的科技领军人才、具有世界眼光和战略开拓能力的企业家和我市经济社会发展急需的其他各类人才。对获得批准执行的国家级、省级“引进国境外技术、管理人才项目”的项目和引智示范推广基地（单位），在国家、省引智专项经费资助的基础上，我市给予不低于1∶1的引智配套资金，县（市、区）按50%负担所需配套资金。对于具有首席外国专家和高端外国专家领衔的引智项目，市财政额外给予5万—10万元的奖励资金。同时，高度重视市场对人力资源的基础性调配作用，鼓励和支持国外人力资源服务机构在我市开展高层次和急需紧缺人才引进服务，建立重点领域、重点产业人才需求预测预警机制，定期发布高层次和急需紧缺人才引才目录。到2020年，全市要引进100名以上在国内相关领域起骨干核心作用或具有竞争力的高层次创新人才、创业人才、创新创业服务人才，30个以上对支撑我市产业发展作用强、成效显著的产业技术创新研发及成果产业化团队、创新创业服务团队。

5．扩大柔性引才引智。把柔性引才引智作为聚才用才的重要方式，以建设中原“双休双创”科技示范园区为重点，通过兼职挂职、技术入股、项目合作、客座教授等多种形式，大力汇集人才智力资源。发挥高端人才猎头、行业协会、驻外机构等引才作用，建立驻外人才工作站，构建开放式引才服务网络。实施乡情引才工程，以安阳籍和在安阳工作过的高端人才为重点，开展专家安阳行、高端人才峰会等活动，打造招才引智品牌。建立“不看时间重业绩”的柔性引才评价激励办法，对柔性引进人才，视业绩贡献可与本地同类人才在职称评审、领办创办科技型企业、表彰奖励、科研立项、成果转化、生活待遇、医疗保障等方面享受同等待遇。鼓励高校、科研院所等用人主体建立“人才驿站”，为引进人才到企业工作或自主创业提供身份、薪酬管理等基本保障，解除后顾之忧。每年评选一批柔性引才引智先进单位，市财政给予每个单位5万—20万元的引才补贴。对柔性引进高层次人才，在技术研发、课题攻关、项目合作等方面取得突出成效的，由受益财政按照其所付薪酬的30%，给予用人单位不超过50万元奖励。

6．实行更加积极开放有效的人才引进政策。加大对我市新入选“两院”院士及长江学者、国家杰出青年科学基金和优秀青年科学基金获得者及培养单位的奖励支持力度。对院士等顶尖人才，在岗期间用人单位可给予不低于每月3万元的生活补贴；对国家“千人计划”“万人计划”入选者、国家杰出青年科学基金获得者、长江学者等高端人才，在岗期间用人单位可给予不低于每月2万元的生活补贴。为有潜力成长为“两院”院士的中原学者，设立科学家工作室，配备专职助手。对当年引进的高层次创新人才、高层次创业人才、高层次产业技术创新研发及成果产业化团队，市财政给予不超过100万元的项目启动经费支持；对当年引进的高层次创新创业服务人才和高层次创新创业服务团队，市财政给予不低于10万元奖补经费支持。对引进的院士、长江学者、国家“千人计划”人选、国家最高科技奖获得者、国家重大科技成果完成人、国家杰出青年科学基金和优秀青年科学基金获得者等顶级高层次科技人才及其团队，带技术、带成果、带项目来我市创新创业和转化成果的，连续5年根据其实际产生的效益和所作的贡献给予重奖，累计奖励不超过1000万元，并可在土地保障、平台建设、科研项目等方面给予重点支持；对能创造重大经济和社会效益或带动重大创新平台落户的创新创业团队，“一事一议”，“特事特办”。设立人才专项资金，对引进的高层次创新人才及其团队申报的符合相关科技计划条件的项目优先予以支持，优先推荐申报省级、国家级项目。允许地方金融投资类企业对市场化选聘的金融人才探索实行股权期权激励。支持文化产业领军人才、高端创意人才和文化名家领衔文艺创作、文化工程项目等，对公益性项目择优纳入财政专项资金支持范围。制定高层次人才认定标准和办法，对符合条件的现有高层次人才，享受引进高层次人才相应待遇，按“就高、不重复”原则享受支持政策。加大高层次人才标志性成果奖励力度，对在基础研究、战略高技术研究、重要公益研究等方面作出突出贡献的给予重奖。鼓励和支持各级各单位根据实际情况，大胆探索引才引智的优惠政策，打造我市引才引智特色品牌。

7．发挥创新创业平台聚才用才主体作用。强化市级以上重点实验室、工程实验室、制造业创新中心、企业技术中心、工程研究中心、工程技术研究中心、工业公共技术研发设计中心、院士工作站、博士后科研工作站、产业技术创新联盟等高层次创新创业平台集聚人才作用，将引才用才情况作为平台绩效评估、考核评价和项目申报重要指标。对新获批的国家级创新平台载体，一次性奖励500万元，并根据建设任务优先保障岗位设置、人员配备、用地用电等需求；对评估为优秀的国家级创新平台载体，给予200万元奖励。支持“世界500强”“中国500强”企业及国内外知名大学、研发机构来安设立区域性分支机构、研发中心、结算中心、数据中心等，集聚一批高级管理人才和技术研发人才。支持市内企业跨省跨国并购优质品牌、技术、人才、管理等高端要素，在省外境外设立研发中心、分支机构、孵化载体等，积极开发利用外地人才智力资源。激励企业发挥聚才用才主体作用，对引进高层次人才的工资薪金，市县两级财政可视企业年度新增贡献情况给予适当补助。对新认定的院士工作站和博士后科研工作（流动）站，市财政分别给予20万元、10万元奖励；博士后科研工作（流动）站每引进1名博士后研究人员，2年研究期内，由市财政给予每月2000元生活补贴。充分发挥技能工作室、名师工作室、名医工作室等各类人才工作室在人才培养、示范带动等方面的作用，对评选出来的优秀工作室，由市财政给予一定的经费支持；企业引进博士研究生和副高级职称以上高层次人才，支付的一次性住房补贴、安家费、科研启动经费等费用，可按规定在计算企业所得税前扣除。国有企业引进高层次、高技能人才的专项投入成本可视为当年考核利润。

8．提升人才服务保障水平。在政府行政服务中心设立“一站式”人才服务窗口，在办理人事关系、社保医疗、住房安居、配偶就业、子女入学、工商注册、创业扶持等方面简化程序，提高效率。坚持部门联动，优化事业单位引进人才工作流程，实行限时办结，编制、人力资源社会保障等每个相关职能部门从受理到办结时间不超过10个工作日。完善便于人才跨地区、跨行业、跨体制流动的社会保险关系转移接续办法，用人单位在为引进人才办理各项社会保险的基础上，可为引进人才购买商业补充保险。完善高层次人才和特殊一线人才医疗保健，在市属医院开通高层次人才就医“绿色通道”，开通就医绿卡，配备健康顾问和就医服务联络员。采取建设人才周转公寓、购买商品房出租给高层次人才或给予高层次人才一定的住房补贴等多种形式，改善高层次人才居住环境。提高对市优秀专业技术人才(市管专家)的服务保障水平，其享受的生活补贴逐步适当提高；建立健全专家技术人才的考察、疗养、休假等制度，所需经费，列入市财政预算。设立国际学术交流绿色通道，简化程序，加快办理；特殊情况需持普通护照出国执行学术交流合作任务的，可按组织人事管理权限予以审批。

五、完善人才开发机制

9．加大创新型科技人才培养支持力度。深入实施市级重大人才培养工程，整合优化各类人才项目，推动人才工程与各类科研、基地计划相衔接，建立相互配套、覆盖人才不同发展阶段的梯次资助体系。分类开展安阳学者、安阳市科技创新杰出人才、安阳市科技创新杰出青年、安阳市创新型科技团队、安阳市优秀专家、安阳市优秀高技能人才等评审工作，建立我市与国家“万人计划”和中原“千人计划”相衔接的本土高层次创新创业人才开发体系，用5至10年时间，有计划、有重点地遴选支持100名左右自然科学、工程技术、哲学社会科学等领域的杰出人才、杰出青年等高层次人才，打造安阳人才系列品牌。实施科技型企业培养工程，科技型小微企业成立5年内，由县级财政每年根据研发投入等情况给予创业者奖励，年奖励金额最高20万元。制定基础研究人才培养长期稳定支持办法，健全竞争性经费与稳定支持经费相协调的投入模式，适当延长基础研究人才考核周期。依托重大科技基础设施、创新平台和项目建设，构建科学、技术、工程专家协同创新机制，培育造就一批创新型科技领军人才。健全重大科研项目专家领衔制度，依法赋予创新领军人才更大的人财物支配权、技术路线决定权。拓宽包括国有企业在内的各类企业科研人员晋升渠道，鼓励设立首席研究员、首席工程师等专业技术岗位，给予其具有市场竞争力的薪酬待遇；积极推荐我市专家进入国际性、全国性或全省性的学术团体和各级评审机构专家委员会。

10．提升技术技能人才优势。推广企业和职业院校工学结合、校企合作的“双主体”技术技能人才培养模式，推行招工即招生、入企即入校、企校双师联合培养的企业新型学徒制，加快构建现代职业教育体系，大力培养支撑安阳制造、安阳创造的技术技能人才队伍。加强技师、高级技师培养，实施“安阳工匠”工程，用5至10年时间，培育引进5万名技能人才、1万名高技能人才；支持企业建设30个国家、省、市技能大师工作室，10个国家、省、市高技能人才培训基础能力建设项目，市财政分别给予每个国家、省、市技能大师工作室适当奖励资金，分别给予每个国家、省、市高技能人才培训基础能力建设项目一定的奖励资金；鼓励支持设立首席技师岗位，鼓励优秀技术技能人才参加世界技能大赛等国际性大赛，培养一批“大国工匠”和“金蓝领”，打造安阳高技能人才品牌。对新获得“中华技能大奖”和“全国技术能手”的高技能人才，市财政分别给予每人5万元和2万元的一次性奖励；对新获得“中原技能大奖”和“河南省技术能手”称号的高技能人才，市财政分别给予每人1万元和5000元的一次性奖励；开展行业技能比武大赛，对新获得“安阳市技术能手”称号的高技能人才，市财政给予每人3000元的一次性奖励。受益财政和用人单位相应给予一定奖励，并优先纳入市级以上优秀专家，享受国务院、省政府特殊津贴等评选推荐范围。提高技术技能人才待遇，建立技术技能人才晋级奖励制度，对企业引进和新获得高级技师以上执业资格的职工，由用人单位给予1000元奖励，并在首次购房等方面享受适当补贴；研究制定技术技能人才激励办法，试行高技能人才年薪制和股权、期权制。实行高技能人才与工程技术人才职业发展贯通机制制度，对取得国家相应等级职业资格证书并受聘的高级工、技师、高级技师，比照助理工程师、工程师、高级工程师给予同等的福利待遇。健全以新型职业农民为主体的农村实用人才培养机制，在创业补贴、孵化机制、金融服务等方面给予精准支持，带动培育大批适应现代农业发展需要的青年农场主、农业职业经理人、“土专家”和“田秀才”。支持新型职业农民培养基地建设。组织引导县（市、区）出台各类农村实用人才评定标准和奖励办法。

11．优化企业家成长环境。实施经营管理人才素质提升工程，通过国内外高端培训交流、行业企业观摩学习等方式，培养大批懂经营、善管理、具有国际化视野的优秀企业家。对市场化选聘的职业经理人实行市场化薪酬分配机制。把握民营企业家代际交接的阶段特征，强化对“创二代”经营管理人才的培养培训，鼓励和支持民营企业选聘职业经理人。注重小微企业创业者能力培养，加大政府购买培训服务，提供高水平、普惠性创业指导。鼓励支持各地和各行业领军企业、创业投资机构、社会力量参与建设众创空间、星创天地、科技企业孵化器、大学科技园等，采取“平台+创投+市场”模式，为创业者提供低成本、便利化、全要素、开放式成长环境。依法保护企业家财产权和创新收益，建立“亲”“清”的新型政商关系，进一步营造尊重、关怀、宽容、支持企业家的社会文化环境。组织开展安阳优秀科技创新产业企业和优秀科技创新创业企业家的评选活动，突出激励、严把门槛，对获得优秀称号的企业奖励20万元，个人奖励10万元。

12．加强青年人才战略储备。完善青年人才普惠性支持措施，在重点人才工程项目中设立青年专项，加大青年科技人才、骨干教师、医生、社科人才、企业家、法官、检察官等培养支持力度。对培养引进的国家“千人计划”青年项目入选者、“万人计划”青年拔尖人才、国家优秀青年科学基金获得者、“长江学者奖励计划”青年学者、文化名家暨“四个一批”青年文化人才等青年英才，市财政按照省资助标准给予1∶1配套。鼓励支持高校、科研院所和企业设立博士后科研流动站（工作站）和创新实践基地，积极推荐研发能力强、产学研结合成效显著的博士后科研工作站申报独立招收博士后研究人员。实施“青年人才筑梦工程”，每年评选出10个优秀青年人才创新驱动项目，按照不超过其有效投入的50%，市财政给予不超过50万元资助；建设200家就业见习基地，供高校毕业生见习需求，市财政给予所在见习企业适当补贴；通过政府购买服务，全市每年统筹安排一定数量的基层公益性岗位吸纳普通高校毕业生就业。吸引全日制普通高校应届本科以上毕业生来我市工作，实行“先落户后就业”政策，对新落户并在安阳工作的，由市财政给予适当生活补贴，首次购房的可享受适当补贴。积极开展“安阳市青年科技专家”“安阳市青年社科专家”评选活动。

六、强化人才激励机制

13．赋予创新主体成果转化和科研经费自主权。全面保障和落实高校、科研院所科技成果使用、处置和收益管理自主权，除事关国防、国家安全、国家利益、重大社会公共利益外，行政主管部门不再审批或备案，并按规定实施科技成果转化风险免责政策。高校、科研院所和其他主要从事科技成果转移转化业务的事业单位，将职务科技成果转让收益用于奖励成果完成人和为成果转化作出重要贡献的其他人员，奖励金额比例不低于70%。高等学校、科研院所1年内未实施转化的科技成果，可由成果完成人或团队通过与单位协商自行转化。鼓励在安高校、科研院所的科技成果就地转化，经评估后，按照单个技术合同成交额的2%、不超过30万元奖励，主要用于奖励相关科研人员。允许国有企业在科技成果转化实现盈利后，连续5年，每年提取不高于30%的转化利润，可采取股权出售、股权奖励、股权期权、分红等方式，用于奖励核心研发人员、团队成员及有重大贡献的科技管理人员。担任领导职务的科研人员是科技成果主要完成人，或对科技成果转化作出重要贡献的，按照有关规定获得转化收益，实行公开公示制度。改进科研项目结转结余资金使用管理，项目年度剩余资金可结转下一年使用；项目完成并通过验收后，结余资金在2年内由项目承担单位统筹安排用于科研活动的直接支出，未使用完的，按规定收回。高校、科研院所以市场委托方式取得的横向经费，纳入单位财务统一管理，由项目承担单位按照委托方要求或合同约定管理使用。探索实行哲学社会科学研究成果后期资助和事后奖励机制。高校、科研院所差旅会议管理不简单比照机关和公务员，可根据工作需要合理制定差旅费和业务性会议管理办法。实行有利于人才创新和规范管理的经费审计方式。

14．支持人才兼职科技服务或离岗创业。高校、科研院所的科研人员在履行岗位职责且不损害本单位利益的前提下，经所在单位同意，可兼职从事科技成果转化、技术攻关等活动，所得报酬按照规定计缴个人所得税后归个人所有。研究制定规范高校、科研院所领导人员兼职及取酬的具体办法。高校、科研院所科研人员经所在单位同意，离岗创办企业或到企业开展科技成果转化的，5年内保留人事关系和基本工资，并享有参加职称评审、岗位等级晋升、社会保险等方面的权利；5年内返回原单位的，单位按原聘专业技术职务做好岗位聘任工作。兼任管理岗位职务的，应在辞去管理岗位职务后以科研人员身份离岗创业。

15．探索人才薪酬和股权期权激励办法。实行以增加知识价值为导向的分配政策，国有企事业单位引进或聘用高层次人才、急需紧缺人才，可实行协议工资、项目工资和年薪制，所需薪酬不受单位工资总额和绩效工资总量限制。对市场化选聘的职业经理人和对企业发展起关键核心作用的科研人员、经营管理人员、业务骨干，可采取股权奖励、股权出售、股票期权、分红激励、绩效奖励、增值权奖励等方式实施激励。优先支持人才资本和技术要素贡献占比较高的转制科研院所、高新技术企业、科技服务型企业开展员工持股试点。对高校、科研院所以科技成果作价入股的企业，逐步放宽股权激励、股权出售等对企业设立年限和盈利水平的限制。对高校、科研院所和高新技术企业、科技型中小企业转化科技成果给予个人的股权奖励，符合规定条件的，递延至取得股权分红或转让股权时按规定纳税。对以省政府名义发给高层次人才的奖金，依法免征个人所得税。

16．建立多元化市场化基金化的人才投入机制。优化财政支出结构，把人才发展支出作为财政支出重点领域予以优先保障，实施重大建设工程和项目时，统筹安排人才开发培养经费。整合设立市人才发展专项资金，鼓励有条件的县（市、区）设立人才发展专项资金，保障重大人才工程项目实施。鼓励高校按总支出、企业按销售额的一定比例设立人才发展资金，对使用情况较好、效果明显的，在科技项目申报、人才培养支持、评先评优时予以倾斜。充分发挥市人才发展专项资金、市科技创新创业投资引导资金、市科技成果转化资金等作用，为创新创业人才及所在企业提供覆盖种子期、初创期、成长期的全链条金融支持；政府出资部分的基金增值收益等可按一定比例用于奖励基金管理团队和天使投资其他参与人。探索建立“人才贷”金融服务模式，鼓励金融机构对符合条件的高层次人才创业融资给予无需担保抵押的平价贷款。支持保险机构创新保险产品，分散创业者创业风险。

17．加强创新成果知识产权保护。以建设国家知识产权示范市为统领，提高创新成果知识产权运用和保护。制定人才创新创业知识产权扶持政策，推动知识产权处置、使用和收益管理改革试点，探索职务发明专利所有权改革。围绕重点产业发展和重大项目建设，建立专利导航产业发展协同运行机制，加强高层次人才引进使用中的知识产权鉴定，防控知识产权风险。推动建立知识产权司法保护与行政保护联动机制。实施知识产权维权援助，缩短专利确权审查、侵权处理周期。加强对商业模式、文化创意等创新成果的知识产权保护。建立知识产权质押融资的市场化风险补偿机制，鼓励开展知识产权证券化交易。健全知识产权信用管理制度，建立知识产权信用档案，将恶意侵权等行为纳入社会信用记录。

18．鼓励人才向基层一线和贫困地区流动。进一步完善政策措施，在人员招录、职称评聘、薪酬待遇、科研项目等方面给予倾斜，提高基层人才保障水平。对县乡企事业单位新引进的全日制硕士、博士研究生和副高级职称以上专业技术人员以及高级技师等急需紧缺人才，当地可给予适当生活补贴。研究制定进一步引导和鼓励高校毕业生到基层工作的实施意见，加大省选调生、“三支一扶”大学生、特岗教师、特招医生等选派力度，引导更多的高校毕业生到基层一线和贫困地区工作服务。深入推进科技副职、博士服务团选派工作，深入实施科技特派员计划，鼓励专业技术人才到基层一线、小微企业提供专业服务。实行城镇中小学教师、卫生、农业、林业、水利等系列高级职称评审“凡晋必下”制度，将在基层一线和贫困地区工作服务经历、贡献和业绩作为高级职称评聘的必要条件；在评聘中、初级职称时，对有基层一线和贫困地区工作服务经历的同等条件下优先考虑。对在基层一线和贫困地区工作的专业技术人才，评聘职称时淡化或不作论文要求，适当放宽学历和任职年限要求，侧重考察其工作实绩。支持高校、科研院所和科技社团在县以下，围绕地方优势特色产业发展，设立基层科技服务站，遴选科技人才进站兼职服务，当地可根据实际需求给予一次性经费补助，提供必要工作场地。

七、加强党对人才工作的领导

19．完善党管人才工作格局和运行机制。坚持党管人才原则，切实履行管宏观、管政策、管协调、管服务职责，完善党委统一领导，组织部门牵头抓总，有关部门各司其职、密切配合，用人主体作用充分发挥，社会力量广泛参与的人才工作格局，形成统分结合、上下联动、协调高效、整体推进的人才工作运行机制。各级党委要把人才工作摆在全局工作更加突出的位置，发挥党委(党组)在人才工作中的领导核心作用，定期听取人才工作专项汇报。严格落实党委（党组）书记人才工作第一责任人责任，探索试行人才工作专项述职，县（市、区）人才工作领导小组负责人和市直部门一把手向市人才工作领导小组述职。进一步明确党委和政府人才工作职能部门职责，建立健全人才工作领导小组联席会议制度，将行业、领域人才队伍建设列入相关职能部门“三定”规定。健全各级人才工作机构，配齐配强工作力量。

20．强化人才工作目标责任考核和机制保障。建立各级党政领导班子和领导干部人才工作目标责任制，研究制定人才工作目标责任制考核办法，细化考核指标，加大考核力度，将考核结果作为领导班子评优、干部评价的重要依据。将高层次人才引进培养、重大科技攻关和科技成果转化等作为高校、科研院所等企事业单位年度考核重要指标。对抓人才工作不力、造成重大人才流失的，进行责任追究。探索建立人才发展监测评价体系，发布年度人才发展统计报告，将人才发展列为经济社会发展综合评价指标。市人才工作领导小组办公室要充分发挥综合协调、督促落实、工作指导、联系服务的职能作用，及时协调解决人才工作有关问题。

21．广泛宣传优秀人才及改革典型。在“两台一报”等市级新闻媒体开设专栏专题，广泛运用传统媒体和微信等新媒体，形成多层次、立体式宣传态势，大力宣传人才创新创业先进典型，对各级各单位推进改革情况进行集中报道，推动人才优先发展理念深入人心、落地生根。扩大人才表彰的覆盖面和影响力，营造尊重人才、见贤思齐的社会环境。培育全社会创新文化和创业精神，营造鼓励创新、宽容失败的工作环境，让安阳成为各类人才荟萃之地、创新创业之地、实现梦想之地。

22．加强政治引领和政治吸纳。充分发挥党的思想政治优势、组织优势和密切联系群众优势，做好各类人才的团结引领服务工作。进一步加强党委联系服务专家人才工作，建立健全各级党员领导干部带头联系服务专家人才制度，扎实做好专家研修、考察、体检、疗养、休假、慰问等工作，让他们感受到党委和政府的温暖。定期召开专家人才座谈会，充分听取他们的意见建议。积极推荐符合条件的优秀人才作为各级党代会代表、人大代表、政协委员和劳动模范人选。加强各级各类人才教育培训，完善专家决策咨询制度，建立全市高端人才智库。

建立人才发展体制机制改革容错免责机制，鼓励支持各级各部门因地制宜，开展差别化改革探索。市直各有关职能部门要切实履行主体责任，研究制定涉及改革的相关方案和具体措施，明确改革路线图、时间表，将责任落实到位，推动各项改革措施落地见效。各级党委、政府要根据本实施意见精神，结合本地实际，大胆创新突破，创造性地抓好落实。同时，注意统筹衔接我市各类人才政策。此前所发布的各类人才政策，凡与本实施意见不一致之的，均以本实施意见为准。

中共安阳市委

安阳市人民政府

2018年4月23日

中共濮阳市委 濮阳市人民政府 关于深化人才发展体制机制改革进一步集聚人才推动创新发展的实施意见

（濮发〔2018〕9号）

为深入贯彻习近平新时代中国特色社会主义思想和党的十九大精神，全面落实《中共中央关于深化人才发展体制机制改革的意见》（中发〔2016〕9号）、《中共河南省委、河南省人民政府关于深化人才发展体制机制改革加快人才强省建设的实施意见》（豫发〔2017〕13号）要求，着力破除束缚人才发展的思想观念和体制机制障碍，实行更加积极、更加开放、更加有效的人才政策，最大限度激发人才活力，进一步为濮阳转型升级、创新发展集聚人才，结合我市实际，提出如下实施意见。

一、构建更具竞争力的人才引进机制

（一）实施顶尖团队领航行动。加大顶尖人才及团队的引进培育力度，围绕全市主导产业和重点项目，采取柔性引进等方式，3年内引进10名左右“两院”院士、“千人计划”“万人计划”专家等一批能够突破关键技术、引领产业转型的顶尖人才及团队，引进50名高层次创新型科技人才及团队。通过项目资助、创业扶持、股权激励、贷款贴息等方式，给予最高5000万元的综合资助。对全职引进的顶尖人才，发放安家补贴和工作补贴实行一人一策、特事特办，给予最高300平方米的免租住房，在濮工作满10年且贡献突出的无偿获赠免租住房。

（二）实施百名专家汇智行动。坚持以用为本，围绕产业需求和民生保障，采取兼职挂职、项目合作、周末工程师等方式，每年从高校、科研院所和上级机构引进100名左右高端急需紧缺人才，挂任机关和企事业单位首席专家、特聘顾问等职务，搭建人才合作交流平台，实现高校科研单位技术优势与濮阳经济社会发展的有效融合。支持人才带科研成果在我市转化落地，在项目立项、资金资助、表彰奖励等方面优先扶持，产生重大经济、社会、生态效益的，“一事一议”，给予特别奖励。

（三）实施千名英才反哺行动。深入推进濮阳英才集聚计划，广泛联络集聚与我市有“乡情、亲情、友情”的在外英才，每年招引千名英才带技术、带项目、带资金回乡投资创业，或以多种方式支援家乡建设。设立驻外人才工作站，分产业、分行业组建招才引智团队，聘任有较高学术地位和较大影响力的濮阳英才为“濮阳市人才发展高级顾问”，积极开展高层次人才寻访和引进工作，成效显著的给予5万—10万元奖励。

（四）实施万名学子筑梦行动。加大青年人才引进储备力度，对在濮就业创业的高校毕业生，实行“零门槛”落户、低成本安居、全方位服务。高校毕业生到企业工作的，工资标准按专科不低于3325元/月、本科不低于4125元/月、硕士不低于5125元/月、博士不低于6125元/月执行，用人企业根据就业和失业保险相关政策享受为期3年的补贴。党政机关、事业单位在年度进人计划中，拿出不低于20%的比例用于引进高学历人才。开辟绿色通道，面向清华、北大等知名高校开展定向招聘，按照博士20万元、硕士15万元、本科10万元的标准发放安家补助，连续5年发放人才补贴（博士1.8万元/年、硕士1.2万元/年、本科9600元/年，下同）。对企业人才服务团成员和经备案的企业自主引进高学历人才，连续5年发放人才补贴。企业服务团成员在企连续工作满5年的，可安排至市直空编事业单位；事业单位招聘人员时，可拿出一定比例定向招聘在企业工作满5年的高学历人才。

二、健全更具凝聚力的人才培养机制

（五）实施创新型科技人才引领计划。启动实施市级重大科技人才培养工程，整合设立濮阳市高层次科技人才特殊支持计划，用3年左右的时间，培养支持50名市级杰出人才、领军人才，建设10支创新型科技团队。依托重大科技基础设施和项目建设，构建科学、技术、工程专家协同创新机制，培育造就一批创新型科技人才。建立重大科研项目专家领衔制度，依法赋予创新领军人才更大人财物支配权、技术路线决定权。为我市引进和培养的“千人计划”“万人计划”人选设立科学家工作室，提供支持保障。积极推荐我市专家进入全国、全省学术团体和各级评审机构专家委员会。

（六）实施高技能人才振兴计划。大力推行首席技师制度，支持优秀高技能人才领衔建立技能大师工作室，依托企业、职业院校和技工院校建设专项公共实训基地。每年资助5家新建市级专项公共实训基地，评选5家高技能人才培养示范基地和10个市级技能大师工作室，给予项目经费补助，所需资金从就业专项资金中列支。健全技能人才竞赛选拔机制，每年评选濮阳大工匠、濮阳市技术能手。推行产教融合、校企合作、工学一体的技能人才培养模式，开展新型学徒制培训试点，对试点企业给予相应职业培训补贴。依托“金保工程”，建立技能人才培养管理服务信息系统，探索实施“互联网+”远程技能人才培养课程项目。成立濮阳市技师协会，推进技能人才培养智库建设。建立企业技能型人才联合培养激励机制，推动大型企业代训代培中小企业技能型人才。

（七）实施优秀企业家提升计划。探索适应市场经济规律和企业家成长规律的培养模式，培养造就一批支撑产业转型升级的企业家队伍。探索开展国有企业经营管理人才市场化选聘工作。建立有利于企业家参与创新决策、凝聚创新人才、整合创新资源的新机制，聘请有突出贡献的企业家担任政府决策咨询顾问。组建创业导师团，邀请成功企业家对民营企业“创二代”、小微企业创业者提供指导、咨询和建议。依法保护企业家财产权和创新收益，构建“亲”“清”新型政商关系。完善企业家正向激励机制，开展功勋民营企业家评选活动，营造尊重、关怀、宽容、支持企业家的社会文化环境。

（八）实施青年人才成长计划。建立健全青年人才普惠性支持措施，促进青年优秀人才脱颖而出。在重大科技项目和其他各类人才工程申报中设立青年专项，加大青年科技人才、骨干教师、医生、社科人才、企业家、法官检察官等培养支持力度。在我市各类优秀人才评审中，适当提高青年人才申报比例，同等条件下向35周岁以下青年人才倾斜。鼓励科研院所和企业设立博士后科研工作站（流动站）和创新实践基地，吸引优秀青年人才来濮开展博士后研究工作。加大青年人才培养力度，鼓励我市企事业单位与高校、科研机构建立联合培养机制，选拔部分青年优秀人才到国外培训交流。

三、健全人才发展激励保障机制

（九）完善多元化人才投入机制。将人才发展专项资金列入年度预算，把人才发展支出作为财政支出重点领域予以优先保障。实施重大建设工程和项目时，统筹安排人才开发培养经费。发挥财政涉企资金等政府投入的引导撬动作用，鼓励支持企事业单位设立人才专项资金，建立政府、企业、社会多元投入机制。对人才专项资金使用情况较好、效果明显的，在科技项目申报、人才培养支持、评先评优时予以倾斜。充分发挥产业创业投资基金、企业过桥还贷资金、企业助保金贷款等融资扶持资金作用，加大人才创业企业担保融资力度，为创新创业人才及企业优先提供金融支持。

（十）赋予创新主体成果转化和科研经费自主权。鼓励人才转化科技成果，允许科技成果通过协议定价、在技术市场挂牌交易、拍卖等方式转让转化。加大高校和科研院所科研人员成果转化收益比例，科研团队所得不低于70%。创新创业人才和团队创办企业，其技术成果可作为无形资产入股，所占注册资本比例最高可达100%。对科技成果完成人和为科技成果转化作出重要贡献人员的资助，不受事业单位绩效工资总额限制。财政资金支持的科研项目凡不涉及重大安全利益的，处置权一律下放项目承担单位。赋予财政科研项目承担单位对间接经费的统筹使用权，取消绩效支出比例限制。劳务费用预算不设比例限制，由项目承担单位和科研人员据实编制。科研项目结转结余资金可按规定结转下年继续使用。项目完成并通过验收后，结余资金在2年内由项目承担单位统筹安排用于科研活动的直接支出，未使用完的按规定收回。高校、科研院所以市场委托方式取得的横向经费，纳入单位财务统一管理，由项目承担单位按照委托方要求或合同约定管理使用。

（十一）支持人才兼职科技服务或离岗创业。企事业单位专业技术人员在履行岗位职责且不损害本单位利益的前提下，经所在单位同意，可兼职从事科技成果转化、技术攻关、技术服务、技术咨询等活动，所得报酬按照规定计缴个人所得税后归个人所有。高校、科研院所科研人员经所在单位同意，可离岗创办企业或到企业开展科技成果转化，5年内保留人事关系和基本工资，并与原单位其他在岗人员同等享有职称评审、岗位等级晋升、社会保险等方面的权利，年度和聘期考核以创新创业情况为主；5年内返回原单位的，工龄连续计算，按原聘专业技术职务做好岗位聘任工作。兼任管理岗位职务的，应在辞去管理岗位职务后以专业技术人员身份离岗创业。兼职或离岗创业人员与所在单位签订协议，明确双方权利义务，并报主管部门与人事综合管理部门备案。

（十二）发挥创新创业平台主体作用。支持建设国家级和省级实验室、重点实验室、工程技术研究中心、技术创新中心、众创空间、星创天地、科技企业孵化器及产业技术创新联盟等创新载体，将引才用才情况作为绩效评估、考核评价和项目申报的重要指标，分别给予不同标准的经费支持。支持民营众创空间、行业领先企业、高校、科研院所来濮设立分支机构、中试基地、研发中心、数据中心等，集聚一批高级管理人才和技术研发人才。发挥企业聚才用才主体作用，遴选一批重点企业实施人才工程配额制。对企业整建制引进的创新团队，在平台建设、科研项目等方面优先支持。鼓励企业为引进的高层次人才（团队）支付一次性住房补贴、安家费、科研启动经费、子女教育费等费用，符合条件的按规定在计算企业所得税前扣除。国有企业引进高层次、高技能人才产生的专项投入成本，可视为当年考核利润。

（十三）加强创新成果知识产权保护。围绕重点产业发展和重大项目建设，建立专利导航产业发展协同运作机制，防控知识产权风险。加强职务发明人利益保护和商业模式、文化创意等创新成果保护。建立知识产权行政保护与司法保护联动机制，推进知识产权综合行政执法，加大力度打击侵权假冒行为。支持建设申请、预警、维权援助、纠纷调解、行政执法、仲裁、司法诉讼一体化的知识产权维权制度，缩短专利侵权处理周期。发展知识产权金融，推进知识产权质押及投融资工作，为人才创新创业提供支持。健全知识产权信用管理制度，建立知识产权信用档案，将恶意侵权等行为纳入社会信用记录。

（十四）建立人才服务保障绿色通道。全面落实《中共濮阳市委、濮阳市人民政府关于印发〈濮阳市引进培养高层次人才（团队）创新创业若干规定（试行）〉的通知》（濮发〔2015〕23号）及配套实施办法，在行政服务中心开辟人才服务绿色通道，设立人才服务专员岗位和统一受理窗口，大力推行网上办公，为人才办理相关手续提供全程服务。完善便于人才跨地区、跨行业、跨体制流动的社会保险关系转移接续办法。鼓励各地建设人才公寓，支持高校、科研院所和企业利用自有用地建设人才周转公寓，依托共有产权房、公共租赁住房为人才提供安居保障，或给予引进人才一定的住房补贴。

（十五）鼓励人才向基层一线和贫困地区流动。提高人才保障水平，在人员招录、职称评聘、薪酬待遇、科研项目等方面向基层一线和贫困地区倾斜。积极开展选派博士服务团和科技副职工作，实施科技特派员涉贫乡镇全覆盖工程。对县乡企事业单位新引进的全日制硕士、博士研究生和副高级以上职称专业技术人员以及高级技师等急需紧缺高技能人才，可给予适当生活补贴。在基层一线和贫困地区事业单位招聘中，根据职位需要适当放宽学历要求、开考比例、报考年龄、专业限制，允许部分职位面向本地户籍。实行城镇中小学教师、卫生、农业、林业、水利等系列高级职称评审"凡晋必下"制度，将在基层一线和贫困地区工作或支教经历和业绩作为高级职称评聘的必要条件；在评聘中、初级职称时，对有1年以上乡镇基层一线和贫困地区工作服务经历的同等条件下优先考虑。对在基层一线和贫困地区工作的专业技术人才，在评聘职称时不作论文要求，适当放宽学历和任职年限要求，侧重考察其工作实绩。支持高校、科研院所和科技社团在县以下设立基层科技服务站，遴选科技人才进站兼职服务，当地可根据实际需求给予一次性经费补助，提供必要工作场地。

四、推进人才管理体制改革

（十六）清理和下放人事管理审批事项。强化政府人才宏观管理、政策法规制定、公共服务、监督保障等职能，下放人事管理行政审批权限。建立人才管理服务清单，清理规范人才招聘、评价、流动等环节中的行政审批和收费事项，将人才招聘、落户入编、科研立项等职权的行使主体、办理流程、办结时限和监督方式等向社会公布，并健全问责机制。优化事业单位引进人才工作流程，实行限时办结。建立人才政策调查和评价机制，对人才政策落实情况进行跟踪研判，根据需要及时完善、清理不合时宜的政策性文件。

（十七）保障和落实用人单位自主权。创新事业单位编制管理方式，对符合条件的公益二类事业单位逐步实行备案制管理，在公立医院探索开展员额制管理试点。高校、科研院所、公立医院在编制限额内，自主引进全日制博士研究生和副高级专业技术职称以上高层次人才，编制、人力资源社会保障等主管部门不再进行前置备案和审批，引进人才到岗后向相关部门备案。在大专以上院校开展下放人事管理权限试点，逐步落实岗位设置、公开招聘、职称评审、薪酬分配、人员调配等方面的自主权。科研院所可在核定机构编制限额内自主设置内设机构和下属单位，调剂使用同类经费形式编制，报机构编制部门备案。建立编制管理与引进人才相适应的运行机制，统筹利用全市事业编制资源，设立专项周转人才编制，鼓励和支持引进高层次、高学历人才和急需紧缺人才。

（十八）深化人才分类评价和职称制度改革。注重以品德、能力、业绩为导向评价人才，探索建立人才分类评价机制。积极推动符合条件的单位按照结构比例和岗位要求实行自主评审，逐步将职称评审权下放给用人主体、行业组织。下放县（区）中小学一级教师评审权限，由审核制改为备案制。探索企业技能人才自主评价和直接认定工作，推行行业自主评价技能人才。对在基层一线、急需紧缺领域工作的高学历、高层次及业绩特别突出的人才，可不受单位结构比例和岗位限制，通过专设职数、特设岗位等方式评聘专业技术职务。拓展职业资格、高技能资格与职称制度的贯通渠道，对业内认可度较高的部分职业资格和高技能资格开展考核认定高级专业技术职务工作。鼓励优秀专业技术人员在履行好主系列岗位职责的前提下，跨专业、跨系列申报职称评审或考试。

五、加强党对人才工作的领导

（十九）完善党管人才工作格局。发挥党委（党组）在人才工作中的领导核心作用，严格落实党委（党组）书记人才工作第一责任人责任，将人才工作列为落实党建工作责任制述职重要内容，探索实行人才工作专项述职。各级党委（党组）每年至少听取一次人才工作专项汇报。健全完善人才工作领导小组工作机制，实行成员单位联席会议、重要情况通报和人才发展情况年度报告制度。理顺党委和政府人才工作职能部门职责，将行业、领域人才队伍建设及人才服务保障职能列入相关职能部门"三定"方案。健全基层人才工作机构，配齐配强工作力量。完善人才工作考核指标体系，将考核结果作为领导班子和干部评价的重要依据。对不重视人才工作、破坏人才发展环境、造成人才严重流失的县（区）和单位，追究负责人相应责任。

（二十）营造良好人才发展氛围。加强对人才的团结引领服务，深入落实党委联系服务专家制度，加强政治引领，密切感情交流。发挥党委、政府的思想政治优势和组织优势，加强各类人才教育培训，开展国情省情市情研修，完善专家决策咨询制度，定期做好专家体检、慰问活动，增强专家人才的认同感和向心力。优先推荐符合条件的优秀人才作为各级党代会代表、人大代表、政协委员和劳动模范人选。加强宣传和舆论引导，加大对人才政策、优秀人才事迹、人才工作典型经验的宣传力度，在全社会营造识才、爱才、敬才、用才的浓厚氛围。

各县（区）、各部门要根据本实施意见，结合工作实际和任务分工，明确各项改革任务的进度安排，研究制定具体推进措施。鼓励支持各县（区）、各部门因地制宜，开展差别化改革探索，创造性地抓好落实。

中共濮阳市委
濮阳市人民政府
2018年5月30日

中共南阳市委 南阳市人民政府关于深化人才发展体制机制改革实施“诸葛英才计划”加快建设人才强市的意见

（宛发〔2018〕5号）

人才是经济社会发展的第一资源。为全面贯彻落实《中共中央印发〈关于深化人才发展体制机制改革的意见〉的通知》（中发〔2016〕9号）、《中共河南省委、河南省人民政府关于深化人才发展体制机制改革加快人才强省建设的实施意见》（豫发〔2017〕13号）精神，深入实施人才优先发展战略，加快人才强市建设，现就深化人才发展体制机制改革、实施“诸葛英才计划”提出如下意见。

一、总体要求

（一）指导思想。深入学习贯彻习近平新时代中国特色社会主义思想和党的十九大精神，根据中央、省委深化人才发展体制机制改革意见，紧紧围绕市委、市政府强力实施“两轮两翼”战略、重抓重推“九大专项”的工作部署，着力破除束缚人才发展的思想观念和体制机制障碍，构建具有南阳特色和区域竞争力的人才制度优势，最大限度激发人才创新创造创业活力，全面提升我市人才竞争力、科技创新力、产业集聚力，为推动重要区域中心城市建设、加快转型跨越发展提供强有力的人才保证和智力支持。

（二）主要目标。通过实施更加积极、更加开放、更加有效的“诸葛英才计划”，大力推进六大引才行动、四大育才工程，力争到2020年，围绕加快建设区域先进制造业中心、科技创新中心、现代金融中心、现代物流中心、现代商贸中心、现代综合交通枢纽、全国健康养生之都、全国知名生态文化旅游目的地，按照“人才+产业+创新”的模式，重点引进培育10个推动产业转型升级、企业集群发展的产业领军人才（团队），300名掌握核心技术、具备重大技术研发和科技成果转化能力的科技创新人才，3万名具有较高知识水平、产业急需紧缺的优秀青年人才，加速人才链、产业链、创新链有机衔接和良性互动，把我市打造成为人才集聚、创新活跃、产业繁荣、服务完善的区域性人才高地。

二、实施更具区域竞争力的人才引进行动

（三）产业领军人才支持行动。围绕我市重点产业，优先支持人才（团队）以带技术、带项目、带资金的形式来我市转化科技成果投资创业，经评审认定后，采取“启动资金+基金投资”的形式给予项目支持。对“两院”院士、外籍院士、国家最高科技奖获得者等国内外顶尖人才（团队）给予最高5000万元支持；对长江学者、“千人计划”专家、“万人计划”专家等国家级人才（团队）给予最高3000万元支持；对全日制博士研究生或副高以上专业技术职务的其他高层次产业领军人才（团队）给予最高1000万元支持；对我市产业发展具有奠基性、战略性、支撑性作用的重大科技成果转化项目实行“一事一议”，给予最高1亿元支持。对成功引进国内外顶尖、国家级产业领军人才（团队）的人才猎头、行业协会、驻外机构等发放“引才伯乐奖”，经评审认定后，奖励10万—30万元。

（四）科技创新人才倍增行动。聚焦重点产业、重点园区、重点企业，大力引进一批全日制博士研究生或副高以上专业技术职务、从事科技研发且能够突破关键技术的科技创新人才。对企业从市外全职引进、年薪20万元以上、签订3年以上劳动合同的科技创新人才，3年内按照个人所得税年纳税额的30%给予人才补贴，每年最高10万元；3年内对企业付给人才年薪20万元以上部分的30%，给予企业补贴，单个企业每年最高50万元。企业全职聘请外籍工程师，经评审认定后，可参照享受个人补贴和企业补贴。

（五）现代金融人才集聚行动。大力引进一批支持我市产业发展的优秀金融人才，对市场化选聘的金融人才实行市场化薪酬待遇，允许金融投资类企业对市场化选聘的金融人才探索实行股权期权激励。对于引进的金融投资人才在我市新注册（迁入）创业投资机构总部或区域总部，基金实缴规模5亿元（含）以上的，奖励100万元；基金实缴规模1亿—5亿元的，奖励50万元。积极从驻豫各金融机构、省属各金融机构、各投融资平台公司选聘金融干部到我市挂职服务，担任副县（市、区）长或县（市、区）长助理，为我市金融工作注入新活力。

（六）优秀青年人才储备行动。按照全省实施“名校英才入豫”计划的统一部署，定向“双一流”高校引进一批全日制博士研究生、硕士研究生充实党政机关，博士研究生聘任为科技副县（市、区）长或开发区、产业集聚区、专业园区科技副职（副处级），硕士研究生聘任为科技副乡(镇)长或街道办科技副主任。定期组织用人单位到人才密集城市开展“诸葛英才”引才活动，对首次来宛到我市九大专项重点支撑企业、重点工业培育企业、高新技术企业、省定重点上市挂牌后备企业工作，年龄在35周岁以下，签订3年以上劳动合同的全日制“双一流”高校硕士研究生、其他高校硕士研究生、“双一流”高校本科毕业生、其他高校本科毕业生，3年内分别按照每年1.5万元、1.2万元、9000元、6000元的标准发放生活补贴。对来我市创业的全日制硕士研究生、本科毕业生，优先入驻创新创业平台，初次创业可给予5000元创业（开业）补贴，并根据项目吸纳就业能力、科技含量、潜在经济社会效益、市场前景等因素，给予2万—15万元资金扶持。

（七）南阳在外人才回归行动。发挥人口大市资源优势，强化市党外知识分子联谊会及外建党组织、在外商会的桥梁组带作用，积极开展“引老乡、回故乡、建家乡”等乡情联络和招商引资、招才引智活动，吸引在外人才返乡创业。完善南阳籍在外人才信息库，选聘一批具有重大影响力的南阳籍优秀在外人才，授予“南阳招才大使”称号，宣传推介我市发展优势和人才政策。鼓励在宛高校毕业生就地工作，组织“优秀学子家乡行”等社会实践活动。引导南阳籍高校毕业生、退役士兵和外出务工人员返乡就业创业。每年表彰10名优秀回归创业人才，授予“十佳回创之星”荣誉称号，每人奖励10万元。

（八）柔性引进人才汇智行动。按照“不求所有、但求所用，不求所在、但求所为”原则，支持企业采取项目合作、技术咨询、挂职兼职、周末工程师等方式柔性引智。鼓励我市高新技术企业在市外及国外建立研发机构、孵化基地，就地吸纳科技创新人才和高端技术资源。对柔性引进全日制博士研究生或副高以上专业技术职务的人才，经评审认定后，按照计税报酬总额的20%给予人才补贴，最高20万元，单个企业每年最高50万元。企业与市外高校、科研院所建立产学研合作关系，引进转化技术成果的，按技术合同交易额的10%给予补贴，最高100万元。对引进国外智力项目获得国家或省级资助的单位，给予1：1的配套资金支持。对来我市工作的“省博士服务团”成员，认真履行职责，为挂职服务单位作出较大贡献的，给予1万元生活补贴。

三、推进更具针对性的人才培育工程

（九）高端人才支撑工程。有计划、有重点地遴选支持100名左右自然科学、工程技术、哲学社会科学和高等教育领域的优秀人才，大力培养一批具有较高学术造诣、知名度、影响力的本土高端人才，给予30万—100万元的项目经费支持，并作为国家级、省级人才计划的重点推荐人选。对新入选长江学者、“千人计划”“万人计划”等国家级和中原学者和“中原百人计划”“中原千人计划”等省级人才计划的优秀人才，分别奖励60万元和20万元。

（十）“宛商”素质提升工程。着力提升企业家能力素质，在全市重点培养百名具有较强创新意识和先进经营理念的科技企业家、百名具有发展基础和成长潜力的青年企业家。依托国内知名高校建立企业家培训基地，定期选派企业家外出学习，深入开展“宛商大讲堂”等培训活动，邀请国内外知名管理培训机构来我市开展讲座。建立企业家俱乐部、企业家沙龙，搭建交流对话、合作互助的平台。实行青年企业家导师制度，选择知名企业家担任导师，对青年企业家提供指导、咨询和建议。每2年评选“十佳科技企业家”“十佳青年企业家”，每人奖励10万元。

（十一）“南阳工匠”培育工程。推动职业院校、技工学校与我市企业合作培养技能人才，对采取“冠名班”“定向班”等学制班方式订单培训30人以上的（毕业取得双证），按每人500元标准给予学校补贴。对企业引进和新获得技师、高级技师职业资格的职工，分别奖励1000元、5000元。定期举办技能大赛，每2年表彰10名“南阳名匠”，每人奖励2万元。对新引进或获得“中华技能大奖”“全国技术能手”“中原技能大奖”和“河南省技术能手”的高技能人才，分别奖励5万元、3万元、2万元和1万元。对新认定的国家技能大师工作室、省技能大师工作室，分别给予10万元、5万元的建设发展资助。

（十二）社会事业人才荟萃工程。充分发挥南阳作家群的品牌优势和龙头带动作用，着眼于“出精品、出力作、出大家”，培养造就一批德艺双馨的宣传思想文化领域代表人物。以民生需求为导向，持续强化基础教育、医疗卫生领域的人才队伍建设，全面提高教育、医疗人才的能力素质。围绕实施乡村振兴战略，健全以新型职业农民为主体的农村实用人才培养机制，带动培育大批适应现代农业发展需要的青年农场主、农业职业经理人、“土专家”和“田秀才”。推进城镇社区类、公益慈善类社会组织建设，逐步扩大社会工作专业人才队伍规模，不断提升社会工作者的职业化、专业化水平。

四、建立更加灵活高效的人才管理机制

（十三）深化职称制度改革。有序推进职称评审权限下放，中小学教师中级职称下放县（市、区）评审。在符合条件的大型骨干企业和创新龙头企业开展自主评审工程系列副高级及以下职称试点。发挥用人主体在职称评审中的主导作用，在部分高校、科研院所开展职称晋升“以聘代评”试点。进一步畅通职称评聘“绿色通道”，对引进的高层次人才、急需紧缺人才及业绩特别突出的人才，可不受单位结构比例和岗位限制，通过专设职数、特设岗位等多种方式评聘专业技术职务。

（十四）创新事业单位编制管理方式。对高校、公立医院和其他符合条件的公益二类事业单位逐步实行备案制管理，完善相关配套政策措施。在新设立的公立医院探索开展员额制管理试点。科研院所可在核定机构编制限额内自主设置内设机构和下属单位，调剂使用编制，报机构编制部门备案。高校、科研院所、公立医院在编制限额内，自主引进博士研究生和副高级专业技术职务以上高层次人才，机构编制、人力资源社会保障等主管部门不再进行前置备案和审批，引进人才到岗后向相关部门备案。完善人才编制使用管理办法，每年核定一定数量人才编制，用于引进高层次人才，简化程序，特需特办。对符合人才专项编制条件的，可由其主管部门向机构编制部门申请人才专项编制。优化事业单位引进人才工作流程，提高办事效率，实行限时办结，机构编制、人力资源社会保障等每个相关职能部门从受理到办结时间不超过10个工作日。

（十五）支持人才兼职科技服务或离岗创业。高校、科研院所科研人员在履行岗位职责且不损害本单位利益的前提下，经单位同意，可兼职从事科技成果转化、技术攻关等活动，所得报酬按照规定计缴个人所得税后归个人所有。高校、科研院所科研人员经所在单位同意，离岗创办企业或到企业开展科技成果转化的，5年内保留人事关系和基本工资，并享有参加职称评审、岗位等级晋升、社会保险等方面的权利；5年内返回原单位的，单位按原聘专业技术职务做好岗位聘任工作。兼任管理岗位职务的，应辞去管理岗位职务后以科研人员身份离岗创业。

（十六）支持创新主体成果转化。高校、科研院所将科技成果以技术转让或许可方式实施转化所得净收入，其研发团队可按不低于70%的比例取得；以作价投资实施转化形成的股份或出资比例，其研发团队可按不低于70%的比例取得。允许国有企业在科技成果转化实现盈利后，连续5年，每年提取不高于30%的转化利润，用于奖励核心研发人员、团队成员及有重大贡献的科技管理人员。改进科研项目结转结余资金使用管理，项目年度剩余资金可结转下一年使用；项目完成并通过验收后，结余资金在2年内由项目承担单位统筹安排用于科研活动直接支出，未使用完的，按规定收回。

五、强化创新创业的激励支持措施

（十七）支持“大院名校”在我市建立分院（分校）。积极推进国家级科研院所、重点高等院校、国家重点实验室等在我市布局设点，对“大院名校”在南阳设立分院（分校）采取“一院一策、一事一议” 的方式给予重点支持，力争每一个重点产业都有先进的“大院名校”进行支撑。鼓励支持企业与高等院校、科研院所联合建立产学研基地、研发中心和“校企联盟”等紧密型合作机构，构建产学研合作长效机制，联合引进培养高层次人才和创新团队。

（十八）提升创新创业平台运行质量。全面提升院士工作站、博士后科研工作站、企业技术中心、工程（技术）研究中心、重点实验室等研发平台和众创空间等创新创业平台的运行质量。对院士工作站，建站后每引进1名院士给予20万元科研经费资助；对博士后科研工作站、省博士后创新实践基地，建站后每引进1名博士后给予10万元科研经费资助。

（十九）加强人才创新创业金融支持。鼓励金融机构为人才提供人才贷、科技贷。对引进的产业领军人才初创企业3年内融资所付银行利息，按照同期银行贷款基准利率全额补贴，单个企业最高300万元。引进的产业领军人才初创企业获得首批风险投资的，可按照其当年实际投资额的15%给予风险补贴，单个企业最高100万元。

（二十）支持创新产品推广应用。制定实施创新产品政府采购办法，支持推动我市高层次人才创造的新技术、新产品在南阳先行先试。我市高层次人才研发的新技术、新产品(含首台、首套自主创新设备)、新服务，优先纳入政府采购目录；通过招标方式进行政府采购的，评标规则中对其研发的创新产品给予5%—10%的价格扣除或加分。

（二十一）促进高层次人才联系交流。在环渤海、长三角、珠三角、郑州等重点区域设立人才工作站，在我市重点企事业单位建立学会服务站，畅通高层次人才来宛渠道。对经过考核成效显著的人才工作站、学会服务站，奖励10万元。设立国际学术交流绿色通道，简化程序，加快办理；特殊情况需持普通护照出国执行学术交流合作任务的，可按组织人事管理权限予以审批。

六、健全优惠完善的服务保障体系

（二十二）建设“一站式”人才服务平台。整合人才服务职能，建立市、县（市、区）“诸葛英才服务中心”，选聘一批人才服务专员，开发建设集人才官网、申报服务、信息发布、数据管理于一体的“诸葛英才智慧平台”，形成高效便捷的线上线下服务模式，实行“一站式受理、一站式办结、一站式答复”，优化人才服务流程，提高人才服务效率。

（二十三）实施人才安居工程。将人才安居工程纳入保障性安居工程范畴，统筹市、县（市、区）资源，通过两级共建或整合现有房源等形式，5年内在全市集中建设2万平方米“诸葛英才公寓”。引进的国内外顶尖人才、国家级领军人才可免费入住专家公寓；在我市工作满10年且贡献突出的，无偿获赠免租住房（与安家费不可同时享受）。其他优秀人才可按照规定申请入住青年公寓，享受租金“2免1减半”的3年优惠周转。鼓励大型企业、高校、科研院所利用自有存量国有建设用地建设高层次人才周转公寓。

（二十四）建立“诸葛英才卡”制度。对我市引进的高层次人才发放“诸葛英才卡”，凭卡可直接办理户口准入、社保结转、人事关系调入、住房公积金、驾驶证换发等业务，并可在医疗保障、子女教育、旅游出行、居留和出入境等领域享受及时高效的优惠服务。

七、加强对人才工作的组织领导

（二十五）完善党管人才工作格局。坚持党管人才原则，坚持人才工作与经济社会发展同步谋划、同步推进、同步督查。健全人才工作领导小组议事决策制度，强化人才工作领导小组办公室统筹协调职能，形成党委统一领导、组织部门牵头抓总、各地各部门密切配合、社会力量广泛参与的工作机制。各级党委（党组）定期研究人才工作，中心组定期学习重大人才政策文件。完善党委联系服务专家制度，分层分类确定联系对象，密切思想联系，加强感情交流，帮助解决实际问题。健全人才工作机构设置，充实人员力量，将人才工作职责列入职能部门“三定”方案。

（二十六）保障人才经费优先投入。市、县（市、区）两级财政根据发展需要，优先足额安排人才发展专项资金，作为人才引进、培育、奖励专项经费。市人才发展专项资金总量不低于上年度市本级一般公共预算收入的2%，县（市、区）人才发展专项资金总量不低于上年度县（市、区）一般公共预算收入的1%，保证人才投入与经济发展同步增长。发挥政府投入的杠杆撬动作用，引导设立“诸葛英才”创新创业基金，建立政府、企业、社会多元化人才投入机制。

（二十七）营造人才发展良好氛围。对在我市经济社会发展中实现重大科研突破、重要科技成果转化、重点产业发展培育、社会事业领域贡献突出的各类人才予以表彰奖励，同等条件下优先推荐和协商为各级党代表、人大代表、政协委员等候选人。建立永久性人才激励阵地，打造人才主题公园、广场、大道、长廊，开设人才事迹网络展示馆。充分利用各级新闻媒体和网络平台，大力宣传优秀人才典型和先进事迹，在全社会大兴识才爱才敬才用才之风，让每个人才工作有尊严感、创新有获得感、奉献有成就感、生活有幸福感。

建立人才发展体制机制改革容错纠错机制，鼓励支持各县（市、区）各部门因地制宜，开展差别化改革探索。市直各有关职能部门要切实履行主体责任，研究制定涉及本部门职责的实施细则和具体措施，明确路线图、时间表，将责任落实到位，推动各项政策措施落地见效。各县（市、区）要根据本意见精神，结合本地实际，大胆创新突破，创造性地抓好落实。

本意见自发布之日起施行，由中共南阳市委负责解释，具体工作由市委办公室商市人才工作领导小组办公室承担。所需资金除已由科技、产业等专项资金安排外，其他资金原则上由市、县（市、区）人才发展专项资金列支，按照现行财政体制分级负担，市人才发展专项资金予以差别化奖补。对弄虚作假、冒领财政资金的，追回奖补资金，3年内不再受理该单位和个人的申报，构成犯罪的追究其刑事责任。与我市此前出台的政策有重复、交叉的，按照“从新、从优、不重复”原则执行。

中共南阳市委
南阳市人民政府
2018年2月5日

信阳市人民政府关于复制推广支持创新相关改革举措进一步推进大众创业万众创新深入发展的实施意见

（信政文〔2018〕55号）

为贯彻落实《河南省人民政府关于强化实施创新驱动发展战略进一步推进大众创业万众创新深入发展的实施意见》（豫政〔2018〕8号）、《河南省人民政府办公厅关于做好复制推广支持创新相关改革举措工作的通知》（豫政办明电〔2018〕11号），加快复制推广先进地区支持创新的改革举措，进一步破除制约创新发展的体制机制障碍，进一步优化双创生态环境，激发全社会的创新创业活力，增强双创发展实效，现结合我市实际，提出如下意见。

一、总体要求

全面贯彻落实党的十九大精神，以习近平新时代中国特色社会主义思想为指导，牢固树立和贯彻落实新发展理念，坚持创新为本、改革先行、人才优先、市场主导、价值创造的原则，着力创新政府管理方式，着力加速科技成果转移转化，着力拓展创新创业融资渠道，着力完善人才流动激励机制，着力提升企业自主创新能力，着力推进军民融合创新，着力推进双创载体建设，着力优化双创生态环境，充分释放全社会创新创业潜能，推进大众创业、万众创新在更大范围、更高层次、更深程度上发展。

二、完善双创政策服务体系

深化“放管服”改革，放宽市场准入，创新市场监管，探索突破一批制约创业创新的制度瓶颈，形成创业创新扶持政策体系。加强政府部门的协调联动，全面落实国家、省出台的一系列双创政策措施，推动形成政府、企业、社会良性互动的创业创新生态。

1．深化“放管服”改革。全面推进“互联网+政务服务”，加快信息系统整合与政务数据共享，全面建成电子政务服务平台，逐步实现“平台之外无审批”，打造“一次办妥”信阳政务服务品牌。深化商事制度改革，推动“三十五证合一”，全面推进企业登记全程电子化，实现企业登记“零见面”“一照一码走天下”。全面推行企业和个体工商户简易注销改革，完善市场退出机制。深化投资体制改革，推进审批流程优化再造，试点“区域评价”“容缺办理”“多规合一”“多评合一”“多图联审”机制，复制推广企业投资项目承诺制改革试点经验，全面推行网上并联审批，进一步提升审批效率。推进国税、地税联合办税，在条件具备的办税场所，推行国地税场所共建模式，系统整合办税资源，推广“一窗办结”，实现“进一家门，办两家事”“一扇窗，办所有事”。（市发展改革委、行政服务中心、工商局、国税局、地税局按职责分工负责）

2．全面实施公平竞争审查制度。政策制定机关在政策制定过程中全面开展公平竞争审查，具有排除、限制竞争内容的，不予出台，或调整至符合相关要求后出台；没有进行公平竞争审查的，不得出台。（市物价办及各相关单位按职责分工负责）

3．加强事中事后监管。全面推行“双随机、一公开”监管，建立检查对象和执法检查人员名录库，完善随机抽查系统，实现执法检查事项随机抽查全覆盖，对同一市场主体的多项检查一次性完成，进一步提升监管的公平性、规范性和有效性。全面推行跨部门失信联合惩戒，依托信阳市公共信用信息平台联合激励惩戒系统，将严重失信行为有关信息提供给其他部门和社会组织，对严重失信行为实施联合惩戒。建立健全跨地区、跨部门、跨领域的信用体系建设合作机制，加强信用信息共享和信用评价结果互认，构建以信用为核心的新型市场监管体系。推进市场监管领域综合执法改革，整合优化执法资源，健全跨部门、跨地区执法协作机制，实行集约化监管。（市发展改革委、工商局、市政府法制办按职责分工负责）

4．贯彻落实国家支持双创主体发展的税收优惠政策，切实提高财税政策精准度和有效性。加大政策宣传力度，积极落实研发费用加计扣除、固定资产加速折旧，以及高新技术企业、科技型中小企业、软件行业、孵化器、产业园区等主体的税收优惠政策，确保双创企业及时享受税收优惠。（市财政局、国税局、地税局、科技局按职责分工负责）

三、加快推进科技成果转化

建立有利于科技成果转移转化的政策制度环境，完善成果转化的服务体系，加速科技成果向现实生产力转化。

1．强化知识产权运用和保护。积极完善专利执法与维权援助体系，不断强化知识产权保护机制，依法查处假冒专利违法行为，依法调处各类专利侵权纠纷。努力促进知识产权商品化、资本化，构建以知识产权运营中心和技术交易市场为引领的知识产权运营体系。支持市场化的知识产权集中管理公司发展，培育具有第三方支付等功能的知识产权转移机构，培育新型知识产权服务业态，加快知识产权基础信息公共服务平台建设，构建便民利民的知识产权服务体系。推动高等院校、科研院所建立健全知识产权转移转化机构，强化其知识产权管理和运营权责。（市知识产权局负责）

2．推动成果、专利等无形资产价值市场化。改革高校、科研院所成果、专利管理体制和定价机制，赋予单位、研发团队、科技人员对科技成果使用、处置的自主权，不涉及国家秘密、国家安全的，可以自主决定转让、许可或者作价投资，不需要审批或备案，但不得损害第三方利益。允许通过协议定价、挂牌交易、拍卖等方式确定成果价格。（市科技局、知识产权局、财政局按职责分工负责）

3．探索建立科技成果限时转化制度。财政资金支持高校、科研院所形成的科技成果，除涉及国防、国家安全、国家利益、重大社会公共利益外，1年内未实施转化的，可由成果完成人或团队通过与单位协商自行转化。（市科技局、财政局按职责分工负责）

4．提升科技孵化载体建设水平。引导众创空间向专业化、精细化方向升级，建设一批资源共享程度高、产业整合能力强、孵化服务质量好的专业化众创空间。对省级以上科技企业孵化器、众创空间等孵化载体，根据其提供服务数量、效果以及孵化成效等考核结果，给予一定运行经费补助。探索将创投孵化器纳入科技企业孵化器管理服务体系，并给予相应政策扶持。支持高校建立大学生创新创业实践平台。（市科技局、财政局按职责分工负责）

5．提高科技成果转化效率。建立科技成果转化信息共享与发布体系，促进科技成果信息对接。支持信阳师院、信阳农林学院、信阳学院、信阳职业技术学院等高校建立健全专业化科技成果转移转化机构，加快科技成果转化。支持企业与高校、科研院所开展联合创新，设立新型研发机构，建设一批产学研用紧密结合的重大科技成果中试熟化平台。建设一批科技成果转化基地，引导科技成果对接特色产业需求转移转化。鼓励高校将科研成果用于大学生创业项目。（市科技局、人力资源社会保障局按职责分工负责）

6．促进高校科研院所创新创业资源共享。加快推进重大科研基础设施和大型科研仪器向社会开放，建设市科研设施与仪器共享服务平台，完善共享服务政策体系和评价制度，探索建立对仪器设备开放共享双向补贴制度、所有权经营权分离机制。推广科技创新券制度，支持企业向高校及科研院所购买科技服务和使用研发设备。（市科技局、财政局按职责分工负责）

四、推广科技金融创新改革举措

不断完善和落实金融财税政策，创新金融产品，发展创业投资，提升金融服务实体经济水平。

1．加大对中小微企业金融支持。充分发挥大型银行机构和网点优势，在有效防控风险的前提下，引导金融机构特别是地方法人银行向小微企业集中地区延伸服务网点，在符合条件的区域增设小微支行、社区支行，提供普惠金融服务。推动银行机构打通线上线下金融服务链条，积极改造小微企业信贷流程和信用评价模型，合理设立授信审批条件，优化小微企业贷款审批政策，提高审批效率。积极推动地方法人银行与投资公司、各类基金开展合作，探索多样化的投贷联动业务。支持银行业金融机构设立科技支行和科技金融服务事业部，为科技型中小企业量身定制差别化、个性化的金融产品。（信阳银监分局、人民银行信阳市中心支行、市科技局按职责分工负责）

2．积极发展知识产权、债权、股权融资服务。加大对专利权质押融资补贴力度，支持商业银行和保险、担保、资产评估等机构广泛参与知识产权金融服务。鼓励保险公司开发适应科技型中小企业分散风险、补偿损失需求的保险产品，撬动知识产权融资贷款，促进知识产权与保险的深度融合。支持符合条件的上市挂牌科技型企业通过资本市场进行并购重组再融资。支持符合条件的中小企业发行创新创业公司债。引导私募基金加大对科技型中小企业的股权投资。选择发展潜力大、产业带动力强、有上市或挂牌意愿的中小企业纳入上市挂牌重点培育清单，将符合条件的优先推荐省定上市后备企业名录。（市科技局、知识产权局、财政局、市政府金融办、人民银行信阳市中心支行、信阳银监分局按职责分工负责）

3．强化对创业投资企业的支持。对专注于长期投资和价值投资的创业投资企业在企业债券发行、引导基金扶持、政府项目对接、市场化退出等方面给予政策支持。探索建立早期创业投资奖励和风险补偿机制，鼓励有条件的县区、管理区开发区安排相应资金，对创业投资企业投资辖区内高科技中小微企业风险损失给予一定补偿。推动创业投资企业与高等院校加强合作，共建创业投资实训基地，培养专业技术和管理人才。完善国有创业投资企业的监督考核、激励约束机制和股权转让方式，依法依规豁免国有创业投资企业和国有创业投资引导基金国有股转持义务。支持具备条件的国有创业投资企业开展混合所有制改革试点，探索国有创业投资企业和创业投资管理企业核心团队持股和跟投。（市科技局、财政局、国资委按职责分工负责）

4．提升创投基金支持能力。设立“信阳市大众创业、万众创新基金”，对种子期、成长期等创业早中期的创业企业进行支持。以政府资金为引导，充分发挥财政资金的杠杆效应，撬动社会资本投入双创，提升各类创投基金支持双创发展的能力，形成以市场资本为主导的双创投融资体系。鼓励民间资本设立创投基金，活跃信阳市的“金融+双创”氛围，促进社会资本、优质创业项目、技术和人才向信阳市集聚。（市政府金融办、市财政局按职责分工负责）

5．加快培育形成创业投资企业体系。推动各类机构投资者和个人依法设立公司型、有限合伙型创业投资企业。引导社会资本与优秀基金管理团队合作，积极争取国家新兴产业创业投资引导基金、中小企业发展基金、科技成果转化引导基金等政府投资基金注资，设立创业投资企业。推动我市有实力的企业与创业投资管理机构合作或单独发起设立创业投资基金。鼓励各县区众创空间、科技企业孵化器设立一批市场化运作的创业投资企业。推动具有资本实力和管理经验的个人通过依法设立一人公司从事创业投资活动。鼓励有条件的高校依法设立创业投资企业和创业投资研究、培训、咨询机构。鼓励设立天使投资引导基金，引导社会资本从事天使投资。（市发展改革委、工业和信息化委、科技局、财政局、工商局按职责分工负责）

五、鼓励各类人才创新创业

结合信阳特点，鼓励人才创业带动创新，大众创业促进就业，全面营造有利于双创人才发展的良好环境，进一步提升信阳人才竞争力。

1．支持科技精英创业。完善人才流动制度，最大限度激发释放企业、高校、科研机构等单位的双创活力，实现双创人才多渠道供给。破除体制内人才流动障碍，鼓励市内高校、科研机构的精英人才携带科技成果在职或离岗创业，让科技成果与市场充分对接，实现更大的社会经济价值。（市科技局、人力资源社会保障局按职责分工负责）

2．支持大学生创业。以信阳师院、信阳农林学院、信阳学院、信阳职业技术学院等高校为依托，建立3—5个大学生创业基地，加强创业实践与创新教育，提升大学生创业意识与创业技能。（市人力资源社会保障局负责）

3．支持留学人员、华侨华人来我市创新创业。实施留学人员来我市创新创业启动支持计划和产业集聚区企业创新人才引进项目扶持计划，吸引更多高素质留学人才来我市创新创业。（市人力资源社会保障局、台办、外侨办按职责分工负责）

4．支持外籍人才创新创业。落实《河南省外籍高层次人才认定办法》，经认定的外籍高层次人才在办理签证、居留、工作许可等方面开辟绿色通道，实行“容缺受理”。符合条件的外籍高层次人才的配偶、未满18周岁子女可以依据公安机关签证规范办理居留许可；经认定的外籍高层次人才入境后可以按照规定变更或申请居留许可。经确认的外籍高层次人才，可按规定享受我省有关高层次人才的支持政策。（市科技局、人力资源社会保障局、公安局按职责分工负责）

5．大力吸引在外人士回归创业。以实施“鸿雁计划”为抓手，把信阳籍在外成功人士、知名人士作为招才引智、招商引资的重点对象，通过建立在外人才信息库、建点派人联络对接，帮助招录优秀管理人才等手段，吸纳、支持在外人士回归创业，促进当地经济发展。（市人力资源社会保障局、商务局按职责分工负责）

6．支持开展返乡创业。鼓励和引导返乡下乡人员通过承包、租赁、入股、合作等多种形式，创办领办家庭农场、林场、农民合作社、农业企业、农业社会化服务组织等新型农业经营主体。推动信息进村入户，加快发展农村电子商务。各类财政支农项目和产业基金，要将符合条件的返乡下乡人员纳入扶持范围，采取以奖代补、先建后补、政府购买服务等方式予以积极支持。对返乡下乡人员首次成功创业并正常经营1年以上的创业主体，按规定给予一次性创业补贴。探索实施农村承包土地经营权以及农业设施、农机具抵押贷款试点。允许返乡下乡人员依法使用集体建设用地开展创新创业。返乡农民工可在创业地参加各项社会保险。鼓励有条件的地方将返乡农民工纳入住房公积金缴存范围，按规定将其子女纳入城乡居民基本医疗保险参保范围。（市人力资源社会保障局、农业局、商务局、国土资源局按职责分工负责）

六、加强企业创新能力建设

推动产学研协同创新，促进大中小微企业融通发展，积极培育新模式新业态，实现新兴产业与传统产业协同发展。

1．加强企业研发平台建设。面向行业和产业发展需求，积极创建国家工程（重点）实验室、技术创新中心、企业技术中心、工程研究中心、制造业创新中心等国家级重大创新平台。支持龙头企业联合高等院校科研院所共建新型研发机构，经认定的省重大新型研发机构，根据其研发投入、高端人才及团队引进、专利授权量、技术转移服务、孵化育成企业及成效等因素进行考核，对考核优秀、合格的机构给予财政补助。对省级以上研发平台给予研发经费后补助和持续稳定支持。鼓励行业龙头企业面向产业链建设协同研发平台，加快构建研发需求在线发布、研发资源在线共享、研发业务在线协同的产业链协同研发体系。（市发展改革委、科技局、工业和信息化委、财政局按职责分工负责）

2．推动产学研协同创新。培育专业化产学研协同创新组织，支持产学研协同创新组织开展科技科技成果转化、重大科技项目引进、产学研协同创新、高端创新人才引进等科技服务工作。支持市场导向明确的科技计划项目由企业牵头会同高校、科研院所联合实施。鼓励高校、科研院所围绕产业转型升级发展亟需的关键共性技术，与企业联合开展重大科技成果的工程化和系统集成。建立联合攻关、多元投入、风险共担、利益共享的产学研协同创新机制，推动产学研合作由单一的技术转移模式向人才、技术协同转移模式转变。（市发展改革委、科技局、财政局、工业和信息化委按职责分工负责）

3．激励企业加大科技研发投入。改进涉企科技经费使用方式，将财政资金支持方式由竞争性支持转变为以奖代补、后补助等普惠性支持方式。市财政统筹企业技术创新引导专项资金，对拥有知识产权、省级以上研发平台，已建立研发投入预算管理制度的科技型企业，根据其年度研发投入情况给予奖补支持，按照各地奖补政策标准的一定比例，对首次认定的高新技术企业给予一定的配套奖补资金。对成长为科技小巨人企业并认定为高新技术企业的给予一定资金补贴。发挥省重点产业知识产权运营基金作用，对具有自主知识产权产品的研发推广予以支持。（市财政局、科技局、知识产权局按职责分工负责）

4．大力提升制造业“双创”能力。加快制造业“双创”平台建设，支持大中型制造企业建设“双创”资源汇聚平台，推动产业链制造资源数字化、网络化在线汇聚；建设研发设计、生产制造和创业孵化能力开放平台，推动制造资源和能力面向全社会开放；建设支撑技术创新、生产方式和组织管理变革的“双创”平台，激发企业内部创新活力、发展潜力和转型动力。加快制造业与互联网融合“双创”基地建设，支持大中型企业“双创”服务平台与新型工业化产业示范基地、产业聚集区等双创资源对接，大力发展新型众创空间，为创业项目和团队提供技术、人才、管理、融资、培训等一体化服务，打造市场化与专业化结合、线上与线下互动、孵化与创新衔接的双创载体，形成大中小企业合作共赢、双创资源富集、创新活跃、高效协同的产业创新集群。（市工业和信息化委牵头负责）

5．促进大中小微企业融通发展。发挥大中型企业带动作用，面向行业提供产品研发、产品设计、大型设备租赁、行业电子商务和专业物流等服务。鼓励大中型企业建立面向小微企业的“双创”投资平台，发展产业链金融，为小微企业、创业项目和团队提供全方位的金融支持。鼓励大型企业充分利用闲置的土地、厂房、办公场所等资源，打造集共享式办公空间、创业社区、小微金融、创业公寓等为一体的新型众创空间和“互联网+创客+创投+产业”双创平台，带动产业链上下游中小微企业融通发展。（市工业和信息化委、发展改革委、科技局、商务局按职责分工负责。）

6．支持新模式新业态加快发展。进一步放宽互联网领域产品和服务准入限制，完善以负面清单为主的产业准入制度，对未纳入负面清单管理的行业、领域、业务等，各类市场主体皆可依法平等进入。探索建立适应新模式新业态发展的包容审慎监管机制和社会多方协同治理机制，利用云计算、物联网、大数据等技术，创新监管模式，实现线上线下一体化管理。完善新就业形态、消费者权益、社会保障、信用体系建设、风险控制等方面的政策法规，研究制定适应新模式新业态特点的税收征管措施。进一步完善新产业新业态新模式统计分类，及时将新产业、新业态、新商业模式纳入统计调查范围，充分利用大数据等现代信息技术手段，进一步完善统计指标体系。（市发展改革委、科技局、工业和信息化委、工商局、地税局、国税局、统计局按职责分工负责）

7．加大对企业创新创业的要素供给。探索实行弹性出让年限、长期租赁、先租后让、租让结合等供地方式，对“双创”重大项目优先安排土地指标、环境容量指标，优先协调电、气、宽带等要素。建立首台（套）重大技术装备和新材料首批次

保险补偿机制，落实首台（套）重大装备奖补政策。（市财政局、工业和信息化委、国土资源局按职责分工负责）

七、积极推进军民融合创新

1．加快军民大型国防科研仪器设备整合共享。加快与省军民整合服务平台、省科研设施与仪器共享服务平台的互通融合，打造仪器共享、检测检验、培训服务、数据服务等服务板块，推动辖区重点军工企业与高校、科研院所仪器设备逐步开放共享，为军民融合企业提供信息查询、在线检测预约、线下专业检测等服务，形成集资源共享、创新培训、成果转化交易等为一体的服务模式。（市科技局、工业和信息化委、发改委、财政局按职责分工负责）

2．推进以股权为纽带的军民两用技术联盟建设。鼓励重点军工企业开展军民融合试点，支持上下游单位通过参股方式成立军民两用技术联盟，开展技术研发、生产和销售的分工协作，迅速实现科研成果转化。（市科技局、工业和信息化委按职责分工负责）

八、强化双创孵化载体建设

1．积极推进试点示范。加快信阳高新区省级双创基地建设，加强制度供给，构建双创发展生态，建成一批功能完善的支撑平台，集聚一批高端创新创业人才，促进一批重大科技成果转移转化，形成一批可复制、可推广的双创模式和典型经验。推广全面创新改革试验区、郑洛新自主创新示范区创新改革举措和双创基地典型经验，破除制约创新发展的体制机制障碍，吸引人才、成果、资本等高端要素集聚，促进新技术、新产品、新业态、新模式加速发展。（市发展改革委、科技局、工业和信息化委按职责分工负责）

2．开展双创孵化园区建设。由政府出资通过市场化手段，建设面向大众的双创孵化园区。支持大企业履行社会责任，为双创主体提供低成本的载体空间。（各县区人民政府，各管理区、开发区负责）

3．鼓励引进外地专业双创孵化器运营公司到我市投资建设双创孵化载体。（市商务局牵头，各县区人民政府，各管理区、开发区负责）

九、优化双创生态环境

加快推动创新创业新模式、新业态发展，打造多样化、多层次、社会化、专业化的双创服务生态体系，持续优化双创生态环境。

1．推动众创主体发展模式多样化。鼓励各行业龙头领军企业、高校、科研机构和科技服务机构等主体，充分发挥自身优势，大力发展多样化的众创发展模式。（市科技局、人力资源社会保障局、工业和信息化委按职责分工负责）

2．打造众创空间标杆。大力发展紧密对接实体经济、有效支撑我市经济结构调整和产业转型升级的专业化、高标准、高质量的众创空间和科技企业孵化器，建设双创孵化载体标杆，努力形成大众创业、万众创新浓厚氛围，打造我市经济发展新引擎。（市科技局牵头负责）

3．加强创业辅导。加强创业辅导，形成多层次的双创教育体系，增强双创主体的创新精神、创业意识和创业能力。按照市场化和公益化相结合原则，实施创业辅导服务全覆盖计划，为创业者提供全方面创业培训。推动创业辅导机构与高校合作，设立实用性强的创业课程。（市科技局、人力资源社会保障局、工业和信息化委、商务局按职责分工负责）

4．营造创新创业良好氛围。加大“双创”宣传力度，精心组织办好“双创活动周”、“创响中国”巡回接力、创新创业大赛等“双创”品牌活动。定期评选创新创业模范，在各行业领域评选创新创业模范企业，大力宣传推广模范企业创新发展的成功经验，鼓励模范企业与创业团队、初创企业开展交流合作；在各类人群中树立励志创业典范，以典型模范激励双创主体，形成全社会崇尚双创优秀企业和人才的氛围。广泛宣传“双创”政策和成果，分享“双创”经验，营造良好“双创”氛围。（市发展改革委、科技局、人力资源社会保障局、科协、工业和信息化委、商务局按职责分工负责）

各县区、管理区开发区和市直各单位要认真落实本意见的各项要求，进一步细化政策措施，加强配合联动，确保各项政策落到实处，并结合本地本单位实际，研究出台一批具有突破性的双创政策，推进大众创业万众创新深入开展，为培育壮大新动能，加快经济结构转型和实体经济升级提供支撑。

信阳市人民政府
2018年6月5日

中共周口市委 周口市人民政府
关于深化人才发展体制机制改革加快人才强市建设的实施意见

（周发〔2018〕10号）

人才是经济社会发展的第一资源。为深入贯彻《中共河南省委、河南省人民政府关于深化人才发展体制机制改革加快人才强省建设的实施意见》（豫发〔2017〕13号）精神，全面落实市四次党代会精神，深入实施人才强市和人才优先发展战略，加快推进人才发展体制机制改革，最大限度激发人才创新创造创业活力，结合周口实际，提出如下实施意见。

一、总体要求和主要目标

（一）总体要求。深入贯彻习近平新时代中国特色社会主义思想和党的十九大精神，践行“聚天下英才而用之”的战略思想，树立大人才观，围绕打好“四张牌”和周口跨越发展，聚焦经济社会发展重大需求、产业企业做强做优现实需要、人才创新创业突出问题，着力破除束缚人才发展的思想观念和体制机制障碍，健全完善全链条育才、全视角引才、全方位用才的人才工作体系，加快形成具有周口特色和更具竞争力的人才制度优势，着力打造区域人才高地，为决胜全面小康、实现周口跨越发展、在中原更加出彩中绘就周口特色添彩画卷提供坚实人才保障。

（二）主要目标。到2020年，在人才发展体制机制改革的重要领域和关键环节上取得突破性进展，人才管理体制更加灵活高效，人才引进、培养、使用、评价、流动、激励机制更加科学、完善、精准，人才能够引得进、留得住、流得动、用得好，人才创新创造创业活力充分迸发，全社会识才爱才敬才用才氛围更加浓厚，人才发展对加快周口现代化建设的融合度和贡献率明显提升，基本建立与全面建成小康社会相适应的人才发展治理体系，人才高地集聚效应逐步显现。

二、健全更加科学高效的人才管理体制

（三）全面落实用人主体自主权。建立政府人才管理服务权力清单和责任清单，清理规范人才引进、评价、流动、激励等环节中的行政审批和收费事项，下放人才管理行政审批权限，消除对用人主体的过度干预。加大政府购买人才公共服务力度，推进人才培养、选聘、测评等技术性工作向专业组织和服务机构转移。充分发挥用人主体在人才培养、吸引和使用中的主导作用，落实国有企业、大中专院校、科研院所等企事业单位的用人自主权。随着事业单位分类改革的逐步深入，对大中专院校、公立医院和其他符合条件的公益二类事业单位逐步实行备案制管理，推动大中专院校、科研院所、公立医院在编制限额内，自主引进博士研究生和副高级职称以上高层次人才，编制、人力资源社会保障等主管部门不再进行前置备案和审批，引进人才经评审认定后按程序办理备案手续。落实“人才专项编制”管理办法，每年核定一定数量的人才专项编制，实行“人到编入、人留编留、人走编销”的方式，用于引进高层次人才和急需紧缺人才。

（四）深化人才分类评价和职称制度改革。树立以品德、能力和业绩为主要标准的评价导向，研究制定人才分类评价办法。基础前沿研究突出原创导向，以同行评议为主；社会公益性研究突出需求导向，以行业用户和社会评价为主；应用技术开发和成果转化评价突出企业主体、市场导向，以用户评价、第三方评价和市场绩效为主；哲学社会科学研究人才评价重在同行认可和社会效益。加快建立多元化人才评价体系，引入第三方专业机构开展人才评价。统筹科技人才计划，建立人才项目申报查重及处理机制，防止人才申报规避行为，避免多个类似项目同时支持同一人才。坚持正确价值导向，不把人才荣誉性称号作为承担各类国家科技计划项目、获得国家科技奖励、职称评定、岗位聘用、薪酬待遇确定的限制性条件，使人才称号回归学术性、荣誉性本质，避免与物质利益简单、直接挂钩。加强科研诚信建设，对科研不端行为零容忍，完善调查核实、公开公示、惩戒处理等制度。加强对科技人员和青年学生的科研诚信教育，引导其树立正确的科研价值观，潜心研究，淡泊名利。认真贯彻执行省深化职称制度改革实施意见，做好政策衔接工作，发挥用人主体在职称评审中的主导作用和高级职称评审激励导向作用。进一步扩大大中专院校、医院、科研院所、大型企业和其他人才智力密集的企事业单位按照管理权限自主开展职称评审范围，按照规定自主设置岗位，自主确定岗位结构比例，建立竞岗聘任、能上能下、动态调整的专业技术职务聘用制度。扩大县市区职称评审权，对中小学教师中级职称评审权限逐年逐步下放到县市区。在省定一星级以上产业集聚区建立职称评审组织。打通职称评审绿色通道，对引进的高层次人才、急需紧缺人才及业绩特别突出的人才，可不受单位结构比例和岗位限制，通过专设职数、特设岗位等多种方式评聘专业技术职务；对符合条件的海外归国高层次人才，可由省职改部门直接考核认定高级专业技术职务。在部分专业性密切相关的职业领域打通职业资格与职称制度的贯通渠道。

（五）加快建设人才管理改革试验区。在城乡一体化示范区、港口物流产业集聚区建设人才管理改革试验区，推进人才政策先行先试，实施更具竞争力的高端人才引进使用政策，按照国家有关机构编制政策，探索设立科技创新研究机构，按照“特需特办、人留编留、人去编销、职数专用、从严控制”原则，探索设立高层次人才专项编制，凡具有事业单位身份的高层次人才来中心城区四区创新创业，可按现行政策在科技创新研究机构继续保留事业单位身份；对引进的不具有事业单位身份的副高级以上职称人才、全日制博士研究生，根据本人意愿和工作需要，可把人事关系保留在科技创新研究机构，使用专项事业编制。引进一批临港产业高层次人才（团队），重点围绕先进装备制造（含港口装备制造）、商贸物流、现代农业示范区建设等主导产业，集聚各类高层次专业人才，着重在人事管理制度、人才引进培养、评价激励、流动配置、服务保障等方面开展制度创新，为全市人才发展体制机制改革提供可复制、可推广的经验。选择若干条件成熟的科研单位和学校建设人才管理改革试验基地。鼓励和支持各县（市、区）开展人才管理改革试验探索。

三、构建更具吸引力的人才引进集聚机制

（六）精准实施高层次人才（团队）和急需紧缺人才引进计划。统筹推出并实施“周口英才计划”。坚持刚性引才和柔性引智相结合，统一规划、综合打包各类人才引进计划，聚焦跨越发展，坚持招才引智与招商引资、产业发展相统一，瞄准重点产业、重点领域，突出“高精尖缺”导向，重点围绕临港产业、电（光）缆电器、装备制造（含港口装备制造）、商贸物流、纺织服装、农副产品精深加工、生物医药、城市规划建设与管理、内陆港口码头建设、现代物流、大数据、智能制造、生态环保、现代农业示范区建设以及现代金融、文化旅游、健康养老等高成长性服务业，大力引进高层次创新创业人才（团队）。重点引进高层次创新创业人才团队和以下四类人才：高层次创新创业人才、全日制博士研究生或正高级职称专业技术人员、掌握关键技术的高端人才、急需紧缺专业人才（包括全日制硕士研究生和副高级职称专业技术人员、“双一流”高校本科生）。

（七）创新开放务实柔性引才引智方式。坚持“不求所有、但求所用”，支持用人单位通过柔性引进特聘专家、对口挂（兼）职、技术顾问、客座教授、假日专家、星期天工程师等多种形式，大力汇聚人才智力资源。发挥高端人才猎头、行业协会、驻外机构、异地商会等引才作用，在周口籍人才集聚地区建立人才工作站，聘请招才引智大使，构建全方位引才服务

网络。搭建柔性引才平台，加大扶持资助力度，鼓励设立异地研发中心，吸引域外技术平台落户，引导创建人才实践基地，支持成立行业发展“智库”，创新引才载体，多方式、多渠道集聚高层次人才。广泛开展院地、院企合作共建，构建务实长效合作机制，引进一批创新人才（团队），建成一批创新平台，转化一批创新成果，实现资源共享、优势互补、合作共赢。实施人才回归工程，广泛吸引周口籍、有周口成长（工作）经历、与周口有特殊感情的各类在外人才回归创新创业，促进项目、技术、企业、人才、资金、信息回流，引进一批科技含量高、发展前景好、带动性强的项目，召回一批企业总部和税源企业落户家乡，促成一批科技成果产业化合作，为我市经济社会发展注入新活力。建立“不看时间重业绩”的柔性引才评价激励办法，对柔性引进人才，视业绩贡献可与本地同类人才在职称评审、领办创办科技型企业、表彰奖励、科研立项、成果转化、生活待遇、医疗保障等方面享受同等待遇。建立引才奖励机制，对有示范带动作用的项目进行奖励补助，对引才贡献突出的个人、企业、中介组织等给予一定资金奖励。探索实施重大引才活动服务外包。

（八）实行更具吸引力的人才引进措施。对全市临港产业等重点产业发展能够产生重大影响、具有重大经济社会生态效益的国内一流或顶尖人才（团队），实行“一事一议”的方式，通过项目资助、创业扶持、贷款贴息等方式，给予人才（团队）综合资助，最高可支持资金额度因需而定（1亿元）。优化人才生活安居条件，引进高层次创新创业人才，给予同类城市中最高生活补贴和安家费（每年发放12万元生活补贴，最高给予200万元安家费）。妥善做好高层次人才医疗服务、配偶就业、子女入学等保障，解除人才后顾之忧。

（九）发挥创新创业平台聚才用才主体作用。强化国家和省级重点实验室、工程实验室、协同创新中心、制造业创新中心、企业技术中心、工程（技术）研究中心、院士工作站、博士后科研流动站（工作站）、名师工作室、名医工作室、名匠工作室、产业技术创新联盟、技术转移机构等高层次创新创业平台集聚人才作用，将引才用才情况作为平台绩效评估、考核评价和项目申报重要指标。对创建各类创新创业平台的，直接给予资助，成功申报完成省级重点实验室的，每个一次性给予建设资金补助50万元；成功申报建设完成省级院士工作站的，每个给予建站资金补助30万元（其中建站单位20万元，建站院士及团队10万元），成功申报建设完成博士后工作站的，每个给予建站资金补助10万元；对实施科技成果转化产生较大经济社会效益的，由受益财政另外给予奖励。激励企业发挥聚才用才主体作用，对引进高层次人才发生的工资薪金，当地财政可视企业年度新增贡献情况给予适当补助。企业引进博士研究生和副高级职称以上高层次人才支付的一次性住房补贴、安家费、科研启动经费等费用，可按规定在计算企业所得税前扣除。国有企业引进高层次、高技能人才产生的专项投入成本可视为当年考核利润。

四、完善精准适用的人才培养支持机制

（十）改进高等教育人才培养模式。加大本土人才培养力度，依托市内外高校、大中专院校、科研机构，发掘人才、培育人才、保护人才、使用人才，提高本土人才规模和素质。支持国内外知名大学来周建设高水平大学或联合办学，提升我市高等教育发展水平，构建更加开放、更加灵活的人才培养体系。对合作双方大学选派的学科带头人等高层次教育人才，提供更具竞争力的薪酬和待遇，同时享受市高层次人才有关津补贴政策，在项目申报、职称评聘、人才评价等方面优先支持，符合条件的聘为特聘教授。健全大中专院校学科专业动态调整机制，强化教育与产业对接、专业和职业对接，促进人才培养、社会需求和就业的良性互动。鼓励大中专院校设立一定比例流动岗位，吸引有创新创业实践经验的企业家、科研人员和天使投资人担任创业导师或客座教授。大力开展创业教育，尝试实行弹性学制，允许学生休学创业或在校创办企业。

（十一）加大创新型科技人才培养支持力度。落实国家高层次人才特殊支持计划，积极对接省级重大人才培养工程，整合优化各类人才项目，持续推进实施周口十百千万人才金字塔工程、周口名人领头雁工程、周口高层次人才素质提升工程。有序启动“周口英才十人计划”“周口英才百人计划”“周口英才千人计划”“周口英才万人计划”，完善周口市专业技术拔尖人才和市学术技术带头人选拔管理机制，推动我市人才工程项目与各类科研、基地计划相衔接，建立相互配套、覆盖人才不同发展阶段的梯次资助体系。支持新型研发机构建设，鼓励人才自主选择科研方向、组建科研团队，开展原创性基础研究和面向需求的应用研发。与国内科研院所、知名高校等建立联合创新机制，筹划一批产学研用相结合的重大科研项目和课题，实行“人才+项目、团队、基地”培养模式，加强人才集聚平台建设，培育一批行业领军人才，打造一批高层次创新创业基地和团队。健全重大科研项目专家领衔制度，赋予创新领军人才更大人财物支配权、技术路线决定权。拓宽科研人员晋升渠道，鼓励设立首席研究员、首席工程师等专业技术岗位，给予其具有市场竞争力的薪酬待遇。积极推荐我市专家进入国际性、全国性、全省性学术团体和各级评审机构专家委员会。

（十二）提升技术技能人才优势。采取多种方式培养造就数万名各类专业技术技能人才，大力支持、强力推进具有周口地域特色的职业教育，迅速壮大全市人才基数，5年内培养新增各类人才4万名以上，变人力资源优势为人才资源优势，夯实人才发展基础。加大政策倾斜支持力度，加快周口职业技术学院发展，推进周口科技学院建设，着力打造豫东南地区职业教育中心。加快推广企业和职业院校工学结合、校企合作的“双主体”技术技能人才培养模式，推行“招工即招生、入企即入校、企校双师联合培养”的企业新型学徒制，加快构建现代职业教育体系，培养支撑周口制造、周口创造的技术技能人才队伍。加强技师、高级技师培养，支持企业设立首席技师岗位，建设技能大师工作室，鼓励优秀技术技能人才参加国内外各类大赛，培养一批“大国工匠”和“金蓝领”。对获得省级以上技能大奖的高技能人才，在国家、省奖励的基础上，市县同级财政给予1万—10万元奖励，用人单位相应给予一定奖励，纳入享受国务院特殊津贴专家、享受省政府特殊津贴专家、省优秀专家、市级拔尖人才等评选推荐范围。提高技术技能人才待遇，研究制定技术技能人才激励办法，试行高技能人才年薪制和股权、期权制。健全高技能人才与工程技术人才职业发展贯通机制，对取得国家相应等级职业资格证书并受聘的高级工、技师、高级技师，比照助理工程师、工程师、高级工程师给予相应的福利待遇。探索建立特级技师制度，相关待遇参照教授级高级工程师执行。健全以新型职业农民为主体的农村实用人才培养机制，在创业补贴、技术培训、金融服务等方面给予精准支持，带动培育大批适应现代农业发展需要的青年农场主、农业职业经理人、“土专家”和“田秀才”。

（十三）加强青年人才战略储备。完善青年人才普惠性支持措施，在重点人才工程项目中设立青年专项，加大青年科技人才、骨干教师、医生、社科人才、企业家、法官检察官等培养支持力度。对培养引进的国家“千人计划”青年项目入选者、“万人计划”青年拔尖人才、国家优秀青年科学基金获得者、“长江学者奖励计划”青年学者、文化名家暨“四个一批”青年文化人才等青年英才，同级财政按照国家资助标准给予1：1配套。大力引进名校英才，当地和用人单位给予适当政策倾斜和生活补贴，为我市储备一批专业对口、成长性高的优秀青年人才。

五、强化促进创新创业的人才激励机制

（十四）落实创新主体自主权。赋予成果转化自主权。全面保障和落实大中专院校、科研院所科技成果使用、处置和收益管理自主权，除事关国防、国家安全、国家利益、重大社会公共利益外，行政主管部门不再审批或备案。大中专院校、科研院所与研发团队可自主选择评估定价或协议定价方式，通过签订授权合同，进一步将科技成果授予研发团队。赋予创新主体科研经费自主权。实行科研项目负责人负责制，健全重点科研项目专家领衔制度，赋予领衔专家更大的技术管理决策权，可由其自主确定研究方向和技术路线；赋予更大的选人用人权，可根据科研需要自主组建团队选聘人员；赋予更大的经费支配权，将科研项目直接费用中科目预算调剂权下放到承担单位，由其自主使用科研经费，项目年度剩余资金可结转下年使用。项目完成任务目标并通过验收后，结余资金按规定留归项目承担单位使用，在2年内可以统筹安排用于科研活动的直接支出。实行有利于人才创新和规范管理的经费审计方式。

（十五）探索体现人才价值的薪酬和股权期权激励办法。实行以增加知识价值为导向的分配政策，推动知识、技术、成果、管理、技能等生产要素参与分配。国有企事业单位引进或聘用高层次人才、急需紧缺人才，可实行协议工资、项目工资和年薪制，所需薪酬不受单位工资总额和绩效工资总量限制。对市场化选聘的职业经理人和对企业发展起关键核心作用的科研人员、经营管理人员、业务骨干，可采取股权奖励、股权出售、股票期权、分红激励、绩效奖励、增值权奖励等方式实施激励。对大中专院校、科研院所和高新技术企业、科技型中小企业转化科技成果给予个人的股权奖励，符合规定条件的，递延至取得股权分红或转让股权时按规定纳税。探索符合本地实际的特聘专家等短期在周服务人员薪酬和股权期权激励办法，可采取年薪、月薪、日薪、计件、效益评估等方式合理计酬。

（十六）支持人才兼职科技服务或离岗创新创业。大中专院校、科研院所科研人员在履行岗位职责且不损害本单位利益的前提下，经所在单位同意，可兼职从事科技成果转化、技术攻关等活动，所得报酬按照规定计缴个人所得税后归个人所有。允许大中专院校、科研院所以及职业院校设立一定比例的流动岗位，吸引有创新实践经验的企业家、科技人才和天使投资人兼职，担任创业导师或研究生导师。大中专院校、科研院所科研人员经所在单位同意，离岗创办企业或到企业开展科技成果转化的，5年内保留人事关系和基本工资，并享有参加职称评审、岗位等级晋升、社会保险等方面的权利；5年内返回原单位的，单位按原聘专业技术职务做好岗位聘任工作。兼任管理岗位职务的，应在辞去管理岗位职务后以科研人员身份离岗创业。

（十七）优化人才创新创业生态环境。鼓励人才申报科技进步奖，对获得省科技进步奖的单位给予一次性奖励。建立重大科技计划项目库，每年实施1—2项。建立线上线下结合的科研仪器协作共用平台，推动重大科研设施和大型科研仪器开放共享。给予人才创新创业平台要素支持，鼓励支持各地和各行业领军企业、创业投资机构、社会力量参与建设众创空间、星创天地、科技企业孵化器、大学科技园等，采取“平台+创投+市场”模式，为创业者提供近乎零成本、便利化、全要素、开放式成长环境。开展“创新创业引领”活动，支持举办各种创业大赛、投资路演、创业沙龙、创业讲堂、创业训练营等活动，营造人人支持创业、人人推动创新的创新创业文化氛围。

（十八）促进人才向艰苦偏远地区和基层一线流动。进一步完善政策措施，在人员招录、职称评聘、薪酬待遇、科研项目等方面给予倾斜，提高基层人才保障水平。贫困县及县以下事业单位招录招聘急需紧缺人才，可适当降低开考比例，放宽学历、专业、年龄等要求，降低准入门槛。对急需的高层次人才和短缺人才，可采取校园招聘或直接考察的方式招聘。对公安等特殊岗位探索聘任制特殊人才引进机制，不断增加津贴标准，改善生活待遇。各级财政每年安排一定比例专项资金，对在偏远地区基层艰苦岗位工作的人才，每月发放适当的租房、交通等生活补贴。实行评先评优倾斜政策，提高基层评先评优指标分配比例，增加其评先评优机会，在评选拔尖人才、学科技术带头人等方面，给予基层不低于20%的指标比例。疏通城乡人才双向流动的通道。对在基层一线和贫困地区工作的人才，评聘职称时淡化或不作论文要求，适当放宽学历和任职年限要求，侧重考察其工作实绩。

六、打造高效便捷的人才服务机制

（十九）强化人才基础管理工作。建设和完善周口人才数据库，运用大数据、云计算等方式，实现各类人才信息实时更新、动态管理。完善补充《周口在外英才录》，准确掌握周口籍在外高层次人才情况，加强联系沟通，密切故土亲情，服务人才和智力引进。建立周口人才网、人才微信公众号，将相关市直部门的人才政策和服务资源整合上网，定期发布引才目录，为人才提供便捷服务。

（二十）探索实行人才“绿卡”制度。对引进培养的“两院”院士、国家“千人计划”入选者等市级以上高层次人才分类发放“周口英才卡”，持卡人可享受社保、公积金、住房、教育、旅游、医疗等方面的优惠政策。在人才认定、项目申报、配套待遇落实、创业扶持服务等方面，实行“一站式受理”，提供全程代理服务。鼓励人才集聚的产业园区利用自用存量用地建设人才公寓，对引进的重点院所、科技孵化器给予人才租赁住房支持。完善高层次人才子女入学制度，统筹全市义务教育阶段公立学校资源，优先妥善安排人才子女入学。完善高层次人才医疗保健机制，建立高层次人才健康档案，组织健康体检和休假，在全市定点医院开通就医“绿色通道”，提供预约诊疗服务。

（二十一）建立开放式人才服务平台。组织重点企业、大中专院校、科研院所等单位的高层次人才不定期举办周口英才论坛、人才沙龙等活动，促进各领域人才开展经常性的学术交流、常态化的协同创新。探索建立人才项目公共服务平台，利用互联网手段实现人才、项目的精准对接；促进地企和县（市、区）人才资源互联互通、发挥实效。建立外籍人才特别通道服务机制，争取扩大外籍高层次人才申请办理范围，经认定的外籍高层次人才，入境后根据工作需要和有关规定办理居留许可。

七、加强党对人才工作的领导

（二十二）完善工作格局和领导体制。坚持党管人才原则，各级党委要把人才工作摆在全局工作更加突出的位置，发挥党委（党组）在人才工作中的领导核心作用，定期听取人才工作专项汇报。严格落实党委（党组）书记人才工作第一责任人责任，将人才工作列为落实党建工作责任制述职重要内容。市县党校要把习近平总书记关于新时代人才工作重要论述和人才工作政策法规作为党政领导干部培训的重要内容，提高各级领导干部重视人才工作、重视人才的自觉性。党委（党组）每年至少听取一次人才工作汇报，研究重大问题和重要政策。健全完善以市委书记为组长的市委人才工作领导小组，定期召开会议，研究解决人才工作的重大问题；探索建立以市委组织部长为组长的市人才工作绿色通道领导小组，主持人才常务工作，打造人才工作快速高效通道；分别任命市人社局、市委编办、市财政局一名副职兼任市委人才办副主任，有效压缩协调周期，逐步形成市委人才工作领导小组管大局抓大事、市人才绿色通道领导小组管常务抓急事、市委人才办管协调抓落实的人才工作机制。

（二十三）实行人才工作目标责任考核。建立各级党政领导班子和领导干部人才工作目标责任制，研究制定人才工作目标责任制考核办法，将考核结果作为领导班子评优、干部评价的重要依据。探索建立人才发展监测评价体系，发布年度人才发展统计报告，重点从人才规模、人才素质、人才投入、人才效能等方面对各地人才工作进行监测评价。对抓人才工作不力、造成重大人才流失的，进行责任追究。

（二十四）坚持对人才的团结引领服务。切实落实党委联系专家制度，强化人才党建工作，把党的建设与人才发展方向有效结合，加强政治引领。对各类人才强化党的理想信念和宗旨意识教育、社会主义核心价值观和职业道德教育，促使人才牢固树立社会主义核心价值观和强烈的政治意识、责任意识和创新意识，增强实现自身价值同服务党和人民事业相统一的思想自觉和行动自觉。建立健全市、县领导干部联系服务专家制度，加强对人才的关心关爱。定期召开专家人才座谈会，充分听取他们的意见建议，帮助解决创新创业难题。建立市、县级“智库”，实行专家决策咨询，畅通建言献策渠道。做好专家研修、体检、休假、疗养、慰问等工作。推荐优秀人才作为各级党代会代表、人大代表、政协委员和劳动模范人选，提高人才的政治和社会地位。

（二十五）建立多层次、多元化的投入保障机制。加大财政投入。各级政府要设立人才发展专项资金，总量不低于上年度一般预算收入的1%，逐步增加到2%，作为人才引进、培育、奖励专项经费，纳入本级财政预算，当年经费当年使用，不留存、不结转。发挥人才发展专项资金、中小企业发展基金、“互联网+”产业投资基金、战略新兴产业发展投资基金、现代服务业发展投资基金作用，为创新创业人才及所在企业提供覆盖种子期、初创期、成长期的全链条金融支持。

（二十六）营造人才发展良好环境。优化企业家健康成长环境。实施经营管理人才素质提升工程，通过国内外高端培训交流、行业企业观摩学习等方式，培养大批懂经营、善管理、具有国际化视野的优秀企业家。依法保护企业家财产权和创新收益，建立“亲”“清”的新型政商关系，进一步营造尊重、关怀、宽容、支持企业家的社会文化环境。培育全社会创新文化和创业精神，大力宣传人才创新创业先进典型，扩大人才表彰的覆盖面和影响力，营造尊重人才、见贤思齐的社会环境，鼓励创新、宽容失败的工作环境，公开平等、竞争择优的制度环境，形成“创业光荣、创新无价、创造可贵、创富有功”和人人渴望成才、人人努力成才、人人皆可成才、人人尽展其才的良好氛围。

各县（市、区）党委、政府要切实增强责任感、使命感，根据本实施意见精神，结合本地实际，制定具体实施办法。市直各相关部门要根据任务分工和进度安排，研究制定具体落实措施，确保改革事项规范有序推进。建立人才发展体制机制改革容错免责机制，鼓励支持各地各部门因地制宜开展差别化改革探索。市人才工作领导小组办公室要加强统筹协调和督促检查，推动各项改革措施落地见效。

中共周口市委
周口市人民政府
2018年8月17日

湖北省

湖北省人民政府
关于促进创业投资持续健康发展的实施意见

（鄂政发〔2018〕11号）

大力发展创业投资是落实新发展理念、实施创新驱动发展战略、培育发展新动能的关键举措，是推进供给侧结构性改革、扩大直接融资规模、促进实体经济发展的有效途径，是实现资本、技术、人才、管理等创新要素与创业企业有效结合的重要方式，是推动大众创业、万众创新的重要资本力量。为更好发挥创业投资支持企业发展的“孵化器”作用、推进供给侧结构性改革的“助推器”作用和激发民间投资的“催化剂”作用，根据《国务院关于促进创业投资持续健康发展的若干意见》（国发〔2016〕53号）精神，结合我省实际，提出如下实施意见。

一、总体要求

（一）指导思想。全面贯彻党的十九大精神，以习近平新时代中国特色社会主义思想为指导，牢固树立和贯彻落实新发展理念，着力推进供给侧结构性改革，深入实施创新驱动发展战略，通过大力发展创业投资，鼓励更多的资本进入实体经济，发挥金融创新和技术创新的“双轮驱动”作用，形成创业、创新、创业投资的“铁三角”，培养一批熟悉资本运作、精通现代管理的创业投资人才，培育一批具有国际影响力和竞争力的创业投资机构，发展一批可进入资本市场的科技型企业和高成长性后备企业，推动全省经济高质量发展。

（二）基本原则。坚持服务实体，以支持实体经济发展、助力创业企业发展为本，构建“实体创投”投资环境；坚持专业运作，提高创业投资行业专业化运作和管理水平，夯实“专业创投”运行基础；坚持信用为本，营造诚实守信良好氛围，创建“信用创投”发展环境；坚持社会责任，共同维护良好市场秩序，树立“责任创投”价值理念。

二、培育多元化的创业投资主体

（三）积极引进国内外知名投资机构与投资人。创造环境吸引国内外知名投资机构、合伙人在我省设立创业投资企业或分支机构。多渠道引进国内外创业投资基金、私募基金、产业基金、证券公司、保险公司等投资机构在我省开展创业投资业务。鼓励国内外企业、社会团体及自然人等投资者在我省开展投资业务。（省发展改革委、省科技厅、省人社厅、省商务厅、省国资委、省工商局、湖北证监局、湖北保监局按职责分工负责）

（四）加快培育各具特色的创业投资主体。鼓励上市公司、在鄂央企、产业龙头企业等机构参与创业投资，促进产业整合与发展。支持我省民营企业、投资公司等具备一定资本实力的企业，通过新设企业、变更登记、增资注册等形式设立创业投资企业。鼓励具有资本实力和管理经验的个人通过依法设立一人公司从事创业投资活动。（省发展改革委、省经信委、省科技厅、省人社厅、省商务厅、省国资委、省工商局、湖北证监局按职责分工负责）

（五）实施更积极、更开放、更有效的创业投资人才政策。坚持引进海内外高层次人才与培育省内优秀创业投资人才并重，依托省人才计划，引进一批新兴产业创业投资急需的海内外高层次人才和复合型人才。发挥境内外专业培训机构、高校、专业投资机构的优势，建立一批创业投资人才培训基地，对我省创业投资行业急需的各类高管人才、专业人才实施优才培训计划。鼓励各地出台支持创业投资的人才政策和奖励政策，形成多层次创业投资人才梯队结构。（省人社厅、省教育厅、省发展改革委、省科技厅按职责分工负责）

三、扩大创业投资资金渠道和规模

（六）创新国有资本投资机制。鼓励国有机构参与创业投资活动，支持有条件的国有企业、国有资产管理机构、政府投融资平台等机构投资创业投资企业和创业投资母基金，制定符合创业投资行业特点的管理与考核办法，建立健全鼓励创新、宽容失败的容错机制。支持具备条件的国有创业投资企业开展混合所有制改革试点，允许国有创业投资管理团队及人员持股、参与利益分红和跟投。支持国有创业投资企业根据市场估值方法对股权投资进行定价。（省国资委、省财政厅、省发展改革委、省科技厅按职责分工负责）

（七）推进投融资模式创新。鼓励金融机构与投资机构合作开展投贷联动、投保联动、投债联动等新模式，支持初创期科技企业发展。支持银行和创业投资企业签署一体化协议，银行按照创业投资企业的投资金额配比一定额度的授信，直接向企业发放贷款。探索开展大额贷款保证保险业务，建立健全“小额全覆盖、大额有保障”的银保联动工作机制。鼓励金融机构与投资机构按照风险可控、商业可持续的原则，建立知识产权金融市场化风险补偿机制，合作开展知识产权金融服务，推进知识产权质押融资和开展专利保险业务。（省发展改革委、省经信委、省科技厅、省财政厅、省知识产权局、人行武汉分行、湖北银监局、湖北证监局、湖北保监局按职责分工负责）

（八）简化境外投资审批程序。允许外资创业投资企业按照实际投资规模将外汇资本金结汇所得的人民币划入被投企业。按照对内外资一视同仁的原则，放宽外商投资准入，简化管理流程，鼓励和支持境内外投资者在跨境创业投资及相关的投资贸易活动中使用人民币。允许符合条件的境外投资者自由转移其合法的投资收益。（省发展改革委、省商务厅、人行武汉分行按职责分工负责）

（九）有序扩大创业投资对外开放。引导和鼓励省内有实力的创业投资企业积极稳妥“走出去”，加大对境外及港、澳、台地区高端研发项目的投资，积极分享高端技术成果。（省发展改革委、省商务厅、人行武汉分行按职责分工负责）

四、加强政府引导和政策支持

（十）发挥政府资金的引导作用。充分发挥长江经济带产业基金、省级股权投资引导基金和创业投资引导基金的引导作用，加强规范管理，提高基金使用效益。鼓励有条件的市（州）、县（市、区）创新财政资金使用方式，按照“政府引导、市场化运作”原则推动设立或参股组建创业投资引导基金。实现政府引导基金“国家、省、市、县”上下联动，省内省外多方合作，政府引导和市场化母基金协同合作，扩大政府引导基金的撬动效应。（省财政厅、省发展改革委、省科技厅、省政府金融办、湖北证监局按职责分工负责）

（十一）创新政府引导基金管理体制机制。进一步放开投资地域限制，鼓励市州县政府引导基金参股设立的创业投资基金在省内放宽地域投资比例限制，在计算投资金额时可将同一实际控制人管理的其他基金，在本区域的投资合并计算。（省发展改革委、省科技厅、省财政厅、省国资委、省政府金融办按职责分工负责）

五、优化创业投资市场环境

（十二）优化商事环境。持续深化商事制度改革，提高工商登记注册便利化水平，深化“多证合一”改革，进一步拓展涉企证照整合范围，确保涉企信息互联共享；大力推进“一窗受理、集成服务”，全面推广应用企业网上登记“网上办理、一次办成”。各地各部门不得自行出台限制创业投资企业和创业投资管理企业市场准入和发展的有关政策。优化创业投资企业设立、工商变更等事项的审批流程，实现审批事项在线申报全覆盖，支持各地建立适应创业投资行业特点的宽松市场准入、强化事中事后监管的有效监管机制。（省工商局、省发展改革委、湖北证监局按职责分工负责）

（十三）健全创业投资服务体系。加大创业投资服务平台建设力度。搭建创业投资行业交流与信息共享平台，建立覆盖全省的股权投资服务网络和创新创业服务体系，畅通创业资本和项目对接渠道。加强与创业投资相关的法律、财务、咨询、教育、信息、知识产权等中介服务体系建设，为创业投资企业提供便利。（省发展改革委、省科技厅、湖北证监局按职责分工负责）

（十四）严格知识产权保护。按照知识产权保护相关法律法规和制度规定，加强对创业创新早期知识产权保护，在市场竞争中培育更多自主品牌，健全知识产权侵权查处机制，探索建立专利、商标、版权“三合一”综合执法机制，依法惩治侵犯知识产权的违法犯罪行为，将企业行政处罚、黑名单等信息纳入全国信用信息共享平台，对严重侵犯知识产权的责任主体实施联合惩戒，创造鼓励创业投资的良好知识产权保护环境。（省知识产权局、省科技厅、省发展改革委、省工商局、人行武汉分行、湖北证监局按职责分工负责）

六、推进创业投资行业品牌建设

（十五）推进创业投资企业品牌建设。支持创业投资企业定向孵化，有计划、有步骤地实施我省创业投资企业定向指导和培育工程。支持以湖北省高新技术产业投资有限公司等为代表的本地创业投资机构创建知名品牌，提高省内龙头创业投资机构的市场影响力。（省国资委、省工商局、省财政厅、省发展改革委、省科技厅按职责分工负责）

（十六）构建创业投资与创新资源对接机制。推进全省新型创业创新服务平台建设，建立全省科技型中小企业在孵服务系统，支持创业投资机构参与全国大众创业万众创新活动周、创业创新大赛、大学生“互联网+”大赛等创新项目资源对接活动，启动战略性新兴产业重点项目库、科技型企业成长路线图计划、光谷“瞪羚计划”等优势技术创新项目库建设，为创业投资机构提供精准项目资源服务。（省发展改革委、省科技厅、省经信委、省人社厅按职责分工负责）

（十七）加强产权交易所品牌建设。推进武汉光谷联合产权交易所品牌建设，拓宽创业投资市场化退出渠道。拓宽创业投资基金退出渠道，鼓励创业投资基金以定增方式退出。支持机构间私募产品报价与服务系统、证券公司柜台市场开展直接融资服务。（省发展改革委、省国资委、湖北证监局、湖北保监局按职责分工负责）

七、加强行业自律体系建设

（十八）积极发展创业投资行业组织。鼓励创业投资机构、基金公司、投资人等创业投资主体发起设立区域性、行业性的共建共享、合作共赢的行业组织，支持湖北省创业同业公会、湖北省留学归国人员创业投资企业商会等社会组织在行业自律和政府与市场沟通中发挥桥梁纽带作用。鼓励行业协会设立专注于早期投资、并购投资等专业领域的分支机构。支持创业投资行业组织在政策对接、会员服务、信息咨询、数据统计、行业发展报告、人才培养、对外交流合作等方面加强能力建设，提升服务水平。（省民政厅、省发展改革委、省科技厅、湖北证监局按职责分工负责）

（十九）加强行业信用体系建设。建立健全创业投资企业、创业投资管理企业及其从业人员信用记录，实现创业投资领域信用记录全覆盖。推动创业投资领域信用信息纳入省信用信息公共服务平台，并与企业信用信息公示系统实现互联互通。依法依规在“信用湖北”网站和企业信用信息公示系统公示相关信息。加快建立创业投资领域严重失信黑名单制度，按照有关法律法规和政策规定实施守信联合激励和失信联合惩戒。（省发展改革委、人行武汉分行、省商务厅、省工商局、湖北证监局按职责分工负责）

八、加强各方统筹协调

（二十）加强政策跟踪落实和统筹协调。省发展改革委要会同省有关部门加强促进创业投资发展的政策协调和跟踪落实，建立部门之间、部门与市（州）之间政策协调联动机制，增强政策针对性、连续性、协同性，建立相关政府部门促进创业投资行业发展的信息共享机制。（省发展改革委、湖北证监局会同有关部门按职责分工负责）

各地各部门要把促进创业投资持续健康发展作为深入实施创新驱动发展战略、促进全面深化改革、推动经济结构调整和产业转型升级的一项重要举措，按照职责分工制定配套措施，加强沟通协调，形成工作合力，确保各项政策措施落地生效，积极发展新经济、培育新动能、改造提升传统动能，推动全省经济高质量发展。

湖北省人民政府

2018年3月5日

湖北省人民政府关于加快新旧动能转换的若干意见

（鄂政发〔2018〕15号）

为深入贯彻落实党的十九大精神和习近平总书记“发展是第一要务，人才是第一资源，创新是第一动力”的重要论断，加快新旧动能转换，推动经济高质量发展，结合我省实际，提出如下意见。

一、准确把握新旧动能转换的总体要求

（一）指导思想。以习近平新时代中国特色社会主义思想为指导，全面贯彻落实习近平总书记视察湖北时的重要讲话精神，牢固树立新发展理念，坚持以供给侧结构性改革为主线，紧扣发展第一要务、广聚人才第一资源、激发创新第一动力，培育新产业、壮大新动能、打造新增长极，建设全国重要的先进制造业中心和新经济发展聚集地，实现高质量发展走在全国前列。

（二）目标任务。到2022年，我省新旧动能转换实现平稳接续，新的经济结构和增长格局初步形成。传统动能焕发新活力，制造业数字化、网络化、智能化、绿色化、服务化水平提升，工业化信息化融合指数达到85，万元GDP能耗控制在0.45吨标准煤以内，服务业增加值占GDP比重超过50%，全员劳动生产率达到29.6万元/人。新动能成为新引擎，新经济增加值占二三产业的比重达到30%左右，科技进步贡献率达到60%以上，高新技术产业增加值占GDP比重提高到20%，高新技术制造业占工业比重达到40%以上。创新发展的体制机制不断完善，人才智力支撑有力，R&D投入占GDP比重达到2.5%。

二、着力推动产业转型升级，构建现代产业体系

（三）淘汰化解落后过剩产能。从总量性去产能向结构性优产能转变，从以退为主向进退并重转变，主要行业产能利用率保持在80%左右。加大处置“僵尸企业”力度，实行清单管理，明确腾退时间表、路线图，强化考核问责。严格控制尿素、磷铵等过剩行业新增产能，推动钢铁、煤炭、水泥等行业落后产能或淘汰类产能关停退出，防止已经化解的过剩产能“死灰复燃”。优化能源结构，促进清洁能源发展。继续执行淘汰落后能耗物耗限额、污染物排放等强制性标准，倒逼竞争乏力产能退出。综合运用财政奖补、产能减量置换、差别价格等激励性、惩罚性政策。充分发挥省级淘汰落后产能专项奖励资金作用，对符合条件的企业职工安置、转产转型等予以支持。（牵头单位：省发展改革委、省经信委；责任单位：省财政厅、省人社厅、省国土资源厅、省环保厅、省商务厅、省工商局、省质监局、省物价局、省能源局等，各市、州、县人民政府）

（四）推进传统产业转型升级。突出抓重点、补短板、强弱项，深入实施《中国制造2025湖北行动纲要》，开展传统产业转型升级三年攻坚行动，滚动实施万企万亿技改工程。支持食品、石化、纺织、冶金、建材等15个千亿产业转型升级，促进质量和效益双提升。大力开展质量提升行动，支持食品、纺织服装、医药等1000家优势传统产业内的企业工艺技术更新，形成400个以上中国驰名商标、1200个以上湖北名牌产品，全面提升产品知名度。支持电子、家电产品装配、家具等2000家劳动密集型企业设备更新换代。加快重点园区、重点企业循环化改造，对沿江重化工及造纸行业企业开展专项集中整治，加快搬迁入园和绿色改造，全面实施清洁生产。继续推进武汉、襄阳、宜昌等7个老工业基地综合改造和转型升级。加快推进黄石、大冶等5个资源型城市及宜都、黄石铁山区2个独立工矿区的转型发展，培育壮大接续替代产业。（牵头单位：省经信委；责任单位：省发展改革委、省财政厅、省环保厅、省工商局、省质监局等，各市、州、县人民政府）

（五）做大做强战略性新兴产业。加快实施战略性新兴产业倍增计划，聚焦新一代信息技术、生物、高端装备、新材料、绿色低碳、数字创意六大产业16个高端细分领域，促进数字经济、生物经济、绿色经济等发展，谋划推动一批重量级未来产业，力争六大产业主营业务收入之和突破3万亿元。实施国家高技术产业基地创新引领工程，着力推进国家光电子信息、生物、航天产业基地建设，建成全国重要的战略性新兴产业策源地和集聚区。加快建设存储器、新型显示、网络安全、地球空间信息、新能源汽车等产业化基地，加速打造“芯片—显示—智能终端—通信—应用”联动发展的产业生态，培育形成若干个具有国际竞争力的原创性新兴产业集群。推广“基地+孵化器+基金+联盟”的推进模式，支持国家级高新区加快培育一批特色鲜明、大中小企业协同发展的特色产业集群。（牵头单位：省发展改革委、省经信委；责任单位：省科技厅、省测绘局等，各市、州、县人民政府）

（六）积极培育新业态新模式。大力促进互联网、人工智能等信息技术在设计、生产、运营等核心环节的深入应用，加快培育基于互联网的融合型新产品、新模式、新业态，让新经济“无中生有”。实施“互联网+先进制造”行动，加快工业互联网基础设施建设，发展智能化生产、网络化协同、个性化定制、服务型制造等新模式、新业态。加快建设一批智能制造示范企业、智能生产线、数字化车间，建成标志性智能制造示范工厂（项目）200个。加快发展绿色高效农业，建设一批田园综合体，打造农村三产融合发展新载体新模式，实施“互联网+现代农业”行动，推动移动互联网、物联网、云计算等新技术在农业生产经营领域的示范应用，实现“12316”信息进村入户全覆盖。推动服务业提速升级，实施“互联网+服务业”行动，加快发展现代金融、现代物流、商贸服务、文化创意、旅游休闲、健康养老等十大产业基于互联网的新业态，着力在中高端消费、绿色低碳、共享经济、人力资本服务等领域培育新增长点。（牵头单位：省发展改革委、省经信委；责任单位：省教育厅、省民政厅、省人社厅、省交通运输厅、省农业厅、省商务厅、省文化厅、省卫生计生委、省旅游委、省新闻出版广电局、省体育局、省政府金融办等，各市、州、县人民政府）

（七）推动军民融合突破性发展。着力构建全要素、多领域、高效益的军民深度融合发展格局，全省国防科技工业总产出年均增长10%以上。加快建设武汉国家军民融合创新示范区，积极支持武汉东湖新技术开发区军民融合发展先行先试，做大做强襄阳、宜昌、孝感等军民融合产业示范基地。做强航空航天、高端船舶与海洋工程装备、信息安全及北斗导航等6个优势重点领域，打造10个以上军民融合特色产业集群。加快建设武汉国家航天产业基地、荆门国家通用航空产业综合示范区、船舶与海洋工程装备国家示范基地、海洋核动力平台、北斗导航创新示范区等军民融合重大项目。大力推进武船重工、航天三江集团等重点企业发展，培育5家总收入过100亿元的龙头企业、20家总收入过20亿元的骨干企业和院所，扶持5—8家掌握军民两用核心技术、拥有自主知识产权的科技创新型中小企业。（牵头单位：省国防科工办；责任单位：省发展改革委、省经信委、省科技厅等，武汉市、襄阳市、宜昌市、荆门市、孝感市人民政府）

三、激活创新驱动核心要素，增强发展内生动力

（八）强化企业创新主体地位。加快建立以企业为主体、市场为导向、产学研深度融合的技术创新体系。培育一批产学研合作示范企业，支持企业与高校院所联合建设研发机构。实施湖北省技术创新工程，加强企业技术中心能力建设，建成省

级以上企业技术中心600家。大力扶持工业企业研发机构建设，2018年主营业务收入5亿元以上工业企业实现研发机构全覆盖，到2022年半数左右规上工业企业建立研发机构。推进创新企业百强工程，培育一批科技成果转化能力强的创新型领军企业。实施高新技术企业培育倍增计划和科技型中小企业培育工程，力争全省高新技术企业达到1万家，国内及国际细分行业"隐形冠军"达到200家，瞪羚型企业达到1000家，独角兽企业达到20家。支持骨干龙头企业牵头建设产业技术创新战略联盟和产业共性技术研发基地。完善国有企业以创新为导向的考核评价体系，加大科技创新指标权重，对本省国有企业符合条件的研发投入、创新转型费用在考核业绩时视同于利润。（牵头单位：省科技厅；责任单位：省发展改革委、省经信委、省财政厅、省国资委等，各市、州、县人民政府）

（九）加强创新平台建设。着力推进武汉全面创新改革试验，支持武汉建设综合性国家产业创新中心，建成参与全球产业创新合作与竞争的重要载体。支持襄阳、宜昌建成区域性创新中心，推动创新型城市建设。支持各地高新区加快发展，推进市州多层次创新示范。着力打造科技创新平台，加快建设"双一流"高校及学科、世界一流水平的科研院所，形成3—5个具有鲜明特色的世界级科学研究中心。加快建设武汉光电国家研究中心，推进脉冲强磁场实验装置、精密重力测量研究设施等国家重大科技基础设施建设，力争我省国家（重点）实验室、重大科学装置数量居全国前列，培育若干科学研究领域的国际"领跑者"和未来产业变革核心技术的"贡献者"。强化产业创新体系建设，统筹建设一批工程研究中心、技术创新中心、制造业创新中心、产业创新中心等高水平创新平台。建设国家信息光电子创新中心，建成2—3家国家制造业创新中心。在集成电路、智能汽车、智能制造、商业航天、北斗卫星导航等领域组建10个产业创新中心，建成省级以上创新平台500家。（牵头单位：省发展改革委、省科技厅；责任单位：省经信委、省教育厅、省国防科工办等，各市、州、县人民政府）

（十）促进科技成果转移转化。支持建设国家科技成果转移转化示范区。开展科技成果转移转化"六大专项行动"，实现"六个全覆盖"。深入实施全省科技成果大转化工程，打造"互联网+技术转移"服务平台，建立对科技成果转移转化公共服务平台持续稳定的支持机制。围绕战略性新兴产业、"中国制造2025"等重点领域，加强产业部门与科技部门对接，加快组织实施一批重大科技攻关、成果转化和示范应用项目，尽快实现批量化生产和应用。探索完善科技成果评估定价机制，在战略性新兴产业相关领域建立利用财政资金形成的科技成果限时转化制度。健全知识产权公共服务体系，完善知识产权价值评估、质押融资、托管运营、风险补偿、保险服务及维权援助机制，强化知识产权行政执法与司法裁判有机衔接，加大对侵权违法行为的查处力度。（牵头单位：省科技厅、省知识产权局；责任单位：省法院、省检察院、省经信委、省教育厅、省财政厅等，各市、州、县人民政府）

（十一）优化创新创业生态环境。打造大众创业万众创新升级版，进一步系统性优化创新创业生态环境。着力推进6个国家级和12个省级"双创"示范基地建设，搭建全要素、全创新链资源集聚的"双创"服务平台，在国际国内唱响"光谷青桐汇""东湖创客汇""3551国际创新创业大赛"等湖北"双创"活动品牌。鼓励和支持有条件的大型企业发展"双创"平台，大力推进100个省级制造业"双创"示范平台（企业）建设，制造业重点行业骨干企业"双创"平台普及率达到80%以上。发展专业化众创空间，促进众创空间服务实体经济转型升级，加强众创空间国际合作。（牵头单位：省发展改革委；责任单位：省经信委、省科技厅、省人社厅等，各市、州、县人民政府）

四、深化体制机制改革，激发新旧动能转换活力

（十二）深入推进"放管服"改革。制定出台湖北省优化营商环境的实施意见，进一步降低制度性交易成本，打造高质量发展的良好环境。建成省市县乡村五级贯通、"一网覆盖、一次办好"的"互联网+放管服"政务服务体系，配套建设统一的身份认证、电子证照、政务信息共享三大支撑平台，推行政务服务网上预约、网上支付、网上评价、自助终端办理，实现企业群众办事"只进一扇门，一次就办好"。最大限度取消下放行政审批事项，企业开办时限再减少50%，项目审批时限再压缩50%。组织实施"证照分离"改革试点，持续推动"照后减证"。编制市县证照清单通用目录，继续清理一批"奇葩证明""循环证明"。推行多规合一、多审合一、多评合一、多验合一、多证合一等行政许可事项的改革，最大限度提高办事效率。在开发区探索产业项目"先建后验"的管理方式。制定出台行政审批中介服务管理办法，加强中介服务清理规范。完善市场监管和执法体制，全面推行"双随机、一公开"监管，推进监管信息共享，落实责任追溯、经营异常名录和严重违法失信企业名单管理制度。完善守信联合激励和失信联合惩戒机制，进一步健全行业领域信用评价制度、信用承诺制度和红黑名单制度，在食品药品生产、安全生产、工程建设、电子商务、环境保护等40个重点领域实施备忘录制度。（牵头单位：省编办；责任单位：省发展改革委、省国土资源厅、省环保厅、省住建厅、省商务厅、省地税局、省新闻出版广电局、省工商局、省质监局、省安监局、省食品药品监管局、省政府法制办、省国税局、人行武汉分行、湖北银监局、湖北证监局、湖北保监局等，各市、州、县人民政府）

（十三）建立适应新经济发展的要素配置机制。创新政府配置资源的方式，对市场准入、产业政策、财政、教育、价格、土地、环保等方面政策进行全面审查，制定完善促进新兴产业和新业态新模式发展的政策、法规和标准。深化科技创新评价制度改革。完善高校教师和科研人员分类考核评价制度。建立差别化的资源要素价格形成机制和动态调整机制，对新经济领域的企业实行水电气等生产要素优先供给、优惠价格。加快完善省、市两级公共资源交易平台运行机制，规范全省公共资源交易规则、流程和标准，提高资源要素配置效能。（牵头单位：省发展改革委；责任单位：省经信委、省教育厅、省科技厅、省财政厅、省国土资源厅、省环保厅、省质监局、省物价局、省政府法制办、省能源局、省公共资源交易监管局等，各市、州、县人民政府）

（十四）探索包容创新审慎监管的新机制。改进新经济新业态新模式的准入管理方式，由注重事先审批向注重事中事后监管转变。探索对跨界融合新产品、新服务、新业态的部门协同监管，实现信息互换、监管互认、执法互助，形成线上监管与线下管理协同配合、产品质量与应用安全协同监管的体制。建立适应互联网条件下金融创新发展的金融监管机制。建立适应新技术新业态发展需要的新型监管机制，包容处于发展初期的新业态发展。建立容错纠错机制，大力营造鼓励创新、宽容失败的文化和社会氛围。（牵头单位：省发展改革委、省编办；责任单位：省经信委、省公安厅、省交通运输厅、省商务厅、省文化厅、省卫生计生委、省地税局、省新闻出版广电局、省工商局、省质监局、省食品药品监管局、省政府法制办、省政府金融办、省国税局、人行武汉分行、湖北银监局、湖北证监局、湖北保监局等，各市、州、县人民政府）

（十五）建立科技创新资源开放共享机制。完善科技基础设施、大型科研仪器和专利信息资源向全社会开放的机制。按功能定位分类整合全省各级重点实验室、工程技术研究中心、企业技术中心等创新平台，构建开放共享互动的创新网络，面向企业特别是中小企业有效开放。建立数据资源开放共享制度，建成全省统一的政务信息资源目录体系和政务信息资源共享平台，有序推动政府数据向社会开放。（牵头单位：省科技厅、省发展改革委；责任单位：省编办、省经信委、省公安厅、省财政厅、省人社厅、省国土资源厅、省交通运输厅、省统计局、省国防科工办、省知识产权局等，各市、州、县人民政府）

（十六）构建全方位开放的体制机制。主动对接国际高标准投资贸易规则体系，全面实施准入前国民待遇加负面清单管理制度。在全省推广中国（湖北）国际贸易单一窗口，将货物通关准备、货物提留时间压缩三分之一。积极支持湖北境外产业园区建设，推动汽车、机械、电子信息、冶金、建材、石化、纺织等优势产业“走出去”。制定支持我省有竞争力的新技术、新产品“走出去”政策措施。推进开放大通道建设，支持武汉新港整合省内港口资源，加快建成国际航运中心；支持中欧班列（武汉）建设班列海外运输节点，优化提升班列运输效能；不断拓展国际航线，加快推进湖北国际物流核心枢纽项目建设。积极推进中国（湖北）自由贸易试验区建设，支持各片区全面复制推广第一、二批改革试点经验，进一步深化改革试点，适时复制推广成熟经验。大力开展精准招商引资，加快推进对外贸易转型升级，扩大高新技术产品进出口规模。加强国际产业创新合作，深度融入“一带一路”建设，支持高校科研院所、企业参与重大国际科技合作计划，鼓励科技园区创新国际科技合作模式，与重点国家和地区共建合作园，互设分基地。（牵头单位：省商务厅；责任单位：省编办、省发展改革委、省经信委、省教育厅、省科技厅、省交通运输厅、省外侨办、武汉海关、武汉铁路局、湖北机场集团等，各市、州、县人民政府）

五、建立健全政策支撑体系，促进新旧动能接续转换

（十七）加大人才保障力度。实行更积极、更开放、更有效的人才引进政策，大力引进国家“千人计划”“万人计划”等优秀高层次人才来鄂创新创业，更大力度实施省“百人计划”“我选湖北”等计划。采取“四个一”（一个院士、一个团队、一支基金、一个产业园）办法，吸引高端人才进驻及高科技成果在鄂转化。对省级认定的产业领军人才和高水平创新团队直接给予50万—200万元的奖励补贴。保障高校、科研院所用人自主权，赋予教师、医生、科研人员等更大的流动自主权，建立企事业单位创新人才双向流动通道。深化“荆楚卓越人才”协同育人机制，鼓励企业建立高校、科研院所实践基地，引导行业、企业和用人单位参与高校人才培养。大力实施“技能人才振兴计划”，不断提高“湖北工匠”等技能人才经济待遇和社会地位。完善科研人员收入分配政策，依法赋予创新领军人才更大的人财物支配权、技术路线决定权。建立对创新人才的股权、期权、分红等激励机制，提高科研人员成果转化收益分享比例。（牵头单位：省委人才办；责任单位：省发展改革委、省经信委、省教育厅、省科技厅、省公安厅、省财政厅、省人社厅、省卫生计生委、省国资委、省工商联等，各市、州、县人民政府）

（十八）强化财税激励作用。扩大长江经济带产业基金、股权投资引导基金、创业投资引导基金规模，统筹优化基金投向，形成总规模500亿元的新旧动能转换引导基金，推动设立2500亿元新旧动能转换基金群。统筹省级财政专项资金，对企业牵头组建的国家级和省级创新平台分别补助建设经费1000万元和500万元。对国家、省重点支持的高新技术领域的企业，其研发投入在享受税前加计扣除政策的基础上，按企业年销售收入规模及研发投入占销售收入的比重分别给予20%、10%的补贴。（牵头单位：省财政厅；责任单位：省发展改革委、省经信委、省科技厅、省国资委、省地税局、省政府金融办、省国税局等，各市、州、县人民政府）

（十九）加大金融支持力度。促进创业投资持续健康发展，探索适应新经济发展需要的股权投资、债券融资模式。积极发展科技金融、绿色金融，推进全周期金融服务。设立省级知识产权质押贷款的风险准备金，建立科技贷款风险补偿机制，探索知识产权证券化业务。加快全省担保、再担保体系建设，落实省再担保集团公司50亿元新增资本金，充分发挥再担保“稳定器”和“放大器”作用。实施上市公司倍增计划，境内外上市企业数量达到200家左右。政府各类创业投资引导基金和产业投资基金引入省内的新经济领域和创新企业投资不少于其对外投资额的50%。实施金融机构创业担保贷款贴息，对新设和引进金融机构、企业上市（挂牌）、企业债券融资、金融业务重大创新等给予奖励。各级财政部门在选择确定专项资金存放银行时，要把金融机构支持创新型企业发展的贡献度作为重要考核指标，激励和引导金融机构加大对创新型企业的信贷投放。（牵头单位：省政府金融办；责任单位：省发展改革委、省经信委、省科技厅、省财政厅、省国资委、省知识产权局、人行武汉分行、湖北银监局、湖北证监局、湖北保监局等，各市、州、县人民政府）

（二十）优化土地供给。深入推进国土资源节约集约示范省创建，深化国土资源供给侧结构性改革。允许在全省高新区探索工业用地中增加产业研发用地类型，在不突破配建比例的前提下探索园区土地混合利用。科技企业孵化器在不改变用途的前提下，其载体房屋可按幢、层等有固定界限的部分为基本单元进行产权登记并出租或转让。大力推进城市低效用地再开发，盘活土地存量资源资产。钢铁、煤炭、水泥、电解铝、化肥、平板玻璃产能退出后的工业用地，其中转产为生产性服务业等国家鼓励发展行业的，可在5年内继续按原用途和土地权利类型使用土地。完善占优补优政策，补充耕地质量达不到建设占用耕地质量的，可通过土地整治、高标准农田建设提升的耕地质量予以补足，保障新经济新增建设用地需求。（牵头单位：省国土资源厅；责任单位：省住建厅等，各市、州、县人民政府）

（二十一）加大政府采购支持力度。制定我省创新产品与服务远期约定政府购买的办法。探索建立政府购买新业态新模式产品和服务的示范推广机制。对符合条件、价格合理、具有自主知识产权的创新药物、创新医疗器械以及通过仿制药质量和疗效一致性评价的药物，优先纳入医保目录。鼓励医院优先采购能够满足要求的自主创新药物和医用设备。制定我省首台

（套）产品及重大技术装备推广应用办法，发布首台（套）产品推广应用指导目录。在政府部门和国有企业招投标活动中，不得以企业经营年限、注册资金、非强制资质认证、特定区域或特定行业业绩等要求变相歧视新创办企业。（牵头单位：省财政厅；责任单位：省发展改革委、省经信委、省人社厅、省商务厅、省卫生计生委、省国资委、省食品药品监管局、省公共资源交易监管局、省政府采购中心等，各市、州、县人民政府）

六、切实加强组织领导，凝聚新旧动能转换工作合力

（二十二）强化统筹协调。成立由省政府主要领导任组长、分管领导任副组长，省有关部门主要负责人为成员的省推进新旧动能转换工作领导小组，负责研究部署全省新旧动能转换工作，协调解决重大问题，督促检查工作进展。领导小组办公室设在省发展改革委，负责研究制订实施方案，协调落实重大项目和重大工程，宣传解读重大政策，考核落实工作任务。各地要相应建立领导机构和工作机制。（牵头单位：省发展改革委；责任单位：省有关部门，各市、州、县人民政府）

（二十三）强化项目推进。发挥重大项目在新旧动能转换中的支撑和带动作用，建设8万亿元以上的全省新旧动能转换重大项目储备库和建设库。每年储备的重大项目投资总量必须达到上年度实际完成投资总量的2倍以上，年度可审批和可开工的项目不低于储备项目数的30%。开展定时、定向、定项调度，统筹推进项目建设。建立入库项目“绿色通道”机制，相关部门在项目审批、建设用地、项目融资、服务保障等方面优先支持。建立省、市、县三级领导领衔推进重大项目的工作机制，实行一个项目、一名领导挂帅、一个部门负责、一个专班服务、一个项目秘书的“五个一”包保机制，5年新开工重大产业项目不少于2000个。（牵头单位：省发展改革委、省经信委；责任单位：省有关部门，各市、州、县人民政府）

（二十四）强化政策落地。各地各部门要迅速组织制定具体实施方案、细化政策措施，明确实施工作的路线图、时间表，及时报领导小组办公室备案。各地要结合实际，分解落实具体目标任务，争当新旧动能转换的排头兵。“一主两副”要充分发挥引领带动作用，其他市（州）要强化多点支撑作用。鼓励各地在国家级和省级开发区创办新旧动能转换示范区，大力开展先行先试。各地要在政务服务大厅和政务服务网设置单一的“政策兑现窗口”，畅通政策兑现渠道。各部门要加强协作，凝聚合力，全面落实推进新旧动能转换的政策措施。（牵头单位：省政府办公厅、省发展改革委；责任单位：省有关部门，各市、州、县人民政府）

（二十五）加强督导考核。建立新旧动能转换工作考核机制，制订考核指标体系，每年通报表扬一批工作力度大、成效好的市（州）、县（市、区），严肃问责一批推动不力、成效不明显的市（州）、县（市、区），并将考核结果作为财政资金支持地方发展的重要依据。将新经济纳入统计调查范围，建立湖北省新旧动能转换的监测指标体系，加强统计调查、预警分析。将新旧动能转换工作列入省政府重点督查事项，定期组织评估，加强考核问责，确保各项措施落地见效。（牵头单位：省政府办公厅；责任单位：省发展改革委、省财政厅、省统计局、湖北调查总队等，各市、州、县人民政府）

湖北省人民政府
2018年4月13日

武汉市人民政府关于加快新旧动能转换的意见

（武政〔2018〕38号）

为深入贯彻落实党的十九大精神，加快我市新旧动能转换，推动经济高质量发展，根据《省人民政府关于加快新旧动能转换的若干意见》（鄂政发〔2018〕15号）精神，经研究，特提出如下意见。

一、准确把握新旧动能转换的总体要求

（一）指导思想。以习近平新时代中国特色社会主义思想为指导，全面贯彻落实习近平总书记视察湖北重要讲话精神，牢固树立新发展理念，紧扣发展第一要务，广聚人才第一资源，激发创新第一动力，培育新产业、壮大新动能、打造新增长极，把武汉打造成国内创新高地，实现高质量发展走在全国前列。

（二）主要目标。到2022年，全市新经济增长格局初步形成，新动能对经济增长的支撑作用明显增强。新一代信息技术、智能制造、生命健康、新材料、新能源、高端装备制造等战略性新兴产业稳步发展，高新技术产业产值年均增长15%，高新技术产业增加值占地区生产总值的比重超过24%；创新驱动成效显著，高新技术企业数量超过5000家；现代服务业加快发展，服务业增加值占GDP的比重达到60%以上。

二、着力推动产业转型升级，构建现代产业新体系

（一）淘汰化解落后过剩产能。加大处置“僵尸企业”力度，综合施策、多措并举、标本兼治，实行清单管理，制定时间表、路线图。实施化解钢铁过剩产能专项行动计划，支持武汉钢铁集团公司向钢铁产业链高端及深加工延伸。严格沿江产业环境准入，实行负面清单管理，优化控制武汉化工区建设规模，沿长江、汉江武汉段1公里内禁止新建化工项目和重化工园区；依法依规关停退出一批能耗、环保、质量、安全等达不到标准的落后产能或者淘汰类产能。（牵头单位：市发展改革委、市经济和信息化委、市国资委；责任单位：市财政局、市国土规划局、市环保局、市工商局，各区人民政府〔含开发区、风景区管委会，下同〕）

（二）实施传统产业升级计划。深入实施《武汉制造2025行动纲要》，持续推进“万企万亿”技改工程，落实“零土地”技改政策；组织技改项目融资对接活动，支持企业全面提高产品技术、工艺装备、能效环保、质量效益和安全生产水平，力争实现全市规模以上工业企业技改全覆盖。高标准推进现代产业园和科创小微企业园建设。继续推进老工业基地综合改造和转型升级。支持钢铁、石化、装备制造、烟草食品、家电轻工等支柱产业企业推广应用新工艺、新装备、新材料，提高产品技术含量和附加值。以自主创新、打造品牌为重点，推动新能源汽车、智能网联汽车研发和产业化，打造万亿世界级汽车产业集群。（牵头单位：市经济和信息化委；责任单位：市发展改革委、市科技局，各区人民政府）

（三）实施新兴产业培育计划。以“中国制造2025”试点示范城市为抓手，深入实施“万千百工程”（万亿产业集群、千亿支柱产业、百亿重点企业），构建未来产业、战略性新兴产业和支柱产业相融合的迭代产业体系，着力推动“大平台、大产业、大项目、大企业”建设。瞄准新一代信息技术、生命健康、智能制造三大战略性新兴产业，加快推进“四大基地”（国家存储器基地、国家航天产业基地、国家网络安全人才与创新基地、国家新能源和智能网联汽车基地）建设，着力打造光电子信息、汽车及零部件两大世界级产业集群，加快建设生物制药及医疗器械世界级产业集群，装备制造、能源环保、生物医药、健康食品若干个千亿产业，以及一批百亿企业；引进一批创新性、引领性、标杆性的大项目，加快推动重大产业项目落地，布局发展下一代汽车、人工智能等未来产业。（牵头单位：武汉东湖新技术开发区管委会、武汉经济技术开发区管委会〔汉南区人民政府〕、市发展改革委、市经济和信息化委；责任单位：市科技局、市网信办，各区人民政府）

（四）积极培育新业态新模式。大力促进云计算、大数据、人工智能等信息技术在设计、生产、运营等核心环节的深入应用，加快培育基于人工智能和互联网的融合型新产品、新模式、新业态。实施“互联网+先进制造”行动，加快工业互联网基础设施建设，发展智能化生产、网络化协同、个性化定制、服务型制造等新业态新模式。推进平台经济、分享经济、体验经济等新业态、新模式发展。聚焦新一代信息技术、生命健康、智能制造、新材料、绿色低碳、数字创意等六大产业及其相关高端细分领域，促进数字经济、生物经济、绿色经济等发展。（牵头单位：市发展改革委、市经济和信息化委；责任单位：市教育局、市民政局、市人力资源社会保障局、市商务局、市网信办、市金融工作局，各区人民政府）

（五）推动军民融合突破性发展。加快建设武汉国家军民融合创新示范区，积极支持武汉东湖新技术开发区军民融合发展先行先试，以武汉未来科技城、国家网络安全基地、武汉经济技术开发区通航及卫星产业基地、武汉国家航天产业基地为重点，依托区域优势产业和重点军民融合企业，积极创建军民融合产业示范基地，打造军民融合特色产业集群。做强航空航天、高端船舶与海洋工程装备、信息安全及北斗导航等 6 个优势重点领域，推进建设武汉国家航天产业基地、海洋核动力平台、北斗导航创新示范区等军民融合重大项目，支持武昌船舶重工集团、中国航天三江集团等重点企业发展。（牵头单位：市经济和信息化委；责任单位：市发展改革委、市科技局，各区人民政府）

三、激活创新驱动核心要素，增强发展内生动力

（一）强化企业创新主体地位。加快建设以企业为主体、市场为导向、产学研深度融合的技术创新体系。建立科技型企业梯次培育机制，大力培育瞪羚企业、科技小巨人企业、高新技术企业。进一步强化先进技术的研发和应用，支持企业建立研发中心，加快开发具有自主知识产权的主导产品和核心技术，培育核心竞争力。推进与高等院校、科研院所的战略合作，重点在新材料、新能源等领域实现突破。建立健全行业、企业自身的研发机构，完善企业技术创新体系，聚集一批创新团队，培育一批科技型成长企业，做好战略性新兴产业的人才、技术和项目储备，为高质量发展注入新的活力。（牵头单位：市科技局；责任单位：市发展改革委、市经济和信息化委，各区人民政府）

（二）加强创新平台建设。加快建设武汉综合性国家产业创新中心，着力打造科技创新平台。加快建设一流大学和一流学科、世界一流水平的科研院所，加快建设武汉光电国家研究中心，推进脉冲强磁场实验装备、精密重力测量研究设施、磁阱型氘氚聚变中子源实验装置等国家重大科技基础设施建设。建设一批工程研究中心、技术创新中心、制造业创新中心、产业创新中心等高水平创新平台。建设国家信息光电子创新中心，争创国家数字化设计与制造创新中心，在集成电路、智能汽车、智能制造、商业航天、北斗卫星导航等领域组建一批产业创新中心、制造业创新中心。（牵头单位：市发展改革委；责任单位：市经济和信息化委、市科技局，各区人民政府）

（三）促进科技成果转移转化。深入实施科研成果转化对接工程，探索“政府支持、企业参与、市场运作”的新型研发机构建设运行模式，促进产学研协同发展，打通科研成果转化通道。支持企业将高校、科研院所科技成果进行产业化，优化高校和科研机构科技成果转移转化的流程和办法，推进科技成果处置和收益权改革，加快科技成果转移转化公共服务平台建设，探索完善科技成果评估定价机制。健全知识产权公共服务体系，完善知识产权价值评估、质押融资、托管运营、风险补偿、保险服务及维权援助机制，加大对侵权违法行为的查处力度。（牵头单位：市科技局；责任单位：市经济和信息化委、市财政局、市国资委、市税务局，各区人民政府）

（四）优化创新创业生态环境。实施创新引领、协同共享、平台升级、主体引导、生态培育等五大创新创业行动。着力推进5个国家级和3个省级双创示范基地建设，打造大众创业万众创新升级版，搭建全要素、全创新链资源集聚的双创服务平台，唱响“光谷·青桐汇”“东湖创客汇”“楚才回家”“3551国际创新创业大赛”等全国知名创新创业活动品牌。发展专业化众创空间，促进众创空间服务实体经济转型升级，加强众创空间国际合作。进一步推动武汉东湖国家自主创新示范区探索建设“自由创新区”，推进实施“光联万物”行动，建设全球领先的物联网示范园区。（牵头单位：市发展改革委；责任单位：市科技局、市经济和信息化委、市人力资源社会保障局，各区人民政府）

四、深化体制机制改革，激发新旧动能转换活力

（一）深入推进“放管服”改革。依法取消、调整、下放市级行政权力事项，进一步减少市级保留行政权力事项。持续深化“三办”改革和政务服务“一网、一门、一次”改革。推行政务服务“网办优先”。优化再造服务流程，进一步精简环节，推动企业开办“时间减半”和建设工程项目审批“时间减半”。推进在各行业领域全面建立信用记录，健全信用红黑名单管理制度和联合奖惩措施清单，切实加大守信联合奖励和失信联合惩戒力度。（牵头单位：市编办；责任单位：市发展改革委、市国土规划局、市环保局、市城乡建设委、市商务局、市税务局、市工商局、市质监局、市安监局、市食品药品监管局、市人民政府法制办、市金融工作局，人民银行武汉分行营管部，各区人民政府）

（二）建立适应新经济发展的要素配置机制。创新政府配置资源方式方法，建立市场竞争优胜劣汰机制。制订完善有助于促进新兴产业和新业态、新模式发展的政策、法规和标准。建立差别化的资源要素价格形成机制和动态调整机制，对新经济领域的企业实行水、电、气等生产要素依法优先供给、优惠价格。打造创业创新生态环境，切实解决创新要素流动、交易和知识产权保护等方面的问题。加快完善市级公共资源交易平台运行机制，规范全市公共资源交易规则、流程和标准，提高资源要素配置效能。（牵头单位：市发展改革委；责任单位：市经济和信息化委、市教育局、市科技局、市国土规划局、市质监局、市人民政府法制办，市政务服务管理办公室，各区人民政府）

（三）探索包容创新审慎监管的新机制。完善以负面清单为主的产业准入制度。对新技术、新产业、新业态、新模式，本着降低创业门槛的原则，依法暂缓纳入负面清单管理。充分考虑分享经济特殊性，按照包容发展的原则，调整优化准入标准，创新监管方式，鼓励商业模式创新。加强信息互换、监管互认、执法互助，形成全市线上监管和线下管理协调配合、产品质量和应用安全协同管理的体制。建立容错纠错机制，大力营造鼓励创新、宽容失败的社会氛围。（牵头单位：市发展改革委；责任单位：市经济和信息化委、市公安局、市交通运输委、市商务局、市文化局、市卫生计生委、市工商局、市质监局、市食品药品监管局、市人民政府法制办、市网信办、市金融工作局、市税务局，各区人民政府）

（四）建立科技创新资源开放共享机制。建立全市统一的科技资源共享平台，从大型科学仪器入手，建立科技资源共建共享机制，实现财政资金主导投入的大型科技仪器向社会用户开放。对企业自有资金形成的大型科学仪器资源，鼓励其向社会开放，采用运行费用补贴等方式给予奖补支持。强化数据资源共享交换，做优做强做大“云端武汉”，推动各部门梳理已有信息资源和需求，形成共享清单和需求清单，建设全市统一的政务信息资源目录体系和政务信息资源共享平台。（牵头单位：市发展改革委、市网信办；责任单位：市经济和信息化委、市科技局、市公安局、市财政局、市人力资源社会保障局、市国土规划局、市交通运输委、市统计局，各区人民政府）

（五）构建全方位开放的体制机制。加快推进内外贸一体化和贸易便利化，深化口岸管理体制改革。全面实施准入前国民待遇加负面清单管理制度，创新我市外商投资管理体制，放宽外商投资准入条件，进一步扩大对外投资。制订支持有竞争力的新技术、新产品“走出去”政策措施。推进开放大通道建设，支持武汉港航发展集团整合省内港口资源，加快建成国际航运中心。支持中欧班列（武汉）建设班列海外运输节点，优化提升班列运输效能。强化国际国内航线衔接，拓展国际客运航线，建设国际航空货运中心，确立国际门户枢纽机场地位。积极推进中国（湖北）自由贸易试验区武汉片区建设，形成可复制可推广经验。加强国际产业创新合作，深度融入“一带一路”建设。突破传统的区域概念对生产要素流动和统一开放市场的障碍，构建长江流域区域开放合作创新机制，拓展我市对内对外开放新空间。（牵头单位：市商务局、市交通运输委、武汉东湖新技术开发区管委会、武汉新港管委会；责任单位：市发展改革委、市经济和信息化委、市科技局、市外办，各区人民政府）

五、建立健全政策支撑体系，促进新旧动能接续转换

（一）加大人才支撑力度。实行更加积极、开放、有效的人才政策，大力引进和集聚各类人才来汉创新创业创富，构筑多层次、全产业的人才“金字塔”。优化“城市合伙人”计划，更大力度引进诺贝尔奖级、院士级全球战略科学家、产业科学家、商界领袖，做高人才“塔尖”；创新实施“海外科创人员来汉发展工程”“百万校友资智回汉工程”，集聚海归精英和杰出校友，统筹实施“黄鹤英才计划”“3551光谷人才计划”等人才计划，引进培养各类高层次创新创业人才，做强人才“塔身”；扎实推进“百万大学生留汉创业就业工程”，谋划实施“青年优秀人才培育计划”，大力实施“江城工匠”计划，构建技能人才队伍多层次、可持续的培养选拔机制，做厚人才“塔基”。（牵头单位：市招才局；责任单位：市发展改革委、市经济和信息化委、市教育局、市科技局、市公安局、市财政局、市人力资源社会保障局、市卫生计生委、市国资委，各区人民政府）

（二）强化财税激励作用。充分利用财政支持产业发展及创新的各项政策措施，统筹财政支持经济发展各项资金，积极探索完善政府与社会资本合作（PPP）、股权直投、科技风险补偿、贷款贴息、贷款担保等方式，引导和撬动社会资本投入，重点投向我市三大战略性新兴产业和“四大国家新基地”。做大做强市战略性新兴产业发展引导基金。对国家、省重点支持的高新技术领域企业，其研发投入在享受税前加计扣除政策的基础上，按企业年销售收入规模及研发投入占销售收入的比重给予一定比例的补贴。（牵头单位：市财政局；责任单位：市发展改革委、市经济和信息化委、市科技局、市国资委、市税务局、市金融工作局，各区人民政府）

（三）加大金融支持力度。创新金融产品和服务，鼓励银行业金融机构不断优化贷款结构，加大对新经济的支持力度，探索开展排污权、碳排放权抵押贷款等绿色信贷业务。大力拓宽创新型企业融资渠道，引导企业公开发行股票上市融资，鼓励企业在新三板和区域股权交易中心挂牌交易，支持企业发行企业债券、公司债券、短期融资券和中期票据等金融产品。完善科技贷款和知识产权质押融资风险补偿、科技保险和专利保险补助、科技贷款贴息等政策，积极开展投贷联动试点。（牵头单位：市金融工作局；责任单位：市发展改革委、市经济和信息化委、市科技局、市财政局、市国资委，各区人民政府）

（四）优化土地供给。强化土地资源的规划、供给和管控，全面节约和高效利用土地资源。加强土地利用规划与市战略性新兴产业发展规划之间的协调，依法保障战略性新兴产业发展用地。创新新兴产业供地模式，从基准地价、出让年限和出让方式上实行弹性土地供应管理。对经认定的战略性新兴产业项目，可采取“先租后让、租让结合”的方式供应土地。建立产业用地退出机制，对存在土地闲置情况的新兴产业企业要依法进行清理和处置，及时纠正闲置土地处置不到位等问题。（牵头单位：市国土规划局；责任单位：市城乡建设委、市住房保障房管局，各区人民政府）

（五）加大政府采购支持力度。积极推进我市创新产品政府首购订购工作。探索建立政府购买新业态、新模式产品和服务的示范推广机制。支持将符合条件、价格合理、具有自主知识产权的创新药物、创新医疗器械以及通过仿制药质量和疗效一致性评价的药物，优先纳入医保目录。鼓励医院优先采购能够满足要求的自主创新药物和医用仪器设备。深入实施创新产品推广应用制度，细化并动态调整《武汉市创新产品目录》。在政府部门和国有企业招投标活动中，不得以企业经营年限、注册资金、非强制资质认证、特定区域或特定行业业绩等要求变相歧视新创办企业。（牵头单位：市科技局、市发展改革委、市财政局；责任单位：市经济和信息化委、市人力资源社会保障局、市商务局、市卫生计生委、市国资委、市质监局，各区人民政府）

六、切实加强组织领导，凝聚新旧动能转换工作合力

（一）强化统筹协调。成立市推进新旧动能转换工作领导小组（以下简称领导小组），负责研究部署全市新旧动能转换工作，协调解决重大问题。领导小组下设办公室，在市发展改革委办公，负责协调落实重大项目和重大工程，建立协调推进工作机制，督促检查工作进展情况，考核落实工作任务。领导小组各成员单位要加强沟通衔接，各区要成立相应的组织领导机构，并建立长效工作机制。（牵头单位：市发展改革委；责任单位：市人民政府各有关部门，各区人民政府）

（二）强化工作落实。各区、各部门要迅速组织制订新旧动能转换具体方案，出台配套政策措施，明确工作的路线图、时间表，及时报领导小组办公室备案。各区要结合实际，分解落实具体目标任务，争当新旧动能转换的排头兵。国家级开发区要充分发挥引领带动作用，其他区要形成特色、强化多点支撑作用。各部门要加强与国家部委、省直部门的沟通，在制订重大政策时做好统筹衔接。要加强协同配合，凝聚工作合力，确保新旧动能转换的政策落实、项目落地。（牵头单位：市发展改革委；责任单位：市人民政府各有关部门，各区人民政府）

（三）强化督查考核。建立新旧动能转换考核体系，将新旧动能转换工作落实情况纳入全市年度绩效考核范围，并将考核结果作为领导班子和领导干部综合考评的重要依据。建立健全我市新经济新动能统计监测指标体系，加强统计调查、预警分析。将新旧动能转换工作列入市人民政府重点督查事项，定期组织评估，加强考核问责，确保各项措施落地见效。（牵头单位：市绩效考评办、市人民政府督查室；责任单位：市发展改革委、市财政局、市统计局，各区人民政府）

武汉市人民政府

2018年8月31日

湖南省

莲城人才行动计划

（潭市发〔2018〕13号）

为认真贯彻落实党的十九大精神和习近平新时代中国特色社会主义思想，深入对接省“芙蓉人才行动计划”，在未来5年，实行更加积极、更加开放、更加有效的人才政策，着力打造更优人才生态，集聚国内外各类优秀人才来潭创新创业，为建设“伟人故里、大美湘潭”提供坚强人才保障和智力支撑，特制定莲城人才行动计划。

一、实施莲城人才引聚工程

1．加大产业科技领军团队引进力度。围绕湘潭优势主导产业和战略性新兴产业，引进带动效果明显的创新创业人才团队。新引进的产业科技领军型创新创业团队，其创新成果在我市产业化成效明显的，经评估后分国际先进、国内领先、国内先进三个层次，按投资额分别给予200万元、150万元、100万元奖励。对国内外一流团队和顶尖人才领衔的重大项目，通过“一事一议”方式给予最高1000万元综合支持。

2．加大高层次人才引进力度。按顶尖型（A类）、领军型（B类）、高端型（C类）、高级型（D类）四个类别制定湘潭市高层次人才分类认定目录。对新引进到企业和市属科研院所全职工作的A、B、C类人才，分别给予500万元、300万元、100万元奖励，分3年支付到位；柔性引进的，每年分别给予50万元、30万元、10万元奖励，奖励时间不超过3年。对于引进5年内有突出贡献的A、B类高层次人才，还可以通过“一事一议”方式给予最高500万元的一次性奖励。

3．加大急需紧缺人才引进力度。定期发布湘潭市急需紧缺人才需求目录，加大在优势主导产业、战略性新兴产业、金融商贸、健康医疗、教育科研、农林水畜、文化旅游和现代服务业等方面急需紧缺人才的引进力度，对入选市级重点骨干急需紧缺人才的，根据人才类别分别给予5万—20万元奖励。加大军民融合科研人才引进力度，对自主择业在潭创新创业的核心骨干军事科研人才，综合其职称与科研能力，给予最高20万元奖励。

4．加大青年人才引进力度。实行高校毕业生“零门槛”落户，全日制本科及以上高校毕业生凭户口本、身份证、毕业证即可办理落户手续。对新进入我市优势主导产业和战略性新兴产业相关企业工作的全日制本科、硕士、博士学历的高校应届毕业生，每年分别发放4000元、5000元、6000元就业生活补贴，连续发放2年。重点建设好50家左右就业见习基地，满足高校毕业生见习需求并给予见习补贴。加大从优秀高层次年轻专业人才中招录公务员力度，定向重点高校开展选调生选拔工作。

5. 加大国际化人才引进力度。支持市属科研院所和企业引进海外高层次人才，海外引进并在潭新申报入选国家“千人计划”、省“百人计划”的，分别给予最高100万元和50万元配套奖励。出国留学人员来潭回潭创业，符合条件且经认定的，给予10万—20万元奖励，特别优秀的给予最高50万元奖励。获得国家、省级引智项目资助的，按照国家、省资助额度给予引智项目单位1∶1配套、最高20万元资助。每年确定5个左右市级引智资助项目，根据贡献程度分别给予引智项目单位10万元、5万元和2万元经费资助。知名国外高端智力转化平台落户我市的，给予最高1000万元综合支持。

二、实施重点人才培育工程

6. 加大高层次人才培育力度。在潭工作3年以上的现有人才经自主培养新申报成为“两院”院士等顶尖人才的，给予人才一次性500万元奖励，分3年支付到位，并给予用人单位一次性100万元奖励；成为国家“万人计划”杰出人才和科技创新领军人才的，给予一次性100万元奖励，分3年支付到位，并给予用人单位一次性50万元奖励；成为国家“万人计划”其他类人才的，给予一次性10万元奖励。申报获评省、市、县芙蓉人才奖的，按贡献度分等次分别给予每人30万、20万和10万元奖励。

7. 加大青年人才培养力度。对符合条件的高校毕业生创业者，给予创业培训补贴、一次性开办费补贴和经营场所租金补贴。每年遴选5个以上优秀青年创业项目，申报入选省市两级“双百”资助工程，按其实际有效投入情况，给予最高10万元奖励资助。对在市属科研院所和企业新培养的国家“青年千人计划”入选者、“优秀青年科学基金”获得者、“万人计划青年拔尖人才”等人才，一次性给予20万元奖励补贴。

8. 加大高技能人才培养力度。建立杰出莲城工匠认定制度，给予最高5万元奖励资助。继续实施“金蓝领”高技能人才培训工程，着力培育一批高素质技能人才。大力推行企业新型学徒制，5年内选择30家企业与职业、技工院校开展“学徒制”培养试点，对达标企业给予每家5万—10万元一次性补助。建立职业技能晋级奖励制度，对企业新获得技师、高级技师职业资格的职工，分别给予2000元、3000元奖励。组织和引导各类技能人才参加国内外技能大赛，对获奖选手及输送单位给予配套奖励。对新培养获得“中华技能大奖”“全国技术能手”及相当层次奖项的高技能人才，给予20万元奖励，并给予用人单位10万元奖励。推动技工（职业）院校与企业合作培养技能人才，对市属技工（职业）院校每年输送100人以上中级及以上技工，且与本地企业签订3年以上劳动合同的，按每人500元的标准给予院校奖励。

9. 加大重点领域人才培养力度。抓好教育、医疗卫生、城市规划建设、新闻网络、社会工作等社会事业人才队伍培养。实施教育名师培养工程，建立一支数量充足、素质优良的中小学名师、名校长、名班主任和“双师型”职教名师队伍。实施医卫名家培养工程，集中培养一批医卫高层次人才和骨干人才，支持建设一批临床重点学科。突出培养一批层次较高、业务精湛的城乡规划建设优秀人才。抓好主流媒体和网络媒体骨干人才培养，适应媒体深度转型与融合发展需要。抓好社会工作人才培养，扶持建设社会工作专业人才培训基地，培育一批市级以上民办社工服务机构。

三、实施人才发展平台构建工程

10. 加快推进人才交流合作平台建设。积极推进“双一流”高校、国家级科研院所、国家重点实验室、海外知名研究机构、世界500强企业等在我市布局设点，建立独立创新机构、重点实验室的，给予最高1000万元启动资金资助。对新建国家级、省级示范院士专家工作站的建站单位，分别给予100万元和50万元配套奖励；新设立的市级院士专家工作站，给予每个50万元奖励。新设立的国家级博士后工作（流动）站，给予每个20万元奖励；新设立的省级博士后工作站协作研发中心，给予每个10万元奖励；对新建的国家级、省级技能大师工作室，分别给予20万元和10万元配套奖励；对新设立的市级技能大师工作室给予10万元奖励；对省级专业技术人员继续教育基地给予50万元配套资助，对市级专业技术人员继续教育基地择优给予最高20万元资助。市属高校院所、医院新建成省级以上一流学科和临床重点专科的，给予最高20万元资助；企业新建成省级以上重点实验室和工程技术研究中心等平台的，按国家、省扶持资助额度的1∶1配套，给予最高50万元资助。对新认定的市级工程技术研究中心等给予最高10万元资助。对新建的国家级、省级高技能人才培训基地给予国家、省扶持资助额度的50%，配套最高20万元经费资助。

11. 加快推进人才创新创业孵化平台建设。高层次人才创业企业落户湘潭范围内省级以上园区，且被认定为市级以上科技型中小企业的，可由所在园区根据创业企业入选等级给予企业配套资助，推动优质创业企业向园区集聚。对新引进的孵化机构，由园区给予最高300万元资助，提供最多1000平方米的3年免租创业场所，或给予相应租金补贴；属于国内外知名孵化机构，并能为我市带来显著经济效益的，制定专门扶持政策。鼓励专业机构和民企民资参与建设、运营创业平台，对经认定的跨境人才项目孵化器，给予每年最高100万元资助；对新建的国家级、省级、市级企业孵化器（众创空间、众创联盟）等新型服务平台，分别给予最高50万、30万和10万元资助。企业联合高校院所组建产业技术创新战略联盟，新认定为国家级、省级的，分别给予牵头单位100万元、50万元资助。

12. 加快推进人才创业金融服务平台建设。鼓励金融机构对人才创办企业提供信贷支持，设立小微企业信贷风险补偿基金，对金融机构为企业提供信用贷款及采用股权、知识产权、商标权等质押贷款，给予风险分担支持。放宽人才创业担保贷款额度，对个人、合伙经营、小微企业贷款最高额度分别提高至20万元、50万元、300万元，并给予2年财政全额贴息。建立健全覆盖全市的政府性融资担保机构体系，鼓励政府性融资担保公司为高层次人才所创办企业提供贷款担保，按有关政策给予补贴。

13. 加快推进引才引智平台建设。鼓励国内外知名人力资源服务机构在潭设立分支机构，给予最高50万元的一次性奖励。建立引才中介奖励机制，为我市全职引进A、B、C类人才的中介组织，分别给予每人次（团队）50万元、20万元、5万元的引才奖励，同一中介组织一年最高奖励100万元；鼓励投资机构“以投带招”，推荐的高层次人才创业企业落地5年内，销售收入突破1亿元、5000万元、1000万元的，分别给予投资机构20万元、10万元、5万元奖励。对柔性引进高层次人才，在技术研发、产品升级、项目合作等方面取得突出成效，按其所付薪酬的20%，给予用人单位单人最高20万元奖励，同一单位每年最高奖励50万元。鼓励以政府购买服务方式举办组团式引才活动，探索推进依托驻外机构开展引才工作站建设，根据引才成效每年给予最高100万元的工作经费。

四、实施人才体制机制创新工程

14．创新编制和岗位管理机制。保障和落实用人单位自主权，积极探索一事一议、一人一策的方式，不拘一格评价选拔人才，按照特设岗位予以聘用。全市在总量范围内调剂事业编制，设立人才编制管理专户，为急需紧缺高层次人才引进提供编制保障。允许符合条件的市属企事业单位引进具有高级专业技术职称或博士学历的急需紧缺专业人才，可设立特设岗位，按公开招聘程序，采取直接考核的方式招录（聘）。支持市属公立高校、医院实行编制备案制管理，先进人后备案，并探索逐步不再纳入编制管理。探索建立企业培育和市场化选聘相结合的市属国企职业经理人制度。试点市属国企、事业单位急需紧缺高层次人才协议工资制、项目工资制，不纳入单位绩效工资和职工工资总额。

15．完善人才评价机制。建立高层次人才分类目录，对全市高层次人才按A、B、C、D四个层次进行评价认定，享受相应政策待遇。进一步下放职称评审权限，将中小学一级教师职称评审权限、基层卫生专业技术人才中级职称确认发文和发证权限下放至县市区。探索在条件成熟的单位（系统）开展中级职称自主评审试点。对引进的海外高层次人才和急需紧缺人才，放宽评审资历、台阶、年限等限制。

16．健全科技人才激励机制。支持科技人才创业、科技成果转化，鼓励事业单位科研人员、市属高校、科研院所的专业技术人员兼职、在职创办企业或携带本人科技项目和成果离岗创业，3年内保留人事关系，并同等享有职称、社保等权利。知识产权和科技成果作价入股，不再限制占注册资本比例；对于职务发明成果转让收益（持股股权），成果持有单位可按不低于70%的比例奖励科研负责人、骨干技术人员等团队重要贡献人员。鼓励人才携带拥有自主知识产权的科研成果在我市实施转化和产业化，对转化项目成效明显的，经评审，给予最高100万元资助。鼓励在潭高校院所、企业面向市内单位开展技术开发和技术转让，经评定，给予单个技术合同成交额的2%、最高10万元奖励，主要用于奖励相关科研人员。鼓励在潭高校院所科研人员在市内企业兼职从事研发工作，按规定获取相应报酬。深入实施科技特派员计划，鼓励支持专业技术人才到基层一线、中小微企业提供成果转化服务和技术帮扶，获取相关报酬。

五、实施人才服务保障升级工程

17．加强人才住房保障。对每年在我市工作时间不少于6个月，与我市企业签订3年以上劳动合同，未享受我市住房优惠政策的人才，以货币化方式支持解决住房问题。对新引进到企业和市属科研院所全职工作的A、B、C、D类高层次人才购买商品住房的，一次性分别给予100万元、70万元、50万元和15万元购房补贴，不在潭购买住房的，分别给予每月1万元、5000元、3000元、1500元租房补贴，租房补贴发放时间不超过3年，已享受的租房补贴在购买商品住房时从购房补贴中予以冲减。对新引进到我市优势主导产业和战略性新兴产业相关企业工作的正高职称人员（特级技师）、副高职称人员（高级技师）和博士研究生、全日制硕士研究生、全日制本科毕业生，入职或毕业5年内在潭首次购买商品住房的，按购房价的12%、10%、5%、3%，一次性分别给予最高10万元、8万元、3万元、2万元购房补贴。

18．提升人才生活保障水平。探索实施莲城人才绿卡制度，在医疗保健、安家落户、出入境签证、配偶安置、子女入学等方面提供优惠政策和便利条件。经市级认定的A、B、C类高层次人才，其子女可在市属中小学校、幼儿园选择就读入园，D类高层次人才子女就读义务教育阶段学校，根据人才意愿和实际情况，相对就近统筹安排。做好高层次人才配偶安置工作，原在机关事业单位工作的，可依照有关法律法规按对口部门予以安排，其他类型的由有关部门（单位）优先推荐就业。在市属三甲医院开通高层次人才就医“绿色通道”，配备家庭医生和就医服务联络员，为高层次人才提供优先诊疗、健康管理和咨询服务。

19．实施税收优惠政策。按税法规定落实高新技术企业、小型微利企业等有关税收优惠政策。企业引进的A、B、C、D类高层次人才，支付的一次性住房补贴、安家费等费用，可据实在计算企业所得税税前扣除。高校、科研院所转化科技成果以股份或出资比例等形式给予个人奖励的，按规定向税务部门报备后，暂不征收个人所得税。各级财政性人才奖励资助资金发放给人才个人时按相关规定享受税收优惠。

20．营造尊重人才良好氛围。完善市级领导和各级领导干部直接联系服务人才制度，健全人才奖励体系，按期对芙蓉人才、市产业科技领军人才、市级优秀专家、杰出企业家、医卫名家、教育名师、文化艺术名人、莲城青年英才、莲城工匠、莲城友谊人士、市政府特殊津贴专家、市级专业技术骨干人才、优秀农村实用人才和优秀社会工作人才等人才进行选拔奖励，落实有关奖励待遇。积极推荐各类人才参评申报国家、省级各类人才工程。统筹安排高层次人才休假、联谊和体检活动，加大人才典型宣传力度。

莲城人才行动计划由市委人才工作领导小组牵头组织实施。各级各相关部门要认真研究制定具体实施方案和细则，确定责任领导和责任人，明确时间期限。财政部门要加强财力统筹，合理确定列支渠道和分担比例，充实人才发展专项资金，保障本计划所需资金。各县市区（园区）和专业技术人员集中的行业系统要抓好工作落实和政策衔接，并结合实际制定既全方位承接又差异化激励的配套措施，构建全市统筹联动、齐抓共管的人才工作格局。莲城人才行动计划的推进实施情况纳入各地各单位领导班子绩效考核。

本计划自颁发之日起实施，由市委组织部会同相关部门负责解释。《湘潭市产业人才引进三年行动计划（2017—2019年）》相关政策继续执行。本文件与我市现行相关政策有交叉重复的，按照“时间从新、标准从高、奖励补贴不重复”的原则执行。

附件：湘潭市高层次人才分类认定目录（略）

中共湘潭市委
湘潭市人民政府
2018年5月4日

湘潭市产业科技领军人才团队引进认定和奖励实施细则（试行）

（潭人才办发〔2018〕5号）

第一章 总 则

第一条 根据《中共湘潭市委湘潭市人民政府关于印发<莲城人才行动计划>的通知》（潭市发〔2018〕13号），制定本实施细则。

第二条 本细则所指产业科技领军人才团队是指围绕湘潭优势主导产业和战略性新兴产业，新引进的带动效果明显的创新创业人才团队，包括顶尖创新创业人才团队和杰出创新创业人才团队。

第三条 湘潭市产业科技领军人才团队引进认定和奖励由市委人才办统筹，市科技局牵头实施，相关责任部门协同推进。

第二章 引进条件

第四条 顶尖创新创业人才团队：团队带头人应符合《湘潭市高层次人才分类认定目录》A类顶尖人才的相应条件，担任单位（企业）部门技术负责人且与用人单位签订3年以上的劳动合同或企业持股10%—30%以上（年销售收入过1亿元的企业持股10%以上，新注册3年以内的企业持股30%以上），每年在潭服务时间不少于9个月。核心成员不少于4名，且核心成员应达到《湘潭市高层次人才分类认定目录》B类领军人才或C类高端人才的相应条件，全职在湘潭市工作。

第五条 杰出创新创业人才团队：团队带头人应符合《湘潭市高层次人才分类认定目录》B类领军人才的相应条件，担任单位（企业）部门技术负责人且与用人单位签订3年以上的劳动合同或企业持股5%—20%以上（年销售收入过1亿元的企业持股5%以上，新注册3年以内的企业持股20%以上），每年在潭服务时间不少于9个月。核心成员不少于4名，且核心成员应达到《湘潭市高层次人才分类认定目录》C类高端人才或D类高级人才的相应条件，全职在湘潭市工作。

第六条 申报单位应是人才团队所在企业或高职以上院校、医疗卫生机构、科研院所等。其中，企业应该在湘潭市注册，具有独立法人资格，依法在湘潭市纳税和缴纳社会保险（对新引进的团队成员不做要求），并具备一定产业规模。

第七条 团队创新能力较突出，团队带头人或其核心成员近5年获得过省部级二等奖以上（排名前3位）科技奖励，或承担过省部级以上重点科研项目（项目负责人）；拥有核心技术或自主知识产权，所研发的产品为主导产品且具有较强的市场发展潜力和竞争力。

第三章 评选程序

第八条 引进人才团队评选主要包括自主申报、专家评审、评估论证、现场考察、公示审定。

（一）自主申报。由市科技局在政府网站统一发布申报指南，人才团队依托单位向市科技局进行自主申报。申报材料包括：申报表、申报人有效身份证明、申报单位及团队人员参保证明、劳动合同、学历学位证书、职称证书、创办企业证明材料（营业执照、验资报告、公司章程及股权构成等）、主要成果证明材料（专利证书、产品证书、奖励证书、代表性论著等）。

市属企业、市以上机关事业单位直接向市科技局申报；其他申报单位向所属县市区、园区科技部门申报，经县市区政府、园区管委会同意推荐后，统一报市科技局。

（二）专家评审。市科技局组织专家对符合条件的申报人才团队进行评审，评审其学术科研水平、创新创业能力、作用发挥情况、市场前景潜力等。

（三）评估论证。市科技局组织有资质的专业机构或评估小组对其在我市产业化成效明显的创新成果进行评估。

（四）现场考察。对通过专家评审和评估论证的人才团队进行现场考察，考察其申报材料真实情况及申报团队创新创业等情况。

（五）公示审定。考察合格的人才团队经市科技局党组会审议后，面向社会公示5个工作日，经公示无异议后，确定入选人才团队名单，由市科技局报市委人才工作领导小组审定。

第四章 资助方式

第九条 顶尖创新创业人才团队：创新成果达到国际一流水平，上年度实现新增销售收入5000万元以上、新增税收300万元以上、培养科技人才10人以上，按照科研项目总投资额的60%，给予最高1000万元综合支持，用于科技攻关、科研平台、团队建设、人员绩效等，按照“一事一议”的方式，分3年拨付到位。

第十条 杰出创新创业人才团队：上年度实现新增销售收入3000万元以上、新增税收在200万元以上、培养科技人才5人以上，创新成果按评估结果分国际先进、国内领先、国内先进三个层次，按科研项目总投资额的50%，分别给予最高200万元、150万元、100万元经费支持，用于科技攻关、科研平台、团队建设、人员绩效等，其中，人员绩效支出30%—50%，奖励给作出重要贡献的科技人员，分2年拨付到位。

第五章 评估管理

第十一条 建立考核评估、激励和退出机制，市科技局每年组织专家对产业科技领军人才团队进行考核评估，对创新创业成效突出的，给予持续支持；对创新创业过程中因不可预知风险造成失误、失败的，经调查评估予以宽容免责，纳入持续支持范围；对作用发挥不够、成效不明显的，终止支持。

第六章 附 则

第十二条 市产业科技领军人才团队引进奖励资助资金从“莲城人才行动计划专项资金”中列支。

第十三条 本细则由市委人才办、市科技局负责解释，自公布之日起实施。

中共湘潭市委人才工作领导小组办公室
湘潭市科学技术局
2018年9月18日

湘潭市国际化人才和智力引进经费补助实施办法（试行）

（潭人才办发〔2018〕12号）

第一章 总 则

第一条 根据《中共湘潭市委湘潭市人民政府关于印发<莲城人才行动计划>的通知》（潭市发〔2018〕13号），制定本实施办法。

第二条 本办法所称国际化人才是指湘潭市企业和市属高校、科研院所、医疗卫生机构等单位，通过招聘、技术合作、项目合作、培训交流等方式，引进的外籍、台港澳、持外国绿卡的中国籍高层次经营管理和专业技术人才，以及来潭就业创业的留学归国人员。

第三条 湘潭市国际人才和智力引进经费补助实施由市委人才办、市人力资源和社会保障局牵头负责，相关责任部门协同推进。

第二章 海外高层次人才引进资助

第四条 湘潭市企业和市属高校、科研院所、医疗卫生机构等单位引进的国际化高层次人才在潭新申报入选国家“千人计划”、省“百人计划”的，分别给予最高不超过100万元和50万元配套奖励。

第五条 获得国家、省级引智项目资助的，按照国家、省资助额度给予引智项目单位1∶1配套，最高不超过20万元。

第六条 每年确定5个左右的引进国（境）外智力项目，根据对湘潭的社会经济发展贡献程度不同，分为普通项目、重点项目。

普通项目包括通过聘请海外及香港、澳门、台湾等地区的经济技术、管理专家和文教卫专家，以及引进的国（境）外技术、品种，以解决单位技术和管理等问题的有关项目。

重点项目包括符合我市产业发展政策，在相关行业和专业领域具有先进性、前瞻性，能够达到淘汰落后生产工艺、提升产业技术水平、增强科研成果转化能力、解决重大关键技术和瓶颈技术难题，具有重大的社会效益和经济效益前景的项目。

重点项目给予引智项目单位经费资助10万元；普通项目给予引智项目单位经费资助2万—5万元。

（一）申报条件。

1．项目是我市重点产业急需紧缺并且成效明显或前景良好；

2．项目单位引进成本在项目资助金额以上；

3．原则上获得国家、省级引智项目资助的项目不得重复申报。

（二）申报程序。

1．中央、省属在潭单位项目直接向市人力资源和社会保障局申报；

2．市属单位项目经市直主管部门初审、汇总后，报市人力资源和社会保障局；

3．各县（市）区、园区单位项目经各县（市）区、园区人力资源和社会保障部门初审、汇总后，报市人力资源和社会保障局。

（三）申报时间。每年集中申报1次，具体申报时间以当年项目申报通知为准。

（四）申报材料。项目单位须填报《湘潭市引进国（境）外智力项目申报表》，并提交以下材料：

1．项目申报单位的行业准入证和项目单位的运转情况等（如经营状况、纳税、诚信情况）材料；

2．申报项目如列入国家和省重点工程、重大科技改造工程、重大科技攻关等国家项目计划的批文原件和复印件；

3．专家护照签证页、绿卡或《外国人来华工作许可》原件和复印件；

4．聘用合同或合作协议原件和复印件；

5．其他需要提供的材料。

（五）考察评审。由市人力资源和社会保障局会同相关单位组成考察组对项目的真实性及相关情况进行实地考察。根据考察意见，组织专家评审，对项目进行综合评定。然后根据综合评定结果，提出项目资助方案，报市委人才办审定，确定资助项目名单。

第七条 经市委人才办审定的在潭新申报入选国家“千人计划”、省“百人计划”、国家和省级引智配套和市级引智项目名单，在相关主流媒体或网站公示5个工作日。

第八条 资金拨付。对公示无异议的，按程序将资助经费拨付至申报单位账户。

第九条 资金使用范围。资助资金可用于资助国际旅费、专家零用费、专家食宿交通费、城市间交通费、专家工薪，以及国外新技术、新品种的引进，试验转化、技术培训等费用。专家工薪最高不超过用人单位与专家签订的合同或协议中所规定支付的工薪或报酬的60%。如申请工薪资助，不再支付专家零用费。

第三章 出国留学人员来潭回潭创业奖励

第十条 出国留学人员来潭回潭创业是指公派、自费出国（境）学习，并取得国（境）外学士及以上学位的出国留学人员（包括中国国籍和非中国国籍）以独资或与国内外企业、个人及其它经济组织合资、合作的形式来我市创办企业。

第十一条 根据项目技术创新性和市场潜力，出国留学人员来潭回潭创业项目分为优秀项目、重点项目。优秀项目需是省、市重点技术攻关或技术改造项目，在某一学科领域具有省内或国内领先水平。重点项目需是自主创新成果特别突出，市场潜力巨大，获得专家评审组全票推荐的，可评为重点项目。优秀项目奖励资助10万—20万元；重点项目采取“一事一议”的办法，由专家评审组对项目进行详细考察评价确定额度，给予最高50万元的奖励资助。

（一）申报条件。

1．创业人员所创办的企业在我市登记注册已满1年但不足2年（时间截至当年申报时间，具体时间以当年项目申报通知为准），且单位处于正常运作状态；

2．创业的项目是高新技术产品研发、生产，且注册资金不低于50万元；

3．创业项目需技术创新性强，具有市场潜力，预期经济效益较好。

（二）申报程序。

各县（市）区、园区项目经各县（市）区、园区人力资源和社会保障部门初审、汇总后，报市人力资源和社会保障局。市属项目经市直主管部门初审、汇总后，报市人力资源和社会保障局。

（三）申报时间。每年集中申报1次，具体申报时间以当年项目申报通知为准。

（四）申报材料。申请人须填报《湘潭市出国留学人员来潭回潭创业奖励申请表》，并提交以下材料（原件和复印件）：

1．国（境）外高等学院学位证书（需经国家教育部认证）；

2．申请人留学期间的护照（含所有留学期间的签证记录及出入境记录）；

3．创办企业的营业执照或与我市企业签订的合作协议；

4．研发的项目可行性报告、发明专利证书等相关证明材料；

5．其他需要提供的材料。

第十二条 考察评审。由市人力资源和社会保障局会同相关单位组成考察组对项目的真实性及相关情况进行实地考察。根据考察意见，组织专家评审，对项目进行综合评定。然后根据综合评定结果，提出项目奖励方案，报市委人才办审定，确定出国留学人员来潭回潭创业奖励名单。

第十三条 经市委人才办审定的出国留学人员来潭回潭创业奖励名单，在相关主流媒体或网站公示5个工作日。

第十四条 资金拨付。公示无异议的，按规定将资助经费拨付至申报单位账户。

第四章 附 则

第十五条 受资助者存在以下行为之一者，将视情况分别给予警告、通知整改和收回资助经费：

1．申报项目没有正常开展；

2．经费使用不当，没有按要求专款专用；

3．擅自变更资助人或资助项目内容。

存在上述情况的，由市人力资源和社会保障局提出处理意见，报市委人才办审批。

第十六条 本细则自公布之日起实施，由市委人才办、市人力资源和社会保障局负责解释。

中共湘潭市委人才工作领导小组办公室
湘潭市人力资源和社会保障局
2018年9月18日

中共衡阳市委 衡阳市人民政府
关于深化人才发展体制机制改革的实施意见（试行）

（衡发〔2018〕9号）

为深入贯彻习近平新时代中国特色社会主义思想和党的十九大精神，落实《中共中央印发<关于深化人才发展体制机制改革的意见>的通知》（中发〔2016〕9号）和《中共湖南省委印发<关于深化人才发展体制机制改革的实施意见>的通知》（湘发〔2016〕27号）以及《中共湖南省委办公厅关于印发<湖南省芙蓉人才行动计划>的通知》（湘办发〔2017〕42号）等文件精神，大力破除束缚人才发展的思想观念和体制机制障碍，最大限度激发人才创新创造创业活力，现就深化人才发展体制机制改革，提出如下实施意见。

一、实施"人才雁阵"行动计划

1．实施高层次创新创业人才及团队引进培育工程。根据我市产业需求，重点引进掌握关键技术的高层次创新创业人才及团队，按照国际领先、国内领先两个档次，分别给予3000万元、2000万元经费支持。对促进我市产业发展有重大贡献、能带来重大经济效益的国内外顶尖人才团队，可采取"一事一议"方式，给予最高1亿元综合资助。

实施高层次创新创业人才及团队培育支持计划，对新入选（或获奖）的国内外顶尖人才（A类）、国家级领军人才（B类）和省"百人计划"人才，根据服务期限及产业发展贡献情况，分别给予最高200万元、100万元、50万元经费支持。对新入选（或获奖）国家级、省级、市级的创新创业人才团队，分别给予最高150万元、100万元、50万元经费支持。

2．实施紧缺拔尖人才集聚工程。支持企事业单位全职引进高层次急需紧缺人才、高技能紧缺职业（工种）人才，经认定，给予每人每年最高30万元生活补贴，享受期为5年，同时还享受购房补贴。支持企业以顾问指导、兼职服务、项目委托、联合攻关、技术入股、人才战略合作、组建技术创新联盟等方式柔性引进国内外顶尖人才（A类）、国家级领军人才（B类），经认定，分别给予每人30万元、20万元生活补贴。

3．实施青年人才培育工程。加强青年人才储备，对我市优秀高中毕业生，每年评选30人，给予每人2万元奖励，并颁发"雁城优秀学子"荣誉证书。对到衡阳求职的大学生，仅凭有效学历证明、身份证件，即可办理落户手续。对企事业单位集中引进的人才给予生活补贴，其中，全日制本科毕业生每人每月享有800元生活补贴（"双一流"范围内全日制本科毕业生每人每月享有1500元生活补贴）、全日制硕士研究生每人每月享有2000元生活补贴、博士研究生每人每月享有4000元生活补贴，享受期均为3年。到偏远贫困地区工作的，县市区及用人单位还可适当提高补贴标准和享受期限。注重青年人才培育，对入选各类人才培养工程、获得各类人才荣誉称号或获得各类创新创业竞赛奖项、科学技术奖项的青年创新创业人才或团队，择优给予最高30万元经费支持。对入选市青年科技人才托举计划人员，给予1万元经费支持，连续资助3年。对企事业单位在职人员攻读博士研究生并取得国家承认的博士研究生学历学位的，一次性奖励10万元。

4．实施名家名匠铸造工程。鼓励高技能人才职业技能晋级，对在企业工作2年以上、晋升三级以上国家职业资格并缴纳养老保险费的人员分等次给予补贴，每人最高补贴3500元。每年开展职业技能竞赛和技术能手评选，对特别优秀的高技能人才，授予"雁城技术能手"称号，一次性奖励3万元；对新引进或获得"湖南省技术能手"称号的高技能人才，一次性奖励10万元，并给予用人单位5万元奖励；对新引进或获得"中华技能大奖""全国技术能手"及相当层次奖项的高技能人才，一次性奖励50万元，并给予用人单位20万元奖励。上述对象优先推荐劳模评选，优先推荐享受政府特殊津贴。支持职业院校与企业合作培养高技能人才，院校每年培养100人以上中级及以上技工、并与企业签订3年劳动合同、缴纳养老保险费的，按每人500元的标准，给予院校培训补贴。支持企业建立技能大师工作室，对新认定的国家级、省级、市级技能大师工作室，每个分别给予30万元、20万元、10万元经费支持。支持高技能人才培训基地建设，对新认定的国家级、省级、市级高技能人才培训基地，根据培训情况，给予一定的经费资助。实施行业领军人才培育计划，支持各行各业优秀人才成名成家，重点铸就一批策划高手、教学名师、衡阳名医、文化名人、能工巧匠。

二、加大人才创新创业支持力度

5．支持人才发展载体建设。加强科技创新平台建设，支持高校院所和企业建设重点（工程）实验室、工程（技术）研究中心、企业技术中心，院士专家工作站、博士后科研工作（流动）站、博士后科研流动站协作研发中心，对获批市级及以上的科技创新平台，给予每家最高200万元的经费支持。支持高校院所和企业组建产业技术创新战略联盟，给予最高100万元建设经费支持，对运行良好、绩效突出的，按有关政策每年给予一定工作经费支持。以"一事一议"方式，支持诺贝尔奖获得者、综合实力排名世界500强企业或国际知名高校、科研院所科技人才来衡建立联合实验室、新兴产业技术研究院。支持创业孵化平台建设，每2年评选一批运营情况好、孵化成效突出的孵化平台，按有关政策给予最高50万元奖励。加强创业导师队伍建设，广泛吸纳知名企业家、知名创投人、专家教授、资深创客等开展创业辅导讲座。

6．建立人才创新创业金融支持和风险补贴机制。中小企业、创新创业团队（人才）向各类创新平台购买检验检测、技术开发等科技创新服务，根据其购买总量和效果，给予每家每年最高20万元补贴。对大学生创业开办的企业向银行申请经营性贷款给予利息补贴，时间不超过2年，贷款金额50万元以内的，按人民银行同期贷款基准利率贴息；贷款金额在50万—200万元的，按人民银行同期贷款基准利率的50%贴息。对高层次人才创办的企业，由于市场因素和政策因素导致经营困难的，每月给予人才个人或团队带头人1万元生活补贴，连续资助时间最长不超过24个月。

7．搭建人才交流互动平台。支持国内外知名学术机构和行业组织在衡举办学术会议、专业论坛和科技会展等活动，对符合我市重点产业发展方向和人才需求的，经批准，给予实际支出50%、最高100万元资助。成立衡阳高层次人才发展促进会，为我市企业及高层次人才搭建聚会联谊、经验交流、信息沟通、理念融合、合作促进的平台。

8．支持驻衡单位培育创新创业人才。推进教育与产业深度融合，通过财政资助、政府购买服务等措施，引导驻衡高校培育我市急需人才，支持企业与高校联合办学，进行“订单式”人才培养，实现人才精准输送。驻衡高校院所科研人员在我市企业兼职从事研发工作，或者从事科研成果转化，或者在我市创业，可享受本市人才支持政策。将驻衡高校院所引进培育的国内外顶尖人才（A类）、国家级领军（B类）、省级领军人才（C类）纳入我市服务范围，提供与市内人才同等的出入境、户籍、子女入学服务。对新入选（或获奖）省级及以上重点人才工程的，结合其对地方贡献度，给予每人最高50万元奖励补贴。

9．建立重点产业企业人才奖励政策。对重点产业企业的高层次人才和新引进的急需紧缺拔尖人才，结合企业对地方经济贡献度，按人才类别层次，依据人才工资薪金、股权交易收入、偶然所得等情况给予奖励，奖励期限不超过5年。

三、推进人才发展体制机制创新

10．落实用人单位自主权。全市在总量内调剂事业编制，设立事业单位人才引进编制管理专户，凡事业单位引进的高层次人才和集中引进的特殊岗位人才，没有空编的按照实际引进人数从专户相应安排编制。凡符合我市认定条件的高层次人才，编制部门在办理人才引进的编制使用核准手续时，可先引进再办理编制使用核准，或直接办理入编手续。引进人才因原单位不同意调出造成辞职、辞退的，经相关部门研究同意，可承认其原有身份、专业技术职务资格，给予重新建档，办理社保转移手续，并连续计算工龄。事业单位引进紧缺急需高层次人才，可采取年薪制、协议工资制、项目工资制等薪酬形式，按照人力资本市场价格合理确定薪酬。国有企业引进高层次人才和紧缺急需人才，也可采取上述薪酬形式，其薪酬在企业工资总额和薪酬总额中单列。

11．创建人才评价机制。制定高层次人才分类认定细则，对全市高层次人才按照国内外顶尖人才（A类）、国家级领军人才（B类）、省级领军人才（C类）、市级领军人才（D类）、高级人才（E类）等5个类别认定。建立人才分类动态调整机制，定期修订完善人才分类目录。对我市产业发展急需、社会贡献大、现行人才目录难以界定的“偏才”“专才”，经认定后，享受对应的人才政策待遇。建立人才考核评估、激励和退出机制。鼓励各行业各领域面向基层、面向一线，研究出台个性化评价办法，对民间艺人、能工巧匠、“土专家”、“田秀才”等实用人才授予专门称号。

12．创新人才引进工作机制。搭建互联网搜索平台，定向搜索全球高端人才，建立高端人才信息库。创新人才引进方式方法，利用亲情引才，通过市县联动，每年举办雁城学子看家乡、创新创业大赛等引才引智活动。每年定期组织园区、用人单位到境内外人才集中城市和重点高校开展专项引才行动，或在各级各类媒体发布引才公告。注重以才引才，建好衡阳欧美同学会和市留学生协会，创建海智计划工作基地，加强与海外人才资源对接交流。在“双一流”大学聘请人才工作联络员，每年给予一定补贴，对为我市引进人才作出贡献的，可给予奖励。建立引才激励制度，对为我市引进国内外顶尖人才（A类）、国家级领军人才（B类）、省级领军人才（C类）的中介组织，按人才类别每引进1人分别给予50万元、20万元、10万元奖励，同一单位每年最高奖励100万元。对注册地在衡阳，研发机构设在外地，成果在衡阳转化投入生产的企业，其外地研发机构引进的人才，同等享受本市人才支持政策。国有企业、事业单位可采取直接考核方式集中引进急需紧缺专业且岗位不能形成有效竞争的“双一流”范围内全日制本科毕业生、全日制硕士研究生及以上学历毕业生和高级专业技术职称人员。

13．鼓励科技人才有序流动。调剂一批存量事业编制，建立“创新创业人才编制库”，滚动使用，动态管理。外地具有事业身份的高层次人才到衡阳创新创业，其人事关系可转入“创新创业人才编制库”，并享受相关待遇。事业单位科研人员和专业技术人员经审批同意，可兼职到在衡企业从事科技成果转化，或者离岗在衡创业，3年内保留其人事关系，在原单位参加考核，并享受人事档案管理、档案工资晋升、职称评聘、保险等方面的待遇。深入实施科技特派员计划，鼓励支持专业技术人才到基层一线创新创业，每年遴选一批科技特派员创新创业项目给予资助。

14．支持人才科技创新及成果转化。支持人才申请专利，对新获得国内外发明专利授权的，每件给予3000元资助。每年筛选一批有重大技术创新、有望取得较大经济社会效益、缺少实施启动资金的授权发明专利进入孵化器培育，每个培育项目给予最高50万元经费支持。对重大专利成果转化，以“一事一议”的方式解决用地、用房、融资等方面的问题。支持高层次人才承担国家科技支撑计划、科技型中小企业创新基金等项目，对在我市实施的项目，给予配套资助。知识产权和科技成果作价入股，不再限制占注册资本比例。对于职务发明成果转化收益（包括入股股权），成果拥有单位可按不低于70%的比例奖励科研负责人、骨干技术人员等重要贡献人员和团队，团队负责人有内部收益分配权。鼓励和允许国有企业在科技成果转化实现盈利后，连续3年，每年提取不高于30%的转化利润，用于奖励核心研发人员、团队成员及有重大贡献的科技管理人员。

四、完善人才公共服务保障体系

15．建立杰出人才荣誉制度。对年纳税额5亿元以上的生产型企业的主要负责人，授予“雁城杰出企业家”称号，一次性奖励200万元。对在衡阳创新创业5年以上且为经济社会发展作出重大贡献的高层次人才，授予“雁城杰出贡献奖”，一次性奖励100万元。对在衡阳经济社会发展中作出突出贡献的外籍人才，授予“雁城友谊奖”，一次性奖励30万元。对在衡阳经济社会发展中作出突出贡献的企业高层次专业技术人才和技能人才，授予“雁城杰出工程师奖”，一次性奖励3万元。每年评选表彰一批芙蓉人才奖人选，每人一次性奖励20万元。所有获奖者纳入党委联系服务专家名单，优先推荐参加专家休假等活动。

16．实施人才安居工程。按照“分层次、保无房”的原则，根据个人情况及需求，由用人单位以实物配置与货币补贴相结合的方式解决人才住房问题。鼓励人才集聚的大型企事业单位、园区按照城市规划与土地出让管理有关规定利用自有存量用地建设人才公寓，专门提供给高层次人才居住。出台引进人才住房保障办法，对新引进的国内外顶尖人才（A类），采取“一人一议”的方式解决住房问题；对企事业单位全职引进的国家级领军人才（B类）、省级领军人才（C类）、市级领军人才（D类）、高级人才（E类）分类别给予最高100万元的购房补贴；对企事业单位集中引进的人才首次在衡阳购房的，博士研究生、全日制硕士研究生、“双一流”范围内全日制本科毕业生分别享有10万元、7万元、5万元购房补贴。对企业新培育引进的高级技师首次在衡阳购房的，给予其5万元购房补贴。享受以上待遇，应约定一定的工作期限。

17．构建更为便利的高层次人才出入境机制。从优、从快办理外籍人才及其配偶、未成年子女签证、居留许可等事项。高等院校、科研院所担任领导职务的专家学者因公临时出国（境）开展学术交流合作的，单位与个人的出国（境）批次数、组团人数、在外停留天数可根据实际需要安排。

18．提高人才社会保障水平。妥善解决海外高层次人才在衡参加保险问题，用人单位可为高层次人才购买商业医疗保险。市保健委为人才在衡医疗保障提供综合服务，协调市内相关医院开通国内外顶尖人才（A类）、国家级领军人才（B类）、省级领军人才（C类）就医“绿色通道”，配备服务联络员，提供预约诊疗、健康管理、外语接待等“一对一”诊疗服务。

19．优化人才子女入学和配偶随迁服务。新引进的国内外顶尖人才（A类）、国家级领军人才（B类）、省级领军人才（C类）子女可在市内中小学校、幼儿园优待入学。配偶原属机关事业单位在职在编人员且愿意来我市工作的，原则上可按对口部门给予安排，其他类型的由相关部门优先推荐就业。

20．健全人才发展财政投入机制。按照“渠道不变、管理不乱、集中投入、各计其功”的原则，整合市财政用于人才发展的各类资金，不断提高资金使用效益。加大财政投入，市财政每年安排不少于1亿元的人才发展专项资金，修订出台《衡阳市人才发展专项资金管理办法》，加强资金监管。

21．建立人才综合服务平台。推动人才管理部门简政放权，清理和规范人才招聘、评价、流动等环节中的行政审批和收费事项，强化人才管理部门宏观管理、公共服务、监督保障等方面职责。建立“一站式”服务模式，在各级政务服务中心设立人才服务窗口，配备服务人员，按照“一窗受理、多证联办”模式，为各类人才提供政策咨询、项目申报、融资对接、业务办理、待遇落实等服务。建立“一卡通”服务制度，为认定的高层次人才发放“雁城人才绿卡”，人才凭卡在子女入学、配偶就业、医疗保健、落户社保、住房保障、政务服务等方面享受优先便利服务。创建衡阳人才工作门户网站和雁城人才微信公众号，为各类人才开展线上线下服务。

五、加强党对人才工作的领导

22．完善党管人才工作格局和工作机制。坚持党管人才原则，市、县两级由党委书记任人才工作领导小组组长，进一步明确人才工作领导小组及办公室职责任务和工作规则，健全领导小组成员单位人才工作述职报告制度，建立党委常委会定期听取人才工作汇报和定期议才制度。强化组织部门人才工作牵头抓总职能，理顺党委、政府人才工作职能部门职责，将行业、领域人才队伍建设列入相关部门职责范围，实行履职考核。各人才管理部门要明确人才工作专门机构和人员，各县市区、各园区要相应设立人才工作机构，配强专职工作人员，设立人才发展专项资金。强化人才工作目标责任制考核，严格落实党委（党组）书记人才工作第一责任人责任，将人才工作纳入对各级领导班子和领导干部的综合考核，列为党建述职的重要内容。建立重点人才工作督办制度，对政策落实不力，服务不主动、不作为、慢作为的，及时问责处理。

23．强化党对人才的政治引领和团结凝聚。建立市、县领导直接联系高层次人才制度，不定期开展市委、市政府主要领导联系高层次人才座谈会。加强人才思想联系，强化各类人才教育培训，深入开展国情省情市情研修。建立专家决策咨询制度，集聚市内外优秀专家人才建好衡阳市经济社会创新发展智库等新型智库。加强人才政策宣传解读，加大优秀人才和工作典型宣传力度，营造尊重知识、尊重人才的良好氛围。

市直各有关部门要根据任务分工，抓紧研究制定具体措施和操作细则。各县市区、各园区要根据本实施意见精神，结合本地区实际，制定具体实施办法，规范有序推进意见实施，构建全市上下联动、统筹各方、齐抓共管的人才工作新格局。

本意见与我市现行相关政策有交叉重复的，按照“时间从新、标准从高、奖励补贴不重复”的原则执行。本意见涉及的各项奖励补贴支持资金，按照现行财政体制实行分级负担，具体分摊办法另行规定。未尽事宜由市委组织部（市委人才办）会同相关部门负责具体解释。

本意见自发布之日起试行，试行期为1年。

附件：衡阳市高层次人才分类目录（略）

中共衡阳市委
衡阳市人民政府
2018年4月3日

广东省

广东省人民政府关于强化实施创新驱动发展战略进一步推进大众创业万众创新深入发展的实施意见

（粤府〔2018〕74号）

为贯彻落实《国务院关于强化实施创新驱动发展战略进一步推进大众创业万众创新深入发展的意见》（国发〔2017〕37号），进一步优化创新创业生态环境，充分释放全社会创新创业潜能，在更大范围、更高层次、更深程度上推进大众创业、万众创新，制定本实施意见。

一、创建珠三角国家科技成果转移转化示范区。打造科技成果转移转化区域高地，加强粤港澳大湾区科技创新合作及成果转移转化，鼓励与港澳联合共建国家级科技成果孵化基地、青年创新创业基地等成果转化平台。加快建设华南技术转移中心，打造华南地区最具活力和影响力的技术转移与成果转化平台。建立全省统一的科技成果信息公开平台，完善重大科技成果转化数据库，推动技术标准成为科技成果转化的重要表现形式和统计指标。加快完善技术转移服务体系，培育市场化、专业化的技术转移机构和人才队伍。进一步完善科技成果转移转化激励政策，建立省财政资助的应用类科技创新项目成果限时转化机制。在项目立项时明确约定成果转化期限。健全广东省首台（套）重大技术装备推广应用制度，推动创新产品的推广应用。建设国家军民科技协同创新平台，争取军民融合创新资源落户广东。（省科技厅、省发展改革委、省经济和信息化委、省财政厅按职责分工负责）

二、建设知识产权保护和运营中心。按照“一产业一方案”原则，实施重点产业专利导航工程，大力培育知识产权密集型产业，推动知识产权与产业融合发展。实施高质量专利培育工程，培育建设一批产学研与知识产权服务协同式高价值专利育成中心，扶持各类创新中心开展高质量专利培育工作。加快建设中国（广东）、（佛山）知识产权保护中心，构建重点产业知识产权运用和快速协同保护体系。支持“全国知识产权运营公共服务横琴特色试点平台”开展国家知识产权运营试点、示范培育项目。加快建设中国（南方）知识产权运营中心、广州知识产权交易中心等交易运营平台，构建市场主导的知识产权运营体系。推动商标审查协作广州中心建设，推进国家商标注册便利化改革试验区和国家商标品牌创新创业（广州）基地建设。持续办好广东知识产权交易博览会。（省知识产权局、省新闻出版广电局、省工商局按职责分工负责）

三、推进高校、科研院所创新创业资源共享。加强与港澳的科技合作，共同实施粤港澳大湾区核心技术基础研究攻关计划，开展重大基础研究、应用基础研究和关键技术协同攻关。探索建立稳定增长的投入机制，加强对高校、科研院所基础研究与应用基础研究的系统支持。推动重大科技基础设施开放共享，深入推进科研仪器设施开放共享，探索建立仪器设备所有权和经营权分离机制，加强第三方运营机构建设，构建政府指导与市场运行、线上与线下服务有机结合的共享服务体系。全面实施创新券补助政策，支持中小微企业购买科技成果、技术创新服务，共享仪器设施。（省科技厅、省教育厅、省财政厅按职责分工负责）

四、开展投贷联动等融资服务模式创新。积极争取我省成为国家第二批投贷联动试点地区。支持银行机构探索投贷联动业务，加强与创业投资、股权投资机构的合作，强化信息和资源共享，推动科技创新企业的发展。支持银行机构参与设立各类产业投资基金，对基金所投企业提供贷款融资。深入开展科技信贷风险补偿工作，建立融资担保风险分担和补偿机制。深入推进专利保险试点，推广“政府+保险机构+服务机构”联动模式。引导和支持金融机构按市场化方式建立“贷款+保险+财政风险补偿”的专利权质押融资模式。（省科技厅、省金融办、省知识产权局、人民银行广州分行、广东银监局、广东保监局、深圳银监局按职责分工负责）

五、打造国际风投创投中心。探索建立天使投资风险补偿制度，引导创业投资更多向创业企业起步成长前段延伸。发挥省创新创业基金引导作用，重点投向初创期、早中期创新型企业，引导更多社会资金助推创新创业。改革省政策性引导基金的出资方式和管理模式，鼓励加大让利幅度，允许基金归属财政出资部分的收益全部让渡给社会资本出资方。规划建设一批股权投资集聚区，大力吸引具有丰富科技企业投资经验的天使投资人、创业投资基金、股权投资基金落户。支持国有创业投资企业开展混合所有制改革试点，深化与国内外风投创投机构合作。制定实施财政资金、国有资本参与创业投资的配套政策，完善绩效评价体系。（省发展改革委、省科技厅、省财政厅、省国资委、省金融办按职责分工负责）

六、实施工业互联网协同创新行动。实施企业创新创业协同行动，组织实施工业互联网应用创新专项，建设工业互联网创新中心，打造一批跨行业、跨领域的工业互联网平台和企业级工业互联网平台，提供企业生产优化、行业协同、产业资源共享配置等服务。鼓励大中型企业通过生产协作、开放平台、共享资源、开放标准等方式，带动上下游小微企业和创业者发展。推动基于互联网的国家级制造业“双创”平台建设，培育一批制造业新模式新业态。建设省级工业互联网网络安全监测平台和中小企业网络安全公共服务平台，构建自主可控的工业互联网安全保障体系。推广“制造产能+创新创业”模式，支持地市开展“制造产能券”试点，构建制造能力与创新成果资源对接机制，促进新技术、新成果、新项目与广东制造深度对接。（省经济和信息化委、省科技厅、省通信管理局按职责分工负责）

七、大力发展分享经济。组织开展共享经济示范平台建设，鼓励企业、高校和科研机构分享人才智力、仪器设备、实验平台、科技成果等创新资源。推动交通出行、无车承运物流、快件投递、旅游、医疗、教育等领域利用互联网技术优化组织运营模式，促进传统生活服务行业分享经济发展。大力推进“互联网+汽车”发展，加快车联网建设。加快建设互联网教育关键技术及应用国家工程实验室，打造面向基础教育、职业教育、在线培训等领域的互联网教育平台。鼓励打造平台型医院，发展远程医疗协作网，实现优质医疗服务开放共享，促进共享医疗规范发展。规范新就业形态劳动者与企业间法律关系，完善新就业形态劳动者参加社会保险权益保障机制。（省发展改革委、省卫生计生委、省教育厅、省人力资源社会保障厅、省交通运输厅、省旅游局按职责分工负责）

八、大力发展数字经济。制订实施数字经济发展规划，加快形成以创新为主要引领和支撑的数字经济。依托广东“数字政府”建设，推动政府数据向社会开放，鼓励引导公众和社会机构对政务数据、公共服务领域数据进行社会化开发利用。鼓励大数据、互联网、电子商务龙头企业和基础电信企业向创业者开放数据资源和云平台，支持中小微企业和创业者创新创业。推动建设一批人工智能小镇，发展人工智能产业和应用，打造集产业链、投资链、创新链、人才链、服务链于一体的人工智能创新创业生态系统。鼓励中小微企业和创业者围绕农业、制造业、服务业的数字化、网络化、智能化转型升级，开发基于互联网、大数据、人工智能、区块链等信息技术的创新应用解决方案。依靠信息技术创新驱动，不断孵化和催生智能网联汽车、智能无人机、智能机器人、智能传感器，以及移动支付、新零售、共享经济、平台经济等新产业新业态新模式，培育一批数字经济创新型中小微企业。依托广东省大数据开发者大会、“云+未来”峰会等组织开展数字经济创业创新竞赛，激发企业创业创新活力。（省经济和信息化委、省发展改革委、省科技厅、省商务厅按职责分工负责）

九、推进生态环保领域创新发展。组建环境研究院，加强大气、水污染治理、土壤修复等重点领域环保科技专项研究，推动先进成熟技术成果转化和推广应用。实施节能环保产业重大技术装备产业化工程，推动低碳循环、治污减排、监测监控等核心环保技术、成套产品、装备设备的研发。推广水环境治理、土地整备开发、投融资三位一体的模式和政府主导、企业总包规划—设计—建设—运营—管理的方式，探索市场化的治水治污新模式。（省环境保护厅、省经济和信息化委、省科技厅、省财政厅按职责分工负责）

十、支持返乡下乡人员创新创业。落实金融服务、财政税收、医保社保、用地用电等扶持政策，鼓励支持各类返乡下乡人员对接新产业新业态，发展共享农庄农场、创意农业。创建省级现代农业产业园和农产品加工示范区，聚集要素，共享资源，为农村双创提供实习、咨询、孵化等服务，推动形成产业集群。开展农村创业创新人才培训行动，评选全省十大杰出新型职业农民、推介农村创业创新优秀带头人典型案例，发挥示范带动作用。（省农业厅、省科技厅、省人力资源社会保障厅按职责分工负责）

十一、大力引进高层次人才。聚焦关键核心领域高层次人才需求，推进重点产业人才队伍建设。大力实施“珠江人才计划”“广东特支计划”等重点人才工程，积极引进培养创新创业团队和领军人才、高端经营管理人才、金融人才、青年拔尖人才。创新柔性引才机制，实施海外专家来粤短期工作资助计划，鼓励有条件的地区建设海外人才离岸创新创业基地。实施海外青年人才引进计划，吸引世界知名高校博士来粤开展博士后工作。深入推进全国人才管理改革试验区（粤港澳人才合作示范区）建设，推进港澳台青年创新创业基地建设，支持港澳台青年人才和高等学校毕业生来粤创新创业。建设汕头华侨试验区等华侨华人创新创业基地，探索建立华侨华人创新创业综合服务体系。实施留学人员回国创新创业启动支持计划，大力吸引“海归人员”来粤创新创业。落实国家对外国留学生的创业政策，鼓励外国留学生来粤创新创业。实施省人才优粤卡政策，给予持卡的高层次人才本地居民待遇，并提供各类优惠便利服务。深入推进外国人来华工作许可制度，全面实施出入境便利措施，完善外国高层次人才由工作居留向永久居留转换机制，实现工作许可、签证和居留有机衔接。（省委组织部、省教育厅、省科技厅、省公安厅、省人力资源社会保障厅、省港澳办、省台办、省侨办按职责分工负责）

十二、激发科研人员创新创业活力。落实我省深化职称制度改革实施意见，加大创新成果转化评价权重，下放职称评审权限。加大对高校、科研院所科研人员的绩效激励力度及收入分配倾斜，建立健全科技成果转化内部管理与奖励制度，探索完善绩效工资总量核定办法并建立动态调整机制，科技成果转化转让收益用于科研团队（个人）的激励部分、单位承担的各类财政资助科研项目的间接经费用于科研人员的绩效支出部分暂不列入单位绩效工资总量调控管理，横向课题经费给予科技人员的报酬及结余经费可以全部奖励项目组，科技人员的报酬及项目结余经费奖励支出不纳入单位绩效工资总量管理。进一步完善科研人员兼职取薪、离岗创业、工资待遇等政策，落实国家相关社保政策。制定贯彻落实国家机关事业单位基本养老保险关系转移接续实施意见，完善科研人员在企业与事业单位间流动时社保关系转移接续政策。（省人力资源社会保障厅、省教育厅、省科技厅、省财政厅按职责分工负责）

十三、构建全链条创新创业孵化育成体系。实施孵化育成体系提质增效行动，加快构建“众创空间—孵化器—加速器—科技园”全链条孵化育成体系。大力建设专业孵化器群，引导孵化器、众创空间建立专业化服务体系，支持骨干企业、高校、科研院所围绕细分领域建设平台型众创空间。推动创业投资机构与孵化器、众创空间全面对接，实现全省孵化器和众创空间科技金融服务的“全覆盖”。深入实施省科技企业孵化器、众创空间后补助试行办法，支持创投孵化器享受科技企业孵化器的相应扶持政策。开展全省大型骨干企业“双创”示范建设，制造业企业利用存量工业房产发展生产性服务业以及兴办创客、创新工场等众创空间的，可在5年内继续按原用途和土地权利类型使用土地，5年期满涉及转让需办理相关用地手续的，可按新用途、新权利类型及市场价以协议方式办理。（省科技厅、省经济和信息化委、省国土资源厅按职责分工负责）

十四、加快建设“双创”示范基地。深入推进广州高新技术产业开发区科学城园区、深圳南山区、深圳福田区、汕头华侨经济文化合作试验区、中山火炬高新技术产业开发区等国家级“双创”示范基地建设，实施省创业孵化基地提升发展行动，打造一批创新创业要素集聚、服务专业、布局优化的“双创”重点区域和支撑平台。建设30家高水平省级“双创”示范基地，构建多元化的“双创”生态体系。推进江门市国家小微企业创业创新基地城市示范建设，整合创建一批小型微型企业创业创新示范基地。办好全国“双创活动周”系列活动和“创客广东”“众创杯”“创青春”等创新创业大赛。（省发展改革委、省科技厅、省财政厅、省经济和信息化委、省人力资源社会保障厅、团省委、省科协按职责分工负责）

十五、优化创新创业政务环境。实行市场准入负面清单制度，负面清单以外的行业、领域、业务等，各类市场主体皆可依法平等进入。深化商事制度改革，统筹推进“证照分离”和“多证合一”改革，进一步压缩开办企业环节和时间。拓展电子营业执照应用，推行商事登记银政直通车服务。各级政府部门在制定政策措施的过程中全面实行公平竞争审查，及时废止或修改妨碍全国统一市场和公平竞争的政策措施，加大对行政性垄断案件的执法查处力度。制定完善“一单两库一细则”（随机抽查事项清单，市场主体名录库、执法检查人员名录库，规范“双随机”抽查工作细则），实现市场监管检查和执法检查事项随机抽查全覆盖。实施办税便利化措施，持续升级广东省电子税务局，完善涉税信息交换共享制度。（省编办、省发展改革委、省工商局、省法制办、省税务局按职责分工负责）

各地级以上市政府要根据本地实际完善相关配套政策，确保各项举措落到实处。省有关部门要细化工作任务和进度安排，加大政策实施力度。省发展改革委要适时开展跟踪评估，及时总结推广经验做法。

广东省人民政府
2018年8月20日

广东省人才优粤卡实施办法（试行）

（粤府〔2018〕96号）

第一章 总 则

第一条 为完善高层次人才服务保障机制，根据《中共广东省委印发〈关于我省深化人才发展体制机制改革的实施意见〉的通知》（粤发〔2017〕1号）和《中共广东省委办公厅广东省人民政府办公厅印发〈关于加强人才队伍建设打造创新人才高地的行动方案〉的通知》（粤办发〔2018〕25号），制定本办法。

第二条 人才优粤卡持卡人在我省按照有关政策规定享受当地居民待遇和优惠便利服务。

第三条 人才优粤卡载明持卡人身份信息，分为A卡和B卡。

第二章 申领对象

第四条 来粤或在粤工作，且符合下列条件之一的高尖端人才，不受国籍、户籍和身份限制，可申领人才优粤卡A卡。

（一）符合国际公认的专业成就认定标准的著名奖项获得者。

（二）中国科学院院士、工程院院士；外国国家科学院院士、工程院院士。

（三）国家最高科学技术奖、国家自然科学奖、国家技术发明奖、国家科学技术进步奖、中华人民共和国国际科学技术合作奖获得者或获奖团队核心成员，中国政府“友谊奖”获得者。

（四）国家“千人计划”顶尖人才与创新团队项目、创新人才长期项目、创新人才短期项目、创业人才项目、外国专家项目、文化艺术人才项目入选者；国家“万人计划”杰出人才、领军人才入选者。

（五）获中国专利金奖前两位发明人或设计人；“白求恩奖章”获得者；“国医大师”荣誉称号获得者；“全国名中医”荣誉称号获得者；国家百千万人才工程国家级人选；国家有突出贡献中青年专家；中国科学院百人计划入选者；中宣部文化名家暨“四个一批”人才入选者；长江学者奖励计划特聘教授、讲座教授；国务院侨办“重点华侨华人创业团队”牵头人；国家杰出青年科学基金获得者；何梁何利基金“科学与技术成就奖”“科学与技术进步奖”“科学与技术创新奖”获得者。

（六）南粤突出贡献和创新奖获得者；广东省“友谊奖”获得者；获广东省专利金奖第一位发明人或设计人；广东发明人奖获得者；广东文艺终身成就奖获得者；广东省新闻终身成就奖获得者；获评广东省优秀社会科学家人才。

（七）“珠江人才计划”引进创新创业团队带头人、本土创新科研团队带头人、领军人才、经营管理人才、金融人才；“广东特支计划”杰出人才（百名南粤杰出人才）入选者。

（八）近3年公布的世界500强企业总部的高级经营管理人才。

（九）世界技能大赛获奖选手；中华技能大奖获得者；国家级技能大师工作室带头人；南粤技术能手奖获得者；“振兴杯全国青年职业技能大赛前三名获奖选手。

（十）其他经省人力资源社会保障、外国专家主管部门认定的高尖端人才。

第五条 来粤或在粤工作的外国国籍、港澳台籍、定居在国外并具有中国国籍的，且符合下列条件之一的高层次人才，可申领人才优粤卡B卡。

（一）国家“千人计划”青年项目入选者；国家“万人计划”青年拔尖人才入选者。

（二）国家优秀青年科学基金获得者；获中国专利银奖、优秀奖第一位发明人或设计人；长江学者奖励计划青年学者；获广东省专利银奖、优秀奖第一位发明人或设计人。

（三）“珠江人才计划”引进创新创业团队核心成员、本土创新科研团队核心成员、青年拔尖人才，“广东特支计划”领军人才、青年拔尖人才；“扬帆计划”引进创新创业团队带头人和核心成员、引进紧缺拔尖人才项目和培养高层次人才项目入选者。

（四）珠江学者岗位计划入选者；广东杰出青年基金获得者。

（五）从业内公认全球排名前200的高校、国际知名科研院所及实验室引进的博士（包括在站博士后）和副教授以上专家学者。

（六）从业内公认全球排名前500的高校、国际知名科研院所及实验室引进的港澳台籍硕士以上青年拔尖人才。

（七）近3年公布的世界500强企业、著名跨国公司、金融机构担任高级以上专业技术人才和经营管理人才；外商或港澳台商投资企业高级管理人员、地区总部的中高级管理人员，外资或港澳台资研发机构的高层次研发人员。

（八）其他经省人力资源社会保障、外国专家主管部门认定的高层次人才。

第三章 服务内容

第六条 人才优粤卡A卡和B卡持卡人，可享受以下服务：

（一）户籍办理。持卡人及其配偶、子女可按照相关政策规定在住所或工作所在地办理落户。公安机关自受理之日起20个工作日内办结。

（二）安居保障。持卡人可按照相关政策规定在我省工作所在地购买自住商品住房；可根据省、市高层次人才安居工程实施办法享受相关安居保障政策；可按规定免费入住我省人才驿站。

（三）子女入学。持卡人子女入读公办中小学、幼儿园的，由持卡人住所或工作所在地的市、县（市、区）教育行政部门负责统筹安排，非当地户口的享受与当地居民子女同等待遇。如确实无法安排入读公办学校的，可选择入读民办学校，并由当地教育行政部门负责协调解决。

（四）社会保险。持卡人及其配偶、子女到我省居住，并计划在就业地依法参加社会保险的，可按规定优先办理各项社会保险关系转移接续，随到随办；持卡人配偶、子女未就业且符合条件的，可按规定参加基本医疗保险、基本养老保险。

（五）医疗服务。各地级以上市人才主管部门或用人单位每年为持卡人免费安排一次健康体检。

（六）停居留和出入境。

1．持卡人可按照公安部关于支持广东创新驱动发展和自由贸易试验区、粤港澳大湾区建设出入境便利政策措施，在申请永久居留、办理签证证件、聘雇外籍家政服务人员等方面享受便利。

2．内地居民持卡人可通过正常程序办理赴港澳商务签注，其配偶、子女、父母如符合公安部有关规定，可就近办理出入境证件。

（七）工商登记。持卡人申请市场主体设立登记、变更登记，且材料齐全、符合法定形式的，应及时受理、限时办结。

（八）金融服务。

1．持卡人创办科技型企业可向指定银行申请一定额度的无抵押贷款，由指定的国有投资机构提供信用担保、风险补偿。

2．外籍持卡人及其配偶、子女可在我省开设银行账户，办理存取款和汇兑业务，鼓励银行通过多渠道提供更加便捷的服务。

（九）交通服务。持卡人及其配偶、子女可在我省申请机动车驾驶证审验、换证、补证和机动车注册、转移、变更、注销登记；可按规定购置小型机动车。

（十）就业服务。持卡人及其配偶、子女可参加我省专业技术职务的任职资格评定、考试或执业（职业）资格考试、执业（职业）资格注册登记。

（十一）其他服务。持卡人可享受国家和我省规定的其他待遇。

第七条 人才优粤卡A卡持卡人还可享受以下服务：

（一）医疗便利服务。持卡人可在我省指定医院特约门诊就医，优先安排入住病房。

（二）交通便利服务。持卡人在省内乘飞机、高铁时可走优先通道；可登记1辆自用机动车牌号，该牌号车辆在省内不受限行；尚未取得港澳入出内地商务车辆牌证的港澳或外籍人士，可申办1副牌证。

（三）特设岗位聘用。持卡人可通过特设岗位引进聘用到事业单位，其薪酬在单位绩效工资总量外单列核定。

第四章 申领程序

第八条 申报。申领人或申领人所在单位登录广东人才网人才优粤卡信息管理系统，填写《广东省人才优粤卡申请表》，并提交专家证明、获奖证书、外国人工作许可证或人才引进证明，聘用（劳动）合同等相关材料。

第九条 核发。省人才服务主管部门负责全省人才优粤卡资格审核、制作发放和管理。根据申领人在我省的聘用（劳动）合同和实际需要确定人才优粤卡有效期，最长为5年。有效期满需续办的，持卡人应在有效期满前30日内向发证机关申请续办新证；人才优粤卡遗失时，持卡人应登录广东人才网人才优粤卡信息管理系统挂失，并凭有关遗失证明材料向发证机关申请补发。

第十条 失效。人才优粤卡有效期满未续办的自动失效。使用虚假材料取得或持卡人被追究刑事责任的，人才优粤卡作废。失效或作废卡由持卡人所在单位收回并交发证机关注销。

第五章 组织实施

第十一条 建立部门间联席会议制度。省人才工作领导小组各成员单位和省司法、住房城乡建设、交通运输、商务、外事、市场监管、金融、税务、外汇管理、海关等主管部门为联席会议成员单位，省人力资源社会保障厅主要负责人担任召集人，适时召开联席会议，协调人才优粤卡服务工作。各成员单位指定1名业务处室负责人为联络员。

第十二条 工作机制。各联席会议成员单位应按照部门职能，分别对本办法涉及事项制定操作指南，明确责任到人到岗，加强政策宣传和人员培训，确保人才优粤卡各项服务落实到位。

第十三条 服务保障。依托广东人才网，建立优粤卡信息管理系统，并与各部门联网协作，为持卡人提供线上服务。

第十四条 问责。在优粤卡审批和管理服务事项中出现违反政策法规和本办法规定损害持卡人利益的，对直接负责的主管人员和其他直接责任人员，依照有关规定予以处理。

第十五条 本办法由省人力资源社会保障厅负责解释。

第十六条 本办法自2018年12月1日起试行，有效期3年。省政府于2003年9月29日印发的《广东省引进人才实行〈广东省居住证〉暂行办法》（粤府〔2003〕81号）同时废止。

广东省人民政府

2018年10月15日

广州市鼓励创业投资促进创新创业发展若干政策规定

（穗府办规〔2018〕18号）

为深入实施创新驱动发展战略，促进广州市科技、金融与产业深度融合，根据《国务院关于促进创业投资持续健康发展的若干意见》（国发〔2016〕53号），结合我市实际，制定本政策规定。

一、充分发挥市场主导作用，支持创业投资促进广州创新创业发展，鼓励社会资本进入创新创业领域，建设具有国际影响力的风投创投中心，加快建设珠三角国家自主创新示范区（广州），打造国家科技产业创新中心龙头。

二、本政策规定适用于在穗注册并按国家相关规定登记备案、从事创业投资等活动的创业投资类管理企业（包括创业投资管理企业、股权投资管理企业等），以及我市科技创新发展专项重点领域计划中引入创业投资的科技创新企业。

三、创业投资类管理企业对已进入全国科技型中小企业信息服务平台并取得科技型中小企业入库登记编号的在穗注册企业进行投资的，按照实际到账投资额的1%给予创业投资类管理企业投资奖励，每年给予每家创业投资类管理企业的奖励金额不超过500万元。

支持创业投资类管理企业投资在穗注册的种子期、初创期科技创新企业，若其管理的单支基金当年投资上述企业投资额不低于其累计投资额70%的，按照实际到账投资额的15%给予创业投资类管理企业投资奖励，单笔奖励不超过45万元，每年给予每家创业投资类管理企业的奖励金额不超过100万元。

创业投资类管理企业投资的科技型中小企业迁入我市1年以上的，根据其对该科技型中小企业的累计投资额按本条第一、二款对创业投资类管理企业给予奖励。

四、支持创业投资类管理企业联合境外创业投资类管理企业或境外创业投资资金来穗设立创业投资、天使投资等基金。对引进的境外创业投资，可根据其对在穗注册科技型中小企业实际投资额中的境外资金部分，折算成人民币额度，按1.5%给予创业投资类管理企业投资奖励，每年给予每家创业投资类管理企业的奖励金额不超过750万元。

支持在穗创业投资类管理企业与境外资本共同设立或管理境外创业投资基金。对投资境外高科技项目并成功引进且在穗新注册成立科技型中小企业的境外创业投资基金，可根据其对该科技型中小企业新增实际到账投资额中的境外资金部分，折算成人民币额度，按20%给予创业投资类管理企业投资奖励，每年给予每家创业投资类管理企业的奖励金额不超过500万元。

五、支持创业投资类管理企业与运营良好的在穗备案的产学研协同创新联盟、新型研发机构共同设立创业投资基金。

创业投资类管理企业与在穗备案的产学研协同创新联盟共同设立创业投资基金，且针对符合该联盟产业方向的在穗注册企业进行投资的，按照其实际投资额的1.5%给予创业投资类管理企业投资奖励，每年给予每家创业投资类管理企业的奖励金额不超过750万元。

创业投资类管理企业与我市市级以上新型研发机构共同设立创业投资基金，且针对新型研发机构成果转化在穗注册成立企业进行投资的，按照其实际投资额的1.5%给予创业投资类管理企业投资奖励，每年给予每家创业投资类管理企业的奖励金额不超过750万元。

其中，创业投资类管理企业与在穗备案的产学研协同创新联盟共同设立创业投资基金的，参与出资的联盟成员单位应不少于该联盟成员单位总数的30%，实际出资额应不少于基金总额的30%；创业投资类管理企业与我市市级以上新型研发机构共同设立创业投资基金的，新型研发机构实际出资额应不少于基金总额的5%。

六、推动建立投贷联动机制，鼓励创业投资类企业（包括创业投资企业、创业投资管理企业、股权投资企业、股权投资管理企业等）投资的在穗注册科技型中小企业申请纳入广州市科技型中小企业信贷风险补偿资金池备案企业库。市财政逐步扩大广州市科技型中小企业信贷风险补偿资金池规模至10亿元，引导合作银行增加科技信贷资金100亿元以上。鼓励合作银行优先向创业投资类企业推荐上述入池企业，鼓励创业投资类企业与银行进行信息共享，实现资源集聚、产品创新，开展各种类型的投贷联动合作。

七、支持我市重点科技项目发展，对我市科技创新发展专项产业技术重大攻关计划中引入了创业投资类企业投资的科技成果转化、产业化项目（企业），根据被投资项目（企业）获得创业投资的实际到位额，按比例给予被投资项目（企业）后补助支持，最高支持额度不超过800万元。具体如下：

实际到位创业投资额达500万元（含）以上1000万元以下的，按实际到位创业投资额的10%给予补助。

实际到位创业投资额达1000万元（含）以上5000万元以下的，对实际到位创业投资额中的1000万元给予100万元补助，其余部分按5%给予补助。

实际到位创业投资额达5000万元（含）以上1亿元以下的，对实际到位创业投资额中的5000万元给予300万元补助，其余部分按2%给予补助。

实际到位创业投资额达1亿元（含）以上的，对实际到位创业投资额中的1亿元给予400万元补助，其余部分按1%给予补助。

八、本政策规定所涉及的奖励补助经费纳入市科技创新发展专项资金中统筹安排。

同一投资额度不重复享受本政策规定中的多条（款）奖励补助。获得奖励补助的涉税支出由企业或个人承担。

本政策规定所涉及的奖励补助事项与本市制定的其他同类扶持政策重叠的，按照“从高、不重复”的原则予以支持。

本政策规定所涉及的奖励补助事项可与各区根据实际制定的同类扶持政策叠加，由市、区按各自政策予以支持。

九、本政策规定的具体实施细则由市科技创新委会同相关部门另行制定。

本政策规定自发布之日起施行，有效期5年。

广州市人民政府办公厅
2018年8月10日

广州市引进人才入户管理办法

（穗府办规〔2018〕30号）

第一条 为进一步优化人口结构，推进实施人才强市战略，大力集聚优质人才，根据国家、省有关法律、法规和《广州市户籍迁入管理规定》等规定制定本办法。

第二条 本办法所称的引进人才入户是指在年龄、学历、职称、技能、岗位等方面符合条件，在本市就业或创业的人才入户广州，包括用人单位接收普通高校应届毕业生和引进在职人才入户广州。

第三条 引进人才入户坚持突出高端、以用为本、规范管理、方便快捷的原则，优先满足本市战略性主导产业、重点发展产业、总部企业以及其他鼓励发展的产业所需人才的入户需求。

第四条 市发展改革部门负责将引进人才入户指标统一纳入全市年度迁入人口计划内管理。

组织部门按分工做好高层次人才的认定工作，按职能进行相关人员引进人才入户的审核办理。

市人力资源和社会保障部门负责引进人才工作的统筹协调以及市属用人单位引进人才入户的组织实施；对各区人力资源和社会保障部门引进人才工作进行业务指导和监督检查；审核确认本市高技能人才；会同市发展改革委制定我市引进技术技能人才职业目录；承接省相关部门下放的引进人才入户审核事项。

各区人力资源和社会保障部门负责住所地址在本行政区内的用人单位引进人才入户的组织实施。

市、区公安机关负责普通高校应届毕业生的入户审核和办理。

省直及中央驻穗用人单位引进人才及其入户指标按职责分工由省发展改革部门统筹协调及管理；省直及中央驻穗用人单位引进在职人才（包括国〔境〕外留学人员）入户由省人力资源和社会保障部门按职责分工审核办理。

其他有关部门按各自职能配合做好相关工作。

第五条 符合下列条件之一，来本市创业或就业的人员可申请将户籍迁入本市。

（一）经我市认定或审核确认的高层次、高技能人才，包括：

1．中国科学院或中国工程院院士，年龄不受限制。

2．享受国务院特殊津贴人员，国家海外高层次人才引进计划入选者，国家“特支计划”专家，国家最高科学技术奖、国际科学技术合作奖获得者，国家自然科学奖、国家技术发明奖、国家科学技术进步奖、国家最高科学技术奖获奖人员或项目主要完成人，“长江学者”特聘教授，全国杰出专业技术人才，“百千万人才工程”国家级人选，国家、省（部）级有突出贡献中青年专家，国家重点学科、重点实验室学术技术带头人，“中华技能大奖”获得者，全国技术能手，世界技能大赛获奖选手及被确定为世界技能大赛中国参赛集训选手的人员，年龄不受限制。

3．“珠江人才计划”创新创业团队带头人及核心成员，“广东省培养高层次人才特殊支持计划”、南粤突出贡献和创新奖获得者等省级人才工程入选者，年龄不受限制。

4．广州市杰出专家、优秀专家、青年后备人才，广州市“百人计划”入选者，广州市产业领军人才，以及省、市认定的其他高层次、高技能人才，年龄需在50周岁以下。

5．上年度或当年度获国家、省级、市级“劳动模范”“广东省技术能手”等称号的人员，以及在市级一类技能竞赛中取得前3名或在市级二类技能竞赛中取得第一名的人员，年龄需在45周岁以下。

（二）具有博士研究生学历，或具有博士学位，或具有高级职称的人员，年龄需在50周岁以下。

（三）具有硕士研究生学历，或具有硕士学位的人员，年龄需在45周岁以下。

（四）具有国内普通高校全日制大学本科学历并有学士学位，或具有国（境）外学士学位，或具有中级职称的人员，年龄需在40周岁以下。

（五）同时符合以下条件的各类技术技能人才：

1．从事我市引进技术技能人才职业目录内相关职业；

2．获得证书或考核认定后，在本市工作、参加社会保险满半年以上；

3．满足以下条件之一：

（1）具有专业技术人员职业资格，年龄在40周岁以下；

（2）具有技能人员职业资格，高级技师年龄在45周岁以下，技师年龄在40周岁以下，高级工年龄在35周岁以下；

（3）从事我市产业发展急需的行业紧缺工种，年龄在40周岁以下。

（六）以薪酬、投资等市场化方式评价并经相关部门认定的，具有突出能力和贡献的创新创业人才。

（七）由于用人单位整体迁入、项目建设等原因，确需将户籍迁入我市，经省、市政府同意，明确给予引进的人员。

（八）省直及中央驻穗用人单位引进特殊需要的人员。

（九）在我市重点扶持的企业、项目单位、社会组织等用人单位的中高级管理人员、技术骨干、紧缺急需人员。

（十）本市国家机关和事业单位引进特殊需要的人员。

符合本条第（一）（二）（三）（四）（五）项条件的引进人员，需使用计划指导类指标办理入户；符合本条第（六）（七）（八）（九）（十）项条件的引进人员，需使用总量控制类指标办理入户。

对于符合本条（六）（七）（八）（九）（十）项条件的引进人员，每年由各区、行业主管部门及用人单位根据引进规模提出总量控制类入户指标需求量，并由市发展改革部门在年度迁入人口计划中统筹安排入户指标。

第六条 符合上述条件的引进人才，准予其配偶、未成年子女随本人同时迁入本市户籍。

第七条 引进人才入户，可以通过相关部门设立的公共就业和人才服务机构、用人单位、个人申报等多种方式申报。

第八条 申请引进人才入户，应按规定提交相关材料。对符合条件且申请材料齐全的引进人才入户申请，经办机构应当受理。对申请材料不齐全的，应当一次性告知申请单位或申请人补齐相关材料。

第九条 人力资源和社会保障等审核部门应充分利用信息化手段简化申请审核流程，并按照规定的审核时限完成审核，及时公示或公布审核合格人员信息，公示或公布期间受理异议投诉。涉及国家秘密项目的引进人才，可不予公示或公布。

经审核同意并公示或公布通过的人员，凭审核部门出具的入户卡等材料到公安机关办入户手续。

第十条 申请人应书面承诺提供的申请材料真实有效。经查实有虚假承诺或经有关部门查实存在隐瞒、欺骗或提供虚假证明材料等情形的，其申请不予办理，并通报各入户审核部门，取消其申请资格5年，并录入个人信用记录；已通过入户审核的，由入户审核部门注销审核结果和入户卡并告知申请单位或申请人；已经入户的，公安机关根据入户审核部门提供的认定材料予以注销，退回原籍。存在以上情形时，申办人信息同时录入本市引进人才征信管理系统。

第十一条 在审核及办理户籍迁入本市过程中，相关职能部门不得收取任何费用，对以办理户籍名义收取任何费用或从事其他违法行为的单位或个人，将依法予以查处并追究责任。

引进人才入户工作有关职能部门及其工作人员应当依法履行职责。在工作中存在滥用职权、徇私舞弊等行为的，由其所在单位给予行政处分；涉嫌犯罪的，依法移送司法机关处理。

第十二条 各审核部门应当建立举报投诉制度，依法及时处理有关举报投诉。

第十三条 本办法所称的本市户籍，不包括学生集体户口。学生集体户口人员结束学业后2年内，须将户籍及时迁出本市。

本办法所称的普通高校应届毕业生，指在毕业后2年内落实工作单位并办理就业接收手续的普通高校毕业生。

本办法所称的创业人员，指在本市工商行政管理部门注册登记企业，同时在该企业缴纳社会保险并持有一定比例股份的企业创始人或企业法定代表人。

本办法所称的就业人员，指与在本市注册登记的用人单位签订劳动合同并在本市缴纳社会保险或办理入编手续的人员。

本办法所称的用人单位，指企业、个体经济组织、国家机关、事业单位、社会组织等与劳动者建立劳动关系的组织。

本办法所称的省直及中央驻穗用人单位，指有隶属关系的国有企业、省属机关事业单位、在省工商与民政等部门登记注册的企业、社会组织等用人单位。

本办法所称的市属用人单位，指市属机关事业单位、在我市工商登记注册的市属国有企业等。

本办法所称的博士学位、硕士学位，含经国家教育部认证的国（境）外博士学位、硕士学位。

本办法所称的职称、专业技术人员职业资格、技能人员职业资格，主要指按照国家制定的标准通过考试考核或评定且具备相应的技术和能力，并由各级人力资源和社会保障部门及其授权的部门核发证书的国家职业资格或等级称号。

本办法所称的技术技能人才主要是获得国家专业技术人员职业资格或技能人员职业资格的人员。

本办法所称的我市产业发展急需的行业紧缺工种，需经相关行业主管部门、行业组织等考核或认定。

本办法所称的社会保险，包括基本养老保险、基本医疗保险、工伤保险、失业保险、生育保险等险种。

本办法所称的未成年，指年龄不满18周岁。

第十四条 市人力资源和社会保障部门应牵头会同相关部门，根据本办法制定相应的实施细则。

第十五条 本办法自印发之日起施行，有效期5年。

附件：1. 引进在职人才入户流程图（略）

2. 接收普通高校应届毕业生入户流程图（略）

3. 留学人员入户流程图（略）

广州市人民政府办公厅

2018年12月29日

中共深圳市委 深圳市人民政府 关于实施“鹏城英才计划”的意见

（深发〔2018〕10号）

为深入贯彻习近平新时代中国特色社会主义思想和党的十九大精神，营造人人皆可成才、人人尽展其才的生动局面，围绕搞好人才培养开发，全方位加大人才发展体制机制改革力度，全要素构建世界一流人才发展生态体系，让各类人才的创造活力竞相迸发、聪明才智充分涌流，现就实施“鹏城英才计划”提出如下意见。

一、高标准实施重点领域人才培养专项

1. 实施杰出人才培养专项。聚焦国家战略和我市重点领域、重点产业发展需要，每2年遴选10名左右具有成长为我市A类人才潜力的培养对象，每个培养周期（5年）给予每人1000万—2000万元培养经费，主要用于科研能力和团队建设，由培养对象自主支配使用。对关键领域核心技术领军人才列为培养对象的，可根据需要提高支持标准。培养对象可举荐其团队重要成员为我市C、D类高层次人才，并享受相应高层次人才政策待遇。培养单位应当为培养对象提供配套支持措施，为其配备必要的行政助理。每成功培养1名A类人才，给予培养单位500万元奖励。

2. 实施基础研究人才培养专项。建立稳定的基础研究财政投入增长机制，大幅度提升基础研究投入占全社会研发投入比例。整合市级基础研究类资助计划，设立深圳市自然科学基金，重点支持新一代信息技术、高端装备制造、绿色低碳、生物医药、数字经济、新材料、海洋经济、金融科技、航空航天等领域前沿基础和应用基础科学研究，打通基础研究和技术创新衔接的绿色通道，力争以基础研究带动应用技术群体突破。在我市高等院校、科研院所、医疗卫生机构、高新技术企业等，每2年遴选50名左右从事基础研究的人才，每个培养周期（2年）给予每人200万元培养经费用于项目科研；对于需要长期积累的领域，可提供不少于5个周期（10年）的稳定支持。建立鼓励心无旁骛从事基础研究学科科研任务的管理机制，对长期潜心从事原始创新、基础研究或核心技术攻关的科研人员，给予必要的支持和激励。承担国家、广东省重大基础科研项目的，可给予1∶1配套经费资助，对特别重大的科研项目可根据需要提高资助比例。支持企业、社会组织设立科研基金会，通过接受社会捐赠、设立联合基金等方式筹集基础研究经费。

3. 实施核心技术研发人才培养专项。紧紧围绕提高核心技术自主创新能力，培养关键行业核心技术研发人才队伍。市财政每年投入不少于10亿元，重点支持在集成电路、显示面板、人工智能、生命健康、金融科技、医疗器械等领域开展关键核心技术攻关。对其中具有优势创新资源的人才团队，给予最高1亿元研发经费资助，并对研发成功的予以奖励。按“一事一议”原则，支持我市科技龙头企业设立科技创新平台或高端芯片联盟，与国内外高科技企业、高等院校、科研机构实行强强联合，对可弥补产业链关键环节缺失的核心技术进行协同攻关。积极探索“揭榜挂帅”机制，将拟定攻关的关键核心技术项目进行张榜公布，吸引有本事的领军人才、科研团队前来“揭榜”。每年从我市高等院校、科研机构、医疗卫生机构、高新技术企业中遴选100名左右应用性研究和技术攻关的带头人进行重点培养，每个培养周期（2年）每人给予最高200万元用于项目研发。支持我市高校、科研机构、科技领军企业牵头组织或参与国际大科学计划和大科学工程，择优给予最高1亿元资助。

4. 实施创客人才培养专项。建设100个市级标准化创客空间，打造技术创新、知识分享、创意交流、协同创造等资源聚集的创客空间，为创客提供产品设计和原型创造所需的设备工具，以及创业场地、管理咨询、融资支持、工商注册、创业辅导等产品孵化服务。对列为市级标准化创客空间的，每年给予50万元运营经费资助。建立创客空间绩效考核奖励制度，每成功培育一家高新技术企业给予最高100万元奖励；每获得一项省级以上创新等奖项，给予创客空间最高50万元奖励，给予创客个人（团队）20万元的奖励。建设博士创客驿站等创客空间，符合条件的给予最高100万元资助。扩大创客导师队伍，推动创客导师进校园，广泛开展创客教学，培养学生创新精神和创新能力。支持中小学校建设创客实践室，符合条件的给予最高80万元资助。

5．实施商业模式创新人才培养专项。支持新产业新业态新模式发展，举办深圳商业模式创新大赛。支持新型商业模式企业发展，符合条件的纳入独角兽企业种子库，并可根据研发投入、社会贡献等情况，给予科研团队或高管团队最高1000万元奖励。支持我市高校、人才培养机构与国内外行业领军企业合作开设创新商业模式培训课程。

6．实施各类设计人才培养专项。高标准推进工业设计研究机构建设，打造具有国际影响力的工业设计科研院所和人才培养基地。大力培养珠宝首饰、钟表、服装、家具、眼镜、建筑工程等方面设计人才。高水准办好深圳设计周，支持举办深圳国际工业设计大展、全国设计师大会等活动，打造更具时代引领性的深圳设计品牌。扩大“深圳环球设计大奖”国际知名度和影响力，奖金总额提升至1000万元。

7．实施金融人才培养专项。在金融发展专项资金中每年单列5000万元，用于加强金融人才队伍建设。每年组织不少于10期金融人才研修班，重点培育金融科技、创业投资、融资担保、资产管理等紧缺金融人才。每年遴选100名左右金融人才赴境内外知名金融企业和国际金融组织开展学习培训、挂职锻炼。支持我市金融企业与知名高校合作共建特色金融学院和学科，依托资本市场学院和高校金融院系，培养复合型、创新型金融人才。支持建设高水平金融创新研究机构、金融智库和人才实践培养基地，市财政给予资助。新建若干金融领域博士后站点。对新获得特许金融分析师（CFA）、金融风险管理师（FRM）、北美精算师等国际通行金融资格证书的金融人才，给予每人最高5万元补贴。

8．实施教育人才培养专项。每年遴选100名左右中小学校长、副校长开展专业化培训，按每人最高20万元给予经费支持；遴选不少于200名优秀教师开展能力素质培训，按每人最高10万元给予经费支持。每年选派3—5批优秀校长、骨干教师、教育教学研究人员、优秀班主任等赴境外培训，并给予相应经费支持。设立名校长工作室、教育科研专家工作室、名教师工作室，分别给予每个最高50万元、40万元、30万元经费支持。

9．实施卫生健康人才培养专项。加强高水平医院、临床重点学（专）科建设，对于纳入广东省高水平医院“登峰计划”的，建设周期内市财政按规定给予配套资助；对于纳入广东省高水平医院建设的，建设周期内市财政按每家不低于1亿元给予配套资助；对于纳入广东省高水平临床重点学（专）科建设的，市财政按每个不低于3000万元给予配套资助；对纳入国家相应高水平医院或学科建设计划的，追加经费支持；配套资助中应安排不低于60%的经费用于人才培养和引进。每年遴选50名医院院长及后备人才开展职业化培训，给予每人最高20万元经费支持。每年选派100名左右学科带头人和骨干赴国（境）外开展学术研修和交流，给予每人最高20万元经费支持。对重点学科及名医（名科）、名医院、名诊所“医疗卫生三名工程”的带头人和骨干进行分层次培养，3年内培养150名学科带头人、400名学科骨干、600名青年医学人才，并给予一定经费支持。

10．实施技能人才培养专项。每2年遴选100名“技能菁英”，组织赴境内外开展技艺技能研修培训、交流，给予每人最高20万元经费支持。广泛开展各种形式的职业技能竞赛和岗位练兵活动，每年评（遴）选10名“鹏城工匠”，给予每人50万元奖励；面向全国举办“工匠之星”技能大赛，对获奖人员给予最高10万元奖励。积极选送优秀技能人才参加世界技能大赛，对获奖参赛选手、入选国家和广东省集训队选手及其专家组给予最高100万元奖励。全面推行和实施企业首席技师制度。大力发展职业技能教育，推进技能人才国际交流合作。实施“双元制”职业教育模式，对纳入校企联合培养试点的企业，按一定标准给予培训补贴。推进在职劳动者中等职业技术教育，由政府、企业、个人按照一定比例承担学费。支持在职劳动者提升职业技能，符合条件的给予每人最高1万元补贴。对就读本市中等职业学校、技工院校的全日制学生给予学费减免，对职业学校、技工院校在读的全日制学生顶岗实习给予相应补贴。

11．实施创新型企业家培养专项。每年遴选不少于100名优秀企业家到国（境）外学习培训；每年安排不少于100名国有企业经营管理人员和民营企业家双向交流挂职；每年安排不少于100名优秀企业经营管理人才到党政机关挂职锻炼。建立“世界500强”、“中国500强”、上市企业和独角兽企业种子库，对入库企业核心管理成员进行重点跟踪培养。培育职业经理人市场，推动市属国有企业职业经理人队伍建设。支持办好全球总裁创新峰会、中国（深圳）IT领袖峰会等，搭建各类企业家学习交流平台。

12．实施专业服务人才培养专项。加大标准制定、高端质量、品牌管理、知识产权、技术转移转化、检验检测以及建筑师、规划师、律师、注册会计师、社工等专业服务人才培育力度，由市各相关行业主管部门制定培育培养计划，市财政予以专项经费保障。高水平建设各类专业服务人才培训基地，加快专业服务人才培养。积极培育、发展专业服务协会（学会）等，支持其承接和开展人才评价；鼓励专业服务人才和专业服务协会（学会）开展国际合作交流，建立与国际接轨的职业资格认证体系。积极支持和推荐我市优秀人才到国际组织和全国性行业协会（学会）任职，重点做好重要国际组织关键岗位人才培养推送工作。

13．实施文化创意人才培养专项。支持我市高校和艺术院校办好优长学科和特色学科，鼓励并扶持高校、科研机构与文化领军企业联合建立文化创意人才培养和实训基地。高标准推进文化创意研发机构建设。通过遴选培养、经费资助、平台支持等方式，培养聚集一批宣传思想、人文社科、新闻出版、广播影视、新媒体、动漫游戏、高端印刷、文化专门技术等领域文化创意人才。发挥市文化创意产业发展专项资金作用，支持培育一批文化创意优秀项目和人才团队。

14．实施文化名家名师培养专项。发挥市宣传文化事业基金作用，每年资助一批马克思主义理论、人文社科基础理论研究人才和各领域文化艺术人才，支持其承担重大课题、重要演出，开展创作研究、展演交流和出版专著等。支持开展各类文艺原创活动，对获得国家和国际文学艺术大奖的原创者及其团队，可给予最高100万元奖励。依托文联、文艺专业协会和展馆基地等，加大对文化名家名师的培养扶持。

15．实施党政人才培养专项。突出政治标准，建设高素质专业化党政人才队伍。继续深化“苗圃计划”，加强对新招录紧缺专业公务员跟踪培养，建立成长档案。强化党政干部专业能力培训，采取集中培训、任职挂职、实践锻炼等多种形式，着力培养党性观念强、专业素养高、具有国际视野的党政领导干部。加大干部交流力度，拓宽选人用人视野，注重从国有企事业单位储备和选用党政人才；对国有企事业单位市场化引进的高级管理人才，德才表现好、业绩突出的，可按规定转为委任制的国有企事业单位负责人。加强领导班子专业化建设，充实党务党建、意识形态、科技产业、经济金融、城市规划、社会治理、生态环保、公共安全等方面专业素养强的干部。

二、高质量打造人才培养集聚平台

16．前瞻布局重大科技基础设施集群。瞄准世界科技前沿和国家重大战略需求，市财政投入不少于100亿元，重点在信息科学、生命科学、空间科学、材料科学等领域，循序建设10个左右重大科技基础设施。推动重大科研基础设施和大型科学仪器等面向企业和社会开放共享，所获收益可用于开放共享服务奖励，支持共享设施设备运营管理的专业服务人员和辅助人员队伍建设。建立有利于创新人才培养的设施运营管理机制，实行首席科学家、项目经理人和“双聘”等制度，对科学研究、工程技术、运行管理等人才实行分类考核和激励。

17．着力建设源头创新平台。高标准建设“鹏城实验室”（深圳网络空间科学与技术广东省实验室），积极筹建深圳健康科学实验室。聚焦生物医药、石墨烯、第三代半导体、量子科学等基础前沿领域，规划布局10家诺贝尔奖科学家实验室和10家基础研究机构。对诺贝尔奖科学家实验室，市财政给予首个建设期（5年）最高1亿元资助；对基础研究机构，市财政给予稳定经费支持。对承担国家级技术、产业、制造业创新中心建设任务的，给予足额配套经费支持。对承担国家级重大创新载体及其深圳分支机构建设任务的，给予最高3000万元支持。对承担省、市级创新平台建设任务的，给予最高1000万元支持。

18．加快培育新型科研机构。鼓励领军人才和创新创业团队按照投资主体多元化、运行机制市场化、管理制度现代化的原则，发起设立具备独立法人资格的新型研发机构，开展科技研发、成果转化、高端人才培养等，给予最高1亿元资助。在深研发机构经认定为广东省新型研发机构的，给予最高3000万元资助。鼓励中央直属企业、国内行业领军企业、知名跨国公司、国内外知名高校和研发机构等在深设立具有独立法人资格、引领关键产业核心技术的高端研发机构，对配置核心研发团队的，给予其投资总额的30%、最高1亿元的配套支持。对新型研发机构，按绩效择优给予每家每年最高1000万元奖励。

19．大力发展高水平大学和特色学院。我市高校纳入广东省高水平大学建设计划的，建设周期内给予充足专项经费支持；对纳入国家世界一流大学建设的，追加专项经费支持。支持建设高校一流学科，对列入国家世界一流学科、广东省高水平学科建设的，建设周期内分别给予最高5000万元、3000万元资助。积极支持和推动我市高校开展国际交流，与世界一流大学、一流科研机构及跨国公司进行战略合作。强化学科布局和专业特色，加快紧缺专业学科设置，推动学科与重点产业融合发展。每年安排不少于10亿元经费资助，与世界一流大学共建特色学院，加快培养具有国际视野、通晓国际规则、能够参与国际事务与国际竞争的国际化人才。

20．优化升级各类“双创”基地。支持我市高校、科研机构、行业领军企业等全球选点建设海外创新中心，符合条件的给予最高2000万元支持，每成功孵化和引进一个项目落户深圳，可给予最高100万元资助。建设一批创新创业研发支撑、供需对接、人才服务等专业平台，给予最高1000万元支持。支持发展高端化、精细化、专业化的创业孵化器，符合条件的给予最高500万元资助。支持“深圳市孔雀计划”产业园（深圳市“千人计划”创业园）等各类特色科技产业园区建设，对园区社会化管理团队，按绩效考核可给予最高500万元奖励。

21．积极增设博士后培养平台。实施博士后平台、博士后人才“双倍增”计划，到2020年，力争全市博士后站点超过400家，在站博士后超过4000名。对新设立的博士后流动站、工作站和创新实践基地，给予最高100万元资助。设站单位（基地）每招收1名国内博士后给予5万元补助，每招收1名国（境）外博士后给予8万元补助。对在站博士后，给予每人每年18万元生活补贴；已获得省财政资助的，市财政给予每人每年6万元生活补贴。对出站留深和来深工作的博士后，给予每人30万元科研经费资助。

22．积极打造以才育才平台。支持我市企事业单位设立院士（科学家、专家）工作站（工作室），符合条件的给予50万—100万元经费资助。设立技能大师工作室、技师工作站、高技能人才培训基地，符合条件的分别给予50万元、30万元、20万元项目经费资助。支持世界技能大赛国家集训基地建设。引进和支持高水平国际学术会议（学术组织）、专业论坛在深圳举办或永久性落地，给予最高300万元的资助。组建高层次人才技术顾问、创业导师队伍，为青年创业人才提供创业辅导、技术指导等服务。

三、全周期给予人才创新创业激励

23．加大科技研发支持力度。对列入国家高新技术企业培育库的企业，给予连续3年研发费用的10%、最高1500万元的研发支持。对国有企业科技研发投入、收购创新资源支出、转型发展项目3年内耗资等，考核时视同利润。畅通科技成果转化渠道，支持境外机构在深设立具有独立法人资格的技术转移机构，给予最高1000万元资助。支持人才带技术研发成果、专利技术等自主知识产权项目在我市进行产业化，推进军民融合两用技术研发和科技成果转化，符合条件的给予最高2000万元资助。

24．加大金融支持创新创业力度。市财政每年投入3000万元，对在金融产品、金融服务和金融科技等方面取得突出成绩的金融机构、项目和个人给予奖励。依托首期规模50亿元天使母基金，引导社会资本，大力支持我市种子期科技企业和重点科技攻关项目。将市人才创新创业基金总规模由80亿元扩大至100亿元，完善投资收益分配机制，对投资技术研发的，市政府收益部分100%奖励社会资本；对投资初创期、种子期科技企业的，市政府收益部分的50%奖励社会资本。以市场化方式设立100亿元的中试创新基金，加速推进创新科研成果转化应用和产业化。深化市属国资创投管理机制改革，按照市场化方式确定考核目标及薪酬水平。支持国有创投企业和基金建立完善跟投机制，允许和鼓励国有企业人员跟投。对符合条件的高科技、高成长性企业，给予最高70%的贷款贴息、最高50%的担保费补贴。支持金融机构开展知识产权质押贷款，鼓励金融机构为人才提供投资、信贷类金融产品。

25．加大创业扶持力度。整合市海外高层次人才创业资助项目、留学人员创业前期费用补贴项目、科技型中小微企业和留学回国人员创业资助项目，设立统一的人才创业资助项目，符合条件的给予50万—150万元创业资助和最高80万元的场租补贴，特别优秀项目给予最高500万元资助。支持大学生自主创业和休学创业，符合条件的可按规定给予初创企业补贴、社会保险补贴、创业带动就业补贴以及最长不超过3年的场租补贴，优秀项目可给予最高50万元资助。留学回国人员凭本人护照和留学人员资格证明，可以成为公司股东，可以注册登记企业。对中国（深圳）创新创业大赛的获奖者在深实施项目产业化或创办企业的，给予最高300万元资助。

26．加大创新创业奖励激励力度。以20亿元为基数，保持每年奖励资金总规模按一定比例增长，对在创新创业方面作出突出贡献的人才给予奖励。对在创新创业方面作出突出贡献的企业予以奖励。支持初创期科技创新型企业发展，5年内对地方经济发展的贡献全部奖励给企业和个人。我市人才获得本行业本专业国际或国家最高荣誉奖项的，可按不低于1：1给予配套奖励。完善市长奖、自然科学奖、技术发明奖、科技进步奖、青年科技奖、专利奖、标准奖等奖励办法，适当增加自然科学奖、青年科技奖名额，提高奖励标准。给予市政府特殊津贴专家每人一次性津贴5万元。将科研负责人、骨干技术人员等重要贡献人员和团队的科研成果转化收益比例提高至70%以上。通过授予人才荣誉称号、留名星光柱、以人才姓名命名实验室和奖项等形式，纪念和激励为深圳建设和发展作出重要贡献的优秀人才和企业家，加强对人才的精神激励和人文关怀。

四、全链条深化人才发展体制机制改革

27．推动人才管理部门简政放权。对人才行政审批、公共服务、收费项目、专项资金等实行清单管理、动态调整。对职称评审（含认定）、公职人员招考等人才管理环节的收费项目逐步实行财政全额补贴。实施“智慧政务”工程，以“信息技术+制度创新”推动人才招聘、评价、流动等环节的流程再造。简化人才引进和服务事项申办申报手续，实行学历学位、业绩贡献等核心材料齐全即可先行办理制度。

28．完善科研项目资金管理和财务管理。简化科研资金预算科目管理，对于市财政资助1000万元以下的项目，项目预算只要求编列一级预算编制科目，“其他费用”不超过项目经费总金额30%的，预算编制时不需提供测算依据，在报销时按财务制度规定的标准据实报销。支持项目承担单位制定符合科研实际需要的内部报销规定，完善科研特殊事项开支管理，切实解决科研活动中无法取得发票或财政性票据，以及邀请外国专家来深参加学术交流发生费用等的报销问题。对人文社科类、软科学研究课题，探索实行分类定额资助制，不再按科目编制预算。将自由探索类基础研究项目的立项权下放至高校、科研机构和医疗卫生主管部门。赋予顶尖人才科研和科研经费管理自主权，对其领衔成立的非营利性法人科研实体或独立核算的非独立法人性质的实验室给予稳定的科研经费支持，在科研选题、使用方向、投入方式、开支标准和成果分配等方面，5年内由其自主决定。探索赋予科研人员科技成果所有权和长期使用权，允许市属企事业单位与其科研人员协议约定科技成果权属共享。单位实施科技成果转化转让所得收益用于科研团队（人员）的奖励部分、单位承担的各类财政资助科研项目的间接经费用于科研人员的绩效支出部分，不列入单位绩效工资总量调控管理。符合条件的专业技术类公务员，经批准可以参加科研项目和重大人才工程评选。

29．创新人才评价机制。探索运用大数据和国际通用指标，分类制定针对各行业、各层次及产业细分领域的人才评价标准体系。注重引入市场评价、同行评价和社会评价，把人才享受的薪酬待遇、创造的市场价值、获得的创业投资、取得的代表性成果等作为人才评价的重要依据。建立完善非共识性人才、新业态新产业人才和具有行业重大影响力人才的评价标准。探索建立与科研项目、机构平台评审评估相衔接的人才评价机制。开展孔雀团队项目举荐制度试点。改进青年人才举荐办法，建立当然举荐人制度，我市A类人才可推荐35岁以下优秀青年人才直接认定为高层次人才。符合条件的行业领军企业、新型科研机构和社会组织，可开展职称、技术技能人才自主评价和高层次人才自主认定。对符合条件的用人单位自主开展职称评审实施事后备案管理，政府不再审批评审结果。进一步推进职称评审社会化，建立完善政府监督指导、业内公正评价的评审机制。贯通高技能人才与工程技术人才职业发展通道，在职称与职业资格密切相关的职业领域建立职称与职业资格对应关系。职称不再作为申报科研项目和人才计划的限制性条件，逐步与相关福利待遇脱钩。建立完善高层次人才任期评估和不合格退出机制。加强人才和科研项目评审专家数据库建设。

30．打破人才流动壁垒。完善高层次人才机动编制管理，凡市外具有事业单位编制身份的高层次人才来深创新创业的，在5年内可继续保留其事业单位编制身份。出台高端特聘岗位管理办法，通过灵活方式吸引、集聚岗位急需的高层次专业人才。支持事业单位专业技术人员离岗创业和在职创办企业，允许科研人员从事兼职工作、高校教师开展多点教学、医师开展多点执业并获得报酬。允许高等院校、科研院所以及职业学校、技工院校设立一定比例的流动岗位，吸引有创新实践经验的企业家和企业科研人员兼职。探索建立高层次海外人才担任事业单位性质的新型研发机构和民办非企业单位法定代表人制度。对国有企事业单位科研人员和专业技术人员，根据需要审批其因公出国（境）的批次数、人数及在外停留时间。

31．改革国有企事业单位人事制度。在我市高校、公立医院、科研机构等事业单位，逐步推行不纳入编制管理，实行员额总量控制。在事业单位开展全面下放岗位设置、人员招聘、职称评审、薪酬分配等自主权试点。对专业技术性较强的事业单位，适度提高其专业技术高级岗位结构比例。放宽事业单位选聘博士和专业技术人才的年龄限制。事业单位引进高层次人才，可突破岗位总量、等级和结构比例限制，可采用协议工资、项目工资、特别补贴、一次性奖励等分配方式，不纳入工资总额基数，实行单列核定。对基础研究、重大项目建设、知识密集型单位，实行奖励性绩效工资倾斜支持。推进商业类国有企业经营班子整体市场化选聘，建立与市场接轨的薪酬激励体系。允许国有企业新招录硕士研究生及以上人才的当年和次年薪酬、市场化引进的高层次人才薪酬在预算中单列，不纳入工资总额基数。

32．推进粤港澳大湾区人才合作。积极推进前海“全国人才管理改革试验区”“粤港澳人才合作示范区”建设，深化国际人才管理改革试点，打造来去自由、落户便利、创业宽松、人才向往的国际人才自由港。发挥前海国际人才服务中心的政策溢出作用，提高对国际人才的服务质量。在前海创新创业的境内外人才，符合条件的按其经济贡献度最高40%给予奖励。探索外籍人才凭其持有的在华永久居留身份证、港澳人才凭其持有的《港澳居民来往内地通行证》，作为在前海注册设立企业的身份证明，与持有中国居民身份证人员设立企业享受同等待遇。加快推进落马洲河套地区深港科技创新特别合作区建设，共建港深创新及科技园，支持世界一流大学、科研机构及行业领军企业进驻，建立深港科研合作和产业化基地，对在创新创业方面作出突出贡献的人才给予奖励。扩大和深化深港科技合作，支持爱国爱港科研人员深度参与我市科技计划，对香港高校和科研机构在深建立实验室和科研机构的，给予必要资助。加强深港人才合作培养，每年资助选派各领域优秀人才和在校优秀学生到香港高校、人才培养机构深造培训。发挥前海和深港河套地区集聚人才的独特优势，推动成立粤港澳大湾区人才工作联盟，合作共建科技产业园区、青年创业基地和众创空间，推进湾区人才联合培养和协同创新；放宽港澳专业人士执业门槛，通过资格互认、考试互免、以训代考等特殊机制安排，推动港澳专业人士在深执业便利化。

33. 促进人才服务业发展。加强人才服务业政策支持，优化人才服务机构设立的备案办理流程，创新人才服务业监管措施。加快建设人才园、深圳湾、天安云谷、前海、宝安、罗湖等人才服务产业园区，打造“一园多区”国家级人力资源服务业产业园，引进培育高端人才猎头等专业化服务机构，利用其专业特长和业务优势引进各类人才。做大做强市属国有人才服务机构，发挥深圳市人才集团、千里马国际猎头公司等机构的招才引智平台和窗口作用。

五、全方位营造更具吸引力的人才发展环境

34. 强化人才法治保障。大力营造有利于人才创新创业的公平公正法治环境，加快推进知识产权立法，实施最严格的知识产权保护。建立海外知识产权维权援助机制，对知识产权海外维权提供信息、法律服务等支持。发挥深圳国际仲裁院、深圳知识产权法庭作用，为高层次人才和团队开辟知识产权保护绿色通道。加快建设中国（深圳）知识产权保护中心、南方知识产权运营中心等平台，发挥市知识产权服务联盟作用，为高层次人才来深创新创业提供法律服务。为高层次创业人才配备法律顾问。

35. 建设人才诚信体系。建立人才信用征信系统，打通各级政府部门和相关组织、机构之间的信息壁垒，促进信息开放共享。加强行业诚信建设，发挥行业协会（学会）自我教育、自我管理和自我监督作用。加强人才信用管理，将人才信用作为人才引进、认定评定、选拔培养、财政资金支持、享受人才安居等优惠政策的重要参考依据，实行严格的失信惩戒制度。实行人才认定评定和申报奖励补贴、科研项目资助等诚信申报承诺制度。推动成立由我市企事业单位和高层次人才组成的人才诚信联盟。

36. 加大安居保障力度。建立多主体供给、多渠道保障、租购并举的多层次广覆盖人才安居保障体系。“十三五”期间筹集不少于30万套人才住房，租购并举面向各类人才提供住房。充分发挥人才住房专营机构在人才住房投融资、建设筹集、运营管理及综合服务等方面的作用。完善人才安居办法，建立人才住房封闭流转制度。通过建设筹集一批人才公寓和购买服务等方式，为来深的外国人才和柔性引进的高层次人才提供租赁和短期免租住房服务。

37. 完善人才子女入学政策。充分发挥和挖掘政府、社会力量作用与潜能，“多元联动”发展优质教育资源，创办和打造更多优质中小学校。支持新建若干高水平国际学校，在符合条件的我市中小学校开设国际部。我市高层次人才享受子女入学待遇不受任期、户籍限制。在我市工作的留学归国人员可凭留学人员资格证明，为其随归子女申请就读公办幼儿园和中小学校。

38. 强化人才医疗健康服务。我市A类人才可享受一级保健待遇，B、C类人才可享受二级保健待遇，D类人才可享受三级保健待遇，无单位经费来源的由市财政予以保障。对在我市工作但未在我市参加社会保险的高层次人才，在任期内由市财政给予每人每年最高2万元的商业养老和商业医疗保险补贴。在国际化社区和国际化企业聚集的重点片区配置国际化名医中心或门诊部，在我市三甲医院开设优诊通道和特需门诊，为高层次人才和外籍人才提供预约诊疗和外语服务。

39. 提供海外人才停居留便利。具有世界知名大学学士学位及以上的留学归国人才、外籍人才、港澳台专业人才及其配偶、子女，可在人才住房、医疗教育、社会保险、创新创业支持等方面，按有关规定享受市民待遇。获得世界知名大学学士学位及以上的应届外籍毕业生，可直接申请外国人来华工作许可。落实国家人才签证政策，进一步扩大外国人才签证发放范围，对符合我市重点产业发展需要的紧缺高层次外国人才，可突破年龄限制。来深创业外籍华人，符合条件的可直接申请5年有效的居留许可。简化外籍人才到属地派出所办理住宿登记的手续，对在深圳有固定工作单位的外籍人才通过网络等方式登记住宿。通过增设体检站点、体检结果互认等方式，为外籍人员办理出入境健康体检证明提供便利。外籍人才凭护照可在我市办理驾照申领和转换业务，同时凭在我市工作和收入证明可办理银行卡业务。实施海外人才社会融入计划，开展海外人才融入培训。研究出台长期在深工作的外国人才在深养老保障措施，解决人才退休后在深居留、生活等问题。

40. 完善一站式人才服务体系。加快人才综合服务平台建设，加强人才供需对接，实行人才服务事项“一个窗口受理、一次性告知、一站式办理”。为高层次人才发放“鹏城优才卡”，人才凭卡可直接办理子女入学、人才住房、医疗保健、奖励补贴申报等业务，并在政务服务咨询、融资对接、机场贵宾、停居留和出入境、报考学车、换领驾照等方面享受礼遇或绿色通道。为高层次人才和在站博士后租用新能源小汽车提供优惠。鼓励用人单位为确属需要的高层次人才配备行政助理，完善高层次人才服务专员制度，为人才认定、申报和享受生活待遇提供免费帮办服务。

中共深圳市委
深圳市人民政府
2018年8月23日

关于实施“珠海英才计划”加快集聚新时代创新创业人才的若干措施（试行）

（珠字〔2018〕6号）

为全面贯彻党的十九大精神，以习近平新时代中国特色社会主义思想为指导，深入贯彻习近平总书记重要讲话精神，认真落实中央和省委关于深化人才发展体制机制改革要求，市委、市政府决定实施“珠海英才计划”，构建更加积极、更加开放、更加有效的人才政策体系，加快吸引集聚海内外优秀人才和创新创业团队，打造国际创新人才高地，为珠海新一轮大发展提供坚强的人才支撑和智力保证，为广东建设成为践行习近平新时代中国特色社会主义思想，向世界展示我国改革开放成就的重要窗口、国际社会观察我国改革开放的重要窗口，为广东奋力实现“四个走在全国前列”体现特区担当、贡献珠海力量。现提出如下措施。

一、实施顶尖人才引育计划。大力引进诺贝尔奖获得者、国家最高科学技术奖获得者以及中国或发达国家院士等顶尖人才，全职引进的顶尖人才，可享受200万元奖励，还可申请600万元住房补贴或选择免租入住200平方米左右人才住房，工作满8年且贡献突出，可获赠所住住房。对顶尖人才和团队的重大项目采取“一事一议”方式给予政策和资金支持。支持企事业单位设立院士工作站，对经认定的省级和市级院士工作站给予最高150万元补助。本市单位每培养1名“两院”院士给予600万元奖励。

二、实施高层次人才支持计划。深化和拓展高层次人才支持计划，经评定为一、二、三类高层次人才，分别享受100万元、60万元、30万元奖励，还可申请200万元、140万元、100万元的住房补贴，或选择按与政府各占50%的比例，分别购买160平方米、120平方米、100平方米的共有产权房，在我市连续工作满10年可获赠政府产权份额；购买首套自住住房申请公积金贷款，额度可放宽至我市最高上限的5倍。

三、实施创新创业团队支持计划。围绕我市重点发展的战略性新兴产业和未来产业，经评审，给予创新创业团队最高1亿元资助；建立创新创业团队培育库，给予尚不具备创新创业团队条件但具有良好发展潜力的入库团队最高500万元资助；给予高层次人才创业项目最高200万元资助。对优秀团队予以持续支持，根据团队项目验收时所达到的经济效益给予奖励或补助。各区（经济功能区）对市创新创业团队项目按不低于市财政资助额度1∶0.5的比例予以配套。经我市申报入选“珠江人才计划”团队项目，根据省资助额度，按1∶1的比例配套资助。

四、实施海外留学人才引进计划。大力引进海外留学人才来珠海创新创业，择优给予留学人才创业项目15万—100万元资助和最高30万元贴息贷款，对特别优秀的项目给予最高500万元资助。对进驻留学生创业园的留学人才创办企业，给予最高300平方米、最长3年的场地租金补贴。

五、实施产业发展与创新人才奖励计划。对符合珠海产业发展导向，在我市产业发展与自主创新方面作出突出贡献的现代产业企业高层管理人员、总部型企业（大型骨干企业、全市纳税50强企业）中层以上管理人员、技术研发骨干人员、新型研发机构高管和市级以上立项科研课题团队成员等，根据其上一年度工资薪金、股权转让等个人收入对地方贡献情况给予奖励，奖励额度上不封顶。

六、实施博士和博士后人才倍增计划。对新设立博士工作站，一次性给予50万元建站补贴。新引进40周岁以下全日制博士，给予每人25万元生活补贴。对新设立博士后科研流动站、科研工作站、分站和创新实践基地，一次性给予最高100万元建站补贴，每招收1名博士后给予5万元工作津贴。在站博士后给予每人每年20万元生活补贴，出站博士后留（来）珠海工作给予50万元住房补贴。推进大湾区博士和博士后创新创业孵化基地建设。

七、实施青年创新人才培养计划。通过创新创业大赛评选、专家评审和企业自评相结合的方式，选拔现代产业领域企业技术研发和经营管理类青年优秀人才，给予每人20万元奖励。鼓励青年人才自主创业，择优给予15万—100万元项目资助，对特别优秀的项目给予最高500万元资助。对企业新引进45周岁以下正高级和40周岁以下副高级职称专业技术人才，分别给予每人35万元、25万元住房补贴。给予企业新引进入户的青年人才租房和生活补贴，35周岁以下中级职称专业技术人才和全日制硕士、45周岁以下高级技师每人发放3.8万元；30周岁以下全日制本科、40周岁以下技师每人发放2.6万元。对毕业3年内、拟来珠海发展的全日制本科以上学历人员，可先落户后就业，凭毕业证和相关资料即可申请落户。

八、实施高技能人才培养支持计划。每年开展“珠海工匠”评选，对入选者给予每人最高60万元工作津贴。建立企业首席技师制度，每年在全市企业开展“珠海首席技师”评选，对入选者所在企业给予30万元奖励。加大高技能人才公共实训基地资金支持力度，对市级高技能人才培养示范基地，一次性给予最高100万元建设经费资助；对技能大师工作室和技师工作站，分别给予最高50万元、30万元资助。支持开展市级职业技能竞赛活动，对竞赛获奖选手给予最高3万元奖金，并给予承办单位经费支持。鼓励优秀技能人才参加省级以上职业技能大赛，对在国际、国家、省竞赛中获奖的珠海市选手及其教练团队，给予最高100万元奖励；对省赛、国赛承办单位、世界技能大赛集训基地等，给予经费支持。

九、实施港澳人才发展支持计划。支持港澳青年人才在我市创新创业，新引进港澳本科以上学历等人才，可享受我市新引进青年人才租房和生活补贴政策。在我市创新创业的港澳人才，在购房、子女义务教育、就医等方面享受珠海市民待遇。在横琴自贸区工作的港澳人才，免办《台港澳人员就业证》，港澳人才还可享受“港人港税、澳人澳税”政策。积极推进具有港澳职业资格的金融、规划、会计、教育、医疗等专业人才在自贸区便利执业。鼓励港澳在校大学生和青年到珠海开展实习见习活动，在生活、交通、住宿等方面提供便利和支持。

十、实施人才安居工程。成立珠海市安居集团，通过整合现有人才住房资源及新建、购买、租赁、配建等方式，未来5年筹集不少于3万套人才住房，用于妥善解决各类人才安居需求。一、二、三类高层次人才除享受住房补贴、共有产权房、公积金贷款优惠等安居政策，还可申请免租金入住人才公寓用于周转过渡。四类人才和五类人才，可根据类别、层次申请共有产权房、人才公寓或政府公共租赁住房。四类人才中重点产业紧缺人才可享受每人20万元的住房补贴。在我市创新创业的港澳台和外籍人才，以及非本市户籍的优秀企业家、高层次人才、博士后、博士、青年优秀人才、重点产业发展急需的专业技术和管理人才等，可在本市购买住房，不需提供纳税和社保证明。

十一、强化企业等市场主体自主权。根据企业产业领域、规模、税收贡献等综合因素，在人才评价、入户、子女入学、购房等方面，给予企业一定自主权。经我市各行业杰出人才和领军企业高管举荐的人才，可直接认定为市高层次人才。聘请知名企业家、行业专家、科研学术带头人等担任招才引智大使，委托行业协会、社会团体等专业机构，开展政策宣讲、招才引智、人才交流和对接服务等活动，鼓励用人单位自主或通过猎头公司等人力资源服务机构引进高端人才，根据工作成效给予最高100万元奖励。进一步发挥海外人才工作站作用，加大经费支持力度，围绕我市重点产业需求精准引才、靶向引才。

十二、拓宽招才引智渠道。通过创新创业大赛渠道发掘引进高端人才和优质项目，定期在海内外科技人才密集地举办创新创业大赛，鼓励支持我市人才和项目积极参与国家、省级创新创业大赛，经国内外创新创业大赛选拔的人才，引进我市后直接认定为市高层次人才或青年优秀人才，并享受相关政策待遇。重点联系一批高校，每年组织企业走进内地和港澳知名高校开展“珠海・名校人才直通车”活动，吸引优秀毕业生来珠海发展。

十三、鼓励支持柔性引才。支持企业通过开展项目合作、技术指导、联合技术攻关、协同创新等方式，引进市外专家短期来我市工作，符合条件的给予最高40万元薪酬资助。支持我市企业在国（境）外设立研发中心、孵化载体等离岸创新中心，就地吸引使用人才，经评审认定，给予最高600万元资助。

十四、设立市人才创新创业基金。利用市属国有科技创业投资平台的创投工具，设立首期规模2亿元的市人才创新创业基金，通过股权投资、可转债等方式，主要投向符合珠海市认定标准人才创办的企业，重点支持种子期、初创期项目。坚持政策性基金定位，为人才创新创业提供精准金融支持，最大力度吸引高端人才在珠海创新创业。

十五、鼓励支持高端学术交流和人才中介服务。鼓励支持国内外知名学术机构、专业组织和我市各类创新主体，在珠海举办或永久性落地具有影响力的学术会议、专业论坛、技术研讨会等活动，对符合条件的给予经费支持，最高不超过600万元。支持引导人才中介服务机构发展，发挥其在人才评价、人才交流、权益维护、专业培训、咨询服务等方面的作用，对运行规范、贡献较大的中介机构给予奖励补贴。

十六、优化升级公共服务保障。为顶尖人才、高层次人才、港澳人才、重点产业急需紧缺人才、青年优秀人才等发放“珠海英才卡”，在落户、工商登记、税收、停居留和出入境、子女入学、购房、医疗、公共文化等方面提供优质服务。妥善解决人才子女教育问题，为高层次人才子女就读学前、义务和高中教育阶段学校提供优质学位保障，非本市户籍的港澳人才、青年优秀人才、博士后研究人员、博士、留学回国人才、“珠海工匠”等人才子女在义务和高中教育阶段可享受户籍学生待遇。建立统筹协调机制，妥善解决我市大型骨干企业、重点企业和重大项目高管子女和重点产业紧缺人才子女入学问题。搭建高层次人才医疗保健服务平台，为高层次人才及直系亲属开辟绿色通道，每年组织高层次人才进行健康体检。协助做好高层次人才配偶在珠海就业的联系协调工作。

各级党委和政府要高度重视，加强组织领导，确保各项任务措施落地生效。各有关部门要明确职责任务，加强配合协作，结合各自实际抓紧制定相关措施的配套实施细则。横琴新区要发挥全国人才管理改革试验区和粤港澳人才合作示范区政策优势，积极先行先试，探索积累可复制、可推广的成熟经验。各区（经济功能区）应结合实际，制定实施办法，做好政策衔接，根据发展需要加大人才工作投入。鼓励高校充分发挥人才引进培养、产业孵化平台建设和产学研深入融合等方面作用，推动珠海经济发展和产业转型，相关政策由市主管部门另行研究。

本措施涵盖的各类人才具体分类标准，通过《珠海市人才分类目录》动态调整并对外发布。本措施与我市其他政策有重复、交叉的，按照“从新、从优、从高、不重复”原则执行。本措施由市委组织部会同相关部门负责解释。

中共珠海市委
珠海市人民政府
2018年4月23日

珠海市高层次人才支持计划实施办法

（珠人社〔2018〕254号）

第一章 总 则

第一条 为加快珠海创新创业人才集聚，打造国际创新人才高地，推进创新驱动发展战略，根据《关于实施“珠海英才计划”加快集聚新时代创新创业人才的若干措施（试行）》（珠字〔2018〕6号），特制定本办法。

第二条 本办法所称高层次人才，是指在我市创新创业，信用良好，具有较高学术造诣、较大社会影响力、较强创新创业能力，能够引领和带动某一领域科技进步、产业升级、文化繁荣、社会发展和管理服务水平提升的高端人才。

依业绩与能力水平，高层次人才划分为顶尖人才、一类人才、二类人才和三类人才等四个类别。

第三条 本办法适用于在我市依法注册、具有独立法人资格的企业，事业单位，新型研发机构，社会团体和民办非企业等单位（下称用人单位）。

按照公务员法管理单位和参照公务员法管理单位不列入适用范围。我市高校引进培养高层次人才的相关政策由市主管部门另行研究。

第四条 目标任务。立足珠海经济社会发展，突出“高精尖缺”，有计划、有重点地引进和培育支持一批拥有自主知识产权、先进管理水平、掌握核心技术，具备领军才能和团队组织能力的高层次人才。特别是有重大创新前景和发展潜力的中青年人才。从2018年起，用5年左右时间，计划支持600名左右高层次人才。

第五条 基本原则。以品德、能力、业绩为导向，不受国籍、户籍和身份限制，坚持党管人才、统筹实施，高端引领、重点支持，业绩导向、公平公正，人才优先、以用为本的原则。

第二章 工作机构

第六条 市人才工作领导小组办公室（下称市人才办）统筹协调高层次人才支持计划的组织实施，牵头制定相关政策措施，协调有关部门落实支持政策，研究解决重大问题。

市科技、教育、卫计、财政等市人才工作领导小组各成员单位在各自职责范围内负责高层次人才引进和培育工作。

第七条 市人力资源行政主管部门是高层次人才支持计划的具体组织实施部门，负责拟订年度申报指南，报市人才办审定后组织实施；研究提出高层次人才人选名单，制定并落实人才支持政策。

市高层次人才服务窗口负责高层次人才的申报受理、政策咨询、待遇兑现和管理服务等工作。

第八条 横琴新区管委会，各区政府（管委会）负责本区高层次人才的引进、培养和申报推荐工作，配合市人力资源行政主管部门对高层次人才进行管理和服务。

第九条 用人单位负责高层次人才的具体引进、培养、使用、管理和服务等工作，为人才成长、发挥作用提供必要工作条件和团队支持。

第三章 资格条件

第十条 高层次人才应具备的资格条件：

（一）遵纪守法，诚实守信，身体健康，有良好的职业道德、严谨的工作作风和科学、求实、团结、协作的精神。

（二）顶尖人才无年龄限制，一类人才年龄一般在60周岁以下，二类人才年龄一般在55周岁以下，三类人才年龄一般在50周岁以下。有特别突出贡献者，年龄条件可适当放宽。

（三）工作成果业绩突出，与本人所从事的专业专长、主要申报依据密切相关，且专业水准处于行业领先地位，在业内具有较高声望。其中：

1．顶尖人才：符合《珠海市人才分类目录》中顶尖人才的相应条款；或研究成果处于世界科技前沿领域，具有突出的学术造诣、较大的社会影响力和较强的创新创业能力的国际级领军人才。

2．一类人才：符合《珠海市人才分类目录》中一类人才的相应条款；或研究成果、学术技术、经营管理水平或项目发展潜力及其技术水平处于国内领先水平以上，贡献巨大，在业界有很大影响力的国家级领军人才。

3．二类人才：符合《珠海市人才分类目录》中二类人才的相应条款；或研究成果、学术技术、经营管理水平或项目发展潜力及其技术水平处于省内领先水平以上，贡献较大，在业界有较大影响力的省部级领军人才。

4．三类人才：符合《珠海市人才分类目录》中三类人才的相应条款；或研究成果、学术技术、经营管理水平或项目发展潜力及其技术水平处于市内领先水平以上，业绩显著，在业界有一定影响力的地方级领军人才。

（四）且符合下列条件之一：

1．聘用类：申报人须全职在珠海工作（以人事关系或社会保险关系为准）。其中，用人单位为事业单位的，申报人人事关系须转入我市或依法在我市缴纳社会保险，且与用人单位签订3年以上劳动（聘用）合同；用人单位为企业等其他类型的，申报人须依法在我市缴纳个人所得税或社会保险，且与用人单位签订3年以上劳动合同或合作协议。

2．创业类：所创办企业在我市依法注册、纳税和缴纳社会保险，具有独立法人资格；申报人是企业主要创办人，且为实际控制人或前三位股东，主要工作精力应为所创办企业服务；拥有一支技术研发、经营管理、市场开发等方面人才组成的创新创业人才团队。

第十一条 高层次人才入选后，可享受我市特定医疗补助、公共服务保障等普惠性政策，同时具备下列条件之一的，还可申请享受人才奖励、人才安居保障、住房公积金贷款等优惠政策：

1．聘用类：用人单位为事业单位的，申报人每年在我市连续缴纳社会保险（首次申请须连续缴纳社会保险6个月以上）；用人单位为企业等其他类型的，申报人每年在我市连续缴纳个人所得税或社会保险（首次申请须连续缴纳个人所得税或社会保险6个月以上），顶尖人才年收入在55万元以上，一类人才年收入在45万元以上，二类人才年收入在35万元以上，三类人才年收入在25万元以上，其中，高技能人才年收入在20万元以上。

2．创业类：顶尖、一类人才所创企业实收资本不少于300万元（以验资报告为准，下同），本人现金出资及技术入股不少于150万元；二类人才所创企业实收资本一般不少于200万元，本人现金出资及技术入股不少于100万元；三类人才所创企业实收资本一般不少于130万元，本人现金出资及技术入股不少于65万元；所创企业正常经营，全职员工不少于8人（须每年在企业连续缴纳社会保险，首次申请须连续缴纳社会保险6个月以上）。

第四章 评价方式

第十二条 创新人才评价方式，建立市场化、社会化人才评价机制，发挥多元评价主体作用，实行人才分类评价，基础研究人才以同行学术评价为主，应用研究和技术开发人才突出市场评价，哲学社会科学人才强调社会评价，应用型人才评价应当根据职业特点突出能力和业绩导向。高层次人才通过认定、评审、举荐和自主评价等方式选拔产生，以认定为主，评审、举荐和自主评价为辅；选拔结果经市人才办审核并报市政府审定后向社会公布。

（一）认定。对符合《珠海市人才分类目录》相应认定标准的，可通过直接认定方式产生。

（二）评审。对现行《珠海市人才分类目录》中没有涵盖到的行业或奖项、成果，但申报人实际贡献、业绩及专业水平达到相应类别申报资格条件的，可通过评审方式产生，名额实行总量控制。

（三）举荐。简化人才评价程序，引入人才"举荐制"，经市人才办审核并报市政府审定，聘请各行业杰出人才和领军企业高管为举荐委员，通过业界"伯乐"相才荐才的方式产生，发现、选拔和培养一批在我市战略性新兴产业、未来产业领域中崭露头角、具备创新创业优势、发展潜力大的优秀人才。

（四）自主评价。为适应经济社会发展新需求，探索新兴行业领域人才评价，拓展我市新一代信息技术、高端装备制造、绿色低碳、生物医药、数字经济、新材料、海洋经济等战略性新兴产业领域"非共识性"人才评价，经市人才办审核并报市政府审定，确定自评单位和范围，并由用人单位自主设置条件、自行组织评价产生。

第十三条 认定工作常年受理、集中进行；评审、举荐和自主评价工作根据我市经济社会发展、人才队伍结构现状和需求状况适时启动；对急需引进或特殊的顶尖人才实行"一事一议"。认定、评审、举荐和自主评价规程由市人力资源行政主管部门制定并组织实施。

第十四条 《珠海市人才分类目录》是高层次人才评价的标准和依据。根据我市经济社会发展和粤港澳大湾区、横琴自贸片区、珠三角国家自主创新示范区等重大发展机遇对人才的需求，以产业人才为重点，兼顾文化、卫生、教育等领域重点人才，结合工作实际，经调查研究、征求意见、市人才办审核和市政府批准等程序，对《珠海市人才分类目录》适时进行编制与调整、动态发布。

第五章 扶持政策

第十五条 院士培养奖励。在我市创新创业的高层次人才，当选为中国科学院院士或中国工程院院士，给予用人单位600万元一次性奖励。具体按单位申请、市人力资源行政主管部门审核、公示、审定等程序进行。

第十六条 人才奖励。对顶尖、一类、二类、三类高层次人才分别给予200万元、100万元、60万元、30万元奖励，分5年等额发放，每年发放一次。入选后发放首笔奖励，往后经年度审核合格后予以续发。

第十七条 人才安居保障。针对人才多元化住房需求，采取发放住房补贴、出售共有产权房或租住人才周转房等方式，给予人才安居保障。高层次人才住房补贴和共有产权房均以家庭为单位申请。

（一）顶尖人才可申请600万元住房补贴，分5年等额发放；或选择申请免租入住200平方米左右人才住房，在我市全职工作满8年且贡献突出的，可获赠所住住房。

（二）一类人才可申请200万元住房补贴，分5年等额发放；或选择申请购买持房屋所有权50%份额、面积不超过160平方米的共有产权房，在我市连续工作满10年的，可获赠政府产权份额。同时可按规定申请入住面积不超过160平方米的人才公寓用于周转过渡。

（三）二类人才可申请140万元住房补贴，分5年等额发放；或选择申请购买持房屋所有权50%份额、面积不超过120平方米的共有产权房，在我市连续工作满10年的，可获赠政府产权份额。同时可按规定申请入住面积不超过120平方米的人才公寓用于周转过渡。

（四）三类人才可申请100万元住房补贴，分5年等额发放；或选择申请购买持房屋所有权50%份额、面积不超过100平方米的共有产权房，在我市连续工作满10年的，可获赠政府产权份额。同时可按规定申请入住面积不超过100平方米的人才公寓用于周转过渡。

第十八条 住房公积金贷款优惠。高层次人才在人才奖励等待遇发放期内，购买首套自住住房申请公积金贷款时，额度可放宽至我市最高上限的5倍。

第十九条 特定医疗补助。高层次人才依法参加本市基本医疗保险（一档）的，自入选之日起5年内，享受基本医疗保险和补充医疗保险待遇后，可按规定享受特定医疗补助。

第二十条 公共服务保障。为高层次人才发放"珠海英才卡"，在落户、工商登记、税收、停居留和出入境、子女入学、购房、医疗、公共文化等方面提供优质服务。为高层次人才子女就读学前、义务和高中教育阶段学校提供优质学位保障；为高层次人才及其直系亲属就医开辟绿色通道，高层次人才在入选后5年内可享受每年一次免费健康体检；为高层次人才配偶在珠海就业做好联系协调工作。

第二十一条 联系服务平台。建立市领导联系服务人才制度，畅通人才建言献策渠道。定期组织前沿科技沙龙和高层次人才研修班，引导人才弘扬爱国奉献精神、严守学术道德规范。搭建高层次人才行业信息、技术创新、成果展示和资本对接的交流分享平台，助力人才创新创业。加大人才典型和政策宣传，营造有利于高层次人才支持计划深入实施的良好社会氛围。

第二十二条 高层次人才入选后，可享受第十九、二十、二十一条规定的普惠性政策。符合第十一条规定条件的，可按个人申请、用人单位加具意见、各区初审、第三方机构评估（首次申请除外）、审定、发放等程序，申请享受第十六、十七、十八条规定的优惠政策。

第六章 考核管理

第二十三条 建立高层次人才信息库，实行动态管理，落实相关政策待遇。高层次人才达到更高层级申报条件的，可按规定申报相应层级高层次人才。高层次人才层级发生变动的，按新的层级调整人才奖励和住房补贴标准，并扣减已发放的金额。

第二十四条 对高层次人才进行考核管理，考核工作每年组织一次，由市人才办会同市人力资源行政主管部门牵头，市人才工作领导小组各成员单位及各行业行政主管部门协助、用人单位配合进行。同时引入第三方评估机构对用人单位、高层次人才进行综合评估，重点考察创新能力、业绩贡献、人才培养、成果转化等方面情况。

第二十五条 加强对自主评价工作的监管，对于不能行使评价权、不能确保评价质量的单位，将暂停自主评价工作直至收回评价权。

第二十六条 高层次人才有下列情形之一者，终止其享受相关政策待遇：

（一）离开我市或不再与我市用人单位履行工作协议的；

（二）考核不合格或无故不参加考核的；

（三）其工作单位不再属于本办法适用范围的；

（四）其他需要终止其享受相关政策待遇的情形。

第二十七条 高层次人才有下列情形之一者，取消资格，并根据政策待遇兑现情况，取消、终止或责令其一次性退还已享受的政策待遇，同时将其不良行为记录录入我市征信系统，5年内不再受理其任何人才项目的申请；涉嫌违法犯罪的，依法追究法律责任：

（一）学术、业绩、成果弄虚作假的；

（二）提供虚假材料骗取高层次人才资格的；

（三）受纪检监察部门、单位或主管部门审查并给予严重警告以上处分的；

（四）受刑事处罚的；

（五）出资不实、抽逃出资的；

（六）其他需要取消高层次人才资格的情形。

第二十八条 用人单位应当对申报人所提交资料的真实性、完整性、有效性和合法性负责，并接受有关部门的监督检查。对主观故意提供虚假材料和信息的用人单位，将其不良行为记录录入我市征信系统，5年内不再受理该单位任何人才项目的申请；涉嫌违法犯罪的，依法追究法律责任。

第二十九条 有关部门和工作人员在兑现政策待遇、经费发放或资金管理过程中存在违反有关规定，未认真履行职责，在管理和监督工作中滥用职权、玩忽职守、徇私舞弊的，按照《财政违法行为处罚处分条例》等有关规定，对责任人进行处理，涉嫌违法犯罪的，依法追究法律责任。

第七章 附 则

第三十条 本办法涉及的奖励资金及相关工作经费在市人才发展专项资金中列支。其中，人才奖励和住房补贴资金，由市、区按一定比例分担。

本办法政策扶持与我市其他政策有重复、交叉的，按照“从新、从优、从高、不重复”原则执行。

第三十一条 本办法自印发之日起施行，有效期5年，由市人才办会同市人力资源行政主管部门负责解释。《珠海市高层次人才评审办法》（珠人社〔2014〕122号）同时废止。

珠海市人力资源和社会保障局

2018年11月21日

中共湛江市委关于深化人才发展体制机制改革打造北部湾人才高地的实施意见

（湛发〔2018〕4号）

为深入贯彻落实习近平新时代中国特色社会主义思想和党的十九大关于人才工作的新要求，落实中央《关于深化人才发展体制机制改革的意见》（中发〔2016〕9号）、省委《关于我省深化人才发展体制机制改革的实施意见》（粤发〔2017〕1号）精神，深入实施创新驱动发展战略，深化人才发展体制机制改革，创新人才培养与引进、使用与管理、激励与保障机制，集聚各类人才，打造创新创业人才高地，着力提升湛江建设北部湾中心城市的区域创新力和竞争力，现结合我市实际，制定本实施意见。

一、实施开放务实的人才培养与引进政策

1. 加强人才引育预测和规划。根据我市经济社会发展和重大建设项目对人才的需求，加强对紧缺急需、高层次人才的预测和规划，定期编制发布人才引进专业目录。以主导产业、特色产业、重点项目、重要行业人才开发为重点，以中央、省重大人才工程和我市重点人才项目为抓手，多形式、多领域实施各类人才引进计划，吸引和集聚一批具备较高专业素养和丰富工作经验，掌握先进科学技术，熟悉国际市场运作，能够突破关键技术、发展高新技术产业、带动新兴学科的高层次人才、紧缺人才和创新团队。到2020年，新增高层次创新创业人才500名以上。（牵头单位：市委组织部；责任单位：市人力资源和社会保障局、市科技局、市财政局、市发改局、市经信局、市科学技术协会）

2. 实施创新创业团队引育“领航计划”。坚持高端引领，聚焦钢铁、石化、浆纸等三大重点产业和“五大产业发展计划”，重点引进带技术、带项目的创新创业团队，孵化和培育高新技术企业。对新引进的创新创业团队，按国际领先、国内领先、省内领先三个等次，分别给予最高1000万元、600万元、400万元资助。3年后进行考核，考核优秀的再给予相应资助。推荐创新创业团队申报“珠江人才计划”和“扬帆计划”，对新入选团队，在省财政资助基础上给予25%的配套资助。对国家“千人计划”入选者、“万人计划”入选者、“珠江人才计划”领军人才、“广东特支计划”杰出人才为带头人的团队，在省财政资助基础上按用人单位支持额度的1倍提供科研经费，每个团队最高不超过200万元，3年后考核优秀的再给予最高不超过200万元资助。对我市重点产业发展能产生重大影响，具有重大经济社会生态效益的创新创业团队的引进，可根据实际需求，通过“一事一议”的方式决定支持措施和力度。（牵头单位：市科技局；责任单位：市委组织部、市发改局、市经信局、市财政局、市人力资源和社会保障局、市科学技术协会）

3. 实施紧缺拔尖人才引育“集聚计划”。面向我市自然科学、工程技术、哲学社会科学、教育、医疗、宣传思想文化等领域，引进或自主培养一批紧缺拔尖人才。对新引进的国内外顶尖人才、国家级领军人才、省级领军人才，分别按照引才单位实际支出薪酬的30%、25%、20%给予生活补贴，每年最高不超过60万元、40万元、20万元，享受期最高不超过5年。对新引育的国家“千人计划”“万人计划”和省“珠江人才计划”“广东特支计划”“扬帆计划”的各类人才，在中央或省财政资助基础上给予25%的配套资助；属于柔性引进的（当年度在湛工作累计时间不少于3个月），资助金额按50%执行。对新引进的具有正高级、高级（副高）职称的人才，分别给予每年2万元、1万元生活补贴，享受期最高不超过5年。（引育人才属于中央、省驻湛单位的，以上补贴资助由用人单位承担。）（牵头单位：市委组织部；责任单位：市人力资源和社会保障局、市科技局、市财政局、市发改局、市经信局）

4. 实施国（境）外人才引育“汇智计划”。拓宽招才引智国际化视野，扎实开展外国人来华工作许可和外籍高层次人才认定工作，支持高等学校、科研院所和企业等各类主体采取项目合作、投资兴业、技术攻关、课题研究、顾问咨询、客座讲学、短期聘用等方式，多渠道引进国（境）外人才智力到我市创业服务。举办海外博士、硕士研究生招聘活动，定期组织国（境）外知名高校、科研机构和龙头企业代表来湛交流。支持我市企业在国（境）外设立研发中心、分支机构、孵化载体，就地吸引使用人才，经评审认定，分三档给予相关企业50万元、40万元、30万元补贴资助。建立柔性引才长效机制，采取后资助方式，对海外来我市短期工作连续1个月以上的专家，按照单位实际支出的薪酬，分层次每年给予最高不超过5万元的生活补贴。支持外籍（境外）和有留学经历的优秀博士毕业生在我市从事博士后研究工作。（牵头单位：市人力资源和社会保障局；责任单位：市科技局、市财政局、市商务局、市外事侨务局）

5. 实施企业人才引育“倍增计划”。突出企业引才主体作用，鼓励企业引进人才，对企业引进的副高级以上专业技术人员或全日制博士、硕士研究生，可直接申请认定为高层次人才。企业引进高层次人才支付的住房补贴、安家费、科研启动经费，扣减财政支持部分后可按规定在税前扣除。国有企业引进高层次人才经费视同考核利润。对市属国有企业和事业单位引进的急需紧缺人才，经相关部门审核后，用人单位可单独制定收入分配倾斜政策，不纳入绩效工资总量。鼓励用人单位对急需紧缺人才实行协议工资制、项目工资制和年薪制，不纳入单位绩效工资总量基数。遵循企业家成长规律，建立常态化的企业家培训机制，分批次选送市内高成长性科技型企业的主要负责人和重大人才工程创业人才到国内外知名企业、高等学校、先进产业园区学习培训。发挥各级工商联、民间商会组织、企业家联合会、青年企业家协会的作用，加强企业经营管理人才的培训、交流与合作。（牵头单位：市委组织部、市委统战部；责任单位：市发改局、市经信局、市科技局、市民政局、市财政局、市国资委、市人力资源和社会保障局、市工商业联合会）

6. 实施青年英才引育“托举计划”。建立健全对青年人才普惠性支持措施，加大教育、科技、文化、医疗等各类人才工程项目对青年人才培养支持力度，培养造就一批德才兼备的青年人才，形成各领域人才的后备力量。扶持有一定技术含量和发展前景的青年创客，对符合条件的青年创客一次性给予最高20万元项目资助。提高在站博士后科研人员资助标准，给予市属博士后科研工作站、博士后创新实践基地的在站博士后每人每年15万生活补贴，资助期限一般为2年；入选“扬帆计划”博士后扶持项目的，除享受“扬帆计划”配套资金扶持外，可同时享受上述生活补贴。对新引进的或毕业（出站）后留在我市工作的40岁以下博士、45岁以下博士后，市财政分别给予每人5万元、8万元生活补贴（属于中央、省驻湛单位引育的，以上生活补贴由用人单位承担）。加强青年人才联谊会、促进会等社会组织建设，面向知名高校、科研机构和龙头企业青年博士、硕士研究生宣传湛江，推介湛江，引进优秀青年人才到湛江创新创业。（牵头单位：市人力资源和社会保障局、共青团湛江市委；责任单位：市委组织部、市科技局、市财政局、市教育局、市文化广电新闻出版局、市卫生和计划生育局、市民政局）

7. 实施实用技术人才引育“支撑计划”。大力发展职业教育，推动公办、民办职业教育共同发展，开展校（院）企联合培养技能人才，加快培养“港城工匠”。到2020年，全市高技能人才达10万人，高技能人才占技能劳动者的比例达30%。开展职业技能竞赛和技术能手评选，设立“港城技术能手奖”，发现培养优秀技能人才，传承培育工匠精神。建立企业首席技师制度，对作出突出贡献的高技能人才实行年薪制、股权制和期权制。鼓励校企联合培养人才，推行企业新型学徒制、“双导师制”职业教育。对新增高级技师，在省“扬帆计划”资助基础上，再资助1万元。对新列入国家级、省级非物质文化遗产代表性项目传承人，在中央或省财政资助基础上给予25%的配套资助。立足推进农业现代化产业化，继续完善“学校+基地+农技站（中心）+远程教育+科技下乡”五位一体的农村实用人才培训体系，围绕新型职业农民教育、农民工职业技能提升等重点，强化农村实用人才培养。（牵头单位：市人力资源和社会保障局、市委农办；责任单位：市委组织部、市科技局、市教育局、市财政局、市农业局、市文化广电新闻出版局、市国资委、各技工〔职业〕学校）

8．实施党政人才引育“提升计划”。突出年轻化和专业化方向，注重在发展建设一线培养锻炼、提拔使用党政人才，引进和培养经济金融、城建规划、交通建设、科教文卫、生态环保、社会管理等高层次人才和专业技术人才充实到党政机关、事业单位。有计划地拿出专业性较强的处级领导岗位，面向全国公开选调本行业本领域的高层次优秀拔尖人才。从高校或科研院所招引一批优秀博士、硕士研究生，安排到事业单位，加强跟踪培养。考核优秀符合公务员调任规定的，可调任公务员。（牵头单位：市委组织部；责任单位：市编办、市人力资源和社会保障局、市财政局）

9．强化人才引育市场主体作用。完善高层次人才供需对接机制，组织开展人才沙龙、人才联谊和大型招才引智“海外行、城市行、高校行、湛江行”等人才专项对接活动。鼓励用人单位发挥在人才培养、吸引和使用中的主体作用，鼓励人才中介组织、猎头机构和个人等举荐人才。每成功引进1个“珠江人才计划”团队，分三档给予用人单位80万元、50万元、30万元补贴，给予举荐者5万元、3万元、2万元补贴；引进1个“扬帆计划”团队，分三档给予用人单位30万元、20万元、10万元补贴，给予举荐者3万元、2万元、1万元补贴；引进1名全职院士，给予用人单位50万元补贴，给予举荐者5万元补贴；引进1名全职国家“千人计划”入选者、“万人计划”入选者，给予用人单位20万元补贴，给予举荐者4万元补贴；引进1名全职“珠江人才计划”领军人才、“广东特支计划”杰出人才，给予用人单位10万元补贴，给予举荐者2万元补贴。以上所引进的人才和团队在我市服务时间须达3年以上。（牵头单位：市委组织部；责任单位：市人力资源和社会保障局、市科技局、市财政局）

二、构建灵活高效的人才使用与激励机制

10．创新编制管理和人才评价方式。健全控编减编措施，对符合目录准入条件且经审批引进的高层次人才、紧缺急需人才，暂时没有空编的事业单位，可按规定程序申报专项编制，专项编制“专人专用，人走收编”。加快探索符合条件的公益二类事业单位实行机构编制备案制管理，逐步实现由相关单位研究提出人员控制数额、内设机构设置方案，报同级机构编制部门备案，按照中央、省部署，探索不再纳入编制管理。坚持德才兼备，根据岗位特点，突出能力、业绩和贡献导向，分类制定人才评价标准，发挥政府、市场、专业组织、用人单位等多元评价主体作用，积极探索研究分类别、分行业、分层次的人才评价政策体系。（牵头单位：市编办、市人力资源和社会保障局；责任单位：市委组织部、市科技局、市教育局、市文化广电新闻出版局、市卫生和计划生育局、市社会科学界联合会）

11．加强创新成果转化激励与保护。设立湛江市产学研发展专项资金，促进服务地方经济社会发展的科研成果、专利发明首先在我市实施转化。建立和完善职务发明成果收益分配制度，提高人才享受科研成果收益比例，提高科研项目人力资源成本费用支出比例。落实鼓励兼职兼薪有关政策，推动高等学校、科研机构建立科研人员在岗兼职、离岗创业和返岗任职制度。推进国家知识产权试点城市建设，探索建立知识产权维权中心，加大力度保护人才知识产权。（牵头单位：市科技局；责任单位：市财政局、市农业局、市林业局、市海洋与渔业局、市国家税务局、市地方税务局、市科学技术协会、市中级人民法院、市检察院、驻湛各高校和科研院所）

12．鼓励引导人才到基层创业。合理配置人才资源，鼓励引导人才向本市重点发展产业、科技创新重点领域和区域、基层流动和创业。对新引进到我市乡镇、签订3年以上工作合同、具有正高或副高职称的专业技术人员，在省财政资助基础上，市财政分别一次性给予每人3万元、2万元岗位补贴。市直党政群机关、事业单位补充工作人员，侧重向具有全日制本科以上学历、在基层工作2年以上（或服务期满）的人员中遴选。继续做好选调生工作，继续抓好“三支一扶”“大学生村官”等项目，引导大学生向基层一线流动。对在条件艰苦的基层工作的专业技术人员，按省有关政策在职称评审方面予以倾斜，并在项目立项、评先评优等方面予以优先考虑。鼓励专业技术人才通过建立利益共同体、兼职、定期服务、技术开发、项目引进、科技咨询等方式向基层流动，取得合法报酬。深入开展人才服务基层活动，选派科技、教育、文化、卫生、社会工作等公共服务领域的优秀人才到基层一线服务。鼓励符合基层医疗卫生特殊紧缺人才需求的卫生人才资源下沉。对于市级引进的博士、硕士和全日制本科学历学位卫技类专业人才，下沉到对口支援县级医院服务5年的，市级财政分别给予每人每年5万元、3万元和1万元的生活补贴，5年服务结束后分别一次性给予派出单位15万元、8万元和3万元的补贴。对于市级引进的全日制本科学历学位卫技类专业人才，下沉到对口支援乡镇卫生院或社区服务中心服务5年的，市级财政分别给予每人每年2万元生活补贴，5年服务结束后一次性给予派出单位5万元补贴。对于县级引进下沉到乡镇卫生院和社区卫生服务中心的，由县级参照市的做法发放补贴。（牵头单位：市委组织部；责任单位：市科技局、市财政局、市教育局、市民政局、市人力资源和社会保障局、市文化广电新闻出版局、市卫生和计划生育局）

13．表扬奖励突出贡献人才。健全优秀人才奖励制度，建立以政府奖励为导向、单位奖励为主体、社会奖励为补充的多层次人才奖励体系。坚持精神激励和物质奖励相结合的原则，加大对在产业发展与自主创新方面作出突出贡献的人才、优秀拔尖人才的表扬奖励，设立“湛江市突出贡献奖和创新奖”，每2年评选1次，每届突出贡献奖授奖不超过5个，各奖励10万元；创新奖授奖不超过10个，各奖励5万元。支持和鼓励用人单位、社会组织和个人设立人才奖项，支持人才积极参加本行业、本专业国际或国家荣誉奖项评选。（牵头单位：市人力资源和社会保障局；责任单位：市发改局、市经信局、市科技局、市民政局、市财政局）

三、打造系统完备的人才培养发展平台

14．支持创新研发平台建设。加大对高新技术企业、新型研发机构、科技产业园区等的支持力度，着力提升企业研发和创新能力。到2020年，钢铁、石化、造纸三大主导产业建成工程技术研究开发中心、企业技术中心等研发平台20个，全市各类研发机构达到270家以上，省级以上创新平台达到100家以上，新型研发机构6家以上。鼓励支持开发区、产业园区及企业“招院引所”，建设院士工作站、国家级创新平台（分支机构）、重点实验室，助力提升产业核心竞争力和企业自主创新力。对新增国家重点实验室、国家工程技术研究中心，市财政分别一次性资助100万元；对新增广东省重点实验室、广东省公共实验室、广东省企业重点实验室、广东省工程技术研究开发中心，市财政分别一次性资助30万元；对新增院士工作站、新型研发机构，市财政一次性分别资助100万元和60万元；对新增市属博士后科研工作站、市属博士后创新实践基地，市财政分别给予不少于50万元、30万元的建站补贴。加快建设海洋科技产业创新中心、海洋科技大数据中心、科技成果专利交易中心等创新平台。各类创新研发平台优先申报国家、省和市各项产业政策扶持项目及专项资金支持项目。（牵头单位：市科技局；责任单位：市发改局、市经信局、市财政局、市人力资源和社会保障局、市海洋与渔业局）

15．支持众创空间建设发展。坚持政府引导、市场主导，积极探索孵化模式创新，大力支持众创空间发展。推进科技企业加速器试点，逐步建立“众创空间+孵化器+加速器+专业园区”的孵化链条。鼓励行业领军企业、创业投资机构和社会组织参与众创空间建设，对入驻众创空间的企业、个人在众创空间创新创业发生的房租等费用实行补贴。加大政府购买创新创业服务的力度，吸引青年创新创业人才落户湛江创业发展。优先支持众创空间内的人才申报国家、省和市人才项目。到2020年，全市建设众创空间等各类孵化机构超过28家，对符合条件的给予一定资助。被认定为省级科技企业孵化器的，市财政给予一次性补贴资助100万元；被认定为国家级科技企业孵化器的，市财政给予一次性补贴资助300万元。（牵头单位：市科技局；责任单位：市发改局、市经信局、市住房和城乡建设局、市财政局、市人力资源和社会保障局、共青团湛江市委）

16．支持高技能教育培训载体建设。聚焦我市钢铁、石化、浆纸等产业和现代服务业重点领域，以创建广东省现代职业教育综合改革示范市为抓手，加大职业（技工）院校资助力度，加快推进学校布局调整和扩容提质，引导鼓励与产业园区、大中型企业、在建项目对接，建立一批公共实训中心、高技能人才培养（实训）基地、技能大师工作室等载体。对新认定的国家级、省级、市级技能大师工作室，市财政分别给予50万元、30万元、10万元的经费资助。（牵头单位：市人力资源和社会保障局；责任单位：市教育局、市财政局、驻湛各高校和科研院所、各技工〔职业〕学校）

17．强化校地企交流合作。充分发挥高校院所在人才集聚、科技创新中的“桥头堡”功能，建立健全深化校（院）市、校（院）企合作机制，围绕提供战略咨询与智力服务、开展科技项目联合攻关、推进科技成果转移转化、搭建创新合作平台、加强人才培养等方面，加快形成全方位、多层次、宽领域的交流与合作。全面推进省市共建，支持在湛高等学校、科研院所建设与我市发展需求相匹配的若干优势学科，集成校地政策和平台共同引育高端人才，促进人才链、创新链与产业链的深度融合。支持在湛高等学校设立“湛江发展论坛”“湛江产业发展研究中心”“湛江县域经济发展研究中心”等。推动北部湾区高校联盟建设，建立北部湾人才论坛。积极筹建湛江科技大学，加强与国内名牌高等学校的合作。扶持企业与高校院所共建研究机构或学科，或由市政府直接在高校院所设立专项科研项目。（牵头单位：市科技局；责任单位：市经信局、市发改局、市教育局、市委党校、驻湛各高校和科研院所）

18．打造高水平学术交流平台。制定高层次人才学术活动资助办法，加大支持国内外知名学术机构、学术组织在湛江发起、组织学术论坛，力争一批高水平的学术论坛落户湛江成为永久性会议基地。鼓励和支持各类社会组织和人才载体组织举办形式多样创新创业论坛（沙龙），对企业、产业联盟、新型研发机构组织发起的技术研讨和创新交流活动，给予最高5万元资助。（牵头单位：市教育局；责任单位：市委党校、市科技局、市科学技术协会、驻湛各高校和科研院所）

四、建立便捷周到的人才公共服务体系

19．建设人才综合服务平台。完善湛江市人才驿站建设，支持县（市、区）人才驿站和服务基地建设，健全运行机制，强化人才政策发布、人才项目供需对接、重点人才工程申报评审和人才信息数据采集、人才配套服务等职能。对新建成县（市、区）人才驿站的建站单位，给予30万元建站资助，建成后5年内每年补贴工作经费10万元。探索建立海内外人才驿站分站，收集当地人才信息，发布我市人才政策和人才需求，举荐优秀人才，对每个人才驿站分站给予10万元至30万元建站补贴。完善市高层次人才“一站式”服务平台、市高层次人才联谊会、各级行政服务中心的功能设置，落实人才服务相关职能部门联席例会制度，整合服务资源，优化人才认定、待遇落实、项目申评、创新创业扶持等行政审批流程，实行限期快速审核反馈机制，为用人主体和人才提供专业、精准、高效服务。加强人才信息化建设，建立人才主题数据库，汇集高层次人才、急需紧缺人才、海外高端人才、归国留学人才等各类信息数据，构建网络化人才交流合作平台，加强部门、地区间人才数据共享。（牵头单位：市委组织部；责任单位：市发改局、市经信局、市科技局、市教育局、市人力资源和社会保障局、市卫生和计划生育局、市外事侨务局、市公安局、市科学技术协会）

20．完善财税金融保障政策。落实国家支持企业技术创新的研发费用加计扣除、高新技术企业所得税优惠、固定资产加速折旧、股权激励、股权分红、技术服务和转让税收优惠等激励政策。拓宽人才创新创业投融资渠道，鼓励天使投资、风险投资、商业银行等机构开展股、债、贷相结合的融资产品与服务，缓解人才创业初期融资难题。（牵头单位：市国家税务局；责任单位：市财政局、市科技局、市地方税务局）

21．鼓励企业采购专业服务。大力发展人才科技服务业，加快培育人才科技服务业市场化力量，完善“科技创新券”制度，到2020年，发放“科技创新券”1000万元（今后逐年增加发放额度），鼓励和引导企业购买科技咨询、检验检测、数据网络、人员培训、技术转移等专业化服务，利用外部科技资源开展技术创新，降低创新创业成本。支持建设全市性创新创业资源共享平台。（牵头单位：市科学技术局；责任单位：市发改局、市经信局、市国资委）

22．实施人才安居工程。制定落实高层次人才购房补贴、租房补贴或租住人才公寓等优惠政策，通过规划建设、购买商品房等方式筹建人才公寓，妥善解决高层次人才创新创业的安居问题。到2020年，筹建人才公寓1500套。对新引进全职并服务满5年的国内外顶尖人才、国家级领军人才、省级领军人才，在省财政资助基础上再分别给予100万元、80万元、60万元的一次性购房补贴。鼓励各县（市、区）、产业园区和用人单位向优秀创新创业人才实施租房购房补贴、购房贷款贴息等形式的人才住房资助。实行住房公积金个人住房贷款支持政策，紧缺适用高层次人才申请首套住房贷款时，可享受最高上浮20%的贷款额度。城乡规划、住房建设、人力资源和社会保障、国土资源、财政等职能部门，要全力做好落实人才安居工程的支持保障工作。（牵头单位：市住房和城乡建设局；责任单位：市财政局、市人力资源和社会保障局、市发改局、市城市规划局、市国土资源局、市住房公积金管理中心）

23．推行“湛江人才卡”服务。推行高层次人才认定工作，发放“湛江人才卡”，建立完善高层次人才信息库，明确高层次人才凭卡在创新创业、创办项目扶持、住房和医疗保障、户籍准入、文体生活、随迁（随居）家属入户、就业安置和子女入学等方面可享受的优惠和便利服务。（牵头单位：市人力资源和社会保障局；责任单位：市政府金融工作局、市教育局、市科技局、市公安局、市财政局、市住房和城乡建设局、市文化广电新闻出版局、市卫生和计划生育局、市住房公积金管理中心、市社会保险基金管理局）

24．推动人才服务业发展。坚持政府引导、社会多元参与，发挥企业主体、群团和社会组织的人才服务作用，构建多层次社会化人才服务体系。出台人力资源服务业扶持政策，运用市场机制和政策引导，聚集人力资源产业发展关键要素，引导和支持传统人才服务机构转型升级，推动人才服务产业向高端化方向发展。（牵头单位：市人力资源和社会保障局；责任单位：市教育局、市科技局、市公安局、市财政局、市国资委、市住房和城乡建设局、市文化广电新闻出版局、市卫生和计划生育局）

五、健全坚强有力的人才管理体制机制

25．健全党管人才工作体制机制。明晰各级党委、政府和各职能部门人才工作权责，构建党委统一领导、组织部门牵头抓总、职能部门各司其职密切配合、用人单位主体作用到位、社会各方面积极参与的体制机制。市、县（市、区）人才工作领导小组组长由同级党委书记担任。领导小组下设办公室，设在党委组织部。党委组织部门应设立或明确人才工作机构。各功能区要在相关单位明确人才工作职责。（牵头单位：市委组织部；责任单位：市委办公室、市编办、市委党校、市科学技术协会、市人才工作领导小组各成员单位、驻湛各高校和科研院所）

26．建立党委联系人才制度。完善党委直接联系人才工作机制，真诚爱护人才、关心人才、成就人才。各级党委、政府和领导干部、人才工作领导小组成员要通过座谈交流、决策咨询、走访慰问等形式，及时掌握人才的工作和生活情况，广泛听取意见建议，及时帮助协调解决实际问题。加强思想引导和政治引领，通过组织开展教育培训、国情研修、学术休假、服务基层、列席重要会议等活动，增强人才对党情、国情、社情和市情的了解。健全人才意见直通车制度，落实人才考察、疗养、服务等各项待遇。建立各领域、行业协会学会沟通机制，充分发挥专业协会学会联系服务人才的积极作用。（牵头单位：市委组织部；责任单位：市委办公室、市政府办公室、市人大常委会办公室、市政协办公室、市人才工作领导小组各成员单位）

27．强化目标责任考核激励。将人才发展列为经济社会综合评价指标，实行人才工作目标责任考核，重点考核评价创新人才队伍建设情况。将人才工作纳入党委书记落实党建工作责任制情况述职评议，列为基层党建量化考核的重要内容。将人才工作职责列入相关职能部门“三定”方案，建立人才工作领导小组成员单位工作年度述职评议制度。考核或评价结果作为领导班子评优、干部选拔任用的重要依据。（牵头单位：市委组织部；责任单位：市委办公室、市直机关工委、市编办、市人力资源和社会保障局、市科技局、市科学技术协会）

28．转变政府人才管理职能。推动人才管理部门简政放权，建立政府人才管理服务权力清单和责任清单，清理和规范人才招聘、评价、流动等环节中的行政审批和收费事项，消除对用人主体的过度干预。增强服务人才意识，完善问责机制，加强人才管理法制建设。（牵头单位：市人力资源和社会保障局；责任单位：市纪委监察局、市政府办公室、市委组织部、市编办、市发改局、市教育局、市科技局、市公安局、市民政局、市财政局、市外事侨务局、市法制局）

29．完善多元化投入机制。坚持政府引导、分级负担、社会参与、多元投入、利益共享的原则，建立人才工作多元化投入机制。各级政府应优先足额安排人才开发资金，并保持人才开发投入与经济发展同步增长。建立人才发展专项资金，单独列入财政预算。2018年起，市每年安排人才发展专项资金2000万元，今后视财力情况予以相应增加。定期开展人才投入绩效分析，不断优化人才投入结构和方式，提升资金使用效益。用好中央、省扶持粤东西北地区振兴发展、竞争性扶持市县重点人才工程等优惠政策，争取上级加大对人才工作的资金支持。（牵头单位：市财政局；责任单位：市委组织部、市人力资源和社会保障局、市科技局、市发改局、市经信局、市审计局、市科学技术协会）

30．营造良好社会氛围。建立人才工作市县联动宣传机制，整合优质媒体资源，进一步加大人才政策宣传力度，不断提升政策的影响力。大力宣传优秀人才的先进事迹，大力培育创新文化，营造鼓励人才创新创业、充分发挥作用的良好氛围。注重在优秀人才中发展党员、评选劳模、推荐人大代表候选人和政协委员候选人。规划建设人才主题公园，采取人才实景雕塑、人才创新成果陈列体验等形式，开展人才政策宣传、科普教育、现场服务等活动，打造尊重人才、宣传人才、激励人才的阵地。（牵头单位：市委组织部；责任单位：市委办公室、市政府办公室、市人大常委会选联工委、市政协办公室、市委宣传部、市直属机关工委、市文化广电新闻出版局、市人力资源和社会保障局、市科技局、市发改局、市城市规划局、市国土资源局、市总工会、市科学技术协会）

各级党委和政府要切实增强责任感、使命感，把深化人才发展体制机制改革，促进人才创新创业摆在重要位置，大胆探索实践和创新突破，确保各项改革任务落到实处。各县（市、区）、各牵头单位、责任单位和市直有关部门，要根据本实施意见，结合实际，制定相应配套政策、具体措施和工作推进计划，建立健全督办检查和成效评估机制，切实抓好工作落实。

本实施意见由市人才工作领导小组办公室负责解释，自发布之日起实施。

中共湛江市委

2018年4月7日

清远市关于进一步加快“人才高地”建设的若干意见

（清发〔2018〕13号）

以习近平新时代中国特色社会主义思想为指导，全面贯彻党的十九大和十九届二中、三中全会精神，深入贯彻习近平总书记重要讲话精神，为贯彻落实中央《关于深化人才发展体制机制改革的意见》和省委《关于我省深化人才发展体制机制改革的实施意见》精神，深入实施创新驱动发展战略，现结合我市实际，就进一步加快“人才高地”建设，提出如下意见。

一、加大人才管理体制改革力度

1．健全党管人才体制机制。县（市、区）人才工作领导小组组长由县（市、区）党委书记担任，组织、科技、人力资源社会保障部门应设立或明确人才工作机构，配备人才工作专职人员。完善党建五级联述联评联考指标体系中关于人才工作的考核指标，将人才工作作为县（市、区）党委书记、市人才工作领导小组成员单位“一把手”党建工作述职重要内容。人才工作考核结果录入干部管理信息系统，作为领导班子评优和干部选拔任用的重要依据，考核分值分别排名首位的县（市、区）与单位在市人才工作领导小组会议进行经验介绍，排名末位的进行整改表态发言。建立市人才工作领导小组成员单位工作责任制和领导小组会议县（市、区）代表列席制度。将人才工作职责列入相关职能部门“三定”方案。加强重点人才工程监测考核。加深与省人才发展研究机构合作。在市辖区打造人才发展示范引领区，争取纳入省级人才发展改革试验区。（责任单位：市委组织部、市人才工作领导小组成员单位、各县〔市、区〕党委）

2．加大人才管理部门简政放权力度。清理规范人才招聘、评价、流动等环节中的行政审批和收费事项，消除对用人主体的过度干预。落实上级要求，取消一批职业认定事项，改由行业组织自律管理。进一步优化人才申报认定程序，简化审批流程，提高审批效率。（责任单位：市编办、市发展改革局、市公安局、市人力资源社会保障局）

3．推进机构编制备案制管理。推动普通高等学校、职业技术院校、公立医院等符合条件的公益二类事业单位实行机构编制备案制管理，逐步实现由相关单位研究提出人员控制数额、内设机构设置方案，报同级机构编制部门备案，按照中央统一部署及省委统筹安排，探索不再纳入编制管理。（责任单位：市编办、市教育局、市人力资源社会保障局、市卫生计生局）

4．提高人才资金投入效率。加大人才发展专项资金保障力度，简化资金审批程序，加快资金高效精准投入，确保资金按计划及时下拨分配到位。年度预算资金使用明细在下一年度市人才工作领导小组会议上进行书面通报。（责任单位：市委组织部、市财政局、市科技局、市人力资源社会保障局）

二、加大人才引进支持力度

5．加大科研团队资助力度。对引进的创新创业科研团队，经审核具有行业领先水平、能够突破关键核心技术、引领带动我市产业发展实现重大突破的，按评级给予入选团队一次性资助100万元、300万元、500万元，每年资助3—5个创新创业科研团队。对引进或获得省“珠江人才计划”“扬帆计划”团队，市政府按省资助额度1∶1予以配套支持。奖励科研团队资金，依照省规定的资金使用分配比例支出。在清远市激励科技创新十条政策实施期满后，团队配套支持资金由市财政和所在地区财政共同分担，其中广东清远高新区、清城区、清新区财政分担各自地区团队配套支持资金的30%，英德市、佛冈县财政分担20%，北部县（市）财政分担10%。（责任单位：市科技局、市财政局、市人力资源社会保障局）

6．加大高端人才引进支持力度。对引进带着重大项目、带领关键技术、带动新兴学科的高端人才，实行“一事一议”，最高可获500万元资助，其中引进国家“千人计划”专家的项目落地后直接获500万元资助。对新引进或获得国家“千人计划”“万人计划”专家的，市政府按中央财政给予入选专家经费补助（视同国家奖金）的1∶1予以配套支持；对新引进或获得“珠江人才计划”认定的高层次人才和“广东特支计划”青年拔尖人才、杰出人才与领军人才的，市政府按省资助额度的1∶1予以配套支持。

在实施一至六类紧缺适用高层次人才政策的基础上，推动激励科技创新相关政策落实，加大对企业新引进的全日制博士研究生、全日制硕士研究生和高级职称专技人才的资助补贴力度，适时完善企业引进高层次人才资助政策。对非企业类单位新引进的全日制博士研究生、全日制硕士研究生和高级职称专技人才发放生活补贴，其中，正高职称人才每人40万元，全日制博士研究生或副高职称人才每人30万元，全日制硕士研究生每人10万元，分5年发放。（责任单位：市委组织部、市财政局、市人力资源社会保障局）

7．优化高层次人才资助政策。调整我市紧缺适用一至六类高层次人才月津贴、安家补助发放形式，由市财政统一发放，其中，第一类高层次人才月津贴1万元、安家补助100万元，第二类高层次人才月津贴5000元、安家补助50万元，第三类高层次人才月津贴4000元、安家补助40万元，第四类高层次人才月津贴3000元、安家补助20万元，第五类高层次人才月津贴2000元、安家补助15万元，第六类高层次人才月津贴1000元、安家补助10万元，安家补助在人才认定公示结束后3个月内开始发放，2年内发放完毕。适时优化紧缺适用一至六类高层次人才对象范围和资助标准。鼓励高层次人才所在县（市、区）和单位结合实际予以适当配套补助。对我市在站博士后科研人员发放生活补贴，资助标准为每人每年15万元，资助期限一般为2年。完善专家特聘岗制度，支持采取“周末工程师”“挂号工作制”等专家特聘岗方式，面向国内外柔性招聘企业急需高端人才，发放特聘证书和年度特聘津贴，视项目合作和完成情况予以资助。（责任单位：市人力资源社会保障局、市委组织部、各县〔市、区〕党委）

8．改善机关企事业单位人才结构。鼓励市直机关单位招录高学历人才，在职数规定范围内，全日制博士研究生入职1年后，试用期满考核合格的任命为主任科员，全日制硕士研究生入职1年后，试用期满考核合格的任命为副主任科员。按照《人才导向目录》，优化机关事业单位人才结构，大力提高机关专业化人才比例。发挥人才储备编制作用，组织、人力资源社会保障部门根据机关事业单位人才需求和岗位空缺的情况，每年定期组团到高等院校公开招聘本科以上毕业生，纳入事业编制，作为机关事业单位紧缺适用专业的人才储备。市人力资源社会保障部门每年定期开展企业人才需求摸查，组织相关企业随团到重点高校招聘企业急需专业人才。（责任单位：市人力资源社会保障局、市编办）

9．支持清远籍人士回乡创业投资。对杰出乡贤回乡创办或投资高新技术企业规模达1亿元以上的，企业实际投入资金额完成30%后，经审核符合条件，按投资总额的5%支持企业开展技术研发和人才开发，支持额度最高不超过500万元。支持资金参照专家（团队）配套支持资金分担比例落实。（责任单位：市经济信息局、市科技局）

10．鼓励大学生到清远就业创业。对经我市北部县（市）组织、人力资源社会保障部门认定符合紧缺适用条件，引进到当地企事业单位工作的全日制本科以上学历的毕业生实行奖补，其中博士研究生每年补助6万元，硕士研究生每年补助4万元，本科毕业生每年补助2万元，补助期为5年。对大学毕业生到清远自主创业满3年、年税收10万元以上、带动10人以上就业的，给予一次性10万元创业补助。实施青年返乡创业扶持计划，建立“返乡创业导师服务团”，对返乡创业青年进行“一对一”帮扶，每年安排100万元支持农村青年创业小额贴息贷款。（责任单位：市人力资源社会保障局、市教育局、团市委、清远市税务局）

11．实施引才激励制度。加快推进省市共建（清远）人力资源服务产业园建设，支持人才中介服务业发展，鼓励有条件的人力资源服务机构与知名“猎头”机构交流合作，提升人力资源服务水平。对为我市引进高层次人才起直接、关键作用的中介机构、社会组织或个人等社会力量，经审核确认后给予奖励。其中，引进院士、国家“千人计划”和“万人计划”等国内外顶尖人才或国内外顶尖团队，每引进1人或1个团队给予10万元奖励；引进广东三大人才计划和外省省级人才计划杰出人才或领军人才以及团队的，每引进1人或1个团队给予5万元奖励。（责任单位：市委组织部、市科技局、市人力资源社会保障局）

三、加大人才培育力度

12．提高科研项目人才资源成本费用支出比例。利用本市财政性资金设立的自主创新项目，承担项目人员的人力资源成本费用可以从项目经费中列支，一般不超过该项目经费的40%，软科学研究项目、哲学社会科学研究项目和软件开发类项目支出比例不超过该项目经费的60%。劳务费预算不单设比例限制，由项目承担单位和科研人员据实编制。加大对科研人员的激励，绩效支出不单设比例限制，不纳入单位绩效工资总量调控管理。探索实行哲学社会科学研究成果后期资助和事后奖励制度。（责任单位：市科技局、市财政局、市教育局、市人力资源社会保障局）

13．赋予人才更大经费支配权。下放科研项目直接费用预算经费调整审批权，在项目总预算不变的情况下将直接费用部分预算调剂权下放给项目承担单位。项目负责人可根据科研活动实际自行调剂材料费支出明细。实行部门预算批复前项目资金预拨制度。项目实施期间，年度剩余资金可结转下一年度继续使用。项目完成任务目标并通过验收后，结余资金按规定留归项目承担单位使用，在2年内由项目承担单位统筹安排用于科研活动的直接支出；2年内未使用完的，按规定收回。（责任单位：市科技局、市财政局、市教育局、市人力资源社会保障局）

14．启动领军人才和青年拔尖人才选拔及管理服务工作。将市拔尖人才选拔管理制度调整为市领军人才和青年拔尖人才选拔管理服务制度。选拔一批在专业技术、行业管理和产业模式等领域引领发展、贡献显著的“清远市领军人才”，一次性资助生活补贴20万元；选拔一批有较强科学研究能力和技术创新潜能、成果有较大创新性、产业化前景好或能引导基础理论原始创新、对科技发展有一定推动作用的“青年拔尖人才”，一次性资助生活补贴10万元。落实专家休假、疗养、考察、服务等各项待遇。（责任单位：市委组织部、市人力资源社会保障局、市科技局）

15．实施优秀企业家培养工程。建立常态化政企联动企业家培训机制，每年组织60—100名高新技术企业或科技型中小企业主要负责人和省（市）重点人才工程负责人外出学习培训与考察交流。（责任单位：市委组织部、市委统战部、市科技局、市人力资源社会保障局、市国资委、市工商联）

16．加强名师名医名家培育。鼓励创建名师、名医、文化名家工作室，每年安排100万元，通过竞争择优方式对工作室建设进行扶持，对工作室研究项目进行资助，单个项目最高资助5万元。（责任单位：市教育局、市人力资源社会保障局、市文化广电新闻出版局、市卫生计生局）

17．加大专业人才培养力度。对本市院校或企业新招用的高技能人才，签订3年以上劳动合同且工作满一年以上的，给予高级工、技师分别一次性发放5000元、8000元补贴。鼓励在本市院校、产业园区、重点企业和重要行业建设一批市技能大师工作室，给予每个工作室一次性支持5万元，次年起进行绩效评价，对获得优秀等次的给予5万元资助，优秀名额按大师工作室总量的30%确定。对认定为省级技能大师工作室的，予以一次性支持10万元。鼓励和支持我市企事业单位在职人员自我提升，对晋升为高级技师或取得博士学位，与用人单位签订5年以上合同的，由市财政一次性补助5万元。对在北部地区工作，晋升为副高职称或取得硕士学位且与用人单位签订5年以上合同的，由市财政一次性补助3万元。（责任单位：市人力资源社会保障局、市卫生计生局、市教育局、各工业园区管委会）

18．加大农村实用人才培育力度。建立农村实用人才队伍建设联席会议制度，定期研究和解决农村实用人才工作中的重大问题。抓紧编制农业农村人才队伍建设中长期规划。每年最高安排100万元用于推动有关职能部门抓好新型职业农民、农村实用人才培训，结合“青苗培育工程”“头雁工程”，培育一支爱农业、懂技术、善于经营的新型职业农民队伍。依托现代远程教育系统、职业院校和技工学校、龙头企业和专业合作组织、农村实用人才培训基地、涉农项目平台等建立多元化多层次农村实用人才培训体系。实施农技推广人才培养计划，鼓励在岗农技推广人才参加大专以上学历进修，实行持证毕业补贴50%学费政策。（责任单位：市农业局、市委农办、市人力资源社会保障局、市科协）

四、加大人才流动促进力度

19. 建立科技人员流动和承接科技成果转化机制。支持创建技术转移中心、成果路演推介中心等科技成果交流转化平台。允许本市高等学校、科研院所等事业单位科技人员在履行所聘岗位职责前提下，到科技型企业兼任技术顾问并按规定获得报酬。支持人才带高新技术研发成果、专利技术等自主知识产权项目在我市企业进行成果转化和产业化，经评估审核同意，给予最高60万元资助。（责任单位：市人力资源社会保障局、市科技局、市教育局）

20. 建立社会组织服务人才机制。推动扶持全市社会组织发展，建立完善社会组织服务人才机制，鼓励社会组织在引导人才流转、发挥人才作用、服务行业产业发展等方面发挥积极作用。（责任单位：市民政局、市人力资源社会保障局）

21. 实施农业专家下基层行动。按照“一村一品、一镇一业”的要求，在条件成熟的行政村建设农业专家联络站，配合乡村振兴战略，提高农业专家联络站覆盖面。根据乡村经济发展、农村种养、新村规划、畜牧医疗、水利修治等方面需求，引导专家人才驻站开展服务。对每个农业专家联络站给予6万元的创建经费，每年对联络站进行考核，根据考核评估结果最高支持年度运作经费6万元。（责任单位：市农业局、市科协）

22. 鼓励专技人才到乡镇就业。对新进入乡镇企事业单位工作、签订3年以上工作合同、具有副高及以上职称人才或高级技师，工作满一年后，除按规定享受省财政岗位补贴政策外，按南部县（市、区）乡镇3万元、北部县（市）乡镇5万元标准发放一次性岗位补贴。（责任单位：市人力资源社会保障局）

五、加大人才评价激励保障力度

23. 建立人才评价激励与退出机制。注重引入市场评价、同行评价和社会评价，进一步保障和落实用人单位评价自主权，加大“企业荐才”工作实施力度。按照上级有关规定，适时对我市产业发展作出重大贡献的优秀人才予以每人100万元奖励，对乡村振兴作出突出贡献的农村实用人才一次性发放5万元资助。加强重点人才工程检测考核和绩效评估，建立人才业绩档案和诚信档案，建立人才退出机制和失信惩戒机制。（责任单位：市委组织部、市人力资源社会保障局、市科技局、农业局）

24. 推动职称评审权限改革。根据国家和省的部署，推动高等学校、科研院所、新型研发机构、国有企业、高新技术企业、大型骨干企业自主评审，由用人主体自主制定评审标准，自主组建评审机构及评审专家库，自主开展评审工作，自主颁发职称证书。（责任单位：市人力资源社会保障局、市教育局、市科技局、市国资委）

25. 落实高级人才证制度。建立高级人才信息库，持有高级人才证的人才，在人才住房保障、配偶就业、子女入学、文体生活、交通出行、创业扶持等方面享受优先便利服务。建立高级人才奖励制度，对企业和科研院所持有高级人才证、在本市缴纳个人所得税的人才，按个人对本市年度经济贡献额的50%进行事后奖补。高级人才享有本市多个同类型奖励政策，以对本市年度经济贡献额作为奖励依据，按照“就高不就低，只享受一次”的原则予以奖励。建立高级人才健康档案，人才凭证可在市内三甲医院享受免费体检和绿色医疗服务。（责任单位：市人力资源社会保障局、市住房城乡建设管理局、市教育局、市卫生计生局、清远市税务局）

26. 实施人才安居工程。推动相关职能部门全力做好人才公寓建设的支持保障工作。按“分层次、保无房”原则，为我市引进培养的企业专业技术人才、高等学校和科研院所高层次人才以及入选省市创新创业团队核心成员提供过渡性公寓。对未享受市人才安家补助或未提供过渡性公寓的具有中级以上职称，或高级以上职业资格证书，或本科及以上学历且毕业未满5年（具有硕士研究生及以上学历的不受毕业年限限制）、符合《人才导向目录》的人才，经审核同意后，发放一次性租房补贴2万元。各县（市、区）根据本地实际建设人才公寓，制定高层次人才购房补贴标准，辖区内评为市级以上人才（团队核心成员）纳入当地人才公寓或购房补贴统筹范围。（责任单位：市人力资源社会保障局、市发展改革局、市国土局、市住房城乡建设管理局、市国资委、各县（市、区）党委）

六、加大人才载体建设力度

27. 优化提升人才工程。深入推进实施“起航计划”。结合创新驱动发展战略及乡村振兴战略对“起航计划”进行扩容提质。对入选省“扬帆计划”竞争性人才工程项目，省资助期满后进行考核评估，按原配套资金标准择优延续扶持，延续扶持不超过2次。通过实施人才工程项目，成功引进培养紧缺适用高层次第四类及以上人才的，经认定后追加10万元项目实施经费。（责任单位：市委组织部、市人力资源社会保障局）

28. 加快打造各类人才平台。推动共建高校驻外研究院或科技创新基地。推进人力资源服务业产业园建设，大力引进国内外知名人力资源服务机构。依托省、市共建人才驿站建设“一站式”服务专区，每年保障驿站运作费用50万元。鼓励县（市、区）加快创建县级人才驿站，每年根据考核情况保障驿站运作费用最高30万元。在省扶持的基础上，由市财政支持创建广东省院士工作站（或广东省院士专家企业工作站）、博士后科研工作站（博士后科研流动站）、博士后创新实践基地、博士工作站，分别一次性给予60万元、50万元、30万元、20万元建站补贴。按照鼓励科技创新有关激励政策，给予省级以上创新平台最高100万元、省级以上科技企业孵化器最高200万元补助。每年最高安排200万元，支持建立海外人才工作站、博士服务站、清远大学生联络服务站等载体，通过联合商会、社团、中介、院校等机构广泛联络各类人才，采取有效措施，促成创业就业或项目技术合作。鼓励创建创客中心、众创空间等各类型创新创业平台。整合有关部门创业人才资助项目，组织开展清远创新创业大赛，对入选“十强”的，属本市参赛项目或市外参赛项目但在清远落地的，给予10万元资助。（责任单位：市委组织部、市经济和信息化局、市科技局、市人力资源社会保障局、市外侨局、团市委、市科协、市侨联）

29. 探索职业院校人才培养基地建设。探索建立高等学校、科研院所和企业人员双向学习交流合作机制。推行产教融合、校企合作、工学一体、现代学徒的培养模式，鼓励职业院校与企业立足产业发展需求共建特色专业学科或紧缺技能专业学科，签订共建协议、完成学科设置并启动招生培养的，支持办学机构20万—50万元。鼓励清远职业技术学院采取混合所有制方式做强办活农业学院，每年最高安排100万元支持培训紧缺适用农村实用人才。（责任单位：市教育局、市人力资源社会保障局、市农业局、清远职业技术学院）

30．拓宽人才创业投融资渠道。建立高科技人才项目会商机制，对科技含量高、转化前景好的高科技人才创新创业项目，集成国家、省和市各类人才政策和产业项目给予指导和接续支持。建立创业项目和金融资本对接机制，引进天使基金和创投、风投机构，举办人才项目对接交流会、重大科技成果与产业对接会、投融资洽谈会，搭建金融机构、风投机构与高新技术项目充分对接平台。探索建立创投资本接力扶持机制，逐步设立产业引导基金、科技风投基金，引导社会资金和金融资本投资人才创新创业。（责任单位：市金融工作局、市经济信息局、市科技局、市财政局）

七、本意见自印发之日起实施，由市人才工作领导小组办公室负责解释。本意见与我市现有同一类型人才政策有重复、交叉的按“从优、从高、不重复”原则执行；同一对象适用本意见不同类型多项政策的可同时执行。本意见各项政策第一责任单位负责牵头统筹，各责任单位负责对应制定实施细则。广东清远高新区党工委、各县（市、区）党委要加强政策解读和舆论引导，并结合本地区实际研究制定实施人才政策。

中共清远市委

2018年8月29日

东莞市特色人才特殊政策实施办法（2018年修订版）

（东府〔2018〕32号）

一、本办法所指的“特色人才”包括在我市实施创新驱动发展战略，推进产业转型升级过程中重点发展的行业、产业、领域紧缺急需或作出相应贡献的高层次人才。“特色人才”共分为五大类，包括：

（一）特级人才，是指具有突出的学术造诣、社会影响力和创新创业能力的国际顶尖人才，或对我市经济社会发展作出重大贡献的经认定、评定的高层次人才。

（二）一类人才，是指获得相关国家级、特别份量的省级荣誉、奖项和技术职务及称号，或对我市经济社会发展作出突出贡献的经认定、评定的高层次人才。

（三）二类人才，是指获得相关省部级、特别份量的市级荣誉、奖项和技术职务及称号的，或一类人才中相应国家级荣誉、奖项和技术职务及称号的次位，或对我市经济社会发展作出重要贡献的经认定、评定的高层次人才。

（四）三类人才，是指获得相关市级荣誉、奖项和技术职务及称号的，或二类人才中国家、省级荣誉、奖项和技术职务及称号的次位，或对我市经济社会发展作出较大贡献的经认定、评定的高层次人才。

（五）四类人才，是指三类人才中获得相关市级荣誉、奖项和技术职务及称号的次位，或对我市经济社会发展作出积极贡献的经认定、评定的高层次人才。

同时，包括相当于特级、一、二、三、四类人才的国（境）外人才和经市委、市政府认定的特色人才。

二、科研、配套资助

（一）国家级人才配套资助。对于中央“千人计划”“国家特支计划”等国家级荣誉和奖励，在我市申报并成功入选的人才，视人才项目层次及对我市经济社会贡献等情况，由市财政按国家资助的1：1至1：2的比例配套资助资金；由市外迁入我市的人才，视人才项目层次及对我市经济社会贡献等情况，由市财政按国家资助的1：0.5至1：1的比例配套资助资金，国家政策规定不予地方资金配套的除外。

（二）省级人才配套资助。对入选广东省引进创新创业团队和领军人才的团队和个人，视人才项目层次及对我市经济社会贡献等情况，由市财政按省财政资助1：0.5至1：1比例给予配套资助。国家、省政策规定不予地方资金配套的除外。

获得其他省级、国家级或以上荣誉和奖励的，可采用“一事一议”的方式报市政府研定配套资助事宜。

三、创业资助和奖励

（一）对获得我市引进创新科研团队项目立项的团队，市财政将视团队的层次一次性给予500万—1000万元的立项资助；在团队项目通过结题验收后，我市将从税收贡献、知识产权成果产出、项目资金投入、技术研发和产业化进程、人才引育等方面对团队项目的实施情况及经济产业发展贡献程度进行综合评价，并一次性给予不高于其立项资助经费额度的奖励经费。

（二）对我市确定立项的引进创新创业领军人才，给予100万—200万元创新创业启动资金扶持；项目实施2年后，根据其营业额和税收、技术创新推进、行业带动、技术项目绩效、高层次人才聚集程度进行综合评价，给予领军人才100万—300万元创新创业奖励。

四、创业扶持

（一）贷款贴息。本办法实施期间，特色人才在我市通过银行贷款融资创办企业获得银行贷款的，市财政按其贷款期内实际支付利息最高不超过70%的比例给予贴息，贴息时间最长不超过2年，每家企业每年最高贴息100万元。

（二）场租补贴。本办法实施期间，特色人才在我市创办企业，各镇街（园区）要对本辖区范围内特色人才所创办企业给予场地租金补贴。每家企业纳入补贴范围的场地面积原则上不超过100平方米，每平方米每月补贴额不超过30元，补贴期限不超过2年。

五、居留和出入境

（一）中央“千人计划”引进的外籍人才及其随迁外籍配偶和未成年子女申请在中国永久居留的，市公安局在10天内完成初审工作并上报省公安厅，50天内发放《外国人永久居留证》。其他类别特色人才及其随迁外籍配偶和未成年子女，符合《外国人永久居留证》申请条件的，市公安局在受理申请的2个月内完成初审上报工作。

（二）外籍人才及其随迁外籍配偶和未成年子女，尚未获得《外国人永久居留证》，可以办理2－5年的居留许可，在居留许可的有效期内多次出入境，并提供签证到期提醒服务。

（三）为特色人才及其家属开放快速绿色通道，快速办理外国人就业证、居留许可等相关证件，相关业务必须在其提交申请日起5个工作日内办结。居留许可有效期可放宽至2年以上。

（四）市车管部门开通绿色通道，对与我国签订互相认可的境外驾驶证，特色人才凭通行证或护照、在我市居住和工作证明，优先办理境外驾驶证换发国内驾驶证业务。

六、住房

（一）租住人才公寓。鼓励各镇（街道）、园区、企业建设高层次人才公寓，为工作关系在本市，且尚未在本市购买商品住宅房的人才，提供租住人才公寓优惠。

（二）租房补贴。对于来莞工作，且尚未在本市购买商品住宅房，也未申请人才公寓的，可申请租房补贴租住商品住宅房，补贴年限不超过3年。特级人才可享受每月最高5000元租房补贴，一类人才可享受每月最高3000元租房补贴，二类人才可享受每月最高2500元租房补贴，三类人才可享受每月最高2000元租房补贴，四类人才可享受每月最高1500元租房补贴。

（三）购房补贴。特色人才（配偶、未成年子女）未在本市范围内享受过房改房、解困房、安居房、经济适用住房或参加单位内部集资建房等购房优惠政策，并未在本市购买过商品住宅房，在获得东莞市特色人才称号后，为解决特色人才在莞住房问题，以本人（或配偶、未成年子女）名义在本市首次购买商品住宅房，按特色人才类别给予购房补贴。特级人才给予最高不超过250万元购房补贴，一类人才给予最高不超过200万元购房补贴，二类人才给予最高不超过150万元购房补贴，三类人才给予最高不超过100万元购房补贴，四类人才给予最高不超过30万元购房补贴。购房补贴从成为特色人才的当年起接受申请，从成功申请的下一年起分5年等额发放。

七、税收

（一）人才取得的省级人民政府、国务院部委和人民解放军军以上单位，以及外国组织、国际组织颁发的科学、教育、技术、文化、卫生、体育、环境保护等方面的奖金，免纳个人所得税。

（二）特色人才按照对我市经济社会发展贡献程度按其上一年度所缴个人工薪收入所得税地方留成部分80%的标准予以补贴，每人每年最高补贴不超过50万元，不超过3年。

（三）引进外籍人才以非现金或实报实销形式取得的住房补贴、伙食补贴、搬迁费、洗衣费，暂免纳个人所得税。从外商投资企业取得的股息、红利，以及按合理标准取得的出差补贴、语言训练费、子女教育费等，暂时免纳个人所得税。

八、引才奖励

对为我市引进特级人才、一类人才、二类人才、三类人才和四类人才的企业、社会组织和非全额财政核拨的事业单位，每引进1名按其人才层次分别给予50万元、20万元、10万元、5万元、2万元奖励。每个单位每年最高可获50万元奖励。各镇街、园区对其辖区范围内招才引智工作突出的村（社区）和企业可适当予以奖励。

九、本办法所指“特色人才”，应在2013年3月13日后来莞工作或创业，且年龄应未满60周岁（年龄计算以申报当年1月1日为限）。有特别突出贡献者，年龄条件可适当放宽。

东莞市人民政府
2018年2月8日

广西壮族自治区

中共广西壮族自治区委员会 广西壮族自治区人民政府关于进一步深化改革创新优化营商环境的若干意见

（桂发〔2018〕10号）

为深入贯彻落实习近平总书记关于改善营商环境的重要指示精神，营造更加良好的营商环境，增强我区市场活力和社会创造力，现就进一步深化改革创新优化营商环境提出如下意见。

一、总体要求

（一）重要意义。

营商环境是重要的发展基础。优化营商环境就是解放生产力、激活创新力、提高竞争力。党的十八大以来，党中央、国务院高度重视优化营商环境工作，作出了一系列重大部署和工作安排，习近平总书记明确提出，要改善投资和市场环境，营造稳定公平透明、可预期的营商环境，解放生产力、提高综合竞争力。近年来，自治区党委、自治区人民政府把优化营商环境作为事关全区发展的大事来抓，扎实推进供给侧结构性改革，降低企业成本，大力深化放管服改革，全面实施商事制度改革，加快监管创新，完善综合执法，全区营商环境不断优化，有效激发了市场活力，有力促进了经济稳中向好和民生改善。但与经济社会发展的要求相比，与先进发达地区的水平相比，与企业和投资者的期盼相比，我区营商环境仍然存在较大差距，一些突出问题亟待解决。当前，我区正处在转变发展方式、优化经济结构、转换增长动力的攻关期，处在滚石上山、爬坡过坎的关键阶段，深入开展优化营商环境大行动，是贯彻落实中央赋予广西“三大定位”新使命和提出“五个扎实”新要求的重要部署，是推动稳增长、促改革、调结构、惠民生、防风险的关键举措，是加快构建现代化经济体系、推动我区高质量发展的内在要求。全区各地各部门必须深刻认识优化营商环境的极端重要性和紧迫性，紧紧围绕全面打造一流营商环境的目标，全面与国际标准和国内先进做法对标，持之以恒推动优化营商环境工作上新台阶，最大限度提高企业和群众获得感，最大限度激发市场活力和社会创造力。

（二）指导思想。

全面贯彻党的十九大和十九届二中、三中全会精神，以习近平新时代中国特色社会主义思想为指导，深入贯彻落实“三大定位”新使命和“五个扎实”新要求，紧紧围绕统筹推进“五位一体”总体布局和协调推进“四个全面”战略布局，坚持新发展理念，坚持以人民为中心的发展思想，按照高质量发展要求，创新体制机制，着力解决企业反映突出的痛点、堵点、难点问题，着力打造一流的营商环境，促进全区经济社会持续健康发展，为扎实推进富民兴桂事业、奋力谱写新时代广西发展新篇章提供强大支撑。

（三）基本原则。

对标先进、争创一流。按照党中央和国务院要求，与国际标准和国内先进做法对标，与企业发展需求对接，找差距、补短板、抓整改、强监管，加快追赶先进步伐，在新一轮扩大开放的竞争中赢得主动、赢得优势、赢得未来。

勇于创新、破立并举。坚持解放思想，勇于担当，以改革的精神、靠改革的勇气、用改革的手段，动真碰硬，创新实干，坚决破除影响发展环境的思想观念桎梏、体制机制障碍和工作作风积弊，加快构建和完善有利于市场主体活力竞相迸发的创新政策、制度和办法，为企业发展营造宽松环境，推动形成广西新一轮发展竞争优势。

服务前移、便民利企。着眼群众需求和企业期盼，以提高效率和方便群众、企业为出发点，切实简政放权、优化服务、创新政策、加大扶持，努力创造审批最少、流程最优、效率最高、服务最好、企业获得感最强的优良环境，不断提高广大人民群众和各类市场主体对营商环境的满意度。

聚焦重点、精准发力。突出问题导向，按照“什么问题突出就着力解决什么问题”的思路，靶向攻坚，精准施策，切实解决企业在设立、建设、运营、发展等全生命周期涉及的行政审批、融资服务、要素保障等方面的突出问题，以重点难点问题突破，促进营商环境全面优化。

统筹联动、全面提升。加强顶层设计，注重政策配套，统筹处理好政府、市场、社会的关系，发挥政府主导作用，注重激发市场主体活力，引导更多社会力量参与，形成各方协作、有序推进的工作机制，全面提升营商环境建设的层次和水平。

（四）主要目标。

紧紧围绕提高效率、降低成本的根本要求，强化要素保障，进一步改善政务、建设经营、融资、税费、人力资源、通关、信用、法治等八大环境，努力实现“一年重点突破、两年全面提升、三年争创一流”。

——2018年，政务服务“一张网”基本建成，80%以上的行政审批事项和公共服务事项“最多跑一次”，企业要素成本明显降低，要素保障明显改善，国际贸易“单一窗口”综合业务覆盖率超过70%，办税时限压缩三分之一以上，全面实施“双随机、一公开”监管。

——2019年，政务服务“一张网”全面建成，90%以上的行政审批事项和公共服务事项“最多跑一次”，企业开办、不动产登记、投资项目审批等行政审批时限在现有基础上压缩一半，资金和人才集聚取得明显成效，国际贸易“单一窗口”综合业务覆盖率超过90%，重点领域信用联合惩戒取得重要进展，企业权益保护进一步加强。

——2020年，力争80%以上行政审批事项和公共服务事项“一次不用跑”，企业开办、不动产登记、投资项目审批等行政审批时限再压缩一半，国际贸易“单一窗口”综合业务实现全覆盖，大部分营商环境指标与全国先进省区并跑，力争营商环境综合水平进入全国前列，迈向法治化、国际化、便利化。

二、营造更加高效便民的政务环境

（五）全面实现政务信息互通共享。依托广西电子政务云计算中心打造“广西政务云”，建立全区政务服务“一张网、一朵云”。全区所有政务服务系统全部接入广西政务云，从根本上解决政务信息化建设中的“各自为政、条块分割、烟囱林立、信息孤岛”问题，实现“统一进出、信息共享、并联办理”。

（六）深入推行“一事通办”改革。全面推行审批服务“马上办、网上办、就近办、一次办”，合法合规的事项“马上办”，切实提高网上办理比例，凡是能实现网上受理办理的事项，不得要求必须到现场受理办理。优化办事网点布局，实现面向个人的事项“就近办”。建立“一窗受理、集成服务”工作机制，推动一般事项“不见面”、复杂事项“一次办”。深入开展“减证便民”专项行动，全面清理涉及企业和群众办事创业的各类无谓证明，凡没有法律法规依据的一律取消，能通过个人现有证照来证明的一律取消，能采取申请人书面承诺方式解决的一律取消，能被其他材料涵盖或替代的一律取消，能通过网络核验的一律取消，开具单位无法调查核实的证明一律取消。

（七）全力推进“354560”提速行动。推动涉企行政审批及服务事项简化办理环节、优化办理流程、强化部门协同，实现并联办理，大幅压缩办理时限。其中，企业开办手续3个工作日内完成，不动产登记5个工作日内完成，园区建设项目施工许可45个工作日内完成，其他建设项目施工许可60个工作日内完成。

（八）切实规范中介服务行为。已经取消的行政审批中介服务事项，审批部门不得要求申请人提供相关中介服务材料；保留的中介服务事项，审批部门不得要求申请人接受指定的中介机构提供中介服务。审批部门委托开展的技术性服务活动必须通过竞争方式选择服务机构，服务费用一律由部门支付并纳入部门预算。全区各地要建立统一的中介服务平台，打破区域性、行业性和部门间中介服务机构执业限制，引入各类中介服务机构入驻提供服务，实行“统一服务承诺时间、统一服务合理收费、统一服务质量要求、统一服务评价标准”管理。创新中介服务方式，推行“多评合一”“多测合一”“多审合一”等制度，大幅压缩中介服务时限，提高服务质量。

（九）持续推进商事登记制度改革。实施“证照分离”改革扩容提速，加快推进企业名称登记管理改革。深化“多证合一、一照一码”“先照后证”改革，深入推进企业登记全程电子化，强化电子营业执照的应用。全面实施企业简易注销登记改革。

（十）完善亲商安商工作机制。落实公平竞争审查制度，全面清理全区各级人民政府与企业签订的合作协议和相关的规范性文件，对不符合公平竞争原则的要立即纠正。强化服务企业和项目意识，建立各级领导联系重点项目、重点企业制度，及时帮助协调解决企业项目建设和生产经营遇到的困难和问题。建立招商引资项目代办服务机制，免费帮助企业办理项目引进落地手续。设立专门投诉举报平台，建立健全“统一受理、分级承办、全程跟踪、限时反馈”投诉处置机制，畅通企业诉求渠道。

三、营造更加利企降本的建设经营环境

（十一）强化用地供给。鼓励以租赁等多种方式向中小企业供应土地，在不改变土地性质的前提下，各类产业用地均可采取长期租赁、先租后让、租让结合、弹性年限出让等方式使用土地。招标拍卖挂牌程序可在租赁供地时实施，租赁期满符合条件的可转为出让土地。鼓励各设区市探索实施市级指标核销制度。将国家对深度贫困地区旅游用地的优惠政策扩大至全区范围内实施。

（十二）降低用地成本。企业用地土地出让实行弹性年期制。支持工业企业盘活土地资源，提高土地利用率。自治区现代服务业集聚区内的服务业企业用地享受自治区重点产业园区用地政策。减半征收养殖用海海域使用金，免征公益性项目和深海养殖海域使用金。

（十三）优化用地办理。授权设区市人民政府审批乡镇批次用地农用地转为建设用地；委托设区市人民政府审批乡镇批次用地土地征收。深化建设用地报批“三级联审”制度改革，将踏勘论证、节地评价两项工作合并开展。

（十四）降低用电成本。支持自治区级及以上工业园区、自治区认定的现代服务业集聚区、绿色大数据中心和其他产业园区的电力用户通过市场化交易降低用电成本；落实工商同价措施，一般工商业用电价格平均降低10%；对农产品冷链物流等用电价格实行优惠，优化粤桂合作工业园区电价政策；按需量计费的大工业电力用户，基本电费按照实际需量收取。理顺电网体制机制，推动主电网与区域电网融合，实现增量配电业务改革试点设区市全覆盖。

（十五）降低用水用气成本。理顺区内管道燃气价格，合理调整输配价格。天然气主干管网可以实现供气的区域，不得以任何名义增设供气环节，随意加价。鼓励供气企业采取直供方式对工业企业供气。严禁供水、供气企业向市场主体收取接入费、碰口费。取消用水报装过程中的收费（或预收费）环节，改为施工验收后结算方式。

（十六）规范水电气报装行为。对符合条件的水电气报装，由供应企业出资建设配套至用户单位用地红线。供电供水供气企业要进一步明确收费标准，切实降低用户报装工程费用。优化报装办理流程，压缩办理时限并对社会公开承诺。

（十七）降低物流成本。加强国家级物流枢纽和重要节点集疏运设施建设，大力发展和引进第三方、第四方物流，推广多式联运、甩挂运输、冷链物流、江海、海铁直达联运等多种高效率的运输方式，建立物流信息共享平台，提升物流运输效率。取消公路增设道口费、超限运输车辆行驶公路费，停收部分高速公路一类桥隧车辆通行费，完善货车计重收费政策，开展高速公路差异化收费试点。降低城市道路和桥梁货车通行费。规范运输执法，杜绝乱收费乱罚款行为。

（十八）优化安全质量和生产许可管理。将自治区核发的工业产品生产许可证委托设区市实施；将特种作业操作资格证、企业安全生产许可证核发和项目安全设施设计（安全条件）审查等8项自治区安全生产行政审批事项全部或部分委托设区市、县（市）实施。对电线电缆、化肥等17类产品试行工业产品生产许可证简化审批程序。推行工业产品生产许可证“一企一证”。简化优化检验检测机构资质认定程序，适当降低地方政府定价的检验检测收费标准。

四、营造更加公平良好的融资环境

（十九）加大企业融资支持力度。对企业发行债券、上市（挂牌）融资实施奖励政策。发挥政府引导基金作用，鼓励天使投资、创业投资等股权投资私募基金支持我区实体经济。引导金融机构适度提高对小微企业、科创企业、涉农不良贷款的容忍度，完善授信尽职免责相关制度。完善贷款风险补偿机制，拓宽信贷引导资金风险补偿覆盖范围。鼓励银行业金融机构落实好小微企业流动资金贷款无还本续贷政策。引导银行业金融机构灵活设置贷款期限，创新贷款产品，丰富还款结息方式，提高信贷资金使用效率。拓展贷款抵（质）押物范围。支持全区各地建立企业转贷应急体系。

（二十）降低企业融资成本。引导银行业金融机构按照收益覆盖风险原则，合理设定小微企业贷款利率，在落实“两禁两限”（禁止向小微企业贷款收取承诺费、资金管理费，严格限制向小微企业收取财务顾问费、咨询费等费用）的基础上，进一步向小微企业减费让利。督促银行业金融机构严格执行商业银行服务价格相关法律法规和有关监管规定，规范和降低融资中介服务收费，切实减少企业融资中间环节成本。

（二十一）健全政府性融资担保体系。做大做强自治区级融资担保机构，鼓励政府性融资担保机构通过联保、分保、与保险相结合的方式，加大对实体经济的服务力度。进一步完善政府性融资担保体系，加强绩效考评和结果应用。研究制定政府性融资担保尽职免责指引，降低融资担保费率。

五、营造更加简便减负的税费服务环境

（二十二）降低企业税费负担。落实国家增值税、所得税等优惠政策，降低车船税部分税目、城镇土地使用税适用税额，实施城镇土地使用税、房产税困难性减免，降低部分政府性基金征收标准，停征、取消和调整部分行政事业性收费，暂停征收涉企地方水利建设基金。

（二十三）降低企业用工“五险”负担。继续实施降低企业职工基本养老保险缴费比例、城镇职工基本医疗保险费率、失业保险费率、生育保险费率、工伤保险费率政策和失业保险稳岗补贴政策。

（二十四）优化税收服务环境。定期有针对性地向纳税人推送相关税收政策，实行税收优惠政策主动告知、应享尽享。打造便捷办税体系，推动税收征管由“以票控税”向“信息管税”转变，合理简并申报缴税次数，推广涉税事项表证单书要素化管理，提供预填式一键申报和简化注销办理。

六、营造更加优质充足的人力资源环境

（二十五）创新人才引进政策。采取“事业留人、感情留人、待遇留人”相结合策略，全面放开人才落户限制，大中专院校（含技工院校）毕业生凭毕业证和身份证、初级及以上技能人才凭国家职业资格证和身份证，可在全区城镇申请落户。完善人才聘任管理模式，加大人才引进力度，对企事业单位引进的急需紧缺人才，允许其通过“绿色通道”直接申报评审高级职称，在专业技术中高级岗位设置特设岗位，可聘用专业技术中高级人才。对自治区认定的高层次人才和急需紧缺人才，根据其贡献由受益地人民政府给予奖励。对成功引进自治区认定的高层次人才和急需紧缺人才的人力资源服务机构，由当地人民政府给予奖励。全区各设区市要加大人才公寓建设力度，优先解决引进人才过渡性住房问题；制定租房租金减免、补贴和购房补贴政策，减轻人才住房费用负担。对自治区认定的高层次人才，纳入同级医疗优诊服务范围，其子女由所在地教育主管部门负责解决幼儿和义务教育入学。提高外籍人才签证和工作便利度。

（二十六）提供人才创业支持。高层次人才领办创办的创新创业企业可享受企业所得税优惠。建立健全科技人员股权期权激励机制，在自治区管理的国资上市公司、非上市科技型企业中试点开展智力股权激励、分红激励，推动形成体现知识价值的收入分配机制。

（二十七）增加技能培训和就业补助。鼓励高等学校、职业院校（含技工院校）为广西企业培养产业工人，由同级财政和就业补助资金给予适当的培训和就业补助，学校因此获得的收入，可申请动态调整增加当年绩效工资总量。新开发就业岗位并与新增就业困难人员签订6个月以上劳动合同的企业，由同级财政和就业补助资金给予一定期限的社会保险费补贴。

七、营造更加快捷通畅的通关环境

（二十八）完善通关设施。完成一批口岸验收对外开放，提高查验、物流、仓储等设施装备自动化和协作水平，实现货物通关一次性放行。加快建设查验综合查询服务系统，实现与海关系统、码头生产信息系统等互联。加大力度解决重点口岸拥堵问题。

（二十九）优化通关流程。全面推行国际贸易“单一窗口”应用。推动中新互联互通南向通道沿线省区市及东盟相关国家口岸物流信息互联互通。全面铺开口岸一次性联合检查。推广陆地边境口岸边检自助查验，推进口岸物流无纸化作业。

（三十）提升通关服务。沿海沿边重点口岸实行双休日和节假日正常通关。引入第三方集装箱查验服务，提高验货场作业效率，实现通关准备、货物提离时间压缩三分之一。对口岸查验没有问题的进出口货物，免除因查验产生的吊装、移位、仓储费用。复制推广自由贸易区改革试点经验。推动恢复中越跨境货运直通车。

八、营造更加奖惩分明的信用环境

（三十一）加强政务诚信建设。建立政府守信践诺机制，对依法作出的政策承诺和签订的各类合同要认真履约和兑现，坚决杜绝“新官不理旧账”现象，全面清理处置政府违约失信问题。建立因政府规划调整、政策变化造成企业合法权益受损的合理补偿机制。

（三十二）加快商务诚信建设。加强市场主体信用信息征集、共享、公示和承诺制度，建立市场主体信用评价体系，在重点领域和行业试点推行信用报告制度，为守信市场主体在建设和经营活动中提供便利。

（三十三）加大信用联合奖惩力度。全面建成自治区、设区市两级公共信用信息平台并实现共享互通，提升信用信息归集和应用水平，构建以信用为核心的新型市场监管机制。健全信用红黑名单制度，加大联合奖惩力度，对守信企业在政策扶持、融资、公共资源交易等领域予以支持；对失信企业予以限制。营造“守信受益、失信受限”的联合奖惩大格局，打造“诚信广西”名片。

九、营造更加规范公正的法治环境

（三十四）规范涉企监管。严格规范涉企行政执法行为，无法定依据或者未经法定程序，不得影响、阻碍企业正常的建设经营活动。按要求建立健全行政裁量权基准制度并向社会公开。全面实施“双随机、一公开”监管，推行行政执法公示制度、全过程记录制度和重大执法决定法制审核制度。建立执法行为事中事后监督问责机制。

（三十五）规范涉企办案。制定涉案财产处置细则，明确区分个人财产和企业法人财产、涉案人员个人财产和家庭成员财产、合法财产和违法所得等标准和规范，依法维护涉案企业和个人的合法权益。实行涉企案件经济影响评估制度，严格规范涉案财产处置程序，严禁超期限、超标的、超范围查封、扣押、冻结财产，结案后及时依法依规退还取保候审保证金和办案暂扣款、物。集中清理长期未结涉企诉讼案件，着力解决消极执行、选择性执行、乱执行、执行不廉等问题。加强民商事审判工作，完善快速化解机制，依法做到快立、快审、快执，降低诉讼成本。充分发挥仲裁机构作用，完善诉讼与调解对接、仲裁与调解对接、公证与调解对接，推广在线调解新型模式。

（三十六）整治治安环境。开展企业生产经营和项目建设周边环境治理专项行动，对聚众扰乱企业秩序、寻衅滋事、封门堵路、敲诈勒索、欺行霸市、非法阻工、强买强卖、强揽工程等破坏市场秩序、侵害企业合法权益的违法犯罪行为，政法机关必须依法受立案、严厉打击、及时办结。严格区分经济纠纷与经济犯罪、正当融资与非法集资等界限，防止刑事执法介入经济纠纷。建立公安机关与辖区重点企业联系制度，切实维护企业合法权益。

（三十七）加强知识产权保护。开展侵权假冒专项整治，严厉打击侵犯知识产权及制售假冒伪劣商品等行为。建立以知识产权市场价值为指引，补偿为主、惩罚为辅的侵权损害司法认定机制，逐步建立知识产权侵权惩罚性赔偿制度，着力解决侵权成本低、企业维权成本高的问题。

（三十八）推进完善破产制度体系建设。建立健全破产启动机制、府院联动机制、破产重整企业识别机制，切实解决破产案件立案难、审理难、协调难问题。探索建立破产简易程序，促进简易案件快速审结。综合运用重整、和解等手段，促进有价值的危困企业再生。探索由指定法院设立专门的清算与破产审判庭或审判团队，对破产案件实行集中管理、加快审结。完善破产管理人制度，引入具有工程技术、科学知识、企业管理经验等非中介人员参与管理，推动成立破产管理人协会。

十、保障措施

（三十九）加强组织领导。全区各地各部门要加强对优化营商环境工作的领导，把优化营商环境纳入重要议事日程，主要负责同志作为第一责任人，要亲自研究部署和组织推动优化营商环境工作，协调解决工作推进中的重大问题。自治区成立由自治区党委书记、自治区主席担任组长的领导小组，负责领导和组织推进全区优化营商环境工作。全区各设区市、县（市、区）也要相应建立健全领导机制和工作机制，确保各项工作落到实处。

（四十）狠抓任务落实。制定实施全区优化营商环境大行动三年实施方案和产业大招商三年行动计划，把优化营商环境工作进一步落到实处，用招商引资成果检验优化营商环境成效。建立健全目标责任制，做到目标任务明确、责任单位明确、责任领导明确、完成时限明确，以抓铁有痕、踏石留印的作风抓好各项政策措施的落实，让企业和群众看到实实在在的成效和变化。

（四十一）严格考评问责。制定优化营商环境考评办法，建立科学完善的考评指标体系，引入第三方评估，按年度进行考评并公布考评结果。考评结果与党政领导班子年度考核、干部提拔使用以及政策、资金、项目等支持挂钩，作为自治区实施激励问责的重要参考依据。对形式主义、官僚主义和慢作为、不作为、乱作为等破坏营商环境行为坚决查处。

（四十二）做好舆论宣传。注重发挥社会公众和新闻媒体的参与作用，各地政府门户网站要设立专栏，广泛征求社会各界对我区营商环境的意见建议；有关部门要开通举报投诉电话，接受企业和群众的监督。新闻媒体要加大宣传力度，对政策措施和好经验好做法等进行宣传报道，对破坏营商环境造成恶劣影响的行为要公开曝光，在全社会范围内营造良好的工作氛围。

中共广西壮族自治区委员会
广西壮族自治区人民政府
2018年5月27日

广西强化实施创新驱动发展战略
进一步推进大众创业万众创新深入发展的实施方案

（桂政办发〔2018〕14号）

创新是社会进步的灵魂，创业是推进经济社会发展、改善民生的重要途径，创新和创业相连一体、共存共生。为全面贯彻落实《国务院关于强化实施创新驱动发展战略进一步推进大众创业万众创新深入发展的意见》（国发〔2017〕37号）精神，进一步推进我区大众创业、万众创新深入发展，结合我区实际，特制定本方案。

一、工作思路

全面贯彻落实党的十九大精神，坚持以习近平新时代中国特色社会主义思想为指导，认真落实党中央、国务院决策部署，统筹推进“五位一体”总体布局和协调推进“四个全面”战略布局，牢固树立创新、协调、绿色、开放、共享的发展理念，坚持创新是引领发展的第一动力，以推动“放管服”改革为抓手，破除制约创新创业发展的体制机制障碍；以振兴实体经济为着力点，不断提高供给体系质量；充分发挥市场配置资源的决定性作用，加快建立以企业为主体、以市场为导向、产学研深度融合的技术创新体系，将大众创业、万众创新打造成为我区深入推进供给侧结构性改革和全面实施创新驱动发展战略的重要支撑。

二、工作目标

（一）全区大众创业、万众创新深入发展，新旧动能实现平稳转换，传统产业加快转型升级，新技术、新业态、新模式不断涌现。适应创新创业需求的体制机制改革得到有效推进，包容创新的重点行业审慎监管机制初步形成。

（二）企业创新创业主体地位明显提升，重点领域技术创新取得重大突破，产业核心竞争力显著增强。典型区域、关键群体的创新创业资源有效汇聚，创新创业与实体经济深度融合，促进经济提质增效支撑作用更加明显。

（三）创新创业试点示范建设工作取得新成效，南宁高新区国家“双创”示范基地、柳州小微企业创业创新基地城市示范、全区农村创新创业示范基地等实践顺利推进，形成一批可复制、可推广的成功经验。

三、工作任务

（一）加快科技成果转化。加快建设我区知识产权运营服务体系，搭建知识产权保护平台。推动科技成果、专利等无形资产价值市场化，促进科技成果、专利在企业的推广应用。完善我区科技成果转化奖励政策，推动出台科技成果限时转化条例。强化激励导向，推动科研院所落实国家和自治区科技成果转化法律法规和政策，科技成果转化收益用于对完成、转化职务科技成果团队或个人的奖励和报酬，不计入单位绩效工资总量，提高科研院所成果转化效率。加强对高校、科研院所、行业龙头企业政策支持，引导众创空间向专业化、精细化方向升级。推动仪器设备开放共享，建设覆盖全区各类科研设施和仪器的自治区大型科研仪器共享网络管理及服务平台。开展科研院所创新创业共享行动，推动科技成果在全区范围内实现共享和转化。

（二）拓展企业融资渠道。合理赋予大型银行县级支行信贷业务权限，支持地方性法人银行在符合条件的情况下提供普惠金融服务。完善债权、股权等融资服务机制，推进知识产权融资模式，加快研究出台广西专利权质押融资相关政策；持续优化科技型中小企业融资机制，鼓励各级人民政府建立政银担、政银保等不同类型的风险补偿机制。按国家工作部署改革财政资金、国有资本参与创业投资的投入、管理与退出标准和规则，适时推广创业投资企业和天使投资个人有关税收试点政策，实现创业投资领域信用记录全覆盖。推动设立一批支持创新创业投资基金，引导和规范各级人民政府设立创业投资引导基金。制定出台《广西创新券管理办法》，探索建立创新券、创业券跨区域互通互认机制。

（三）促进实体经济转型升级。改革和创新科研管理、投入和经费使用方式，鼓励高校和科研院所的科研人员与创业者开展合作和互动交流。建设若干产业创新中心，整合利用现有创新资源，形成充满活力的创新网络，培育建设一批国家级和自治区级创新平台。实施企业创新创业协同行动，鼓励大型企业全面推进大众创业、万众创新工作，带动产业链上下游协同发展。创新监管模式，推动构建适应新经济发展的包容审慎监管机制和多方协同治理机制。加快中国—东盟信息港建设，促进中国与东盟之间数字经济交流与合作。积极落实支持大众创业、万众创新的用地政策。落实和完善我区首台（套）重大技术装备鼓励政策，开展我区首台（套）重大技术装备奖励和补贴工作。充分利用产业投资基金支持先进制造业发展。实施新一轮技术改造升级重大工程，支持关键领域和瓶颈环节技术改造。

（四）完善人才流动激励机制。制定灵活的引才引智政策，解决关键领域高素质人才稀缺等问题。探索人才便捷签证，优化外国人申请和取得人才签证的标准条件和办理程序，研究制定外国人到区内工作各项创新举措。按照国家有关规定，允许外国留学生凭高校毕业证书、创业计划申请加注“创业”的私人事务类居留许可。落实国家关于留学人员回国创新创业相关支持政策，吸引更多高素质留学人才来桂创新创业。启动高校和科研院所薪酬制度改革试点工作，深化高校和科研院所薪酬制度改革。搭建创新创业资源对接平台，进一步引导和推动各类科技人员投身创新创业大潮。加快将现有支持大众创业、万众创新的财政政策向返乡下乡创新创业人员拓展，将符合条件的返乡下乡人员创新创业项目纳入强农惠农富农政策范围。

（五）创新政府管理方式。落实国家《公平竞争审查制度实施细则（暂行）》，进一步健全审查机制。推进“多证合一”登记制度改革，推动实现外资企业一个窗口登记注册和限时办结，推行企业名称预登记改革，完善市场主体简易注销登记改革，升级完善广西全程电子化和电子营业执照管理系统。加大事中事后监管力度，实现“双随机、一公开”监管全覆盖，健全跨部门、跨地区执法协作机制，推进市场监管领域综合执法改革。在有条件的基层政府设立专业化的行政审批机构，开展相对集中行政许可权改革试点，实行审批职责、审批事项、审批环节“三个全集中”。建设广西教育资源公共服务平台，建立优质数字教育资源共建共享机制。推进跨设区市经营企业部分涉税事项全区通办，推进缴税方式多元化发展，推动国税、地税联合办税。探索采取地市轮流主办模式，举办全国“双创活动周”广西分会场活动，组织实施好“创响中国”系列活动。

四、工作要求

（一）全区各级各部门要充分认识进一步推进大众创业、万众创新深入发展的重要性、紧迫性和艰巨性，认真履职尽责，密切协调配合，加强督查检查，确保各项政策落到实处。

（二）全区各级各部门要适应、把握、引领经济发展新常态，面向新趋势、新特征、新需求，勇于探索，主动担当作为，出实招、下实功、见实效。

（三）全区各级各部门要按照任务分工，切实采取有效措施，把各项任务落到实处，进一步释放全社会创新创业潜能，在更大范围、更高层次、更大程度上推进大众创业、万众创新。

广西壮族自治区人民政府办公厅
2018年2月26日

南宁市深化人才发展体制机制改革
打造面向东盟的区域性国际人才高地行动计划

（南发〔2018〕17号）

为深化人才发展体制机制改革，构建具有区域乃至国际竞争力的人才制度优势，加快集聚人才、技术、资本等要素，最大限度激发人才创新创造创业活力，打造面向东盟的区域性国际人才高地，根据中共中央《关于深化人才发展体制机制改革的意见》和自治区党委、自治区人民政府《关于深化人才发展体制机制改革的实施意见》的要求，结合本市实际，制定本行动计划。

一、总体目标

全面贯彻党的十九大和十九届二中、三中全会精神，坚持以习近平新时代中国特色社会主义思想为指导，按照“三大定位”新使命和“五个扎实”新要求，深化人才发展体制机制改革，用5年的时间，培养集聚3—5名在全球领先的顶尖人才、100名行业领先的海内外领军人才、1000名高层次创新创业人才、6500名高技能人才、50万名青年储备人才，建设1—2家高层次的产业技术研究院（产业、技术、制造业创新中心），完善一批高水平的创新创业平台，全面提高南宁人才资源、人才效能、人才环境的竞争力，打造面向东盟的区域性国际人才高地，为首府持续推进“六大升级”工程，加快建设“四个城市”，推动首府经济社会向更高质量发展，奋力谱写新时代南宁发展新篇章提供坚强的人才支撑和智力支持。

二、紧贴重点产业，大力集聚、培育高层次创新创业人才和高技能人才

1．实施顶尖人才“突破计划”。围绕我市重点产业及战略性新兴产业发展，未来5年，重点引进和培养一批具有成长为中国科学院、中国工程院院士潜力的人才，力争入选广西“院士后备人选培养工程”2—3名，一次性给予人才科研补助经费500万元；力争全职引进或培养中国或发达国家院士、国际顶级科学技术奖获得者、国家最高科技奖获得者等顶尖人才1—2名，一次性给予人才科研补助经费1000万元。

2．实施创新创业领军人才“邕江计划”。围绕我市重点产业及战略性新兴产业发展，市财政每年投入不少于3000万元，用于培育和引进行业领先的海内外领军人才及其为核心的高层次创新创业人才团队。经评审的领军人才及其创新创业团队，给予50万—500万元项目资助，对能引领产业发展、带来重大经济和社会效益的世界一流人才团队，最高可给予1000万元项目资助。引导我市设立的各类政府性投资基金优先支持获得资助且成长性好、业绩突出的人才团队及项目。力争5年内引进、培育100名领军人才，集聚1000名高层次创新创业人才。

3．实施海外高端人才“百人计划”。实行更积极、更开放、更有效的海外人才引进政策，以“高精尖缺”为导向，不拘一格引进或柔性汇聚全球人才资源。对海外人才在工作许可、出入境、医疗保障、事业平台等方面提供便利。对国家、自治区和南宁市立项的引进国（境）外技术、管理人才项目，给予相应的配套支持和资助。力争5年内引进100名海外高层次人才，1000名各类海外人才。

4．实施青年人才“青蓝计划”。完善青年人才留邕创业就业政策，引进、培养、造就一批德才兼备的青年人才，形成各领域人才的后备力量。力争未来5年，集聚50万名高校毕业生、职业院校毕业生、归国留学人员等青年人才到南宁干事创新创业；扶持150名左右有发展前景的青年科技人才，对优秀的青年科技人才给予最高50万元科研项目资助；重点支持博士和在站博士后开展科研工作，对入站的博士后一次性给予8万元生活补贴。

5．实施企业家人才“领航计划”。充分发挥企业家队伍在创新驱动中的龙头作用，市财政每年安排200万元，设立创新型企业家培养专项，从重点产业、战略性新兴产业的龙头企业和发展迅速的企业中遴选20名卓越企业家，从获得过我市创新创业项目资助的企业中遴选20名优秀企业家，有计划地选送到国内知名院校、国家级干部教育培训基地实施创新型企业家培养；设立产业新生代人才培养专项，有计划地选送新生代企业家、产业骨干人才到国内知名院校、强优企业培养锻炼。力争5年内重点培养创新型企业家200名、新生代企业家500名。

6．实施高技能人才“支撑计划”。加大高技能人才激励、奖励力度，促进高技能人才引进和培养，对从市外新引进或参加“世界技能大赛”获奖，新获“中华技能大奖”“全国技术能手”、省级“技能大奖”和“技术能手”的高技能人才分别给予1万—20万元奖励。围绕我市重点产业及战略性新兴产业发展需要，对从市外新引进或新取得技师、高级技师职业资格的高技能人才，分别按社会保险费个人缴费部分的50%、60%给予补助，补助期限为3年。力争5年内培养、引进获得省级以上技能大赛奖项和荣誉的顶尖高技能人才40名，新增高技能人才6500名。

7．实施急需紧缺人才“奖励计划”。围绕我市重点产业和县域经济发展人才需求，鼓励各用人主体积极引进高层次急需紧缺人才，对新引进到我市重点产业领域和县域支柱产业的企业及相关机构中担任企业高层职务的急需紧缺经营管理人才和专业技术人才，由市级财政和属地财政各给予其用人主体发放的税后薪酬5%的奖励，由人才所在单位为其每年申报一次，同一申报人奖励年限最长不超过3年。力争5年内新引进500名急需紧缺经营管理人才和专业技术人才担任企业高层职务。

8．实施引才举荐“伯乐计划”。鼓励我市人才中介机构、企事业单位引进、举荐和培养人才。对为我市成功全职引进或自主培养“两院”院士人选的，给予引荐、培养单位100万元奖励；全职引进或自主培养国家“千人计划”和“万人计划”人选、教育部“长江学者”、中科院“百人计划”入选者、广西院士后备人选等其他经认定的A、B类高层次人才，分别给予引荐、培养单位50万元、20万元奖励；对为我市成功全职引进经认定的C类高层次人才，给予引荐单位5万元奖励。每个机构单位每年的引荐、培养奖励总额不超过100万元。

三、聚焦紧缺领域，引进、优化提升地区发展亟需的专业人才

1．实施教育优质师资“培养项目”。创新教育领域人才引进培养方式，鼓励我市公办中小学校面向发达地区优质学校开展跨区域互派骨干教师、学校领导人员学习交流项目，对每个项目给予3万元（选派1人）—6万元（选派2人）经费支持，每年支持10个左右跨区域互派学习交流项目。鼓励我市公办中小学校从市内外引进省部级及以上荣誉称号的名师创建“名师工作室”，每年支持5个左右“名师工作室”，经评定后每个给予5万元经费支持。5年内，支持我市教育系统开展“跨区域互派学习交流项目”50个，建设“名师工作室”25个以上。

2．实施医疗卫生高端人才“引育项目”。加强高层次医疗卫生人才队伍引进和培养，实行卫生行业首席专家制度，每年设置岗位，面向市内外、区内外医疗卫生行业的在职或退休名医名家，选聘20名我市卫生行业首席专家，带动、培养一批德

技双馨和高素质医疗卫生人才。实施医学学科带头人、中青年骨干人才选拔培养计划，由市财政和用人单位共同出资每年支持30名左右优秀人才到国内外先进医疗卫生机构进修学习、培训，加速推动重点学科建设发展和人才培养。

3．实施社会工作人才专业水平“提升项目”。建立社会工作人才管理信息数据库，鼓励从事社会工作的人员提升专业化水平。对在南宁市从事社会工作（指在我市所属事业单位、城乡村〔居〕民自治组织、社区服务组织、基层社会服务部门，以及在南宁市社会组织登记机关登记的公益慈善类、城乡社区服务类社会组织及各类民办社会工作服务机构中工作）连续满3年，并取得初级、中级、高级社会工作师职业水平证的社会工作专业人才，由市级财政一次性给予2000元、5000元、1万元的专业水平提升奖励（社区工作人员已按照南办发〔2014〕124号文件规定享受考取社会工作人员职业水平证书补贴政策的不再给予奖励）。力争5年内全市具有初级、中级、高级社会工作师职业水平证书的社会工作专业人才分别达到3500人、800人、200人以上。

4．实施现代青年农场主“托举项目”。围绕乡村振兴战略和脱贫攻坚工作需要，加快推进农业现代化，建立以新型职业农民为主体的、以青年农场主为精英的农村实用人才培养体系。实施“南宁现代青年农场主和新型农业经营主体带头人培养计划”，5年内，遴选出100名优秀青年农场主和新型农业经营主体带头人，由市级财政为每人最高投入5万元用于聘请专家做技术咨询指导、参加国内外学术交流和专题培训，提高青年农场主和新型农业经营主体带头人的科技素质和经营管理能力。

5．实施艰苦边远地区人才“关爱项目”。完善艰苦边远地区乡镇基层岗位和紧缺人才招录办法，在学历、年龄、开考比例等方面适当放宽条件、降低门槛，允许部分职位面向本县、周边县（市）户籍人员（或生源）定向招考；空编数量较大的乡镇义务教育学校补充教师，乡镇医疗卫生机构补充医学类专业技术人才，对具有全日制本科及以上学历或初级以上职称人才，通过国家执业医师考试并取得执业医师资格的，自愿在基层服务5年以上的，由县（区）、开发区主管部门审核同意并经同级人社部门核准后，可采取直接考核的方式进行招聘。对招聘大学本科以上毕业生，具有教师资格证的，可采取面试和组织考察等方式公开招聘。对志愿留在艰苦偏远地区工作3年以上的高校毕业生，在技术职称评定、公租住房、生活待遇、配偶工作安排、子女入学等方面给予优惠倾斜。

四、完善创新创业平台，强化高层次人才承载能力

1．培育打造高水平科技创新平台。高规格培育新建一批聚焦应用技术研究的创新载体，加大对实验室早期培育的引导和资助，为下一步升级打造自治区级、国家级研发创新平台做储备，力争5年内培育建设20个以上创新载体，每个载体支持50万元。引导支持企事业单位融入国家和自治区科技创新体系，升级打造自治区级、国家级重点实验室、工程实验室、工程技术研究中心、企业技术中心等创新平台，对新认定的平台给予最高200万元配套资助。

2．引进共建产业技术研究院（产业、技术、制造业创新中心）。针对重点产业集群中创新与产业脱节问题，由市、县（区）人民政府、开发区管委会通过一定形式以土地、场地等固定资产和一般不超过4000万元项目启动经费入股，引进知名高校、国家科研机构、龙头企业共建高水平产业技术研究院（产业、技术、制造业创新中心）。运营经费双方共商，共同开展产业技术研究、技术创新、成果转化、孵化上市、人才引进等工作，共同打造引领带动重点产业集群式发展的创新“引擎”。力争5年引进或共建2家以上产业技术研究院（产业、技术、制造业创新中心）。

3．打造高层次科技成果转化与孵化载体。引导现有的科技企业孵化器发展壮大、优化升级，对新认定为国家级、自治区级和市级科技企业孵化器的，一次性给予500万元、200万元、100万元奖补。引进知名高校、科研机构到南宁建设打造一批新的高层次国家级科技企业孵化器，采用事前补助的形式，给予最高不超过2000万元启动经费，用于成果转化、装修房租、日常运营等方面，后续获批各级科技企业孵化器的不再重复进行奖补。

4．建设公共技术服务平台。围绕重点行业和领域共性技术服务和产品中试生产需求，引导高校、科研机构、孵化器、龙头企业等建设开放、共享、市场化运营的公共技术服务平台。经科技主管部门认定的市级公共技术服务平台，给予最高100万元的建设经费补助和连续3年每年最高50万元的运营补贴，对使用平台的企业给予每年最高20万元的补贴。

5．完善人才创新创业金融支撑平台。设立总规模2亿元、首期规模5000万元的南宁市天使投资基金，撬动社会资本参与天使投资和创业投资，着力解决科技成果转化、孵化和初创企业融资难题。引导各类金融机构和社会资本加大对人才创新创业融资、担保信贷和科技保险等方面的支持力度，完善创新创业全生命周期融资服务链。

6．建设海外人才离岸创新创业平台。发挥南宁毗邻东盟和领事馆较多的优势，探索建设“离岸创新，海外孵化，南宁创业”的海外人才离岸创新创业基地，重点服务解决海外人才到南宁创新创业前期的需求问题。给予基地最高100万元建设经费和连续3年每年不超过50万元的运营补贴。严格落实对入驻项目和优秀人才的设备进口补贴、个税分期缴纳等优惠政策。

五、优化人才管理服务制度，构建灵活科学的人才使用体系

1．转变政府人才管理职能。坚持政社分开、政事分开和管办分离，推动政府人才管理职能由微观向宏观转变。推进人才管理部门简政放权，建立政府人才服务工作权责清单并向社会公布。消除对用人主体的过度干预，依法取消一批在人才招聘、评价、流动等环节中的行政审批和备案事项。纠正人才管理中的行政化、“官本位”倾向，防止简单套用党政领导干部管理办法管理科研教学机构学术领导人员和专业人才。根据工作需要，适当放宽事业单位中担任领导职务的专业技术人才在各类行业协会和学会兼职的管理。

2．保障和落实用人主体自主权。对事业单位引进急需紧缺高层次人才，经市级人才主管部门认定，可在原核定岗位外，另特设岗位，不受岗位设置总量、最高等级和结构比例限制，专项用于引进高端人才；可实行协议工资制、项目工资制等分配形式，不列入、不占用单位绩效工资指标。推进事业单位用人制度改革，保障高校、科研院所用人自主权，在符合条件的高校、科研院所、公立医院和职业技工院校等公益二类事业单位实施岗位聘任、考核评价、收入分配等管理权下放。

3．放宽科研人员因公出国（境）管理。按照与党政干部区别对待的原则，对高等学校和科研院所直接从事教学和科研任务的人员（含退离休返聘人员），以及在高等学校和科研院所及其二级单位中担任领导职务的专家学者，出国开展教育教学、科学研究、学术交流以及执行国际学术组织履职任务等，不列入国家工作人员因公临时出国批次限量管理范围，实行计划报备、区别管理。

4．放宽教育、医疗卫生行业人才引入条件。在坚持全市市外人员调入基本条件的前提下，适当放宽教育、医疗卫生紧缺人才的引进条件。引进高级职称医疗卫生人才，原则上正高年龄不超过55岁、副高年龄不超过50岁，学历不作限制；引进具有博士学位的医疗卫生人才，职称上不作要求；引进中级职称的急需紧缺医疗卫生人才，学历放宽至大专学历，年龄放宽至50岁以下。引进特级教师或高级及以上职称的急需紧缺教师，学历放宽至大专学历，年龄放宽至50岁以下。引进上述人才时，“因工作调动造成夫妻两地分居”不作为不予引进的前提条件；其配偶要求随调的，可不受学历和职称限制，原则上由引才单位解决就业，引才单位无法解决的，可由人社部门协调安排到与其原工作单位性质和拨款方式相一致的单位。

5．优化事业单位人事审批流程。建立各级人社、机构编制、教育、卫计部门定期沟通机制，共同研究制定年度教师、医疗卫生人才引进计划，结合学校、医疗单位用人实际做好时间安排，积极为中小学优秀教师人才引进和医疗卫生紧缺人才引进开辟“绿色通道”，优化人才引进的审批流程，明确各环节办结时限。按年度编制全市事业单位急需紧缺专业人才目录，凡列入急需紧缺专业人才目录的，事业单位可在编制限额内自主引进后，再向机构编制和人事综合管理部门办理相关手续。

6．创新人才评价体系。推动人才评价去行政化，探索建立“自主评价+业内评价+市场评价”的多元评价体系。探索政府授权行业协会、行业领军企业和新型科研机构自主认定高层次人才，并享受相应的政策待遇，在高层次人才评价中引入人力资源服务机构、风险投资机构等市场化评价要素。根据国家和自治区的工作部署，推进社会组织承接技术技能人才评价改革试点，选取行业特点明显的职业（工种）交由具备条件的行业组织开展业内技术技能人才评价；支持各类机构举办技能大赛，建立以赛代评、以赛促评的评价模式。鼓励处于区域或行业领先水平的企事业单位建立人才自主评价体系，自主探索评价要素和评价标准。针对基础型研究人才，注重行业评价，侧重研究成果质量和社会效益；针对应用型人才，注重市场评价，侧重创新创造业绩贡献，不将学历、论文论著等作为限制性条件。

7．培育发展各类人才组织和行业协会。在行业主管部门指导下，积极培育发展金融人才协会、人力资源行业协会、创客协会、高层次人才发展促进会等人才组织和行业协会，推动各类市级协会、学会规范化建设，鼓励协会、学会等组织有序承接政府转移的人才管理服务职能，提供市场化、专业化的研究开发、技术转移、科技咨询、科学技术普及和第三方科技成果评价等服务。

8．加快推进人力资源服务业发展。加强全市人力资源服务业布局的整体规划，加快资源整合，配合自治区规划建设中国—东盟人力资源服务产业园，扶持人力资源服务机构发展，引导人力资源服务机构集聚和规模发展。通过加大政府购买服务力度、培养和引进行业高层次人才、健全诚信体系等措施加快推进人力资源服务业发展，营造优质的人才培育生态环境。

六、创新人才服务机制，营造良好的干事创业环境

1．优化生活安居待遇。优化我市人才安家费补贴政策，按高层次人才认定的类别分类实施不同标准的在邕首次购房补贴。对“两院”院士等A类人才予以200万元购房补贴；对国家“千人计划”专家等B类人才予以120万元购房补贴；对引领科技创新或能够提升企业战略发展能力的C类人才予以60万元购房补贴；对新引入到我市重点支持企业目录以及教育、卫生等重点专业技术领域的D类、E类人才，分别最高予以40万元、20万元购房补贴。

2．加强安居实物保障。大力推进人才住房建设，形成制度化、常态化工作机制，采取集中建设、商品房小区配建、政府购买或租赁、政府与企业共建等方式筹集符合各类人才需求的人才住房，对引入到我市重点支持企业目录的高层次人才可按现行人才公寓管理政策申请租住。面向普通高校本科毕业生，加大公共租赁住房配租力度，符合条件的可申请租赁或购买政府产权移交房。鼓励各县（区）、开发区推广建设“青年人才驿站”。享受购房补贴的人才不能同时享受安居实物保障。

3．妥善解决人才子女教育入学问题。鼓励引进建设国际教育学校和中外合作办学机构（项目），为高端人才、海外留邕人才子女入学提供优质的教育资源。对我市引进的A、B、C类人才的子女要求在我市义务教育阶段学校入（转）学的，凭有关证明材料和“南宁英才卡”，由市教育行政管理部门根据家庭实际住址协调就近入（转）学。认定为其他类别的高层次人才凭有关证明材料，由所在县（区）、开发区教育行政管理部门根据家庭实际住址协调就近入（转）学。

4．开辟医疗优诊绿色通道。实施高层次人才优诊服务，在自治区驻邕医院、我市市属医院中分别选择1—2家作为定点合作医院，开通绿色服务通道，积极为我市各类高层次人才（含海外华人人才、外国专家）提供多层次、多样化的优质医疗卫生服务。A、B、C类人才凭“南宁英才卡”在市属定点合作医院享受24小时专人接诊和免费健康体检等服务。探索市级医疗机构结算与国外医疗保险体系的衔接，为在邕留居的海外华人人才、外国专家提供优质医疗服务和便利。

5．实行高层次人才“一卡通”服务制度。整合高层次人才享受生活待遇政策，为经过认定的高层次人才发放具有南宁市民卡功能的“南宁英才卡”，人才凭卡可直接办理购房补贴、人才公寓租住、落户、社保结转、人事关系调入等业务，并享受医疗保障“绿色通道”、自用物品进境免税证明、创业扶持等待遇。开展“保姆式”服务高端人才专项行动，委托专业人才服务机构安排专人贴心精准联系和服务A、B类高层次人才，及时掌握并解决高层次人才工作生活问题，提升人才服务水平。

6．打造高层次人才引进服务智慧平台。充分发挥“南宁·东盟人才交流活动月”“海外高层次人才与项目对接会”“海外引智工作站”“海外人才离岸创新创业基地”等高层次人才引进平台和站点的作用，提升活动品牌影响力。整合全市人才工作职能、政策和资源，构建政府与企业、人才互联互通的“智慧人才平台”，为人才创新创业、安居生活提供高效便捷的线上线下服务。

七、创新工作保障机制，健全党委领导下的人才优先发展制度

1．加强和改进党对人才工作的领导。创新党管人才方式方法，完善党委统一领导，组织部门牵头抓总，有关部门各司其职、密切配合，社会力量发挥重要作用的人才工作新格局。在组织部门统筹下，有关职能部门具体负责指导推进本行业、本领域人才队伍建设，并列入部门“三定”方案。充实市委人才工作领导小组办公室力量，探索下设人才研究机构，全面统筹全市人才资金、项目、政策和人才工作研究研判；各县（区）、开发区进一步健全完善人才工作机构，在全市形成上下联动、部门配合、社会共同参与的强大人才工作合力。

2．强化目标责任考核激励。完善包含各县（区）、开发区和市委人才工作领导小组成员单位人才工作目标责任制考核制度，开展人才工作专项述职述评，建立健全奖惩激励机制，将人才目标责任考核结果作为考核评价领导班子和领导干部的重要依据，与单位绩效考核挂钩，对履职不力的严肃问责。将人才引进和服务、科技创新等纳入各类产业园区、国有企业和学校、医院等科研院所领导班子实绩考核常态指标，分类实施目标责任考核激励制度，提升人才集聚能力和服务水平。

3．建立党政领导联系人才制度。各级党政领导班子成员每年至少开展1次人才工作专题调研，至少挂钩联系1名重点人才（项目），与专家人才保持密切联系，广泛听取意见和建议，及时帮助协调解决实际问题。畅通人才参政议政渠道，对各类人才提出的重要建议，开展定期会商，实行挂牌督办。

4．构建人才发展多元投入机制。完善人才优先发展保障机制，设立市本级高层次人才开发专项资金，加大人才资金投入力度，进一步优化整合市直各部门现有的涉及人才工作的资金。各县（区）、开发区设立本级人才开发专项资金，列入财政预算保障，专用于人才引进、培养、激励、工作生活条件改善等。坚持市场导向，建立健全以政府投入为引导、用人单位投入为主体、社会和个人投入为补充的多元化人才发展投入机制。鼓励和支持企业及社会组织设立人才发展基金，鼓励银行、保险、小贷担保公司和风投机构等开展和创新人才金融业务，扩大人才企业项目融资渠道和规模。

5．发挥驻外机构招才引智作用。在市政府驻境外、市外机构加挂人才工作站的牌子，增加驻境外人才工作站布点，赋予其招才引智工作职能。鼓励和支持我市企业和社会团体等驻外机构设立人才工作站，开展招才引智工作。完善人才工作站管理机制、激励机制和经费保障机制。

6．夯实人才工作基础。建立人才政策调查和评价机制，采取“一年一调查、两年一评估”的办法，广泛听取企业、社会公众和人才的意见，对人才政策落实情况进行跟踪研判，根据需要及时对人才政策进行修改完善。积极发展专业化人才理论研究机构，加强人才发展理论和实践问题研究，重视研究成果运用，提高成果转化率。建立健全人才资源统计和发布制度，明确统计调查的途径、主要内容和责任分工，为全面及时掌握全市人才资源基本状况提供支撑性保障。

7．营造良好社会氛围。建立人才工作联动宣传机制，充分利用和整合媒体资源，进一步加大人才政策宣传力度，提高政策影响力，做好政策兑现落实工作。加大对人才工作品牌和优秀人才事迹的宣传力度，大力培育创新文化，积极弘扬创业精神，在全社会营造尊才、重才、爱才、惜才的良好氛围，形成引得进、留得住、用得好的人才发展环境。

中共南宁市委
南宁市人民政府
2018年7月31日

海南省

百万人才进海南行动计划（2018—2025年）

（琼发〔2018〕8号）

为深入贯彻落实习近平总书记在庆祝海南建省办经济特区30周年大会上的重要讲话和《中共中央、国务院关于支持海南全面深化改革开放的指导意见》（中发〔2018〕12号）精神，按照习近平总书记“海南要坚持五湖四海广揽人才”重要指示，更好地吸引人才、留住人才、用好人才，扎实推进海南全岛自由贸易试验区和中国特色自由贸易港（以下简称“海南自由贸易试验区〔港〕”）建设，结合我省实际，实施百万人才进海南行动计划。

一、指导思想

以习近平新时代中国特色社会主义思想为指导，全面贯彻落实党的十九大精神，深入贯彻落实习近平总书记在庆祝海南建省办经济特区30周年大会上的重要讲话和《中共中央、国务院关于支持海南全面深化改革开放的指导意见》精神，按照省第七次党代会总体部署，围绕建设海南自由贸易试验区（港），大力实施人才强省战略，在深化人才发展体制机制改革上有突破，实行更加积极、更加开放、更加有效的人才政策，创新人才培养支持机制，构建更加开放的引才机制，全面提升人才服务水平，让各类人才在海南各尽其用、各展其才，为推动海南成为新时代全面深化改革开放的新标杆、争创新时代中国特色社会主义生动范例提供坚强有力的人才保障。

二、发展目标

聚焦海南自由贸易试验区（港）三大产业类型、十个重点领域、十二个重点产业、“五网”基础设施建设、生态文明建设、乡村振兴和民生事业需要，积极引进培养使用各类人才。

到2020年，吸引各类人才20万人左右，重大人才工程项目成效明显，重要人才平台载体建设进展顺利，人才公共服务保障体系更加健全。

到2025年，实现“百万人才进海南”目标，基本建立具有中国特色、体现海南特点、与国际接轨的人才发展体制机制，基本形成人才集聚新高地。

三、基本原则

——坚持党管人才。突出政治站位，充分发挥党的思想政治优势、组织优势和密切联系群众优势，健全党管人才领导体制和工作机制，创新党管人才方式方法，为推动人才发展提供坚强的政治和组织保证。

——服务发展大局。注重人才引领，围绕全面深化改革开放需求，统筹全省人才资源，科学谋划发展思路和政策措施，推动人才优先发展，形成人才发展与经济社会发展的良性互动格局。

——突出市场导向。强化市场主体地位，充分发挥市场在人才资源配置中的决定性作用，保障和落实用人单位在人才引进、培养和使用中的自主权，最大限度激发和释放人才活力。

——创新体制机制。全面深化改革，加快转变政府人才管理职能，着力破除制约人才发展的体制机制障碍。扩大人才开放，主动参与国际人才竞争，聚四方之才推动海南自由贸易试验区（港）建设。

四、行动举措

（一）实施更加开放的人才引进政策。

认真贯彻习近平总书记“构建更加开放的引才机制”重要指示，聚焦重点领域、重点产业发展需要，采用多种方式吸引集聚各类人才。

1. 实施百万人才集聚计划。服务重点领域、重点产业发展需要，缺什么引什么，每年定期组织开展招才引智活动，鼓励用人单位采取灵活多样的方式，面向国内外大力吸引高校毕业生、留学归国人员、各类社会人才特别是琼籍人才就业创业。自主创业的，可向有关金融机构申请信用贷款或保证担保贷款，可在入驻园区申请零租金办公用房。设立人才培养专项基金和创业扶持专项基金，对各类人才进行培养激励，对所创办的企业根据发展情况给予创业扶持。引进的各类人才自落户之日起在购房方面享受本地居民同等待遇；柔性引进的高层次人才经认定也可享受同等待遇。

2. 实施大师级人才、杰出人才引进计划。聚焦航天领域重大科技创新基地、国家深海基地南方中心、国家南繁科研育种基地、国家热带农业科学中心、全球动植物种质资源引进中转基地5大平台和教育、医疗、科技、文化等重点领域，积极推动高校、医院、科研院所、企业等用人单位大力引进大师级人才、杰出人才及其团队，直接纳入省委联系服务重点专家范围；按人才层次和相应标准提供免租金、可拎包入住的人才公寓，全职工作满一定年限分期赠予产权；在薪酬待遇、科研资助等方面采用“一人一策、一事一议”方式给予支持。

3. 实施千名领军人才引进计划。围绕重点领域、重点产业发展需要，支持各类用人单位大力引进急需紧缺的高层次人才及其团队，以及重大创新项目、重点实验室、重点学科、重点专科等平台所需的学科（科研）带头人及其团队，经省级评审，纳入领军人才层次，按相应标准提供免租金、可拎包入住的人才公寓，全职工作满一定年限分期赠予产权。符合领军人才标准的，可不经评审直接享受上述待遇。

4. 实施“银发精英”汇聚计划。聚焦教育、医疗事业发展需要，支持用人单位采用退休返聘等方式，吸引使用70岁以下大师级人才、65岁以下杰出人才和领军人才，分别按人才层次和相应标准提供免租金、可拎包入住的人才公寓，全职工作满一定年限分期赠予产权。

5. 实施党政机关千人招录计划。2018年，由省级统筹，采取多种形式招录1000名左右党政紧缺人才，包括面向国内外公开招聘一批熟悉自由贸易试验区、自由贸易港建设的高端特聘人才，面向中央国家机关、发达省市、国内自由贸易试验区、大型国企和港澳等地区选调一批紧缺人才，面向社会特殊招录一批优秀人才，面向高校选调一批优秀本科以上毕业生。以后每年根据岗位需要进行招录、选调。

6. 实施事业单位人才延揽计划。适应公共服务事业发展需要，支持各级各类事业单位在编制总额内，引进或招聘3万名左右事业单位管理服务人才和专业技术人才。除仅为机关提供支持保障的事业单位外，其他的逐步取消行政级别，完善有利于激励人才的绩效工资内部分配办法。引进的拔尖以上层次人才可采用年薪制等灵活薪酬制度，绩效工资总量实行单列管理、单独核定，不列入单位绩效工资总量基数。

7. 加大柔性引才引智力度。鼓励各级各类用人单位设立院士工作站、“千人计划”工作站、博士后科研工作（流动）站、“候鸟”人才工作站、高端智库等柔性引才用才平台。支持用人单位通过顾问指导、短期兼职、项目合作、候鸟服务、对口支援等多种方式柔性使用国内外人才智力资源，绩效突出的给予奖励。完善柔性引才激励机制，吸引内地国企、事业单位的专业技术和管理人才在海南兼职兼薪、按劳取酬。

8. 加大荐才引才奖励力度。充分发挥高校、医院、科研院所、园区、企业等各类用人单位引才主体作用，对团队引进的进行重点支持，对引才绩效突出的给予奖励。企业招才引智投入实行税前扣除，国有企业引才投入成本视为当年利润考核。充分发挥现有人才交流中心、人才中介机构引才荐才作用，积极引进国内外知名猎头公司，对帮助成功引进大师级人才、杰出人才或团队的，或引进其他人才绩效突出的，给予适当奖励。

（二）实施更加积极的人才培养政策。

认真贯彻习近平总书记“创新人才培养支持机制”重要指示，坚持培养本地人才与引进人才并重，围绕重点领域、重点产业需要，建立健全全方位、多元化、立体式的人才培养体系，统筹推进各类人才队伍建设。

9. 实施“南海名家”培养计划。面向教育、医疗、科技、文化等重点领域，以及重大创新项目、重点实验室、重点学科、重点专科等平台，着力培养100名左右具有成长为国家级人才项目人选潜力的人才，入选者纳入我省领军人才层次，给予一定额度的人才补贴，在科研经费投入、科技专项支持、科研成果转化、学科团队建设等方面给予倾斜支持，优先推荐申报国家级人才项目。对入选国家级人才项目人选给予配套人才补贴。

10．实施“南海英才”培养计划。有针对性地培养300名左右拥有自主知识产权、技术与产品属于重点支持方向、能带动相关产业发展的创业人才，入选者纳入我省拔尖人才层次，给予一定额度的人才补贴，可向有关金融机构申请信用贷款或保证担保贷款，并可根据创业情况向省人才创业扶持专项基金申请创业扶持。

11．实施“南海工匠”培养计划。重点培养200名左右首席技师，入选者纳入我省拔尖人才层次，给予一定额度的人才补贴。鼓励参加国内外技能大赛，对获得“中华技能大奖”“全国技术能手”“全国职业院校技能大赛奖”等奖项的个人或团队给予配套奖励。

12．实施党政人才专业素养提升计划。分批选派省直有关单位和市县领导干部到国（境）外自由贸易港短期培训，到国内其他自由贸易试验区跟班实训，着力提升党政人才国际化素质、海南自由贸易试验区（港）建设能力。

13．实施重点产业人才教育对接计划。积极推动落实本科以上层次中外合作办学项目部省联合审批机制，鼓励引进境外优质教育资源举办高水平中外合作办学机构和项目，鼓励引进国内外知名教育培训机构培养培训国际化人才。推动高校、职业学校建设与产业需求相匹配的学科、专业，支持园区、企业等用人单位以“校企合作”的方式联合培养技术技能人才，对绩效优秀的培养机构给予奖励。

14．实施农村人才培养计划。围绕建设新型职业农民、农业专业技术人才、农业干部人才三支农村人才队伍，整合各类涉农教育培训资源，健全农民培训体系，实施新型职业农民培育和农民先进产业、技术培训工程，推进农业专业技术职称制度改革，实施农业干部队伍轮训计划，发挥农村人才评价导向、激励导向作用，引导人才扎根基层，助力脱贫攻坚。

（三）加强创新载体建设和创业支持。

认真贯彻习近平总书记“发挥优势，集聚创新要素”等重要指示，积极打造各类创新载体，切实加大创业支持力度，充分激发各类人才的创新创业创造活力。

15．争取国家级创新机构在琼落户。全力配合中央在琼建设重大科研基础设施与条件平台，推动国内知名高校和研究机构在海南设立分支机构，吸引国家级科研院所整建制迁入或在琼建设整建制机构，鼓励国内外知名企业总部或区域性总部落户海南，在场所安排、团队建设、经费支持、人才安居等方面采用“特事特办、一事一议”方式给予支持，形成有重点、全方位、长效性的支持机制。

16．推动重点学科和实验室建设。推动海南大学作物学建设成为世界一流学科，在学科团队建设、经费保障等方面给予稳定性支持。支持省内高校、科研院所和企业等建设国家级重点学科、重点实验室、工程（技术）研究中心、技术创新中心和人文社科重点研究基地。支持国内外高校、科研院所、企业在我省建立技术转移转化中心、中试与转化基地、新型研发机构等科技成果转化平台。

17．大力集聚各类重点产业企业。积极推动我省六类重点产业园区开发建设，通过综合招商、项目带动、团队引进，大力集聚具有一定规模和良好成长性的企业，重点引进符合我省产业需求的高新技术企业。引导企业建立与现代企业制度相符合、与国际接轨的用人制度。支持创业平台载体建设，推动国际知名或经国家备案的众创空间在我省设立分支机构，积极引进众创联盟、创业社区等新型孵化机构，提供一定年限的零租金创业场所或相应租金补贴。

18．支持国际人才离岸创新创业。建立一批国际人才离岸创新创业基地，在经济发达国家和地区与高校、企业、智库、科研机构、社会组织等合作建立离岸人才孵化器，鼓励并购海外研发中心，就地开发利用国外先进技术和智力资源，分层分类做好国际人才离岸创新创业服务保障。

19．鼓励科技人员兼职或离岗创业。鼓励事业单位科研人员在履行岗位职责的前提下，到企业兼职从事科技成果转化、技术攻关，或兼职创办企业，并按规定获取收入。对离岗在省内转化科技成果、创办科技型企业的科研人员，可保留身份、人事关系、社会保险3年。支持高校设立一定比例流动岗位，吸引有实践经验的高层次创新创业人才兼职。积极解决省外事业单位来我省企业工作或创业的人员在保留事业单位人员身份、职称评定等方面问题。

20．加强科技创新和成果保护。设立知识产权保护专门机构，为人才在专利申请、授权、保护、维权援助、运营转化等方面提供全方位服务。对企业获得的国内外专利，以及主导或参与创制国际标准、国家标准的给予奖励。探索推进知识产权证券化，完善知识产权信用担保机制。鼓励中级以上法院设立知识产权法庭，探索建立海南知识产权法院。

（四）全面提升人才服务保障水平。

认真贯彻习近平总书记“全面提升人才服务水平”重要指示，围绕人才创新创业需求，加大优质公共服务供给，营造宜居宜业的人才环境。

21．放开人才落户限制。具有全日制大专以上学历、中级以上专业技术职称、技师以上职业资格或执业资格的人才，可在我省工作地或实际居住地落户。各类高层次人才、硕士毕业生、“双一流”高校和海外留学归国本科毕业生，以及拥有重大科研成果的创新人才、产品符合重点产业支持方向的创业人才可在我省任一城镇落户。

22．完善国际人才管理服务。积极开展国际人才管理改革试点，放宽国际人才居留和出入境限制，符合认定标准的外籍和港澳台地区高层次人才及其配偶、未成年子女可直接申请永久居留，其他外籍人才可凭工作许可证明在口岸申请工作签证入境，在琼工作的外籍华人可按规定签发有效期5年以内的居留许可。探索构建与国际接轨的技能人才评价体系，允许外籍和港澳台地区技术技能人员按规定在琼就业、永久居留。鼓励在国内高校获得硕士及以上学位的留学生在琼就业创业。面向“一带一路”沿线国家扩大高校留学生规模。建立吸引外国高科技人才的管理制度。开辟结汇换汇绿色通道，国（境）外人才在海南的合法收入可汇至国（境）外。

23．解决人才子女就学。积极引进国内外名校、名师，规划建设国际学校，提升基础教育水平。全职引进的大师级人才、杰出人才直系亲属就读我省中小学、幼儿园采取“一事一议”方式予以解决。领军以上层次人才子女户籍转入我省的，参加高考不受报考批次限制；其他高层次人才子女高中转学的，按与原就读学校等级相当的原则予以解决。

24．解决人才配偶就业。全职引进的各类高层次人才，配偶为公务员或事业单位人员的，对口安排相应工作；配偶为企业人员的，安排到企业工作；配偶未就业且符合岗位条件的，经考核安排到事业单位就业；其他未就业的，按引才当地社会平均工资一定比例发放生活补助，3年内为其缴纳基本养老和医疗保险。

25．加强人才医疗保障。大力引进优质医疗资源，深度推进跨省异地就医住院医疗费用直接结算，鼓励发展商业补充保险。全职引进的大师级人才、杰出人才纳入省保健委医疗保健服务对象范围，配偶及直系亲属享受就医“绿色通道”服务。领军人才享受在全省三级医院就医“绿色通道”和年度健康体检等服务。拔尖以上人才享受政府统一购买的商业健康团体保险。柔性引进的大师级人才、杰出人才、领军人才享受就医“绿色通道”服务。

26．健全人才服务和保障机制。成立高层次人才服务工作小组，建立高层次人才引进、培养、使用、保障等工作协调机制。建设海南人才大厦，集中受理人才认定，办理“天涯英才卡”，协调落实人才服务保障待遇。打造省级人力资源产业园，引进国内外知名人才中介组织和服务机构提供多元化的人才服务。各市县各单位以及各重点产业园区设立人才服务窗口，打造集中受理人才落户、安居、社保、子女入学、档案托管、证照办理、出入境等业务的“一站式”服务平台。

27．完善人才评价和退出机制。充分发挥用人单位主体作用，突出市场评价和同行评价，对引进和培养支持的各类高层次人才及团队实行“五年两次”跟踪考核，考核合格的继续落实相关待遇，并在5年期满后给予持续稳定支持；考核不合格的取消相关待遇。

五、组织实施

28．强化组织领导。建立健全党委统一领导，组织部门牵头抓总，有关部门各司其职、密切配合，社会力量发挥重要作用的人才工作格局。整合人才工作相关机构和职责，组建省人才发展局，统筹推动全省人才发展。各市县各单位党委（党组）要牢固树立人才是第一资源的意识，健全机构、配齐力量、完善机制，坚定自觉地把中央、省委的决策部署落到实处。强化“一把手抓第一资源”的责任，在抓好普适性培养引进的同时，重点抓好关键少数，统筹推进各类人才队伍建设。

29．狠抓工作落实。省人才工作领导小组要及时进行责任分工，协调推进有关工作。各市县各单位要充分发挥积极性、主动性，结合工作实际，抓紧制定实施细则，出台更加灵活的人才政策；要以问题为导向，狠抓任务落实，提升服务水平。省委办公厅要及时开展人才工作专项督查。相关措施与现有政策有重复、交叉的，按照从新、从高、从优、不重复的原则执行。

30．加强宣传引导。开发建设海南人才网，充分利用广播、电视、报纸、网络、微信、微博等各类媒体，向全世界大力宣传省委的重大人才战略，及时发布人才需求信息，加大政策宣传力度，切实提升人才政策的知晓度、执行力和影响力，积极营造揽才、敬才、爱才、用才的良好社会环境，努力让各类人才引得进、留得住、用得好，为建设海南自由贸易试验区（港）提供强大的人才支撑。

中共海南省委

2018年5月13日

四川省

四川省促进创业投资实施方案

（川办函〔2018〕117号）

为促进我省创业投资持续健康发展，推动全省创新创业迈上新台阶，特制定本实施方案。

一、总体要求

（一）指导思想。坚持以习近平新时代中国特色社会主义思想为指导，全面贯彻落实党的十九大精神，深入学习贯彻习近平总书记对四川工作系列重要指示精神，认真落实省委十一届三次全会部署，深入实施创新驱动发展战略，充分发挥市场在资源配置中的决定性作用，更好发挥政府作用，着力构建促进创业投资健康发展的制度环境、市场环境和生态环境，为四川经济高质量发展提供有力支撑。

（二）主要目标。吸引培育一批国内外知名的创业投资管理队伍，引导带动一批创业投资资本，投资培育一批新兴产业企业，争取到2020年，全省集聚100家品牌创业投资企业，管理创业投资资本规模不低于500亿元，投资新兴产业企业数量超过1000家，带动投融资3000亿元以上，把四川打造成为西部地区最具竞争力和影响力的创业投资中心。

二、重点任务

（一）发挥政策资金引导作用。充分发挥四川省创新创业投资引导基金作用，带动各类资本进入创业投资领域。建立健全创业投资引导基金持续投入机制。积极推动符合条件的企业申报国家参股新兴产业创业投资基金、国家中小企业发展基金、国家科技成果转化引导基金等基金，积极争取中央财政资金加大对我省的创业投资支持。鼓励有条件的地方按照“政府引导、市场化运作”原则推动设立创业投资引导基金，通过市场化手段，发挥财政资金的引导和聚集放大作用，形成创业投资资本。建立完善创业投资引导基金中财政资金的绩效评价制度，促进政策目标实现，维护出资人权益。综合运用财政科技金融资金政策，支持引导创业投资机构向科技型中小企业提供股权融资服务，缓解科技型中小微企业融资压力，促进科技金融结合。（责任部门：各市（州）人民政府，省发展改革委、经济和信息化厅、科技厅、财政厅）

（二）培育多元创业投资主体。积极培育壮大注册地、核心管理机构在四川的本土创业投资企业，大力吸引知名创业投资企业将总部或核心管理团队迁入我省。支持市（州）规划建设基金产业园或股权投资基地，在基金落户、投资奖励、置业补助、基金管理机构和核心管理团队奖励等方面出台支持力度更大的政策措施。鼓励具有资本实力和管理经验的个人依法设立公司型、合伙型创业投资企业从事创业投资活动。积极支持包括天使投资人在内的各类个人从事创业投资活动，推动成立公益性天使投资人联盟等各类平台组织，培育和壮大天使投资人群体，营造良好的天使投资氛围。引导省内创业投资、天使投资等私募基金在中国证券投资基金业协会备案，对接资本市场，接受自律监管。鼓励和规范发展市场化运作、专业化管理的创业投资母基金。（责任部门：省发展改革委、经济和信息化厅、科技厅、人力资源社会保障厅、商务厅、省国资委、省市场监管局、人行成都分行、四川银保监局筹备组、四川证监局）

（三）探索建立股权债权联动机制。建立创业投资企业与各类金融机构长期性、市场化合作机制，积极支持各大保险机构总部、保险资产管理机构进入我省创业投资领域，推动发展投贷联动、投保联动、投债联动等新模式，不断加大对创业投资企业的投融资支持。按照国务院统一部署，鼓励符合条件的银行业金融机构积极争取投贷联动试点，努力探索适合科创企业发展的金融服务模式。鼓励小额贷款公司转型为科技小额贷款公司，增加科技创新的金融服务供给，开展对小微企业的“投贷联动”。支持创业投资企业及其股东依法依规发行企业债券和其他债务融资工具融资，增强投资能力。支持符合条件的银行业金融机构积极稳妥开展并购贷款业务，提高对创业企业兼并重组的金融服务水平。（责任部门：省发展改革委、科技厅、省地方金融监管局、人行成都分行、四川银保监局筹备组、四川证监局）

（四）建立创业投资与政府项目对接机制。建立科技型中小企业、高新技术企业、科技成果转化项目等分类信息库，适时发布信息。加强科技金融服务体系建设，搭建创业投资与企业项目信息共享平台，提供线上线下专业服务。搭建各类创业投资与企业信息共享平台，开放共享项目（企业）资源，定期举办分行业、分地域的投融资项目对接活动，引导创业投资企业投资于科技成果的转移转化。依托农村产业融合发展园区、农业产业化示范基地、农民工返乡创业园等，积极挖掘农业领域创业投资潜力，通过创业投资改造提升第一产业。（责任部门：省发展改革委、经济和信息化厅、科技厅、农业农村厅、商务厅、省地方金融监管局）

（五）优化创业投资监管环境。建立创业企业信息披露和风险揭示机制，引导创业投资企业建立以实体投资、价值投资和长期投资为导向的合理的投资估值机制。加强投资者教育，培养具有风险识别和风险承受能力的合格投资者。建立行业规范，强化创业投资企业内控机制、合规管理和风险管理机制。对不进行实业投资、从事上市公司股票交易、助推投资泡沫及其他扰乱市场秩序的创业投资企业建立清查清退制度。加强对创业投资企业募集资金、投资运作等行为的日常监管，打击违法违规募集资金行为。落实产权保护制度，依法保护产权和投资者合法经营、合法权益和合法财产。（责任部门：省发展改革委、科技厅、省国资委、省地方金融监管局、四川证监局）

（六）深化创业投资商事制度改革。加快转变政府职能，加大对创业投资领域的行政审批清理力度，采取一站式、网上申报、多证联办等措施，提高政务服务质量和效率。建立创业投资行业发展备案和监管备案互联互通机制，为创业投资企业备案提供便利，放宽创业投资企业的市场准入。持续深化商事制度改革，提高工商登记注册便利化水平。（责任部门：省发展改革委、省市场监管局、省政务服务和资源交易服务中心、四川证监局）

（七）建立健全创业投资信用体系。建立健全创业投资企业、创业投资管理企业及其从业人员信用记录，实现创业投资领域信用记录全覆盖。推动创业投资领域信用信息纳入四川省信用信息共享平台，并与全国信用信息共享平台、国家企业信用信息公示系统（四川）实现互联互通。建立四川省创业投资领域严重失信黑名单制度，鼓励探索建立守信红名单制度。依托全国（全省）信用信息共享平台、国家企业信用信息公示系统（四川），按照有关法律法规和政策规定实施守信联合激励和失信联合惩戒。建立健全创业投资行业信用服务机制，鼓励第三方信用服务机构创新创业投资信用产品，服务创业投资企业。（责任部门：省发展改革委、省市场监管局、省地方金融监管局、人行成都分行、四川证监局）

（八）推动创业投资行业双向开放。推动创业投资领域对内对外开放，鼓励中外合资合作创业投资机构发展，通过吸引外资，引进国内外先进经验、技术和管理模式，提升创业投资竞争力。鼓励外商投资开展创业投资业务，放宽市场准入，简化管理流程。鼓励外资扩大创业投资规模，加大对我省种子期、初创期创业企业支持力度。引导和鼓励省内有实力的创业投资企业加大对境外及港、澳、台地区高端研发项目的投资，建立创新促进中心和贸易促进平台，积极分享高端技术成果。（责任部门：省发展改革委、省市场监管局、人行成都分行）

（九）进一步完善创业投资退出机制。大力实施“创业板行动计划”，构建符合省情、运作高效、监管到位的创业投资退出机制。搭建科技企业股权转让信息平台。鼓励创业投资通过上市、股权回购、并购、转售等多种途径实现有效退出，推动创业投资所投企业进入天府（四川）联合股权交易中心、全国中小企业股份转让系统挂牌。加快推进天府（四川）联合股权交易中心市场功能建设，畅通股权投资退出渠道。支持机构间私募产品报价与服务系统、证券公司柜台市场开展直接融资业务。鼓励创业投资以并购重组等方式实现市场化退出，规范发展专业化并购基金。（责任部门：省地方金融监管局、四川证监局）

（十）实行严格的知识产权保护制度。全面落实国家知识产权保护相关法律法规和制度规定，加强对创业创新早期知识产权保护，在市场竞争中培育更多自主品牌。健全知识产权侵权查处机制，探索推进知识产权综合行政执法，依法惩治侵犯知识产权的违法犯罪行为。充分发挥成都知识产权审判庭作用，加快推进知识产权民事、行政、刑事案件审判“三合一”工作。将企业行政处罚、黑名单等信息纳入四川省信用信息系统，对严重侵犯知识产权的责任主体实施联合惩戒，在国家企业信用信息公示系统（四川）上依法依规公示侵犯知识产权行政处罚等信用信息，创造鼓励创业投资的良好知识产权保护环境。（责任部门：省发展改革委、省市场监管局、省知识产权服务促进中心、人行成都分行、四川证监局）

（十一）加强创业投资行业自律和服务体系建设。充分发挥创业投资协会等社会组织在创业投资行业自律管理方面的积极作用。支持社会组织推动创业投资行业信用体系建设和社会责任建设，维护有利于行业持续健康发展的良好市场秩序。支持社会组织通过高等学校、科研院所、群团组织、创业投资企业、创业投资管理企业、天使投资人等多种渠道，以多种方式加强创业投资人才培养，吸引更多的优秀人才从事创业投资。全面加强与创业投资相关的会计、征信、信息、托管、法律、咨询、教育培训等各类中介服务体系建设。（责任部门：省发展改革委、科技厅、教育厅、民政厅、省市场监管局、四川证监局）

三、保障措施

（一）加强统筹协调。建立部门之间、部门与地方之间协调联动机制，加强对创业投资工作的统筹、协调和指导，强化创业投资行业发展政策和监管政策的协同配合，增强政策的针对性、连续性、协同性。建立相关政府部门促进创业投资行业发展的信息共享机制。

（二）加强宣传引导。强化创业投资持续健康发展的舆论宣传，做好政策解读、树立先进典型、宣传成功经验，积极倡导尊重劳动、尊重知识，尊重人才、尊重创造的社会风气，营造鼓励创新、宽容失败的良好氛围，不断壮大创业投资规模，激发全社会创业投资活力。

四川省人民政府办公厅

2018年12月6日

成都市深入实施创新驱动发展战略 打造“双创”升级版若干政策措施

（成府发〔2018〕11号）

为认真贯彻国务院《关于推动创新创业高质量发展打造“双创”升级版的意见》（国发〔2018〕32号）和省委十一届三次全会、市委十三届三次全会精神，深入实施创新驱动发展战略，打造“双创”升级版，增强带动就业能力、科技创新力、产业发展活力，推动新旧动能转换，加快发展新经济、培育新动能，打造产业生态圈、培育创新生态链，建设全面体现新发展理念的城市，制定以下政策措施。

一、推进人才优先发展战略

大力实施海内外高层次人才来蓉创新创业计划，对诺贝尔奖获得者等国际顶尖人才（团队）来蓉创新创业，给予最高1亿元综合资助；对“两院”院士、国家“千人计划”“万人计划”专家等来蓉创新创业或作出重大贡献的本土创新型企业家、科技人才，给予最高300万元支持；鼓励科研人员离岗创业，支持高校院所科技人才在蓉创新创业，给予最高20万元支持；深入实施“创业新星计划”，鼓励毕业5年内的大学生创新创业，给予20万元支持，最高50万元、最长3年贷款期限和全额贴息支持；培育高技能人才在蓉创新创业，支持企业建立首席技师制度并对设立首席技师工作室的，给予最高10万元支持。（责任单位：市人才办，市科技局、市人社局、市总工会、团市委〔逗号前为牵头单位，下同〕）

二、深化科技型企业培育

按照“科技型中小企业—高新技术企业—‘成都创造’领军企业”的培育路径，努力培育一批国内细分行业“隐形冠军”和独角兽企业；引导企业加大研发投入，鼓励进入“全国科技型中小企业信息库”的企业建立研发准备金制度，有计划、持续性地加大研发投入，并按年度研发投入新增部分的一定比例给予支持；对进入“成都创造”领军企业培育库的企业，实行“一企一策”；支持企业联合攻关产业重大关键技术，带动产业链上下游企业发展，给予最高1000万元支持。（责任单位：市科技局，市经信委、市财政局、各区〔市〕县政府〔含成都天府新区、成都高新区管委会，下同〕）

三、赋能创新创业载体

分类推动国家“双创”示范基地建设，支持郫都区、四川大学、电信成都分公司持续落实三方示范基地合作共建协议，在更大范围、更深层次推进合作；鼓励“3+M+N”双创载体向市场化、专业化、精准化发展，争创国家“双创”示范基地；鼓励产业功能区布局建设专业资本集聚型、大中小企业融通型、科技资源支撑型、高端人才引领型等类型的创新创业载体；对新认定的国家级创新创业载体、海外人才离岸创新创业基地，给予一次性100万元支持；支持各类主体利用闲置资源改（扩）建创新创业载体，给予最高500万元支持。深化双创载体国际交流与合作，支持与“一带一路”沿线相关国家开展创新创业合作，鼓励在蓉优质孵化机构发展海外孵化业务，给予运营机构最高500万元支持；支持建立海外国际研发中心，给予最高200万元支持。（责任单位：市科技局，市发改委、各区〔市〕县政府）

四、健全建强科技金融支撑

构建“五科”联动服务链条，为科技成果产业化和科技企业发展提供全方位的科技金融服务。实施“科创投”解决首投，建立规模10亿元的天使投资基金，对种子期、初创期科技型企业进行创业首期投资；实施“科创贷”解决首贷，建立规模50亿元的科技企业债权融资风险补偿资金池，给予科技型企业最高1000万元首次贷款；实施“科创保”，降低企业经营风险，鼓励科技型企业购买科技保险，按保险费用进行最高60%的资助；实施“科创券”，降低企业运营成本，鼓励科技型企业购买科技中介服务，按服务费用进行最高20%的资助；实施“科创贴”，降低企业融资成本，对实现在新三板成功挂牌的科技型企业给予最高50万元补贴，对实现在创业板成功上市的科技型企业给予最高500万元补贴，对种子期、初创期科技型企业按所获天使投资额的10%给予最高30万元补贴。推动企业在银行间市场和交易所市场发债融资，给予单户企业奖励最高不超过100万元；对评为国家级、省级金融科技类研究机构，分别给予最高200万元、100万元支持。（责任单位：市科技局、市金融局，各区〔市〕县政府）

五、优化“双创”公共服务体系

支持建设“互联网+公共服务”模式的O2O公共服务平台，提质升级“科创通”创新创业服务平台和“智创融E”成都校院企地协同创新平台，在产业功能区、高校院所、大型骨干企业等建设子平台和服务工作站，打通民营企业技术需求、产品发布的对接通道。打造具备资讯、展示、撮合、交易功能的“蓉创e平台”，实现双创要素资源全覆盖，支撑“六大新经济形态”发展。支持在蓉高校院所建设开放共享的公共检测、分析实验、公共交易、检测认证、共享实验室等服务平台，给予一定资金支持。支持行业龙头企业在产业功能区建设国家级企业技术中心、技术创新中心、工程研究中心、重点实验室和制造业创新中心，给予最高300万元配套支持。（责任单位：市科技局，市发改委、市经信委、市新经济委）

六、推动创业带动就业

推动更多群体投身创新创业，鼓励返乡农民工、高校毕业生、退役军人、妇女、残疾人士等群体创新创业。返乡农民工、高校毕业生、退役军人等领办的小微企业，给予最高200万元的创业担保贷款，财政按基准利率的50%，给予期限不超过2年的贴息；高校毕业生、就业困难人员、返乡农民工创业成功的，给予最高10万元的一次性创业补贴；大学生创办企业吸纳城乡劳动者就业的，给予最高10万元的创业吸纳就业奖励；企业招用就业困难人员的，按实际缴纳的基本养老保险、基本医疗保险和失业保险费的100%给予补贴，并按每人每年5000元的标准给予岗位补贴，补贴期限不超过3年。创业培训机构开展创业培训的，给予最高1600元/人的补贴；开展模拟创业实岗训练的，给予最高800元/人的补贴。完善区（市）县及以下基层就业创业服务体系，组织开展项目开发、方案设计、风险评估、开业指导、融资服务、市场营销、跟踪扶持等“一条龙”创业服务。（责任单位：市人社局，市财政局、市总工会、市妇联、市残联、人行成都分行营管部）

七、促进校院企地深度融合

打造校院企地创新共同体、利益共同体、发展共同体。深化职务科技成果混合所有制改革经验，推动科技成果确权，促进科技成果就地转化。鼓励高校院所联合国有平台公司和社会资本共同组建科技成果转化校地合作基金。支持在蓉高校院所联合所在产业功能区利用校、院内及周边土地、楼宇等资源共建环高校院所知识经济圈，给予最高1000万元支持；培育一批国家、省、市级技术转移示范机构，给予最高50万元支持；鼓励在蓉高校校友回蓉投资兴业，给予最高100万元支持。对在我市实施技术转移转化项目的企业，给予最高100万元支持。（责任单位：市科技局，市发改委、市经信委、市农委、各区〔市〕县政府）

八、加强知识产权运用和保护

建设成都知识产权维权援助专家智库，支持企业开展知识产权维权，加大执法保护和维权援助力度。支持知识产权服务机构开展专利导航产业发展研究；鼓励骨干龙头企业打造高价值专利培育中心；支持知识产权运营机构、专利孵化器、品牌服务机构、交易和公共服务机构建设。引导设立总规模不低于20亿元的知识产权运营基金，重点支持高价值专利池、专利组合和高价值专利培育中心等项目，知识产权运营服务机构、高校院所知识产权转移转化中心、新型产业技术研究院、知识产权交易转化平台等，以及拥有核心技术、以知识产权为核心资产的创新型企业。（责任单位：市科技局，市经信委、各区〔市〕县政府）

九、落实税收优惠政策

落实西部大开发税收优惠政策，符合条件的企业减按15%税率缴纳企业所得税；全面执行高新技术企业认定管理办法，落实高新技术企业、固定资产加速折旧、研发费用加计扣除、股权激励递延纳税和技术成果投资入股选择性税收优惠等政策；落实省级孵化载体享受免征房产税、增值税等优惠政策；推动创新产品远期约定政府购买。（责任单位：市税务局，市经信委、市科技局、市财政局、各区〔市〕县政府）

十、浓厚创新创业氛围

办好“成都全球创新创业交易会”，打造“国际化、国家级、成都牌、永久性”的创新创业交易和成果展示平台；鼓励相关区（市）县、产业功能区、高校院所、孵化器、行业协会、产业联盟等市场化、常态化开展创业天府“菁蓉汇”系列活动和校院企地“每月一对接”活动，给予最高50万元支持；按照全国大众创业万众创新活动周组委会和省、市安排部署，鼓励社会组织和专业机构参与，与政府部门相互借势、共同协作，推进创新创业工作再上台阶。加强典型创业企业和创业人才的宣传，营造敢为人先、宽容失败的创业氛围，形成支持改革、鼓励创新、允许试错的文化和社会环境。（责任单位：市科技局，市委宣传部、市发改委、市新经济委、市科协、各区〔市〕县政府）

本政策措施由市科技局会同市级相关部门负责制定申报指南和具体解释工作。

本政策措施自印发之日起30日后施行，有效期2年。

成都市人民政府

2018年10月8日

贵州省

贵州省高层次留学人才创新创业项目择优资助管理办法（试行）

（黔人社通〔2018〕271号）

第一章 总 则

第一条 为加大高层次留学人才引进力度，鼓励留学人员为大扶贫、大数据、大生态三大战略行动提供智力支持，推进留学人员在科技创新、成果转化等方面发挥更大作用，根据国家及省有关规定，制定本管理办法。

第二条 高层次留学人才创新创业项目择优资助经费，从贵州省“高层次创新创业人才培养引进专项经费”中列支，每年不超过200万元。

第三条 按照分类资助原则对留学人员创新创业项目进行资助，其中重大项目资助30万元、优秀项目资助20万元、启动项目资助10万元。对已通过其他渠道获得省级财政资金支持的项目，原则上不再给予资助。

第四条 择优资助项目的申报评审和项目验收要坚持公平、 公正、公开的原则。

第五条 择优资助项目采用合同书的方式进行管理，明确职责分工，规范经费使用，接受社会监督。

第六条 贵州省人力资源和社会保障厅（以下简称省人力资源社会保障厅）负责择优资助工作，承担择优资助项目的申报、评审、立项、实施、验收和成果管理等日常工作。

第二章 项目申报

第七条 省人力资源社会保障厅根据全省留学人员择优资助工作计划，下发申报通知、明确支持重点、提出具体要求，组织开展项目申报工作。

第八条 择优资助项目的实施期限为2年，项目应符合我省经济和社会发展需要，具有较好的应用开发前景。

第九条 择优资助项目不可重复申报，已获得过择优资助的项目不得再申报，已获得过择优资助的人不得再申请。

第十条 择优资助项目的申请人须具备以下条件：

（一）创新类（在高校、科研单位从事科研工作或在企业从事科技成果转化工作）。

1. 具有中国国籍；
2. 在国（境）外获得博士学位；
3. 来黔工作时间不超过2年；
4. 用人单位全职引进，并签订3年以上工作协议。

（二）创业类（创办企业）。

1. 具有中国国籍；
2. 在国（境）外获得硕士以上学位；
3. 系企业法定代表人，诚信守法，无违法犯罪记录；

4、企业注册已满1年但未超过3年。注册资金不低于50万元人民币，申请人出资额占企业注册资本50%以上；

5. 企业拥有自主知识产权或发明专利。

第十一条 申请择优资助的项目须具备以下条件：

（一）重大项目：申报项目为申请人参与的国家科技重大专项、国家重点研发计划等科技项目、国家自然科学基金委员会重点项目、国家重大技术改造/创新项目，或者申请人主持的国家科技计划和国家自然科学基金委员会项目；或者投资总额大于500万以上的创业项目。

（二）优秀项目：申报项目为申请人主持的省（部）级科技计划项目（除省科学技术基金一般项目外）、省级技术改造项目或其他省级技术创新项目；或者投资总额大于300万以上的创业项目。

（三）启动项目：申报项目为申请人主持的市（厅）级以上并具有较好应用开展前景的创新项目；或者投资总额大于100万以上的创业项目。

第十二条 项目申请人所属单位（以下简称项目单位）须按申报要求审核并提出推荐意见后报省人力资源社会保障厅。

第三章 项目立项

第十三条 择优资助项目的立项实行专家评审和行政决策相结合的方式，由专家评审委员会提出拟资助项目建议名单，省人力资源社会保障厅综合评议后确定正式资助名单。

第十四条 省人力资源和社会保障厅组建贵州省高层次留学人员创新创业项目择优资助专家评审委员会，由省内相关领域知名专家组成。入选专家应符合以下条件：

（一）熟悉我省留学人员创新创业项目择优资助工作情况；

（二）具有正高级专业技术职务，在业内有较高的学术声望，熟悉申报项目所涉及的学科领域；

（三）具有良好的职业道德，坚持原则，作风正派。

第十五条 省人力资源和社会保障厅组织专家对申请人的申请资格、项目类别、预期成果等内容进行初审。初审主要核实：

（一）申请人及申报项目是否符合第九条至第十一条的相关要求；

（二）申请材料是否符合要求，要素是否齐全，附件是否完整。

第十六条 初审通过的申报项目提请专家评审委员会评审，评审工作由纪检监督组进行全程监督。

第十七条 专家评审由材料评审、现场答辩和投票表决三个环节组成。专家评审委员会以无记名投票方式表决产生建议人选，专家评审委员会表决结果仅作为项目立项的重要依据。

第十八条 评审专家主要从以下方面对申报项目进行评审：

（一）创新类。

1．项目的预期成果、科学价值、技术水平和创新程度等是否突出；

2．项目成果是否具有产业化前景，是否符合我省经济社会发展急需；

3．项目单位能否提供足够的软、硬件科研条件，项目的经费预算是否科学、合理；

4．申请人的学术水平、科研能力能否支撑其开展项目科研工作。

（二）创业类。

1．项目是否符合国家及我省的产业政策或发展方向，是否有加大的市场空间和市场规模；

2．产品市场定位是否准确、是否符合市场需求、是否具有较大市场潜力以及产品是否可持续衍生等；

3．产品是否具有核心竞争力，市场竞争是否激烈，企业未来在市场中的地位是否牢固；

4．企业3年内预期经营收入、上缴税收、解决就业等情况；

5．申请人熟悉企业管理规则，有较强的经营管理能力（具有自主创业经验或在大中型企业中担任过管理人员的优先考虑）。

第十九条 评审工作结束，专家评审委员会推荐拟资助项目建议名单，报省人力资源社会保障厅研究审定后，在省人力资源社会保障厅网站公示7日，公示期满无异议的，下发立项通知。

第二十条 省人力资源社会保障厅与项目单位、项目申请人签订项目合同书。项目合同书应明确各方权利和义务、项目主要内容和考核指标、经费安排、项目进度、成果归属等主要内容。

第四章 项目实施

第二十一条 项目合同书签订以后，省人力资源社会保障厅、项目单位、项目申请人按各自职责做好项目实施工作。

第二十二条 省人力资源社会保障厅主要职责：

（一）及时协调财政部门下拨资助经费；

（二）按照项目合同书要求监督、检查项目实施情况；

（三）协调、处理项目实施中出现的问题；

（四）对完成的项目进行验收。

第二十三条 项目单位主要职责：

（一）对创新类项目，按照项目合同书约定提供配套经费；

（二）明确专人负责项目的跟踪管理，及时协调解决项目实施过程中出现的问题；

（三）督促项目申请人完成合同书约定的各项任务；

（四）督促项目申请人及时申请验收，申报科技成果。

第二十四条 项目申请人主要职责：

（一）按照项目合同书要求，积极推进项目实施，全面完成各项约定任务；

（二）按照有关规定合理使用项目经费；

（三）接受省人力资源社会保障厅、项目单位的监督检查，及时报告项目实施中出现的重大事项；

（四）项目完成后及时申请验收，申报科技成果。

第二十五条 项目实施过程中，项目合同书的内容一般不作变更。如确因特殊情况需申请变更的，由项目单位提出书面申请报省人力资源社会保障厅审核。

第二十六条 存在下列情形之一的，省人力资源社会保障厅有权终止项目合同继续实施：

（一）项目关键技术已由他人公开、市场发生重大变化等原因，致使项目研究、技术转化成为不必要的；

（二）因不可抗拒因素或现有条件限制，致使项目确实无法继续实施或难以完成合同书任务和目标的；

（三）项目负责人出现重大变故（死亡、伤残、犯罪等），导致项目无法继续实施的；

（四）项目单位因故不愿（能）继续实施项目或项目存在严重知识产权纠纷等，导致项目无法继续实施的；

（五）导致项目不能正常实施的其他原因。

第二十七条 省人力资源社会保障厅对作出项目合同终止决定的，需书面告知项目单位和项目申请人。项目单位、项目申请人应对项目实施、经费使用、设备购置、取得阶段性成果等情况进行总结，报省人力资源社会保障厅组织专家评估论证，并作出评估结论（含项目终止原因及处理建议等）。

第五章 项目验收

第二十八条 项目验收以项目合同书规定的内容和指标为基本依据，对项目各项指标完成情况、经费使用情况、经济社会效益、成果应用及推广、知识产权等情况作出客观公正的评价。

第二十九条 省人力资源社会保障厅组建专家验收组，采取会议评估、现场考察等方式，通过听取项目执行情况介绍、查看现场、质询、审计经费使用情况等程序，进行项目验收，形成验收意见。根据工作需要，省人力资源社会保障厅可委托项目单位组织验收。

第三十条 专家验收组原则上由3名以上相关专业领域的专家组成，一般从参加过留学人员创新创业项目择优资助评审的专家中选取。委托验收的，由项目单位自行组建专家验收组。

第三十一条 项目实施到期后3个月内，项目申请人须向省人力资源社会保障厅提出验收申请，并提交以下材料：

（一）项目验收申请书；

（二）项目单位出具的《经费决算表》；

（三）项目实施情况总结报告；

（四）项目绩效自评报告；

（五）项目实施中取得的相关成果及证明材料，包括技术指标、经济指标、知识产权、学术论文和专著、获奖证书等；

（六）根据验收需要，要求提供的其他相关材料。

第三十二条 专家验收组对被验收项目负有保密责任，对项目的技术、财务资料，不得擅自使用或对外公开。项目单位和项目申请人对科研内容有保密要求的，应提前告知，必要时可与验收组签订保密协议，规定保密内容和期限。

第三十三条 验收结论分为合格和不合格。项目各项任务目标完成80%以上，具备较好的技术、经济、成果指标，经费使用规范合理的，视为验收合格。

第三十四条 项目有下列情况之一，为验收不合格：

（一）完成项目合同书规定的任务及指标不足80%的；

（二）提供的验收资料、数据不详细或不真实的；

（三）项目进展与预期成果差距较大的；

（四）经费使用中存在严重问题的。

第三十五 条验收不合格的项目，由省人力资源社会保障厅向项目单位、项目申请人发出整改通知，整改期为6个月。整改完毕后，项目申请人可重新提交验收申请。第二次验收仍不通过或者超过整改期限未重新提出验收申请的，按项目终止处理。

第六章 经费管理

第三十六条 项目资助经费分为直接费用和间接费用，资助经费应当纳入项目单位财务统一管理，单独核算，专款专用。

直接费用指在项目研究过程中发生的与项目研究直接相关的费用，具体包括：设备费（新购置设备属国有资产，列入项目单位固定资产统一管理）、材料费、检测费、差旅费、会议费、学术交流费、劳务费、专家咨询费等，按照国家有关规定执行。

间接费用是指项目单位在项目实施过程中发生的无法在直接费用中列支的相关费用，主要用于补偿项目单位为了项目研究提供的现有仪器设备及房屋、水、电、气、暖消耗等。间接费用一般不超过项目直接费用扣除设备购置费后的10%。

第三十七条 项目完成或终止后，项目单位应当编制项目经费决算表。项目经费决算开支范围应当与项目经费预算的范围相一致，不一致的应当说明理由。

第三十八条 项目完成任务目标并通过验收的，项目结余资金按规定在一定期限内由项目单位统筹安排用于科研活动的直接费用支出，并将使用情况报省人力资源社会保障厅。

第三十九条 项目因故终止执行的，其结余资金应当原渠道退回。因特殊情况退回资金确有困难的，项目单位应当提出申请报省人力资源社会保障厅，经核准后按相关要求执行。

第四十条 项目申请人如在资助经费拨付前已调离贵州或正在办理调离手续、或者在项目实施期间调离贵州，不能主持项目研究的，撤销资助，停拨或收回资助经费。

第四十一条 项目单位应当加强项目资助经费管理，规范经费使用行为，杜绝下列行为发生：

（一）擅自调整外拨资金；

（二）利用虚假票据套取资金；

（三）编造虚假合同、虚构人员名单等方式虚报冒领劳务费和专家咨询费；

（四）虚构测试化验内容、提高测试化验支出标准等方式违规开支测试化验加工费；

（五）随意调账变动支出、随意修改记账凭证、以表代账应付财务审计和检查。

第四十二条 项目单位、项目申请人违规使用项目资助经费的，将视情采取下列方式予以处理：

（一）通报批评；

（二）终止项目执行；

（三）追回已拨项目资金。

第七章 成果管理

第四十三条 项目申请人因项目研究取得成果，需发表论文、申报奖项等时，应在成果显著位置标注“贵州省高层次留学人才创新创业择优资助项目”字样。

第四十四条 项目完成后形成的有关科学发现、技术发明和其他成果的归属和使用权，按照项目合同书的约定执行。

第四十五条 项目成果获得市（厅）级以上奖励或国家专利的，项目申请人要及时将相关材料送省人力资源社会保障厅留存。

第八章 其他事项

第四十六条 参与评审、验收的专家及相关工作人员对可能影响项目公平性的情况，应当主动回避；在评审、验收中存在徇私舞弊、滥用职权的，视情节轻重给予相应处分；涉嫌犯罪的，移交司法机关依法处理。

第四十七条 建立专家、项目单位、项目申请人信用评估制度。按照《贵州省科技（知识产权）信用管理办法》（黔科通〔2018〕5号）有关规定，对专家、项目单位和项目申请人进行信用评估和管理。对有失信行为的，录入科技项目失信行为名单，并在省级公共信用信息管理平台公开，给予失信行为联合惩戒。

第四十八条 对入选国家人社部留学人员资助项目、须我省提供配套资金支持的，所需经费从择优资助经费中列支。

第四十九条 本办法由省人力资源社会保障厅负责解释。

第五十条 本办法自印发之日起执行，此前相关规定与本办法相抵触的，以本办法为准。

贵州省人力资源和社会保障厅

2018年7月3日

云南省

云南省人民政府关于强化实施创新驱动发展战略进一步推进大众创业万众创新深入发展的实施意见

（云政发〔2018〕45号）

为全面贯彻落实《国务院关于强化实施创新驱动发展战略进一步推进大众创业万众创新深入发展的意见》（国发〔2017〕37号）精神，进一步优化我省创业创新生态环境，充分释放全社会创业创新潜能，有力支撑全省高质量跨越式发展，尽快把我省建设成为西部具有重要影响力的创新高地、创业福地，现提出以下意见。

一、加快科技成果转化

（一）推动科技成果、专利等无形资产价值市场化，促进专业服务发展。建设覆盖129个县、市、区的县域科技成果转化中心，巩固科技信息服务子站，持续发挥州市—县—园区科技信息服务体系作用。针对具有一定创新能力的本土企业开展科技信息推送、数据库系统培训、企业应用情况跟踪、组织专家服务企业、企业应用成果培育、应用成效采集分析等系列公益性服务。建设全省统一的大型科研仪器开放共享管理平台，规范开展大型科研仪器开放共享绩效评估工作，探索开展财政资金购置大型科研仪器联合评估工作。（省科技厅、知识产权局、科协等按照职责分工负责）

（二）加强知识产权保护。严格知识产权保护，健全知识产权行政执法机制，完善行政执法和司法保护两条途径优势互补、有机衔接的保护模式，创新执法监管机制，提高执法办案效率，加大对侵权假冒行为的惩治力度。完善维权援助举报投诉机制，加强维权援助服务平台建设。加强基础性、公益性知识产权公共服务平台建设，促进市场化知识产权服务业发展。建立完善知识产权运用和快速协同保护体系，搭建知识产权保护中心。引导企业健全知识产权管理制度，加强知识产权风险防控，推进知识产权保护规范化市场培育。（省知识产权局，有关行政执法、司法机关按照职责分工负责）

（三）探索建立利用财政资金形成的科技成果限时转化制度。探索在战略性新兴产业有关领域率先建立利用财政资金形成的科技成果限时转化制度，各级财政资金支持形成的科技成果，自项目验收完成之日起2年内，项目承担单位、成果完成人无正当理由不实施转化的，由具备实施转化条件的单位或个人提出申请，项目立项部门可以授权其有偿或无偿实施成果转化。（省发展改革委、科技厅、财政厅、科协等按照职责分工负责）

（四）推动科研院所落实国家及我省科技成果转化法律法规和政策。强化激励导向，提高科研院所科技成果转化效率。坚持试点先行，在有条件的科研院所开展科技成果转化政策试点，及时推广成功经验。落实院所高校岗位设置、人员聘用、绩效工资分配、项目经费管理等方面自主权，支持科技人员离岗创业，激发科研院所和科技人员创业创新积极性。（省教育厅、科技厅、人力资源社会保障厅等按照职责分工负责）

（五）推进综合服务平台建设。加快大众创业万众创新综合服务平台建设，发布国家和地方“双创”政策，形成“双创”主体线上信息发布平台、线下资源互联互通平台、创新成果转换交易平台，开辟面向本土民营企业和创客的专区，集中发布针对小微企业和创客的供求信息，加强“双创”主体互联互通协同发展。（省发展改革委牵头；省工业和信息化委、科技厅等按照职责分工负责）

二、拓展企业融资渠道

（六）完善金融担保。依托风险补偿、贷款贴息等财政手段，强化对新技术、新产品、新成果导入阶段“双创”企业的金融支持。财政部门配合有关部门开展小额贷款保证保险试点工作，鼓励我省保险公司为中小企业融资（包括科技型中小企业知识产权融资）提供保证保险服务，由省财政提供风险补偿和保费补贴。着力构建以省信用再担保有限责任公司为龙头、各级政府出资为主的政策性融资担保机构为支撑的政策性融资担保体系。在有条件的州、市开展知识产权质押融资试点，探索建立知识产权质押融资市场化风险补偿机制。支持设立风险补偿资金，建立风险分担机制，创新“政银担”合作模式，共同分担中小企业融资担保贷款风险。（省工业和信息化委、科技厅、财政厅，人民银行昆明中心支行、云南银监局、云南保监局等按照职责分工负责）

（七）进一步支持科技型企业利用资本市场发展。鼓励、支持优质科技型中小企业到沪深交易所上市，利用资本市场融资，增强资本实力。加大对拟首次公开发行股票上市辅导工作的服务协调，推动加快上市进程。积极推进上市科技型中小企业开展再融资和并购重组，加快转型升级，增强持续经营能力。进一步引导科技型企业拓展融资手段。继续深入开展新三板政策宣传和推广，持续推动创新型、创业型、成长型、科技型中小企业到新三板挂牌。支持挂牌科技型中小企业利用新三板实施股权融资、债权融资、并购重组和股权激励。（省金融办、科技厅，云南证监局等按照职责分工负责）

（八）不断丰富中小企业直接融资渠道。加强与创业创新公司债政策的对接和引导，鼓励科技型中小企业充分利用交易所债券市场推动企业向高科技成长型企业发展，稳步推进创业创新公司债试点。建立风险补偿制度，引导银行等金融机构适当降低融资门槛，缓解科技型企业融资难、融资贵问题。（人民银行昆明中心支行、云南证监局等按照职责分工负责）

（九）改革国有资本参与创业投资标准和规则。充分发挥省属企业主体作用，引导和鼓励省属国有企业参与新兴产业创业投资基金、设立国有资本创业投资基金等。探索通过资本运作和适度的国有资本再投入，支持省属企业发展高新技术产业和战略性新兴产业。稳妥推动国有企业发展混合所有制经济，加强政策扶持和引导，鼓励非国有资本参与国有企业改制重组。进一步完善省属企业考核机制。对企业在创新中投入和发生的有关费用以及影响当期损益的，经认定可视同利润考核，把创新作为省属企业管理者年度和任期经营业绩考核的重要内容。（省国资委负责）

（十）支持保险资金参与创业创新。继续开展科技保险保费补贴，鼓励科技型企业购买科技保险险种，分散科技型企业科研风险。支持保险资金参与创业创新，鼓励保险公司为科技型企业在自主创业、融资等方面提供保险支持，加快发展科技保险、首台（套）重大技术装备保险等创新险种，对符合条件的险种由当地政府提供风险补偿或保费补贴。（省工业和信息化委、科技厅、财政厅，云南保监局等按照职责分工负责）

（十一）加强税收政策落实与信用体系建设。认真落实创业投资企业和天使投资个人涉及的税收优惠政策。将创业投资企业、创业投资管理企业及其从业人员的纳税信用纳入到创业投资领域信用建设，推动联合惩戒，实现社会共治。建立纳税信用信息公示与共享机制，促进社会信用信息互联共享。（省发展改革委，省税务局等按照职责分工负责）

（十二）鼓励民间投资。落实鼓励民营企业创新的政策，鼓励民间资本进入医疗、养老、教育等社会领域。从制度创新和制度供给入手，建立市场准入负面清单制度，对各类投资主体进入社会服务领域一视同仁，形成“创新—收益—投资”的正向循环。（省发展改革委、工业和信息化委、教育厅、民政厅、卫生计生委等按照职责分工负责）

（十三）着力引进外资。着力发挥我省面向南亚东南亚辐射中心的优势，充分发挥中国—南亚技术转移中心和中国—东盟创新中心作用，针对东部地区加工贸易向境外劳动力成本较低地区转移的新情况，吸引其转移到我省。着力推动新一轮高水平对外开放，积极融入国家乃至全球创新网络。（省科技厅、商务厅等按照职责分工负责）

三、促进实体经济转型升级

（十四）加快试点示范建设，提升创新能力。加快推进昆明国家级经开区为核心区、昆明呈贡新区和云南金鼎文化产业园为辐射带动的“一核两翼”全国区域“双创”示范基地，围绕云南优势支柱产业、创业创新资源，积极推动区域、高校和科研院所、企业三类示范基地载体建设，探索不同“双创”模式和经验并加以推广。加快推进昆明市国家小微企业创业创新示范基地城市、玉溪市国家创新型城市等建设。在全省国家级高新区深化落实国家自主创新示范区已推广的试点政策。（省发展改革委、科技厅，昆明市、玉溪市人民政府按照职责分工负责）

（十五）加快各类创业创新平台建设。加快面向南亚东南亚区域创新平台建设，全面推广复制中关村、浦东新区、滨海新区等地的成熟经验和政策，发挥示范和带动作用。加快培育“四众”支撑平台，积极培育研发创意、制造运维、知识内容和生活服务等众包平台，积极推动企业分享、公众互助、公益机构等众扶平台，不断加大对小微企业和创业者支持力度。稳步推进实物、股权、网络等众筹平台，拓宽创业创新融资渠道。（省发展改革委牵头；省工业和信息化委、科技厅等按照职责分工负责）

（十六）促进分享经济发展。围绕省委、省政府打造世界一流“绿色能源”“绿色食品”“健康生活目的地”这“三张牌”的部署要求，以企业为主体，紧密联合产业链上下游企业、高校、科研院所、科技服务机构共建创新载体，建设省铝工业工程研究中心、硅工业工程研究中心，围绕产业关键共性技术研发、新产品及新技术研发产业化、创新能力建设等，组织实施重大关键共性技术研发攻关项目、新产品新技术产业化项目等。深入实施“高等学校创新能力提升计划”，加强省级协同创新中心的培育建设，促进我省高校在生物、医药、新材料等领域形成新的创新优势。探索建立政府、平台企业、行业协会以及资源提供者和消费者共同参与的分享经济多方协同治理机制，强化各级政府自主权和创造性，做好与现有社会治理体系和管理制度的衔接，构建市场主体自治、行业自律、社会监督、政府监管的社会共治格局。（省委网信办，省发展改革委、工业和信息化委、科技厅、教育厅、民政厅、工商局，省工商联等按照职责分工负责）

（十七）加快构建特色创业就业渠道。依托我省独特的区位优势、生态旅游资源、民族文化和传统工艺等优势，立足民族地区传统手工业、本土风情歌舞和全省旅游产业现有基础，以金、木、土、石、布等民族工艺制品，以及云南印象、三道茶歌舞、蝴蝶之梦、印象丽江、勐巴拉娜西、梦幻香格里拉等为重点，打造民族手工业产业体系和本土歌舞品牌，开辟我省更广阔的创业就业渠道，培养一批符合云南实际的"创客"。大力发展"创客空间""创业咖啡""创新工场"等新型孵化模式，鼓励将老厂房、旧仓库、存量商务楼宇以及传统文化街区等资源改造成新型众创空间，鼓励具备条件的高校和中职技校建设公益性创业创新场所，大力发展基于互联网平台的众创空间。（省教育厅、科技厅等按照职责分工负责）

四、完善人才流动激励机制

（十八）强化海外高层次人才引进。全面实施外国人来华工作许可制度，按照外国人来华工作许可规定，简化外国高层次人才工作许可办理程序，对外国高端人才实行"绿色通道"，放宽年龄限制，缩短审批时限，允许容缺受理，对无犯罪记录证明等材料采取承诺制。外国人依法申请注册创办企业的，可凭创办企业注册证明等材料向外专部门申请工作许可。采取"政府引导、市场调节、单位自主、契约管理、绩效激励"方式，吸引海内外人才以灵活多样方式提供智力支持服务。同时，聘期在1年以上的，经本人提出申请，可由用人单位向省人力资源社会保障厅申请办理《云南省柔性引进人才聘任证书》，在我省工作生活期间，凭证享有系列优惠待遇。（省公安厅、人力资源社会保障厅等按照职责分工负责）

（十九）提升对海外高层次人才服务质量。开展外国高层次人才服务"一卡通试点"，外国高层次人才可随单位参加城镇职工基本医疗保险，符合规定的高层次人才可以享受医疗照顾人员待遇，子女可以在属地参加城乡居民基本医疗保险，与统筹区参保人享受同等公平、公正的缴费和待遇。为引进外籍高层次人才、外国留学生创业、依法注册成立企业的外国人提供出入境及停居留便利。引进的外籍高层次人才及其外籍配偶和未成年子女，持有效护照和签证，可申请办理2—5年多次入出境签证或居留许可；符合在华永久居留条件的，可申请办理《中华人民共和国外国人永久居留身份证》。积极开展对外国际民间科技交流活动，不断拓展与国外民间科技团体的交流与合作，继续实施中国科协"海智计划"，吸引海外科技人才和创新团队到云南创业创新。（省公安厅、人力资源社会保障厅、科协等按照职责分工负责）

（二十）进一步激发企事业单位"双创"活力。结合事业单位分类改革，按照"规范秩序、统筹管理、提高收入"的原则，在实施绩效工资工作中实行总量动态调整，单位在核定的绩效工资总量中按照有关规定自主分配。着重向关键岗位、高层次人才、业务骨干和有突出贡献的人员倾斜。支持高校、科研院所设立一定比例的流动岗位，吸引有创新实践经验的企业家和企业科研人才兼职。建立健全财政科研项目劳务费、间接费用管理制度，赋予财政科研项目承担单位对间接费用的统筹使用权，转化收益用于人员奖励和支付报酬的部分，计入当年本单位工作、绩效总量，不作为本单位工资、绩效总额基数。结合国有企业改革，稳妥推进国有企业员工持股。（省教育厅、科技厅、财政厅、人力资源社会保障厅、国资委等按照职责分工负责）

（二十一）支持返乡下乡人员创业创新。在财政、土地等方面给予政策支持，落实好有关税收优惠政策，设立"绿色通道"，为返乡下乡人员创业创新提供便利服务。依托现有开发区、农业产业园、农产品加工园区、休闲农业示范点等各类园区以及专业市场、农民专业合作社、农业规模种养基地等，整合创建一批具有区域特色的返乡下乡人员创业创新园区和农村创业创新实训基地。实现城镇职工基本养老保险制度全覆盖，依法将用人单位和雇工个体工商户纳入工伤保险统筹，返乡创业农民工可在创业地参加医疗保险。（省财政厅、人力资源社会保障厅、国土资源厅、农业厅，省税务局等按照职责分工负责）

五、创新政府管理方式

（二十二）明确政府和市场定位。强化制度创新供给，认真研究探索和完善支持政策，建立完善适应"新常态"的新统计、监督、奖励、问责等制度体系，维护公平竞争市场秩序，更好支持创业创新，更好服务新动能、新经济。（省发展改革委、科技厅、统计局等按照职责分工负责）

（二十三）严格落实国家和省出台的推进优化营商环境系列政策措施。推进行政执法重心下移，厘清各级监管职责，落实监管责任。省直部门要聚焦制定监管标准、执法监管、督促检查下级部门履行监管职责等重点工作。在玉溪、保山、临沧等州、市试点设立专业化的行政审批机构，实行审批职责、审批事项、审批环节"三个全集中"。（省委编办牵头；省直有关部门，各州、市人民政府配合）

（二十四）加快推进"互联网+政务服务"。整合各类网上政务服务平台，构建全省政务服务"一张网"，全面推行行政审批标准化建设，以标准化促进规范化，提升审批效率和质量，努力实现企业和群众办事线上"一网通办"。加快推进一体化在线政务服务平台建设，为企业和群众提供全流程一体化在线服务。（省政府督查室，省委编办，省电子政务协调工作领导小组办公室牵头；省直有关部门，各州、市人民政府配合）

（二十五）推行一次性告知，限时办结。以"最多跑一次"改革为突破口，实行"一个项目、一套资料、一次收费"，对企业和群众实行一次告知、统一收件、网上派件、统一反馈、一窗发证。推动企业和群众办事线下"只进一扇门"。（省委编办，省政府督查室，省电子政务协调工作领导小组办公室牵头；省直有关部门，各州、市人民政府配合）

（二十六）推行企业承诺制。转变投资审批职能，加强事中事后监管，在各类省级以上园区、综合保税区、特色小镇等区域，有关部门以标准化清单形式明确项目准入条件，推行以事前准入标准承诺代替审批的企业承诺制。（省发展改革委牵头；省直有关部门配合）

（二十七）营造公平市场环境。全面贯彻落实公平竞争审查制度，出台公平竞争审查实施细则，进一步健全审查机制，完善反垄断执法办案机制，集中整治不正当竞争行为。清理规范涉企收费项目，完善收费目录管理制度。凡是没有法律法规依据的证明一律取消。建立和规范企业信用信息发布制度，把企业主体信用与市场准入、享受优惠政策等挂钩，完善守信激励和失信惩戒机制，健全以信用管理为基础的创业创新监管模式。对“双随机、一公开”监管抽查事项进行整合，实现“一次检查、全面体检”，进一步提高“双随机、一公开”监管的深度和震慑力，实现“双随机、一公开”监管全覆盖。（省发展改革委、商务厅、工商局等按照职责分工负责）

各地各部门要把进一步推进大众创业万众创新深入发展放在更加重要的位置，切实履职尽责，密切配合，勇于探索，主动作为，加大政策解读、宣传、评估力度，及时总结经验，加强监督检查，确保各项政策落到实处，为全面实施创新驱动发展战略、培育壮大新动能、改造提升传统动能和推动我省高质量跨越式发展提供强劲支持。

云南省人民政府
2018年8月23日

云南省“千人计划”实施办法（试行）

（云厅字〔2018〕18号）

第一章 总 则

第一条 云南省“千人计划”即云南省高层次人才引进计划，旨在围绕云南省发展战略要求，围绕民族团结进步示范区、生态文明建设排头兵、面向南亚东南亚辐射中心战略定位，围绕烟草、能源、冶金、化工等传统产业，生物医药和大健康、旅游文化、信息、现代物流、高原特色现代农业、新材料、先进装备制造、食品与消费品制造等重点产业，路网、航空网、能源保障网、水网、互联网等基础设施建设，重点引进一批自然科学、工程技术、人文社科、管理咨询以及其他急需紧缺人才。用5—10年时间，引进数千名各类别高层次人才。

第二条 实施云南省“千人计划”遵循以下原则：坚持党管人才，统筹实施；坚持服务发展，发挥作用；坚持高端引领，示范带动；坚持科学规范，公平公正；坚持协同推进，权责统一；坚持事业引才、服务引才、适当待遇引才。

第三条 云南省“千人计划”设7个专项：高层次人才专项、高端外国专家专项、人文社会科学人才专项、产业人才专项、青年人才专项、党政青苗人才专项、高层次创新创业团队专项。

根据经济社会发展和人才队伍建设需要，经省人才工作领导小组批准，可调整专项设置。

第二章 资格条件

第四条 高层次人才专项，引进200名左右（5年目标，下同）。一般55周岁以下（院士除外）、博士学位、副高以上专业技术职称，入选后连续、全职在云南省工作不少于5年。“两院”在职院士、发达国家在职院士；国家级重大人才项目入选者；国家级重大人才奖项获奖者；研究方向处于国内国际前沿，取得同行公认成果，具有成长为杰出科学家或国际级大师潜力。

第五条 高端外国专家专项，引进100名左右。非中国籍、一般65周岁以下、较高学历学位、相当于副教授以上专业技术职称，入选后连续在云南省工作不少于3年、每年不少于6个月。有国外高校、科研单位及有关机构关键岗位研发或技术管理经历；在国外医疗卫生机构、知名企业担任过中高级专业技术职务或管理职务；拥有国际领先自主知识产权或核心关键技术。

第六条 人文社会科学人才专项，引进200名左右。一般55周岁以下、硕士以上学位或副高以上专业技术职称，入选后连续、全职在云南省工作不少于5年。在人文社会科学领域主持重大课题、领导重点学科建设，研究成果有重要创新和较大影响；在理论研究、新闻宣传、出版传媒、文体艺术、文化经营管理及文化专门技术等领域有公认的代表作品或有影响力的重要成果。

第七条 产业人才专项，引进300名左右。一般55周岁以下、一定学历学位和专业技术职称，入选后连续、全职在云南省工作不少于5年。拥有发明专利、专有技术、自主知识产权，能够填补云南省空白，产业化开发潜力大；获得国家认可资质，在战略咨询、管理设计、流程管控以及财税、金融、法律、人事、创业孵化、知识产权代理等方面经验丰富、成果丰硕；有创业经验或曾担任国内外知名企业中高层管理职位；主持重大产业技术研究项目，技术路线明确，研究方向符合云南省产业发展需要，研究成果具有较强产业带动作用；具有高级技师或相当职称，技术技艺精湛的高技能人才。

第八条 青年人才专项，引进1000名左右。一般40周岁以下、博士学位，入选后连续、全职在云南省工作不少于5年。取得博士学位后有2年以上国内外知名高校、科研机构及企业正式教学或科研经历；曾在国外知名高校、科研单位或有关机构攻读博士、从事博士后研究或时间不少于1年的访问学者；取得同行专家认可的科研成绩，具有成为该领域学术或技术领军人才的发展潜力。

第九条 党政青苗人才专项，引进500名左右。一般35周岁以下、硕士以上学位，入选后连续、全职在云南省工作不少于5年。国内知名高校或云南省急需紧缺专业毕业，成绩优异、表现突出。

第十条 高层次创新创业团队专项，引进100个左右。拥有一定数量成员，至少有3名核心成员具有博士学位，入选后连续、全职在云南省创新创业不少于5年。在有关领域达到国际先进或国内领先水平，具有重要学术影响或技术优势；拥有可产业化发明专利或自主知识产权创新成果；具备突破重大技术、科技难题的持续创新能力或成果转化能力，能产生显著经济社会效益。

第十一条 引进人才到云南省贫困县、边境县（贫困县以截至2017年12月31日的名单为准）行政区域内工作的，申报云南省“千人计划”，年龄条件放宽2岁、职称条件降低1档，入选后在申报县连续、全职工作时限减少1年。

第三章 经费资助

第十二条 一次性工作生活补贴。入选人才，经认定并正式履行工作合同后，给予一次性工作生活补贴（视同省级奖励）。

（一）入选高层次人才，给予一次性工作生活补贴100万元。引进“两院”在职院士200万元；国家“千人计划”专家按照中央一次性工作生活补贴标准同等配套。

（二）入选高端外国专家、人文社会科学人才、产业人才、青年人才，给予一次性工作生活补贴50万元。

（三）入选党政青苗人才，试用期满考核合格，按条件分别给予5万元、10万元、15万元一次性工作生活补贴。

（四）高层次创新创业团队成员，入选高层次人才、高端外国专家、人文社会科学人才、产业人才、青年人才5个专项的，享受相应层次一次性工作生活补贴。

第十三条 项目经费支持。入选人才领衔的项目，经评审认定择优给予经费支持。在入选人才专项5年内（外国专家3年内）均可申报，获支持后重新起算在云南省的连续、全职工作年限。经费额度一次性核定，分5年（外国专家3年）平均拨付。入选人才（团队）所在单位原则上不低于1：1配套。

（一）高层次人才领衔的项目支持经费，最高500万元。

（二）高端外国专家、人文社会科学人才、产业人才、青年人才领衔的项目支持经费，最高100万元。

（三）高层次创新创业团队项目支持经费，最高3000万元。

第十四条 科学家工作室。入选高层次人才，择优设立科学家工作室。通过“一事一议、按需支持”方式，经省委组织部评审、省人才工作领导小组审定，最高支持经费1000万元，分5年平均拨付，不计入项目支持经费。

第十五条 同一人才获得重复支持的，支持经费按“就高、不重复”原则办理（科学家工作室支持经费除外）。

第四章 服务保障及政策支持

第十六条 联系服务。

（一）省人才服务中心设立“千人计划”服务窗口，专项办理服务事项。符合条件的云南省“千人计划”入选人才，办理《云南省高层次人才绿色通道服务证》，享有27项绿色通道服务：配偶、子女入职云南省所属事业单位，省人力资源社会保障厅可按照规定以考核直聘方式办理。凭《绿色通道服务证》，在云南省内机场、高铁站出行（到达），享受贵宾通道服务；本人携父母、配偶、子女进入云南省所属旅游景点，通过“一部手机游云南”办理，最多可免6人门票。

（二）高层次人才直接列为省委联系专家，定期组织国情省情研修考察、健康体检、休假疗养及有关活动。其他专项人才，优先遴选纳入省委联系专家。

（三）加强入选人才政治引领、政治吸纳。注重从符合条件入选人才中推荐党代表、人大代表、政协委员，选拔德才兼备、拔尖优秀入选人才到各级党委、人大、政府、政协、人民团体、企事业单位、社会组织等任职。

第十七条 特设岗位。

（一）建立高层次人才专项编制管理制度，事业单位引进人才入选云南省“千人计划”的（不含创新创业团队），报省委编办单独核定专项编制予以保障，不占单位原有事业编制，编制专用、人走编收。

（二）入选人才评聘副高以上专业技术职称，报省人力资源社会保障厅单独核定，不受单位职称总数和结构比例限制。

（三）简化引进人才招录程序，到事业单位工作，可按规定以直聘或特设岗位方式引进。入选人才符合规定的，可按照省属国有企业市场化选聘高级管理人员办法竞聘相应职位，或按照干部管理权限任命（聘任）引进单位中层以上领导职务及高级专业技术职务。业绩突出、成效显著的优秀中青年专业技术人才，可直接申报评审相应专业技术职称。

（四）鼓励用人单位以股权、期权、中长期激励等灵活多样方式，对引进人才予以奖励。入选人才科研经费、设备采购、成果转化、税收支持、离岗创业、兼职、出国等按国家和省有关规定办理。

第十八条 住房保障。实行政府与用人单位共同分担，以购（租）房货币化补贴、人才公寓为主的人才住房保障。党政青苗人才正式录用后给予1.5万元一次性租房补贴。鼓励人才集聚的企事业单位、产业园区，在符合国家规定前提下利用自有存量用地建设人才公寓，采用划拨方式供地。

第十九条 引领示范。云南省“千人计划”入选人才，按专业类别，与云南省“万人计划”入选人才整合组建“人才服务联盟”，并入云南省专家服务团行业分团。各分团省级牵头部门定期组织联盟围绕云南省重要发展战略、重大项目建设、重点工程实施，提供可行性论证和智力咨询、技术服务。

第二十条 研修访学。入选人才（不含创新创业团队），在最低服务年限期内可申请1次研修访学资助。每年每个专项各按5%左右比例，选送到国内外知名高校、企业、科研院所研修访学。人才自选国家（地区）、机构、学科、导师、时长，经个人申请、所在单位推荐、各专项省级责任部门汇总按比例审核后，报省教育厅审定选送，给予经费支持。国内研修访学，每人3个月2万元、6个月4万元、1年8万元；国外研修访学（主要为欧美及发达国家），每人3个月4万元、6个月8万元、1年15万元。研修访学期间所在单位各项待遇不变。

第二十一条 柔性引才。鼓励用人单位采取灵活多样形式柔性引进高层次人才，弹性使用、软性管理、个性服务，按照云南省柔性引进人才办法享受有关待遇。柔性引进的人才（团队），按协议及约定，拟在云南省连续工作不少于5年、每年不少于6个月的，可对应云南省“千人计划”高层次人才、人文社会科学人才、产业人才、青年人才4个专项条件，由省人力资源社会保障厅按年度汇总后，按照本办法第十三条的规定统一向各专项省级责任部门申报最高500万元项目经费支持；领衔创新创业团队符合条件的，可申报云南省“千人计划”高层次创新创业团队专项，获得最高3000万元项目经费支持。

第二十二条 后续支持。入选人才（团队），在云南省连续全职工作最低服务期满后，可选择继续申报已入选云南省“千人计划”专项对应的项目经费支持，按照本办法第十三条办理；也可选择申报云南省“万人计划”。只可选择一项，不得重复申报。

第二十三条 党政青苗人才，享受本办法第二十条“研修访学”政策支持，按照规定办理户口迁转。

第五章 工作机制

第二十四条 责任分工。云南省“千人计划”在省人才工作领导小组领导下，由领导小组办公室统筹，省级各责任部门制定（修订）实施细则，报省人才工作领导小组审定后组织实施。

云南省“千人计划”高层次人才专项、高层次创新创业团队专项由省科技厅负责；高端外国专家专项由省外专局负责；人文社会科学人才专项由省委宣传部负责；产业人才专项由省工业和信息化委负责；青年人才专项由省人力资源社会保障厅负责；党政青苗人才专项由省委组织部负责。

第二十五条 引才方式。

（一）云南省行政区域内高校、科研院所、企事业单位和社会组织是引进人才的主体，负责本单位引才工作。引进人才符合条件的，可按本办法申报云南省“千人计划”。

（二）省人力资源社会保障厅组织用人单位，定期赴人才集聚地区、国家举办云南省“千人计划”专场招聘会，举办“云南人才周”活动，每年组织“高层次人才云南行”不少于2次。每年工作经费200万元。

（三）鼓励有条件的部门和单位在发达省区和国外设立招才引智工作站，推荐引进各类人才。引进人才（团队）入选云南省“千人计划”8名以上（不含青年人才、党政青苗人才）、团队4个以上，经省人力资源社会保障厅评审认定，给予每站8万元一次性经费资助，不重复享受“引才伯乐”激励。

（四）实施“引才伯乐”激励。各类机构、个人推荐人才（团队）入选云南省“千人计划”的，每引进1人（1个团队），给予相应引才激励：高层次人才、高层次创新创业团队，10万元；高端外国专家、人文社会科学人才、产业人才，5万元。激励奖金与引进人才（团队）专项一并由人才所在单位申报、把关、审核，通过所在单位兑现并负连带责任。

第二十六条 申报评审。云南省“千人计划”每年4月1日至6月30日集中申报评审。省人才工作领导小组办公室统一印发申报通知，人才申请、所在单位申报，省级各责任部门组织申报评审，报省人才工作领导小组审定。

申报人才（团队）须为申报起始日前2年内引进到云南省工作，或尚未在云南省工作，但已签订引进协议，承诺在合同签订之日起3个月内到岗工作。公务员和参照公务员法管理人员不能申报。同一人才（团队）申报云南省“千人计划”同一专项最多不超过2次，同一年度只能申报1个专项。

党政青苗人才按照公务员法及有关规定招考录用，不组织申报评审。

第二十七条 资金保障。云南省“千人计划”涉及经费，由省财政予以保障。一次性工作生活补贴、科学家工作室支持、“引才伯乐”激励经费由省委组织部统一向省财政厅申报预算；项目支持、研修访学、引才活动、招才引智工作站补贴等其他经费，按照分工由省级各责任部门分别向省财政厅申报预算。申报评审当年申报经费预算、次年拨付兑现。

第二十八条 管理监督。

（一）省级各责任部门要明确标准、规范程序、严肃纪律，确保云南省“千人计划”实施的公正性、公信力、透明度。

（二）用人单位具体负责入选人才（团队）日常管理和服务保障，会同省级各责任部门，加强入选人才（团队）定期考核、绩效评估、跟踪监管，建立退出机制和诚信公告机制，对弄虚作假骗取入选资格，未按规定履行合同，违反职业道德或学术不端造成不良社会影响，未满最低服务年限，或触犯国家法律法规的，应当予以退出。

（三）入选人才（团队）未满最低服务年限退出的，所有支持经费、引才激励经费全额收回，返还省财政。招才引智工作站推荐引进人才（团队）未满最低服务年限退出的，按每退出1人（1个团队）收回资助经费2万元，直至全额收回8万元。经费收回由省级各责任部门负责，用人单位收回上缴。用人单位、入选人才要严格按照规定使用管理经费，确保合理合规合法。

（四）入选人才（团队）应按照本办法和引进协议履行责任，主动围绕重大战略需求、面向国内国际科学技术前沿，积极申报各类重大科研项目，在所从事领域开展原创性、关键性技术研究，努力取得重大标志性成果。

第二十九条 政策衔接。《中共云南省委办公厅、云南省人民政府办公厅印发〈关于实施“云岭英才计划”的意见〉的通知》（云办发〔2017〕34号）同时废止，入选“云岭英才计划”4个引才专项的人才相应自动转入云南省“千人计划”各专项。

“云南省海外高层次人才引进计划”“云南省高端科技人才引进计划”入选者，符合条件的可申报云南省“千人计划”高层次人才专项项目经费支持（不含一次性工作生活补贴）和云南省“千人计划”高层次创新创业团队专项。

第三十条 本办法自印发之日起施行，具体解释工作由省人才工作领导小组办公室会同有关部门承担。

中共云南省委办公厅
云南省人民政府办公厅
2018年3月8日

中共昆明市委 昆明市人民政府
关于推进体制机制改革促进人才创新创业的实施意见

（昆发〔2018〕11号）

为深入实施人才优先发展战略，加快人才队伍建设，促进各类人才规模、质量、结构与我市经济社会发展相适应，开创我市人才工作新局面，根据《中共中央印发〈关于深化人才发展体制机制改革的意见〉的通知》（中发〔2016〕9号）、《中共云南省委、云南省人民政府关于深化人才发展体制机制改革的实施意见》（云发〔2016〕27号）和《云南省“千人计划”实施办法》《云南省“万人计划”实施办法》（云厅字〔2018〕18号），结合我市实际，提出如下实施意见。

一、指导思想

以习近平新时代中国特色社会主义思想为指导，深入贯彻落实党的十九大精神，认真贯彻落实习近平总书记对云南发展的重要指示精神，积极探索党管人才的有效途径，着力推进人才工作体制机制改革，促进人才创新创业，为决战脱贫攻坚、决胜全面小康，奋力开创区域性国际中心城市建设新局面提供坚强的智力支撑和人才保证。

二、基本原则

坚持党管人才原则；坚持解放思想与扩大开放相结合；坚持服务大局、统筹兼顾和分类施策相结合；坚持政府引导、市场配置与发挥用人单位主体作用相结合；坚持引资、引才与引智相结合；坚持全面吸引、重点引进与本地培育相结合。

三、目标任务

通过推进人才体制机制改革，到2020年，党管人才的工作格局得到全面加强，昆明人才工作取得突破性进展。完善人才培养、引进、评价、使用、流动、激励机制，加大人才供给侧结构性改革，人才总量、结构、质量与昆明经济社会发展的适应度更强。强化人才服务保障，人才对经济社会发展的支撑引领作用明显提升。全社会识才爱才敬才用才的氛围更加浓厚。

四、推进人才管理工作创新

理顺体制、完善机制，明确政府在制定人才政策、创优人才环境、建设人才服务体系、强化人才市场监管等方面的职能。加强法规制度建设，建立权力、责任清单，清理和规范人才招聘、评价、流动、使用等各环节政府行政审批权。进一步完善机关事业单位公开招考（聘）制度。试行高校和公立医院等事业单位编制备案管理。选择部分公益类事业单位试点取消行政级别。实行法人治理结构管理模式改革试点。

鼓励发展高端人才猎头等专业化服务机构，重点培育一批有核心产品、成长性好、竞争力强的人力资源服务企业。鼓励支持社会服务组织积极承接政府转移下放的有关人才培养、评价、流动等服务职能。建立完善人才诚信激励体系和失信惩戒机制。按照专业化规范化要求，深入推进人才项目评审、人才评价、机构评估改革，逐步建立依托社会专业机构管理人才计划项目的机制。

继续完善公务员招录工作机制。全面落实国有企业、高校、科研院所等企事业单位和社会组织在人才培养、引进、使用、评价和激励等方面的自主权。

支持各开发（度假）园区在人才特区建设、海外人才离岸创新创业基地建设等方面先行先试，吸引集聚一批高层次创新创业人才，提供可复制、可推广的经验。鼓励各地各单位积极开展人才管理体制机制改革，大胆探索创新途径。

五、推进人才引进工作创新

出台《“春城计划”高层次人才引进实施办法》，形成昆明引进高层次人才的“洼地效应”，吸引更多海内外高层次人才（团队）来昆创新创业。大力实施博士人才重点引进计划、大学生集聚计划，从生活补助、创业补贴、房租减免、贷款贴息等方面给予扶持。鼓励社会人才中介机构向用人单位推介人才。探索建立社会机构引才联盟。鼓励企事业等单位主动引进使用人才。

探索多样化引才方式，探索建立人才引进与创新创业相结合的引才机制。鼓励用人单位柔性引进国内外高层次人才，可采取顾问指导、兼职服务、项目合作、二次开发、技术入股、对口支持、挂职锻炼、“候鸟服务”、假期支持、服务外包、人才租赁、互派培养、退休返聘等灵活多样方式。

围绕“188”产业发展，侧重大健康、金融、电子信息制造、新能源、新材料产业，引进能带动经济转型升级、引领全市产业发展、带动区域性产业结构调整和产生重大经济效益的急需紧缺人才（团队）。引进的高层次人才享受各项配套保障政策，国家级以上高端人才，可采取“一人一策”“一事一议”政策。

建立市级高层次人才需求信息数据库，定期发布全市高层次人才需求信息，探索建立基于云计算和大数据技术的人才信息系统。积极加强与市外高层次人才的联络沟通。建立滇籍在外人才数据库，实施“乡贤回昆”创新创业工程。建立招商引资与招才引智相结合机制。

六、推进人才培养工作创新

出台《“春城计划”高层次人才培养实施办法》，突出经济社会发展需求导向，特别是产业导向，加强产业人才需求预测，加快培育重点行业、重要领域、战略性新兴产业人才。大力实施行业领域重点人才培养计划、高技能人才素质提升计划，以津贴、培训补助、经费资助、奖金奖励等方式给予支持。注重人才创新意识和创新能力培养，探索建立以创新创业为导向的人才培养机制。

突出选优配强，建设“德才兼备型”党政人才队伍。突出平台搭建，建设“创新创业型”企业经营管理人才队伍。突出示范引领，建设“实干胜任型”专业技术人才队伍。突出培养选拔，建设“技术攻关型”高技能人才队伍。突出辐射带动，建设“致富带富型”农村实用人才队伍。突出和谐创建，建设“为民服务型”社会工作人才队伍。

建立健全青年人才普惠性支持措施。加大教育、卫生、科技和其他各类人才工程项目对青年人才培养支持力度。拓宽国际视野，吸引国内外优秀青年人才来昆从事博士后研究。

合理提高国有企业经营管理人才市场化选聘比例，畅通各类企业人才流动渠道。研究制定在国有企业建立职业经理人制度的指导意见。完善国有企业经营管理人才中长期激励措施。

七、推进人才评价工作创新

落实国家和我省深化职称制度改革有关要求，完善职称评价标准，加强职称评审管理服务，清理规范全市各级职称评委会，公布全市中、高级职称评委会目录，明确界定各评委会专业范围和评审对象，实行评委库动态管理，完善评委会组建机制。

对特别优秀青年专业技术人才，探索实施破格晋升和聘用专业技术职务的绿色通道，放宽学历、任职年限等限制条件。长期在基层农村、艰苦边远民族地区工作的专业技术人员，给予职称晋升倾斜。对在工程技术领域从事专业技术工作的技能人才，符合条件的可参加工程系列专业技术人才职称评审，畅通非公有制经济组织和社会组织人才职称评价渠道，支持具备条件的非公有制经济组织和社会组织设立专业技术职称评审委员会。

八、推进人才流动工作创新

提高人才横向和纵向流动性，打破户籍、地域、身份、学历、人事关系等制约，促进人才跨地区、跨行业、跨体制合理流动。完善公务员调任办法，畅通国有企事业单位优秀人才进入党政机关渠道。鼓励高校、科研院所人才在履行好岗位职责的前提下，到企业从事科技成果转化、技术攻关和多点教学等兼职工作。支持科研人员携带科研项目或科技成果离岗创业。制定吸引企业工程技术人员入校从事教学科研的具体政策。

注重运用市场机制和利益导向，引导鼓励各类科技人才到基层、到农村创业创收。通过院士工作站、专家基层科研工作站等平台，引导人才到基层开展科研实验、成果转化，提供智力服务。实施人才扶贫、技能扶贫专项行动，统筹做好大学生村官、特岗教师、“三支一扶”计划、西部志愿者等各类基层服务项目。

九、推进人才激励工作创新

引进的高层次人才（团队）有创新创业项目的，经专家评审和社会公示后，根据项目类别及质量给予相应扶持。领办创办企业的，同时享受在发展基金、科研经费、成果转化、平台支持、税收扶持、上市支持等方面的扶持政策。建设一批高层次人才创新创业基地，推进大众创业、万众创新。

实行以增加知识价值为导向的分配政策，建立绩效工资稳定增长机制。探索高层次人才协议工资、项目工资和年薪制等灵活多样的分配方式。鼓励各类成果持有人（单位）以科研成果作价入股，推动知识、技术、管理、技能等生产要素按贡献参与分配。实施企业股权奖励、股权出售、股票期权、股权分红等激励试点。

落实高校、科研院所科技成果使用权、处置权和收益权。支持科技成果通过协议定价、市场挂牌、公开拍卖等转让转化方式实现收益。高校、科研院所科技成果转让转化所得净收益，按不低于50%的比例奖励课题负责人、骨干技术人员和研发团队。支持军民融合创新研究，推动军民两用技术双向转移。

十、突出精准服务，营造人才宜居宜业生态环境

各级人才公共服务机构建立高层次人才“一站式”服务窗口。建立引进人才《昆明市高层次人才绿色通道服务证》制度，在出入境和居留、户籍办理、工商、税务、金融、住房、配偶随迁、子女就学、社会保障、职称评定等方面提供优质服务。

以购房补贴、提供人才公寓等方式，为高层次人才解决住房问题。鼓励各县（市）区、开发（度假）园区多渠道配套人才公寓。鼓励用人单位对暂时不能享受入住人才公寓政策的，通过发放住房补贴等形式解决人才居住问题。支持各用人单位通过新建、购买等方式兴建人才公寓，支持人才集聚的企事业单位、产业园区在符合相关规划的前提下建设人才公寓（单位租赁住房）等。高层次人才在我市购买首套住房的，公积金个人贷款额度可高于我市最高贷款额度。

积极探索形式多样的高层次人才（团队）创新创业项目全程代办或领办制度，全程代办或领办各项行政审批、优惠政策兑现等手续。发挥高层次人才联谊会、人才中介机构作用，构建专业化、市场化、社会化一体发展的人才创新创业服务体系。

高层次人才子女（非我市户籍）申请到我市义务教育阶段学校就读的，由高层次人才持《昆明市高层次人才绿色通道服务证》和市人才领导小组办公室证明向教育行政部门提出申请，依据申请人意愿和就近方便原则，由教育行政部门负责安排。

根据高层次人才配偶原就业情况及个人条件，协助解决就业问题。高层次人才随迁配偶属公务员或事业单位在编在职人员的，原则上由引进人才单位所属主管部门在行业内统筹安排，组织、人社部门配合做好相关工作；属企业人员的，原则上由用人单位负责安排；暂未就业的，给予每月不低于当地社会平均工资标准的生活补助，期限为2年。

鼓励社会力量建设国际医院，协调三甲医院等优质医疗资源，为高层次人才提供预约诊疗、外语接待等“一对一”诊疗服务。

建立市委联系专家制度，关心高层次人才学习、工作、生活和社会活动，积极帮助他们解决实际困难。建立专家决策咨询制度。做好各类人才教育培训、国情研修和专家休假体检等制度。

十一、坚持党管人才，提升人才工作科学化水平

完善党委统一领导，组织部门牵头抓总，有关部门各司其职、密切配合，社会力量广泛参与的人才工作格局。理顺人才工作职能部门职责，强化主体责任。市人才工作领导小组负责协调相关单位，研究制定人才队伍建设规划，指导各县（市）区、开发（度假）园区、各部门建立分工协作的人才工作协调机制，督导落实相关配套政策。

健全人才工作领导小组工作机制。建立党委常委会听取人才工作汇报制度。建立“定期议才”制度。建立昆明人才大会制度，组织召开昆明高层次人才联谊会、昆明市高层次人才创新创业大会等。推广昆明人才驿站制度。

推动昆明与发达地区互派人才学习、培训、挂职，合作实施人才培训培养计划，实现人才资源共享共建。利用昆明的区位优势，加强与毗邻的南亚东南亚开展人才智力的交流与合作。每年定期邀请南亚东南亚青年来昆参访、学习、实习、就业等。

统筹各类人才项目资金，纳入财政预算予以保障，设立人才发展资金专项账户。探索设立人才开发、人才创新创业风险投资等基金。

建立人才工作目标责任考核制度，细化考核指标，加大考核力度，将人才工作纳入各级领导班子和领导干部综合考核重要内容。建立人才工作述职评议制度，采取专项述职或会同党建工作“双述双评”的方式就“一把手抓人才”开展述职评议。考核述职结果作为领导班子评优、干部评价的重要依据。

各类重大工程、重点项目立项时同步配套人才保障方案。建立重大人才事项挂牌督办制度，确保中央、省、市各项人才政策措施落实到位。将高层次人才工作绩效评估纳入政府绩效评估体系中，切实提高人才投入效益。

通过报刊、电台、电视、网络、等新闻媒体，广泛宣传高层次人才专业成就、突出贡献、钻研精神，以及在昆取得的重大成果，进一步弘扬“尊重劳动、尊重知识、尊重人才、尊重创造”的社会风尚。

中共昆明市委
昆明市人民政府
2018年8月10日

昆明市关于加快构建大众创业万众创新支撑平台的若干政策

（昆政发〔2018〕17号）

为贯彻落实《国务院关于加快构建大众创业万众创新支撑平台的指导意见》（国发〔2015〕53号）、《云南省人民政府关于加快构建大众创业万众创新支撑平台的实施意见》（云政发〔2016〕86号），加快实施创新驱动发展战略，不断深化改革，汇众智搞创新，汇众力增就业，汇众能助创业，汇众资促发展，构建众创、众包、众扶、众筹（以下统称四众）等大众创业万众创新支撑平台，培育和发展新技术、新业态、新模式、新产业，打造新动力。结合昆明实际，制定如下政策措施。

一、聚集创新创业资源，发展众创载体平台

1．鼓励众创空间和科技企业孵化器发展。对新认定的昆明市众创空间，采取后补助方式一次性给予10万元的奖补；获得云南省、国家新认定的，采取后补助方式分别一次性给予15万元、20万元的奖补。众创空间对创业者和企业使用空间费用进行减免的，按不超过其实际减免空间使用费用的30%给予补助，同一众创空间在同一年度内获补助的上限为15万元。优先鼓励支持与我市“188重点产业”领域相关的众创空间。（市科技局牵头，各县〔市〕区人民政府、开发〔度假〕园区管委会配合）

对新认定的昆明市科技企业孵化器一次性给予30万元的奖补；通过省级、国家级认定的科技企业孵化器分别一次性给予30万元、50万元的奖补。鼓励科技企业服务器积极为在孵化企业提供孵化服务，当孵化器毕业企业累计每超过20家时，给予10万元的奖补；对科技企业孵化器对在孵企业给予的空间使用费用减免给予补贴，补贴金额不超过其实际减免空间使用费用的30%；同一孵化器在同一年度内获补贴上限不超过50万元。（市科技局牵头，各县〔市〕区人民政府、开发〔度假〕园区管委会配合）

2．推进创新创业园区、创业基地、服务平台建设。建设重点创业示范园区，对园区面积不少于3万平方米且园区场地使用期限不少于5年，免费孵化区域面积不少于10%，各类公共设施配套齐全，能为300家以上的企业（实体）提供孵化服务，入驻免费孵化创业企业（实体）不少于50家，孵化时间不低于1年，整体孵化成功率不低于70%的重点创业创新孵化服务平台，给予200万元的一次性资金补助。（市人力资源社会保障局牵头，各县〔市〕区人民政府、开发〔度假〕园区管委会配合）

紧密围绕昆明市“188”重点产业，在企业、科技机构、高等院校、工业园区（开发区）、大学生（留学生）创业园等各类园区建设一批高层次人才创新创业示范基地，其中企业申报的示范基地入选比例原则上不低于60%，对认定的示范基地给予20万元扶持资金。鼓励和支持被认定的示范基地申报国家、省级大众创业万众创新示范基地。（市人才办、市科技局牵头，各有关部门配合）

引导和扶持昆明市小企业创业基地的健康发展，每年组织培育认定一批具有独立法人资格，以培育处于初创阶段的小企业或创业项目为宗旨，提供公共设施与配套服务，具备孵化与培育企业功能，具有组织各类中介服务机构为入驻企业提供信息、培训、技术、人才、代理、咨询等服务能力的小企业创业基地，给予基地运营机构一次性30万—50万元的资金补助。（市工业和信息化委牵头，各县〔市〕区人民政府、开发〔度假〕园区管委会配合）

引导现有文创园区建设小微文化企业创业基地，提升服务小微文化企业发展的能力和水平，支持利用闲置厂房建设具有较强创业辅导服务功能的小微文化企业孵化基地，对小微文化企业孵化运作规范、业绩突出，并被认定为省级、市级文创园区的，分别给予最高不超过50万元、30万元的资金补助。（市文产办牵头，各有关部门配合）

扶持电子商务综合服务平台建设。支持建设服务昆明市小微企业的电子商务综合服务平台，创新电子商务商业发展模式、推广电子商务创业创新活动，根据项目规模大小，采取事后奖补的方式，对服务机构类、服务网站类、服务空间类平台给予不超过50万、80万、100万元的资金扶持。（市商务和投促局牵头，各县〔市〕区人民政府、开发〔度假〕园区管委会配合）

鼓励小微企业专利托管服务平台发展，支持经国家知识产权局批准并经昆明市知识产权局备案的知识产权服务机构开展小微企业专利托管服务，对新增专利托管企业累计每达到60家的专利服务机构给予10万元一次性奖补，同一家专利服务机构同一年度最高不超过60万元的奖补。（市科技局、市知识产权局牵头，各县〔市〕区人民政府、开发〔度假〕园区管委会配合）

3．落实创新创业优惠政策。科技企业孵化器、国家大学科技园税收优惠政策按照《财政部、国家税务总局关于科技企业孵化器税收政策的通知》（财税〔2016〕89号）、《财政部、国家税务总局关于国家大学科技园税收政策的通知》（财税〔2016〕98号）执行。（市国税局、市地税局、市科技局牵头，各县〔市〕区人民政府、开发〔度假〕园区管委会配合）

鼓励大型互联网企业、行业领军企业通过网络平台向小微企业和创业者提供创新创业支撑，推进网络平台众创。鼓励企业通过内部资源平台化培养内部创客文化激发员工创造力，开发创新产品，开展企业内部众创。（各部门按照职能职责落实）

二、发挥公共技术服务作用，打造众包技术平台

4．加大各类技术创新平台扶持力度。对经认定的市级重点实验室、工程技术研究中心采取后补助方式一次性给予不低于20万元的奖补；对经市科技行政管理部门推荐的市级重点实验室、工程技术研究中心，被认定为省级重点实验室、工程技术研究中心的，采取后补助方式一次性给予40万元奖补；对国家重点实验室、工程技术研究中心在昆明市设立分支机构的，安排不低于200万元的建设引导经费；对我市承担国家重点实验室、企业重点实验室、工程实验室、工程（技术）研究中心、技术创新中心、制造业创新中心等平台建设任务的，可在签订建设任务合同书后，采取后补助方式一次性给予100万元奖补。（市科技局牵头，各县〔市〕区人民政府、开发〔度假〕园区管委会配合）

对新获认定为国家企业技术中心、技术创新示范企业、工业设计中心、工业产品质量控制和技术评价实验室的企业，一次性给予100万元补助；对新获认定为云南省企业技术中心、技术创新示范企业、工业设计中心、工业产品质量控制和技术评价实验室的企业，一次性给予40万元补助；对新获认定为昆明市企业技术中心的企业，一次性给予20万元补助。（市工业和信息化委牵头，各县〔市〕区人民政府、开发〔度假〕园区管委会配合）

5．提升创新创业平台服务能力。推进创业创新服务券实施。通过政府购买服务，为管理规范、成长性好的小企业提供专业化的服务，每户企业每年可使用不超过3万元电子服务券。（市中小企业服务中心牵头，各有关部门配合）

鼓励支持有条件的企业，尤其中小微企业申报昆明市科技创新团队。对认定的科技创新团队，给予一次性不低于20万元的引导经费。（市科技局牵头，各有关部门配合）

开展科技项目管理众包，对现有具备条件的科研管理类事业单位进行改造，有序承接科技项目管理工作，鼓励具备条件的社会化科技服务机构参与竞争，逐步推进专业服务机构的市场化和社会化。（市科技局牵头，各有关部门配合）

推进昆明市高校发展合作联盟、科研院所联盟建设，构建资源共享平台，为高校、科研院所资源和区域内单位需求信息提供对接交流通道，促进高校、院所面向中小企业提供科学研发、检验检测、中试试验等众包服务。（市科技局牵头，各有关部门配合）

加快将传统由特定企业或机构完成的创新任务向自愿参与的企业或个人进行分工，开展高效衔接、分工合理、集智创新、便捷创业、灵活就业的研发创意、制造运维、知识内容、生活服务等众包。（各部门按照职能职责落实）

三、优化发展环境，建设众扶服务平台

6．发挥人才众智众扶支撑作用。遴选一批有创新创业经验和社会责任感的成功企业家、科技人员，以及法律、专利、财务、金融界和创业投资领域、管理咨询行业的专家，建设一支1000人创新创业导师队伍，服务广大创新创业者。对参赛企业获得国家级创新创业大赛奖项并在昆落地的项目，给予20万元以内的奖补；对参赛企业获得省级创新创业大赛一、二等奖并在昆落地的项目，分别给予10万元、5万元以内的奖补。同一参赛企业在同一年度内按就高原则只能获一次奖补。（市科技局牵头，各有关部门配合）

7．优化社会公共服务环境。改革企业登记方式，实现网上名称查询、网上登记，推进全程电子化企业登记管理。促进工商、税务、质监等政务部门与四众平台的信息互联共享，为四众平台提供更加高效、便捷的政务服务。（市工商局、市国税局、市地税局、市质监局牵头，各有关部门配合）

规范公共信用信息的征集、发布和使用，加快“信用昆明”建设，引导四众支撑平台企业建立实名认证制度和信用评价机制，健全相关主体信用记录，鼓励发展第三方信用评价服务。（市发展改革委、市工商局、市质监局牵头，各有关部门配合）

完善知识产权保护相关法规，建立知识产权数据库对接各类创新创业平台的绿色通道，构建一站式的知识产权获权、维权服务体系。加大知识产权侵权打击力度，完善网络知识产权保护机制，运用大数据、互联网等技术加强在线文化创意、研发设计成果等的知识产权执法。鼓励各县（市）区、各开发（度假）区实行发明专利当地产业化转化项目补助制度。（市知识产权局牵头，各有关部门配合）

发挥昆明市双创联盟作用，联合各类专业机构，建立科技、产业与资本联动、融合的机制和环境，营造优良的“创新创业生态系统”。（市人力资源社会保障局、市科技局牵头，各有关部门配合）

推动科技公共服务平台创新资源开放共享。高等学校、科研院所、大型企业由各级财政经费支持的科研仪器、大型设备应向社会开放，提供服务。经国家、省、市认定的重点实验室、工程技术研究中心和重点科技服务机构应向社会提供检验检测认证、知识产权、研发合作等科技创新活动过程中的相关服务。其中，面向中小微企业发放科技创新券用于购买科技服务。（市科技局牵头，各有关部门配合）

定期组织开展创业路演、创业大赛、学习培训、宣传推介、论坛沙龙、投融资对接等创新创业活动，促进资源共享，支持整合资源、面向创业需求提供集成服务。（各部门按照职能职责落实）

四、改革金融服务双创方式，构建众筹资金平台

8．畅通多元化众筹投资渠道。加快发展多层次资本市场，拓宽企业融资渠道，提高企业直接融资比例，促进中小企业，特别是科技型中小企业规范发展。（市金融办牵头，各有关部门配合）

引导社会资本优先投入高新技术企业、科技型企业和昆明“188重点”产业，加速科技成果转化、促进新兴技术的产业化和市场化；引导国内外创业投资资本、优秀的创业投资机构及管理团队在昆设立创业投资基金或管理创业投资基金。（各部门按照职能职责落实）

支持设立昆明创新创业发展基金，引入社会资本参与，以股权投资方式，为初创型科技小微企业研发创新提供资金支持。（市科技局、市产投公司牵头，市财政局配合）

设立科技银行，促进资金向科技创新产业聚集；对创投机构向科技企业完成股权投资后，按照不超过实际投资额的5%给予投资风险补助，单笔补助金额最高不超过80万元；企业以合法取得并完全拥有的知识产权出质获得银行贷款，用于创新发展项目，可对其知识产权质押认定标的额对应的新增贷款按不高于人民银行公布的同期贷款基准利率的100%给予财政贴息，贴息期限不超过1年，同一企业在同一年度内共计获得创新发展项目融资最高贴息额不超过200万元。（市财政局、市金融办、市科技局牵头，各有关部门配合）

9．创新金融服务模式。完善政策性担保体系，鼓励各类担保公司拓宽业务范围，加大与信托、证券等机构合作，开拓中小企业直接融资渠道。（市财政局、市产投公司牵头，各有关部门配合）

鼓励发展网络众筹平台，多渠道、多方式募集资金，满足产品开发、企业成长和个人创业的融资需求，构建起高效灵活、方式多样、风险可控、服务小微、发展可持续的众筹资金融通体系。（各部门按照职能职责落实）

五、加强跟踪问效

10．市双创工作领导小组统筹协调四众支撑平台建设工作，市级各职能部门按照职责分工抓好具体工作落实，由市科技局牵头，会同市发展改革委、市工业和信息化委、市人力资源社会保障局、市财政局、市政府目督办等综合协调组成员单位对四众支撑平台建设工作适时开展督导检查，确保工作顺利推进。

研究建立目标任务明确、指标分解细化、考评办法科学、评定标准规范的考核机制，将该项工作纳入年度市、县两级工作目标管理考核体系，周期性评估工作成效的系统性和实效性，检验政策效果、总结实践经验，确保各项任务落到实处。各有关部门按照全市年度总体目标，制定年度工作实施方案，逐层分解落实，并列入年终考核内容。

11．本政策中的各项财政支持政策与市级出台的其他政策不重复享受。国家、省有新规定的，从其规定。

本政策自发布之日起施行。各条款规定由市级有关部门负责解释。

昆明市人民政府

2018年4月17日

西藏自治区

西藏自治区人民政府关于强化实施创新驱动发展战略进一步推进大众创业万众创新深入发展的实施意见

（藏政发〔2018〕8号）

推进大众创业、万众创新是实施创新驱动发展战略、促进新旧动能转换、调整经济结构的重要举措，对推动西藏经济长足发展、培育和催生经济社会发展新动力、激发全社会创新潜力和创造新潜能具有重大意义。为深入贯彻落实党的十九大精神和《国务院关于强化实施创新驱动发展战略进一步推进大众创业万众创新深入发展的意见》（国发〔2017〕37号）以及《国务院关于大力推进大众创业万众创新若干政策措施的意见》（国发〔2015〕32号）等文件精神，适应和引领经济发展新常态，以创新带动创业，构建资金链引导创新创业链、创新创业链支持产业链、产业链带动就业链的生动局面，结合我区实际，提出如下实施意见。

一、总体要求

（一）指导思想。

高举习近平新时代中国特色社会主义思想伟大旗帜，全面贯彻党的十九大精神，贯彻落实中央第六次西藏工作座谈会精神，深入贯彻落实习近平总书记治边稳藏重要战略思想和加强民族团结、建设美丽西藏的重要指示，统筹推进“五位一体”总体布局和协调推进“四个全面”战略布局，贯彻新发展理念，按照自治区第九次党代会和区党委九届三次全会的决策部署，深入推进供给侧结构性改革，坚定实施创新驱动发展战略，不断强化各级“双创”示范区的引领作用和核心载体功能，以营造良好创新创业环境为目标，以激发全社会创新创业活力为主线，以构建众创空间等创业服务平台为载体，有效整合资源，集成落实政策，完善服务模式，搭建创新创业转化孵化体系，培育创新创业文化，加快形成大众创业、万众创新的生动局面，确保经济社会持续健康发展。

（二）基本原则。

——坚持市场主导，优化资源配置。充分发挥市场配置资源的决定性作用，以社会力量为主构建市场化的众创空间，通过制度供给、平台搭建等实现资金、信息、政策、技术、服务等创新创业要素合理流动。

——坚持深化改革，优化创业环境。进一步简政放权、放管结合、优化服务，完善相关法规、扶持政策和激励措施，营造均等普惠环境，优化创新创业生态，坚决破除阻碍创新、限制新模式新业态发展的各种制度束缚和体制机制障碍。

——坚持政策协同，保障实施效果。加强创新、创业、就业等各类政策统筹，促进区直部门与地（市）行署（人民政府）的协调联动，形成政府、行业、企业、社会共同参与的高效协同机制，打通创新创业与市场资源、社会需求的对接通道，确保政策的协同性、可操作性。鼓励有条件的地方积极探索可复制可推广的创新创业政策措施。

——坚持开放共享，推动模式创新。抓住国家实施“一带一路”和全国支援西藏的有利机遇，广泛吸纳区内外有梦想、有意愿、有能力创新创业的企业法人和高新技术人才到西藏投资创业。依托“互联网+”推动各行业商业模式创新，建立和完善线上与线下、区内与区外、政府与市场开放合作的创新创业机制。

（三）发展目标。

到2020年，自主创新能力明显提升，创新创业环境明显优化，形成一批服务体系完善、发展成效明显的众创空间，培育一批创业投资机构，孵化和培育一大批创新型中小微企业，发展一批要素集聚、服务专业、布局优化的国家级和自治区级“双创”示范基地。根据“双创”三年行动计划，积极促进平台建设、试点孵化、公共服务、人才激活、环境优化、资金支撑“六大工程”建设，将拉萨市建设成为国家创新型城市。

二、重点任务

（一）创新体制机制，实现创业便利化。

1. 优化公平竞争的市场环境。坚持权利公平、机会公平、规则公平，进一步深化行政审批制度改革，严格落实政府行政审批事项清单和市场准入负面清单，放宽政策、放开市场、放活主体，让一切创造社会财富的源泉充分涌流。贯彻全区第二次非公有制经济发展大会精神，落实“五放、六支持”政策，出台非公有制企业进入特许经营领域具体办法，鼓励民间资本进入法律法规未明确禁入的行业和领域。适时适当放宽教育等行业互联网准入条件，降低创新创业门槛。逐步清理并废除妨碍创业发展的制度和规定，打破部门和地方保护主义。清理规范涉企收费项目，完善收费目录管理制度，把创业主体信用与市场准入、享受优惠政策挂钩，依托国家信用信息共享平台建立政府部门之间信息共享与联合惩戒机制，构建以信息归集共享为基础、以信息公示为手段、以信息监管为核心的信用监管新模式，推进社会信用体系建设。实施“双随机、一公开”监管，建立健全跨部门、跨地区执法协作机制，推进市场监管领域综合执法，形成统一规范、权责明确、公正高效、法治保障的市场监管执法体系，为创新创业营造公平竞争的市场环境。（发展改革委、工商局，各地〔市〕行署〔人民政府〕、住房城乡建设厅、农牧厅、国税局、安全监管局、质监局、工商联。逗号前面单位牵头负责，后面单位按职责分工负责，下同）

2. 全面推进商事制度改革。按照自治区的部署要求，加快实施“多证合一、一照一码”“先照后证”“一照多址、一址多照”“工位注册”等改革。推进企业名称自主申报、全程电子化登记、电子营业执照等工商注册便利化改革。探索推行“证照分离”改革，完善企业退出机制，推动市场主体准入和退出全程便利化工作。（工商局，各地〔市〕行署〔人民政府〕、自治区各有关部门）

3. 加强知识产权保护。发挥司法保护主导作用，完善行政执法和司法保护两条途径互补的知识产权保护模式。开展知识产权执法维权专项行动，规范展会、电商市场交易秩序。充分发挥人民调解与仲裁等替代性纠纷解决机制作用，构建知识产权纠纷多元解决机制，满足知识产权权利人高效、便捷、低成本维权需求。将故意侵犯知识产权行为等情况纳入企业和个人信用记录，加大对侵犯知识产权的处罚力度，使侵权和假冒行为得到有效治理，进一步优化创新创业环境。（商务厅，自治区各有关部门）

（二）强化人才保障，完善创业人才培养与流动措施。

4. 加强创业精神培育。把创业精神培育和创业素质教育纳入国民教育体系，在各级各类学校特别是高校和职业技术学校设置创业课程，建设创业实训体系。加强创新创业知识普及教育，使大众创业、万众创新深入人心。定期举办“双创活动周”，加强创新创业政策宣传和成果展示。推介一批创新创业典型人物和案例，推动创新精神、企业家精神和工匠精神融合，进一步引导和推动各类科技人员投身创新创业大潮。（教育厅，各地〔市〕行署〔人民政府〕、发展改革委、人力资源社会保障厅）

5．建立完善创新型人才培养机制。鼓励高校探索校校、校企、校所以及国际国内合作的协同培养模式，建立跨院系、跨学科、跨专业交叉培养创新创业人才的新机制。鼓励企业参与科技人才培养，建成一批教育联合培养基地。围绕新兴产业、支柱产业和特色产业，开展对口贯通分段培养，开展校企联合招生、联合培养的现代学徒教育。（教育厅、人力资源社会保障厅，各地〔市〕行署〔人民政府〕、科技厅、财政厅）

6．健全人才流动机制。加快推进社会保障制度改革，破除人才自由流动体制障碍，实现党政机关、企事业单位、社会各方面人才顺畅流动。加快建立创新创业绩效评价机制，让一批富有创业精神、勇于承担风险的人才脱颖而出。加强区外招才引智，建立引进高层次、高技能人才“绿色通道”。简化企事业单位引进高层次人才和招聘急需紧缺人才程序，完善“领军人才+创新团队”人才引进模式，吸引区外高层次人才来藏创新创业，解决关键领域高素质人才稀缺等问题。充分利用援藏机制，加大专家或组团式援藏力度，加快推进相关人才优惠政策，吸引创新创业人才留藏发展。（人力资源社会保障厅，各地〔市〕行署〔人民政府〕、教育厅）

（三）优化财税政策，强化创业扶持。

7．落实政策支持。鼓励社会资本向创新创业项目流动，积极落实市场就业补贴政策。支持有条件的地（市）以财政预算安排的专项引导资金为基础，设立创业就业扶持基金。鼓励各类服务平台对众创空间等孵化机构的软硬件设施给予适当优惠。（财政厅，各地〔市〕行署〔人民政府〕）

8．完善普惠性税收措施。落实扶持小微企业发展的各项税收优惠政策以及科技企业孵化器培育、研发费用加计扣除、固定资产加速折旧等税收优惠政策。认真落实促进高校毕业生、残疾人、退役军人、登记失业人员等创业就业的税收政策。有针对性地引导社会资本进入创业投资领域，引导各类创业投资机构加大对科技型创新企业的投入力度、更多地向创业企业起步成长的前段延伸，充分发挥政策的牵引和导向作用。（国税局，各地〔市〕行署〔人民政府〕、教育厅、科技厅、工业和信息化厅、民政厅、财政厅、人力资源社会保障厅、残联）

9．发挥政府采购支持作用。完善促进中小企业发展的采购政策，加强对采购单位的政策指导和监督检查，建立政府采购信用体系，净化政府采购市场环境，保障中小企业公平参与政府采购活动的权利。鼓励符合资质条件的区内小微企业依法组成联合体参与政府采购投标，增强政策对小微企业发展的支持效果。加大对创新产品和服务的采购力度，把政府采购与支持创业发展结合起来。（财政厅，各地〔市〕行署〔人民政府〕）

（四）搞活金融市场，拓展企业融资渠道。

10．优化金融产品和服务。创新金融产品，扩大信贷支持，鼓励在藏银行业金融机构转变服务方式，增强服务功能，针对不同行业、不同类型、不同发展阶段的小微企业，不断开发特色产品，提供“量身定做”的金融产品和服务，通过联保贷款、动产质押、应收账款质押等方式帮助企业获得更多信贷资金支持。支持在藏金融机构在符合条件的情况下延伸金融服务区域，在有条件的县（区）、乡（镇）增设营业网点，拓展金融服务的广度和深度。加快推进担保体系建设，鼓励有条件的地（市）壮大现有担保机构，引进区外有实力的信用担保公司，并协调完善相关配套政策。（金融办，各地〔市〕行署〔人民政府〕、科技厅、财政厅、人行拉萨中心支行、银监局、证监局、保监局）

11．创新融资方式。完善债权、股权等融资服务机制，为科技型中小企业提供覆盖全生命周期的投融资服务。推广专利权质押等知识产权融资模式，鼓励保险公司为科技型中小企业知识产权融资提供保证保险服务，研究建立风险补偿或保费补贴机制，持续优化科技型中小企业直接融资方式，稳步扩大创新创业公司债券试点规模。（金融办，各地〔市〕行署〔人民政府〕、科技厅、财政厅、人行拉萨中心支行、银监局、证监局、保监局）

12．规范资本运作。研究制定鼓励国有资本参与创业投资的系统性政策措施，确定财政资金、国有资本参与创业投资的投入、管理与退出标准和规则，建立完善与其特点相适应的绩效评价体系。依法依规豁免国有创业投资机构和国有创业投资引导基金国有股转持义务。（财政厅，各地〔市〕行署〔人民政府〕、国资委）

（五）加强基础技术应用，推动科技成果转化。

13．挖掘科技成果价值。推动科技成果、专利等无形资产价值市场化，促进知识产权、基金、证券、保险等新型服务模式创新发展，依法发挥资产评估的功能作用，简化资产评估备案程序，实现协议定价和挂牌、拍卖定价。（科技厅，各地〔市〕行署〔人民政府〕、财政厅、金融办、人行拉萨中心支行、银监局、证监局、保监局）

14．促进科技成果开放共享。推动形成基础研究、应用开发、引进技术再创新和成果转化协调发展体系，建设重点实验室、工程实验室、工程（技术）研究中心、科技基础条件平台等科技创新基地。做好大型科学仪器设施共享管理工作，推进创新创业资源开放共享。探索仪器设备所有权和经营权分离机制，对于财政资金购置的仪器设备，探索引入专业服务机构进行社会化服务。（科技厅，各地〔市〕行署〔人民政府〕、财政厅）

15．提升科技成果转化效率。推进落实国家和自治区科技成果转化法律法规和政策，提高科技成果转化率。探索在战略性新兴产业相关领域率先建立利用财政资金形成的科技成果限时转化制度。探索将创投孵化器等新型孵化器纳入科技企业孵化器管理服务体系，并享受相应扶持政策。（科技厅，各地〔市〕行署〔人民政府〕、财政厅）

（六）依托创新创业，促进实体经济转型升级。

16．发挥企业创新主体作用。促进技术标准产业化，使企业成为技术标准的创新主体，增强企业标准备案自主责任。实施新产品开发鼓励计划，通过研发费用补助、科技服务项目补助和间接投入等方式，支持企业自主决策、持续创新，开展重大产业关键共性技术、装备和标准的研发攻关。鼓励和支持骨干企业牵头成立产业技术创新合作组织，并支持登记为社会团体或民办非企业单位法人。面向全社会公开征集科技项目，由政府引导、企业牵头、联合高校和科研院所实施，开展协同攻关。支持企业建设以实验验证为主要功能的创新平台，开展科技成果中试、验证和转化活动，打通科学研究到产业化之间的通道。（科技厅，各地〔市〕行署〔人民政府〕、发展改革委、教育厅、工业和信息化厅、民政厅、人力资源社会保障厅、国资委、工商联）

17．提升企业创新能力。推动原始创新、集成创新和消化吸收再创新，实施新一轮技术改造升级重大工程，支持关键领域和瓶颈环节技术改造。改革和创新科研管理、投入和经费使用方式。针对企业面临的融资难、转型难、研发难等问题，开展各种形式的创新竞赛和研讨活动，破解制约企业转型发展、改造升级的现实难题，提高创新效率和水平。（科技厅，各地〔市〕行署〔人民政府〕、发展改革委、工业和信息化厅、财政厅）

18．鼓励产学研协同创新。整合利用现有创新资源形成充满活力的创新网络，依托企业、联合高校和科研院所，建设符合发展需求的创新中心。实施企业创新创业协同行动，支持企业开展内部创新创业，带动产业链上下游发展，促进大中小微企业融通发展。鼓励企业开展“双创”工作，建设“双创”服务平台与网络，组织各类“双创”活动，推广“双创”经验，促进跨界融合和成果转化。（发展改革委、教育厅、科技厅、工商联，各地〔市〕行署〔人民政府〕、自治区各有关部门）

19．注重借助援藏优势。把推进“双创”工作作为援藏工作的重要组成部分，积极发挥援藏优势。借助援藏省市的创新、创业平台，为我区企业提供商务运营、企业孵化、展览展示、政策咨询、产品推介等服务。采取“请进来、走出去”的方式，邀请一批援助地区优秀技术人才到区内指导，送出一批受援地区年轻骨干到援藏省市培训学习，进而培养一批实用型、技能型、应用型专业技术人才、中高级管理人才，为我区产业自主创新提供全方位支持。（区党委组织部，各地〔市〕行署〔人民政府〕、发展改革委、教育厅、科技厅、人力资源社会保障厅）

20．培育新产业新业态。制定数字经济发展规划，强化系统性设计，打破制约数字生产力发展的制度障碍，推进市场化的生产资料分享，提升市场配置资源效率，加速数字化转型，引领和适应数字经济发展。有针对性地支持战略性新兴产业发展，推动生产要素向创新型企业聚集。完善新产业新业态新模式统计分类，充分利用大数据等现代信息技术手段，研究制定“双创”发展统计指标体系，科学、准确、及时反映经济结构优化升级的新进展。积极落实支持大众创业、万众创新的用地政策，加大新供用地保障力度，鼓励盘活现有用地，引导新兴产业集聚发展，完善新兴产业用地监管制度。（各地〔市〕行署〔人民政府〕，区党委网信办、发展改革委、科技厅、工业和信息化厅、人力资源社会保障厅、国土资源厅、农牧厅、统计局）

（七）搭建创新创业平台，发展创新创业服务。

21．加快建设创新创业孵化机构。面向各类创新创业企业，建设一批集提供办公场地、设备、咨询、资金、管理、策划等于一体的机构，健全公共服务体系，尽可能降低创新创业门槛和成本，让创新创业者敢创业、能创业。（科技厅、人力资源社会保障厅，各地〔市〕行署〔人民政府〕、自治区各有关部门）

22．加快建设创新创业服务平台。大力发展众创空间，激发大众创造活力，打造经济发展新引擎，努力为创客、创新创业团队、创业企业提供包括工作空间、网络空间、交流空间和资源共享空间等在内的各类场所，为创新创业者提供低成本、便利化、全要素、开放式的服务平台。鼓励高校和科研院所科研人员与创业者开展合作和互动交流，建立集群思、汇众智、解难题的众创空间，鼓励发展运营良好的自治区级众创空间牵头组建众创空间联盟，加强自治区众创空间的认定管理工作。建立一批新兴产业“双创”示范基地，选育一批基础设施完善、综合服务规范、示范带动作用强的小微型企业创新创业示范基地，大力发展“互联网+扶贫开发”“互联网+农村电商”“互联网+旅游文化”等创业服务，促进创新与创业、创业与就业、线上与线下相结合。引导和鼓励行业龙头企业、大型物流企业发挥优势，拓展乡村信息资源、物流仓储等技术和服务网络，为基层创业提供支撑。（科技厅、人力资源社会保障厅，各地〔市〕行署〔人民政府〕、自治区各有关部门）

（八）激发创造活力，促进科研人员和大学生创新创业。

23．支持科研人员创业。实施科研院所创新创业共享行动，鼓励科研院所发挥自身优势，激发科研院所和科技人员创新创业积极性，建立健全科研人员双向流动机制。高校、科研院所应支持科研人员带着科研项目和成果、保留基本待遇离岗到企业开展创新工作或创办企业，或在完成本单位布置的各项工作任务的前提下，兼职从事科技成果转化活动，兼职收入归个人所有。对经同意离岗的人员允许在3年内保留人事关系，与在岗人员同等享有职称评聘、岗位等级晋升和社会保险等方面的权利。高校、科研院所应与离岗人员、相关企业签订协议，明确各方权利义务和服务期限。协议期满，离岗人员可返回原单位工作，或与原单位解除聘用关系。（教育厅、科技厅、人力资源社会保障厅，各地〔市〕行署〔人民政府〕、团区委）

24．支持大学生创业。深入实施大学生创业引领计划，引导和鼓励高校统筹资源，建立大学生创业指导服务组织，完善相关场地、经费、人员支持政策。探索建立大学生创新创业导师制，推动青年大学生创新创业。建立健全弹性学制管理办法，支持大学生保留学籍休学创业。引导大学生转变就业择业观念，积极到区外就业，培养创业开拓精神。（教育厅，各地〔市〕行署〔人民政府〕、团区委、人力资源社会保障厅）

25．支持非遗传承人群创新创业。认真落实我区非遗传承人认定与管理办法，激发其结合技艺特点、发挥行业优势、开展创新创业的主动性与积极性。充分发挥政府主导、社会力量参与作用，为代表性传承人传习传播传统技艺及开展生产性保护提供场所等便利。大力实施西藏非遗传承人群研培计划，帮助提高创新创业的意识和能力。鼓励传承人群在不失其本的前提下，弘扬工匠精神，推动非遗项目有效融合现代创意、走进现代生活。探索“互联网+西藏非遗”新路径，培育非遗品牌，拓宽销售渠道。（文化厅，各地〔市〕行署〔人民政府〕、人力资源社会保障厅、商务厅）

（九）拓展城乡创业渠道，促进创业带动就业。

26．支持电子商务向基层延伸。强化政府对电子商务平台建设的引导，鼓励龙头企业在各地（市）和县城所在地建设商品集散平台、物流中心，促进商品流通。有步骤地构建完善的物流网络体系，加强点面结合，延伸更广的快递物流服务体系。（商务厅、工业和信息化厅，各地〔市〕行署〔人民政府〕、发展改革委）

27．支持返乡创业集聚发展。加快将现有支持“双创”的相关政策措施向返乡创业人员拓展，将符合条件的返乡人员创新创业项目纳入强农惠农富农政策范围。允许返乡人员依法使用集体建设用地开展创新创业活动。建立协调推动机制，设立“绿色通道”，为返乡人员创新创业提供便利服务。深入实施农牧区青年创业富民行动，支持返乡创业人员因地制宜围绕休闲农业、乡村旅游、农畜产品、林木经济、民族手工艺品等领域开展创业，鼓励返乡创业人员发展电子商务等新业态，进一步优化以家庭农牧场为主的新型农牧业经营主体发展环境。鼓励区外种养殖大户和企业来藏投资兴业，促进我区种养殖业规模化发展。完善跨区域创业转移接续制度，加强城乡基层创业人员社保、住房、教育、医疗等公共服务体系建设。（各地〔市〕行署〔人民政府〕、农牧厅，人力资源社会保障厅、商务厅）

三、保障措施

（一）加强组织领导。建立推进“双创”工作联席会议制度，加强对创新创业工作的统筹、指导和协调。各地（市）行署（人民政府）、自治区各部门要高度重视推进大众创业、万众创新工作，结合实际制定具体实施方案，明确工作任务，加大资金投入、政策支持和条件保障力度。（发展改革委、科技厅，各地〔市〕行署〔人民政府〕）

（二）加强政策协同。研究制定有利于创新创业的“绿色通道”等激励政策，在各领域、各行业广泛建立与创新创业相配套的政策体系，激发全社会创新创业的动力和活力；建立部门之间、部门与地方之间政策协调联动机制，形成强大合力。各地（市）行署（人民政府）、自治区各部门要系统梳理已发布的有关支持创新创业发展的各项政策措施，抓紧做好“立、改、废、释”工作，将对初创企业的扶持方式从选拔式、分配式向普惠式、引领式转变；完善创新创业政策协调审查制度，增强政策普惠性、连贯性和协同性。（发展改革委、科技厅，各地〔市〕行署〔人民政府〕、工业和信息化厅、财政厅）

（三）加强示范引导。积极探索，大胆实践，充分发挥柳梧新区作为国家级“双创”示范基地的龙头带动作用，发挥各类创新创业平台的牵引作用，促进创新创业蓬勃发展。鼓励各地（市）积极探索推进创新创业的新机制新措施，不断完善创新创业服务体系。（发展改革委、科技厅，各地〔市〕行署〔人民政府〕）

（四）加强协调推进。科技部门要加强工作协调，研究完善推进创新创业的政策措施，加强对发展众创空间和孵化器的指导和支持。各地（市）行署（人民政府）、自治区各部门要做好创新创业政策落实情况的调研、工作进展情况的汇总等工作，重大情况及时向自治区人民政府报告。（发展改革委、科技厅，各地〔市〕行署〔人民政府〕）

（五）加强氛围营造。积极筹备举办“双创活动周”，倡导敢为人先、宽容失败的创新文化，树立崇尚创新创业致富的价值导向，大力培育和营造创业精神和创客文化，促进创新创意转化为实实在在的创业活动。宣传部门要加强对创新创业的新闻宣传和舆论引导，推出一批创新创业先进事迹，树立一批创新创业典型人物，让大众创业、万众创新在全社会蔚然成风。（发展改革委、科技厅，各地〔市〕行署〔人民政府〕、区党委宣传部、区党委网信办、财政厅）

西藏自治区人民政府
2018年2月21日

甘肃省

甘肃省关于强化实施创新驱动发展战略进一步推进大众创业万众创新深入发展的实施方案

（甘政发〔2018〕21号）

为深入贯彻落实《国务院关于强化实施创新驱动发展战略进一步推进大众创业万众创新深入发展的意见》（国发〔2017〕37号），进一步系统性优化创新创业生态环境，强化政策供给，突破发展瓶颈，充分释放全社会创新创业潜能，在更大范围、更高层次、更深程度上推进大众创业、万众创新，结合我省实际，制定本方案。

一、总体要求

把推进大众创业、万众创新深入发展，作为深入推进供给侧结构性改革，全面实施创新驱动发展战略的重要抓手，坚持“融合、协同、共享”，加快新旧动能接续转换，着力促进产业转型升级，着力振兴实体经济。抢抓“一带一路”战略机遇，结合创建兰白国家自主创新示范区，拓展创新创业领域，提升创新创业层次，激发创新创业潜能。进一步优化创新创业的生态环境，着力推动“放管服”改革，构建包容创新的审慎监管机制，有效促进政府职能转变；进一步拓展创新创业的覆盖广度，着力发挥大企业、科研院所和高等院校的领军作用，有效促进各类市场主体融通发展；进一步提升创新创业的科技内涵，着力激发专业技术人才、高技能人才等的创造潜能，强化产学研有机衔接，有效促进科技成果转化；进一步增强创新创业的发展实效，着力推进创新创业与实体经济发展深度融合，结合“互联网+”行动、“中国制造2025甘肃行动纲要”和促进军民融合发展等重大举措，有效促进新技术、新业态、新模式加快发展和产业结构优化升级。

——突出创新引领、聚焦实体经济。以科技创新为基础支撑，以提高质量和核心竞争力为中心，坚持创新创业与实体经济相结合，坚持质量效率并重，引导创新创业多元化、特色化、专业化发展，实现一二三产业相互渗透，推动军民融合深入发展，创造新供给、释放新需求，推动产业迈向中高端。

——坚持改革先行、完善体制机制。面向新趋势、新特征、新需求，针对重点领域、典型区域、关键群体，着力破除制约创新创业发展的体制机制障碍，继续深入推进“放管服”改革，积极探索包容审慎监管，创新管理模式，完善政策体系，为培育发展新动能提供更加广阔的空间。

——注重人才优先、激发双创活力。创新人才引进、激励、发展和评价机制，激发人才创造潜能，鼓励科技人员、高校毕业生、留学回国人才、农民工、退役士兵等群体更多投身创新创业。加强科研机构、高校、企业、创客的协同，促进大中小微企业优势互补，推动城镇与农村双创同步发展，形成各类双创主体合力汇聚、活力迸发的良性格局。

——强化平台支撑、加速要素聚集。整合政府、企业、社会等多方资源，建设众创、众包、众扶、众筹支撑平台，健全创新创业服务体系，推动政策、技术、资本等各类要素向创新创业集聚，充分发挥市场配置资源的决定性作用，促进多元化供给与多样化需求更好对接。

——加强舆论导向、弘扬创新文化。大力弘扬创新文化，厚植创业沃土，营造敢为人先、宽容失败的良好氛围，推动创新创业成为生活方式和人生追求。践行共享发展理念，实现人人参与、人人尽力、人人享有，使创新创业成果更多更公平地惠及民众，促进社会公平正义。

二、加快科技成果转化

重点突破科技成果转移转化的制度障碍，强化知识产权保护，促进技术成果交易，提升创业服务能力，建立完善激励机制，推动创新资源共享，加速科技成果向现实生产力转化。

（一）建立完善知识产权快速协同保护体系，在重点市州设立知识产权维权援助工作站和知识产权维权援助工作分中心，搭建快速维权、仲裁调解、司法衔接相联动的知识产权保护机制。加快提升专利信息公共服务能力，重点发展代理服务、法律服务、信息服务、商用化服务、知识产权咨询服务和知识产权培训服务等，建成一批专业化、规模化和规范化的知识产权服务机构和省知识产权交易中心，进一步完善知识产权运用体系和运营服务体系。（省知识产权局牵头负责）

（二）探索建立知识产权与投资、信贷、担保、保险等领域相结合的知识产权金融服务机制，推动科技成果、专利等无形资产价值市场化，促进知识产权与基金、证券、保险等结合的新型服务模式创新发展。依法发挥资产评估的功能作用，简化资产评估备案程序，实现协议定价和挂牌、拍卖定价。开展专利权质押融资工作，支持鼓励保险公司为企业专利权质押融资提供保证保险服务，将专利权质押贷款纳入风险补偿范围。（省知识产权局、省财政厅、省科技厅、省科协等单位按职责分工负责）

（三）率先在新材料、生物医药、信息技术等战略性新兴产业领域，组建重点产业知识产权联盟，探索建立利用财政资金形成的科技成果限时转化制度，发挥兰州科技大市场等平台的作用，促进科技成果与投资信息有效对接，加速重大科技成果转化应用。财政资金支持形成的科技成果，除涉及国防、国家安全、国家利益、重大社会公共利益外，有较强市场潜力的，在合理期限内未能转化的，可按国家规定强制许可实施转化。（省科技厅、省知识产权局、省财政厅、省发展改革委等部门按职责分工负责）

（四）引导众创空间向专业化、精细化方向升级，依托行业龙头企业、高校和科研院所，在新材料、新能源、生物医药、高端装备制造、电子信息等重点领域建设专业化平台型众创空间，紧密对接实体经济，有效支撑我省经济结构调整和产业转型升级。探索将创投孵化器等新型孵化器纳入科技企业孵化器管理服务体系，并享受相应扶持政策。（省科技厅牵头负责）

（五）推动高校、科研院所落实国家科技成果转化法律法规和政策，强化激励导向，提高科研院所成果转化效率。建立科研机构、高校科技成果转化绩效评估体系，将科技成果转化情况作为对相关单位及人员评价、科研资金支持的重要内容和依据之一，并对科技成果转化绩效突出的相关单位及人员加大科研资金支持。按照国家部署要求，进一步扩大高校、科研院所自主权，激发科研院所和科技人员创新创业积极性。（省科技厅、省人社厅、省财政厅、省教育厅等部门按职责分工负责）

（六）引导高校、科研院所、大型企业、技术转移机构、创业投资机构、国家及省级科研平台（基地）等，将科研基础设施、大型科研仪器、科技数据文献、科技成果等向创新创业者开放。建立统一开放的网络管理平台，将财政资金购置的科研设施与仪器纳入全省科研公共服务网络进行管理，探索仪器设备所有权和经营权分离机制，探索引入专业服务机构进行社会化服务等多种方式。（省科技厅牵头负责）

（七）实施科研院所创新创业共享行动，鼓励科研院所发挥自身优势，进一步提高科技成果转化能力和创新创业能力。建立开放共享的评价体系和奖惩办法，进一步开放现有科研设施和资源，推动科技成果在全社会范围实现共享和转化。（省发展改革委、中科院兰州分院、省科技厅等单位按职责分工负责）

三、拓展企业融资渠道

进一步优化完善金融财税政策，鼓励金融机构创新金融产品，加大信贷对创新创业的支持力度，优化财政资金投入方式，积极吸引社会资金发展创业投资，逐步破解创新创业企业融资难的问题。

（一）在有效防控风险的前提下，引导大型银行合理赋予县支行信贷业务权限，支持和鼓励商业银行改造小微企业信贷流程和信用评价模型，简化贷款审批发放流程，提高审批效率。督促银行业金融机构下沉延伸基础金融服务网络，提供普惠金融服务。督促中小法人机构进一步明确“立足当地、服务中小”的市场定位，向县域和乡镇等小微企业集中的地区延伸网点和服务，提高小微企业金融服务可获得性。（甘肃银监局牵头负责）

（二）鼓励银行业金融机构创新科技贷款产品和服务，探索和推广知识产权、特许经营权、股权、债权、应收账款等无形资产抵质押等多种融资方式，以及产业链融资、互联互保等契合技术创新特征的融资产品。鼓励银行业金融机构与地方政府建立政银担、政银保等不同类型的风险补偿机制。鼓励保险机构开发符合科技成果转化特点的保险品种，为科技成果转化和产业化提供保险服务。引导辖区银行业金融机构对具有技术创新项目的企业或项目贷款，给予更高的风险容忍度。持续优化科技型中小企业直接融资机制，利用小微企业集合票据、集合债券、集合信托和短期融资券等多种融资手段，拓宽小微企业直接融资渠道。（人行兰州中心支行、甘肃保监局、省科技厅、省知识产权局、甘肃证监局、甘肃银监局等单位按职责分工负责）

（三）进一步优化财政资金、国有资本参与创业投资的投入、管理与退出标准和规则，建立完善与其特点相适应的绩效评价体系。支持具备条件的国有创业投资企业开展混合所有制改革试点，探索地方政府融资平台公司转型升级为创业投资企业，依法依规豁免国有创业投资机构和国有创业投资引导基金国有股转持义务。（省财政厅、省政府国资委等部门按职责分工负责）

（四）落实创业投资企业有关税收优惠政策，引导社会资本参与创业投资。依托第三方征信机构，完善创业投资企业、创业投资管理企业及其从业人员信用记录，实现创业投资领域信用记录全覆盖。（省财政厅、省国税局、省地税局、省发展改革委等部门按职责分工负责）

（五）积极争取国家新兴产业创业投资引导基金、国家中小企业发展基金、国家科技成果转化引导基金在我省参股设立创业投资子基金。进一步规范财政资金设立创业投资引导基金的管理机制，建立完善对引导基金的运行监管机制、财政资金的绩效考核机制和基金管理机构的信用信息评价机制，有效发挥战略性新兴产业创业投资引导基金、兰白技术创新驱动基金、中小企业发展基金等各类基金的带动作用。（省发展改革委、省科技厅、省工信委、省财政厅、省政府国资委等部门按职责分工负责）

（六）健全完善省科技创新券的管理制度和运行机制，逐步放大科技创新券的支持领域，推进科技资源开放共享，有效促进科技创新供需对接。（省科技厅牵头负责）

四、促进实体经济转型升级

大力实施“互联网+”行动计划、“中国制造2025甘肃行动纲要”、军民融合发展等重大举措，着力加强创新创业支撑平台建设，培育新兴业态，发展分享经济，利用新技术、新业态、新模式推动传统产业改造升级，不断增强核心竞争力，实现新兴产业与传统产业协同发展。

（一）推进省级科技计划项目管理及资金管理改革，创新科研管理、投入和经费使用方式，加强基础研究，提升原始创新能力。加强科技创新创业服务机构的建设，以中国创新创业大赛为重要抓手和平台，聚集整合各类创新创业资源，提高创新效率和水平。（省科技厅、省财政厅等部门按职责分工负责）

（二）围绕新材料、新能源、先进装备和智能制造、生物医药、信息技术等战略性新兴产业重点领域，整合各类支持创新的政策和资金，依托已有各类创新平台的创新资源，布局建设一批产业创新中心，形成充满活力的创新网络。结合我省产业发展需要和实际，以骨干企业为主导，联合高校和科研院所，建设一批制造业创新中心，开展关键共性重大技术研究和产业化应用示范。启动军民融合创新平台建设，健全军民融合创新体系，推动军民融合产学研协同创新。（省发展改革委、省工信委、省科技厅、省教育厅、省委网信办等部门按职责分工负责）

（三）支持大型企业开展内部创新创业，开放供应链资源和市场渠道，带动产业链上下游发展，促进大中小微企业融通发展。鼓励大型企业全面推进“双创”工作，建设制造企业互联网“双创”平台，建立产品设计制造协同平台，探索产业链协同研发新模式。开展各类“双创”活动，推广各类大型企业“双创”典型经验，促进跨界融合和成果转化。（省发展改革委、省工信委、省政府国资委、省工商联等单位按职责分工负责）

（四）深入推进简政放权、放管结合、优化服务改革，加强预期引导，创新监管模式，支持和引导各类市场主体积极探索分享经济新业态新模式，促进分享经济健康快速发展。建立健全适应分享经济发展的新就业形态、消费者权益、社会保障、信用体系建设、风险控制等有关政策，探索建立政府、平台企业、行业协会以及资源提供者和消费者共同参与的分享经济多方协同治理机制。针对分享经济特点，完善税收征管具体措施，明确追责标准和履责范围，促进行业规范发展。（省发展改革委、省人社厅、人行兰州中心支行、省工商局、省国税局、省地税局、省委网信办等单位按职责分工负责）

（五）深入贯彻国家促进数字经济发展战略纲要，强化顶层设计，提升市场配置资源效率，统筹协调推进经济社会各领域数字化应用发展，加速数字化转型，引领和适应数字经济发展。抢抓“一带一路”建设战略机遇，加快建设“丝绸之路信息港”，整合信息资源，形成以甘肃为支点，面向中西亚、南亚及部分中东欧国家，服务西北的信息通信枢纽和信息产业基地，实现“共建丝路信息港、共享陆海大数据”，强化与“一带一路”沿线国家数字经济交流与合作。（省工信委牵头负责）

（六）贯彻落实《新产业新业态新商业模式统计监测制度》，做好“三新”统计监测和众创、众筹、众扶、众包统计监测，力争准确科学反映我省经济结构优化升级的新进展。（省统计局牵头负责）

（七）积极落实国土资源部等部委《关于支持新产业新业态发展促进大众创业万众创新用地的意见》，鼓励盘活利用现有用地，优先安排新产业发展用地，采取差别化用地政策支持新业态发展，引导新产业集聚发展，完善新产业用地监管制度。（省国土资源厅牵头负责）

（八）贯彻落实国家关于促进首台（套）重大技术装备示范应用的意见，建立健全首台（套）重大技术装备研发、检测评定、示范应用体系，全面落实和争取国家有关财政、金融、保险等方面的支持政策，按照相关招标采购要求，建立示范应用激励和保障机制，营造良好的政策和市场环境。（省发展改革委牵头负责）

（九）进一步发挥财政性资金带动作用，充分利用新兴产业创业投资基金、战略性新兴产业参股创业投资基金、兰白技术创新驱动基金、中小企业发展基金等产业投资基金，加大对先进制造等新兴产业的投入。积极争取国家技术改造升级重大工程，加快推进我省产业发展关键领域和瓶颈环节技术改造。（省发展改革委、省科技厅、省工信委、省财政厅、省政府国资委等部门按职责分工负责）

五、完善人才流动激励机制

落实科技创新30条有关人才激励方面的扶持政策，营造有利于人才引进培养、成长发展的政策和社会环境，充分激发人才创新创业活力，深化分配机制改革，着力引进高层次人才队伍，加大各类技能型人才的培养，推动高校、科研机构、企业人才交流互动，加快形成规模宏大、结构合理、素质优良的创新创业人才队伍。

（一）认真组织实施外国人才签证实施办法，明确申请和取得人才签证的标准条件和办理程序。积极引进外国高层次人才，简化来华工作手续办理流程，为外国高端人才出入境开辟绿色通道。依托社会公共服务体系，落实外国高层次人才服务“一卡通”试点工作要求，探索建立安居保障、子女入学和医疗保健服务通道，为外国人才及其配偶、未成年子女落实待遇等提供“一站式”高效便捷服务。进一步完善外国人才由工作居留向永久居留转换机制，实现工作许可、签证和居留有机衔接。（省外专局、省公安厅、省人社厅等部门按职责分工负责）

（二）认真落实鼓励优秀外国留学生毕业后在华创新创业政策，按照公安部授权要求，做好外国留学生凭国内高校毕业证书、创业计划书，可申请加注“创业”的私人事务类居留许可；注册企业的外国留学生，凭国内高校毕业证书和企业注册证明等材料，可申请工作许可和工作类居留许可；获得硕士及以上学位的外国留学生，符合一定条件的，可直接申请外国人来华工作许可和工作类居留许可。（省公安厅、省人社厅、省外专局等部门按职责分工负责）

（三）认真组织实施人社部留学人员回国创业启动支持计划，不断加大留学回国人员创新创业政策扶持和资金支持力度，大力推进省部共建中国兰州留学人员创业园和省级留学回国人员创新创业平台建设，优化服务环境，吸引更多高素质留学人员来甘创新创业。（省人社厅、省政府外事办、省公安厅、省科协等单位按职责分工负责）

（四）赋予高校和科研院所在科研立项、职称评审、薪酬分配等方面必要自主权，引进创新创业急需人才。事业单位引进高层次人才和招聘急需紧缺人才，可简化招聘程序。事业单位承担国家和我省重大研究项目或课题，本单位人员无法满足工作需要，需引进高层次人才等情况的，可申请设置特设岗位。特设岗位不受事业单位岗位总量、最高等级和结构比例限制，完成工作任务后按管理权限予以核销。（省人社厅、省教育厅、省科技厅等部门按职责分工负责）

（五）鼓励各类社会组织、科技社团开展双创工作，搭建创新创业资源对接平台，为创业企业和科技人员、大学生等提供专业化的创业培训、科技咨询、评估鉴定等服务。加大创新创业典型人物和案例的宣传力度，进一步引导和推动各类科技人员投身创新创业大潮。（省发展改革委、省科协等单位按职责分工负责）

（六）完善支持政策和措施，依托现代农业产业园、农民合作社、农业规模种养基地等，建设一批星创天地，整合创建一批具有区域特色的返乡下乡人员创业创新园区（基地），建立开放式服务窗口，为返乡下乡人员提供良好的创业创新环境。积极建设国家和省级农业科技园区等平台，实施省级农民工返乡创业示范县创建活动，着力培育特色优势产业，带动和引导返乡下乡人员创新创业，发展科技型农业经营主体，延伸农业产业链。支持农业产业化龙头企业、专业合作社等新型经营主体采取人才引进、股权合作、技术转让等方式，吸引返乡下乡人员创业创新，合作发展。（省农牧厅、省人社厅、省国土资源厅、省科技厅等部门按职责分工负责）

（七）鼓励各地区结合实际制定灵活的引才引智政策，采取短期聘用、项目合作、兼职挂职、学术交流等方式，以用为本，促进人才资源合理流动，解决关键领域高素质人才稀缺等问题。（各市州政府负责）

六、创新政府管理方式

深入推进“放管服”改革，加快政府职能转变，提升行政效能，加大普惠性政策支持力度，为促进就业创业降门槛，为各类市场主体减负担，为公平营商创条件，推动形成政府、企业、社会良性互动的创新创业生态。

（一）严格落实公平竞争审查制度和实施细则，健全公平竞争审查机制，逐步清理废除妨碍统一市场和公平竞争的规定和做法，为创新创业营造统一开放、竞争有序的市场环境。（省发展改革委、省财政厅、省商务厅、省工商局等部门按职责分工负责）

（二）深入推进“多证合一”登记制度改革，将信息采集、记载公示、管理备查等涉企登记、备案有关事项进一步整合到营业执照上，做到能整合的尽量整合、能简化的尽量简化，推动实施一个窗口登记注册和限时办结。逐步推动取消企业名称预先核准，推广自主申报。实行企业简易注销，扩大个体工商户简易注销登记改革试点，实现市场主体退出便利化。建设电子营业执照管理系统，推进无介质电子营业执照建设和应用。（省工商局牵头负责）

（三）加大事中事后监管力度，认真落实《甘肃省市场监督管理随机抽查办法》，结合实际制定“双随机、一公开”工作实施方案及考评标准，健全和完善“一单两库”，依法开展市场随机抽查工作，健全跨部门、跨地区执法协作机制，推进市场监管领域综合执法改革。（省工商局、省编办、省政府法制办等单位按职责分工负责）

（四）鼓励有条件的地方探索设立专业化的行政审批机构，实行审批职责、审批事项、审批环节的集中受理办理。（各市州政府、有关部门按职责分工负责）

（五）积极落实国家跨省经营企业部分涉税事项全国通办要求。全面开通全省银行卡在线缴税业务，推动电子税务局与银联公司在线支付系统对接，实现纳税人通过电子税务局网页版或手机APP银行卡缴税功能，为无三方协议的纳税人提供缴税服务。联合开展国地税政策业务培训，推动“一窗式”联合办税服务工作，确保联合办税畅通、安全、平稳。按照全面加强协作，进一步推进“银税互动”工作的要求，深化完善运行机制，积极推动银税信息“线上”互动。（省国税局、省地税局牵头负责）

（六）加快推进兰州城关区国家双创示范基地和张掖全国小微企业创业创新基地城市示范建设，有序创建省级双创示范区（基地），探索可复制可推广的双创模式和典型经验，引领带动全省大众创业万众创新工作蓬勃发展。按照省政府办公厅

《关于做好支持创新相关改革举措推广落实工作的通知》（甘政办发〔2017〕180号）要求，在全省范围加快推广支持创新的相关改革举措，进一步加大支持创新的力度，为创新发展提供更加优质的服务。（省发展改革委、省科技厅、省财政厅、省工信委等部门按职责分工负责）

（七）按照国家部署，举办好全国"双创活动周"甘肃分会场活动，营造创新创业良好氛围。高质量办好甘肃省"中国创翼"青年创业创新大赛、中国创新创业大赛(甘肃赛区)、甘肃省大学生创新创业大赛、甘肃省青少年科技创新大赛等一系列创新创业赛事，推动创新创业理念更加深入人心。（省发展改革委、省科技厅、省工信委、省教育厅、省科协等单位按职责分工负责）

各地、各部门要进一步细化政策措施，强化推动落实，建立上下联动、密切配合的工作推进机制，勇于探索，主动作为，及时总结经验，强化监督检查，确保各项政策落到实处，推进大众创业、万众创新深入发展，为全面实施创新驱动发展战略、培育壮大新动能、改造提升传统动能、促进经济转型升级提供有力支撑。

甘肃省人民政府

2018年3月1日

陇南市关于强化实施创新驱动发展战略进一步推进大众创业万众创新深入发展的实施方案

（陇政发〔2018〕35号）

为贯彻落实《甘肃省人民政府关于印发甘肃省强化实施创新驱动发展战略进一步推进大众创业万众创新深入发展的实施方案的通知》（甘政发〔2018〕21号），进一步优化创新创业生态环境，突破创新创业瓶颈制约，充分释放全社会创新创业潜能，加快新旧动能接续转换，产业结构优化升级，在更大范围、更高层次、更深程度上推进大众创业、万众创新，结合我市实际，制定本方案。

一、总体要求

深入推进供给侧结构性改革，全面实施创新驱动发展战略，坚持"融合、协同、共享"，加快新旧动能接续转换，着力促进产业转型升级，着力振兴实体经济。抢抓"一带一路"战略机遇，拓展创新创业领域，提升创新创业层次，激发创新创业潜能。进一步优化创新创业的生态环境，着力推动"放管服"改革，构建包容创新的审慎监管机制，有效促进政府职能转变；进一步拓展创新创业的覆盖广度，着力推动创新创业群体更加多元，发挥大企业、科研院所和高校的领军作用，有效促进各类市场主体融通发展；进一步提升创新创业的科技内涵，着力激发专业技术人才、高技能人才等的创造潜能，强化产学研有机衔接，有效促进科技成果转化；进一步增强创新创业的发展实效，着力推进创新创业与实体经济发展深度融合，结合"互联网+"行动、"中国制造2025甘肃行动纲要"和促进军民融合发展等重大举措，有效促进新技术、新业态、新模式加快发展和产业结构优化升级。

——突出创新引领、聚焦实体经济。以科技创新为基础支撑，以提高质量和核心竞争力为中心，坚持创新创业与实体经济相结合，坚持质量效率并重，引导创新创业多元化、特色化、专业化发展，实现一二三产业相互渗透，推动军民融合深入发展，增强产业活力。

——坚持改革先行、完善体制机制。以深化改革为动力，针对重点领域、典型区域、关键群体精准发力，着力破除制约创新创业发展的体制机制障碍，继续深入推进"放管服"改革，积极探索包容审慎监管，创新管理模式，完善政策体系，为培育发展新动能提供更加广阔的空间。

——注重人才优先、激发双创活力。创新人才引进、激励、发展和评价机制，激发人才创造潜能，鼓励科技人员、高校毕业生、留学回国人才、农民工、退役士兵等群体更多投身创新创业。加强科研单位、企业、创客的协同，促进大中小微企业优势互补，推动城镇与农村双创同步发展，形成各类双创主体合力汇聚、活力迸发的良性格局。

——强化平台支撑、加速要素聚集。充分发挥市场配置资源的决定性作用，整合政府、企业、社会等多方资源，建设众创、众包、众扶、众筹支撑平台，健全创新创业服务体系，推动政策、技术、资本等各类要素向创新创业集聚，促进多元化供给与多样化需求更好对接，实现优化配置。

——加强舆论引导、弘扬创新文化。大力弘扬创新文化，厚植创业沃土，营造敢为人先、宽容失败的良好氛围，推动创新创业成为生活方式和人生追求。践行共享发展理念，实现人人参与、人人尽力、人人享有，使创新创业成果更多更公平地惠及民众，促进社会公平正义。

二、大力促进科技成果转化

加强知识产权保护，着力促进技术成果交易，提升创业服务能力，建立健全激励机制，共享创新资源，重点突破科技成果转移转化的制度障碍，加速科技成果向现实生产力转化。

（一）探索建立完善知识产权快速协同保护体系，创造条件设立知识产权维权援助工作站和知识产权维权援助工作分中心，搭建快速维权、仲裁调解、司法衔接相联动的知识产权保护机制。提升专利信息公共服务能力，重点在发展代理服务、法律服务、信息服务、商用化服务、知识产权咨询服务和知识产权培训服务等方面进行尝试，培育建立专业化、规模化和规范化的知识产权服务机构，进一步完善知识产权运用体系和运营服务体系。（市知识产权局牵头负责）

（二）探索建立知识产权与投资、信贷、担保、保险等领域相结合的知识产权金融服务机制，推动科技成果、专利等无形资产价值市场化，促进知识产权与基金、证券、保险等结合的新型服务模式创新发展。探索开展专利权质押融资工作，支持鼓励保险公司为企业专利权质押融资提供保证保险服务，将专利权质押贷款纳入风险补偿范围。（市知识产权局、市财政局、市科技局、市科协等单位按职责分工负责）

（三）建立以企业为主体、以市场为导向、产学研结合的创新平台，率先在新材料、生物医药、信息技术等战略性新兴产业领域，组建重点产业知识产权联盟；对接省上政策规定，探索建立利用财政资金形成的科技成果限时转化制度，利用兰州科技大市场等平台的作用，促进科技成果与投资信息有效对接，加速重大科技成果转化应用。财政资金支持形成的科技成果，除涉及国防、国家安全、国家利益、重大社会公共利益外，有较强市场潜力的，在合理期限内未能转化的，可按国家规定强制许可实施转化。（市科技局、市知识产权局、市财政局、市发展改革委等部门按职责分工负责）

（四）引导众创空间向专业化、精细化方向升级，依托行业龙头企业、高校和科研单位，在新材料、新能源、生物医药、电子信息等重点领域建设专业化平台型众创空间，紧密对接实体经济，有效支撑我市经济结构调整和产业转型升级。探索将创投孵化器等新型孵化器纳入科技企业孵化器管理服务体系，并享受相应扶持政策。（市科技局牵头负责）

（五）推动高校、科研单位落实国家科技成果转化法律法规和政策，强化激励导向，提高科研单位成果转化效率。对接省上相关政策，建立科研机构、高校科技成果转化绩效评估体系，将科技成果转化情况作为对相关单位及人员评价、科研资金支持的重要内容和依据之一，并对科技成果转化绩效突出的相关单位及人员加大科研资金支持。按照国家和省上部署要求，进一步扩大高校、科研单位自主权，激发科研单位和科技人员创新创业积极性。（市科技局、市人社局、市财政局、市审计局、市教育局等部门按职责分工负责）

（六）引导高校、科研单位、大型企业、技术转移机构、创业投资机构、科研平台（基地）等，将科研基础设施、大型科研仪器、科技数据文献、科技成果等向创新创业者开放。创造条件建立统一开放的网络管理平台，将财政资金购置的科研设施与仪器纳入全市科研公共服务网络进行管理，鼓励探索仪器设备所有权和经营权分离机制，探索引入专业服务机构进行社会化服务等多种方式。（市科技局牵头负责）

（七）加强科技创新平台建设，结合优势资源，吸引有关企业、科研单位、高校、社会团体以及个人在陇南设立研发机构，加快提高我市科技成果转化能力和创新创业能力建设。加快建立开放共享的评价体系和奖惩办法，进一步开放现有科研设施和资源，推动科技成果在全社会范围实现共享和转化。（市发展改革委、市科技局等单位按职责分工负责）

三、拓展创新创业融资渠道

加强金融财税政策支撑，鼓励金融机构加大金融产品创新和信贷支持力度，优化财政资金投入方式，积极吸引社会资金发展创业投资，逐步破解创新创业企业融资难的问题。

（一）引导银行业小微企业金融服务由高速增长转向高质量发展，督促各银行业金融机构继续制定落实全口径小微企业信贷计划，确保信贷投放；加大续贷政策落实力度，加强续贷产品的开发和推广，支持正常经营的小微企业融资周转“无缝衔接”。督促银行业金融机构积极拓展基础金融服务广度和深度，继续下沉经营管理和服务重心，延伸基础金融服务网络。加快推进农村基础金融服务“村村通”工程，综合运用便民服务点、电子机具、流动服务站、互联网等多种形式向服务空白行政村延伸金融服务，不断丰富农村基础金融服务内容，积极推动银行网点服务升级，加快线上网络渠道建设，提供优质、高效的普惠金融服务。督促农村中小法人机构进一步坚持服务地方经济和小微企业的发展方向，向县域和乡镇等小微企业集中地区延伸网点和服务，提高小微企业金融服务便利度、满意度和可获得性。（陇南银监分局牵头负责）

（二）鼓励银行业金融机构创新科技贷款产品和服务，探索和推广知识产权、特许经营权、股权、债权、应收账款等无形资产抵质押等多种融资方式，以及产业链融资、互联互保等契合技术创新特征的融资产品。鼓励保险机构开发符合科技成果转化特点的保险品种，为科技成果转化和产业化提供保险服务。引导辖区银行业金融机构对具有技术创新的项目或企业贷款，给予更高的风险容忍度。持续优化科技型中小企业直接融资机制，利用小微企业集合票据、集合信托和短期融资券等多种融资手段，拓宽小微企业直接融资渠道。（人行陇南市中心支行、市科技局、市知识产权局、陇南银监分局等单位按职责分工负责）

（三）进一步优化财政资金、国有资本参与创业投资的投入、管理与退出标准和规则，建立完善与其特点相适应的绩效评价体系。支持具备条件的国有创业投资企业开展混合所有制改革试点，探索地方政府融资平台公司转型升级为创业投资企业，依法依规豁免国有创业投资机构和国有创业投资引导基金国有股转持义务。（市财政局、市国资委等部门按职责分工负责）

（四）落实创业投资企业有关税收优惠政策，引导社会资本参与创业投资。依托第三方征信机构，完善创业投资企业、创业投资管理企业及其从业人员信用记录，实现创业投资领域信用记录全覆盖。（市财政局、市国税局、市地税局、市发展改革委等部门按职责分工负责）

（五）积极争取省财政新兴产业创业投资引导专项基金，鼓励有条件的县区设立创业基金，重点对新能源、新材料、生物制药、节能环保、信息技术、装备制造等行业倾斜支持，扶持创新创业发展。加快投融资体制改革，加大对创业项目的金融扶持力度，进一步完善“3+1”金融支撑体系，创新推出各种金融信贷产品，充分发挥陇南龙江金融服务公司作用，为科技型中小企业提供必要的融资增信服务，支持其发展壮大。鼓励金融机构在贷款额度和期限确定、还贷方式、抵质押品、担保方式等方面不断创新，提高科技创新企业信贷获得能力。尽快在各县区组建陇南富民产业发展分公司，加快培育发展扶贫产业。进一步规范财政资金设立创业投资引导基金的管理机制，建立完善对引导基金的运行监管机制、财政资金的绩效考核机制和基金管理机构的信用信息评价机制，有效发挥各类基金的带动作用。（市发展改革委、市科技局、市工信委、市财政局、市国资委、市金融办等部门按职责分工负责）

（六）宣传鼓励申请省科技创新券，逐步扩大科技创新券的支持领域，推进科技资源开放共享，有效促进科技创新供需对接。（市科技局牵头负责）

四、促进实体经济转型升级

着力抓好“互联网+”行动计划、“中国制造2025甘肃行动纲要”、军民融合发展等重大举措的深入实施，加强创新创业支撑平台建设，培育新兴业态，发展分享经济，以新技术、新业态、新模式推动传统产业改造升级，不断增强核心竞争力，实现新兴产业与传统产业协同发展。

（一）积极实施“互联网+”行动计划，引进“互联网+”和信息技术高端人才，建立“互联网+”产业园及孵化器，大力推进“大数据”、云计算、物联网等信息产业发展及军民融合产业发展。（市工信委、市科技局、市教育局、市委网信办、市信息化办等部门按职责分工负责）

（二）全力创建国家电子商务示范市，加快推进国家电子商务进农村示范县、阿里巴巴千县万村项目建设。组建电商投融资平台，大力扶持精品网店，创建陇南特色网货供应平台，健全完善电商物流配送中心，进一步健全电商综合运营体系。（市电商发展局、市商务局、市农牧局、市林业局、市扶贫办等部门按职责分工负责）

（三）推进市级科技计划项目管理及资金管理改革，创新科研管理、投入和经费使用方式，加强基础研究，提升原始创新能力。加强科技创新创业服务机构的建设，聚集整合各类创新创业资源，提高创新效率和水平。（市科技局、市财政局、市审计局等部门按职责分工负责）

（四）强化企业创新主体地位，重点支持有色冶金、白酒酿造、农产品加工等领域研发和应用新技术、新工艺。组建油橄榄、核桃、茶叶、中药材等省级工程技术研发中心，提高特色优势产品研发水平。加大科技型企业培育发展力度，吸引科技型企业落户陇南，扶持科技型中小企业加快发展。加强知识产权保护，依法严厉打击对注册商标、地理标志产品的侵权违法行为。（市发展改革委、市工信委、市农牧局、市林业局、市科技局等部门按职责分工负责）

（五）实施大众创业、万众创新行动计划，开展“创客陇南”活动。依托国家级星创天地、省级科技孵化器和众创空间，有效支持科技成果转移转化。发挥主干企业带动作用，引导创新资源向骨干企业集聚，扶持政策向骨干企业倾斜，组建以骨干企业为主导的产业技术创新联盟，鼓励和支持企业成为创新主体、产业主体，推动信息服务企业、电信企业、终端厂商、设备制造商、基础软硬件企业等上下游融合创新，不断激发企业技术创新的内生动力。全面开展各类“双创”活动，打造一批省、市级创业创新平台和新型孵化器，不断激发企业创新创业的活力。（市发展改革委、市工信委、市国资委、市工商联等单位按职责分工负责）

（六）支持和引导各类市场主体积极探索分享经济新业态新模式，促进分享经济健康快速发展。探索建立政府、平台企业、行业协会以及资源提供者和消费者共同参与的分享经济多方协同治理机制。针对分享经济特点，不断完善纳税人分类分级管理、大数据风险管理和加强事中事后管理监管等具体措施，明确追责标准和履责范围，促进行业规范发展。进一步加强与签订涉税信息共享单位的合作，扎实推进税收社会共治。（市发展改革委、市人社局、人行陇南市中心支行、市工商局、市国税局、市地税局、市委网信办等单位按职责分工负责）

（七）深入贯彻国家促进数字经济发展战略纲要，提升市场配置资源效率，统筹协调推进经济社会各领域数字化应用发展，加速数字化转型，引领和适应数字经济发展。抢抓“一带一路”建设战略机遇，积极参与省上建设“丝绸之路信息港”，整合信息资源，强化数字经济交流与合作。对金徽集团、祥宇油橄榄集团等企业实施智能化升级改造，形成一批自动化、智能化高端设备产品，提高生产制造监管的数控化、智能化水平。（市工信委牵头负责）

（八）认真贯彻落实《新产业新业态新商业模式统计监测制度》，切实做好“三新”统计监测和众创、众筹、众扶、众包统计监测，力争准确科学反映我市经济结构优化升级的新进展。（市统计局牵头负责）

（九）积极落实国土资源部等部委《关于支持新产业新业态发展促进大众创业万众创新用地的意见》及省上相关政策规定，加大用地保障力度，优先安排新产业发展用地，引导新产业集聚发展，支持生产性、科技及高技术服务业发展，采取差别化用地政策支持新业态发展，鼓励盘活利用用现有用地，完善新产业用地监管制度。（市国土资源局牵头负责）

（十）贯彻落实国家、省上关于促进首台（套）重大技术装备示范应用的意见，全面落实和争取国家、省上有关财政、金融、保险等方面的支持政策，按照相关招标采购要求，建立示范应用激励和保障机制，营造良好的政策和市场环境。（市发展改革委牵头负责）

（十一）积极争取省财政专项基金，鼓励有条件的县区设立创业基金，扶持创新创业加快发展。推动政府职能从研发管理向创新服务转变，完善科技创新投融资政策，充分发挥政府资金在科技投入中的引导作用，全面落实鼓励科技创新的税收优惠政策。抢抓国家加快战略性新兴产业发展的机遇，认真谋划、储备一批新材料、生物医药、清洁能源、信息技术应用等方面的项目，积极争取国家和省上支持，加快推进我市产业发展关键领域和瓶颈环节技术改造。（市发展改革委、市科技局、市工信委、市财政局、市国资委等部门按职责分工负责）

五、激发人才创新创业活力

落实科技创新30条有关人才激励方面的扶持政策，深化分配机制改革，着力引进高层次人才队伍，加大各类技能型人才的培养，推动高校、科研单位、企业人才交流互动，加快形成规模宏大、结构合理、素质优良的创新创业人才队伍。

（一）进一步改革人才引进落地支持政策，构建统一规范的人力资源服务体系和多层次、多元化的就业创业服务体系，简化事业单位高层次人才、高技能人才招聘程序。认真组织实施外国人才签证实施办法，明确申请和取得人才签证的标准条件和办理程序。积极引进外国高层次人才，为外国高端人才出入境开辟绿色通道。依托社会公共服务体系，落实外国高层次人才服务“一卡通”试点工作要求，探索建立安居保障、子女入学和医疗保健服务通道，为外国人才及其配偶、未成年子女落实待遇等提供一站式高效便捷服务。进一步完善外国人才由工作居留向永久居留转换机制，实现工作许可、签证和居留有机衔接。（市人社局、市公安局等部门按职责分工负责）

（二）认真落实鼓励优秀外国留学生毕业后在华创新创业政策，按照公安部授权要求，做好外国留学生凭国内高校毕业证书、创业计划书，可申请加注“创业”的私人事务类居留许可；注册企业的外国留学生，凭国内高校毕业证书和企业注册证明等材料，可申请工作许可和工作类居留许可；获得硕士及以上学位的外国留学生，符合一定条件的，可直接申请外国人来华工作许可和工作类居留许可。（市公安局、市人社局等部门按职责分工负责）

（三）认真组织实施人社部留学人员回国创业启动支持计划，不断加大留学回国人员创新创业政策扶持和资金支持力度，优化服务环境，吸引更多高素质留学人员创新创业。（市人社局、市外事侨务办、市公安局、市科协等单位按职责分工负责）

（四）赋予高校和科研单位在科研立项、职称评审、薪酬分配等方面必要自主权，引进创新创业急需人才。事业单位引进高层次人才和招聘急需紧缺人才，可简化招聘程序。事业单位承担国家、我省及我市重大研究项目或课题，本单位人员无法满足工作需要，需引进高层次人才等情况的，可申请设置特设岗位。特设岗位不受事业单位岗位总量、最高等级和结构比例限制，完成工作任务后按管理权限予以核销。（市人社局、市教育局、市科技局等部门按职责分工负责）

（五）鼓励各类社会组织、科技社团开展双创工作，充分发挥各类创业就业示范基地作用，为创业企业和科技人员、大学生等提供专业化的创业培训、科技咨询、评估鉴定等服务。鼓励陇南师专、市经济林研究院等高等院校、科研院所专业技术人员离岗创业，建立健全科研人员双向流动机制。加大创新创业典型人物和案例的宣传力度，进一步引导和推动各类科技人员投身创新创业大潮。（市发展改革委、市科协等单位按职责分工负责）

（六）完善支持政策和措施，依托“4+2”农村农业发展工程50个市级农业特色示范点（园）、100个重点扶持的农业龙头企业和合作社，筛选一批现代农业产业园（区）、农民专业合作社、农业规模种养基地等，建设一批星创天地，整合创建一批具有区域特色的返乡人员创业创新园区（基地），建立开放式服务窗口，完善一站式服务，为返乡下乡人员提供良好的创业创新环境。积极建设国家和省级农业科技园区等平台，实施省级农民工返乡创业示范县创建活动，着力培育特色优势产业，带动和引导返乡人员创新创业，发展科技型农业经营主体，延伸农业产业链。制定《陇南市鼓励科技人员创办领办农业特色产业示范园实施方案（2018—2020年）》，进一步落实创新驱动发展战略，激发广大科技特派员创新创业热情，通过科技特派员创办领办农业特色产业示范园来推进我市农业特色产业发展，加快实现农业现代化步伐。支持农业产业化龙头企业、农民专业合作社等新型经营主体采取人才引进、股权合作、技术转让等方式，吸引返乡人员创业创新，实现合作共赢。（市农牧局、市人社局、市国土资源局、市科技局等部门按职责分工负责）

（七）结合实际制定灵活的引才引智政策，采取短期聘用、项目合作、兼职挂职、学术交流等方式，以用为本，促进人才资源合理流动，解决关键领域高素质人才稀缺等问题。（各县区政府负责）

六、创新政府管理方式

深入推进“放管服”改革，扎实开展“转变作风改善发展环境建设年”和“深化放管服改革突破年”活动，认真贯彻落实《陇南市人民政府关于深化“放管服”改革推进政府职能转变的实施意见》和《陇南市人民政府办公室关于印发陇南市推行“一窗办、一网办、简化办、马上办”改革实施方案》精神，加快政府职能转变，提升行政效能，优化发展环境，推动形成政府、企业、社会良性互动的创新创业生态。

（一）严格落实公平竞争审查制度和实施细则，健全公平竞争审查机制，逐步清理废除妨碍统一市场和公平竞争的规定和做法，为创新创业营造统一开放、竞争有序的市场环境。（市发展改革委、市财政局、市商务局、市工商局等部门按职责分工负责）

（二）深入推进商事制度改革，加快“多证合一”登记制度改革，将信息采集、记载公示、管理备案等涉企登记、备案有关事项进一步整合到营业执照上，做到能整合的尽量整合、能简化的尽量简化，推动实施一个窗口登记注册和限时办结。逐步推动取消企业名称预先核准，推广自主申报。实行企业简易注销，逐步推行个体工商户简易注销登记改革试点，实现市场主体退出便利化。广泛应用电子营业执照管理系统，推动无介质电子营业执照发放和应用。（市工商局牵头负责）

（三）加大事中事后监管力度，认真落实《甘肃省市场监督管理随机抽查办法》，结合实际制定“双随机、一公开”工作实施方案及考评标准，健全和完善“四库一细则”，依法开展市场随机抽查工作，健全跨部门、跨行业执法协作机制，推进市场监管领域综合执法改革。（市工商局、市编办、市法制办等单位按职责分工负责）

（四）积极落实国家跨省经营企业部分涉税事项全国通办要求，在办税服务厅开设立全国通办业务窗口。全面落实银行卡在线缴税业务，实现纳税人通过电子税务局网页版或手机APP银行卡缴税功能，为无三方协议的纳税人提供缴税服务。联合开展国地税政策业务培训，推动“一窗式”联合办税服务工作，确保联合办税畅通、安全、平稳。按照全面加强协作，进一步推进“银税互动”工作的要求，深化完善运行机制，积极推动银税信息“线上”互动。（市国税局、市地税局牵头负责）

（五）按照省政府办公厅《关于做好支持创新相关改革举措推广落实工作的通知》（甘政办发〔2017〕180号）要求，加快推广支持创新的相关改革举措，进一步加大支持创新的力度，为创新发展提供更加优质的服务。（市发展改革委、市科技局、市财政局、市工信委等部门按职责分工负责）

（六）进一步加大支持创新的力度，为创新发展提供更加优质的服务。加强对创新文化的宣传和舆论引导，按照全省开展“双创活动周”总体部署，举办好我市“双创活动周”系列活动，为创新创业营造良好的社会环境。（市发展改革委、市科技局、市工信委、市教育局、市科协等单位按职责分工负责）

各县区、各部门要进一步增强对深入推进大众创业、万众创新重要性的认识，切实履职尽责、密切配合、勇于探索、主动作为，及时总结经验，加强监督检查，确保各项政策落到实处，推进大众创业、万众创新深入发展，为全面实施创新驱动发展战略、培育壮大新动能、改造提升传统动能、促进经济转型升级提供有力支撑。

陇南市人民政府
2018年5月30日

青海省

青海省人民政府
关于推动各类产业园区改革和创新发展的意见

（青政〔2018〕13号）

为深入贯彻党的十九大精神，进一步激发园区发展活力和改革创新动力，根据国务院办公厅《关于促进开发区改革和创新发展的若干意见》（国办发〔2017〕7号）精神，结合我省实际，提出如下意见。

一、准确把握园区发展的形势

（一）取得的主要成绩。近年来，在省委、省政府的坚强领导下，全省各级、各类产业园区依托政策、区位、资源优势，充分发挥要素集聚功能，呈现多点开花、竞相兴起、蓬勃发展的态势。园区数量规模不断扩大，现有工业园区25个，农牧业园区43个，服务业集聚区14个。园区带动力明显提升，2017年，西宁、柴达木、海东三大工业园区规上工业达到全省规模以上工业增加值的63.8%。创新能力不断增强，已建成国家级重点实验室2个，国家地方联合工程研究中心13个，省级重点实验室25个，省级工程技术研究中心42个。全省生产力布局向园区倾斜、产业向园区集中、要素向园区流动、企业向园区聚集的大格局正在形成，经济园区化、园区产业化、产业集聚化特征明显，园区经济已成为带动全省经济发展的火车头和主战场。

（二）存在困难和问题。全省园区发展虽然取得良好成绩，但起点低、底子薄、差距大、缺特色的问题依然存在，尤其是在经济下行压力持续加大的背景下，园区发展短板凸显，新旧动能转换接续不畅，转型升级需求迫切，产业体系有待优化；园区管理难以适应新形势新要求，机构服务功能尚显不足，体制机制有待进一步创新；园区优惠政策趋于老化，传统优势明显弱化，招商引资吸引力不强，亟待改革创新增添新的优势；园区规划缺乏前瞻性，基础设施建设滞后，配套服务功能不足，产城融合发展有待提升；人才支撑不足，技术研发能力弱，产学研融合渠道不畅，供给体系质量和效率有待进一步提高。

（三）面临的形势和机遇。党的十九大明确指出“坚定不移把发展作为党执政兴国的第一要务，坚持解放和发展社会生产力，坚持社会主义市场经济改革方向，推动经济持续健康发展”，为我们今后发展提供了遵循，指明了方向。青海发展底子薄、任务重，发展不平衡不充分的矛盾十分突出。由于省情特殊、责任特殊，要解决突出矛盾和问题，推动全省经济持续健康发展，必须牢固树立新发展理念，认真履行生态保护第一责任，依据主体功能定位、依托各类产业园区，走集中集约发展的路子。以习近平同志为核心的党中央对园区工作十分重视，《中共中央国务院关于构建开放型经济新体制的若干意见》《国务院办公厅关于促进开发区改革和创新发展的若干意见》（国办发〔2017〕7号）等文件，对规范园区发展，促进园区改革和创新提出了明确要求。省第十三次党代会提出“推动园区、开发区转型升级，打造更多百亿企业、千亿园区”，为我省园区转变发展方式，推进绿色发展、集聚发展进一步明确了任务，增强了动力。当前，新一轮科技革命和产业变革蓬勃兴起，供给侧结构性改革深入推进，“四新经济”加快发展，正处在新旧动能接续转换的关键时期，为我省园区创新发展提供了广阔的市场空间。经过多年的发展，我省各类园区奠定了坚实的产业基础，形成了特色高效的管理体系，具备了人才、资金、技术等要素的集聚条件和优势，产业技术水平和核心竞争力正在提升，为推动全省园区经济实现更长时期、更高水平、更好质量的发展提供了有力保障。

二、推动园区改革创新的总体要求

（一）指导思想。

深入贯彻党的十九大精神，以习近平新时代中国特色社会主义思想为指引，全面落实“四个扎扎实实”重大要求和省第十三次党代会部署，着力推动“四个转变”，以深化供给侧结构性改革为主线，以建设现代化经济体系为目标，加快推动园区经济发展质量变革、效率变革、动力变革，提高全要素生产率，着力构建绿色环保、特色鲜明、优势突出、可持续发展的新青海现代产业体系，完善政策体系，加快转型升级，增强集聚功能优势，把各类园区建设成为新兴产业发展的引领区、高水平营商环境的示范区、大众创业万众创新的集聚区、开放型经济和体制机制创新的先行区、现代化经济体系的主阵地，引领壮大全省和各地区经济实力、科技实力，形成推动全省经济增长的强大动力。

（二）基本原则。

坚持创新发展，着力破解体制机制障碍，理顺园区管理体制，创新园区运营模式，强化园区精简高效的管理特色，提升精细化管理水平，增强科技创新能力，以改革创新激发新时期园区发展的动力和活力。

坚持协调发展，落实主体功能区规划，统筹各地各类园区发展，优化园区布局，健全园区产业体系，完善园区服务功能，形成有序推进、错位发展、协调互补的新发展格局。

坚持绿色发展，走绿色低碳循环发展之路，构建市场导向的绿色技术创新体系和产业体系，加强生态环境保护，推进资源全面节约和循环利用，实现生产系统和生活系统循环链接。

坚持开放发展，积极融入“一带一路”和长江经济带等国家战略，扩大对内对外开放，深化与援青省市、央企的全方位交流合作，解放思想，全面加强国内外产业合作，增添共同发展新动力，发展更高层次的开放型经济。

坚持共享发展，建立园区和地方一体化经济发展机制，促进产城融合发展和乡村振兴，发展飞地经济，构建区域利益分享机制，促进城乡、产业、生活和生态功能相互渗透与融合。

（三）发展目标。

总体目标：通过改革和创新发展，全省各类产业园区管理体制机制明显理顺，营商环境明显优化，基础设施条件明显改善，人才集聚优势明显扩大，科技创新能力明显提升，供给质量和效率明显提高，绿色发展进程明显加快，有效促进我省产业向全球价值链中高端稳步迈进。构建起国家、省、市（州）、县四级园区梯次推进、协同发展，工业、农牧业、服务业三次产业差异化布局、特色化发展的新格局，培育形成若干先进产业发展集群，园区经济成为我省增长动能加快转换，经济健康快速可持续发展的主要支撑。到2020年，全省各类产业园区生产总值占全省GDP比重达到45%以上，到2025年，达到50%以上。

工业园区：三大工业园区和青海国家高新技术产业开发区规模进一步壮大，县域工业产业园区发展迅速，传统产业竞争力增强，战略性新兴产业快速发展。到2020年，全省各级工业园区规上工业增加值达到全省规上工业增加值的80%以上，到2025年，达到85%以上。

农牧业园区：充分发挥科技研发、示范和辐射带动作用，促进一二三产业融合发展，培育新型农业经营主体，打造高原绿色农畜产品优势品牌，提高整体效益。到2020年，全省农牧业产业园实现增加值达到全省农牧业增加值的60%以上，到2025年，达到70%以上。

服务业集聚区：按照产业集中、发展集约、资源共享、功能互补的原则，建成一批商贸、物流、金融、科技、文化创意、众创空间、健康养老等主导产业突出、辐射带动力强的现代服务业集聚区。到2020年，全省服务业集聚区实现增加值达到全省服务业增加值的25%以上，到2025年，达到30%以上。

三、统筹优化园区形态和布局

（一）明晰发展定位。坚持以产业发展为主，突出生产功能，科学规划功能布局，统筹生活区、商务区、办公区、生态区等设施建设，避免同质化和低水平重复建设，形成优势互补、错位发展的良好格局，成为本地区先进制造业、高新技术产业、现代农牧业和现代服务业集聚发展平台。工业园区重点推进资源要素集聚集约，带动全省经济结构优化升级。农牧业产业园区以种养基地为依托，促进生产、加工、物流、服务等相互融合发展。服务业集聚区打造形成资源集合、服务集成的特定功能区域，成为推进新型城镇化建设的主要载体。

（二）优化园区布局。省相关部门和市（州）人民政府要及时修编园区发展总体规划，落实主体功能区规划，推进“多规合一”，增强规划的科学性和权威性，坚持一张蓝图绘到底。构建以三大工业园区和青海国家高新技术产业开发区为主体，海北、海南等特色产业园为补充的现代工业体系。打造“三区一带”农牧业园区发展格局，加快建设东部特色种养高效示范区、环湖农牧交错循环发展先行区、青南生态有机畜牧业保护发展区和沿黄冷水养殖适度开发带。培育形成“一核、两翼、多点”服务业集聚区布局，以西宁为核心发展现代高端服务业集聚区，海东、海西作为两翼重点发展现代物流、信息技术等生产性服务业集聚区，环湖和青南等多点为主发展高原旅游、体育文化等生活性服务业集聚区。

（三）促进协同发展。鼓励各园区按照优势互补、产业联动、市场导向、利益共享的原则，开展投资合作。支持西宁与海西、海南在光伏光热等上下游产业链建立合理利益分配机制，调动各方积极性，最大限度发挥两个千万千瓦级清洁能源基地建设的联动效应。鼓励青南地区依据本地区特色优势资源，在三大工业园区设立飞地，构建利益分成向“飞出地”（青南地区）倾斜，优势产业向“飞入地”（三大工业园区）聚集，实现共同发展的新机制。深化国有企业改革，发展混合所有制经济，培育具有全球竞争力的一流企业。促进公平竞争，支持民营企业发展，激发和保护企业家精神，打破行政性垄断，放宽服务业准入限制。

（四）健全园区体系。根据全省产业发展布局，壮大国家级园区，做强省级园区，培育一批地方特色园区，形成国家级园区创新引领、省级园区支撑有力、地方园区各具特色的产业园区体系。国家级园区充分发挥主导作用，突出发展战略性新兴产业、特色优势产业，引领全省产业发展。省级园区加快推动要素集聚，优化营商环境，进一步明确主导产业、延伸产业链条、完善综合配套，带动区域经济结构转型升级。市（州）级和县级园区突出绿色化、轻型化、特色化，强化中小企业培育，成为支撑地方经济发展的增长极。鼓励以国家级和发展水平高的省级园区为主体，整合区位相邻、相近的园区，对小而散的各类园区进行清理、整合、撤销，建立统一的管理机构、实行统一管理。

（五）规范园区设立升级管理。各级人民政府根据园区总体发展规划和当地经济发展需要，稳步有序推进各类园区设立、扩区和升级工作，每个县（市、区）的工业园区不超过1家。限制开发区域原则上不得建设工业园区，禁止开发区域严禁建设各类产业园区。国家级园区由省人民政府向国务院申请设立。省级园区由各市（州）人民政府向省人民政府提出申请，由省人民政府审批，并报国务院备案。省级以下园区设立原则上由相应的地方人民政府批复，并报省人民政府备案。对于按照核准面积和用途已基本建成的现有园区，在达到依法、合理、集约用地标准后，方可向当地人民政府申请扩区。发展较好的园区可按规定程序升级为上一级园区。

四、着力加快园区转型升级步伐

（一）提升科技创新能力。加快推进创新驱动发展战略，深化科技体制改革，建立以企业为主体、市场为导向、产学研深度融合的技术创新体系。建设一批园区支撑、企业主导的产业创新中心，突破一批关键技术，支撑引领战略性新兴产业发展，重点开展盐湖锂盐高纯化、锂离子动力电池及其关键材料产业化提升、铝镁合金深加工、先进晶体材料产业化、高原生物资源开发与利用、智能制造、环保装备产业化等方面的技术攻关，推动园区产业向价值链的高端攀升。继续实施高新技术企业和科技型企业“双倍增”及科技小巨人培育计划，落实好科技型企业财政税收奖补政策。抓好1个国家级和4个省级在建高新技术产业开发区建设，将高新区打造为全省创新驱动发展示范区、创新创业示范区、绿色发展引领区和创新型特色产业集群。在重点园区建成多个“四基”工程中心及重点实验室，支持园区企业建立工程技术研究中心等创新主体。支持企业加大研发投入，培育自主品牌。采取委托研发、技术许可、技术转让、技术入股以及共建研发机构等形式开展产学研用合作。鼓励园区设立专项资金，通过一次性资助、股权投资等方式，加快推进科技创新和成果转化。

（二）促进产业提档升级。继续推进重点园区率先发展战略，西宁经济技术开发区和青海国家高新技术产业开发区要大力改造提升传统产业，加快发展新能源、新材料、生物医药、高端装备制造、新一代信息技术、数字创意等战略性新兴产业，提高智能制造水平，建设具有行业重要影响力的研发制造基地，迈向价值链中高端。海东工业园区要致力于发展省内优势资源的延伸加工和产业配套，成为全省循环经济产业链的精深加工区，培育特色新兴产业，坚持“高新轻优”产业发展方向，积极承接国家中东部地区产业转移。柴达木循环经济试验区要加快盐湖化工、油气化工、煤化工、有色金属等基础原材料产业改造升级，促进新兴产业加快发展，建成具有国际影响力的镁材料、锂材料产业基地，打造国家重要的盐化产业基地和可再生能源发电基地。

（三）推进绿色循环发展。坚定不移推进可持续发展战略，构建市场导向的绿色技术创新体系，发展绿色金融，壮大节能环保产业、清洁生产产业、清洁能源产业。搭建资源共享、废物处理、服务高效的公共平台，推动企业循环式生产、产业循环式组合，促进废物交换利用、能量梯级利用、水的分类利用和循环使用，实现绿色循环低碳发展。鼓励产业园区推进绿色工厂建设，实现厂房集约化、原料无害化、生产洁净化、废物资源化、能源低碳化。支持园区根据实际情况设立专项资金，对绿色低碳循环发展项目、节能类技改项目、循环经济类改造项目给予资金扶持。

（四）支持公共平台建设。着力推进大平台发展战略，将园区的公共信息、技术、物流等服务平台纳入基础设施建设规划。围绕特色优势产业，重点在新能源、新材料、特色生物、智能制造等领域，先行布局一批开放式共性技术创新平台。支持专业化机构建设科技研发、成果转化和创新创业平台，推动国家和省级重大科研基础设施和科学数据、仪器设备向各类创新主体开放共享，发挥创新平台引领辐射示范作用。重点园区建设物流公共信息平台和货物配载中心，发展大宗商品交易结算中心，推动钾肥等工业品网上交易，促进上下游企业协同发展，提高物流运输效率。加强园区企业检验检测、研发设计、维护保养等专业服务和高技术服务平台建设，鼓励企业内部专业化服务向外延展。推进农牧业产业园区搭建各类农牧业生产服务平台，加强农资配送、病虫害防治、测土配方施肥、种养过程监控等服务。

（五）提升基础设施水平。全面推进补齐短板发展战略，持续加大投入，力争重点园区在2020年实现“九通一平”（通市政道路、雨水、污水、自来水、天然气、电力、电信、热力、有线电视管线和土地平整），积极推行“新九通一平”，即信息通、市场通、法规通、配套通、物流通、资金通、人才通、技术通、服务通和面向21世纪的新经济平台。推进海绵型开发区建设，增强防涝能力。推进实施“互联网+”行动，建设智慧、智能园区。加大县域工业园区（创业孵化园）基础设施建设力度，支持标准化厂房及附属设施建设。充分利用循环经济发展基金、政府和社会资本合作（PPP）模式撬动社会资本加大对园区基础设施投资力度。鼓励政策性、开发性、商业性金融机构创新金融产品和服务，支持园区基础设施建设。

（六）扩大经济技术合作。积极推进高水平开放发展战略，坚持引进来和走出去并重，遵循共商共建共享原则，加强创新能力开放合作。力促园区在融入国家“一带一路”战略、东西部合作等方面发挥引领作用。促进国际产能合作，鼓励园区企业与“一带一路”沿线国家在新能源、新材料、轻工纺织、动植物资源精深加工、矿产开发等方面取得突破，培育一批国际知名品牌，打造若干外向型高新技术产业。支持曹家堡保税物流中心（B型）扩大业务范围，逐步由单一保税物流中心转型升级为综合保税区。支持西宁市申报设立综合保税区。承接国家中东部产业协同转移，加强在能源资源、科技创新等领域合作，共同推进资源开发和转化。加强与援青省市、援青央企的产业对接和项目合作，支持援青产业园区建设发展。鼓励援受双方发展“飞地经济”，探索互惠互利的合作模式。

五、改革创新园区管理体制

（一）理顺园区管理关系。按照精简高效的原则，进一步整合优化内设机构，厘清责权利关系，形成地方和园区发展合力。三大工业园区和青海国家高新技术产业开发区实行“省属市（州）管”，其他行业性国家级、省级园区由市（州）人民政府管理，业务接受省行业主管部门指导，园区范围内社会事务由所在地人民政府管理。市（州）级、县级园区管理体制由同级地方人民政府确定。各市（州）要加强对园区与行政区的统筹协调，理顺园区财政管理机制，设立园区财政机构或设置财政专户。“一区多园”的子园区按照统一规划、统一政策、因地制宜、激发活力的原则，由管委会商所在市（州）人民政府研究确定管理体制。对于区域合作、政企合作共建的产业园区，共建各方应理顺管理关系，建立合理的投入、运营、分配机制。

（二）加大简政放权力度。赋予园区管委会更多的管理权、决策权、自主权，除国家规定由省级人民政府或省级职能部门审批事项外，各部门要将能够赋予园区的经济管理权限，依照法定程序下放园区，做到“应放尽放”，对不能下放的授权园区代为办理。园区企业需由所在地人民政府部门逐级转报的审批事项，由园区管理机构直接报送省级部门。对于具有公共属性的审批事项，由园区内企业分别申报调整为以园区为单位进行整体申报。提升园区管理和服务效率，鼓励推进“最多跑一次”改革，严格落实“710”工作制度，实行“一窗受理、一次办结”。探索园区综合执法，由政府依法授予行政执法权，推广环保、安全生产、食品安全等统一联合、一次执法。加快制定园区权责清单，加强对园区的业务指导，提高园区业务承接能力，对园区出具的审批文件省内各相关单位应予以认可。

（三）探索人事制度改革。赋予园区管委会用人自主权，试点实行领导任期制、全员聘任制和绩效工资制，与国内先进做法接轨。支持园区对管委会行政事业在编人员档案封存，实行全员竞聘，全国招聘，干部能上能下，形成竞争激励相结合的用人制度。允许园区自主制定人才引进政策，积极引进对园区发展“管用”的各类紧缺人才。通过“青海省高端创新人才千人计划”等重大人才工程，引进一批高科技人才和优秀创业团队。依托“青海省中端和初级人才培养计划”，以人才+精品项目的形式，加大对园区紧缺人才培训支持力度，在重点园区建设发展职业技术学校。建立人才信息平台，创新人才引育、评价、流动、激励、服务机制。园区可根据企业上年度经济贡献等情况，对企业高管和专业技术人员予以奖补。对符合园区产业发展导向，企业引进的高层次人才按有关规定给予奖励和补助。认真落实省人力资源社会保障厅《关于支持和鼓励事业单位专业技术人员创新创业的实施意见》（青人社厅发〔2017〕160号），允许高校、科研院所等事业单位科研人员到园区科技型企业兼职兼薪。支持重点园区配套建设人才公寓。

（四）创新园区建设运营模式。引导社会资本参与产业园区建设，探索多元化的园区运营模式。支持各类所有制企业按照国家有关规定投资建设、运营产业园区，或者托管现有园区，享受园区相关政策。探索合作办园区的发展模式，鼓励通过PPP模式进行园区公共服务、基础设施类项目建设，社会资本在现有园区中建设运营特色产业园。支持同境内外社会资本合作，探索共办各具特色的“区中园”，形成多层次、多渠道、多方式的投融资体系。充分发挥园区相关协会组织作用，制定园区服务规范，促进园区自律发展。

（五）提升招商引资效率。认真落实省政府《关于进一步加强招商引资工作的若干意见》（青政〔2017〕70号），创新产业园区招商引资方式，注重以商招商、技术招商和“互联网+政府服务”招商，推动招商主体多元化，开展委托招商、中介招商、合作招商，提高招商质量和效率。加强招商项目前瞻性研究、储备，提高招商引资的针对性和科学性。鼓励园区结合实际制定出台招商引资优惠政策。引入一批科技含量高、综合实力强的企业集团参与我省资源开发、传统产业技术改造和新兴产业发展。开展重资产招商，园区代建厂房、代购生产设备、提供员工公寓等配套设施，吸引龙头企业轻资产“拎包入驻”。

（六）探索企业投资项目承诺制。对用能符合区域能耗总量和强度“双控”目标要求，污染物排放在区域评价允许限值内，符合城镇规划和土地利用总体规划要求的项目，且属于国家产业指导目录鼓励类的产业项目，试点实行企业投资项目承诺制。探索创新以政府政策指引、企业信用承诺、监管有效约束、失信严厉惩戒的“不再审批”和“零等待”管理新模式。对于未完成承诺事项的，项目不予通过联合验收，并追究相关责任人责任。对企业不新增建设用地的技术改造项目实行审批目录清单管理，清单以外项目实行承诺验收制度。

六、进一步强化园区发展政策保障

（一）加大财政支持力度。依据园区发展重点，逐步加大省级各类扶持资金切块下达规模，赋予园区统筹使用资金的自主权。探索创新省级以上园区财政管理模式，根据园区上年度经济贡献情况，视财力逐步加大对园区奖励扶持力度。园区土地出让金、耕地占用税、教育费附加等专项收入全部留归园区，支持园区发展。各市（州）、县级政府可根据自身财力，出台相应政策，加大对园区发展的财政支持力度。

（二）强化金融服务支撑。鼓励政策性银行和开发性金融机构对园区基础设施建设、公用事业项目及产业转型升级发展等方面给予中长期、低成本资金支持。加强科技与金融融合，为园区中小企业提供全方位、一站式投融资信息服务。建立从实验研究、中试到生产的全过程科技创新融资模式。鼓励金融机构、地方政府依法按市场化方式建立“贷款+保险保障+财政风险补偿”的融资风险化解新方式。引导金融服务企业减免融资中间环节费用或调整收费方式，适当调低担保、保险和抵押评估、登记等费用的费率。大力培育重点上市后备企业，有序推动符合条件的企业在多层次资本市场上市挂牌融资。支持重点项目通过债券市场筹措资金。支持符合条件的企业在全口径外债和资本流动审慎管理框架下，通过贷款、发行债券等形式从境外融入本外币资金。

（三）切实减轻企业负担。全面落实《青海省人民政府关于降低实体经济企业成本的实施意见》（青政〔2017〕43号）以及国家有关西部大开发、高新技术企业、小微企业等税收优惠政策。严格执行清理规范涉企收费有关政策，实行目录清单管理，及时调整涉企经营服务性目录清单，确保涉企收费项目和标准公开透明。降低要素成本，对园区企业网络使用费给予优惠，协调推进园区大用户水、气、热进行直接交易，制定鼓励企业优先使用中水的优惠政策。降低电力成本，支持符合条件的园区，按照相关规定积极探索园区增量配电、售电侧改革等试点，对园区供电等级35千伏及以上的用户，不受用电量限制，均可按自愿原则全电量参与电力直接交易。对园区新投产大工业用户，在试生产期间基本电费按实际运行容量收取。

（四）优化园区土地资源配置。园区土地利用计划和耕地占补平衡指标由其所在地人民政府统一协调平衡解决，各类园区用地均须纳入所在市、县用地统一供应管理。对园区内不涉及新增建设用地，在土地利用总体规划确定的城镇建设用地范围内使用已批准建设用地进行建设的项目，不再进行建设项目用地预审。园区内工业和生产性服务业项目，同一宗地只有一个用地意向的，可按相关规定采取协议出让方式供地。对新兴产业项目，可采取“租让结合、先租后让、长期租赁”方式供应土地。利用存量工业房产发展生产性服务业以及兴办创客空间、创新工场等众创空间的，可在5年内继续按原用途和土地权利类型使用土地，5年期满或涉及转让需办理相关用地手续的，可按新用途、新权利类型、市场价，以协议方式办理。强化建设用地开发利用强度、投资强度、人均用地指标整体控制，提高园区平均容积率，优化内部用地结构。园区建设用地基准地价按当地基准地价的80%执行。工业项目土地出让金可按《全国工业用地出让最低价标准》的10%—50%执行。以农、林、牧、渔业产品初加工为主的工业项目，土地出让价格可按不低于所在地等别标准的70%执行。

（五）强化环保安全监管。园区布局和建设必须执行环境影响评价制度，明确环境质量底线和资源利用上线，提出空间布局、总量控制、环境准入要求，强化园区规划环评与建设项目环评联动，与区域环境质量目标管理要求联动，推进园区环境保护措施和成果落地。园区应建设完备的工业废水、生活污水集中处理回用，固体废物集中处理处置等环境保护基础设施，以及环境质量监测、污染源监控、环境应急监测系统，支撑园区项目建设运行和环境保护工作。园区及区内企业要加强环境管理和污染防治，积极推进环境污染第三方治理。严格落实园区、企业环境保护所需的防护距离要求，促进产业发展与人居环境相和谐。加强安全生产管理，严格执行安全设施和职业卫生“三同时”制度，强化安全生产执法能力建设和安全监管责任体系建设。

（六）完善园区考核政策。建立园区综合评价考核体系，建立园区工作目标管理和绩效考核制度，对园区各项工作实行年度目标考核管理。将基础设施建设、招商引资落地、项目投资、生产总值、环境保护、安全生产等指标量化纳入考核范围。园区考核结果与奖惩措施挂钩，对考核结果好的园区优先考虑扩区、升级，加大政策支持力度；对考核结果不合格的园区，限制新增建设用地指标，提出警告，限期整改；对整改不力，特别是土地资源利用效率低、环保不达标、发展长期滞后的园区，予以降级或撤销。

（七）建立园区统计体系。统计部门要建立健全园区统计体系，将园区的开发程度、产业集聚度、技术创新能力、创新创业环境、单位土地投资强度、产出率、带动就业能力、经济效益、环境保护、安全生产、循环经济发展水平、能源利用效率、低碳发展、社会效益、债务风险等指标全面纳入统计范围，做到应统尽统，并将有关数据增加录入省统计局月度统计报表供有关地区、园区和部门使用。

本意见自印发之日起施行。

青海省人民政府
2018年2月2日

青海省人民政府关于强化实施创新驱动发展战略进一步推进大众创业万众创新深入开展的实施意见

（青政〔2018〕28号）

为全面贯彻落实《国务院关于强化实施创新驱动发展战略进一步推进大众创业万众创新深入发展的意见》（国发〔2017〕37号）和《国务院关于印发国家技术转移体系建设方案的通知》（国发〔2017〕44号）精神，进一步促进科技成果资本化、产业化，充分释放全社会创新创业潜能，在更大范围、更高层次、更深程度上推进大众创业、万众创新（以下简称“双创”），培育壮大经济发展新动能，结合我省实际，制定如下实施意见。

一、总体要求

（一）指导思想。以习近平新时代中国特色社会主义思想为指导，全面贯彻党的十九大精神，认真落实省第十三次党代会和省委十三届三次全会决策部署，坚持新发展理念，坚定不移实施创新驱动发展战略，以“四个转变”推动落实“四个扎扎实实”重大要求，坚持“融合、协调、共享”，以创新带动就业，创业促进创新，进一步优化创新创业生态环境，加强技术供需对接，激发创新主体活力，增强创新创业的发展实效。

（二）基本原则。

——创新引领、融合发展。把创新摆在全省发展的核心位置，强化科技创新基础支撑作用。坚持质量效率并重，以创新创业促进转型发展，增强产业活力和核心竞争力。

——改革为先、优化环境。把“双创”同深化国有企业改革、高校和科研院所体制机制改革以及群团组织改革结合起来，鼓励探索创新、先行先试，营造敢为人先、宽容失败的良好氛围。

——创新机制、以人为本。改革人才引进、激励、发展和评价机制，鼓励更多科技人员、中高等院校毕业生、留学回国人才、农民工、复转军人等有梦想、有意愿、有能力的群体投身创新创业。

——纵横联动、强化协同。加强科研机构、高校、企业、创客等各类主体协同联动，把“双创”有机融入到传统产业改造提升、新兴产业培育壮大全过程，形成多元主体合力汇聚、活力迸发的良性格局。

——市场主导、政府推动。优化资源要素市场化配置，整合政府、企业、社会等多方资源，建设众创、众包、众扶、众筹支撑平台，健全创新创业服务体系，推动政策、技术、资本等各类要素向创新创业集聚。

二、加速科技成果转化

（三）强化科技成果供给。围绕我省产业转型升级技术需求，强化重点产业关键领域重大技术研发，突破产业转型升级和新兴产业培育技术瓶颈，构建新能源、新材料、先进制造、现代生物、现代农牧业、生态环保、高原医疗卫生、新一代信息技术等八大绿色产业技术体系。在省级重大科技项目中明确成果转化任务，设立与转化直接相关的考核指标，完善“沿途下蛋”机制，拉近成果与市场的距离。引导高校和科研院所结合发展定位，紧贴市场需求，开展技术创新与转移转化活动。（省科技厅，各市州人民政府负责）

（四）建设技术转移体系。鼓励高校、科研院所建设专业化技术转移机构，建设一批聚焦细分领域的科技成果中试、熟化基地，推广技术成熟度评价，促进技术成果规模化应用。创新技术转移管理和运营机制，建立职务发明披露制度，实行技术经纪人聘用制，明确利益分配机制。引导各类创新主体和技术转移机构联合组建技术转移联盟，以技术交叉许可、建立专利池等方式促进技术转移转化。加快发展新型研发机构，探索共性技术研发和技术转移新机制。鼓励各类中介机构为技术转移提供知识产权、法律咨询、资产评估、技术评价等专业服务。（各市州人民政府，省科技厅，省科协按职责分工负责）

（五）建立市场化交易平台。建成全省科技成果信息汇交平台，完善科技成果信息共享机制，支持西宁科技大市场建设，提高科技成果就地转化率。鼓励各类机构通过技术交易市场等渠道发布科技成果供需信息，利用大数据、云计算等技术开展科技成果信息深度挖掘。落实技术开发、技术转让补助政策和税收减免优惠政策。（省科技厅、西宁市政府、省国税局、省地税局、省科协等按职责分工负责）

（六）促进科技资源开放共享。建设全省统一的科技资源开放共享网络管理服务平台，整合符合条件的大型科研设施与仪器及科技文献、科技数据、生物（种质）资源等科技基础条件资源并纳入平台，面向社会开展科技创新服务。以政府购买服务方式，鼓励科研资源开放共享。（各市州人民政府，省科技厅、省财政厅等按职责分工负责）

三、推进社会资源深度融合

（七）实施创新创业共享行动。鼓励高校、科研院所发挥自身优势，加强基础研究，提升原始创新能力，提高科技成果转化和创新创业能力，推动科技成果在全社会范围实现共享和转化。鼓励科研人员与创业者开展合作和互动交流，建立集群思、汇众智、解难题的众创空间。面向企业和社会创新难点，凝练和解决科学问题，举办各种形式的创新创业大赛，通过众包方式，提高创新效率和水平。建立利用财政资金形成的科技成果限时转化制度，对财政科技资金支持的应用研究和开发类项目，项目管理部门须与项目承担单位就项目形成的科技成果转化期限进行约定，并予以绩效评价。（各市州人民政府，省科技厅、省教育厅等按职责分工负责）

（八）开展创新创业协同行动。鼓励和支持大中型企业开放供应链资源和市场渠道，搭建全员创新创业平台，推动开展内部创新创业，促进大中小微企业融通发展。弘扬工匠精神，由学术带头人结合技术专长，积极推行创客平台化、小组化和创客团队“公司”化，推动个人创新向团队创新转变。支持创客围绕某一技术或工艺进行攻关，通过创客入股等方式鼓励创新，完善与创新成果相匹配的薪酬制度和激励机制。（各市州人民政府，省发展改革委、省国资委、省经济和信息化委、省科技厅等按职责分工负责）

（九）培育创新创业主体。重点推动微型企业上数量、小型企业上规模，加快小微企业“专精特新”发展。围绕上下游配套产业，培育扶持一批科技型、成长型小微企业，提高科技创新能力。鼓励文化教育、家政服务、养老健康、旅游休闲、信息服务等小微企业发展，支持发展电子商务等新业态。加快实施科技型企业、高新技术企业“两个倍增”工程和科技“小巨人”培育计划，开展龙头企业创新转型试点，加快培育和发展一批核心技术突出、集成创新能力较强、引领特色产业发展的创新型领军企业。落实国家科技型中小企业税收优惠政策。（各市州人民政府，省经济和信息化委、省科技厅、省财政厅、省文化新闻出版厅、省卫生计生委、省旅游发展委、省商务厅、省国税局、省地税局等按职责分工负责）

（十）打造特色“双创”载体。在2020年前，全省建成50个以上众创空间（星创天地）。全力推进西宁市等地区小微企业创业创新基地城市示范工作，加快青海高新技术产业开发区国家“双创”示范基地及全省小微企业创业创新示范基地建设。依托各类园区、高校和科研院所、骨干企业，布局建设100个区域、高校和科研院所、企业三种类型的大众创业万众创新示范基地，探索形成不同类型“双创”模式。（各市州人民政府，省发展改革委、省经济和信息化委、省科技厅、省财政厅牵头负责，省商务厅、省工商局、省教育厅、省人力资源社会保障厅、省科协等按职责分工负责）

（十一）加快信息数据共享发展。强化系统性设计，打破制约分享经济和数字经济发展的制度障碍，推动构建适应分享经济和数字经济发展的社会多方协同治理机制，完善新就业形态、消费者权益、社会保障、信用体系建设、风险控制等方面的政策和制度体系。促进各级政府部门开放数据资源，引导鼓励企业和个人对政府数据进行增值开发和创新应用，放大数据能量和价值。落实有关税收征管优惠政策，研究建立平台企业履职尽责与依法获得责任豁免的联动机制。研究制定全省网络安全和信息化、大数据、电子信息等领域地方标准，强化工业信息安全保障支撑能力。依法严厉打击泄露和滥用用户个人信息等损害消费者权益行为。（各市州人民政府，省发展改革委、省经济和信息化委、省人力资源社会保障厅、省工商局、省公安厅、省国税局、省地税局、省通信管理局、省网信办按职责分工负责）

四、拓宽企业融资渠道

（十二）加大信贷支持力度。支持金融机构按照“双创”企业生命周期，积极开发金融服务产品，合理设置“双创”企业流动资金贷款期限。推广“银税互动”融资模式，深化银税合作领域，拓展小额信用贷款受惠面。大力发展普惠金融，鼓励地方法人金融机构设立社区支行、小微支行、科技支行等，提高“双创”领域金融服务可得性。引导大型国有商业银行合理扩大基层支行信贷审批权限，在风险可控前提下，简化审批流程，降低准入门槛。支持商业银行优化小微企业信贷流程和信用评价模型，提高审批效率。（人行西宁中心支行、青海银监局、省国税局、省地税局等按职责分工负责）

（十三）强化投资基金支持。完善基金服务体系和基础服务设施建设，发挥创业投资、私募股权投资、产业投资基金作用，吸引各类股权投资基金落户青海，充分利用我省现有创业投资子基金，支持科技成果转化。落实创业投资企业和天使投资个人投向种子期、初创期科技型企业所得税试点优惠政策。（省金融办、省财政厅、省经济和信息化委、省国税局、省地税局等按职责分工负责）

（十四）实施科技创新券创业券政策。建立创新券创业券管理制度和运行机制，在西宁市、海西州等地区和青海高新技术产业开发区等区域发放一定额度的创新券，在“双创”示范基地等区域发放一定额度的创业券，建立完善创新券、创业券跨区域互通互认机制。（省科技厅、省财政厅、省发展改革委等按职责分工负责）

（十五）创新“双创”保险产品。加快发展科技保险、首台（套）重大技术装备保险，探索发展专利保险，推进现代科技与现代保险深度融合。加快发展信贷保证保险、履约保证保险、信用保险、借款人意外保险，积极发挥保险增信功能。（青海保监局、省科技厅等按职责分工负责）

（十六）加大资本市场助力作用。支持符合条件的企业在各类资本市场挂牌上市。鼓励支持青海股权交易中心为青年创意企业、初创企业及成长型企业提供符合其特点的融资渠道和发展平台，对挂牌、进行股份制改造并实现融资的中小微企业给予奖励。（省金融办、省财政厅、省经济和信息化委、青海证监局按职责分工负责）

（十七）完善科技融资机制。推动发展投贷联动、投保联动、投债联动等新模式，鼓励商业银行提高对初创企业的贷款额度，设立政府性融资担保机构，为科技型中小企业融资提供担保。鼓励和引导各类社会资金参与对知识产权转化运用的投入体系。推广专利权质押等知识产权融资模式，探索建立知识产权投融资风险管理以及补偿机制。（省科技厅、省财政厅、省金融办、青海银监局、青海保监局、省金融办、省知识产权局等按职责分工负责）

（十八）推动创投行业信用体系建设。鼓励第三方征信机构参与创业投资行业信用建设和管理，建立健全创业投资企业、创业投资管理企业及其从业人员信用记录，实现创业投资领域信用记录全覆盖。推动创业投资领域信用信息纳入全国信用信息共享平台（青海），依法依规在“信用中国（青海）”网站公示，加快建立创业投资领域严重失信黑名单制度。（省发展改革委、人行西宁中心支行、省金融办等按职责分工负责）

五、完善人才激励机制

（十九）支持返乡创业。结合新型城镇化建设，引导农民工返乡创业的企业适当向城镇集聚，充分利用城镇和乡村存量非农建设用地，支持返乡农民工创办适合当地产业发展的各类企业。鼓励各地建设返乡创业园，完善基础设施建设，集中发展现代农业、农产品深加工、休闲农业、观光农业。鼓励有条件的地区建立电子商务产业园，推进各类电子商务示范基地等电商公共服务平台向基层延伸服务。（各市州人民政府，省人力资源社会保障厅、省农牧厅、省商务厅等按职责分工负责）

（二十）引导大学生创业。加强创新创业教育，支持高校建立大学生创新创业基地。推进高校创新创业教育机制改革，完善创新创业课程体系，培养大学生创新创业意识和能力。深入实施大学生创业引领计划和创业培训计划，实施弹性学制，允许在校大学生调整学业进程，保留学籍休学创业。建立健全高校创新创业学分积累与转换制度，探索将大学生开展创新实验、发表论文、获得专利和自主创业等情况折算为学分。教师带领或辅导学生创新创业的业绩，作为职称申报、绩效考核重要参考依据。（省教育厅牵头，省人力资源社会保障厅、省科技厅等按职责分工负责）

（二十一）鼓励科技人员创业。完善和落实高校、科研院所和机关事业单位科技人员离岗创业政策，制定相关实施细则，落实激励政策。鼓励在职科技人员在完成本职工作基础上，采取兼职兼薪方式创业或服务企业创新。高校、科研院所应将科技成果转移转化收益首先用于对科技成果完成人和为科技成果转化作出重要贡献的其他人员的奖励。（省科技厅、省人力资源社会保障厅等按职责分工负责）

（二十二）促进高端人才创业。深入实施青海省“高端创新人才千人计划”，培养聚集一大批具有创新创业示范引领作用的人才，积极推荐优秀科技人才进入院士候选人队伍。构建引进高层次人才“绿色通道”，对有战略意义的高端人才以“一事一议”方式解决人才引进相关事宜。加快构建有利于创新创业的人才发展体制机制，破除各类高层次人才创新创业的身份、评价、激励等制度壁垒，将各类创新平台打造成培养创新人才的重要引擎。（省人才办、省科技厅、省科协等按职责分工负责）

六、创新政府管理方式

（二十三）深化商事制度改革。积极推进“多证合一、一照一码”改革，加快推进企业登记全程电子化进程，实现网上申请、网上受理、网上审核、网上公示和网上年报等全程电子化管理服务。放宽企业名称登记和经营范围登记限制，对申请从事“双创”的各类孵化服务机构名称可以使用“众创空间”“创客空间”等字样，经营范围可表述为“创业指导服务”“企业孵化服务”等。支持集群注册，允许多个新型市场主体使用同一个地址进行住所登记。（省工商局牵头负责）

（二十四）构建审慎监管机制。深入推进企业投资项目承诺制试点。实现“双随机、一公开”监管全覆盖，开展跨部门联合检查，建立省、市、县三级标准统一、互联互通的抽查信息监管系统，进一步推进市场监管领域综合执法改革。建立容错纠错机制，对于行政机关及其工作人员开展创新创业改革工作出现失误，但符合党和国家确定的改革方向，按程序经集体决策，勤勉尽责，未谋取私利、未造成严重损失和恶劣影响的，对有关机关及其工作人员不作负面评价，不追究相关责任。建立和完善适应创新创业规律和特点、激励成功宽容失败的财政资金绩效评估体系。（各市州人民政府，省委组织部、省发展改革委、省科技厅、省财政厅、省工商局、省编办等按职责分工负责）

（二十五）加大财税投入力度。充分发挥财政资金对技术转移和成果转化的引导作用，完善投入机制，形成财政资金与社会资本相结合的多元投入格局。对于认定的省级和国家级“双创”示范基地，给予适当奖励。深入开展“便民办税春风行动”，积极推进跨省经营企业部分涉税事项全国通办。推进银行卡受理终端、网上银行、手机银行等多元化缴税方式。（省科技厅、省发展改革委、省经济和信息化委、省人力资源社会保障厅、省财政厅、省国税局、省地税局按职责分工负责）

（二十六）落实用地保障政策。优化用地规划布局，引导产业聚集发展，加大用地保障力度，在符合当地土地利用总体规划前提下，保障新产业新业态项目用地计划指标。城镇低效用地再开发后，优先供应新产业新业态项目。用好按原用途和土地权利类型使用土地的过渡政策，降低新产业新业态项目用地成本。加强部门协同监管，规范新产业新业态项目用地行为。（省国土资源厅牵头负责）

（二十七）健全社会化服务体系。采用政府购买公共服务方式，支持各类专业社会服务组织和中介机构面向科研创新团队、中小微创新创业企业，提供代理记账、知识产权登记评估、产权登记、大数据等社会化服务，根据服务数量和服务质量给予财政补助。（省科技厅、省财政厅按职责分工负责）

（二十八）加强宣传引导。充分利用传统媒体及网络媒体和新媒体等平台，全方位宣传我省创新创业相关政策和取得的成效，树立一批创新创业先进典型案例，引导社会舆论，营造浓厚氛围。办好“双创活动周”及创新创业论坛、赛事、培训、沙龙等活动，弘扬创新文化，厚植创业沃土，激发全社会创新创业活力。（各市州人民政府，省委宣传部、省发展改革委、省经济和信息化委、省科技厅、省人力资源社会保障厅、省科协等按职责分工负责）

各地区各部门要进一步增强对深入推进“双创”重要性的认识，加快建立考核评价体系，突出问题导向，主动作为，细化措施，力求实效。要强化部门、地区协同配合，建立完善上下联动、横向协同的工作推进机制，共同推进大众创业万众创新扎实深入开展，使之成为拉动经济发展的新动能、新引擎。

本实施意见自2018年4月29日起施行。

青海省人民政府

2018年3月30日

青海省人民政府办公厅
关于推动县域创新驱动发展的实施意见

（青政办〔2018〕6号）

为贯彻落实国务院办公厅《关于县域创新驱动发展的若干意见》（国办发〔2017〕43号）和中共青海省委、青海省人民政府关于印发《青海省贯彻〈国家创新驱动发展战略纲要〉实施方案的通知》（青发〔2016〕28号）精神，进一步推动我省县域科技创新驱动发展，经省政府同意，现提出以下意见。

一、总体要求

（一）指导思想。认真贯彻党的十九大精神和习近平新时代中国特色社会主义思想，全面落实全国科技创新大会、省第十三次党代会精神，按照以“四个转变”推动落实“四个扎扎实实”要求，牢固树立和贯彻落实新发展理念，发挥科技创新在县域供给侧结构性改革中的支撑引领作用，以建设创新型县（市、区）和创新型乡镇为抓手，整合优化省、市（州）、县（市、区）创新资源，加强各类创新要素对接，深入推动大众创业万众创新，构建多层次、多元化县域创新发展格局，不断培育发展新动能，找准科技创新与县域经济社会发展的结合点和切入点，促进县域创新驱动发展，为创新型青海建设提供有力的科技支撑。

（二）发展目标。到2020年，县域创新驱动发展环境明显改善，初步形成与特色产业配套、经济社会发展需求相适应的县域创新体系。

——全省70%以上的县（市、区）建设省级高新技术产业开发区或农业科技园区。

——全省各县（市、区）实现众创空间或创业园等创业孵化器全覆盖。

——全省各市（州）创建1—2个科技创新驱动试点县（市、区），每个试点县（市、区）创建1—3个试点乡镇，争取1个以上成为国家创新型县（市、区）、创新型乡镇，3年内形成有效、可借鉴的模式进行全面推广。

——全省各县县域经济社会发展初步实现由资源驱动向创新驱动转变，公民科学素质明显提升，具备基本科学素质的公民比例达到4.5%以上。

——全省各县（市、区）科技进步对经济增长的贡献率达到55%，为全省初步进入创新型省份奠定基础。

到2030年，全省县域创新驱动发展环境进一步优化，创新管理和服务体系进一步完善，全民科学素质整体提升，创新驱动发展能力明显增强，县域经济社会进入创新驱动发展新时期，为实现创新型省份建设目标提供支撑。

二、主要任务

（三）加强创新载体建设，集聚创新资源。全省各市（州）、县（市、区）人民政府加强管理，加大支持力度，强化体制机制创新，将平台、人才、技术、专利、资本等创新资源引导进入县域社会经济社会发展全过程。高起点、高标准规划建设高新技术产业开发区、农业科技园区，进一步提升现代农牧业产业园、工业园区的技术水平和自主创新能力，使其成为推动县域经济发展的新引擎。

高新技术产业开发区和工业园区按照供给侧结构性改革要求，突出产业聚集，强化优势产业，注重以新技术、新工艺发展传统产业，大力发展战略性新兴产业。突出人才引进和培养，积极探索政产学研用相结合的新机制，不断优化政策环境和服务环境，加快科研成果转化为现实生产力，做大做强一批科技型企业和高新技术企业，培育科技“小巨人”企业。农业科技园区、现代农牧业产业园要协同发展，以创新发展理念引领园区建设，以信息化手段助力园区建设，集中财力、物力、人力在每个产业核心区内打造1—2个规模化、标准化和产业化程度较高的核心园、核心基地、核心企业，使之成为优势产业的核心区、科技转化的展示区、农村人才的培养区、现代农业的示范区、创新创业的集中区。园区要引领县域发展“一乡一业、一村一品”，延长产业链，实行产供销、贸工农一体化发展，带领农牧民分享二三产业增值收益。同时，辐射周边，发展观光农业、体验农业、创意农业等延伸产业，促进农业与服务业深度融合。

省、市（州）相关部门要加强对创新载体的支持和引导，推动省级创新资源向县域倾斜，各类工程中心、重点实验室等创新平台要向县域开放共享创新资源，为县域创新发展提供有效支撑。（责任单位：各市、州人民政府，省科技厅、省发展改革委、省经济和信息化委、省教育厅、省农牧厅、省林业厅）

（四）充分利用“互联网+”，加速新技术扩散。充分利用互联网技术提升创新服务能力，加快技术成果转化，强化科学知识的普及。以青海省农村信息化服务平台、“互联网+”高原特色智慧农牧业大数据平台为支撑，依托高校、科研院所、青海大学新农村研究院等平台和智力资源，因地制宜确定生态保护、优势产业、民生保障等重点领域关键技术的解决方案。以基层科技推广人员和科技特派员为纽带，线上线下紧密结合，重点面向农牧业龙头企业、专业合作社、种植养殖大户等新型农业生产主体推广实用技术，通过技术服务数据的累积，实现对主要特色农产品大数据管理和全过程安全质量追溯，探索数据驱动型创新体系和发展模式。推动农村牧区生产方式转变、生活质量提升、优势产业发展。

以国家电子商务进农村综合示范县和国家冷链物流综合示范工作为基础，与国内电商、物流企业合作，积极培育本土电商、物流企业，突破农村物流瓶颈，聚集农村电商人才，构建电子商务和物流协同发展的综合服务体系，打通“工业品下乡”和“农产品进城”双向流通渠道，吸引城市居民到农村休闲度假、体验新型农业生产模式。加强农产品“三品一标”建设，优化科技供给，强化品牌建设，突出网络品牌营销，将乌兰茶卡羊、柴达木枸杞、互助八眉猪等地理标志产品打造成为知名品牌。（责任单位：各市、州人民政府，省科技厅、省农牧厅、省商务厅，省工商局）

（五）促进科技成果转化，加大金融支持。建立协同推进机制，落实青海省人民政府办公厅关于印发《青海省促进科技成果转移转化行动方案的通知》（青政办〔2016〕218号）各项措施，促进科技成果转移转化。各市（州）、县（市、区）人民政府出台相应的政策措施，支持先进适用技术引进和消化吸收，引导县域企业与高校、科研院所合作，形成政、产、学、研、企共同推动科技创新的局面。引导企业实施知识产权战略，培育一批县域内具有较强自主创新能力和竞争力的高新技术企业、科技型中小企业、科技“小巨人”企业，支持符合条件的企业在多层次资本市场上挂牌融资。有条件的市（州）设立科技成果转化、创业投资引导等基金，各相关部门在政策和管理方面给予协助，支持县域科技型中小企业、小微企业应用新技术、新工艺、新材料，发展新服务、新模式、新业态。在融资环境较薄弱、创业者无抵押物的条件下，可尝试建立创业周转金，按照“确保资金安全，无抵押暂借使用，创业者互相担保，资金长期周转”的原则，为众创空间的创业者提供金融支持，探索一些务实的服务模式。（责任单位：各市、州人民政府，省科技厅、省经济和信息化委、省金融办、青海银监局、人行西宁中心支行）

（六）引导创新人才活动，强化基层服务。鼓励高校、科研院所和机关事业单位科技人员离岗创业，允许和鼓励其保留基本待遇到省内企业开展创新工作或离岗在青创办企业，3年内返回原单位的保留人事关系，工龄连续计算，与在岗人员同等享受职称评聘、岗位晋升、社会保险等待遇，创业所得归个人所有。鼓励各类人员以技术入股等方式参与企业创新、创业，并按照有关规定，通过股权、期权、分红等方式获得收益。深入推行科技特派员制度、“三区”科技人才专项，每年引导300名科技人员到基层服务。支持高端创新人才“千人计划”等科技领军人才、专业技术人才、技能人才在县域创新创业，切实把论文写在大地上。试行“科技副县长”“科技镇长团”“博士服务团”等模式，提升县域人才集聚和创新管理服务能力，在县（市、区）任职的科技副县长、科技镇长等不占行政编制和职数。支持企业家整合技术、资金、人才等资源在县域创新创业，建设生产示范基地，发挥企业家在县域创新驱动发展中的关键作用。（责任单位：省人力资源社会保障厅、省教育厅、省科技厅、省人才办，各市、州人民政府）

（七）优化创新创业环境，提高服务能力。县（市、区）人民政府注重营造良好创业环境，结合县域产业发展方向，搭建创业平台、聚集创业和服务资源，依托各类园区、科研推广单位、有创新能力的企业等，建设一批低成本、便利化、全要素、开放式的创业园、众创空间、星创天地和高水平专业孵化器，降低县域创新创业门槛。

省级科技服务平台要向下延伸为各地开展科技服务和培训服务。各县（市、区）要逐步建立起相应的科技服务线上窗口和线下机构，鼓励有条件的县（市、区）建立科技服务中心，开展研发设计、技术转移、技术交易、创业指导、知识产权、金融、科技培训等科技服务。

众创空间等专业孵化机构加快构建创业服务体系，集中从省级平台筛选一批能够转化的新技术、新成果，建成创业技术库，提供给创业者。“星创天地”将创业目标集中在农业、农村创业，积极培育引导创业者从事农产品加工、休闲农业、乡村旅游和农村电子商务等农村新产业、新业态。（责任单位：各市、州人民政府，省科技厅、省人力资源社会保障厅）

（八）推动科技扶贫，促进可持续发展。提升脱贫攻坚工程科技含量，实施科技行业扶贫信息化、产业化、人才、基地“四大工程”，强化科技创新对精准扶贫、精准脱贫的支撑引领作用。加大贫困村在农牧区生态保护与修复、农牧区节能建筑、新型城镇化建设、农牧区绿色能源、重大慢性疾病防控等领域先进技术应用力度。重点支持扶贫产业园建设中新技术、新成果应用。贫困地区产业扶贫过程中，加大互联网技术、绿色、环保等产业技术的推广应用，促进贫困地区县域主导产业绿色化、品牌化、集群化，提升贫困地区的内生动力和可持续发展能力。（责任单位：各市、州人民政府，省科技厅、省扶贫局）

（九）加强科学普及，提高科学素质。各县（市、区）人民政府要高度重视科学普及工作，把科普工作摆在与科技创新同等重要的地位，在本地区范围内广泛普及科学知识、弘扬科学精神、传播科学思想、倡导科学方法，着重推动形成讲科学、爱科学、学科学、用科学的良好氛围。充分发挥县级学会、企业科协、农技协开展农牧区科普工作的独特优势和科技社团促进科技成果转移转化的纽带作用，依托各级学会（协会、研究会）智力资源，深入农牧区开展农牧业科技教育培训和科普活动，切实提高农牧民科学素质。鼓励有条件的地区建设科技场馆，为当地干部群众提供科普活动场地。完善各级科技场馆服务能力，扩大服务范围，特别是定期组织农牧区中小学生到各级各类科技场馆进行体验，切实提高县域学生科普教育质量。（责任单位：各市、州人民政府，省科协、省科技厅、省教育厅）

三、保障措施

（十）加强组织领导。各市（州）、县（市、区）人民政府是推动县域创新驱动发展的主体，要坚持创新是引领发展的第一动力，建立适应县域创新驱动发展的组织领导体制和工作推进体系，成立相应的领导小组及办公室，科学谋划创新发展工作格局，加强部门联动，力求实效。

健全市（州）、县（市、区）级科技管理机构，加强队伍建设，保障科技经费投入，提高市（州）、县（市、区）级科技部门管理和服务能力，明确科技部门的职责和任务，切实抓好我省贯彻国家创新驱动发展战略纲要的贯彻落实工作，确保取得实效。（责任单位：省编办、省科技厅、省财政厅，各市、州人民政府）

（十一）加大支持力度。省级相关部门要集聚行业部门资源优势，形成合力，不断助力县域创新驱动发展。通过技术创新引导专项（基金）、人才支持计划等，支持县域开展科技创新创业。在省级科技经费中设立县域创新驱动专项经费，重点支持县域创新驱动试点县建设工作。

各市（州）、县（市、区）人民政府制定出台具体的落实政策和方案，支持县域开展科技创新活动，确保一定比例的科技创新项目、一定数量的科技创新平台和载体在县域落地。各级财政部门要按照省委、省政府的要求，切实落实政府财政科技投入，只增不减。加强宣传和指导，大力推进企业研发费用税前加计扣除、高新技术企业所得税优惠等政策落实。（责任单位：省财政厅、省科技厅，各市、州人民政府）

（十二）开展监测评价和考核。落实国家创新调查制度，开展县（市、区）创新活动统计和调查、创新能力监测和评价。开展县（市、区）创新驱动发展战略研究，优化区域创新布局。从组织机构、科技投入、载体建设、人才引进等方面建立起县域科技进步水平评价指标体系，定期对县域科技创新进步水平进行评价，对评价优秀的县（市、区）给予表彰。宣传推广各地试点的成功经验和做法，形成全社会支持县域创新驱动发展的良好局面。

省科技主管部门专门设立县域创新工作指导办公室，对各地创新驱动工作进行统筹指导、检查监督。把县域创新驱动发展目标任务作为市（州）各级党委政府和领导干部年度考核重要内容，进一步建立和完善考核机制，加强督导评估。（责任单位：省科技厅、省统计局、省考核办、各市、州人民政府）

本意见自2018年2月11日起施行。

青海省人民政府办公厅
2018年1月12日

宁夏回族自治区

中共宁夏回族自治区委员会办公厅 宁夏回族自治区人民政府办公厅关于实施人才强区工程助推创新驱动发展战略的意见

（宁党办〔2018〕1号）

为认真贯彻落实党的十九大精神和自治区第十二次党代会精神，大力实施人才强区工程，助推创新驱动发展战略，现提出如下意见。

一、指导思想和目标任务

（一）指导思想。坚持以习近平新时代中国特色社会主义思想为指导，深入学习贯彻党的十九大精神，全面贯彻落实自治区第十二次党代会决策部署，坚持党管人才原则，坚持问题导向，坚持市场主导，深化人才发展体制机制改革，实行更加积极、更加开放、更加有效的人才政策，向用人主体放权、为人才松绑，大力培养本土人才，积极引进高层次和急需紧缺专门人才，用好用活各类人才，努力打造更有吸引力的西部人才高地，为实现经济繁荣、民族团结、环境优美、人民富裕，与全国同步建成全面小康社会奋斗目标，开启全面建设社会主义现代化国家新征程提供强有力的人才支撑。

（二）目标任务。统筹推进各类人才队伍建设，以创新型科技人才、企业经营管理人才、高技能人才和“双创”人才为重点，突出抓体制机制改革，抓政治引领、政治吸纳，抓人才作用发挥，抓统筹协调、部门协作、上下联动，谋划实施一系列补齐短板、激发活力的重大人才政策、重大人才项目和重大人才体制机制改革，以改革红利释放人才红利、用人才活力激发创新动力，推动我区人才总量不断增加、人才结构不断优化、人才素质不断提高、人才贡献率不断提升。通过努力，未来5年，力争实现“九个一”目标：新培养1000名以上高层次人才，新引进1000名以上高层次人才，新培养1000名企业经营管理人才，培养“双创”人才达到10万名以上，培养高技能人才达到10万名以上，建成100个左右科技创新平台，打造100个左右在西部地区具有比较优势的“人才小高地”，实施10个重点优势产业人才支持计划。通过培养引进壮大人才队伍，实现全区人才总量接近100万人的目标。

二、加强培养引进，实现扩容增量

（三）千名高层次人才培养计划。用5年时间，新培养造就1000名以上高层次人才。由自治区人才专项资金支持，深化实施院士后备人才和领军人才培养工程，新培养100名以上具有国内一流水平的领军人才；加大青年拔尖人才培养力度，每年选拔100名左右45周岁以下、学术技术水平区内领先的青年人才，连续5年，每人每年资助6万—10万元资金，力争培养一批国家和自治区级学术技术带头人；加大青年后备人才培养力度，每年选拔100名左右35周岁以下、有发展潜力的青年人才，连续5年，每人每年资助3—5万元资金，培养储备一大批后备骨干人才；加大省际、校地（校企）人才合作培养力度，每年选送100名左右本土中青年人才，到中央和发达地区对口单位访学研修，培养一批专业紧缺人才；加强科研、产业、金融、哲学社科、文化艺术和新闻出版等领域专业人才培养力度，用3—5年时间培养100—200名高层次人才。鼓励支持企事业单位选送中青年人才，到专业对口的国家级科研院所或重点高校等深造，自治区人才专项资金按每人每年3万元左右给予经费补助。鼓励支持各类人才攻读国民教育系列的全日制硕士、博士学位，学习期间工资及其他待遇不变，取得学历学位后由单位全额报销学费，须在原单位服务不少于8年，未满服务期限的，按照约定承担违约责任。

（四）千名高层次人才引进计划。用5年时间，新引进具有全日制博士学历学位或副高级职称以上高层次人才1000名以上。鼓励高校、科研院所等单位加大“青年千人计划”引进力度，争取入选国家“千人计划”专家取得突破。聚焦发展，创新引才政策，实施优秀博士研究生预引进计划，鼓励企事业单位与“双一流大学”在读博士研究生签订预引进协议，自治区人才专项资金按照每人每年2万元标准连续资助2—3年，精准引进一批现代煤化工、现代纺织、先进装备制造、电子信息、新材料、生物医药、葡萄和枸杞产业、现代物流、文化旅游、现代金融等领域急需紧缺专业博士研究生。实施高层次人才柔性引进行动，通过挂职兼职、项目合作、联合攻关、委托研发和特聘专家等方式，定向精准引进一批学术技术水平高、我区急需紧缺的高层次人才。鼓励高校、科研院所、企业和园区等建立院士工作站、“千人计划”专家工作站、专家服务基地等，吸引高层次人才来我区开展创新研究，自治区根据创新活动、创新成果和产生的经济社会效益情况，经评估考核后，给予院士工作站和“千人计划”专家工作站每年10万—20万元经费补助，专家服务基地每年10万元经费补助。开展“知名专家投智宁夏”高层次人才柔性挂职引进活动，围绕各市县（区）、经济技术开发区、工业园区以及企事业单位的需求，面向国内高等院校、科研院所引进一批高层次人才，担任科技副县（区）长、技术副总、首席专家、首席顾问等。鼓励区内高校与国内“双一流大学”结对共建，争取5年内研究生导师中“双聘”教授数量达到15%以上。对中央博士服务团成员和发达省份选派到我区挂职的博士等高层次专业人才，表现优秀、有意愿留在宁夏工作且我区急需紧缺的，按照《党政领导干部选拔任用工作条例》和自治区《关于深化职称制度改革的实施意见》规定，可以破格提拔使用或破格晋升职称。实施“宁夏籍人才回乡创新创业计划”，引导宁夏籍在外的各类人才回报家乡，实现智力、技术、项目、资金回流。柔性引进的高层次人才在科研项目立项、科技成果奖励和转化收益分配等方面，享受我区同类人才待遇。柔性引进的高层次人才作出贡献的，根据其业绩和科研成果价值给予奖励。

（五）千名企业经营管理人才培养计划。深入实施企业经营管理人才素质提升工程，办好企业家讲堂，突出抓好战略思维、资本运作、风险防控、国际视野和自主创新能力培训，培养1000名以上创新型企业家。建立企业培育和市场化选聘相结合的职业经理人制度。合理提高国有企业经营管理人才市场化选聘比例，制定与之配套的薪酬管理、绩效考核、股权激励等政策，完善国有企业经营管理人才中长期激励措施。建立企业家人才库，从国内外知名高校和培训机构中遴选一批新型企业家培训基地，重点培养高新技术企业、高成长性企业的经营管理人才。

（六）万名“双创”人才培养计划。大力倡导“大众创业，万众创新”，鼓励青年科技人才、留学回国人才、中高等院校毕业生等创新创业，用5年时间培养“双创”人才达到10万名以上。提高自然科学基金、哲学社会科学规划等项目对各类青年创新人才的资助比例，45岁以下项目主持人员应不低于每年项目数量的40%。鼓励符合条件的高校、科研院所、企业申报博士后科研流动站（工作站），对新获批博士后科研流动站（工作站）的依托单位，由自治区给予30万—50万元奖励，资助其开展人才队伍建设。支持博士后出站留宁创新创业，对签订3年以上聘用合同或注册成立企业的，给予一定的科研项目经费资助。对毕业5年内在我区创业的高校毕业生，根据创业项目评审情况，可提供10万—30万元个人创业担保贷款，贷款期限延长至3年，并按规定享受财政贴息。大力发展众创空间，对创建为国家和自治区级“双创”示范基地的，分别给予1000万元和500万元奖励；对获批国家和自治区级企业“双创”平台（小微企业创业创新示范基地）的，分别给予200万元和100万元奖励。加强青年“双创”人才培养，通过创业训练营、创客培训班、创业大赛、创业辅导等方式，提升创业者的创业能力。对企事业单位和社会机构承办具有影响力的创业沙龙、论坛、大赛等创新创业活动，可给予实际支出50%、每年最高50万元资助。对取得自治区级及以上比赛前3名的个人和团队，分别按大赛奖金额度的30%给予奖励。

（七）万名高技能人才培养计划。大力弘扬新时代工匠精神，培育技术技能型、知识技能型和复合技能型人才达到10万名以上，逐步建立一支与我区经济规模、产业结构、企业需求相适应的技能人才队伍。引导区内院校积极对接产业需求培养高技能人才，自治区每年遴选3—5个急需特色专业，按照每个100万元标准给予资助，支持其开展学科建设和技能人才培养。建设高技能人才培养平台，对新认定为国家和自治区高技能人才培养基地的院校和企业，分别给予500万元、100万元补助；对认定为国家和自治区技能大师工作室的，自治区分别给予20万元和10万元专项补贴。鼓励企业职工、职业院校师生参加各类技能竞赛活动，获奖者可按照有关规定破格晋升高级工、技师或高级技师；对获得“中华技能大奖”“全国技术能手”荣誉称号的，分别按照每人10万元、5万元标准给予配套奖励。完善多劳多得、技高者多得的技能人才收入分配政策，鼓励企业设立“首席技师”，可参照享受教授级待遇；引导企业按照技能等级合理确定技能人才薪酬水平，对受聘为高级工、技师、高级技师岗位的技能人才，可享受助理工程师、工程师、高级工程师工资福利待遇。

（八）百个科技创新平台建设计划。未来5年，支持区内企事业单位加快建设100个以上高水平创新平台。对承担国家和自治区重点实验室、国家工程研究中心、国家技术创新中心、国家临床医学研究中心等重大创新平台建设的，分别给予100万—200万元和50万—100万元人才队伍建设经费支持；对创新能力强、成果转化显著、取得重大技术突破的创新平台，单个平台最高可给予500万元一次性奖励，奖励资金用于人才队伍建设。积极探索与中科院、中国工程院及有关高校合作建设“产业技术研究院”等创新平台，吸引国内外科技人才和创新团队来宁开展研发，推动科研成果落地转化。支持以著名科学家命名并牵头组建科学实验室、研发中心等，自治区最高可给予300万元人才队伍建设经费支持。鼓励企事业单位到区外、国（境）外设立研发中心（机构）等，吸引和使用创新人才，自治区给予其聘用人才费用30%—50%的奖励性资助，最高每年不超过100万元。对全职引进的或我区培养的具有国内领先水平的科技创新团队，可给予500万—1000万元经费支持；对柔性引进的高水平科技创新团队，从事关键应用技术研究、高新技术产品研发等的，最高可给予200万元经费支持。

（九）百个人才高地建设计划。实施“人才高地建设计划”，用5年时间打造100个以上在西部地区具有比较优势的行业或企事业单位“人才小高地”。自治区各有关部门（单位）对建设行业类“人才小高地”负主体责任。各地各部门（单位）要确定一些人才工作基础好的企事业单位，支持其提升人才发展水平，打造一批在西部地区领先的企事业单位类“人才小高地”。自治区人才专项资金对达到标准的行业类“人才小高地”，给予50万—100万元人才队伍建设经费资助；对企事业单位类“人才小高地”，给予50万元左右的人才队伍建设经费资助。鼓励各地各部门（单位）依托高新技术产业园、科技园等探索建设人力资源服务产业园，推动人才服务社会化、市场化。

（十）十个重点优势产业人才支持计划。围绕做大做强工业主导产业、做优做精特色农业、加快发展现代服务业总体布局，实施10个重点特色产业人才支持计划，培养引进一大批产业急需紧缺人才，以人才优先发展促进产业转型升级。实施现代煤化工产业人才集聚计划，依托国家级宁东现代煤化工基地，聚焦煤制油、煤制烯烃及下游高附加值产品研发等关键领域，打造国内现代煤化工产业技术和人才集聚地和输出地；实施现代纺织产业人才集聚计划，依托自治区现代纺织产业园，培育棉纺、化纤、羊绒、亚麻、特种纤维等人才，构建现代纺织产业人才资源支撑体系；实施先进装备制造业人才集聚计划，依托石嘴山—银川—吴忠先进装备制造产业带，聚焦高档数控机床、智能仪器仪表、成套矿山机械等领域，建立比较完善的研发设计、成果转化、生产技能人才体系；实施电子信息产业人才集聚计划，依托中卫西部云基地、银川大数据中心、银川iBi育成中心等载体，着力打造电子信息产业人才孵化基地，形成云计算、大数据、物联网、电子商务等人才集群；实施新材料产业人才集聚计划，依托西部新材料产业基地建设，培养引进一批稀有金属新材料、碳基材料、光伏材料、化工新材料等领军人才；实施新能源和清洁能源产业人才集聚计划，依托国家新能源综合示范区建设，聚焦10大光伏发电园区、大型风电场和智能电网建设等，培养引进一批开展新能源领域关键技术研究、新能源综合应用示范推广的创新人才；实施葡萄产业人才集聚计划，依托贺兰山东麓百万亩葡萄长廊，围绕葡萄酒酿造、酒庄管理、市场营销、品牌塑造等关键领域建设一支高水平人才队伍；实施枸杞产业人才集聚计划，依托百万亩枸杞种植基地，组建品种选育、深加工利用、养生文化、市场营销等专家团队，打造全国枸杞技术创新活跃、枸杞产业人才集聚的高地；实施现代物流产业人才集聚计划，依托丝绸之路经济带区域性国际物流中心建设，聚焦物流产业信息化、智能化、标准化等领域，培养引进一批现代物流产业创新创业人才；实施文化旅游产业人才集聚计划，依托“一核两带三廊七板块”全域旅游空间发展新格局，培育一批文化创意、旅游策划、旅游产品开发、景区运营、智慧旅游等急需紧缺人才。未来5年，通过实施10个重点特色产业人才支持计划，建设100个左右产业人才团队，培养300名左右产业领军人才。对新确定的自治区级产业人才创新团队，培育期内由自治区人才专项资金给予50万元资助，培育期满考核优秀的再给予30万元奖励。

三、创新人才政策，激发人才活力

（十一）完善高层次人才引进政策。从区外全职引进的高层次人才，除享受用人单位各项引才待遇外，由自治区给予一次性生活补助奖励和科研启动资金。全职引进的高层次人才与区内用人单位签订5年以上聘用合同或劳动合同的，其子女当年可在区内参加高考，享受与区内户籍考生同类政策。区内事业单位招录全日制博士、重点高校和重点学科（包括“双一流大学”、原国家“985工程”和“211工程”高校、知名科研院所，教育部最新评估排名前10位学科）毕业的全日制硕士研究生，只要专业对口且急需紧缺的，可不参加全区统一招录考试，直接考察、考核录用；硕士研究生在专业技术岗位工作满1年且业绩良好的，可评聘中级专业技术职称。制定自治区高层次人才优厚待遇实施办法，建立高层次人才服务保障体系。对全职引进、符合条件的高层次人才的一次性生活补助、补贴等，由自治区政府奖励，依法免征个人所得税，奖励资金由自治区人才专项资金列支。

（十二）完善定向选调生有关政策。自治区统一招录的定向选调生身份为公务员，试用期为1年。对录用的硕士研究生及以上学历的定向选调生，根据工作需要可安排到市和县（区）机关工作，录用后人事关系保留在录用单位，须先安排到乡镇（街道）工作2年。在乡镇（街道）工作满2年（含试用期1年）、德才表现突出和工作需要的，在市、县（区）干部职数范围内可依据《党政领导干部选拔任用工作条例》的规定，破格提拔使用，博士研究生安排副县（处）级职务，硕士研究生安排正科级职务。对留在县（区）工作的定向选调生，可纳入当地后备干部管理。对录用的博士、硕士定向选调生分别给予7万元和3万元一次性安家费，对直接录用到乡镇（街道）工作满3年的博士、硕士定向选调生，再给予3万元基层工作补贴，但均须在我区工作5年以上。

（十三）完善人才创新创业支持政策。科研成果转化收益用于人员奖励部分，可一次性纳入高校和科研院所当年工资总额，但不纳入绩效工资总额基数。鼓励企业对科技人员实施股权、期权和分红激励。对国内外高层次人才带技术、带成果、带项目来我区创新创业或转化成果的，可采取项目支持、基金扶持、股权投资、税收减免等方式给予资助和投资。对在科技创新领域作出突出贡献的创新型人才，可破格评聘高一级职称，获得国家科学技术奖励二等奖以上的科技创新团队主要完成人（一等奖前8名、二等奖前5名），可破格评聘正高级专业技术职称，已是正高级职称的可提前晋级，不受岗位结构比例限制直接聘任。引进人才创办的高新技术企业，企业所得税减按15%税率征收，首次认定的高新技术企业所得税地方分享部分免征3年。引进人才创办企业从事技术转让、技术开发和与之相关的技术咨询、技术服务所得，符合国家税收政策规定的，免征增值税。加快健全创新创业金融服务体系，探索开展“人才贷”，持有自治区高层次人才优厚待遇证的人才，可以人才信用为担保，向区内商业银行申请50万—200万元低利率、无抵押贷款，为人才创新创业和改善生活提供支持。

（十四）完善企业人才支持政策。依法依规保障国有企业在岗位设置、人员配备、职务评聘、收入分配等方面的自主权。支持国有企业对高层次急需紧缺人才实行协议工资制、项目工资制等。鼓励国有企业对作出重要贡献的人才实行奖励，在单位工资总额外单列；国有科技型企业可采取股权出售、股权奖励、期权分红等方式，对重要技术人才和经营管理人才实施激励；国有企业引进高层次和高技能人才产生的投入成本，可视为当年考核利润。支持企业和艰苦边远地区引进人才，凡全职引进到企业、固原市及9个贫困县（区）从事本专业技术工作的高层次人才，按照上浮30%的标准享受自治区给予的一次性生活补助和科研启动资金；企业引进具有高级专业技术职称或全日制博士研究生学历等高层次人才，支付的合理的安家费、科研启动资金等费用，可据实在计算企业所得税前扣除。把非公有制企业人才培养、引进、使用、激励纳入全区人才发展总体布局，促进非公有制经济健康发展和非公有制经济人士健康成长，引导各类人才向基层和生产一线集聚。

（十五）完善人才安居政策。实行高校毕业生“零门槛”落户，推行“先落户后就业”，全日制本科及以上高校毕业生凭户口本、身份证、毕业证即可在全区任一市、县（区）办理落户手续。建立高层次人才及其配偶、子女落户优待政策。对引进的高层次人才，按照自治区《高层次人才优厚待遇实施办法》确定的标准给予一定的安家费。自治区筹集建设人才公寓，供引进高层次人才、在站博士后和短期来宁工作的高层次人才临时租住，租期不超过5年。对引进的外籍高端人才，持人才签证以外的其他签证来宁的，入境后可按规定申请变更为人才签证或办理居留证件；持工作签证入境的，可办理最高5年期外国人工作许可，并为其申请在华永久居留提供便利；已取得在华永久居留权的，其配偶及未成年子女可依法办理永久居留许可。

（十六）完善人才荣誉体系。设立“宁夏杰出人才奖”，授予研究领域处于国家科技前沿、坚持全职潜心研究、具有国家级重大发现和重大成果的优秀人才，每3年评选一次，每次3名左右，给予每人100万元奖励。调整“宁夏塞上英才奖”评选周期和名额，每3年评选一次，每次评选10—20名，给予每人50万元奖励。开展“塞上名家”系列评选表彰活动，评选表彰“塞上名教师”“塞上名医师”“塞上文化名家”“塞上农业名师”“塞上技能大师”等，每2年评选一次，每次各评选20名左右，给予每人5万元奖励。对入选“千人计划”“万人计划”“长江学者奖励计划”等国家级重点人才工程和获得何梁何利奖、长江韬奋奖、中国戏剧“梅花奖”等国家级奖项的人员，可在职称评审、薪酬待遇、资金扶持、政府特殊津贴、科研（创作）项目等方面予以倾斜，并给予相应配套奖励。上述奖励属于自治区政府奖励的，依法免征个人所得税。自治区各类人才荣誉称号和重大奖项评选，须坚持标准、公平公正、宁缺毋滥。

四、加强组织领导，健全保障机制

（十七）加大党管人才力度。各级党委（党组）要认真落实党的十九大关于“坚持党管人才原则，聚天下英才而用之，加快建设人才强国”的新部署和新要求，结合自治区人才发展目标任务，切实履行好党管人才职责。党政主要负责人要带头抓好人才工作，领导班子成员要认真抓好分管领域人才工作。组织部门要在党委领导下，履行好牵头抓总责任，支持配合其他部门在职责范围内开展工作。党政职能部门和企事业单位要各司其职、密切配合，共同推动人才工作任务落实。强化市、县（区）和部门（单位）人才工作目标责任制管理，建立人才工作专项述职制度，各级党委书记向上一级党委进行人才工作专项述职，各级人才工作领导（协调）小组成员单位向领导（协调）小组述职，县级以上党委组织部部长向上一级人才工作领导（协调）小组述职。国有企事业单位党委（党组）要加强内部人才队伍管理，建立并执行有竞争性的职称聘任和人才评选等制度。建立职称和人才荣誉退出机制，对获得高级职称和荣誉称号后不进取、不作为的，要进行批评教育，情节严重的撤销其职称和荣誉称号；违纪违法违规的，要依纪依法依规处理，并撤销其职称和荣誉称号。

（十八）加大人才政治引领和宣传力度。加强对人才的政治引领和团结服务工作，定期组织高层次人才开展形势政策教育、国情区情研修和休假疗养，建立党政领导干部直接联系人才机制。各级党委（党组）在推荐确定党代表、人大代表、政协委员时，要注意吸纳一线专家和高层次人才中的先进模范人物。加大宣传力度，及时总结各条战线涌现出的领军人才和优秀团队典型，广泛宣传他们的先进事迹、高尚品德和科学精神，讲好人才故事，营造尊重劳动、尊重知识、尊重创造、尊重人才的浓厚氛围。

本意见与现行相关政策有交叉重复的，按照“时间从新、标准从高、奖补不重复”的原则执行。

中共宁夏回族自治区委员会办公厅
宁夏回族自治区人民政府办公厅
2018年1月17日

宁夏回族自治区高层次人才优厚待遇实施办法

（宁组发〔2018〕5号）

第一章 总 则

第一条 为贯彻落实党的十九大精神和自治区第十二次党代会精神，根据自治区党委、政府《关于推进创新驱动战略的实施意见》（宁党发〔2017〕26号）、《关于深化人才发展体制机制改革若干问题的实施意见》（宁党发〔2016〕50号）和

《关于实施人才强区工程助推创新驱动发展战略的意见》（宁党办〔2018〕1号）要求，更加精细、优质、高效地做好人才服务工作，在全区营造尊重劳动、尊重知识、尊重人才、尊重创造的浓厚氛围，推动人才强区工程深入实施，制定本办法。

第二条 高层次人才优厚待遇工作坚持“以人为本、分层分类、公开透明、全面务实”的原则，通过完善优待内容、创新优待方式、明确优待职责、提升优待质量，为高层次人才提供周到细致、优质高效的优厚待遇和服务。

第三条 本办法所称高层次人才是指各领域取得重大成就、作出突出贡献、宁夏急需紧缺、具有一定创新创业潜质的人才，包括从国内外全职引进的相应层次人才和我区培养达到相应水平的人才。

第四条 自治区建立高层次人才证制度，为认定的高层次人才发放《宁夏回族自治区高层次人才证》，各类高层次人才凭证享受优厚待遇和服务。

第二章 人才分类及认定

第五条 坚持高层次人才分类服务，根据人才类别提供对应的优厚待遇和服务。

第一类（A类）主要包括：（一）诺贝尔奖获得者；国家最高科学技术奖获得者；中国科学院院士、中国工程院院士；发达国家院士；（二）“千人计划”顶尖人才与创新团队；“万人计划”杰出人才；（三）国家自然科学奖、技术发明奖、科学技术进步一等奖（第一完成人）；全国创新争先奖牌获得者（团队带头人）；国家级教学成果特等奖获得者（第一完成人）；（四）中国社会科学院学部委员、荣誉学部委员；（五）其他经认定达到A类标准的人才。

第二类（B类）主要包括：（一）“千人计划”人选；“万人计划”人选；“长江学者奖励计划”人选；国家杰出青年科学基金获得者；百千万人才工程国家级人选；全国文化名家暨“四个一批”等人才计划人选；国医大师；（二）国家重大科研项目首席科学家；国家重点实验室、国家工程研究中心、国家技术创新中心、国家临床医学研究中心等平台的主任（首席科学家）；（三）全国创新争先奖章获得者，国家自然科学奖、技术发明奖、科学技术进步一等奖的主要完成人（第2至第5位）和二等奖的主要完成人（排名前3位）；国家社会科学基金项目优秀成果特别荣誉奖、专著类等奖（排名前3位）；国家级教学成果一等奖获得者（排名前3位）；（四）全国杰出专业技术人才；国家有突出贡献的中青年专家；（五）其他经认定达到B类标准的人才。

第三类（C类）主要包括：（一）“千人计划”青年项目人选；“万人计划”青年拔尖人才；“长江学者奖励计划”青年学者；国家优秀青年科学基金项目获得者；国家自然科学基金、社会科学基金重大课题主持人；（二）全国创新争先奖状获得者；中国青年科技奖（中国优秀青年科技人才）、中国青年女科学家奖、中华技能大奖获得者；国家级教学成果奖二等奖获得者（排名前2位）；省（部）级科技进步一等奖、社会科学突出贡献奖获得者（排名前2位）；（三）省（部）级有突出贡献中青年专家；自治区“塞上英才”或其他省区相当于该层次的人选；（四）其他经认定达到C类标准的人才。

第四类（D类）主要包括：（一）省（部）级重点实验室、工程研究中心、临床医学研究中心等平台的主任（首席科学家）；（二）全国技术能手；国家级技能大师工作室领衔人；省（部）级科技进步二等奖、社会科学优秀成果一等奖获得者（第一完成人）；（三）享受国务院和省级政府特殊津贴专家；（四）省（部）级教学名师、名医师、文化名家、农业名家、技能大师等人选；（五）其他经认定达到D类标准的人才。

第五类（E类）主要包括：（一）全日制博士（包括海外留学归来博士）；（二）其他经认定达到E类标准的人才。

在工程、经济、金融、教育、卫生、农业、规划、设计、文学、艺术、体育、新闻、理论、出版等领域获得国家级表彰奖励或荣誉称号的高层次人才，经认定后纳入相应层次。

自治区高层次人才分类目录每3年调整一次。其他具备以上五类高层次人才专业水准、尚未明确的人才，通过“一事一议”方式，组织同行业专家评审认定。同一人才入选不同层次人才工程、获得不同层次荣誉奖项、主持不同层次科研项目的，初次认定时按最高层次执行。

第六条 高层次人才认定工作在自治区人才工作领导小组领导下，由自治区人才办会同自治区人力资源和社会保障厅及区直相关部门共同开展。按以下程序认定：

自愿申报。高层次人才自愿填报《宁夏回族自治区高层次人才审核认定申报表》，并提供相关证明材料交用人单位组织人事部门。

初步审核。用人单位对提交的证明材料进行真实性审核，审核后统一报送至当地人社部门；人社部门逐级审核后，上报自治区人力资源和社会保障厅。区直单位经组织人事部门审核后，报送至自治区人力资源和社会保障厅。

评审认定。对可以直接认定的高层次人才，由自治区人力资源和社会保障厅直接进行认定；对需要评审认定的，由自治区人力资源和社会保障厅会同行业主管部门，组织相关领域专家进行评审，提出认定意见。

研究审定。评审认定后，自治区人力资源和社会保障厅将认定结果报自治区人才办审定，对需要提交自治区人才工作领导小组会议研究的提交会议研究审定。

公示发证。经审定的高层次人才及其类别，由自治区人才办会同自治区人力资源和社会保障厅向社会公示；公示无异议后，按照人才类别和层次发放对应的《宁夏回族自治区高层次人才证》。

第三章 优厚待遇内容

第七条 加强政治引领。注意推荐高层次人才和一线专家担任党代会代表、人大代表、政协委员。坚持德才兼备人岗相适，根据事业需要选拔推荐优秀专家到各级党委、人大、政府、政协和人民团体、社会组织等任（挂、兼）职。在“劳动模范”“五一劳动奖章”“三八红旗手”“五四青年奖章”等社会影响力较大、公认度较高的荣誉评选中，注重选拔推荐一批高层次人才。

完善党政领导干部联系服务专家机制，对引进的第五条所列各类人才，应确定为用人单位党政领导干部联系服务对象或推荐为上级部门领导干部联系服务对象。第五条所列各类人才取得重大成就、罹患重病时应及时走访、看望、慰问。

第八条 编制和录用管理。事业单位围绕我区重点产业、重点学科等发展需要，自主引进全日制博士及以上高层次人才，不受编制总量和岗位结构比例等限制，没有空编的可采取“先进后出”的办法解决，编制、人社等部门应通过“绿色通道”方式办理相关手续。相关部门受理用人单位引进人才申请后，一般应在10个工作日内予以办结。

第九条 安家费、科研和项目启动资金。对全职引进的第五条所列各类高层次人才且与我区用人单位签订至少5年服务合同的，除享受用人单位各项引才待遇外，自治区给予引进人才一定的安家费、科研和项目启动资金。

安家费。给予A类人才安家费220万元、B类120万、C类60万元、D类30万元、E类20万元，分期打入人才个人账户。

科研和项目启动资金。根据行业差异、项目类型、体量大小等因素，经综合评估后，给予自然科学、工程技术领域的A类人才科研和项目启动资金1000万—3000万元、B类300万—800万元、C类100万—500万元、D类50万—300万元、E类10万—50万元；给予人文社科、文化艺术领域的A类人才科研和项目启动资金300万—1000万元、B类200万—500万元、C类100万—300万元、D类50万—100万元、E类8万—30万元。具体资助额度须经专家评审项目情况核定。科研和项目启动资金划拨至用人单位账户，由相关人才专用，按照科研和项目实施进度分阶段支出。

凡全职引进到企业、固原市及9个贫困县（区）从事本专业科研和技术工作的E类及以上高层次人才，自治区给予引进人才的安家费、科研和项目启动资金额度按照上浮30%执行。

对自治区统一招录的、具有全日制博士学历学位的定向选调生，可按照E类人才标准减半享受安家费，不享受科研和项目启动资金。

第十条 建立高层次人才补贴制度，对达到相应层次在职在岗的人才，按月发放高层次人才补贴，连续发放5年。

第十一条 职称评定（认定）。引进高层次人才评定专业技术职称的，按照“一事一议、特事特办”原则，由自治区人力资源和社会保障厅组织评审委员会评审或组织同行业专家组成的考核认定小组直接考核认定，应在提出申请后3个月内办结。

取得国外大学、研究单位等认定的专业技术资格，由自治区人力资源和社会保障厅组织同行业专家评审确定，享受自治区同类人才待遇；取得区外人力资源和社会保障部门授权评审的专业技术职称资格，均予以承认并享受同级职称人才待遇；需要换发专业技术职称资格证书的，由自治区人力资源和社会保障厅负责协调审核换发宁夏职称资格证书。

E类人才中的全日制博士入职后，由自治区人力资源和社会保障厅负责或协调用人单位评聘为副高级专业技术职称，应在人才入职后3个月内办结。

第十二条 户籍办理。引进的高层次人才可选择在我区任一城市落户，其配偶、未婚子女可随本人迁移户口，由用人单位协助向拟落户地公安机关提出申请；工作单位在外市县的，户口可保留在银川市辖区内。公安机关简化程序、优先办理，一般应自受理之日起10天内办结。

第十三条 子女入学。由教育主管部门牵头，相关部门配合，负责解决引进高层次人才子女入学问题。

引进高层次人才子女申请转入宁夏义务教育阶段学校就读的，根据本人意愿和实际情况，在其父母服务（居住）地的市、县（区）内，免试安排进入优质公办学校就读。申请转入夏普通高中就读的，安排在其父母服务（居住）地的市、县（区）内示范性高中就读。引进人才子女上学事宜，须随到随办，不得耽误人才子女正常入学。

引进高层次人才非宁夏户籍的子女，在宁就读义务教育阶段学校和普通高中期间，享受宁夏户籍学生同等政策。引进高层次人才子女报考普通高中时，可享有与宁夏户籍初中毕业生同等的报考资格，在中考成绩达到区内入学地普通高中最低录取分数线的情况下，优先录取。高中毕业在宁夏参加高考的，按宁夏普通高校招生工作有关规定执行。

第十四条 配偶安置。引进高层次人才配偶来宁工作，由自治区人力资源和社会保障厅牵头负责，自治区党委组织部、机构编制委员会办公室和相关行业主管部门协助配合，会同用人单位协调解决，原则上参照原工作单位性质、身份及专业专长予以安置。对引进高层次人才配偶自愿参加宁夏公务员或事业单位公开招考（聘）的，非宁夏户籍人员可按宁夏户籍人员条件报考。

第十五条 医疗保健。确定宁夏医科大学总医院、自治区人民医院、自治区中医医院和各市、县（区）人民医院、中医院为自治区高层次人才健康保健服务定点医院。各定点医院要开通人才就医服务热线或专门服务窗口。

本办法第五条所列各类人才，凭《宁夏回族自治区高层次人才证》，在人才定点医院享受“绿色通道”服务，免收挂号费，优先安排住院病房。

C类及以上人才，由自治区卫生和计划生育委员会负责协调人才定点医院，每人安排1名副主任医师及以上的“家庭医生”，负责人才的日常健康咨询和生病就医服务事项，并为其建立健康档案；D类人才平均按照每10人左右确定1名医护人员，做好问诊就医服务工作；E类人才平均按照每30人左右确定1名医护人员，做好问诊就医服务工作。

每年为高层次人才安排一次健康体检，其中A、B类人才按照每人6000元标准，C、D类人才按照每人2000元标准，由自治区人力资源和社会保障厅负责具体落实，体检费用由自治区人才工作专项资金列支。E类人才按照每人1200元标准，每年由用人单位负责安排一次健康体检，体检费用由用人单位列支。

第十六条 住房服务。全职引进的高层次人才由用人单位提供周转房，其中C类及以上人才住房面积150—200平方米，D类120—150平方米，E类不少于100平方米。在我区全职工作满5年，经用人单位考核合格并继续留任的，住房产权归其所有。用人单位无法提供周转房的，可按照C类及以上人才每月3000元，D类每月2500元，E类每月2000元的标准发放租房补贴，发放时间最长不超过5年；对未享受住房（拥有产权）、在我区工作满5年、经考核合格并继续留在我区工作的，给予购房补贴，C类及以上人才每人50万—100万元、D类每人40万元、E类每人30万元。自治区人才工作专项资金对用人单位此类支出，按照50%的标准予以补助。

第十七条 社会保险。高层次人才引进到宁夏工作后，人力资源和社会保障部门应按有关规定，为其办理或接续基本养老、失业、工伤、医疗等社会保险，一般应在提出申请后的30天内办结。引进人才及其配偶、子女在宁夏就业、居住的，按照相关规定参加各项社会保险并缴纳社会保险费，达到享受社会保险待遇条件时，按规定享受宁夏市民同等待遇。引进人才及其配偶、子女为外籍人士的，由属地医保经办机构办理基本医疗保险，享受统筹地城镇职工或城镇居民相应医疗保险待遇。

第十八条 科研服务。第五条所列各类高层次人才申报国家和自治区有关科技项目时，自治区科技部门应优先立项、优先推荐，并做好相关服务工作。由自治区人才工作专项资金给予第五条所列各类人才科研和项目启动资金开展的科研项目，视同自治区重点（重大）研发计划项目和哲学社会科学规划重点（重大）项目，统一纳入同年度或下一年度项目管理。

第五条所列各类高层次人才需要借助区内企事业单位科研平台、科研设施设备进行实验和研发的，在不涉及国家和商业秘密的情况下，可凭《宁夏回族自治区高层次人才证》申请无偿使用宁夏大型科学仪器共享信息管理平台资源单位的大型科学仪器设备，也可每年向科技部门申请不超过5万元的科技创新券使用。需要借助各地各单位图书馆等查阅文献资料的，各地各单位应视同本地居民、本单位职工办理图书借阅证（卡）等。大型科研设施设备申请使用或科技创新券申领由自治区科技厅负责协调落实，图书文献资料查阅申请使用由自治区教育厅、文化厅负责协调落实。

第十九条 金融服务。依托自治区科技创新与高层次人才创新创业担保基金，支持高层次人才在宁创新创业。积极开展“人才贷”，第五条所列各类高层次人才可以人才信用为担保，向区属等商业银行申请50万—200万元低利率、无抵押贷款，支持其创新创业或改善生活，由自治区金融局负责协调落实。

第二十条 工商服务。第五条所列各类高层次人才领办、创办企业的，工商和市场监管部门应设立绿色通道，提供工商登记专人咨询指导、企业享受扶持政策信息免费查询、商标注册咨询指导等服务。

第二十一条 税收服务。第五条所列各类高层次人才领办、创办企业办理涉税事项时，可享受纳税绿色通道服务优先办理各项涉税事宜，并提供预约服务、咨询服务等个性化服务。各级税务部门应重点在创新创业平台、科技成果转化、科研机构创新人才、高新技术企业、研发费用加计扣除等税收优惠政策方面加强指导宣传，确保各类人才充分享受税收优惠政策及自治区有关文件的税收减免政策。

第二十二条 海关服务。海关对第五条所列各类高层次人才出入境给予通关便利。指定专门机构和人员及时办理人才个人进出境物品验放等手续。对人才入境携带规定范围、合理数量的科研、教学物品，符合规定条件的予以免税验放。因工作需要从境外临时运进少量非消耗性科研、教学物品的，可由其所在单位向海关出具保函，海关按照暂时入境

物品办理有关手续，并监管其复运出境。对在节假日或非正常工作时间以分离运输、邮递或快递方式进出境的物品，有特殊情况需要及时验放的，海关可预约加班，在约定的时间内为其办理物品通关手续。

第二十三条 出入境和居留服务。对引进的外籍高层次人才，持人才签证以外的其他签证来宁的，入境后可按规定申请办理工作类居留许可；持工作签证入境的，可办理最高5年期工作许可，并为其申请在华永久居留提供便利；已取得在华永久居留权的，其配偶及未成年子女可依法办理永久居留许可，由自治区公安厅、外专局负责落实。

第二十四条 休假疗养。自治区每年组织部分高层次人才开展区内外休假疗养，D类及以上高层次人才一般每5年左右享受一次免费休假疗养。各地各部门要组织E类及本地本行业其他高层次人才开展休假疗养活动。D类及以上高层次人才在宁夏范围内的A级景区、博物馆、科技馆、文化艺术馆、体育馆等公共文化体育设施，凭《宁夏回族自治区高层次人才证》免收门票、场馆使用费；E类人才享受门票半价、场馆使用费减半等优惠政策。第五条所列各类人才均可免费乘坐区内各城市公共交通工具。

第四章 保障机制

第二十五条 凡享受自治区给予安家费、科研和项目启动资金的引进人才均实行“规定服务期限制”，须在我区全职工作至少5年。服务期未满申请调离我区的，本人应承担违约责任，其违约金按下列方法计算：违约金=所差服务年限×（安家费+科研和项目启动资金）÷规定服务年限。我区各单位人才外出访学研修、提升学历等，按规定实行“规定服务期限制”的，服务期未满调离我区的，参照以上办法承担相应违约责任。

第二十六条 高层次人才优厚待遇及服务工作在自治区人才工作领导小组领导下，由自治区党委组织部（人才办）、自治区人力资源和社会保障厅会同相关部门共同组织实施。

自治区党委组织部（人才办）、自治区人力资源和社会保障厅会同相关部门编制服务指南，明确服务内容、方式程序、责任部门、承办部门、责任人、联系方式和时限要求，印发所有高层次人才及相关部门单位。

第二十七条 加强人才服务窗口建设。由自治区人力资源和社会保障厅在自治区政府政务中心设立人才服务窗口，将各部门开展的人才管理服务事项纳入人才服务窗口，为各类人才提供人事代理、社保医疗、创业扶持、职称评审、配偶安置、子女就学等服务。各级人力资源和社会保障部门都应设立人才服务窗口，明确工作职责和责任人，提供“一站式”服务。

第二十八条 推动人才管理服务信息化建设。积极探索“互联网+人才”的管理服务机制，由自治区人力资源和社会保障厅负责建设自治区高层次人才综合管理服务信息平台，尽快实现部门之间互联互通、信息资源共享和网上申报、网上办事，真正实现“不见面、马上办”，切实提高人才服务水平。

第二十九条 相关行业主管部门要认真履行职责，精心做好各项服务工作。自治区党委组织部（人才办）不定期开展专项督查、明察暗访等，督促各项优待服务事项贯彻落实，对未按要求落实的，将对相关部门负责人和责任人进行问责。

第五章 附 则

第三十条 各市人才工作领导（协调）小组要结合本地实际，牵头制定具体落实细则。各市、县（区）引进的高层次人才要定期报自治区党委组织部（人才办）、自治区人力资源和社会保障厅备案。

第三十一条 本办法所列各类高层次人才，除享受本办法规定的优待服务政策外，同时享受用人单位提供的其他优待服务政策。本办法相关政策与我区现行人才优厚待遇相关政策有交叉重复的，按照"标准从高、政策从优"的原则执行。

第三十二条 本办法由自治区党委组织部（人才办）、自治区人力资源和社会保障厅负责解释。

第三十三条 本办法自印发之日起实施。

中共宁夏区委组织部办公室
2018年1月18日

银川市关于激发人才活力服务创新驱动发展的若干意见

（银党办〔2018〕36号）

为认真贯彻落实党的十九大精神，根据自治区《关于实施人才强区工程助推创新驱动发展战略的意见》（宁党办〔2018〕1号）等精神要求，为加快推进银川人才管理改革试验区建设，进一步激发人才活力服务创新驱动发展，结合银川实际，制定本意见。

一、实施更具优势的人才引进与培养政策

1．实施高精尖缺人才引领工程。重点引进、培养、激励包括国内外顶尖人才、国家级领军人才、地方级领军人才、高端创新人才、优秀骨干人才等五类高精尖缺人才（以下简称A、B、C、D、E类）。出台银川市高精尖缺人才优厚待遇实施办法，配套制定创新创业及金融支持、生活补贴、住房保障等实施细则，充分发挥高精尖缺人才的引领作用，助力银川经济社会发展实现新突破。支持有技术、有项目的高精尖缺人才创新创业，创新创业项目经技术评定，最高给予1000万元的经费支持，特别重大的项目"一事一议"，同时给予创新创业基金、贷款担保等多元化的金融支持。全职型A、B、C、D、E五类人才每年分别给予20万元、15万元、10万元、5万元和3万元的生活补贴，柔性引进的每年分别给予5万元、4万元、3万元、1万元和5000元的生活补贴。对全职引进的A类人才，住房保障实行"一事一议，一人一策"，对于其他类别高精尖缺人才提供最高100万元购房补贴或220平方米的共有产权房，也可申请入住人才公寓。未来5年，引进和培养高精尖缺人才3000名、优秀创新创业团队100个。

2．实施"人才小高地"建设工程。在工信、教育、科技、民政、人社、农牧、商务、文化、卫生、金融等重点领域，高端装备制造、现代纺织、新材料、新能源、现代服务、现代物流、全域旅游、生命健康、葡萄酒、现代高效农业等主导产业，实施"人才小高地"建设工程，列入市级"人才小高地"建设的工程，每个每年给予10万—50万元的经费支持。落实自治区优秀博士研究生预引进计划、选送中青年人才到专业对口的国家级科研院所或重点高校深造计划、鼓励各类人才攻读国民教育系列全日制硕士、博士计划，精准引进和培养一批重点领域、主导产业急需专业的高学历人才。与发达地区机关企事业单位、科研院所、高等院校对接开展各类挂职交流项目，根据挂职岗位和学历层次，每人每年给予3万—10万元生活补贴。未来5年，建设产业人才团队50个，引进和培养产业领军人才150名，企业高端经营管理人才500名，高层次专业技术人员1000名，高级农村实用人才500名，中级以上社会工作人才500名。

3．实施学术技术带头人储备工程。对接自治区千名高层次人才培养计划、青年拔尖人才培养工程等重点人才计划和工程，实施银川市学术技术带头人储备工程。未来5年，从重点产业、重点行业、骨干企业选拔培养80名国家级学术技术带头人后备人选、150名自治区级学术技术带头人后备人选、300名自治区级优秀青年后备骨干人选、800名市级优秀青年后备骨干人选。每年选拔一次，对入选的后备人才，分别按照每人5万元、3万元、2万元和1万元的标准，一次性给予所在单位或企业专项经费资助，用于支持后备人才的培养，培养周期为3年。鼓励国家级科研院所、重点高校、国家重点实验室等在银布局设点，支持企业建设工程技术研究中心、企业技术中心、工程中心（实验室）等创新载体，为培养学术技术带头人奠定基础。对新建的国家级、自治区级、市级企业研发机构，每次最高给予100万元的经费支持。

4．实施"双创"人才培养工程。鼓励青年科技人才、留学归国人才、中高等院校毕业生等在银川创新创业。市、县（市）区两级提供人才公寓，保障"双创"人才住房问题。实施创新型大学生宜居工程，符合创新型人才需求目录的应届大学生（具有博士、硕士和学士学位）有意向到银川就业或创新创业的可提供最长1年、最大面积为70平方米的低租金人才公寓，对已在企业就业或自主创业的应届高校毕业生最高提供每年2.4万元的生活补贴、12万元的购房补贴、90平米的人才公寓或共有产权房四项住房保障措施（申请人只可申请享受其中一项）。实施"塞上骄子、海外留学人员回乡创新创业"项目，视情况给予10万—50万元的经费支持。支持发展众创空间、"双创"示范基地、小微企业创业创新示范基地等"双创"载体，支持社会力量参与青年"双创"人才培养工作，鼓励举办具有影响力的创业沙龙、论坛、大赛等创新创业活动。支持区内高校加快建设国家大学科技园，促进人才链、创新链与产业链的深度融合。未来5年，力争培养"双创"人才5万名。

5．实施技能人才培养工程。加快宁夏（银川）公共实训基地等高技能人才实训基地建设，重点建设一批国家级、自治区级示范职业（技工）院校，对成绩突出的公共实训基地、示范职业（技工）院校，每次最高给予50万元的经费支持。对新认定为国家、自治区及银川市技能大师工作室的，分别给予10万元、5万元、2万元专项补贴。对获得“中华技能大奖”“全国技术能手”荣誉称号的，分别按照每人5万元、2万元标准给予配套奖励。鼓励校企联合培养人才，推行企业新型学徒制、“双导师制”“双元制”职业教育，加快培养支撑“银川制造”“银川创造”的技能人才队伍。未来5年，力争培育技术技能型、知识技能型和复合技能型人才4万名以上，逐步建立一支与我市经济规模、产业结构、企业需求相适应的技能人才队伍。

二、构建灵活高效的人才使用与服务机制

6．探索人才分类评价。推动人才评价去行政化，建立更加科学的人才分类评价体系。探索逐步将职称评审权下放给用人主体、行业组织，引导建立由行业组织或者龙头企业牵头，不同所有制、不同类型企业共同参与的职称评审机构。创业人才突出对技术能力、团队结构、商业潜力的综合评价；企业人才突出以薪酬为主要依据的市场化评价；各类专业技术人才，突出同行认可，探索引入第三方评价；技能人才逐步实施企业和行业组织自主评价，支持各类机构举办技能大赛，建立以赛代评、以赛促评的评价模式。

7．畅通人才流动渠道。破除人才流动障碍，落实中央关于吸引非公有制经济组织和社会组织优秀人才进入党政机关、国有企事业单位的政策措施。鼓励各地、各单位主动加强与国内高校、科研院所联系合作，建立人才合作基地，开展技术转移、科研开发、项目合作、挂职交流、实习实训等工作，每年评选一批优秀人才合作基地，每个基地给予3万—10万元奖励。

8．创新人才引进机制。探索在发达地区或海外人才集聚区建立银川飞地人才育成平台，每个平台每年给予10万—30万元的经费支持。入选国家“千人计划”等国家级人才计划的高层次人才，按照就高原则，给予国家同等额度配套补助。在银川市驻外办事处等机构加挂“银川引才引智工作站”牌子，赋予引才职责，发挥聚才作用。落实好自治区关于企业人才支持政策，支持企业引进高层次、高技能人才。对作出突出贡献的引才机构和个人每次给予2万—20万元奖励。

9．扩大用人主体自主权。根据国家关于聘任制公务员管理的有关规定，在专业性强的政府机构和开发区（园区）探索推进聘任制公务员工作。经人事、财政部门审核批准，在国有企事业单位可对作出突出贡献的高层次人才和引进的急需紧缺高层次人才，实行协议工资、年薪工资，经费按现行渠道支付。允许高校、科研院所、职业（技工）院校等设立一定比例的流动岗位，吸引高层次人才、高技能人才担任兼职教师或创业导师。

10．构建科学的人才管理服务体系。构建全市统一的人才综合服务平台，建立高效便捷的线上线下人才服务模式。推动政府人才公共服务与经营性服务分离，推进中国银川人力资源服务产业园建设。支持各类人才协会、中介机构等为人才提供个性化、特色化服务，鼓励企业和社会资本投资建设人才创新创业公共服务平台，成效显著的一次性给予10万—50万元奖励。

11．建立银川都市圈人才协同发展机制。建立人才工作联席会议制度，形成都市圈人才工作发展的共商机制。发挥银川人才管理改革试验区先行先试优势，推动都市圈人才体制机制创新。依托银川市人才集聚优势，推动建设都市圈人力资源服务产业园、“人才云”平台，为都市圈人才交流合作搭建线上线下平台。发起成立银川都市圈创新创业投资基金、都市圈人才发展基金会，打造具有都市圈特色的人才投入机制。在都市圈推进高精尖缺人才统一认定等机制，逐步建立都市圈规范有序的人才服务保障体系。

三、健全坚强有力的人才发展保障机制

12．进一步加大党管人才工作力度。各级党委（党组）要切实履行好党管人才职责，组织（人才）部门要在党委领导下，履行好牵头抓总责任，支持配合其他部门在职责范围内开展工作。党政职能部门和企事业单位要各司其职、密切配合，共同推动人才工作任务落实。强化县（市）区、各部门（单位）人才工作目标责任制管理，将人才工作目标责任制考核纳入“一把手”抓党建述职内容和考核体系，建立人才工作专项述职制度，建立党政领导干部直接联系人才机制。定期组织高层次人才开展形势政策、民族政策教育，国情区情研修及休假疗养。各级党委（党组）在推荐确定党代表、人大代表、政协委员时，要注意吸纳一线专家和高层次人才中的先进模范人物。

13．完善人才投入激励机制。市财政设立人才发展专项资金，确保各项人才政策的落实。各县（市）区要优先足额安排人才专项资金，并保持人才投入与经济发展同步增长。发起成立银川人才发展基金会、区域人才国际化发展基金会，打造具有区域竞争力的人才投入机制。发挥“银川市突出贡献奖”的引领作用，重奖为经济社会发展作出突出贡献的人才和团队。完善凤城系列人才评选制度，设立“凤城名医”“凤城名师”“凤城工匠”“凤城文化名家”“凤城农业名家”“凤城企业名家”“凤城科技名家”“凤城友谊奖”“凤城社工名人”等奖项，行业主管部门每2年评选一次，每人一次性奖励2万元。深入推进各行业各领域实用型、技术型、技能型等优秀人才评选表彰工作。

本意见与我市现行相关政策有重复、交叉的，按照“时间从新、标准从高、奖励补贴不重复”的原则执行。

本意见中五大人才工程中涉及市辖兴庆区、金凤区、西夏区、银川综合保税区、银川滨河新区所需人才经费，由市、区按7：3的比例分担；涉及灵武市、永宁县、贺兰县、银川经济技术开发区所需人才经费，由各县（市）、银川经济技术开发区自行解决。

本意见由银川人才工作服务局负责解释，未尽事宜由银川市人才工作领导小组研究决定。

中共银川市委办公厅
银川市人民政府办公厅
2018年4月17日

第三部分

园区篇

北京市

北大留学人员创业园

园区概况

北大留学人员创业园成立于2002年9月，由北京大学与中关村科技园区管理委员会共建，开创了国内高校与地方政府合作共同扶持留学人员回国创业的先河。创业园在响应国家和首都人才战略、大力发展自主创新和人才优势实现高新技术成果产业化的背景下，由中关村管委会留学服务总部和北大留创园管理团队共同推动，利用高校优质资源，吸引海外留学人员回国创办高科技企业。2006年2月，创业园被北京市人事局和市科委认定为首批“北京留学人员创业园”。

创业园地处中关村核心区，依托北京大学，汇聚多领域的创新技术、管理思想和人文精神，重点引进和培育具有自主知识产权的留学人员回国创业项目及企业。创业园实施以“3M+T”孵化服务模式（Money/Mentor/Marketing+TLO）为核心的投资融资、创业辅导、市场营销及技术成果转化服务体系，为入园企业提供熟知国际惯例、符合中国国情的全程创业咨询与孵化服务，包括提供创业资金支持、境内外上市联合推荐机会，协助申请国家科技产业资金、留学人员创业贷款贴息；协助办理专利注册申请、科技成果鉴定、高新技术企业资格和先进技术企业认证；协助申报“火炬计划”“新产品开发计划”“成果推广计划”，以及北京市留学人员创业奖、科技进步奖；提供集中的政府审批、工商、税务服务，专业的政府公关、媒体运作、市场推广服务等。此外，创业园整合北京大学52家省部级重点实验室，推动北京大学科技成果转化及横向技术交流与合作；搭建知识产权平台、微构分析测试平台、光电子精密测量仪器研发平台等，通过汇聚、梳理及协调组织中关村核心区的科技创新、成果转化和科技服务资源，借助网络化的协作体系，为入园企业提供国际顶尖的技术服务。

近年来，创业园着力实施大数据驱动发展战略，打造网上科技园与实体科技园相结合的020服务体系，不断完善科技创新创业解决方案，提升创新型科技企业增值服务，使北大留创园发展成为创意及技术提供、需求解决方案的信息港，战略新兴产业孵化基地和特色产业发展基地的运营商。

联系方式

地　址：北京市海淀区中关村北大街127-1号
邮　编：100080
电　话：86-10-62769088
传　真：86-10-82667188
邮　箱：pkuincubator@pkusp.com.cn
网　址：www.pkusp.com.cn

北航留学人员创业园

园区概况

北航留学人员创业园成立于2003年4月12日，由北京航空航天大学和中关村科技园区管委会共同建立，以促进北京航空航天大学及周边高校科技成果转化、培育中小企业及造就科技企业家为宗旨，加速留学人员创业企业的群体成长，推动区域经济发展，提高区域创新能力。

创业园位于北航国家大学科技园内，孵化场地2.7万平方米，下设企业服务部、财务服务部、人力资源部、投融资部等部门，为入园企业提供工商注册、高新技术企业认证、财务代理、税收申报、人事代理、人才引进与招聘、科技企业优惠政策咨询，并协助企业进行市场开拓与融资。

创业园将不断提高服务队伍素质，聚集与整合政府有关部门、中关村科技园区与海淀园区、北京航空航天大学、北航大学科技园以及其他社会资源，构建完善的企业服务支撑体系，有效地支持大学科研成果的转化，更好地开展企业创业辅导、优惠政策咨询、企业管理与发展规划、企业体制改革咨询和投融资服务，逐步形成以北航科技园、北航创业园入驻企业为服务主体，面向中关村科技园区及海淀园区企业的开放式发展格局，打造北航创业园的企业孵化服务品牌。

联系方式

地　址：北京市海淀区北四环中路238号柏彦大厦406室
邮　编：100083
电　话：86-10-82316255
传　真：86-10-82338204
邮　箱：zhaibin@bbi.com.cn
网　址：www.bbi.com.cn

北京工业大学留学人员创业园

园区概况

北京工业大学留学人员创业园成立于2005年12月，由北京工业大学和中关村科技园区管理委员会共同建设，2012年，被北京市人力资源和社会保障局认定为“北京留学人员创业园”。创业园采取“政府引导，市场运作”的模式，以建设精品园区、孵化精品项目为建园宗旨，为归国留学人员营造良好的创业环境，促进科技创新、体制创新，为中关村科技园区的建设注入活力。

创业园位于北京工业大学西校区，面积共2万平方米，先期启动4000平方米，硬件设施齐全，服务功能完备，重点吸引创业团队成熟、跨洋研发能力出众、拥有自主知识产权的国际领先技术、产业化潜力大、国家重点支持领域项目的留学人员创业企业。创业园依托北京工业大学的科研优势及在高新技术转化方面积累的经验，进一步将孵化功能向企业发展的上下游延伸。通过产学研的结合、孵化体系的完善，创业园将吸引更多优秀海外留学人员归国创业，从而为地区培育出新的经济增长点及产业热点。为实现成为国际一流的企业孵化基地这一目标，创业园将逐步发展规模，并重点培育出一批能够达到国内乃至世界一流的留学人员创业企业。

联系方式

地　址：北京市海淀区车公庄西路35号
邮　编：100048
电　话：86-10-68458163
传　真：86-10-68458163
邮　箱：zhenxiaohang@bjut.edu.cn

北京瀚海智业留学人员创业园

园区概况

北京瀚海智业留学人员创业园是在中关村科技园区管委会和北京市东城区人民政府的支持和指导下，于2009年依托汉潮大成国家级科技企业孵化器创建而成，是北京市中心城区的第一家留学人员创业园。创业园秉承“商以载道、成人达己”的经营理念，按照“政府指导、企业运作”的运营思路，充分发挥园区自主经营、高效便捷的机制优势，集聚资金、人才、市场、管理等各种资源，协助留学人员企业将技术、信息、智力等优势与政策有效结合，致力于成为培育具有创新能力和国际竞争力的留学人员企业的摇篮。

创业园位于北京东直门商圈，交通便利，商务配套设施齐全，周边总部林立、人才密集。园区拥有创业孵化面积7000多平方米，种子孵化基金500万元，并配备留学人员创业服务专业团队，为留学人员企业提供政策指引、创业辅导、投融资等多层次、多角度的优质配套服务，助力企业健康快速发展。创业园成功打造了文化创意和中医药两个特色专业品牌，聚集了一批如招通致晟、永航科技、宇信金实、朗动科技等由海外高层次人才回国创办的优秀留学人员企业，带动了园区内中小企业创业创新活力以及上下游产业生态的形成，正逐步成为东城区高层次人才引进的聚集高地和新的亮点。

2012年，瀚海智业留创园的海外窗口——中关村瀚海硅谷科技园正式运营，开启了园区国际化发展的新征程。海外窗口的建设将引导和帮助更多海外留学人才回国创业，促进海外优质项目和人才与国内留学人员创业园的全面对接，实现归国留学人才聚集，将瀚海智业留创园打造成为文化与科技高端人才和项目汇聚的创业生态基地。

联系方式

地　址：北京市东城区东直门内海运仓1号瀚海海运仓大厦1018室
邮　编：100007
电　话：86-10-64050488，64050575，51239477
邮　箱：bjhcdc2011@163.com
网　址：www.hanhaiholding.com

北京化工大学留学人员创业园

园区概况

北京化工大学留学人员创业园成立于2009年3月，由北京化工大学和中关村科技园区管理委员会共同建立，北京化大科技园科技发展中心负责日常管理，旨在吸引更多优秀海外留学人员回国创业，促进科技创新，为首都的经济发展增添新的活力。

创业园位于北京化工大学西校区，拥有良好的交通环境、办公设施和服务功能。作为北京化工大学科技园的园中园，园区充分依托北京化工大学的资源优势，为留学回国人员从事高科技创业提供优质服务和优惠政策，加速高新技术的商品化、产业化、国际化。园区重点关注、扶持和培育在环保、生物医药、新材料、新能源等领域中，具有国际领先技术、产业化潜力巨大、国家重点支持的留学回国人员创业项目。

作为创业园的资源平台，北京化工大学是教育部直属的全国重点大学，国家“211工程”和“985优势学科创新平台”重点建设院校、国家“一流学科”建设高校。学校拥有30多个与教学、科研紧密结合的科技产业实体，依托学校科技和人才优势，以科技成果产业化为经营宗旨，形成了具有北化特色的高科技产业集群，在生物化工、日用化工、精细化工、化工新材料等多个科技领域已形成系列技术和多种产品。其中，北京化工大学科技园被先后认定为“国家大学科技园”“北京市中小企业创业基地”和“国家技术转移示范机构”。

创业园自成立以来，已吸引来自美国、日本、英国、法国等国家和地区的一批留学人员入园创业，行业涉及新材料、新能源、电子信息、机械、远程教育等多个领域。

联系方式

地　址：北京市海淀区紫竹院路98号北京化工大学（西校区）科技园写字楼
邮　编：100029
电　话：86-10-88588552，64435482
传　真：86-10-51589055
网　址：sp.buct.edu.cn

北京交大留学人员创业园

园区概况

北京交大留学人员创业园成立于2007年7月，由北京交通大学与中关村科技园区管委会共同建立。创业园依托北京交通大学的学科优势、专业优势、教育资源优势和中关村科技园区企业创新机制优势、政策优势，旨在吸引更多轨道交通领域专业人员创业，促进科技创新、服务创新、人才创新等新型创业企业的发展，加快中关村科技园区的全面建设，为首都高新技术产业的发展增添新的活力。

创业园位于北京交通大学东校区内，由交大科技园划拨5000平方米科教楼房屋用于孵化建设，办公设施齐全，服务功能完备，拥有良好的公共服务平台和共同技术平台，能够满足留学回国人员创办企业需要。

创业园主要为轨道交通技术及相关领域业务的企业提供创业孵化服务，通过构造新型实验平台，提供专业化的技术服务，增强中关村园区轨道高新技术企业的自主创新能力。同时，通过产学研结合和完善的孵化服务体系致力于打造强优企业，为地区培育出新的经济增长点和产业热点。

联系方式

地　址：北京市海淀区高梁桥斜街44号一区89号科教楼1018室
邮　编：100044
电　话：86-10-51686946
传　真：86-10-51686946
邮　箱：dinglei-1983@hotmail.com

北京经济技术开发区留学人员（汇龙森）创业园

园区概况

北京经济技术开发区留学人员（汇龙森）创业园成立于2005年5月，是在北京经济技术开发区管委会和中关村科技园区管委会的支持下，由北京经济技术开发区人才交流服务中心与汇龙森国际企业孵化（北京）有限公司共同创建的北京市第一家民营留学人员创业园。2006年12月，创业园被国家科技部火炬中心认定为“国家高新技术创业服务中心”；2012年，被北京市委组织部、北京市科委、北京市人社局共同认定为“北京市优秀留学人员创业园”。

创业园地处北京经济技术开发区和中关村科技园区亦庄园的重叠区域，孵化面积30万平方米，是一座集生产、研发、办公标准化、智能化为一体的多功能型高新技术企业孵化和留学人员回国创业基地。创业园以“迎来创业者、送出企业家”为宗旨，按照“政府指导、企业运作”的模式，本着人才培养与成果转化相结合的原则，通过专业技术服务平台、综合服务支撑平台及企业资金服务平台等服务载体建设和服务内容建设，为入园企业提供专业化的服务和支持。其中，专业技术服务平台主要包括国家生物产业基地中小企业公共技术服务中心、先进材料公共技术服务平台、国际化创新医疗产业化平台；综合服务支撑平台主要包括孵化器管理应用平台、软件技术支撑平台、综合商务平台；资金服务平台主要由园区的债权服务与股权服务两大板块构成。目前，园区在生物医药、新材料、医疗器械三个产业领域均具备了较强的服务支撑能力。

在国家、市级、开发区等各项政策的支持下，汇龙森创业园已经成为众多外资企业、归国人员投资创业，国内高新技术企业成长发展的理想场所。

联系方式

地　址：北京经济技术开发区科创十四街99号
邮　编：101111
电　话：86-10-59755345，59755588-8835/8833/8832
传　真：86-10-59755396
邮　箱：liuchuangyuan@huilongsen.com
网　址：www.huilongsen.com

北京经开·北工大软件园留学人员创业园

园区概况

北京经开·北工大软件园留学人员创业园于2011年11月成立，是在北京经济技术开发区管委会相关部门指导下，由北京经开工大投资管理有限公司创办，旨在深入贯彻落实北京经济技术开发区科技强区、人才强区战略，吸引海外留学人才回国发展。创业园以“营造环境、培育企业、孵化项目、造就人才”的运营思路，积极整合各类资源，提升和拓展创业服务功能，不断加大对入园企业的扶持力度。园区被评为“北京市小企业创业基地”“院士专家工作站”，并先后设立北京12330知识产权服务工作站、工商服务工作站等，为园区企业提供全过程、全方位的服务。

创业园位于北京新城市发展规划的“东部发展带”——北京经济技术开发区的核心发展区域，总占地面积17.41万平方米，包括研发办公、孵化器、教育培训、综合配套服务等功能分区，统一规划，整体开发，具备优良的硬件设施、完善的服务体系，可为上万名研发人员提供良好的工作和生活环境。园区拥有1.4万平方米的公共服务设施，包括会议中心、企业会所、员工餐厅、自助银行等，为孵化企业提供便利。凉水河景观公园环绕园区，为入驻企业创造出极优的生态商务环境。园区周边生活配套、商务配套均已呈现规模，开发区“青年公寓”“博大永康公寓”项目，可为企业员工提供居住服务，并有着完善的医疗、商业、金融及休闲配套，满足办公居住的各种需要。

北工大软件园作为北京市三大软件园之一，一直以“创新驱动、聚力发展”为办园宗旨，通过完善公共服务平台，升级园区“软”服务，来构建差异化的竞争优势，云集了北京云基地、美国应用材料、中国路桥研发中心、中国电子、民生证券、贝达药业等世界500强在内的众多国内外著名企业。依托北工大软件园的产业集聚和专业服务优势，目前创业园已形成包括基础物业、技术支撑、中介咨询、创业孵化、投融资等五大服务模块，吸引了一批留学回国人员创办的高新技术企业。

联系方式

地　址：北京经济技术开发区地盛北街1号A区2号楼4层
邮　编：100176
电　话：86-10-67862520
传　真：86-10-67877560
邮　箱：zhangchuntao0530@126.com

北京科大留学人员创业园

园区概况

北京科大留学人员创业园成立于2003年6月，由北京科技大学和中关村科技园区管理委员会共同组建。2005年9月，创业园被北京市人事局和北京市科委认定为首批“北京留学人员创业园”；2007年12月，被教育部、科技部联合授予“春晖杯创业大赛创业基地”称号；2011年底，通过“北京留学人员创业园”复核考评。

创业园依托北京科大国家大学科技园、方兴孵化器等平台，始终坚持企业化、专业化、网络化的发展模式，围绕新材料、制造业信息化、新能源行业领域建设专业园区，先后搭建了北京市新材料技术转移中心、北京科大分析测试服务中心、北京市新材料共性技术支撑体系、北京北科大新兴产业技术研究院等重要支撑平台，可为企业和项目提供孵化资金、中试、生产场地、项目管理、市场咨询等成果转化服务，以及联合研发、材料分析测试、技术咨询、实验室建设，人员培训等技术咨询特色服务。同时，创业园与多类型专业机构、中介服务公司建立长期战略合作伙伴关系，为园区企业提供法律、工商、税务、人才、融资、培训、策划、知识产权等各类综合性咨询与服务。

创业园以新材料研究与制备技术、制造业信息化技术为办园特色，重点吸纳新材料领域的留学回国人员入园创办企业，项目和业务领域涉及新材料、制造业信息化、电子信息、能源环保等诸多领域。

联系方式

地　址：北京市海淀区学院路30号方兴大厦6层611室

邮　编：100083

电　话：86-10-62316722

传　真：86-10-62316722

邮　箱：zhanghq@ustbcm.com

北京理工留学人员创业园

园区概况

北京理工留学人员创业园成立于2003年，由北京理工大学和中关村管委会共建，北京理工科技园科技发展有限公司负责具体实施和日常管理。创业园以服务企业为宗旨，追求高效务实的工作作风，致力于为留学人员搭建创业平台、落实政府专项政策，创造和谐的创业环境。根据园区的功能定位，北理工留创园着力于创业服务体系和创新支撑体系建设，加强学校与园区及在园留学人员企业的合作和交流，为企业与风险投资、中介机构等搭建沟通的桥梁，通过资源整合提供各种增值服务，搭建有特色的创新创业平台，促进园区发展及留学人员企业成长，为更多海外留学人员回国创业提供平台。自成立以来，创业园多年的建设与发展成绩得到了各级政府部门的肯定。2006年5月，被北京市人事局、北京市科委认定为“北京留学人员创业园”；2012年5月，被北京市人社局、北京市科委认定为“北京市优秀留学人员创业园”；2018年10月，被中国技术创业协会留学人员创业园联盟评为首批“中国留学人员创业园区孵化基地”。

创业园坐落于理工科技大厦，地处中关村科技园区中心地带，北京地铁4号线沿线，周边银行、大学、商场、酒店、公交等配套设施一应俱全，为园区企业提供了良好和便利的环境。在不断完善孵化服务平台建设的过程中，创业园依托高校背景，充分利用和发挥北京理工大学的人才、学科、科研、设备及成果转化等优势，为园区企业积极争取开放的高校资源；依托中关村科技园区，汇集政府资源，落实政府政策，组织开展各类创业服务活动；依托北京理工大学国家大学科技园较为完备的创新支撑体系和创业服务体系，为留创企业的快速发展提供良好保障。创业园一直致力于为入园企业提供人力资源、法律、税务、工商、财务、企业评估、管理咨询、创业培训、项目推介、市场信息、市场推广、项目融资等方面的服务。特别是在创业培训服务方面，会根据企业需求，借助中关村创业大环境开展培训活动，组织企业参加学习；利用园区的资源和自身优势，组织多种多样的讲座、沙龙、座谈会等，提供内容丰富、实用性强的培训活动；聘请孵化服务专家、投资专家及创业成功人士为创业导师，开展有针对性的辅导、座谈和交流等活动。

截至2018年底，北理工留创园累计吸引270余家留学人员创业企业，在园留学人员企业104家，企业大多分布在新一代信息技术、新材料、新能源环保、新能源汽车等北京市战略性新兴产业领域，普遍具有技术水平高、团队素质好、自主知识产权多、视野开阔等优势；先后吸引了400余名留学人员，包括24名高端领军人才，其中国家级高层次领军人才10名、北京市“海聚工程”人才18名、中关村“高聚工程”人才10名。在中国技术创业协会留学人员创业园联盟发起举办的评选活动中，先后有7家企业获得“中国留学人员创业园最具成长性创业企业”称号，1人获“中国留学人员创业园十大创业领军人物”称号。

联系方式

地　址：北京市海淀区中关村南大街9号理工科技大厦902室

邮　编：100081

电　话：86-10-68470073，68470075，68470076

传　真：86-10-68470073转8999

邮　箱：bitrp@vip.163.com

网　址：www.bitrp.com.cn

北京市留学人员大兴创业园

园区概况

北京市留学人员大兴创业园成立于1997年，由北京市留学人员服务中心与大兴经济开发区开发经营总公司共同创建，是北京市第二家留学人员创业园，于2003年9月被北京市科委认定为“北京市高新技术产业孵化基地”。

创业园位于国家新媒体产业基地核心地带，总建筑面积5万多平方米，现有孵化面积3.8万平方米，是集办公、商务、娱乐、生活为一体的高档综合服务园区。创业园致力于打造以新媒体产业为核心，集文化创意产业、现代服务业、现代制造业等业态的新型园区，逐步建立起了相应的孵化服务平台，具备研发、培训、创作、孵化、制作、交易、展示与体验和配套服务等八大孵化功能，使园区发展成为以数字影音、数字出版、数字动漫、数字游戏及数字体验等为主的专业化园区。

联系方式

地　址：北京市大兴经济开发区科苑路18号

邮　编：102600

电　话：86-10-61271941/42、61273247

传　真：86-10-61271943

邮　箱：msx7060@126.com

北京市留学人员海淀创业园

园区概况

北京市留学人员海淀创业园成立于1997年10月，是北京市留学人员服务中心与中关村科技园区海淀园创业服务中心共建的北京市首家专门吸引留学人员回国创业的科技企业孵化器。2007年10月，创业园成为国家人事部与北京市人民政府的共建单位，并命名为中国北京（海淀）留学人员创业园。海淀创业园自成立之日起，就树立了把自身建设为一所“针对特殊人群，培育明星企业和优秀企业家”学校的宗旨，在孵化器建设就是学校建设的理念引导下，着重在“优选入园企业、加强过程管理、提高毕业标准、完善服务手段”四个环节上下功夫，并逐步形成了自身独特的核心竞争力。1998年7月，创业园被国家科技部火炬中心认定为“国家高新技术创业服务中心”；2000年1月，被北京市科委列为“高新技术产业孵化基地”；2000年10月，被国家科技部、人事部、教育部和国家外专局认定为“国家留学人员创业园首批示范建设试点单位”；2001年9月，被国家科技部授予“国家高新区先进孵化机构”称号；2004年4月，被北京市科委认定为首批“首都科技条件平台试点单位”；2005年12月，被荷兰科学联盟评选为“最佳社会投资收益奖”；2008年12月，被评为“火炬计划实施二十周年先进服务机构”；2009年3月，获得“中关村科技园区20周年突出贡献奖”；2012年，被国家人社部认定为“全国创业孵化示范基地”；2013年10月，被北京市经信委认定为“北京市小企业创业基地”；2014年7月，被北京市人社局认定为“北京市创业孵化示范基地”；2015年，被北京市政府侨办、中关村管委会认定为首批挂牌的“中关村侨创园”，同年，“金种子创业谷”成功入选中关村示范区创新型孵化器，并先后被认定为中关村管委会创新型孵化器和市级、国家级众创空间；2017年，创业园入选工信部“国家小型微型企业创业创新示范基地”，获批“中国侨联新侨创新创业基地”，并荣获“全国为侨服务示范单位称号”。多年来，海淀创业园培育了一批又一批的优秀企业和企业家，得到了党和国家领导人、各级政府及社会各届的关注与认可。2000年，江泽民总书记到海淀创业园视察；2003年，胡锦涛总书记接见了海淀创业园优秀毕业企业的创办人。

创业园坐落于环境优美的中关村科技园区上地信息产业基地，处于北京著名的文化旅游区，紧邻清华、北大、中国科学院等全国最高学府和研究机构，形成强大的科技条件支撑和技术依托，是集科研、开发、生产、经营、生活和服务于一体的新型社区。经过多年的发展，海淀创业园现有孵化面积近5万平方米，下设中关村创业大厦（留学人员创业园）、中关村发展大厦（留学人员发展园）、金种子创业谷及7000平方米的标准厂房四大孵化场地，配备了生物医药实验室、智能硬件实验室、党建活动室、职工书屋、商务中心、食堂、咖啡厅、会议室、多功能厅等完善的公共服务设施，为不同发展时期、不同类型的企业提供创业环境和发展空间。留学人员创业园孵化场地面积2.2万平方米，主要服务于留学人员新办的科技型中小企业，通过整合多种资源为入园企业提供全方位的创业辅导，包括政策咨询、管理咨询、融资协助、人才引进等，为企业提供优惠的办公用房并协助办理工商、税务、知识产权代理等相关事务。留学人员发展园孵化场地面积1.7万平方米，主要服务于留学人员创业园毕业企业，为快速发展的企业提供配套的办公场地，服务的重点为融资咨询、产品宣传及推广。金种子创业谷，亦叫“零成本创业谷”，于2013年9月正式启动，孵化面积超过2000平方米，主要用于整合各类创新创业要素，聚集高层次创新创业团队，培育战略性新兴产业源头企业，依托海淀创业园的空间资源及孵化服务体系优势，为入孵项目提供从创业苗圃到孵化器再到加速器的全链条式孵化服务，并针对企业发展的不同阶段提供全过程的创业辅导。

经过多年的建设与发展，创业园除基础服务外，还已搭建成“一个中心、三个平台、六方面服务”的完整的创业孵化体系，即围绕海淀创业园，构建企业孵化平台、科技条件平台、创业导师平台，对企业开展创业辅导、人才引进、企业融资、成果转化、股权投资、产业促进六方面服务，促进创业者向企业家的转变，助力企业快速成长。2007年，为了整合内部资源，引进社会资本，提升服务功能，海淀创业园推出了“金种子”计划，力求通过对种子期项目的支持，提高项目孵化成功率，确保进入海淀创业园的每一家企业都将成为一粒粒金色的种子。2015年，创业园联合12家投资机构共同设立“种子投资基金”，采用金种子创业谷孵化器代持法律模式，一期定向募集资金500万元，主要投资于入孵的早期创业项目。到2017年，种子基金已合计投资项目18个，项目累计估值达到16.95亿元。2017年，创业园还搭建了首支资金规模为3000万元的天使基金平台并成功举办了首次天使路演会，同时设立了一期资金规模为1亿元的大健康产业基金，重点支持园内生物医药、医疗器械、医疗服务等相关领域具有良好商业模式、优秀团队及先进技术的企业和项目。近3年来，创业园即帮助企业获得股权投资逾30亿元。

发展至今，海淀创业园孵化硕果累累，先后有百余名优秀的留学回国创业者受到国家各级政府的表彰，其中包括40余名国家级领军人才、60余名北京市“海聚工程”人才，累计培育出23家国内外上市或挂牌企业。

联系方式

地　址：北京市海淀区上地信息路26号中关村创业大厦106室

邮　编：100085

电　话：86-10-82898748，82898799

传　真：86-10-62984933

邮　箱：chuangye@ospp.com

网　址：www.ospp.com

北京望京留学人员创业园

园区概况

北京望京留学人员创业园成立于1999年8月，依托于北京望京科技园。2000年2月，望京科技园被市科委认定为北京市首批高新技术企业孵化基地；2000年10月，被科技部火炬中心认定为国家级高新技术创业服务中心；2000年12月，北京市人事局留学人员服务中心与朝阳区人事局和望京高新技术产业区签订协议，在望京科技创业园基础上共建北京市留学人员望京创业园；2002年7月，国家人事部和北京市政府共建中国北京（望京）留学人员创业园；2006年2月，望京留创园被北京市人事局与市科委于联合授牌为首批8家“北京留学人员创业园”之一；2015年7月，被中关村管委会和北京市政府侨办授予第一批“中关村侨创园”；2018年6月，被北京市知识产权局评为“北京市中小企业知识产权集聚发展示范区”；2018年7月，被中国留学人员创业园联盟评为首批“中国留学人员创业园区孵化基地”；2018年12月，被中关村人才特区建设促进中心授予“中关村人才代办工作站”。

创业园位于北京市城区东北部的中关村朝阳园电子城西区内，总建筑面积10万平方米，孵化面积3.4万平方米，是以新能源、新技术、新生命科学为产业定位的“三新”产业创业、跨国企业研发的聚集区，是集科研、办公为一体的智能化、多功能、花园式的高新技术产业孵化服务基地和留学人员回国创业基地，是促进科技成果商业化、产业化和国际化的专业服务机构。为扶持留学人员创业，朝阳区政府出台《关于中国北京（望京）留学人员创业园的扶持办法》，自2003年始设立留学人员创业专项扶持资金每年1000万元，支持创业园长远发展。在各级政府的支持和指导下，望京留创园经过持续的发展与积淀，在基础设施、创业环境、发展潜力、产业配套、政策体系各方面不断完善，实现了归国创业人才聚集发展的“一群一带，一圈一链”。“一群一带”即物理聚集的移动通讯、生物技术企业集群和创新型科技企业发展带；“一圈一链”即海外回国留学人员创业活动圈，以及未来促成上下游企业紧密协作的移动通讯产业链。园区已形成企业聚集、项目聚集、人才聚集、资金聚集、效益聚集的首都归国留学人员创新创业基地。

园区在20年的发展中，始终坚持“让智慧在望京创造财富、让理想在望京成为现实”的宗旨，针对入园企业积极开展全方位的服务，如坚持知识产权、财税、工商、法务等方面的培训服务；一对一精准开展创业导师讲座、投融资指导；积极培育、引进海外高端人才、协助企业申请各类扶持资金；建立专业技术平台，围绕“三新”产业的定位，打造望京留创园、国际研发园、生命科学园和互联网+总部基地4个科技板块；举办企业家联谊会、摩尔研习社、私享会、高峰论坛等丰富多彩的活动等等，使园区充满活力。更重要的是园区已经形成了企业从苗圃、孵化器、加速器、到产业园的完整创业生态链条。多年来，望京留创园在各级政府的支持下，逐步建立起集合两项资金，搭建两个平台，突出三项服务的留学人员回国创业特色支撑服务体系：（1）两项资金即中国北京（望京）留学人员创业园专项扶持资金每年1000万元和创投引导资金每年300万元；（2）两个平台即中国北京望京海外留学人员创业洽谈会招商服务平台，望京留创园留学人员企业家俱乐部及联谊活沟通平台；（3）三项服务即科技中介、科技金融和科技人才服务，其中特色服务项目包括望京留创园“摩尔研习社”、知识产权工作站、人才公寓等。

截至2018年底，望京留创园入园企业达115家，其中新三板上市企业12家，高新技术企业51家，累计吸引“国家特聘专家”57人、北京市“海聚工程”人才29人、中关村“高聚工程”人才7人、朝阳区“凤凰计划”人才92人，各类高端人才总计204人。未来，望京留创园将逐步提升团队的管理服务水平，创新服务理念，形成自身服务特色，进一步强化管理、信息、融资、市场、培训等多种服务功能，加强与中介服务机构合作；进一步建立健全各项管理办法和规章制度，完善配套服务设施，力争投资主体多元化、运行机制多样化、组织体系网络化、创业服务专业化、服务平台标准化、服务内容国际化的一流创业园区，为留学人员回国创新创业企业提供全方位的服务。

联系方式

地　址：北京市朝阳区利泽中二路望京科技园A座西侧6层
邮　编：100102
电　话：86-10-64390345
传　真：86-10-64302019
邮　箱：wjpark@wjpark.com
网　址：www.wjpark.com

北师大留学人员创业园

园区概况

北师大留学人员创业园成立于2005年12月，由中关村科技园区管委会和北京师范大学共同创建。本着特色办园的思想，依托百年师大的优势资源，北师大留创园充分整合北京师范大学科研资源、人才资源、产业资源，以“北师大教育服务产业研究院”和“高科技产业研究与技术转移中心”为依托，以中医药现代化、特色新材料、现代放射性化学药物、环境保护及减灾与公共安全等技术平台为支撑，搭建大学资源与社会资本对接的有力平台。园区先后获得科技部“火炬计划重点单位”、团中央“青年就业创业见习基地”“北京市专利试点单位”“北京市海淀区产学研示范基地”、教育部“高校学生科技创业实习基地”“北京留学人员创业园”“北京市高新技术产业专业孵化基地”等称号，加入“中关村科学城”项目，全面构建以北师大产学研为核心的地缘文化经济产业链，打造中国领先的教育、科技、文化联动产业聚集区，并获得中国产学研合作促进奖。

在中关村科技园区管委会、海淀园区管委会的支持下，创业园依托学校的优势资源，不断完善孵化服务体系，吸引了来自数十个国家和地区的近百名海归精英入园创业。近年来，创业园以“中关村国大中小微企业成长促进会”和“中关村科学城”建设项目两个新的平台为契机，进一步完善专业技术平台和科研资源，全面延伸园区企业服务范围，重点挖掘和培育“金种子”企业、高端人才创业企业，取得了显著成效。

联系方式

地　址：北京市海淀区学院南路12号北师大科技园
邮　编：100082
电　话：86-10-62205399
传　真：86-10-62206051
邮　箱：bsd_kjy@163.com

北邮留学人员创业园

园区概况

北邮留学人员创业园成立于2003年12月4日，由北京邮电大学和中关村科技园区管委会共建。创业园是以北京邮电大学为依托，充分利用北京邮电大学的综合智力资源优势，通过包括风险投资在内的多元化投融资渠道，在政府政策的引导和支持下，建立从事技术创新和企业孵化的信息通信类孵化基地，旨在更好地吸引海外留学人员归国创业，加快中关村科技园区的建设，提升北京邮电大学产学研相结合的能力，发挥一流高校服务区域经济的社会职能。

创业园位于北京邮电大学校内，总建筑面积为1万平方米，先期启动5000平方米，办公设施齐全，服务功能完备。创业园结合北京邮电大学的学科特点和优势，主要面向IT行业，着眼通讯领域，立足信息特色，定位于专业的信息科技园，以特色求发展，以创新达成功。

创业园搭建了面向信息通信领域的“3+2”服务体系，可为入园企业提供具有专业特色的科技创新和成果孵化服务。在提供基本商务、管理咨询和资本运作等立体化服务同时，充分利用北京邮电大学在信息产业的行业优势，在园区内搭建了互联网技术条件平台、电信产品推广服务平台和电信增值业务条件平台三个核心公共技术平台，并与北邮生命电子科学工程中心EMC-EMB实验室、北邮宽带通信网络实验室进行合作，为入园企业提供通信信息领域的科学研究和技术开发专业服务，有效帮助留学回国人员降低了创业成本。

联系方式

地　址：北京市海淀区西土城路10号北京邮电大学综合服务楼5楼510室
邮　编：100876
电　话：86-10-62281497，62281487
传　真：86-10-62285259
邮　箱：1409000@sina.com

华北电力大学留学人员创业园

园区概况

华北电力大学留学人员创业园成立于2008年10月，由华北电力大学和中关村科技园区管委会共同建立，旨在吸引优秀海外留学人员回国创业，加快中关村科技园区建设，提升华北电力大学产学研结合能力，发挥一流高校服务区域经济的社会职能。创业园充分利用华北电力大学创新创业环境和人才、学科、科研、设施及成果转化等综合资源优势，同时借助国内外的校友资源，着重吸引、发掘、培育一批创业团队完备、拥有自主知识产权的国家重点支持领域项目的优秀留学人员创业企业。

创业园位于华北电力大学国家大学科技园内，建筑面积约2万平方米，园内办公设施齐全，拥有科技创新创业实习基地、小企业创业基地服务、技术产品展示平台等公共平台设施，并通过一系列配套服务的推行，不断完善企业基础服务、技术服务、创业服务、金融服务及综合商务服务平台的建设，为在园企业提供全方位的孵化服务。目前，创业园已发展成为科研孵化、人才聚集、高新技术成果转化的特色基地，为首都科技创新体系建设和区域经济发展作出了贡献。

联系方式

地　址：北京市昌平区北农路2号华北电力大学主楼D1006
邮　编：102206
电　话：86-10-61772723
传　真：86-10-61772866
邮　箱：chx@ncepu.edu.cn

清华留学人员创业园

园区概况

清华留学人员创业园成立于2002年12月，由清华大学和中关村管委会共同发起设立，北京启迪创业孵化器有限公司（启迪之星）负责日常运营和管理。创业园依托清华大学的科技优势、清华科技园的资源优势以及启迪之星的服务优势，采用“孵化+投资”的经营模式，重点吸引回国留学人员创办的拥有国际先进技术、具有高附加值、高成长性的企业入园发展。

启迪之星前身是成立于1999年的清华创业园，是科技部火炬中心认定的首批国家级孵化器，确立了“孵化+投资”的发展模式和专业孵化器的发展方向，在全球建立孵化基地140多个，拥有创新孵化面积近20万平方米，是国内线下覆盖网络最全的创业孵化器，并建成第一个中美跨境孵化器以及香港最大孵化器。2001年，被科技部评定为“国家高新技术创业服务中心”“国家高新区先进孵化机构”；2007年，被中关村管委会、海淀区政府评为“中关村科技园区产学研合作示范基地”；2012年，被北京市经信委评为“北京市小企业创业基地”，被北京市组织部、人社局、科委评为“优秀留学人员创业园”，获荷兰科学联盟组织的全球科技孵化器评选的“科学孵化器最佳实践奖”；2014年，获选国际科技园协会发布的“2014 IASP孵化器最佳实践奖”和投中集团评选的“2014中国孵化器TOP10”；2015年被工信部评定为首批“国家小型微型企业创业创新示范基地”，被科技部评定为首批“国家级众创空间”。截至2018年，启迪之星共运营国家级孵化器3个，国家级小微基地2个，国家级众创空间12个，累计孵化服务企业超过5000家，其中“钻石企业”69家，“金种子工程”企业95家，有35家企业成功上市。

借助清华科技园和启迪之星的资源和服务优势，清华留创园整合“政、产、学、研、金、介、贸、媒”等创新要素，搭建起了成熟完善的创新创业孵化体系和创新服务网络平台，为留学人员回国创业发展提供更多增值服务，与企业共同成长。园区先后被评为“国家级留学人员创业园”“国家科技企业孵化器”“北京市优秀留学人员创业园”，培育出了一批在地方乃至全国同行业中处于领先地位的留学人员企业。

联系方式

地　址：北京市海淀区清华大学科技园创新大厦A座15层
邮　编：100084
电　话：86-10-62785888
传　真：86-10-62772777
邮　箱：xuyy@tuspark.com
网　址：www.tusstar.com

首都师范大学留学人员创业园

园区概况

首都师范大学留学人员创业园成立于2007年10月，由首都师范大学与中关村科技园区管理委员会共同建立，是中关村科技园区创业体系的组成部分之一，是留学人员回国创业的重要基地。

创业园位于北京市海淀区首都师范大学校内，一期与首都师范大学科技园共用一座教学楼，办公环境良好，软硬件设施一应俱全。创业园充分发挥首都师范大学深厚的文化、教育资源优势，突出“以文化、教育为特色，以高新技术为依托”的建园方针，以产学研联合工作为纽带，在留学人员创业企业与高校间建立通畅的桥梁，为企业的孵化、发展、壮大提供优质高效的服务。创业园重点吸纳、培育在文化创意及科技创新方面具有特色优势，具有自主研发能力和自主知识产权，与国内文化及经济建设需求紧密结合的留学人员创业企业。

经过不断的努力，园区逐步确立了“以高新技术为依托，以文化教育优势为特色，以产学研联合工作为主体，以科学技术成果的市场转化为手段，以服务于北京市社会、经济、文化建设发展为目标”的建设宗旨。一批优秀科研成果入园进行孵化，初步形成了文化创意、教育技术、高新技术三个重要产业化发展方向，并取得了良好成绩。

联系方式

地　址：北京市海淀区西三环北路105号首师大科技园（留学人员创业园）教一楼207室

邮　编：100037

电　话：86-10-68907023

邮　箱：kjy@mail.cnu.edu.cn

中关村博雅留学人员创业园

园区概况

中关村博雅留学人员创业园成立于2011年12月23日，由中关村科技园区管理委员会和北京市海淀区人民政府共建，是中关村多媒体创意产业园吸引海外人才、推动留学生回国创业工作的重要组成部分。创业园的建设是为了积极落实中关村人才特区的总体要求，促进科技创新、体制创新，吸引更多的以海外高层次人才为代表的发展所特需的各类留学人员回国创业，服务于留学归国人员创办的高新技术企业。

中关村多媒体创意产业园是中关村国家自主创新示范区的专业科技园，地处示范区核心区，位于中国北京市海淀区西三环紫竹桥与西四环四季青桥之间，占地95万平方米，是北京率先以多媒体创意产业为核心发展方向的跨媒体专业园区。园区通过政策引导、创新要素聚合、服务体系建设、科技金融对接和产业循环体系的打造等，促进企业快速做大做强，已聚集企业及机构近1000家，累计吸引投资超过26亿元。目前，园区企业创新活跃、发展迅猛，产值增幅迅速，形成涵盖物联网、移动互联网、电子支付、动漫游戏、软件开发、系统集成、广告会展等领域在内，集产品、服务和应用等方面于一体的跨媒体产业集合。园区产业生态循环体系发展完善，企业已呈现出以产业集群模式进行集群化、规模化发展趋势，具有显著的产业聚集与辐射带动能力。

博雅留创园依托中关村多媒体创意产业园的资源与服务体系，为入园的留学归国创业人员提供行业指导、战略顾问、金融投资、创业辅导、品牌建设、市场推广、项目融资、高层次人才对接和运行团队组建等方面的系统服务，为企业的创新发展提供有力的支持。

联系方式

地　址：北京市海淀区紫竹院路116号C座

邮　编：100097

电　话：86-10-51709191

网　址：www.bjmmedia.cn

中关村法大科技服务园

园区概况

中关村法大科技服务园成立于2007年5月28日，由中关村科技园区管理委员会和中国政法大学共同建立，是全国首家以法律服务为主的大学科技园。

创业园位于中国政法大学校园内，创建初期启动面积为3000平方米，总规划建筑面积共约2.5万平方米，致力于建设一流的硬件设施，提供优良的工作环境和物业管理。创业园依托中国政法大学优势学科，发展法律服务产业，包括法律咨询服务、知识产权和专利服务、法律信息和法律出版服务、法学教育培训服务、证据和法庭科学技术服务、律师和公证服务等法律相关领域的新兴特色产业。

创业园的发展目标是重点培育一批国内一流法律服务企业，并逐步扩大发展规模，使法律服务范围覆盖中关村科技园区的所有创新企业，把园区建设成为国际知名的法律服务基地；建立与全国法律信息资源的建设者、所有者、使用者之间的多边联合；与中关村其他专业园区形成产业互补，促进和服务高科技产业发展。

联系方式

地　址：北京市海淀区西土城路25号中国政法大学旧1号楼109室

邮　编：100088

电　话：86-10-58908009

传　真：86-10-58908007

邮　箱：ly10312@163.com

中关村国际孵化园

园区概况

中关村国际孵化园（北京中关村国际孵化器有限公司）创立于2000年12月26日，是科技部认定的“国家级高新技术创业服务中心”“北京市高新技术产业孵化基地”“北京留学人员创业园”和“北京市小企业创业基地”。按照“政府引导，市场运作”的模式，园区为留学人员归国创业提供“孵化+创投”的全程、全方位服务。2003年1月，胡锦涛同志在刘淇等领导的陪同下来园区视察。

园区地处上地信息产业基地，拥有两幢共2.14万平方米的现代化商务楼，可满足入驻企业不同发展阶段的需求。园区整合各方资源，引入工商注册、法律、会计、人才等中介机构，搭建产学研平台，争取政府资助，设立贷款担保保证金和投资基金，带动风险投资，为企业走向成功铺路搭桥。

园区与北京大学光华管理学院、清华大学经济管理学院、北京航空航天大学软件学院、中国科学院软件学院、新加坡南洋理工大学联手打造了国际MBA和创业与创新学生实习基地、软件工程师实训基地；与中关村科技园区驻硅谷、伦敦、多伦多、马里兰、东京、伦敦、悉尼联络处建立了密切关系，为海外留学人员回国创业提供服务，为园内企业向海外拓展、寻求国际合作创造条件；与北京软件产品质量监测检验中心合作建立共享软件技术平台；与海淀生物医药园合作建立生物医药技术平台；投资建立电子信息技术测试与展示中心，投资开发企业评估体系软件等。在园企业可享受诸多优惠政策，孵化园为企业提供免费创业服务；组织各种项目推介会及融资洽谈会；协助企业申请各类政府专项资助；通过对优秀企业给予投资支持，帮助企业引进风险投资；协助企业申请各种贷款。同时，园区搭建了中介服务平台，组织企业家沙龙，促进企业间及企业与社会各界间的交流与合作，为园内创业者营造一个实现梦想的良好环境。

联系方式

地　址：北京市海淀区上地信息路2号创业园D栋

邮　编：100085

电　话：86-10－82893008

传　真：86-10－62974804

邮　箱：fjy1726@139.com

中关村集成电路留学人员创业园

园区概况

中关村集成电路留学人员创业园是在充分依托北京集成电路设计园拥有的专业技术优势，于2006年1月由北京集成电路设计园和中关村科技园区管委会共同建立。创业园先后被国家及地方科技部门授予“国家（北京）集成电路产业园”“中关村开放实验室”“中关村科技园区海淀园高新技术企业服务平台”“国家中小企业公共服务示范平台”等称号，具有鲜明的专业特点和服务特色。2007年3月，中关村科技园区管理委员会在北京集成电路设计园挂牌“中关村集成电路EDA开放实验室”；2011年11月，被工信部授予“国家中小企业公共（技术）服务示范平台”，科技部授予“北京现代服务业基地”；2012年12月，被北京市经信委授予“北京市小企业创业基地”。

创业园位于中关村科技园区高科技企业云集的核心地带——北京市海淀区知春路27号北京集成电路设计园内，包括量子芯座和量子银座两座写字楼，总面积约2万平方米。园区依托北京地区丰富的集成电路设计资源优势，重点建设了以EDA工具为主的集成电路设计公共技术平台，为集成电路设计留学人员企业提供包括EDA工具、IP、芯片生产、封装、测试和专业人才培养等集成电路设计产业链专业技术服务，帮助企业降低研发成本和技术门槛，加快企业发展。

创业园建设的留学人员企业服务体系，可为入园企业提供政策法规咨询、企业注册咨询、行业信息发布、招商引资及知识产权等服务内容，同时结合园区掌握的国际国内行业发展情况，提供行业咨询，帮助企业迅速融入国内的产业环境。此外，根据集成电路行业留学人员企业的投融资需求，创业园积极与国资公司系统内的投融资机构及创业投资机构进行对接与合作，为企业与创投机构之间牵线搭桥，解决创业过程中的融资问题，助力企业成长。同时，创业园在对留学人员企业孵化及服务的过程中，积极落实各级政府制定的支持留学人员回国创业的优惠政策，通过园区服务帮助企业获得各类扶持，并推荐优秀留学回国人才入选国家和地方人才引进计划。

联系方式

地　址：北京市海淀区知春路27号量子芯座508

邮　编：100191

电　话：86-10-82357176

传　真：86-10-82357178

邮　箱：service@bjicpark.com

网　址：www.bjicpark.com

中关村京仪海归人才创业园

园区概况

中关村京仪海归人才创业园成立于2012年，由中关村科技园区管理委员会与北京京仪集团有限责任公司共建，北京京仪科技孵化器有限公司运营管理。园区重点面向仪器仪表、高端装备智造、人工智能、大数据领域，为留学人员回国创业提供科技条件、专业咨询、技术转移、市场推广、专业投融资等方面的孵化服务，构建以京仪国家级孵化器资源聚合平台为核心，以创业辅导体系、产业服务体系、组合金融体系为支撑，以区域创新和企业发展为驱动，多功能一站式服务的全链条“四位一体”创业服务体系。

创业园拥有孵化面积10万平方米，以中关村自主创新示范区核心区海淀区大钟寺总部为基础载体，培育初创型企业，等企业初具规模后进入加速器继续发展，已形成从孵化到产业化的全过程服务。主要包括为回国创业者打造低成本、开放式办公空间；搭建专业服务平台，以优惠价格为创业者提供工商注册、财税代办、社保代缴、人事、法务咨询及知识产权代理服务；免费对接风险投资、银行、担保公司等金融机构；免费参加园区组织的各类创业培训活动；免费辅导申请创新资金等各类政府资助项目；免费推荐与北控集团、京仪集团进行资源对接，开展成果转化活动等。

截至2018年底，京仪海创园已累计入驻留学人员企业45家，培育国家高新技术企业15家、上市公司3家；企业累计申请各类知识产权212项，其中发明专利51项；累计吸引海归创业人才60余人，包括国家级领军人才3名，北京市“海聚工程”人才1名。

创业园将继续着力推动信息化建设，制定更加优惠的支持政策，与政府、行业组织和各类中介机构开展合作，汇集信息资源，积极吸纳优秀人才来园创业。未来园区将致力于打造“培育具有创新能力和国际竞争力的高新技术企业成长的摇篮”和“留学人员回国创业和海外高层次人才聚集的重要基地”，通过技术、信息、智力等资源优势与政策的有效结合，立足高起点、高水平，全力建设一个未来企业家的工厂，为首都的创新发展作出更大的贡献。

联系方式

地　址：北京市海淀区大钟寺东路9号

邮　编：100098

电　话：86-10-62101651

邮　箱：789898117@qq.com

网　址：www.bgspark.com

中关村科技园区丰台园留学人员创业园

园区概况

中关村科技园区丰台园留学人员创业园成立于2004年4月，依托中关村科技园区丰台园，由中关村科技园区丰台园科技创业服务中心（北京IBI）具体运作。北京IBI以输出品牌和管理的方式，低成本、高速度运营，整合丰台园基地一期及“科技一条街”资源，已形成中关村丰台园软件孵化中心、赛欧科园孵化中心、颐安鑫鼎孵化中心、生命科学孵化中心等分中心，作为留学生企业发展园、产业园。2007年，被北京市人事局、市科委批准为“北京留学人员创业园”。

创业园积极响应国家大力吸引海外高层次人才的号召，以“五大创新服务体系”和综合性技术服务平台为支撑，以提高自主创新能力和可持续发展能力为核心，推进留学人员创业服务体系建设，营造优质创业环境。园区为企业推出“留学生服务直通车”计划，推动科技中介服务体系建设，打造交流合作平台，营造引资引智氛围，申请政府资助，落实优惠政策，搭建引智渠道，完善人才资源服务平台。

联系方式

地　址：北京市丰台区科兴路9号
邮　编：100070
电　话：86-10-63744650
传　真：86-10-63728448
邮　箱：zxx@bjibi.org.cn
网　址：www.bjibi.org.cn

中关村软件园留学人员创业园

园区概况

中关村软件园留学人员创业园成立于2004年1月，由北京中关村软件园孵化服务有限公司创办。2006年，创业园被国家科技部认定为“国家高新技术创业服务中心”；2007年，被北京市人事局和北京市科委联合命名为“北京留学人员创业园”；2009年，被中关村科技园区领导小组授予“中关村科技园区20周年突出贡献企业”称号；2010年，被北京市知识产权局认定为“北京市知识产权托管工程试点单位”；2011年，被北京市科委认定为“北京市高新技术产业专业孵化基地”；2012年，被北京市委组织部、北京市人事局、北京市科委授予“北京市优秀留学人员创业园”，被北京市科委授予“北京市战略性新兴产业孵育基地”，被北京市经信委认定为“北京市小企业创业基地”；2013年，被认定为首批“北京市创业孵化示范基地”，在国家级科技企业孵化器考核评价工作为被评为A类孵化器；2014年，被认定为第四批“国家中小企业公共服务示范平台”；2015年，被北京市侨办、中关村管委会认定为首批“中关村侨创园”，被北京市经信委推荐为“首批国家小型微型企业创业示范基地”，被中国留学人员创新创业大赛组委会认定为“春晖杯”创业大赛创业基地；2016年，被北京市科委评为2016年度孵化器（大学科技园）品牌荣誉top10；2017年，被中关村科技园区海淀园管委会认定为“中关村核心区新兴产业孵化器”。

创业园现有孵化面积3.95万平方米，立足中关村软件园，与软件园发展互为融合、相互推动，经历了企业集中到企业微集群产生的全过程，通过“保护和支撑”的服务建设、资源整合的“协调”体系搭建和加大咨询、项目、股权等“干预”服务探索，初步建立起从基础服务到增值服务的全阶段孵化服务，通过“2动力”——市场动力和创新动力，打造了“3特色”——“服务特色+人才特色+微集群特色”，形成了“5特性”的资源整合模式，即“开放性+整合性+专业性+体系性+辐射性”的“235”特色发展模式。创业园立足国家及北京市发展软件产业战略的高度，围绕科技条件、科技金融、科技中介三大板块建立了服务软件企业成长与发展的创新创业孵化服务体系。

成立10多年来，创业园累计孵化留学人员企业143家，培育出上市挂牌留学人员企业10家，19名在园创业的留学人员成为国家级领军人才，26人入选北京市“海聚工程”。

联系方式

地　址：北京市海淀区东北旺西路8号中关村软件园3号楼B座1318室
邮　编：100093
电　话：86-10-82825187，82825188
传　真：86-10-82825186
邮　箱：spi@zgcspi.com
网　址：www.zpark.com.cn

中关村生命科学园留学人员创业园

园区概况

北京中关村生命科学园留学人员创业园成立于2004年3月25日，由北京中关村生命科学园生物医药科技孵化有限公司负责管理运营。作为北京市最早的一批留学人员创业园之一，生命园留创园优先配置空间资源，保障留学人员创业项目享受园区各项优惠政策，并根据科学家和创业团队需求提供定制化创业孵化服务，不断完善园区公共平台服务工作，逐步实现了由企业初创孵化到产业聚集发展的蜕变，成为生物医药领军人才的聚集地，并获得政府及业界的高度认可，先后获得“国家高新技术创业服务中心”“国家中小企业窗口示范平台”“北京市战略新兴产业孵化基地”“北京市科技成果转化基地”“北京市优秀留学人员创业园”“中关村20周年突出贡献奖单位”等20多项资质认定和表彰。

舒适的职住环境是海外人才创新创业的基础保障。园区加快推进总占地4.7平方千米的三期建设工作，为海外人才提供商、住、行、居一体的高标准园区氛围。完整的产业链和丰富的科技资源是海外引才的动力引擎。园区内入驻500多家企业，行业涉及生物及化学药物研发、新型诊断试剂、医疗器械、生物农业、健康环保、医疗保健、研发外包服务、科研设备及试剂生产销售等各个门类，形成了完整的产业链和上下游配套服务。同时，园区拥有北京生命科学研究所、蛋白质药物国家工程研究中心等高端研发机构。此外，园区临近清华、北大等高校院所，科技创新资源全面汇集，为海外人才创新创业提供了强大动能。丰富的配套政策为海外人才创新创业提供了重要支撑。除了北京市各部门每年针对留学回国创业人才和企业制定的扶持政策外，自2013年，昌平区出台“高端人才发展政策”，为生命园留创园、留学人员企业和人才的创新发展带来了新的契机。

生命园留创园经过10余年的发展，已经形成具备自身特色、完善的服务体系，助推留学人员回国创新创业。一是创业服务体系。根据企业需求，为企业提供知识产权、法律、人力资源、财务等创业孵化服务及培训，同时积极组织人才和企业申报政府扶持政策，成功协助多位留学回国创业获得“科技北京百名领军人才”“高端领军人才”“北京市科技新星计划”等荣誉，并协助企业获得资金补助。二是技术平台建设和技术服务体系。累计投入5000万元购置了260台（套）设备，建立了药物分析检测平台、药物制剂技术平台等10个技术服务平台，为入园企业提供专业技术服务和实验方案，并为企业提供技术服务费减免50%的优惠措施。三是推出“孵化+创投”投融资服务体系。每年定期举办“留学人员精品项目推介会”，推荐优秀留创企业进行项目路演、产品展示，会后持续跟踪调研，促进初创企业完成融资。为进一步提升“双创”服务质量，打造生命园留创园服务品牌效应。园区于2017年9月成立中关村生命科学园科技金融超市，专注于建设实体和互联网双方向、综合性、一站式金融服务平台。2018年10月，园区在建的集“科技创新孵化服务、科技金融创投服务、政府机构驻场服务、科技人员生活和交流服务”于一体的双创服务中心正式运营，将积极带动政府和社会服务资源，合力为入园企业提供专业、全面的创新创业服务，如工商注册、税务登记、工商年检等。

截至2018年底，生命园留创园已累计吸引500余名留学人员入园创新创业，培养和引进高端人才156人，在创新药研发、细胞治疗、基因编辑等领域积累了众多原创性科研成果，为实现科研成果产业化储备了源头供给，为园区实现跨越式发展添瓦助力。

联系方式

地　址：北京市昌平区生命园路29号中关村生命科学园创新大厦
邮　编：102206
电　话：86-10-80715731
传　真：86-10-80715732
邮　箱：zgcbmi@yahoo.com.cn
网　址：www.zgcbmi.com.cn

中关村数字娱乐留学人员创业园

园区概况

中关村数字娱乐留学人员创业园成立于2006年9月8日，是中关村科技园区管理委员会和北京市石景山区政府的第一个合作项目，主要服务于北京市文化创意产业留学生企业，是全国第一个专注于数字文化产业的留学人员创业园。

创业园坐落于北京西山脚下，周边环绕着具有悠久历史的旅游文化博览胜地。整个地区风景秀丽、富含创意、宜居宜商，为从事文化创意创业的留学人员提供了得天独厚的工作及生活环境。创业园一期建筑面积8000平方米，拟扩充至2.8万平方米。优雅的人文环境、便捷的交通环境和齐全的基础设置配备，为海归留学人员企业的发展推波助澜。

对于从事文化创意、数字娱乐产业创业企业，在办公环境上“求新、求变”的特别需求，创业园给予了充分考虑。创业园配套有米黄色大型沙发茶座，在整个楼层无线网络的覆盖下，拓展了创业人员办公及思考空间。园内设有24小时保安和电子指纹式门禁系统。为进一步降低创业企业运营成本，创业园设立独立房间分体式空调、集团程控电话分机和计算机网络宽带接入。水、电、暖等基础配备24小时均设专人负责维护，复印机、传真机以及会议室等公用设施对入驻企业全部开放。

创业园在中关村石景山园管委会的指导下，依托石景山区打造首都休闲娱乐中心区的特点，旨在打造具有知名品牌、最多服务功能、最低创业成本的留学人员创业园，为留学人员归国后从事文化创意、高科技产业的创业提供全方位的服务，协助创业企业在全球创意经济迅猛发展的浪潮中不断壮大。

联系方式

地　址：北京市石景山区八大处高科技园区实兴东街11号楼北楼1层
邮　编：100043
电　话：86-10-88794725
传　真：86-10-88794725
邮　箱：suppersix@gmail.com

中国科学院中科海外人才创业园

园区概况

中国科学院中科海外人才创业园（原中国科学院中自留学人员创业园）成立于2004年10月，由中国科学院与中关村科技园区管委会共建，是中国科学院目前唯一的一家海外人才创业园。创业园现建有主园区和分园区（与北京市科委创业中心共建）两部分，其中，主园区位于海淀区中科资源大厦、中科院自动化所，分园区位于朝阳区北京创业大厦。中国科学院中科海外人才创业园由北京中科喀斯玛科技孵化器有限公司负责具体管理和运营。中科喀斯玛公司重组于2013年底，前身是中科院自动化所国有资产管理公司、中科院国家技术转移中心子平台，现为（中科院）北京中科资源有限公司控股、中科院自动化所参股的国有控股企业。

创业园作为中关村国家自主创新示范区人才特区创新创业服务的组成部分，围绕北京市和中关村整体发展部署，借同中科院的尖端科技、优秀人才和先进研究成果以及各科研院所的支持等丰厚的资源优势，为海外人才企业提供有力的技术支持、良好的创业氛围和中介机构增值服务的同时，也开展了一系列为企业提供科研成果转化、科技资源整合、科学研究交流与大型企业对接合作等园区特色服务，充分满足海外人才创办企业的需求，现已发展成为独具特色的、带有鲜明中科院品牌的海外人才创业园。

创业园以中科院院所科技、信息、政策、品牌、专家等为基础，依托海淀区、中关村高科技园区的广阔行政服务网络，引进风险投资资本，凝聚区域内现有科技成果转移机构资源共同打造科技协同创新机制，发挥新形势下政产学研合作新途径的优势，努力推动海外人才归国创业、中科院科技成果的转移、转化，带动相关产业升级，服务地方、区域经济。近年来，随着平台体系建设的不断加强，转移中心为高校、院所、企事业单位提供的服务也愈发系统和专业，逐步探索具有中科院特色的体系化服务模式。创业园充分发挥中科院科技创新资源，建立的“科技条件平台”包括专家顾问库、项目资源库、专利数据库和科研设备库等多个单元的中科院共享体系资源。

联系方式

地　址：北京市海淀区中关村东路95号自动化大厦东楼309室
邮　编：100080
电　话：86-10-82169620
传　真：86-10-61943380
邮　箱：casmpark@126.com
网　址：www.casmpark.com

中国矿业大学留学人员创业园

园区概况

中国矿业大学留学人员创业园（中关村能源安全科技园）成立于2007年7月12日，是中国矿业大学（北京）与中关村科技园区管委会共建的具有显著能源与安全特色的专业科技园区，是我国第一家能源安全科技园，是中国矿业大学（北京）产学研结合及科技创新体系、中关村国家自主创新示范区及首都区域创新体系建设的重要组成部分。国家、北京市和相关部委领导十分重视和关心创业园的建设发展，时任国务委员刘延东，教育部部长周济，国家安全生产监督管理总局局长骆琳，教育部副部长陈希、吴启迪，科技部副部长刘燕华、尚勇等先后来创业园视察工作，并对创业园取得的成绩给予了充分肯定。

创业园地处中关村科技园区的核心地带，交通便利，位于城市主干道学院路和清华东路的交汇处附近，孵化面积1.5万平方米。创业园始终致力于打造能源安全品牌，为能源安全新技术产业集聚创造一流的服务平台，在完善多项基础设施建设的同时，搭建了创业服务、企业经营服务、公共技术服务、知识产权服务、信息服务、物业服务等15项软环境平台，开展了高效、快捷、全面的企业专业服务工作。

创业园针对煤炭能源行业的现状和亟待解决的突出问题，创新性地以“孵化+创投”的形式进行“项目孵化”，即对有前景的高新技术项目和项目所有人进行吸收，设立工程技术研究中心，直接面向矿山一线，形成产学研紧密结合的技术与产业平台。目前，已建成节能减排、绿色开采、矿山建设、固液处理、矿山机电和矿山数字化等6个工程技术中心。

联系方式

地　址：北京市海淀区清华东路16号3号楼中关村能源与安全科技园A2-1803
邮　编：100083
电　话：86-10-51733888
传　真：86-10-51733590
邮　箱：menggy@263.net

中国农大留学人员现代农业创业基地

园区概况

中国农大留学人员现代农业创业基地成立于2005年8月4日，由中国农业大学和中关村科技园区管理委员会共同创建，主要服务对象是海外留学归国人员创办的以现代农业和生物技术领域为主的高新技术企业，重点吸引、发掘、培育一批创业团队完备、跨洋研发能力出众、拥有自主知识产权的国际领先技术、农业产业化潜力巨大、国家重点支持领域项目特别是面向“三农”的高质量留学人员创业企业。

创业基地位于中国农大科技园的西区核心园区，面积共2万平方米，先期启动7200平方米。创业基地拥有完善的供电系统、供水系统和供暖系统，可供租用已装修不同档次的各种规格研发单元；对入驻企业提供各类的会议室、报告厅、接待室、餐厅、客房和娱乐、购物场所；提供宽带多媒体通讯网络服务，光缆已进入室内，每个单元均配置CATV接口。创业基地有可供租用的会议室、洽谈室共计15间，具备多媒体音像、投影设备。

创业基地依托中国农业大学在种子、农兽药、畜牧、肥料、农产品与食品、农业工程与装备及农业信息化等领域的人才和科研优势及在高新技术转化方面积累的经验，进一步将孵化功能向企业发展的上下游延伸。通过产学研的有机结合、孵化体系的日益完善，创业基地将吸引更多优秀海外留学人员归国创业，从而为地区培育出新的经济增长点及产业热点，形成中关村科技园区中的农业研发、推广和示范基地，成为国家农业高技术创新创业源头。

联系方式

地　址：北京市海淀区清华东路17号科贸楼C201
邮　编：100083
电　话：86-10-62732266
传　真：86-10-62736902
邮　箱：hujy@cau.edu.cn

中国人民大学留学人员创业园

园区概况

中国人民大学留学人员创业园成立于2005年12月，由中国人民大学与中关村科技园区管委会共建，是全国第一家文化产业特色的留学人员创业园，在留学人员创业园普遍只服务高新技术企业的背景下开始针对文化创意企业及文化科技融合企业提供创业服务。由中国人民大学文化科技园的全资子公司北京人大文化科技企业孵化器有限公司运营管理。园区先后被认定为“北京市优秀留学人员创业园”“国家大学科技园”“国家版权贸易基地”“国家文化产业示范基地”“国家级高校学生科技创业实习基地”“国家级科技企业孵化器”“国家备案众创空间”“中关村创新型孵化器”“中国留学人员创业园区孵化基地”“春晖杯”中国留学人员创新创业大赛创业基地称号等。

创业园地处中关村科技园区核心地带，交通便捷，人才、资本高度密集，周边地区文化底蕴深厚、科技与创意资源富集、著名高校云集。拥有孵化面积1.35万平方米，其中联合办公空间500多平方米，同时依托人大文化科技园6.7万平方米的场地优势，为有需求的企业提供不同户型的孵化场地，并配备多功能化的创新创业交流活动空间近500平方米。

借助中关村国家自主创新示范区的政策优势和中国人民大学在人文社科方面的资源优势，人大留创园目前已经形成了以文化创意及科技相关产业为主导方向的集聚效应。针对文化科技融合产业特点，打造了“全流程、全方位、立体化”综合孵化服务体系，建设并营运以“企业会诊室”品牌服务为代表的“文化科技企业云孵化平台”，重点面向新闻出版、广播影视、游戏动漫、广告设计、文学艺术、文化娱乐、电子信息及计算机软件等文化创意及科技相关领域，提供创业孵化服务。

经过10多年的发展，人大留创园凭借扎实的基础服务和特色增值服务，截至2018年底，累计孵化海外人才企业173家，吸引254名海外硕士以上高层次人才入园创业工作；累计有79家园区企业获得北京海外学人中心开办费支持，5家企业入选北京市人社局留学人员创业启动资助项目，培育出“金种子企业”“瞪羚企业”“中国留学人员创业园最具成长性创业企业”等23家，获北京市“优秀创业团队”称号10余家，产业和高端人才集聚效应显著。

联系方式

地　址：北京市海淀区中关村大街45号兴发大厦10层1010
邮　编：100872
电　话：86-10-82509532
传　真：86-10-82509959
邮　箱：cspruc@ruc.edu.cn
网　址：www.cyruc.com

中央财大留学人员创业园

园区概况

中央财大留学人员创业园成立于2006年12月8日，由中央财经大学与中关村科技园区管委会合作共建，中财大科技园（北京）有限公司负责运营管理工作。创业园依托中央财经大学的学科优势、专业优势、教育资源优势和中关村科技园区企业创新机制优势、政策优势，旨在吸引更多财经、金融专业人员和海外留学归国人员创业，促进科技创新、金融创新、服务创新、人才创新等新兴创业企业发展，发挥国家科技金融创新中心建设引领示范作用，助推中关村科技园区的全面建设，为首都经济发展增添新的活力。园区先后获得了“首批海淀区创业期科技型企业集中办公区”“北京市众创空间”“国家众创空间”并纳入国家级科技企业孵化器管理服务体系，首批“中国留学人员创业园区孵化基地”和“中关村人才代办工作站”等多项荣誉资质，是中国技术创业协会留学人员创业园联盟成员单位、中关村海外人才创业园协会理事单位。

创业园位于北下关科技金融服务示范区，充分发挥北下关地区的区位、交通、科教以及产业优势，结合中央财经大学科技园“政、产、学、研、用、介、金”为一体的协同创新工作机制，着力打造“校区+园区+社区”三区联动的创新发展模式，旨在让政府和大学科技园优势互补，将政府涵养地方税源、服务地区经济发展和高校人才培养、科学研究、服务社会的职能进行有机结合，探索以大学的知识溢出推动城区经济社会发展的全新模式，打造区域经济发展新的“发动机”。园区拥有孵化面积1.83万平方米，其中校外孵化基地——长河湾众创空间孵化面积1300平方米，校内孵化基地——中央财经大学沙河校区孵化面积1.7万平方米，设有办公空间、创客咖啡、洽谈间、多功能厅等创业服务空间，重点吸引金融、科技、文化、服务类企业入驻，为其提供设施齐备的办公场地以及完善的创业孵化服务，降低企业的创业成本和运营费用，提高企业的创业成功率。

创业园搭建了包括财税事务、专业培训、法律事务、人力资源、项目申报、创业导师、信息化推广、投资融资在内的八大专业化服务平台，引进了多家优秀的第三方服务机构，为园区企业提供全方位多角度的专业创业孵化服务。园区聘知名企业家、创业领域专家、学者作为企业创新创业导师，采取一对一、一对多、多对一等方式免费为创业企业开展创新创业辅导和培训工作，并聘请研究院教授专家作为园区专家导师，为企业发展、重大项目决策等提供技术支持和决策依据。园区对部分企业采取“创业导师+专家导师全程陪跑”的辅导模式，每隔两周，项目创始人需要跟导师面对面沟通一次项目最新进展，导师从战略打法到业务运营多方面为创业者提供意见和建议，同时，导师还邀请其他孵化机构或天使投资人不定期对项目进行深入剖析。借助中央财经大学在科技金融领域丰富的校友资源，结合八大孵化服务平台的优质资源，园区积极开展投融资、培训讲座、政策宣讲、交流分享等不同主题特色的专场孵化活动。同时，联合优质的金融机构、投资机构开展商业价值评估、股权融资辅导、融资政策咨询、企业贷款咨询、投资公司推荐、上市前培训指导等特色的科技金融服务。

截至2018年底，共有51家留学人员企业在园发展，注册资本超过2亿元。园区累计培育出1家上市企业以及“瞪羚企业”“中关村国家自主创新示范区金种子工程企业”“中关村海归人才创业企业重点企业”“中国留学人员创业园最具成长性创业企业”等8家，2家企业创始人获评“中关村高端领军人才”。累计为海外人才提供各类服务百余次，协助企业申报各类政府资助项目、资质认定、人才认定等320余项，帮助企业获得融资超过1.87亿元。

联系方式

地　址：北京市海淀区学院南路39号
邮　编：100081
电　话：86-10-62288385
传　真：86-10-62288385
邮　箱：cufezcy@163.com
网　址：sp.cufe.edu.cn

天津市

天津滨海高新区海外留学生创业园

园区概况

天津滨海高新区海外留学生创业园（天津滨海高新区国际创业中心）成立于1998年8月，是天津滨海高新区管委会创办并直接管理的孵化器。创业园始终以“促进科技成果转化、培育高新技术企业和企业家”为宗旨，坚持“孵化精品企业”的基本工作方针，求真务实，不断进取，形成了以归国留学人员创办的企业为重点孵化对象，以具有自主知识产权的高科技项目为重点孵化项目的发展特点。创业园高效的孵化机制和优良的孵化业绩得到了国家各有关部委、天津市各有关部门以及社会各界的一致肯定和高度评价，先后被批准为部市共建“中国留学人员创业园”“国家留学人员创业园示范建设试点”，被中央组织部授予“全国留学回国人员先进工作单位”等9个国家级创业基地品牌，以及8个国家级和市级荣誉称号，成为天津滨海高新区国家海外高层次人才创新创业基地的核心孵化载体、部市共建国家生物医药国际创新园核心实施主体和天津滨海新区的核心孵化器。

创业园拥有一期综合孵化器以及二期生物医药、医疗器械加速器，直接用于在孵企业的场地面积3.3万平方米，配有路演厅、洽谈室、咖啡吧，国家级及天津市等各类众创空间3个，分子设计中心、工业设计中心、云平台设计中心等专业平台载体10余家。园区重点打造公共技术平台、人力资源服务平台、投融资平台与公共秘书平台等四大平台，以大健康产业为主导，以生物医药、医疗器械等方向为细分目标，聚合周边科研院所、医院、行业协会资源，通过建立行业平台，聚合产业链资源，结合定期项目融资路演及沙龙，为创业者提供无障碍、一站式、个性化、全方位的“全案式”服务，实现人才企业的闭环全链条加速孵化。

联系方式

地　址：天津滨海高新技术产业开发区华苑科技园华天道2号
邮　编：300384
电　话：86-22-83710085
传　真：86-22-83710936
邮　箱：tibi@thip.gov.cn
网　址：www.tibi.com.cn

天津经济技术开发区留学生创业园

园区概况

天津经济技术开发区留学生创业园（天津泰达国际创业中心、中国天津留学人员创业园天津开发区分园）成立于1996年8月，位于天津滨海新区的核心区域——天津经济技术开发区，与天津经济技术开发区生产力促进中心系同一机构，是天津经济技术开发区管委会下属事业单位。2002年被科技部认定为“国家级高新技术创业服务中心”，2005年被国家人事部批准成为部市共建的国家级留学生创业园，现为中国技术创业协会留学人员创业园联盟副理事长单位、中国留学人员回国服务联盟成员单位、天津市国际人才交流协会理事单位。多年来，创业园在各级党委和政府的领导下，始终将留学回国创新创业人才的引进和服务作为工作重点，发挥了为海外人才及其所创办的科技型中小企业提供全方位孵化和服务的职能。

作为天津滨海新区最大的中小科技企业孵化器之一，创业园拥有孵化总面积18万平方米，孵化场地由创业中心、天大科技园、融科大厦等构成，为海外人才创业营造了良好的办公、生产、技术研发、资本运作、人才培育、信息交流的发展环境，成为滨海新区高新技术企业和海外高层次人才创新创业的聚集地。创业园构建了“四化六板块”的服务体系——“四化”为系统化、专业化、定制化、长期化，“六板块”为管理提升、技术创新、人力资源、科技融资、政策咨询、市场开拓。园区建立了泰达生物医药服务平台、滨海新区集成电路设计平台、云计算基地、高端智能装备辅助研发平台、公共录音服务平台、智能无人技术平台、滨海科技信息服务平台等公共服务平台，为留学人员企业和海外人才创新创业提供专业化支持与服务。为支持中小科技企业融资，园区成立了天津开发区科技企业融资服务中心，集成政府、金融、投资、中介等多种功能，建立了银行贷款、中小企业信用担保、风险投资、融资租赁等综合融资服务体系，为企业提供专业化、多元化、一站式投融资服务。园区建立了泰达科技中介服务网络，在工商、税务、财务等各领域分别选择资质一流的中介服务机构，以泰达“创新券”的形式为企业提供专业化商务运营服务，已吸引10余家中介服务机构加入服务网络。此外，园区在重点发展的大健康、新一代信息技术、智能装备制造、节能环保等产业领域安排了服务专员，每名服务专员面向各自行业领域的企业进行服务，在产业深耕的基础上建立行业企业数据库，努力成为企业的第一联络人。另外，还专门指定人员作为人才服务专员和政策服务专员，对接相关政府部门和单位开展有针对性的高水平人才服务和政策服务工作，为海外人才提供了项目咨询、政策申报、政策落实、个人落户、生活住房、子女入学、往返签证等全方位一条龙的精心服务，解决人才工作和生活中出现的各种困难和问题。

成立22年来，天津开发区留创园累计孵化留学人员企业235家，成功培育出凯莱英、博益气动、赛诺医疗等一大批海外高层次人才创办的高成长性企业，10余家留学人员企业成长成为年营业收入在亿元以上规模的科技企业，27家企业入选“中国留学人员创业园最具成长性创业企业”；有13名海归创业者成为“国家特聘专家”，36人入选天津市“千人计划”，3人入选“中国留学人员创业园十大领军人物”。这些企业和人才极大地促进了天津开发区产业集群的完善，有力推动了创新型区域建设，成为滨海新区新的经济增长点。

联系方式

地　址：天津经济技术开发区第四大街80号天大科技园A1楼四层
邮　编：300457
电　话：86-22-66211500

传　真：86-22-66211504
邮　箱：caoypemail@163.com
网　址：www.newteda.com

天津国际生物医药联合研究院

园区概况

天津国际生物医药联合研究院于2009年11月正式挂牌成立，是一家典型的留学人员创业园。联合研究院坐落于天津滨海新区洞庭路，由天津市政府投资11亿元建设，是国家生物医药国际创新园的核心和标志，在2014年被评定为天津市唯一的一家（A类）优秀级科技企业孵化器，是中组部和天津市海外高层次人才基地、博士后基地和科技部国际合作基地，天津市科技创新创业的领头兵。联合研究院重点围绕恶性肿瘤、心脑血管疾病、神经退行性疾病、代谢性疾病、自身免疫性疾病等重大疾病和艾滋病、病毒性肝炎、结核病等重大传染病，聚焦新型疫苗、诊断试剂、创新药物和医疗器械等领域，引进生物医药产业化项目和顶尖人才。

联合研究院规划建筑面积35万平方米，一期工程6.86万平方米，于2009年6月投入使用。作为国家级A类科技企业孵化器以及国际科技合作基地，联合研究院践行“滨海模式”，提供“一条龙、一站式、拎包入住”的保姆式服务，为留学归国创业团队提供国际一流的技术保障，贯穿药物研发的始终。联合研究院建成了包括药物分析测试平台、药物发现平台、药物研发信息平台、新药毒理评价平台（动物房）、生物药GMP中试研发平台等，从药物早期发现、临床前研究、临床实验到中试生产的国家级重大新药创制综合性大平台，服务平台总投资额近1.5亿元，现有设备2500余台，已经初步形成了涵盖新药研发各个环节的技术服务平台体系，对留学人员以低于市场价格优惠开放分析测试等公共服务平台，同时提供技术支持和辅导。同时，联合研究院向投融资机构推介优秀项目参与路演并与知名医药企业对接；积极协助高水平项目争取开发区、滨海新区、天津市以及国家等各层级政策支持。针对留学人员创办企业的具体特点，协调多方资源配套专业孵化服务，例如知识产权咨询、药事申报辅导、工商税务代办、企业创业沙龙等，积极促成企业和团队间的交流与互动，促进企业发展壮大。

联合研究院成立以来，累积培育孵化科技型中小企业140多家，在园企业150多家，全部为生物医药科技型企业，初步打造形成了生物医药集群产业链；已聚集18名国家级海外领军人才、40名天津市海外领军人才、13名京津冀生物医药产业化示范区领军人才，共吸引100余名留学人员回国创办企业，留学人员企业占比超过60%，海外生物医药产业人才高地初具规模，极大地带动了天津市生物医药产业的集群化发展。

联系方式

地　址：天津经济技术开发区洞庭路220号
邮　编：300457
电　话：86-22-65378009
传　真：86-22-65378036
邮　箱：tjab@tjab.org，tjab2009@126.com
网　址：www.tjab.org

河北省

海外留学人员石家庄市创业园

园区概况

海外留学人员石家庄市创业园成立于2000年5月，运营管理机构为石家庄高新技术创业服务中心。园区采用市场化管理和政府支持相结合的模式，以政府的相关政策作支撑，以提高自身的服务水平和服务范围为手段，吸引高层次的海外留学人员来园区创业。园区被石家庄市人民政府授予“石家庄市高层次人才创新创业基地”，2018年，被中国技术创业协会留学人员创业园联盟授予首批“中国留学人员创业园区孵化基地”。

创业园坐落在石家庄高新技术产业开发区科技创业园区金石工业园，拥有2.2万平方米的孵化场地，水、电、暖、通信及网络设施齐全，环境舒适，配有商务中心、咖啡厅、会议室、多功能厅、产品展示厅等共享空间。孵化基地构成包括标准厂房、写字楼、软件大厦及加速器，拥有石家庄高新区创新创业云平台、河北联通软件产业基地互联网数据中心（IDC机房）、软件测试服务平台、通讯和导航产品检验检测中心、产品认证中心、生物医药测试平台以及河北诺亚人力资源一站式服务平台等。

创业园注重服务平台建设，为企业的发展助力，包括：（1）人力资源服务平台。2012年，引进河北省最大的人力资源服务机构之一的河北诺亚人力资源开发有限公司进驻园区，为企业提供人事档案管理、劳务派遣、职业培训、职称评定、社会保险及HR外包服务等。（2）创业服务平台。按照科技部提出的“创业导师+专业孵化器+风险投资”的孵化器发展模式，建立创业辅导机制，设立创业导师库，逐步为孵化企业配备专门导师，进行跟踪服务。园区的创业导师由管理专家、投资、金融、法律、咨询等专业机构人员以及其他专业技术丰富经验的行业精英组成。园区组织创业导师有针对性的开展技术创新服务，创业辅导和交流活动。现已有20余家企业与创业导师建立了合作关系，创业导师为企业开展咨询诊断工作、协助企业申报各类计划、开展对企业全方位的培训。（3）投融资服务平台。园区设立500万元的孵化资金，用于支持企业的发展。孵化资金的使用遵循“突出重点、服务创新、促进创业、滚动发展”的原则，采取债权投资、无偿资助、股权投资等形式，用于支持入园企业的产品研发、技术创新、产业化过程。同时积极与河北银行、北京银行等金融机构联系，举办多场的银企科技项目对接会，帮助企业解决资金困难。出台政策支持科技金融结合，对于知识产权质押贷款融资的企业给予50%的贴息补助，同时为科技型企业信用贷款、非实物抵押类贷款、担保公司担保类贷款提供风险补偿。（4）企业互动交流平台。成立了海外留学人员联谊会石家庄高新区分会，分会设有理事及成员单位，均由留学人员及企业组织，定期进行交流活动，从而加强了留学人员的联系与沟通。（5）科技成果转化平台。创业园位于石家庄高智力密集区，充分利用和发挥周边人才、学科、设备等方面的优势，为园区企业积极争取开放的高校资源。同时，加强与中电集团五十四所、十三所、河北省科学院等科研院所的联系，帮助企业实现技术上的更新、科技成果转化，保持企业技术上的竞争力。

石家庄留创园成立至今，累计孵化留学人员企业95家，接待了来自美国、加拿大、英国、德国、日本、澳大利亚等14个国家的170多名留学归国人员，其中硕士以上的留学人员占90%以上，有4名留学回国人员成为国家级创业领军人才，3人入选河北省海外高层次人才引进计划，另有多位留学人员获得河北省留学人员创业启动支持及留学人员科技项目择优资助。

联系方式

地　址：河北省石家庄市新石北路368号创新大厦11楼
邮　编：050091
电　话：86-311-83815014
传　真：86-311-83820540
邮　箱：sjzlcy2018@126.com
网　址：www.sjzibi.com

海外留学人员晋州市创业园

园区概况

海外留学人员晋州市创业园成立于2011年6月10日，依托于河北省晋州市经济开发区建立。创业园以生物、化工、医药和装备制造业为主导产业，积极引进高端人才，努力打造高科技产业集群。

创业园占地面积53.3万平方米，石德铁路、307国道、衡井公路横穿园区，樵营公路纵穿南北，以便捷的交通、畅通的信息、优美的环境吸引客商投资和海外留学人员前来创业。为支持留学人员来晋州市创业，晋州市每年投入2亿元以上，用于开发区基础设施建设，全面提升开发区形象和承载力；出台了《关于进一步优化发展环境的42条意见》《海外留学人员晋州市创业园管理暂行办法》，推出了“重点项目VIP保姆式服务”、服务企业“绿色通道”、“一站式”服务、“一元注册企业”等独特的优质服务措施；每年市财政预算3000万元设立“创业园创业专项基金”，对海外人员留学人员办理手续实行“零收费”，对高新技术企业前3年的贷款利息以及担保费给予全额补贴，为留学人员企业提供多项优惠奖励和便利条件。目前，已成功引进10多位海外留学博士入园创办企业。

联系方式

地　址：河北省晋州市槐树镇经济开发区
邮　编：052260
电　话：86-311-84322334
传　真：86-311-83825920
邮　箱：jzsjyfwj@sina.com

唐山市归国留学人员创业园

园区概况

唐山市归国留学人员创业园成立于1999年9月，是唐山市人事局和唐山市高新技术开发区管委会共同创办的为归国留学人员提供科技创业服务的公益性孵化器。创业园与共同管理的唐山高新技术创业中心、高校科技创业园实行三个园区、一套机构的管理模式，构成唐山市的技术创新以及高新技术创业基地。2001年6月，被团中央、国家青联授予“中国青年科技创新行动示范基地”；2002年7月，经国家人事部和唐山市政府共建成为“中国唐山留学人员创业园”；2002年12月，被团省委、省青联授予“河北省青年科技创新杰出奖”；2002年4月，唐山高新技术创业中心被科技部认定为国家级创业中心，是省内唯一的一家由省级开发区主办的创业中心晋升为国家级的创业中心。

创业园拥有孵化场地2.6万平方米，商务、餐饮、住宿、健身等配套设施完备，可为入驻企业提供完善的生产及经营条件，是适合IT、生物工程、新材料、节能环保、机电一体化等高新技术项目创业的理想场所。创业园积极创造良好条件促进入驻企业发展，免费为入驻企业办理或协助办理工商、税务登记、日常服务等基本服务，并向更高层次服务发展。成立以来，创业园实现了快速发展，先后有从澳大利亚、日本、比利时、德国、新加坡等国家留学归来的人员入园创新创业，涉及高端装备制造、软件开发、节能环保、半导体材料、电子商务及新能源等诸多产业领域，已涌现出一批高成长性企业，成为唐山市吸引海外人才智力的重要基地和发展战略性新兴产业的重要策源地。

联系方式

地　址：河北省唐山市高新区西昌路北口创新大厦
邮　编：063020
电　话：86-315-3859345，3856847
传　真：86-315-3856847
邮　箱：info@mail.tsdz.gov.cn

秦皇岛市留学生创业园

园区概况

秦皇岛市留学生创业园成立于2006年8月，依托秦皇岛经济技术开发区国家级高新技术创业服务中心为平台，是秦皇岛市唯一针对海外留学人员归国创业成立的创业服务机构。创业园以服务留学人员创业为宗旨，为创业初期的中小型留学生企业提供办公及研发场地，资金筹措、人员培训等方面的综合性服务，重点发展光机电一体化、电子信息、生物工程等国家鼓励支持的行业。

创业园下设综合部、项目部、企业发展部、园区管理办公室、专家评审委员会。为吸引高新技术企业入驻，一是从房租、税收、项目申报等方面提供一系列优惠政策；二是由秦皇岛市财政和开发区财政每年共同出资200万元，设立留学人员创业基金，重奖为该市作出突出贡献的留学人员；三是扶持中小企业里有上市条件的企业上市，培育更多、更好的企业，为他们提供项目储备和经济支撑。创业园利用秦皇岛开发区已建成的河北省软件产业（秦皇岛）基地、秦皇岛开发区服务外包基地、在建的秦皇岛数据产业园等高新技术产业集群优势大力发展高新技术产业。

成立至今，创业园已经成功引入70多家企业，涉及的领域包括机电、化工、环境保护、电子、计算机软件、医疗设备、新材料及纳米技术等，企业产品和技术研发、市场营销、企业管理等方面均处于良好状态。

联系方式

地　址：河北省秦皇岛经济技术开发区珠江道29号
邮　编：066004
电　话：86-335-8576605
传　真：86-335-5909689
网　址：www.qhdcy.cn

海外留学人员邯郸创业园

园区概况

海外留学人员邯郸创业园是经河北省人事厅正式批准的新型科技园区，主要为留学人员提供优质服务和良好的孵化条件，创造与国际接轨、适合中外科技型企业发展的环境，进行科技成果转化，推动经济与科技的结合，进一步促进本地区产业结构的优化。

创业园位于邯郸经济技术开发区内，拥有研发用房及科技孵化大楼，内部设施完善，水、电、宽带等各项配套设施全部齐全到位，并具有多功能展示厅、多功能休闲活动室、会议室、洽谈室、培训中心、商务中心。

经过多年的发展，邯郸经济技术开发区已经从一片荒沙地发展为配套设施完善、管理完备的科技区，并以加快建设“生态型、文化型、科技型”现代化综合性新城区为目标，不断优化投资环境，同时就高层次人才创业、技术创新和技术改造等制定扶持政策，营造了宽松、高效的创业环境。目前，邯郸开发区以新材料、生物医药、信息技术、先进制造业为支柱产业的产业布局基本形成，并以建设国家级新材料基地为目标，重点引进一批科技含量高、产业关联度大的项目，设立研发基地，加快形成特色产业集群。

建园以来，创业园吸引了一大批从美国、瑞士、荷兰、土耳其等国家留学回国人员创办的企业进驻，累计孵化了70余家科技型企业。

联系方式

地　址：河北省邯郸市开发区世纪大街2号
邮　编：056107
电　话：86-310-8067891，8067896
邮　箱：chenghui315@126.com

沧州市海外留学人员创业园

园区概况

沧州市海外留学人员创业园由沧州市人事局、沧州市经济技术开发区联合创办，于2000年12月12日正式开园，其宗旨是利用创业园的优惠政策和良好的投资环境，专门吸引海外留学人员回国创办企业，以促进高新技术成果商品化，培育一流科技企业，促进劳动区域经济发展。

创业园提供先进的数字智能新硬件环境，提供办公、研发、中试生产、会议等场地及配置设施。协助企业办理进区审批、工商注册、税务登记银行开户手续；协助项目申报、转移嫁接，以及新产品研究开发、鉴定；提供咨询服务；提供打字、复印、电传及互联网通信等。在创业园注册企业，从事研发的博士、硕士，由“开发区科技发展基金”分别给予每人每年1万—3万元不等的补助经费，由其个人支配；属于高新技术企业的，还享受其他政策优惠。

联系方式

地　址：河北省沧州经济技术开发区纬二路18号
邮　编：061000
电　话：86-317-3093322
邮　箱：lige77999@163.com

海外留学人员廊坊燕郊创业园

园区概况

海外留学人员廊坊燕郊创业园成立于2001年12月，是河北省人事厅批准成立的省级海外留学人员创业园。其宗旨是充分发挥人事系统的人才管理优势，利用创业园的优惠政策、良好的投资环境和一流的服务水平，创造海外留学人员回国创业的局部优化环境，加速高科技成果的商品化、产业化、国际化，促进高新技术产业发展和国内外科技交流。

创业园设在燕郊经济技术开发区创业大厦内，与燕郊经济技术开发区创业中心合署办公，是河北省距北京市最近的一家留学人员创业基地，具有独特的区位优势、明显的人才优势、“九平一通”的高质量园区服务优势。创业中心初建于1999年10月，正式成立于2005年3月，隶属于燕郊开发区管委会，属事业单位，实行企业化管理，以促进科技成果转化、培植高新技术企业和企业家为宗旨的社会公益性科技服务机构，属于综合性科技企业孵化器。

创业园孵化面积2.3万平方米，拥有燕郊创业大厦。根据创业大厦建筑格局，按照“一器多区”发展模式设立了电子信息、生物医药、光机电一体化、新材料、环保新能源等5个专业孵化功能区，可满足不同类型科技型中小企业的孵化需求。并设有商务中心、网络中心、多功能厅、接待室、洽谈室、会议室、图书室、健身活动室、餐厅等完善的配套设施以及会计师事务所、律师事务所、公证处、风险投资公司、管理咨询公司、生产力促进中心等中介服务机构，可为入驻企业提供全方位、多层次的优质服务，解决企业在创业发展过程中的困难和问题。

创业园遵循“瞄准制高点、服务争一流、创新求发展”这一总体发展思路，依托燕郊开发区得天独厚的区位、环境、政策、产业等优势以及北京的各科技信息、人才资源，为高新技术成果向现实生产力转化提供孵化场地、资金支持、创业辅导、企业诊断、项目包装、技术产权交易、中介服务、人才培训及对外交流等综合性配套服务，努力营造适合于科技型中小企业发展的局部优化环境，从而降低创业风险和创业成本，提高孵化成功率，为燕郊开发区培育有市场竞争力、成熟的高新技术企业。

联系方式

地　址：河北省三河市燕郊经济开发区迎宾北路2号
邮　编：101601
电　话：86-316-3314523
传　真：86-316-3327322
邮　箱：quhongbo@yanjiao.jov.cn

山西省

太原留学人员创业园

园区概况

太原留学人员创业园成立于2003年，是太原高新区管委会的直属事业单位，是山西省唯一一家国家级留学人员创业园。创业园依托太原高新区的整体资源优势，弘扬“勇于创新、敢于冒险、宽容失败、讲求诚信”的创业文化，构建了标准的“6S企业服务平台”为海外学子提供全方位、高层次的创业孵化服务，已成为山西省吸引海外归国人员创新创业的重要载体和高新技术成果转化的主要基地。

在高新区管委会的领导下，通过多年的努力，创业园投资环境渐趋优良，基础设施日臻完善，为胸怀大志的创业者们搭建了一个理想的创业平台，成为广大企业家投资兴业、报效家乡的一片沃土。目前，创业园总孵化面积为15万平方米，孵化项目涉及电子信息技术、软件开发、生物医药与新医药开发、环保节能、新材料等多个先进技术领域，逐步形成山西特色的产业发展格局。

创业园重点提供以下政策支持：留学人员来园创业，可享受60—100平方米研发、办公场地，免房租费3年；留学人员在园新创办经认定符合条件的企业，太原高新区财政配给一定的启动资金；留学人员在园新创办经认定符合条件的企业，可获得山西省人事厅留学人员科技活动项目择优资助经费；留学人员在园创办经认定项目优秀的企业，可优先获得山西省科技厅科技攻关计划项目资助；留学人员在园创办符合条件的企业，可优先享受太原高新区的所有相关优惠政策。同时，高新区和创业园还在留学人员及家属居住便利化、子女入学入托、微利房分配、职称评定、驾证管理等方面连续出台了多项政策。

联系方式

地　址：山西省太原高新技术产业开发区科技街15号
邮　编：030006
电　话：86-351-7033799，7033029
传　真：86-351-7033799
邮　箱：gxqcz@126.com
网　址：www.tyctp.gov.cn

内蒙古自治区

内蒙古自治区留学人员创业园

园区概况

内蒙古自治区留学人员创业园成立于2002年5月，是内蒙古自治区首家留学人员创业园。2010年1月，被人社部批准为“省部共建”国家级留学人员创业园，同年成为“内蒙古自治区高层次人才创新创业基地”和“春晖杯”创业大赛创业基地；2011年，被中央人才工作协调小组批准为国家级“海外高层次人才创新创业基地”；2012年，被科技部认定为“国家级科技企业孵化器”；2013年，获得内蒙古自治区“优秀科技中介服务机构”荣誉称号。

创业园坐落于包头稀土高新区，孵化场地面积1.1万平方米。自成立以来，园区本着“尊重人才、鼓励创新、宽容失败、助力腾飞”的吸引海外人才的理念，开拓创新，努力打造具有“温暖、品质、效益”特质的“人才梦谷”。针对不同成长阶段科技企业的需求，内蒙古留创园着力向前端和后端延伸孵化链，弥补创业企业预孵化和科技成果产业化阶段的短板，努力构建起“苗圃+孵化器+加速器+产业园”的全链式孵化服务体系，为企业和创业者提供高水平、深层次的增值孵化服务，不断探索新的孵化机制和模式。园区按高质量发展要求，针对高新技术产业和战略性新兴产业核心关键节点，搭建中介服务、创业辅导服务、投融资服务、专业技术支持、科技资源共享服务、市场推广服务、人才招聘培训服务、政务服务、生活配套绿色通道服务等九大公共服务平台，提供办公场地优惠、创新研发、知识产权服务、检验检测、项目产业化、税收优惠等多方面公共服务支持，降低科技中小微企业的创业成本，打造创新要素齐全的创业创新生态集群，最大限度地解放和激发企业的创新创业活力。内蒙古留创园以优惠的政策环境、良好的软硬环境及优质的服务为留学回国人员搭建了良好的创业平台，吸引了一批海外人才创办的科技企业，引进了一批高层次科技人才，开发了一批技术领先并拥有自主知识产权的产品，推动了与科研院所的项目合作，培育了一批明星企业。

截至2018年底，内蒙古留创园累计吸引389名留学回国人员来包创业，其中，博士136名、硕士146名；内蒙古“草原英才”工程人才29名，“草原英才”创业团队11个；“鹿城英才”17名，“鹿城英才”创新创业人才团队7个，海外高层次人才呈现聚集优势。留学人员领办、创办企业374家，拥有高新技术企业15家、创新性试点企业14家，30多家企业的海归团队先后承担了国家“863”重大科技项目、国家自然基金项目等多项国内有影响的重要科研课题，多个项目列入国家“重大科技专项”预备项目，先后获得省级科技进步一等奖1项，二等奖1项，三等奖1项，企业多项关键技术，处于国内外领先水平。留学归国人员特别是海外高层次人才入园发展，彰显了内蒙古留创园广纳天下英才“引得进、留得住、用得好”的决心和实力，鼓励带动了一批心怀祖国、活跃在国际科技和学术界并以不同方式寻求报效祖国机会的优秀高端人才，回到中国、回到包头、回到家乡创新创业。充分证明了在西部地区，尤其是在少数民族和边疆地区吸引海外高层次人才的必要性和可行性。

内蒙古留创园将不断开拓创新、砥砺前行，扎实推进创新创业平台载体建设，不断优化创新创业环境，突出“高精尖缺”导向，为各类人才竭诚做好服务工作，在创新实践中发现人才，在创新活动中培育人才，在创新事业中凝聚人才，让人才事业成为祖国北疆亮丽风景线上最活跃、最动人的景色。

联系方式

地　址：内蒙古包头稀土高新区软件园大厦A座
邮　编：014010
电　话：86-472-5326636
传　真：86-472-5328646
邮　箱：278495528@qq.com

呼和浩特留学人员创业园

园区概况

呼和浩特留学人员创业园是2004年经国家人事部批准设立的省部共建的“国家级留学人员创业园”，2010年3月26日揭牌并启动运行，是自治区打造“草原硅谷”的核心区，是首府“一体两翼”人才建设工程和科技创新体系的重要载体，是开发区实现“二次创业”的重要引擎。2010年12月，被国家科技部批准为“国家级科技企业孵化器”；2015年11月，被国家工信部认定为首批“国家小型微型企业创业创新示范基地”；2017年12月，被国务院侨办授予“2017年度全国为侨服务示范单位”。同时，也是内蒙古青年创业人才示范基地和青年就业创业见习基地、内蒙古自治区高层次人才创新创业基地、内蒙古自治区人才改革试验园区、内蒙古自治区小企业创业示范基地、内蒙古自治区示范性创业园和创业孵化基地、内蒙古自治区第一批众创空间试点单位。

成立以来，在内蒙古自治区和呼和浩特两级党委、政府的高度重视和上级有关部门的大力支持帮助下，创业园出台了《鼓励留学人员和各类高层次人才入驻呼和浩特留学人员创业园创新创业若干规定》，通过“资金支持、政策扶持、服务支撑”三大招才引智举措，建设了“学习讲堂”、党群活动中心、书记会客厅、图书室、科技展厅、路演大厅、演播室、创业苗圃、公共信息平台等公共服务设施，孵化服务功能不断完善。

截至2018年底，创业园引进各类高层次人才212名，其中博士118名；4个创业人才团队入选内蒙古“草原英才”团队，7名高层次人才入选“草原英才”个人；累计孵化企业210家，进入产业化、市场化企业50多家，已成为呼和浩特乃至自治区吸引海内外高科技人才创业的重要载体和平台。

联系方式

地　址：内蒙古自治区呼和浩特市赛罕区科尔沁南路69号创新创业大厦
邮　编：010010
电　话：86-471-4617766，4616305
传　真：86-471-4617766
邮　箱：hhhtibi@163.com

内蒙古鄂尔多斯留学人员创业园

园区概况

内蒙古鄂尔多斯留学人员创业园成立于2013年9月9日。以新能源、节能环保、新材料、清洁煤、生物医药、电子信息、智能装备、云计算、文化创意及服务外包等产业为重点领域，以培育战略性新兴产业源头企业和创新创业领军人才为建设目标，努力营造科技创新创业的良好环境，致力于成为海内外高层次人才和创新创业团队的首选之地，打造鄂尔多斯市招才引智、科技创新和培育高新技术企业的重要基地和对外开放的重要窗口。

创业园位于鄂尔多斯市高新技术产业园区核心区域——科教孵化区，在空间格局设置上分为科技研发区域、中试生产区域、商务配套服务区域和人才生活区域。已建成投入使用孵化器两栋共2万平方米孵化场地，3万平方米的中试基地，8万平方米的标准化厂房已经开工建设，能满足项目的产业化需求。高新区还为创业园规划了科技项目产业化基地，用于毕业企业的产业拓展。同时，配套建设了6万平方米的专家公寓、人才住房、健身场地、餐饮服务等较完备的配套生活设施和商业环境，全方位为入驻企业提供普适普惠的标准化硬件平台及相关政策保障。创业园针对留学回国人员群体，以及入驻企业的不同发展阶段，开展“特殊人才政策+项目孵化+风险投资+市场开拓”的个性化服务。此外，创业园进一步完善产学研合作模式，与中科院、中国工程院、清华大学、浙江大学、武汉理工大学、大连理工大学等国内知名院所合作共建了大规模储能技术研究所、中科镓谷高技术（内蒙古）研发中心等14家科研机构，其中大规模储能技术研究所被认定为国家级重点实验室。投资3000万元建设了生物技术实验室、环境治理综合实验室、光电材料综合实验室、理化分析检测综合实验室、超级计算机运算中心、鄂尔多斯技术转移与协同创新服务平台等公共技术平台。这些平台与载体已经成为鄂尔多斯科技创新资源的源头活水，也为入驻企业的技术研发和成果转化提供了有力支撑。

联系方式

地　址：内蒙古鄂尔多斯市高新技术产业园区科教孵化园孵化器B座503
邮　编：017010
电　话：86-477-2299112
邮　箱：limin@ordostp.com

辽宁省

沈阳海外学子创业园

园区概况

沈阳海外学子创业园成立于1999年8月，与沈阳国家高新技术创业服务中心一套机构、两块牌子，是沈阳国家高新区管委会所属的社会公益性科技创新服务机构和海外归国高层次人才创新创业基地。创业园以吸引海外学子、促进科技成果转化和高新技术产业化、培养高新技术企业和企业家为宗旨，坚持“孵化梦想，助推创业，实践成功，传递感悟”的服务理念，按照重点产业集群化、创业服务专业化、服务平台标准化、服务内容国际化的发展原则，积极整合各种资源，努力创造适合技术创新、利于中小科技企业发展的软硬环境，有效促进科技成果商品化、产业化和国际化。2000年3月，创业园被科技部评为“国家级科技企业孵化器”；2000年5月，被国家科技部、人事部、教育部、国家外专局联合批准为“国家留学人员创业园示范建设园区”；2001年3月，成为国家人事部和沈阳市人民政府共建园区；2002年5月，被中国侨联评为“科技兴业示范企业”；2010年3月，被科技部评为全国首批“大学生科技创业见习基地”。

创业园孵化场地由火炬信息园、德宝大厦3个园区构成，总建筑面积3.5万平方米，其中可用于海外学子创业面积2.8万平方米。此外，创业园在原有规模的基础上，结合高新区的主导产业，逐步建设了生物医药、地理信息、软件和动漫等领域的专业孵化器。

多年来，沈阳海外学子创业园始终坚持“为创业者创造价值”的服务理念，在促进高新技术产业发展中，成功地为新区输送了一大批有竞争力的高新技术企业，并成为创新成果的重要孵化载体，连接技术创新链中研发和产业化的关键环节。为沈阳高新区加速转化科技成果，凝聚科技人才，培育成熟科技企业贡献自己的绵薄之力。

联系方式

地　址：辽宁省沈阳市浑南新区世纪路22号
邮　编：110179
电　话：86-24-31899851
传　真：86-24-31681059
邮　箱：55765115@qq.com

大连海外学子创业园

园区概况

大连海外学子创业园创建于1998年12月，其主体为大连市高新技术创业服务中心，是大连高新区管委会为扶持、服务中小型科技企业而设立的孵化器，是辽宁省首批、大连市首家成立的科技企业孵化器，于1998年被科技部认定为“国家级高新技术创业服务中心”。创业园以科技型中小企业为服务对象，提供场地、资金、人才、市场、技术、信息、政策、培训、中介、商务等多方面的服务，为创业企业成长创造良好的环境；通过搭建平台、促进孵化链条建设、落实各项优惠政策及实施细则，充分发挥科技孵化器的作用；以专业化、多样化、系统化的孵化手段，成为吸引留学人员回国创业的基地，为科技企业的创新创业提供有力保障。创业园先后获得“国家留学人员创业园示范建设试点基地”“全国最佳留学人员回国工作机构”“中国青年留学人员创业基地”“国家中小企业公共服务示范平台（培训、创业）”“苗圃—孵化器—加速器科技创业孵化链条建设示范单位”“春晖杯中国留学人员创新创业大赛创业基地”“火炬计划15周年先进服务机构”“火炬计划20周年先进服务机构”等荣誉称号。

创业园坐落于大连高新区核心功能区内，现自有孵化场地15万平方米，依山傍海，交通便捷，大连理工大学、大连海事大学、东北财经大学等十几所高等院校和中科院大连化物所等科研机构怀抱其中，为其发展提供充足的人才储备和科技支撑。目前，形成以大连海外学子创业园、大连创意产业园、大连海外学子产业园等为主体的全方位、多功能的孵化格局，它们分布在大连高新区产业带内，可满足不同科技类创业企业的发展需要。创业园始终秉承“勇于担当、善于合作、乐于创新、期于成事”的工作理念，坚持“破围墙、延手臂、搭平台”，进一步创新孵化手段、完善孵化体系、提升孵化水平，全面提升孵化平台的整体服务功能。2012年，园区创业大厦投入使用，创业工坊孵化器正式建立。目前，创业工坊已形成了以创业苗圃、咖啡厅、投资基地创业生态链为核心，创业高校、创业ABC、新媒体营销中心为平台，创业社区为主线的服务模式。同时，创业园全力支持创业工坊实施“走出去”战略，将本土项目带到北上广深等资本市场活跃地区以吸引更多的投资人及投资机构，并通过组织建设创投俱乐部、创业者俱乐部、小产业集群，加强创业者间的相互交流，让企业与企业之间相互融合，形成创新生态系统。

截至2018年底，创业园累计孵化企业超过1200家，在孵企业500余家，技术领域以电子信息（软件和硬件）为主，涉及节能环保、新一代信息技术、生物、高端装备制造、新能源、新材料和新能源汽车等七大战略性新兴产业，搭建了仿真产业、云媒体产业、船舶产业、微小软件产业、汽车电子产业、军工产业等不同技术领域、各具特色的平台。软件和服务外包产业是大连高新区的主导产业，也是国内首个软件和服务外包产业千亿产业集群。创业园围绕大连高新区主导产业开展孵化服务，累计为大连高新区输送软件类企业500多家，申报国家、省、市各级科技计划总计2800余项，共获得扶持资金3亿多元。2015年，园区全面启动众创空间建设，现有孵化机构30多家。

联系方式

地　址：辽宁省大连高新区火炬路32号创业大厦A座6楼
邮　编：116023
电　话：86-411-84754903
传　真：86-411-84792713
邮　箱：wsl@dhbi.cn
网　址：www.dhbi.cn

鞍山海外学子创业园

园区概况

鞍山海外学子创业园成立于2001年6月29日，是鞍山市政府为海外学子回国创业建设的专业园区，是鞍山高新区创业中心直属单位。为进一步优化海外学子创业环境，创业园采取民办公助共建孵化器的模式，并建成了鞍山海外学子创业大厦。同时，创造了二级孵化新理念，通过采取二级孵化的模式为园区内的中小企业提供一定规模的产业化基地，大大降低了园区企业生产经营成本，实现快速发展。

与国内同类园区相比，创业园是依托鞍钢老工业基地改造和鞍山产业结构调整而建立的，因此围绕钢铁冶金这一产业发展特色，鞍山海外学子创业园的发展目标是建成具有钢铁冶金自动化产业特色的全国一流高科技园区。

目前，创业园拥有孵化基地3.5万平方米，有来自美国、加拿大、澳大利亚、日本等国家和地区的100多名海外学子在园区创业，先后有80余家海外学子企业落户园区，企业注册总资本达2亿元，主要涉及信息技术、光电子、生物医药、环保、新材料等产业。大多数海外学子企业从孵化期逐步发展进入成长期，呈现了良好的发展势头，为鞍山高新区的经济发展和科技进步作出了巨大贡献。

联系方式

地　址：辽宁省鞍山市千山中路288号
邮　编：114044

电　话：86-412-5216552
传　真：86-412-5212221

吉林省

长春海外学人创业园

园区概况

长春海外学人创业园成立于1999年6月，由吉林省人事厅、科技厅、教育厅、长春市人民政府外事办公室、人事局、科技局、教育局、长春高新区、长春科技创业服务中心，以及吉林大学、东北师大、中科院长春应化所、中科院长春光机所等13家单位共同发起创办，是吉林省最早成立的一家专门服务于留学归国人员的创业园，是国家人事部、科技部、教育部和外国专家局联合认定的首批“国家留学人员创业园示范建设试点”园区、国家人事部与省政府共建园区、国侨办重点联系单位、中国科协海智工作基地。2010年，被评为国家“海智计划先进单位”；2012年，被评为“吉林省外事（海智）工作先进单位”、长春市“海外智力为国服务行动计划”特殊贡献单位；2014年，经省科协和人社厅批准成为“吉林省首批引智示范区”；2015和2016连续两年被省科协评为“吉林省国际交流（引智引才）工作先进集体和先进个人”，经省人社厅批准成为“吉林省专家服务基地”；2015年成为吉林省留学人员联谊会长春高新区分会；2016年被欧美同学会（中国留学人员联谊会）批准为“留学报国长春基地”；2017年8月成为吉林“侨梦苑”分苑。

创业园现有8.5万平方米的孵化基地，以长春新区为依托，以海外归国创业者为服务对象，围绕留创企业创办、成长与发展需求，不断完善孵化抚育体系，通过协调各级政府部门职能，整合中介机构资源，扩张自身服务范畴，形成了完善的创业软环境和独具特色的10大类30项专业化服务功能。为做好留学人员为国服务、归国创业的服务工作，发挥集中服务的规模化优势，创业园确定了“整合资源，扩张功能，强化管理，优化服务，创新思维，发挥优势，突出特色，打造品牌”的指导思想，在构建较为完善的孵化抚育体系的基础上，在借鉴了国外企业孵化器和国内同行的先进孵化理念和工作经验的基础上，按照建设一流企业孵化器的目标，通过组织系统化、工作规范化、功能专业化、服务精致化、发展国际化，打造创业园的核心孵化能力，打造了政策扶持、资金融通、社会化服务、专业技术服务、培训与交流五大支撑服务平台，形成了独具特色的留学人员服务体系。创业园把孵化过程分成项目预孵化、企业预孵化、初创期孵化、成长期、加速发展期5个服务阶段，每个阶段分别确定不同的工作内容、工作方式、工作重点和工作要求，使企业得到量身定制的有效服务。以流程化孵化服务为核心，以专业化和协同化为保障，形成孵化服务纵向接续孵化，横向相互协作的工作流程，从而重新塑造了核心孵化服务功能。

随着产业聚集度的提高，对共性技术的需求也日益强烈，从2003年起创业园依托长春市的科研优势，选择一批具有代表性的国家级实验室和成功的留学人员企业，先后共建了现代中药、生物医药、环境工程、光电子等六大专业技术服务平台以及专家服务系统，将分散的科研力量融合，为海外项目在国内转化提供前期技术支持以及后期的技术依托平台。其中现代中药和生物医药两个平台被确定为国家级技术平台，已累计有100多个海外项目在技术平台上与国内企业进行合作开发。创业园向拓宽孵化服务工作思路，提升创新创业服务能力，营造优质孵化服务环境迈出更加坚实的一步。创业园已成为长春新区，乃至吉林省和长春市汇集海外高层人才的主要载体和项目转化的平台。

经过十几年的发展，长春创业园在共建单位的共同努力下，现已成为吉林省规模最大、孵化体系最完善、孵化队伍最为专业、留学人员聚集度最高的综合产业园区。在创业园的带动下，长春新区对高层次人才的重视程度逐步加大，创业园多年来整合周边资源，以政策促进人才服务，进而带动整个区域的经济发展，收到了良好的成效。

联系方式

地　址：吉林省长春市高新开发区锦湖大路1357号
邮　编：130012
电　话：86-431-88787870
传　真：86-431-88787870
邮　箱：1181008@qq.com
网　址：www.ccibi.com

吉林高新区留学人员创业园

园区概况

吉林高新区留学人员创业园始建于2000年，由吉林高新技术创业服务中心负责运营管理。创业中心先后获得“先进高新技术创业服务中心”“优秀国家高新技术创业服务中心”“国家科技计划（火炬计划）实施20周年先进服务机构”“吉林市科教兴市先进集体”“吉林市科技管理工作先进集体”等荣誉。

经过多年发展，创业园目前已初具规模。为了强化科技创新工作，围绕企业研发共性需求，创业中心依托高校、科研院所及行业龙头企业技术资源，自2003年起先后建设了国家级精细化工平台、国家级软件开发公共测试平台、国家级电力电子科技研发公共服务平台、国家级嵌入式控制技术开发平台和省级精细化工平台等多个公共服务平台，为区域各类中小企业提供各类平台服务。2014年，创业中心针对众多企业提出的人才瓶颈问题，联合国内知名职业教育上市公司上海智翔集团以及吉林电子职业技术信息学院联合打造了高新区科技人才实训服务平台，缓解了企业人才压力，并正在谋划电力电子检测试验公共服务平台及自动化控制公共服务平台建设。为了推动产学研合作，促进高校技术成果产业化，经过多方共同努力，北华大学科技园、东北电力大学科技园先后进驻创业园。创业园还集聚了为企业提供工商注册、财务记账、投融资服务、商务中心、科技咨询和服务、组织项目评审、专利申请等中介服务机构，并且积极拓宽融资渠道，为企业加快产业化步伐提供良好的软硬件环境。

创业园为企业集聚营造了良好的创业氛围，产业集群效应初现。目前，园区已形成了以中讯软件、吉智工场、东忠大全股份有限公司、万奇软件、易尚阳光、鹏福网络、天通宝业等30余家企业为代表的信息产业集群；以特纳普节能环保、沃尔姆、长城科技、芯微电子及东北电力大学科技园内的数十家企业为代表的电力电子产业集群。

联系方式

地　址：吉林省吉林市深圳街86号创业园A419

邮　编：132013

电　话：86-432-4648201

传　真：86-432-4648207

网　址：www.jlincubator.com

黑龙江省

哈尔滨海外学人创业园

园区概况

哈尔滨海外学人创业园创建于2000年6月，是在哈尔滨市委市政府支持下，由哈尔滨开发区管委会投资建设的专门为海外学人来哈创办科技型企业服务的专业孵化器，由哈尔滨高科技创业中心负责管理。2010年6月8日，被国家科技部、国家人事部、国家教育部、国家外专局联合认定为“国家留学人员创业园示范园区”。

哈尔滨市政府为营造良好的政策环境，于2000年12月出台了《哈尔滨市鼓励留学人员入创业园创业的若干规定》，开发区在资金、服务等方面也给予特殊倾斜。为突出软件服务外包产业特色，在原海外学人创业园的基础上，开发区管委会于2006年投资建设了留学生创业二园，配备了功能完善的报告厅、会议室、接待室、活动室、信息中心、商务中心、多功能厅等共享服务设备设施，建设了电子产品共享实验室、软件开发平台等专业技术服务平台，使创业园总规模达到1.75万平方米。为做好为创业园入驻企业服务工作，创业中心还设立专门机构留学生服务部负责创业园的建设管理和企业的培育与服务，全力培育一批能与国际接轨、具备国际竞争力的高新技术企业，成为振兴地方经济的生力军。

联系方式

地　址：黑龙江省哈尔滨开发区南岗集中区嵩山路5号

邮　编：150090

电　话：86-451-82344005

传　真：86-451-82321334

邮　箱：huangrf100@sina.com

大庆留学人员创业园

园区概况

大庆留学人员创业园成立于2001年6月，是大庆市委市政府和大庆高新区工委、管委会为鼓励海外学子创新创业、报效祖国，按智能化、国际化、高标准建设的创业基地。创业园内环境优美、共享设施配套齐全，配备高素质的管理队伍，为留学人员回国创业提供高效快捷、热情周到的服务。

创业园依托大庆高新技术创业服务中心的孵化管理服务，以吸引高素质的海外留学人员和高科技含量的科技项目进驻创业园创业为宗旨，为企业提供优良的创新创业环境，落实优惠政策，提供资金支持。为支持和培育中小科技企业发展，创业园已建设了商务、中介、研发、信息、资金、培训等服务平台，为企业从创立到发展，提供产、学、研、资、介、贸全程服务。

目前，创业园已吸引了留学美国、加拿大、德国、澳大利亚、英国、日本、法国等10多个国家的回国人才，在新材料、精细化工、节能环保、生物医药、软件、先进机械制造业等高新技术领域开发和实施了一批技术含量高、发展潜力大的项目，已经发展成为高新区技术创新体系的核心、人才聚集的高地、小型科技企业创新创业的理想家园。

联系方式

地　址：黑龙江省大庆高新区高新路10号

邮　编：163316

电　话：86-459-6282541

传　真：86-459-6282536

邮　箱：hancq6618@163.com

网　址：www.dhbi.org

上海市

上海宝山留学人员创业园

园区概况

上海宝山留学人员创业园成立于2003年3月，是上海市宝山区人民政府、上海市宝山城市工业园区根据上海市总体规划，加快城市一体化建设，配合全市产业结构和工业布局调整而开发建立并管理的高科技、外向型创业园区。它以企业孵化为主，以新材料为主要发展方向，重点引进留学人员开发的高新技术项目。

创业园区地处宝山区的西南部，10分钟可达上海虹桥国际机场，20分钟可达浦东国际机场，6分钟可达沪宁高速公路，15分钟可达沪杭高速公路，地理位置和交通条件优越，自然环境优美。创业园区依托宝山城市工业园区，开发规模4.35平方千米，办公楼面积8000余平方米。园区以统一规划、合理布局、综合开发、集中配套的原则构成发展蓝图，建设有完善的公共配套设施，并设有金融、邮电、税务等服务机构，形成了环境优美、功能齐全、设施一流、信息畅通、机制灵活的现代化园区。

宝山区委、区政府对创业园的发展在政策、人力、资金上给予大力支持，在入驻租金上给予优惠，在税收上享受三资企业的待遇，对留学生创业具有极大的吸引力。创业园从起步到逐步规范，从体制调整到创业基地的拓展，现已走上健康发展的轨道，逐步成为宝山吸引海外高层人才的集聚地和高新技术企业的孵化基地。

联系方式

地　址：上海市宝山区丰翔路1409号

邮　编：200436

电　话：86-21-56171777

传　真：86-21-36161568
网　址：www.bspark.org

上海虹桥临空留学人员创业园

园区概况

上海虹桥临空留学人员创业园成立于1996年6月，是上海市人事局下设的市级留学生创业园区。创业园位于上海市长宁区虹桥临空经济园区民营经济城内，环境配套均已臻成熟。创业园区作为由长宁区人民政府和新泾镇人民政府投资兴建的上海虹桥临空经济园区的重要组成部分，其日常管理机构实行两块牌子、一套班子，即日常管理机构为上海虹桥临空经济园区开发建设办公室和上海虹桥临空经济园区发展有限公司，长宁区人民政府专门设立了上海虹桥临空经济园区开发领导小组。

长宁区属上海中心城区，城市基础设施健全，人文环境良好，长宁区域内的虹桥开发区和古北新区向归国留学人员展示了现代化城市的魅力。临空园区品牌效应、招商的集聚效应日渐显现，留学人员企业与其他企业一同纷纷落户园区。目前，创业园已引进企业200多家。同时，长宁区政府已将大量吸引留学人员来区创办企业作为实施“五业拓展”发展战略，推动长宁区新一轮经济发展的重要任务。

虹桥临空经济园区的产业规划重点是鼓励发展以IT为主的高科技产业和高附加值的电子电器、服装服饰，吸引跨国公司、国内外著名企业的地区总部、研发中心、销售中心、现代物流中心、营运管理中心落户，并涌现出了一批以奥雷、贝奥路、奥米、我武、昂信等为代表的优秀在园企业。

联系方式

地　址：上海市长宁区天山西路789号1楼
邮　编：200335
电　话：86-21-52180000
传　真：86-21-52187709
邮　箱：jemmyxie@vip.163.com
网　址：www.hqlk.com.cn

上海留学人员漕河泾创业园区

园区概况

上海留学人员漕河泾创业园区成立于1996年6月，是由上海漕河泾新兴技术开发区与上海市人事局共建的上海第一批留学人员创业园区。创业园区在体制上三位一体，由留学人员创业园区、国家级高新技术创业服务中心和上海国际企业孵化器（漕河泾基地）共同组成。园区管理机构为上海漕河泾新兴技术开发区科技创业中心，是由上海市漕河泾新兴技术开发区发展总公司全额投资并主管的以培育和支持高新技术企业及其产业发展，促进科技成果商品化、产业化、国际化为目的的企业孵化器。创业中心先后被国家科技部评为“国家级高新技术创业中心”“国家高新区先进孵化服务机构”，被国家科技部与联合国开发计划署（UNDP）共同认定为“上海国际企业孵化器（基地）”；荣膺亚洲企业孵化器协会（AABI）授予的“亚洲最佳企业孵化器称号”，多年蝉联“上海市优秀孵化器”称号，获评“中国技术创业协会科技创业服务机构模式奖”“上海最具活力科技创业园”；2012年，被中组部认定为“国家海外高层次人才创新创业基地”；2018年，创业园区被评为全国首批“中国留学人员创业园区孵化基地”。

创业园区位于国家级漕河泾新兴技术开发区内，拥有近10万平方米的创业基地，环境良好，交通便利，区内基础设施齐全，通讯捷达，集中了众多的科研院所和高新技术企业。自成立以来，园区始终致力于以优惠条件、优良环境和优质服务支持科技型中小企业及加速企业，特别是归国留学人员企业的创办和发展，全方位地积极做好留学生企业服务工作，充分发挥企业孵化培育的功能，为留学人员企业的快速发展创造与国际接轨的环境。科技创新创业服务是创业园区的服务根基和着力点。为此，创业园区积极依托科技载体，健全了企业发展中科技转移—项目培育—企业孵化—企业加速—产业推进—产业转移的6个阶段，以及16个服务模块组成的全产业链、全区域化、全方位的科技创新创业服务体系。同时，建立了全方位、系统化的科技创新创业服务超市，为企业提供各种相关咨询、辅导及代理等专业化优质服务，围绕接力式服务体系各个阶段，展开了涵盖16个服务模块、43项服务大类、123项服务小类、600项服务项目。

截至2018年底，创业园区累计孵化企业1232家，在园留学人员企业119家；累计引进和培育国家级海外高层次人才36人，上海市“千人计划”21人，上海市领军人才41人，上海市浦江人才20人，成为上海乃至全国高学历、高素质人才最为集聚的人才高地之一。

联系方式

地　址：上海市徐汇区桂平路410号B座3楼
邮　编：200233
电　话：86-21-54260100
传　真：86-21-64951721
邮　箱：lina@caohejing.com
网　址：www.caohejing.com

上海留学人员嘉定创业园

园区概况

上海留学人员嘉定创业园建立于1996年，是上海国家高新技术产业开发区“一区六园”之一，也是第一批被国家人事部、科技部、教育部确立的“国家级留学人员创业园示范园区”。南北两大园区采取“两块牌子、一套班子”的方式进行企业化管理。2000年，园区获批“国家留学人员创业园示范建设试点单位”；2002年，被评为“全国十佳民营科技园区”；2003年，荣获“上海市火炬计划先进集体奖”，被评为“上海最具影响的科技园区”；2005年，荣获“上海最具活力科技创业园”；2006年，被评为“全国先进科技产业园”；2010年，获批“上海市知识产权试点园”；2012年，获批“上海市海外高层次人才创新创业基地”，被评为“上海张江高新技术产业开发区建设发展突出贡献单位”“上海市高新技术企业认定工作优秀单位”“上海科技创新创业服务先进集体”；2013年，获批“上海市知识产权示范园区”。

创业园位于张江国家自主创新示范区嘉定园内，地处上海西北部——长三角15个城市群的中心地带，总面积53万平方米，新规划的上海嘉定高新技术园北园区占地33万平方米亩，划分为4个板块：打造面向头脑型、研发型和孵化型企业的“嘉定硅谷园”，建设成高新技术研发和科技孵化基地；集中多功能商务会所、培训中心、宾馆酒楼、展示大厅等的生产生活配套服务区；建设高档标准厂房，并提供智能化安全技术防范和物业管理的先进制造业生产加工区；用以吸引国内外的著名高科技企业投资建厂的高新技术企业生产用地。

凭借自身优势和嘉定工业区的广阔空间，创业园得到长足发展，已经成为引导企业自主创新、发挥孵化器功效的重要载体。创业园以高起点的布局规划，以汽车零部件、信息电子、医疗设备、机电配件的现代制造业为产业导向，力求凭借标准的设计建设程序、产学研一体的创新制度、功能齐全的配套服务，为嘉定工业区不断聚集科技动力，成为海外学子归国创业的摇篮，科技企业投资开发的热土，是全国留学人员创业园中聚集留学生最多的园区之一。从创建至今，园区累计孵化企业500家，其中，留学人员企业近300家。在园留学人员企业主要分布在电子信息、科技服务、生物医药等行业领域。

联系方式

地　址：上海市嘉定区叶城路1288号
邮　编：201821
电　话：86-21-59166232
传　真：86-21-59166232
邮　箱：zhangyf@jdhitech.com

上海留学人员张江创业园区

园区概况

上海留学人员张江创业园区成立于1996年6月，由上海市人事局与上海张江高科技园区发展总公司共建，是国家科技部、人事部、教育部于2000年首批设立的“国家留学人员创业园”。园区坐拥上海自贸试验区、国家自主创新示范区“双自联动”的叠加优势，在“海归报国、服务有我”的服务理念和责任使命驱动下，园区服务团队不断探索创新，积极为留学人员和留创企业提供各类创业支持和特色服务。2018年，入选首批“中国留学人员创业园区孵化基地”。浦东新区人才交流中心是张江留创园的管理运营机构，先后获得“全国人力资源社会保障系统先进集体”“全国人力资源社会保障系统优质服务窗口”“三八红旗集体”“浦东新区五一劳动奖状”等荣誉。

园区位于上海张江科学城，孵化面积近60万平方米，有孵化器32家（国家级11家）、众创空间54家（国家级15家），从业人员726名；园区授牌7家孵化基地，涵盖了综合实力强的国有孵化器、已上市挂牌的民营孵化器和资源丰富的国际型孵化器，为不同类型的留创企业提供各具特色的孵化服务；孵化领域从生物医药、信息技术等传统领域，拓展到人工智能、智慧医疗、大数据等多个前沿领域，产业聚集优势明显；园区内建成、在建或规划建设的大科学装置13套，市级科技公共服务平台36家、专业技术服务平台32家、上海首批规划的研发与转化功能型平台5家。浦东新区产业创新中心也已于2018年7月揭牌成立。

园区在上海市张江科学城建设管理办公室、新区人社局的指导和支持下，联动张江创新中心和张江各孵化器共建园区创孵网络管理体系，已构建起了“众创空间+创业苗圃+孵化器+加速器”的完整创业孵化链条，为企业提供全面、精准的服务。服务主要包括：（1）软硬件公共服务。如办公场地、公共服务平台、技术平台等，园区授牌7家孵化基地为信息技术、生命健康、低碳环保、先进制造、现代服务等方向的留创企业提供入孵绿色通道、现代孵化空间和投融资服务。（2）创新创业服务。园区为留学人员特设创业资助和创业奖励，截至2018年底，共受理留学人员创业资助企业274家，累计资助2533万元，创业奖励42家，累计420万元；同时，园区组织各类培训和讲座，为企业提供发展各阶段的创业指导。（3）人才政策服务。园区为留学人员提供集成式政策咨询和指导，如人才引进落户、居转户、居住证积分等国内人才政策，留学生落户、外国人来华工作许可和海外人才居住证等海归人才政策，当好人才服务“店小二”，最大程度为海归人才的工作和生活提供便利。（4）人才计划和项目申报服务。园区以人才计划和项目申报作为企业服务的抓手和切入点，通过实地排摸和多方调研，从企业需求和成长情况入手，为他们推荐适合他们的有含金量的项目，并指导申报，项目申报服务为留学生企业带来了资金、荣誉和发展机会；（5）特色服务。张江留创园挂牌博士后科研工作站，是全国唯一一家政府型的博士后科研工作站，能够帮助企业申报企业博士后科研工作站分站和申请博士后资助资金。这一服务，一方面为众多有着科研需求的企业尤其是知识密集型留创企业，搭建起了吸引人才的平台；另一方面，也有效促进了海归人才技术转化和落地。目前，新区企业博士后科研工作站分站共47家，其中留学人员企业9家。此外，园区正在积极探索构建一厅一园多基地多企业的展示空间，以进一步集聚创新要素，提升园区创新浓度以及园区内留学生创新创业的活跃度、集中度和显示度。同时，将利用社会资源，进一步搭建人才融合交流平台和招聘平台，为留创企业提供更多支持，进一步优化园区创业氛围和综合环境。

截至2018年底，张江留创园有在孵企业2600余家，每年新入孵企业180—200家，平均孵化周期为1—3年。通过孵化服务，园区培育了数百名科技型人才，入选多项高端人才计划、获得各类创新创业奖项。园区累计孵化留学人员创业企业347家，其中再鼎医药、盛美半导体、华领医药等17家企业已上市挂牌；小蚁科技、复宏汉霖等被评为独角兽企业；查湃科技、彩虹鱼等成长潜力巨大的企业获得各类国家级创新创业大奖和支持；留创企业累计申请知识产权已达1497件。

联系方式

地　址：上海市浦东新区环科路999弄浦东国际人才港4号楼一楼
邮　编：201210
电　话：86-21-58601283
传　真：86-21-58320731
邮　箱：jiangyan@pdrcfw.com
网　址：www.pdrcfw.com

上海南汇留学人员创业园

园区概况

上海南汇留学人员创业园成立于2009年1月19日，由上海市人力资源和社会保障局与原南汇区人民政府共同批准设立，采取“企业化运作、公益性服务”的运作模式。

创业园位于地处浦东核心位置的上海国际医学园区内，一期占地面积4万平方米，总建筑面积约4.3万平方米，包括1栋综合服务楼以及6栋研发办公楼；二期占地面积5800平方米，总建筑面积1.34万平方米，包括2栋研发办公楼和1个地下车库。为满足小微企业创业兴业的需求，创业园在一期内特辟了1.2万平方米场地用于提供孵化服务。

创业园以服务和扶持海外归国人员创业为主，产业定位以生物医药、医疗器械以及相关的医疗产业为主，同时辅以发展其他具备科技含量的生产性服务业及相关产业，旨在推动先进制造业和与之配套的生产性服务业快速发展，提升园区的自主创新和科技成果转化能力。

借助各级政府的服务平台以及依托创业园已有的优质服务，加之创业园颇具潜力的地理位置，目前创业园已吸引了包括科文斯、金域检测等知名企业在内的留学人员创业企业及其他符合园区产业定位的企业180余家，其中，留学人员企业40余家，集聚留学人员100多人。

联系方式

地　址：上海市浦东新区周祝公路337号5号楼

邮　编：201318

电　话：86-21-68119873，38019036，38019189

上海普陀留学人员创业园

园区概况

上海普陀留学人员创业园设立于上海天地软件园内。上海天地软件园成立于2004年11月，是由上海市经济和信息化委员会与普陀区人民政府联合创办的、以软件和信息服务业、文化创意产业为主的高科技产业园区。园区空间集中，由26栋花园式标准厂房组成，整体建筑面积11万平方米，入驻企业180多家，是上海中心城区最大的信息产业集聚地。2005年，园区被市经委认定为“上海市创意产业集聚区”；2006年，被上海市发改委和上海市信息委联合认定为“上海市级软件产业基地”，并通过上海市人事局评审认定为“上海市留学人员创业园”。此外，还先后被评为“信息化应用示范产业园区”“上海市文化产业园区”“上海市科普教育基地”“国家级文化产业示范基地”“上海市服务外包专业园区”“上海市电子商务示范园区”“上海市文化创意产业示范园区”“上海市软件出口（创新）园区”“上海市明星软件园（领先型）”等。

自创建以来，创业园确立了以软件园的硬件和软件资源优势，吸引集聚海外留学人员创业，鼓励和培育一批软件企业、孵化一批软件创新成果、培养一批中高级软件人才为工作重点，吸引海外留学人员来园区施展才华。为促进留学人员在园发展，园区从财税、公共服务、人事人才、资金扶持等方面提供相应的配套服务，除享受区政府制定的财税扶持政策、相应的创业资金资助和部分“中小企业贷款信用担保资金”融资贷款贴息支持外，还在“一门式”免费服务、人事人才代理和家属就业推荐、子女入学，以及海外人才信息交流沟通、专业化增值服务等方面提供服务，积极搭建优质、高效的留学人员服务平台。同时，创业园定期和不定期举办科技政策宣讲、大型人才招聘会、企业经理人沙龙等活动，为园区企业申报各类创新项目、招聘人才、获得风险投资和相关行业资讯提供帮助，营造了一个良好的发展环境。

联系方式

地　址：上海市中江路879号天地园管理有限公司

邮　编：200333

电　话：86-21-61423089

传　真：86-21-52595508

邮　箱：15821056781@139.com

网　址：www.universal.sh.cn

上海莘闵回国留学人员科技创业园区

园区概况

上海莘闵高新技术暨回国留学人员科技创业园区成立于2000年7月，是由上海市人保局与闵行区人民政府共建留学人员创业园，是政府为留学人员创业企业和科技孵化企业搭建的服务平台，是以促进科技成果转化、培养高新技术企业和企业家为宗旨的社会科技创业服务机构。创业园区是国家科技部认定的“国家高新技术创业服务中心”、科技部教育部命名的“春晖杯”中国留学人员创新创业大赛创业基地、上海市人保局与闵行区人民政府共建的市级留学生创业园区、“YBC中国青年创业国际计划服务站”、上海市科委认定为“科技产业化基地”。2008年，被评为上海市火炬计划实施20周年先进单位；2009年，获上海市科技孵化协会颁发“最佳创新孵化环境奖”；2010年，被上海市科技创业中心评为“创新创业服务先进集体”；2011年，通过国家级孵化器复核，并获得上海市孵化器考评A级称号。

创业园区拥有近12万平方米的六大孵化基地，以“打造具有全球影响力的科技创新中心”为整体目标，承载科技企业孵化和留学人员创业服务，全面优化园区各项服务体系，始终坚持高层次人才为主、高新技术优先的发展策略，为留学回国人员创业提供全方位、全天候、人性化的服务。园区着力建立有特色的、高效的“创业企业技术孵化服务体系”，针对孵化企业成长发展中的需求，有效帮助和支持企业克服影响阻碍其发展的技术、市场、资金瓶颈，通过提供全面的、专业化的孵化服务，营造促进自主研发和自主创新的良好环境，使园区成为留学人员企业自主创新之源、优秀企业和人才、品牌的发源地、科技成果转化的摇篮。

随着张江国家自主示范区“八大平台”+“人才网”的开通，创业园区成为第一批试点单位，使得知识产权服务、科技中介服务、人才服务、科技金融服务得以深入开展。而智慧园区3.0时代的到来，促使园区的服务功能配套正从传统的招商，衍生至金融、管理、法务等企业运营各环节，进一步拓展企业服务的新内涵，增加服务的深度和广度，探索全生态链服务模式，形成园区新服务增值的优势。从企业自主创新意识的引导，政府政策的传递、宣传、落实，各级政府科技扶持资金的申报，到企业项目与资金的对接、产品的推广、市场的开拓，以及毕业企业的“后孵化”服务，在吸引人才、成果转化等方面作出了显著成绩。创业园区自成立以来共计培育科技企业500余家，成功孕育出以思源电气为代表的一批优秀企业，不仅为回国留学人员提供了报效祖国、施展才华的舞台，也为地区的科技创新体系建设和经济发展作出了贡献。

联系方式

地　址：上海市金都路4299号
邮　编：201109
电　话：86-21-64129265
传　真：86-21-64123218
邮　箱：xmxmxm@263.net

上海徐汇留学人员创业园

园区概况

上海徐汇留学人员创业园是由上海徐汇区人民政府根据有关鼓励留学人员归国发展的相关政策和徐汇区现有的科技产业功能、形态布局而建立。徐汇区作为科技资源集聚之地，拥有包括复旦大学、交通大学在内的10余所高校和包括中科院上海分院、上科院在内的100多家科研院所和国家级的漕河泾新兴技术开发区。近年来，徐汇区委、区政府坚持“科教兴区”的主战略，依托辖区内丰富的科技资源，不断优化科技创新的综合环境，形成了以高新技术产业为先导、各类科技产业同步协调发展、科技进步促进区域经济持续发展的良好格局。

创业园以“一园多基地”形态构成，分别利用各个不同的高新技术产业化基地现有的功能，为留学人员创业和企业发展提供空间和服务，主要包括国家级产业化基地——徐汇软件基地、上海市绿色都市型工业园区、上海市级软件产业基地（软件园）、国家高新技术创业服务中心、上海国际企业孵化器基地——慧谷高科技创业中心孵化基地、徐汇区人民政府和中国科学院上海生命科学研究院联合创办的生物技术创业企业孵化园区——上海聚科生物园区、上海市纳米材料检测中心——上海纳米技术孵化基地、徐家汇青年创业孵化园区。

在原有服务功能的基础上，创业园还增加了投融资、进出口、信息综合等体现中心城区国际化的商务、便捷的生活功能，并对留学人员企业在人力资源建设、市场开拓及本土融入等方面进行指导。同时，提供各类政府绿色通道，加速留学人员企业高科技成果产业化，打造成为海外归国留学人员回国创业的成长基地。

联系方式

地　址：上海市徐汇区番禺路1028号102室
邮　编：200030
电　话：86-21-64077973
传　真：86-21-64077973
邮　箱：mail@decsh.org

上海杨浦海外高层次人才创新创业基地

园区概况

上海杨浦海外高层次人才创新创业基地成立于2009年6月，是全国第一家综合性、区域性海外高层次人才创新创业基地。基地占地9.46平方千米，以大学的强势学科为支撑，区域内已有复旦大学国家大学科技园、同济大学国家大学科技园、上海理工大学国家大学科技园、上海财经大学国家大学科技园、电力学院国家大学科技园5个国家级大学科技园和教育、体育、水产等9个专业化大学科技园，建成了上海中心城区最大的国家级科技企业孵化基地。

目前，近4000家头脑型、创新型中小科技企业集聚大学周边，已经成为科技“巨人”的成长摇篮和孵化基地，涌现了一大批成长快、前景好的科技骨干企业，如复旦光华、复旦微电子、同济芯豪、邮电设计院、市政设计院、大亚科技等，电子与信息、现代设计已经成为园区支柱产业的两大主体，新材料、光机电一体化、环保和资源综合利用等具有发展潜力的产业也在快速发展。

基地建立了上海知识产权园、上海教育服务园、上海创业者实训基地、上海股权托管中心、上海中小企业研发外包服务中心、大学技术转移中心、杨浦人才广场等公共服务平台体系，形成了良好的创新创业氛围和环境。而占地66万平方米的创智天地是杨浦与香港瑞安集团联手着力打造的“科技超市”和创新服务板块，为创新创业活动和产学研合作提供完善的配套服务。在创智天地周边，已经集聚了科技孵化基地、风险投资服务园、大学生创业基金会等一批创新资源和各类中介服务机构，吸引了甲骨文、EMC、易保等世界科技巨子的入驻，初步形成了从初创、成长到产业化等不同发展阶段的“接力式”创新服务体系。

基地推出“3310”计划，即“三大工程三大目标十项政策”。实施“百千万”工程，实现标志性人才集聚的目标；实施人才环境工程，实现标志性成果突出的目标；实施主导产业集群发展工程，实现标志性产业清晰的目标，并配套十项创新创业扶持政策，海外高层次人才带技术、带资金、带项目在杨浦创业，可以通过“三方两审”（“三方”指技术专家、风险投资专家、经营管理专家，“两审”指函审和面审），分别给予A、B、C类扶持。基地还设立5年共3亿元专项资金，用于扶持海外高层次人才创新创业；设立杨浦区高层次人才创新创业服务中心，为海外高层次人才提供“一口式受理”“一门式服务”，具体推进基地建设。

基地秉持“基地共建、人才共享、资源共用、发展共赢”的“四共”原则，整合大学校区、科技园区、公共社区的优势资源，为海外高层次人才提供创新创业的广阔舞台。

联系方式

地　址：上海市杨浦区大学路243号8楼
邮　编：200433
电　话：86-21-55062055

传　真：86-21-55067190
邮　箱：yp3310@vip.163.com
网　址：www.yp3310.sh.cn

上海杨浦知识创新区留学人员创业园

园区概况

上海杨浦知识创新区留学人员创业园是根据上海新一轮发展总体规划，由上海市人事局和杨浦区人民政府共同组建的创业园区。创业园位于上海中心城区东北部，地处高校集中的地区，开发占地3.4万平方米，拥有建筑面积9.5万平方米的商务办公大楼和中试综合楼。

创业园围绕杨浦大学城的建设，以教育服务、科学研究、科研成果孵化、产学研一体化为核心，以IT产业、微电子、生命科学、生物医药、建筑设计、环保科技、新材料、评估咨询为主要发展方向，重点引进留学人员开发的高新技术项目，为创办企业的留学人员提供全方位服务。

为进一步吸引海外学子到杨浦知识创新区创业，杨浦区发布了一系列优惠政策，包括提供100万元的创业启动资金、100万元的创业补偿金、200万元的信用担保贷款、500万元的创业贷款息贴、100万平方米的创业办公用房、100平方米的人才公寓等。

联系方式

地 址：上海市杨浦区大学路243号8楼
邮 编：200433
电 话：86-21-55062055
传 真：86-21-55067190
邮 箱：yp3310@163.com

江苏省

南京留学人员创业园

园区概况

南京留学人员创业园于2005年由国家人事部、教育部与南京市人民政府共建，前身为1994年由南京市人事局和南京高新区共建的“金陵海外学子科技工业园”；2005年，共建“中国金陵留学人员创业园”；2006年9月，经南京市编委同意成立“南京高新技术产业开发区留学人员创业园管理服务中心”，行政隶属南京高新区管委会，后更名为“中国南京留学人员创业园”；2010年12月，获科技部“国家级科技企业孵化器”称号。创业园成立后依托于南京国家科技创业服务中心，是国家人事部、教育部和南京市政府共建的全国第一个留学人员创业园，是江苏省第一家科技成果转化、创新创业以及企业的孵化基地。

经过多年的发展，当年的金陵海外学子创业园已成长为当前包括经济技术开发区创业园、江宁经济技术开发区创业园、金港科技创业园、珠江路科技创业园、东南大学国家大学科技创业园、南京大学—鼓楼高校国家大学科技创业园、高淳外向型农业综合资源创业园、傅家边现代农业创业园和河西新城创业园在内的“一区十园”的规模，形成了“十园共建、资源共享”的创业网模式。创业园通过医药研发平台带动企业研究发展，建立了4万余平方米的生物医药专业孵化器和公共技术服务平台——江苏省新药创业服务中心，以及南京大学国家小鼠基因库、南京工业大学国家生化工程中心等创新平台。

创业园以“集约化、专业化、信息化、社区化、国际化”为建设和运营标准，通过集聚科技创业企业、科技成果、科技创业人才，构建“创业苗圃—孵化器—加速器”科技创业链条和服务体系，全力推进高新区创新孵化体系从单体孵化器、专业园向品质一流、功能完善的科技园区提升。

联系方式

地　址：江苏省南京高新区惠达路9号A座508室
邮　编：210061
电　话：86-25-66000613
传　真：86-25-66000623
邮　箱：zhaohang0903@163.com

南京金港留学人员创业园

园区概况

南京金港留学人员创业园成立于2000年10月，与2000年8月成立的南京金港科技创业中心施行“两块牌子、一套人马”。创业园于2004年12月被认定为国家级科技企业孵化器，于2014年12月被认定为国家级“创业苗圃—孵化器—加速器”科技创业孵化链条建设示范单位，是江苏省科技企业加速器、江苏省“创业苗圃—孵化器—加速器”科技创业孵化链条试点单位，是南京市重点打造的集孵化器与加速器为一体的产学研集中区和高层次人才集聚区。

创业园位于南京市东北部，地处仙林大学城和国家级经济技术开发区的中间地带，直接受惠其科教与产业优势。园区总占地面积近26万平方米，建筑面积17万平方米的一期工程已全面建成并投入使用。创业苗圃、研发楼、产业楼、国际人才创业大厦，创新服务功能齐全，会议中心、图书馆、健身中心、咖啡吧、员工公寓，配套设施完善，形成了综合型生态创业家园。园区二期工程建设于2012年正式启动，总建筑面积15万平方米，重点规划建设知名企业总部、独立研发中心，整体建成后将形成办公、科研、试产、展示、交流为一体的人才、项目聚集基地。

创业园依托自身雄厚的场地和科技孵化资源优势，积极与劳动、人事、发改、工商、税务等部门合作，全力打造海外学人创业发展基地，为归国创业的学人提供场地和资金等方面的优惠政策扶持和专业化服务。针对中小型科技企业的需求特点，不断完善创业服务体系，以系列化、全程化、模块化的服务方式，全力满足企业在金融、培训、项目申报等方面的新需求。创业园与省标准化研究院共建了“江苏省射频识别产品质量监督检验中心暨省射频识别技术公共服务中心”，为物联网领域中小科技型企业的孵化和培育提供技术支持；与南京师范大学共建“南京师范大学科技创新中心”，促进高校优秀应用型成果转化和孵化。创业园大力推进金融服务体系建设，与交通银行签订金融服务协议，与广发银行合作设立特色信贷产品基地，并积极探索建立企业融资担保和股权投资机制，初步建立起可满足企业多种资金需求的金融服务网络体系。

联系方式

地　址：江苏省南京市栖霞区甘家边东108号
邮　编：210046
电　话：86-25-85551126
传　真：86-25-85550902
邮　箱：njjgkjcyzx@163.com
网　址：www.jingangpark.com

南京归国博士创业园

园区概况

南京归国博士创业园成立于2009年6月，由江宁开发区与硅谷留美博士企业家协会合作共建。

在各级领导的关怀和支持下，2009年11月，创业园大厦正式投入使用。创业园主要围绕新能源、新材料、节能环保、生物医药、电子信息、服务外包、动漫设计等新兴产业，着力引进在国内外具有创新创业经历、引领相关产业发展、市场开发前景广阔的人才，以及引领产业发展的带技术、带项目、带资金和具有自主创新能力的创业领军人才。

联系方式

地　址：江苏省南京市江宁区秦淮路20号
邮　编：211106
电　话：86-25-52078592

无锡留学人员创业园

园区概况

无锡留学人员创业园成立于2000年3月，依托于1998年8月成立的无锡科技创业园（Si-Park）。2004年，创业园与无锡国家高新技术创业服务中心合署办公；2006年，国家人事部与江苏省人民政府合作共建“中国无锡留学人员创业园”；2008年，由无锡科技创业发展有限公司和无锡市创业投资有限公司共同出资组建了无锡留学人员创业园发展有限公司，注册资本1亿元，公司负责无锡留学人员创业大厦（530大厦）的规划建设及留学人员创业园的运营管理。创业园坐落于无锡国家高新技术产业开发区，是无锡第一家国家级科技企业孵化器和第一家国家级留学人员创业园，集创业服务、企业孵化、产业培育、专业园区规划建设、科技人才培养等职能为一体。无锡高新科技创业发展有限公司作为园区公司开发建设和经营管理主体，于2007年5月成立，注册资本5.1亿元，是无锡新区国资委下属国有全资公司。已建成创新载体近50万平方米，发起组建了多家国家级、省级专业科技孵化器，拥有国家级、省级专业技术平台6个，吸引集聚的创投资本达85亿元。

创业园是全国首批科技型中小企业创新基金创业项目投资补贴型地方服务机构、科技部火炬中心首批国际科技合作依托机构试点单位之一、2007年度国家唯一实施创新基金项目地方现场评审的服务机构。多年来，先后获得国家科技部授予的“国家高新技术创业服务中心”、“国家高新区先进孵化器服务机构”、火炬计划十五周年“先进国家创业服务中心”、火炬计划二十周年“先进国家创业服务中心”、江苏省“优秀科技企业孵化器”、江苏省高新技术产业化工作先进集体、江苏省服务业名牌、无锡市腾飞奖等荣誉称号。2013年，获得国家科技部首批“苗圃—孵化器—加速器”科技创业孵化链条建设试点。

创业园为科技创业者提供了从项目扶持、企业培育、产业化推进，直至融资上市等多方面的全过程服务，已成功引进一大批高层次人才和高科技项目，培育产值超三亿企业4家，培育尚德等海外上市企业2家，推动32家科技企业进入上市程序。累计孵化企业达1500多家，其中留学人员企业600多家，在孵企业420多家。

目前，Si-Park已成为无锡培育战略新兴产业的高地，园区现正着力建设无锡生命科技园和无锡3D打印创新中心。无锡生命科技园于2015年8月获批国家火炬特色产业基地，作为无锡新区重点发展的专业园区，已形成创新药物制剂、新型医疗器械、智慧医疗与康健服务三大产业集群，依托科学的规划组织与政策扶持、优化的产业服务支撑体系，逐步实现人才集聚、技术集聚、产业集聚，为无锡生命科技产业的快速发展奠定基础。正在筹建中的无锡3D打印创新中心，将通过引进和培育一批龙头企业，聚集一批领军人才，制定一批行业标准，建设一个支撑平台，建立一支产业基金，利用3年左右时间，将无锡新区打造成国内3D打印产业高地。

联系方式

地　址：江苏省无锡新区太湖国际科技园大学科技园清源路530大厦A区2层
邮　编：214135
电　话：86-510-85229915
传　真：86-510-85213590
邮　箱：lxs@wnd.gov.cn

无锡崇安区留学生创业创意园

园区概况

无锡崇安区留学生创业创意园成立于2008年5月，是江苏省首家以文化创意产业为发展重点的留学人员创业园。创业园紧靠闻名中外的京杭古运河边，规划建筑面积2万余平方米，一期建筑面积约7000平方米，利用一幢民族工商业特色鲜明的丝茧仓库改造而成，创业园的设计被中央电视台、时尚杂志共同评为年度“中国最具创意奖”。目前，各类设计企业已入驻经营。

创业园二期建设将通过整体收购、承租等形式，总投资3亿元，沿古运河建成占地约1.3万平方米，建筑面积2万平方米以上的创意产业集聚区，使其成为集艺术创作设计、文化传媒、工艺装饰、服装设计、前卫演出、美术展览、休闲会客于一体的文化创意高地。另配套建设2000多平方米的餐饮、购物、娱乐等各种生活设施，把创业园建成留学生创业的摇篮以及成长的家园。

联系方式

地　址：江苏省无锡市崇安区北仓门37号
邮　编：214008

无锡南长留学人员创业园

园区概况

无锡南长留学人员创业园是依托南长区科技创业服务中心（2008年12月批准认定的省级科技孵化器）运营管理的创业载体、服务体系和发展平台，采取“一套班子、两块牌子”的运作方式，在创业中心增挂“无锡南长留学人员创业园”牌子，办公地点设在无锡市清扬路333号南长创业大厦内。为吸引更多海外留学人员来南长创业发展，提升南长科技创新水平，营造南长发展新优势，推进南长经济社会又好又快发展，2009年，南长区政府决定在原南长区科技创业服务中心的基础上，积极争创省级留学人员创业园；2009年10月，获批成为省级留学人员创业园。

创业园目前拥有“三创”载体三个，分别是扬名高新科技创业园、扬名奕淳大厦1—6层和南长创业大厦，总面积约4.56万平方米。扬名高新科技创业园位于无锡市下甸桥堍，总建筑面积1.01万平方米，园内已成功孵化出年销售上亿元的无锡国盛精密模具有限公司和无锡意昂数字技术有限公司。扬名奕淳大厦为南长区科技创业服务中心营运管理的科技孵化器二期，总面积1.8万平方米，主要引进以电子信息技术、现代信息技术为基础的科技型服务外包企业和研发机构。南长创业大厦于2006年破土动工，2008年底交付使用，总投资7000万元左右，占地面积3000平方米，发展定位是建成一个以软件研发、委托设计、动漫制作、外包服务为主导，融培训、展示、贸易、孵化于一体的特色专业楼宇。

为进一步帮扶归国留学人员创业，创业园在硬件设施和软件设施上加大投入，配备了双回路供电，保证入驻企业24小时连续供电，并为归国留学人员提供千兆网络、地下停车场、一站式服务中心，同时配备了多功能会议中心和接待中心，为入驻企业提供便利。另外，配有无锡市国际商务人才培训中心、无锡纵横知识产权代理有限公司、无锡润德管理培训有限公司、江苏洲豪风险投资担保有限公司、江苏苏亚金诚会计师事务所有限公司、无锡市基础信息安全测评认证中心等配套服务机构。

联系方式

地　址：江苏省无锡市南长区清扬路333号金匮苑27号楼
邮　编：214021
电　话：86-510-85025990

无锡北塘留学人员创业园

园区概况

无锡北塘留学人员创业园（无锡市北塘区北创科技创业孵化基地）由无锡产业发展集团有限公司、无锡创业投资集团有限公司、无锡市北塘区资产经营有限公司共同出资成立于2002年，是集“创业苗圃—孵化器—加速器”为一体化的科技创业孵化园区。创业园先后被各级政府职能部门命名为“国家高新技术创业服务中心”“江苏省科技企业孵化器”“江苏省现代服务业（科技）集聚区”“江苏省无锡北塘留学人员创业园”“无锡市创业孵化基地”。

创业园注册资本3.15亿元，计划投资35亿元，建设总建筑面积50万平方米。园区一期现有一幢地下二层、地上二十一层的“530创业大厦”，于2010年12月竣工建成，总建筑面积8.8万平方米，具备较为完善的为科技成果转化提供信息、中介、培训、资金、市场等综合服务的功能。

目前，创业园已逐渐形成了以电子产业、信息产业、科技服务业、节能产业为产业特色的创业集群。

联系方式

地　址：江苏省无锡市新源北路401号
邮　编：214043
电　话：86-510-82600211
传　真：86-510-82600211

无锡滨湖留学人员创业园

园区概况

无锡滨湖留学人员创业园前身为江苏省无锡蠡园经济开发区。2003年5月，被国家科技部批准为国内首家以工业设计为主题的高新技术专业化园区；2006年9月，被国家知识产权局认定为无锡（国家）工业设计知识产权园；2007年，被认定挂牌为江苏省现代服务业集聚区、江苏省国际服务外包示范区、江苏省无锡滨湖留学人员创业园。

创业园投资建成了创意园、工业设计大厦、530大厦、中锐大厦、联创大厦等80多万平方米的“三创”载体，已初步形成了以汽车设计、集成电路设计、软件研发、模型和工具设计、建筑设计、产品设计、自控系统设计、服务外包为主的创意产业格局。同时，创业园结合无锡“530”政策，努力吸引国外领军型海外留学归国创业人才来园区创业，一批涉及无线射频技术、汽车检测系统研发、纳米生物科技的创新企业已入驻园区。

联系方式

地　址：江苏省无锡市太湖西大道1890号太湖明珠发展大厦
邮　编：214072
电　话：86-510-85101872
传　真：86-510-85102785

东陇海留学人员创业园

园区概况

东陇海留学人员创业园成立于2008年9月22日，经省人事厅正式批准，在无锡—新沂工业园创建。鼓励海内外留学人员以知识、技术、专利等到新沂市创业，从事新产品研发，实施科技成果转化，进行高新技术研究、技术交流合作等活动，为他们在东陇海产业带创业、创新、实践提供一流的基地和发展平台。创业园与无锡新区留学人员创业园、江阴留学人员创业园联合，实行人才、项目、技术对接，努力打造先进制造业、现代服务业和高新技术研发的“人才高地”，以增强开发区创新能力，加快科技成果转化。新沂市是江北唯一的“三级一类中心城市”，被省委、省政府定位为“江苏新兴工业城市”“苏鲁接壤地区新兴的交通枢纽和商贸旅游中心”，先后两次当选“长三角最具投资价值县（市）”“全国最具投资潜力中小城市百强”，是江苏省“人才特区”试点单位之一，是东陇海产业带上的高新产业基地、物流服务基地。新沂市工业基础扎实雄厚，拥有省级经济技术开发区和无锡—新沂工业园，为创业园建设发展提供了有力的保障。

创业园占地8平方千米，包括4000平方米的办公大楼，以及总投资5000万元、建筑面积5万平方米的标准厂房，作为留学人员科技成果转化的孵化基地。创业园设立了专门的管理机构，根据职能设有主任室、综合管理部、科技招商部、企业发展部和财务部，新沂市发改委、税务、国土等13个部门一次授权到位，由园区代替部门行使行政职权，为来新沂创业的留学人员提供全方位的快捷服务。为留学人员提供税收、高新科技项目研发经费，获得财政匹配奖金支持及职称评审、住房、配偶就业、子女就学等一系列服务。

为了扎实推进“江苏省东陇海留学人员创业园”建设，新沂市采取有力措施和扶持政策支持留学人员创业园建设，先后制定出台了《江苏省东陇海留学人员创业园管理暂行办法》《关于加快引进高层次人才和紧缺人才的意见》《江苏省东陇海留学人员创业园组织机构及职能》等政策文件，推进留学人员创业园建设，达到了“五有”：有优惠的政策条件、有科学规范的管理体系、有完善的基础设施、有健全的组织机构、有配套齐全的办公场所。

目前，创业园已经形成了高新企业培育体系，引进了一批高层次人才和高科技项目，促进了无锡—新沂开发区创新能力、科技成果的转化，为打造先进制造业、现代服务业、高新技术研发的“人才高地”，起到了强有力的推动作用。

联系方式

地　址：江苏省无锡市滨湖区龙山路4号旺庄科技创业中心大楼B栋9层
邮　编：221400
电　话：86-516-81600111，88898366
邮　箱：liuluping001@126.com

无锡海泰留学人员创业园

园区概况

无锡海泰留学人员创业园（中国无锡国际科技合作园）是无锡市科技局构筑国际新技术高地、人才高地的重要载体，主要面向留学归国人员创新创业、国际研发中心、电子信息产业成果转化。园区位于无锡国家高新技术产业开发区内，区位优势明显，交通便利，享受国家级高新技术产业开发区的所有优惠政策。

创业园建筑面积1.5万平方米，综合服务楼内建有多功能会议室、咖啡吧、商务中心、产品展示厅等，功能齐全、布局合理，环境舒适幽雅，是一个智能化、园林化、现代化的科学园区。无锡市科技局集其政府职能为入园企业进行政策、资金、项目专项支持，并根据入园企业特点对工程中心、国际合作、知识产权保护等重点项目进行资金扶持，为符合政策的企业进行流动资金担保。同时，积极协助入驻园区的科技创业企业申报高新技术产品、高新技术企业及申报市、省、国家的各类科技攻关项目、中小企业创新基金等。

联系方式

地　址：江苏省无锡新区泰山路2号
邮　编：214028
电　话：86-510-8525971
邮　箱：spsp0722@163.com

无锡锡山留学人员创业园

园区概况

无锡锡山留学人员创业园（江苏省锡山经济开发区科技创业园）成立于2008年6月，是锡山经济开发区投资建设的综合型科技园区，是中国科学院—清华大学（无锡）青年创新创业实践基地、清华大学无锡科技成果转化基地、江苏省电子信息产业基地、江苏省省级留学生创业园。2008年9月，被认定为省级科技创业园和省级留学人员创业园；2008年12月，被认定为江苏省中小企业创业基地；2009年1月，被批准建设江苏省博士后工作站。

创业园位于江苏锡山经济开发区腹地，沪宁杭经济圈中心，东靠上海，南临杭州，西临南京，北依长江，处于得天独厚的水陆枢纽位置。规划建设面积50万平方米，目前已建成区面积18万平方米，16栋研发楼，已启用一期12万平方米。

创业园以电子信息、生物医学、新材料，软件外包为主要发展方向，引进海外留学人员、科研院所科技人员创业项目，以及具有高科技含量和成长性的产业类项目和建设商、运行商、投资商、各类中介机构的服务类项目。同时，为海外领军人才创业提供创业投资、孵化场地、决策咨询、项目研究论证、科技攻关、信息化支持、人才支撑、投融资等全方位的服务，推行管家式、专家型服务。目前，园区几乎集中了锡山区所有的无锡市“530”计划项目。

联系方式

地　址：江苏省锡山经济开发区芙蓉中三路99号
邮　编：214192
电　话：86-510-83781855
传　真：86-510-83781733
邮　箱：xs.vpark@gmail.com
网　址：www.xkkj.org.cn

无锡惠山留学人员创业园

园区概况

无锡惠山留学人员创业园成立于2006年10月，依托于无锡惠山国家高新技术创业服务中心，致力于为科技型中小企业提供优质高效服务和良好的创业环境，加速科技成果的商品化、产业化、国际化，为地区培育高新技术企业和企业家。2007年，被江苏省科技厅和江苏省人事厅认定为省级高新技术创业服务中心和省级留学人员创业园；2009年，被科技部认定为国家级科技企业孵化器；2011年，通过了国家级科技企业孵化器复核；2013年，被科技部认定为国家级国际科技合作基地，被江苏省人社厅认定为省级创业示范基地，被省经信委认定为省级小企业创业基地；2014年，通过科技部火炬中心的评价考核，被列入A类（优秀）国家级科技企业孵化器，获评了江苏省三星级服务平台、江苏省科普教育基地、江苏省创业示范基地等荣誉资质。

创业园位于惠山经济开发区内，现有建筑面积10.7万平方米，占地4万多平方米，设有初创企业孵化区、成长企业加速区、总部经济集聚区和公共配套服务区四大功能区域。园内水、电、电梯、通讯、互联网接入及绿地、广场、餐饮、会议、娱乐、健身等基础设施完备，环境优美，为进园企业提供良好的办公、科研和生产空间。创业园以惠山区良好的投资环境为基础，以政府的相关职能为依托，为进园企业提供包括税收、人才、资金、用房、征地、工商行政管理等各方面的优惠待遇和全方位、全过程的高效优质服务，是留学人员回国创业的理想天地。经过多年的发展，目前创业园已经成为惠山区重要的科技成果转化基地、创新人才集聚高地和创新服务体系建设载体。

联系方式

地　址：江苏省无锡市惠山区政和大道189号
邮　编：214174
电　话：86-510-83593668
传　真：86-510-83595062
邮　箱：whedzcn@yahoo.com.cn

无锡江阴留学人员创业园

园区概况

无锡江阴留学人员创业园（江阴高新技术创业园）成立于2005年1月，隶属江阴经济开发区。2005年9月，被江苏省人事厅批准为省级留学人员创业园，与江阴高新技术创业园“两块牌子、一套班子”，合署办公。2006年8月，经江阴市委、市政府调整改为江阴市人民政府直接管理。2007年8月，被江苏省科学技术厅正式认定为省级高新技术创业园；2008年12月，被认定为国家高新技术创业服务中心。

创业园总规划面积20万平方米，以新传感、新医药、新能源、新材料、新装备、文化创意设计等为研发培育重点，搭建了五大公共服务平台，初步形成了“项目引进—孵化育成—科技加速—产业化”的科技企业成长路线。

目前，创业园已累计引进孵化企业130多家，引进留学归国人员60多人，培育了一批以远景能源、力博生物、迈康升华、德飞激光、强顺科技等为代表的重点企业。

联系方式

地　址：江苏省江阴市澄江中路159号
邮　编：214434
电　话：86-510-81602108
传　真：86-510-81602220
邮　箱：jycyy@jycyy.com
网　址：www.jycyy.com

宜兴经济开发区留学人员创业园

园区概况

宜兴经济开发区留学人员创业园成立于2007年10月，是江苏宜兴经济开发区为进一步加快高新技术产业的发展，提高园区自主创新能力，引进高层次创新创业人才，实施转型发展、优化发展战略而设立的综合性科技企业孵化机构。2008年6月，被江苏省科技厅认定为省级高新技术创业园；2009年9月，被江苏省人力资源和社会保障厅认定为省级留学人员创业园。

创业园现拥有创业园一期、二期和创意软件大厦等各类“三创”载体30万平方米。同时，正在加紧建设以华东光电子科技创新基地、创业孵化大厦、投影产业园和白领公寓等项目为核心，总面积超40万平方米的“三创”载体。为进一步支持高层次人才创新创业，创业园组建了一期总额1亿元的风投基金，投入创业风险投资总额2000万元以上。

联系方式

地　址：江苏省宜兴经济开发区锦城大道11号
邮　编：214213
电　话：86-510-87822622
邮　箱：webmaster@hky.gov.cn

徐州留学人员创业园

园区概况

徐州留学人员创业园于2005年经江苏省人事厅批准建立，由徐州市人事局会同市科技局、徐州经济开发区创办，是以促进科技成果转化、培育高新技术企业、为留学人员回国创业提供综合服务的公益性科技中介机构。

创业园位于江苏徐州科技创业园内，毗邻中国矿业大学。按照徐州的特色产业、医疗器械企业的共性需求，提供医疗电子产业研发的常规设备及测试仪器，减少企业的前期投入，提高企业的自主创新能力，培育医疗电子特色基地，打造医疗电子企业特色产业群。

无锡市委、市政府十分重视留学人员来徐创业创新工作，先后制定出台了《徐州市引进海外留学人员来徐创业服务规定》《关于徐州科技创业园进园项目的优惠政策》等文件，不断加大创业园的建设力度。针对徐州市医疗电子企业研发能力弱的情况，创业园建立了医疗电子共性技术的共享研发平台，提供安全测试、超声测试、细胞显微、频谱分析、红外热成像、微波试验、光纤测温等医疗电子产品研发中的共性技术研发测试、实验手段。同时，整合与江苏徐州市医疗电子企业合作的东南大学毫米波实验室、上海交大电力实验室、中国矿大信电学院等研发力量，提升研发能力。在强化徐州市在超声仪器设备和光学仪器与窥镜等优势产品领域的市场竞争优势，扶持企业在优势产品领域做大、做强的同时，提高高档医疗电子产品的研发，树立品牌，促进产品升级和换代，提升企业的核心竞争力，将徐州建成我国医疗电子行业的研发基地和特色产业基地。

目前，园区已累计孵化中小科技企业150余家，10余家企业被评为省级高新技术企业。

联系方式

地　址：江苏省徐州市解放南路科技城高新技术创业中心307室
邮　编：210000
电　话：86-516-83897228
传　真：86-516-83990238
邮　箱：cyzx2004@126.com

常州留学人员创业园

园区概况

常州留学人员创业园（常州国家高新技术创业服务中心）是隶属于常州高新区管委会的公益性科技服务机构。中心经江苏省科委批准始建于1993年。1994年，经省科委批准成为省级科技创业服务中心；1999年12月，被认定为国家级高新技术创业服务中心；2001年3月，由省人事厅认定为省级留学人员创业园；2001年10月，被科技部授予“先进孵化服务机构”称号；2008年，被江苏省政府授予“江苏省留学归国工作先进单位”。

创业园始终贯彻区委、区政府提出的“加强自主创新，加快建设创新型园区”的指导思想，以大力推进高科技产业发展为目标，以“项目聚集、人才聚集和资金聚集”为抓手，坚持创新的理念，围绕光伏、创意、生物医药和新能源车辆等重点产业，突出专业孵化，加强孵化服务体系建设，培育企业自主创新能力，取得了明显成效。

随着园区服务功能的不断完善，中心积累了大量企业孵化服务的先进管理经验和服务经验，目前除了提供常规服务外，还建立起了咨询、留学生专项服务等个性化的服务。为创业者和企业提供入驻、成长直至毕业的过程中所需的培训、项目申报、咨询、创业导师、分级分类、种子资金、融投资、知识产权、公共技术平台、国际合作以及会议、餐饮、物业服务等全方位的服务。使一大批科技型中小企业从无到有，从小到大，实现了超常规发展，已经成为区域科技创新的重要力量、科技成果产业化的重要基地、吸引和集聚科技人才的重要载体和培育中小科技企业的重要载体。

联系方式

地　址：江苏省常州市新北区高新科技园10号楼310室
邮　编：213022
电　话：86-519-85106846
传　真：86-519-85106846

常州钟楼留学人员创业园

园区概况

常州钟楼留学人员创业园成立于2006年，是在2003年成立的钟楼科技创业服务中心的基础上演化而来。创业中心与创业园实行“两块牌子、一套班子”的运行机制，由江苏常州钟楼经济开发区管委会直接领导。2008年，被江苏省人力资源和社会保障厅批准为江苏省留学人员创业园；2009年，被科技部批准为国家级高新技术创业服务中心。创业园还先后获得江苏省工程技术文献中心、常州市大学生创业见习基地、常州市小企业创业示范基地、常州市五大产业发展专项资金三大重点创业平台之一等多项认定。

创业园由主基地和4个分基地组成，总孵化面积8.8万平方米。主基地位于钟楼经济开发区玉龙路和星港大道的交汇处，临近钟楼区行政中心、生活居住区、商贸商务区、产业开发区。主楼高16层，总建筑面积2万平方米，整个大楼由留学人员创业区、高新项目孵化区、创意设计研发区、风险投资中介机构工作区、科技成果展示区、共享设施配套区等六大区域组成。主基地同时是旅法博士留学生中国（常州）创业基地、旅日华人工程师协会中国（常州）创业基地的所在地。4个分基地分别是：星港路65号标准厂房科技创业孵化基地、白云路3号南大紫金科技创业孵化基地、童子河西路壹地科技创业孵化基地、机场路新闸科技创业孵化基地。

为支持各类主体来园创新创业，钟楼区政府制定了《关于进一步加快常州钟楼高新技术创业服务中心和壹地创意设计产业园发展的政策意见》《常州市钟楼区关于引进高层次创业创新人才的实施意见》等文件，对软件企业、动漫企业、高层次人才创办的企业、科技创新型企业分别给予优惠政策。创业园注重与相关科技创新资源单位的联系，已与江苏省孵化器网络、省创业投资协会、省科技咨询协会、省科技条件管理服务中心、省大型科学仪器设备资源共享服务平台、省三药创制公共服务平台、市制造业信息化服务中心等机构以及部分高校、科研院所建立了工作联系。同时，把整合社会创新资源作为重要服务内容，在选择部分科技、中介机构入驻直接为在孵企业服务的同时，与40多家科技咨询、成果转让、创业投资、人力资源、法律服务、速递物流、创意策划、工业设计、专利代理、商标服务、图文快印、质量检测等机构建立了合作关系，方便在孵企业与社会创新资源互动，放大服务功能和服务能力。“企业科技创新管理”是创业园精心打造的优势服务项目，亮点是帮助进驻企业构建和运营好企业内部的技术创新管理系统，使进驻企业在科技创新中合理解决“有事做、有人做、有机构做、有资金做、有能力做”的问题。为增大海归人才申报项目和落户创业的成功率，创业园还及时指导海归人才起草项目申报表、创业计划书，为其寻求创投公司和项目投资者牵针引线。

联系方式

地　址：江苏省常州市钟楼区玉龙路6号
邮　编：213014
电　话：86-519-88890740，83976971
传　真：86-519-83976972
邮　箱：sun995110@163.com

常州天宁留学人员创业园

园区概况

常州天宁留学人员创业园成立于2009年12月，依托于常州市天宁高新技术创业服务中心。创业中心位于天宁经济开发区，是天宁区政府创办的公益性科技企业孵化器，成立于2008年4月。2009年2月，被省科技厅认定为省级科技企业孵化器；2009年12月，被批准为“常州市天宁留学人员创业园”；2012年12月，被国家科技部认定为国家级科技企业孵化器；2014年9月，获批“江苏省常州天宁留学人员创业园”。

创业园目前已建成4个园区，其中河海东路、高阳路、丰润大厦为孵化园区，弘达园区为加速园区，孵化总面积5.7万平方米，园内建有会议室、接待室、餐厅、人才公寓、公共技术服务平台、标准厂房等基础设施。

创业园以“引进海外高层次人才、培育高新技术企业和培养科技型企业家”为宗旨，以建设“企业孵化、公共服务、招才引智”三大平台一体化发展为目标，充分发挥园区服务高效、机制灵活、政策优惠、团队优秀等优势，整合资金、人才、市场、管理等社会资源，为园区创业企业提供多层次、全方位的创业服务。

联系方式

地　址：江苏省常州市河海东路9号
邮　编：213164
电　话：86-519-8550623
邮　箱：tncy@tncy.org

常州市三晶世界科技产业发展有限公司（孵化基地）留学人员创业园

园区概况

常州市三晶世界科技产业发展有限公司（孵化基地）留学人员创业园成立于2006年，由新北区三井街道办事处投资建设。2008年，被江苏省科技厅认定为省级科技企业孵化器；2010年12月，被国家科技部认定为国家高新技术创业服务中心；2012年，被认定为市级留学人员创业园。创业园是以信息技术及相关功能新材料为特色的孵化基地，是常州市高新区创新创业的重要载体之一。

创业园在吸引海外人才、转化科技成果，孵化科技企业、发展高新技术产业，培养创新创业人才、创造新的就业机会等方面具有有利条件，已经取得明显的经济效益和社会效益。

联系方式

地　址：江苏省常州市长江北路25号园区内
邮　编：213022
电　话：86-519-81238780

常州科教城留学人员创业园

园区概况

常州科教城由江苏省教育厅、江苏省科技厅与常州市人民政府共同建设，2011年经省人力资源和社会保障厅批准为省级留学人员创业园，管理机构是常州市国家大学科技园管理中心。常州科教城位于武进区，占地5平方千米，分为高教园区、科技园区两部分，是国家高职教育发展综合改革实验区、国家大学科技园和国家海外高层次人才创新创业基地。胡锦涛、江泽民、温家宝等党和国家领导人先后视察常州科教城，对常州大力发展高职教育和构筑产学研协同创新平台给予了充分肯定。2007年，园区被江苏省发改委认定为江苏省“现代服务业集聚区（科技服务业）”；2008年，被科技部国际合作司认定为“国际科技合作基地”，被科技部认定为“国家可再生能源基地”，被江苏省对外贸易经济合作厅认定为“江苏省国际服务外包人才培训基地”；2009年，被科技部、教育部认定为“国家大学科技园”，被江苏省商务厅认定为“江苏省国际服务外包示范区”；2010年，被江苏省科技厅确认为首批“省级科技企业加速器”，被江苏省人力资源与社会保障厅认定为“江苏省留学人员创业园”，被江苏省发展和改革委员会认定为“江苏省新能源汽车特色产业基地”，被中国科学技术协会认定为“海外智力为国服务行动计划工作站”；2011年，被中央人才工作协调小组定为“国家海外高层次人才创新创业基地”，被省经信委授予“江苏省信息化和工业化融合服务产业示范园”称号。

创业园推行在常州科教城、武进高新区建立“一园两区”的发展格局，在创新创业环境的建设上充分积聚创业优势和产业优势，实现联动双赢发展。“创业孵化区”设在常州科教城，“产业拓展区”设在武进高新区。

园区全力打造了科技金融中心，积极组织投融资对接会、精品项目路演、科技创业投资论坛等活动，拓宽支持创业企业发展的融资渠道，包括财政拨款、风险投资、银行贷款、信用担保、民营或私人自募资金等，建成一个以PE/VC为主、股权投资基金为特色的综合金融服务平台，实现科技和金融的无缝对接。园内目前有公共研发机构30家，其中，中科院已有20多个研究所在园设立了14个分中心和6个研究院所，建成了26个专业实验室，与企业共建26个研发中心。同时，南京大学、东南大学、北京化工大学、合肥工业大学、西南交通大学等17所著名高校在园设立了研发机构或孵化基地，其中，9家大学建立研究院，为园区企业的发展提供技术支持。为进一步深化产学研合作，创业园还每年均举办中国常州先进制造技术成果展示洽谈会，组织成果发布、对接洽谈、专题论坛、开工揭牌等活动。

联系方式

地　址：江苏省常州市常武中路801号
邮　编：213164
电　话：86-519-86339226
传　真：86-519-86339658
邮　箱：czlian@yeah.net
网　址：www.czkjc.gov.cn

津通留学人员创业园

园区概况

津通留学人员创业园由津通集团有限公司建设、运营，位于长三角地理心脏和沪宁高速公（铁）路中段的江苏省武进高新技术产业开发区内的津通国际工业园内，距上海1小时40分钟车程，离南京禄口国际机场40分钟车程，2小时可达杭州，具有吸收沪宁杭等特大城市辐射并向周边腹地扩散的焦点区位。津通国际工业园总规划建筑面积90万平方米，已建成近30万平方米的高标准工业厂房、生产服务中心和生活服务中心。园区完全参照国际先进科技工业园的标准建设，吸纳众多科技工业园的特点和要求，整体形态、功能设置和运作拓展已形成了以现代化高标准厂房为主体，集科研孵化中心、制造生产中心和现代服务中心为一体，以花园式社区为环境特征的智能化管理新型高新技术产业园区。整个园区已通过ISO9001和ISO14001体系认证，从设计风格、建筑形态、企业运营和物流保障等都一步到位地实现了与发达国家产业环境及企业平台的完美对接。工业园作为一个省级开发区内的“区中园”，受到海内外的广泛关注和高度赞赏，曾先后被联合国中小企业联合会、美国电子协会、欧盟机械制造协会等国际组织列为“外商在华投资重点推荐园区”。园区受到国家及省市各级领导的表彰鼓励，先后获得国家级“国际科技合作基地”“海外人才中国创业示范基地”“科技企业孵化器”；省级“江苏省两化融合产业服务示范园”“现代服务业集聚区”“重点培育小企业创业基地”“留学人员创业园”“特色产业园”；华侨华人专业人士江苏创业基地、中国民营科技促进会“津通科技产业化示范基地”等荣誉称号。

创业园建筑面积10.2万平方米，为津通国际工业园1号、2号、5号、16号楼。园内建有信息电子产品检测平台、基于提供远程服务的SaaS生产性信息服务平台、嵌入式信息技术平台、先进制造与科技服务集成平台等专业平台，并与常州佰腾科技有限公司合作共建中国企业专利信息服务平台、高校科技成果转化平台，为在孵企业提供各类专业服务。同时，通过集聚大量的服务业企业，为在园留学人员企业提供生产性服务、生产要素公共支撑服务、公共技术支撑服务、投融资服务、信息化服务和创业辅导服务，使企业将其非专业、不经济的业务流程外包，通过社会化资源配置，以实现其运作的扁平化，降低运作成本、提升运行效率，帮助初创型企业快速成长。此外，常州市及武进区政府通过领军型海外留学归国人才创业计划、“龙城英才”计划、科技基础设施计划、国际科技合作专项等计划，对引进的具有前瞻性的留学人员人才及企业实施的项目，在资金上给予专项支持，在政策上给予优惠待遇。

联系方式

地　址：江苏省常州市武进高新区西湖路8号
邮　编：213164
电　话：86-519-86220888
传　真：86-519-86220616
邮　箱：yppei@jinton.com

武进留学人员创业园

园区概况

武进留学人员创业园创立于2004年8月，经常州市人事局批准设立，2007年4月，被认定升级为省级园区。从“高效、精简”的角度出发，创业园依托武进（国家）高新技术创业服务中心的现有条件，与创业中心合署办公，实行“两块牌子、一套班子”的运作机制。在武进区委和深圳清华大学研究院领导的全力支持下，2005年初，创业中心与深圳清华力合国际技术转移有限公司共同出资设立了江苏武进力合企业孵化器有限公司，将创业中心的主营业务采取委托方式，由孵化器公司运营。孵化器公司的成立整合了地方政府和深圳清华大学研究院双方的优势资源，在孵化项目筛选、高层次人才引进、为孵化企业提供创业投资等增值服务方面，提供了更广阔的发展空间。

创业园坐落在常州市城南，已投入资金近5000万元，建成了3.6万多平方米的孵化场地，办公设施齐全，服务功能完备。创业园注意瞄准当今世界科技发展潮流，把孵化重点放在电子信息、新材料、机电一体化等新兴产业，严格把好项目入口关，加快引进高新技术项目，努力营造高新技术优势，对每一个洽谈项目进行科学的评估和决策。企业批准进驻后，园区在创业环境、创业条件、创业资金、创业政策等方面提供方便，以及管理咨询、人才培训、融资担保、物业支撑等优质高效服务，并按不同企业的实际情况进行针对性孵化，使企业在宽松广阔的创业平台上运作。

创业园目前有留学人员创办企业20余家，涉及电子信息、软件开发、精密机械、新材料、生物医药等行业领域。

联系方式

地　址：江苏省常州市武进人民东路158号
邮　编：213161
电　话：86-519-86322963
传　真：86-519-86574082
邮　箱：bcd_cz@hotmail.com

江苏中关村留学人员创业园

园区概况

江苏中关村留学人员创业园成立于2012年3月，由江苏中关村科技产业园投资建设，日常管理机构为溧阳高新技术创业中心。产业园是常州市政府与北京中关村开展体制创新与区域合作的成果，也是中关村在北京市外设立的第一个科技产业园区，已被江苏省政府确定为省级高新技术开发区，并将优先申报国家级高新区。创业中心成立于2001年；2007年，被常州市人事局批准为常州市级留学人员创业园；2008年，被省科技厅认定为省级科技孵化器；2012年3月，溧阳市成立江苏中关村创业园，溧阳高新技术创业中心并入其中；2013年，被江苏省人社厅批准成立省级留学人员创业园。创业园致力于为初创阶段高科技企业及项目提供综合服务，培育高新技术企业。作为承载江苏中关村产业园及整个溧阳市高新技术成果转化和技术创新的重要基地，创业园力求打造成为高素质人才、高水平研发机构、高科技创业企业集聚的一流的科技创业基地。

创业园现有孵化面积15.7万平方米，建成面积8万平方米，专门设立了领导工作小组，配备了专职员工开展工作，除为入孵企业提供全程免费代理工商、税务登记等一条龙服务和周到的后勤服务外，着手搭建了政策咨询、投融资中介、管理培训、信息交流、人才支撑与技术支撑等服务平台，并与10多家大学、研发中心建立了产学研基地及共建研究中心。

创业园通过几年的努力，已有一批优秀高科技企业成功毕业，培养了一批成功的企业家，其中有多家毕业企业被认定为高新技术企业。

联系方式

地　址：江苏省溧阳市泓口路218号
邮　编：213399
电　话：86-519-87310357

金坛留学人员创业园

园区概况

金坛留学人员创业园成立于2007年11月，是由原常州市人事局批准设立的综合型科技创新创业场所，隶属江苏省金坛经济开发区，与金坛市高新技术创业服务中心合署办公，实行“两块牌子，一套班子”的运作机制。2009年2月，被省科技厅认定为省级高新技术创业服务中心；2009年10月，被省中小企业局认定为省重点培育小企业创业基地；2010年7月，被省中小企业局认定为江苏省小企业创业示范基地；2011年5月，中国科协海智基地金坛工作站在中心挂牌成立；2011年12月，被认定为“江苏省留学人员创业园”。

创业园依托政府平台与北京中关村、清华科技园建立了紧密的合作关系，利用中关村科创硅谷孵化器这一大平台搭建国内外区域政府间的合作交流平台，实现国内外高端创新要素的集成和流通。同时，着力加强与海外各科技团体和科技专家学者的联系，拓展交流渠道，与海外人才网、美国华人专业团体、中国旅美科技协会、北美华人创业协会、加拿大华人信息技术专业人士协会等多家海外科技团体形成了友好的合作。

创业园推行“一站式”“保姆式”服务，在此基础上强化服务功能，开展个性化、增值化服务，对在孵企业按规模、分门类提供有针对性的帮扶，促进创业者尽快成长和创业企业发展壮大。针对创业孵化器要求管理人员综合素质好、知识面广、活动能力强等特点，创业园采取多种形式加强学习和培训，着力打造一支充分履行服务和管理职能的高效能队伍，细化工作措施，分解落实责任，创新工作方法，不断提升各项工作成效。在做好基础性服务工作的同时，创业园强化政策配套的实施，积极与各类中介结构如会计事务所、律师事务所、专利事务所等加强合作；加快创投公司和科技小贷公司的引进，引进成立了金坛协立创投、江苏凯迪创投、东华矿业投资、行知常峰创投4家创投公司，成立了金坛瑞丰科技小贷公司，有力地推动了技术与资本的深度融合，促进优质企业的快速发展。

联系方式

地　址：江苏省金坛市华城路296号
邮　编：213200
电　话：86-519-82693333
传　真：86-519-82693333
邮　箱：jsjtlh@126.com

苏州留学人员创业园

园区概况

苏州留学人员创业园（与苏州高新技术创业服务中心、苏州创业园科技发展有限公司采取“三块牌子、一套班子”的运营模式，统称“苏州创业园”）创建于1998年2月，由国家教育部留学服务中心、科技部火炬中心、江苏省科委、江苏省人才流动服务中心、苏州市科委和苏州新区管委会联合组建，是不以盈利为目的的公益性科技服务机构，是全国首批“国家级留学人员创业园”“国家高新技术创业服务中心”。自成立以来，园区先后荣获“国家级孵化器先进单位”“中国侨联科教兴国示范基地”“全国留学回国人员先进工作单位”“江苏省留学回国人员工作先进单位”“优秀国家高新技术创业服务中心”“火炬计划先进集体”“江苏服务名牌”等40多项荣誉称号。苏州创业园于2007年通过ISO9001质量管理体系认证，负责起草编制的《科技企业孵化服务规范》于2012年获得江苏省质量技术监督局批准发布实施，正式成为江苏省地方标准。在大众创新、万众创业背景下打造的“苏州创客峰汇”被江苏省财政厅和江苏省科学技术厅评为“江苏省众创集聚区建设试点”。在科技部火炬中心主导的绩效考核中，苏州创业园历年均居A类（优秀），在全国同行业中处于领先地位。

创业园现有20多万平方米的孵化场地，包括创业苗圃、孵化器和加速器。孵化场地中近3万平方米为配套厂房，其余部分为研发办公楼，位于苏州高新区中央商贸区，地铁1号线沿线，交通便利，周边各类商务、生活、教育设施配套完善。创业园建有设施齐全的会议室、贵宾接待室、多功能学术报告厅、培训中心、展示厅、文献检索中心、图书阅览室等共享设施。园区内配备食堂、超市、咖啡、健身房、快递自助柜、“24小时自助服务”的市图书馆、生鲜柜等非常良好的生活配套设施，为创业者和广大员工提供舒心、便捷的工作和生活环境。拥有“千兆做主干，百兆到桌面”的网络结构、先进的多重保安监控系统、内部局域网站，新一代移动通信技术推进基地光纤宽带建设，有线无线相结合的宽带接入网，实现光纤网络全覆盖。

在公共服务平台方面，创业园于2015年投入数百万元建设了FabLab公共技术服务平台，拓展线上线下功能、线下以Fablab O Suzhou“数制”工坊为主要功能板块，为企业提供3D打印、CNC、激光切割机、雕刻机等设备，这也是苏州市区第一家获得MIT认证的开放创新实验室。线上平台已经建立了微信公众号，将实验室的设备、工具等资源上传，会员可以做到线上预定服务和资源。同时，创业园与阿里巴巴苏州创新中心共建创客云服务技术平台，通过云端为孵化企业提供云计算资源、创业指导与培训、导师引荐、市场推广、投融资对接、行业信息等创业综合服务，培育孵化智能硬件设备研发和VR/AR内容制作方面的创业项目，同时在泛娱乐、游戏研发、文化创意以及大数据、020等领域发掘有潜力的创业团队。此外，创业园还依托国家专利审查协作江苏中心和国家知识产权服务集聚区建有知识产权服务平台；以天使基金和微小贷为主导，集合创业投资、融资担保、科技小贷、统借统贷建成投融资服务平台；以集聚浙江大学苏州工研院等100多家大院大所科研资源的产学研合作服务平台；依托省生产力促进中心、省工程技术文献信息中心、省专利信息服务中心，建成三大科技资源平台的苏州高新区分平台等。

创业园先后引进培育各类科技企业1800多家，其中阿特斯光伏、纽威阀门、科达科技、天孚通信4家企业已成功上市，成为地方领军企业；东菱振动、国芯科技等一大批企业成为新兴产业的龙头；世界500强的飞利浦、佳能、华硕、飞思卡尔等跨国研发机构形成集聚。在引进创新创业人才方面，累计引进各类高科技人才1.8万余人，引进各级各类创新创业领军人才292人次，其中，国家级创新创业领军人才8人，科技部创新人才推进计划2人，省双创人才17人，省重点创新团队1人，姑苏领军人才32人，高新区领军人才232人，其他留学归国人才900多人。苏州创业园在不断地探索和发展中，已成为苏州高新区重要的科技创新创业载体、高端人才集聚区和国际科技合作基地。

联系方式

地　址：江苏省苏州市竹园路209号
邮　编：215011
电　话：86-812-68089925
传　真：86-812-68783306
邮　箱：qth@csibi.cn
网　址：www.csibi.cn

苏州国际科技园

园区概况

苏州国际科技园是苏州市科技创新、知识创新和企业孵化的重要载体。总规划建筑面积104万平方米，于2000年4月启动，是国家科技企业孵化器、国家软件产业基地、国家动画产业基地、国家海外高层次人才创新创业基地、中国软件欧美出口工程试点基地、中国留学人员苏州创业中心、中国服务外包示范基地和中国服务贸易创新示范基地。

苏州国际科技园分七期建设，其中一至四期位于金鸡湖大道，建筑面积31万平方米，主要承担科技企业孵化基地、服务外包基地和软件产业基地的功能；五期“创意产业园”位于独墅湖科教创新区，建筑面积80万平方米；六期“创意泵站”位于中新大道西，建筑面积2万平方米，正力争成为长三角地区重要的软件工厂、创意设计车间、动漫制作加工基地；七期“苏州人工智能产业园”位于苏州工业园区桑田岛北部，建筑面积26万平方米，致力打造成为国内知名的人工智能产业高地。

苏州国际科技园先后建设了软件评测、技术培训、数据服务、集成电路设计、中小企业信息化（云计算）、知识产权保护、动漫游戏服务等较为完善的公共技术平台体系；已经形成了以软件开发、集成电路设计、数码娱乐和行业应用高新科技等为主的四大特色产业群，新一代融合通讯、云计算、物联网、节能环保等一批新型产业项目也在加速集聚。

联系方式

地　址：江苏省苏州工业园区金鸡湖大道1355号
邮　编：215021
电　话：86-512-62529888
传　真：86-512-62529777
邮　箱：hej@sipis.com.cn
网　址：www.sispark.com.cn

苏州吴中留学人员创业园

园区概况

苏州吴中留学人员创业园成立于2004年12月，位于吴中科技创业园内，是由政府投入、以企业化机制运作的公益型科技企业孵化器，是国家科技部认定的“国家级科技企业孵化器”，并先后被认定为“苏州市服务业重点集聚区”“江苏省小企业服务示范基地”“江苏省留学人员创业园”“江苏省中小企业投融资服务中心”“国家大学生科技创业见习基地”“江苏省信息化和工业化融合服务产业园”等。

在区域医药和IT产业快速发展的大背景下，园区通过创造局部优化的创新创业环境，提供特殊优惠政策和优质高效服务，积极有效地培育和引进电子信息及软件企业、生物医药和光机电一体化企业。入驻企业不仅享受企业注册、税务登记、人才支撑及政策咨询等“一站式”服务，还可以获得国家高新技术产业园区的各项相关优惠政策。在提供场地租用及物业服务同时，创业园还建设了中心机房、多功能厅、电子阅览室和公共实验室，完善了相关配套设施。园区先后探索建立三种线上线下服务模式：建立“金枫网”线上运营推广服务平台，探索中小企业“线上抱团闯市场”的发展道路；建立“手拉手”服务平台，为园内企业提供了线上沟通交流，互通有无的社区平台，促进入园企业开展技术交流和技术合作，加快企业发展；建立共享云平台，帮助园内企业降低成本，提升工作效率。目前，在园的软件及信息服务型企业超过160家，已形成以互联网增值服务、软件及服务外包、电子商务等产业为特征的新兴产业发展格局。

联系方式

地　址：江苏省苏州市吴中区东吴北路31号
邮　编：215128
电　话：86-512-65270617
邮　箱：zhu_qin1@163.com
网　址：www.wzcy.cn

常熟留学人员创业园

园区概况

常熟留学人员创业园成立于2010年4月，位于常熟市经济开发区内，交通便利，环境优美，政策宽松，人才资源和资金资源丰富，具有良好投资环境。其创办旨在为给学有所成、回国创业的留学人员创造良好的创业环境。

创业园已建成孵化场地13.5万平方米，有智能化大楼1幢，标准化厂房5000多平方米，配套设施齐全，创业环境优越，可提供一流水准的孵化服务。创业园鼓励留学人员回国创业，科研院所来常合作，加速科技成果商品化、产业化、国际化，进一步推动经济与科技的结合，促进常熟市产业结构的调整，为区域经济的发展不断培育拥有民族自主知识产权的高新技术企业群体。创业园依托教育部“春晖杯”创业基地，以“综合孵化器+专业孵化器+加速器”的载体建设、优质的专业服务、良好的创新创业环境吸引海外留学人员前来创业工作。

联系方式

地　址：江苏省常熟经济开发区滨江新城
电　话：86-512-52805327
传　真：86-512-52805310
邮　箱：info@ppos.com.cn

常熟高新技术产业开发区留学人员创业园

园区概况

常熟高新技术产业开发区留学人员创业园成立于2010年4月，是由常熟高新区依托常熟国家大学科技园建立的市级留学人员创业园。2013年10月，获批省级留学人员创业园。创业园立足优化产业结构、提升产业层次、培育新兴产业，把引进海外高层次留学人员放在最突出位置，不断加强载体建设，深化创业服务，创新与整合留学人员人才政策比较优势，吸引和聚集国外高端科技人才入园创新创业，为区域产业转型升级提供智力保障。

创业园建成孵化场地13.8万平方米，依托教育部“春晖杯”创业基地，以“综合孵化器+专业孵化器+加速器”的载体建设，以“创业孵化+创业投资+创业导师”的专业服务，营造良好的创新创业环境。创业园先后承办或参加苏州国际精英创业周、海外华侨华人高层次人才江苏行、美南中国专家协会联合会江苏行、美中高层次人才常熟行等活动，每年参与广州留学人员科技交流会、大连海外学子创业周等各地人才盛会。通过一系列的举措，为留学人员搭建了优质的创业平台。

联系方式

地　址：江苏省常熟市东南大道333号科创大厦3楼
电　话：86-512-52350317
传　真：86-512-52355339
邮　箱：gl@changshu.net

张家港留学人员创业园

园区概况

张家港留学人员创业园成立于2001年，由张家港市人民政府投资兴建，是张家港市为留学人员回国创新创业、施展才华提供的重要舞台。为强化管理与服务，创业园与张家港市高新技术创业服务中心实行“两块牌子、一套班子”的运作模式。2003年11月，创业园被江苏省人事厅批准为省级留学人员创业园；2004年4月，被苏州市委、市政府授予“苏州市留学人员先进工作单位”；2006年12月，被国家科技部认定为国家级科技企业孵化器；2011年，被苏州市知识产权局授予“苏州市知识产权示范园区”。

创业园按照整体规划、分步实施、滚动发展的建设模式，建有孵化大楼8幢、建筑面积6万多平方米，包括综合服务楼1幢、生物医药专业孵化楼1幢。此外，拥有总投资1200万元、总面积1200平方米的生物医药公共技术服务平台，为园区内处于初创期的生物医药类企业提供研发实验、分析检测等方面的专业技术服务。该平台建成以来，吸引了越来越多的海外高层次人才落户，生物医药产业链初显端倪。

创业园通过“政府投资、公益性引导、事业单位管理”的运营模式，全力培养拥有自主知识产权的科技企业和具备自主创新能力的科技企业家。以公共服务为主线，推行融资推荐、项目申报、定期走访、创业导师以及市场推广等增值服务，引入中介服务机构，打造专业服务，增强孵化能力。

联系方式

地　址：江苏省张家港市国泰北路1号
邮　编：215600
电　话：86-512-58541960
传　真：86-512-58541980
邮　箱：htic@zjghtic.gov.cn

张家港保税区留学人员创业园

园区概况

张家港保税区留学人员创业园成立于2011年4月，同年11月获批江苏省省级留学人员创业园。创业园主要为高层次人才发展高新技术产业提供服务，并为来保税区的国内外大专院校、科研机构和社会各类科技人员的创业需求提供服务，通过落实扶持政策，营造宽松优惠的创业环境，帮助企业度过营运初期的风险阶段，加快商品化和产业化进程。

创业园位于张家港保税区环保新材料产业园内，规划面积14万平方米，首期规划6.8万平方米。一期和二期共7万平方米研发生产大楼已建设完成交付使用，三期7万平方米场地正在建设中。研发大楼内水电气管网等基础设施全部按照国际一流工业园区标准设计到位，企业可以根据自己的需要进行隔断，分出实验室、生产车间、办公室、休息室等。此外，还建有集商务、科技等公共服务于一体的商务配套区，国家化工设备产品质量监督检验中心及千人计划（张家港）战略新材料研究院，为留学人员回国创业发展提供优良的环境。

联系方式

地　址：江苏省张家港保税区环保新材料产业园
邮　编：215633

昆山留学人员创业园

园区概况

昆山留学人员创业园成立于1998年，是由江苏省人事厅、科技厅和昆山经济技术开发区联合创办的吸引海外留学人员回国创业的科技园区，是全国首家设立在县级市的留学人员创业园，全国首批“国家留学人员创业园”，也是全国唯一设立在县级市的“省部共建”创业园。创业园先后被中组部、宣传部、统战部、国家人事部、教育部、科技部联合授予“全国留学回国人员先进工作单位”荣誉称号，获得“国家火炬计划先进管理单位”“国家先进高新技术创业服务中心”和全国首批“中国青年科技创新行动示范基地”“江苏省优秀科技企业孵化器”“江苏省先进科技企业孵化器”“江苏省火炬先进管理单位”“江苏省留学回国人员工作先进单位”“江苏省博士后管理工作先进单位”“江苏省文明单位”等称号。

创业园现有孵化面积14万平方米，包括科技广场、现代广场、科技创业基地等载体，设有公共会议室、学术报告厅、图书馆、“第三空间”咖啡室、工程技术文献检索服务平台，非核心业务公共服务中心等。园区先后建立了全国县市级首家微软技术中心公共平台、专利信息检索服务平台、工程技术文献检索服务平台、集成电路失效分析技术平台、知识产权网络公共服务平台、园区网络信息服务平台等，为企业提供个性化科技公共服务。园区不断完善创业园“科技企业评估诊断系统”，对企业经营及发展中遇到的问题进行诊断评估，为企业决策提供政策、信息咨询和各种帮助，定期举办专业培训、创业沙龙，为初创型科技企业的培育、成长，传授经营经验，提供业务辅导。

目前，创业园已形成了比较完善的科技企业培育体系，吸引了一批海外学者创办的科技企业，引进了一批高层次科技人才，开发了一批技术领先并拥有自主知识产权的产品，推动了与大院大所的项目合作，培育了华恒、网进、锐芯、澳昆等一批科技明星企业。

创业园致力于打造全过程的政策支持环境，营造全方位的家居环境，依托全市人才新政、亿元奖励基金，支持领军人才创新创业，成为海归精英们“零成本”创业的福地。

联系方式

地　址：江苏省昆山市前进东路科技广场2楼
电　话：86-512-50360660，50360661
传　真：86-512-50360660
邮　箱：ksppcn@yahoo.com.cn
网　址：www.kscyy.com.cn

吴江市留学人员创业园

园区概况

吴江市留学人员创业园（吴江市科技人员创业园）成立于2007年2月，由吴江市科技局与吴江经济开发区管委会共同建设，并由开发区发展总公司和市科技开发中心共同出资5000万元成立吴江科技创业投资有限公司，负责创业园内项目建设管理、物业管理和各类专业申报等业务。创业园的设立主要用于鼓励和吸引国内外优秀科技人才来开发区创新创业，加快企业科技创新水平和高科技成果的转化，提升开发区的自主创新能力，加快企业科技创新的速度和加强科技创新能力，是促进产业由劳动密集型向科技密集型转变，加快实现从“吴江制造”向“吴江创造”转化的有效载体。

创业园位于吴江经济开发区内，占地面积1万平方米，其中研发大楼占地面积1500平方米，6层建筑面积为7500平方米，6幢生产厂房为2.45万平方米，总建筑面积3.2万平方米。园内设有多功能厅、多媒体会议室、商务、展示厅、超市、物业、专家用住房、餐厅、车库、停车场、警卫室等齐全的配套设施。吴江市政府专门出台了《关于明确我市科技人员暨留学人员创业园优惠政策的意见》，明确了吴江市科技人员暨留学人员入园创业可享受的优惠政策。

联系方式

地　址：江苏省吴江经济技术开发区云梨路1688号
邮　编：215200
电　话：86-512－63960806

太仓市留学人员创业园

园区概况

太仓市科技创业园暨留学人员创业园成立于2004年9月，以生物医药、电子信息、新材料、新能源、节能环保及服务外包、文化创意等产业为重点开发领域，以培育战略性新兴产业源头企业和创新创业领军人才为目标，致力于营造科技创新创业良好环境，打造成为海内外高层次人才和团队的首选园区之一。创业园先后被认定为国家级科技企业孵化器、国家大学生科技创业见习基地、省级留学人员创业园、省级博士后科研工作站、省级小企业创业示范基地、省三星级中小企业服务机构、苏州市服务业重点集聚区。

创业园位于太仓经济开发区北京西路，占地约6.7万平方米，总建筑面积10万平方米，拥有餐厅、宿舍、超市等配套服务设施。园区为入驻企业提供普适普惠的标准化硬件平台及政策性保障，并深入研究入驻企业的个性化服务需求，搭建企业深度孵化服务平台，以创业协作中心、创新研究中心为核心，针对不同的企业和不同发展阶段，为入驻企业提供深度孵化服务，帮助企业成长。

联系方式

地　址：江苏省太仓市经济开发区北京西路6号
电　话：86-512-53990555
传　真：86-512-53990556
邮　箱：kjcyy@yahoo.com.cn
网　址：www.kjcyy.com

南通留学人员创业园

园区概况

南通留学人员创业园成立于2003年，由江苏省南通市人事局联合市经济技术开发区共同创办。2016年，升级为由国家人力资源和社会保障部和江苏省人民政府共建的“中国南通留学人员创业园”。作为高新技术产品和项目的孵化器，创业园通过营造优良的环境、优质的服务、优惠的政策，已逐渐成为留学人员创业和不断走向成功的支点。

创业园孵化总面积28.2万平方米，采取“一中心、多园区”的建设模式，实现园区孵化器规模扩大、质量提升、环境优化的和谐推进。在平台建设方面，园区建立了商务服务平台、科技服务平台、中介服务平台三大服务平台，实现了园区与园区间、园区与企业间、企业与企业间的信息交流与技术合作等功能，极大地提高了园区管理和服务效率。在创业启动资金方面、办公场地房租的租金、创业平台载体建设等方面园区也在进一步制定适合区情的创业园优惠政策，吸引更多的留学生入园，增强园区的创新能力和成果技术的转化能力，建立种子期创业基金，引入风险投资公司，促进中心和创业园的科技企业的发展。同时，创业园鼓励各大企业和省级以上科研院所、全国重点高等院校产学研合作共建创新载体，钻研攻关关键技术，同时将科研院所、高等院校的成果和当地产业相结合，寻求产业化。围绕骨干企业整合资源，依托国家火炬计划椒江缝制设备高新技术特色产业基地和省级化学原料药高新技术特色产业基地，加大对企业技术创新能力的建设，着力培育一批高技术含量、高附加值、高市场占有率的高新技术企业。

近年来，创业园在市人事局、外侨办、科技等部门的支持下积极加强与外国专家组织、海外留学生团体、海外同乡会、华侨社团组织的沟通与联系，先后与中国旅美科技协会、中国留日同学会、中国海外科技创业投资协会、中国海外博士专家回国创业联合会达成了多项合作协议。相继组织举办了中国南通国际人才技术合作洽谈会、中国留日同学会技术项目交流洽谈活动、中国海外人才项目洽谈会等多项海外留学人员交流活动，邀请了上千名海外留学人才来通开展项目交流与合作。

联系方式

地　址：江苏省南通市经济技术开发区中央路29号
邮　编：226009
电　话：86-513-85922263
邮　箱：ntchyy@163.com

南通产业技术研究院留学人员创业园

园区概况

南通产业技术研究院留学人员创业园成立于2013年9月，是深化自主创新、提升区域科技竞争力，为推动新兴产业发展，提升传统产业能级而提供统筹、支撑、服务的创新平台。2014年5月，获批江苏省省级留学人员创业园。

创业园致力打造长三角北翼的科技创新示范平台，着力建设产业技术创新中心和高端人才集聚中心，构建行政推动、企业化运作、产学研支撑，研究机构、科技园区、产业园区三位一体的运作模式。围绕新材料、新能源、电子信息和生物技术等四大产业，努力完成产业技术研究机构建设、搭建公共技术服务平台、加速创新成果转移转化、吸纳培育技术创新人才、提供产业发展决策参考等五大任务。

创业园下一阶段的发展目标是，全面实现研发孵化面积35万平方米，引进大院大所10家、企业研发机构10家，建设公共技术服务平台10个，合作引进天使、风投机构10家，引进培育国家级创新创业领军人才10名、创新创业人才团队50个，新增自主知识产权500项，促进3—5家科技企业上市等七大目标。

联系方式

地　址：江苏省南通市崇川路58号
邮　编：226019
电　话：86-513-85012988
传　真：86-513-85012982
网　址：www.ntiti.com.cn

海安留学人员创业园

园区概况

海安留学人员创业园位于省级开发区江苏海安经济开发区内，是由江苏省海安县人民政府领导、策划，南通华新建工集团投资3.6亿元兴建，旨在鼓励和吸引海外留学人员创业、创新，促进高新技术成果产业化，为区域经济长远发展提供人才支撑、技术支撑和项目支撑的科技创业服务机构。创业园由海安高科技创业园管理中心负责管理运营。创业园先后被认定为市级科技孵化器、省级科技企业孵化器。

创业园目前已建成孵化载体3万平方米，留学人员创业项目主要涉及软件开发、机械制造、精细化工、新能源等高新技术领域。

联系方式

地　址：江苏省南通市海安县海安镇长江西路288号
邮　编：226602
电　话：86-513-88783122
传　真：86-513-88783119
邮　箱：hakech@163.com

连云港留学人员创业园

园区概况

连云港留学人员创业园成立于2003年，是苏北地区第一家留学人员创业园，设在省级高新技术产业开发区内。园区管理机构为连云港经济技术开发区管委会、连云港市人社局。创业园与市科技创业服务中心、省级服务外包示范区实行“三块牌子、两套班子”的管理模式。

创业园占地面积1万平方米，孵化面积7000平方米，留学人员入园创业除了可以享受国家规定的各项优惠政策，还可以享受该园专门制定的一系列优惠政策，如可享受开发区科技发展金和科技创业风险基金的扶持和融资担保，并提供贷款贴息；提供孵化场地，减免租金供企业使用；免费办理常住户口，提供设施完善的住房；对于贡献突出的创业人员，将授予科技贡献奖，并授予荣誉称号等。2011年，连云港市政府出台了《连云港市留学人员创业园建设与管理暂行办法》，设立留学人员创业服务专项资金，对在连创业的留学人员进行资助、补贴和奖励；因资金不足有融资需求的，政府创业投资引导基金优先给予扶持；企业被认定为省级软件或高新技术企业的，财政给予10万元一次性奖励；可依据政策获得50万—150万元的创业资金扶持。税收方面，从第一次销售产品开始，3年内享受企业所得税、营业税和增值税地方财政留成部分由注册地财政列支，扶持企业发展。

联系方式

地　址：江苏省连云港经济技术开发区振华路15号
邮　编：222047
电　话：86-518-82341701
传　真：86-518-82341025

连云港科教创业园区留学人员创业园

园区概况

连云港科教创业园区留学人员创业园成立于2008年，主要为以海外归国留学人员为主的高层次人才创新创业和具有自主知识产权的高新技术成果孵化提供服务。江苏省海洋资源开发研究院、淮海工学院大学科技园同年正式启动建设。通过多年的建设，创业园形成了“一园多区”的发展格局，“一园”即科教园区留学人员创业园，“多区”主要由花果山大学科技园、淮海工学院大学科技园、省海洋资源开发研究院三大板块组成。2011年12月，经省人力资源和社会保障厅批准，科教园区留学人员创业园正式升格为省级留学人员创业园。创业园管理机构为连云港市新海新区建设指挥部，园区设立管理委员会、留学人员创业园服务中心、工商分局、投资公司等机构，成立专业招商及管理队伍，为留学人员来园区创业创新提供全方位的服务。

创业园孵化总面积4万平方米，其中科研孵化面积3万平方米，公共服务面积1万平方米，拥有科教、旅游、文化三大特色产业板块，着力打造以人才培养、科技研发为主体的智慧产业集聚区，以低碳便捷、山水田园为特色的自然生态宜居区，以文化创意、旅游休闲为要素的城市软实力核心区。创业园设立帮办制度，一对一企业服务，免费提供工商注册、税务登记等服务，协助办理高新技术产品、科技发展计划等项目及技术成果鉴定、登记等，并提供人事、财务等多项代理服务。创业园出台了《连云港市科教创业园区关于支持留学人员创业园建设若干优惠政策的规定》并配合落实；与各银行开展对接，建设了创业园融资平台，择优推荐留学人员企业向银行申请贷款服务，优先推荐与国内外投资者进行嫁接和建立联系；帮助园区企业与各大高校、科研院所开展产学研合作，吸引了南京大学、南京理工大学、南京工业大学高新研究院落户，成立合作科研机构。

联系方式

地　址：江苏省连云港市新浦区晨光路2号职业技术学院科技南楼
邮　编：222006
电　话：86-518-81089913
传　真：86-518-81089915

淮安留学人员创业园

园区概况

淮安留学人员创业园成立于2006年；2007年，被人社部批准为省部共建国家级留学人员创业园；2009年，被科技部批准为国家高新技术创业服务中心，是江苏省江北地区唯一一家国家级留学人员创业园。经过10年的持续发展，园区已成为国内具有一定知名度的人才高地、创新创业创意高地和服务高地，是全市人才“蓄水池”。

创业园位于淮安经济技术开发区，拥有迎宾大道和海创空间两个园区，孵化面积12万平方米，精心打造了以“一广场两中心五平台”为主的创新创业服务系统，先后吸引留学归国高端人才70多名，包括“国家特聘专家”15名，江苏省“双创计划”人才25名。在孵企业110余家，形成了先进制造、新能源新材料、生命健康和新一代信息技术四大特色产业。此外，园区积极开拓“人才+互联网+总部”的经济新模式，实现了财税爆发式增长。

联系方式

地　址：江苏省淮安市经济技术开发区海口路9号
邮　编：223005
电　话：86-517-80821886
邮　箱：liyueping0707@163.com
网　址：www.hacyy.com

盐城留学人员创业园

园区概况

盐城留学人员创业园（高新技术创业园）成立于2004年10月，是盐城市人民政府兴办的培育和扶持高新技术企业的服务机构。2009年4月，获批为省级留学人员创业园。

创业园位于江苏省盐城经济开发区内，地理位置优越，占地约6.7万平方米，2.6万平方米的孵化用房已竣工，并实现了“六通一平”，具备了企业入驻的必备条件。江苏盐城市科技局、盐城经济开发区管委会、盐城市财政局联合组建了盐城高新技术创业园有限公司，对进园企业实行服务承诺制度，推行“一站式”全程服务。

创业园通过提供政策优惠、免费物理空间、项目扶持等各种有效的支持和服务，降低创业者的创业风险和创业成本，吸引高等院校、科研院所和科技人员的高新技术成果到创业园实现产业化，提高创业成功率，促进科技成果转化，培育科技型企业和企业家，推动盐城高新技术产业的发展。

联系方式

地　址：江苏省盐城市世纪大道东路15号
邮　编：224007
电　话：86-515-88155332
传　真：86-515-88155332

大丰留学人员创业园

园区概况

大丰留学人员创业园于2010年10月设立，2012年，被省人社厅认定为“省级留学人员创业园”。自成立以来，创业园先后获得“春晖杯”中国留学人员创新创业大赛创业基地、江苏省侨界人才创新创业基地等荣誉，并成功加入中国技术创业协会留学人员创业园联盟。

创业园坐落在大丰经济开发区商贸区内，环境优美，配套完善，分为两个区域：一是科技研发区，建有层高24层、占地面积1.8万、建筑面积4万平方米的国际商务大厦。大厦南侧配套建设了占地20万平方米的公园，大厦内设有会议洽谈区、餐饮中心、创业咖啡厅、健身中心和人才公寓等，是集商务办公、科技研发、生活娱乐为一体的综合性创业平台。二是科技孵化区，设立在国家级孵化器内，占地5.6万平方米，拥有标准厂房近40幢，基础设施配套齐全，为留学人员提供一流的科研成果孵化和中试基地。科技孵化区内还配备有中小企业服务中心，随时为在孵企业提供帮助。

创业园自创建以来，始终遵循“政府引导、市场运作、资源共享、服务开放”的建设原则，围绕大丰经济开发区主导产业，集聚高层次海外人才。创业园充分发挥自身优势，吸引和培养高知识和高含金量的科技型企业，逐步形成以精密制造、机电一体化、电子信息、新能源等项目为主导产业的科技型企业的合理布局和有效聚集。为更好地为企业服务，园区打造了一站式综合管理服务平台、人才服务平台、投融资平台、技术转移平台、信息网络支撑平台、科技中介服务平台，满足留学人员的创业需求。创业园的目标是利用社会存量资源，联合高校、科研院所吸引海外留学人员，形成具有特色的海归人才专业孵化器。

联系方式

地　址：江苏省大丰市南翔西路666号
邮　编：224100
电　话：86-515-83855923
传　真：86-515-83855922
邮　箱：jssdflcy@163.com

扬州留学人员创业园

园区概况

扬州留学人员创业园于2003年8月经江苏省人事厅批准成立，2004年6月30日正式挂牌。创业园依托于扬州高新技术创业服务中心的现有条件，与创业中心实行“两块牌子、一套班子”。创业中心成立于1998年11月，是集管理、科研、生产、经营、服务于一体的科技服务机构。创业园的主要职能是为企业和科技创业者提供多种有效服务，创造一个局部优化适合体制创新和技术创新的环境和条件，引进、开发和转化高新技术成果、孵化高新技术企业，并吸引留学回国人员来园创业。

创业园自建成以来，已经有来自日本、法国、英国、德国等国的留学人员创办的多家企业入驻，主要以软件及电子行业为主，许多产品和软件具有国际先进水平。

联系方式

地　址：江苏省扬州市邗江中路119号
邮　编：225009
电　话：86-514-87898911
传　真：86-514-85126567
邮　箱：yzgxjs@yahoo.com

江苏信息服务产业基地（扬州）海外留学人员创业园

园区概况

江苏信息服务产业基地（扬州）成立于2007年，2008年经市人事局批准成立留学人员创业园，成为扬州市第二家专为扶持留学人员回国创业而建立的市级科技企业孵化器。2011年11月，被省人力资源和社会保障厅批准为省级留学人员创业园。

创业园占地4.2万平方米，建设总投资10亿元，规划建筑单体6座，其中标准面积的产业楼3幢，配套服务楼1幢，配套会所及展示中心2座，总建筑面积近5万平方米。创业园先后组织同济大学建筑学院、南京大学设计院、北京蔡德勒设计院、中国电子工程设计院等专业设计机构，从建筑物的层高、承重、网络等方面，针对性地对首发项目单体建筑物的形态进行了设计，在“国际研发社区”的标准中创造性地植入了“商务公园”的理念，为投资者提供“成本最低化、效益最大化、质量最优化”的创业空间。建设了包括呼叫中心产业区、数据服务产业区、软件研发产业区、教育培训区和综合配套区共五个专业区，以及便利店、健身房、员工宿舍、员工餐厅、声谷咖啡厅、多功能报告厅等配套设施，初步实现了环境园林化、区域功能化、交通网络化、后勤社会化、办公数字化、研发系列化、服务优质化、招商国际化。

创业园以引进、研发和转化信息服务类高新技术成果，孵化高新技术企业、双软企业，培养懂技术、善管理的高新技术企业家，为科技创业者提供多种有效的技术服务为运作目标和原则。为此，园区管理办公室不断创新方法，采取切实有效措施，为入驻企业提供研发、中试生产、经营场地和办公方面的有利条件，以及政策、管理、法律、财务、融资、市场推广和培训等方面的服务支持。

联系方式

地　址：江苏省扬州市广陵新城信息大道1号信息服务大厦2层
邮　编：225000
电　话：86-514-87456015
邮　箱：glgeyb2010@gmail.com

扬州市邗江区留学人员创业园

园区概况

扬州市邗江区留学人员创业园是以国家级科技企业孵化器——扬州市邗江区高新技术创业服务中心为依托所建立的为留学人员企业提供科技创新创业公共服务的载体，2005年，被认定为市级留学人员创业园。作为全区高新技术成果孵化的重要载体和高层次人才创业的重要平台，创业园紧紧围绕“打造一流环境、引进一流人才、赢得一流效益”的目标，全力营造创新创业环境，全面推进标准化服务工作，在区域经济结构优化、区域经济协调发展中发挥了重要作用。

创业园地处江苏省扬州高新技术产业开发区北园科技集聚区，交通便捷，是人流、物流、资金流聚集之地。园区占地面积5.9万平方米，总投资约1.2亿元，建筑面积6.3万平方米，其中孵化用房面积5.9万平方米、配套设施面积4000平方米。

创业园充分运用高新区和国家级创业中心的影响力、辐射力，增强对留学人员的吸引力，在特色定位上与扬州高新区的产业特色相呼应，将智能装备、电子信息和生物医药及其配套业作为创业园的主导产业，通过高新区产业特色和大企业的配套和带动，以产业吸引项目，以项目集聚人才。

联系方式

地　址：江苏省扬州市开发西路217号
邮　编：225127
电　话：86-514-87860259
传　真：86-514-87860259
邮　箱：hjkj1118@163.com

仪征留学人员创业园

园区概况

仪征留学人员创业园由仪征高创科技发展有限公司负责管理和运营，在企业注册、租金减免、项目申报、投资融资等方面为入驻孵化企业提供一系列的优惠政策和服务。2008年，被认定为省级高新技术创业服务中心；2009年7月，被批准为扬州市县级首家省级留学人员创业园。

创业园占地面积6.67万平方米，总投资1.1亿元，一期工程2幢5层共1.42万平方米的孵化厂房及附属设施已于2009年投入使用，二期工程2.84万平方米的4栋研发用房和8880平方米的6栋厂房于2011年建成。

目前，创业园累计孵化企业30余家，引进高层次人才15人，其中，海外创新创业领军人才5人，江苏省“双创计划”人才3人，扬州市“绿扬金凤计划”人才2人。

联系方式

地　址：江苏省仪征经济开发区闽泰大道9号
邮　编：211400
邮　箱：gxb200910@163.com

镇江留学人员创业园

园区概况

镇江留学人员创业园成立于2000年，由镇江市人事局与镇江新区管委会联合创办，2002年，经国家人事部批准成为首批由人事部与地方政府共建的国家级留学生创业园。园区聚合镇江国家大学科技园、国家级镇江高新技术创业服务中心、省级镇江软件园、镇江国际服务外包示范区，实行“五位一体，资源共享，合署办公”。创业园先后被评为“镇江市科技进步先进集体”“镇江市创业实训基地”“镇江市大学生创业见习基地”“国务院侨务办公室引智引资重点联系单位”“清华大学研究生江苏省就业实践基地”。

创业园在管理中不断创新完善动态跟踪机制，根据企业的孵化情况，为入园企业提供专属资助、共享科技创新平台、人力资源服务、资本技术服务、商务物业服务等多种个性化特色服务。创业园依托北交大、东大、南大等合作高校的研究院、技术转移中心，通过广泛宣传、上门走访等多种形式，鼓励企业与合作高校科研院所进行深度产学研合作。同时，与中科控股、银河证券、深创投等10余家风投机构和金融机构建立合作，为在园企业提供融资和信贷支持。

联系方式

地　址：江苏省镇江市高新园区丁卯经十二路
邮　编：212009
电　话：86-511-88895106
传　真：86-511-88895106
邮　箱：lgyonline@163.com

镇江市丹阳留学人员创业园

园区概况

镇江市丹阳留学人员创业园与丹阳留学人员科技创业园于2009年8月同时获镇江市人事局批准成立，这也标志着镇江市留学生创业园规范化建设正式启动。丹阳留学人员创业园与丹阳留学人员科技创业园分别位于该市经济技术开发区和云阳镇高新技术产业集中区，各占地面积12万平方米和100万平方米。创业园的成立，进一步完善了丹阳海外留学人员回国创业的重要条件，将显著提升高新技术产业的积聚和人才的吸纳效应，在引导留学人员企业向规模化、高端化发展等方面具有重大的战略意义。

目前，创业园已经吸引了来自加拿大、挪威以及美国等多个博士团队领军的生物医药、新能源、软件开发和半导体存储等企业落户。

联系方式

地　址：江苏省丹阳经济开发区金陵西路101号
邮　编：212300
电　话：86-511-86987909
传　真：86-811-86989005
网　址：www.dykfq.com.cn

扬中留学人员创业园

园区概况

扬中留学人员创业园成立于2007年，由扬中市政府创办，是一家公益性的综合科技服务机构，主要为留学人员创业企业提供全方位服务和一流的孵化条件，促进区域产业结构调整和经济持续发展。创业园成立了江苏大行临港产业投资有限公司，与扬中经济开发区形成政企合一的管理模式，为园区发展提供资产整合、投资、融资等服务。2009年，被镇江市人事局批准为镇江市扬中留学生创业园；2011年，被江苏省人力资源和社会保障厅批准为省级留学人员创业园。

创业园孵化总面积7.5万平方米，建立了光伏产业平台和省级光伏产业网上平台，并与复旦大学、浙江大学、东南大学、厦门大学、华中科技大学等高校科研院所建立了良好的合作交流机制，开展产学研合作，推进企业工程中心、技术中心建设。创业园对入园企业提供“一条龙”“全过程”服务，在企业注册、人力资源、技术开发、科技人才立项等方面提供“保姆式”服务。同时，落实省、市、县人才政策，为入园企业提供免费研发场所，提供配套资金支持。

联系方式

地　址：江苏省扬中市开发区2号线港隆路科创中心
邮　编：212215
电　话：86-511-88224055
传　真：86-511-88224055
邮　箱：my2890756@163.com

镇江市句容留学人员创业园

园区概况

镇江市句容留学人员创业园成立于2009年9月，由句容市人事局与句容经济开发区联合创建，并由后者具体负责具体管理运营工作。创业园的设立旨在进一步加强句容经济开发区的建设和发展，增强区域科研开发的实力和水平，吸引留学归国人员来句容兴办实业，推动园区经济和科技的整合，促进科技成果的商品化、产业化和国际化。

创业园位于句容经济开发区的核心位置，占地面积6.6万平方米，总建筑面积11.2万平方米，项目总投资1.6亿元，基础和配套设施完备，并为进驻企业提供研发、生产、市场营销等全方位的“一条龙”服务。

目前，创业园已有句容驰遨运动器材有限公司等多家企业入驻，未来将建成长三角地区具有鲜明特色的光电子、输变电、新材料和运动休闲的研发、应用的服务业集聚区。

联系方式

地　址：江苏省句容市华阳西路开发区综合服务部
邮　编：212400
电　话：86-511-87265575
传　真：86-811-87266222
邮　箱：jrkfq@jrkfq.com.cn

泰州留学人员创业园

园区概况

泰州留学人员创业园位于江苏泰州开发区高新技术园内，2003年8月，经江苏省人事厅批准成为省级留学人员创业园。

园区规划总面积9.3万平方米，建筑面积近13万平方米，绿化面积1.2万平方米，项目总投资8000万元。分办公区、生产区、研发区、生活服务中心区，已建成综合办公楼4000多平方米、标准厂房12万平方米，另有会议中心、接待室、健身房、餐厅、展览中心等配套设施。

创业园根据泰州的产业基础和产业特色，结合开发区招商引资实际，产业定位于精密机械、机电一体化、生物医药、嵌入式软件、汽车零部件、新型材料等。目前，创业园已有近20家留学人员企业入驻。

联系方式

地　址：江苏省泰州市凤凰西路98号1号楼
邮　编：225300
电　话：86-523-80660007
邮　箱：tonyblire@hotmail.com
网　址：www.tzibi.com

泰州海陵留学人员创业园

园区概况

泰州海陵留学人员创业园成立于2010年，以泰州市海陵区高新技术创业中心为依托。创业中心于2007年12月28日挂牌成立，2009年5月，被省科技厅认定为省级科技企业孵化器；2012年12月，被国家科技部认定为国家级科技企业孵化器；2014年，被省人社厅认定为省级创业示范基地。

创业园位于海陵区工业园区内，西临兴泰公路，北靠泰州火车站，交通便利，环境优美。园区规划用地3.4万平方米，规划建筑面积5万平方米，总投资7000万元。现已建成孵化场地3.15万平方米，道路、下水、消防、绿化、供电、网络、门卫等配套工程一应俱全，并筹建一幢6层大楼作为核心部分，重点招引软件类、广告创意类等科技项目入驻。

自创业园建立以来，海陵区不断完善留学人员创业政策，制定了“3个100”优惠政策，即提供不少于100平方米的创业场所、100平方米的住所、100万元的扶持资金，积极倡导为留学人员创新创业提供“101%”的服务。

联系方式

地　址：江苏省泰州海陵工业园区
邮　编：225300
电　话：86-523-86227765

泰兴留学人员创业园

园区概况

泰兴留学人员创业园位于泰兴市经济开发区高新产业园内，区位优越、交通便捷、设施齐全，是研发、创业、投资、发展的理想场所。2010年11月，被江苏省人力资源和社会保障厅批准为省级留学人员创业园。创业园以促进科技成果转化、培育高新技术产业、带动全市工业转型升级发展为目标，依托完善的创新培育体系和优越的创业服务体系，降低留学人员创业成本，吸引更多的留学人员来泰创业。

创业园首期占地6.6万平方米，建筑面积3.5万平方米，总投资8000万元，内设电讯网络、商务会议中心、科技展示交易大厅、科技报告厅、职工餐厅、留学人员公寓等公用设施，拥有60多个孵化单元，可为不同类型的留学人员回国创办企业提供50—300平方米的孵化空间和研发基地。

目前，有留学美、德、加拿大、日等国家的20多名从事电子信息、新材料、机械等高新技术领域研究开发的博士在园创业创新。

联系方式

地　址：江苏省泰兴市大庆西路39号
邮　编：225400
电　话：86-523-87662686
邮　箱：yongzhong@126.com

浙江省

杭州高新区留学人员创业园

园区概况

杭州高新区留学人员创业园成立于1998年，是浙江省第一家留学人员创业园。创业园先后成为国侨办两家重点联系单位之一，国家“三部一局”的国家留学人员创业园示范建设试点单位，国家人事部与杭州市政府共建单位，被中组部、国家人事部等六部委联合授予“全国留学回国人员先进工作单位”称号。

2009年，创业园被中央人才工作协调小组批准成为“海外高层次人才创新创业基地”。基地成立后，园区在工作机制、服务机制、政策扶持、创业环境等方面进行改革和创新，出台《关于进一步鼓励海外留学人员来杭州高新区（滨江）创新创业的若干意见》和《关于实施海外高层次留学人才来杭州高新区（滨江）创新创业的“5050计划”的暂行办法（试行）》，进一步鼓励扶持海外高层次人才创新创业，推进基地建设，打造人才特区。目前，创业园已成为海外高层次人才创新创业的重要舞台。

联系方式

地　址：浙江省杭州市滨江区江南大道100号区政府1楼1129室
邮　编：310051
电　话：86-571-87703201
传　真：86-571-87702525
邮　箱：hhtzrc@163.com
网　址：www.hhrc.com.cn

杭州市经济技术开发区留学人员创业园

园区概况

杭州市经济技术开发区留学人员创业园成立于2005年10月。创业园以科技产业园区的建设为支撑，充分依托杭州经济技术开发区的综合优势，全面利用国家级开发区对人、财、物的集聚效应，积极营造与国际接轨、符合国际惯例的留学人员创业软硬件环境。杭州经济技术开发区党工委、管委会专门成立以工委主要领导为组长、各部门负责人为成员的人才工作领导小组和创业园领导小组，建立了人才工作联席会议制度，加强对开发区留学人员创业工作的指导。

创业园着力打造“四优四新”现代产业体系（生物医药、电子信息、食品饮料、装备制造四大优势产业，汽车及零部件、新能源新材料、服务外包及文化创意、现代物流四大新经济产业）的人才创业天堂。杭州经济技术开发区拥有新加坡科技园、高科技孵化器、服务外包人才培训基地等创新创业平台，这些创新创业平台包括以高新技术项目的研发、生产为主体，配套商务中心、金融管理、法律咨询等服务的综合性平台，可以为留学人员科技企业研发、孵化提供完善的共享设施和配套服务。近年来，在省、市有关部门的指导和帮助下，创业园申报的多个留学人员项目获得了杭州市留学人员创业资助资金的扶持。2007年，杭州经济技术开发区出台了《关于加强高层次人才队伍建设的暂行办法》《关于鼓励留学人员来杭州经济技术开发区创业发展的若干意见》《关于鼓励设立博士后科研工作站的暂行规定》等“三大人才政策”体系，设立了1000万元人才发展专项资金。2008年，开发区根据杭州市委、市政府的相关要求，制定了“留学回国人员创业三年行动计划”，通过明确目标、落实责任、开拓创新，建立起招商、工商、税务等部门的定期联络制度，强势推进开发区创业园的建设，为留学人才创业提供“一条龙”服务。为不断健全服务制度，创业园每年都会定期举办留学人员座谈会和联谊会，并通过日常的上门走访、电话访谈、问卷调查等多种形式，在加强与留学人员沟通交流的同时，及时了解留学人员的最新动态以及对创业园建设的合理建议。

目前，创业园已有海外创业人员580名，其中国家和省级创新创业领军人才6名；留学人员创办企业40余家，行业涉及电子信息、生物医药、新能源环保、精密机械等多个领域，已经成为开发区推进科学发展、跨越发展的一支重要力量。

联系方式

地　址：浙江省杭州经济技术开发区学林路1288号
邮　编：310018
电　话：86-571-86794698
传　真：86-571-86878786
邮　箱：chenyaoya@163.com
网　址：www.hedarc.gov.cn

杭州市留学人员拱墅区创业园

园区概况

杭州市留学人员拱墅区创业园成立于2008年8月，由拱墅区与杭州市人事局共同创立，与拱墅区国家级创业服务中心、北部软件园相互依托，实行“三园一中心”统一管理服务模式。

创业园坐落在杭州市中心城区北部，孵化面积20万平方米。依托拱墅区科技功能区的实体平台，创业园为留学人员创业提供政策咨询和扶持、融资、商务、信息交流、场地管理等“一站式”“一条龙”配套服务。留学人员在园区创业可享受的优惠政策包括：资助资金配套，经认定纳入拱墅区科技企业孵化器的可享受区级孵化器相关优惠政策、科技立项企业税收优惠、投资奖励；鼓励技术成果投资，对于办高新技术企业、中介服务企业、文化创意产业业绩突出的给予政府奖励；减免部分房租，优先列为拱墅区杭州市专项经济适用住房的申购对象等。此外，拱墅区出台了《关于印发吸引和鼓励留学人员来拱墅区创业的若干意见（试行）的通知》，实施政府支持、政策配套；拱墅区人事局下属人才交流中心成立了“拱墅区留学人员创业服务中心”，为留学回国人员提供政策咨询、人事代理、项目代理申报、落户以及组织开展文化交流活动等一系列服务。

联系方式

地　址：浙江省杭州市台州路1号区政府大楼1号楼1325

邮　编：310015

电　话：86-571-88259665

网　址：www.hzzjlx.com

杭州市留学人员上城区创业园

园区概况

杭州市留学人员上城区创业园成立于2006年9月，由杭州市人事局与上城区政府联合创建，是杭州市首家位于老城区的留学人员创业园。

创业园自成立以来，以上城区科技创业中心和工业功能区为依托，坚持政府推动与企业主导相结合、政策支持与优化环境相结合，招商引资与招才引智相结合，加大高层次、创新型人才引进力度，加强创业园规模化建设，不断增强创新创业优势，充分发挥了海归群体在构筑区域创新体系中的引领作用，发展成效显著，以促进高新成果转化和自主创新为有效载体，形成了电子信息、生物医药、食品化工为主，创意产业为新内容的发展格局，实现了经济效益和社会效益双丰收。

联系方式

地　址：浙江省杭州市惠民路26号区政府综合楼510室

邮　编：310002

电　话：86-571-87822813

邮　箱：hzscrc@163.com

杭州市留学人员下城区创业园

园区概况

杭州市留学人员下城区创业园暨杭州市大学生创业园（下城）成立于2009年5月31日，由杭州市人事局和下城区政府共同创建，依托于下城区科技创业中心和下城区科技孵化园。

创业园位于下城区星火电子商务产业园内，建筑面积3600平方米，一期建设1200平方米。园区内办公场所、会议室、休息洽谈室、通信网络、员工餐厅、商务中心、员工宿舍、物业管理等工作、生活配套设施一应俱全。为了能给留学人员到下城创新创业营造氛围，创业园不仅为留学生提供包括政策咨询、扶持资金申请、企业登记注册、商务、融资等在内的“一站式”服务，还同时配套出台了一系列优惠扶持政策。

联系方式

地　址：浙江省杭州市下城区东新街道费家塘路588号

邮　编：310004

电　话：86-571-85820625

杭州市留学人员江干区创业园

园区概况

杭州市留学人员江干区创业园成立于2009年12月，由杭州市人事局与江干区政府联合创建，以江干区科技创业中心和江干科技经济园为依托，并逐步向全区辐射。创业中心以吸引创业初期尚处在起步阶段的留学人员企业为主，科技经济园则重点吸引初具规模、具有一定科研与成果转化能力的留学人员企业。

江干区科技创业中心（天城信息产业研发基地、海潮信息产业研发基地）是浙江省科技厅认定的省级重点科技企业孵化器，研发基地位于城市核心商务区，地理位置优越，交通便捷，周边配套设施齐全，浓郁的研发氛围和优良的环境是创业者的理想选择。杭州市江干科技经济园位于杭州城市东部，总规划面积5.05平方千米，是杭州市高新技术产业园和特色城镇工业功能先进单位，已成为拉动江干经济稳健强劲发展的重要平台。园区着重以引进、培育、调整、服务为手段，鼓励企业走“品牌+研发+网络+核心工厂”的发展路子，通过多元招商和项目筛选，引进、培育生物医药、新材料、新能源等高新技术产业，加快高新技术企业的发展。

创业园在充分发挥孵化器和产业基地的高新技术企业培育功能的基础上，集人事、科技、发改、工商、招商、财税、劳动、教育等各职能部门于一体，强化创业服务体系建设，为留学人员来江干创业提供政策咨询、人才人事、融资、公用、商务等“一站式”“一条龙”配套服务。

联系方式

地　址：浙江省杭州市九堡九盛路9号江干科技经济园管委会408室

邮　编：310000

电　话：86-571-86905958

杭州市留学人员西湖区创业园

园区概况

杭州市留学人员西湖区创业园成立于2008年12月，由西湖区政府经市人事局批准设立，以“一街二带六园”及九大科技企业孵化器为载体，初期以西湖科技园、之江文化创意园为基地，逐步向浙大科技园、转塘科技经济区块、西溪文化创意园等园区辐射，建设泛西湖区域的留学人员创业园。

创业园依托西湖区推出六大服务新举措，致力打造一个具有最佳创业环境的创业摇篮。一是为创业企业提供房租补贴和配套设施，同时为创业企业提供共享服务设施，方便创业企业开展商务活动，降低企业运营成本。二是推荐和协助企业申报政府资金扶持计划。设立“西湖区留学生创业专项资金”，给予留学人员创业企业20万元以下一次性创业资助资金，同时积极帮助创业企业申请浙江省各类科技计划项目、杭州市科技创业种子资金项目，解决制约初创企业发展的投融资瓶颈，帮助高科技、高成长性、高附加值创业企业做大做强。三是免费为企业提供人才代理服务。根据企业需求，加强创业企业人才档案管理、人才引进、外地人员进杭落户手续办理等服务工作。四是打造信息服务平台。开设“西湖人才邮箱”、短信服务平台，为创业企业提供便捷、高效的网络信息服务，举办创业者沙龙和创业论坛，为创业企业经理人创造信息交流和思维碰撞的互动平台。五是建立公共技术服务平台。依托浙江大学雄厚的科研技术和完善的设备条件，目前已建成浙江大学国家大学科技园光与电技术开放实验室和浙江大学科技园生物医药技术测试中心，为信息技术、光机电一体化、生物医药、新材料、新能源和生命科学等技术领域的留学人员企业技术研发和分析测试提供便利条件。六是强化创业培训。帮助创业企业联络辖区高校、科研院所及有关培训机构，为创业企业提供政策、管理、金融、税务、法律、市场、财务等方面的培训。

联系方式

地　址：浙江省杭州市浙大路1号
邮　编：310013
电　话：86-571-87935180

杭州市留学人员萧山区创业园

园区概况

杭州市留学人员萧山区创业园成立于2006年1月。创业大厦坐落于杭州市萧山区金融、行政、商务中心区，总面积约8000平方米，配备完善的配套设施，以及会计师事务所、律师事务所、公证处、风投公司、管理咨询公司、生产力促进中心等中介服务机构，可为入驻企业提供全方位服务。

创业园主要针对高科技企业和回国创业的留学人员，通过免租、减租、奖励、资助等手段重点扶持电子信息、生物与医药科技、新型材料、机电一体化、新能源、高效节能与环保等高科技产业。依托得天独厚的区位、环境、政策、产业等优势以及杭州的科技信息、人才资源，营造适合于科技型中小企业发展的优化环境，为萧山培育有市场竞争力的、成熟的高新技术企业。

联系方式

地　址：浙江省杭州市萧山区金城路1038号
邮　编：311201
电　话：86-571-82898583
邮　箱：ljping@xs.zj.cn

杭州市留学人员余杭区创业园

园区概况

杭州市留学人员余杭区创业园成立于2009年3月，由杭州市人事局与余杭区政府共建，由杭州余杭高新技术产业园区创业中心负责管理。

创业园占地7333平方米，建筑面积6800平方米，可供孵化面积5800平方米。以余杭经济开发区（省级高新园区）、仓前高新高教园区余杭创新基地——生态科技岛两个重点集聚地为依托，按实体与虚拟相结合的原则建成，并逐步向全区辐射。创业园以吸引创业初期尚处在起步阶段的留学人员企业为主，基地则重点吸引初具规模、具有一定科研与成果转化能力的留学人员企业。创业园在硬件配套上，拥有公共接待大厅，配有培训室、会议室及休息洽谈室；在软件服务上，设立了留学人员服务办公室和科技项目服务办公室等部门，一对一的为项目发展做好服务。

联系方式

地　址：浙江省杭州市余杭区东湖街道保健路67号
邮　编：311199
电　话：86-571-86223642

杭州市留学人员富阳创业园

园区概况

杭州市留学生人员富阳创业园成立于2009年12月28日，由杭州市人事局和富阳市政府共同创建，是杭州五县市中首家留学人员创业园，以吸引创业初期尚处在起步阶段的留学人员企业为主。创业园依托富阳国家级经济开发区，按照“一园多点多基地”模式，搭建创业平台，完善政策体系，优化服务环境。目前，设有杭州市留学人员富阳创业园银湖科创总部、杭州市留学人员富阳创业园东洲分园、杭州市留学人员富阳创业园杭科院分园。2013年12月，经浙江省人力资源和社会保障局批准成为省级留学人员创业园。

创业园位于东洲街道，拥有5000平方米的创业孵化楼，集工作、休闲、娱乐于一体，设有会议室、报告厅、展示中心、商务中心等开放设施，并且提供税收、土地、资金、用房等各方面的优惠待遇，为园区企业提供全方位、全过程的优质高效服务。2010年4月，杭州市留学人员富阳创业园生物医药基地正式成立，是创业园设立的首家留学人员专业性创新创业孵化基地。基地的建立，可以有效地满足生物医药科研项目的环境孵化需求，加快生物医药项目落地转化步伐，更好地实现留学人员和企业互利双赢。

联系方式

地　址：浙江省富阳市江滨东大道138号
邮　编：311499
电　话：86-571-87196586，87196588
邮　箱：hzfylcy@163.com

宁波保税区留学人员创业园

园区概况

宁波保税区留学人员创业园成立于1999年9月，由浙江省人事厅、宁波市人事局、宁波保税区管理委员会联合组建，是目前我国唯一一家设在保税区内的留学人员创业园。2000年10月，被国家科技部、人事部、教育部和国家外国专家局批准为首批9家国家留学人员创业园示范园区之一；2001年12月，被团中央、全国青联授予“中国青年海外学人创业基地”；2005年7月，被命名为2004年度宁波市“青年文明号”，并经国家人事部批准设立了区域博士后科研工作站；2006年，被授予“国家高新技术创业服务中心”称号。

创业园已建成并投入使用创业大楼3栋，拥有创业孵化场地总面积13.7万平方米，目前已转让给孵化毕业企业9.1万平方米。创业孵化场地配套齐备，拥有学术交流、网络教学、商务接待、样品展示等综合服务设施和各类文体休闲娱乐设施及人才公寓等生活服务设施，大部分设施均供创业企业免费使用。10多年来，除硬件设施建设投入外，区管委会累计投入创业平台运作经费4000多万元，投入种子孵化资金3000多万元，获得上级科技经费资助8300多万元，累计转化科技成果360多个；在孵企业和毕业企业共获得各级各类科技计划立项项目280个，承担并完成国家科技计划项目53个，拥有发明专利80多件。同时，创业园形成了具有自身特色的“三级孵化模式”（即成果孵化、创业孵化、实现产业化）和“六大服务体系”（由创业支撑服务、政策信息服务、人力资源服务、后勤保障服务、创业融资服务、科技合作服务构成）。

联系方式

地　址：浙江省宁波市保税区大厦6楼
邮　编：315800
电　话：86-574-86865661
传　真：86-574-86869112
邮　箱：zjie@nftz.gov.cn

宁波高新区留学人员创业园

园区概况

宁波高新区留学人员创业园经宁波市人事局批准成立于2001年2月。创业园原与宁波市科技创业中心实行“两块牌子，一套班子”合署运营，2002年12月，被国家科技部批准为国家高新技术创业服务中心；2003年12月，被浙江省人事厅批准为浙江省留学人员创业园；2004年2月，被国家科技部创新基金管理中心正式列为创新基金小额资助依托机构；2005年10月，成为国务院侨办的重点联系单位；2006年4月，成为科技部火炬中心全国16家国际科技合作依托机构之一；2007年4月，成为宁波市科技创业孵化协会会长单位；2007年，成为国家人事部与宁波市人民政府共建的中国宁波留学人员创业园；2010年3月，被科技部列为国家大学生科技创业见习基地试点单位；2011年1月，荣获省级文明单位称号；2013年，宁波市科技创业中心、宁波研发园合并成立宁波创新创业管理服务中心，单位行政级别由处级事业单位升格为副局级事业单位，创业园隶属服务中心管理。近10年来，创业园不断完善孵化设施建设、优化海外人才创业平台服务功能，已成为区域科技自主创新，培育高新技术产业，吸引海外高技术人才来宁波创业的重要载体。

创业园创业大厦建筑面积3.07万平方米，按智能化要求建造，网络宽带千兆到大楼，孵化场地宽敞，拥有学术报告厅、会议中心、电子阅览室、商务中心、咖啡厅、商场等配套设施。2009年，建成10万平方米标准厂房并投入使用，为留学人员创业企业提供后期产业化基地，现已形成了以人才创业为核心，项目孵化、企业加速、规模上市一体化的递进式孵化服务体系。

联系方式

地　址：浙江省宁波国家高新区光华路299弄19号302室
邮　编：315040
电　话：0574-87914605
传　真：0574-87907758
邮　箱：236840571@qq.com
网　站：www.nbiip.com

宁波经济技术开发区留学人员创业园

园区概况

宁波经济技术开发区留学人员创业园成立于2000年5月，是专供海外留学人员回国从事科研、开发、生产的创新基地，旨在充分发挥国家级开发区的综合功能优势，鼓励和吸引国内外优秀科技人才创新创业，促进高新技术成果产业化，为区域的长远发展提供充分的人才支撑、技术支撑和项目支撑。创业园先后被评定为“国家高新技术创业服务中心”“浙江省留学人员创业园”“浙江省国际服务外包示范园区”。2002年5月，被中华全国侨联授予“科教兴国示范基地”称号。创业园采用独特的“一园多基地”组建模式，同时设立留学人员创业园、宁波国际软件园开发区基地、智能装备研发园。其中，智能装备研发园是北仑区着力打造的工业机器人专业孵化器，也是建设北仑国家智能装备高新技术产业化基地的核心和枢纽。

创业园创业大厦高8层，采用智能化综合布线系统，适合不同产业的科技企业从事研发、办公。标准厂房高三层，空间布局灵活，便于分隔，适合不同产业的科技企业入驻从事研发、中试和生产。同时，园区高标准地配备了相关基础设施，留学人员、科研人员、国内外中小型科技企业以及科研院所、大专院校等均可在创业园设立外资企业、中外合资（合作）经营企业和内资性质的各类有限责任公司，享受各级政府及开发区管委会提供的优惠政策。

目前，创业园累计入驻各类科技型创业企业500余家，其中留学人员企业70家；引进各类人才1500余人，其中海外留学人员250余人，30余名留学归国人才入选国家和地方领军人才计划。

联系方式

地　址：浙江省宁波市北仑明州西路477号
邮　编：315800
电　话：86-574-86783582
传　真：86-574-86783589
邮　箱：zhangliang@mail.netd.gov.cn
网　址：www.nbcyy.com

宁波江北区留学人员创业园

园区概况

宁波江北留学人员创业园（宁波海外人才江北创业园）成立于2009年11月，是由宁波市人事局批准的首家海外人才创业园。创业园由宁波蓝野医疗器械有限公司等4家民营企业投资建设的江北区中部科技创业服务有限公司进行管理，与宁波海外人才江北创业中心以“两块牌子、一套班子”的方式运营，为传统的园区建设管理模式注入了新的活力。

创业园位于江北区洪塘街道核心商业中心，毗邻杭州湾跨海大桥连接线进入宁波的第一个出口，地理位置优越。园区拥有五幢办公楼和厂房，总建筑面积8700平方米，绿化率达45%，并配有一系列软硬件设施。创业园是宁波唯一一家政府指导下企业化运作的留创园，拥有一支高效的服务团队，为企业提供工商注册、入驻全程包办、企业包装、企业科技项目申报指导、创业指导、人才招聘、知识产权咨询、科技成果推介和技术专家咨询等一系列完善的服务。资深瑞典籍、法籍商业顾问长期入驻园区，扶持留学生和其他外资企业入驻园区发展，提供多语种咨询和服务。

目前，创业园已形成了以牙科设备的研发制造和销售为主业，牙科文化和牙科教育为两翼的产业格局，入驻企业20多家，聚集人才600余人。创业园正以其鲜明的特色、完备的服务、温馨的文化氛围以及显而易见的孵化潜力，成为海外人才创业和区域科技发展的亮点。

联系方式

地　址：浙江省宁波市江北区洪塘街道长阳路35号
邮　编：315033
电　话：86-574-55003300
传　真：86-574-55003300
邮　箱：incubator@cn4311.com

宁波镇海区留学人员创业园

园区概况

宁波镇海区留学人员创业园于2007年12月经宁波市人事局批准设立，是宁波市11个县（市）、区中首家市级留学人员创业园。

创业园坐落于风景优美的宁波市高教园区（北区）宁波市大学科技园内，该区块毗邻中科院材料所、宁波大学、宁波工程学院等科研院所和高等院校，被规划为未来宁波市的高端研发机构集聚基地、科技创新创业孵化基地、高新技术产业化基地、创意产业基地和留学人员创业基地。创业园所在的科技创业大厦建筑面积2.6万平方米，集研发办公、创业孵化、展示交易及专业市场等综合功能和一流物业管理于一体，为包括留学人员在内的人才创业发展提供良好的平台。

目前，创业园已建设成为集技术创新、高新技术企业孵化、创新人才培育、科研成果产业化等四大功能为一体的新型园区，拥有国内著名大中型企业40多家。

联系方式

地　址：浙江省宁波市镇海区胜利路112号
邮　编：315200
电　话：86-574-86681188
传　真：86-574-86256470
邮　箱：zhdxscyy@163.com

宁波鄞州区留学生创业园

园区概况

宁波鄞州区留学生创业园是成立于2008年12月，是鄞州“人才强区”战略的一个重要组成，是鄞州区首家国家级科技企业孵化器和首个省级海外高层次人才创业创新基地，经过10余年时间的发展壮大，已成为海外高层次人才落户鄞州的人才高地。创业园与鄞创国家级孵化器整合发展，资源共享，采用“一套班子、两块牌子”的操作模式，充分发挥政府主导运作、鼓励企业参与建设的导向，实行“政府引导、企业化管理、专业化运作”的建设模式，管理运营单位为宁波市鄞创科技孵化器管理服务有限公司。管理单位性质为国有控股公司，一方面政府通过国有企业的大股东地位主导孵化器的发展方向，另一方面按现代企业制度来经营、运作孵化器，保持其发展活力，形成了“孵化器—加速器—产业园”可拓展可持续的发展空间以及连续性的配套政策支持，打造具有“鄞州牌”特色的科技企业孵化器和留学人员创业园。

创业园总孵化面积14万平方米，地处市区核心区域，商务及公共交通服务配套齐全，主要引进新一代信息技术、新材料、智能制造等高新技术项目。目前，园区已构建形成五大服务体系：（1）创业辅导服务。定期组织开展创业辅导培训会、创业沙龙等活动，为企业提供政策宣讲、项目申报、营销技能等辅导培训，拥有联络员、辅导员、创业导师“三位一体的创业保姆式服务。（2）是技术转移服务。园区配套引进了3D打印众创平台、激光与光电领域专业服务平台，为企业提供激光与光电技术相关公共技术服务。与宁波大学等高校院所、技术转移机构开展合作，依托依托鄞州区政产学研服务联盟平台、宁波激光与光电技术研究所等平台，为企业解决技术难题。同时，争取到鄞州区“创新券”政策优先向园区企业倾斜，鼓励企业利用全省科研平台。（3）市场推广服务。定期开展企业营销技能培训，提升企业营销能力；组织企业参加“浙洽会”“广交会”等各类大型展销会，拓宽企业营销渠道；给予处于市场推广、订单生产阶段的企业科技贷款支持，确保资金到位；多举措帮助小微企业快速打开销路。重点企业由专业营销机构“一事一议”给予辅导。（4）人力资源服务。建立了“在线招聘+组团异地招聘+本地高校招聘”的企业人才招聘服务机制。与智联招聘网站签订战略合作协议，为企业在线“团购”人才；定期打包企业需求赴省外开展人才招引活动；定期组织企业赴本地高校现场招聘人才，定期组织企业参加省级孵化协会组织的专场人才招聘会。（5）企业导师服务。从高校、科研院所、成功毕业企业和区内高新技术企业当中，挑选组建50余人创业导师队伍，组建了技术导师、行业专家和服务导师三类创业导师，分别为企业提供技术研发帮扶，行业指导和渠道帮扶以及专业的科技中介服务，定期通过创业导师“一对一”门诊活动开展创业导师服务。同时，在鄞州区留创园中专门设立了海外留学人才服务中心，为海外留学人才提供政策咨询、人事代理、权益维护等服务。相继在园区发起成立了鄞州区海归俱乐部、鄞州区留学归国人才创业共促会，定点定期开展交流，打造联系、服务留学归国创业人员的纽带和桥梁。

目前，园区内集聚了留学人员企业80余家，吸引了120余名留学人员来园创业发展，其中，20余人入选国家和地方人才引进计划，为带动地方经济发展作出了积极的贡献。

联系方式

地　址：浙江省宁波市鄞州区学士路298号
邮　编：315100
电　话：86-574-89256715
传　真：86-574-89256707
邮　箱：568146955@qq.com
网　址：www.yzbi.com.cn

宁波（浙江慈溪出口加工区）留学生创业园

园区概况

宁波（浙江慈溪出口加工区）留学生创业园于2008年8月经宁波市人事局批准设立，由慈溪市和杭州湾新区共同投资建设，受杭州湾新区科技创业服务中心管理。

创业园占地面积4万平方米，建筑面积3.86万平方米，总投资1.2亿元，由服务外包产业基地、高端研发机构集聚基地、科技创新创业孵化基地、高新技术产业化基地四大基地和一个博士后工作站、一个院士工作站组成，是一个以应用型开发为主，兼具孵化、中试、商务办公及娱乐休闲为一体的综合性公共服务平台。创业园主要扶持的产业包括创意设计、广告策划、电子信息、生物医药、新能源新材料、机电一体化、环保节能等高新创新产业。创业园依托杭州湾新区的区位优势和政策优势，全力吸引慈溪及周边地区海外留学人员回国创业，打造宁波市人才智力引进的又一个重要平台。

联系方式

地　址：浙江省慈溪市杭州湾新区兴慈一路1号
电　话：86-574-63071029
传　真：86-574-63071000
邮　箱：office@cepz.ningbo.gov.cn

温州留学人员创业园

园区概况

温州留学人员创业园是2002年7月经国家人事部批准，由人事部与温州市人民政府共建的国家级留学人员创业园。2003年12月，创业园被中国侨联列为全国第二批23个“科教兴国示范基地”之一。

创业园坐落在温州高新园区黄金地段，紧邻温州市行政中心区和城市“绿色之肾”三垟湿地。创业园拥有设施齐全的花园式办公及生产用房9万平方米，以及完善的后勤服务设施，并提供特殊优惠政策和优质高效服务，为海外归国留学人员创造一个良好的创业环境和创业平台，吸引留学人员回国创办科技型企业。

联系方式

地　址：浙江省温州市龙湾区中兴大道高新技术产业园
邮　编：325000
电　话：86-577-81581002
传　真：86-577-86581003
邮　箱：4718199@qq.com
网　址：www.wzbi.com

嘉兴留学人员创业园

园区概况

嘉兴留学人员创业园于2000年7月与嘉兴科技创业服务中心同时挂牌成立，实行“两块牌子、一套班子”的管理运营方式，2006年，成为由嘉兴市科技局、嘉兴市人事局、嘉兴高新技术产业园区管委会和浙江省留学生工作站联合共建的省级创业园区。创业中心是浙江省嘉兴市首家国家高新技术创业服务中心，先后被认定为“国家高新技术创业服务中心”“浙江省小企业创业基地”“浙江省重点科技企业孵化器”“嘉兴市海外创新创业人才基地”等。

创业园坐落于国家级浙江嘉兴经济开发区内，交通便利，紧邻高教园区，占地近13.4万平方米，规划孵化面积18.6万平方米，拥有1幢科技大楼，1幢创业大厦，17幢标准孵化楼，共12万多平方米的孵化及加速场地，集孵化器与加速器于一体，满足企业从初创期到成长期对孵化场地的不同需求。创业园以“创造环境、孵化项目、培育企业、造就人才”为宗旨，利用各项优惠政策，通过有效服务，为入驻企业提供租金扶持、创业指导、中介咨询、项目申报、培训服务、人才服务、融资服务、研发支持等创业服务，努力打造科技企业的摇篮、技术创新的基地、科技创业的舞台。

目前，创业园入驻孵化企业累计近300家，培育了省、市级高新技术企业40余家，现有在孵企业140余家，在园创业和从业人员2000多人。

联系方式

地　址：浙江省嘉兴市城南路1369号
邮　编：314031
电　话：86-573-82651772
网　址：www.jxbi.com

嘉兴科技城留学人员创业园

园区概况

嘉兴科技城留学人员创业园成立于2003年12月，是嘉兴市政府根据浙江省政府“打造环杭州湾先进制造业基地”、实施“引进大院名校共建创新载体”的战略要求而设立的。

创业园设在南湖科技创业中心，5万平方米孵化园已全面投入使用，构筑起了以浙江清华长三角研究院、中国科学院嘉兴中心为核心，以软件园、通讯园、芯片园、新材料园、生物园、孵化园为主体的高新技术产业创业群的“双核六园”创新创业发展格局。

创业园为海外高层次留学生的创业营造了良好的创业氛围，积极贯彻嘉兴市政府出台的《关于进一步加强高层次人才和智力开发工作的若干规定》《关于鼓励引进海外高层次留学人才的若干规定》等7个政策和南湖区政府制定的《关于进一步加强人才队伍建设的若干规定》等一系列政策措施，通过科技创新种子资金、留学人员创业补助基金等，为留学人员投资创业创造了一流的环境。

联系方式

地　址：浙江省嘉兴市南湖区凌公塘路3339号
邮　编：314006
电　话：86-573-83915021，83915022
邮　箱：jiaxing812@hotmail.com

嘉善留学人员创业园

园区概况

嘉善留学人员创业园设立于2006年，是由嘉善县人民政府全额投资的公益性科技服务机构，与嘉善科技创业服务中心合署办公。2006年6月，被浙江省人事厅认定为省级留学人员创业园，是浙江省首家设立在县一级的省级留学人员创业园；同年12月，被浙江省人事厅定为省级博士后试点工作单位。

创业园占地面积7.5万平方米，总投资1.6亿元，规划建筑面积6.3万平方米。一期投资7500万元，建设孵化用房3万平方米，公寓房、报告厅和食堂等7000平方米。已建成的中心分为三个区域，包括东区为5栋孵化楼，主要是新型材料和电子信息项目的孵化区；中区为综合孵化楼，用于综合项目、软件企业的孵化和服务管理机构用房；西区为后勤服务区。园区内硬软件配套设施齐全，整个园区实行双回路供电，装备了监控系统、一卡通系统、广播系统等，网络实现“千兆到中心、百兆到桌面”。中心配有大小不等的会议室、计算机教室、接待室、可容纳200人的报告厅，是中国长三角地区规模较大、设施齐全的综合性孵化园。

嘉善县政府为了增强地方科技创新能力，发展高新技术产业，每年安排2000多万元科技专项经费，重点扶持高新科技企业的发展，并降低创业者的创业风险和创业成本推出了多项扶持政策。同时，创业园为入驻企业提供商务、融资、信息、咨询、培训、技术开发与交流、国际合作等多方面的服务。为扶持入驻企业快速成长，从入驻项目的洽谈，到评审、签约、入驻、种子资金初审和考核等，制定了一整套的服务和管理制度。

创业园目前已吸纳了众多留学美国、德国、加拿大、日本等国的留学归国人员学者出资创办企业，入园项目主要涉及电子信息、软件开发、生物医药和新材料等高科技产业。

联系方式

地　址：浙江省嘉兴市嘉善县晋阳东路568号
邮　编：314100
电　话：86-573-4228239
传　真：86-573-4228250
邮　箱：office@fhq.zj.cn
网　址：www.fhq.zj.cn

湖州留学人员创业园

园区概况

湖州留学人员创业园成立于2001年，由浙江省留学生工作站、湖州市人事局、湖州高新技术园区管委会共同组建，与湖州经济技术开发区、湖州高新技术产业园区合署办公。2002年5月，经浙江省人事厅批准升格为省级园区。

创业园位于湖州市西北部，地处湖州经济技术开发区、湖州高新技术产业园内，规划面积20万平方米，分为研发和创业投资两个区块。依托经湖州开发区的通信、电力、能源、污水处理等资源优势，创业园按照市场经济的运作要求，建立了与国际接轨的经济运行体制，土管、城建、财政、公安、工商行政管理等市级职能部门在开发区设立了分局，对园区内企业实行全过程“宾馆式”服务。

建园之初，创业园就以吸引留学人员发展高新技术产业为目的，紧紧围绕“高科技、产业化”的发展方向，着力推进技术创新和科技进步，积极鼓励企业以实施高新技术项目和产品为准绳，企业技术创新势头强劲。创业园着力吸引具有较高技术含量的留学人员企业入驻，并设立了科技创业基金，每年安排100万元重点支持高科技企业产业化和海外留学人员创业项目产业化。此外，创业园规划建设了南太湖科技创新中心、生物技术产业化公共平台，旨在更好地服务留学人员创新创业。南太湖科技创新中心总建筑面积30余万平方米，建设了生物技术、环保技术、电子信息技术等科技产业化公共平台；生物技术产业化公共平台一期建设细胞基因生物技术和抗体技术两个相关技术研究及产业化中心，分别由相关生物技术企业及技术团队为主建设。同时，在园区建设发展的过程中，创业园借助长三角人才开发一体化的大好发展机遇，积极开展与留学人才的交流与合作，与其他兄弟城市协作，进一步扩大园区的影响力。

联系方式

地　址：浙江省湖州市龙溪路208号
邮　编：313000
电　话：86-572-2101018
传　真：86-572-2101753
邮　箱：kfqgw@mial.huptt.zj.cn
网　址：www.hetd.gov.cn

吴兴留学人员创业园

园区概况

吴兴留学人员创业园成立于2008年3月。2010年10月，被认定为浙江省留学人员创业园吴兴园区，是湖州市唯一一家同时拥有“国家级科技企业孵化器”和“省级留学人员创业园”的科技创新创业平台。2015年10月，经国家科技部考核，被列为湖州地区唯一的A类国家级科技企业孵化器，同年12月，被评为“省级现代服务业集聚示范区”。

创业园总占地21.3万平方米，建筑面积25万平方米，是湖州市产业功能布局完备、配套设施相对齐全的园区之一。创业园以“打造纵向生态链、拓宽横向服务面、打造总部经济圈”为发展宗旨，以“一核多园+平台”为构建模式，即以吴兴区科技发展公司为核心，以吴兴众创空间、吴兴科技创业园、高新区产业园为载体，同时加速集聚EBD总部自由港等平台，并辐射多媒体产业园、七幸孵化器等民营孵化器。

创业园累计孵化留学人员企业35家，目前有在园留学人员企业30家，主要分布在新材料、信息经济、生物医药等行业领域。园区主要发展的特色产业是以现代智慧装备与新材料科技研发服务业为核心，信息服务业与创意设计产业为引领，以“互联网+”的理念指导并推动全区产业创新发展。

联系方式

地　址：浙江省湖州市吴兴区戴山路1888号（吴兴科技创业园）D幢705室

邮　编：313028

电　话：86-572-2282122，2282635

邮　箱：525241756@qq.com

南浔留学人员创业园

园区概况

南浔留学人员创业园成立于2011年10月，2014年，经浙江省人力资源和社会保障厅批准，升格为浙江省留学人员创业园南浔园区。创业园按照“科创园+孵化基地+中试基地+产业化基地”的“一园三基地”模式运作，以规划先行为龙头，以平台建设为抓手，以引领产业为支撑，以有效投入为保障，通过夯实基础配套建设、完善政策保障体系、健全海外引才服务等措施，加强留学人员创业载体建设，优化南浔创业环境。2013年，获得“湖州市海外高层次人才创业创新基地”称号，被浙江省科技厅认定为省级科技企业孵化器。

创业园占地1万平方米，总投资约2亿元，园内基础设施完善，服务功能健全，配备办公研发场所、中试产业化标准厂房、人才公寓等，为入驻企业提供政策咨询、信息与管理咨询、项目洽谈、立项申请、工商注册、税务登记、财务管理、法律事务、项目推介等全方位服务。

联系方式

地　址：浙江省湖州市南浔区南浔镇朝阳路666号

邮　编：313009

电　话：86-572-3013686

传　真：86-572-3013686

邮　箱：nx3013686@163.com

绍兴留学人员创业园

园区概况

绍兴留学人员创业园经浙江省人事厅批准于2004年4月成立，位于绍兴袍江工业区科技企业孵化中心内，与科创中心合署办公，是绍兴市区唯一的一家省级留学人员创业园。创业园依托绍兴袍江工业区的软硬环境和多年来形成的健全服务体系，为广大留学人员、博士等高层次人才创业和发展提供政策指导、优惠政策、投融资服务、管理咨询、培训等全方位的服务，在局部构建一个优化的创业环境，以吸引海内外学人前来进行科技成果转化，培育具有一定竞争能力的高新技术企业和高素质的科技型企业家。

创业园内基础设施完善，拥有研发用房及智能化科技孵化大楼1.8万平方米，水、电、宽带等各项配套设施完备，并具有多功能展示厅、会议室、洽谈室、培训中心、人才公寓等。创业园成立以来，积极通过组织和参加各种博士、留学人员座谈会，走访全国重点院所、院校等形式，为入园企业拓展资源，开辟发展空间。

联系方式

地　址：浙江省绍兴市袍江工业区教育路66-9号

邮　编：312000

电　话：86-575-88132889

传　真：86-575-88132889

邮　箱：wuyan020@163.com

金华留学人员创业园

园区概况

金华留学人员创业园成立于2003年6月，由金华省级高新技术产业园区管委会与金华市人事局共同创建。为培育和提升企业的自主创新能力，高新区管委会构筑了一套功能完善的技术创新服务体系和健全的管理服务机制，并依托金华科技园创业服务中心的孵化场地和共享设施，为企业自主创新提供强有力的人才引进、技术研发与合作平台，使创业园建设取得跨越式发展。2005年，经浙江省人事厅批准成为省级留学人员创业园。金华科技园创业服务中心成立于2001年3月，目前已建成6个孵化基地，场地面积5万平方米，孵化器规模名列浙江省前茅。2005年，被评为国家级高新技术创业服务中心。创业中心可为留学人员创业园在孵化场地、办公、研发、生活和园区信息化等方面提供配套齐全的共享设施，在企业孵化、科技创新、成果转化等方面提供全方位的配套服务，成为留学人员强有力的创新、创业支撑体。

创业园充分利用中科院金华科技园、浙江网上技术市场“工科会”等科技合作与人才交流平台，推动园区企业与院校所开展科技合作和引进人才；积极筹办“金华籍博士故乡行”、海外博士科技成果展示交易会、海外博士科技信息发布会和海外博士座谈会等活动，吸引留学人员来园区创业。为解决企业在引进技术、管理、技能人才方面的困难，创业园还成立了博士后科研工作站，与金华职业技术学院建立了全面合作关系，建立起一套多层次的人才引进体系。

近年来，创业园充分利用海外留学人员在技术、观念、管理、市场等方面的优势，培育一批高科技企业，留学人员创业园发展呈现出“一快三高”的特点，即增速快、创业人员素质高、发展产业档次高、孵化项目科技含量高。留学人员企业涉及电子信息、生物医药、机电一体化、环保、新材料等高新技术产业，为高新园区已成规模的电子信息、生物医药、汽车及配件、机电一体化及新材料四大特色产业提供了量的补充和质的提升，并涌现出了一批技术含量高、销售前景广阔的高新技术产品。

联系方式

地　址：浙江省金华市双溪西路620号
邮　编：321017
电　话：86-579-83183913
传　真：86-579-83183913
邮　箱：7427098@qq.com
网　址：www.jhcy.cn

舟山留学人员创业园

园区概况

舟山留学人员创业园由浙江省人力资源和社会保障厅于2012年11月批准建立。创业园位于浙江舟山群岛新区新城，背依舟山行政中心，面向浩瀚的大海，占地面积约66.7万平方米，是中国（舟山）海洋科学城的核心组成部分。

创业园充分依托舟山作为群岛新区的发展优势，吸引一流研发机构、科技型企业和高素质人才入驻，是舟山新区发展的创新园、高端人才的集聚地。园区重点打造海洋科技研发产业集群（海洋资源研发、涉海基础设施工程研发、数字海洋信息应用研发）和海洋电子信息产业集群（船舶及海工电子、海洋地理信息、海洋创意及信息服务），并根据区位功能分为启动区、核心区和综合区。其中，启动区块布局涉海科技研发中心、海洋电子信息产业示范中心、工业设计中心、科技创业创新服务中心和孵化器等；核心区块以园中园模式设置海洋科技研发园、海洋产业示范园和集聚院士工作站、博士后工作站及留学人员创业中心的创新创业园。

联系方式

地　址：浙江省舟山市新城体育路18号
邮　编：316021
电　话：86-580-2291909
传　真：86-580-2291900
邮　箱：zskc@zskc.gov.cn

台州留学人员创业园

园区概况

台州留学人员创业园成立于2010年，由台州市人力资源和社会保障局、台州经济开发区牵头组成创业园办公室，负责优秀留学人员入园创办的企业相关事项的协调落实，台州经济开发区管委会具体负责创业园的建设和管理工作。

创业园重点引进汽车零部件、新材料、装备制造业、金融、商贸、现代商务、电子商务、文化创意等各类产业。优秀留学人员入园创办企业和研发机构，可享受《台州市海外优秀人才引进计划实施办法》规定的各项优惠政策，如实施产业化生产后，3年内企业所得税形成的地方财政收入部分，全额奖励给企业用于研发或扩大生产；给予创办企业或作为企业主要股东的优秀留学人员，相当于在该企业实施产业化生产后3年内所缴纳的个人所得税地方留成部分总金额的一次性奖励等。

联系方式

地　址：浙江省台州市东环大道五联大厦3楼
邮　编：318000
电　话：86-576-88530327
传　真：86-576-88538888
邮　箱：tzslcy999@163.com

安徽省

合肥留学人员创业园

园区概况

合肥留学人员创业园成立于2000年6月，经安徽省人民政府批准设立，由安徽省科技厅、省人事厅、省教育厅、合肥市人民政府、合肥国家高新区管委会联合创办。2001年，被科技部、人事部、教育部确定为“国家留学人员创业园示范建设试点单位”；2008年5月，被国家人事部正式授牌“中国合肥留学人员创业园”，成为安徽省第一家省部共建的留学人员创业园。

创业园依托合肥高新区优良的软硬环境，经过10多年的运作发展，孵化设施已配套完善。创业园以项目引才、政策引才、外出引才等方式，大力引进海外留学人才，并形成了较为健全的创业服务体系，为留学人员创业和发展提供政策咨询、优惠待遇、投融资服务、人才培训、合作交流、企业发展战略指导、物业管理等全方位、全过程的优质高效服务。目前，创业园已经成为海外留学人才科技创新、智力创新的高地，在实施高新区“二次创业”、打造“千亿”园区的战略中，为经济社会发展作出了积极贡献。

联系方式

地　址：安徽省合肥市望江西路860号307室
邮　编：230088
电　话：86-551-5869520
邮　箱：yimingfan888@yahoo.com.cn
网　址：www.hefei-stip.com.cn

留学人员芜湖创业园

园区概况

留学人员芜湖创业园成立于2003年4月，是经安徽省人民政府批准成立的科技服务机构。创业园与芜湖高新技术创业服务中心合署办公，并由创业中心负责运营。创业园先后获得“国家级科技企业孵化器”“大学生科技创业见习基地”“部省共建留学人员创业园”“国家级示范生产力促进中心”“科技创业孵化链条建设示范单位”“安徽省创业富民基地”“中国科协海外智力为国服务行动计划工作基地”“安徽省小微企业创新创业基地”等称号。

创业园总占地面积10万平方米，已建成建筑面积11万平方米，拥有全国首个发明创业工场和全省首家大学生创业苗圃，建成全省首家高新科技众创空间——银湖创客岛，及专属智能硬件培养基地——创星空·蓝宙创客空间。创业园致力于引进留学归国人才，建立了一整套服务体系，从申请孵化、申办企业、产品鉴定到成熟毕业，提供全过程、全方位的服务，并设置了人才交流培训、法律咨询、商务信息、财税代办、产品质量检测等服务机构。

创业园积极融入"长江经济带"发展战略，构建"技术+平台+资本"的创业生态，累计引进企业451家，现有在孵企业124家，毕业企业119家；引进高层次创业人才1986人，其中博士111人、硕士298人，享受国务院特殊津贴专家5人，成功培育"国家特聘专家"2人、安徽省"百人计划"3人；4家企业成功登陆安徽省科技创新板，2家企业在新三板成功挂牌。

联系方式

地　址：安徽省芜湖市经济技术开发区银湖北路
邮　编：241009
电　话：86-553-5848089
传　真：86-553-5848005
邮　箱：whcyzx@163.com
网　址：www.whgkc.com

留学人员马鞍山创业园

园区概况

留学人员马鞍山创业园于2007年8月成立，创业园与马鞍山市高新技术创业服务中心合署办公，由市科技局、市人社局、市经开区管委会共同组建。其中，市人社局负责留学生身份资格审定工作；市经开区管委会负责创业园内涉及开发区相关事宜的协调落实工作；市科技局科创中心负责创业园日常管理工作。创业园的宗旨是广泛吸引优秀海外留学人员携带国外先进管理经验和科技成果回国创业，为回国创业人员营造宽松的创业环境，营造机制创新和技术创新氛围，在其创业阶段给予孵化场所、政策和资金支持，并提供创造发展条件和指导性管理、项目管理、人才培训、投融资等综合服务，为留学人员回国施展才华、创业发展提供平台，促进高新技术转化，是实施科技兴市和人才强市战略，实现经济可持续发展的综合性智能化的创业基地。历年来获得的荣誉资质有生物芯片国家工程研究中心马鞍山分中心、科技部科技型中小企业技术创新基金申报服务机构、中国留学人员创业园联盟理事单位、安徽省科技企业孵化器协会常务理事单位、马鞍山市人才工作先进单位、中国科协"海智计划"安徽（马鞍山）工作基地留学人员创业园工作站等。

创业园位于马鞍山市经济技术开发区内。毗邻江苏南京市，距离南京禄口国际机场仅38千米，距离南京南站40千米，通讯发达、交通便利、环境优美，是研发创业、投资发展的理想场所。创业园占地1.33万平方米，建筑面积8464平方米，大楼为7层结构，配有公寓式工作单元27间、生产办公用房30间等。在服务项目方面，创业园为留学生企业提供多功能报告厅、展示厅、会议室、商务中心、网管中心、餐厅等公共服务设施，为入园企业提供舒适、便利、完善、安全的工作环境。创业园为留学人员创业企业提供物业管理、商务、政策咨询、企业培训、投融资、招才引智等"一站式"服务。此外，鉴于留学创业人员不熟悉国内政策与金融环境的特殊情况，创业园积极落实政府各项优惠政策，提供场地资金减免、创业咨询等服务。

联系方式

地　址：安徽省马鞍山市经济技术开发区红旗南路88号
邮　编：243000
电　话：86-555-8323440
邮　箱：1370647855@qq.com

留学人员淮北创业园

园区概况

留学人员淮北创业园成立于2014年，是以安徽海聚信息科技有限责任公司为主体，由淮北经济开发区、市人社局共同创建的高科技创业园。

创业园设在淮北经济开发区龙湖高新技术产业园区内，总占地面积8万平方米，拥有孵化场地约3万平方米，一期项目总建筑13.4万平方米，项目总投资5亿元。创业园以丰富的人才储备为根本，以完善的投资环境为依托，整合各大产业资源和优势，将人才、技术、电子信息等资源与淮北的区域功能、政策优势、产业优势、企业集群效应相结合，加快高新技术成果转化，为留学人员提供创业的平台。为实现创业园更高水平发展，淮北市出台《打造"百亿海聚"行动计划》等一系列优惠政策，成立了以市政府主要领导任组长的淮北市海聚创业园领导小组，从项目资金、人才招聘、资金投入等方面提供支持，多措并举力争创建安徽省一流的留学回国人员创业园。

联系方式

地　址：安徽省淮北经济开发区新区滨河路
邮　编：235000
电　话：86-561-3199500

留学人员安庆创业园

园区概况

留学人员安庆创业园成立于2006年8月，经安徽省人民政府批准设立。创业园围绕"活力安庆"的目标，积极引进包括留学回国人员在内的各类人才，重点鼓励汽车零部件、生物制药、电子信息、光机电一体、精细化工、新能源新材料等高新技术项目入园发展。

创业园坐落在安庆经济技术开发区的中心区域，建筑面积9万平方米，已建成首期创业基地5000多平方米。创业园提供"一条龙"的优质服务，包括接待留学创业人员，提供咨询服务和创业辅导；为进园企业提供政策指导、优惠政策、投融资、企业发展战略指导、物业租贷等全方位、全过程的创业服务；提供注册登记、项目申报、财务代理、人事代理、物业管理、网络通信等系列服务；提供办公（部分免费）、生产、商务洽谈、会议接待、产品展示等场所；协助申报高新技术产品、“火炬计划”、科研成果等认定、科研项目的资助经费等。留学人员进园创业，可享受的优惠政策包括创新奖励、税费减免、资金扶持、房租减免、科研经费补助、用地扶持等。

联系方式

地　址：安徽省安庆市经济技术开发区天柱山路80号

邮　编：246005

电　话：86-556-5317981

邮　箱：aqlxcyy@163.com

福建省

福建留学人员创业园

园区概况

福建留学人员创业园成立于1998年11月，由福建省公务员局、福建省人力资源开发办公室主管，福建省留学人员创业园管理中心是创业园的管理部门。2000年10月，被国家科技部、人事部、教育部和外国专家局列入首批国家留学人员创业园示范建设试点单位之一；2003年9月，被中央组织部、中央宣传部、中央统战部、人事部、教育部、科技部授予“留学回国人员先进工作单位”荣誉称号；2004年12月，成为国家人事部与福建省人民政府共建的“中国福建留学人员创业园”。

创业园一期建设总建筑面积为5.5万平方米，其中研究试验综合用房建筑面积3.2万平方米，另有高新技术孵化用房、研发楼和科研配套用房等。创业园管理中心组建了专业团队，为入园创业的留学人员提供工商、税务、经济资助、项目论证推广、投融资策划、人力支撑等相关服务，包括协助企业办理登记、注册、报批、开户等手续；协助办理高新技术企业、高新技术产品认定；提供文印、会务、后勤等低成本服务；提供人才招聘、人才评价等系列人事服务；提供人事档案管理、职称评定、出国政审等系列配套服务；提供法律咨询、财务顾问、信息交流、展览培训等专业服务；帮助企业申报“火炬计划”“新产品开发计划”和科技企业技术创新基金等。自创建以来，创业园始终致力于建设成为基础设施完善、信息网络发达、生态环境优美、企业富有活力、对高科技产业具有强劲推动力的智能型园区，吸引、聚集海内外高层次人才来闽创业和培养高素质创新人才的高地，大力开展招才引智和项目引进工作，通过举办“海外留学博士海峡西岸行”“福建（厦门）海外留学人才与项目对接洽谈会”等活动，并以“中国海峡项目成果交易会”为平台，促进海外留学人才与项目对接，为福建省企事业单位引进留学人才与智力牵线搭桥，为留学人员服务海峡西岸经济区提供渠道和平台，取得了良好成效。

联系方式

地　址：福建省福州市马伟江滨东大道108号

邮　编：350015

电　话：86-591-87609259

传　真：86-591-87677833

邮　箱：office@fjlx.net

福州留学人员创业园

园区概况

福州留学人员创业园成立于2013年，2016年，成为国家人社部批准省部共建的“中国福州留学人员创业园”。创业园主要为留学人员从事科学研究、产品开发和成果转化提供场地，为项目孵化提供创业启动资金。在福州市委、市政府的支持下，园区建设成果显著，现有闽侯园、马尾园、福清园三个分园，总占地面积达2.5万平方米。

目前，创业园已入驻企业70多家，涵盖电子信息、生物医药、新材料新能源、教育文化、AR/VR等多个高科技领域。入园的企业项目负责人、技术骨干及其他具有博士学历人员190余人，其中，入选“国家特聘专家”7人，福建省“百人计划”12人和4个团队，福州市引进高层次创新创业人才16人和6个团队，获得“中国留学人员回国创业启动支持计划”的企业8家，获得“留学人员来闽创业启动支持计划”资助的企业24家。

联系方式

地　址：福州高新区海西创业园10号楼

邮　编：350000

厦门留学人员创业园

园区概况

厦门留学人员创业园成立于2000年4月，隶属于厦门火炬高新区，由厦门高新技术创业中心有限公司管理运营，以服务留学人员来厦创新创业为宗旨，是厦门市吸引海内外人才创新创业、新兴产业的引领与培育、中小科技企业的孵化与加速的重要载体，在推动厦门市“双创”事业的发展和集聚海外高端人才等方面发挥着重要作用，先后被认定为“国家留学人员创业园”“中国厦门留学人员创业园”“国家创新人才培养示范基地”。

自成立以来，创业园以服务留学人员来厦创新创业为宗旨，围绕厦门市产业链、创新链关键环节和重点领域，通过企业带动、产学研合作、专业孵化器建设、实验室搭建等措施，驱动形成光电、智能制造、微电子与集成电路、新材料、新能源与环保六大产业孵化方向，重点聚焦石墨烯、物联网、海洋、人工智能、高端制造、光电子等新兴产业方向，努力营造良好孵化生态，不断完善高质量发展环境。孵化体系和环境建设主要包括：（1）打造留学人员“双创”孵化体系。厦门创业园已形成“苗圃—孵化器—加速器—产业园”全链条孵化体系，并搭建“2+4”创新创业体系，即“孵化＋投资”的双轮驱动发展模式、“专业孵化平台、科技金融平台、创业辅导平台、政策服务平台”等四大服务平台，构筑来厦留学人员创新创业良好的体系支撑。（2）打造留学人员“双创”技术服务平台。通过引进、自建、共建等措施，搭建国家半导体发光器件（LED）应用产品质量监督检验中心、厦门市科学仪器设备资源共享平台、火炬石墨烯新材料专业孵化器公共技术服务平台和第三方检验检测公司等10多个不同类别的研发服务平台与检测机构，降低企业和创业者创新门槛。（3）打造留学人员“双创”专业孵化器。创业园紧贴“四新”孵化，围绕新技术、新产业、新业态、新模式，着力建设石墨烯、物联网、海洋、光电等4个专业孵化器，每个孵化器按照“五个一”思路建设（一个公共技术服务平台、一支专业服务团队、一个众创空间、一支产业投资基金、一个产业研究机构），为不同领域来厦创业留学人员提供专业孵化平台。（4）打造留学人员“双创”国际化发展服务体系。近年来，创业园实施“走出去”“引进来”创业孵化战略，吸引国际人才和优质创新资源，2017年，率先在美国硅谷设立厦门火炬高新区首个海外离岸孵化器，并举办“厦门—瀚海硅谷科技园项目对接会”“中国厦门海外（美国硅谷）创业大赛”等活动，带动国际合作，推动开放与创新融合互动。此外，园区针对入园留学人员企业积极构建具有特色的专业服务体系，常年开展创融汇、服务驿站、企业问诊、项目路演、行业沙龙、企业参访等一系列特色服务活动；建立企业分级服务机制，根据留学人员企业发展规模和经营状况，开展分层级服务，由专业服务团队开展高效精准服务；制定专项培育计划，建立企业、人才动态管理名录库，把“瞪羚企业”、后备上市企业作为企业培育行动计划的重点工作，由相关负责小组进行服务；促进人才优先发展，针对留学人员积极落实各项人才政策，设立集体户、建设岛内外人才公寓楼、与学校共建，对留学人员落户、子女上学、住房给予大力支持；强化科技金融服务，搭建早期天使投资，中后期股权投资、银行融资等多层次科技金融服务体系，用好天使投资、社会引导资金、创融汇等科技金融服务平台，推动留学人员企业加速发展。

目前，厦门创业园已累计引进海外留学创业人员1000多人，占来厦创业留学人员总数的90%，博士和硕士创业者比例超90%。其中，国家级创业领军人才9名，占全市的56%；科技部“科技创新人才推进计划”人才11名；国务院侨办重点华侨华人创业团队5个；福建省“百人计划”人才和团队36个（7个团队、29名人才），占全市的31%；厦门市“双百计划”人才103名，占全市的22%；厦门市高层次留学人员43名。园区累计引进企业超国2000家，在孵企业超1000家。其中，上市公司7家，占全市的10.6%；新三板挂牌企业25家，占全市的13.6%；年产值超亿元企业有29家；规上企业达130家；国家创新型试点企业2家；省级创新型企业6家，省级创新型试点企业11家；福建省科技小巨人领军企业培育名单55家，占全市的19%；省/市级工程技术研究中心9家；省/市级企业技术中心4家；市级创新型/创新型试点企业165家，厦门市科技小巨人企业/领军企业135家；厦门市最具成长性/成长型中小微企业216家。1家企业荣获国家科学技术进步二等奖；13家荣获福建省科学技术进步奖；64家荣获厦门市科学技术进步奖。

联系方式

地　址：福建省厦门市湖里区火炬东路11号诚业楼101室
邮　编：361000
电　话：86-592-3923888
传　真：86-592-3923999
邮　箱：wcguo@xmibi.com
网　址：xmibi.com

江西省

南昌留学人员创业园

园区概况

南昌留学人员创业园于2000年4月经省政府批准在南昌国家高新技术产业开发区内成立。2003年4月，成为国家人事部与江西省人民政府共建的国家级创业园。创业园坚持“优质为留学人员服务，优质为园区服务，组织开展为社会服务”的服务宗旨，开拓创新，不断进取，为有效地发挥留学人员的聪明才智，起到了积极的作用。

江西省先后出台了《中国江西留学人员创业园管理暂行办法》《江西留学人员创业园专项资金评审办法》《关于支持留学人员企业发展的政策措施》等文件；南昌市为大力引进海外高层次人才，出台了“洪城计划”“洪城特聘专家”计划和引进国外智力计划等一系列引才优惠政策。这些政策措施的出台，加大了创业园对外的影响，极大地调动了留学人员创业的积极性。同时，省财政从2004年始，每年拨出200万元专项资金，用于重点扶持留学人员创业园企业的项目延续、衔接和开发，重点扶持的项目有信息技术、电子技术、食品开发、建筑材料、新能源、电器、电化学、遥感技术、中药开发、新药开发等。在省市政府高度重视下，创业园得到了较快的发展，形成了江西省高技术产业发展中心园区、南昌高新技术产业开发区创业服务中心园区、南昌大学国家科技园园区“三块孵化基地”的发展格局。

目前，创业园已建成孵化场地6.7万平方米，累计吸引来自英、美、法、日、德等20余个国家的500多名海外留学人员来区创新、创业，成功孵化海外留学人员高科技企业50多家，并涌现出了一批包括“国家特聘专家”“中国留学人员回国创业启动支持计划”入选者的创新、创业拔尖人才。

联系方式

地　址：江西省南昌高新区火炬大街201号
邮　编：330029
电　话：86-791-8113085

山东省

济南留学人员创业园

园区概况

济南留学人员创业园成立于1999年5月，作为济南市承接海内外高层次科技人才归国创业的重要窗口，创业园在各级政府各部门大力支持下，强化软硬件服务功能，为海外高层次人才创业发展提供“无忧服务”，扶持海外人才企业快速发展，已成为全市海外高端人才归国创业集中发展的聚集地和自主知识产权项目的发源地。1998年，被国家科技部认定为“国家级高新技术创业服务中心”；2000年，被国家科技部、人事部、教育部、国务院外国专家局联合批准为全国首批“国家级留学人员创业园”；2001年，荣获国家科技部

"国家高新区先进孵化服务机构"荣誉称号；2002年，被人事部确定为与市政府共建的留学人员创业园；2003年，荣获国家科技部"国家火炬计划十五周年先进创业服务中心"、山东省"全省留学回国工作先进单位"荣誉称号；2004年，荣获国家科技部"2003年度优秀国家创业服务中心"称号；2006年，被共青团中央、中国科协、教育部和全国学联授予首批"中国大学生创业园"，荣获中国民营科技促进会"全国先进科技产业园"称号；2013年，荣获中国技术创业协会颁发的"科技创业服务机构特色服务奖"；2014年，被国家科技部认定为全国第二批"科技创业孵化链条建设示范单位"；2016年，被省人力资源和社会保障厅认定为"省级示范创业园区"，被省科技厅认定为2016年度"品牌科技企业孵化器"。

创业园目前拥有孵化载体50万平方米。其中，2017年下半年启用的新孵化载体总建筑面积22万平方米，包括中关村领创空间、侨梦苑、中日韩服务贸易（济南）创业创新园及创业大厦。基地内水、电、暖、餐饮、通讯、宽带接入等功能一应俱全，会议室、接待室、学术报告厅、网球场、健身房、高层次人才公寓等配套设施完善，为留学人员来济创业提供了优良的硬件环境。创业园作为"苗圃—孵化器—加速器"科技创业孵化链条建设试点单位，积极响应国家有关部门号召，在孵化科技器的基础上，将孵化环境和服务向前端延伸——建设苗圃，提供育苗服务，向后端延伸——建设企业加速器，助推高成长企业稳健发展。在公共服务平台建设方面，园区按照"1+5"平台建设模式，以国家综合性新药研发技术大平台为核心，重点打造医药中试、OEM、医药销售、医药物流、国际合作五大公共服务平台。其中，国家综合性新药研发技术大平台总投资近2亿元，建筑面积约1.2万平方米，拥有核磁共振波谱仪、单晶衍射仪、液质联用仪、元素分析仪等国内外先进仪器设备130余台。

自成立以来，济南创业园不断延伸服务，努力打造涵盖生物医药、新能源、新材料和节能环保等战略性新兴产业领域的基础研究、基础应用、成果转化、产业化等关键环节的完整平台服务链条，实现留学人员企业向园区聚集。目前，创业园累计吸引留学归国人员500余名，孵化留学人员企业280余家，一大批创业精英和科技企业脱颖而出，成为时代发展的楷模。

联系方式

地　址：山东省济南市高新区出口加工区港源二路
邮　编：250100
电　话：86-531-88016688
传　真：86-531-88037860
邮　箱：tiantian0531@126.com
网　址：www.jnbi.cn

山东省医疗卫生行业留学人员创业园

园区概况

山东省医疗卫生行业留学人员创业园成立于2002年10月，由山东省人事厅、山东省卫生厅联合批准成立，是全国第一家医疗卫生行业的专业性留学人员创业园。创业园根据卫生行业的特点，发挥专业优势，为全国医疗卫生行业的科技成果转化和产业化担负起开路先锋并起到示范作用，努力把创业园办成促进医疗卫生高新技术产业发展，培养引进高素质人才的重要基地。

创业园以山东省立医院为依托，充分利用和享受同高新技术开发区及经济技术开发区等同的企业孵化优惠政策，按《山东省人才柔性流动若干规定》标准，为广大留学人员创造了良好的创业环境和巨大的发展空间。山东省立医院拥有国内先进的配套设施和科技人才，充足的留学人力资源和国际、国内学术交流合作网络，并得到了国家卫生部等部委和山东省人民政府有关部门的大力支持，为归国留学人员创业提供优质高效的孵化服务和现代化的孵化环境。创业园享受济南高新技术开发区和经济开发区企业内孵化机构的优惠政策，为留学人员回国创业提供研发基地、税收优惠，以及创业咨询、投资、融资、市场开发、人才、信息、后勤等各方面的服务，促使其发展成为成功企业。

联系方式

地　址：山东省济南市经五路纬七路324号
邮　编：250001
电　话：86-531-86881659
邮　箱：syrsc@tom.com

青岛留学人员创业园

园区概况

青岛留学人员创业园成立于2002年4月；2012年8月，经国家人力资源和社会保障部批准，由人社部与青岛市政府在青岛高新区共建中国青岛留学人员创业园；2014年5月，创业园在高新区正式揭牌。创业园由主孵化园、企业加速分园、工业科创分园、蓝色生物医药产业园组成，经过近3年筹建，已引进中星微电子、迪玛尔海洋工程等一批留学人员企业，逐渐形成主园孵化、分园加速、集群化产业发展模式，并获批建设国家"千人计划"青岛创新基地、山东省海外高层次人才创新创业基地、青岛"人才特区"。

创业园主孵化园总面积4.6万平方米，企业加速分园规划总建筑面积约11.5万平方米；工业科创分园总建筑面积6.2万平方米，重点引进信息、通讯、仪器仪表、高端装备制造四个产业方向；蓝色生物医药产业园规划总建筑面积195万平方米，主要集聚生物技术及生物医药产业企业、新兴的生物医药研发外包企业、生物医药企业研发中心、生物医药中介机构等，形成生物医药产业集群，一期已经投入使用，目前已有多名"国家特聘专家"和留学人员入驻创办企业。

高新区发挥青岛"人才特区"的政策优势，整合产业、科技、金融、创新创业等方面政策，在集聚高端海归人才上打出一系列"组合拳"。在人才政策方面，制定了鼓励留学回国人才干事创业的若干意见和办法。每年设立亿元青岛"人才特区"专项资金，给予单个人才项目最高5000万元的创业扶持，给予"国家特聘专家"创业项目100万元的扶持资金。给予优秀留创企业5万—20万元的创业补贴。同时，创业园在青岛市政府支持下，结合海外高层次人才的特点，通过提升留学人员创业基地水平，整合资源、规范管理、整体推进、合作新建留学人员创业园区5家（青岛留学人员市南创业园、青岛留学人员市北创业园、青岛留学人员四方创业园、青岛留学人员崂山创业园、青岛留学人员开发区创业园），共有创业孵化面积80多万平方米，全市形成各具特色、优势互补、功能完善的留学人员创业园体系。

联系方式

地　址：山东省青岛市海尔路178号
邮　编：266101
电　话：86-532-88911726
传　真：86-532-88911726
邮　箱：xch0618@126.com

青岛留学人员开发区创业园

园区概况

青岛留学人员开发区创业园成立于2010年1月，前身是青岛开发区高科技创业服务中心。创业中心创办于2001年，2006年，被国家科技部认定为国家高新技术创业服务中心。

创业园有健全、成熟的孵化培育服务体系，以促进科技成果转化、培育科技企业家、扶持和帮助留学人员回国创业为己任，依托青岛开发区雄厚的科技资源，努力营造适合于中小科技企业的发展环境和创新环境，力争不断促进高科技成果的商品化、产业化、国际化。目前，创业园孵化基地总面积已达1.5万平方米，累计吸纳电子信息、新材料、生物医药等多类孵化企业150余家，在孵企业100多家；吸纳管理咨询、投融资、专利代理、会计事务所、保险等中介服务机构20多家；园区企业入驻率达95%；转化科技成果250余项，申请专利170余件，为社会提供就业岗位4000多个。

联系方式

地　址：山东省青岛市经济技术开发区香江路110号
邮　编：266555
电　话：86-532-86971838
传　真：86-532-86971838

青岛留学人员市南创业园

园区概况

青岛留学人员市南创业园成立于2010年1月29日，由青岛市人力资源和社会保障局与市南区共建，依托市南区软件园（新域蓝谷）和青岛国际动漫游戏产业园，为留学人员在青岛创业搭建专业平台。创业园被认定为“国家火炬计划软件产业基地”“国家欧美软件出口示范基地”“青岛市留学人员创业基地”，先后获得“全国先进科技产业园”“国家火炬计划软件产业基地先进单位”“全国科技产业园先进单位”等荣誉称号。

青岛市市南软件园（新域蓝谷）背靠浮山生态山林，直面黄海之滨的奥帆赛场，是全国少有的坐落在城市中心区的软件产业园区。园区占地12.6万平方米，规划建筑面积26万平方米，已有约20万平方米办公面积投入使用，建有1.5万平方米的停车场、3.5万伏变电站、3500平方米公共餐厅、综合性商务酒店等配套设施。

青岛国际动漫游戏产业园占地10万平方米，建筑面积11.6万平方米，由大企业研发楼、培训楼、公共技术平台及孵化器和综合研发楼5栋独立楼宇组成。园区三面环山，秀美自然风光和贯穿其中的万米人工湖使动漫游戏园被誉为“深林中的产业园，山谷中的研发楼”。优美的办公环境吸引了众多企业入驻，有4000多名年轻人在此就业创业，已创作动漫作品3000余分钟，被认定为“国家级动漫创意产业基地”。

创业园为入园企业提供完善的“一条龙”配套服务和创业启动资金资助、购房安家补贴等优惠政策。

联系方式

地　址：山东省青岛市宁夏路288号青岛软件园3号楼
邮　编：266073
电　话：86-532-88728875
传　真：86-532-88728588

青岛留学人员市北创业园

园区概况

青岛留学人员市北创业园创建于2010年1月。创业园依山而建，环境优雅，拥有总建筑面积达6万平方米的多功能、综合性文化创意产业基地。

创业园利用特有的高低错落台地，分成南北两个园区，以现代艺术、建筑设计、工业设计、广告和时尚品牌设计、管理咨询、创意产品展示等创意产业为主要特色，吸引国际、国内各创意产业门类中的领军企业入驻。

创业园为入园企业提供完善系统的工商、税收、资金、产业支持等“一条龙”配套服务，另有政府贴租、税收奖励、著作权登记奖励、留学归国人员创业小额资金扶持、科技专项资金扶持，以及子女就近入学、入托等政策扶持。

联系方式

地　址：山东省青岛市上清路12-16号
邮　编：266022
电　话：86-532-83631379，83641669
传　真：86-532-83631379

青岛留学人员四方创业园

园区概况

青岛留学人员四方创业园成立于2010年1月，依托于青岛科大都市科技园建立，由青岛科大都市科技园发展集团进行管理运营。2010年12月，科技园被国家科技部认定为国家级科技企业孵化器。

科技园总体规划面积1.8平方千米，以青岛科技大学校本部为中心，向四周幅射。园区规划由“一街二园三区”组成——一街即郑州路科技创业一条街；二园即青岛造纸厂科技产业园、青岛软控科技产业园；三区即研发区，东、西孵化区，一期4.7万平方米地块已投入使用。

2013年，青岛科技大学与青岛市北区人民政府签订共建国家大学科技园全面战略合作协议，双方将依托青岛科大都市科技园，在创新创业人才培养、科技成果转化孵化、产学研合作等方面开展全面战略合作，共同建设集总部经济、研发中心、信息中心、孵化中心、创业中心、生活配套服务中心等于一体的国家大学科技园，形成大学校区、科技园区、公共社区三区合一的高端产业聚集区。

联系方式

地　址：山东省青岛市四方区郑州路53号
邮　编：266045
电　话：86-532-68606066

青岛留学人员崂山创业园

园区概况

青岛留学人员崂山创业园成立于2010年1月，是经国家科技部认定的“国家高新技术创业服务中心”，市政府批准的“民营与中小企业创业辅导基地”。

创业园孵化基地总面积近30万平方米，配套有水、电、宽带网、公共餐厅、商务中心、网络系统、多媒体报告厅、接待室、洽谈室、会议室、活动室等，并为入园企业提供场地、注册登记、咨询、培训、融资、协助申报国家科技型中小企业技术创新基金及相关事务代理等专业化服务。

联系方式

地　址：山东省青岛市崂山区株洲路153号
邮　编：266101
电　话：86-532-88998816

淄博留学人员创业园

园区概况

淄博留学人员创业园成立于1999年，是淄博高新区管委会投资建设的科技企业孵化器，与淄博高新技术创业服务中心合署办公。2002年，被认定为国家级科技创业服务中心。

创业园切合实际情况和孵化器的发展趋势，在整体布局上形成了高层次人才创业区、生物医药暨新材料孵化区、电子信息暨软件孵化区、环保暨光机电一体化孵化区、综合服务区等专业功能相对集中的“一器多区”的格局，并规划逐步建立完善无机非金属材料、生化技术、电子信息等专业技术孵化平台，实现由专业孵化区向专业孵化器的转变，最终形成“一园多器”的格局。同时，在资金扶持、办公、住宿、家庭子女、土地使用、项目发展等方面给予扶持。

联系方式

地　址：山东省淄博高新区政通路135号
邮　编：255086
电　话：86-533-3583091，3580205
传　真：86-533-3583091
邮　箱：muxianquan@hotmail.com

烟台留学人员创业园区

园区概况

烟台留学人员创业园区成立于1996年10月，是全国最早设立的留学人员创业园区之一，国家级留学人员创业园、国家高新技术创业服务中心、全国首批“大学生科技创业见习基地”、欧美同学会（中国留学人员联谊会）留学报国烟台基地、“春晖杯”中国留学人员创新创业大赛创业基地、中国留学人员创业园联盟副理事长单位、山东省重点服务业科技园区和小企业创业辅导基地，先后被评为全国“留学回国人员先进工作单位”、山东省“留学人员回国创业工作先进单位”和烟台市“人才工作先进单位”。

创业园区位于山东省烟台经济技术开发区黄金地段，拥有研发孵化基地12万平方米，配套设施齐全，创业环境优良，在项目、人才、载体等方面制定实施了一揽子高含金量的扶持奖励政策，形成了完善的创新创业政策体系。位于烟台业达科技园、建筑面积20万平方米的新孵化基地正在建设，其中，一期工程12万平方米，包括3栋孵化器、1栋专家公寓和1栋综合办公楼，同步建设了高水平创新创业成果展厅、众创空间、海归创业学院、公共会议室和路演中心等公共服务设施，引进了北京科大科技园有限公司、中国技术创业协会留学人员创业园联盟、北京3W孵化器管理有限公司等专业机构，与创业园区合作共建北科大（烟台）新材料孵化器、中国（烟台）海创园孵化基地和3W Coffice综合创新创业服务平台；二期工程8万平方米，将规划建设4万平方米孵化器和4万平方米加速器厂房。创业园区牢固树立“您的成功就是我们的事业”的服务理念，搭建了完善的创新创业服务平台，在人才发展和企业培育各个环节“保驾护航”，创造性地建立了项目入园孵化论证答辩制度、才企合作等引才模式，为创业企业提供保姆式、导师式、安全式的全方面、深层次服务，形成了优良的服务体系和高效的运行机制，全力帮助人才和企业“创意成真、创新成果、创业成功”。

目前，创业园区内高层次人才和高科技项目聚集。累计孵化海外人才创业企业323家，其中有9家企业上市挂牌；吸引了449名海外留学人员来区创业，其中，“国家特聘专家”42名，山东省“泰山产业领军人才”36名，烟台市“双百计划”专家21人，开发区“科技领军型人才”22人，3人入选中国留学人员创业园“十大创业领军人物”；海归博士创新团队46个，其中2个团队被国务院侨办授予“重点华侨华人创业团队”，4个团队入选开发区“科技创新团队”，成功研制出世界首例血管内皮抑制素抗肿瘤新药“恩度”、世界首创可降解人工神经修复材料、世界首台具有高性能高通量的全自动酶免分析仪、打破国外技术垄断的环氧结构胶、触摸屏用高端钼铌靶材等一大批“高、精、尖”技术成果。

联系方式

地　址：山东省烟台开发区珠江路28号科技大厦10楼
邮　编：264006
电　话：86-535-6385289
传　真：86-535-6379571
邮　箱：yt_cyyq@126.com
网　址：www.cyyq.org

潍坊留学人员创业园

园区概况

潍坊留学人员创业园成立于1999年，位于潍坊高新技术产业开发区科技孵化基地。创业园依托高新区完善的服务体系和优越的创业环境条件，吸引海外留学人员到潍坊工作和创业，发挥留学人员在信息技术、科研等方面的优势，把在国外学到的知识、掌握的技术、积累的经验和研究的成果带到本市进行开发，加快科技成果向现实生产力的转化，促进潍坊市高新技术产业发展。

创业园建设有商务性孵化基地3.7万平方米，拥有一流的国际会议中心、学术报告厅、产品展示厅、信息中心、商务中心等配套服务设施；中试孵化基地15万平方米，可容纳近500家各类中小企业成长和发展。创业园在为留学人员企业提供必要的基本服务基础上，引进了金融、会计师事务所、律师事务所、国际货运代理公司、报关代理公司、企业策划等社会中介服务机构，为企业提供更为丰富的业务咨询和服务。

联系方式

地　址：山东省潍坊高新区玉清东街高新大厦

邮　编：261031

电　话：86-536-2999009

传　真：86-536-2999009

网　站：www.wfibi.org

威海留学人员创业园

园区概况

威海留学人员创业园成立于2006年5月，由威海经济技术开发区创新中心与教育部留学服务中心共建。创业园秉承“引进原创性，鼓励创新型，促进产业化”的原则，引进科技创新企业，促进科技成果转化，主要服务对象是中小型高新技术企业、海外留学人员回国创办的企业。

创业园制定了人才引进、创业扶持等政策，创立了以“3M+T”孵化服务模式（Money/Mentor/Management+TLO）为核心的融资服务体系、创业辅导体系、市场营销服务体系和科技成果产业化体系，实行行政服务功能共享，同时建立了快速成型和汽车电子等多个公共技术服务平台，引入了技术交易中心、专利事务所等中介机构，为留学人员提供良好创业环境和优质的服务。

创业园目前吸引了一批优秀海外高层次人才回国创新创业，已经成为服务高层次留学人才来威海市创新创业的重要载体。

联系方式

地　址：山东省威海经济技术开发区海滨南路28号建设大厦1层

邮　编：264209

电　话：86-631-5980656

威海海外学人高科技创新园

园区概况

威海海外学人高科技创新园成立于1999年12月，由威海火炬高技术产业开发区管委会与中国留日同学总会共同创建。2001年4月，创业园与来自26个国家的32个留学生团体创建了“威海留学人员创业创新示范基地”，同年12月，被国家人事部批准设立“博士后科研工作站”；2009年11月，被山东省人力资源和社会保障厅与威海市政府认定为共建留学生创业园；2012年9月，被科技部认定为“国际技术转移中心”；2015年5月，被人社部批准为省部共建“中国威海留学人员创业园”；2018年7月，入围“山东省省级留学人员创新创业示范园”。

创业园累计投入近4亿元用于基础设施建设，相继建成了创业大厦、创新大厦、科技公寓和火炬创新创业基地，场地总面积达16.3万平方米，配套建设了会议室、报告厅、健身房、商务中心、餐厅等服务设施，建有4000平方米的人才公寓。创业园打造了公共服务、创新服务两个技术交易大厅，引进了会计师事务所、律师事务所、专利服务中心等中介服务机构，在工商注册、项目申报、法律咨询、经营管理等方面，为留学人员企业提供规范、高效的“一条龙”服务；并建有计量测试、3D打印暨快速设计成型、医疗器械产业技术创新联盟、云计算和智能仪表标定检测城市5个公共技术服务平台，年服务企业40家以上。在创业辅导方面，园区将创客金海湾、创业咖啡、创业培训基地整合为“创客空间”，并委托第三方机构威海创业大学运营管理，为留学人员企业搭建信息共享与交流对接平台，近2年来，举办各类创业培训、项目路演280余场次，服务创业者18760人，获得了众多创业者的认可，营造了良好的创业软环境。

经长期发展，创业园现有留学人员企业65家，80%以上的留学生企业已申请专利或拥有专利技术，企业年技工贸收入超过7.4亿元，吸纳社会就业人员2100余人。有7家企业被认定为高新技术企业，上市企业5家，4家企业毕业后征地建厂，4家企业达到年销售额五千万元以上，4家企业先后被评为“中国留学人员创业园最具成长性创业企业”。众成科技、善思明软件等一批中小骨干企业，已成为威海市技术产业新生力量和区域经济发展的强力引擎。

联系方式

地　址：山东省威海市文化西路288号火炬大厦

邮　编：264200

电　话：86-631-5629100

邮　箱：webmaster@whctp.gov.cn

济宁留学人员创业园

园区概况

济宁留学人员创业园成立于2001年11月，由山东省济宁市人事局、济宁市高新区管委会联合创建。创业园依托高新区完善的服务体系和国家级创业中心优越的创业环境，为归国留学人员来济宁搭建创业的载体和平台。济宁留学人员创业园在做好“待遇留人”“感情留人”的同时，更加注重“事业留人”，立足搭建“政、产、学、研、资、介、贸”等创业要素集合的平台，让留学人员的成果在这里得到转化，让留学人员企业在这里扬名，让留学人员的个人价值在这里实现。创业园先后获得山东省政府“归国留学人员工作先进单位”、国家人事部“国家博士后科研工作站建站单位”、国家科技部“火炬计划国家生物产业基地”“全国优秀国家级高新技术创业服务中心”、山东省首批软件产业基地和全国博士后管委会“全国博士后科研工作先进单位”等称号。

创业园占地6.73万平方米，拥有2.1万平方米的高标准孵化厂房。园区积极扶持留学人员创业企业项目申报政策支持，在产业化初期投入一定高科技风险投资资金，推动中小高新技术企业快速成长。同时，对于留学人员承担的科技攻关计划项目，优先列入济宁市各类科技计划，优先安排科技三项经费，并采取贴息补助和无偿支持的办法给予扶持。目前，创业园共有40位留学人员牵头创办了30多家高科技企业。

联系方式

地　址：山东省济宁市金宇路52号
邮　编：272023
电　话：86-537-2363611
传　真：86-537-2168952
邮　箱：jncyzx109@163.com
网　址：www.jnhn.gov.cn

泰山留学人员创业园

园区概况

泰山留学人员创业园成立于2000年8月，是泰安高新技术产业开发区管委会管理下的社会公益型科技事业服务机构，与泰安高新技术创业服务中心合署办公，是泰安市和高新区的技术创新基地和科技成果转化基地，是发展高新技术、培育中小型科技企业和企业家的摇篮。创业园旨在引进高层次的科技人才，吸引海外人员创办高新技术企业，进行科技成果转化，推动科技与经济结合，使之成为留学人员回国创业的基地、发展高新技术产业的孵化器、对外开放和招商引资的窗口。

创业园依托国家、省、市及高新区的优惠政策，以及泰安高新区良好的投资环境和完善的基础设施，为有发展前景的高新技术成果以及中小型科技企业提供创业服务。自运行以来，孵化服务能力不断增强，创新创业服务体系逐步健全，在创办初期的3万平方米孵化场地的基础上，又相继创办了泰山科技城和星火科技园二次孵化基地，使泰安创业中心孵化场地达到19万平方米。目前，创业园拥有公共EDA实验室、孵化器信息管理系统等，可提供设施齐全的孵化场地和相应的物业管理、投融资、商务信息、发展咨询、培训、企业注册咨询、落实优惠政策，以及申报科技计划、技术成果、高新技术企业和申请创新基金支持等全方位、全过程的优质高效服务。

创业园成立以来，培育和孵化了近300家拥有高新技术成果的科技企业，涉及仪器仪表、软件开发、光机电一体化、生物技术、环保节能等高新技术领域，成为留学人员施展才干、成就事业的理想天地。

联系方式

地　址：山东省泰安高新区泰山科技城
邮　编：271000
电　话：86-538-8515685
传　真：86-538-8938300
邮　箱：tcyzx@taigx.cn
网　址：www.taigx.cn

日照留学人员创业园

园区概况

日照留学人员创业园成立于1999年9月，属于公益性科技事业服务机构。创业园按照国际惯例进行建设，重点发展以电子信息、生物技术、新型材料、海洋化工、机电一体化为主导的高新技术产业，积极引进各类高级专业技术人才、管理人才、留学归国人员，鼓励各类人才带项目、带资金、带课题进园创业。

创业园位于日照开发区的黄金地段，拥有孵化面积3万余平方米，设有精简高效的管理服务机构，在项目建设、劳动人事等方面享有市级管理权限，实行封闭管理，为留学人员进园创业提供便捷、高效的“一条龙”优质服务。为吸引广大的海外留学人员进园区创办企业，创业园初步建立了适合中小科技企业发展的体制和机制，先后引进凯威数码、凯讯电子、斯文电子、哈工大微电机项目、红惠医药、中科生物、平易软件等20余家高科技企业和科研机构，并在税费政策、房屋租赁、工商注册、资金等方面给予最大限度的优惠和扶持。

目前，创业园有入驻企业70余家，引进留学人员和各类高科技人才50余名，入驻企业绝大部分属于科技、教育、文化、创意、低碳环保、新能源等国家重点扶持的领域。创业园将积极发挥对外交流和人才引进的窗口带动作用，吸引更多的留学人员和高科技人才来园区创业。

联系方式

地　址：山东省日照经济技术开发区
邮　编：276800
电　话：86-633-8339816
传　真：86-633-8331049
邮　箱：rdp@rz-public.sd.cninfo.net

莱芜市留学人员创业园

园区概况

莱芜市留学人员创业园成立于2001年9月，由莱芜高新技术产业开发区挂牌，是山东省政府批准的省级高新区。

创业园坐落于莱芜城区东部，紧连市区，总规划面积35平方千米。区内现已形成“十纵十横”的道路主网络，并建设了110千伏输变电站、热力站、水厂等一批能源设施，在

14.5平方千米范围内实现了“九通一平”，30平方千米范围内实现了“五通一平”。另设有青岛海关莱芜办事处，通关快速便捷。

创业园始终致力于创业环境的不断优化，以“亲商、富商、安商”为最高服务理念，设立了“一站式”服务大厅，全面落实了服务承诺、首问负责、违诺处罚、手续代办等制度，实现了涵盖“项目审批、开工建设、投产经营”的一条龙全过程服务。入驻企业除享有山东省省级高新区的优惠政策外，还享有莱芜市委、市政府在土地政策、财政政策、收费政策等各方面赋予的更大程度的优惠。

创业园优美的环境、优惠的政策、优良的秩序、优质的服务，已经吸引了来自美国、德国、加拿大、韩国等10多个国家和地区归国的留学人员前来投资兴业。

联系方式

地　址：山东省莱芜市汇源大街108号
邮　编：271100
电　话：86-634-8867136
传　真：86-634-8867960

临沂留学人员创业园

园区概况

临沂留学人员创业园位于临沂高新技术产业开发区科技孵化基地内，与临沂高新技术创业服务中心合署办公，其主要任务是通过国家、省、市及高新区的优惠政策和创业服务中心的优质服务，为学有所成的归国留学生人员提供广阔的发展空间。

创业园现有创业场地25万平方米，包括创新大厦、科苑广场以及科技企业加速器（科技园区），设有高标准办公研发场所、中试厂房、公用会议室、科技报告厅、商务中心等，餐饮服务、健身娱乐、通讯网络等配套设施齐全，可满足企业研发、中试和产业化不同阶段的需求。为快速聚集科技资源和产业要素，实现资源共享，降低创业成本，解决科技企业发展中遇到的共性难题、关键技术，创业园通过“政府引导、企业参与、多元化投资”方式，建设了山东省分析测试中心临沂分中心、金属材料强度国家重点实验室临沂研究中心、山东省分析测试中心临沂分中心、临沂光影动漫技术服务中心、生物医药分析测试中心等公共技术服务平台，同时可为留学人员创办的企业提供技术、人才、信息、咨询、培训、融资等一系列的服务。留学人员创办的企业可享受的主要优惠政策有：享受国家、省、市及高新区对高新技术企业制定的相关政策；设立“科技创业基金”以无偿补助、贴息和资本金投入等方式扶持科技型企业的发展；对留学人员创办的企业，在一定的开发、生产及经营用房面积内，实行房租减免政策，并实行税收返还政策；对于科技含量高、市场前景好、具有自主知识产权的项目，在资金、税收、工商行政管理、出入境等方面享受更优惠的待遇等。

联系方式

地　址：山东省临沂高新区新华路西段创业大厦
邮　编：276017
电　话：86-539-7109126
传　真：86-539-7109096
邮　箱：lycyzx@126.com

德州市留学人员创业园

园区概况

德州市留学人员创业园成立于2007年，是由德州市人民政府投资兴办的社会公益性科技服务机构，主要职责是为留学人员创业提供综合服务，促进科技成果转化，培养高新技术企业和企业家。2010年2月，被国家科技部火炬中心授予“大学生科技创业见习基地”荣誉称号；2010年12月，被科技部认定为“国家级科技企业孵化器”，并先后被认定为山东省大学生创业孵化示范基地、德州市中小企业创业辅导基地示范单位、中国留学人员创业园联盟理事单位。

创业园坐落于国家级开发区德州经济技术开发区，环境优美，位置优越，规划面积70万平方米，规划建筑面积45万平方米。建设有研发服务核心区、大学生创业孵化基地、科技企业孵化基地、科技企业加速器和新能源新材料、电子信息、光机电装备制造、生物医药、农产品深加工五个专业孵化器，初步形成了集“发生、孵化、加速、产业化”四位一体的现代孵化体系。其中，研发服务核心区占地3.2万平方米，建筑面积2.5万平方米，建有多功能报告厅、展厅、会议室、培训室、接待室等公共设施，并配套建设新能源新材料公共技术服务平台、科技中小微企业创业综合服务大厅和科技成果展示交易大厅，主要对接大学科研院所建设科研机构，引进高端科技人才创新创业。大学生创业孵化基地现有孵化面积7500平方米，配有专业孵化指导和服务团队，能够为大学生创业提供良好的环境和培训、指导等服务。科技企业孵化基地占地1万平方米，建筑面积1.1万平方米，孵化楼主体已完工，拟建生物医药、先进装备制造产业孵化器。科技企业加速器位于高铁新区，距高铁德州东站仅5分钟车程，占地60万平方米，一期占地24万平方米，建成标准厂房10万平方米，服务楼2万平方米。创业园拥有一支素质优良、精干实效的管理服务团队，引进了各类科技中介服务机构，能够为在孵企业提供完善的投融资、对外合作交流、专利代理等服务。

联系方式

地　址：山东省德州经济开发区晶华大道587号
邮　编：253076
电　话：86-534-2558586
传　真：86-534-2556586
邮　箱：Dz587@163.com

河南省

河南留学人员创业园

园区概况

河南留学人员创业园成立于1998年1月。2002年7月获批成为河南省唯一一家由国家人力资源和社会保障部与河南省人民政府共建的留学人员创业园；2010年12月，被科技部火炬中心认定为“国家级科技企业孵化器”；2014年11月，被共青团中央首批命名为“全国青年创业示范园区”；2017年9月，被授予“欧美同学会（中国留学人员联谊会）留学报国郑州基地”，并先后被评为“河南省中小企业创业基地”“郑州市创业孵化基地”“河南省留学归国工作先进单位”。2018年，河南留创园被中国技术创业协会留学人员创业园联盟认定为首批“中国留学人员创业园区孵化基地”；在2018年度河南省留学人员创业园建设评估中位列第一名，被省人社厅授予“留学人员创业园建设先进单位”称号。

创业园孵化场地位于郑州经济技术开发区兴华科技产业园2号楼，共10层，用于引进留学回国人员创业企业以及科技型中小企业，使用面积约4.5万平方米。其中，9楼设立了1100平方米的众创空间（创业苗圃），配备办公家具、网络、共享商务设施等功能，引入了包括券商、咨询公司、投资公司、律所、会计师事务所等中介服务机构；10楼入驻的有以投资驱动为主的国家级众创空间河南第四象限企业孵化器有限公司，以及一站式跨境电商综合服务孵化平台的省级众创空间河南豫满全球跨境电商发展有限公司。

郑州经济技术开发区留学人员创业园管理服务中心作为河南留创园的管理服务机构，按照“孵化与扶持并重，管理与服务并举”的服务宗旨，立足孵化、服务、示范、聚集，累计引进留学人员创办企业202家，其中，主板上市公司1家、新三板挂牌企业3家，获得“中国留学人员创业园最具成长性创业企业”称号7家、“国务院侨办重点华侨华人创业团队”称号6家；先后有5名海外高层次人才成为“国家特聘专家”，4人入选河南省“百人计划”，13人入选“智汇郑州1125聚才计划”。河南留创园将致力于打造成为一个生物医药研发、生物技术应用及电子信息、软件开发等高新技术领域的孵化及产业化基地。

联系方式

地　址：河南省郑州经济技术开发区管委会办公大楼西配楼2楼C226
邮　编：450016
电　话：86-371-66786588
邮　箱：hnlxrycyy@126.com

郑州留学人员创业园

园区概况

郑州留学人员创业园于2001年8月由河南省人事厅批复成立，是郑州高新区为充分发挥我国留学人员特殊的智力资源优势，在园区营造有利于留学人员创新创业的良好环境而兴办的公益性科技服务机构。

创业园位于郑州国家高新区，现有孵化场地3.5万平方米，内设中央空调系统，停车场、商务中心、休息室、会议室、宽带等公共设施，服务健全，环境幽雅、舒适，是集办公、生产、科研、休闲、娱乐、餐饮于一体的综合型现代化的孵化基地，适合中小型科技企业入驻创业。入驻创业园的孵化企业，符合相应条件的，除可以享受郑州高新区的有关税收优惠政策之外，还可以申报中小型科技企业创新基金，高新区孵化基金等科技计划项目。此外，创业园建立了一套趋于完善的服务体系，包括多元化的投融资服务体系、宣传培训体系、专家咨询体系、中介服务体系等，全力提高对企业的孵化成功率。

目前，入驻创业园的留学人员企业有50余家，有9名创业人才入选国家和省部级人才计划。

联系方式

地　址：河南省郑州高新技术产业开发区长椿路11号
邮　编：450001
电　话：86-371-67980650
传　真：86-371-67986162
邮　箱：chenbr@zzgx.gov.cn

洛阳留学人员创业园

园区概况

洛阳留学人员创业园成立于2007年7月，由河南省人事厅批准，洛阳高新技术创业中心和捷威精密制造（洛阳）有限公司共同创办。

创业园坐落于洛阳高新技术开发区滨河路中段，交通便利，环境优美。园区建有多层标准厂房3栋3.3万平方米，钢结构厂房4000平方米，综合办公楼8000平方米，高层科研商务楼和生活服务设施2.9万平方米，是集办公、科研、生产、商住于一体的智能化、多功能、花园式的高新技术产业孵化基地。作为连接政府、企业、社会资源的纽带，创业园按照“政府引导、市场运作、专业服务”的运营模式，利用政府及社会资源优势，拓展和提升服务功能，不断加大对入驻企业的扶持力度，实行规范化的统一物业管理，为留学人员归国创业提供“孵化+创投”全方位服务。

入驻创业园的企业可享受国家高新技术开发业的各项优惠政策，如留学人员创办企业从事技术转让、技术开发和与之相关的技术咨询、技术服务取得的收入，经税务机关认定后免征营业税；对获得省高新技术产品证书、获得科技进步奖、获得专利、获得著作权的企业，给予一定的经济补贴等。创业园还为入驻企业搭建起广阔的服务平台，提供全方位的优质服务，比如引进、协调各类中介机构，建立中介服务体系，为入驻企业提供包括工商登记、高新技术企业资格认证、科技成果鉴定、法律业务咨询、财务顾问、信用评估、专利申请、媒体策划等全方位的综合性服务；协助入驻企业办理引进人才的户口、人事档案、技术职称评定、社会劳动保险等相关事宜；为企业提供价格优惠的标准厂房、写字间、会议室和商住两用房，以及科研实验室等场地，并提供水电、通讯、交通等配套服务。

创业园积极整合多种优势资源，不断拓展、提升自身的服务功能，加大对入驻企业的扶持力度。除了给予入驻企业良好的发展环境外，还积极通过中小型企业贷款平台、担保平台、孵化基金和联保基金等向符合条件的入驻企业提供融资服务，并与国内著名院校、科研机构和海外留学人员等建立密切联系，为企业积极寻求技术扶持，铺就发展之路。创业园与清华大学和西安交通大学等著名院校建立了研发合作战略联盟，建立了中关村国际孵化园洛阳基地，使优势资源入驻园区，汇集了一大批知名企业，推动了高新技术产业化发展。

联系方式

地　址：河南省洛阳高新区滨河路22号
邮　编：471003
电　话：86-379-64338125
传　真：86-379-64310818
邮　箱：zhcluoyang@tom.com

平顶山留学人员创业园

园区概况

平顶山留学人员创业园成立于2012年7月，经河南省人力资源和社会保障厅批准，由平顶山高新区与平顶山市人力资源和社会保障局联合设立，依托平顶山高新技术创业服务中心，是国家级科技企业孵化器、省级留学人员创业园。

创业园孵化基地4.7万平方米，建有标准厂房12栋，环境优雅，基础设施齐全，可为入驻的留学人员企业和科技企业提供厂房、水电等物业管理，以及融资、技术开发、信息咨询、人才培训、企业管理、质量认证、项目审批等综合性服务，帮助企业不断地成长壮大。

目前，创业园已入驻企业30余家。创业园将以促进科技成果转化、培育高新技术企业和企业家为宗旨，以新材料、新能源和机电装备为重点产业方向，引进海外高层次留学人员，发挥其科技创新优势，提高企业参与国际竞争的能力，为促进平顶山地区经济结构调整和经济增长方式的转变，为建设创新型城市、促进区域知识经济发展作出贡献。

联系方式

地　址：河南省平顶山市建设路东段高新区创业服务中心
邮　编：467000
电　话：86-375-3987501
传　真：86-375-3987502

许昌留学人员创业园

园区概况

许昌留学人员创业园成立于2011年12月22日，是由许昌市人社局和中原电气谷管委会共同创建的省级留学人员创业园，是许昌市委、市政府实施人才强市战略，吸引海外高层次人才来许创新创业而设立的新型现代化科技园区，是许昌市首个针对海外留学人员建设的高新技术产业创业示范园。创业园由市政府委托中原电气谷管委会管理，成立“一组一中心”作为行政、经济、建设、投资、服务的专职机构。

创业园位于中原电气谷核心区，占地面积约21.6万平方米，总投资约12亿元，总建筑面积13.3万平方米，建设有科研办公楼、标准化厂房、公寓楼等设施。该创业园主要以电力装备企业为服务对象，为周边产业集聚区内的电力装备制造企业和创新创业者提供科技咨询、研发设计、管理咨询、市场推广、企业孵化等全方位服务。为了加快园区发展，促进企业孵化，缩短科研成果产业化、商品化、效益化，使企业快速发展壮大，形成产业规模，市政府颁布实施了《许昌留学人员创业园管理暂行办法》，为鼓励海外留学人员入园创业提供了一系列优惠政策。

目前，创业园的配套政策日趋完善，环境逐步优化，初步形成了一个布局合理、环境适宜、现代化、多功能的高科技园区。园区集企业孵化、产业培育、科技人才培养等职能为一体，以新能源、电力电子、电力装备制造等产业为发展方向，为海外高层次人才搭建的广阔创业平台。

联系方式

地　址：河南省许昌市魏武大道中段许昌新区管委会
邮　编：461000
电　话：86-374-3190067，3190068
传　真：86-374-3190081
邮　箱：zydqgbgs@126.com，zydqgzs@126.com

湖北省

武汉留学生创业园

园区概况

武汉留学生创业园成立于1998年5月，是武汉市政府为了吸引和鼓励海外高层次留学人员回武汉创业而专门成立的科技企业孵化器。目前武汉留创园成为湖北省科投集团有限公司下属单位。2001年6月，创业园被国家科技部、人事部、教育部和国家外专局认定为“留学人员创业示范建设单位”；2003年9月，被中共中央宣传部、组织部、统战部和国务院人事部、科技部、教育部联合授予“全国留学回国人员先进工作单位”光荣称号；2004年12月，与国家人事部、市人事局共建国家级留学人员创业园；2006年，被科技部批准成为国家高新技术创业服务中心；2011年1月，被湖北省科技厅授予“优秀科技企业孵化器”称号，被武汉市科技局授予“武汉市科技企业孵化示范基地”“武汉市全民创业科技行动立功单位”荣誉称号；2011年2月，被武汉市人民政府授予“留学人员先进单位”称号；2012年8月，被科技部认定为“国家级科技企业孵化器”、国务院侨办首家“重点联系单位”“湖北省博士后产业基地”以及欧美同学会“报国计划基地”。

创业园现有自营及委托经营的标准孵化场地面积共6.1万平方米，先后建成了光电技术中心、软件技术中心、集成电路设计中心、生物技术中心四个专业园区。创业园通过营造局部优良环境，为留学人员创业企业集中解决共性和个性问题，有效促进了企业的快速成长。除了为入孵企业提供设施完备、功能齐全、价格低廉的孵化场地外，还提供政策、管理、市场、人力资源、融资、上市等全方位的咨询和对接服务，协助企业办理工商、税务、海关、居留资格申请、项目申报等事务，并针对企业不同阶段的发展需求，提供企业培训、企业联谊等个性化服务。

作为东湖国家自主创新示范区人才和创新工作的重要载体，创业园是培育示范区生产力、创新税源、工业倍增计划的主要平台。目前，创业园累计孵化企业近500家，在孵企业近200家，累计注册资本金20亿元，累计实现工业产值160亿元，上缴利税9000多万元，一批优秀企业在这里快速发展壮大，成为所属行业的领军企业。

联系方式

地　址：湖北省武汉东湖高新区高新大道666号光谷生物城C5栋北楼1楼
邮　编：430075
电　话：86-27-87617342
传　真：86-27-87747847
邮　箱：wosp@wh-newstart.org
网　址：www.wh-newstart.org

湖北省留学生襄阳创业园

园区概况

湖北省留学生襄阳创业园成立于2010年3月11日，经湖北省人力资源和社会保障厅批准由襄阳市人事局、市人才办和高新技术开发区合作共建。

创业园坐落在襄阳高新技术开发区，为留学人员入园进行高新技术开发、创办企业提供优质高效服务和优良的孵化场所，并努力降低入园企业的创业成本和风险，帮助受孵化企业度过企业初期的高风险阶段。襄阳高新技术产业开发区特别设立了“留学人员创新创业专项资金”，自2010年起，每年至少安排2000万元资金，重点支持留学人员到高新区留学人员创业园创新创业。

联系方式

地　址：湖北省襄阳市高新区追日路2号
邮　编：441003
电　话：86-710-3756010，3700606
传　真：86-710-3756011

湖南省

长沙留学人员创业园

园区概况

长沙留学人员创业园成立于2002年，隶属于长沙高新区管委会，是科技部、人事部、教育部和国家外专局共同认定的首批“国家留学人员创业园”，曾获得国务院“全国就业先进工作单位”、湖南省人社厅“优秀留学人员创业园”等荣誉称号，连续多年获得科技部科技企业孵化器评价A类，成为湖南省内创新创业标杆。

创业园孵化总面积13.5万平米，有巨星创业基地、延农创业基地、C2创业基地、MO创业基地、长海创业基地、新瑞信创业基地、天劲创业基地、德邦创业基地、人印创业基地等孵化场地。为了吸引海内外高端人才来园区创业，长沙高新区管委会先后出台了《长沙高新区关于建设国家创新型科技园区的若干政策意见》《长沙高新区关于进一步加强人才工作的意见》等政策，并拨款1亿元设立高层次人才创业投资基金，成立高层次人才创业投资有限公司作为基金的管理机构，由创业园具体负责公司日常管理和运营，鼓励和支持留学人员入园工作和创业。创业园在全力落实管委会政策的同时，制定了《长沙高新区创业园鼓励留学人员、大学生来区创业的实施办法》《长沙留学人员创业园房租补贴细则》等配套落实文件，并提供全方位的创业服务，为留学人员企业发展创造良好的环境。创业园可以为入园企业提供包括工商注册、场地租赁、科技服务、法律服务、财税服务等基础服务，并建设了科技金融服务、国际技术转移服务、实验检测服务平台、创业资讯服务和创业培训服务五大服务平台，中科院创新创业基地、中关村湘军创业园、百度创新中心三大创新创业平台，同时成立了湖南省知识产权交易中心、湖南省低碳技术交易中心，建立了14个投融资服务实体，形成了PE投资、VC投资、天使投资、成果转化投资、合成基金等多种形式的科技金融服务平台，搭建了一个为企业提供从萌芽期、初创期、成长期到成熟期的全过程孵化服务体系。

创业园建设多年来，聚集入园企业2000余家，孵化培育出了“国内血糖仪第一股”三诺生物、中国首颗商业化科学实验卫星“潇湘一号”天仪空间等一批优秀留学人员企业；累计有400余家留学人员企业经园区孵化毕业，其中60余家购地购房企业，35家规模企业，3家企业在创业板上市，22家企业在新三板挂牌。

联系方式

地　址：河南省长沙高新技术产业开发区麓景路8号巨星创业基地205
电　话：86-731-89777053
传　真：86-731-89777055
邮　箱：1547213146@qq.com
网　址：www.cnibi.cn

长沙经济技术开发区留学人员创业园

园区概况

长沙经济技术开发区留学人员创业园成立于2010年6月，由湖南省人力资源和社会保障厅、长沙市人力资源和社会保障局联合授牌。创业园重点吸引留学人员在工程机械、汽车制造、电子信息、新材料等高科技产业领域创业，形成与创业园建设总体目标相适应、符合“创业之都”战略要求的功能格局。创业园由长沙经开区创业服务中心统一管理。创业中心成立于2002年，是长沙经济技术开发区管理委员会全额拨款事业单位，是为留学人员创业企业提供综合服务的公益性科技事业服务机构。创业中心以“创造优良环境、提供优质服务、培育优秀企业家”为目标，在各级政府和社会各界及广大创业者的关心支持下，已建立了比较健全的创业服务体系，形成了规范化、专业化的创业服务机制。

创业园以国阳科技园为核心，以和祥科技园、物丰科技园等其他孵化基地为补充，孵化面积达14万多平方米。其中，国阳工业园占地4万平方米，总投资8600多万，园区按孵化生产区、公共服务区、生活配套区三大功能规划建设。和祥科技园占地6.5万平方米，已开发面积5.3万平方米，完成投资7452万元，建筑面积6万平方米，由标准厂房、办公楼和公寓楼三大部分组成，园内配套完善，餐饮、娱乐、购物、健身一应俱全，是长沙经开区最早的孵化基地。物丰机电产业园占地面积6万平方米，总建筑面积5.1万平方米，总投资7000多万元，由钢结构标准厂房、通用厂房、员工宿舍楼和综合楼四大部分组成，拥有完善的生产、商务、办公功能区，布局科学合理，使企业足不出园就可以进行各种活动。

联系方式

地　址：湖南省长沙市星沙三一路2号长沙经济技术开发区创业服务中心
邮　编：410100
电　话：86-0731-84020187
网　址：www.cetz.gov.cn

湖南生物医药留学人员创业园

园区概况

湖南生物医药留学人员创业园由湖南省人事厅批准成立，是以生物医药领域高科技项目孵化为主的专业服务机构。创业园建设是长沙国家生物产业基地重要发展战略之一，该基地是2006年10月由国家发改委批准认定的、以湖南浏阳生物医药园区为核心区的国家级生物产业基地，是中西部地区第一个国家级生物产业基地，是由联合国工发组织与长沙市政府共建的国际医药产业园，是科技部的生物医药火炬计划基地，国家商务部定点的全国十二大医药出口基地之一，湖南省的重点工程、长沙市十大标志性工程之一。

创业园总建筑面积3万平方米，其中孵化场地5200平方米，依托基地良好的投资环境、较为完善的产业化共享服务平台体系，通过创造一个局部优化、适合留学人员创业的环境和条件，提供具有国内先进水平的生物医药专业化服务，加速中小科技创业型企业发展。创业园以资源整合、优化配置为主线，形成了基因芯片技术、胶体金诊断试剂技术、组织芯片技术、病理检测抗体技术、组合生物合成、化学药物研究以及中药提取技术等七大共享实验技术平台，并积极协助入园企业共同建设新的技术平台。创业园与欧洲最大生物基地德国柏林生物医药园、挪威生物医药创业中心等建立了合作关系；承担了国家发改委的中国政府与古巴的生物技术合作并与三家古巴国家生物所签订合作协议；参与科技部的中英剑桥园并负责生物技术类项目洽谈合作；在省政府支持下，建立了药用植物资源国际合作研发中心、生物技术服务外包国际合作中心等。

创业园重点发展生物诊断试剂、单克隆抗体以及新药研发外包服务（CRO）三大技术领域，积极引进著名企业和投资商，促使创业园生物单克隆抗体产业规模化，并成长为园区继标准化提取物之后第二大出口品种。较为完善的产业服务平台与专业化的服务，使园区目前集聚了一批先进生物技术项目和创业人才，逐渐形成了生物芯片技术、诊断试剂技术、新药研发外包服务技术、单克隆抗体技术以及中药标准化提取物技术等产业集群。

联系方式

地　址：湖南省浏阳生物医药园区科创大楼
邮　编：410329
电　话：86-731-3280359
传　真：86-731-3280666
邮　箱：13907484359@139.com

株洲留学人员创业园

园区概况

株洲留学人员创业园成立于1999年7月，是湖南省成立的第一家留学人员创业园。创业园与株洲国家高新技术创业服务中心、大学生创业示范园采取“三块牌子、一套人马”的方式运作，按企业化管理模式运行，实行自收自支的财务管理体制。创业园先后荣获“全国先进高新技术创业服务中心”“湖南省留学人员创业园先进单位”“湖南省国家火炬计划实施20周年先进服务机构”“湖南省科技管理系统先进集体”“湖南省优秀留学人员创业园”“株洲轨道交通产业集群创新创业平台”“湖南省促进就业创业孵化基地”“国家级大学生科技创业见习基地”等100多项荣誉。

创业园孵化总面积14.9万平方米，包括“一园两基地”，即创业园本部和天台金谷孵化基地。创业园大力推进“苗圃—孵化器—加速器”一体化的科技创业孵化链建设，提升孵化器的服务能力和服务水平。创业园与省内外高校及科研机构建立长期合作关系，搭建多种技术合作平台，推进产、学、研结合，加速科技成果转化。

创业园鼓励有创业意向的科研人员、大学生、留学人员等开展创业见习实习，组织长、株、潭地区科研院所专家学者、园区成功创业的企业家作为创业导师来园讲学，提供团队组建、管理运营、技术攻关、产品市场前景分析等具体指导，为未成立企业的优秀创业项目和创业团队提供专业、系统的“预孵化”服务。

联系方式

地　址：湖南省株洲市天元区泰山路43号
邮　编：412007
电　话：86-731-28827865

湘潭留学人员创业园

园区概况

湘潭留学人员创业园于2003年8月29日经湖南省人事厅批准成立，10月28日正式授牌，是湘潭高新开发区管委会直属的公益性科技型事业单位，与湘潭国家高新技术创业服务中心采取“两块牌子、一套人马”的方式运作。创业园被评为“湖南省优秀留学人员创业园”。

创业园依托创业中心3.8万平方米创业孵化大楼，建设1.44万平方米的标准厂房，以优惠的政策和良好的服务，吸引海内外留学人员归国创业。同时，配合德国科技园引进国外项目进行孵化，逐步建成国际企业孵化器。

联系方式

地　址：湖南省湘潭市晓塘中路火炬创新创业园创新大厦2楼
邮　编：411100
电　话：86-0731-58551800
邮　箱：haoxinqing@sohu.com

岳阳留学人员创业园

园区概况

岳阳留学人员创业园创建于2001年6月，经湖南省人事厅批准，于2002年7月正式挂牌。创业园位于岳阳高新技术产业开发区内，是吸引留学人员来岳阳创业发展的重要平台，是推动岳阳高新区及其高新技术产业发展的重要载体。

创业园规划了8000平方米的厂房作为孵化基地，并建设了留学人员创业科技大楼，实行优惠政策，为留学人员新办企业提供场地、资金、申报项目、办理手续等服务。

目前，创业园引进项目大多处于国际国内领先水平，部分被列入湖南省科技厅重点支持项目，多名留学回国人员在园内成功兴办高新技术企业。

联系方式

地　址：湖南省岳阳市巴陵中路创业大厦
邮　编：414000
电　话：86-730-8720888
邮　箱：282423357@qq.com

常德留学人员创业园

园区概况

常德留学人员创业园成立于2005年6月，是继长沙、株洲、浏阳、岳阳、湘潭之后湖南省内第六家留学创业园。常德市政府采取灵活政策，提供启动经费与免费办公条件，并按照“政府搭台，企业唱戏；民办官助，大胆创新”的建设方针，将创业园交给留学人员自己经营管理。

目前，创业园成功吸引了一批来自美国、日本、加拿大、英国、比利时等国的留学人员，集聚了一批信息技术、材料、能源、交通、农业等高科技项目，成功开发出一系列如新型光缆材料、网络教育资源平台、GPS车辆监控系统、建筑节能系统、生物试剂等新型产品。

联系方式

地　址：湖南省常德市人民东路320号农业局大厦1楼
邮　编：415003
电　话：86-736-2597057
邮　箱：hncdwsb517@163.com

益阳留学人员创业园

园区概况

益阳留学人员创业园成立于2007年12月，被湖南省人事厅认定为省级留学人员创业园，并先后被认定授牌为“益阳会龙电子信息园”“湖南省高等院校科研院所科技成果转化及产业开发基地”“中南大学科技园”“清华大学科技园”等。

创业园位于湖南省益阳高新区南片区，规划总面积34万平方米，分南北两个功能区：南边为生产区，规划建设标准化厂房和管理及仓储用房；北边为综合服务区，规划建设各类套型公寓、公共服务大楼和综合孵化大楼，以满足企业人员的生活服务需求。创业园分别与清华大学、中国科技大学、国防科大、中南大学、湖南大学、湘潭大学、北京国力源研究中心、湖南省林科院等42所大学院校科研院所建立了密切的合作关系，园内大多企业建立了自己的研发机构。

目前，创业园累计入孵企业50多家，其中在孵企业30多家，汇盛科技、瑞亚高科、方圆液压、祥瑞科技等一批企业发展迅猛，有力地促进了益阳高新区新能源、新材料、新兴信息技术及服务业、高端装备制造、农产品精深加工等主导产业的快速形成。

联系方式

地　址：湖南省益阳市高新区云雾山路
邮　编：413000
电　话：86-737-2223126，2223128

广东省

留学人员广州创业园

园区概况

留学人员广州创业园成立于1999年8月，由广州开发区投资创办并与国家教育部、科技部合作共建，是广州开发区留学人员创业的主要聚集地。2001年8月，被国家科技部、教育部、人事部和外国专家局联合认定为国家留学人员创业园建设示范点，是广东省唯一的国家级留学人员创业园。创业园管理机构是科技部认定的国家级高新技术创业服务中心，首批国家级“大学生科技创业见习基地试点单位”、广东省小企业创业基地、广东省版权兴业示范基地、广州市创业（孵化）示范基地。2016年2月，广州开发区管委会、广州火炬中心被授予“2015年度广东省科学技术奖”特等奖。

创业园已建成了广州科技创新基地园区、广州科学城综合研发孵化区园区、广州开发区西区园区、广州国际企业孵化器园区、广东软件科学园园区、科学城信息大厦园区6个园区，形成了资源互补、配套齐全的孵化网络，总孵化场地达15万平方米。创业园充分发挥广州开发区“孵化器的孵化器”平台化引领作用，逐渐探索出了一套具有鲜明特色的孵化模式，已在广州开发区形成从“创客空间（苗圃）—孵化器—加速器—科技园”的全链条孵化器集群。引进和培育了大批优秀留学人员企业，涉及生物医药、电子信息、新材料、光机电一体化等多个产业领域。

联系方式

地　址：广东省广州科学城揽月路80号广州科技创新基地综合服务楼708
邮　编：510663
电　话：86-20-32290476，32290563
传　真：86-20-32290839
邮　箱：anleex@enterpark.com
网　址：www.entrepark.com

广州市留学人员创业（海珠）基地

园区概况

广州市留学人员创业（海珠）基地成立于2001年9月，是为留学人员来海珠市创业而设立的科技企业孵化器。基地与广州市海珠高新技术创业服务中心实行“两个牌子、一套班子”进行运作。创业中心是由海珠区政府于2000年1月建立的科技创业服务机构，2000年12月，被广州市科技局认定为“市级高新技术创业服务中心”；2001年9月，被市科技局批准成为“广州市留学人员创业（海珠）基地”；2005年12月，被科技部认定为“国家高新技术创业服务中心”。

创业基地位于广州城市新中轴线，占地面积1.1万平方米，有6座主要建筑物，可供科技企业创业的建筑面积1.5万平方米，内设置有高新技术成果（产品）展览厅、多功能会议厅、商务中心、培训中心以及宽敞的停车场等基础设施，环境优美，周边生活服务设施齐全。创业基地为扶持进入中心的企业发展制定了各项优惠政策，入驻企业除可享受国家、省、市扶持发展高新科技产业的各项优惠政策外，还设有项目扶持资金及纳税奖励等一系列优惠措施。对留学人员自带项目到基地创业，经审查批准，可从广州市留学人员管理服务中心申请留学人员专项资金10万元；在此基础上，还可从海珠区高新技术创业扶持资金中获得10万元以上的资助，作为留学人员的项目启动资金。同时，提供园区物业管理、后勤服务，为入园企业办理工商、税务、证照等服务。

联系方式

地　址：广东省广州市海珠区敦和路189号
邮　编：510300
电　话：86-20-89224165，89226132
传　真：86-20-89225984
邮　箱：9963130@qq.com
网　址：www.cy-center.com

广州市荔湾留学生科技创业园

园区概况

广州市荔湾留学生科技创业园成立于2002年，是荔湾区人民政府出资、由荔湾区科学技术局主办、荔湾区生产力促进中心创办并管理的科技企业孵化基地，旨在建立一个良好的创业环境，以鼓励和支持留学人员和高新技术企业来区创业发展，为进驻的科技型企业提供从项目研究开发、中试小规模生产到市场开拓的多功能、全方位、全过程的优质服务。

科技园临近荔湾区政府及地铁，交通便利，环境优美，已建成由中山七路园区、穗丰大厦园区和聚龙中试基地（广州市市级高新技术创业服务中心）、东沙创业中心四个园区组成的完整体系。其中，最新成立的东沙创业中心位于荔湾区东沙工业园区内，建筑面积达4500平方米。

科技园成立以来，吸引了近200家科技型企业入园，近半是留学回国人员创办的企业；引进各类人才400多人，其中归国留学人员60多人，硕士以上学历人员100多人，已成为推动荔湾科技、经济和社会发展的一个亮点。

联系方式

地　址：广东省广州市荔湾区逢源路330号3楼
邮　编：510000
电　话：86-20-81377323
传　真：86-20-81033258
邮　箱：leif1963@21cn.com

深圳市留学生创业园

园区概况

深圳市留学生创业园成立于2000年10月，由深圳市政府在深圳高新区设立，是深圳市吸引海外留学人员回国创业、扶持留学生企业发展的重要平台，是国家人社部与深圳市政府共建的“中国深圳留学人员创业园”，国家科技部认定的“国家高新技术创业服务中心”，广东省认定的“广东省小企业创业基地”“广东省科技服务业百强企业（机构）”，深圳市委组织部认定的首批“人才工作基层联系点”，市委统战部认定的“深圳市海归创新创业实践基地”。

创业园现有孵化场地3.1万平方米，拥有孵化、项目管理和资金管理三大功能，建立了财税咨询服务平台、创业园网络管理平台、企业知识产权全流程服务平台和多媒体培训平台四大公共服务平台，为入园企业提供基础设施、创业辅导、融资服务、人才引进、交流培训、市场推广、管理咨询、项目推介、专业服务、联谊沟通等十大类百余项服务内容。

创业园成立以来，累计吸引来自美、英、法、加、日等20多个国家和地区的留学人员1255人，其中，博士427人，有30多人入选国家和省级海外高层次人才引进计划，2人获得“全国留学回国人员先进个人”称号。园区累计孵化企业1005家，毕业企业819家，目前在园企业141家，孵化项目涉及电子信息、生物医药、新材料、新能源、环境保护、光机电一体化及其他知识密集型高科技项目，全部为留学人员创办的企业。入园企业中有1家企业获国家科学技术进步奖二等奖，6个项目获广东省科学技术奖，27个项目获得深圳市科学技术奖；有7个团队入选国务院侨办认定的重点华人华侨团队，5个团队入选广东省引进海内外创新科研团队，10个团队入选“孔雀计划”创新创业团队，14家企业获“中国留学人员创业园百家最具成长性创业企业”。

联系方式

地　址：广东省深圳市南山区高新南环路29号留学生创业大厦一期2101室
邮　编：518057
电　话：86-755-86329000
传　真：86-755-86329004
邮　箱：chy@szchuangye.com
网　址：www.szchuangye.com

深圳市留学人员（福田）创业园

园区概况

深圳市留学人员（福田）创业园成立于2003年，依托于福田区高新技术创业中心（深圳市软件园福田分园）。2003年，创业中心被认定为深圳软件园（福田）分园、深圳市留学人员（福田）创业园和深圳市留学生联谊会（福田）分会；2007年，通过深圳市科技企业孵化器认定。

创业园现有4个孵化基地，总孵化面积约13万平方米。包括位于滨河路边的“松岭”基地，孵化面积5000平方米，入驻企业主要为电子信息、软件开发行业的初创企业；位于彩田北路的“彩田”基地，也称中科大（福田）产学研基地，孵化面积6.7万平方米，发挥中国科技大学的人才和技术支撑点作用，将中国科技大学的高新技术成果引入福田区内孵化和产业化，促进海外留学人员带科技成果来福田创业；位于深圳市老工业区八卦三路荣生大厦的“八卦岭”基地，孵化面积1.1万平方米，是利用原有的工业办公楼进行功能重新定位，创建工业厂房向科技产业转型的典范，已吸引大批科技企业进入；位于福田保税区的福田软件出口基地，孵化面积约5.8万平方米，利用保税区的政策优势，吸引海内外创业投资者，重点发展行业应用软件、行业应用中间件、工业自动化软件，致力于提升福田区软件产业的规模和水平，成为软件出口的重要源头。

联系方式

地　址：广东省深圳市福田区松岭路1号

邮　编：518031

电　话：86-755-83650188

传　真：86-755-83650588

深圳市留学人员（国际科技）创业园

园区概况

深圳市留学人员（国际科技）创业园成立于2013年12月10日，是深圳市科学技术协会、深圳市福田区人民政府及深圳光启研究院，为搭建国际化的技术创新平台，引进国际先进技术和高端创新团队，促进深圳自主创新型城市建设和福田产业高端化发展而合作建立的国际科技创业园。创业园为入园企业提供国际专业化支持和智力服务，从政府扶持政策与创业配套服务等方面帮助国际创新团队尽快建立企业化运营模式，实现技术产业化和生产规模化。

创业园在深圳市科学技术协会、深圳市福田区人民政府的支持和指导下，建设项目将分两个阶段运行。第一阶段为示范项目阶段，选址位于福田区中投国际商务中心，作为过渡基地，共约3000平方米，计划引进海外高端创业团队或项目6—8家，目前已达饱合状态。第二阶段为拓展运营阶段，选址福田区深圳国际创新中心，计划投入运营面积约2万平方米，将引进40—60家海外高端创业团队，已有近200家国际高科技创业团队或项目向园区提出了入园申请，进入园区优质“种子企业库”。创业园以深圳光启研究院所拥有的国际智力资源为核心驱动，以超材料产业发展基金为重要支撑，引进了一批国际化、专业化的高层次运营管理团队、投资团队和科学家团队，为入园企业提供全面的创业服务支持，并依托光启的海外合作机构，促进园区与海外机构的深入合作。同时，以新材料和新一代信息技术两大战略性新兴产业为主线，通过人才聚集和项目运作，集中特色技术进行园区产业布局。

联系方式

地　址：广东省深圳市福田区香梅路1061号中投国际商务中心A座18-B

邮　编：518040

电　话：86-755-23482785转812

传　真：86-755-82705173

邮　箱：sziip@kuang-chi.org

深圳市留学人员（龙岗）创业园

园区概况

深圳市留学人员（龙岗）创业园成立于2001年7月，是深圳市龙岗区为吸引海外留学生来龙岗创办高新技术企业而投资兴建，以引进优秀归国留学人员携带高科技项目来龙岗创业，提高相关产业水平，加快科技成果化，引导和带动自主创新体系建设为目的的综合性科技企业孵化器。2004年，通过深圳市科技企业孵化器认定；2005年，通过国家级科技企业孵化器认定；2006年，被授予“深圳市优秀引智单位”称号；2007年，被认定为“深圳市优秀科技企业孵化器”；2008年4月，成立知识产权工作站；同年6月，通过ISO9000管理体系认证。

创业园地理位置优越、环境优美，总孵化面积近4万平方米，各项配套设施完善。科技图书馆、商务中心、情报中心、乒乓球室、台球室、会议室、洽谈室、展览厅、多功能厅均免费对企业开放；引进了深圳低成本健康实验室和CAE实验室、深圳市声学噪音处理检测平台、深圳市环保环评检测等公共技术检测平台；引进了咖啡厅、社康中心等社会配套机构；同时，为创业企业提供低成本的办公、科研及生产场地，以及一站式、全方位的服务。

目前，创业园内有在孵企业80余家，累计毕业企业60余家；在园企业共拥有专利280项，著作权35项，商标46个，拥有多项国际领先技术。

联系方式

地　址：广东省深圳市龙岗区中心城留学生创业园一园213室

邮　编：518172

电　话：86-755-28938007

传　真：86-755-28938001

邮　箱：lgcy@vip163.com

华丰（龙岗）留学生产业园

园区概况

华丰（龙岗）留学生产业园成立于2009年5月，是由华丰世纪集团投资兴建的留学生产业园，是深圳市引智办和龙岗区科技局重点项目。

园区一期规划用地面积约4.5万平方米，总建筑面积逾10万平方米，建有标准化工业厂房8栋，配套公寓5栋，地理位置优越，环境优美，配套完善。商务中心、情报中心、乒乓球室、台球室、会议室、洽谈室、多功能厅等均免费对企业开放。华丰集团先后投入300余万元资金，根据国际标准化工业园对园区的绿化、监控系统、电梯系统、配电系统、热水系统、通信系统、有线电视系统、语音广播系统、办公会议系统进行全面改造。产业园客户服务中心积极与外部企业及政府机构沟通交流，同时进行全方位的合作。龙岗区留学生联谊会已经成为联系园内外留学生的重要纽带。

联系方式

地　址：广东省深圳市龙岗区宝龙工业区宝龙一路与宝荷路交叉路口

邮　编：518116

电　话：86-755-89668288

传　真：86-755-27856777

深圳市留学人员（光明）创业园

园区概况

光明新区留学人员创业园成立于2013年11月，是光明新区管委会为落实国家留学政策，吸引学有所成的海外留学人员到新区创办企业，培育具有国际竞争力的企业和企业家，促进新区经济与社会发展而投资设立的高新项目孵化基地。

创业园一期启动区4000平方米的场地已投入使用，地理位置优越，周边环境优美，配套设施完善，是海外留学人员创业的理想场所。创业园以优惠政策为入园企业提供孵化场地，并针对处于创业期、成长前期企业的特点，提供各类孵化服务，促进科技成果转化，帮助海外留学人员实现技术项目商品化与产业化。

根据市委、市政府要求，创业园被定位为光明新区引进、培养和发挥留学人员作用的重要载体，是实现科技成果转化的重要基地，是海外留学人员施展才华的创业舞台。

联系方式

地　址：广东省深圳市光明新区观光路招商科技园A3栋C2—C6单元

邮　编：518107

电　话：86-755-88211505

传　真：86-755-88211505

深圳市留学人员（龙华）创业园

园区概况

龙华新区留学生创业园于2013年8月20日在观澜银星工业园挂牌成立，依托龙华新区科技企业孵化器创建，旨在为留学回国人员创业提供优质服务平台。2013年11月，正式授牌为“深圳市留学人员（龙华）创业园”。创业园采用“政府指导、民间运营”的方式，由深圳市龙新国际孵化器管理有限公司直接运营管理。

创业园规划总建筑面积约10万平方米，可容纳200家创业企业和100家成长性企业入驻。一期建成面积1.5万平方米，配备有公共服务平台（培训、政策咨询、创业咖啡、特色餐饮、专家公寓、交通配套、秘书服务、法律服务站、财务服务站、人才服务站、超级前台、电子商务、知识产权代办机构、创投机构、知识产权服务站）和公共技术平台（公共实验室、公共测试平台、公共技术开发体系），并有员工食堂、班车、宿舍以及公共会议室、培训室等配套。

创业园构建科技服务创新系统，有效聚集整合政府、协会等多方面资源，入驻企业将享受专项资金扶持等优惠；为支持企业发展，园区对于重大项目的引进，可提供长免租期、厂房定制、股权投资、银行贷款、资金补助申请等方面的增值服务。创业园设立了创业咖啡吧和成果展示中心，通过舒适的创业环境激发优秀的创业灵感，通过专业成果展示高效的成果转移，最大限度地提供增值服务和模式创新，加快园区企业成长。

联系方式

地　址：广东省深圳市龙华新区观澜街道观光路1301号银星高科技大厦

邮　编：518110

电　话：86-755-23703093

传　真：86-755-23317956

邮　箱：szlhti@szyxjt.com

深圳市留学人员（坪山）创业园

园区概况

深圳市留学人员（坪山）创业园（坪山新区留学生创新产业园）成立于2011年11月，是坪山新区管委会为吸引海外留学人才员来区创业而投资设立的高新技术成果孵化基地，主要承担海外留学人员创业企业成长前期的孵育功能。2012年11月，被深圳市政府认定授牌为“深圳市留学人员（坪山）创业园”。

创业园位于华瀚科技工业园内，地处新区中心区的核心区，地理位置优越，总建筑面积2.38万平方米，一期1.75万平方米的科研、实验、办公场地已建成并投入使用，配套设施完备。对于入驻园区的留学人员，除了享受深圳市政府提供的优惠政策外，还可同时享受新区管委会提供的“零费用”进驻，入驻园区进行创新创业、研发的留学人员企业，办公场租全免、科研场租全免、试生产场租全免。

联系方式

地　址：广东省深圳市坪山新区金牛西路16号华瀚科技工业园内
邮　编：518000
电　话：86-755-28339215
传　真：86-755-28339266
邮　箱：cx10001@126.com

珠海留学人员创业园

园区概况

珠海留学人员创业园成立于2003年2月，由国家人事部与珠海市政府共建。创业园受珠海高新区管委会管理，高新区管委会下设创业园管理服务中心，具体负责园区日常管理和服务工作。

创业园设在珠海国家高新技术产业开发区内，面积2.3万平方米，分为A、B两区，A区位于科技创新海岸的南方软件园内，面积1万平方米；B区位于南屏科技工业园内，面积1.3万平方米。已形成了集研究、实验、中试、孵化为一体的留学人员创业基地，基础设施完善、信息网络发达、生态环境优美、技术创新氛围浓郁的智能型园区，成为珠海市实现科技成果转化的重要基地。

目前，创业园已吸引300多家留学人员企业入驻，600多名留学人员在园发展，企业分布在电子信息、生物制药、新材料等领域。

联系方式

地　址：广东省珠海市唐家湾镇港湾大道科技一路10号民营科技大厦一楼
邮　编：519085
电　话：86-756-3629995，3629996
传　真：86-756-3629900

惠州留学人员创业园

园区概况

惠州留学人员创业园（原仲恺高新区留学生创业园）成立于2003年7月。依托仲恺高新区的产业基础，惠州市政府批复成立了仲恺高新区科技创业服务中心（仲恺高新区留学生创业服务中心）作为仲恺高新区留学生创业园管理部门，秉承“服务科技，扶持创新”的发展思路，吸引初创期科技型中小企业和创业企业入孵，为归国留学创业人员提供创业启动资金、科技服务和商业配套服务。2008年9月，创业中心被省科技厅认定为“广东省高新技术创业服务中心”，被市纪委、市监察局认定为“惠州市改革开放成果教育基地”；2009年，获得“省中小企业服务机构示范单位”“广东省高校毕业生科技创业孵化基地”认定；2010年，被国家人力资源和社会保障部全国博士后管委会认定为“博士后科研工作站”，被科技部火炬中心认定为“国家级科技企业孵化器”，被省中小企业局认定为“广东省小企业创业基地”，被省发改委认定为“广东省现代服务业集聚区”；2012年，被市政府认定为“惠州市现代服务业集聚区”，被省中小企业局认定为“广东省中小企业公共服务示范平台”，被省人社厅认定为“广东省创业带动就业孵化基地”；2015年11月，成为广东省人社厅与惠州市政府共建的广东惠州留学人员创业园。

创业园孵化总面积20万平方米，孵化场地由仲恺高新区科技创业服务中心1、2、3号楼，TCL科技大厦科技创新研究服务中心，惠南、东江产业园科技创业服务中心，陈江、惠环加速器以及北京中关村异地孵化器、美国波士顿异地孵化器、政企共建孵化器等构成，针对不同成长阶段科技企业的需求，建设与之相适应的不同类型科技创新创业孵化载体，从创业苗圃到孵化器、加速器，再到产业园等，建立完善科技创新创业孵化链条，形成了“创业苗圃+孵化器+加速器”的孵化体系。创业园积极探索“前孵化器”和异地科技创新服务体系建设，依托国内外知名高校和科研院所，推动产学研合作，支持有创业需求的精英和创新团队把仍处于研究早期的技术产品甚至技术思路进一步完善并在仲恺高新区进行产业化。同时，为进一步优化仲恺高新区人才政策环境，仲恺高新区先后出台《仲恺高新区引进扶持高层次人才激励政策（暂行）》《仲恺高新区管委会关于仲恺高新区“恺旋人才计划”的实施意见》，针对海外高层人才，协助办理工商注册、税务登记、海外高层次人才居住证等“一站式”服务，提供生活津贴及一次性住房补贴等补贴待遇。

在创业园多年的建设和发展带动下，仲恺高新区已聚集留学人员近200人，留学人员创业企业100多家，占惠州市留学人员科技创业企业总数80%以上，多个项目被列为国家、省、市科技重点支持对象。

联系方式

地　址：广东省惠州市仲恺高新区惠风东二路16号
邮　编：516006
电　话：86-752-2653699
传　真：86-752-2653896
邮　箱：smart008@21cn.com

东莞市留学人员创业园

园区概况

东莞市留学人员创业园成立于2003年，是东莞市吸引海外留学人员来莞创业，建设创新型城市的重要平台。其宗旨是为留学人员来莞创业提供优质服务，营造适宜中小科技企业成长的创新环境，促进先进科技成果转化，加快培育自主创新型企业和现代企业家，推动东莞新兴产业、高科技产业发展。2005年底，被共青团中央授予“中国青年留学人员创业基地”的称号；2007年12月，被科技部认定为“国家高新技术创业服务中心”；2010年12月，成为人力资源和社会保障部与广东省人民政府共建的留学人员创业园。

创业园设在风景优美的东莞松山湖科技产业园区，有孵化场地面积4万多平方米，建成生物医药专业孵化器、创意产业孵化器，以及生物医药工程中心、微电子材料研发中心等多个公共技术平台。此外，还专门配备了会议室、多功能报告厅、员工食堂、咖啡厅、文体活动室等，为入驻企业提供良好的商务、生活环境。在为入园企业提供基础服务的同时，还提供中介、创业培训、人力资源、融资、专家辅导、对外交流合作等服务，促进企业科技成果产业化。

作为东莞市以及松山湖高新区吸引高端人才创业、孵化高新技术的重要基地，创业园在载体建设、人才引进、成果转化、企业培育等各方面取得显著成绩，逐步形成了"孵化器+加速器+新兴产业基地"的发展模式。目前，创业园已累计引入创业企业和服务机构300多家，入园注册资本合计12亿多元，19家企业被认定为国家高新技术企业；引进各类高层次人才470多人，包括国家和地方海外高层次领军人才20多名。

联系方式

地　址：广东省东莞市松山湖管委会一站式服务办事中心4层

邮　编：523808

电　话：86-769-22891118

邮　箱：ljy@ssl.gov.cn

中山留学人员创业园

园区概况

中山留学人员创业园成立于2007年8月，由中山市人事局批准成立，与中山火炬高新技术创业中心、中山火炬生产力促进中心合署办公，实行"一套人马、三块牌子"的运作机制。中山火炬高新技术创业中心由火炬开发区管委会于1992年创办，2005年被科技部认定为"国家高新技术创业服务中心"，并被广东省科技厅批准为"广东科技人才基地（中山）"建设的依托单位。2011年12月，创业园成为全省首家由广东省人力资源和社会保障厅与中山市人民政府共建的省级创业园；2013年，经国家人力资源和社会保障部批准升级为部省共建"国家级留学人员创业园"。

创业园以数码大厦作为主孵化基地，大楼整体建设面积为10.3万平方米，主体建筑面积3.7万平方米，通过搭建基础服务、企业交流台、人才服务、金融服务、技术服务、项目申报、中介服务、数据服务八大服务平台，建立"一站式"服务体系以及配备会议室、接待室、学术报告厅、培训室、员工宿舍、配餐中心、人才公寓等基础性设施，为创业者提供全方位、保姆式和"一条龙"的创新创业服务，凸显人才技术优势、多功能的办公条件及齐全的创业孵化与生活服务设施，创造出与国际接轨、适合企业发展的创业环境，是留学人员归国创业的极佳场所。

截至2018年底，创业园拥有留学人员创业企业179家，初步形成了电子信息和软件开发、生物医药、新能源与新材料、光机电五大支柱产业，多个项目被列入国家、省、市科技重点支持对象；累计吸引483名留学人员入园创业发展，包括13名国家和省级高层次创新创业领军人才。

联系方式

地　址：广东省中山市中山港康乐大道创业大厦101

邮　编：528437

电　话：86-760-85316388

传　真：86-760-88292232

邮　箱：1358976459@qq.com

网　址：www.zsospp.com

广西壮族自治区

南宁留学人员创业园

园区概况

南宁留学人员创业园成立于2000年初，坐落在南宁国家高新技术产业开发区内，由南宁新技术创业者中心负责服务管理。

创业园拥有孵化场地4000平方米，经过多年发展，建立起了较为完善的孵化培育服务体系。创业园结合南宁高新区的实际情况制定了一系列的优惠措施，包括提供留学人员创业启动资金、办公科研场地的优惠使用、协助企业申请各项科技经费、提供专家公寓、提供企业发展咨询服务等。

目前，创业园已吸引了一批来自美国、英国、日本等国家和地区的海外人员，以及国内博士和博士后前来创业。

联系方式

地　址：广西南宁市科园大道68号4栋6层

邮　编：530004

电　话：86-771-3213233，3213368

邮　箱：smart008@21cn.com

柳州留学人员创业园

园区概况

柳州留学人员创业园成立于2007年8月，由柳州市人事局、柳州高新区共同组织和管理，为留学回国人员提供资金、场地及相关配套服务。创业园实行"政府引导、企业运作、留学生管理"的运作管理模式，即通过海外留学生入股，创造"一头在国内、一头在国外、中间是政府"的"杠铃模式"，以最优惠的价格提供科研、实验、办公、配套和管理服务，利用政府资源参与运作和管理，引进风险投资资金，协助入园企业解决融资问题。

早在2003年就进入国家级的柳州高新技术创业服务中心，已形成了一整套完善的孵化服务体系，共有孵化场地2.7万平方米。创业园成立后，又制定了一系列优惠政策，除设立了留学人员基金外，还在柳州高新区中心和柳东新区提供了近1000平方米的场地，免费作为入园留学生的研发和生活区。创业园主要构建生物工程和生物制药、高新技术及新材料新能源、软件及文化产业、投融资等四大优势产业。

联系方式

地　址：广西柳州市高新一路科技工业苑11层

邮　编：545006

电　话：86-772-3998128

桂林留学人员创业园

园区概况

桂林留学人员创业园成立于2001年3月，由原国家人事部、广西壮族自治区人民政府和桂林市人民政府联合共建，2001年12月正式挂牌。创业园位于桂林国家高新技术产业开发区内，由桂林国家高新区管委会负责具体实施，是专为到桂林创业的留学人员、博士等高层次人才而设立的创业基地。创业园正式挂牌运作以来，充分利用国家人事部、自治区人民政府、桂林市人民政府的政策导向，依托桂林国家高新区良好的投资环境，发挥共建各方自身优势，吸引留学人员、博士以及立志创业的各方人士前来创业。促进科技成果商品化、产业化、国际化，培育一流的高新技术企业，造就精通技术、善于管理、通晓经营的复合型科技人才。2006年12月，创业园被广西区党委组织部授予“广西留学人员工作先进单位”的称号。

创业园现由创新大厦、创业大厦、铁山科技园、创意产业园四大孵化场地构成。创新大厦是高新区电子信息产业专业孵化器所在地，一期孵化场地面积2.7万平方米，利用地处信息产业园优势，专门吸纳中小型电子、通电企业，形成电子、通信企业集群，作为园区各规模企业产业链延伸的载体和末端，逐渐形成完整的产业链条。创业大厦地处高新区老区1平方千米内，孵化场地面积2.1万平方米，有8000平方米的轻钢工业厂房，周边有华诺威制药、晖昂制药等生物医药骨干企业，地理位置优越，交通便利，知名度高，建有“广西数字化产品开发制造公共技术服务平台”“桂林工业产品设计人才培训基地”重点孵化生物医药、光机电一体化企业，着力打造创业苗圃。铁山科技园一期孵化场地面积1.6万平方米，主要用于吸纳大专院校、科研院所成果转化，创业者以留学人员、博士、大学老师、大学生等高素质人群为主体，设有创业中心本部、全国大学生科技创业实习基地，将发挥“一个中心”的引领示范作用，成为多个专业孵化器的“辐射源”。创意产业园孵化场地面积6.8万平方米，是一个全新的，以集聚动漫制作、软件开发、产品设计等创意型企业为首要的园区，建有“高新区软件外包人才培训基地”“高新区动漫制作公共技术服务平台”，承载着高新区转变经济增长方式、文化立区的新理念。

创业园在局部打造了一个吸引留学人员回国创业的优化环境，在求得自身发展的同时也为高新区科技创新营造了一个新的亮点。目前，在孵企业达到300多家，培育规模以上企业80多家。

联系方式

地　址：广西桂林国家高新区大学科技园二楼

邮　编：541004

电　话：86-773-2670907

传　真：86-773-5819274

邮　箱：44603899@qq.com

北海留学人员创业园

园区概况

北海留学人员创业园成立于2006年2月，由北海市人民政府和广西壮族自治区人事厅合作共建。创业园分别设在北海市贵州路科技创业中心大楼、北海市北海大道科技大厦精品项目孵化器、北海市体育北路综合孵化基地等3个孵化器内，日常服务工作由北海市高新技术创业服务中心负责。

创业园先后引进了广西桂能信息工程有限公司，促成了广西桂能集团在北海工业园的亿元投资，产生了拉动北海经济发展的巨大效益；引进了北海金明阳风力潮汐发电科技有限公司，也促成了广西柳州明阳机电集团公司在北海市投资1.3亿元建设风电项目。园区企业为北海市的园区经济、高新技术产业的发展注入了新的活力，增添了新的力量。

联系方式

地　址：广西北海市北海大道科技大厦7楼

邮　编：536000

电　话：86-779-2020594

邮　箱：bhsulidong@sina.com

海南省

海口国家高新区留学人员创业园

园区概况

海口国家高新区留学人员创业园成立于2001年12月，由海南省人力资源和社会保障厅与海口国家高新区共建，旨在吸引优秀留学人员入园创办高新技术企业，重点孵化一批具有国际领先技术和自主知识产权、市场潜力巨大、国家重点支持领域的项目，促使先进技术与本地资源的有效结合，加快科技成果转化和产业化，促进海南经济发展。2009年，创业园被海口市创建创业型城市领导小组认定为“创业孵化示范基地”。

创业园孵化总面积1800平方米，并拟建1.8万平方米创业孵化大楼作为新的创业孵化基地。工程分两期建设，完工后可满足创业人员办公、科研、中试的需求。创业园区在管理模式上创新，以“媒婆+保姆”的管理模式和“以人为本”的服务理念，努力为在孵企业和创业人员提供有效服务。高新区设立有创业扶持基金，创业园还联合政府部门、金融部门、风投机构建立了投融资平台，努力让在孵项目和资金对接；联合省、市科技部门对企业技术成果进行鉴定、推广、交易；通过组织部门协调高校、科研院所的科学实验平台进行资源共享，重大科技项目可联合多方研发。

目前，创业园已聚集了一批由留学回国人员创办的高科技企业，主要集中在高科技农业、信息技术、生物医药、干细胞工程研究、蛋白质工程研究、分子细胞技术应用、中子核辐照技术应用、热带海洋研究等行业领域。

联系方式

地　址：海南省海口市南海大道168号（海口保税区内）留学人员创业园112室
邮　编：570216
电　话：86-898-66826121
传　真：86-898-66826151
邮　箱：hkwsyao@126.com

重庆市

重庆留学人员创业园

园区概况

重庆留学人员创业园成立于2003年8月，由重庆市政府批准设立，其前身为重庆高新技术产业开发区管委会于2000年3月所创建的“重庆高新区出国留学人员创业园”。2007年，成为国家人力资源和社会保障部与重庆市人民政府共建的“中国重庆留学人员创业园”；2009年10月，被重庆市委、市政府评选为“留学人员归国创业服务工作先进单位”。

创业园位于重庆高新区二郎科技新城，总建筑面积8.92万平方米，总投资额为22亿元，是集科研、中试、生产、办公、展厅为一体的综合性现代化创业园区。

目前，创业园内有留学人员创办或领办企业20多家，主要涉及电子信息、生物医药、新材料、先进制造等领域，成功培育华邦制药成为全国首批中小板上市企业，梅安森科技成为西部首家煤矿安全领域创业板上市企业。

联系方式

地　址：重庆市高新区二郎科城路77号A座2楼
邮　编：400039
电　话：86-23-68683600
传　真：86-23-68416305
邮　箱：7009932@qq.com

重庆两江新区留学人员创业园

园区概况

重庆两江新区留学人员创业园于2015年5月由国家人社部批复同意与重庆市人民政府共建，由重庆两江新区管委会运营。

创业园主要布局在照母山科技创新城、水土高新技术开发区和龙盛工业开发区。根据《中国重庆两江新区留学人员创业园建设方案》，两江新区留学人员创业园将建成“三中心一平台”，即留学人员创新创业中心、高新技术项目孵化中心、科技创新型企业聚集中心，留学人员信息交流和成果展示交易平台。

创业园出台了“五资”“五助”“五配”三大方面政策，通过“组合拳”模式，从资金、服务、配套等方面，着力吸引国内、国际顶尖人才到重庆两江新区创新创业。其中，对经认定的海外高层次人才带技术、带创新成果到两江新区进行产业化，并新注册科技创新型企业的，一次性给予最高100万元开办补助。创业园还配备了创新创业服务中心、孵化中心以及人才公寓、国际学校和国际医院，为海外人才创造了优越的工作和生活条件。

创业园确立了5年内实现“三个五”目标，即留学人员主导创办、项目牵头或投资合伙的创新型企业500家，吸引创新创业人员5000名，助推云计算大数据、互联网、金融、文化创意、高端装备等5个战略性新兴产业集群，逐步形成创新创业体系。

联系方式

地　址：重庆市金渝大道66号金山大厦
邮　编：401122
电　话：86-23-63560000

四川省

成都留学人员创业园

园区概况

成都留学人员创业园成立于1998年8月，是成都高新区管委会下设的为留学人员回国创业提供服务、促进成果转化的公益性科技事业服务机构，是全国首家由国家人事部与地方政府共建的留学人员创业园。创业园与成都高新区创新创业服务中心、中国成都博士创业园、中国大学生创业园（成都）采用“四块牌子、一套人马”的管理运营方式。经过多年的发展，园区不断完善留学人员回国创业的激励机制，按照“以优惠的政策吸引人才，以优良的环境留住人才，以优异的事业发展人才”的发展思路，通过有针对性的基础服务、增值服务和定制服务，促进人才资源向人才资本转化，取得了丰硕成果，先后获得“引进国外智力成果示范基地”“国家留学人员创业园”“国务院侨办引智引资重点联系单位”“海外高层次人才创新创业基地”“侨梦苑”“为侨服务工作站”等荣誉称号。

创业园直接管理菁蓉国际广场、移动互联创业大厦（天府软件园G1楼）、国际创业服务大厦（天府软件园G5楼）、起步区孵化园、西部园区孵化园、高新孵化园（3号楼和6号楼）六个园区，孵化面积38.43万平方米，牵头高新区海外高层次人才创业服务工作。同时承担集成电路设计平台、电子通信测试平台、生物医药分析测试平台3个政府投资示范的公共技术平台的运行管理工作，资产近2亿元，带动社会投资20余亿元建立了85家公共技术平台。此外，还多次被评为“国家级先进科技企业孵化器”。

创业园为入驻企业提供十大链条服务，为企业发展提供全生命周期的专业服务，包括：（1）项目入驻。留学人员项目（企业、众创空间、团队）向园区管理机构申请入园，通过园区管理机构评议、筛选、审核后，签署投资合作、租房、物管等协议，然后办理场地装修、入驻办公等。（2）政务政策。入驻园区的留学人员企业在工商、税务办理注册登记，在创业园进行政策咨询，在科新局、经安局等开展项目申报。（3）基础配套。为入驻园区的留学人员企业提供电信通讯、邮政储蓄、公交网络等基础配套服务。（4）生活配套。为入驻园区的留学人员企业提供票务快递、超市快餐、咖啡休闲、创业集市、创业夜市、创业学堂等生活配套服务。（5）创业辅导。在留学人员企业成长过程中，园区提供创业政策培训、创业导师辅导等创业培训服务；开展菁蓉汇活动、大赛路演、论坛沙龙等创业活动；进行项目对接、线上推广、媒体宣传等创业推广服务。（6）技术平台。在留学人员企业项目研发过程中，提供研发（IC设计、软件、新药发现与开发）、测试（电子通信测试、软件评测、生物医药分析测试）、验证（环境可靠性、校准与检测、临床试验研究）、中试（生物医药GMP、蛋白质医药、天然药物工程）、配套（集成电路失效分析、高端聚焦离子束、临床研究）等专业技术支撑服务。（7）专业中介。在留学人员企业发展过程中，提供法务、财务、知识产权等代理服务，开展人力资源、创意设计、管理咨询、推广宣传等商务活动。（8）科技金融。在留学人员企业快速成长阶段，提供股权融资服务、债权融资服务、上市融资服务、其他增值服务（科技保险、创业保险、信用评级、征信服务）等。（9）企业培育。在留学人员企业成长为独角兽企业、高成长企业、改制上市企业、高新技术企业、上规入库企业时，提供持续培育（产业培育政策项目资金支持）、并购重组、产融结合等专业精准特色服务。（10）新经济孵化。在留学人员企业发展壮大形成新兴产业时，创业园将推动孵化培育新业态、新模式、新价值，实施培育经济新增长点。

截至2018年底，创业园累计孵化海外人才创业企业1029家，成功培育出飞博创和芯微电子、亚连、摩尔、特普等一批拥有自主知识产权、具有核心竞争优势的留学人员企业；吸引留学回国人才943名，其中，“国家特聘专家”28人，161人入选省部级人才计划。

联系方式

地　址：四川省成都高新区益州大道中段1800号G1栋
邮　编：610041
电　话：86-28-85335555
传　真：86-28-85312171
邮　箱：354422258@qq.com
网　址：www.cdibi.org.cn

绵阳留学人员创业园

园区概况

绵阳留学人员创业园建立于2000年5月，由四川省人事厅、科技厅、教育厅与绵阳市人民政府联合共建，市人事局、教育局、科技局与高新区管委会具体承建。创业园依托绵阳国家级高新技术产业区，按照市场经济规律和国际通行规则运作，以吸引和扶持留学人员，培育具有创新能力与国际竞争力的高新技术企业和科技企业家为重点，促进高新技术的发展和科技成果的转化。

创业园规划面积50万平方米，实现园区的连片开发和集中管理，已建成孵化中心、标准厂房和博士别墅住宅等基础设施，投入使用孵化面积4000多平方米，标准厂房面积5000多平方米，引入会计师事务所、企业咨询、风险投资等中介服务机构，为留学人员来区创业提供专业化服务。

创业园吸引了来自美国、加拿大、日本、澳大利亚、德国、英国等国家的留学人员创办高科技企业，为促进高新技术成果的转化，提高绵阳高新区科技创新能力作出了突出贡献，初步形成了人才聚集效应。

联系方式

地　址：四川省绵阳市普明南路东段95号创业服务中心
邮　编：621000
电　话：86-816-2546170
传　真：86-816-2535118

贵州省

贵阳留学人员创业园

园区概况

贵阳留学人员创业园（原贵阳留学归国人才创业园暨贵阳海外高层次人才创新创业基地）成立于2010年1月，其前身是成立于2003年的贵州留学回国人员创业园、贵州学子回乡创业园，是贵州省唯一的留学人员创业园。创业园由贵阳国家高新区投资建设，与贵阳高新技术创业服务中心实行“两块牌子、一套人马”，鼓励和扶持高层次海外留学人员回国创业。创业中心成立于1992年，是直属贵阳国家高新区管理委员会领导下的科技服务机构，1998年，被科技部认定为“国家级创业服务中心”。2015年5月26日，人社部批复同意与贵州省政府共同建设“中国贵阳留学人员创业园”。

高新区管委为创业园制定了系统管理办法和政策措施，着力培育具有创新能力和国际竞争力的高新技术企业，并以贵阳高新技术创业服务中心综合孵化服务功能为基础，在研发、项目孵化、团队建设、技术改造、市场开拓等方面给予扶持。目前，创业园已累计吸引60多个留学归国人才创业团队、100多名留学人员入园创办了60多家企业成为全省科技创新创业人才最集中的区域。

联系方式

地　址：贵州省贵阳市金阳新区长岭南路创业大厦6层
邮　编：550022
电　话：86-851-4700588
传　真：86-851-4701009
邮　箱：260875268@qq.com
网　址：www.gyibi.net.cn

云南省

云南留学人员创业园

园区概况

云南留学人员创业园成立于2001年9月，是由昆明高新技术产业开发区创办的为海外留学人员回国创业提供创业服务的专业化园区。创业园与云南省国家大学科技园两园合一，合署办公，实行“两块牌子、一套班子”的运作模式，管理机构为云南留学人员创业园管理办公室、云南省大学科技园办公室。创业园以服务、创新为重点，以高新技术成果的商品化、产业化和国际化为目标，以促进科技成果转化、孵化高新技术企业、培育创新型企业为宗旨，着力吸引、挖掘、培育创业团队完备、研发能力突出、拥有自主知识产权的科技型企业。同时，依托省内外高校的教学、科研设施和研究成果，充分发挥昆明国家高新技术产业开发区体制、机制、政策的优势和社会服务功能，实现了高校、科研机构的智力资源与社会资源的有机结合，现已成为昆明高新技术产业开发区技术创新体系的重要组成部分，成为云南省、昆明市留学归国人员重要的创业平台。2004年，创业园被共青团中央评为“中国青年科技创新示范基地”；2008年，被科技部评为“国家火炬计划先进集体”；2009年，被省科技厅评为“优秀科技企业孵化器”；2010年，被昆明市科技局认定为市级孵化器；2011年，荣获“昆明名牌产品”称号；2012年，获“国家中小企业公共服务示范平台”称号。

创业园依托昆明高新技术产业开发区区域资源禀赋、产业基础和区位优势，集中发展生物医药、电子信息及现代服务业和新材料及先进装备制造业三大产业集群，园区产业呈现集群式、专业化、特色型发展的态势。园区拥有孵化场地13万平方米，已建成生物医药、电子商务专业孵化器、创业苗圃等孵化平台。

联系方式

地　址：云南省昆明二环西路220号云南软件园产业楼501室
邮　编：650106
电　话：86-871-68180605
传　真：86-871-68181219
邮　箱：1716175429@qq.com

云南海归创业园

园区概况

云南海归创业园于2006年成立，是在昆明经济技术开发区管理委员会的指导下，采用股份制企业化形式运作的，重点面向海归创业者建设的综合性科技企业孵化器。产业发展以信息技术、生物技术和环保新材料等为重点，不仅具有依托经开区新兴产业发展产业链，构筑产业机构支撑点的优势，还具有面向东南亚和南亚的地域优势。创业园经过多年的发展，已成为云南目前单体规模最大的科技企业孵化器，也是云南目前规模最大的留学人员创业园。先后被科技部认定为国家级科技企业孵化器，被云南省科技厅认定为省级科技企业孵化器，被昆明市科技局认定为市级科技企业孵化器，被人社部认定为全国创业孵化示范基地。同时，作为国家级昆明经济技术开发区配套的重点科技创业园区，被认定为国家级昆明经济技术开发区的二级招商引资平台、经开区引进海外高层次人才联络站、云南省留学服务中心经开区分中心、外贸服务基地、云南省科协科技专家服务站及省级生产力中心等。

创业园位于昆明开发区信息产业基地，占地7.2万平方米，已建设完成投入使用的面积达15.48万平方米。其中，孵化场地5.08万平方米，公共配套服务1771平方米，专属的留学生和大学生创业实习基地3000平方米，另有10.4万平方米作为产业加速器，主要用于规模化生产。创业园非常注重公共服务平台建设，采取自建与合作的方式整合自身及外部专业服务资源，目前已建立企业融资服务平台、政策咨询与项目申报服务平台、技术产权服务平台、教育培训服务平台、市场营销服务平台、人力资源服务平台等16个服务子平台，全面搭建了特色创业服务，为企业发展提供全面支撑。同时，创业园为留学回国人员创业制定了“育林式”全程服务，即“预孵化（引种幼树）—技术孵化（修枝培土）—企业孵化（施肥浇水）—企业加速（优良嫁接）”的全过程、全阶段的跟踪孵化服务。目前，园区以综合型科技企业孵化器为基础，着重培育信息技术、生物医药、新材料、节能环保、新能源及光电子信息等领域的科技产业，向专业孵化器和产业加速器方向发展，已成功培育出云南北斗银河导航、康嘉乐生物科技、圣周伟业等一大批知名高科技企业。

联系方式

地　址：云南省昆明市经济技术开发区信息产业基地春漫大道80号
邮　编：650217
电　话：86-871-66386416
传　真：86-871-66358760
邮　箱：9908773@qq.com

陕西省

西安留学人员创业园

园区概况

西安留学人员创业园成立于1998年5月，是国家科技部、人事部、教育部和国家外专局共同批准确定的首批“国家留学人员创业园”。2002年7月成为国家人事部与陕西省政府共建的留学人员创业园，同年12月，被团中央认定为“青年科技人才创新基地”；2003年9月，被中央组织部、宣传部、统战部、人事部、教育部、科技部六部委共同授予“留学回国人员先进工作单位”称号；2007年，获得陕西省“13115”科技创新工程“重点科技产业园区”称号；2009年4月，被列为“国务院侨务办公室引智引资重点联系单位”；2011年，获得国家发改委颁发的“西安综合性国家高新技术产业基地战略性新兴产业示范园”称号；2012年8月，入选“新侨人才创业孵化团队”，是全国唯一入选的留学人员创业园；2013年11月，被科技部火炬中心认定为“苗圃—孵化器—加速器”科技创业孵化链条建设示范单位；2006、2015年，两次获得“亚洲企业孵化器协会最佳孵化器奖”；2017年，获得“国家级小微企业创新创业基地”称号。

创业园位于国家级西安高新技术产业开发区内，拥有由孵化基地、产业化基地、综合性功能园区组成的15个创业基地，总面积超过100万平方米，已形成由1个综合性孵化器和多个专业孵化器相结合的“1+N”的孵化器集群发展模式。经过多年的创新发展，创业园目前围绕预孵化、孵化、加速发展等不同阶段开拓基地，进一步完善了各类公共服务平台、专业技术平台，组建了产业联盟等进行孵化支撑；还形成了创业导师、知识产权等20余项创新创业专项服务体系，建立了面向高新区科技型中小企业的分阶段、分领域培育的创业服务体系，为区域产业集群的发展源源不断地输送后备力量，为创业者圆梦之旅提供“全程”服务。创业园自2002年就出台了《西安高新区留学人员创业扶持基金管理办法》，招引海外留学人员创业，针对性的采取了房租减免、研发资助、市场拓展、贷款贴息等递进的、梯度扶持手段，降低了创业者创业成本，推动了留学人员创业企业的发展。目前，高新区出台的《科技创业企业梯度培育政策》，支持对象涵盖“两院”院士、“国家特聘专家”、海外留学人员、高校院所科技人员直至大学生创业者，支持手段更有针对性，力度进一步加大。

创业园充分发挥政策优势、产业优势和环境优势，在促进海外科技成果的引进、吸收、再创新方面取得了显著的成绩，促成了大批海外学人创业项目在西安高新区落户，成功培育出了力邦制药、爱德华测量、巨子生物、炬光科技、航天华迅、芯派电子等一大批优秀的海归创业企业。截至2018年底，创业园累计孵化海外人才创业企业919家，其中有3家企业上市挂牌；累计吸引留学人才1115人，包括31位“国家特聘专家”，58人入选省部级人才计划。

联系方式

地　址：陕西省西安高新区锦业路69号
邮　编：710077
电　话：86-29-81882286
传　真：86-29-88320126
邮　箱：lixu@xdz.gov.cn
网　址：www.xibi.com

西安经济技术开发区留学人员创业园

园区概况

西安经济技术开发区留学人员创业园成立于2008年8月，由西安市人事局和西安经济技术开发区共同组建，由西安经济技术开发区留学人员创业园服务管理中心负责管理。

创业园以经开区总体发展战略规划为依托，以经开区创业园管理办公室为政策管理及服务平台，以留学人员和国际高端人才为智力资源，结合区域实际，以经开区现有产业板块、入驻企业及科研项目为留学人员和国际高端人才创新及就业提供服务，以培育具有创新能力与国际竞争力的高新技术制造企业和科技企业家为重点，促进高新技术制造业的发展和科技成果转化，引领产业升级，逐步建立专业化创业基地，充分发挥示范、导向带头作用，为进一步建立国家级留学人员创业园奠定基础。

创业园为留学回国人员创办的企业提供共享服务空间、经营生产场地、办公设备、交通工具等基础设施服务，还为企业提供政策指导、优惠政策落实、国际合作及各类咨询服务。创业园开设留学人员创业频道，设有专栏和信箱，并由专人负责留学人员到西安经开创业的前期咨询服务工作。同时，协助留学人员创办企业过程中的工商注册、税务登记、银行开户、办理企业代码证、海关登记等手续。

联系方式

地　址：陕西省西安市凤城十二路1号凯瑞大厦A座206室
邮　编：710018
电　话：86-29-86135117，86517914
网　址：www.etpc.com.cn

杨凌示范区留学人员创业园

园区概况

杨凌示范区留学人员创业园成立于2000年8月，经杨凌示范区管委会批准，在杨凌示范区创业服务中心的基础上组建，是我国最早设立的农业高科技留学人员创业园。创业园由杨凌示范区创新创业园发展有限公司负责管理运营，与杨凌示范区创业服务中心“一套人马，两块牌子”。创业园围绕示范区内主导产业，通过建设并完善创新创业孵化服务环境，鼓励吸引海外留学人员来杨凌示范区投资创业，加快农业高新技术成果的商品化、产业化、国际化进程。

创业园基础设施配套完善，拥有1.1万平方米的创业大厦、6500平方米的创新大厦、1.4万平方米的创业园标准厂房。创业大厦地理位置优越，办公室宽敞明亮，物业管理服务已达到星级水平。创业园还具有完善的共享设施，如中央空调系统、ADSL宽带信息网、多功能会议室、健身房、餐厅、娱乐厅，是企业开展科学研究、进行产品生产和办公的理想场所。创业园提供从创业策划到注册登记、办公和生产场地选择、员工住宿、申报各类科技产业计划、申报科技企业和高新技术企业认定以及组织企业参加各类经贸活动等方面的全程服务，并向有希望的项目提供贷款推荐、贷款担保、风险资金、短期合作等。

目前，创业园在孵企业主要涉及生物医药、绿色食品、环保农资、良种繁育和涉农服务业等领域，在孵企业注册资金累计5亿元，年产值3亿元，共开发转化科技项目300多项，形成具有生产能力的产品200多个，其中，105项获国家及地方各类计划资金支持，55项列入国家和省火炬计划、攻关计划和重点新产品计划等。

联系方式

地　址：陕西省杨凌示范区神农路16号创业大厦
邮　编：712100
电　话：86-29-87030000
传　真：86-29-87035398
邮　箱：ylibi@yangling.gov.cn
网　址：www.ylibi.com

甘肃省

兰州留学人员创业园

园区概况

兰州留学人员创业园（原甘肃省兰州留学人员创业园）成立于2001年12月，由甘肃省人事厅、兰州市人事局、兰州高新技术产业开发区管理委员会共同发起组建。2010年1月，经国家人力资源和社会保障部同意，与甘肃省人民政府共建“中国兰州留学人员创业园”，并于2010年12月7日揭牌成立，由兰州高新区管理并负责开发建设。兰州留创园致力于为留学人员提供一流的创业环境、优惠的政策扶持、全方位的创业服务，源源不断培育具有国际竞争力的高新技术企业，曾先后被全国侨联授予“新侨创新创业基地”、兰州市人民政府授予“市级创业孵化示范基地”等称号，目前已成为兰白国家自主创新示范区的核心平台，成为甘肃省创新发展和产业升级的重要载体。

兰州留创园按照“一园三基地”（一园即兰州留创园，三基地即雁滩基地、彭家坪基地和榆中基地）的空间布局，打造“孵化器+加速器+产业基地”全流程企业孵化链条。其中已投入使用的雁滩基地总建筑面积3.9万平方米，按照小微科技企业孵化器、智能制造和信息产业类加速器、生物医药等产业类加速器的功能布局，配备1400平方米会议中心、2000平方米餐饮中心以及文印、物业等配套服务设施，可容纳100余家企业入驻，目前入驻企业65家，其中留学人员创办企业36家，技术类企业29家；留学归国人员67名，其中博士46名，硕士21名。即将竣工的彭家坪基地占地4.1万平方米，项目总投资16亿元，建筑面积16万平方米，基地采取“政府引导、社会参与”的运营模式开发建设，主要建设标准化厂房、写字楼、人才公寓等，可为500家以上企业提供研发生产场地和公共服务平台；建设中的榆中医药产业基地占地45万平方米，总投资36亿元，建筑面积80万平方米，基地采取“整体规划、分布推进”的方式，为中小微企业量身打造灵活可变的“企业客厅”，其中基地一期占地3.6万平方米，建筑面积6.8万平方米，投资3亿元的标准厂房已投入使用，建设中的二期项目标准厂房将于2020年全部投入使用，预计入驻1000余户企业。

创业园通过“资金支持、政策扶持、孵化保障”等引才引智举措，打造创新创业高地，先后累计引进留学人员创办企业155家，包括2家上市公司在内的毕业企业70家。引进各类高层次留学归国人员157人，其中博士72人，“国家特聘专家”4人。此外，组建中的兰州高科生命健康产业技术研究院（以下简称研究院），将依托兰州地区生命健康领域的科研实力和产业优势，以生物医药为核心产业，与兰州留创园管理中心合署运行，事业、企业法人互补退进，创新“研究院+公司”模式，形成“技术研发+专业孵化+专业基金”三位一体的产学研用平台，打造“兰州肽谷”千亿生物医药产业集群，助推兰州高新区生物医药产业发展，成为新的经济增长引擎。

未来，兰州留创园将秉承“智汇、创新、共赢”的发展理念，瞄准世界科技前沿，集聚海归学子的磅礴力量，以建设兰州国家自创区为契机，大力实施创新驱动发展战略，强化创新体系建设，将兰州留创园打造成甘肃地区乃至全国一流的高层次人才创新创业、高科技企业孵化培育、高附加值生物医药发展基地。

联系方式

地　址：甘肃省兰州市城关区雁东路102号
邮　编：730010
电　话：86-931-2107895
传　真：86-931-2107896
网　址：www.lzgxcy.com

宁夏回族自治区

宁夏留学人员创业园

园区概况

宁夏留学人员创业园成立于2003年6月，经宁夏回族自治区人民政府批准，由自治区人力资源和社会保障厅、银川市人民政府、银川经济技术开发区管委会共建。创业园与宁夏高新技术创业服务中心合署办公，由宁夏留学人员创业园管理办公室负责具体管理工作。

创业园自成立以来，在自治区人力资源和社会保障厅的关怀指导下，在开发区党工委、管委会的高度重视和各有关部门的支持帮助下，不断改善园区软、硬环境，优化回宁留学人员创业环境。为吸引优秀留学人才回宁创业，开发区管委会先后制定了《银川经济技术开发区管委会留学人员创业园管理规定（暂行）》《银川经济技术开发区管委会吸引优秀人才基金管理办法（试行）》《银川高新区高新技术风险担保基金管理办法》《银川高新区扶持高新技术企业发展基金管理办法》和《银川经济技术开发区“十二五”时期建设“人才特区”暂行办法》等配套政策，提出了引进人才智力的一系列政策措施，对留学人员创业园的建设、发展提出了具体的目标要求和扶持政策。创业园服务体系逐步完善，不断强化服务功能，建立了包括身份认定、入园手续办理、优惠政策落实、项目立项申请、高新科技成果转化等运作制度，以热心、细致、专业、务实的态度，积极扶持园区企业进行技术研发和成果转化。

联系方式

地　址：宁夏回族自治区银川市黄河东路创新园48号银川经济技术开发区管委会组织人事劳动局
邮　编：750001
电　话：86-951-5062867
传　真：86-951-5062830，5062845
邮　箱：ycdaldj@163.com

新疆维吾尔自治区

新疆留学人员创业园

园区概况

新疆留学人员创业园于2013年经自治区人民政府批准成立，是新疆自治区、乌鲁木齐市和开发区（头屯河区）着力打造的为培育具有创新能力与国际竞争力的高新技术企业和科技企业家，促进高新技术发展和科技成果转化，鼓励吸引海内外高层次人才来疆创业发展，促进创业类企业发展壮大而建立的高层次人才创新创业基地。园区管理机构为新疆留学人员创业园管理办公室，属于乌鲁木齐经济技术开发区（头屯河区）直属事业单位。

创业园所在的新软创智大厦于2015年7月投入使用，拥有公共会议室、公共洽谈区、知识产权服务中心、中小企业服务中心、科技创业“一站式”服务中心等，提供孵化面积5100平方米。同时，采取园外园模式与顺德创业孵化基地建立了战略合作关系，提供孵化面积1400平方米，目前可为创业企业提供的孵化面积共计6500平方米。创业园重点强化创业辅导、人才引进、企业融资、成果转化、股权投资、产业促进六大服务，吸引和扶持海内外高层次人才创业。

联系方式

地　址：乌鲁木齐经济技术开发区（头屯河区）喀纳斯湖北路455号新软创智大厦B座

邮　编：830057

电　话：86-991-3075362，3075365

传　真：96-991-3075366

邮　箱：409165831@qq.com

乌鲁木齐留学人员创业园

园区概况

乌鲁木齐留学人员创业园成立于2002年，2010年，经人力资源和社会保障部与新疆维吾尔自治区人民政府共建成为“中国乌鲁木齐留学人员创业园”。创业园和乌鲁木齐高新技术产业开发区高新技术创业服务中心实行“两块牌子，一套班子”的运作方式。2004年，创业园被科技部认定为“国家级高新技术创业服务中心”；2009年4月，被自治区政府授予“自治区留学回国人员工作特别贡献奖”；2010年2月，被科技部认定为“科技企业孵化器大学生科技创业见习基地”，同年10月，被教育部、科技部认定为“高校学生科技创业实习基地”；2011年3月，被市委、市政府认定为“先进公共服务机构”；2012年12月，被自治区经济和信息化委员会认定为“2012年新疆维吾尔自治区中小企业公共服务示范平台”；2015年，被国家工信部认定为第一批“国家小型微型企业创业创新示范基地”。

创业园现有孵化面积6.73万平方米，企业研究领域主要集中在生物医药、电子信息、新材料、资源与环境等。园区建成了疆内首个生物医药专业孵化器，建筑总面积达到3.7万平方米，包括孵化楼、综合楼、口服制剂中试车间、天然植物中试车间等，可为进驻企业提供研发平台、中试平台、项目申报、临床试验、药品注册代办等技术服务。为了大力推进新疆生物医药产业的产学研合作，进一步完善科技孵化体系和服务体系建设，依托建成的新疆生物医药创新创业园，园区与中科院新疆理化所共建了通用型公共技术服务平台“新疆生物医药产业研究院（工程中心）”，在孵企业可以成本价优先使用公共技术服务平台及中科院新疆理化所现有的天然药物及民族药领域的各种先进分析、测试仪器，满足企业科技研发、中试生产、分析检测、人才培养和科技咨询等科技需求。为给从孵化器毕业的瞪羚企业提供更大的物理空间，更有针对性、个性化的专业服务和更有力的政策扶植，园区还设立了6200平方米的企业加速空间。同时，园区建立了较为完善的中小企业公共服务平台，包括窗口平台、协同办公系统、项目申报系统、资源共享平台、数据上报系统、资产管理系统等，可为在孵企业提供信息服务、融资服务、创业服务、人才培训、技术创新、管理咨询、市场开拓、法律服务等，初步建成了具有鲜明地方特色的“创业苗圃+众创空间+综合孵化器+专业孵化器+加速器”的完整科技创业孵化链条。

联系方式

地　址：新疆维吾尔自治区乌鲁木齐市天津南路682号创业大厦

邮　编：830011

电　话：86-991-3651366

传　真：86-991-3671733

邮　箱：523839655@qq.com

网　址：www.xjidi.org.cn

第四部分

社团篇

欧美同学会
（中国留学人员联谊会）

概况

欧美同学会于1913年成立，2003年增冠“中国留学人员联谊会”会名，是由中国留学海外各国归国同学自愿组成的群众团体。由中共中央书记处领导，中央统战部代管。

欧美同学会（中国留学人员联谊会）设有理事会、常务理事会和会长会，理事会为最高权力机构。下设留美、苏、英、德奥、法、意、加、瑞士、东欧、北欧、拉美、日本、澳新、朝韩、东南亚及南亚17个分会；28家团体会员单位及近百个校友会；组织、宣传、联络、建言献策、团体会员、社会服务、会员活动7个专门工作委员会；MBA协会、企业家联谊会、商务人士委员会、酒店业专家委员会。与21个省区市留学人员组织，美、英、德、日、澳等主要留学国家的百余家留学人员团体建立了工作联系。

欧美同学会（中国留学人员联谊会）广泛联系海内外留学人员，反映他们的意见建议和愿望要求，团结和引导广大留学人员服务于社会主义经济建设、政治建设、文化建设和社会建设，如发起“报国计划”，组织“为国服务团”，召开21世纪中国研讨会和海外留学人员座谈会，服务奥运，举办募捐赈灾活动，参与主办中国留学人员广州科技交流会、中国·海峡项目成果交易会、中国海外学子辽宁（大连）创业周，还作为海外高层次人才引进计划（简称“千人计划”）的主要窗口单位开展各项工作。

欧美同学会（中国留学人员联谊会）工作机构下设行政事务管理部、人事文秘部、会员工作部、联络工作部、社会服务部和宣传部，办有会刊《留学生》（月刊）、《欧美同学会通讯》和网站。

党和政府高度重视欧美同学会（中国留学人员联谊会）及留学人员工作。毛泽东主席对留学人员寄予了“希望寄托在你们身上”的深情厚望，周恩来总理曾亲自来会所探望、视察。1987年，邓小平同志为欧美同学会会刊题写刊名。1997年，江泽民同志为欧美同学会题词“学习、奋斗、团结、奉献”。2003年题写“中国留学人员联谊会”新会名。党和国家领导人多次出席欧美同学会举办的重要活动。1993年，江泽民同志出席欧美同学会成立80周年大会并发表重要讲话；2003年，胡锦涛同志出席欧美同学会成立90周年纪念大会并强调指出，欧美同学会要“努力成为党联系广大留学人员的桥梁和纽带，成为党和政府做好留学人员工作的助手……努力成为留学人员之家”。

在新的历史条件下，欧美同学会（中国留学人员联谊会）将坚持“团结立会、民主办会、依章治会、实干兴会”的办会方针，高举留学报国的爱国主义旗帜，弘扬留学报国的光荣传统，广泛团结和凝聚海内外留学人员，为全面建设小康社会，实现中华民族的伟大复兴作出新的贡献。

宗旨

以邓小平理论和“三个代表”重要思想为指导，团结和服务海内外留学人员，继承发扬留学报国的爱国主义传统，秉持修学、游艺、敦谊、励行的理念，为全面建设小康社会和实现中华民族伟大复兴服务，为完成祖国完全统一大业服务，为维护世界和平与促进共同发展服务。

主要任务

一、学习贯彻党和政府关于留学人员工作、知识分子工作和人才工作的方针政策。

二、推动留学人员报国实践，宣传留学人员报国业绩。

三、开展咨询、信息服务和人员培训等，为促进国家和地方经济社会发展献策出力。

四、联系海外留学人员和团体，开展科技、经济、文化、教育、卫生等领域的交流与合作，组织和推动海外留学人员为国服务。

五、开展多种形式的活动，加强学术交流，丰富文化生活，增进留学人员之间的联系和友谊。

六、反映留学人员的意见和要求，维护会员的合法权益，关心会员的工作和生活，努力为留学人员服务，把本会办成留学人员之家。

七、表彰优秀留学人员，积极举荐人才。

联系方式

地　址：北京市东城区南河沿大街111号
邮　编：100006
电　话：86-10-65592511，65255269
传　真：86-10-65273621
邮　箱：wrsaweb@126.com
网　址：www.wrsa.net

中国技术创业协会留学人员创业园联盟

概况

中国技术创业协会留学人员创业园联盟成立于2008年10月，是在国际科技部、教育部、人力资源和社会保障部、国家外国专家局以及中国致公党中央共同指导下，由致力于支持留学人员创新创业发展的创业园和相关企事业单位、机构共同发起，以自愿方式组成的全国性非营利性的社会组织。联盟在中国技术创业协会领导下开展工作，同时接受国家科技部火炬高技术产业开发中心、国家教育部国际合作与交流司、国家教育部留学服务中心、国家人力资源和社会保障部留学人员和专家服务中心、国家外国专家局经济技术专家司、国家外国专家局中国国际人才交流中心、致公党中央宣传部、致公党中央留学人员委员会的业务指导和监督。英文全称“China Overseas Scholars Pioneer Park Alliance”。

联盟承担起国家有关部门的业务委托，围绕科技创新、人才引进、载体建设，通过行业评价与评选表彰、资源集聚与联盟孵化、创业投资与企业促进、品牌活动与行业交流、战略研究与宣传企划等功能平台，为留学人员创业园、海外人才及创业企业提供全方位的支持，探索行业发展模式，推动园区品牌创新，营造海外人才回国创新创业的良好环境。

宗旨

践行创新驱动发展战略，响应国家大众创业万众创新号召，以促进我国留学人员创业园建设和服务留学人员创新创业为核心目标，承担国家有关部门的业务委托，围绕科技创业、人才引进、载体建设等，开展各项工作。通过整合全国留学人员创业园及政府、企业、高校院所、投资机构等各类创新要素，建立“政产学研金介用”相结合的协同创新机制，形成人才、技术、资本、市场等方面的资源共享机制，营造海外人才创新创业的良好环境，促进创业企业成长，加速科技成果转化，推动园区品牌创新和行业健康发展。

主要任务

围绕海外人才的引进与开发利用，整合成员单位及各类社会资源，开展研究、活动、宣传、培训等工作，建立开放协同创新机制，推进平台载体建设，健全企业孵化和创业服务体系，形成良好的创新创业生态环境，发挥人才作用，打造强优企业，提升行业影响力和群体竞争力。

一、贯彻落实党和国家的留学工作方针，以及对海外人才工作的重要部署和指示精神，做好政府与留学人员创业园区、留学人员创业企业间联系的纽带，积极推动相关政策的制定与实施，合力构建适于海外人才创新创业的优良环境。

二、完善全国留学人员创业园评价体系，开展园区评价、定级和树标杆工作，加强行业自律，提高竞争意识，引导园区实现规范化、特色化、国际化、市场化、品牌化的发展目标，进一步发挥海外人才创新创业载体的支撑作用。

三、建立全国留学人员创业园工作平台，组织全国性及区域性的行业交流研讨和考察互访，促进成员单位及全国园区间的沟通与合作，创新园区运营机制，探索行业发展方向。

四、开展留学人员创业园从业人员培训，帮助园区提升服务水平，建立专业化运营团队，以及相对完善的创业孵化体系、现代管理制度和工作流程，推动园区企业持续健康发展。

五、整合与协调各类创新创业优势资源，实施中国留学人员创业园“联盟孵化”工程，搭建国内国外、线上线下的技术、项目、资本的对接、合作、交流平台，形成协同网络和完整链条，实现资源的合作共享与合理利用。

六、制定实施海外人才扶持和培育计划，举办创业大赛、路演洽谈、企业评选等活动，发现优秀人才，帮助项目落地，从成果转化、市场拓展、创业投资、管理培训等方面对接各类社会资源，促进不同发展阶段的企业成长。

七、从事海外人才创新创业领域的研究，定期进行全国留学人员创业园建设情况调查统计，发布行业数据，开展咨询服务，提供政策建议，促进孵化体系和政策环境的丰富与完善。

八、搭建行业信息整合和宣传推广平台，建设网站，出版会刊，收集发布行业信息，联合战略合作媒体，为成员单位和留学人员企业提供宣传推广支持，弘扬创业文化，提升行业影响力。

联系方式

地　址：北京市海淀区中关村大街甲59号文化大厦4层401

邮　编：100080

电　话：86-10-82698998

传　真：86-10-62261247

邮　箱：lianmeng@osechina.com

网　址：www.osechina.com

中国留学人员回国服务联盟

概况

中国留学人员回国服务联盟（简称“服务联盟”）成立于2011年8月22日，是由首批92家国内从事留学人员回国服务工作的组织发起成立，专门为留学回国人员和留学回国工作提供服务的一个开放式的非法人行业联盟组织与合作交流平台。英文全称“China Union of Service Organizations for Returned Overseas Students”，简称CUSOROS。

中国留学人员回国服务联盟将致力于健全留学人员回国服务机构的合作机制，加强各服务联盟成员间的协调配合，推动服务联盟成员间在编制留学人才引进计划、实施重点项目、落实重要政策时，加强沟通与协调，共同营造和谐的服务工作环境。还将建设留学人员回国服务信息平台，以中国留学人才信息网为依托，构建面向社会和广大海外留学人员的留学回国工作信息平台，促进留学人才、项目、政策、资金等信息资源的交流和共享。

宗旨

以邓小平理论和“三个代表”重要思想为指导，深入贯彻落实科学发展观，坚持“支持留学、鼓励回国、来去自由”的方针，按照“拓宽留学渠道、吸引人才回国、支持创新创业、鼓励为国服务”的要求，团结各留学人员回国服务组织，整合服务资源，提高服务能力，落实具体政策，加快建设服务理念先进、服务机制健全、服务功能齐全、服务质量优良的留学人员回国服务体系，为充分开发利用留学人才资源，吸引更多优秀留学人员回国工作、创业和以多种方式为国服务提供保障。

主要任务

一、推进留学人员回国服务网络建设。以各地区各部门所属留学人员服务机构为骨干，充分发挥各服务联盟成员作用，统筹服务资源，实现资源共享，完善留学人员回国服务网络。

二、健全留学人员回国服务机构的合作机制。加强各服务联盟成员间的协调配合，推动服务联盟成员间在编制留学人才引进计划、实施重点项目、落实重要政策时，加强沟通与协调，共同营造和谐的服务工作环境。

三、建设留学人员回国服务信息平台。以中国留学人才信息网为依托，与有关服务联盟成员留学信息网相互贯通，充分利用互联网便捷、高效的特点，构建面向社会和广大海外留学人员的留学回国工作信息平台，促进留学人才、项目、政策、资金等信息资源的交流和共享。

四、组织成员单位开展相关活动。组织协调服务联盟成员单位开展区域性合作活动和跨区域的专业性交流活动；发挥服务联盟成员单位的资源优势，加强服务联盟成员单位的自身培训，通过多种途径和形式，对留学人员开展国情、政策和就业等方面的培训。

联系方式

地　址：北京市海淀区学院路30号博士后公寓办公楼

邮　编：100083

电　话：86-10-82388262，62322968，62330841

传　真：86-10-62321842

邮　箱：lxhgfw@163.com

“千人计划”专家联谊会

概况

“千人计划”专家联谊会成立于2011年1月15日，是欧美同学会（中国留学人员联谊会）的一个分会，是国家“千人计划”项目引进专家自愿发起和组成的非营利性社会团体。联谊会凝聚全体“千人计划”专家，旨在联谊交流、协同合作、建言献策和服务社会。联谊会将团结并服务于海内外留学人才，积极践行科技兴国和人才强国战略，努力成为国家创新创业的生力军，为建设创新型国家、实现中华民族的伟大复兴贡献智慧和力量。“千人计划”专家联谊会热爱祖国，拥护中国共产党的领导，遵守国家宪法和法律，积极反映会员的意见和要求，维护会员的合法权益。

“千人计划”专家联谊会办公室是联谊会具体工作的执行机构。联谊会办公室在专项办及执委会的指导下、办公室主任的领导下以及八个专业委员会的配合下，主要负责活动组织、联系交流、新闻宣传等方面工作，力求实现联谊会办会宗旨。“千人计划”专家联谊会根据专业发展需要设立专业委员会，目前设信息科学与技术，化学化工，能源、资源与环境，工程与材料，生物医药与生命科学，数学物理，经济、金融与管理，高新技术，青年委员会等9个专业委员会。

宗旨

凝聚全体“千人计划”专家，团结并服务于海内外留学人才，积极践行科教兴国和人才强国战略，努力成为国家创新创业的生力军，为建设创新型国家、实现中华民族的伟大复兴贡献智慧和力量。

主要任务

一、开展会员间的联谊交流。

二、推进会员间、本会与其他社会团体间，在学术、科研、产业发展等方面的交流合作。

三、为国家科技、经济、教育、产业、人才等方面的科学发展建言献策。

四、关心公益，服务社会。

联系方式

地　址：北京市东城区南河沿大街111号
邮　编：100006
电　话：86-10-65127388-6112
传　真：86-10-65266906
邮　箱：lianyihui@1000plan.org
网　址：www.1000plan.org/lianyihui2

中华全国青年联合会留学人员联谊会

概况

中华全国青年联合会留学人员联谊会成立于2004年12月21日，是由愿意遵守本会章程的中国青年留学人员（含青年华侨华人）和留学人员社团（含华侨华人社团）自愿结成的、非营利性的社会团体，接受中华全国青年联合会的领导。英文全称“Returned and Overseas Chinese Scholars Association of All-China Youth Federation”，简称ROCSA。

联谊会的领导机构是理事会，每届任期3年。联谊会设会长1人、副会长22人、秘书长1人，组成会长会议，在理事会闭会期间主持本会工作。设农业科学、信息技术、生物技术、材料科学、管理科学、金融投资、商贸物流、法律、教育文化、新闻传媒、医药卫生、华侨等12个专业委员会，由各专业委员会秘书长主持开展工作。联谊会秘书处设在全国青联海外学人工作部。

联谊会会员主要为在本行业、领域有一定成就和影响的青年留学人员代表性人物，分布在中国（各省、区、市和香港、澳门特别行政区）以及美国等15个国家。

宗旨

广泛联系，促进交流，凝聚力量，为国服务。

主要任务

一、广泛联系、团结海内外青年留学人员，大力弘扬爱国主义传统，加强青年留学人员之间及与国内社会各界的交流。

二、宣传祖国经济和社会发展成就，广开渠道，促进青年留学人员与国内各地开展人才、资金、项目、技术等合作。

三、维护青年留学人员的合法权益，为青年留学人员的成长成才和事业发展服务，举荐、宣传优秀青年留学人员。

四、会同有关方面开展青年留学人员工作，提出意见和建议，努力优化青年留学人员成长和创业环境。

五、开展中华全国青年联合会授权的其他工作。

联系方式

地　址：北京市前门东大街10号
邮　编：100005
电　话：86-10-85212680
传　真：86-10-85212680
网　址：www.gqt.org.cn/ocss/lyh

北京市侨联归国留学人员联合会

概况

北京市侨联归国留学人员联合会成立于2004年1月6日，是在北京市侨联领导下，在中国侨联及北京市委统战部的指导下，由在北京创业或工作的归国留学人员自愿组成的、自主管理的、非营利性的社会团体。联合会承认《中华全国归国华侨联合会章程》，面向北京5万多名归国留学人员。

宗旨

团结、教育、引导广大归国留学人员及其眷属，维护归国留学人员的合法权益，为归国留学人员在北京创业和工作服务，发挥归国留学人员的团体优势，成为北京市委和市政府联系团结广大归国留学人员的桥梁和纽带。

主要任务

一、做好吸引海外人才和智力工作，为实现“新北京、新奥运”的战略目标，为首都率先基本实现现代化服务。

二、面向最基层广大归国留学人员，为留学人员创业、就业、社会交往提供各种服务。

三、维护留学人员合法权益，协助政府有关部门解决留学人员实际困难。

四、关心归国留学人员的政治诉求，积极推荐表彰留学人员代表人物；弘扬创业精神，宣传推介留学人员的事迹和成就。

五、发挥北京人才与高新技术优势，组织广大会员积极参与其他省市的科技、人才交流等活动。

六、加强自身建设，积极推进留学人员工作的理论研究。

七、加强与海外留学人员、海外留学人员社团组织及新侨组织的联谊工作，推动国际交流与祖国统一进程。

联系方式

地　址：北京市朝阳区建外SOHO西区11号楼2002室
邮　编：100022
电　话：86-10-65502259
传　真：86-10-65502259
邮　箱：member@rocsf.org
网　址：www.rocsf.org

北京海外高层次人才协会

概况

北京海外高层次人才协会成立于2011年12月12日，由北京海外学人中心和李彦宏等5位在京的优秀海外高层次人才共同发起成立，是经北京市社会团体管理办公室核准登记的非营利性社会团体法人，接受业务主管单位、社团登记管理机关北京市民政局的业务指导和监督管理。英文全称“Beijing Overseas Talents Association”，简称BOTA。

协会是北京海外高层次人才联谊交流的桥梁和纽带，是促进科技与产业资源整合的人才集群，也是进一步推动北京以及北京周边地区高端人才一体化发展的枢纽型人才组织。

宗旨

遵守宪法、法律、法规和国家政策，遵守社会道德风尚，搭建海外高层次人才交流平台，团结、凝聚和服务在京地区创新创业的优秀海外高层次人才，拓展渠道、整合资源、加强合作，促进海外人才的聚集和发展，充分发挥海外高层次人才的作用，服务北京的创新发展，为北京有中国特色的世界城市建设提供人才支持保障。

主要任务

一、组织海外高层次人才学习贯彻党的方针政策和国家法律法规，了解国家和北京市经济社会发展情况和海外人才相关政策。

二、广泛开展形式多样的交流联谊活动，增进北京以及与津冀地区海外高层次人才之间的联系与交流。

三、加强对海外高层次人才的联系服务，反映海外高层次人才的意愿，进一步优化高端人才的发展环境。

四、为海外高层次人才搭建学术研讨、科技联合攻关、创业合作、投融资服务、科研成果转化等服务平台。

五、发挥海外高层次人才的优势，为北京有中国特色的世界城市建设与“首都经济圈”发展建言献策。

六、开展海外高层次人才相关的研究，编辑出版刊物或书籍，组织论坛、研讨、展览等各种宣传活动。

七、通过多种渠道广泛宣传北京市的优秀海外高层次人才。

八、广泛联系海外专家组织、留学生组织和海外人才交流机构，促进会员开展国际交流合作，吸引更多优秀海外人才到北京创新创业。

联系方式

地　址：北京市西城区德外大街83号德胜国际中心B座6层
邮　编：100088
电　话：86-10-58540533，58540534
传　真：86-10-58540535
邮　箱：bota@8610hr.cn
网　址：www.8610hr.cn

天津市留学人员联谊会

概况

天津市留学人员联谊会成立于2005年4月22日，是由天津市留学海外的归国同学及海外留学人员自愿组成的群众组织（联合性非营利性组织）。英文全称“Tianjin Overseas Returned Scholars Association”，简称TORSA。接受主管单位中共天津滨海新区区委统战部和中共天津滨海高新区工委的领导和监督管理。

宗旨

遵守国家的法律、法规和国家政策，遵守社会道德风尚，团结和组织广大留学人员，增进友谊，交流学术，努力成为党和政府密切联系广大海内外留学人员、学者的桥梁和纽带。积极提供信息、开展服务，围绕国家的人才战略，服务天津发展，促进经济社会、科学技术、教育卫生、文化体育和各项事业发展。

主要任务

一、弘扬爱国主义思想，倡导报国奉献精神，宣传留学人员的先进事迹和学术成就。

二、开展海内外学友之间的联谊活动，加强学术交流和信息沟通，丰富文化生活，增进会员联系和友谊。

三、推动海内外专家、学者及各界人士之间的联系，增进相互了解，在科技、文化、教育、经济等领域广泛开展合作。

四、组织会员发挥综合智力优势，为天津的发展献计献策，为天津企事业单位提供各类咨询、信息服务和人员培训，为各行业对外合作与交流开辟渠道。

五、联络与天津有渊源的海外学友和留学人员团体，加强他们与天津的沟通。

六、维护会员的合法权益，积极反映海内外留学人员的需求，协助解决困难和问题。

联系方式

地　址：天津市新技术产业园区华天道2号国际创业中心
邮　编：300384
电　话：86-22-27126427，60330551
传　真：86-22-27112792，60330550
邮　箱：tjtorsa@163.com
网　址：www.tjtorsa.com

河北欧美同学会（河北留学人员联谊会）

概况

河北留学人员联谊会是由河北省归国留学人员自愿组成的非营利性社会团体，由河北省人事厅进行工作指导。2016年1月正式授牌为河北欧美同学会（河北留学人员联谊会）。

宗旨

紧密结合河北省改革建设实际，密切关注人才紧缺的专业和行业，开展多层次、多领域、多形式的咨询服务和智力招聘活动，为海外留学人员和用人单位牵线搭桥；有效利用现代信息工具和手段，为实施人才强省战略、建设创新型河北提供坚实的信息资源保障；营造留学人员来河北工作的良好氛围，让一切有志于来河北发展的留学人员有才可用、有业可创、有誉可享。

主要任务

一、积极宣传、贯彻执行国家和河北省有关留学人员工作的方针、政策，为各类留学人员回国工作和为国服务开展咨询，提供服务。

二、收集反映留学人员的意见、建议和要求，维护留学人员的合法权益，为留学人员创造良好的工作和生活环境。

三、积极组织多种形式的联谊活动，加强海内外留学人员之间和留学人员社团之间的信息、技术和学术交流，丰富会员文化生活，加强留学人员之间的联系与友谊。

四、宣传留学人员留学报国的业绩和贡献，动员组织在河北省的留学人员为振兴河北作出贡献。开展留学人员表彰、奖励活动。

五、受主管部门委托，组织留学人员为各级党政机关、企事业单位和非公有组织等部门开展决策咨询、信息服务和人员培训等工作，为河北省建设沿海经济社会发展强省提供智力支持和人才保障。

联系方式

地　址：河北省石家庄市桥西区裕华路408号

邮　编：050051

电　话：86-311-88616757

传　真：86-311-88616757

邮　箱：hbzl@hebrs.gov.cn

山西欧美同学会（山西留学人员联谊会）

概况

山西欧美同学会（山西留学人员联谊会）成立于2008年10月26日，是欧美同学会（中国留学人员联谊会）的团体会员，是由山西归国留学人员自愿组成的、非营利性的群众团体。该组织受中共山西省委领导，由省委统战部代省委管理，是省委联系广大留学人员的桥梁和纽带。

宗旨

遵守宪法、法律、法规和政策，发扬留学报国的爱国主义传统，团结归国留学人员，广泛联系海内外学友，团结立会，依章治会，民主办会，实干兴会，为振兴中华、繁荣山西作贡献。

主要任务

一、学习贯彻党和政府关于留学人员工作、知识分子工作和人才工作的方针政策。

二、弘扬爱国主义思想，倡导报国奉献精神，宣传海内外留学人员报国业绩。

三、组织会员发挥综合智力优势，为促进山西的经济社会发展献计出力。

四、开展多种形式的联谊活动，加强与海内外学友和留学人员团体的联系。

五、组织海内外留学人员，在科技、文化、教育、经济等领域广泛开展交流与合作。

六、发挥独特优势，积极开展民间外交，促进中外友好交流。

七、反映留学人员的意见和诉求，维护会员的合法权益，关心会员的工作和生活，努力为留学人员服务，把本会办成留学人员之家。

八、表彰、奖励优秀留学人员，积极举荐人才。

联系方式

地　址：山西省太原市迎泽大街329号省中小企业局10层1004室

邮　编：030001

电　话：86-351-5605919，5605910

邮　箱：omtxh@163.com

网　址：www.sxwrsa.org

大连市归国留学人员联谊会

概况

大连市归国留学人员联谊会成立于2007年1月10日，是在大连市委统战部领导下，由工作、生活在大连市的归国留学人员自愿组成的地方性、联合性和非营利性的社会团体。

联谊会成立以来，积极争取欧美同学会（中国留学人员联谊会）留学报国基地落户大连；申请欧美同学会（中国留学人员联谊会）作为大连“海创周”主办单位，邀请300余名海外留学人员参加“海创周”；组团出访日本、韩国、澳大利亚等国家，与海外留学人员团体建立广泛密切的合作机制；每两年举办一次归国留学人员创业英才评比表彰活动。

宗旨

以邓小平理论和“三个代表”重要思想为指导，全面贯彻落实科学发展观，高举社会主义、爱国主义旗帜，宣传和贯彻党的留学人员政策，广泛联系本市归国留学人员，促进会员交流交往，帮助留学人员创业发展和以多种形式为国服务，引导留学人员为推进我市率先实现全面振兴贡献力量。

主要任务

一、广泛凝聚大连市归国留学人员，积极吸引海外留学人员。

二、适应大连市贯彻国家战略、提升核心地位的新形势，围绕全市工作大局，抓住加快“三个中心”建设的重大课题，开展调查研究，积极建言献策。

三、发挥归国留学人员联系广泛的优势，密切与海外留学人员团体、友好城市的交流交往，主动为招商引资、项目对接牵线搭桥。

四、鼓励归国留学人员在立足岗位作贡献的同时，广泛参与社会服务和公益事业，努力把联谊会建设成为归国留学人员锻炼成长的园地和摇篮。

联系方式

地　址：辽宁省大连市中山区鲁迅路278号

邮　编：116002

电　话：86-411-82758937，82758947

传　真：86-411-82758947

邮　箱：glh937@sina.com

丹东市留学人员联谊会

概况

丹东市留学人员联谊会成立于2004年12月8日，是由丹东籍的留学人员和在丹东市工作的归国留学人员自愿结成的联合性、非营利性的地方社会团体。

宗旨

作为与海内外留学人员和学者密切联系的桥梁和纽带，积极宣传和推介丹东，吸引和凝聚更多的留学人员来丹东创业发展，为促进丹东经济发展和社会进步作出贡献。

联系方式

地　址：辽宁省丹东市振兴区六纬路24号608室

邮　编：118000

电　话：86-415-2127846
传　真：86-415-2121479
邮　箱：ddmjwrj@126.com

吉林省留学人员联谊会

概况

吉林省留学人员联谊会成立于2006年10月13日，是由在（来）吉工作的留学归国人员、在国（境）外学习、工作并关心吉林发展的留学人员和热心留学事业的吉林省社会各界人士自愿组成的非营利性社会团体组织，是省委、省政府联系广大留学人员的桥梁和纽带，是做好留学人员工作的重要社会力量，是留学人员之家，是中国留学人员联谊会的地方分会。英文全称“Jilin Overseas Scholars Union”，简称JOSU。

联谊会进一步扩大了与国（境）外留学人员的交流与合作，增强了留学人员到吉工作的吸引力，推动留学人员的能力建设、继续教育和社会实践，造就了一支能够为振兴吉林老工业基地提供智力支撑的高层次留学人员队伍。

宗旨

遵守国家宪法、法律、法规和各项政策，遵守社会道德风尚；以马列主义、毛泽东思想、邓小平理论和“三个代表”重要思想为指导；坚持科学技术是第一生产力，认真落实党的人才政策，积极有效地调动各类留学人员的创新创业精神，努力营造“尊重劳动、尊重知识、尊重人才、尊重创造”的良好社会氛围，为实施科教兴省和人才兴业战略作出应有的贡献。

主要任务

一、向省委、省政府反映留学人员的意见、建议和要求，协助省委、省政府做好留学人员服务工作，不断改善留学人员的工作、生活环境，维护留学人员的合法权益。

二、开展留学人员业绩和成果的宣传工作，组织各种形式的联谊活动，加强国内外留学人员和留学人员社会团体之间的信息交流、学术技术交流，促进不同领域留学人员之间的了解与沟通。

三、推动留学人员科技与专利成果的转化，研究成果转化的途径和方式，开辟科技成果向现实社会生产力转化的“绿色通道”，有效地开展资金、技术和人才的引进工作。

四、发挥留学人员的智囊作用，将留学人员的潜能转化为现实生产、管理能力。受政府有关部门委托，组织留学人员投入生产、管理第一线，为各级党政机关、企事业单位、非公经济组织和个人开展综合性管理和单项技术的咨询论证工作。

联系方式

地　址：吉林省长春市人民大街7988号
邮　编：130022
电　话：86-431-89997998
邮　箱：liudj999@sina.com

长春市欧美同学会
（长春市留学人员联谊会）

概况

长春市欧美同学会（长春市留学人员联谊会）成立于2004年12月25日，是在中共长春市委统战部的指导下，由长春市归国留学人员自愿组成的群众团体。

长春市委统战部高度重视留学人员联谊会作用的发挥，支持有条件的城区和高校成立联谊会分会。同时，指导联谊会加大引才力度，开展交流交往，加强自身建设，努力把联谊会建设成为广纳人才的集聚地、收集和提供信息的智囊团、政府和人才的连心桥。联谊会结合市情，有针对性地开展了联谊交友、市情调研、专题议政、座谈交流、学术研讨、对口帮扶等工作，在经济社会建设中发挥了独特作用。

宗旨

高举社会主义和爱国主义旗帜，团结归国留学人员，广泛联系海内外学人，促进合作，为统一祖国、振兴中华、建设长春贡献力量。

联系方式

地　址：吉林省长春市人民大街2626号341室
邮　编：130041
电　话：86-431-88776527
传　真：86-431-88776527
邮　箱：tuoliqin@changchun.gov.cn

黑龙江省欧美同学会
（黑龙江省留学人员联谊会）

概况

黑龙江省欧美同学会创建于1998年12月22日，是由黑龙江省留学世界各地归国学人自愿组织的群众团体，也是一个覆盖面广的高层次人才团体。英文全称“Heilongjiang Overseas Returned Scholars Association”，简称HORSA。

宗旨

团结归国学人，联系海内外学友，增进友谊、沟通信息、交流学术、开展协作，为振兴中华和黑龙江经济建设作出贡献。

主要任务

一、学习、宣传并贯彻党和政府关于留学人员和人才工作的方针政策。

二、弘扬爱国主义思想，倡导留学报国，宣传介绍留学人员的优秀事迹和学术成就。

三、联系海外留学人员和留学人员团体，开展经济、科技、文化、教育、卫生等领域的交流与合作，努力拓宽海外留学人员与黑龙江省联系和为国服务的渠道。

四、开展咨询、信息等服务，为黑龙江省的经济建设和社会发展献策出力。

五、开展多种形式的活动，加强学术交流，丰富文化生活，增进会员联系和友谊。

六、维护会员的合法权益，关心会员的工作和生活，发挥会员的专长和作用，反映会员的建议和要求。

七、表彰、奖励优秀留学人员，积极举荐人才。

联系方式

地　址：黑龙江省哈尔滨市南岗区学府路50-1号
电　话：86-451-82628104
传　真：86-451-82648814
邮　箱：bgs@horsa.org
网　址：www.horsa.org

哈尔滨市留学人员联谊会

概况

哈尔滨市留学人员联谊会成立于2004年12月，其前身是哈尔滨市留日学生联谊会和哈尔滨市归国留学生联谊会。它是以哈尔滨市留学人员为主体，自愿组成的非营利性的联谊性社会团体，接受业务主管单位中共哈尔滨市委统战部和社团登记管理机关的业务指导和监督管理。

宗旨

在遵守国家宪法、法律、法规和国家政策，遵守社会道德风尚的原则下，发扬爱国传统，团结哈尔滨市归国留学人员和与哈尔滨有渊源关系的华侨学人，广泛联系海内外学友，促进哈尔滨市对外科学技术、经济文化交流，起到留学人员与党和政府间的桥梁和纽带作用，为繁荣哈尔滨作出贡献。

主要任务

一、弘扬爱国主义思想，倡导报国奉献精神，宣传海内外留学人员的先进事迹和学术成就。

二、推动哈尔滨市海内外留学人员和企业人士之间的联系，增进相互了解，在科技、文化、教育、经济等领域广泛开展交流与合作。

三、发挥综合智力优势，为哈尔滨市的发展提供建设性意见，为企事业单位的发展开展各类咨询、信息服务和培训。

四、联络哈尔滨海外学友和留学人员团体，广交朋友，增进友谊，促进哈尔滨市对外交流与合作。

五、维护会员的合法权益，积极反映留学人员的需求，协助解决困难和问题。

联系方式

地　址：黑龙江省哈尔滨市道里区兆麟街123号

邮　编：150010

电　话：86-451-84693198

传　真：86-451-84696365

邮　箱：zhangchangzain@sina.com

网　址：www.hrbofa.com

上海市欧美同学会
（上海市留学人员联合会）

概况

上海市欧美同学会（上海市留学人员联合会）是上海市留学归国学人自愿组织的民间团体，也是一个覆盖面广的高层次人才团体。

早在1905年7月1日，复旦大学老校长李登辉在上海创立了寰球中国学生会，此为欧美同学会前身。1913年，成立了上海欧美同学会；1919年在上海成立了全国中华欧美同学会；1984年9月3日，恢复成立了上海市欧美同学会；为适应新世纪新阶段留学人员工作的发展需要，在保持同学会优良传统的同时最大限度地团结海内外广大留学人员，于2007年12月29日正式增冠新会名“上海市留学人员联合会”。

宗旨

广泛团结归国留学人员，联系海内外学友，增进友谊、沟通信息、交流学术、开展协作、发挥纽带和桥梁作用，为振兴中华、繁荣上海作出贡献。

主要任务

一、举办学术讲座、论坛、研讨会，以及各种联谊、交流活动。

二、编印出版《会讯》及各种文集。

三、组织参观考察，发挥跨学科、跨行业、跨部门优势，建言献策，提供服务咨询，协助引进人才、技术和资金，为上海社会、经济和文化发展牵线搭桥。

联系方式

地　址：上海市陕西北路128号5楼

邮　编：200041

电　话：86-21-62673528

传　真：86-21-62728215

邮　箱：sorsa@sh163.net

网　址：www.china-sorsa.org

上海市留学人员联谊会

概况

上海市留学人员联谊会成立于1996年8月8日，是由来上海工作和为上海建设发展服务的出国留学人员组成的民间组织，经上海市民政局核准登记成立，取得社会团体法人资格。业务主管部门是上海市人力资源和社会保障局。

联谊会在有关部门的支持下，针对留学人员回国工作时存在的一些共性困难，积极采取措施，逐步加以解决，使他们能全身心地投入到工作中去。还针对留学人员的特点组织各类活动，与侨办、妇联、青联、欧美同学会等团体联合举办联谊活动，加强了留学人员与社会各界的联系和沟通。

联谊会作为联结海内外留学人员的“桥梁”和“纽带”，在团结海内外留学人员、帮助留学人员了解上海的发展、鼓励他们回国工作和为国服务、促进和帮助上海构筑人才资源高地等方面发挥了积极的作用。联谊会集聚的一大批优秀人才，有的已经成为上海科研和高新技术领域的中坚力量和学科带头人，被誉为“留学人员之家”。

宗旨

坚持四项基本原则，团结广大留学人员，鼓励留学人员为报效祖国、振兴上海贡献聪明才智。

主要任务

一、贯彻落实“支持留学，鼓励回国，来去自由”的留学工作总方针，宣传上海经济和社会发展的成就，鼓励留学人员回国来上海工作和以多种形式为国、为上海服务。

二、发挥留学人员的专业特长和对外联系的桥梁作用，推动上海的科技、文化、经济的发展和对外交流。

三、对留学人员工作提出咨询意见及建议。

四、团结海内外留学人员，共同为把上海建设成国际经济、金融、贸易中心之一而贡献力量。

联系方式

地　址：上海市浦东新区世博村路300号

邮　编：200125

电　话：86-21-23110328

传　真：86-21-50722823

邮　箱：srsf@21cnhr.org.cn

网　址：shafea.sh.gov.cn

上海市闵行区留学人员联谊会

概况

上海市闵行区留学人员联谊会于2004年11月30日成立，是由闵行区内留学人员自愿组成的非营利性社会团体法人，业务主管单位为闵行区人事局。联谊会成立以来，按照自身宗旨，在团结海内外留学人员，帮助留学人员了解闵行，鼓励他们为国服务，在贯彻落实“人才强区”战略方针中发挥了积极作用，是党和政府团结联系广大留学人员的桥梁和纽带。

宗旨

坚持四项基本原则，遵守宪法、法律、法规和国家的政策，遵守道德风尚，团结广大留学人员、华侨华裔，鼓励他们为报效祖国、振兴上海贡献聪明才智。

主要任务

一、学习、贯彻党和政府关于留学人员工作、知识分子工作的方针政策。

二、弘扬爱国主义思想，倡导报国奉献精神，宣传留学人员报国业绩。

三、组织会员发挥综合智力优势，为闵行经济社会发展建言献策。

四、反映留学人员的意见和要求，维护会员合法权益，关心会员的工作和生活，努力为留学人员服务，把本会办成留学人员之家。

五、表彰、奖励优秀留学人员，积极举荐优秀留学人员。

联系方式

地　址：上海市沪闵路6555号（莘庄建设银行大楼内）1707室
邮　编：201100
电　话：86-21-54176205，541762056
传　真：86-21-64140775
邮　箱：mhlxslyh@yahoo.com.cn
网　址：www.mhll.org.cn

上海市浦东新区归国留学人员联合会

概况

浦东新区归国留学人员联谊会成立于2000年，是由浦东新区归国留学人员自愿组成的非营利性社会组织，是经上海市浦东新区民政局核准登记的社会团体法人。2005年更名为浦东新区归国留学人员联合会。联合会接受业务主管单位浦东新区人事局和社会团体登记管理机关浦东新区民政局的业务指导和监督管理。

作为留学人员在浦东的民间组织，联合会在团结归国留学人员，联系海外留学人员和华侨华裔学者，开展协作，为留学人员回国提供帮助，为浦东科技进步、社会发展等方面作出了贡献和努力。

宗旨

遵守宪法、法律、法规和国家政策，遵守社会道德风尚，遵守诚实、信用、公平的原则，团结浦东新区归国留学人员，联系海外留学人员和华侨华裔学者，增进友谊，沟通信息，交流学术，开展协作，为留学人员回国创业提供帮助；为科教兴国，为浦东科技进步、社会发展和繁荣作出贡献。

主要任务

一、宣传爱国主义思想，倡导报国奉献精神，介绍浦东发展现状和未来前景，宣传留学人员在浦东开发建设的先进事迹和学术成就。

二、开展多样性的海内外留学人员之间的联谊活动，加强学术和创业经验交流以及信息沟通，促进行业之间的合作。

三、推动与海外留学人员、专家、学者和企业人士之间的联系，促进相互了解和对浦东的了解，开展民间往来，在引智、科教、经济等领域广泛开展交流与合作。

四、组织会员发挥综合智力优势，为浦东的开发、开放、建设提供建设性的建议，为浦东企事业单位的发展开展信息服务和人员培训。

五、维护会员的合法权益，向有关部门反映并协助解决留学人员的困难和问题。

联系方式

地　址：上海市浦东新区松涛路563号1号楼106-112室
邮　编：201203
电　话：86-21-50800359
传　真：86-21-50800439
邮　箱：service@paros.cn
网　址：www.paros.cn

南京留学人员联谊会

概况

南京留学人员联谊会成立于2005年1月16日，是由南京市有代表性、有影响性的各界留学人员代表人士自愿组成的，具有团结性、知识性、互助性、联合性、地方性和非营利性的社会团体组织。英文全称“Nanjing Overseas and Returned Scholars Association”，简称NORSA。联谊会的业务主管部门为中共南京市委统战部，同时接受南京海外联谊会的指导和监督管理。

宗旨

以邓小平理论和“三个代表”重要思想为指导，遵守国家的宪法、法律；宣传和贯彻党的统一战线方针政策，加强本市各界留学人员之间以及他们与港澳台同胞和外籍华人之间的了解和友谊、交流与合作；维护留学人员的权益，团结和调动广大留学人员，为促进南京经济和社会发展，促进祖国统一大业作出贡献。

主要任务

一、学习和宣传党的方针政策，了解和反映留学人员的意见、建议和要求；关心留学人员的工作、学习和生活，维护他们的合法权益；协助解决他们的困难和问题。

二、开展形式多样的海内外学友之间的联谊活动，加强学术交流和信息沟通。

三、联络海外留学人员，努力拓宽他们同祖国的联系渠道；促进海外学友、专家学者、企业家和各界人士与南京的联系，增进互相了解，加强民间往来，在科教、文化、经济等领域广泛开展交流与合作。

四、发挥理事的智力优势和专业特长，围绕我市的中心工作建言献策。开展各种形式的社会讲学、培训、科技咨询、科技开发等活动，帮助理事将科技成果转化为现实生产力，为社会谋福利，为人民服务。积极推动理事为我市的改革开放和“两个率先”作出贡献。

五、培养输送优秀党外代表人士。

联系方式

地　址：江苏省南京市北京东路41号6号楼
邮　编：210008
电　话：86-25-83637720
传　真：86-25-83637720
邮　箱：nanjingzgc@163.net

无锡市留学人员联谊会

概况

无锡市留学人员联谊会是以无锡市留学人员为主体所组织的非营利性的民间团体。英文全称“Wuxi Overseas and Returned Scholars Association”，简称WORSA。联谊会接受无锡市委组织部、无锡市委统战部、无锡市人事局的业务指导及无锡市民政局的监督管理。

宗旨

团结留学人员和与无锡有关的华裔、华侨、海内外学友，增进友谊，沟通信息，交流学术，开展协作，促进创新，为推动无锡城市国际化进程作出贡献。遵守宪法、法律、法规和国家政策，遵守社会道德风尚，在有关政策规定指导下开展活动。

主要任务

一、宣传爱国主义思想，倡导报效祖国、振兴民族的奉献精神，宣传海内外留学人员的先进事迹和学术成就。

二、促进与海内外会员、专家、学者和企业人士之间的联系，增强相互了解，开展民间往来，在科教、文化、经济等领域广泛开展交流与合作。

三、组织会员发挥综合优势，为无锡的发展提供人才和智力支持，开展各类咨询、信息服务和人员培训；联络与无锡有关的海外学友和留学人员团体，加强他们与无锡的沟通。

四、维护会员合法权益，向政府有关部门反映并协助解决海内外留学人员的困难和问题。

联系方式

地　址：江苏省无锡市解放东路888号无锡人才信息大厦4楼
邮　编：214007
电　话：86-510-82828102，82823057
传　真：86-510-82828102
邮　箱：chinawuxi530@vip.163.com
网　址：www.wxrcw.com

常州市留学归国人员协会

概况

常州市留学归国人员协会成立于2007年11月13日。协会的成立是为了进一步发挥留学归国人员的作用，为留学归国人员和外国专家创建一个新的沟通平台，也标志着常州市人才工作在国际化的道路上又迈上了新的台阶。

常州市制定落实了引进高层次人才尤其是针对海外高层次人才的多项优惠政策，如鼓励支持海外高层次人才来常州投资入股、领办创办企业，对领军型海归创业人才给予“三个百”的优惠政策等，使常州成为海外人才创新创业的一方“热土”。留学归国人员协会成立后，将加快建立海外人才信息网络和畅通高效的海外沟通平台，热忱为留学归国人才和外国专家服务，同时加大“招才引智”力度，吸引更多更优秀的人才来常州创业，真正成为一个层次最高、力量最强、成效最好的协会，成为常州留学归国人员自己的“家”。

宗旨

自愿、自治、自律、自尊、自强。

主要任务

一、弘扬创新创业的精神，发挥桥梁纽带的作用，吸引更多更优秀的海外人才。

二、广泛联系留学归国人员，组织留学人员积极参与科技创新、创办企业等多种形式的活动。

三、维护留学归国人员的合法权益，会同有关部门落实留学人员政策，帮助留学人员解决实际困难。

联系方式

地　址：江苏省常州市博爱路129号2号楼4楼
邮　编：213003
电　话：86-519-86677276
传　真：86-519-86677276
邮　箱：czrosa@163.com
网　址：www.czrc.com.cn

苏州市留学人才协会

概况

苏州市留学人才协会是由致力于留学生工作的人员和留学生自愿组成的非营利性社团组织，是具有独立法人资格的社会团体，接受苏州市人事局的业务指导、管理和监督。协会和政府相关部门积极行动，为留创企业争取资金、技术和高层次人才，创造更好的发展环境；同时加强苏州留学回国人员间的交流，形成合力，推动企业的深入发展。

宗旨

通过留学生工作以及与国内外留学人员和组织、团体建立广泛联系与合作关系，推动国际人才交流，为促进苏州的改革开放和经济建设，尽快实现建成新兴科技城市、人文城市、环境城市、法治城市的目标作出贡献。

主要任务

一、针对苏州经济发展的总体目标，组织会员研究、探讨经济发展的情况和加强留学人才工作的经验交流和工作研讨，为苏州市政府有关部门提供做好留学人才工作的决策参考。

二、会同有关部门开展、推荐、选派会员外出考察、参观、学习、研修，帮助会员提高思想文化素质和专业技术才能。

三、提供政策咨询服务，帮助会员及时获取有关经济信息和留学人才工作的政策。

四、促进会员与政府部门、社会各界的联系交流，为我市的经济建设、科研献计献策。

五、加强同兄弟省市相关协会的交流，积极参与社会公益活动，扩大会员的交往范围和社会影响。

六、为地方经济和社会发展无偿提供翻译任务。

七、反映会员的意愿和要求，维护会员的合法权益。

八、配合有关部门搞好优秀留学人才的评选和表彰。

九、完成苏州市人事局交办的其他任务。

联系方式

地　址：江苏省苏州市体育厂路4号人社局
邮　编：215002
电　话：86-512-65228871
传　真：86-512-65228832
邮　件：fhy@rsj.suzhou.gov.cn

太仓市留学人才协会

概况

太仓市留学人才协会成立于2007年6月11日，是由太仓市留学归国人员自愿组成的非营利性社团组织，是具有独立法人资格的社会团体，接受太仓市人事局的业务指导、管理和监督。英文全称“Taicang Returnese Association”。协会的成立旨在进一步做好太仓市留学回国人员服务工作，为太仓市实现“东方新欧洲”发展战略服务。

宗旨

发扬爱国主义精神，团结太仓市留学归国人员，增进友谊、沟通信息、交流学术、开展协作，共同繁荣太仓、振兴中华。

主要任务

一、在太仓市人事局指导下，通过与海外劳动局和华人团体的合作，吸纳优秀海外人才来太仓工作，形成以人才促进项目，以项目吸引人才的良性循环。

二、同海外华人团体和中文媒体合作，宣传太仓人文居住及工作环境，扩大太仓在海内外的知名度。

三、组织会员发挥专业和语言特长，为太仓市经济建设和社会全面发展出谋献策，做企业技术咨询的专家组和政府决策的顾问团。积极参与社会公益活动，发挥会员语言优势和跨文化沟通能力。

四、着眼太仓可持续发展，建立与国外华人科技专业协会的联系与合作，增强太仓市非公有制企业科技创新能力及技术本土化转化能力。

五、联络海外留学人员，努力拓宽他们同祖国，尤其是和太仓的联系渠道；促进海外留学人员、专家学者和各界人士与太仓的联系，增进相互了解，加强民间往来，在科教、文化、经济等领域广泛开展交流与合作。

六、提供政策咨询服务，帮助会员及时获取有关政策信息。维护会员合法权益，协助解决他们在工作和生活中的实际困难和问题。

七、太仓市人事局交办的其他工作。

联系方式

地　址：江苏省太仓市上海西路5号
邮　编：215400
电　话：86-512-53545982
邮　箱：webmaster@tcrc.com

浙江省留学人员和家属联谊会

概况

浙江省留学人员和家属联谊会，简称“浙江省留联会”，其前身为“浙江省出国留学人员家属联谊会”，成立于1998年9月28日，是浙江省留学人员和家属自愿组成的联谊性社会团体。英文全称“Zhejiang Associtionof Scholars Abroad and Their Families”。浙江省留联会主管单位为省委统战部，日常办事机构设在省侨联，在省侨联的具体指导下开展工作。2006年底，经民政厅批准，正式更名为“浙江省留学人员和家属联谊会”。

宗旨

遵守中华人民共和国宪法、有关法律、法规和政策，努力维护会员的合法权益，积极倡导会员遵守社会道德风尚；高举社会主义、爱国主义旗帜，团结和组织全省留学人员及其家属，加强联系、交流信息、增进友谊，为弘扬民族文化、早日实现祖国统一、促进家乡和祖国的繁荣昌盛作出贡献。

主要任务

一、调查了解留学人员的希望和要求，反映他们的切身问题，维护他们的正当权益。

二、为留学人员和家属提供咨询服务，协助其在浙江创业、生活等有关事宜。

三、密切与留学人员和家属的联系，传达、贯彻党和国家以及省委、省政府的有关侨务政策与对留学人员工作的方针政策，沟通思想、交流信息，增进相互之间的了解、理解和友谊。

四、发挥留学人员和家属的积极作用，促进浙江与海外经济、文化、体育、科技等方面的合作与交流。

五、配合侨务工作中心，搞好有关社会服务。

六、组织各种健康文化娱乐活动，为会员丰富业余生活服务。

七、开展有利于实现本会宗旨的各种其他活动和服务。

联系方式

地　址：浙江省杭州市保俶路24号
邮　编：310007
电　话：86-571-85118535
传　真：86-571-85151007
邮　箱：zjqlwz@126.com
网　址：www.zjsql.com.cn

安徽欧美同学会
（安徽留学人员联谊会）

概况

安徽欧美同学会（安徽留学人员联谊会）成立于2018年4月，是在中共安徽省委领导下，以安徽省归国留学人员为主体自愿组成的、统战性的群众团体，是党联系广大留学人员的桥梁和纽带、党委和政府做好留学人员工作的助手、留学人员之家，具有群众性、高知性、统战性的特点和优势。

宗旨

以马克思列宁主义、毛泽东思想、邓小平理论、“三个代表”重要思想、科学发展观、习近平新时代中国特色社会主义思想为指导，坚持中国共产党的领导，团结和服务安徽海内外留学人员，继承发扬留学报国的爱国主义传统，秉持修学、游艺、敦谊、励行的理念，坚持立足国内省内、开拓海外，努力成为留学报国的人才库、建言献策的智囊团、开展民间外交的生力军，为促进安徽经济社会发展和实现中华民族伟大复兴的中国梦贡献力量。

主要任务

一、学习贯彻党和政府关于留学人员工作、知识分子工作和人才工作的方针政策。

二、加强对归国留学人员的政治引领和政治吸纳，增进国情省情认知，坚定中国特色社会主义道路自信、理论自信、制度自信、文化自信。

三、推动留学人员报国实践，宣传留学人员报国业绩。

四、开展咨询、信息服务和人员培训等，为促进国家和安徽经济社会发展献计出力。

五、联系海外留学人员和留学人员团体，开展科技、经济、文化、教育、卫生等领域的交流与合作，组织和推动海外留学人员服务国家和安徽发展。

六、开展多种形式的活动，加强学术交流，丰富文化生活，增进留学人员之间的联系和友谊。

七、反映留学人员的意见和诉求，维护会员的合法权益，关心会员的工作和生活，努力为留学人员服务，把本会办成留学人员之家。

八、表彰、奖励优秀留学人员，积极举荐人才。

联系方式

地　址：安徽省合肥市包河区中山路1号
邮　编：230091
邮　箱：ahtznet@163.com
网　址：www.ahtz.gov.cn

福建省留学生同学会（福建留学人员联谊会）

概况

福建省留学生同学会成立于1986年10月，是由福建省留学归国人员自愿结成的联合性、非营利性社会组织。2005年增冠“福建留学人员联谊会”会名。英文全称“Fujian Overseas and Returned Scholars Association”，简称FORSA。协会接受业务主管单位中共福建省委统战部和社团登记管理机关福建省民政厅的业务指导和监督管理。

宗旨

继承爱国主义优良传统。遵守宪法、法律、法规和国家政策，遵守社会道德风尚。团结福建留学归国同学，广泛联系海内外同学、学人，增进友谊，沟通信息，交流学术，开展协作，共同为繁荣福建、振兴中华和统一祖国大业作出贡献。

主要任务

一、弘扬爱国主义精神，倡导留学报国思想，宣传介绍海内外留学人员的先进事迹和学术成就。

二、开展形式多样的海内外学友之间的联谊活动，加强学术交流和信息沟通。

三、联络海外福建留学人员和留学生团体，努力拓宽他们同祖国的联系渠道；促进海外专家学者和各界人士之间的联系，增进互相了解，加强民间往来，在科教、文化、经济等领域广泛开展交流和合作。

四、组织会员发挥专业特长，为我省经济和社会全面发展出谋献策；举办各种类型的咨询、信息服务和人员培训等活动。

五、维护会员的合法权益，关心他们的工作和生活情况，及时向有关部门反映他们的建议和意见，并协助解决他们的困难和问题。

联系方式

地　址：福建省福州市湖东路276号同心楼20层
邮　编：350001
电　话：86-591-87532516
传　真：86-591-88016835
邮　箱：forsal@forsa.org.cn
网　址：www.forsa.org.cn

福州市留学生同学会

概况

福州市留学生同学会成立于1998年11月，是经福州市民政局正式批准具有法人资格的社团组织。在福州市委统战部的领导下，发扬爱国主义优良传统，团结福州市归国学人，广泛联系海外学友，增进友谊、沟通信息、交流学术、开启协作，共同为福州省会中心城市经济建设和海西发展出谋献策，贡献力量。

主要任务

一、弘扬爱国主义思想，倡导留学报国精神，宣传介绍海内外留学人员的先进事迹和学术成就。

二、促进与海外留学生、专家学者和各界人士之间的联系，增进了解，发展民间往来，在科教、文化、经济等领域开展交流合作。

三、利用我会企业家较多的优势，积极参加本市经济活动。

四、组织医务界会员到缺医少药的农村义诊及举办科普讲座等社会公益性活动。

五、维护会员的合法权益，关心他们的工作和生活情况，向有关部门反映他们的建议及意见，并协助解决他们的困难和问题。

联系方式

地　址：福建省福州市鼓楼区福飞路井尾5号福州市委统战部大楼201室
邮　编：350012
电　话：86-591-87750076
传　真：86-591-87891282
邮　箱：orsafz@163.com

厦门市留学生联谊会

概况

厦门市留学生联谊会成立于2000年4月，是厦门市留学归国人员自愿组成的具有独立法人资格的地方性、联合性、非营利性社会组织。英文全称“Association of Xiamen Overseas and Returned Scholars”，简称AXORS。联谊会接受业务主管单位厦门市委统战部、社团登记管理机关厦门市民政局的业务指导和监督管理。

宗旨

发扬爱国主义精神，团结厦门市留学归国人员，广泛联系海内外学人，增进友谊，沟通信息，交流学术，开展协作，共同为繁荣厦门、振兴中华和统一祖国大业服务。

主要任务

一、弘扬爱国主义精神，倡导留学报国思想，宣传介绍海内外留学人员的先进事迹和学术成就。

二、开展形式多样的海内外学友之间的联谊活动，加强学术交流和信息沟通。

三、联络海外留学人员，努力拓宽他们同祖国，尤其是和厦门的联系渠道；促进海外学友、专家学者和各界人士与厦门的联系，增进互相了解，加强民间往来，在科教、文化、经济等领域广泛开展交流与合作。

四、组织会员发挥专业特长，为厦门市的经济建设和社会全面发展进行专题调查研究、出谋献策。举办各种类型的咨询、信息服务和人员培训活动。

五、维护会员的合法权益，关心他们的工作和生活情况，及时向有关部门反映他们的建议和意见，并协助解决他们的困难和问题。

六、承接政府部门委托与本会有关的事项。

联系方式

地　址：福建省厦门市白鹭洲路16号团结大厦1310室
邮　编：361004
电　话：86-592-2296646，2699024
传　真：86-592-2699024
邮　箱：axors@public.xm.fj.cn
网　址：www.xmlxs.org.cn

泉州市留学人员暨归国创业人员联谊会

概况

泉州市留学人员暨归国创业人员联谊会是由泉州市留学归国人员组成的具有独立法人资格的地方性、联合性非营利性社会组织。英文全称“Quanzhou Overseas Returned Scholars Association”，简称QORSA。业务主管部门是中共泉州市委统战部，同时接受泉州市民政局的监督管理，并接受福建留学人员联谊会的业务指导。

宗旨

广泛联系和团结海内外泉州籍和来泉工作、生活的留学人员及归国创业人员，继承发扬留学报国的爱国主义传统，秉持修学、游艺、敦谊、励行的理念，为家乡发展、海西建设，为全面建设小康社会和实现中华民族伟大复兴服务，为完成祖国完全统一大业服务，为维护世界和平与促进共同发展服务。

主要任务

一、倡导留学报国思想，宣传介绍海内外留学人员的先进事迹和学术成就。

二、开展形式多样的海内外学友之间的联谊活动，为留学人员提供科技交流、互通信息、交流感情、横向合作的渠道。

三、发挥会员的专长和智力优势，为泉州市的经济建设和社会发展进行调查研究、出谋献策，举办各种类型的咨询、信息服务和培训活动。鼓励会员利用所掌握的技术、管理、资金等资源优势，自主创业，为提升我市传统产业，发展我市第三产业，活跃我市资本、文化市场作出贡献。

四、联络海外留学人员，努力拓宽他们同泉州的联系渠道，促进海外学友、专家学者和各界人士与泉州的联系，增进了解，加强在科技、文化、经济等领域的交流合作。

五、维护会员的合法权益，收集、反映留学回国人员的意见和要求，及时向有关部门反映他们的建议和意见，协助有关部门解决留学回国人员在工作、学习、生活等方面的问题与困难。把本会办成留学人员之家。

六、举办扶困济贫活动和慈善活动，关心、帮助社会困难群体，促进社会和谐。

七、表彰、奖励优秀留学人员，积极举荐人才。

八、承接政府部门委托的有关任务。

联系方式

地　址：福建省泉州市行政中心4号楼4509
邮　编：362000
传　真：86-595-22276200
电　话：86-595-22276209
邮　箱：1787273942@qq.com

龙岩留学人员联谊会

概况

龙岩留学人员联谊会是由龙岩市留学人员为主体自愿结成的联合性、非营利性社会组织。英文全称“Longyan Overseas and Returned Scholars Associaion”，简称LORSA。本会接受上级留学生同学会、留学人员联谊会的指导，接受业务主管单位中共龙岩市委统战部和社团登记管理机关龙岩市民政局的业务指导和监督管理。

宗旨

继承爱国主义优良传统。遵守宪法、法律、法规和国家政策，遵守社会道德风尚。团结龙岩市留学归国人员，广泛联系海内外留学人员、学人，增进友谊，沟通信息，交流学术，开展协作，共同为促进海西重要增长极服务，为促进祖国和平统一大业作出贡献。

主要任务

一、弘扬爱国主义精神，倡导留学报国思想，宣传介绍海内外留学人员的先进事迹和学术成就。

二、开展形式多样的海内外学友之间的联谊活动，加强学术交流和信息沟通。

三、联络海外龙岩留学人员和留学生团体，努力拓宽他们同祖国的联系渠道；促进海外专家学者和各界人士之间的联系，增进互相了解，加强民间往来，在科教、文化、经济等领域广泛开展交流和合作。

四、组织会员发挥专业特长，为我市经济和社会全面发展出谋献策；举办各种类型的咨询、信息服务和人员培训活动。

五、维护会员的合法权益，关心他们的工作和生活情况，及时向有关部门反映他们的建议和意见，并协助解决他们的困难和问题。

联系方式

地　址：福建省龙岩市龙岩大道万阳城A栋913

邮　编：364000

电　话：86-597-2301879

邮　箱：lylxrytxh@163.com

网　址：www.lylxry.com

山东省欧美同学会（山东省留学人员联谊会）

概况

山东省欧美同学会·山东省留学人员联谊会成立于2016年11月28日，是以山东省归国留学人员为主体自愿组成的、统战性的群众团体，由中共山东省委领导，山东省委统战部代管，是党联系留学人员的桥梁纽带、党委和政府做好留学人员工作的助手、广大留学人员之家。

宗旨

本会以邓小平理论、“三个代表”重要思想、科学发展观为指导，深入贯彻习近平总书记系列重要讲话精神，继承发扬留学报国的爱国主义传统，秉持修学、游艺、敦谊、励行的理念，团结和服务海内外留学人员，努力成为留学报国的人才库、建言献策的智囊团、开展民间外交的生力军，为加快建设经济文化强省服务，为全面建成小康社会、实现中华民族伟大复兴的中国梦凝聚智慧和力量。

主要任务

一、贯彻“支持留学、鼓励回国、来去自由、发挥作用”的方针，落实党和政府有关留学人员政策。

二、加强对留学人员的政治引领和政治吸纳，增进留学人员对国情的认知，坚定其中国特色社会主义的道路自信、理论自信、制度自信、文化自信。

三、弘扬留学报国传统，推动留学人员报国实践，支持留学人员创新创业，宣传留学人员留学报国的贡献和业绩。

四、吸引和举荐留学人才，做好留学人员代表人士的发现、培养、使用、管理和服务工作，表彰、鼓励优秀留学人员。

五、联系海外留学人员组织，做好海外留学人员工作，拓宽他们与山东联系的渠道，开展经济、科技、文化、教育等领域的交流与合作。

六、开展民间对外交流，促进山东与海外的友好交往。

七、开展咨询、信息服务和人员培训等，为促进经济社会发展服务。

八、加强留学人员组织间的联系交流，开展多种形式的活动增进本会会员之间的联系和友谊。

九、关心留学人员工作、学习、生活，反映留学人员愿望诉求，维护留学人员的合法权益。

联系方式

地　址：山东省济南市纬一路484号南楼312室

邮　编：250001

电　话：86-531-51775456

邮　箱：sdsomtxh@163.com

网　址：www.sdtzb.org.cn

济南留学人员联谊会

概况

济南留学人员联谊会成立于2006年4月6日，是山东省统战系统成立的第一个留学人员联谊会。联谊会的成立，为广泛联系和团结留学人员开辟了一条新的渠道，标志着济南市留学人员工作进入了一个新的阶段。

宗旨

成为开展留学人员工作的有效载体，成为了解留学人员情况、反映他们真知灼见的重要渠道，成为输送留学人员代表性人物的人才库，为济南的改革、发展发挥积极的作用。

主要任务

一、团结济南广大留学人员，充分发挥联谊会作为党和政府联系海内外留学人员的桥梁和纽带作用，巩固和壮大爱国统一战线。

二、不断增强做好留学人员工作的责任感和使命感，积极探索新的机制，加强对留学人员代表人士的培养选拔。

三、加强自身建设，为做好留学人员工作提供保障。

四、主动进入经济主战场，倾力推进科教兴市战略的实施，为济南市改革开放和建设创新型城市作出贡献。

联系方式

地　址：山东省济南市建国小经三路37号市委统战部知识分子处

邮　编：250001

电　话：86-531-82038318

传　真：86-531-82038318

邮　箱：yaoaiyu@jn.gov.cn

青岛市留学人员协会

概况

青岛市留学人员协会成立于2004年2月7日，由青岛市留学回国人员自愿组成的具有独立法人资格的群众团体。

宗旨

凝聚、联系和服务留学回国人员，促进留学回国人员在青岛建功立业。

主要任务

一、及时传达国家和青岛的留学人员回国工作优惠政策，凝聚留学人员来青岛工作和以各种方式为国家、为青岛服务。

二、组织广大留学人员发挥专业特长，积极参与科技创新、创办企业和多种形式的咨询服务活动。

三、广泛联系留学人员，倡导留学报国，宣传介绍留学人员为国服务的先进事迹和学术成就。

四、多渠道开展科技、经贸、教育、文化等方面的对外交流，联系海内外的留学人员及团体，为青岛招才引智、招商引资牵线搭桥。

五、根据青岛市经济建设和社会发展的需要，为用人单位推荐和引进急需的留学人才。

六、维护留学人员的合法权益，会同有关部门落实留学人员政策，帮助留学人员解决实际困难。

联系方式

地　址：山东省青岛市同安路189号青岛市留学回国人员创业园201室
邮　编：266101
电　话：86-532-89913130
传　真：86-532-88916306

烟台市留学人员联谊会

概况

烟台市留学人员联谊会是烟台市留学人员的群众性、非营利性的社会组织机构，同时也是党和政府团结联系广大留学人员的桥梁和纽带。

宗旨

依照宪法和法律，贯彻落实党中央和国务院关于“支持留学、鼓励回国、来去自由”的留学工作方针，维护留学人员合法权益，团结广大留学人员，发扬团结、奉献、奋发创业的精神，为把烟台市建设成现代化、国际性港口城市发挥作用。

主要任务

一、宣传烟台市经济、社会发展形势和对外开放政策，支持和引导留学人员为我市的建设和发展作出更多的贡献。

二、联络广大留学人员对烟台市经济、科技等领域的工作进行研究探讨，为有关部门决策提供咨询服务。

三、组织留学人员广开渠道，积极促进烟台市同国外开展经济、技术、文化交流，为引进国外智力、技术和资金发挥牵线搭桥作用。

四、协助有关部门积极改善留学人员的学习、工作、生活条件，更好地发挥留学人员的作用。

联系方式

地　址：山东省烟台市莱山区观海路128-108
邮　编：264003
电　话：86-535-6683330
传　真：86-535-6683269
邮　箱：rsjhbh@163.net

河南省留学人员联谊会

概况

河南省留学人员联谊会成立于1992年10月，是河南省留学回国人员自愿组成的群众性团体，是河南省委、省政府联系海内外留学人员和海外专家的桥梁和纽带。

宗旨

宣传党的基本路线，坚持党的改革开放方针，执行党和国家的留学工作政策，加强与海内外留学人员的联系，积极为留学人员创造优良环境和条件，充分发挥留学人员的作用，拓宽对外开放的渠道，依靠科技进步，为促进河南省经济发展贡献力量。

主要任务

一、举办研讨会、座谈会、学术讲座。

二、提供服务咨询，协助引进人才、技术和资金。

三、为河南省社会、经济和文化发展牵线搭桥。

联系方式

地　址：河南省郑州市顺河路32号
邮　编：450004
电　话：86-371-66359360
传　真：86-371-66329937
邮　箱：ylxec@163.com

洛阳市留学归国人员联谊会

概况

洛阳市留学归国人员联谊会的前身为“洛阳留学人员联谊会”，成立于2015年1月31日，是由市侨联主管、我市留学归国人员及海外留学人员自愿组成的具有独立法人资格的地方性、联合性、非营利性群众组织，其宗旨是弘扬爱国主义精神，团结留学归国人员，联络海外留学人员，增进友谊、沟通信息、交流学术、开展协作、促进创业，服务洛阳建设。

宗旨

加强我市留学回国人员与党和政府的联系，团结联系广大留学人员为我市发展多作贡献；加强与国内外及其他留学生组织的联络合作，为留学人员提供科技交流、互通信息、交流感情、横向合作的渠道；帮助留学人员回国创业发展，从留学生创业生态环境体系入手，收集、反映留学回国人员的意见和要求；协助有关部门解决留学回国人员在工作、学习、生活等方面的问题与困难，更好地发挥留学回国人员在我市发展建设中的作用。

主要任务

一、弘扬爱国主义精神，倡导留学报国思想，宣传介绍海内外留学人员的先进事迹和学术成就。

二、举办形式多样的海内外学友之间的联谊活动，加强学术交流和信息沟通，丰富文化生活，增进会员联系和友谊。

三、联络海外留学人员，努力拓宽他们同祖国，尤其是和洛阳的联系渠道，促进海外学友、专家学者和各界人士与洛阳的联系，增进互相了解，加强民间往来，在科教、文化、经济等领域广泛开展交流与合作。

四、组织会员发挥综合智力优势，为洛阳市的经济建设和社会全面发展进行专题调查研究、出谋献策。举办各种类型的咨询、信息服务和人员培训活动。

五、积极动员会员为我市引进海外高层次人才牵线搭桥，鼓励和扶持海外留学归国人员来我市创业，促进我市高新技术产业的发展。

六、联络与洛阳有渊源的海外学友和留学人员团体，加强他们与洛阳的沟通与联系。

七、维护会员的合法权益，关心他们的工作和生活情况，及时向有关部门反映他们的建议和意见，并协助解决他们的困难和问题。

八、承接党委、政府部门委托与本会有关的事项。

联系方式

地　址：河南省洛阳市新区政和路16号院2号楼
邮　编：471000
电　话：0379-63317355
邮　箱：luoyangqiaolian@163.com
　　　　yql2009@126.com
网　址：lyqiaolian.orgcc.com

湖北欧美同学会
（湖北留学人员联合会）

概况

湖北欧美同学会（湖北留学人员联合会）成立于2011年4月8日，是以湖北省留学海外各国归国同学为主体自愿组成的组织，以加强与海内外留学人员和留学团体的联系和交往，开展在经济、科技、文化、教育、卫生等领域的交流与合作，组织和推动海外留学人员为湖北服务等为任务。

联合会团结和依靠广大归国留学人员，秉持修学、游艺、敦谊、励行的理念，致力于建设成为联系广大留学人员的桥梁和纽带，成为全省留学人员的温馨家园。

联系方式

地　址：湖北省武汉市武昌区洪山路16号
邮　编：430071
电　话：86-27-87824798
传　真：86-27-87824798
邮　箱：hbomtxh@126.com

湖北省留学人员联谊会

概况

湖北省留学人员联谊会创建于1992年1月7日，是非政府民间团体。通过定期组织各种会务活动，探讨学术，日益成为联系海内外留学人员的桥梁和纽带。

宗旨

遵守宪法、法律、法规和国家政策，遵守社会道德风尚。团结广大留学人员，密切留学人员与党和政府的联系，加强留学人员与海外科技、经贸及文化教育界的沟通，促进留学人员来鄂工作或为鄂服务，推动湖北对外开放和现代化建设。

主要任务

一、努力当好党和政府团结、联系广大留学人员的桥梁和纽带，认真宣传党和政府有关留学人员的方针、政策，动员留学人员团结协作、奋发图强，在各自的工作岗位上为湖北的经济建设和社会发展作出贡献。同时，以向有关部门推荐人才、提供咨询服务等多种方式积极参政议政。

二、发挥沟通海内外的桥梁和纽带的作用，以多种方式积极促进和组织我省同国外开展科技、经济、文化、教育、卫生等领域的交流和合作，为引进国外智力、技术和资金发挥牵线搭桥作用。

三、强化留学人员之间联谊的桥梁和纽带的功能，努力维护留学人员的合法权益，及时向有关部门反映他们的意见和要求，协助有关部门积极为他们来鄂创业以及在海内外的学习、工作和生活创造良好的环境。办好会刊、交流信息、推广经验、宣传先进，促进湖北留学人员工作进一步改进和提高，以达留学人员“强强联合、优势互补、共同发展”。

四、建立“湖北留学人员数据库”，开设“湖北省留学回国人员网站”。

联系方式

地　址：湖北省武汉市武昌区八一路58号省军培基地3楼302-306室
邮　编：430071
电　话：86-27-87233233
传　真：86-27-87303009
网　址：www.hbll.org

武汉欧美同学会
（武汉留学人员联谊会）

概况

武汉欧美同学会成立于1998年12月，2007年8月增冠“武汉留学人员联谊会”会名，是以武汉地区留学归国人员为主体自愿组成的群众组织。联谊会接受中共武汉市委统战部、武汉市民政局的业务指导和监督管理。

宗旨

高举社会主义和爱国主义的旗帜，团结留学归国同学，广泛联系海外学人，修学敦谊，相互切磋，扩大交流，促进合作，为统一祖国、振兴中华、发展武汉作出贡献。

主要任务

一、弘扬爱国主义思想，倡导留学报国精神，宣传海内外留学人员的先进事迹和学术成就。

二、举办各种活动，加强学术交流和信息沟通，增进会员联系和友谊。

三、加强与海外专家、学者和各界人士的联系，增进相互了解与合作，开展民间往来，在科技、经济、文化等领域进行交流与合作。

四、发挥会员综合智力优势，开办各类咨询、信息服务和人才培训，为武汉科技、经济和社会发展献计献策。

五、联络与武汉有渊源关系的海外学人和留学生会，拓宽他们与武汉的联系和为国服务的渠道。

六、维护会员的合法权益，向政府有关部门反映他们的建议和要求，协助解决武汉归国留学人员的困难和问题。

联系方式

地　址：湖北省武汉市汉口沿江大道149号605室
邮　编：430032
电　话：86-27-82306250
传　真：86-27-82306250
邮　箱：worsa@vip.sina.com
网　址：www.worsa.org.cn

湖南欧美同学会
（湖南留学人员联合会）

概况

湖南欧美同学会（湖南留学人员联合会）成立于2009年5月26日。该会是在中国共产党领导下，由湖南省归国留学人员自愿组成、非营利性质、具有法人资格的群众团体，也是一个覆盖面广的高层次人才团体，理事有158名，海外特邀理事有17名。

宗旨

以邓小平理论和“三个代表”重要思想为指导，全面贯彻落实科学发展观，团结和服务海内外留学人员，继承发扬留学报国的爱国主义传统，秉持修学、游艺、敦谊、励行的理念，为振兴中华和湖南发展作出贡献。

主要任务

一、弘扬爱国主义思想，倡导留学报国，宣传介绍和组织交流留学人员的优秀事迹和成就。

二、举办各种活动，加强学术交流，丰富文化生活，增进理事联系和友谊。

三、促进与海外专家学者及各界人士的相互了解与合作，开展民间友好往来，在科技、经济、文化等领域进行人才交流暨学术交流。

四、发挥理事专长，为政府及企事业单位提供咨询及中介服务、为留学人员在创办高新技术企业、合作项目、开展交流活动等方面提供服务。

五、维护理事的合法权益，关心他们的工作和生活，促进并发挥他们的专长和作用，向有关方面反映他们的建议和要求。

六、联络海外留学人员和留学生团体，努力拓宽他们与祖国联系和为国服务的渠道。

联系方式

地　址：湖南省长沙市迎宾路185号

邮　编：410011

电　话：86-731-82215613，82217095，82217219

传　真：86-731-82215749

邮　箱：hwrsa@163.com

网　址：www.hnswtzb.org

湖南省留学人员联谊会

概况

湖南省留学人员联谊会是湖南省海内外留学人员自愿参加的社会团体，其业务主管部门为湖南省人事厅，接受社会团体管理机关的监督与管理。

宗旨

遵守党的基本路线，协助业务主管部门执行党和国家有关的方针、政策，团结海内外留学人员，加强广大留学人员与党和政府的联系，充分发挥留学人员的聪明才智和对外联系的桥梁纽带作用，促进我省改革开放和现代化建设事业的发展。

主要任务

一、宣传党和国家关于留学人员工作的方针政策以及留学人员报效祖国的先进事迹。

二、促进湖南省同国外开展经济、科技、文化、教育、卫生等领域的交流与合作，为引进国外智力、技术和资金牵线搭桥。

三、加强同广大留学人员的联系，了解和反映他们的意见与要求。维护留学人员的合法权益，协助有关部门为留学人员的学习、工作和生活创造良好环境。鼓励广大留学人员为湖南省社会经济发展建功立业。

四、接受政府主管部门的委托，为湖南省留学人员管理工作和政策法规建设提供咨询与服务，完成托办的任务。

五、有计划地开展丰富多彩的联谊活动，沟通思想，交流信息，增进友谊，团结海内外留学人员。

六、面向社会，广开渠道，积极开展科技咨询、开发服务和外引内联等活动。

联系方式

地　址：湖南省长沙市中共湖南省委办公楼5楼522室

邮　编：410011

电　话：86-731-2219375

广州欧美同学会
（广州留学人员联谊会）

概况

广州欧美同学会创建于1925年，1936年更名为“广东欧美同学会”，会址设在广州市文德路39号，这幢美式洋房是由留学欧美的学者集资兴建起来的永久性会址。历任会长为黄宪昭、韦增復、李禄超（曾任孙中山先生秘书）、陈宗南等。中华人民共和国成立后，因会员四散，会务停顿。1984年，为团结广大留学欧美的学者专家，切磋学术交流，弘扬爱国主义精神，报效祖国，由在广州工作的留学欧美学者、原广东欧美同学会老会员蒲蛰龙（中山大学）、罗明燏（华南工学院）、罗开富（中科院广州地理所）、李炳熙（暨南大学）、黎献勇（珠江水利委员会）等5人联名发起和倡议，向广州市人民政府和广大留学欧美学友提出恢复“广东欧美同学会”的活动，得到了时任广州市市长叶选平的关心，并批示由广州市科协牵头组织。经过两年多的筹备，于1987年6月14日在广州市委礼堂正式宣布重新恢复活动，成立广州欧美同学会，叶选平任名誉会长，我国著名淀粉糖专家、化学家、留美学者张力田教授，华南理工大学原校长刘焕彬教授先后任会长。

2010年9月6日，广州市机构编制委员会正式下文《关于广州欧美同学会列入市群众团体序列等问题的批复》，明确了广州欧美同学会的性质和地位，并批准增冠“广州留学人员联谊会”会名。

广州欧美同学会是由留学欧美或其他国家的学友组成，会员遍布广州地区各行各业，是一个覆盖面广的高层次人才团体，现有会员3000多人。广州欧美同学会是欧美同学会（中国留学人员联谊会）省市团体会员单位之一，由中共广州市委统战部主管。

宗旨

在党的领导下，遵守国家宪法、法律、法规，遵守社会道德风尚，团结广大留学归国人员，广泛联系海内外学友，继承发扬留学报国的爱国主义传统，为促进社会和谐和全面建设小康社会服务，为完成祖国统一大业和实现中华民族伟大复兴服务。

主要任务

一、学习贯彻党和政府关于留学人员工作、知识分子工作和人才工作的方针政策。

二、推动留学人员报国实践，宣传留学人员报国业绩。

三、开展咨询、信息服务和培训，发挥智力优势，为广东、广州社会经济发展，建设幸福广东、幸福广州建言出力。

四、广泛联系海外留学人员团体和留学人员，积极开展多领域的交流与合作，做好引荐海外高层次人才工作，组织和推动海外留学人员为广东、广州服务。

五、开展多种形式的活动，加强学术交流，丰富文化生活，增进留学人员之间的联系和友谊。

六、反映留学人员的意见和要求，维护会员的合法权益，关心会员的工作和生活，努力为留学人员服务，把本会办成留学人员之家。

七、表彰、奖励优秀留学人员，积极举荐人才。

联系方式

地　址：广东省广州市起义路144号广州市社会主义学院102室

邮　编：510030

电　话：86-20-83177417

邮　箱：gzomtxh@163.com

广州留学人员商会

概况

广州留学人员商会创建于2002年，是全国首家商会性质的非营利性留学归国人员组织。现有会员逾千名，已成为在穗留学人员的真正家园。

本着"为会员谋利益，为社会谋共识"的目的，在祖国高速腾飞的今天，商会主动承担起了团结归国创业精英的责任，以期通过这一平台，积极参加国家建设，配合政府主办的各项大型招商会展及交流活动，同时开展与其他大型民间社团组织的交流，共创和谐广州。商会也是信息交流、学术交流及情感交流的场所，帮助留学归国人员尽快融入当地文化，使所学所能得以充分发挥。同时，针对会员特性建立了5个专业委员会和1个中心，并以此为基础开展针对性的活动。

宗旨

一、联合在广州及周边地区的留学归国人员，组建成一个在党和政府领导下的留学归国人员的非营利性组织。

二、为会员及会员企业与政府搭建友好的沟通和合作的桥梁。

三、发挥商会凝聚力，服务会员，为会员的事业发展搭建创业及发展平台，最大限度地发挥他们的经济及社会效益，从而实现他们知识报国、技术报国的良好夙愿。

四、最大限度地引进和输出境内外的技术和信息，利用境内外的投资资金，促进境内外的人才交流。

主要任务

一、向回国留学人员介绍情况、发布信息、提供各种优惠政策。

二、协助留学人员在国内注册公司、寻找合作伙伴、风险基金。

三、协助留学人员与各级政府、各职能部门沟通，组织有关留学回国政策、工商税务的发布会。

四、组织参加各种商业活动、展览会、交易会、交流会，促进留学人员项目转化及项目招商。

五、联系新闻媒介，及时报道宣传优秀留学人员及其创业企业，向社会呼吁保护留学创业人员的合法权益。

六、充分发挥利用海内外留学人员的潜力和优势，服务于中国民营经济发展，与工商联其他职能部门合作，定期组织举办服务于民营经济的各种讲座与活动。

七、与各地政府、教育部、人事部、科技部、经贸部、侨办、侨联、欧美同学会、开发区、商业团体、公司联系并协调关系，与海内外留学生团体、华人商会建立友好协作关系，与国外商会、学校建立友好协作关系。

联系方式

地　址：广东省广州市海珠区敦和路189号留学人员创业园3栋307

邮　编：510310

电　话：86-20-34321880，34321883

传　真：86-20-34321885

邮　箱：contact@ocscc.org

网　址：www.ocscc.org

广州留学回国科技工作者协会

概况

广州留学回国科技工作者协会成立于1998年8月3日，是由广州地区学有所成的归国科技精英倡议，广大留学回国科技工作者及留学生热烈响应，在广州市领导及有关部门热情关怀和大力支持下成立的群众性组织，是广州市科学技术协会的团体会员，也是泛珠三角区域"9+2"合作组织的重要成员单位。

宗旨

在党和政府的领导下，团结广州及其周边地区留学归来的科技工作者，组成具有整体优势的一支生力军，充分调动他们的积极性，发挥他们的聪明才智，把他们在海外所学知识、技术运用到科技进步与经济发展中去。

主要任务

一、通过协会，加强与国内外专家学者、科技团体及企业的联络，促进对内对外科技、经济的交流与合作。

二、架起沟通广大科技人员与政府之间的桥梁，维护他们的权益，反映他们的心声。

三、协助政府做好留学生与进修生的吸引、接收、安置等方面的工作，鼓励更多的海外学子回国服务。

联系方式

地　址：广东省广州市解放北路618-620号府前大厦A座1805室

邮　编：510130

电　话：86-20-83325995，83325053，83325019

传　真：86-20-83325995

邮　箱：ocs413@126.com

惠州市留学人员联谊会

概况

惠州市留学人员联谊会在惠州市委市政府的关心与支持下于2006年1月23日成立，是以留学人员及海外归国人员为主体的、学术性的、自愿结成的非营利性社会组织。英文全称"Huizhou Association of Overseas and Returned Scholars"，简称HAORS。接受业务主管单位惠州市科学技术协会及社团登记管理机关惠州市民政局的业务指导和监督管理。

宗旨

继承爱国主义传统，团结留学归国学子，广泛联系海内外学人共同为振兴中华作出贡献。

主要任务

一、举办或承办各种与惠州经济建设和社会发展有关的国际、国内学术研讨会。

二、组织会员发挥本会的综合智力优势，为惠州的发展献计献策。

三、为惠州企事业单位的发展开展各类咨询、信息服务和人才培训、交流，开展出国留学咨询与服务。

四、通过海内外的民间学术团体和留学人员组织，为我市的智力、人才、技术、资金、项目的引进做好中介服务。

五、积极反映海内外留学人员的需求，协助解决他们的工作及生活难题。

六、采取多种多样的联谊方式加强海内外专家、学者和企业人士之间的联系，促进惠州与海外在科技、文化、教育、经济等领域开展广泛的交流与合作。

七、团结广大归国留学人员和仍在海外的惠州籍学子、华裔、华侨学人，以各种方式为惠州经济社会发展服务。

八、国家法律允许范围内的其他专业性服务。

联系方式

地　址：广东省惠州仲恺国家高新区惠台工业园54号小区科创中心

邮　编：506001

电　话：86-752-2653896

传　真：86-752-2601581

邮　箱：haors@163.com

东莞市侨联归国留学人员联谊会

概况

东莞市侨联归国留学人员联谊会成立于2012年6月9日，是在东莞市归国华侨联合会领导下，由在东莞工作或生活的、具海外留学经历和与东莞有紧密联系的归国留学人员自愿组成，承认《中华全国归国华侨联合会章程》，是独立自主开展活动的非营利性侨界团体，东莞市侨联的团体会员，现有注册会员1000多人。

宗旨

一、海纳百川、团结奉献。

二、了解国家和东莞的建设发展情况，鼓励、引导、发挥留学人员优势，广泛联络海内外留学人员，为推进东莞经济社会双转型、建设富强幸福新东莞服务。

主要任务

一、组织广大归国留学人员学习党的方针政策以及法律、法规，提高他们的爱国和建国热情。

二、引导归国留学人员参政议政，反映侨界的利益要求；关心归国留学人员，就他们在工作与生活中的问题和困难，向政府及职能部门提出意见和建议。

三、依法维护归国留学人员合法权益，推动社会经济文明建设；协助政府为归国留学人员在东莞创新创业、工作和生活等方面提供支持和服务。

四、组织开展适合归国留学人员特点的科技、经贸、对外联络交流等活动，促进归国留学人员事业的发展。

五、广泛联络海内外留学人员及其智力团体，促进交流与合作，为东莞招才引智服务。

联系方式

地　址：广东省东莞市莞城向阳路侨务楼

邮　编：523007

电　话：86-769-33229088，22227821，22221033

传　真：0769-22221829，22232539

邮　箱：mail@dgosa.com

网　址：www.dgosa.com

中山市留学回国人员联谊会

概况

中山市留学回国人员联谊会成立于2008年6月10日。联谊会的成立是中山市经济建设和社会发展的需要，是中山市扩大对外开放和参与国际人才竞争的需要，也是联系和服务广大留学回国人员的需要，将进一步密切留学回国人员与市委、市政府的联系，为留学回国人员提供了感情交流、信息互通、科技交流、横向合作的渠道，也便于收集、反映留学回国人员的意见和要求，协助有关部门解决留学回国人员在工作、学习、生活方面的问题和困难。一直以来，中山市有关部门高度关注海外留学生和留学回国人员，为筹备成立中山市留学回国人员联谊会做了大量的前期工作。联谊会的成立得到广东省侨办和市委、市政府的大力支持。联谊会积极贯彻市委市政府关于进一步加快培养引进紧缺适用人才的战略部署，主动联系，服务广大留学回国人员，不断完善中山市海外引智网络，成为“留学回国人员之家”。

联系方式

地　址：广东省中山市松苑路1号中山市外事侨务局国际交流部

邮　编：528400

电　话：86-760-88334455

传　真：86-760-88334455

邮　箱：faob.zsnews.cn

潮州市留学回国人员联谊会

概况

潮州市留学人员联谊会成立于2012年7月6日，是在潮州市归国华侨联合会领导下，由在潮州工作或生活的、具海外留学经历和与潮州有紧密联系的归国留学人员自愿组成，是独立自主开展活动的非营利性侨界团体，是潮州市侨联的团体会员。

宗旨

以马克思列宁主义、毛泽东思想、邓小平理论、“三个代表”重要思想和科学发展观为指导，高举中国特色社会主义和爱国主义旗帜，根据本章程，积极团结潮州市归国留学人员，发挥归国留学人员的团体优势，联络海外留学人员等专业人才，秉着“团结、互助、共进”的精神，为归国留学人员在潮州创业、发展服务，为潮州经济建设和社会发展，为实现中华民族伟大复兴和祖国完全统一作出贡献。

主要任务

一、了解国家，特别是潮州的建设发展情况，鼓励、引导、发挥留学人员优势，广泛联络海内外留学人员，为加快经济发展、建设幸福潮州作出贡献。

二、组织广大归国留学人员学习党的方针政策、国家的法律法规，提高他们的爱国爱乡热情。

三、引导归国留学人员参政议政，反映侨界的利益要求。

四、关心归国留学人员，将他们在工作与生活中的问题和困难，向政府及职能部门提出意见和建议。

五、依法维护归国留学人员合法权益，推动社会经济文明建设。

六、为有意赴国外留学的学生提供相关资讯及帮助。

七、为归国留学人员在潮州创新创业、工作和生活等方面，提供支持和服务。

八、组织开展适合归国留学人员特点的科技、经贸、对外联络交流等活动，促进归国留学人员事业的发展。

九、加强自身建设，加强与社会各界的联系与交流，积极参加社会公益事业，维护和提高潮州归国留学人员群体形象。

十、广泛联络海内外留学人员及其智力团体，促进交流与合作，为潮州招才引智服务。

十一、表彰、奖励优秀归国留学人员，积极举荐人才。

十二、承接潮州市政府及其职能部门委托与本会有关的事项。

联系方式

地　址：广东省潮州市新洋路新阳楼5号大地教育
邮　编：521000
电　话：86-18948509206
传　真：86-768-2211838
邮　箱：1292919492@qq.com

广西欧美同学会（广西留学人员联谊会）

概况

广西欧美同学会（广西留学人员联谊会）成立于1986年，是以广西壮族自治区留学人员为主体的、适当吸收海外华裔和华侨学人自愿参加的非营利性的人民群众团体。英文全称“Guangxi Association of Overseas & Returned Scholars”，简称GAORS。主管部门为自治区统战部，会址设在广西南宁市。

宗旨

继承爱国主义传统，团结留学归国学子，广泛联系海内外学人和与广西有渊源关系的华裔、华侨学人，修学敦谊，相互切磋，共同为振兴中华、繁荣广西作出贡献。

主要任务

一、继承爱国主义思想，倡导报国奉献精神，宣传海内外留学人员的先进事迹和学术成就。

二、团结广大归国留学人员和仍在海外的广西籍学子、华裔、华侨学人，以各种方式为广西经济社会发展服务。

三、采取多种多样的联谊方式加强海内外专家、学者和企业人士之间的联系，增进相互了解，促进广西与海外在科技、文化、教育、经济等领域开展广泛的交流与合作。

四、组织会员发挥本会的综合智力优势，为广西的发展提出建设性意见，为广西企事业单位的发展开展各类咨询、信息服务和人才培训与交流，开展出国留学咨询与服务，开展各项对广西经济和社会发展有意义的活动。

五、通过国外的民间学术团体和留学人员组织，为我区的智力、人才、技术、资金、项目的引进做好中介服务。

六、承担政府部门委托的广西重大经济建设项目的立项、鉴定、评估任务或其他课题。

七、维护广大留学人员的合法权益，积极反映海内外留学人员的需求，协助解决他们的困难和问题。

八、举办或承办各种与广西经济建设和社会发展有关的国际、国内研讨会。

九、协助党委和政府部门做好与留学人员沟通等工作。

联系方式

地　址：广西南宁市滨湖路63号
邮　编：530028
电　话：86-771-5568639，5568677，5568642
传　真：86-771-5568649
邮　箱：gaors_gx@126.com，gaors2008@126.com
网　址：www.gxtzb.cn

桂林欧美同学会（桂林留学人员联谊会）

概况

桂林欧美同学会（桂林留学人员联谊会）成立于2004年12月19日，是由桂林归国留学人员组成的群众团体。桂林欧美同学会作为在党领导下的群众团体，为桂林市归国留学人员搭建起了一个交流平台，把服务桂林建设与发展同服务广大留学人员结合起来，把做好回国留学人员的工作同做好海外留学人员的工作结合起来，把发挥广大留学人员的作用同在他们中发现、培养和举荐人才结合起来，为大力推进桂林市“三个文明”作出贡献。

宗旨

团结桂林市海内外留学人员，广泛联系海内外学人和与桂林有渊源关系的华裔、华侨学人，修学敦谊，相互切磋，构架与广大海内外人员和学者密切联系的桥梁和纽带，共同为繁荣桂林作出贡献。

联系方式

地　址：广西桂林市榕湖路北路6号
邮　编：541001
电　话：86-773-2818858
传　真：86-773-2823330
邮　箱：gllx2007@126.com

海南欧美同学会

概况

海南欧美同学会成立于2012年5月23日，是以海南留学欧美各国归国同学为主体自愿组成的具有统战性、知识性、联谊性的群众组织，是中国共产党领导下的人民团体，是党联系留学人员的桥梁和纽带，是党和政府做好留学人员工作的助手。海南欧美同学会主管单位为海南省委统战部。本会接受中共海南省委统战部的政治领导和业务指导，在欧美同学会（中国留学人员联谊会）的指导下开展各项工作。本会接受海南省社会团体登记管理机关海南省民政厅的监督和管理。

主要任务

一、学习贯彻党和政府关于留学人员工作、知识分子工作和人才工作的方针政策。

二、弘扬爱国主义传统，推动留学人员报国实践，宣传留学人员报国业绩，表彰、奖励优秀留学人员。

三、加强与欧美同学会（中国留学人员联谊会）和海外留学人员、留学人员团体的联系，参与开展科技、经济、文化、教育、卫生等领域的交流与合作，组织和推动留学人员为海南经济社会发展服务。

四、发挥会员的专长和作用，开展教育培训、学术交流、信息咨询、联谊交友、考察调研等活动，积极建言献策。

五、为海外归国留学人员来海南创业牵线搭桥。

六、反映会员的意见和要求，关心会员的工作和生活。维护会员的合法权益，努力为会员服务，把本会办成留学人员之家。

七、积极举荐人才。

联系方式

地　址：海南省海口市国兴大道69号海南广场5栋401

邮　编：570203

电　话：086-0898-65359192，65220221

传　真：086-0898-65359192，65220221

邮　箱：hnomtxh@hainan.gov.cn

网　址：www.hnwrsa.org.cn

重庆欧美同学会
（重庆留学人员联谊会）

概况

重庆欧美同学会成立于2009年6月，是中共重庆市委领导、市委统战部代管的群众团体，是党联系广大留学人员的桥梁和纽带，党和政府做好留学人员工作的助手，广大留学人员之家。2016年底增冠“重庆留学人员联谊会”会名，并列入群众团体序列。英文全称“Chongqing Western Returned Scholars Association”，简称CQWRSA。

宗旨

遵守国家宪法、法律、法规和各项方针政策，遵守社会道德风尚，继承和发扬留学报国的爱国主义传统，秉持修学、游艺、敦谊、励行的理念，团结重庆市归国留学人员和与重庆有渊源关系的华人华侨学人，联系海内外学友，增进友谊，沟通信息，交流学术，开展协作，为促进重庆对外开放和经济社会发展作出贡献。

主要任务

一、弘扬爱国主义思想，倡导留学报国精神，宣传海内外留学人员的先进事迹和学术成就。

二、举办各种活动，加强学术交流，丰富文化生活，增进海内外留学人员的联系和联谊。

三、推动海内外专家、学者和各界人士之间的联系，增进相互了解，在科技、文化、教育、经济等领域广泛开展交流与合作。

四、为海外学人回国创业兴业提供智力支持。

五、组织会员发挥综合智力优势，积极开展各类咨询、信息服务和人员培训等活动，为重庆的发展提供建设性意见。

六、联络与重庆有渊源关系的海外学人和留学人员团体，努力拓宽他们与祖国的联系和为国服务的渠道。

七、维护会员的合法权益，关心他们的工作和生活，积极反映他们的需求，协助解决困难和问题。

联系方式

地　址：重庆市江北区北滨一路359号

邮　编：400025

电　话：86-23-61866176

传　真：86-23-61866175

网　址：www.cqwrsa.org.cn

四川欧美同学会
（四川留学人员联谊会）

概况

四川欧美同学会（四川留学人员联谊会）成立于2015年9月23日，其前身是四川省留学人员联谊会，是四川省各行业留学人员及部分企事业单位自愿结成的社会团体组织。联席会作为连接政府、社会和留学人员的桥梁，进一步整合省内留学人员资源，服务经济社会建设。

宗旨

通过联络感情、沟通信息，成为留学人员之家。

主要任务

一、向党和政府反映留学人员的意见、建议和要求，协助党委和政府做好留学人员服务工作，不断改善留学人员的工作、生活环境，维护留学人员的合法权益。

二、开展留学人员业绩和成果宣传工作，组织各种形式的联谊活动，加强国内外留学人员之间的信息交流、学术交流，促进不同领域留学人员之间的了解与沟通。

三、加速留学人员科技与专利成果的转化，研究成果转化的途径和方式，开辟科技成果转化为现实社会生产力的“绿色通道”。

四、发挥留学人员的智囊作用，激励留学人员开展科技咨询，鼓励并组织留学人员投入生产、管理第一线，为各级党政机关、企事业单位、个体业主和农户做顾问，开展单项技术、经济咨询和综合性管理“会诊”，将留学人员的潜能转化为现实生产、管理能力。

五、加强同国内外知名留学人员和留学人员社会团体的联系，交换信息，扩大视野，有效地开展资金、技术和人才的引进工作。

联系方式

地　址：四川省成都市东二巷18号四川省人事厅509室

邮　编：610015

电　话：86-28-86763106，86627109

传　真：86-28-86627109，86765106

邮　箱：yybeauty@tom.com

网　址：www.sczjfw.com

成都欧美同学会
（成都留学人员联谊会）

概况

成都欧美同学会（成都留学人员联谊会）成立于2018年9月，是以成都留学海外各国归国人员为主体自愿组成的群众组织，是中国共产党领导下的人民团体，是市委联系留学人员的桥梁和纽带，是市委、市政府做好留学人员工作的助手、成都地区留学人员之家，具有群众性、高知性、统战性的特点和优势。

宗旨

以邓小平理论、“三个代表”重要思想、科学发展观、习近平新时代中国特色社会主义思想为指导，坚持中国共产党领导，坚持弘扬留学报国传统，以健全组织体系为基础，以扩大组织覆盖为重点，以提升组织效能为关键，充分发挥留学报国人才库、建言献策智囊团、民间外交生力军的作用，为我市加快建设全面体现新发展理念的城市、实现新时代成都“三步走”战略目标和中华民族伟大复兴的中国梦贡献力量。

主要任务

一、学习贯彻党和政府关于留学人员工作、知识分子工作和人才工作的方针政策。

二、加强对归国留学人员的政治引领和政治吸纳，增进国情认知，坚定中国特色社会主义道路自信、理论自信、制度自信、文化自信。

三、吸引和举荐归国留学人才。建立成都归国留学人才信息库，搭建归国留学人员在蓉创新创业平台，发挥我市人才引进窗口和以才引才作用，拓宽吸引海外人才渠道。积极协助有关部门向国际组织推荐输送优秀人才。

四、围绕党和政府中心工作，整合资源，拓宽渠道，为促进成都经济社会发展建言献策。

五、联系海外留学人员和留学人员团体等，开展科技、经济、文化、教育、卫生等领域的交流与合作，组织和推动海外留学人员以多种形式服务成都发展。

六、开展咨询、信息服务和人员培训等多种形式的主题活动，加强学术交流，丰富文化生活，增进留学人员之间的联谊和自我服务能力。

七、按照党和国家外交工作总体部署和建设全国重要的对外交往中心要求，加强同驻华使馆、驻蓉领馆、商会协会、国际组织（机构）等的联系，积极开展民间外交，促进中外交流合作、友好交往和成都友城建设。

八、反映留学人员的意见和诉求，维护会员的合法权益，关心会员的工作和生活，努力为留学人员服务，把本会办成留学人员之家。

九、弘扬留学报国传统，倡导报国奉献精神，宣传海内外留学人员报国业绩，表彰、奖励优秀留学人员。

联系方式

地　址：成都市高新区蜀锦路59号民丰楼一号楼16楼
邮　编：610041
电　话：086-28-61880632
邮　箱：1845243400@qq.com

贵州欧美同学会
（贵州留学人员联谊会）

概况

贵州欧美同学会（贵州留学人员联谊会）成立于2008年12月。联谊会的成立为贵州省广大留学人员创造了一个学术交流的平台，一个反映意见和建议的渠道、咨询服务的窗口和寻求支持的依托。

联谊会在政府与留学人员之间充分发挥了桥梁和纽带作用，为留学人员提供优质服务，并通过自己在国外的各种联系，为贵州引进更多人才，尤其是贵州经济社会发展急需的领导人才。在团结凝聚留学人员发挥作用方面作出新贡献，在协助党和政府开展留学人员工作方面取得新成效，在加强自身建设方面实现新突破，真正成为党联系广大留学人员的桥梁纽带，成为党和政府做好留学人员工作的助手，成为具有广泛影响力和强大凝聚力的留学人员之家，为推进贵州经济社会历史性跨越作出新贡献。

宗旨

继承爱国主义传统，团结留学归国学子，广泛联系海内外学人和与贵州有渊源关系的华裔、华侨学人，修学敦谊，相互切磋，共同为振兴中华、繁荣贵州作出贡献。

联系方式

地　址：贵州省贵阳市广胜路1号
邮　编：550002
电　话：86-851-5895140
传　真：86-851-5895140

云南省留学人员联谊会

概况

云南省留学人员联谊会成立于2008年12月21日。联谊会的成立得到了云南省委统战部、云南省民政厅的批准指导。

宗旨

为云南省留学人员搭建参政议政、建言献策、施展才华、加强联系与合作、加深友谊的平台，进一步调动云南省留学人员的积极性、创造性，开拓留学人员工作新局面。

主要任务

一、充分发挥智力密集、联系广泛的优势，调动一切可以调动的积极因素，团结一切可以团结的积极力量，群策群力，服务于云南改革发展大局，服务于解放和发展生产力。

二、围绕云南省经济社会发展中的重大问题，深入调查研究，为各级政府多献科学发展之言，多谋富民惠民之策。

三、进一步加强同港澳台和海外各界人士的联系，广交朋友，联络感情，宣传政策，牵线搭桥，推动云南与港澳台和海外在经济、科教、文化等方面的交流与合作，为云南省扩大开放、整合资源、加快发展、提高竞争力作出贡献。

联系方式

地　址：云南省昆明市广福福路8号中共云南省委统战部
邮　编：650228
电　话：86-871-3992481，3992488
传　真：86-871-3992482
邮　箱：ynlyh@126.com
网　址：www.swtzb.yn.gov.cn

云南省留学人员创业协会

概况

云南省留学人员创业协会成立于2008年9月，是由云南省留学归国人员及有关企事业单位、民间组织自愿组成的非营利性社会团体。协会会员主要来自留学归国人员在滇创业的企业和企业家，留学归国的中高级人才和经理人，以及正待归国、有意归国创业的留学人员。云南留学人员创业协会的成立顺应了广大留学人员归国创业发展的需求，为他们提供了难得的高端交流平台，同时也为海内外各界有识之士为中国现代化大业建言献策提供了便捷渠道。

宗旨

立足于云南、面向全国、团结四海、放眼世界。秉承老一辈留学人员留学报国的优良传统，进一步团结和凝集广大在滇留学人员，努力成为党和政府联系留学人员的桥梁和纽带。协会通过搭建平台，为会员提供创业互助，合作交流，共谋发展。为政府建言献策、招商引资引智。

主要任务

一、充分发挥留学人员创业精神足，创新能力强，掌握国际先进技术，具有中外文化合璧的背景和广泛的国内外人际关系等独特优势，搭建科技交流、信息交流、创业服务平台，促进项目技术、人才、资金的国际流动。

二、帮助留学归国人员解决创业过程中面临的实际困难，维护留学人员的合法权益，会同有关部门落实留学人员政策。

三、组织留学人员积极参与科技创新，创办企业和多种形式的活动。

四、进一步发挥留学人员的作用，为云南省社会经济的可持续发展作出自己的贡献。

联系方式

地　址：云南省昆明经济技术开发区云大西路39号创业大厦608室
电　话：86-871-6358828
传　真：86-871-6358788
邮　箱：ypocepa@163.com

昆明留学人员联谊会

概况

昆明留学人员联谊会成立于1993年4月，由本地区各行各业的留学归国人员组成，与海外相关科研院所、社会组织、高层次人才保持着密切联系，具有广泛群众性、高知识、多元性和开放性。

联谊会在各级领导的关心下，在市委统战部及市科协的领导下，在全体会员的积极支持与参与下，始终紧密围绕昆明市经济社会发展重点开展工作，为实施科教兴昆，人才强市，以开放促发展，促进科学技术的引进、普及与推广，为经济结构的调整作出了贡献。

宗旨

抓住云南省桥头堡战略实施，扩大对外开放，以及昆明市建设中国面向西南开放的国际性区域城市的机遇，围绕党和政府的中心工作，进一步做好广大留学人员的工作，整合广大归国人员的智力与人脉资源，服务地方经济社会发展，将联谊会建设成为党和政府联系广大留学人员的桥梁和纽带，成为党和政府做好留学人员工作的助手。

主要任务

以服务留学人员为宗旨，关心留学人员的工作、学习和生活，反映他们的愿望和要求，维护他们的合法权益，为留学人员回国创业和为国服务创造条件、搭建平台，成为留学人员之家。

联系方式

地　址：云南省昆明市呈贡新区市级行政中心7号楼135室
电　话：86-871-3192873
传　真：86-871-3192873
邮　箱：gjb@kmkp.net.cn
网　址：www.kmkp.net.cn

陕西省留学人员联谊会

概况

陕西省留学人员联谊会成立于1989年，是在省民政厅注册的陕西省留学人员群众性组织，主管部门为省人力资源和社会保障厅，日常业务受省外国专家局指导。作为党和政府团结、联系广大留学人员的纽带和桥梁，通过各种形式的活动，组织广大留学人员在国内外广泛开展科技、经济、文化交流，为陕西经济建设和社会发展作出了积极贡献。

宗旨

广泛联系全省留学人员，促进全省留学人员的团结和进步，帮助留学人员在陕创业，引导广大留学人员以多种方式参与陕西省的经济建设和社会发展。

联系方式

地　址：陕西省西安市建设东路3号省人社厅太乙路办公区2号办公楼310室
邮　编：710054
电　话：86-29-89538077
传　真：86-29-89538077
邮　箱：sorsamsc@126.com

宁夏留学人员联谊会

概况

宁夏留学人员联谊会于2009年4月28日成立，是由在宁夏工作的留学人员自愿组成的非营利性的社会群众团体。业务主管单位是宁夏回族自治区党委组织部、人力资源和社会保障厅，社团登记管理机关是宁夏回族自治区民政厅。团体接受业务主管单位和社团登记管理机关的业务指导和监督管理。英文全称“Ningxia Returned Scholars Association”，简称NXRSA。

宗旨

遵守国家宪法、法律、法规和国家政策，遵守社会道德风尚，坚持科学发展观，以人为本，广泛联系海内外留学人员，广交朋友，增进友谊，宣传宁夏，吸引国（境）外人才、智力、技术和资金，为宁夏经济建设和社会发展服务。

主要任务

一、通过宁夏留学人员联谊会向自治区党委和政府反映在宁夏留学人员的意见、建议和要求，协助党委和政府做好留学回国人员服务工作，不断改善留学回国人员的工作、生活环境，维护留学回国人员的合法权益。

二、开展留学回国人员业绩和成果宣传工作，组织各种形式的联谊活动，加强国内外留学人员之间的信息交流、学术交流，促进不同领域留学回国人员之间的了解与沟通。

三、加速留学回国人员科技与专利成果的转化，研究成果转化的途径和方式，开辟科技成果转化为现实社会生产力的“绿色通道”。

四、发挥留学回国人员与其他人才的智囊作用，激励留学回国人员开展科技咨询，鼓励并组织留学人员投入生产、管理第一线，为各级党政机关、企事业单位、个体业主和农户做顾问，开展单项技术、经济咨询和综合性管理“会诊”，将留学回国人员的潜能转化为现实生产、管理能力。

五、加强同国内外知名留学人员及留学人员社会团体的联系，交换信息，扩大视野，有效地开展资金、技术和人才的引进工作。

联系方式

地　址：宁夏银川市上海东路40号
邮　编：750001
电　话：86-951-5099081
传　真：86-951-5099100
邮　箱：nxzj2088@126.com

新疆欧美同学会
（新疆留学人员联谊会）

概况

新疆欧美同学会成立于2006年7月24日，是在新疆维吾尔自治区党委组织部、统战部、自治区人事厅等有关部门的共同发起，由新疆维吾尔自治区各行各业的留学人员自愿组成的，具有独立法人资格的非营利性社会团体组织，是党和政府联系广大留学人员的桥梁，是留学人员间相互联系与合作的纽带。

联谊会自成立以来，继承和发扬留学报国的光荣传统，充分发挥桥梁、纽带作用，以“团结立会、依章治会、民主办会、实干兴会”为办会方针，创造性地开展工作，组织了丰富多样的活动，努力凝聚广大留学人员，并通过与境外合作，拓展为新疆服务的平台。

宗旨

发扬爱国主义精神，团结广大新疆籍留学人员，广泛联系海内外学人，增进友谊，沟通信息，交流学术，促进合作，共同为振兴新疆经济、维护祖国统一服务。

主要任务

一、弘扬爱国主义精神，倡导留学报国，宣传介绍海内外留学人员的先进事迹和学术成就。

二、组织归国留学人员发挥专业特长，加强学术交流，举行各类咨询、信息服务和人员培训等活动，为自治区经济发展开展招才引智、招商引资、扶贫帮困等工作；进行专项调研，为新疆的经济建设和社会全面发展出谋献策。

三、联系海内外留学人员及其团体，拓展他们与祖国联系和为国服务的渠道，加强民间友好交往，开展在经济、科学、教育和文化等领域的交流与合作。

四、维护归国留学人员的合法权益，向党和政府反映留学人员的意见、建议和要求，做好留学人员服务工作。

五、增进留学人员的联系和友谊，丰富文化生活，举办各种有益的联谊活动。

联系方式

地　址：新疆乌鲁木齐市文化路38号
邮　编：830002
电　话：86-991-2398135，2391342，2391123
传　真：86-991-2391342
邮　箱：xjorsa@163.com
网　址：www.xjorsa.net

第五部分

中国留学人员创业年鉴 2019

名录篇

留学人员回国服务机构一览

中国（教育部）留学服务中心

为了适应国家改革开放、教育国际交流与合作发展，在邓小平同志的亲自提议和关怀下，国家教委留学服务中心于1989年3月31日批准成立。1998年，更名为教育部留学服务中心，对外称中国留学服务中心。

中国（教育部）留学服务中心，是教育部直属事业单位，以事业单位法人注册，主要从事出国留学、留学回国、来华留学以及教育国际交流与合作等领域的相关服务。其主要业务范围包括公派留学、自费留学、签证代理、国外宣传保障、留学人员档案管理、留学人员集体户口管理、国(境)外学历学位认证、留学人员回国就业、受理留学回国人员科研启动基金申请、中国留学人才市场、中国国际教育巡回展、留学中国教育展、来华留学毕业生联络联谊工作、回国创业政策咨询、承办“春晖杯”中国留学人员创新创业大赛以及承办其他政府项目等。目前中心设有12个部门、2个直属注册企业和30个各地分中心。伴随着中华人民共和国成立以来留学工作的不断发展，教育部留学服务中心走过了光辉历程，取得了伟大成就，其留学服务工作在我国教育、科研、经济、文化、社会发展以及中国的对外开放和国际交流等方面，均起到了不可替代的重要作用。

作为教育部在留学服务领域里的助手和依托，教育部留学服务中心将不断适应中国留学事业的发展和需求，坚持服务创新，按照社会化、市场化、国际化、专业化、网络化的发展思路，努力工作，开拓进取，为配合国家实施科教兴国、人才强国战略、创新驱动发展战略作出新的更大贡献。

主要职能：

一、出国留学

1．中国国际教育巡回展是经教育部批准，中国（教育部）留学服务中心主办，以介绍国外优质教育资源为主要内容的大型展览，通常在每年春季举办。

2．公派留学和出访签证代理。受教育部委托并经外交部批准，中心公派出国留学事务处主要负责为各类公派留学(包括：国家留学基金全额资助，国家留学基金部分资助，政府互换奖学金项目，各部委、科研院所、地方省市自筹资金以及院校际交流等)人员提供办理出国和出境手续的服务，保证公派出国留学人员顺利出国学习和从事科研、进修。

3．自费留学。自2003年起，在教育部国际司的指导下，中心承担了以教育部的名义公布国外院校名单的工作。同时，受教育部委托，中心还负责对外提供自费留学信息咨询与确认服务。

4．留学人员档案管理。经国家主管部门批准，中心于1997年成立留学人员档案室，专门从事留学人员人事档案的管理及相关业务的咨询工作。其服务内容主要包括为出国留学和留学回国人员提供档案管理服务、开具各种人事证明、记录国外留学经历等。

二、留学回国

1．留学人员集体户口管理。2005年5月，为解决出国留学人员户籍管理和迁移问题以及部分留学回国人员落户难问题，经北京市公安局批准，中心设立留学人员集体户口，负责部分出国留学人员和留学回国人员的户口管理工作。

2．国（境）外学历学位认证。经国务院学位委员会和国家教育部批准同意，中心面向全国开展对国（境）外学位证书和高等教育文凭的认证服务。2001年4月，经国务院学位办批准，中心正式对外受理中外合作办学颁发国外学位证书的认证申请。

3．中国留学人才市场。它是中国（教育部）留学服务中心为适应海外留学人才回国就业需要而设立的专门机构，是国内首家获得国家主管部门许可专事留学人才中介服务的机构。中国留学人才市场以“中国留学英才网”网络平台为依托，结合传统网下人才招聘会和视频招聘等多种形式，面向海外留学人才和国内用人单位提供专业化人才中介服务。

4．留学回国就业。受教育部委托，中心负责为留学回国人员办理就业报到相关手续。

5．回国创业或以多种形式为国服务。1995年4月，国务院办公厅决定在中心成立留学人员投资事务处，加大留学人员为国服务，特别是为留学人员回国创业提供服务的力度，负责为在外留学人员回国投资创办企业、短期讲学、合作科研、科技成果转让、新技术开发、引进国外先进技术项目等提供政策咨询和中介服务，为海外高层次人才以多种形式为国服务提供多次入出境及在华长期居留的便利服务。2006年，受教育部委托，负责每年承办由教育部和科技部共同主办的“春晖杯”中国留学人员创新创业大赛工作，为留学人员回国创新创业搭建平台。

三、来华留学

1．留学中国教育展。它是经教育部批准，由中心牵头组织中国院校赴境外招收来华留学生的国际教育展览，每年有计划、有重点地在部分国家的重要城市举办。

2．留华毕业生联络联谊。留华毕业生联络处是中心受教育部委托建立的机构，旨在将全世界在华留学生和毕业生联系起来，为他们提供信息交流的平台和组织联谊活动，努力使他们成为沟通中国和世界的桥梁。

四、国际合作

1．英国高等教育文凭项目。2003年，中心与英国苏格兰学历管理委员会（SQA）合作，将英国高等教育文凭项目引入中国。

2．新加坡政府奖学金项目。1992年和1993年，经原国家教委批准，中国（教育部）留学服务中心先后与新加坡教育部、卫生部合作，开展了新加坡硕博连读奖学金项目和新加坡护理奖学金项目。

3．中外人文交流机制化活动配套项目。中心全面参与中俄、中美、中法、中英、中欧、中印尼、中南非、中德等各个中外人文交流机制，紧密配合教育部完成多项机制大会相关会务工作，承办多项机制配套活动，并积极协助教育部做好各项机制相关材料的汇总及意见研提等工作。

五、其他服务

1．出国留学培训基地项目。出国留学培训基地的建立是中心协助教育部规范出国留学市场秩序，建立出国留学示范样板的重要举措。

2．境外教育机构资质鉴定服务。中心根据长期专门从事出国留学、留学回国、国际教育资源信息咨询、国外学历学位证书认证等相关业务所积累的工作经验和资源优势，开展境外教育机构资质情况查询服务。

3．教育外事服务。受教育部委托，中心公派团组护照签证事务处主要负责为教育部机关、企事业单位、部直属高校校级领导以及部分直属高校因公临时出国人员提供办理护照和签证服务，负责对上述人员因公护照进行管理和监督，负责为教育部驻外使（领）馆人员及其家属办理出国护照和签证手续，确保了公务团组的顺利出访和外交人员的顺利赴任。

4．信息服务。为满足信息化、网络化办公和广大留学人员信息咨询的需要，中国（教育部）留学服务中心在教育部的大力支持下，于1996年建立了“中国留学网”。经过多年来的建设和改版，中国留学网已经建设成为中国（教育部）留学服务中心对外交流合作的窗口和服务平台。

联系方式：

地址：北京市海淀区北四环西路56号辉煌时代大厦5层

邮编：100080

电话：86-10-62677800

传真：86-10-62677504

网址：www.cscse.edu.cn

科学技术部火炬高技术产业开发中心

1988年，党中央、国务院正式批准实施旨在发展中国高新技术产业的指导性计划——火炬计划。作为火炬计划的具体组织实施单位——科学技术部火炬高技术产业开发中心（简称“火炬中心”）成立于1989年10月，是隶属于国家科学技术部的独立事业法人单位。在科学技术部指导下，火炬中心以“发展高科技，实现产业化”为己任，大胆探索，不断创新，推动了中国高新技术产业不断向前发展。

20年来，火炬中心坚持以“国家目标、地方组织、市场导向”为方针，以创新谋发展，创造性地丰富了火炬计划的内涵。通过国家高新技术产业开发区、科技型中小企业技术创新基金、科技企业孵化器等一系列政策工具的制定和实施，在建设创新创业环境，聚集科技资源，促进技术创新与转化，加强科技和经济结合，调整产业结构，增强区域创新能力等方面，火炬计划取得了卓越的成绩，极大地推动了我国高新技术的商品化、产业化和国际化。“火炬”已成为中国发展高新技术产业的一面光辉旗帜。

为了更好地贯彻实施《国家中长期科学和技术发展规划纲要》，实现“增强自主创新能力、建设创新型国家”的国家使命，加强技术创新环境建设和高新技术产业化进程，科技部对原“科学技术部火炬高技术产业开发中心”“科学技术部科技型中小企业技术创新基金管理中心”“中国技术市场管理促进中心”进行了合并重组，组建了新的“科学技术部火炬高技术产业开发中心”。

在科学技术部的领导和社会各界的大力支持下，火炬中心将继续高举“火炬”旗帜，以落实科学发展观为统领，以提高企业自主创新能力为核心，以营造技术创新环境和促进高新技术产业化为主线，通过实施“育苗造林”工程，大力发展科技型中小企业群体，推进产业集群向创新集群升级，聚集和激活人才、技术和资本等创新资源要素，推动“火炬”全面走进国家经济建设主战场，为建设创新型国家作出应有的贡献。

主要职能：

1. 研究我国高新技术产业化及高新区发展的状况和问题，为科技部宏观决策提出建议和对策；研究提出火炬计划，国家高新区的发展规划、计划及有关政策建议。

2. 研究我国技术市场发展的状况和问题，提出技术市场的发展规划及有关政策，为科技部宏观决策提出建议和对策。

3. 承担火炬计划管理办公室的事务性管理工作，承担火炬计划的组织实施工作，推进高新技术产品成果商品化、产业化和国际化。

4. 负责国家高新技术开发区的日常管理，为高新区的发展提供咨询与服务。

5. 承担科技型中小企业技术创新基金的组织实施工作。

6. 承担全国技术市场日常运行管理，以及登记、统计、培训、信息交流与技术转移等工作；联系和协调全国技术市场管理机构；开展科技成果推广和产业化咨询服务等工作。

7. 研究提出科技企业孵化器发展规划、计划和有关政策建议，承担孵化器的日常管理；承担高新技术企业、国家级创业服务中心、国家留学人员创业园、技术交易机构、海外科技园、创业投资机构等的管理。

8. 承担生产力促进中心、大学科技园、高新技术产业化基地、工业领域国家工程中心、国家重点新产品计划、科技兴贸行动专项等的组织实施工作。

9. 承担火炬计划软件产业化工作；承担火炬计划产业化基地的管理工作。

10. 研究提出高新技术产业化投融资政策建议，组织并推动科技风险投资工作。

11. 承担编制《中国高新技术产品目录》及技术出口产品目录等工作。

12. 负责火炬计划国家级高新区统计的专项工作，承担高新技术产业化的统计、宣传、信息交流、培训以及国际合作等工作。

13. 承担科技部有关司局委托的工作。

14. 承担科技部领导交办的其他工作。

联系方式：

地　址：北京市西城区三里河二区甲18号

邮　编：100045

电　话：86-10-88656100

传　真：86-10-88656124

邮　箱：Mail@chinatorch.gov.cn

网　址：www.chinatorch.gov.cn

人力资源和社会保障部留学人员和专家服务中心

留学人员和专家服务中心为人力资源和社会保障部直属事业单位，同时作为中国博士后科学基金会的办公机构。中心拥有权威的高层次人才信息和丰富的科技成果资源，为“千人计划”引进的海外高层次人才落实特定生活待遇，为留学人员回国工作、创业、为国服务提供咨询、推介、人事代理等各种服务；承担高层次专业技术人才选拔、培养等事务工作，为专家队伍建设和发挥专家作用提供各种形式的服务；承办边远、少数民族地区专业技术人才特殊培养工作；负责中国博士后科学基金规划、筹集、管理工作；承担中国博士后网、中国留学人才网和中国专家网网站的建设、运营和管理；参与建立和完善我国高层次人才信息库。

主要职能：

1. 负责海外高层次人才引进服务窗口工作：负责“千人计划”服务窗口工作，为“千人计划”引进的海外高层次人才落实居留和出入境、落户、医疗、住房、税收、子女就学等方面的特殊政策，办理相关手续。根据政策规定，按照引进人才的需求，为引进人才提供优质服务，营造海外高层次人才回国（来华）创新创业的良好环境。

2. 负责中国留学人员回国服务联盟秘书处有关工作：承担服务联盟具体日常工作，负责服务联盟组织建设工作，召开服务联盟成员大会，审核加入或退出的成员单位，成员单位间的沟通协调工作等。主要工作任务有：推进留学人员回国服务网络建设，健全留学人员回国服务机构的合作机制，建设留学人员回国服务信息平台，组织成员单位开展相关活动。

3．负责中国留学人员回国创业专家指导委员会秘书处有关工作：会同欧美同学会建言献策委员会承担专家委员会具体日常工作，组织专家委员会入选专家，为“千人计划”创业人才入选者、中国留学人员回国创业启动支持计划入选者、各地及留学人员创业园推荐的具有发展潜力的重点留学人员企业等，开展创业培训、创业咨询、创业指导、深度合作、企业推介等形式的留学人员回国创业指导与服务。

4．管理海外高层次人才联系窗口：承担“千人计划”人力资源和社会保障部网上海外高层次人才联系窗口（www.mohrss.gov.cn）管理工作，积极宣传海外高层次人才引进工作，认真做好接受海外高层次人才自荐有关工作。收集海外高层次人才基础信息，配合做好海外高层次人才信息库建设。

5．管理运营中国留学人才信息网（www.chinatalents.gov.cn）：中国留学人才信息网作为专门服务于海内外留学人员的政府网站，权威性和政策性强，已初步成为宣传党和国家有关留学人才政策，为留学人员和国内用人单位提供信息服务，做好留学人才资源开发工作的一个重要窗口。网站目前设有留学与人才、综合报道、要闻与动态、留学人才推荐、专家与博士后、工作交流、政策法规、回国指南、人才自荐、单位招聘、创业园区、经费资助指南、异域生活等栏目。

6．组织留学人员回国服务活动：中心与各地地方政府或地方人事部门合作，组织了多次海内外留学人员智力服务与科技项目示范活动，这些活动的成功举办为带动地方经济、科技发展，促进地方引进高层次海外留学人才工作发挥了重要的推动作用。有些活动在当地已形成品牌，取得了很好的效果，深受海外留学人员和当地各界的好评。

7．海外留学人才推荐工作：在中国留学人才信息网上开设留学人才推荐、回国指南、单位招聘、人才自荐等栏目，收集、发布国内人才和技术需求，协助用人单位开展招聘海外留学人员活动。根据留学人才特长和需求，采取网上推荐、出函推荐、重点推荐等形式，为留学人员回国提供就业推荐、信息咨询等各项服务。

8．留学人员创业园管理服务工作：帮助创业园协调落实鼓励、支持留学人员回国创业的有关政策，为创业园提供人才、项目推荐服务。为留学人员创业提供人才、成果、推介及信息咨询服务。

联系方式：

地　址：北京市海淀区学院路30号博士后公寓办公楼
邮　编：100083
电　话：86-10-82388262，62322968，62330841
传　真：86-10-62321842
邮　箱：lxhgfw@163.com
网　址：www.chinatalents.gov.cn

中国留学人员回国创业专家指导委员会

为完善留学人员回国创业服务体系，配合实施国家“千人计划”和中国留学人员回国创业启动支持计划，进一步加大对留学人员回国创业的支持力度，人力资源和社会保障部会同欧美同学会成立中国留学人员回国创业专家指导委员会。

专家委员会成员由下列人员担任：风险投资专家，市场营销专家，世界500强企业以及著名跨国企业的高管，创业成功的留学人员企业家，全国省部共建国家级留学人员创业园负责人，从事企业咨询、人力资源管理以及会计师事务所、律师事务所等可为海归创业提供服务与咨询的相关领域专家。

专家委员会的主要服务对象包括入选“千人计划”的创业人才，入选“中国留学人员回国创业启动支持计划”的创业人才，各地人社部门和省部共建留学人员创业园推荐的、具有较大发展潜力的留学人员企业。

专家委员会秘书处设在人力资源和社会保障部留学人员和专家服务中心。

主要职能：

1．创业培训。举办留学人员回国创业培训班，邀请专家委员会成员以及其他国内外优秀的企业家、知名专家学者、金融领域的知名专家，对回国创业的留学人员进行创业培训与辅导。

2．创业咨询。组织专家委员会相关专家到留学人员创业园对企业开展创业咨询服务，现场调研，现场诊断，现场解决问题，传授成功经验，进行针对性辅导，提供个性化服务。

3．创业指导。由各地或省部共建留学人员创业园推荐具有发展潜力并有创业服务需求的留学人员企业提交专家委员会，各位专家根据不同产业方向和市场前景以及创业者的需求，选择1—3家创业企业进行对接服务，给予企业全面创业指导，协助解决问题，推动企业发展。

4．深度合作。鼓励专家委员会专家与留学人员企业开展投资、入股、贸易、技术交流、合作开发等不同形式的深度合作，做到优势互补，加快国际先进技术与国内市场运作的交流，加大上下游产品的相互促进，加快技术和产品的转化。

5．企业推介。每年由专家委员会根据创业指导情况，推出一批最具成长潜力的留学人员企业，为留学人员企业创造良好的环境，助推留学人员企业快速成长。

联系方式：

地　址：北京市海淀区学院路30号博士后公寓办公楼
邮　编：100083
电　话：86-10-82388262，62322968，62330841
传　真：86-10-62321842
邮　箱：lxhgfw@163.com
网　址：www.chinatalents.gov.cn

北京海外学人中心

北京海外学人中心是北京市委、市政府于2008年12月成立的专门联系海外学人、引进海外学人、服务海外学人的工作机构。中心秉承“尊重劳动、尊重知识、尊重人才、尊重创造”的方针，凭借专业化、信息化、国际化的人力资源开发能力，将为高层次人才和广大留学人员来京创新创业提供广阔的发展平台和全面的服务保障，力图打造连接海外优秀人才与北京的纽带和首都海外学人温馨之家。

北京海外学人中心将以“海纳百川，汇聚英才”的胸怀欢迎每一位海外学人的归来。

主要职能：

1．宣传国家和北京市关于海外人才的工作政策及经济社会发展情况。

2．研究提出北京市海外人才开发工作的中长期规划和政策措施建议。

3．收集、发布重大项目信息，海外学人信息和海外高层次人才政策信息。

4．负责北京市引进海外人才的认定评估工作。

5．广泛联系驻外使领馆、海外专家组织、海外人才交流机构、留学生组织、海外人才和国内相关组织，代表市委、市政府多渠道寻访海外高层次人才。

6．组织实施海外人才培训交流活动。

7．为北京市重大科技项目、重点学科建设和重要产业发展提供引进海外高层次人才和智力的有关支持。

8．为在北京创新创业的海外人才提供事业发展和生活条件等综合配备服务。

9．为中央实施海外高层次人才开发工作服务。

10．联系指导协调本市各海外学人分中心的工作。

11．开展公派、自费出国留学咨询服务和回国留学人员工作创业指导。

联系方式：

地　址：北京市西城区德外大街83号德胜国际中心B座6层

邮　编：100088

电　话：86-10-58540566，58540567，58540568

传　真：86-10-58540568

邮　箱：botc@8610hr.cn

网　址：www.8610hr.cn

北京海外学人中心服务大厅

地　址：北京市海淀区中关村海淀北二街10号泰鹏大厦二层

邮　编：100080

电　话：86-10-82484901，82484905，82484907

传　真：86-10-82484897

邮　箱：fuwu@8610hr.cn

天津市留学服务中心

天津市留学服务中心是天津市人事局直属事业单位，是负责全市留学人员服务工作的专门服务机构。天津市留学人员服务中心又是中国（教育部）留学服务中心天津分中心。其主要任务是宣传、贯彻、落实国家关于留学人员工作的方针、政策、规定；为天津市留学回国人员提供全方位的管理与服务；积极引进海外留学人员中的人才、智力、技术、资金；承办天津市人事局及国家留学人员工作主管部门委托和交办的任务；与国内外相关组织建立业务合作关系。

主要职能：

一、出国留学服务

1．为预备出国留学人员提供各类外语培训。

2．自费留学咨询服务工作，提供国外有关学校的信息资料，协助联系学校、申请就读、申办签证等事宜。

二、留学回国服务

1．为各类留学人员来津工作和用人单位录用留学人员提供信息服务和双向选择服务，并根据双方需要进行重点推荐。

2．为各类留学人员短期来津讲学、学术交流、合作科研、投资考察提供牵线搭桥服务。

3．为已加入外国籍的高层次留学人才办理2至5年期多次入境签证、外国人居留证。

4．为外省市来津工作的留学回国人员办理工作接转、派遣和落户等相关手续。

5．为来津工作、创业的留学回国人员制作并颁发《留学回国人员证书》。

6．组织天津市留学回国人员开展留学人员联谊活动。

三、留学综合服务

1．提供国家及天津市有关留学人员工作的政策、规定的咨询服务。

2．为天津市自费出国留学人员提供档案管理等服务。

3．管理“天津留学人才网”以及“天津市留学人员数据库”。

联系方式：

地　址：天津市河东区九经路25号中国（天津）人力资源发展促进中心3楼D区

邮　编：300171

电　话：86-22-24236966，24236951，24236952

邮　箱：haiwairencai@hotmail.com

河北省专家与留学人员服务中心

河北省专家与留学人员服务中心是2002年河北省编办批准成立的全额拨款的事业单位，主要任务是为河北省享受津贴的专家发放国务院特殊津贴和省政府专家岗位津贴；为河北省人事厅组织的来河北省的留学人员提供各项服务，协助用人单位开展招聘留学人员活动，为留学人员就业提供信息咨询服务；受河北省人事厅委托，与河北省选派的出国培训专家签订《出国培训协议书》，并负责违约人员培训经费的收回和违约金的追缴工作；为专家开展科技活动提供信息和服务；负责“河北留学人员联谊会”秘书处的日常工作。2004年5月，与中国留学服务中心正式签订合作协议，成为中国（教育部）留学服务中心河北分中心。

主要职能：

一、专家服务工作

1．为发挥我省专家队伍的作用提供各种服务。负责专家津贴拨款统计和各类专家变化的跟踪服务工作；组织专家开展学术和联谊活动，协助专家管理处做好政府资助的专家休假工作，为人社部门组织的专家休假、学术交流等各种活动提供服务，组织开展专家和高层次人才培训工作。负责国（境）外机构在国内招聘专业人才出国（境）工作的审核、认证。

2．承担建设和完善我省高层次人才信息库的工作。

二、津贴发放工作

1．为我省享受国务院特殊津贴专家和享受省政府岗位津贴专家发放津贴。

2．建立专家津贴发放责任制。

三、留学派出工作

1．对我省选派的出国培训人员进行外语培训。

2．为出国培训人员办理出国前和回国后的各项手续。

3．将培训人员的研究成果分类汇集出版，对研究成果进行评审奖励。

4．违约追究。

四、留学回国服务

1．为省人事厅组织的来我省的留学人员提供各种服务。

2．负责各类留学回国人员的讲学、考察、技术交流、科技开发的组织和接待。

3．为留学人员回河北工作、创业和发挥作用提供各种中介服务。宣传和发布我省引进留学人员的优惠政策；收集、发布国内急需人才和技术需求的信息；协助用人单位招聘海外留学人员，为留学回国人员就业提供信息、咨询和服务；组织交流洽谈，为留学人员提供就业推荐、信息咨询、人事代理等各项服务；开展留学人员技术成果评价、开发、转让等服务工作。

4．承办留学回国人员科技活动择优资助经费申报的事务性工作。

5．承办我厅批准或与有关部门合办的省级留学人员创业园的具体工作，帮助创业园落实国家及省制定的有关鼓励、支持留学人员回国创业的政策，为留学人员创办企业疏通渠道。

6．积极和国家人事部留学人员与专家服务中心配合，拓宽留学和专家境外培训的形式与渠道。

7．接待留学人员来信、来访。

五、中国留学服务中心河北分中心服务项目

为创新为留学人员服务方式，拓宽为留学人员服务领域，中心与国家教育部中国留学人员服务中心开展以下几项留学业务的合作。

1．建立“中国留学服务中心河北分中心”。

2．开展海外高层次留学人员身份确认业务。

3．受理“教育部留学回国人员科研启动基金”申请。

4．办理我省留学人员档案存放。

5．与“中国留学网”链接分中心网页。

6．建立“国外学历（学位）认证”申请材料河北验证点。

六、“河北留学人员联谊会”秘书处的日常工作

1．积极宣传、贯彻执行国家和我省有关留学人员工作的方针、政策。为各类留学人员回国工作和为国服务开展咨询、提供服务。

2．向上级部门收集反映留学人员的意见、建议和要求；维护留学人员的合法权益，为留学人员创造良好的学习、工作和生活环境。

3．积极组织多种形式的联谊活动，加强海内外留学人员之间和留学人员社团之间的信息、技术和学术交流，丰富会员文化生活，加强留学人员之间的联系与友谊。

4．宣传留学人员留学报国的业绩和贡献，动员组织在冀留学人员为振兴河北作贡献。开展留学人员表彰、奖励活动。

5．受主管部门委托，组织留学人员为各级党政机关、企事业单位和非公有组织等部门开展决策咨询、信息服务和人员培训等工作，为我省建设沿海经济社会、发展强省提供智力支持和人才保障。

联系方式：

地　址：河北省石家庄市维明北大街118号

邮　编：050051

电　话：86-311-88616757

传　真：86-311-88616757

邮　箱：li_chang_75@163.com

山西海外人才服务中心

山西海外人才服务中心隶属山西省人事厅，为政府全民事业单位。依托地方各地政府、人事、财政、商务、科技、教育、企管等相关部门，本着务实、推进对外开放、促进经济发展、引导人才互动的宗旨，服务于海外各类人才（含外籍）、山西省各类企事业单位和各级政府。充分发挥观念新、思路宽、点子多、空间大、成本低的服务优势，实行融入式服务，以项目为载体，人才和企业为主体，培训、考察、讲学、中介、代理、认证兼做。

主要职能：

1．以“项目+人才”为主要方式引进国外智力、人才，为全省企事业单位服务。

2．负责山西国际人才交流协会各项工作的组织落实。

3．创办、经营山西国际人才市场和海外留学人员创业园。

4．负责全省国家公务员、专业技术和管理人才出国（境）培训的组织实施。

5．承办外国专家学术交流、考察、疗养、休假、联谊、奖励、技术培训，承办各类讲学、办学事宜。

6．组织经济、贸易、技术等信息咨询服务、成果鉴定推广、人才评价、项目论证及技术攻关。

7．提供国内外人才的人事代理服务。

联系方式：

地　址：山西省太原市迎泽西大街80号希望大厦7-8F

邮　编：030024

电　话：86-351-6179963

传　真：86-351-6177978

邮　箱：yuandingan@163.com

网　址：sotsc.caiep.org

沈阳市留学人员服务中心

沈阳市留学人员服务中心隶属于沈阳市人事局（外国专家局），是负责沈阳市留学人员管理与服务工作的专门机构。其主要任务是宣传、贯彻、落实国家、省、市有关留学人员工作的方针、政策和规定；为在沈留学人员提供全方位的管理与服务；积极引进留学人员中的人才、智力、技术、资金；承办沈阳市人民政府和沈阳市人事局（外国专家局）委托和交办的任务；与国内外有关组织建立交流与合作。

主要职能：

一、公费出国留学服务

承担沈阳市非教育系统公费留学工作咨询、申报、选拔和派出工作。

二、留学回国服务

1．有针对性地为来沈留学人员和用人单位提供信息服务和双向选择服务。

2．协助留学人员短期来沈进行学术交流、企业合资、项目合作等活动。

3．为来沈的海外高层次留学人员进行身份认定并出具证明。

4．定期组织在沈留学人员开展座谈、联谊等活动，为其提供沟通交流条件。

三、留学综合服务

1．提供国家及省、市有关留学人员的政策、规定的咨询服务。

2．收集留学人员信息，建立留学人员信息库。

3．通过网站发布用人单位人才需求信息和留学人员求职信息。

联系方式：

地　址：辽宁省沈阳市市府大路260号1号楼240房间

邮　编：110013

电　话：86-24-22728564，23768159

传　真：86-24-23768039

大连市留学人员服务中心

大连市留学人员服务中心是大连市人事局直属事业单位，是负责全市留学人员服务工作的专门服务机构。大连市留学人员服务中心又是中国（教育部）留学服务中心大连分中心。

主要职能：

1．为引进的留学人员办理来连工作和落户等相关手续。

2．为引进的留学人员提供国（境）外学历学位认证材

料审核服务。

3. 为承担科研项目的留学人员向国家人事部申请科研资助经费。

4. 每年组织“海外学子创业周”活动，为留学人员回国创业搭建平台。

5. 组团赴国外招聘留学人员。

联系方式：

地　址：辽宁省大连市沙河口区联合路100号

邮　编：116021

电　话：86-411-84618663，84618798

传　真：86-411-84618883

邮　箱：dlgirc@yahoo.com.cn

网　址：www.dl-rc.com

吉林省留学回国人员和专家服务中心

吉林省留学回国人员和专家服务中心是吉林省人力资源和社会保障厅直属事业单位，是负责吉林省留学人员、专家及博士后人员服务工作的专门服务机构。吉林省留学回国人员和专家服务中心又是中国（教育部）留学服务中心吉林分中心。其主要任务是宣传、贯彻、落实国家关于留学人员、专家及博士后人员工作的方针、政策、规定；为吉林省各类留学人员、专家及博士后人员提供全方位的管理与服务；承办吉林省人力资源和社会保障厅及国家主管部门委托和交办的任务。

主要职能：

一、留学人员服务工作

1. 建立留学人员的基本情况资料库，向社会提供服务。

2. 为留学回国人员提供就业推荐、信息咨询、人事代理等服务。

3. 收集、发布省内急需人才和技术需求，帮助用人单位招聘海外留学人员。

4. 负责各类留学人员来我省讲学、考察、技术交流、科技开发的沟通与衔接，为留学人员来我省创业提供人才、成果及有关信息服务；负责留学回国人员科技活动择优资助经费评审事务，对资助项目的情况进行跟踪，帮助解决有关问题。

5. 组织开展留学回国人员联谊活动。

6. 管理“吉林省院士专家留学人员服务网”，通过国际互联网向社会各界及海内外留学人员提供各种信息服务及相关服务。

7. 开展海外留学人员学历学位认证工作。

8. 负责吉林省留学生联谊会各项工作。

二、专家及博士后人员服务工作

1. 为专家队伍建设和发挥专家作用提供各种形式的服务。

2. 组织专家异地休假考察、专家年度体检工作。

3. 负责各类专家特殊津贴的发放工作。

4. 组织各类专家采用多种形式为经济建设服务。

5. 组织开展专家及专业技术人员培训活动。

6. 负责博士后公寓的建设管理及博士后人员服务工作。

7. 负责职称评审申报和初级职称认定工作。

8. 开展专家智力帮扶活动和建立各类专家服务基地。

9. 负责高级专家研修班工作。

联系方式：

地　址：吉林省长春市人民大街7988号

邮　编：130022

电　话：86-431-89997998

传　真：86-431-89997996

邮　箱：liudj999@sina.com

黑龙江省留学人员服务中心

黑龙江省留学人员服务中心是黑龙江省人事厅直属事业单位，是负责全省留学人员服务工作的专门服务机构。其主要任务是宣传、贯彻、落实关于留学人员工作的方针、政策、规定；为黑龙江省各类留学人员提供全方位的管理与服务；积极引进海外留学人员中的人才、智力、技术、资金；承办省人事厅及国家留学人员工作主管部门委托和交办的任务；与国内外相关组织建立业务合作关系。

主要职能：

一、留学回国服务

1. 为各类留学人员来黑龙江工作和用人单位录用留学人员提供信息服务和双向选择服务，并根据双方需要进行重点推荐。

2. 为各类留学人员短期来黑龙江讲学、学术交流、合作科研、投资考察提供牵线搭桥服务。

3. 为外省市进黑龙江工作、落户的留学人员办理工作安置、落户及家属随归、随迁、随调子女上学相关手续。

4. 为来黑龙江创办企（事）业的留学人员进行身份认定并颁发证书。

5. 组织留学回国人员申请留学回国人员的科研资助经费。

6. 指导全省留学人员创业园建设工作。

二、留学综合服务

1. 提供国家及黑龙江省有关留学人员工作的政策、规定的咨询服务。

2. 管理黑龙江省留学人员档案库，为在外留学人员及部分留学回省工作的人员提供档案管理及相关服务。

联系方式：

地　址：黑龙江省哈尔滨市南岗区中山路68号

邮　编：150036

电　话：86-451-87130140

传　真：86-451-87130140

邮　箱：rstwanghaiquan@163.com

上海市人才服务中心

上海市人才服务中心（上海市流动人才党员服务中心、上海市回国留学人员服务中心）是在原市人事局所属上海市国际人才服务中心和上海市回国留学人员服务中心的基础上，整合其服务功能而成立起来的海外人才公共服务平台机构。中心将海外留学人员、外国专家、香港专才及澳、台专业人士一起纳入服务对象范围，上海国际人才交流协会、上海市留学人员联谊会两个社团设立社团事务部，派驻在上海市人才服务中心。组建工作协作网，在原有市工商局、市税务局、市外经委、海关、市技术监督局、市外汇管理局等6个政府部门“一门式”服务的机制上，扩大市公安局、市社保局、市医保局、市外办等部门组成职能处室层面上的工作协作网络，作为海外人才服务中心的支持部门。

上海市人才服务中心成立以来，按照《上海市“十一五”人才发展规划纲要》，努力构建海外人才服务平台。中心以“一门式”服务为抓手，努力建设海外人才公共服务体系，已经初步形成海外人才专业、便捷、高效、全方位的服务网络。

主要职能：

1. 申办《上海市居住证》B证，同时根据需要代办《外国专家证》《外国人居住证》《外国人就业许可证》《港澳华侨暂住证》《台湾居民通行证签注》。

2. 留学人员申办上海户籍手续。

3. 受理留学人员申办企业的资格认定，同时根据需要代办工商局、外资委、税务局、海关、技监局、外汇管理局等相关政府部门的审批事项。

4. 受理代办留学人员境外学历、学位认定事项（由国家教育部留学服务中心认定）。

5. 受理留学人员回国工作求职推荐（万名海外留学人才聚集工程项目移交进来）。

6. 受理境外专业人士来沪工作求职推荐（外国专家及港澳台专业人士、香港专才的引进工作移交进来）。

7. 委托受理上海国际人才交流协会、上海留学人员联谊会秘书处的相关事务性服务。

8. 留学人员公寓租赁服务。

9. 留学人员非专业人士配偶来沪工作求职推荐服务。

10. 海外人才来沪定居工作，生活物品保管服务。

11. 海外人才子女来沪就学咨询及代理服务。

12. 出国（境）留学咨询服务。

13. 受委托办理出国（境）培训的事务性服务。

14. 留学人员企业融资咨询服务。

15. 海外人才投资咨询服务。

16. 海外人才法律咨询服务。

17. 海外人才来沪购房、租房咨询及代理服务。

18. 组织海外留学人员子女假期来沪学习中文培训服务。

19. 代办飞机、火车、轮船票务服务。

20. 受理特殊需要的其他专项服务，如为各类领军人才配备行政助理服务等。

21. 其他交办和委托的事务。

22. 海外人才服务中的延伸机构及职能。为了使海外人才服务中心的职能能够覆盖全市，并使人才服务走社会化、市场化道路，海外人才服务中心动员和依靠区（县）政府和相关机构的人事部门、社会力量参与服务体系建设，形成全社会服务网络的格局。

联系方式：

地　址：上海市闸北区梅园路77号人才大厦4楼
邮　编：200070
电　话：86-21-32511599
邮　箱：hrsc@shrc.com.cn
　　　　shfwck@sotsc.com
网　址：www.shrc.com.cn

江苏省留学回国人员服务中心

江苏省留学回国人员服务中心创建于1995年12月，与江苏省人才流动服务中心、中国留学服务中心江苏分中心合署。江苏省留学回国人员服务中心以为江苏经济与社会事业发展服务，为用人单位服务，为广大留学人才和海外人才服务为宗旨，经过20多年的不断探索与努力，服务项目逐步齐全，服务功能日益完善，已经成为留学人才、海外人才为江苏服务必不可少的桥梁和纽带。

主要职能：

1. 组织赴国外招聘：组织有留学人才需求的单位赴国外招聘，吸纳有意为江苏服务的留学人才、海外人才。

2. 设立海外联络机构：设立留学回国服务海外联络处，直接开展全方位服务，实现国内机构在外的延伸服务。

3. 留学人员登记与推荐：收集留学人员信息，建立留学人员信息库，有针对性地向用人单位推荐留学人才就业。

4. 留学回国政策咨询与就业指导：解答留学人员来江苏就业、创业、进行项目合作及以其他方式为江苏服务的相关政策，开展相关就业指导工作。

5. 需求岗位与留学人员信息发布：不定期发布用人单位需求岗位信息和留学人员来苏求职信息。

6. 留学回国人员学历学位认证：根据中国留学服务中心的相关规定，受理留学回国人员的学历学位认定，办理相关手续。

7. 留学回国人员接受录用：办理江苏省省属企事业单位录用留学回国人员的接收手续以及身份认定。

8. 留学人员人事档案保管：保管留学人员的人事档案，并围绕档案提供各类服务。

9. 留学回国人员户口申报及家属子女随迁：办理留学回国人员及其家属子女的户口申报、随迁手续。

10. 留学回国人员社会保障代办：根据留学回国人员需要，办理社会保障事宜。

11. 留学人员联谊：定期组织留学人员开展联谊、座谈等活动，提供沟通交流的条件。

12. 根据留学人员需求提供其他服务等工作。

联系方式：

地　址：江苏省南京市广州路213号
邮　编：210029
电　话：86-25-83238876
传　真：86-25-83238880
邮　箱：jshwrc@126.com
网　址：www.jsrsrc.gov.cn

南京留学人员服务中心

南京留学人员服务中心（又称“中国留学服务中心南京分中心”）是直属于南京市人事局的事业机构，专职从事南京地区留学人员的引进和服务工作。业务上受国家人事部、教育部的指导。其主要任务是宣传、贯彻国家关于留学人员工作的方针、政策、规定；为南京地区各类留学人员提供全方位的专业化服务；积极引进海外留学人才、智力、技术、项目和资金；承办南京市人事局委托和交办的任务；与国内外相关组织建立业务合作关系。

主要职能：

1. 为来南京工作的留学人员提供接待咨询，并受理学历验证申请。

2. 为引进留学人员来南京工作和用人单位聘用留学人员提供信息服务，组织国内外留学人才供需洽谈活动。

3. 为来南京工作的留学人员提供岗位实训、假期见习，并协助办理落户手续。

4. 具体实施以技术合作和学术交流为主题的留学人员短期回国服务项目的组织与资助。

5. 为留学人员在南京推广新技术、新产品举办多种形式的推介会，协助寻求合作伙伴。

6. 为各类留学人员来南京创办企业、技术转让、新产品研发等提供咨询服务和政策支持。

7. 负责组织留学人员申报国家、省、市等各级留学主管部门的各类资助经费申报工作。

8．负责南京留学人员协会秘书处的工作，推动并指导协会组织南京留学人员开展技术服务、技术咨询、技术转让、产品开发和其他科技和社会公益服务活动。

9．推动并指导南京（金陵）留学人员创业园建设，并为各分园及成员单位提供政策支持、人才和项目信息服务、专家咨询服务、法律服务和宣传推介等专项服务。

10．管理“南京国际人才智力网”，通过该网站向社会各界及海内外留学人员提供各种信息服务。

联系方式：

地　址：江苏省南京市北京东路63号南京人才大厦一楼服务大厅17号柜台
邮　编：210008
电　话：86-25-83151722
传　真：86-25-83213166
网　址：www.njrsrc.com

常州市国际人才服务中心

常州市国际人才服务中心是常州市人事局、常州市外国专家局下属的，专业从事人才国际化交流服务的全民事业单位。通过人才国际交流的形式，以实现人才与国际结轨，为常州市开放型经济提供国际化人才保障。其主要任务是宣传、贯彻、落实国家、省、市关于留学人员工作的方针、政策、规定，为归国留学人员来常州创业、就业提供全方位的管理与服务，积极引进海外智力项目、为外国专家在常州工作提供专门的服务，同时大力开展海外招聘、境外就业、境外培训等业务，促进人才国际交流和提高本地人才国际化程度。

主要职能：

1．代理国外学历学位证书认证。

2．办理户口迁移核办手续。

3．办理回国留学人员就业、恢复国家干部身份手续。

联系方式：

地　址：江苏省常州市北直街35号
邮　编：213003
电　话：86-519-86630023
传　真：86-519-86670355
邮　箱：czrsbgs@sina.com
网　址：www.czrc.com.cn

浙江省专家与留学人员服务中心

浙江省专家与留学人员服务中心（浙江省留学生工作站、中国留学服务中心浙江分中心）是浙江省人民政府为海内外留学人员及专家提供综合服务的专门机构，隶属于浙江省人事厅，为财政全额拨款的县处级事业单位。中心致力于为各类专家特别是海外高层次留学人员来浙江参加经济建设服务，努力为浙江提前基本实现现代化作出贡献。

主要职能：

1．为来浙江工作或短期服务的留学人员与专家提供咨询服务，帮助联系、落实接收单位。

2．组织留学人员与专家开展技术咨询、技术转让、新产品开发等科技活动，为留学人员来浙创办企业牵线搭桥，提供服务。

3．为定居浙江或来浙短期工作的国内外留学人员和专家提供过渡用公寓。

4．对非教育系统回国留学人员开展科技活动提供必要的资金资助等。

5．负责管理浙江省留学人员创业园杭州高新园区、宁波保税区园区、宁波高新区园区、温州园区、湖州园区、绍兴园区、金华园区、嘉兴园区、嘉善园区，以及宁波、台州、海宁、余姚、乐清五市博士后科技开发基地。

6．负责管理浙江省欧美同学会、浙江省博士后联谊会的日常工作。

7．建有浙江省留学人员与专家信息网，为留学人员和各类专家提供国家和浙江省有关政策法规、浙江投资环境、科技人才需求、技术合作项目等信息，并通过专家库、科技成果库和项目库，开展多种形式的科技服务活动。

联系方式：

地　址：浙江省杭州市西湖区古翠路50号人力社保大楼
邮　编：310012
电　话：86-571-88394819
传　真：86-571-88394815
邮　箱：chl@zilx.gov.cn
网　址：www.zjrc.com

杭州市专家与留学人员服务中心

杭州市专家和留学人员服务中心是经杭州市人民政府批准成立，专门为来杭工作、创业、交流合作的留学人员及社会各类企事业单位提供全方位服务的机构，隶属杭州市人事局。

主要职能：

1．建立各类专家、博士后、留学人员信息库。

2．开展专家、博士后、留学人员科技成果的宣传、推广、开发、转让等服务。

3．开展留学人员政策咨询，帮助留学人员推荐接收单位。

4．为海外留学人员来杭短期工作和留学人员引资、投资、创办实体、搞合作研究等提供服务。

联系方式：

地　址：浙江省杭州市西湖区天目山路135号玉泉大厦1204、1211室
邮　编：310007
电　话：86-571-88396357
传　真：86-571-88396357
邮　箱：rsj.lxfw@hz.gov.cn
网　址：www.hzzjlx.com

宁波市海外人才服务中心

宁波市海外人才服务中心是宁波市人力资源和社会保障局直属事业单位，是宁波市唯一综合性的留学人员工作管理和服务机构。宁波市海外人才服务中心又是中国（教育部）留学服务中心宁波分中心，接受国家教育部、人社部的业务指导，并且与本市各高等院校、科研单位、各机关和企事业单位保持着密切的联系。宁波市海外人才服务中心的主要工作职责是贯彻上级有关留学人员工作的方针、政策和规定，为来甬工作、创业、交流合作的留学人员及社会各类企事业单位提供服务，具体承担市人社部门交办的相关海外留学人员、海外人才的活动和任务；承担“宁波海外人才网”建设和日常运行与管理，负责留学人员、海外工程师工作的有关信息的采集、处理和发布，加强供求双方沟通、对接和合作，组织海外留学人才网上洽谈会，实现宁波海外人才队伍建设数据化、网络化、现代化；开展留学人员回国派遣、就业落户、国内外学历认证、海外人才洽谈引进等工作。

主要职能：

一、留学回国服务

（一）国（境）外学历学位认证。

经中国（教育部）留学服务中心授权，开展国外学历学位证书和高等教育文凭认证代办服务。此外，针对宁波有中外合作办学项目的高校，提供集中上门服务办理。主要服务功能包括：

1．留学人员在国内升学、就业及参加各类专业资格考试。

2．为用人和招生单位鉴别国（境）外学历学位证书及高等教育文凭提供依据和相关咨询意见。

（二）国内学历学位证书鉴定。

提供国内学历学位真伪鉴定服务。主要服务功能包括：

1．外省市人才引进（落户）。

2．为各企事业单位招聘人才把好学历关。

3．为各企事业单位员工评聘职称、升职晋级把好学历关。

（三）留学人员回国派遣、落户。

为来宁波就业、落户的留学回国人员办理派遣手续。

（四）发放浙江省海外高层次人才居住证——“浙江红卡”。

旨在鼓励海外高层次人才来浙江省创新创业。持卡人员将在创业、投资、教育、社保、住房等各方面享受相对应的保障和服务。

（五）浙江省海外高层次留学回国人才工作证办理。

旨在全面实施人才强省战略，更多地引进海外高层次留学人才参与浙江现代化建设。

二、其他特色服务

（一）海外人才引进（海外人才网络视频见面会）。

旨在为在甬企事业单位与海外人才、项目、资本、信息搭建对接平台，为海外人才就业、有海外人才需求的企业提供专业性服务。

（二）国家“千人计划”、省“千人计划”、“3315计划”和留学人员择优资助等项目申报。

（三）留交会及赴外相关工作。

1．组织高校、科研院所、留创园、企业参加杭州、南京、广州等国际交流大会。

2．组织赴外学习交流、高端团队引进及创业服务等工作。

（四）沙盘推演等创业服务活动。

旨在通过案例教学、情景模拟、沙盘对战推演与模拟市场竞争等环节，检验企业决策思路，提升留学创业人才在认识企业全局经营的思考要素，提升其创业水平。

（五）网络宣传平台。

通过3315海外人才网，以及包括神州学人等合作网站的信息发布，加强宁波各个县市区留创园及相关单位的政策宣传，切实提高海外留学人员了解信息的渠道，搭建互相了解交流的虚拟平台。

联系方式：

地　址：浙江省宁波市兴宁东路228号人力资源大厦2楼服务大厅56—57号窗口

邮　编：315000

电　话：86-574-87116274，87115191

传　真：86-574-87116274

网　址：www.nb3315.org/www.nscse.com

福建省海外人才中心

福建省海外人才中心是中国海峡人才市场直属事业单位，又是中国（教育部）留学服务中心福建分中心，主要从事国际间人才交流与培训，为出国及回国人员提供咨询及系列服务。福建省海外人才中心目前与福建省人事厅所属的福建留学人员创业园管理中心、福建省留学回国人员工作站合署办公。

主要职能：

一、人才出国服务

1．出国留学服务：选送高中生、大中专毕业生以及在职的技术和管理人员赴国外留学。

2．移民出入境中介服务：为福建省公民赴境外定居、探亲、访友、继承财产和其他非公务活动提供信息介绍、法律咨询、沟通联系、境外安排、签证申办及相关服务。

3．出国考察培训服务：联系国外专家组织、国际猎头公司、国际人才中介机构，组织国内单位出国招聘，进行商务考察、项目商谈、招商引资、技术转让、专业培训等活动。

4．中外合作办学业务：开展工商管理、计算机、英语等课程的中外合作办学，培养具有国际竞争力的专门人才。

二、留学回国人员服务

1．留学人员学历验证服务：鉴别国外或境外颁发学位证书或高等教育文凭机构的合法性，甄别外国或境外高等教育机构颁发的学位证书或具有学位效用的高等教育文凭、证书的真实性，为经认证的外国或境外学位或高等教育文凭出具认证证书。

2．留学回国人员身份认定服务：依托福建省留学回国人员工作站，认证公派或自费留学人员以及到国外高等院校、科研机构开展合作研究的访问学者和进修人员。

3．留学人员回国创业服务：依托福建留学人员创业园管理中心，提出留学人员企业优惠政策及福建留学人员创业园园区建设发展纲要；联络海外留学人员，举办交流活动；负责福建留学人员创业园园区的日常管理和服务工作；参与福建留学人员创业园基地的开发、建设、经营和管理。

4．海外人才交流服务：为留学人员和愿意来闽工作的外籍人士与国内有关部门开展以交流学术、项目协作、科技攻关、信息沟通为主要内容的交流与合作提供优质服务。组织留学回国人员深入基层、厂矿企业，举办讲座、培训和咨询活动，解决问题。

联系方式：

地　址：福建省福州市东大路36号福建人才大厦六层

邮　编：350001

电　话：86-591-87383108

传　真：86-591-87677833

邮　箱：422179358@qq.com

网　址：www.fjotic.com

福建省引进人才服务中心

福建省引进人才服务中心（福建省留学回国人员工作站）为福建省公务员局直属事业单位，机构规格相当于正处级，主要承担为引进高层次创业创新人才（含留学回国人员）协调办理相关手续，落实有关优惠政策和待遇，建立相关数据以及海内外人才智力引进交流等服务性工作；中心同时协助开展海外人才招聘会和座谈会；帮助海外高层次人才和留学人员来闽创业或工作；协助省内企业与国内外科研机构、专家进行对接；积极为引进高层次创业创新人才建立服务绿色通道，采用“征集需求、一窗接件、并联预审、集中反馈、专员办理、统一建档”的方式，为引进人才提供“一对一、全程式、保姆式”服务。

主要职能：

承担为引进高层次创业创新人才（含留学回国人员）协调办理相关手续，落实有关优惠政策和待遇，建立相关数据以及海内外人才智力引进交流等服务性工作。

联系方式：

地　址：福建省福州市鼓楼区思儿亭路11号专家服务中心6层

邮　编：350003

电　话：0591-87307327，87729466

传　真：0591-87729466

邮　箱：fujian_hcz@163.com

网　址：www.fjrs.gov.cn/fjrc/

厦门市留学人员管理中心

厦门市留学人员管理中心是厦门市政府设立的、负责全市留学回国人员工作的专门机构，隶属于厦门市人事局。与厦门市留学人员工作站实行“两块牌子、一套人马”。负责组织实施《厦门经济特区鼓励留学人员来厦创业工作规定》，具体行使全市留学人员工作的行政管理和服务职能，为广大海外留学人员来厦创业、工作无偿提供各种服务，包括留学人员身份认定、户口入厦、子女入学、人事关系迁入、安家费申请、生活津贴发放、教育部学历学位认证等“一站式”服务，以及接待、咨询、协调、投诉受理等服务内容。

主要职能：

1. 在海内外留学生群体中宣传厦门市的人才、招商引资政策与环境。

2. 提供留学人员在境外期间的人事档案代理。

3. 创建、管理留学人员供需信息库，为留学人员来厦创业、工作和企业的人才需求、项目需求等提供双向选择的服务平台。

4. 接受留学回国人员来厦登记，身份认定，帮助推荐就业。

5. 协助留学回国人员科研活动资助经费的申报和进入留学人员创业园的项目资助款的申请划拨。

6. 为各类留学人员短期回国讲学、合作科研、学术交流牵线搭桥。

7. 协调相关部门落实留学人员的有关待遇。

8. 协助回国独资创办企业的留学人员办理有关手续。

9. 接受留学人员委托，协助办理在厦有关服务项目。

10. 受厦门市人事局、厦门财政局的委托，负责厦门市留学人员专项资金的日常管理工作。

联系方式：

地　址：福建省厦门市湖滨东路319号C座3楼B区

邮　编：361012

电　话：86-592-5396698，5396699

传　真：86-592-5396697

邮　箱：xmlx@xmlx.gov.cn

网　址：www.xmix.gov.cn

江西省留学人员服务中心

江西省留学人员服务中心是江西省人事厅的内设机构，行使江西省留学人员服务的职能。

主要职能：

1. 积极开展专家科技成果推介服务；举办高层次人才及专业技术人才研讨（修）活动；协助做好留学回国人员认证工作；协助有关部门做好专家、学者出国（境）考察的组织推荐工作和服务保障工作。

2. 在专家管理处指导下，建立和完善江西省高层次人才信息库；承担留学人员和专家信息网站的具体管理和运营。

3. 办理江西省专家国贴、江西省贴的发放；协助专家管理处做好江西省博士后科研流动站、企业博士后科研工作站申报的有关事务性工作；为博士后设站单位和博士后人员提供各类中介服务。

4. 承担享受政府特贴专家变化的跟踪服务工作；加强与留学人员和专家的联系，反映他们的意见、建议，为政府部门决策提供参考；承担职称社会化评价有关事务工作。

5. 协助有关部门管理好留学人员创业园；承办专家、学者的学术交流、专业会议、科技活动的组织工作；做好人事部门组织的专家休假、学术交流等工作。

6. 在专家管理处指导下，承办专家联谊会和留学回国人员联谊会日常工作。

7. 承办上级交办的其他工作。

联系方式：

地　址：江西省南昌市省府大院南一路10号14楼

邮　编：330046

电　话：86-791-86386196

传　真：86-791-86386196

邮　箱：jiangshup@163.com

山东省留学人员和专家服务中心

山东省留学人员和专家服务中心是山东省人力资源和社会保障厅厅级直属事业单位。

主要职能：

1. 贯彻执行国家和省吸引留学人员的政策和规定，承办引进海外高层次人才及留学人员来鲁服务工作。

2. 办理海外留学人员来鲁就业的服务指导工作。

3. 承办山东省留学人员协会秘书处的日常工作。

4. 承办公费和自费留学的事务性工作。

5. 为专家队伍建设和发挥专家作用提供各种形式的服务。

联系方式：

地　址：山东省济南市历下区解放东路16号

邮　编：250014

电　话：86-531-88597980

传　真：86-531-88597986

邮　箱：shandongok@163.com

网　址：www.sdhrss.gov.cn

济南市留学回国人员工作站

济南留学回国人员工作站（济南市人才引进办公室）是济南市人事局直属的正县级全额拨款事业单位，主要负责全市海外留学回国人员和高层次急需人才的引进工作。2006年教育部留学服务中心同意在工作站原有业务的基础上成立教育部留学服务中心济南分中心。主要任务是引进、接收、安置留学回国人员和高层次急需人才；负责来济留学人员的身份认定、接待服务、信息咨询、政策落实等工作；负责留学人员的管理和服务工作，指导留学人员创业园区工作。

主要职能：

1．负责《济南市引进海外留学人员规定》和《济南市引进高层次急需人才规定》及其他相关政策的宣传、咨询、落实工作。

2．负责人事部留学人员科技活动项目择优资助经费及其他留学人员资助经费的申报工作。

3．宏观上协调本市留学人员创业园及海外科技人才创业基地的发展建设工作。

4．负责本市驻外工勤人员的推荐及选派工作。

5．负责为来我市工作创业的符合条件的留学回国人员申请安家费。

6．负责非教育系统公派出国申报的审核工作。

7．代办海外留学人员学历学位审验工作。

联系方式：

地　址：山东省济南市龙鼎大道1号龙奥大厦5楼C区0518

邮　编：250099

电　话：86-531-66605966

传　真：86-531-66605966

邮　箱：jnlx2012@163.com

网　址：www.jnhrss.gov.cn

青岛市留学人员服务中心

青岛市留学人员服务中心是青岛市人事局直属事业单位，是负责全市留学人员服务工作的专门服务机构，是中国（教育部）留学服务中心青岛分中心。其主要任务是宣传、贯彻、落实国家关于留学人员工作的方针、政策、规定；为青岛市各类留学人员提供全方位的管理与服务；积极引进海外留学人员中的人才、智力、技术、资金；承办青岛市人事局及国家留学人员工作主管部门委托和交办的任务；与国内外相关组织建立业务合作关系。

主要职能：

1．为来青留学人员办理学历认证的验证预审服务和派遣、安置服务。

2．为各类留学人员来青工作和用人单位录用留学人员提供信息服务和双向选择服务，并根据双方需要进行重点推荐。

3．为各类留学人员短期来青讲学、学术交流、合作科研、投资考察提供牵线搭桥服务。

4．为各类留学人员来青开办公司（企业）、转让技术、开发新产品等提供咨询和合作。

5．为已加入外国籍的留学人员与外省留学人员办理《青岛市留学人员特聘工作证》相关手续。

6．为外省市进青工作、落户的留学人员办理进青户口及家属随归、随迁、随调相关手续。

7．为来青创办企业的留学人员提供相应服务。

8．组织留学回国人员申请国家留学主管部门和青岛市设立的面向留学回国人员的科研资助经费。

9．具体负责青岛市留学人员创业园、青岛市留学人员协会工作。

联系方式：

地　址：山东省青岛市海尔路178号留学人员创业园201室

邮　编：266101

电　话：86-532-88913226

传　真：86-532-88911726

邮　箱：qdliuxuezhan@126.com

烟台留学回国人员工作站

烟台留学回国人员工作站是烟台市人事局直属事业单位，是负责全市留学回国人员服务工作的专门机构。经教育部留学服务中心批准，烟台留学回国人员工作站又是中国留学服务中心烟台分中心。

主要职能：

1．宣传、贯彻和落实国家有关留学回国工作的方针、政策。

2．负责海外留学回国人员的引进、接收。

3．宏观调控全市留学回国人员的就业方向和地区分布。

4．提供供求双方情况，为双向选择创造条件。

5．承担留学回国人员科研资助经费的审查、申报。

6．承担烟台留学人员创业园区日常工作的协调、管理和服务。

7．为海外留学人员来烟工作提供国（境）外学历学位查验认证、工作派遣、户口迁移等服务。

8．负责烟台市留学人员联谊会的日常会务服务工作等。

9．组织留学回国人员为祖国的建设贡献力量。

联系方式：

地　址：山东省烟台市莱山区观海路128-108

邮　编：264001

电　话：86-535-6683330

传　真：86-535-6683269

邮　箱：rshbh@163.com

河南省留学人员与专家服务中心

河南省留学人员与专家服务中心是河南省人事厅直属事业单位，是负责全省留学人员和专家服务工作的专门服务机构。河南省留学人员与专家服务中心又是中国（教育部）留学服务中心河南分中心。

中心的主要任务是宣传、贯彻、落实国家关于留学人员工作的方针、政策、规定；为河南省各类留学人员和专家提供全方位的管理和服务；积极引进海外留学人员中的人才、智力、技术、资金；承办河南省人事厅及国家留学人员工作主管部门委托和交办的任务；与国内外相关组织建立业务合作关系。

主要职能：

一、留学回国服务

1．为各类留学人员来豫工作和用人单位录用留学人员提供信息服务和双向选择服务，并根据双方需要进行重点推荐。

2．接收安置留学回国人员，并协调其家属安置、农转非、子女入学等工作。

3．为各类留学人员短期来豫讲学、学术交流、合作研究、投资考察提供牵线搭桥服务。

4．组织承办留学人员和高层次专业技术人才的科技成果推广和转让工作。

5．为专家队伍建设和发挥专家作用提供多种形式的服务。

6．建立留学回国人员和高层次人才信息库。

7．为来豫工作的留学人员进行身份认定并颁发证书。

8．组织留学回国人员申请国家留学主管部门和河南省设立的面向留学回国人员的科研资助经费。

9．代理教育部留学回国人员国（境）外学历学位认证、海外高层次留学人员身份认证等工作。

10．指导河南省各留学人员创业园、河南省留学人员联谊会工作。

二、留学综合服务

1. 研究制定河南省留学回国人员工作的政策，并督促、检查各有关单位留学工作政策的落实情况。

2. 提供国家及河南省有关留学人员工作的政策、规定的咨询服务。

3. 管理"河南留学人才服务网"，通过国际互联网向社会各界及海内外留学人员提供各种信息服务及相关服务。

联系方式：

地　址：河南省郑州市顺河路32号9楼

邮　编：450004

电　话：86-371-66359360，66329937

传　真：86-371-66329937

邮　箱：ylxec@163.com

网　址：www.ha.hrss.gov.cn

湖北省人才市场

湖北省人才市场是湖北省人力资源和社会保障厅直属单位，经国家教育部、公安部批准，于2002年获得合法留学中介机构资质，2005年，湖北省人才市场获教育部留学服务中心授权，设立中国留学服务中心湖北分中心，为湖北省内外留学回国人员提供国（境）外学历学位认证、就业推荐、派遣落户等回国后的各项服务。湖北省人才市场是湖北省内唯一一家为留学人员提供自费出国留学、中外合作办学、语言考试培训、国外文凭认证、就业派遣落户、留学档案托管、猎头人才推荐等，从出国求学到回国就业全方位、"一站式"服务的政府所属的专业留学机构。

主要职能：

1. 自费出国留学：主要开展到英国、美国、加拿大、澳大利亚、新西兰、新加坡、日本等热门国家的自费出国留学和家长探亲业务。湖北省人才市场有适合高中生、大学生、研究生在读生或毕业生申请的多层次留学项目，为学生提供咨询评估、文案制作、院校申请、代办公证、语言培训、签证申请、协助汇款、预订机票、体检指导、接机住宿、行前培训、后续跟踪等一整套全面、优质、规范的服务。

2. 国（境）外学历学位认证：经国务院学位委员会和教育部批准，教育部留学服务中心是国内唯一一家从事国（境）外学历学位认证的专业性机构。教育部留学服务中心出具的国（境）外学历学位认证书因其权威性和准确性，已经得到了社会各界的普遍认可，成为留学回国人员升学、就业和参加各类专业资格考试的有效证明。湖北省人才市场是教育部留学服务中心在湖北省设立的国（境）外学历学位认证申请材料验证机构。

3. 留学人员就业派遣落户：教育部留学服务中心依据国家留学政策及地方政府制定的促进和鼓励留学人员回国工作的相关政策和规定，参照全国普通高校毕业生就业管理办法，为留学回国人员开具就业报到证和落户介绍信，以协助国内用人单位完善人事劳动手续，方便留学人员顺利就业。北京、上海、深圳以外地区就业的留学回国人员可以在湖北省人才市场办理手续。

联系方式：

地　址：湖北省武汉市武昌区中南路14号发展大厦5楼501室国际合作部

邮　编：430071

电　话：86-27-87277473，87257917，87257705

网　址：www.jobhb.com

湖南省留学人员管理服务中心

湖南省留学人员管理服务中心是湖南省人事厅直属事业单位，是负责全省留学人员服务工作的专门服务机构。湖南省留学人员管理服务中心同时也是湖南省专家服务中心。其主要任务是宣传、贯彻、落实国家关于留学人员工作的方针、政策、规定，积极引进海外留学人员中的人才、智力、技术、资金，为来湘工作或为湘服务的各类留学人员提供全方位的管理与服务。

主要职能：

1. 负责湖南留学人员创业园的有关管理服务工作。

2. 负责湖南省留学人员联谊会的各项日常工作。

3. 负责全省留学回国人员信息库建设工作。

4. 承办引进海外留学人才、智力、技术、资金的工作，为留学回国人员来湘创业和回湘工作提供各方面的服务。

5. 组织留学回国人员科技活动择优资助经费的评审、申报、下拨和资金使用情况的监督检查。

6. 承办国家留学人员工作主管部门和湖南省人事厅委托和交办的任务。

联系方式：

地　址：湖南省长沙市韶山路1号

邮　编：410011

电　话：86-731-82219159

传　真：86-731-82216375

邮　箱：ynyfzo900@126.com

广东省留学人员服务中心

广东省留学人员服务中心是经国家教育部、公安部批准成立，由广东省人事厅直接管理，负责办理全省自费出国留学业务的服务机构。其前身是上世纪80年代成立的广东省赴美留学咨询处，2000年即成为广东省内首家获得国家教育部、公安部批准成立的合法自费出国留学服务机构，迄今已积累了近30年留学专业服务经验。

为满足广大有意出国留学学子选择留学国家和院校的要求，中心充分运用其所属政府人事部门的优势，与美国、英国、澳大利亚、加拿大、新西兰、德国、法国、荷兰、瑞士、俄罗斯、乌克兰等国家近200所大学、学院和中学建立了招收中国留学生的合作关系。这些海外院校为我国大学本科、专科毕业生、在读生（含五大毕业生）和高中毕业生、在读生提供了大学本科课程、本硕连读课程、硕士学位课程、博士学位课程和大学预科课程、A-level课程、语言课程等。

主要职能：

1. 拥有一支恪守职业道德、多年从事留学服务工作、精通出国留学业务、热情为学生服务的工作人员队伍，分工合理，职责明确，运转协调，工作效率较高。

2. 办理留学国家众多，提供的课程和专业门类齐全，可为学子量身定做留学方案和提供个性化服务。

3. 办理留学的大学均是我国教育部公布承认学历、学位的，且是建校历史悠久、学校规模较大、师资力量雄厚、学术成就卓著的国立、公立大学或享有盛名的私立大学。

4. 设有专门的部门收集、研究已与中心建立了合作招收中国留学生关系的十几个国家的留学政策、签证政策的最新动态信息，办理留学业务的质量和水平比较高。

5. 开设有留学服务专业网站（www.gdscse.net），主要包括教育部公布的留学预警通告、教育部公布的国外学校、留学国家概况、留学院校介绍、留学政策动态、留学签证指南、托福和雅思考试信息、网上咨询报名留学、留学回国发展的优惠政策、留学国外生活常识等十几个栏目。目前是广东省政府网选供直接链接的唯一权威留学网站。

6．聘请国内外知名大学的教授担纲任教，根据需要适时开办英、法、德等语言培训课程，帮助学生提高出国留学必备的外语水平。

7．为学生申请国外学校方便、快捷，并且信守一贯的承诺，学生不被国外学校录取，免收服务费。

8．为赴各国留学的学生提供境外接机、安排住宿、协助办理国外居留证、购买保险、开立个人银行账户、帮助学生熟悉环境等后续服务。

9．与广东省人事厅海外人才引进服务中心合署办公，为留学回国人员提供推荐择业服务。

联系方式：

地　址：广东省广州市天河路13号润粤大厦5楼东

邮　编：510000

电　话：86-20-37605951，37605997

传　真：86-20-37605489

邮　箱：gdscse@gdscse.net

网　址：www.gdscse.net

广州留学人员服务管理中心

广州留学人员服务管理中心（简称留学管理中心）于1999年由教育部留学服务中心广州分中心和广州回国留学人员服务管理中心合并而成，是广州市专门为留学人员及（海外）高层次人才提供综合服务和管理的机构，于2009年1月增挂“广州海外人才服务管理中心”的牌子。

中心承担广州市（海外）高层次人才服务窗口职能，同时也是中央“千人计划”广东省服务窗口广州分窗口，提供高层次人才服务、“一站式”留学回国服务、华南四省公派出国及广州市政府公派留学（“菁英计划”）服务、外国专家服务。

主要职能：

一、承担市（海外）高层次人才服务窗口职能

设立了（海外）高层次人才服务平台，由专人负责广州市高层次人才认定评定、市创新创业领军人才申报评审、市博士后工作、市“121人才梯队工程”、享受政府特殊津贴人员选拔、海外人才身份确认函、高层次人才(外籍)申请2—5年“居留许可”、高层次人才职称评定、“百名南粤杰出人才培养工程”、国家“千人计划”、省创新领军人才、青年拔尖人才申报等工作。根据国家、省、市高层次人才申报、认定、评定情况，为每位高层次人才提供便捷的服务方案，并实施主动预约上门服务制度。同时，还为高层次人才提供住房服务、落户和居留、配偶安置、子女入学、医疗待遇等生活服务。同期还打造了“海外高端人才综合服务平台”，配合新创办的专刊《广州领军人才》、广州（海外）留学人才网的领军人才网上沙龙，构成了立体的高层次人才服务平台，全方位服务在穗高层次人才。

二、构建“一站式”留学回国服务体系

多年来，留学管理中心致力于建立政府公共服务平台，领先全国构建了留学回国服务体系，以留学回国人员急需的创业培训、就业培训、创业融资等专项活动为服务特色，打造留学人员“一站式”服务品牌，回国服务项目由1999年的6项发展到现在的12大类25项，为逾万名留学人员提供了留学人员来穗优惠资格认定、国（境）外学历学位认证、专项资金申请和拨付、异地调入、档案保管、落户、子女入学、工商登记注册、办理留学人员工作派遣证明、办理“高层次海外人才身份证明”、办理评审职称、就业推荐、创业服务以及提供信息交流、协助申报、代办手续等全方位“一站式”服务。

三、提供外国专家服务

在多年留学人员回国服务的基础上，设置了外国专家服务窗口，为外国专家提供来华工作许可、居留许可办理等一系列配套服务。

四、提供出国留学服务

1．承担国家留学基金委华南四省公派出国服务。为广东、广西、海南、福建四省公派出国留学人员提供从办理签证、订购机票、预发生活费、出具报到证到落地等“一条龙”配套服务。

2．承担广州市公派留学项目“菁英计划”派出服务和管理工作。负责接收申请材料、组织资格审查、发放学费生活费及国际旅费、派出学生在外日常管理等工作，提供留学人员档案和户口保管、出国前培训、签证等服务。

3．引导自费出国留学人员理性求学并提供专业、优质的服务。

4．为预备出国留学人员提供相关外语培训。

五、其他服务

1．提供人才“再配置”猎头服务。

2．提供国际交流服务。

联系方式：

地　址：广东省广州市小北路266号北秀大厦6—7楼

邮　编：510050

电　话：86-20-83543133，83568066

传　真：86-20-83568076

邮　箱：gzscse@gzscse.gov.cn

网　址：www.gzscse.gov.cn

深圳市人事人才公共服务中心

深圳市人事人才公共服务中心直属于深圳市人事局，是具有法人资格的全额拨款事业单位。经教育部留学服务中心批准，中心加挂“中国留学服务中心深圳分中心”牌子。

主要职能：

1．为来深创业的留学人员、在深工作的国（境）内外专家、高级人才以及特殊人才提供个性化服务；负责留学归国人员学历学位的认证代办工作；为国内外人才提供信息、咨询等服务；负责全市人才档案的保管、整理工作。

2．个性化服务：为引进高层次人才提供“一站式”服务，协助解决在深工作、生活中有关社保、子女入学、配偶就业、居住以及相关问题；支持高层次人才服务社会，推荐高层次人才参与政府决策咨询工作。

3．留学生学历学位认证服务：为来深创业和工作的留学人员代办国（境）外学历学位认证。

4．信息咨询服务：通过互联网站的形式为各类人才提供有关人才政策法规、政府办事流程、人事人才服务等方面的信息咨询服务。

联系方式：

地　址：广东省深圳市福田区深南中路1025号新城大厦东座2楼

邮　编：518026

电　话：86-755-25985107
传　真：86-755-25943020
邮　箱：szrenzheng@126.com
网　址：www.rsj.sz.gov.cn/tsrcfw

海南省留学回国人员工作站

海南省留学回国人员工作站属海南省人力资源开发局（省就业局）的内设机构，为来琼留学回国人员提供就业和创业服务。

主要职能：

1．为来琼就业或创业的留学回国人员进行身份认证。

2．为来琼工作的留学人员和录用留学人员的用人单位提供信息和双选服务。

3．为留学人员短期来琼讲学、学术交流、合作科研、投资考察提供牵线搭桥服务。

4．组织留学回国人员申请国家留学主管部门设立的面向留学回国人员的科研资助经费。

5．指导海南省海口国家高新区留学人员创业园及海南省留学回国人员联谊会工作。

6．提供有关留学人员工作政策、规定的咨询服务。

7．为自费留学人员、在外留学人员及部分留学回国人员提供档案管理及相关服务。

联系方式：

地　址：海南省海口市白龙南路53号
邮　编：570203
电　话：86-898-65355140
传　真：86-896-65311034

四川省留学人员服务中心

四川省留学人员服务中心是负责全省留学人员服务工作的专门机构，成立于2001年5月，与四川省专家服务中心合署办公。中心的主要任务是宣传、贯彻、落实国家关于留学人员服务中心的方针、政策、规定；积极建立海外留学人员来川服务的渠道，搭建留学人员智力资源转化平台。

主要职能：

1．为留学回国来川工作、来川创业、来川发挥作用的人员提供政策信息咨询、就业推荐、合作伙伴介绍、人事代理等各类中介服务。

2．多渠道创（合）办留学人员创业园区，为留学人员来川提供各种生活服务。

3．承办全省留学回国人员科技择优资助项目评审及经费划拨的事务性工作。

4．为海外留学人员提供国（境）外学历学位认证、四川省海外留学人员身份认证、职称认定、接收手续办理等“一站式”综合服务。

5．负责留学人员回国服务工作厅际联席会议协调办公室的工作。

6．指导四川省留学人员创业园的工作。

7．负责四川省留学人员信息化建设工作。

联系方式：

地　址：四川省成都市东二巷21号
邮　编：610015
电　话：86-28-86741860
传　真：86-28-86741860
邮　箱：sclxfwzx@163.com

重庆市专家服务中心

重庆市专家服务中心是重庆市人力资源和社会保障局所属的事业单位。

主要职能：

1．负责全市高级专家的健康体检、休假疗养、津贴发放等工作。

2．根据国家和重庆市关于留学人员工作的政策，做好留学回国人员的相关服务工作，为引进海外人才提供服务与咨询，为制定、修改留学人员政策提供信息依据。

3．开展人事人才国际交流和国（境）外智力引进的服务工作，承办来渝国（境）外专家的服务工作。

4．负责重庆市博士后联谊会和重庆市留学人员联谊会的管理服务工作。

5．承办相关部门委托和交办的其他事项。

联系方式：

地　址：重庆市渝北区新牌坊1路1号
邮　编：401147
电　话：023-86868567
传　真：023-86868567
邮　箱：cqzjfw@126.com

贵州省留学人员与专家服务中心

贵州省留学人员与专家服务中心是贵州省人事厅管理的事业单位，主要任务是为留学回国人员回黔创业提供各种咨询服务。

主要职能：

1．为留学回国人员回黔来黔创业提供服务。

2．承担留学回国人员科技活动项目择优资助经费推荐的事务工作。

3．承担贵州省留学人员回国服务工作厅际联席会议办公室的日常工作。

4．筹备“贵州省留学回国人员创业园”。

5．为专家队伍建设和发挥专家作用提供服务。

联系方式：

地　址：贵州省贵阳市贵州省政府大院5号楼13楼1303
邮　编：550001
电　话：86-851-6828173
传　真：86-851-6828602

陕西省留学服务中心

陕西省留学服务中心是陕西省教育厅直属事业单位，是负责全省出国留学、留学回国服务的专业服务机构，是中国（教育部）留学服务中心设在陕西省的国外（境外）学位证书和高等教育文凭的认证点。

陕西省留学服务中心全面贯彻“支持留学，鼓励回国，来去自由”的国家留学政策，本着“诚信、可靠、安全、高效”的服务宗旨，充分发挥陕西省留学服务中心教育交流面广量大的资源优势，秉承“树立政府形象，确保真诚服务；坚持专业标准，保护学生权益”的工作理念，为广大留学人员、留学回国人员提供周到、快速、准确、高效的服务。

主要职能：

一、出国留学服务

1．宣传、贯彻、落实国家关于留学工作的方针、政策和规定，提供留学政策、海外教育制度、自费留学办理程序以及国外院校情况的咨询与服务。

2．承办省内公派留学和短期因公出访人员签证的事宜。

3．根据留学申请人的教育背景及自身条件，提供留学评估服务，指导并帮助申请人选择最适合的留学国别、留学院校及留学专业。

4．协助申请人准备签证材料、提供签证指导，并根据各国使馆要求为申请人申请签证。

二、留学回国服务

1．负责陕西省境内国（境）外学历学位的认证工作，提供留学回国人员的派遣、落户工作。

2．为留学人员提供人事关系代理和档案管理工作，方便留学回国人员在国内、省内择业、创业。

3．积极宣传陕西为海外高层次人才提供的优惠政策。

4．充分发挥陕西省留学服务中心的资源优势，积极为本省留学人员创业园建设服务，加速引进海外高层次人才和高新技术项目，为西部大开发和建设西部经济强省服务。

三、留学信息服务

1．和陕西省教育厅国际合作与交流处共同创办“陕西留学网”（www.sxcse.com），按国际合作与交流处的政府管理职能和留学服务中心的服务功能，分两大板块、九个栏目，为陕西省教育国际交流提供权威性、指导性的政策平台，给陕西省留学人员提供权威、规范、快捷的服务。

2．定期编发《陕西留学服务通讯》，及时、准确地报道国家、省最新留学及教育国际交流的政策和信息，及时为留学人员提供各类服务信息，搭建留学回国人员展示才华、创业奉献的交流平台，充分展示陕西省留学服务中心的政府品牌形象，着力打造百姓最信赖的留学品牌机构，为建设西部经济强省提供高层次人才和智力支持。

联系方式：

地　址：陕西省西安市药王洞153号陕西省教育厅东办公楼2楼

邮　编：710003

电　话：86-29-87315559，87317688

传　真：86-29-87311206

邮　箱：sxscse@yahoo.com.cn

西安留学人员工作站

西安留学人员工作站是经国家教育部、公安部批准成立的留学中介服务机构。工作站隶属西安市人事局，是西安地区派出留学人员的主要渠道之一。

主要职能：

一、出国留学服务

1．联络国际文化教育相关机构并对出国留学及对外教育交流人员提供咨询服务。

2．为自费留学开辟渠道，为赴国外研读包括中学、预科、本科、研究生、MBA等课程在内的各类自费留学生提供中介服务。

3．为自费留学人员代管档案、代缴养老保险金。

二、留学咨询服务

1．出国留学信息咨询服务：出国留学政策、手续、程序以及各国教育制度、专业以及奖学金设置的全面介绍。

2．为出国留学人员及对外教育交流人员办理护照、签证、公证、原件翻译、行前指导和预订机票等相关配套服务。

三、留学回国服务

1．为各类留学人员回国工作和国内用人单位选聘留学人员提供双向信息和有关政策咨询服务；为留学人员回国工作办理派遣落户手续。

2．为各类留学人员短期回国讲学、学术交流、合作科研提供牵线搭桥服务。

3．承担留学回国人员科研资助费用的初审和拨款工作。

4．全国31个站点实行网络联系，实现异地指导就业并安置。

四、为来华留学提供服务

对欲来华留学的外籍人士提供法律政策的咨询服务工作及为他们积极联系在华学习的相关事宜。

联系方式：

地　址：陕西省西安市西门里西大街安定广场4号楼4-301

邮　编：710002

电　话：86-29-87625654

传　真：86-29-87625479

邮　箱：xaabroad@163.com

甘肃省留学人员与专家服务中心

甘肃省留学人员与专家服务中心是甘肃省人事厅直属事业单位，是负责全省留学回国人员的专门服务机构。其主要任务是宣传、贯彻、落实国家关于留学回国人员工作的方针、政策、规定；为留学回国人员提供全方位的管理与服务；承办、鼓励、引进海外留学人员回国来甘肃工作。

主要职能：

1．研究创建留学人员创业的政策环境。

2．办理留学人员创业园建园的审批事宜。

3．办理与国家人事部共建留学人员创业园的申办工作。

4．负责留学回国人员科研经费的申报工作。

5．为留学回国人员创业园申报博士后科研工作站的工作。

6．为留学回国人员领办、创办高新技术企业、开展学术技术交流活动提供相应的服务。

7．指导留学回国人员联谊会活动。

8．了解和反映留学回国人员的意见、建议和要求，协助办理留学人员的出入境手续。

9．协助留学回国人员解决落户、住房、配偶工作、子女就业等手续。

联系方式：

地　址：甘肃省兰州市城关区皋兰路78号兴业大厦607室

邮　编：730000

电　话：86-931-8410817

传　真：86-931-8410817

邮　箱：bxf@rst.gansu.gov.cn

宁夏回族自治区专家与留学人员服务中心

宁夏回族自治区专家与留学人员服务中心是宁夏回族自治区人事厅直属事业单位，是负责全区专家和留学人员服务工作的机构。其主要任务是宣传、贯彻、落实国家关于留学人员工作的方针、政策、规定；为宁夏回族自治区各类留学人员提供全方位的管理与服务；积极引进海外留学人员中的人才、智力、技术、资金；承办宁夏回族自治区人事厅及国家留学人员工作主管部门委托和交办的任务；与国内外相关组织建立业务合作关系。

主要职能：

1．负责向社会提供留学人员科研成果的咨询和服务。

2．负责和组织留学人员为地方党政机关、企事业单位重大决策提供论证咨询。

3．负责留学回国人员科技活动资助经费的申报管理。

4．为各类留学人员来宁夏短期讲学、学术交流、合作科研、投资考察提供牵线搭桥服务。

5．为各类留学人员来宁夏工作和用人单位录用留学人员提供信息服务和双向选择服务，并根据双方需要进行重点推荐。

6．来宁夏开展学术活动的高层次留学人才的接待工作。

7．指导宁夏回族自治区留学人员创业园、宁夏留学人员联谊会工作。

8．帮助留学人员解决工作、学习、生活中的困难，做好相关服务等工作。

联系方式：

地　址：宁夏银川市上海东路40号
邮　编：750001
电　话：86-951-5099081
传　真：86-951-5099100
邮　箱：nxzj2088@126.com

名录篇

中华人民共和国驻外使（领）馆教育处（组）一览

馆 别	地 址	电 话/传 真/邮 箱/网 址
驻美国大使馆教育处	3505 INTERNATIONAL PLACE, N.W. WASHINGTON, D.C. 20008, U.S.A.	001-202-243-1159 001-202-243-0631（Fax） admin@sino-education.org www.sino-education.org
驻纽约总领馆教育组	Education Office, 520 12th Avenue, New York, NY 10036, U.S.A.	001-212-244-9392 001-212-564-2268（Fax） www.edunewyork.org
驻旧金山总领馆教育组	Education Office, 1450 Laguna Street, San Francisco, California, 94115, U.S.A.	001-415-852-5984 001-415-852-5980（Fax） www.edusf.org
驻洛杉矶总领馆教育组	Education Office, 443 Shatto Place, Los Angeles, CA 90020, U.S.A.	001-213-807-8071 001-213-807-8051（Fax） educationsection@gmail.com www.edulosangeles.org
驻芝加哥总领馆教育组	Education Office, 3322 West Peterson Ave., Chicago, IL 60659, U.S.A.	001-773-279-0361 001-773-279-0370（Fax） www.educhicago.org
驻休斯敦总领馆教育组	Education Office, 811 Holman St. Houston, TX 77002, U.S.A.	001-713-522-0438 001-713-522-0015（Fax） houston.china-consulate.org
驻加拿大大使馆教育处	396 Wilbrod Street Ottawa, Ontario, Canada, K1N 6M8, Canada	001-613-789-6312 001-613-789-0262（Fax） www.chineseeducation.ca
驻温哥华总领馆教育组	2215 Eddington Drive, Vancouver, BC, Canada V6L 2E6, Canada	001-604-738-8330 001-604-738-1801（Fax） www.chinaeduvan.org
驻多伦多总领馆教育组	24 Admiral Road, Toronto, Ontario M5R 2L5, Canada	001-416-324-8536 001-416-324-9931（Fax） www.educationtoronto.org
驻蒙特利尔总领馆教育组	2100 Ste-Catherine West, 8th Floor Montreal, Quebec, H3H 2T3, Canada	001-514-419-6748 001-514-878-9692（Fax） www.edumontreal.org
驻墨西哥大使馆教育组	Av. Rio Magdalena No. 172 Deleg, Alvaro Obregon, Col Tizapan, Mexico	0052-5-663-3473 0052-5-661-1972（Fax） www.embajadachina.org.mx
驻英国大使馆教育处	50 Portland Place, London W1B 1NQ, UK.	0044-20-7612-0250 0044-20-7580-4474（Fax） www.edu-chineseembassy-uk.org
驻曼彻斯特总领馆教育组	153 Barlow Moor Road, West Didsbury Manchester, UK M20 2YA	0044-161-710-2739 www.consulateman.org
驻贝尔法斯特总领馆教育组	MacNeice House, 75-77 Malone Road, Belfast, Northern Ireland, United Kingdom BT9 6SH	0044-756-500-3921 0044-289-073-71081（Fax）
驻德国大使馆教育处	Dresdener Str. 44, D-10179 Berlin, Germany	0049-30-2462-9311 0049-30-2462-9325（Fax） www.de-moe.edu.cn

续表

馆 别	地 址	电 话/传 真/邮 箱/网 址
驻慕尼黑总领馆教育组	Romanstrasse 107 80639 Muenchen, Germany	0049-89-170-8602 0049-89-170-8639（Fax） munich.china-consulate.org
驻法兰克福总领馆教育组	Stresemannallee 19-23, D-60596 Frankfurt am Main，Germany	0049-69-7508-5522 0049-69-7508-5550（Fax） frankfurt.china-consulate.org
驻杜塞尔多夫总领馆教育组	Schanzenstraße 131, 40549 Düsseldorf, Germany	0049-211-9099-6396 0049-211-9099-6396 (Fax) dusseldorf.china-consulate.org
驻俄罗斯大使馆教育处	6, St. Friendship（Lenin Hill） Moscow, Russia	007-499-951-8396 007-499-951-8400（Fax） www.eduru.org
驻圣彼得堡总领馆教育组	Room 97, 7 Nahimova St.199226, Saint-Petersburg, Russia	007-812-355-0673 bdbjyz@163.com www.edustpeterburg.org
驻叶卡捷琳堡总领馆教育组	улицаЧайковского,45, Екатеринбург,Свердловская область,Россия	007-343-253-5786 007-343-253-5781（Fax） ekaterinburg.chineseconsulate.org
驻伊尔库茨克总领馆教育组	NO.40, Str.Karl Marx, Irkutsk, Russia	007-395-278-1434 irkutsk.chineseconsulate.org
驻符拉迪沃斯托克总领馆教育组	690065, No.3, Str. Krygina, Vladivostok, Primorsky kray, Russia	007-4232-497-766 007-4232-497-459（Fax） vladivostok.china-consulate.org
驻法国大使馆教育处	29, rue de la Glacière, 75013 Paris, France	0033-1-4408-1940 0033-1-4408-1960（Fax） www.edu-ambchine.org
驻瑞典大使馆教育处	Postal address: Sköldvägen 10 SE-182 64 Djursholm, Sweden	0046-8-755-2318 0046-8-753-1269（Fax） info@cnedu.nu www.cnedu.nu
驻爱尔兰大使馆教育组	40 Ailesbury Road, Dublin 4, Ireland	00353-1-269-0041 00353-1-260-5789（Fax） www.chinaeduireland.org
驻乌克兰大使馆教育处	Украина, г. Киев, ул. Зверинецкая, № 60	0038-044-285-3185（Tel/Fax） jiaoyuzu@cnuaedu.org www.cnuaedu.org
驻意大利大使馆教育处	Via Armando Spadini 9, 00197 Roma, Italia	0039-06-322-0275 0039-06-325-02846（Fax） www.chinaitalyedu.org
驻西班牙大使馆教育组	Calle Arturo Soria 108 D, 28027, Madrid	0034-91-388-3988 0034-91-759-9292（Fax） www.esedu.org
驻瑞士大使馆教育处	Bersetweg 6, CH-3073 Gümligen Switzerland	0041-31-951-4325 0041-31-951-4331（Fax） jiaoyuchu@muri-be.ch www.cnedu-ch.org

续表

馆　别	地　址	电　话/传　真/邮　箱/网　址
驻奥地利大使馆教育处	Jauresgasse 11/5 A-1030 Wien, Austria	0043-1-945-4191 0043-1-713-1788（Fax） www.eduembaustria.org
驻匈牙利大使馆教育组	1068 Budapest, Vǻrosligeti Fasor 20-22, Hungary	0036-30-3144369 0036-1-3222544(Fax) www.educnhu.org
驻罗马尼亚大使馆教育组	APT.651, Corp D, Virgil Madgearu Sector 1, 014135 Bucuresti, Romania	0040-31-102-1688（Tel/Fax） dengliming2015@gmail.com www.romaniaedu.org
驻捷克大使馆教育组	Education Section Embassy of P. R. China Pelleova 18, 160 00 Praha 6 The Czech Republic	00420-233-028-869 00420-233-028-868（Fax） www.china-czech-edu.org
驻比利时大使馆教育处	Avenue Bel-Air 16, 1180 Bruxelles, Belgium	0032-2-734-3220 0032-2-735-9452（Fax） www.chinaedu.be
驻荷兰大使馆教育处	Antonic Duckystraat 132 2582 TR Den Haag The Netherlands	0031-70-354-1276 0031-70-351-2902（Fax） nl.china-embassy.org
驻丹麦大使馆教育组	Henningsens Alle 24, 2900 Hellerup, Copenhagen Denmark	0045-3962-3854 www.chinaembassy.dk
驻挪威大使馆教育组	Holmenkollveien 30B, 0376 Oslo, Norway	0047-2249-4285 0047-2249-5855 education@chinese-embassy.no www.chinese-embassy.no
驻芬兰大使馆教育组	Hietalahdenranta 5 c D 68, 00120, HELSINKI Finland	00358-9-698-6418 00358-9-687-11140（Fax） www.educn-fi.org
驻葡萄牙大使馆教育组	Rua De Sao Caetano 2, a lapa 1200 Lisboa Portugal	00351-213-928445 00351-213-975632（Fax） pt.chineseembassy.org
驻白俄罗斯大使馆教育组	22, Berestyanskaya Str., Minsk, The Republic of Belarus, 220071	00375-172-328-6396 00375-172-285-3681（Fax） by.chineseembassy.org
驻波兰大使馆教育处	UL.Bonifraterska 100-203 Warsza, Poland	0048-22-831-6182 www.chinaembassy.org.pl
驻塞尔维亚和黑山大使馆教育组	Aradska 4, 11000 Beograd Serbia and Montenegro	00381-11-380-8396 00381-11-380-7583（Fax） esce_beograd@hotmail.com
驻保加利亚大使馆教育组	No.7 Anri Babuse Str. Sofia 1113, Bulgaria	00359-2-973-3247 00359-2-971-2005（Fax） www.chinaembassy.bg
驻欧盟使团教育文化处	Avenue de Tervuren 443-445, 1150 Woluwe Saint-Pierre, Belgium	0032-2-7723702 0032-2-7628259（Fax） www.chinamission.be

续表

馆 别	地 址	电 话/传 真/邮 箱/网 址
驻日本大使馆教育处	〒135-0023 日本国東京都江東区平野2-2-9	0081-3-3643-0305 0081-3-3643-0296（Fax） www.jiaoyuchu.org
驻大阪总领馆教育组	〒564-0063 日本国大阪府吹田市江坂町5-4-4	0081-6-6821-2301 0081-6-6821-2303（Fax） www.eduosaka.org
驻福冈总领馆教育组	〒810-0065 日本国福冈市中央区地行浜1-3-3	0081-92-713-1121 0081-92-771-5637（Fax） www.edufukuoka.org
驻札幌总领馆教育组	〒064-0913 日本国札幌市中央区南13条西23丁目5-1	0081-11-563-8991 0081-11-563-7314（Fax） sapporo.china-consulate.org
驻新潟总领馆教育组	〒951-8104 日本国新潟县新潟市中央区西大畑町5220-18	0081-25-228-8878 0081-25-228-8901（Fax） niigata.chineseconsulate.org
日中会馆	〒112-0004 東京都文京区後楽1丁目5番3号	0081-3-3811-5317 www.jcfc.or.jp
驻韩国大使馆教育处	首尔特别市中区明洞2路27，100-810	0082-2-730-2068 0082-2-738-1044（Fax） www.chinaedukr.org
驻朝鲜大使馆教育组	朝鲜民主主义人民共和国平壤市牡丹峰区长村洞	0085-02-381-3013 0085-02-381-3423（Fax） kp.china-embassy.org
驻新加坡大使馆教育处	150 Tanglin Road，Singapore 247969	0065-6418-0464 www.edusg.org.cn
驻泰国大使馆教育组	AA Building，Soi3，Ratchadapiseak Road，Dindaeng，Bangkok，Thailand，10310	0066-2-245-2918（Tel/Fax） jiaoyuzuth@163.com www.th-chinaembassyedu.org
驻以色列大使馆教育处	219 Ben Yehuda St.，P.O.B.6067，Tel Aviv 61060，Israel	00972-3-602-4597 00972-3-526-1787（Fax） beijinggszhang@163.com www.cnemedu.org
驻印度大使馆教育组	50-D，Shantipath，Chanakyapuri New Delhi-110021，India	0091-11-2611-4711 0091-11-2687-2031（Fax） in.china-embassy.org
驻也门大使馆教育组	PO Box 482,Sana'a，Al-Zubeiri St. Sana'a，Yemen	00967-1-275-340 00967-1-245-168（Fax） ye.chineseembassy.org
驻澳大利亚大使馆教育处	6 Dalman Crescent,O'Malley，Canberra，ACT 2606，Australia	0061-2-6286-9982 0061-2-6290-1652（Fax） www.edu-australia.org
驻悉尼总领馆教育组	19 Anzac Parade，Kensington，NSW 2033，Australia	0061-2-9662-1723 0061-2-9697-3368（Fax） www.edusyd.org

续表

馆 别	地 址	电 话/传 真/邮 箱/网 址
驻墨尔本总领馆教育组	14 Selborne Road，Toorak，VIC 3142，Australia	0061-3-9827-5985 0061-3-9804-8603（Fax） melboffice@gmail.com www.edumel.org
驻布里斯班总领馆教育组	Room 802，Level 8，79 Adelaide Street，Brisbane QLD 4000，Australia	0061-7-3210-6509 0061-7-3210-6394（Fax） www.edubrisbane.org
驻阿德莱德总领馆教育组	110 Crittenden Road，Findon SA 5023	0061-8-82688806 0061-8-82688800（Fax） adelaide.china-consulate.org
驻新西兰大使馆教育处	37 Penrose St.，Woburn，Lower Hutt 5010，Wellington，New Zealand	0064-4-570-2758 0064-4-570-2832（Fax） paul_sun09@hotmail.com www.chinanz-education.org
驻奥克兰总领馆教育组	8 Dromorne Road，Remuera Auckland，New Zealand	0064-9-524-7670 0064-9-524-2919（Fax） aucklandmoe@moe.edu.cn www.aucklandmoe.org
驻克赖斯特彻奇总领馆教育组	106 Hansons Lane，Upper Riccarton，Christchurch	0064-3-341-2255 0064-3-341-8071（Fax） www.chchedu.org
驻南非大使馆教育组	965 Church Street,Arcadia 0083，Pretoria，South Africa	0027-12-342-6566 0027-12-342-0911（Fax） www.chinese-embassy.org.za
驻埃及大使馆教育处	Room 901，No.8，Al-mansur Muhanmed Str. Al-Zamalek，Cairo，Egypt	0020-2-2735-5861 0020-2-2736-1939（Fax） eg.china-embassy.org
纽约中国留学服务中心	90 Broad Street，Suite 701，New York，N.Y. 10004，U.S.A.	001-212-835-5520 001-212-367-7431（Fax） www.chinesehighway.com
中国常驻联合国 教科文组织代表团	1，Rue Miollis 75015 Paris，France	0033-1-4568-3456 0033-1-4219-0199（Fax） www.moe.gov.cn/s78/A23/

名录篇

中华人民共和国驻外使（领）馆科技处(组)一览

馆 别	地 址	电 话/传 真/网 址
驻日本使馆科技处	106日本东京都港区元麻布三丁目四番33号	0081-3-3403-3388 0081-3-3403-3385（Fax） www.china-embassy.or.jp
驻大阪总领馆科技组	550-0004大阪府大阪市西区靭本3-9-2	0081-6-6445-9481 0081-6-6445-9475（Fax） www.osaka.china-consulate.org
驻福冈总领事馆科技组	810-0065福冈县福冈市中央区地1-3-3	0081-92-713-1124 0081-92-781-8906（Fax） www.chn-consulate-fukuoka.or.jp
驻札幌总领事馆科技组	064-0913北海道札幌市中央区南13条23-5-1	0081-11-563-5563 0081-11-563-1818（Fax） sapporo.china-consulate.org
驻长崎总领事馆科技组	852-8114长崎县长崎市桥口町10-35	0081-95-849-3311 0081-95-849-3312（Fax） sapporo.china-consulate.org
驻名古屋总领事馆科技组	461-0005名古屋市东区东樱二丁目8番地37号	0081-52-932-1058 0081-52-932-1169（Fax） nagoya.chineseconsulate.org
驻印度使馆科技处	50-D, Shantipath, Chanakyapuri New Delhi-110021 India	0091-11-2687-1585 0091-11-2611-1104（Fax） www.fmprc.gov.cn/ce/cein
驻朝鲜使馆科技组	Kinmaeuldong, Pyongyang D.P.R of Korea	00850-2-381-3116 00850-2-381-3425（Fax） kp.china-embassy.org
驻韩国使馆科技处	110-033 54 Hyoja-Dong, Jongno-Gu, Seoul, 110-033 the Republic of Korea	0082-2-738-1038 0082-2-738-1045（Fax） www.chinaemb.or.kr
驻以色列使馆科技处	222 Ben Yehuda Street P.O.Box 6067 Tel Aviv 61060, Israel	00972-3-546-7277 00972-3-544-0443（Fax） www.fmprc.gov.cn/ce/ceil
驻泰国使馆科技处	57 Rachadapisake Road Bangkok 10310 Thailand	0066-2-245-0088 0066-2-245-7048（Fax） www.chinaembassy.or.th
驻印度尼西亚使馆科技处	JL. Mega Kuningan No.2，Jakarta Selatan 12950 Indonesia	0062-21-576-1264 0062-21-576-1033（Fax） www.fmprc.gov.cn/ce/ceindo
驻新加坡使馆科技组	150 Tanglin Road, Singapore 247969	0065-6418-0105 0065-6471-3603（Fax） www.chinaembassy.org.sg
驻巴基斯坦使馆科技组	Diplomatic, Enclave Ramma 4, Islamabad Pakistan	0092-51-282-4786 0092-51-287-2830（Fax） pk.chineseembassy.org
驻哈萨克斯坦使馆科技处	12, baitasov Str. Almaty, 050010	007-723-700-208 kz.mofcom.gov.cn
驻德国使馆科技处	Märkisches Ufer 54,10179 Berlin Germany	0049-30-2758-8237 0049-30-2758-8221（Fax） www.china-botschaft.de
驻法国使馆科技处	20, Rue de Washington 75008 Paris France	0033-1-5375-8891 0033-1-5375-8904（Fax） www.amb-chine.fr

续表

馆　别	地　址	电 话/传 真/网 址
驻英国使馆科技处	42 Maida Vale, London, W91RP, U.K.	0044-20-7432-8376 0044-20-7286-6833（Fax） www.chinese-embassy.org.uk/chn/lxwm/
驻爱尔兰使馆科技处	40 Ailesbury Road, Ballsbridge, Dublin 4, Ireland	00353-1-269-1501 00353-1-283-9938（Fax） ie.china-embassy.org
驻瑞典使馆科技处	Lidovägen 8, 115 25 Stockholm, Sweden	0046-8-767-5825 www.chinaembassy.se
驻意大利使馆科技处	56 Via Bruxelles, 00198 Roma, Italia	0039-06-884-8186 0039-06-853-1203（Fax） www.it.chineseembassy.org
驻米兰总领事馆科技组	Via Benaco, 4-20139 Milano	0039-02-569-0869 www.consolatocinami.it
驻欧盟使团科技处	Boulevard de la Woluwé100 1200 Bruxelles Belgique	0032-2-772-9572 0032-2-770-4790（Fax） www.chinamission.be
驻比利时使馆科技处	Boulevard du Souverain 400, 1160 Auderghem, Bruxelles Belgique	0032-2-770-2326 www.chinaembassy-org.be
驻瑞士使馆科技处	Kalcheggweg 10, 3006 Bern, Switzerland	0041-31-351-5817 www.china-embassy.ch
驻芬兰使馆科技组	Vanha kelkkamäki 9, Kulosaari, 00570, Helsinki, Finland	00358-9-2289-0153 www.chinaembassy-fi.org
驻奥地利使馆科技处	Metternichgass 4 Wien A-1030 Austria	0043-1-714-4925 0043-1-713-6816（Fax） www.chinaembassy.at
驻丹麦使馆科技处	Ahlmanns Alle 22, 2900 Hellerup Denmark	0045-3946-0887 0045-3946-0888（Fax） www.chinaembassy.dk
驻挪威使馆科技处	Tuengen Allé 2B, 0244 Oslo, Norway	0047-22-492-052 0047-22-921-978（Fax） www.chinese-embassy.no
驻荷兰使馆科技处	Willem Lodewijklaan 10, 2517 Jt. the Hague, Netherlands	0031-70-306-5077 0031-70-355-1651（Fax） nl.china-embassy.org
驻西班牙使馆科技处	Calle Arturo Soria, 113, 28043 Madrid, Espana	0034-91-519-4242 0034-91-519-2035（Fax） www.embajadachina.es
驻葡萄牙使馆科技组	Rua Do Pau Da Bendeira 11-13, A Lapa 1200-756 Lisboa Portugal	00351-21-392-8440 00351-21-392-8431（Fax） www.fmprc.gov.cn/ce/cept
驻希腊使馆科技组	2A Krinon Street, P. Psychico, 15452 Athens, Greece	0030-210-677-6743 gr.china-embassy.org
驻俄罗斯使馆科技处	117330, Ulitsa Druzhby 6, Moscow Russia	007-495-143-6146 007-495-938-2141（Fax） ru.china-embassy.org

续表

馆 别	地 址	电 话/传 真/网 址
驻哈巴罗夫斯克总领事馆科技组	Stadium Lenin, Khabarovsk 680028, Russia	007-42-1230-2353 007-42-1230-2354 (Fax) www.fmprc.gov.cn/ce/cgkhb
驻圣彼得堡总领事馆科技组	No.134, Nab. Kanala Griboedova, St. Petersburg, Russia	007-812-714-2711 007-812-714-4958 (Fax) saint-petersburg.china-consulate.org
驻白俄罗斯使馆科技处	22, Berestyanskaya Str., minsk, the republic of Belarus, 220071	00375-17-294-7759 by.china-embassy.org
驻乌克兰使馆科技处	NO.32, grushevskogo STR., kyiv, ukraine, 01901	0038-044-253-0433 ua.chineseembassy.org
驻罗马尼亚使馆科技处	No.2 Bucurestt,Sector 1, 014 101, Romania	0040-21-232-1923 www.chinaembassy.org.ro
驻匈牙利使馆科技组	Budapest 1068 Benczur Utca 18 Hungary	0036-1-413-3370 0036-1-413-3393 (Fax) www.chinaembassy.hu
驻捷克使馆科技处	Pelléova 18, 16000 Praha 6-Bubeneč, Czech Republic	00420-22-3302-8866 00420-22-3302-8865 (Fax) www.chinaembassy.cz
驻波兰使馆科技处	ul. Bonifraterska 100-203 Warszawa, Polska (Poland)	0048-22-831-5823 www.chinaembassy.org.pl
驻保加利亚使馆科技处	Str. Alexander von Humbold 7, Sofia 1113, Republic of Bulgaria	00359-2-973-3873 00359-2-971-3345 (Fax) www.chinaembassy.bg
驻美国使馆科技处	2300 Wisconsin Avenue N.W., Suite 110, Washington D.C. 20007 U.S.A.	001-202-495-2240 001-202-495-2242 (Fax) www.china-embassy.org
驻纽约总领事馆科技组	520 12th Avenue New York, NY 10036 U.S.A.	001-212-244-9392 001-212-564-9443 (Fax) www.nyconsulate.prchina.org
驻旧金山总领事馆科技组	1450 Laguna Street San Francisco, CA 94115 U.S.A.	001-415-674-2964 001-415-563-4867 (Fax) www.chinaconsulatesf.org
驻休斯敦总领事馆科技组	3417 Montrose Boulevard, Houston, Texas 77006 U.S.A.	001-713-520-1462 001-713-521-0876 (Fax) www.fmprc.gov.cn/ce/cght
驻芝加哥总领事馆科技组	100 West Erie Street Chicago. IL 60610 U.S.A.	001-312-803-0095 001-312-803-0110 (Fax) www.chinaconsulatechicago.org
驻洛杉矶总领事馆科技组	443 Shatto Place Los Angeles, CA 90020 U.S.A.	001-213-807-8065 001-213-807-8019 (Fax) losangeles.china-consulate.org
驻加拿大使馆科技处	515 St.Patrick Street Ottawa, Ontario Canada K1N 5H3	001-613-789-3508 001-613-789-1911 www.chinaembassycanada.org
驻多伦多总领事馆科技组	240 St.George Street, Toronto Ontario Canada M5R 2P4	001-416-324-6457 001-416-324-6456 (Fax) www.fmprc.gov.cn/ce/cgtrt

续表

馆 别	地 址	电 话/传 真/网 址
驻温哥华总领事馆科技组	3380 Granville Street Vancouver, BC, Canada V6H 3K3	001-604-731-6767 001-604-736-4343（Fax） vancouver.china-consulate.org
驻卡尔加里总领事馆科技组	Suite 100, 1011-6th Ave, SW. Calgary, Alberta, Canada T2P 0W1	001-403-264-3322 001-403-264-6656（Fax） calgary.china-consulate.org
驻巴西使馆科技处	Embaixada da República Popular da China SES-Av. das Nações, Quadra 813, Lote 51, Brasília-DF, Brasil	0055-61-2195-8240 0055-61-2195-8292（Fax） br.china-embassy.org
驻墨西哥使馆科技组	Av. Río del la Magdalena 172, Colonia Tizapán-San Angel Delegación Alvaro Obregón, C.P. 01090	0052-55-5616-4324 0052-55-5616-5849（Fax） www.embajadachina.org.mx
驻古巴使馆科技组	Calle 13, No.551 Entre CYD, Vedado, la Habana, Cuba	0053-7-833-3005 0053-7-333-0920（Fax）
驻智利使馆科技组	Av. Pedro de Valdivia 550 Santiago, Chile	0056-2-233-9880 0056-2-234-1129（Fax） cl.chineseembassy.org
驻哥斯达黎加使馆科技组	De la casa de D.oscar arias 100 metros al sury 50 metros al oeste, rohrmoser, pavas, san jose, costa rica	00506-2291-4659 00506-2291-4654（Fax）
驻澳大利亚使馆科技处	15 Coronationa Drive Yarralumla, Canberra, ACT 2600 Australia	0061-2-6273-4786 0061-2-6273-5504（Fax） au.china-embassy.org
驻悉尼总领事馆科技组	39 Dunblane Street, Camperdown Nsw 2050, Sydney Australia	0061-2-8595-8050 0061-2-8595-8051（Fax） sydney.chineseconsulate.org
驻新西兰使馆科技组	2-6 Glenmore Street, Po Box 17-257, Karori, Wellington, New Zealand	0064-4-4749-6282 0064-4-4749-6291（Fax） www.chinaembassy.org.nz
驻埃及使馆科技组	14, Bahgat Ali Street Zamalek, Cairo Egypt	0020-2-2735-6746 www.fmprc.gov.cn/ce/ceegy
驻南非使馆科技处	965 Church Street, Arcadia 0083, Pretoria, South Africa	0027-12-431-6550 0027-12-342-3338（Fax） za.china-embassy.org
常驻联合国代表团科技组	350 East 35th Street, New York, NY 10016, USA	001-212-655-6159 001-212-655-6151（Fax） www.china-un.org
常驻日内瓦代表团科技组	11, Chemin de Surville 1213 Petit-Lancy, Geneva Switzerland	0041-22-879-5635 0041-22-879-5637（Fax） www.china-un.ch
国际原子能机构科技处	Steinfeldgasse 3 A-1190, Vienna, Austria	0043-1-486-1635 0043-1-370-6626（Fax） www.iaea.org

名录篇

中国国际人才交流协会驻外办事机构一览

机构名称	地址	电话/传真/邮件/网址
驻美国纽约办事处	CAIEP Ltd. 807 Anderson Ave, Fort Lee NJ 07024 USA	001-201-941-8268 001-201-941-6711（Fax） nyus@caiep.org
驻美国亚特兰大办事处	CAIEP Atlanta Inc. 9155-118, Nesbit Ferry RD. Alpharetta GA 30022 USA	001-678-585-9950 001-770-640-3417（Fax） atus@caiep.org
驻美国旧金山办事处	50 EncantoAve, San Francisco CA 94115 USA	001-415-563-6982 001-415-921-5839（Fax） sfus@caiep.org
驻加拿大办事处	CAIEP Canada Ltd. 31 Moore Park Ave. North York Ontario Canada M2M 1M8	001-416-2212-485 001-416-5909-512（Fax） can@caiep.org
驻德国办事处	Unter den Birken 224 50996 Koeln Hahnwald Germany	0049-2236-961047 0049-2236-961063（Fax） ger@caiep.org
驻澳大利亚办事处	CAIEP Australia Pty. Ltd. Suite 20 Level 5, 88 Pitt ST. Sydney NSW 2000, Australia	0061-2-9221-2555 0061-2-9221-3511（Fax） aus@caiep.org
驻印度办事处	50-D, Shantipath, Chanakyapuri New Delhi-110021 India	0091-11-2687-1585 0091-11-2611-1104（Fax） www.fmprc.gov.cn/ce/cein
驻日本办事处	4-13-2 Sendagaya, Shibuya-ku Tokyo 151-0051, Japan	0081-3-3403-8399 0081-3-3403-8380（Fax） jpn@caiep.org
驻新加坡办事处	#07-04 Trellis Towers, 700 Lorong 1, Toa Payoh Singapore 319773	0065-6222-0656 0065-6220-3722（Fax） sin@caiep.org
驻以色列办事处	Flat 18, 76 Levi Eshikol Street New Ramat Aviv, Tel-Aviv Israel	00972-3-7410274 00972-3-6990584（Fax） isr@caiep.org
驻香港特别行政区办事处	2801, 28/F., Tower One, Lipo Centre, 89 Queensway, Hong Kong	00852-2850-6373 00852-2850-7629（Fax） hk@caiep.org
驻印度尼西亚使馆科技处	JL. Mega Kuningan No.2, Jakarta Selatan 12950 Indonesia	0062-21-576-1264 0062-21-576-1033（Fax） www.fmprc.gov.cn/ce/ceindo

名录篇

引智机构信息一览

机构名称	地址	电话/传真
中华人民共和国国家外国专家局	北京市海淀区中关村南大街1号5号楼	86-10-68948899 86-10-68940923（Fax）
中国国际人才交流协会	北京市海淀区中关村南大街1号5号楼	86-10-68949811 86-10-68468006（Fax）
北京市外国专家局 北京国际人才交流协会	北京市东城区广渠门内白桥南里1号	86-10-67182085 86-10-67186135（Fax）
天津市外国专家局 天津国际人才交流协会	天津市和平区解放北路167号	86-22-83869370 86-22-83869370（Fax）
河北省外国专家局 河北省国际人才交流协会	河北省石家庄市新华区合作路81号	86-311-87908301 86-311-87909438（Fax）
山西省外国专家局 山西省国际人才交流协会	山西省太原市小店区体育路317-1	86-351-3193231 86-351-31953133（Fax）
内蒙古自治区外国专家局 内蒙古国际人才交流协会	内蒙古自治区呼和浩特市新华大街63号6号楼706	86-471-6915975 86-471-6923256（Fax）
辽宁省外国专家局 辽宁省国际人才交流协会	辽宁省沈阳市沈河区中山路377号	86-24-22959198 86-24-22829820（Fax）
沈阳市外国专家局 沈阳国际人才交流协会	辽宁省沈阳市沈河区青年北大街16号市人才大厦1209室	86-24-22522866 86-24-22522866（Fax）
大连市外国专家局 大连国际人才交流协会	辽宁省大连市中山区解放路结好巷1号	86-411-82383456 86-411-82383456（Fax）
吉林省外国专家局 吉林省国际人才交流协会	吉林省长春市人民大街1486号省政府办公楼3栋	86-431-88690906 86-431-88905416（Fax）
长春市外国专家局 长春国际人才交流协会	吉林省长春市朝阳区西民主大街809号	86-431-89871365 86-431-85679971（Fax）
黑龙江省外国专家局 黑龙江省国际人才交流协会	黑龙江省哈尔滨市道外区南极街172-2号	86-451-87007038 86-451-87007038（Fax）
哈尔滨市外国专家局 哈尔滨国际人才交流协会	黑龙江省哈尔滨市道里区友谊路425号	86-451-84871688 86-451-84871683（Fax）
上海市外国专家局 上海国际人才交流协会	上海市浦东新区世博村路300号2号楼12楼	86-21-23110326 86-21-50722823（Fax）
江苏省外国专家局 江苏省国际人才交流协会	江苏省南京市鼓楼区中山北路49号机械大厦22楼	86-25-83236022 86-25-83236136（Fax）
南京市外国专家局 南京国际人才交流协会	江苏省南京市北京东路63号2楼	86-25-83151773 86-25-3213166（Fax）
浙江省外国专家局 浙江省国际人才交流协会	浙江省杭州市环城西路33号省政府4号楼大院	86-571-87051077 86-571-87051070（Fax）
杭州市外国专家局 杭州国际人才交流协会	浙江省杭州市江干区解放东路18号市民中心D座杭州市人力社保局1919室	86-571-85252669 86-571-85252638（Fax）
宁波市外国专家局 宁波国际人才交流协会	浙江省宁波市鄞州区和济街95号9楼	86-574-89186223 86-574-87284726（Fax）

续表

机构名称	地址	电话/传真
安徽省外国专家局 安徽省国际人才交流协会	安徽省合肥市长江中路333号	86-551-62657061 86-551-62657061（Fax）
福建省外国专家局 福建省国际人才交流协会	福建省福州华林路80号	86-591-87813849 86-591-87313592（Fax）
厦门市外国专家局 厦门国际人才交流协会	福建省厦门市湖滨北路61号	86-592-5366613 86-592-5116399（Fax）
江西省外国专家局 江西省国际人才交流协会	江西省南昌市省政府大院	86-791-86386586 86-791-86386285（Fax）
山东省外国专家局 山东省国际人才交流协会	山东省济南市历下区解放东路16号	86-531-86198053 86-531-86095543（Fax）
济南市外国专家局 济南国际人才交流协会	山东省济南市历下区龙鼎大道1号龙奥大厦5楼D区	86-531-66605975 86-531-87914770（Fax）
青岛市外国专家局 青岛国际人才交流协会	山东省青岛市市南区闽江路7号市政府二期1707	86-532-85911347 86-532-85911347（Fax）
河南省外国专家局 河南省国际人才交流协会	河南省郑州市金水东路39号A座1108B	86-371-87519117 86-371-87519115（Fax）
湖北省外国专家局 湖北省国际人才交流协会	湖北省武汉市武昌区八一路3号省外侨办	86-27-82841532 86-27-87813061（Fax）
武汉市外国专家局 武汉国际人才交流协会	湖北省武汉市江岸区胜利街263号	86-27-82827387 86-27-82812889（Fax）
湖南省外国专家局 湖南省国际人才交流协会	湖南省长沙市天心区青园路18号省人力资源和社会保障厅综合楼919办公室	86-731-84900468 86-731-84900404（Fax）
长沙市外国专家局	湖南省长沙市岳麓大道218号市政府第一办公楼7楼	86-731-88666718 86-731-88666716（Fax）
广东省外国专家局 广东省国际人才交流协会	广东省广州市东风中路483号粤财大厦	86-20-83134790 86-20-83134793（Fax）
广州市外国专家局 广州国际人才交流协会	广东省广州市越秀区小北路266号北秀大厦7楼	86-20-83543937 86-20-83541272（Fax）
深圳市外国专家局 深圳国际人才交流协会	广东省深圳市福田区福中路17号人才大厦8楼810	86-755-83233164 86-755-83233164（Fax）
广西壮族自治区外国专家局 广西国际人才交流中心	广西壮族自治区南宁市桂春路9号广西就业大厦3楼	86-771-5521235 86-771-5505183（Fax）
海南省外国专家局 海南省国际人才交流协会	海南省海口市国兴大道69号海南广场9栋1901	86-898-65364075 86-898-65339325（Fax）
重庆市外国专家局 重庆国际人才交流协会	重庆市渝北区新牌坊一路1号401办公室	86-23-86868506 86-23-86868507（Fax）
四川省外国专家局	四川省成都市青羊区陕西街54号	86-28-86742939 86-28-86628201（Fax）

续表

机构名称	地址	电话/传真
成都市外国专家局	四川省成都市锦城大道366号3号楼24楼	86-28-61888213 86-28-61888213（Fax）
贵州省外国专家局 贵州省国际人才交流协会	贵州省贵阳市延安中路20号信合大厦1902室	86-851-85837380 86-851-85837381（Fax）
云南省外国专家局 云南省国际人才交流协会	云南省昆明市五一路166号空间俊园A-1301	86-871-65168699 86-871-65168699（Fax）
西藏自治区外国专家局	西藏自治区拉萨市北京西路46号	86-891-6845883 86-891-6845872（Fax）
陕西省外国专家局 陕西省国际人才交流协会	陕西省西安市建设东路3号人社厅太乙路办公区2号楼3层	86-29-63915165 86-29-89538068（Fax）
西安市外国专家局 西安国际人才交流协会	陕西省西安市凤城八路109号西安市政府6号楼4层	86-29-86786937 86-29-86786937（Fax）
甘肃省外国专家局 甘肃省国际人才交流协会	甘肃省兰州市金昌南路280号红星大厦14楼	86-931-8885342 86-931-8885342（Fax）
青海省外国专家局 青海省国际人才交流协会	青海省西宁市城西区五四西路5号	86-971-8258253 86-971-8258250（Fax）
宁夏回族自治区外国专家局 宁夏国际人才交流协会	宁夏回族自治区银川市兴庆区上海东路40号	86-951-5099089 86-951-5099013（Fax）
新疆维吾尔自治区外国专家局 新疆国际人才交流协会	新疆吾尔自治区乌鲁木齐市北京南路445号	86-991-3689763 86-991-3689923（Fax）
新疆生产建设兵团外国专家局 新疆生产建设兵团国际人才交流协会	新疆维吾尔自治区乌鲁木齐市天山区光明路196号	86-991-2899404 86-991-2890460（Fax）

图书在版编目（CIP）数据

中国留学人员创业年鉴. 2019 / 教育部留学服务中心等编.
-- 北京 : 中国致公出版社, 2019
ISBN 978-7-5145-1530-5
Ⅰ.①中… Ⅱ.①教… Ⅲ.①高技术产业－企业管理－中国－2019－年鉴
②留学生－生平事迹－中国－现代 Ⅳ.①F279.244.4-54②K820.76
中国版本图书馆CIP数据核字(2019)第259730号

中国留学人员创业年鉴. 2019 / 教育部留学服务中心等编.

出　　版	中国致公出版社 （北京市朝阳区八里庄西里100号住邦2000大厦1号楼西区21层）
发　　行	中国致公出版社（010-66121708）
责任编辑	张洪雪
印　　刷	廊坊市华玺印务有限公司
版　　次	2019年12月第1版
印　　次	2019年12月第1次印刷
开　　本	889mm×1194mm　1/16
印　　张	31
字　　数	940千字
书　　号	ISBN 978-7-5145-1530-5
定　　价	790.00元